Heinz-Peter Schmitz

Dictionary of Pressure Vessel and Piping Technology

Wörterbuch der Druckbehälter- und Rohrleitungstechnik

FDBR-FACHWÖRTERBUCH BAND 1 UND 2

Dipl.-Übersetzer
Heinz-Peter Schmitz

Dictionary of Pressure Vessel and Piping Technology

Wörterbuch der Druckbehälter- und Rohrleitungstechnik

English-German / Englisch-Deutsch
German-English / Deutsch-Englisch

FDBR   FACHVERBAND DAMPFKESSEL-,
BEHÄLTER- UND ROHRLEITUNGSBAU E.V.

ISBN 3-8027-2299-X

Das Werk ist urheberrechtlich geschützt. Die dadurch begründeten Rechte, insbesondere die der Übersetzung, des Nachdrucks, der Entnahme von Abbildungen, der Funksendung, der Wiedergabe auf photomechanischem Weg und der Speicherung in Datenverarbeitungsanlagen bleiben, auch bei nur auszugsweiser Verwertung, vorbehalten.

© Vulkan-Verlag, Essen — 1991

Printed in Germany

Die Wiedergabe von Gebrauchsnamen, Handelsnamen, Warenbezeichnungen usw. in diesem Werk berechtigt auch ohne besondere Kennzeichnung nicht zu der Annahme, daß solche Namen im Sinne der Warenzeichen- und Markenschutz-Gesetzgebung als frei zu betrachten wären und daher von jedermann benutzt werden dürften.

Foreword to second edition

This considerably extended and revised new edition of volume 1 (May 1986) and volume 2 (January 1987) of the FDBR technical dictionary series is an evaluation of the technical terms found in the latest editions of the respective national and international American and British regulations, technical rules, standards, and specifications, such as ANSI, API, ASME, BSI, EJMA, MSS, TEMA, WRC, the terminology being correlated with the terminology of comparable German regulations, rules and standards together with the essential literature and information brochures and propectuses of numerous manufacturers (see bibliography).

This dictionary which was supplemented by 6,000 terms now contains more than 12,000 terms and numerous explanations to the various technical fields such as pressure vessels, tanks, heat exchangers, columns, strength calculation, materials, welding, testing and inspection, destructive and nondestructive examinations, quality assurance, thermal and mass transfer. Due to the numerous comprehensive and detailed explanations the dictionary's encyclopaedic quality is underlined.

The two first editions were comprised to form one volume which additionally contains an Annex with more than 200 figures and schematic representations of pressure vessels, tanks, heat exchangers, columns as well as vessel and piping components such as heads, supports, expansion joints, flanges and gasket types.

The author's professional experience as translator/official in charge of documentation is reflected in this dictionary. Advice and information proffered by experts from member firms of our Association has also been included. As an example, additional explanations have been included where a term has more than one meaning, in order to facilitate selection of the correct sense and also help in assigning the word to the appropriate technical context.

Part 1 contains the English-German version, Part 2 the German-English version and Annex 1 the figures for explaining the most important pressure vessel and piping components. The English terms in Part 1 are identified by their first letter and are numbered consecutively. Part 2 contains the German terms to which the respective alphanumeric combinations of the English version have been assigned to facilitate the search for the corresponding English term.

We trust that users will find this dictionary a welcome assistance. Our thanks are due to Mr. Schmitz for the thorough and careful work which has gone into the making of this book, and to the Vulkan-Verlag for the excellent lay-out and production.

Düsseldorf, August 1991   FDBR

Fachverband Dampfkessel-,
Behälter- und Rohrleitungsbau e.V.

W. Heitmann   A. Schumacher
President   Managing Director

Vorwort zur 2. Auflage

Diese erheblich erweiterte und überarbeitete Neuausgabe von Band 1 (Mai 1986) und Band 2 (Januar 1987) der FDBR-Fachwörterbuchreihe berücksichtigt die Fachterminologie der neuesten Ausgabe der entsprechenden nationalen und internationalen US-amerikanischen und britischen Vorschriften, Normen und Spezifikationen wie z.B. ANSI, API, ASME, BSI, EJMA, MSS, TEMA, WRC im Vergleich mit entsprechenden deutschen Regelwerken und der Fachliteratur sowie Informationsschriften und Prospektmaterial zahlreicher Herstellerfirmen (siehe Schrifttumsnachweis).

Dieses um 6.000 Begriffe erweiterte Wörterbuch enthält nun mehr als 12.000 Fachbegriffe und zahlreiche Erläuterungen zu den einzelnen Sachgebieten wie Druckbehälter, Tanks, Wärmeaustauscher, Kolonnen, Festigkeitsberechnung, Werkstoffe, Schweißen, Prüfung und Abnahme, zerstörende und zerstörungsfreie Prüfung, Qualitätssicherung, Wärme- und Strömungstechnik. Aufgrund der zahlreichen umfassenden sowie detaillierten Erläuterungen wird der enzyklopädische Charakter dieses Wörterbuches unterstrichen.

Die beiden Erstausgaben wurden zu einem Band zusammengefaßt, der zusätzlich einen Anhang mit mehr als 200 Abbildungen und schematischen Darstellungen von Druckbehältern, Tanks, Wärmeaustauschern, Kolonnen sowie Behälter- und Rohrleitungskomponenten wie Böden, Aufhängungen und Unterstützungen, Kompensatoren, Flansche und Dichtungsarten enthält.

Die praktischen Erfahrungen des Autors aus seiner fachlichen Tätigkeit als Übersetzer und Sachbearbeiter für Dokumentation sind in dieses Wörterbuch eingeflossen. Berücksichtigt sind auch vielfältige Ratschläge und Hinweise von Fachleuten aus Mitgliedsfirmen unseres Verbandes. So sind beispielsweise ergänzende Erläuterungen aufgenommen worden, die bei Doppelbedeutungen die Suche nach dem zutreffenden Fachausdruck erleichtern. Die Erläuterungen enthalten auch Hinweise auf das Sachgebiet, dem der jeweilige Ausdruck zuzuordnen ist.

Teil 1 des Wörterbuchs enthält den englisch-deutschen Teil, Teil 2 den deutsch-englischen Teil und Anhang 1 die Abbildungen und schematischen Darstellungen. Die englischen Stichworte in Teil 1 sind jeweils mit dem entsprechenden Buchstaben des Alphabets gekennzeichnet und innerhalb des Buchstaben fortlaufend durchnumeriert, und im Register im zweiten Teil sind die deutschen Stichworte mit der der englischen Version entsprechenden Buchstaben/Zahlenkombination bezeichnet, um die Suche nach dem der deutschen Version entsprechenden englischen Begriff zu erleichtern.

Wir hoffen, daß dieses Fachwörterbuch allen Anwendern eine willkommene Arbeitshilfe sein wird. Herrn Schmitz danken wir sehr herzlich für seine sorgfältige Arbeit. Dem Vulkan-Verlag gebührt unser Dank für die Mühe und Sorgfalt bei der Gestaltung und Herstellung dieses Buches.

Düsseldorf, August 1991

FDBR

Fachverband Dampfkessel-, Behälter- und Rohrleitungsbau e.V.

W. Heitmann	A. Schumacher
Vorsitzender	Geschäftsführer

List of abbreviations / Abkürzungsverzeichnis

adj.	=	adjective	Adj. = Adjektiv
AET	=	acoustic emission testing	SEP = Schallemissionsprüfung
f	=	female	Femininum
gen.	=	general	allg. = allgemein
m	=	male	Maskulinum
magn. t.	=	magnetic particle testing	Magnetpulverprüfung
obs.	=	obsolete	veraltet
pl.	=	plural	Plural
radiog.	=	radiography	Durchstrahlungsprüfung
UK	=	British English	britisches Englisch
ultras.	=	ultrasonic testing	US-Prüfung; Ultraschallprüfung
US	=	American English	amerikanisches Englisch
v	=	verb	V = Verb
▲	=	to denote different meanings	▲ gibt unterschiedliche Bedeutungen an

General Remark

The square brackets contain definitions and explanations or indicate the field to which the term is to be assigned.

Allgemeine Anmerkung

Die eckigen Klammern enthalten Begriffsbestimmungen und Erläuterungen oder geben das Sachgebiet an, dem der Ausdruck zuzuordnen ist.

Part 1

Teil 1

A

A 1	**abnormality report**	Mängelbericht *(m)*
A 2	**abnormal operating condition**	Betriebsstörung *(f)*
A 3	**above-atmospheric pressure**	Überdruck *(m)*
A 4	**above-grade (pipe)line; above-ground (pipe)line**	Überflur(rohr)leitung *(f)*; obererdige Rohrleitung *(f)*; oberirdische Rohrleitung *(f)*
A 5	**abrasion**	Abrieb *(m)*
A 6	**abrasion resistance; abrasion strength**	Scheuerfestigkeit *(f)*
A 7	**abrasive (compound)**	Schleifmittel *(n)*; Strahlmittel *(n)* [Oberflächenbehandlung]
A 8	**abrasive cutting**	Trennschleifen *(n)*
A 9	**abrasive cutting wheel; abrasive disc**	Trennscheibe *(f)*
A 10	**abrasive grit**	Schleifabrieb *(m)*
A 11	**abrasiveness**	Abriebeigenschaft *(f)*
A 12	**abrasive wear**	abrasiver Verschleiß *(m)*
A 13	**absolute coil**	Absolutspule *(f)*
A 14	**absolute measurement**	Absolutmessung *(f)*
A 15	**absolute pressure**	Absolutdruck *(m)*
A 16	**absolute pressure leak test**	Leckprüfung *(f)* mittels Absolutdruck
A 17	**absolute readout**	Absolutanzeige *(f)*
A 18	**absolute viscosity; dynamic viscosity**	absolute Viskosität *(f)*; dynamische Viskosität *(f)* [Erläuterungen siehe unter: **dynamic viscosity**]
A 19	**absorbed energy** [impact test]	verbrauchte Schlagarbeit *(f)* [Kerbschlagbiegeversuch]
A 20	**absorber tower**	Sprühabsorber *(m)*; Sprühturm *(m)* [Rauchgasentschwefelung; siehe auch: **wash column**]
A 21	**absorption**	Absorption *(f)* [Die Absorption ist ein Lösungsprozeß von Gasen und Dämpfen in einer Flüssigkeit. In der chemischen Industrie wird von der Absorption häufig Gebrauch gemacht, um Gase oder Dämpfe auch in geringen Konzentrationen zurückzugewinnen. Siehe auch: **desorption** (Desorption). Die Absorption wird durch Druck und Abkühlung begünstigt, die Desorption durch Vakuum und erhöhte Temperatur.]
A 22	**absorption coefficient**	Absorptionskoeffizient *(m)*
A 23	**absorption column**	Absorptionsturm *(m)* [Kolonnen oder zylindrische Behälter zum Waschen von Gasen oder Flüssigkeiten im Gegenstromprinzip. Siehe auch: **absorption; desorption; wash column**]
A 24	**absorption heat**	Absorptionswärme *(f)*
A 25	**absorption of angular rotation** [see Annex 1, p. 98]	Angularkompensation *(f)* [siehe Erläuterungen unter: **expansion joint**; siehe Anhang 1, S. 98]
A 26	**absorption of axial movement** [see Annex 1, p. 98]	Axialkompensation *(f)* [siehe Erläuterungen unter: **expansion joint**; siehe Anhang 1, S. 98]

A 27	absorption of black light radiation	Absorption *(f)* von UV-Strahlen
A 28	absorption of lateral movement [see Annex 1, p. 98]	Lateralkompensation *(f)* [siehe Erläuterungen unter: **expansion joint**; siehe Anhang 1, S. 98]
A 29	absorption plant	Absorptionsanlage *(f)*
A 30	absorption spectrum	Absorptionsspektrum *(n)*
A 31	absorptive coating	absorbierender Überzug *(m)*
A 32	absorptivity; absorptive power	Absorptionsfähigkeit *(f)*; Absorptionsvermögen *(n)*
A 33	abutment	Widerlager *(n)* [Fundament; Rohrbrücke]
A 34	abutting edges *(pl)*; abutting ends *(pl)* [welding]	Stoßkanten *(f, pl)* [Schweißen]
A 35	abutting face	Stoßfläche *(f)*
A 36	abutting joint	Stoßfuge *(f)*; Stoßstelle *(f)*; Verbindungsstelle *(f)*
A 37	accelerated corrosion test	Kurzzeit-Korrosionsversuch *(m)*; Schnellkorrosionsversuch *(m)*
A 38	accelerated test	Kurzprüfung *(f)*
A 39	accelerated test procedure	Schnellprüfverfahren *(n)*
A 40	acceleration due to gravity	Erdbeschleunigung *(f)*
A 41	acceptance certificate	Abnahmebescheinigung *(f)*
A 42	acceptance inspection	Annahmeprüfung *(f)*; Bauprüfung *(f)* [Abnahme durch Kunden/TÜV/Versicherer]
A 43	acceptance level	Abnahmeklasse *(f)*; Beurteilungsstufe *(f)* [Abnahme]
A 44	acceptance level (for defects)	Fehlergrenzstufe *(f)*; Fehlergrenzwert *(m)*; Abnahmegrenzlage *(f)*; Abnahme-Level *(m)*
A 45	acceptance-rejection examination	Prüfung *(f)* für die Abnahme oder Zurückweisung von Fehlern
A 46	acceptance specification	Abnahmevorschrift *(f)*
A 47	acceptance standard	Richtlinie *(f)* für die Abnahme oder Zurückweisung von Fehlern; Abnahmenormal *(n)*
A 48	acceptance test	Abnahmeversuch *(m)*; Abnahmeprüfung *(f)*
A 49	accept-reject categories *(pl)*	Gut-/Schlecht-Klassen *(f, pl)*; Zulässigkeit *(f)* von Fehlergrößen [Abnahme von Fehlern]
A 50	accept switch	Quittierschalter *(m)*
A 51	access door; access opening	Befahröffnung *(f)*; Einsteigeöffnung *(f)*
A 52	access eye; cleanout	Reinigungsöffnung *(f)*
A 53	access hatch [tank]	Einsteigeluke *(f)* [Tank]
A 54	accessibility	Zugänglichkeit *(f)*
A 55	accessible construction	begehbare Ausführung *(f)*
A 56	access ladder, back-caged ...	Steigleiter *(f)* mit Rückenschutz
A 57	access opening; access door	Befahröffnung *(f)*; Einsteigeöffnung *(f)*
A 58	access port	Einsteigeklappe *(f)*
A 59	accommodation of load surges	Abfangen *(n)* von Laststößen
A 60	accumulation	Anhäufung *(f)*; Ansammlung *(f)*
A 61	accumulation; opening pressure difference [safety valve]	Öffnungsdruckdifferenz *(f)*; Druckanstieg *(m)* [Si-Ventil] [siehe: O 52]
A 62	accumulation of pressure; overpressure [valve]	Drucküberschreitung *(f)* [Ventil]

A 63	**accumulator [pump]**	Druckausgleichsbehälter *(m)* [Pumpe]
A 64	**accuracy**	Genauigkeit *(f)*
A 65	**accuracy of indication**	Anzeigegenauigkeit *(f)*
A 66	**accuracy of measurement**	Meßgenauigkeit *(f)*
A 67	**accuracy to gauge**	Maßgenauigkeit *(f)*; Maßhaltigkeit *(f)*
A 68	**accuracy to shape**	Formgenauigkeit *(f)*
A 69	**accuracy to size**	Maßgenauigkeit *(f)*; Maßhaltigkeit *(f)*
A 70	**ACHE; air-cooled heat exchanger**	luftgekühlter Wärmeaustauscher *(m)*
A 71	**acid attack**	Säureangriff *(m)*
A 72	**acid-brittle steel**	beizspröder Stahl *(m)*
A 73	**acid-cleaning**	Beizen *(n)*
A 74	**acid-cleaning connection**	Beizanschluß *(m)*
A 75	**acid cracking plant**	Säurespaltanlage *(f)*
A 76	**acid dew-point**	Säuretaupunkt *(m)*
A 77	**acid-resistant; acid-resisting; acid-fast** *[adj.]*	säurebeständig; säurefest *(Adj.)*
A 78	**acid-resistant lining; acid-resistant liner**	säurefeste Auskleidung *(f)*; Säurefutter *(n)*
A 79	**acme thread; trapezoidal thread**	Trapezgewinde *(n)*
A 80	**acoustic absorption**	Schallabsorption *(f)*
A 81	**acoustic emission; AE**	Schallemission *(f)*
A 82	**acoustic emission amplitude distribution**	SE-Amplitudenverteilung *(f)*; Amplitudenverteilung *(f)* [SEP]
A 83	**acoustic emission channel**	SE-Kanal *(m)*; Kanal *(m)* [Gerätesatz zur Schallemissionsprüfung bestehend aus Schwingungsaufnehmer, Vorverstärker, Impedanzumwandler, Filter etc.]
A 84	**acoustic emission count; ring-down count**	Schallsumme *(f)*; Impulssumme *(f)* [SEP]
A 85	**acoustic emission count rate**	Schallrate *(f)*; Impulsrate *(f)* [SEP]
A 86	**acoustic emission event**	Vorgang *(m)*; Ereignis *(n)* [SEP]
A 87	**acoustic emission event energy**	Energie *(f)* des Vorgangs [SEP]
A 88	**acoustic emission sensor**	Schall-Aufnehmer *(m)*; Schwingungsaufnehmer *(m)* [SEP]
A 89	**acoustic emission signal**	Schallsignal *(n)* [SEP]
A 90	**acoustic emission signal amplitude**	Schallsignalamplitude *(f)* [SEP]
A 91	**acoustic emission signature**	SE-Kennzeichnung *(f)* [Testsignalsatz; SEP]
A 92	**acoustic emission testing; AET**	Schallemissionsprüfung *(f)*; Schallemissionsanalyse *(f)*; SEA; SEP
A 93	**acoustic emission transducer**	SE-Wandler *(m)*; Wandler *(m)* [SEP]
A 94	**acoustic emission waveguide**	SE-Wellenleiter *(m)*; Wellenleiter *(m)* [SEP]
A 95	**acoustic holography** [ultras.]	akustische Holographie *(f)* [US-Prüfung]
A 96	**acoustic hood**	Schallschluckhaube *(f)*; Schallschutzhaube *(f)*
A 97	**acoustic impedance**	akustische Impedanz *(f)*
A 98	**acoustic insulation; sound insulation**	Schalldämmung *(f)*; Schallisolierung *(f)*; Schallschutz *(m)*
A 99	**acoustic material; sound-absorbing material**	Schallschluckstoff *(m)*; Dämmstoff *(m)*
A 100	**acoustic noise**	Lärm *(m)*; Geräusch *(n)* [Akustik]
A 101	**acoustic oscillation**	Schallschwingung *(f)*
A 102	**acoustic power; sound power**	Schalleistung *(f)*
A 103	**acoustic power level; sound power level**	Schalleistungspegel *(m)*

A 104	**acoustic resonance**	akustische Resonanz *(f)*
A 105	**acoustic scatter; sound scattering**	Schallstreuung *(f)*
A 106	**acoustic standing waves** *(pl)*	stehende akustische Wellen *(f, pl)*
A 107	**acoustic treatment**	Schallschutz *(m)*
A 108	**acoustic velocity; sound velocity**	Schallgeschwindigkeit *(f)*
A 109	**acoustic vibrations** *(pl)*	akustische Schwingungen *(f, pl)*
A 110	**acoustic wave**	akustische Welle *(f)*
A 111	**acting point** **[actuator]**	Schaltpunkt *(m)* [Stellantrieb]
A 112	**active coils** *(pl)* **[compression spring]**	federnde Windungen *(f, pl)* [Druckfeder]
A 113	**active-gas metal arc welding; metal active-gas welding; MAG welding**	Metall-Aktivgasschweißen *(n)*; MAG-Schweißen *(n)*
A 114	**active maintenance time**	Instandhaltungsdauer *(f)*
A 115	**active repair time**	Instandsetzungsdauer *(f)*
A 116	**active water**	Aggressivwasser *(n)*
A 117	**actual clearance**	Istspiel *(n)* [Passung]
A 118	**actual construction time**	Istbauzeit *(f)*; tatsächliche Bauzeit *(f)*
A 119	**actual deviation**	Istabmaß *(n)* [Passung]
A 120	**actual discharge capacity** **[valve]**	gemessene Abblaseleistung *(f)*; gemessener Ausfluß *(m)* [Menge des beim Abblasedruck durch Messung ermittelten, in der Zeiteinheit durchströmenden Meßmediums]
A 121	**actual interference**	Istübermaß *(n)* [Passung]
A 122	**actual position**	Iststellung *(f)*
A 123	**actual-setpoint comparison**	Istwert-Sollwert-Vergleich *(m)*
A 124	**actual throat thickness** **[fillet weld]**	Nahthöhe *(f)*; Schweißnahthöhe *(f)* [Kehlnaht; Schweißen]
A 125	**actual throughput**	Istdurchsatz *(m)*
A 126	**actual time**	Istzeit *(f)*
A 127	**actual value**	Istwert *(m)*
A 128	**actuating force; actuator stem force**	Stellkraft *(f)*
A 129	**actuating mechanism**	Betätigungsvorrichtung *(f)*; Schaltvorrichtung *(f)*
A 130	**actuating signal**	Schaltbefehl *(m)*
A 131	**actuating time**	Stellgliedlaufzeit *(f)*; Stellzeit *(f)* [Stellglied]
A 132	**actuating torque**	Stellmoment *(n)*
A 133	**actuating variable**	Stellgröße *(f)*
A 134	**actuator** **[valve]**	Stellantrieb *(m)*; Betätigungseinrichtung *(f)*; Stellglied *(n)*; Stelleinrichtung *(f)*; Stellungsregler *(m)* [Ventil]
A 135	**actuator head; compressor** **[diaphragm valve; see Annex 1, p. 50]**	Druckstück *(n)* [Membranventil; siehe Anhang 1, S. 50]
A 136	**actuator operating time**	Stellglied-Laufzeit *(f)*
A 137	**actuator output torque**	Stellkraft *(f)*
A 138	**actuator pressure; air operator pressure**	Steuerdruck *(m)* [pneumatischer Stellantrieb]
A 139	**actuator stem force; actuating force**	Stellkraft *(f)*
A 140	**actuator travel**	Stellweg *(m)*
A 141	**adapter; intermediate piece; transition piece** *interconnection pipe*	Adapter *(m)*; Zwischenstück *(n)*; Paßstück *(n)*; Verbinder *(m)*; Verbindungsstück *(n)* [Übergangsstück, Rohrverschraubung]

A 142	adapter, screwed end ...	Anschweißnippel *(m)* mit Gewindeende
A 143	adapter flange	Zwischenflansch *(m)*
A 144	adapter sleeve	Spannbüchse *(f)*; Spannhülse *(f)*; Spannmuffe *(f)* [Lager]
A 145	adapter sleeve	Reduzierhülse *(f)*
A 146	additional load applied; secondary load to assist safety valve	Zusatzbelastung *(f)* [Ventil]
A 147	additional stress	Zusatzbeanspruchung *(f)*; Zusatzspannung *(f)*
A 148	additive stress	zusätzliche Spannung *(f)*
A 149	add-on kit	Nachrüstsatz *(m)*
A 150	adhering electrode material	anhaftender Elektrodenwerkstoff *(m)* [an der Werkstückoberfläche]
A 151	adhesion [bonding test]	Bindung *(f)* [Bindungsprüfung]
A 152	adhesion	Haftung *(f)*; Adhäsion *(f)*
A 153	adhesive (bonded) joint; bonded joint	klebebondierte Verbindung *(f)*; Klebeverbindung *(f)*
A 154	adhesiveness	Haftfestigkeit *(f)*; Haftvermögen *(n)*; Klebevermögen *(n)*
A 155	adhesive strength	Haftvermögen *(n)*; Haltefestigkeit *(f)*
A 156	adiabatic expansion	adiabatische Expansion *(f)*; adiabatische Ausdehnung *(f)*
A 157	adiabatic mixing temperature	adiabatische Mischtemperatur *(f)*
A 158	adiabatic wall temperature	Eigentemperatur *(f)* der Wand; Wand-Eigentemperatur *(f)*
A 159	adiathermic *(adj.)*	wärmeundurchlässig *(Adj.)*
A 160	adjustable elbow; single banjo	richtungseinstellbare Winkelverschraubung *(f)*
A 161	adjustable fitting; banjo	richtungseinstellbare Verschraubung *(f)*
A 162	adjustable support	verstellbare Stütze *(f)*
A 163	adjuster; setter	Einsteller *(m)* [elektrisch]
A 164	adjusting lever	Verstellhebel *(m)*
A 165	adjusting nut	Stellmutter *(f)*; Spannmutter *(f)*
A 166	adjusting ring	Stellring *(m)*
A 167	adjusting stem	Justierspindel *(f)*
A 168	adjustment; setting	Einstellung *(f)*; Justierung *(f)*
A 169	adjustment control system	Einstellsteuerwerk *(n)*
A 170	adjustment device	Einstelleinrichtung *(f)*
A 171	admiralty metal	Kondensatormessing *(n)*
A 172	admissible mark	zulässige Markierung *(f)*
A 173	ADR; asymmetrical rotating disk contactor	asymmetrischer Drehscheibenextraktor *(m)* [Extraktor in Kolonnenbauweise; Weiterentwicklung des RDC; siehe: **rotating disk contactor**]
A 174	adsorption	Adsorption *(f)* [Alle hochporösen oder feinverteilten festen Körper haben die Eigenschaft, an ihren Oberflächen Dämpfe, Gase oder Flüssigkeiten festzuhalten. Dieser Effekt wird Adsorption genannt.]
A 175	adsorption heat; heat of adsorption	Adsorptionswärme *(f)*

A 176	**AE; acoustic emission**	Schallemission *(f)*
A 177	**aeration connections** *(pl)*; **purge connections** *(pl)*	Spülanschlüsse *(m, pl)*; Belüftungsanschlüsse *(m, pl)*
A 178	**aeration test**	Belüftungsprobe *(f)*; Belüftungsprüfung *(f)*; Belüftungsversuch *(m)*
A 179	**aero-wheel weld manipulator**	Rhönradvorrichtung *(f)* [Schweißen]
A 180	**AET; acoustic emission testing**	Schallemissionsprüfung *(f)*; Schallemissionsanalyse *(f)*; SEA; SEP
A 181	**AFS; anti-fouling-system**	Anti-Fouling-System *(n)* [siehe: **Anti-Fouling-System**]
A 182	**age-hardening crack**	Aufhärtungsriß *(m)* [entsteht durch Gefügeveränderung; dadurch hervorgerufene Volumenänderungen erzeugen Spannungen]
A 183	**ageing**	Altern *(n)* [Ändern der Eigenschaften eines nicht im thermodynamischen Gleichgewicht befindlichen Werkstoffs abhängig von Temperatur und Zeit. Es wird unterschieden zwischen dem natürlichen Altern, wenn es bei Raumtemperatur und ohne Vorhandensein anderer Einflüsse eintritt, und dem künstlichen Altern, wenn es durch Erwärmen auf mäßige Temperaturen beschleunigt wird.]
A 184	**ageing-induced crack**	Alterungsriß *(m)* [entsteht durch Alterungsvorgänge]
A 185	**aggregate capacity** [valve]	Gesamtabblaseleistung *(f)* [Ventil]
A 186	**aggregate footage of welds**	Gesamtlänge *(f)* der Schweißnähte
A 187	**aggregate strength**	Gesamtfestigkeit *(f)*
A 188	**agitated vessel; stirred tank**	Rühr(werks)kessel *(m)*
A 189	**agitator; impeller**	Rührwerk *(n)*; Rührer *(m)* [Rührwerksbehälter]
A 190	**agitator blade**	Rührflügel *(m)*
A 191	**air-actuated direction valve; air-controlled direction valve; air-operated direction valve; pneumatically operated direction valve**	pneumatisch betätigtes Wegeventil *(n)*; Wegeventil *(n)* mit pneumatischer Verstellung
A 192	**air binding**	Stauung *(f)* von Luft
A 193	**air bleeder; bleeder hole; bleeder port; bleeder; vent; vent port**	Entlüftungsbohrung *(f)*; Entlüftungsöffnung *(f)*; Entlüftung *(f)*; Entlüfter *(m)*
A 194	**air breather**	Entlüftungsorgan *(n)*; Lüftungsorgan *(n)*
A 195	**air clamp; line-up clamp; alignment clamp; air line-up clamp**	Druckluftzentrierklammer *(f)*; Preßluftzentrierklammer *(f)*
A 196	**air-controlled direction valve; air-actuated direction valve; air-operated direction valve; pneumatically operated direction valve**	pneumatisch betätigtes Wegeventil *(n)*; Wegeventil *(n)* mit pneumatischer Verstellung
A 197	**air cooled condenser; air condenser**	luftgekühlter Kondensator *(m)*; Luftkondensator *(m)*
A 198	**air-cooled heat exchanger; ACHE**	luftgekühlter Wärmeaustauscher *(m)*
A 199	**air gap**	Luftspalt *(m)*
A 200	**air heater; air preheater**	Luftvorwärmer *(m)*; Luvo *(m)*
A 201	**air leakage**	Luftleckage *(f)*; Luftleckverlust *(m)*

allowance below nominal size

A 202	**airlifting process** [tank]	Airlifting-Verfahren *(n)* [Erläuterungen siehe unter: **tank airlifting**]
A 203	**air line-up clamp; line-up clamp; alignment clamp; air clamp**	Druckluftzentrierklammer *(f)*; Preßluftzentrierklammer *(f)*
A 204	**air motor**	Luftmotor *(m)*; Preßluftmotor *(m)*
A 205	**air motor actuator**	Luftmotor-Stellglied *(n)*
A 206	**air motor control valve**	luftgesteuertes Regelventil *(n)*
A 207	**air-oil heat exchanger; oil-to-air heat exchanger**	Öl/Luft-Wärmetauscher *(m)*
A 208	**air-operated direction valve; air-actuated direction valve; air-controlled direction valve; pneumatically controlled direction valve**	pneumatisch betätigtes Wegeventil *(n)*; Wegeventil *(n)* mit pneumatischer Verstellung
A 209	**air operation**	pneumatische Betätigung *(f)*
A 210	**air operator pressure; actuator pressure**	Steuerdruck *(m)* [pneumatischer Stellantrieb]
A 211	**air pocket**	Luftblase *(f)*; Luftnest *(n)*; Lufteinschluß *(m)*
A 212	**air-pressure reducing valve**	Luftdruckreduzierventil *(n)*
A 213	**air receiver**	Druckluftbehälter *(m)*; Luftkessel *(m)*; Windkessel *(m)*
A 214	**air storage tank**	Luftspeichertank *(m)*
A 215	**alarm annunciation system**	Gefahrenmeldeanlage *(f)*; Störmeldeanlage *(f)*
A 216	**alarm signal**	Gefahrenmeldung *(f)*; Warnmeldung *(f)* [Signal]
A 217	**aligned wormholes** *(pl)*	Schlauchporenkette *(f)*; lineare Schlauchporen *(f, pl)*
A 218	**alignment**	Fluchtung *(f)*; Ausrichten *(n)*; Justierung *(f)*
A 219	**alignment chart**	Nomogramm *(n)*
A 220	**alignment clamp; air clamp; air line-up clamp; line-up clamp**	Druckluftzentrierklammer *(f)*; Preßluftzentrierklammer *(f)*
A 221	**alligator clip**	Quetschklammer *(f)*
A 222	**alligator fitting**	Klauenverbindung *(f)*
A 223	**alligatoring**	Krokodilhaut *(f)* [Metalloberfläche]
A 224	**allowable centreline rotation**	zulässige Verdrehung *(f)* der Mittellinie
A 225	**allowable displacement stress range**	zulässige Verlagerungsschwingbreite *(f)*
A 226	**allowable indication; allowable flaw size** [ultras.]	zulässige Fehlergröße *(f)* [US-Prüfung]
A 227	**allowable soil loading**	zulässige Bodenbelastung *(f)*
A 228	**allowable stress**	zulässige Spannung *(f)*
A 229	**allowable stress (value) in bearing**	zulässige Spannung *(f)* auf Pressung
A 230	**allowable stress (value) in pure shear**	zulässige Spannung *(f)* auf reine Abscherung
A 231	**allowable stress (value) in tension**	zulässige Spannung *(f)* unter Zugbeanspruchung
A 232	**allowable working stress**	zulässige Betriebsspannung *(f)*
A 233	**allowance**	Abmaß *(n)* [Passung]
A 234	**allowance**	Toleranz *(f)*; Zugabe *(f)*; Zuweisung *(f)*; Zuschlag *(m)*
A 235	**allowance above nominal size**	oberes Abmaß *(n)* [Passung]
A 236	**allowance below nominal size**	unteres Abmaß *(n)* [Passung]

A 237	alloy	Legierung (f)
A 238	alloyed steel	legierter Stahl (m)
A 239	alloying constituent	Legierungsbestandteil (m)
A 240	alloy system	Legierungssystem (n)
A 241	all-round weld	Ringschweißnaht (f); Ringnaht (f)
A 242	all-thread (hanger) rod	Gewindestange (f)
A 243	all-weld metal	reines Schweißgut (n)
A 244	all-weld metal tensile strength	Zugfestigkeit (f) des reinen Schweißguts
A 245	all-weld (metal) test specimen	reine Schweißgutprobe (f)
A 246	alternating creep test	Wechselkriechversuch (m)
A 247	alternating stress	Dauerschwingbeanspruchung (f); Wechselbeanspruchung (f); Wechselspannung (f) [Mechanik]
A 248	alternating stress difference	Wechselspannungsdifferenz (f); wechselnde Spannungsdifferenz (f)
A 249	alternating stress intensity	Vergleichswechselspannung (f)
A 250	alternating tensile stresses (pl)	wechselnde Zugspannungen (f, pl)
A 251	alumina banding [rolling]	Tonerdezeilen (f, pl) [Walzfehler]
A 252	ambient pressure	Umgebungsdruck (m)
A 253	ambient temperature	Raumtemperatur (f); Umgebungstemperatur (f)
A 254	amplitude	Amplitude (f)
A 255	amplitude control linearity	Linearität (f) der Amplitudenregelung
A 256	amplitude reference line; ARL	Amplitudenbezugslinie (f)
A 257	amplitude response	Amplituden-Ansprechen (n)
A 258	anchor; anchor point [see Annex 1, p. 81]	Festpunkt (m); Festpunktlager (n) [siehe Anhang 1, S. 81]
A 259	anchorage	Verankerung (f)
A 260	anchor bolt; foundation bolt; holding-clown bolt	Ankerschraube (f); Fundamentanker (m); Fundamentbolzen (m); Fundamentschraube (f); Befestigungsschraube (f)
A 261	anchor chair	Lagerbock (m) [Rohr-Auflager]
A 262	anchor displacement	Festpunktverlagerung (f)
A 263	anchoring bracket	Festpunkt-Konsole (f) [Rohrleitung]
A 264	anchoring device	Verankerungsvorrichtung (f)
A 265	anchor plate	Ankerblech (n)
A 266	anchor pocket	Ankerhülse (f)
A 267	anchor point; anchor	Festpunkt (m); Festpunktlager (n)
A 268	anechoic room; dead room	schalltoter Raum (m)
A 269	anechoic trap [ultras.]	akustischer Sumpf (m) [US-Prüfung]
A 270	angle [gen.]	Winkel (m); Ecke (f); Kante (f) [allg.]
A 271	angle, top . . . [tank]	Dacheckring (m) [Tank]
A 272	angle beam [ultras.]	Schrägschallstrahl (m) [US-Prüfung]
A 273	angle beam calibration [ultras.]	Justierung (f) für Schrägeinschallung [US-Prüfung]
A 274	angle beam scanning (technique) [ultras.]	Schrägeinschallung(stechnik) (f) [US-Prüfung]
A 275	angle beam search unit; angle probe [ultras.]	Winkelprüfkopf (m) [US-Prüfung]
A 276	angle between probes [double probe method only; ultras.]	Prüfkopfeinstellwinkel (m) [nur bei Doppelprüfkopfverfahren; US-Prüfung]

A 277	angle check valve	Eck-Rückschlagventil *(n)*
A 278	angle clip	Winkeleisenhalter *(m)*
A 279	angle coupling; angle fitting; elbow fitting; elbow coupling	Winkelverschraubung *(f)*; Winkelverbindung *(f)*
A 280	angled beam [ultras.]	Schrägeinschallung *(f)* [US-Prüfung]
A 281	angle disk check valve	Eck-Rückschlagventil *(n)* [mit Rückschlagkegel]
A 282	angled pitch-catch technique [ultras.]	Tandemprüfverfahren *(n)* [US-Prüfung]
A 283	angle joint	Eckverbindung *(f)*
A 284	angle non-return valve; angle stop check valve	absperrbares Eck-Rückschlagventil *(n)*
A 285	angle of attack	Anstellwinkel *(m)*
A 286	angle of beam spread; beam spread angle [ultras.]	Divergenz *(f)*; Öffnungswinkel *(m)* des Schallstrahlenbündels [US-Prüfung]
A 287	angle of bending	Biegewinkel *(m)*
A 288	angle of incidence; incidence angle [ultras.]	Einfallswinkel *(m)*; Einschallwinkel *(m)* [US-Prüfung]
A 289	angle of reflection	Reflexionswinkel *(m)*
A 290	angle of refraction [ultras.]	Brechungswinkel *(m)* [US-Prüfung]
A 291	angle of repose	Schüttwinkel *(m)*
A 292	angle of rotation [welding]	Schweißpositionswinkel *(m)*
A 293	angle of twist	Verdrehungswinkel *(m)*
A 294	angle-pattern safety valve	Ecksicherheitsventil *(n)* [siehe auch: **angle valve**]
A 295	angle probe; angle beam search unit [ultras.]	Winkelprüfkopf *(m)* [US-Prüfung]
A 296	angle section	Winkelprofil *(n)*; Winkelstück *(n)*
A 297	angle steel; angles *(pl)*	Winkelstahl *(m)*
A 298	angle stiffener; stiffening angle	Versteifungswinkel *(m)*
A 299	angle support	Tragwinkel *(m)*
A 300	angle-type full lift safety valve	Eck-Vollhubsicherheitsventil *(n)*
A 301	angle-type safety valve; angle-pattern safety valve	Eck-Sicherheitsventil *(n)*
A 302	angle-type safety valve with lever	Eck-Hebelsicherheitsventil *(n)*
A 303	angle-type spring-loaded safety valve	Eck-Federsicherheitsventil *(n)*
A 304	angle valve; corner valve [see Annex 1, p. 33]	Eckventil *(n)* [siehe Anhang 1, S. 33]
A 305	angular acceleration	Winkelbeschleunigung *(f)*
A 306	angular cross-section	Winkelquerschnitt *(m)*
A 307	angular deviation	Winkelabweichung *(f)*
A 308	angular dimension	Winkelmaß *(n)*
A 309	angular discharge elbow [valve]	winkelförmiger Abblasekrümmer *(m)* [Ventil]
A 310	angular incidence [ultras.]	Schrägeinschallung *(f)* [US-Prüfung]
A 311	angularity tolerance	Abweichung *(f)* von der Winkelhaltigkeit
A 312	angular layout of the weld	Winkelanzeichnung *(f)* der Schweißnaht
A 313	angular misalignment [weld defect]	Winkelversatz *(m)* [Schweißnahtfehler; die geschweißten Teile bilden einen nicht vorgeschriebenen Winkel]
A 314	angular momentum	Drehimpuls *(m)*
A 315	angular offset [nozzle]	Abwinklung *(f)* [Stutzen]
A 316	angular position	Winkellage *(f)*; Winkelstellung *(f)*

A 317	**angular rotation** [expansion joint; see Annex 1, p. 98]	Winkelverdrehung *(f)*; Winkelausschlag *(m)* [Abwinkelung von Kompensatoren; siehe Anhang 1, S. 98]
A 318	**angular velocity**	Winkelgeschwindigkeit *(f)*
A 319	**angular working spring rate** [expansion joint bellows]	Angular-Federrate *(f)*; Verstellmoment-Rate *(f)* [siehe: **bellows spring rate**]
A 320	**angulating spring support**	federnde Gelenkstütze *(f)* [LISEGA]
A 321	**anisotropy**	Anisotropie *(f)* [Richtungsabhängigkeit phys. und chem. Eigenschaften von Stoffen und ihrer Materialkonstanten]
A 322	**annealing**	Glühen *(n)*; Ausglühen *(n)*; Glühbehandlung *(f)*
A 323	**annealing chart**	Glühstreifen *(m)*
A 324	**annealing colour**	Anlauffarbe *(f)*
A 325	**annealing diagram**	Glühdiagramm *(n)*
A 326	**annealing furnace**	Glühofen *(m)*
A 327	**annealing gas**	Glühgas *(n)*
A 328	**annealing record**	Glühprotokoll *(n)*
A 329	**annealing time**	Glühzeit *(f)*
A 330	**annular bottom plate** [tank]	Bodenringblech *(n)* [Tank]
A 331	**annular clearance**	Ringspalte *(f)*
A 332	**annular coil** [eddy t.]	Ringspule *(f)* [Wirbelstromprüfung]
A 333	**annular coil clearance** [eddy t.]	Ringabstand *(m)* der Spule; Spulen-Ringabstand *(m)* [Wirbelstromprüfung]
A 334	**annular diaphragm**	ringförmige Membran *(f)*
A 335	**annular film boiling**	Zweiphasen-Filmsieden *(n)*; disperses Sieden *(n)*
A 336	**annular flow**	Ringströmung *(f)*
A 337	**annular gap; annulus**	Ringspalt *(m)*
A 338	**annular groove; ring groove**	Ringnut *(f)*
A 339	**annular orifice**	Ringblende *(f)*; ringförmige Drosselblende *(f)*
A 340	**annular rim space; rim vapour space** [tank; see Annex 1, p. 16]	Ringraum *(m)* [zwischen Tankmantel und Schwimmdachkante; siehe Anhang 1, S. 16]
A 341	**annular seal rim** [tank; see Annex 1, p. 16]	Ringraumdichtung *(f)* [Tank; siehe Anhang 1, S. 16]
A 342	**annular space**	Ringraum *(m)*
A 343	**annular two-phase flow**	zweiphasige Ringströmung *(f)*
A 344	**annulus; annular gap**	Ringspalt *(m)*; Ringraum *(m)*
A 345	**anti-blowback device**	Rückschlagsicherungsvorrichtung *(f)*; Rückschlagsicherung *(f)*
A 346	**anti-blow-out-stem** [ball valve]	Anti-Blow-Out-Schaltwelle *(f)* [Kugelhahn; die Schaltwelle ist so konstruiert, daß sie bei unsachgemäßer Bedienung nicht durch den Mediendruck herausgedrückt werden kann]
A 347	**anti-corrosion coating; corrosion protection coating**	Korrosionsschutzanstrich *(m)*
A 348	**anti-corrosive agent**	Korrosionsschutzmittel *(n)*
A 349	**anti-drumming sheet**	Antidröhnblech *(n)*; Brummblech *(n)*; Dröhnblech *(n)*

A 350	**anti-flood breather vent fitting**	Hochwasser-Entlüftungsfitting *(n)*
A 351	**antifoulant**	Antifoulant *(n)* [ein chemisches Additiv, das die Ablagerung von Feststoffen in Wärmeaustauschern verhindern soll]
A 352	**anti-fouling system; AFS**	Anti-Fouling-System *(n)* [zur Verhinderung der Verschmutzung wärmeübertragender Flächen]
A 353	**anti-galling compound**	Anti-Fressmasse *(f)* [Masse zur Verhinderung des Fressens]
A 354	**anti-plane strain**	nicht ebener Dehnungszustand *(m)*
A 355	**anti-rotation device**	Drehsicherung *(f)* [Einrichtung zur Vermeidung von Drehbewegungen]
A 356	**anti-seismic design; aseismic design; earthquake-resistant design; earthquake-proof design**	erdbebensichere Auslegung *(f)*; erdbebenfeste Auslegung *(f)*
A 357	**anti-slag gas; purging gas** [welding]	Formiergas *(n)*; Spülgas *(n)* [Schweißen]
A 358	**anti-spatter spray**	Schweißschutzspray *(m)*
A 359	**anti-static design** [ball valve]	Anti-Statik-Ausführung *(f)* [Kugelhahn; die Ableitungen möglicher statischer Aufladungen über Kugel **(ball)**, Schaltwelle **(stem)** und Gehäuse **(body)** wird je nach Nenndurchmesser (DN) durch die Anordnung einer Niro-Spiralfeder zwischen Deckel und Anschlagplatte oder einen Federring zwischen Schaltwelle und Kugel sichergestellt.]
A 360	**anti-vacuum valve; anti-void valve; vacuum relief valve**	Vakuumbrecher *(m)*; Unterdruckbegrenzungsventil *(n)*
A 361	**anti-vibrating support**	schwingungsdämpfendes Fundament *(n)*
A 362	**anti-vibration device**	Schwingungsdämpfer *(m)*
A 363	**anti-vibrator stiffening**	schwingungsdämpfende Versteifung *(f)*
A 364	**anti-void valve; vacuum relief valve; antivacuum valve**	Vakuumbrecher *(m)*; Unterdruckbegrenzungsventil *(n)*
A 365	**anti-weld spatter compound**	schweißspritzerabweisendes Mittel *(n)*
A 366	**apparent density; bulk density**	Schüttdichte *(f)*; Fülldichte *(f)*; Rohdichte *(f)*
A 367	**apparent heat transfer coefficient**	scheinbarer Wärmeübergangskoeffizient *(m)*
A 368	**apparent porosity**	offene Poren *(f, pl)*
A 369	**appearance of fracture; character of fracture; fracture appearance**	Bruchaussehen *(n)*
A 370	**application of pressure; pressure application**	Druckbeaufschlagung *(f)*
A 371	**applied initial tension; initial tightening force**	aufzubringende Vorspannkraft *(f)* [HV-Schraube]
A 372	**applied load**	aufgebrachte Last *(f)*; Belastung *(f)*
A 373	**applied moment; acting moment**	angreifendes Moment *(n)* [Statik]
A 374	**applied strain**	aufgebrachte Dehnung *(f)*
A 375	**approach flow; inflow**	Anströmung *(f)*
A 376	**approach motion**	Anstellbewegung *(f)* [Zerspanen]

A 377	**approach temperature; minimum approach**	Grädigkeit *(f)*; Annäherungstemperatur *(f)* [Temperaturunterschied zwischen der Austrittstemperatur des heißen Mediums und der Eintrittstemperatur des kalten Mediums]
A 378	**approach velocity; entering velocity**	Anströmgeschwindigkeit *(f)*
A 379	**approval**	Begutachtung *(f)* [mit anschließender Genehmigung]; Genehmigung *(f)*
A 380	**approval mark**	Genehmigungsvermerk *(m)* [Stempel etc.]
A 381	**approval note**	Genehmigungsvermerk *(m)* [Zusätze]
A 382	**approval of coded design; design approval**	rechnerische Vorprüfung *(f)* [Konstruktion]
A 383	**approval procedure**	Genehmigungsverfahren *(n)*
A 384	**approval (testing) of welding procedure [UK]; welding procedure qualification; WPQ [US]**	Schweißverfahrensprüfung *(f)*; Verfahrensprüfung *(f)*
A 385	**approved as marked**	genehmigt *(V)* laut Vermerk [Zeichnung]
A 386	**approved documents** *(pl)*	vorgeprüfte Unterlagen *(f, pl)*
A 387	**approved drawing**	Genehmigungszeichnung *(f)*
A 388	**approved material**	zulässiger Werkstoff *(m)*; anerkannter Werkstoff *(m)* [gemäß Spezifikation]
A 389	**approved welding procedure; qualified welding procedure**	zugelassenes Schweißverfahren *(n)*
A 390	**approximate calculation; approximate computation**	Näherungsrechnung *(f)*; Überschlagsrechnung *(f)*
A 391	**approximate size**	Ungefährmaß *(n)*
A 392	**approximate solution**	Näherungslösung *(f)* [math.]
A 393	**approximate value**	Richtwert *(m)*
A 394	**approximation**	Näherung *(f)* [math.]
A 395	**apron [gen.]**	Schürze *(f)*; Seitenverankerung *(f)* [allg.]
A 396	**apron [tank]**	Füllrohrschürze *(f)* [Tank]
A 397	**arc [gen.]**	Bogen *(m)*; Kreisbogen *(m)* [allg.]
A 398	**arc [welding]**	Lichtbogen *(m)* [Schweißen]
A 399	**Arcair gouging**	Ausfugen *(n)* mit Kohlelichtbogen; Arcair-Verfahren *(n)*
A 400	**arc burn; arc strike; stray flash [weld defect]**	Zündstelle *(f)*; Lichtbogenüberschlag *(m)*; Lichtbogenzündstelle *(f)*; Rückzündung *(f)* [siehe: **arc strike**]
A 401	**arc cutting machine**	Lichtbogenschneidemaschine *(f)*
A 402	**arc efficiency [welding]**	Lichtbogenwirkungsgrad *(m)* [Schweißen]
A 403	**arc-gouging**	Lichtbogenfugenhobeln *(n)*
A 404	**arc length**	Lichtbogenlänge *(f)*
A 405	**arc-oxygen cutting**	Sauerstoff-Lichtbogen-Trennen *(n)*
A 406	**arc pressure welding**	Lichtbogenpreßschweißen *(n)*
A 407	**arc seam weld**	Lichtbogen-Rollenschweißnaht *(f)*
A 408	**arc-shaped specimen**	bogenförmige Probe *(f)*
A 409	**arc-spot weld**	Lichtbogen-Punktschweißnaht *(f)*

as-built sketch

A 410	**arc strike; stray flash; arc burn** [weld imperfection]	Zündstelle *(f)*; Lichtbogenüberschlag *(m)*; Lichtbogenzündstelle *(f)*; Rückzündung *(f)* [Schweißnahtfehler; örtliche Anschmelzung auf der Oberfläche des Grundwerkstoffs oder der Schweißnaht]
A 411	**arc stud welding**	Lichtbogenbolzenschweißen *(n)*
A 412	**arc time**	Lichtbogenbrenndauer *(f)*
A 413	**arc welder**	Elektroschweißer *(m)*
A 414	**arc welding**	Lichtbogenschweißen *(n)*
A 415	**arc welding electrode**	Lichtbogenschweißelektrode *(f)*
A 416	**arc zone; zone of the arc** [welding]	Lichtbogenzone *(f)*; Bogenzone *(f)* [Schweißen]
A 417	**area characteristic** [valve]	Drosselcharakteristik *(f)*; Drosselverhalten *(n)*; Öffnungscharakteristik *(f)*; Öffnungsverhalten *(n)* [Ventil]
A 418	**area of interest** [radiog.]	interessierender Bereich *(m)* [Durchstrahlungsprüfung]
A 419	**area replacement**	Flächenausgleich *(m)*
A 420	**area replacement approach**	Flächenersatzverfahren *(n)* [bei Stutzenausschnitten; die durch den Ausschnitt entfallende Querschnittsfläche (Mantelwanddicke, ohne Zuschlag, mal Innendurchmesser des Stutzens) ist im Bereich der mittragenden Längen von Grundkörper und Stutzen zu ersetzen. Dieses Verfahren ist nicht zu verwechseln mit dem „Flächenvergleichsverfahren"; siehe: **Kellog design aproach**]
A 421	**arithmetical average**	arithmetischer Mittelwert *(m)*
A 422	**arithmetic mean temperature difference; AMTD**	arithmetische mittlere Temperaturdifferenz *(f)*
A 423	**ARL; amplitude reference line**	Amplitudenbezugslinie *(f)*
A 424	**arrangement drawing**	Anordnungszeichnung *(f)*
A 425	**arrangement factor**	Anordnungsfaktor *(m)* [Wärmeübertragungsberechnung]
A 426	**arresting device**	Feststellvorrichtung *(f)*
A 427	**arrest toughness, crack . . .**	Rißauffangzähigkeit *(f)*
A 428	**arrival time interval** [AET]	Ankunftszeitintervall *(n)* [eines SE-Signals; SEP]
A 429	**artefact** [radiog.]	Artefakt *(n)*; Filmfehler *(m)* [Durchstrahlungsprüfung]
A 430	**articulated expansion joint**	Gelenkkompensator *(m)*
A 431	**articulated go-devil**	Gelenkmolch *(m)*; lenkbarer Molch *(m)*
A 432	**articulated pipe section**	Gelenkverbindung *(f)* [Rohrleitung]
A 433	**artificial ageing**	Wärmeaushärtung *(f)*; Warmauslagern *(n)*
A 434	**artificial crack**	künstlicher Riß *(m)*
A 435	**artificial discontinuity**	künstlicher Werkstoffehler *(m)*
A 436	**as-built data sheet**	Baudatenblatt *(n)*
A 437	**as-built shell thickness**	ausgeführte Mantelwanddicke *(f)*
A 438	**as-built sketch**	Fertigskizze *(f)* [den fertigen Behälter darstellende Skizze]

A 439	A-scan; A-scope representation [ultras.]	A-Bild *(n)* [US-Prüfung]
A 440	as-cast section size	Gußquerschnittsgröße *(f)*
A 441	as-constructed	Bauzustand *(m)*
A 442	A-scope presentation; A-scan [ultras.]	A-Bild *(n)* [Reflektogramm; Ultraschallprüfung]
A 443	as-delivered (condition); as-supplied	Lieferzustand *(m)* [Ablieferung]
A 444	as-delivered tube length	Anlieferungslänge *(f)* [Rohr]
A 445	aseismic design; anti-seismic design; earthquake-resistant design; earthquake-proof design	erdbebensichere Auslegung *(f)*; erdbebenfeste Auslegung *(f)*
A 446	as-erected	Montagezustand *(m)*
A 447	as-fabricated (condition)	Herstellungszustand *(m)*
A 448	as-installed	Einbauzustand *(m)*
A 449	aspect ratio	Aspektverhältnis *(n)*; Schlankheitsverhältnis *(n)* [Länge/Durchmesser-Verhältnis]
A 450	as-received (condition)	Lieferzustand *(m)* [Anlieferung]
A 451	as-rolled	Walzzustand *(m)*
A 452	as-rolled or smoother [finish]	walzrauh od. besser [Oberflächenzustand]
A 453	assembly	Zusammenbau *(m)*; Montage *(f)*
A 454	assembly alignment tolerance	Ausrichtungstoleranz *(f)*; Fluchtungstoleranz *(f)* beim Zusammenbau
A 455	assembly clearance	Einbauspiel *(n)*
A 456	assembly drawing	Zusammenstellungszeichnung *(f)*
A 457	assembly instruction	Einbauanleitung *(f)*; Montageanleitung *(f)*
A 458	assembly package	Montageeinheit *(f)*
A 459	assembly stress	Spannung *(f)* im zusammengebauten Zustand [Eigenspannungszustand beim Zusammenbau mehrerer Komponenten]
A 460	as-supplied; as-delivered (condition)	Lieferzustand *(m)* [Ablieferung]
A 461	as-welded	Schweißzustand *(m)* [ohne Wärmenachbehandlung]
A 462	as-welded weldment	Schweißkonstruktion *(f)* im geschweißten Zustand
A 463	asymmetrical rotating disk contactor; ADR	asymmetrischer Drehscheibenextraktor *(m)* [Extraktor in Kolonnenbauweise; Weiterentwicklung des RDC; siehe: **rotating disk contactor**]
A 464	asymmetric temperature distribution; temperature asymmetry	Temperaturschräglage *(f)*; Temperaturschieflage *(f)*
A 465	atmospheric air; free air	atmosphärische Luft *(f)*; Luft *(f)* im Ansaugungszustand; Außenluft *(f)*
A 466	atmospheric corrosion	atmosphärische Korrosion *(f)*
A 467	atmospheric distillation	atmosphärische Destillation *(f)* [Destillation unter Normaldruck]
A 468	atmospheric icing	atmosphärische Eisbildung *(f)*
A 469	atmospheric pressure	atmosphärischer Druck *(m)*; Atmosphärendruck *(m)*
A 470	atmospheric relief hood [safety valve]	Abblasehaube *(f)* [Sicherheitsventil]
A 471	atmospheric relief system	Abblaseeinrichtung *(f)* [ins Freie]

automatic cutting equipment

A 472	**atmospheric relief valve**	Abblaseventil *(n)*
A 473	**atmospheric tank**	überdruckloser Tank *(m)*
A 474	**atomic bonding forces** *(pl)* **[within structure of material]**	zwischenatomare Kraft *(f)* [innerhalb des Werkstoffgefüges]
A 475	**atomise** *(v)* **through a nozzle**	verdüsen *(V)*
A 476	**attaching boss**	Befestigungsnocken *(m)*
A 477	**attachment**	Anbauteil *(n)*
A 478	**attachment bolt**	Klemmschraube *(f)*
A 479	**attachment lug**	Befestigungspratze *(f)*
A 480	**attachment piece**	Aufsatzstück *(n)*
A 481	**attachment weld**	Anschweißnaht *(f)*; Befestigungsnaht *(f)*
A 482	**attendance**	Aufsicht *(f)*; Beaufsichtigung *(f)*
A 483	**attendant facilities** *(pl)*	Nebenanlagen *(f, pl)*
A 484	**attenuation of sound [ultras.]**	Schallschwächung *(f)* [US-Prüfung]
A 485	**attenuator [ultras.]**	Abschwächer *(m)* [US-Prüfung]
A 486	**attenuator pad [ultras.]**	Dämpfungsglied *(n)* [US-Prüfung]
A 487	**atypical ligament [tubesheet]**	Steg *(m)*, von der normalen Anordnung abweichender ... [Rohrboden]
A 488	**audible leak indicator; squealer [leak test]**	akustischer Leckanzeiger *(m)* [Lecksuche]
A 489	**austempering**	Zwischenstufenvergütung *(f)*
A 490	**austenite**	Austenit *(n)*
A 491	**austenitic steel**	austenitischer Stahl *(m)*; Austenitstahl *(m)*
A 492	**austenitic structure**	Austenitgefüge *(n)*
A 493	**austenitising**	Austenitisierung *(f)*
A 494	**authorised expert**	Sachverständiger *(m)* [gutachtender]
A 495	**authorised inspecting authority**	Technischer Überwachungsverein *(m)*; zugelassener Überwachungsverein *(m)*; zugelassene Überwachungsbehörde *(f)*; Eigenüberwachung *(f)*
A 496	**authorised inspector**	bauüberwachender Sachverständiger *(m)*; Abnehmer *(m)*; Abnahmebeamter *(m)*
A 497	**autoclave**	Autoklav *(m)*; Druckkessel *(m)*
A 498	**autofrettage**	Autofrettage *(f)* [Die Autofrettage dickwandiger Rohre hat zum Ziel, durch eine hohe Innendruckbeanspruchung einen Teil der Rohrwand plastisch aufzuweiten, so daß nach Druckentlastung die Rohrinnenseite Druckeigenspannungen aufweist. Dadurch ergibt sich im Betriebszustand für die Rohrinnenseite eine geringere Beanspruchung und damit unter anderem auch eine erhöhte Haltbarkeit des Rohres gegenüber pulsierendem Innendruck]
A 499	**automatic butt welding machine**	Stumpfschweißautomat *(m)*
A 500	**automatic control; closed-loop control**	Regelung *(f)*
A 501	**(automatic) control engineering**	Regelungstechnik *(f)*
A 502	**automatic control system; (closed-loop) control circuit**	Regelkreis *(m)*
A 503	**automatic cutting equipment; automatic cutter**	Schneidautomat *(m)*

A 504	**automatic grinding machine**	Schleifautomat *(m)*
A 505	**automatic scanning [ultras.]**	automatische Abtastung *(f)* [US-Prüfung]
A 506	**automatic seal; pressure energized seal; selfacting seal; self-adjusting seal**	selbstdichtende Dichtung *(f)*; selbstwirkende Dichtung *(f)*; druckgespannte Dichtung *(f)*
A 507	**automatic steam trap**	Kondensomat *(m)*
A 508	**automatic welding machine**	Schweißautomat *(m)*
A 509	**autoradiograph [radiog.]**	autoradiographische Aufnahme *(f)* [Durchstrahlungsprüfung]
A 510	**auxiliary connections** *(pl)*	Nebenanschlüsse *(m, pl)*
A 511	**auxiliary service piping system**	Rohrleitung *(f)* für den Hilfsbetrieb
A 512	**auxiliary test specimen**	Hilfsprobe *(f)*; Hilfsprüfkörper *(m)*
A 513	**auxiliary valve**	Hilfsventil *(n)*
A 514	**availability period**	Verfügbarkeitszeit *(f)* [einer Anlage]
A 515	**average bulk temperature**	kalorische Mitteltemperatur *(f)*
A 516	**average coefficient of pressure**	Druckmittelbeiwert *(m)*
A 517	**average roughness**	Mittenrauhwert *(m)*
A 518	**average unit soil loading [tank]**	mittlere Bodenpressung *(f)* [Tank]
A 519	**axial compression [expansion joint]**	axiale Zusammendrückung *(f)* [Dehnungsausgleicher]
A 520	**axial extension; axial movement [expansion joint; see Annex 1, p. 98]**	axiale Dehnung *(f)*; axiale Bewegung *(f)* [Kompensator; siehe Anhang 1, S. 98]
A 521	**axial fin; longitudinal fin**	Längsrippe *(f)*
A 522	**axial flow**	axiale Strömung *(f)*
A 523	**axially finned tube; longitudinally finned tube; Brown-fin tube**	Längsrippenrohr *(n)*; Brown-Fintube *(n)*
A 524	**axial working spring rate [expansion joint bellows]**	Axial-Federrate *(f)*; Verstellkraft-Rate *(f)* [siehe: **bellows spring rate**]

B

B 1	**back blending**	Zurückfluxen *(n)* [siehe: **blending**]
B 2	**back-chipping [weld]**	Ausfugen *(n)*; Auskreuzen *(n)*; Ausräumen *(n)* [Naht-Wurzel; Schweißen]
B 3	**back connection; rear connection**	rückseitiger Anschluß *(m)*
B 4	**backdraft [due to sudden pressure loss during in-service welding of gas pipelines]**	Flammendurchschlag *(m)*; Nachinnenschlagen *(n)* der Flamme [aufgrund von plötzlichem Druckabfall beim Schweißen von Gasleitungen im Betrieb]
B 5	**backfacing [flange bearing]**	rückseitige Bearbeitung *(f)* [Flanschauflagefläche]
B 6	**backfill**	Erdaufschüttung *(f)*; Anschüttung *(f)*; Auffüllung *(f)*; Aufschüttung *(f)*
B 7	**backfill, trench . . .**	Verfüllung *(f)*; Grabenauffüllung *(f)*
B 8	**backfill compactor, trench . . .**	Grabenverdichter *(m)*
B 9	**backfill crown**	Überschüttungshöhe *(f)*
B 10	**backfill load**	Belastung *(f)* durch Aufschüttungen
B 11	**backfill side of trench**	Graben-Verfüll(ungs)seite *(f)*
B 12	**backfill support capability [tank]**	Tragfähigkeit *(f)* der Aufschüttung [Tank]
B 13	**backfitting; retrofitting**	Nachrüsten *(n)*
B 14	**back-flush; back-wash** *(v)*	rückspülen *(V)*; säubern *(V)* [durch Strömungsumkehr]
B 15	**back-gouging [weld]**	wurzelseitiges Fugenhobeln *(n)*
B 16	**back-grooving [weld]**	wurzelseitiges Nuten *(n)*
B 17	**background [magn.t.]**	Prüffläche *(f)* [Magnetpulverprüfung]
B 18	**background density [radiog.]**	Untergrundschwärzung *(f)* [Durchstrahlungsprüfung]
B 19	**background fluorescence [radiog.]**	Untergrundfluoreszenz *(f)* [Durchstrahlungsprüfung]
B 20	**background noise**	Hintergrundgeräusch *(n)*; Störgeräusch *(n)*; Fremdgeräusch *(n)*; Untergrundgeräusch *(n)*
B 21	**background noise level**	Fremdgeräuschpegel *(m)*
B 22	**background paint [magn.t.]**	Kontrastanstrich *(m)*; Untergrundfarbe *(f)* [Magnetpulverprüfung]
B 23	**background signal [ultras.]**	Rauschsignal *(n)* [US-Prüfung]
B 24	**backhand welding; rightward welding**	Nachrechtsschweißen *(n)*; Rechtsschweißen *(n)*
B 25	**backing [welding]**	Badsicherung *(f)* [Schweißen]; Schweißbadsicherung *(f)*
B 26	**backing bar**	Unterlage *(f)* [Schweißen; vorübergehende . . .]
B 27	**backing device**	Gegenhalter *(m)*
B 28	**backing gas**	Wurzelschutzgas *(n)*
B 29	**backing pump; roughing pump [leak test]**	Vorvakuumpumpe *(f)* [Dichtheitsprüfung]
B 30	**backing ring [welding]**	Einlegering *(m)* [Schweißunterlage]; Unterlegring *(m)*; Aufschweißring *(m)*
B 31	**backing ring, permanent . . .**	bleibende Schweißunterlage *(f)* [bei Rohren]
B 32	**backing ring, temporary . . .**	provisorische Schweißunterlage *(f)* [bei Rohren; wird nach dem Schweißen wieder entfernt]

B 33	**backing run** [welding]	Gegenlage *(f)*; Kapplage *(f)*; Stützlage *(f)*; Wurzelgegennaht *(f)*; Wurzelgegenschweißung *(f)* [Schweißen; auch: S 180]
B 34	**backing slipper** [welding]	Unterlegschuh *(m)* [Durchlaufschweißmaschine]
B 35	**backing space** [leak test]	Vorvakuumraum *(m)* [Dichtheitsprüfung]
B 36	**backing-space leak detection**	Lecksuche *(f)* mit Anschluß des Lecksuchers an das Vakuum [Dichtheitsprüfung]
B 37	**backing strip**	Versteifungsblech *(n)* [Reaktor-Liner]
B 38	**backing strip** [welding]	Unterlage *(f)*; Aufschweißstreifen *(m)* [Schweißen; bleibende Unterlage]
B 39	**backing support** [weld]	Schmelzbadstütze *(f)* [Schweiße]
B 40	**backing-up** [valve]	Rückstau *(m)* [Ventil]
B 41	**backing weld**	Schweißbadsicherungsnaht *(f)*; gegengeschweißte Naht *(f)*
B 42	**backlay welding**	Gegenlagenschweißung *(f)*
B 43	**back lead screen** [radiog.]	Hinterfolie *(f)* aus Blei [Durchstrahlungsprüfung]
B 44	**back pressure** [valve]	Gegendruck *(m)* [Druck hinter dem Austrittsquerschnitt des Sicherheitsventils]
B 45	**back-pressure regulator**	Gegendruckregler *(m)*
B 46	**back pressure valve** [check valve]	Rückschlagventil *(n)*; Sicherheitsvorlage *(f)* [als Ventil; nicht genormter engl. Ausdruck; siehe: **check valve**]
B 47	**back-pressurizing testing** [leak test]	Prüfung *(f)* durch Aufgabe von Vordruck [Dichtheitsprüfung]
B 48	**back-purging** [welding]	rückseitiges Spülen *(n)*; wurzelseitiges Spülen *(n)*; Wurzelspülen *(n)* [Schweißen]
B 49	**back-purging gas**	Wurzelspülgas *(n)*
B 50	**back reflection; back wall echo; bottom echo** [ultras.]	Rückwandecho *(n)* [US-Prüfung]
B 51	**back-scatter check** [radiog.]	Prüfung *(f)* auf rückwärtige Streustrahlung [Durchstrahlungsprüfung]
B 52	**back-scatter detection** [radiog.]	Aufdeckung *(f)* rückwärtiger Streustrahlung [Durchstrahlungsprüfung]
B 53	**back-scatter radiation** [radiog.]	rückwärtige Streustrahlung *(f)* [Durchstrahlungsprüfung]
B 54	**back screen** [radiog.]	Hinterfolie *(f)* [Durchstrahlungsprüfung]
B 55	**back seat** [valve]	Rückdichtung *(f)* [Ein Bund an der Spindel und ein Ventilsitz auf der Druckseite bilden die Rückdichtung und bewahren bei geöffneter Armatur die Packung vor der Belastung durch den Innendruck]
B 56	**back-seat gasket**	Doppelsitzdichtung *(f)*
B 57	**back square**	Anschlagwinkel *(m)*
B 58	**back-step welding method**	Pilgerschrittschweißverfahren *(n)*
B 59	**backstop**	Rücklaufsperre *(f)*
B 60	**back-up bar** [welding]	Schweißbadsicherung *(f)* [Schweißen]
B 61	**back-up weld**	Stützraupe *(f)* [wurzelseitige]

balanced relief valve

B 62	back wall echo; bottom echo; back reflection [ultras.]	Rückwandecho *(n)* [US-Prüfung]
B 63	back-wash; back-flush *(v)*	rückspülen *(V)*; säubern *(V)* [durch Strömungsumkehr]
B 64	back weld	gegengeschweißte Naht *(f)*
B 65	back welding	Gegenschweißen *(n)*
B 66	bad reinforcement angle [weld imperfection]	schroffer Nahtübergang *(m)* [zu großer Winkel zwischen Grundwerkstoff und Schweißnaht]
B 67	baffle; baffle plate [heat exchanger]	Strömungsleitblech *(n)*; Leitblech *(n)*; Schikane *(f)*; Umlenkblech *(n)*; Umlenkplatte *(f)*; Ablenkblech *(n)*; Ablenkplatte *(f)* [Rohrbündel-Wärmeaustauscher]
B 68	baffle assembly [heat exchanger]	Leitblechsatz *(m)* [Wärmeaustauscher]
B 69	baffle cage	Leitblechkäfig *(m)*
B 70	baffle cut [heat exchanger]	Blechausschnitt *(m)* [bei Segmentleitblechen im Rohrbündel-Wärmeaustauscher]
B 71	baffled duct section	Umlenkstück *(n)*; Umlenkknick *(m)* [KanalBauteil]
B 72	baffle device	Lenkvorrichtung *(f)* [Strömungsumlenkung]
B 73	baffled shell-and-tube heat exchanger	Rohrbündelwärmeübertrager *(m)* mit Strömungsleitblechen
B 74	baffle edge	Umlenkkante *(f)*; Umlenkblechkante *(f)*
B 75	baffle sleeve; internal sleeve; liner; telescoping sleeve [expansion joint; see Annex 1, p. 88]	Teleskophülse *(f)*; Leitrohr *(n)* [Erläuterungen siehe unter: **telescoping sleeve**; siehe Anhang 1, S. 88]
B 76	baffle spacing; unsupported tube span [heat exchanger]	Leitblechabstand *(m)*; ungestützte Rohrspannweite *(f)* [Wärmeaustauscher]
B 77	baffle-tray column	Prallglockenboden-Kolonne *(f)* [weitere Erläuterungen siehe unter: **column**]
B 78	baffle wall	Lenkwand *(f)*; Strömungslenkwand *(f)*
B 79	baffle window [heat exchanger]	Fenster *(n)* [Ausschnitt im Segmentleitblech; siehe auch: **window cut**]
B 80	baffling [heat exchanger]	Umlenkung *(f)* [Strömung; mit Leitblechen **(baffle)**]
B 81	bagging accumulation technique [leak test]	Absack-Anhäufungstechnik *(f)* [Dichtheitsprüfung]
B 82	bainite	Zwischenstufe *(f)* [Gefüge]
B 83	bainitic hardening	Zwischenstufenhärtung *(f)*
B 84	bainitic structure	Zwischenstufengefüge *(n)*; bainitisches Mikrogefüge *(n)*
B 85	baked-enamel finish	Einbrennlackierung *(f)*
B 86	bake-out; baking [drying of welding consumables]	Ausheizen *(n)* [Trocknen von Schweißhilfsstoffen]
B 87	balance disc [pump]	Entlastungsscheibe *(f)* [Pumpe]
B 88	balanced load	symmetrische Belastung *(f)*
B 89	balanced moments *(pl)*	ausgeglichene Momente *(n, pl)*
B 90	balanced relief valve; pressure-balanced valve; pressure-compensated valve; compensated relief valve	druckentlastetes Druckbegrenzungsventil *(n)*; druckentlastetes Ventil *(n)*; ausgeglichenes Ventil *(n)*

B 91	balance leak-off [pump]	Entlastungsflüssigkeit *(f)* [Pumpe]
B 92	balance leak-off return [pump]	Entlastungswasserrückführung *(f)* [Pumpe]
B 93	balance liner [pump]	Entlastungsbuchse *(f)* [Pumpe]
B 94	balance piston [pump]	Entlastungskolben *(m)* [Pumpe]
B 95	balance system [pump]	Entlastungseinrichtung *(f)* [Pumpe]
B 96	balance vessel	Abgleichgefäß *(n)* [Messung]
B 97	balancing port	Ausgleichsbohrung *(f)*
B 98	balancing valve	Gegendruckventil *(n)*
B 99	ball	Kugel *(f)*
B 100	ball-and-socket type staybolt	Stehbolzen *(m)*, nach dem Kugelgelenkprinzip hergestellter . . .; Kugelgelenk-Stehbolzen *(m)*
B 101	ballast [leak test]	Vorvakuumbehälter *(m)* [Dichtheitsprüfung]
B 102	ball bushing	Gelenklager *(n)* [LISEGA]
B 103	ball check [check valve]	Rückschlagkugel *(f)* [Rückschlagventil; siehe: **check valve**]
B 104	ball check valve	Kugelrückschlagventil *(n)*
B 105	ball-end tie bar [expansion joint]	kugelig gelagerter Zuganker *(m)* [Dehnungsausgleicher]
B 106	ball (float) valve	Schwimmerventil *(n)*
B 107	ball float with lever	Hebelkugelschwimmer *(m)*
B 108	ball hardness test(ing); Brinell hardness testing	Kugeldruckprobe *(f)*; Kugeldruckhärteprüfung *(f)*; Brinell-Härteprüfung *(f)*
B 109	ball-impact hammer	Poldihammer *(m)* [Kugelschlaghammer zur Bestimmung der Brinellhärte]
B 110	ball indentation hardness	Kugeldruckhärte *(f)*
B 111	ball indentation test	Kugeldruckhärteprüfung *(f)*; Kugeldruckversuch *(m)*
B 112	ball joint	Kugelgelenk *(n)*
B 113	ballooning [pipe run]	Ausbauchen *(n)* [Rohrstrang]
B 114	balloon roof [tank]	Kugeldach *(n)* [Tank]
B 115	ball (-shaped) scraper; spherical pig; go-devil	Kugelmolch *(m)*; Trennkugel *(f)*
B 116	ball sleeve, olive . . .	Doppelkegelklemmring *(m)*
B 117	ball-type direction control valve	Kugelwegeventil *(n)*
B 118	ball-type expansion joint	Kugelgelenkkompensator *(m)*
B 119	ball valve; ball plug valve; spherical plug valve [see Annex 1, pp. 45–47]	Kugelhahn *(m)* [siehe auch: **plug valve**; siehe Anhang 1, S. 45–47]
B 120	band clamp, pipe . . .	Rohrschlaufe *(f)* [Aufhängung]
B 121	banded structure [material]	zeiliges Gefüge *(n)* [Werkstoff]
B 122	banding [tank]	Abweichung *(f)* von der Zylinderform [senkrecht gemessen bei Tanken]
B 123	banding clip [tube bundle]	Bindeklammer *(f)* [Rohrbündel]
B 124	banjo; adjustable fitting	richtungseinstellbare Verschraubung *(f)*
B 125	bank of springs; spring pack	Federpaket *(n)*
B 126	bare electrode	nackte Elektrode *(f)*
B 127	bare tube; plain tube [heat exchanger]	unberipptes Rohr *(n)*; glattes Rohr *(n)* [Wärmeaustauscher; siehe auch: **plain tube**]
B 128	bare-tube heat exchanger	Glattrohr-Wärmeaustauscher *(m)*; Wärmeaustauscher *(m)* mit unberippten Rohren

B 129	**barrelling**	parabolisches Ausbeulen *(n)*; Aufbauchen *(n)* [eines gestauchten Zylinders mit unverschieblichen Enden; radiale Aufweitung]
B 130	**bar stay**	Rundanker *(m)*
B 131	**base**	Grundplatte *(f)*; Fußplatte *(f)*; Sockel *(m)*
B 132	**base anchor [welding elbow]**	Rohrlager *(n)* [für Schweißbogen]
B 133	**base dimension**	Fußplattenmaß *(n)*
B 134	**base face**	Fußplattenfläche *(f)*
B 135	**base line [ultras.]**	Zeitlinie *(f)*; Nullinie *(f)* [US-Prüfung; siehe auch: S 1466, T 444]
B 136	**base metal [US]; parent metal [UK]**	Grundwerkstoff *(m)*
B 137	**base-metal test specimen**	Materialprobe *(f)* vom Grundwerkstoff
B 138	**base plate**	Grundplatte *(f)*; Sockelplatte *(f)*
B 139	**base run [welding]**	Wurzellage *(f)* [Schweißen; auch: R 594, R 599]
B 140	**base size**	Rohmaß *(n)*
B 141	**base support**	Stützfuß *(m)* [Rohrbogen]
B 142	**base tee**	T-Stück *(n)* mit Fußplatte
B 143	**basic calibration**	Justierung *(f)*; Eichung *(f)*
B 144	**basic calibration block [ultras.]**	Eichkörper *(m)* [US-Prüfung]
B 145	**basic calibration block identification [ultras.]**	Eichkörper-Bezeichnung *(f)* [US-Prüfung]
B 146	**basic controlled variable**	Hauptregelgröße *(f)*
B 147	**basic design**	Grundausführung *(f)*
B 148	**basic design; basic engineering**	Auslegung *(f)*; Planung *(f)*
B 149	**basic dimension**	theoretisches Maß *(n)*
B 150	**basic electrode**	kalkbasische Elektrode *(f)*
B 151	**basic load**	Einheitslast *(f)*
B 152	**basic material**	Ausgangswerkstoff *(m)*
B 153	**basic reflector [ultras.]**	Justierreflektor *(m)* [US-Prüfung]
B 154	**basic research**	Grundlagenforschung *(f)*
B 155	**basic size**	Nennmaß *(n)* [als Bezug für Abmaße]
B 156	**basin shell [tank]**	Tassenmantel *(m)* [Tank]
B 157	**batch**	Partie *(f)*; Portion *(f)*; Einsatzmenge *(f)*; Produkteinsatzmenge *(f)* [Menge eines Materials oder Einsatzproduktes, die für sich behandelt wird. Man spricht dann von diskontinuierlicher Fahrweise im Gegensatz zu kontinuierlicher Fahrweise, z. B. beim Mischen, Destillieren, Extrahieren **(batch blending; batch distillation; batch extraction)**.]
B 158	**batch**	Los *(n)*; Posten *(m)* [Fertigungseinheit]
B 159	**batch blending**	Umpumpen *(n)* in einen gemeinsamen Tank; Vermischen *(n)* im Fertigtank [siehe: **blending**]
B 160	**batch distillation**	Blasendestillation *(f)* [diskontinuierliche und kontinuierliche Destillation in Kesseln (Blasen)]
B 161	**batcher; batching plug**	Trennpfropfen *(m)*
B 162	**batch fabrication; batch production**	Serienfertigung *(f)*

B 163	batching pig; separation pig	Trennmolch *(m)*; Chargen-Trennmolch *(m)*
B 164	**Battelle drop weight tear test; BDWTT**	Fallgewichtsversuch *(m)* [Battelle]
B 165	**bat wing**	Palisades-Abstandhalter *(m)*
B 166	**Bauschinger effect**	Bauschingereffekt *(m)*
B 167	**bayonet tube**	Bayonettrohr *(n)*
B 168	**bayonet tube heat exchanger**	Bayonettrohr-Wärmeaustauscher *(m)*
B 169	**bead**	Sicke *(f)*
B 170	**bead [welding]**	Schweißraupe *(f)*; Raupe *(f)*
B 171	**beading**	Sicken *(n)*
B 172	**beading machine**	Sickenmaschine *(f)*
B 173	**beading roller**	Sickenwalze *(f)*
B 174	**bead size**	Schweißraupen-Volumen *(n)*
B 175	**beam; girder [gen.]**	Balken *(m)*; Träger *(m)*; Walzprofilträger *(m)* [allg.]
B 176	**beam [ultras.]**	Schallstrahl *(m)* [US-Prüfung]
B 177	**beam angle [ultras.]**	Schallwinkel *(m)* [US-Prüfung]
B 178	**beam axis of sound [ultras.]**	Schallstrahlenachse *(f)* [US-Prüfung]
B 179	**beam clamp [see Annex 1, p. 80]**	Trägerklammer *(f)* [siehe Anhang 1, S. 80]
B 180	**beam depth over flanges**	Trägerhöhe *(f)*
B 181	**beam index [ultras.]**	Schalleintritt *(m)*; Schalleintrittspunkt *(m)* [US-Prüfung]
B 182	**beam length [radiative heat transfer]**	Schichtdicke *(f)* [Wärmeübergang durch Strahlung]
B 183	**beam-on-elastic foundation**	elastisch gebetteter Balken *(m)*
B 184	**beam span width**	Trägerspannweite *(f)*
B 185	**beam splice**	Trägerstoß *(m)*
B 186	**beam spread [ultras.]**	Schallstrahlöffnung *(f)* [US-Prüfung]
B 187	**beam spread angle; angle of beam spread [ultras.]**	Öffnungswinkel *(m)* des Schallstrahlenbündels; Divergenz *(f)* [US-Prüfung]
B 188	**beam theory**	Balkentheorie *(f)*
B 189	**beam welding**	Strahlschweißen *(n)*
B 190	**bearing attachment**	tragendes Anbauteil *(n)*
B 191	**bearing load**	Auflagerbelastung *(f)*
B 192	**bearing of hole**	Lochleibung *(f)*
B 193	**bearing pedestal**	Lagerbock *(m)*
B 194	**bearing pile [tank]**	Stützpfahl *(m)* [Tankbau]
B 195	**bearing plate [tank]**	Tragplatte *(f)* [Tankbau]
B 196	**bearing pressure**	Auflagerdruck *(m)* [Flächenpressung]; Lochleibungsdruck *(m)*
B 197	**bearing stool**	Lagerstuhl *(m)*
B 198	**bearing stress**	Auflagerspannung *(f)*; Lochrandspannung *(f)*; Lochleibungsbeanspruchung *(f)*
B 199	**bearing surface [bolting]**	Auflagefläche *(f)* [Verschraubung]
B 200	**bearing trunnion**	Lagerzapfen *(m)*
B 201	**bearing-type fixture**	Tragelement *(n)*
B 202	**bearing-type shear connection**	Scher-/Lochleibungsverbindung *(f)*; SL-Verbindung *(f)*

bellows sealed gate valve

B 203	**bearing-type shear connection with fit bolts**	Scher-/Lochleibungsverbindung *(f)* mit Paßschrauben; SLP-Verbindung *(f)*
B 204	**bearing value**	Flächenpressungswert *(m)*
B 205	**begin of life**	Ausgangszustand *(m)* hoher Belastbarkeit
B 206	**bell-and-spigot fitting**	Muffenverbindung *(f)*
B 207	**bell-and-spigot pipe**	Rohr *(n)* mit Muffenkelch
B 208	**bell-and-spigot type joint**	Verbindung *(f)* mit Muffenkelch
B 209	**belled joint**	Aufweitung *(f)* [die geschweißten Teile sind im Schweißnahtbereich aufgeweitet]
B 210	**belled pipe**	aufgeweitetes Rohr *(n)*
B 211	**bell-end pipe**	Rohr *(n)* mit Muffenende
B 212	**bellhole welding, pit . . .**	Kopflochschweißen *(n)*
B 213	**belling**	Aufweiten *(n)*
B 214	**bell-joint clamp**	Muffenverbindungsklammer *(f)*
B 215	**bellmouth [pump]**	Einlaufdüse *(f)* [Pumpe]
B 216	**bell-mouthing**	trichterförmige Aufweitung *(f)*
B 217	**bellows [expansion joint; see Annex 1, pp. 85 and 105]**	Faltenbalg *(m)*; Balg *(m)*; Ausgleichselement *(n)* [Ein Balg ist ein Wellrohr, dessen Wellen aufgrund federnder Eigenschaften axiale, angulare und laterale Bewegungen auszuführen vermögen. Zum Balg zählen nicht Stützringe und Konstruktionen zur Führung der Wellen; siehe Anhang 1, S. 85 and 105; siehe auch: B 228]
B 218	**bellows axial elastic spring rate**	Axialfederkonstante *(f)* einer Balgwelle
B 219	**bellows configuration**	Balgausführung *(f)*
B 220	**bellows crest [see Annex 1, p. 85]**	Wellenscheitel *(m)* [des Kompensatorbalges; siehe Anhang 1, S. 85]
B 221	**bellows effective area**	wirksamer Balgquerschnitt *(m)*
B 222	**bellows pitch [expansion joint]**	Balgmittenabstand *(m)* [Kompensator]
B 223	**bellows seal [gate valve]**	Faltenbalgabdichtung *(f)* [Schieber]
B 224	**bellows sealed gate valve [see Annex 1, p. 57]**	Faltenbalgschieber *(m)*; Rundschieber *(m)* mit Faltenbalgdichtung [Diese Absperrschieber mit Faltenbalg und Stopfbuchse sind so ausgelegt, daß der Metallbalg die Primärfunktion übernimmt, während die Stopfbuchse in ihrer Funktion als nachgeschaltete Abdichtung für zusätzliche Sicherheit sorgt. Aufgrund besondere Konstruktionsmerkmale kann der Metallbalg ausgewechselt werden, ohne die Armatur in der Deckelflansch-Schraubverbindung zu demontieren. Schieberspindel und Metallbalg sind verschweißt und bilden ein Bauteil. Eine Überdrucksicherung sorgt dafür, daß sich eventuelle Druckerhöhungen im Gehäuse abbauen. Die Dichtheit des Metallbalges kann über ein integrierbares System leicht überwacht werden. Siehe Anhang 1, S. 57]

B 225	**bellows spring force**	Federkraft *(f)* des Balges
B 226	**bellows spring rate**	Balgfederrate *(f)*; Federrate *(f)*; Verstellkraft-Rate *(f)* einer Balgwelle [Metallbälge, Membran -und Miniaturbälge sind in unterschiedlichem Ausmaß elastisch und können bei Einwirkung äußerer Kräfte und Momente Axial-, Angular-, Lateral- und kombinierte Bewegungen ausführen. Jeder dieser von außen aufgezwungenen Bewegungen wird ein bestimmter Widerstand entgegengesetzt. Dieser Formänderungswiderstand ist der äußeren Belastung proportional, solange die Materialbeanspruchung im elastischen Bereich liegt. Der Proportionalitätsfaktor dieser Funktion wird als **Federrate** (Axial-Federrate / **axial working spring rate**, Angular-Rate bzw. Verstellmoment-Rate / **angular working spring rate**, Lateral-Rate / **lateral working spring rate**) bezeichnet.]
B 227	**bellows squirm** [see Annex 1, p. 99]	Balgauslenkung *(f)*; Auslenkung *(f)* des Balges [Instabilität des Kompensatorbalges; siehe Anhang 1, S. 99]
B 228	**bellows (type) expansion joint**	Balgkompensator *(m)*; Ausdehnbalg *(m)*; Ausdehnungsstück *(n)* [Der Balgkompensator besteht aus dem Balg und den beiden Anschlußteilen sowie gegebenenfalls den Bauteilen von geführten Kompensatoren; weitere Erläuterungen siehe unter: **expansion joint; bellows**]
B 229	**bellows weld end** [see Annex 1, p. 88]	Balganschweißende *(n)* [siehe Anhang 1, S. 88]
B 230	**bell-welded**	mit der Schweißglocke *(f)* geschweißt
B 231	**below-grade enclosure**	Unterflur-Einschluß *(m)*
B 232	**belt of tube seat**	Rohrsitz-Walzbreite *(f)*
B 233	**BEM; boundary element method**	Randelementmethode *(f)*; Singularitätenmethode *(f)*
B 234	**bend; elbow** [pipe/tube]	Krümmer *(m)*; Rohrbogen *(m)*; Rohrkrümmer *(m)*
B 235	**bend, offset . . .**	Etagenkrümmer *(m)*
B 236	**bending mandrel**	Rohrbiegedorn *(m)*
B 237	**bending moment**	Biegemoment *(n)*
B 238	**bending radius**	Biegehalbmesser *(m)*; Biegeradius *(m)*
B 239	**bending strain**	Biegeverformung *(f)*
B 240	**bending strength** [gen.]	Biegefestigkeit *(f)* [allg.]
B 241	**bending stress**	Biegespannung *(f)*
B 242	**bending stress concentration factor**	Biegespannungsformzahl *(f)*
B 243	**bending stress correction factor**	Korrekturfaktor *(m)* für die Biegespannung
B 244	**bend loss**	Krümmungsverlust *(m)*
B 245	**bend spacing**	Krümmungsabstand *(m)*
B 246	**bend specimen**	Biegeprobe *(f)*

B 247	**bend specimen, three-point** ...	Dreipunkt-Biegeprobe *(f)*
B 248	**bend surface**	Krümmungsoberfläche *(f)*
B 249	**bend tangent**	Krümmungsanfang *(m)*
B 250	**bend test**	Biegeversuch *(m)*
B 251	**bend test, face-side** ...	Biegeversuch *(m)* mit der Raupe im Zug
B 252	**bend test, first surface** ...	Biegeversuch *(m)* mit der ersten Oberfläche im Zug
B 253	**bend test, root** ...	Biegeversuch *(m)* mit der Wurzel im Zug
B 254	**bend test, second surface** ...	Biegeversuch *(m)* mit der zweiten Oberfläche im Zug
B 255	**bend thinning allowance**	Dickenabnahmetoleranz *(f)* beim Biegen
B 256	**bent**	Portalrahmen *(m)*
B 257	**Berl saddle**	Berl-Sattelkörper (m) [Füllkörper]
B 258	**best-fit curve**	Best-Fit-Kurve *(f)*; Ausgleichskurve *(f)* nach der Methode der kleinsten Quadrate der Abweichungen [d. h. die logarithmische Kurve, die sich den dem Werkstoff zugrundegelegten Ermüdungsversuchen nach der Methode der kleinsten Quadrate der Abweichungen anpaßt]
B 259	**bevel**	Fase *(f)*
B 260	**bevel angle** [weld]	Nahtwinkel *(m)* [Schweiße]
B 261	**bevel land grinder**	Abkreisaggregat *(n)* zur Rohrendbearbeitung
B 262	**bevelled edge**	schräge Kante *(f)*
B 263	**biaxial state of stress**	zweiachsiger Spannungszustand *(m)*
B 264	**BIF; brittle intercrystalline fracture**	spröder interkristalliner Bruch *(m)*
B 265	**bifurcated tube**	Gabelrohr *(n)*; Hosenrohr *(n)*; Y-Rohr *(n)*
B 266	**bifurcation; branching**	Rohrgabelung *(f)*; Gabelung *(f)*; Abzweigung *(f)*
B 267	**bifurcation buckling**	verzweigtes Beulen *(n)*
B 268	**bimetallic tube; duplex tube**	bimetallisches Rohr *(n)*; Duplex-Rohr *(n)* [Definition siehe unter: **duplex tube**]
B 269	**binding** [pipeline]	Festfressen *(n)*; Blockierung *(f)* [Rohrleitung]
B 270	**binding, air or gas** ...	Stauung *(f)* von Luft oder Gas
B 271	**biofouling; biological fouling**	Fouling *(n)* durch biologisches Wachstum; Biofouling *(n)*; biologisches Fouling *(n)*
B 272	**black-body radiation** [radiative heat transfer]	Strahlung *(f)* des schwarzen Körpers; schwarze Strahlung *(f)* [Strahlungswärmeübertragung]
B 273	**black steel; ferritic steel**	ferritischer Stahl *(m)*
B 274	**blanked dummy nozzle**	verschlossener Freistutzen *(m)*; Blindstutzen *(m)*
B 275	**blanked-off nozzle**	Blindnippel *(m)*; Blindstutzen *(m)*
B 276	**blanket; mat** [insulation]	Matte *(f)* [Isolierung]
B 277	**blank head; unpierced head; plain head** [US]; **unpierced end; plain end** [UK]	Vollboden *(m)*; Boden *(m)* ohne Ausschnitte; ungelochter Boden *(m)*
B 278	**blanking disk; blind; blank**	Steckscheibe *(f)*; Steckschieber *(m)* [siehe: **blind**]
B 279	**blanking off with a plate**	Blindflanschen *(n)* [Vorgang]
B 280	**blanking plate**	Blindabdeckung *(f)*
B 281	**bleedback** [penetrant testing]	Nachdurchschlagen *(n)* von Eindringmittel

B 282	**bleeder; bleeder hole; bleeder port; air bleeder; vent; vent port**	Entlüftung *(f)*; Entlüfter *(m)*; Entlüftungsbohrung *(f)*; Entlüftungsöffnung *(f)*
B 283	**bleed gas; flush gas; purge gas**	Spülgas *(n)*
B 284	**bleed groove [valve]**	Entlastungsnut *(f)* [Ventil]
B 285	**bleeding valve; venting valve**	Entlüftungsventil *(n)*
B 286	**bleed-off valve; relief valve**	Überströmventil *(n)*; Ablaßventil *(n)*; Entlastungsventil *(n)*
B 287	**bleedout [penetrant testing]**	Durchschlagen *(n)* [Eindringmittelprüfung]
B 288	**bleedout profusely** *(v)* **[penetrant testing]**	breitflächig durchschlagen; breitflächig durchfärben *(V)* [Eindringmittelprüfung]
B 289	**bleed throttle; exhaust throttle**	Entlüftungsdrossel *(f)*
B 290	**bleed-type valve; bleed-operated valve; bleed-piloted valve**	entlüftungsgesteuertes Ventil *(n)*
B 291	**bleed valve**	Zwischenentlastungsventil *(n)*; Entlüftungsventil *(n)* [einer Doppelventilkombination in einer Gasleitung]
B 292	**blemishes** *(pl)* **[radiog.]**	Fehler *(m, pl)*; Flecken *(m, pl)* [bei Durchstrahlungsaufnahmen]
B 293	**blending; mixing**	Mischen *(n)* [Mischen gehört zu den Grundoperationen der Chemie und auch der Mineralölindustrie. Soweit es sich um Mischen nicht ineinander löslicher Stoffe zum Zweck gegenseitigen Stoffaustausches oder zur Raffination im heterogenen Medium handelt (Mischer-Absetzer-System). Die meisten Fertigprodukte der Mineralölindustrie werden durch Mischung **(blending)** aus Komponenten evtl. unter Zumischen mineralöllöslicher Wirkstoffe hergestellt. Mischen erfolgt in Rührern diverser Bauart (Propellerrührern, Gitterrührern), durch Umpumpen in einen gemeinsamen Tank **(batch blending)**, durch Blasen mit Luft oder Inertgas bzw. durch gleichmäßiges Eindosieren in eine gemeinsame Pumpleitung **(in-line blending)**. Bei letzterem Verfahren kann das Mischen durch automatische Verhältnisregelung in gewünschtem Verhältnis erfolgen. Zurückmschen harter Bitumen oder hochviskoser Öle mittels dünnerer Öle bezeichnet man als Zurückfluxen **(back blending)**. Mischen in Tanks während des Umpumpens kann durch Mischdüsen erleichtert werden.]
B 294	**blind; blank; blanking disk**	Steckscheibe *(f)*; Steckschieber *(m)* [Um Rohrleitungen, Schieber, Apparaturen, Behälter sicher von produktführenden Leitungen zu trennen (z. B. bei Reparaturen), werden Stahlblechscheiben mit Dichtungen zwischen die Flansche eingeschoben und durch Anziehen

der Verbindungsschrauben befestigt. Überstehende, häufig farbig markierte Blechstreifen der Steckscheibe markieren den Ort, an dem die Steckscheibe angebracht ist. Häufig wird die Steckscheibe in Form einer 8 benutzt **(figure-eight blank)**, bei der ein Kreis geschlossen ist und den Blindflansch (Steckscheibe) darstellt, die andere offen ist und die Stellung der Steckscheibe markiert.]

B 295	**blind flange** [see Annex 1, pp. 106 and 110]	Blindflansch *(m)* [siehe Anhang 1, S. 106 und 110]
B 296	**blind hole**	Sackloch *(n)*; Sackbohrung *(f)*
B 297	**blister**	Gußblase *(f)*; Ausbeulung *(f)* [Erhebung auf der Rohroberfläche]
B 298	**blockage-induced flow maldistribution**	sperrinduzierte falsche Strömungsverteilung *(f)*; sperrinduzierte Strömungsfehlverteilung *(f)*
B 299	**block and bleed valve; double block and bleed valve set**	Doppelabsperrarmatur *(f)* mit Zwischenentlüftung [Ein Ventil mit zwei Sitzflächen, die die gleichzeitige Blockierung der Strömung an beiden Ventilenden und eine Entwässerung oder Entlüftung im Hohlraum zwischen den Sitzflächen ermöglichen]
B 300	**block brazing**	Blocklöten *(n)*
B 301	**block curvature** [ultras.]	Eichkörperkrümmung *(f)* [US-Prüfung]
B 302	**blocked centre valve, directional . . .**	Ventil *(n)* mit gesperrtem Durchfluß; Ventil *(n)* mit Sperrstellung [Wegeventil]
B 303	**blocked-in portion** [pipe]	abgeblockter Teil *(m)* [Rohrleitung]
B 304	**block end** [ultras.]	Kontrollkörper-Stirnfläche *(f)* [US-Prüfung]
B 305	**blocking; masking** [radiog.]	Abdeckung *(f)*; Abschirmung *(f)* [Durchstrahlungsprüfung]
B 306	**blocking ring**	Abschlußring *(m)*
B 307	**blow-down; reseat pressure difference** [valve]	Schließdruckdifferenz *(f)* [Ventil; siehe: **reseat pressure difference**]
B 308	**blow-down tank**	Entspannungsbehälter *(m)*; Entspanner *(m)*; Notentspannungstank *(m)*
B 309	**blowhole**	Lunker *(m)*
B 310	**blown gasket**	blasige Dichtung *(f)*
B 311	**blowoff valve; blowdown valve**	Ablaßventil *(n)* [Ventil zum Abführen des druckbeaufschlagten Inhalts eines Druckbehälters oder einer Rohrleitung]
B 312	**blow-out disk; rupture disk; bursting disk**	Berstscheibe *(f)*; Berstmembran *(f)*; Platzscheibe *(f)*; Reißscheibe *(f)*
B 313	**bluff body**	strömungstechnisch ungünstiges Profil *(n)*
B 314	**blunting**	Abstumpfung *(f)* der Rißlinie; Rißlinienabstumpfung *(f)*
B 315	**blunting line**	Abstumpfungslinie *(f)*; Rißabstumpfungsgerade *(f)*; Rißabstumpfungslinie *(f)*
B 316	**body** [valve / fitting]	Gehäuse *(n)* [hauptdrucktragendes Teil eines Ventils oder Fittings]

B 317	**body-bonnet joint** [valve]	Gehäuse-Gehäuseoberteil-Verbindung *(f)* [Ventil]
B 318	**body end**	Gehäuseanschlußende *(n)*
B 319	**body flange** [valve]	Gehäuseflansch *(m)* [Ventil]
B 320	**body of stay**	Ankerschaft *(m)*
B 321	**body plug** [valve]	Gehäusestopfen *(m)* [Gewindestopfen; Ventilgehäuse]
B 322	**body seat** [valve]	Gehäusesitz *(m)* [Ventil]
B 323	**body seat ring**	Anschlagleiste *(f)* [Abdichtung bei Absperrklappe]
B 324	**body stop; stopper**	Anschlag *(m)* [Begrenzung bei Absperrklappe]
B 325	**boiler; steam boiler; steam generator**	Dampfkessel *(m)*; Dampferzeuger *(m)* [als Dampferzeuger (nach der deutschen Dampf-Kesselverordnung umfaßt der Begriff „Dampfkessel" auch Heißwassererzeuger)]
B 326	**boiling**	Sieden *(n)*
B 327	**boiling boundary**	Siedegrenze *(f)*
B 328	**boiling crisis** [gen.]	Siedekrise *(f)*; Siedekrisis *(f)* [allgemein]
B 329	**boiling delay; delayed boiling; delay in boiling**	Siedeverzug *(m)*; Siedeverzögerung *(f)*
B 330	**boiling heat transfer**	Wärmeübergang *(m)* beim Sieden; Wärmeübergang *(m)* beim Verdampfen
B 331	**boiling heavy water reactor**	Schwerwassersiedereaktor *(m)*; SWR
B 332	**boiling point**	Siedepunkt *(m)*
B 333	**boiling range**	Siedebereich *(m)*
B 334	**boiling water reactor**	Siedewasserreaktor *(m)*
B 335	**boil-off rate**	Ausdampfmenge *(f)* [Ausdampfung bei der tiefkalten Lagerung von verflüssigten Gasen infolge äußerer Wärmeeinwirkung auf den Behälter]
B 336	**boilover** [tank]	Überkochen *(n)*; Boilover *(m)* [bei Tankbränden bilden Flüssigkeiten mit weitem Siedebereich wie z. B. Rohöle, schwere und mittelschwere Heizöle durch fraktionierte Verdampfung ihrer Einzelkomponenten eine Wärmezone. Diese Wärmezone mit Temperaturen von 150°–200° C wandert mit einer bestimmten Geschwindigkeit durch die Flüssigkeit in Richtung Tankboden. Erreicht die Wärmezone den Tankboden und befindet sich dort eine bestimmte Wassermenge in Form von „Linsen" oder „Schichten", wie z. B. in Rohöl-Lagertanks, dann kommt es zu einer plötzlichen Verdampfung, und der Tank „kocht" über **(boilover)**, d. h. große Mengen brennender Flüssigkeit **(running fire)** werden heftig und plötzlich aus den Tank geworfen. Das Boilover-Phänomen kann noch nach mehreren Brandstunden einsetzen und entwickelt sich unter anderen aus dem

bonded gasket

		slopover (kurzzeitiges Überschwappen) und dem **frothover** (kontinuierliches Überschäumen relativ kleiner Flüssigkeitsmengen)]
B 337	**bollarding**	parabolisches Einbeulen (n) [eines gestauchten Zylinders mit unverschieblichen Enden; parabolische Einziehung]
B 338	**bolt**	Schraube (f); Bolzen (m)
B 339	**bolt and gasket flush manway [tank]**	Mannloch (n), verschraubtes und abgedichtetes eingelassenes . . . [Tank]
B 340	**bolt circle; bolt pitch circle**	Schraubenlochkreis (m); Lochkreis (m)
B 341	**bolt circle diameter; pitch-circle diameter; PCD**	Lochkreisdurchmesser (m)
B 342	**bolt design stress**	Schrauben-Berechnungsspannung (f)
B 343	**bolted bonnet valve**	geschraubtes Aufsatzventil (n)
B 344	**bolted flange**	verschraubter Flansch (m)
B 345	**bolted flange connection; bolted flange joint**	verschraubte Flanschverbindung (f); Flanschverschraubung (f)
B 346	**bolt elongation**	Schraubenlängung (f); Längung (f) der Schraube ; Schraubendehnung (f)
B 347	**bolt hole**	Schraubenloch (n); Schraubenbohrung (f)
B 348	**bolt hole aspect ratio**	Schraubenlochaspektverhältnis (n); Streckungsverhältnis (n)
B 349	**bolt hole clearance**	Gewindeluft (f); Gewindespiel (n)
B 350	**bolt hole spacing; bolt pitch**	Schraubenlochteilung (f)
B 351	**bolting torque**	Schraubenanzugsmoment (n); Anzugsmoment (n) der Schraube
B 352	**bolting-up condition**	Schraubenkraft (f) im Einbauzustand
B 353	**bolt load**	Schraubenkraft (f)
B 354	**bolt load, flange design . . .**	berechnete Schraubenkraft (f) der Flanschverbindung
B 355	**bolt locking device**	Schraubsicherung (f)
B 356	**bolt-on bracket**	Anschraubbock (m) [LISEGA-Aufhängung]
B 357	**bolt pitch; bolt hole spacing**	Schraubenlochteilung (f)
B 358	**bolt pitch circle**	Lochkreis (m); Schraubenlochkreis (m)
B 359	**bolt pitch correction factor**	Korrekturfaktor (m) für die Schraubenlochteilung
B 360	**bolt prestress factor, initial . . .**	Schraubenvorspannungsfaktor (m)
B 361	**bolt pre-tensioning**	Schraubenvorspannung (f)
B 362	**bolt retainer**	Schraubenhalter (m); Schraubsicherung (f)
B 363	**bolt stress, operating . . .**	Schraubenkraft (f) im Betriebszustand
B 364	**bolt torque**	Schraubenanzugsmoment (n)
B 365	**bolt turn**	Umdrehungsmaß (n) [Vorspannen von HV-Schrauben]
B 366	**bond and clad flaw indications** (pl)	Anzeigen (f, pl) von Bindungsfehlern und Fehlern im Auflagewerkstoff [Plattierung]
B 367	**bonded asbestos packing**	It-Dichtung (f)
B 368	**bonded flux [welding]**	gesintertes Schweißpulver (n) [UP-Schweißen]
B 369	**bonded gasket**	eingeklebte Dichtung (f)

B 370	**bonded hot junction**	Thermoelement *(n)* [mit Boden/Mantel verschweißtes]
B 371	**bonded joint; adhesive (bonded) joint**	Klebeverbindung *(f)*; klebebondierte Verbindung *(f)*
B 372	**bonding procedure specification; BPS**	Klebeverfahrensspezifikation *(f)*
B 373	**bonding shunt [tank]**	Potentialausgleichsschiene *(f)* [Kontaktschiene; Tank]
B 374	**bonding strength**	Haftfestigkeit *(f)*
B 375	**bonnet [valve]**	Aufsatz *(m)*; Gehäuseoberteil *(n)*; Bügeldeckel *(m)*; Deckel *(m)* [Ventil]
B 376	**bonnet [heat exchanger]**	Haube *(f)* [Wärmeaustauscher]
B 377	**bonnet closure**	Oberteilverschluß *(m)*
B 378	**bonnet flange [valve]**	Deckelflansch *(m)* [Ventil]
B 379	**bonnet gasket [valve]**	Deckeldichtung *(f)* [Ventil]
B 380	**bonnet nut [valve]**	Haubenmutter *(f)* [Si-Ventil]; Ventilhalsmutter *(f)*
B 381	**bonnet seal [valve]**	Deckelverschluß *(m)* [Ventil]
B 382	**bonnet stud [valve]**	Haubenschraube *(f)* [Si-Ventil]
B 383	**bonnet type rear head [heat exchanger]**	haubenförmiger rückwärtiger Boden *(m)* [Wärmeaustauscher]
B 384	**bonnet type stationary head [heat exchanger]**	fester Haubenboden *(m)* [Wärmeaustauscher]
B 385	**bonnet valve**	Aufsatzventil *(n)*
B 386	**booster pump**	Druckerhöhungspumpe *(f)*
B 387	**bore**	Bohrloch *(n)*; Bohrung *(f)*
B 388	**boss**	Warze *(f)*
B 389	**boss stitch welding**	Steppunktschweißen *(n)*
B 390	**boss-tapped Y-piece**	Hosenrohrstück *(n)* mit aufgeschweißter Warze
B 391	**bottom chord**	Untergurt *(m)* [Stahlbau]
B 392	**bottom corner weld**	Bodenecknaht *(f)*
B 393	**bottom echo; back wall echo; back reflection [ultras.]**	Rückwandecho *(n)* [US-Prüfung]
B 394	**bottom of the thread**	Gewindekern *(m)*
B 395	**bottom product [distillation]**	Bodenprodukt *(n)*; Sumpfprodukt *(n)* [Das bei einer Destillation als Rückstand abgenommene Produkt; siehe auch: **tops** (Kopfprodukte); **side cuts** (Seitenschnitt); **column** (Kolonne)]
B 396	**bought-in finished part**	Fertigteil *(n)* [Fremdmaterial; Zulieferteil]
B 397	**boundary conditions** *(pl)*	Randbedingungen *(f, pl)*
B 398	**boundary element method**	Singularitätenmethode *(f)*; Randelementmethode *(f)*
B 399	**boundary layer**	Grenzschicht *(f)*
B 400	**boundary layer flow**	Grenzschichtströmung *(f)*
B 401	**boundary layer swirling flow**	Grenzschichtwirbelströmung *(f)*
B 402	**boundary layer theory**	Grenzschichttheorie *(f)*
B 403	**boundary layer thickness**	Grenzschichtdicke *(f)*
B 404	**boundary layer waves** *(pl)*	Grenzflächenschichtwellen *(f, pl)*

B 405	boundary line; fusion line [welding]	Schmelzgrenze (f); Verschmelzungslinie (f); Schmelzlinie (f) [mit dem Grundwerkstoff; Schweißen]
B 406	boundary row [tube bundle]	Randreihe (f); äußere Rohrreihe (f) [des Rohrbündels in Wärmeaustauschern]
B 407	boundary stress	Randspannung (f)
B 408	bow screw	Bügelschraube (f)
B 409	box girder	Kastenträger (m)
B 410	box insulation	Kastenisolierung (f) [bei Ventilen und Flanschen]
B 411	box-type heat exchanger; fixed tubesheet heat exchanger [see Annex 1, p. 6]	kastenartiger Wärmeaustauscher (m) [Festkopf-Wärmeaustauscher mit zwei Rohrböden, die beide an den Mantel geschweißt sind, wodurch der Wärmeaustauscher ein kastenförmiges Aussehen erhält; siehe Anhang 1, S. 6, Abb. AJW]
B 412	BPS; bonding procedure specification	Klebeverfahrensspezifikation (f)
B 413	brace	Verstrebung (f); Strebe (f); Verstrebungsprofil (n); Aussteifung (f)
B 414	braced rafters (pl) [tank]	verbundenes Gespärre (n) [Tank]
B 415	bracing	Verstrebung (f)
B 416	bracket [gen.]	Stütze (f) [allgemein]
B 417	bracket	Konsole (f) [Stahlbau]
B 418	bracket [constant hanger]	Auflager (n) [Konstanthänger; LISEGA]
B 419	bracket plate	Konsolenblech (n)
B 420	bracket support; support bracket [see Annex 1, p. 18]	Tragpratze (f); Pratze (f); Tragkonsole (f) [Behälter-Stützkonsole; siehe Anhang 1, S. 18]
B 421	bracket with spring cushion	Federkonsole (f) [Aufhängung]
B 422	braided covered metal hose	Metallschlauch (m) mit Geflechtverankerung [wire braid sheath]
B 423	braided hose	Schlauch (m) mit Geflechteinlage
B 424	braided packing; cord packing	Packung (f) als Zopf; Zopfpackung (f)
B 425	braid(ing); overbraid	Gewebeschicht (f); Umflechtung (f); Ummantelung (f) [Schlauchummantelung]
B 426	branch; pipe branch	Rohrabzweig (m); Rohrabzweigung (f); Abzweig (m); Anschlußstutzen (m)
B 427	branch blank	Abzweigrohling (m)
B 428	branch connection	Abzweiganschluß (m)
B 429	branch duct	Stichleitung (f) [Kanal]
B 430	branched segment	Abzweigsegment (n)
B 431	branch flow	Nebenstrom (m); Teilstrom (m); Zweigstrom (m)
B 432	branching	Aufgabelung (f); Gabel (f); Verzweigung (f)
B 433	branching; bifurcation	Gabelung (f); Rohrgabelung (f); Abzweigung (f)
B 434	branching cracks (pl)	verästelte Risse (m, pl) [im Schweißgut, in der WEZ, im Grundwerkstoff]
B 435	branch line	Zweigleitung (f)
B 436	branch pipe	Abzweigrohr (n)

B 437	**branch point**	Verzweigungsstelle *(f)*
B 438	**braze welding**	Fugenlöten *(n)*
B 439	**brazing**	Hartlöten *(n)*
B 440	**brazing operator**	Maschinenhartlöter *(m)*
B 441	**break-away of water flow**	Abreißen *(n)* des Wasserstroms
B 442	**breakaway torque**	Öffnungsdrehmoment *(n)* [Schraubverbindung]
B 443	**breaking load**	Bruchbelastung *(f)* [Biegeprobe]
B 444	**breaking pin**	Bruchbolzen *(m)*
B 445	**breaking pin device**	Reißbolzensicherung *(f)*; Bruchbolzensicherung *(f)*
B 446	**breaking pin housing**	Bruchbolzengehäuse *(n)*
B 447	**breaking pin non-reclosing pressure relief device**	bruchbolzengesicherte nicht wiederschließende Druckentlastungseinrichtung *(f)*
B 448	**break-off bubble diameter; bubble departure diameter**	Abreißdurchmesser *(m)* der Dampfblase; Dampfblasenabreißdurchmesser *(m)*; Blasendurchmesser *(m)* beim Abreißen
B 449	**breather**	Entlüftungsvorrichtung *(f)* [Rohrleitung]
B 450	**breather hole**	Belüftungsöffnung *(f)*; Entlüftungsöffnung *(f)*
B 451	**breather roof; breathing roof; lifting roof**	atmosphärisches Dach *(n)*; Atemdach *(n)*
B 452	**breather roof tank**	Atemdachbehälter *(m)*; Atemdachtank *(m)*
B 453	**Bredtschneider closure**	Bredtschneider-Verschluß *(m)* [selbstdichtender Hochdruckverschluß]
B 454	**breeches pipe**	Gabelrohr *(n)* [Rohrleitung]
B 455	**breeches section**	Y-Abzweigung *(f)* [auch: Y 1]
B 456	**breeder reactor**	Brutreaktor *(m)*; Brüter *(m)*
B 457	**bridge piece [welding]**	Heftstück *(n)* [beim Schweißen]
B 458	**Brinell hardness test(ing); ball hardness test(ing)**	Brinell-Härteprüfung *(f)*; Kugeldruckprobe *(f)*; Kugeldruckhärteprüfung *(f)*
B 459	**brittle coating**	Reißlackanstrich *(m)*
B 460	**brittle crack; ductility-dip crack**	Sprödriß *(m)* [entsteht, während der Werkstoff ein temperaturabhängiges Zähigkeitsminium durchläuft]
B 461	**brittle fracture**	Sprödbruch *(m)*
B 462	**brittle fracture resistance**	Sprödbruchbeständigkeit *(f)*
B 463	**brittle fracture strength**	Sprödbruchfestigkeit *(f)*
B 464	**brittle fracture susceptibility**	Sprödbruchempfindlichkeit *(f)*
B 465	**brittle fracture test**	Sprödbruchprüfung *(f)*
B 466	**brittle intercrystalline fracture; BIF**	spröder interkristalliner Bruch *(m)*
B 467	**brittle lacquer; brittle varnish**	Reißlack *(m)*
B 468	**brittleness**	Sprödigkeit *(f)*
B 469	**Brown-fintube; longitudinally finned tube; axially finned tube**	Längsrippenrohr *(n)*; Brown-Fintube *(n)*
B 470	**B-scan [ultras.]**	B-Bild *(n)* [US-Prüfung]
B 471	**bubble**	Blase *(f)*
B 472	**bubble cap**	Bodenglocke *(f)* [Kolonne]
B 473	**bubble-cap column**	Blasensäulenreaktor *(m)*

buckling strength

B 474	**bubble (cap) tray** [see Annex 1, p. 10]	Glockenboden *(m)* [Um bei der fraktionierten Destillation **(fractional distillation)** innige Berührung zwischen den flüssigen absteigenden Kondensaten bzw. dem Rückfluß und den aufsteigenden Dämpfen zu erreichen, sind in den Fraktionierkolonnen **(fractionating column)** Böden eingebaut, die in gleichen Abständen mit Ansatzstutzen versehen sind, über welche Glocken gestülpt sind. Die Dämpfe werden durch die Glocken zur Umkehr gezwungen und durchqueren die Flüssigkeit, die bis zur Wehrhöhe auf dem Glockenboden steht. Der Ablauf der Flüssigkeit erfolgt nach unten über den Wehr **(weir)** und Fallrohr **(downcomer)**. Siehe auch: **column**; siehe Anhang 1, S. 10]
B 475	**bubble cavitation**	Blasenkavitation *(f)*
B 476	**bubble cavitation, spot ...**	ruhende Blasenkavitation *(f)*
B 477	**bubble cavitation, travelling ...**	wandernde Blasenkavitation *(f)*
B 478	**bubble cavitation inception; inception of bubble cavitation**	Blasenkavitationsbeginn *(m)*; Beginn *(m)* der Blasenkavitation
B 479	**bubble chamber**	Blasenkammer *(f)*
B 480	**bubble column**	Blasensäule *(f)*
B 481	**bubble departure; bubble detachment; bubble separation**	Blasenablösung *(f)*
B 482	**bubble departure diameter; break-off bubble diameter**	Dampfblasenabreißdurchmesser *(m)*; Abreißdurchmesser *(m)* der Dampfblase; Blasendurchmesser *(m)* beim Abreißen
B 483	**bubble flow; bubbly flow**	Blasenströmung *(f)*
B 484	**bubble formation**	Blasenbildung *(f)*
B 485	**bubble frequency**	Blasenfrequenz *(f)*
B 486	**bubble growth**	Blasenwachstum *(n)*
B 487	**bubbler** [ultras.]	Sprudler *(m)* [US-Prüfung]
B 488	**bubble separation; bubble detachment; bubble departure**	Blasenablösung *(f)*
B 489	**bubble solution** [leak test]	blasenbildende Lösung *(f)* [Dichtheitsprüfung]
B 490	**bubble test**	Blasenprüfung *(f)*; Blasentest *(m)*; Blasendruckprüfung *(f)*; Leckprüfung *(f)* mittels blasenbildender Lösung
B 491	**bubble tray; bubble cap tray** [see Annex 1, p. 10]	Glockenboden *(m)* [siehe Anhang 1, S. 10; Erläuterungen siehe S. 33]
B 492	**bubbly flow; bubble flow**	Blasenströmung *(f)*
B 493	**buckling**	Ausknickung *(f)* [Rohr]
B 494	**buckling**	Beulen *(n)* [Schale]; Knicken *(n)* [Stab]
B 495	**buckling length; unsupported length; effective length**	Knicklänge *(f)*; Beullänge *(f)*
B 496	**buckling load**	Knicklast *(f)*; Beullast *(f)*
B 497	**buckling pressure**	Knickdruck *(m)*; Beuldruck *(m)*
B 498	**buckling strength; buckling resistance**	Knickfestigkeit *(f)*; Beulfestigkeit *(f)*

B 499	**buckling stress**	Knickbeanspruchung *(f)*
B 500	**buffer, thermal** ...	Wärmesperre *(f)*
B 501	**buffer layer**	Übergangsgebiet *(n)* [Bindeglied zwischen Sprunggebiet und Knudsen-Gebiet; Wärmetechnik]
B 502	**buffer storage**	Pufferspeicher *(m)*; Zwischenlager *(n)*; Zwischenspeicherung *(f)*
B 503	**buffeting** [tube bundle]	Buffeting *(n)*; Flatterschwingungen *(f, pl)* [stochastische Turbulenzerscheinungen in der Anströmung eines schwingungsfähigen Systems, die durch Ablöseerscheinungen der Strömung von einem vorgelagerten Körper verursacht werden; fluidisch induzierte Schwingungen von Kreiszylindern]
B 504	**buildup** [gen.]	Ansammlung *(f)*; Aufbau *(m)*; Anhäufung *(f)* [allg.]
B 505	**buildup of magnetic particles** [magn. t.]	Ansammlung *(f)* von magnetischen Partikeln/ Teilchen [Magnetpulverprüfung]
B 506	**buildup of pressure; pressure buildup**	Druckaufbau *(m)*
B 507	**buildup of solids**	Anhäufung *(f)* von festen Teilchen
B 508	**buildup sequence** [weld]	Lagenaufbau *(m)* [Schweißnaht]
B 509	**built-in; clamped; fixed** *(v)*	eingespannt *(V)*
B 510	**built-in check valve; integral check valve**	eingebautes Rückschlagventil *(n)*
B 511	**built-in components** *(pl)*	Einbauten *(m, pl)*
B 512	**built-in pipe clamp**	Trageisen *(n)* [für Wandeinbau einer Rohrleitung]
B 513	**built-up back pressure** [valve]	Eigengegendruck *(m)* [tritt während der Arbeit des Sicherheitsventils, bei der Öffnung, auf. Er wird durch den Strömungswiderstand des am Austrittsflansch angeschlossenen Leitungssystems hervorgerufen und wirkt auf den Austrittsquerschnitt des Sicherheitsventils. Er beeinflußt den Schließdruck des Sicherheitsventils und den gemessenen Ausfluß.]
B 514	**built-up pad; pad**	Blockflansch *(m)* [durchgesteckter Ring]
B 515	**built-up welded** (v)	auftragsgeschweißt *(V)*
B 516	**bulging** [tubesheet]	Aufbeulen *(n)* [Rohrboden]
B 517	**bulk**	Hauptmasse *(f)*; Hauptmenge *(f)*; Masse *(f)*; Kern *(m)*
B 518	**bulk boiling; saturated boiling; saturation boiling**	Sättigungssieden *(n)*
B 519	**bulk density; apparent density**	Schüttdichte *(f)*; Fülldichte *(f)*; Rohdichte *(f)*
B 520	**bulk enthalpy**	mittlere Enthalpie *(f)*
B 521	**bulkhead** [tank]	Schott *(n)* [Tank]
B 522	**bulkhead branch tee; bulkhead side tee**	T-Verschraubung *(f)* mit Schottzapfen; T-Schottverschraubung *(f)*
B 523	**bulkhead connector; bulkhead fitting**	Schottverschraubung *(f)*
B 524	**bulkhead plate** [tank]	Spundwand *(f)*; Schottblech *(n)* [Tank]
B 525	**bulk liquid**	Flüssigkeitskörper *(m)*

B 526	**bulk modulus; bulk modulus of elasticity** [fluids and gases]	Kompressionsmodul *(m)*; Elastizitätsmodul *(m)* [Flüssigkeiten und Gase]
B 527	**bulk modulus of elasticity; hydrostatic pressure**	hydrostatischer Druck *(m)* [Verhältnis einer Zug- oder Druckspannung, die in allen drei Richtungen gleich groß ist, zur relativen Änderung, die sie im Volumen verursacht.]
B 528	**bulk of steam flow**	Kern *(m)* der Dampfströmung
B 529	**bundled tubes**	Rohrbündel *(n)* [als lose Rohre]
B 530	**bundle heat exchanger**	Rohrbündelwärmeaustauscher *(m)* [Rippenrohrkonstruktion; im Gegensatz dazu: **shell-and-tube heat exchanger**, der nur aus Glattrohren besteht]
B 531	**bundle runner** [heat exchanger]	Gleitschiene *(f)* [Wärmeaustauscher]
B 532	**buoyancy compartment** [tank]	Schwimmzelle *(f)* [Tank]
B 533	**buoy roof** [tank; see Annex 1, pp. 14/15]	Buoy-Roof-Schwimmdach *(n)*; Bojendach *(n)* [In den USA entwickeltes Ringponton-Dach, bei dem die Fläche des Ringpontons in einen schmalen Ringponton und eine Anzahl von Hohlkörpern **(buoys)** aufgelöst wird. Der ca. 1 m breite Ringponton des Buoy-Roof dient dabei im wesentlichen als Dichtungsträger und als Aufbördelung der Membran, die im normalen Betriebszustand durch den an ihrer Unterseite wirkenden Auftrieb getragen wird. Im Leckagefall werden auf die auf der Membran in einem Rastermaß von ca. 7 x 7 m aufgesetzten Hohlkörper mit einem Durchmesser von ca. 2 m bzw. einem entsprechenden Rechteckquerschnitt zu Schwimmkörpern, die ein Sinken oder eine Zerstörung des Daches praktisch ausschließen. Buoy-Roof-Dächer wurden schon bis zu Durchmessern von etwa 100 m gebaut. Die Konstruktion erlaubt es aber, auch Tanks mit Durchmessern von 150 m und mehr ohne Schwierigkeiten zu überspannen; siehe auch: **floating-roof tank**; siehe Anhang 1, S. 14/15]
B 534	**buried mains**	erdverlegte Hauptleitung *(f)*
B 535	**burn-in period; debugging period; shaking-out period**	Anfangsperiode *(f)*; Anlaufperiode *(f)*; Frühfehlerperiode *(f)* [Lebensdauerbestimmung von Anlagenteilen]
B 536	**burn-off rate; consumption** [electrodes]	Abbrand *(m)* [Elektroden]
B 537	**burnout**	Burnout *(m)*; Durchbrennen *(n)* der Heizfläche [bei hohen Heizflächenbelastungen kommt es zu einem Durchbrennen der Heizfläche; siehe auch: **DNB**]
B 538	**burnout limit**	Durchbrenngrenze *(f)*; Burnoutgrenze *(f)*
B 539	**burnout point**	Durchbrennpunkt *(m)*
B 540	**burn-through** [weld imperfection]	Durchbrand *(m)* [durchgehendes Loch in oder neben der Schweißnaht; Nahtfehler]

B 541	burnt-through from one side [weld imperfection]	einseitig durchgeschmolzener Schweißpunkt *(m)* [Nahtfehler]
B 542	burnt-through weld [weld imperfection]	durchgeschmolzene Schweißnaht *(f)* [Nahtfehler]
B 543	burst emission [AET]	Burst-Signal *(n)* [SEP]
B 544	bursting disk; rupture disk; blow-out disk	Berstscheibe *(f)*; Reißscheibe *(f)*; Berstmembran *(f)*; Platzscheibe *(f)*
B 545	bursting pressure	Berstdruck *(m)*
B 546	bursting tensile strength	Berstzugfestigkeit *(f)*
B 547	burst pressure tolerance [bursting disk]	Bersttoleranz *(f)* [Berstscheibe]
B 548	bushing type diaphragm	Durchführungsmembran *(f)*
B 549	butt	Stoß *(m)*
B 550	butt-and-wrapped joint	überlaminierte Stumpfstoßverbindung *(f)* [stumpfgestoßen und gewickelt]
B 551	butted flange	Blockflansch *(m)* [für Behälter]
B 552	butterbead-temperbead welding	Vergütungslagentechnik *(f)* [siehe auch: **half bead technique**]
B 553	butterfly control valve	Stellklappe *(f)*
B 554	butterfly valve [see Annex 1, pp. 52–54]	Drosselklappe *(f)*; Drehklappe *(f)*; Schmetterlingsrückschlagklappe *(f)* [Absperrklappe; Drehflügelausführung; siehe Anhang 1, S. 52–54]
B 555	buttering [welding]	Puffern *(n)* [Auftragsschweißen]; Vorschuhen *(n)* [Schweißlage als Zwischenschicht]
B 556	butt flange	Gegenflansch *(m)*
B 557	butt girth weld [US]; circumferential butt weld	stumpfgeschweißte Rundnaht *(f)*
B 558	butt heat-fusion joint	Heizelementstumpfschweißverbindung *(f)*
B 559	butt joint; butt weld	Stumpf(schweiß)naht *(f)*
B 560	butt joint fitting	Stoßverschraubung *(f)*
B 561	butt joint forge welded (v)	stumpf hammergeschweißt *(V)*
B 562	buttressing	Abstützung *(f)*
B 563	buttress thread	Sägezahngewinde *(n)*
B 564	butt (seam) welding	Stumpfnahtschweißen *(n)*
B 565	butt (seam) welding machine	Stumpfnahtschweißmaschine *(f)*
B 566	buttstrap	Lasche *(f)*
B 567	butt weld; butt joint	Stumpf(schweiß)naht *(f)*
B 568	butt welding	Stumpfschweißen *(n)*
B 569	butt welding elbow [short and long radius], 90° . . .	Vorschweißkrümmer *(m)*, 90° . . . [kleiner und großer Radius]
B 570	butt welding end	Anschweißende *(n)*
B 571	butt welding end valve	Ventil *(n)* mit Anschweißenden
B 572	butt welding reducer	Vorschweißreduzierstück *(n)*
B 573	butt welding return [short radius], 180° . . .	Vorschweißbogen *(m)*, 180° . . . [mit kleinem Radius]
B 574	butt welding return [long radius], 180° . . .	Vorschweißbogen *(m)*, 180° . . . [mit großem Radius]

B 575	**BWR; boiling water reactor**	SWR; Siedewasserreaktor *(m)*
B 576	**by-pass [heat exchanger]**	Nebenschluß *(m)*; Umgehung *(f)*; Bypass *(m)* [kann ein Rohrbündel im Wärmeaustauscher nicht mit so vielen Rohren versehen werden, daß das Mantelvolumen gleichmäßig damit ausgefüllt wird, so entstehen mehr oder weniger große rohrleere Räume. Dies führt zu Nebenschlüssen im Strömungsraum außerhalb der Rohre und zu einer Beeinträchtigung des Wärmeübergangs]
B 577	**by-pass flow**	Nebenstrom *(m)* [Umführung]
B 578	**by-passing**	Nebenschlußbildung *(f)*
B 579	**by-pass operation**	Umleitbetrieb *(m)*
B 580	**by-pass seal**	Nebenschlußdichtung *(f)*
B 581	**by-pass station**	Umleitstation *(f)*
B 582	**by-pass valve**	Umführungsventil *(n)*
B 583	**by-product plant**	Nebenproduktanlage *(f)*

C

C 1	**CAD; computer-aided design**	rechnergestütztes Konstruieren *(n)*
C 2	**CADD; computer-aided design and drafting**	rechnergestützte Konstruktion *(f)* und technisches Zeichnen
C 3	**CAE; customer application engineering**	kundenspezifisches Engineering *(n)*
C 4	**CAE; computer-aided engineering**	rechnergestütztes Engineering *(n)*
C 5	**calandria**	Verdampferkörpermantel *(m)*; Verdampferkörper *(m)*
C 6	**calculated thickness**	rechnerische Wanddicke *(f)*
C 7	**calculation**	Berechnung *(f)*
C 8	**calculation pressure [UK]; design pressure [US]**	Berechnungsdruck *(m)*; Auslegungsdruck *(m)* [Erläuterungen siehe unter: **design pressure**]
C 9	**calibrated film strip [radiog.]**	geeichter Filmstreifen *(m)* [Durchstrahlungsprüfung]
C 10	**calibrated impact wrench tightening**	Drehimpulsverfahren *(n)* [ASTM; Schraubverfahren]
C 11	**calibrated leak; reference leak; sensitivity calibrator; standard leak; test leak**	Eichleck *(n)*; Testleck *(n)*; Vergleichsleck *(n)*; Bezugsleck *(n)*; Leck *(n)* bekannter Größe
C 12	**calibrated master gauge**	geeichtes Kontrollmanometer *(n)*
C 13	**calibration [ultras.]**	Justierung *(f)* [US-Prüfung]
C 14	**calibration block [ultras.]**	Eichkörper *(m)*; Justierkörper *(m)*; Kontrollkörper *(m)*; Testkörper *(m)* [US-Prüfung]
C 15	**calibration block configuration [ultras.]**	Eichkörper-Ausbildung *(f)* [US-Prüfung]
C 16	**calibration curve**	Eichkurve *(f)*
C 17	**calibration load**	Bestellast *(f)*; Einstellast *(f)* [LISEGA-Aufhängung]
C 18	**calibration notch [ultras.]**	Testnut *(f)* [US-Prüfung]
C 19	**calibration reflector [ultras.]**	Justierreflektor *(m)*; Testfehler *(m)* [US-Prüfung]
C 20	**calibration report**	Kalibrierprotokoll *(n)*
C 21	**calibration standard**	Kalibriernormal *(n)*; Eichnormal *(n)*
C 22	**calibration sticker**	Kalibrierplakette *(f)*
C 23	**calorific value; heating value**	Heizwert *(m)* [allg.]
C 24	**CAM; computer-aided manufacture**	rechnergestütztes Fertigen *(n)*
C 25	**camber**	Überhöhung *(f)* [Stütze; Träger]
C 26	**camera corner [rectangular expansion joint; see Annex 1, p. 101]**	Kameraecke *(f)* [Rechteck-Kompensator; siehe Anhang 1, S. 101]
C 27	**cap**	Rohrkappe *(f)*
C 28	**capacity [gen.]**	Leistungsfähigkeit *(f)*; Leistungsvermögen *(n)*; Kapazität *(f)*; Fassungsvermögen *(n)* [allg.]
C 29	**capacity [tank]**	Fassungsvermögen *(n)* [Tank]
C 30	**capacity, (load) carrying ...**	Tragfähigkeit *(f)*
C 31	**capacity certification test [valve]**	Abblaseleistungs-Bescheinigungsprüfung *(f)*; Prüfung *(f)* zur Bescheinigung der Abblaseleistung [Ventil]
C 32	**capacity certified valve**	leistungsbescheinigtes Ventil *(n)*
C 33	**capillary crack; hair-line crack**	Haarriß *(m)*
C 34	**capillary flow**	Kapillarströmung *(f)*

C 35	**capillary leak calibration standard [leak test]**	Kapillareichnormal *(n)* [Dichtheitsprüfung]
C 36	**capillary type halogen leakage standard [leak test]**	Kapillarhalogeneichnormal *(n)* [Dichtheitsprüfung]
C 37	**capsule holder; insert holder [bursting disc]**	verbolzter Flansch *(m)* [Berstscheiben-Haltevorrichtung. Die Haltevorrichtung wird innerhalb des Schraubenkreises zwischen den Anschlußflanschen eingesetzt; siehe auch: **holder; full diameter holder**]
C 38	**captive screw**	unverlierbare Schraube *(f)*
C 39	**captive washer**	unverlierbare Unterlegscheibe *(f)*
C 40	**carrier distillation**	Trägerdestillation *(f)* [Destillation vorwiegend leichtsiedender Produkte unter Zusatz eines schwerer destillierenden Produktes, um bei der Destillation einen Bodenkörper (Rückstand/**bottom product**) zu behalten und die Destillationsausbeute am leichtsiedenden Produkt zu erhöhen.]
C 41	**carry-over; entrainment [gen.]**	Mitreißen *(n)* [allg.]
C 42	**cartridge (insert) valve**	Steckerventil *(n)*; Einbauventil *(n)*
C 43	**cascade tray**	Kaskadenboden *(m)* [siehe auch: **tray; column**]
C 44	**cased seal**	(ein)gefaßte Dichtung *(f)*
C 45	**casing**	Mantelrohr *(n)*
C 46	**casing wear ring [pump]**	Spaltring *(m)* [Pumpe]
C 47	**castellated weld [tubesheet]**	Naht *(f)* mit Entlastungsrille [Rohr-/Rohrbodenverbindung]
C 48	**casting**	Gußstück *(n)*; Gußteil *(n)*; gegossener Rohling *(m)*
C 49	**casting process**	Gußverfahren *(n)*
C 50	**casting process, centrifugal . . .**	Schleudergußverfahren *(n)*
C 51	**casting (quality) factor**	Guß-Gütefaktor *(m)*
C 52	**cast integral**	eingegossen *(V)*
C 53	**cast integrally with**	angegossen *(V)*
C 54	**cast iron**	Gußeisen *(n)*
C 55	**cast iron, ductile . . .**	Gußeisen *(n)* mit Kugelgraphit; KugelgraphitGußeisen *(n)*; sphärolitisches Gußeisen *(n)*
C 56	**cast iron, gray . . .**	Gußeisen *(n)* mit Lamellengraphit; Lamellengraphit-Gußeisen *(n)*
C 57	**cast iron, grey . . .**	Gußeisen *(n)* mit Lamellengraphit; Lamellengraphit-Gußeisen *(n)*
C 58	**cast iron, lamellar graphite . . .**	Gußeisen *(n)* mit Lamellengraphit; Lamellengraphit-Gußeisen *(n)*
C 59	**cast iron, nodular graphite . . .**	Gußeisen *(n)* mit Kugelgraphit; KugelgraphitGußeisen *(n)*; sphärolitisches Gußeisen *(n)*
C 60	**cast iron, spheroidal . . .**	Gußeisen *(n)* mit Kugelgraphit; KugelgraphitGußeisen *(n)*; sphärolitisches Gußeisen *(n)*
C 61	**cast steel**	Gußstahl *(m)*
C 62	**CAT; crack arrest temperature**	Rißauffangtemperatur *(f)*
C 63	**CAT; computer-aided testing**	rechnergestütztes Prüfen *(n)*; CAT

C 64	**catchment efficiency**	Abscheidegrad *(m)* [Wasserabscheider]
C 65	**cathodic disbonding**	kathodische Unterwanderung *(f)* [tritt auf an Stahlrohrleitungen mit organischen Beschichtungswerkstoffen; wird die Umhüllung örtlich beschädigt, wird das Haftvermögen der Beschichtung beeinträchtigt. Dieser Vorgang wird bei kathodischem Schutz beschleunigt]
C 66	**cathodic protection**	kathodischer Schutz *(m)*; kathodischer Korrosionsschutz *(m)* [vielbenutzter Schutz gegen Korrosion von Metallen. Das Prinzip des kathodischen Schutzes besteht darin, das zu schützende Metall (Rohrleitungen, unterirdische Tanks, Stahlfundamente u. a.) gegenüber seiner Umgebung kathodisch zu machen. Dies kann auf zwei Arten erreicht werden — 1) galvanisch mit einer Opferanode **(sacrificial anode)**, die aus einem unedleren Metall als das zu schützende besteht und leitend mit diesem verbunden wird. Die Opferanode löst sich mit der Zeit auf und muß rechtzeitig ersetzt werden — 2) mit Hilfe einer Gleichstromquelle (z. B. Batterie). Das zu schützende Metall wird an die Minusseite (Kathode) der Stromquelle angeschlossen, die Gegenanode bildet ein Eisenstück oder eine Graphitelektrode und ist mit der Plusseite der Stromquelle verbunden.]
C 67	**caulked bell and spigot joint**	Stemmuffenverbindung *(f)*
C 68	**caulked joint**	Stemmverbindung *(f)*; Stemmnaht *(f)* [Dichtnaht]
C 69	**caulking**	Verstemmen *(n)*; Abdichten *(n)*
C 70	**caulking compound**	Dichtungsmasse *(f)*
C 71	**cause-effect diagram**	Ursachen-Wirkungs-Diagramm *(n)*
C 72	**caustic embrittlement**	interkristalline Spannungsrißkorrosion *(f)*; Laugenbrüchigkeit *(f)*; Laugensprödigkeit *(f)*
C 73	**cavitation; cavity formation**	Kavitation *(f)*; Hohlraumbildung *(f)* [Wenn der Druck an einer Stelle der Strömung, sei es in einem Ventil, in einer Pumpe oder in einer Rohrleitung, unter den Verdampfungsdruck der Flüssigkeit bei der jeweils herrschenden Temperatur fällt, so tritt Kavitation ein. Man versteht darunter den Vorgang der Dampfblasenbildung mit anschließender plötzlicher Kondensation, bei der die Dampfblasen wieder zusammenbrechen und die Flüssigkeit schlagartig auf die Oberfläche der Ventil- bzw. Pumpenteile oder Rohrleitungsstellen zurückfällt. Kavitation führt zu schweren Schäden an den Angriffsstellen der Bauteile.]
C 74	**cavitational damage**	Kavitationsschaden *(m)*; Kavitationszerstörung *(f)*

certificate of compliance

C 75	cavitation centre; cavitation nucleus	Kavitationskeim *(m)*
C 76	cavitation number	Kavitationszahl *(f)*; Kavitationsparameter *(m)*
C 77	cavities *(pl)*	Gasblasen *(f, pl)*; Lunker *(m, pl)*; Hohlräume *(m, pl)*
C 78	cavity [in cavitation]	Kavitationshohlraum *(m)*; stationärer Hohlraum *(m)*; Hohlraum *(m)*
C 79	CBB test; creviced bend beam testing	CBB-Prüfung *(f)* [Prüfung von Proben unter zeitlich konstanter Gesamtdehnung bei gleichzeitigem Vorliegen von Spaltkorrosionsbedingungen in Autoklavenversuchen; Prüfung der Beständigkeit nichtrostender Stähle in hochreinem Hochtemperaturwasser]
C 80	C-clamp	Schraubzwinge *(f)*
C 81	CCP specimen; centre cracked panel specimen	mittig gekerbte Flachzugprobe *(f)*
C 82	CDM; continuous damage model	kontinuierliches Schadensmodell *(n)*
C 83	CDS; creep driven swelling	kriechgetriebenes Schwellen *(n)*
C 84	CEC; crop end control	Rohrendensteuerung *(f)* [Definition siehe unter: **crop end control**]
C 85	centralised valve group	zusammengefaßte Ventilstation *(f)*
C 86	central vortex sink [cyclone]	Wirbelsenke *(f)*; Senke *(f)* [Zyklon]
C 87	centre by-pass valve, directional ...	Ventil *(n)* mit freiem Durchfluß [Wegeventil]
C 88	centre-cracked panel specimen; CCP specimen	mittig gekerbte Flachzugprobe *(f)*
C 89	centre-line average height; C.L.A. height; peak-to-valley height	Rauhtiefe *(f)* [Oberflächen]
C 90	centreline rotation	Verdrehung *(f)* der Mittellinie
C 91	centre offset	Außermittigkeit *(f)*
C 92	centre of gravity	Schwerpunkt *(m)*; Trägheitsmittelpunkt *(m)*
C 93	centre region [of flat head]	Bereich *(m)* der Rotationsachse [eines ebenen Bodens]
C 94	centre-to centre distance	Mittenabstand *(m)* [Teilung]
C 95	centre-to-flange length [valve]	Eckmaß *(n)* [Ventil]
C 96	centre valve	Mehrwegeventil *(n)*
C 97	centricity	Mittigkeit *(f)*
C 98	centrifugal casting	Schleuderguß *(m)*
C 99	centrifugal separator	Fliehkraftabscheider *(m)*
C 100	centroid	Flächenmittelpunkt *(m)*; Schwerpunkt *(m)*
C 101	centroidal axis	Schwerachse *(f)*; Schwerlinie *(f)*
C 102	CERT; constant extension rate test	Prüfung *(f)* auf einsinnig steigende Dehnung [Grenzfall; Untersuchungsverfahren der Belastung von Zugproben mit konstanter Dehnungsgeschwindigkeit]
C 103	certificate	Bescheinigung *(f)*; Nachweis *(m)*; Zertifikat *(n)*; Zeugnis *(n)*
C 104	certificate of clearance	Unbedenklichkeitsbescheinigung *(f)*
C 105	certificate of competence	Befähigungsnachweis *(m)*
C 106	certificate of compliance	Erfüllungszertifikat *(n)*

C 107	certificate of compliance with order	Werksbescheinigung (f)
C 108	certification	Attestierung (f)
C 109	certification of welders	Zulassung (f) von Schweißern
C 110	certification stamp	Prüfstempel (m)
C 111	certification system	Zertifizierungssystem (n)
C 112	CFE; controlled flash evaporation	kontrollierte Entspannungsverdampfung (f)
C 113	chain intermittent weld	symmetrisch versetzte Schweißnaht (f) [gegenüberliegende Streckenschweiße]
C 114	chain valve	Ventil (n) mit Kettenrad
C 115	chain wheel	Kettenrad (n)
C 116	chair and roll; roller rest	Rollenbock (m) [Halterung]
C 117	chamber, pressure . . .	Druckraum (m)
C 118	chamber test; hood pressure test	Hüllentest (m); Haubenlecksuchverfahren (n); Haubenleckprüfung (f)
C 119	chamfer	Abfasung (f); Schrägkante (f)
C 120	chamfer cone	Fasenkegel (m)
C 121	change in dimension	Maßänderung (f)
C 122	change in section	Querschnittsübergang (m)
C 123	change in size	Maßänderung (f)
C 124	change in the flow pattern	Strömungsformwechsel (m)
C 125	channel [gen.]	Kanal (m) [allg.]
C 126	channel [heat exchanger]	Vorkammer (f) [Wärmetauscher]
C 127	channel [tank]	U-Profil (n) [Tank; als Windträger]
C 128	channel; end-box; water box; header [condenser]	Wasserkammer (f); Kopf (m) [Kondensator]
C 129	channel box [heat exchanger]	Umgehungskanal (m) [Wärmeaustauscher]
C 130	channel cover [heat exchanger]	Vorkammerdeckel (m) [Wärmeaustauscher]
C 131	channel flange [heat exchanger]	Haubenflansch (m) [Wärmeaustauscher]
C 132	channelled flow	kanalisierte Strömung (f) [bei längsberippten Rohren; die Turbulenz wird aufgrund der Längsrippen reduziert, was zu einer verringerten Wärmeübergangszahl führt]
C 133	channelling	Kanalbildung (f) [auf- oder absteigende Produkte (Gase oder Flüssigkeiten) verteilen sich nicht gleichmäßig, sondern bahnen sich Hohlwege; z. B. in gepackten Kolonnen mit Füllkörpern]
C 134	channel nozzle [heat exchanger]	Haubenstutzen (m) [Wärmeaustauscher]
C 135	channel (section)	U-Eisen (n); U-Profil (n)
C 136	channel section frame	U-Rahmen (m)
C 137	channel shell [heat exchanger]	Vorkammermantel (m); Haubenmantel (m) [Wärmeaustauscher]
C 138	characteristic curve; D-log E curve; H and D curve [radiog.]	charakteristische Kurve (f); Gradationskurve (f); D-log E-Kurve (f); H- und D-Kurve (f) [Durchstrahlungsprüfung]
C 139	characteristic curve	Kennlinie (f)
C 140	characteristic value	Kenngröße (f); Kennwert (m)

C 141	character of fracture; appearance of fracture; fracture appearance	Bruchaussehen *(n)*
C 142	charge (with pressure); pressurize; expose to pressure *(v)*	druckbeaufschlagen; beaufschlagen mit Druck *(V)*
C 143	Charpy impact resistance	Charpy-Schlagfestigkeit *(f)*
C 144	Charpy impact test	Charpy-Pendelschlagversuch *(m)*; Pendelschlagversuch *(m)* nach Charpy
C 145	Charpy specimen	Charpy-Probe *(f)* [mit Spitzkerbe]
C 146	Charpy V-notch	Charpy-Spitzkerbe *(f)*
C 147	chart diagram	Nomogramm *(n)*
C 148	chatter marks *(pl)* [surface defect]	Rattermarken *(f, pl)* [Oberflächenfehler]
C 149	check; examination; test(ing); inspection	Prüfung *(f)*
C 150	check assembly	Probemontage *(f)*
C 151	check gauge	Prüflehre *(f)*
C 152	check mechanism	Absperrorgan *(n)* [Ventileinzelteil]; Dichtorgan *(n)* [Rückschlagklappe]; Platte *(f)* [Absperrorgan; Rückschlagklappe]
C 153	check note	Prüfvermerk *(m)*; Prüfzeichen *(n)*; Sichtvermerk *(m)*
C 154	check nut; lock nut; retaining nut	Gegenmutter *(f)*; Sicherungsmutter *(f)*; Klemmutter *(f)*
C 155	check test	Kontrollprüfung *(f)*
C 156	check valve [cylindrical plug valve]	Rückströmsicherung *(f)* [im Hahnventil mit zylindrischem Küken]
C 157	check valve [see Annex 1, pp. 36–39]	Rückschlagventil *(n)* [siehe: **piston lift type check valve; screw-down check valve; combined stop and check valve; lift type check valve**]; Rückschlagklappe *(f)* [siehe: **swing check valve**]; Rückströmsicherung *(f)* [siehe Anhang 1, S. 36–39]
C 158	cheese-head screw	Zylinderschraube *(f)*
C 159	chemical cleaning	chemische Reinigung *(f)*
C 160	chemical reaction fouling	Fouling *(n)* durch Reaktion; ReaktionsFouling *(n)*
C 161	chevron pattern; herringbone configuration [PHE]	Fischgrätenmuster *(n)*; pfeilförmiges Muster *(n)* [Muster in Platten von Plattenwärmeaustauschern]
C 162	chevron-type plate heat exchanger; herringbone-type plate heat exchanger	Plattenwärmeaustauscher *(m)* mit Platten mit pfeilförmigem Muster [Fischgrätenmuster]
C 163	CHF; critical heat flux; DNB heat flux	kritische Wärmestromdichte *(f)*
C 164	chilled water pump [reactor]	Tiefkühlwasserpumpe *(f)* [Reaktor]
C 165	chiller; cooler	Kühler *(m)* [Definition siehe: **cooler**]
C 166	chiller condenser	Kühlerkondensator *(m)*
C 167	chilling package	Kühlpaket *(n)*
C 168	chills *(pl)* [casting]	harte Stellen *(f, pl)* im Guß
C 169	chimney-finned tube [heat exchanger]	horizontales Rohr *(n)* mit quadratischen bzw. rechteckigen Rippen [mit Kaminschächten zwischen den Rippen; Wärmetauscherrohr]
C 170	chinese hat construction [insulation]	Kegelschnitt *(m)* [Isolierung]

C 171	**chip(ping) mark; tool mark** [weld imperfection]	Meißelkerbe *(f)*; abgemeißelte Defektstelle *(f)* [örtlich beschädigte Oberfläche durch unsachgemäßes Meißeln, z. B. beim Entfernen der Schlacke; Nahtfehler]
C 172	**choke block**	Drosselplatte *(f)*
C 173	**choked flow**	blockierte Strömung *(f)*
C 174	**choke length; throttling length; restrictive length** [valve]	Drossellänge *(f)* [Ventil]
C 175	**chord, bottom . . .**	Untergurt *(m)* [Träger]
C 176	**chord girder** [tank]	Bindergurt *(m)* [Tank]
C 177	**chord plate**	Obergurt *(m)* [Träger]
C 178	**churn flow; frothing flow**	aufgewühlte Strömung *(f)*; Schaumströmung *(f)*
C 179	**churn turbulence**	schaumförmige turbulente Strömung *(f)*
C 180	**CIM; computer integrated manufacture**	rechnerintegrierte Produktion *(f)*
C 181	**CIP; cleaning in place**	CIP-Reinigung *(f)*; Zirkulationsreinigung *(f)*
C 182	**circular disk reflector** [ultras.]	kreisscheibenförmiger Reflektor *(m)* [US-Prüfung]
C 183	**circularity**	Kreisform *(f)*
C 184	**circular magnetization technique** [magn. t.]	Zirkularmagnetisierungstechnik *(f)* [Magnetpulverprüfung]
C 185	**circular tube**	Kreisrohr *(n)*; Rohr *(n)* mit kreisförmigem Querschnitt
C 186	**circulating pump; recirculation pump**	Umwälzpumpe *(f)*
C 187	**circumcircle; circumscribed circle**	umschriebener Kreis *(m)*
C 188	**circumference**	Kreisumfang *(m)*
C 189	**circumferential butt weld** [UK]; **butt girth weld** [US]	stumpfgeschweißte Rundnaht *(f)*
C 190	**circumferentially finned tube**	Rohr *(n)* mit runden Rippen; Rundrippenrohr *(n)*
C 191	**circumferential pitch**	Umfangsteilung *(f)*
C 192	**circumferential stairways** *(pl)* [tank]	angewendelte Treppen *(f, pl)* [Tank]
C 193	**circumferential stress; hoop stress**	Umfangsspannung *(f)*
C 194	**circumferential through-crack**	durchgehender Umfangsriß *(m)*
C 195	**circumferential weld** [UK]; **girth weld** [US]	Umfangsschweißung *(f)*; Umfangsnaht *(f)*; Rundnaht *(f)*
C 196	**circumferential (weld) seam**	Rund(schweiß)naht *(f)*; Umfangs(schweiß)naht *(f)*
C 197	**circumferential yielding**	Fließen *(n)* in Umfangsrichtung
C 198	**clack valve** [check valve]	Klappenventil *(n)*; Rückschlagventil *(n)* [nicht genormter engl. Ausdruck; siehe: **check valve**]
C 199	**clad brazing sheet**	Hartlötplattierungsblech *(n)*
C 200	**cladding**	Plattierung *(f)*
C 201	**clad interface**	Plattierungszwischenfläche *(f)*
C 202	**clad tubesheet**	plattierter Rohrboden *(m)*
C 203	**C.L.A. height; centre-line average height; peak-to-valley height**	Rauhtiefe *(f)* [Oberflächen]
C 204	**clamp**	Klammer *(f)*; Klemme *(f)*; Klemmschelle *(f)*; Klemmstück *(n)*; Spannbügel *(m)*; Zwinge *(f)*

C 205	**clamp base** [see Annex 1, p. 69]	Rohrlager *(n)* [LISEGA-Aufhängung; siehe Anhang 1, S. 69]
C 206	**clamp collar**	Klemmring *(m)*
C 207	**clamped; built-in; fixed** *(v)*	eingespannt *(V)*
C 208	**clamp(ing) bolt; clamp(ing) screw**	Spannschraube *(f)*; Druckschraube *(f)*
C 209	**clamping bolts** *(pl)*; **compression bolts** *(pl)*	Zuganker *(m, pl)*
C 210	**clamping device; clamping fixture**	Einspannvorrichtung *(f)*; Klemmvorrichtung *(f)*
C 211	**clamping jaw**	Einspannbacke *(f)*; Klemmbacke *(f)*; Spannbacke *(f)*
C 212	**clamping lever**	Einspannhebel *(m)*; Klemmhebel *(m)*
C 213	**clamping nut**	Spannmutter *(f)*; Knebelmutter *(f)*
C 214	**clamping plate**	Klemmplatte *(f)*; Spannplatte *(f)*
C 215	**clamping ring coupling**	Keilringverschraubung *(f)*
C 216	**clamping roll**	Andrückrolle *(f)* [Durchlaufschweißmaschine]
C 217	**clamping sleeve**	Spannhülse *(f)*
C 218	**clamping spring**	Spannfeder *(f)*
C 219	**clamping strap**	Klemmbügel *(m)*
C 220	**clamp stop**	Halterungsnocken *(m)*
C 221	**clamshell marks** *(pl)*	Rastlinien *(f, pl)* [Bruchfläche]
C 222	**clashing, tube-to-tube ...** [tube bundle]	Rohrkollision *(f)*; Kollision *(f)* von Rohren [Rohrbündel]
C 223	**clasp bolt**	Klammerschraube *(f)*
C 224	**cleaning**	Reinigung *(f)*; Säuberung *(f)*
C 225	**cleaning ball**	Reinigungskugel *(f)*
C 226	**cleaning door; cleanout door**	Reinigungstür *(f)*
C 227	**cleaning during shutdown; off-line cleaning**	Stillstandsreinigung *(f)*
C 228	**cleaning in place; CIP**	CIP-Reinigung *(f)*; Zirkulationsreinigung *(f)*
C 229	**cleaning port**	Reinigungsöffnung *(f)*
C 230	**cleanliness factor**	Abminderungsfaktor *(m)*; Reinheitsgrad *(m)*
C 231	**cleanout; access eye; cleaning port**	Reinigungsöffnung *(f)*
C 232	**cleanout fitting** [tank]	Reinigungsarmatur *(f)* [Tank]
C 233	**clearance hole** [bolt]	Durchgangsloch *(n)* [für Schrauben]
C 234	**cleavage fracture**	Trennbruch *(m)*; Spaltbruch *(m)*
C 235	**cleavage plane**	Spaltebene *(f)*; Bruchebene *(f)*; Bruchfläche *(f)*
C 236	**cleavage resistance**	Spaltfestigkeit *(f)*
C 237	**clevis** [see Annex 1, p. 80]	Gewindebügel *(m)*; Schäkel *(m)* [Rohraufhängung; siehe Anhang 1, S. 80]
C 238	**clip gauge**	Dehnungsaufnehmer *(m)*; Rißöffnungsmeßgerät *(n)*
C 239	**clogging; plugging** [pipe]	Verstopfen *(n)* [Rohrleitung]
C 240	**close butted** *(v)*	stumpfgestoßen *(V)* ohne Stegabstand
C 241	**close centre spacing; close pitch**	enge Teilung *(f)* [Mittenabstand]
C 242	**close coiling** [tube]	eng gebogene Rohrschlange *(f)*
C 243	**close coiling** [operation]	Engwickeln *(n)* [als Vorgang]
C 244	**closed feedwater heater**	geschlossener Speisewasservorwärmer *(m)* [Ausführung immer als Rohrbündelwärmeaustauscher]
C 245	**closed joint**	Fuge *(f)* ohne Stegabstand

C 246	**closed joint**	Schweißung *(f)* ohne Luftspalt
C 247	**closed-loop control; automatic control**	Regelung *(f)*
C 248	**closed-loop control circuit; automatic control system**	Regelkreis *(m)*
C 249	**closed position**	Schließstellung *(f)*
C 250	**closed-top compartment [tank]**	geschlossene Zelle *(f)* [Tank]
C 251	**closed-top tank**	geschlossener Tank *(m)*
C 252	**close-fit hole**	Paßbohrung *(f)*
C 253	**close-fit lining process**	Auskleidung *(f)* nach dem Close-fit-Verfahren; Close-Fit-Auskleidungsverfahren *(n)*; ringraumloses Relining *(n)* [Sanierung von Gas-Rohrleitungen durch eng anliegende Auskleidung (close fit) des Altrohres mit dem einzuziehenden PE-Rohr; siehe auch: **slip lining; hose relining; pipe relining; U-lining; swage lining; rolldown lining**]
C 254	**close pitch; close centre spacing**	enge Teilung *(f)* [Mittenabstand]
C 255	**close-radius bending machine**	Biegedrückmaschine *(f)*
C 256	**close tolerance**	enge Toleranz *(f)*
C 257	**close-tolerance grooved pin**	Paßkerbstift *(m)*
C 258	**close tube pitch**	enge Rohrteilung *(f)*
C 259	**closing characteristics** *(pl)*	Schließverhalten *(n)*
C 260	**closing component [valve]**	Absperrorgan *(n)*; Dichtorgan *(n)* [Ventileinzelteil]
C 261	**closing pressure**	Schließdruck *(m)*
C 262	**closing pressure surge; closing shock; shutoff stroke**	Schließdruckstoß *(m)*; Schließschlag *(m)*
C 263	**closing time**	Schließzeit *(f)*
C 264	**closure**	Verschlußdeckel *(m)*
C 265	**closure device**	Abschlußvorrichtung *(f)*
C 266	**closure head [reactor pressure vessel]**	Deckel *(m)* [Reaktordruckgefäß]
C 267	**closure member; obturator [valve]**	Absperrorgan *(n)*; Schließeinrichtung *(f)* [bei Armaturen; z. B. Ventilteller, Keilplatte, Kugelküken, Klappe etc.]
C 268	**closure weld; final weld**	Schlußnaht *(f)*; Decknaht *(f)*
C 269	**cluster analysis [AET]**	Clusteranalyse *(f)* [SEP]
C 270	**clustered porosity; cluster of pores; localized porosity [weld imperfection]**	Porennest *(n)* [örtlich gehäufte Poren; Nahtfehler]
C 271	**clustered slag inclusion [weld imperfection]**	Schlackennest *(n)* [örtlich gehäufte Einlagerung im Schweißgut; Nahtfehler]
C 272	**cluster of indications [ultras.]**	Bereichsanzeigen *(f, pl)* [US-Prüfung]
C 273	**coalescence**	Verschmelzen *(n)*; Zusammenwachsen *(n)*
C 274	**Coanda effect**	Coanda-Effekt *(m)* [Umlenkung tangentialer Strömung]
C 275	**coarse grain**	Grobkorn *(n)*
C 276	**coarse grained zone**	Grobkornzone *(f)*
C 277	**coarse-grain pattern**	Grobkorndessinierung *(f)* [Werkstoff]
C 278	**coarsely crystalline**	grobkristallin (Adj.)

coefficient of rigidity

C 279	**coarse(-pitch) thread**	Grobgewinde *(n)*
C 280	**coarse ripples** *(pl)* **[weld imperfection]**	Querkerben *(f, pl)* in der Decklage [Nahtfehler]
C 281	**coarse slag inclusion**	grober Schlackeneinschluß *(m)*
C 282	**coarse-thread series**	Grobgewindereihe *(f)*
C 283	**coastdown mode of operation**	Streckbetrieb *(m)*
C 284	**coated electrode**	Mantelelektrode *(f)*; umhüllte Elektrode *(f)*
C 285	**coating [gen.]**	Beschichtung *(f)*; Lage *(f)*; Schicht *(f)*; Überzug *(m)* [allgemein]
C 286	**coating [electrode]**	Umhüllung *(f)*; Ummantelung *(f)* [Elektrode]
C 287	**cock**	Hahn *(m)*; Drehschieber *(m)* [Hähne bestehen aus einem Gehäuse mit konisch eingeschliffenem Küken **(plug)**; (siehe auch: **plug valve**). Sie führen die Absperrbewegung *drehend* zur Dichtfläche und damit *quer* zur Durchflußrichtung aus. Man unterssscheidet *Absperrhähne* und *Mehrwegehähne*. Die Bezeichnung „Drehschieber" wäre richtiger, da die Dichtungsflächen wie bei einem Schieber verschoben werden. Absperrhähne können als Durchgangshahn, Ausflußhahn oder Eckhahn ausgeführt werden. Der Anschluß zur Rohrleitung erfolgt mittels Flansch- oder Schraubverbindung. Mit Mehrwegehähnen, deren Küken mit Winkelbohrung, T-förmiger oder Doppelwinkelbohrung ausgeführt sein können, ist es möglich, wahlweise Rohrleitungen zu verbinden oder abzusperren. Ausführungsarten sind z. B.: — **plug cock** (konischer Hahn, stopfbuchslos) — **gland cock** (Stopfbuchshahn) — **packed cock** (Packhahn)]
C 288	**cocurrent and countercurrent flow**	Gleich- und Gegenstrom *(m)*
C 289	**cocurrent flow; coflow; parallel flow**	Gleichstrom *(m)*; parallele Strömung *(f)*
C 290	**COD; crack opening displacement**	Rißöffnungsverschiebung *(f)*; Rißöffnungsverdrängung *(f)*; Rißuferverschiebung *(f)*
C 291	**code case [US]; enquiry case [UK]**	Auslegungsfall *(m)* [Erläuterungen und Auslegungen zu ausländischen Regelwerken; ASME, British Standard]
C 292	**coded design, approval of . . .; design approval**	Vorprüfung *(f)* der Konstruktion
C 293	**coded pressure vessel**	Druckbehälter *(m)* nach Vorschrift
C 294	**coefficient of discharge; discharge coefficient [valve]**	Ausflußziffer *(f)*; gemessene Ausflußziffer *(f)* [Quotient des gemessenen und des theoretischen Ausflusses; Ventil]
C 295	**coefficient of friction**	Reibungsbeiwert *(m)*; Reibungskoeffizient *(m)*
C 296	**coefficient of moment**	Impulsbeiwert *(m)*
C 297	**coefficient of performance; COP**	Leistungsziffer *(f)* [z. B. eines Verdunstungskühlers]
C 298	**coefficient of rigidity; modulus of elasticity in shear**	Schubmodul *(m)*; Schermodul *(m)* [siehe auch: S 403]

47

C 299	coefficient of thermal conductance	Wärmedurchlaßzahl (f)
C 300	coefficient of thermal conductivity; thermal diffusivity	Wärmeleitfähigkeit (f)
C 301	coefficient of thermal expansion	Wärmedehnzahl (f)
C 302	coextruded tube; composite tube	Verbundrohr (n) [stranggepreßtes Koaxialrohr]
C 303	coflow; cocurrent flow; parallel flow	Gleichstrom (m); parallele Strömung (f)
C 304	cohesive force	Kohäsionskraft (f) [Bindekraft]
C 305	cohesive resistance	Trennwiderstand (m)
C 306	cohesive strength	Kohäsionsfestigkeit (f); Trennfestigkeit (f)
C 307	coiled skelp	aufgeschnittener Blechstreifen (m) [zur Rohrherstellung]
C 308	coiled spring; spiral spring	Spiralfeder (f)
C 309	coiled tube	Spiralrohr (n); gewickeltes Rohr (n) [Flachspirale]
C 310	coiled tubular feedwater heater	Speisewasservorwärmer (m) in gewickelter Ausführung; Wickelrohr-Speisewasservorwärmer (m); Wickelrohr-Vorwärmer (m)
C 311	coiled tubular heat exchanger; CTHE	gewickelter Rohrwärmeaustauscher (m); Wickelrohr-Wärmeaustauscher (m)
C 312	coiling machine	Wickelmaschine (f) [Spiralheizflächen]
C 313	coil-pipe syphon	Trompetenrohr (n) [Manometer]
C 314	coil technique [magn.t.]	Spulentechnik (f) [Magnetpulverprüfung]
C 315	coincidence factor	Gleichzeitigkeitsfaktor (m)
C 316	cold bending	Kaltbiegen (n)
C 317	Coldbox	Coldbox (f) [die Coldbox enthält Tieftemperatur-Wärmeaustauscher; FlüssigerdgasAnlage]
C 318	cold-cathode ionisation gauge; Philips ionisation gauge	Kaltkathoden-Vakuummeter (n); Philips-Vakuummeter (n)
C 319	cold crack	Kaltriß (m) [entsteht im festen Zustand des Werkstoffs durch Überschreiten seines Formänderungsvermögens]
C 320	cold cracking susceptibility	Kaltrißempfindlichkeit (f)
C 321	cold drawn steel	Blankstahl (m)
C 322	cold drawn tube	kaltgezogenes Rohr (n)
C 323	cold expansion	Kaltdehnung (f)
C 324	cold finished (v)	kaltgefertigt (V)
C 325	cold forming; cold working	Kaltumformung (f); Kaltformgebung (f); Kaltverformung (f)
C 326	cold leg	kalter Strang (m) [Rohrleitung]
C 327	cold pressure upset welding	Anstauchschweißen (n)
C 328	cold pressure welding	Kaltpreßschweißen (n)
C 329	cold pull (up); cold springing	Kaltvorspannung (f); Vorspannung (f) im kalten Zustand [Rohrleitung]
C 330	cold-rolling	Kaltwalzen (n)
C 331	cold shearing	Kaltscheren (n)
C 332	cold shortness	Kaltbrüchigkeit (f); Kaltsprödigkeit (f) [auch: L 449]

C 333	cold shut	Kaltschweißstelle *(f)*
C 334	cold soldering	Kaltlöten *(n)*
C 335	cold-spring factor	Kalt-Vorspannfaktor *(m)*
C 336	cold springing; cold pull (up)	Vorspannung *(f)* im kalten Zustand; Kaltvorspannung *(f)* [Rohrleitung]
C 337	cold weld	Kaltschweißung *(f)*
C 338	cold working; cold forming	Kaltumformung *(f)*; Kaltformgebung *(f)*; Kaltverformung *(f)*
C 339	collapse	Versagen *(n)*
C 340	collapse load	Grenzlast *(f)* [bei der Tragfähigkeitsanlayse]
C 341	collapse load, lower bound . . .	untere Grenzlast *(f)* [untere Eingrenzung der Grenzlast bei der Tragfähigkeitsanalyse]
C 342	collapse load, ultimate . . .	Traglastgrenze *(f)* [Tragfähigkeitsanalyse]
C 343	collapse load, upper bound . . .	obere Grenzlast *(f)* [obere Eingrenzung der Grenzlast bei der Tragfähigkeitsanalyse]
C 344	collapse pressure	Versagensdruck *(m)*
C 345	collapse strength	Versagensfestigkeit *(f)* [allgemein]; Beulfestigkeit *(f)* [Rohr]
C 346	collar; reinforcing collar [expansion joint; see Annex 1, p. 88]	Bordring *(m)*; Balgbordring *(m)* [eines Kompensators; zur Verstärkung des zylindrischen Auslaufs **(cuff)**; siehe Anhang 1, S. 88]
C 347	collar-reinforced branch pipe	kragenverstärktes Abzweigrohr *(n)*
C 348	collecting basin [tank]	Auffangtasse *(f)* [Tank]
C 349	collecting tank; hold-up tank	Sammelbehälter *(m)*
C 350	collimator [ultras.; radiog.]	Kollimator *(m)* [US-Prüfung; Durchstrahlungsprüfung]
C 351	collision	Kollision *(f)*; Zusammenstoß *(m)*
C 352	collision damage [tube bundle]	Zusammenprall *(m)* [Rohre gegeneinander in Rohrbündeln oder gegen den Mantel aufgrund von Schwingungen in Wärmeaustauschern]
C 353	collision probability [reactor]	Stoßwahrscheinlichkeit *(f)* [Reaktor]
C 354	colour coding; colour marking	Farbkennzeichnung *(f)*; Farbmarkierung *(f)*
C 355	colour-coding installation	Signieranlage *(f)* [Rohrleitung]
C 356	colour contrast penetrant [penetrant testing]	Farbkontrasteindringmittel *(n)* [Eindringmittelprüfung]
C 357	column [gen.]	Stütze *(f)*; Säule *(f)*; Gestell *(n)* [allg.]
C 358	column; tower [see Annex 1, pp. 8–10]	Kolonne *(f)*; Turm *(m)* [Kolonnen sind hohe zylindrische Türme aus Stahlblech, die im Innern durch waagerecht angeordnete Böden (15 bis 20, mitunter 120 Böden) unterteilt sind. Sie werden eingesetzt bei thermischen Trennprozessen (Destillieren / siehe: **distillation**, Rektifizieren / siehe: **rectification)**, d. h. der Trennung flüssiger Stoffgemische bzw. beim Zerlegen von Flüssigkeits- und Gasgemischen, zur Absorption von Gasen und zum Abscheiden und Niederschlagen von Dämpfen. Ein typischer Anwendungsfall ist die Verarbeitung von Erdöl zu petrochemischen

Produkten oder die Gewinnung von reinen Stoffen (z. B. Methanol).
Die einzelnen Kolonnenarten lassen sich in Bodenkolonnen, Füllkörperkolonnen und Rotationskolonnen unterteilen. Am häufigsten sind Bodenkolonnen im Einsatz.

Bodenkolonnen **(tray column)**.
Je nach Art des Bodens, der entweder als Glockenboden, Siebboden oder Ventilboden ausgebildet sein kann, unterscheidet man bei diesem Kolonnentyp
— die Glockenbodenkolonnen **(bubble tray column)**
— die Siebbodenkolonnen **(sieve tray column)**
— die Ventilbodenkolonnen **(valve tray column)**

Glockenböden haben als Dampfdurchtrittsöffnung Rundglocken über Kaminen. Die Glocken sind der Kolonnenbelastung selbstregelnd angepaßt. Sie tauchen in die gestaute Bodenflüssigkeit, so daß der aufsteigende Dampf dadurch die Ablenkung erfährt und parallel zum Boden in die gestaute Flüssigkeit strömt.

Siebböden haben als solche Dampfdurchtrittsöffnungen mit Bohrungen von 2,5 bis 12 mm. Die Bodendurchbrüche müssen ihrem Durchmesser nach so gestaltet sein, daß die Bodenflüssigkeit bei normalem Dampfaufstieg gestaut wird. Treten Unterbrechungen im Destillationsvorgang auf, so sind die Böden vollständig zu entleeren.

Um eine größere Reinheit der Endprodukte zu erreichen, wurden Kolonnen mit immer größerer Anzahl von Böden gebaut, so daß die Kolonnen immer höher werden (bis 80 m), aber auch deren Durchmesser zunimmt. Durchmesser und Höhen solcher Kolonnen lassen sich aber nicht beliebig vergrößern.

Füllkörperkolonnen **(packed columns)**
Füllkörperkolonnen sind Ausrüstungen mit regelmäßig angeordneten Füllkörpern **(fill packing)** unterschiedlicher Formen auf Rosten. Dazwischen befinden sich Flüssigkeitsverteiler, die ein gleichmäßiges Verteilen der Flüssigkeit über den gesamten Kolonnenquerschnitt bewirken. Die hauptsächlichen Füllkörper sind
— sattelförmige Füllkörper
— Hohlzylinder (Raschigringe) und
— Maschendrahtringe.

commencement of curvature

Das Material der Füllkörper muß der Korrosion standhalten und der Wärmebelastung entsprechen. Sehr geeignet ist z. B. Hartporzellan.

Kolonnen mit Einsätzen sind Aggregate, bei denen die Einsätze entweder aus Drahtgeflecht oder sogenannten Rieselblechen bestehen.

Kolonnen mit Rotoren / Rotationskolonnen **(agitated towers)** sind beispielsweise Dünnschichtreaktoren; siehe Anhang 1, S. 8–10]

C 359	**columnar crystals** *(pl)*		Stengelkristalle *(n, pl)*
C 360	**columnar grain**		Stengelkorn *(n)*
C 361	**columnar structure**		stengeliges Gefüge *(n)*
C 362	**column base**		Stützfuß *(m)*
C 363	**column cap; column head**		Stützenkopf *(m)*
C 364	**column hinged at both ends; hinged column**		Pendelstütze *(f)*
C 365	**column instability**		Säuleninstabilität *(f)*
C 366	**column internal reboller; bundle-in-column reboller [distillation column]**		eingesetzter Reboiler *(m)*; eingesetzter Wiederverdampfer *(m)* [im unteren Teil einer Destillationskolonne]
C 367	**column load**		Stützlast*(f)*
C 368	**column packing**		Kolonnenpackung *(f)*
C 369	**columns** *(pl)*; **support legs** *(pl)*		Einzelstützen *(f, pl)*; Stützfüße *(m, pl)*
C 370	**columns centre distance**		Systemmaß *(n)* [Stützen]
C 371	**column separation**		Säulenablösung *(f)*; Abreißen *(n)* der Wassersäule [Kavitation]
C 372	**column squirm [see Annex 1, p. 99]**		Säulenauslenkung *(f)* [Kompensator; Instabilität; siehe Anhang 1, S. 99]
C 373	**column stability**		Säulenstabilität *(f)*
C 374	**column support; support leg; support foot; stilt [see Annex 1, p. 18]**		Stützsäule *(f)*; Stützfuß *(m)* [siehe Anhang 1, S. 18]
C 375	**column top condenser**		Kolonnenkopf-Kondensator *(m)*
C 376	**combination sliding and rotary spool valve**		Längsdrehschieber *(m)*; Drehlängsschieber *(m)*
C 377	**combined acoustic-heat insulation**		Schall-/Wärmeisolierung *(f)*
C 378	**combined circumferential stress**		überlagerte Umfangsspannung *(f)*
C 379	**combined cutting and fusion-facing machine**		Abkreismaschine *(f)* [Rohrbearbeitung]
C 380	**combined fouling**		kombiniertes Fouling *(n)* [Fouling durch Kombination zweier oder mehrerer Foulingarten]
C 381	**combined loading**		Beanspruchungskombinationen *(f, pl)*; überlagerte Beanspruchungen *(f, pl)*
C 382	**combined seal [see Annex 1, p. 116]**		Metall-Weichstoffdichtung *(f)* [siehe Anhang 1, S. 116]
C 383	**combined stop and check valve**		kombiniertes Absperr- und Rückschlagventil *(n)*
C 384	**combined stress intensity**		überlagerte Vergleichsspannung *(f)*
C 385	**combined thermal-acoustic insulation; heat-sound insulation**		Wärme-/Schallisolierung *(f)*
C 386	**commencement of curvature**		Krümmungsanfang *(m)*

C 387	**commercially clean condition**	betriebsmäßig sauberer Zustand *(m)*
C 388	**commercial quality**	Handelsgüte *(f)*
C 389	**commercial scale**	großtechnischer Maßstab *(m)*
C 390	**commercial-scale test; commercial-scale trial**	großtechnischer Versuch *(m)*
C 391	**commissioned inspector**	Prüfbeauftragter *(m)*
C 392	**commissioning; initial start-up**	erstmalige Inbetriebnahme *(f)*
C 393	**communicating chambers** *(pl)*	kommunizierende Druckräume *(m, pl)*
C 394	**compact heat exchanger**	Kompaktwärmeaustauscher *(m)*
C 395	**compacting of soil**	Bodenverfestigung *(f)*
C 396	**compact tension specimen; CT specimen**	Kompaktzugprobe *(f)*
C 397	**companion dimensions** *(pl)*	Anschlußgrößen *(f, pl)*
C 398	**companion specimen test**	Begleitproben-Versuch *(m)*
C 399	**compensated relief valve; balanced relief valve; pressure-balanced valve; pressure-compensated valve**	druckentlastetes Druckbegrenzungsventil *(n)*; druckentlastetes Ventil *(n)*; ausgeglichenes Ventil *(n)*
C 400	**compensating area**	Ausgleichsfläche *(f)*
C 401	**compensating flange [UK]**	Ausgleichsbördelung *(f)*
C 402	**compensating plate**	scheibenförmige Verstärkung *(f)*; Verstärkungsblech *(n)* [siehe auch: P 35, R 284]
C 403	**compensation**	Ausgleich *(m)*; Ausgleichung *(f)* [Behälterberechnung]
C 404	**compensation ring**	Verstärkungsring *(m)* [Behälterstutzen]
C 405	**compensation stub**	Verstärkungsnippel *(m)*
C 406	**completed bend**	fertiger Rohrbogen *(m)* [nach dem Biegen]
C 407	**complete fusion [welding]**	vollständige Bindung *(f)* [Schweißen]
C 408	**compliance [fracture mechanics]**	Compliance *(f)*; elastische Nachgiebigkeit *(f)* [Bruchmechanik]
C 409	**compliance**	Nachgiebigkeit *(f)*; Federung *(f)*
C 410	**component**	Bauelement *(n)*; Bauteil *(n)*; Komponente *(f)*
C 411	**component cooling system [nuclear reactor]**	Zwischenkühlsystem *(n)* [Kernreaktor]
C 412	**component list**	Bauteilliste *(f)*
C 413	**composite beam**	Verbundträger *(m)*
C 414	**composite electrode**	Verbundelektrode *(f)*
C 415	**composite materials** *(pl)*	Werkstoffkombination *(f)*
C 416	**composite sections** *(pl)*	Querschnittskombination *(f)*
C 417	**composite tube; coextruded tube**	Verbundrohr *(n)* [stranggepreßtes Koaxialrohr]
C 418	**composite tubing**	Mehrfachrohr *(n)* [mehrere Rohre ineinandergesteckt]; Mehrschichtrohr *(n)*
C 419	**composite viewing of double film exposures [radiog.]**	Doppelfilmbetrachtung *(f)* [Durchstrahlungsprüfung]
C 420	**composition gasket**	getränkte Dichtung *(f)*
C 421	**compound cross-section**	zusammengesetzter Querschnitt *(m)*
C 422	**compound-section girder**	zusammengesetzter Träger *(m)*
C 423	**compound welds** *(pl)* **[butt and fillet weld]**	Verbundnähte *(f, pl)* [Kehl- und Stumpfnaht]
C 424	**compressed air**	Druckluft *(f)*
C 425	**compressed-air cooler**	Druckluftkühler *(m)*
C 426	**compressed-air distributor**	Druckluftverteiler *(m)*
C 427	**compressed-air hose**	Druckluftschlauch *(m)*

C 428	compressed-air line; compressed-air pipe	Druckluftleitung *(f)*
C 429	compressed-air receiver	Druckluftbehälter *(m)*; Luftkessel *(m)*; Preßluftspeicher *(m)*; Windkessel *(m)*
C 430	compressibility factor	Kompressibilitätsfaktor *(m)*; Realgasfaktor *(m)*
C 431	compressible fluid flow; compressible fluid motion	kompressible Strömung *(f)* [Strömung kompressibler Flüssigkeiten und Gase]
C 432	compressional wave; longitudinal wave [ultras.]	Dehnungswelle *(f)*; Longitudinalwelle *(f)* [US-Prüfung]
C 433	compression coupling	Klemmkupplung *(f)*
C 434	compression factor [gasket]	Pressungsfaktor *(m)* [Dichtung]
C 435	compression flange [tank]	Druckgurt *(m)* [Tank]
C 436	compression gland; gland bolting	Stopfbuchsverschraubung *(f)*
C 437	compression joint	Quetschverschraubung *(f)* [als Verbindung]
C 438	compression limit	Stauchgrenze *(f)*
C 439	compression load [gasket]	Anpreßkraft *(f)* [Dichtung]
C 440	compression member	Druckstab *(m)*; Druckstrebe *(f)* [Stahlbau]
C 441	compression member, main ... [tank]	Hauptdruckstab *(m)* [Tank]
C 442	compression ratio	Verdichtungsverhältnis *(n)*
C 443	compression seal; crush seal; gasket seal	Preßdichtung *(f)*
C 444	compression spring	Druckfeder *(f)*
C 445	compression strain	Druckverformung *(f)*
C 446	compression-tension fatigue strength	Zug-Druck-Wechselfestigkeit *(f)*
C 447	compression type fitting; compression type mechanical joint	Schneidringverschraubung *(f)* [bei Rohrleitungen, insbes. bei Kunststoffrohrleitungen]
C 448	compression wave	Druckwelle *(f)*
C 449	compressive bending stress	Druckbiegespannung *(f)*; negative Biegespannung *(f)* [Druck]
C 450	compressive force	Druckkraft *(f)*
C 451	compressive loading	Druckbeanspruchung *(f)*
C 452	compressive resistance; compressive strength	Druckfestigkeit *(f)*
C 453	compressive stress	Druckspannung *(f)*; Druckbeanspruchung *(f)*
C 454	compressive test	Quetschversuch *(m)* [Druckversuch]
C 455	compressive yield point	Quetschgrenze *(f)*; Stauchgrenze *(f)* [Druckversuch]
C 456	compressor; actuator head [diaphragm valve; see Annex 1, p. 50]	Druckstück *(n)* [Membranventil; siehe Anhang 1, S. 50]
C 457	computational fluid dynamics	numerische Strömungslehre *(f)*
C 458	computer-aided design; CAD	rechnergestütztes Konstruieren *(n)*
C 459	computer-aided design and drafting; CADD	rechnergestützte Konstruktion *(f)* und technisches Zeichnen
C 460	computer-aided engineering; CAE	rechnergestütztes Engineering *(n)*
C 461	computer-aided manufacture; CAM	rechnergestütztes Fertigen *(n)*
C 462	computer-aided testing; CAT	rechnergestütztes Prüfen *(n)*; CAT
C 463	computer integrated manufacture; CIM	rechnerintegrierte Produktion *(f)*
C 464	concave fillet weld	Hohlkehlnaht *(f)*
C 465	concave unequal leg fillet weld	ungleichschenklige Hohlkehlnaht *(f)*
C 466	concentrated external overturning moment	punktförmiges äußeres Kippmoment *(n)*

C 467	**concentrated external torsional moment**	punktförmiges äußeres Torsionsmoment *(n)*
C 468	**concentrated load; point load**	Einzellast *(f)*; Punktlast *(f)*; punktförmige Belastung *(f)*
C 469	**concentrated radial load**	punktförmige Radialbelastung *(f)*
C 470	**concentric finned tube**	konzentrisch (innen und außen) beripptes Rohr *(n)* [mit unterbrochenen Längsrippen]
C 471	**concentric reducer**	konzentrisches Reduzierstück *(n)*
C 472	**conceptual design; conceptual engineering**	Auslegung *(f)*; Planung *(f)*; Vorplanung *(f)*
C 473	**concertina expansion joint**	Faltenbalgkompensator *(m)* [siehe auch: **expansion joint**]
C 474	**concrete ringwall** [tank]	Betonringwand *(f)* [Tank]
C 475	**condensable gases** *(pl)*	kondensierbare Gase *(n, pl)*
C 476	**condensate**	Kondensat *(n)*
C 477	**condensate cooler**	Kondensatkühler *(m)*
C 478	**condensate damming-up; damming-up of condensate**	Kondensataufstau *(m)*; Aufstauen *(n)* des Kondensats
C 479	**condensate depression; drain subcooling**	Kondensatunterkühlung *(f)*
C 480	**condensate drain line**	Kondensatablaßleitung *(f)*
C 481	**condensate film**	Kondensatfilm *(m)*
C 482	**condensate flash station**	Entspannergruppe *(f)* [Ölpump- und Vorwärmstation]
C 483	**condensate flow**	Kondensatmenge *(f)*
C 484	**condensate injection water system**	Kondensateinspritzwassersystem *(n)*
C 485	**condensate polishing**	Kondensataufbereitung *(f)*
C 486	**condensate polishing plant**	Kondensatreinigungsanlage *(f)*; Kondensat-Entsalzungsanlage *(f)*
C 487	**condensate trap**	Kondensatableiter *(m)*; Kondensatabscheider *(m)*
C 488	**condensation**	Kondensation *(f)*; Kondensieren *(n)* [Verdichtung bzw. Verflüssigung von Gasen und Dämpfen. Die Kondensation erfolgt durch Kühlung oder Drucksteigerung]
C 489	**condensation centre; condensation nucleus; nucleus of condensation**	Kondensationszentrum *(n)*; Kondensationskeim *(m)*; Kondensationskern *(m)*
C 490	**condensation column**	Kondensationskolonne *(f)*
C 491	**condensation heat transfer**	Kondensationswärmeübertragung *(f)*
C 492	**condensation mass transfer**	Stoffübertragung *(f)* durch Kondensation
C 493	**condensation nucleus; condensation centre; nucleus of condensation**	Kondensationskern *(m)*; Kondensationskeim *(m)*; Kondensationszentrum *(n)*
C 494	**condensation path**	Kondensationsweg *(m)*
C 495	**condensation water**	Kondenswasser *(n)* [Wasser, das durch Abkühlung aus Wasserdampf, feuchter Luft bzw. wasserhaltigen Verbrennungsgasen abgeschieden wird]; Schwitzwasser *(n)*
C 496	**condensed-water corrosion**	Schwitzwasserkorrosion *(f)*

conical section

C 497	**condenser; steam condenser**	Kondensator *(m)*; Dampfkondensator *(m)* [Bei der Abkühlung kondensierbarer Dämpfe unter die Sättigungstemperatur, den Taupunkt, werden die Dämpfe in den flüssigen Zustand überführt. *Anwendungsgebiete.* Für Kondensatoren sind es die Erzeugung eines möglichst hohen Vakuums (Dampfkraftmaschinen), die Wiedergewinnung des Kondensats als wertvolle Flüssigkeit (Destillationsanlagen), die Niederschlagung von umweltbelästigenden Abdämpfen (Brüden mit aggressiven Stoffen) sowie die Aufheizung und Verdampfung von Stoffen (Wasserdampf als Wärmeträger). *Kälteträger.* Wasser, Luft, Kühlsole und aufzuheizende Substanzen sind Kälteträger.]
C 498	**condenser efficiency**	Kondensator-Wirkungsgrad *(m)*
C 499	**condenser hotwell**	Heißwasserbehälter *(m)*; Hotwell *(m)* [hinter Kondensator]
C 500	**condenser leakage**	Kondensatorleckage *(f)*
C 501	**condenser neck**	Kondensatorhals *(m)*
C 502	**condenser tubing**	Kondensatorberohrung *(f)*
C 503	**condensing rate**	Kondensationsrate *(f)*
C 504	**condensing steam**	Heizdampf *(m)* [Kondensator]
C 505	**condensing steam saturation temperature**	Sättigungstemperatur *(f)* des Heizdampfs; Heizdampfsättigungstemperatur *(f)*
C 506	**condensing zone** [feedwater heater]	Kondensationszone *(f)* [Kondensationsteil im Speisewasservorwärmer]
C 507	**conduction of heat; heat conduction**	Wärmeleitung *(f)*
C 508	**conductive heat transfer; heat transfer by conduction**	Wärmeübergang *(m)* durch Leitung
C 509	**conduit**	Kanal *(m)*; Rinne *(f)*; Leitungsrohr *(n)*
C 510	**cone**	Kegel *(m)*; Konus *(m)* [geometrischer Körper]
C 511	**cone point** [bolt]	Spitze *(f)* [Schraubenende]
C 512	**cone-shaped; conical**	kegelförmig; kegelig; konisch (Adj.)
C 513	**cone-type roof** [tank]	Kegeldach *(n)* [Tank]
C 514	**confidence interval**	Vertrauensbereich *(m)* [Qualitätssicherung]
C 515	**confidence level**	Vertrauensgrad *(m)*
C 516	**confidence lines** *(pl)* [tensile test]	Streubänder *(n, pl)*; Vertrauensgrenzen *(f, pl)* [bei Zugversuchen z. B. Streckgrenze]
C 517	**confined gasketed joint**	eingeschlossene Dichtungsverbindung *(f)*
C 518	**confined joint construction**	eingeschlossene Dichtfläche *(f)*
C 519	**confinement-controlled seal**	Dichtung *(f)* mit Anzugsbegrenzung
C 520	**confirmatory calculation; recalculation**	Nachrechnung *(f)*
C 521	**conical closure**	Kegelverschluß *(m)* [ohne Übergangskrempe]
C 522	**conical head** [US]; **conical end** [UK] [no transition to knuckle]	Kegelboden *(m)* [ohne Übergangskrempe; Bodentypen siehe Anhang 1, S. 22/23]
C 523	**conical seat**	Kegelpfanne *(f)*; Kugelpfanne *(f)*
C 524	**conical section**	Konus *(m)* [Behälterabschnitt]

C 525	**conical skirt support** [see Annex 1, p. 18]	konische Standzarge *(f)* [siehe Anhang 1, S. 18]
C 526	**conical spring washer** [bolted joint]	Spannscheibe *(f)* [Schraubverbindung]
C 527	**conical spring washer**	Tellerfeder *(f)*
C 528	**connecting duct**	Verbindungskanal *(m)*
C 529	**connecting lug**	Aufhängebügel *(m)* [LISEGA-Konstanthänger]
C 530	**connecting pipe**	Verbindungsrohr *(n)*
C 531	**connecting pipework**	Verbindungsrohrleitungen *(f, pl)*
C 532	**connecting plate, double** ...	Verbindungsplatte *(f)* [LISEGA-Aufhängung]
C 533	**connecting tube**	Verbindungsrohr *(n)*
C 534	**connection head**	Anschlußkopf *(m)* [Thermoelement]
C 535	**connection rod** [constant hanger]	Lastanker *(m)* [LISEGA-Konstanthänger]
C 536	**connection size** [bolting]	Anschlußmaß *(n)* [für Verschraubungen]
C 537	**consecutive cones** *(pl)*	aneinandergrenzende Kegel *(m, pl)*
C 538	**consequence analysis**	Folgenanalyse *(f)*
C 539	**conservative results** *(pl)*	Ergebnisse *(n, pl)*, auf der sicheren Seite liegende ...
C 540	**consistent deformation**	bleibende Verformung *(f)* [siehe: P 160]
C 541	**constant deformation range**	konstante Verformungsschwingbreite *(f)*
C 542	**constant extension rate test; CERT**	Prüfung *(f)* auf einsinnig steigende Dehnung [Grenzfall; Untersuchungsverfahren der Belastung von Zugproben mit konstanter Dehnungsgeschwindigkeit]
C 543	**constant hanger** [see Annex 1, pp. 58, 60, 63 and 64]	Konstanthänger *(m)*; Hänger *(m)* [Die Aufgabe von Konstanthängern entspricht der von federnden Abstützungen **(spring supports)**. Sie werden immer dann eingesetzt, wenn der Rohrstrang am Hänger vergleichsweise große Bewegungen ungehindert ausführen muß, welche mehr als 30 bis 50 mm betragen können, und gleichzeitig ein gleichbleibender Anteil des Rohrleitungsgewichtes vom Hänger übernommen werden soll. Siehe Anhang 1, S. 58, 60, 63 und 64]
C 544	**constant-hanger trapeze** [see Annex 1, pp. 58 and 63]	Konstanthängertraverse *(f)* [LISEGA-Aufhängung; siehe Anhang 1, S. 58 und 63]
C 545	**constant-level hanger; constant load spring hanger**	Konstantträger *(m)* [Aufhängung]
C 546	**constant-pressure valve**	Druckhalteventil *(n)*
C 547	**constant strain rate**	konstante Dehnungsgeschwindigkeit *(f)*
C 548	**constant (support) hanger** [see Annex 1, pp. 58, 60, 63, 64]	Konstanthänger *(m)* [siehe Anhang 1, S. 58, 60, 63, 64; siehe: **constant hanger**]
C 549	**constraint** [fracture mechanics]	Dehnungsbehinderung *(f)* [an der Rißspitze, im Spannungszustand; Bruchmechanik]
C 550	**constraint**	Zwängung *(f)* [Behinderung]; Verformungsbehinderung *(f)*
C 551	**constraint factor**	Fließbehinderungsfaktor *(m)*
C 552	**constriction at the outlet**	Einschnürung *(f)* am Austritt

C 553	constriction resistance	Einschnürwiderstand *(m)* [Wärmeübertragung bei Tropfenkondensation]
C 554	construction	Bauausführung *(f)*
C 555	construction permit and operating licence	Bau- und Betriebsgenehmigung *(f)*
C 556	consumable backing ring [weld]	aufschmelzender Einlegering *(m)* [Schweißen]
C 557	consumable electrode [welding]	Abschmelzelektrode *(f)* [Schweißen]
C 558	consumable guide electroslag welding	Elektroschlacke-Schweißen *(n)* mit abschmelzender Führung
C 559	consumable welding material; consumables *(pl)*	Schweißhilfsstoffe *(m, pl)*; Schweißmittel *(n, pl)*
C 560	consumption [electrode]	Abbrand *(m)* [Elektrode]
C 561	contact area	Kontaktfläche *(f)*
C 562	contact area diameter	Kontaktflächendurchmesser *(m)*
C 563	contact burn [weld]	Einbrandstelle *(f)* [Naht]
C 564	contact cell [corrosion]	Kontaktelement *(n)* [Korrosion]
C 565	contact inspection [ultras.]	Kontaktprüfung *(f)* [US-Prüfung]
C 566	contact mating force	Anpreßkraft *(f)* [Dichtung]
C 567	contact pad [magn.t.]	Kontaktschuh *(m)* [Magnetpulverprüfung]
C 568	contact-type seal	Berührungsdichtung *(f)*
C 569	contained yielding [fracture mechanics]	teilplastisches Fließen *(n)* [Grenzrißöffnung, bei deren Erreichen eine Probe vollständig plastifiziert ist, d. h. die Probe bricht vor Erreichen der Fließgrenze im gekerbten Querschnitt; Bruchmechanik]
C 570	containment [nuclear reactor]	Sicherheitsbehälter *(m)*; Sicherheitshülle *(f)*; Sicherheitsumschließung *(f)*; Containment *(n)* [Kernreaktor]
C 571	continued fitness for service	fortgesetzte Betriebstauglichkeit *(f)*
C 572	continued fitness-for-service review	Überprüfung *(f)* der fortgesetzten Betriebstauglichkeit
C 573	continuing surveillance	laufende Überwachung *(f)*
C 574	continuous covered electrode arc welding	Netzmantel-Lichtbogenverfahren *(n)*
C 575	continuous damage model; CDM	kontinuierliches Schadensmodell *(n)*
C 576	continuous drive friction welding	Reibschweißen *(n)* mit permanentem Antrieb
C 577	continuous electrode	endlose Elektrode *(f)*
C 578	continuous emission [AET]	kontinuierliche Emission *(f)* [SEP]
C 579	continuous fin [heat exchanger]	durchgehende Rippe *(f)* [Wärmeaustauscher]
C 580	continuous load(ing)	Dauerbeanspruchung *(f)*; Dauerbelastung *(f)*
C 581	continuous operating period	Dauerbetriebszeit *(f)* [einer Anlage]
C 582	continuous operation	Dauerbetrieb *(m)*
C 583	continuous partial jacket	durchgehende Teilummantelung *(f)*
C 584	continuous support	durchgehendes Auflager *(n)*
C 585	continuous undercut [weld imperfection]	durchlaufende Einbrandkerbe *(f)* [Nahtfehler]
C 586	continuous wave [ultras.]	kontinuierliche Welle *(f)* [US-Prüfung]
C 587	continuous-wave method [ultras.]	Dauerschallverfahren *(n)* [US-Prüfung]
C 588	continuous weld	durchlaufende Schweißnaht *(f)*
C 589	contour	Kontur *(f)*; Profil *(n)*; Umriß *(m)*
C 590	contour-dressing [weld]	Beschleifen *(n)* [Nahtkontur]

C 591	**contraction of area**	Querschnittsverminderung *(f)*
C 592	**contraction strain**	Schrumpfspannung *(f)*
C 593	**contractor field inspection**	Bauüberwachung *(f)* [auf der Baustelle durch Auftragnehmer]
C 594	**contrast [radiog.]**	Filmsteilheit *(f)* [Durchstrahlungsprüfung]
C 595	**contrast aid [magn.t.]**	Kontrastanstrich *(m)*; Untergrundfarbe *(f)* [Magnetpulverprüfung]
C 596	**contributing to the reinforcement**	mittragend [bei Verstärkungen]
C 597	**control**	Regelung *(f)*; Steuerung *(f)*; Überwachung *(f)*; Überwachen *(n)*
C 598	**control action**	Regelverlauf *(m)*; Regelvorgang *(m)*; Stelleingriff *(m)*
C 599	**control and instrument cubicle**	Regel- und Überwachungsschrank *(m)*
C 600	**control characteristics**	Regelverhalten *(n)*
C 601	**control damper; regulating damper**	Regelklappe *(f)*; Regulierklappe *(f)*
C 602	**control device**	Regelvorrichtung *(f)*
C 603	**control diagram**	Regelschema *(n)*
C 604	**control echo; reference echo [ultras.]**	Kontrollecho *(n)*; Bezugsecho *(n)* [US-Prüfung]
C 605	**control element**	Regelglied *(n)*
C 606	**control engineering; (automatic) control engineering**	Regelungstechnik *(f)*
C 607	**control equipment; control system**	Regeleinrichtung *(f)*
C 608	**controllable check valve; controllable non-return valve [screw-down stop and check valve]**	absperrbares Rückschlagventil *(n)* [nicht genormter engl. Ausdruck; siehe: **screwdown stop and check valve**]
C 609	**controlled flash evaporation; CFE**	kontrollierte Entspannungsverdampfung *(f)*
C 610	**controlled-rolled plate**	gesteuert gewalztes Blech *(n)*
C 611	**controlled system**	Regelstrecke *(f)*; Steuerstrecke *(f)*
C 612	**controlled thermal severity test; CTS test**	kontrollierte Wärmeeinflußprüfung *(f)*; CTS-Prüfung *(f)* [zur Untersuchung der Kaltrißanfälligkeit von Kehlnähten; diese Prüfung geht von dem Prinzip aus, daß die nach dem Schweißen von zwei Testkehlnähten entstandenen Restspannungen und die Abkühlgeschwindigkeit der WEZ, insbesondere im Temperaturbereich zwischen 400° C und 200° C, bei bestimmten Schweißrandbedingungen die Hauptfaktoren für eine Rißbildung sind; die TSN **(thermal severity number)** dient zur Kennzeichnung der Wasserstoffrißanfälligkeit]
C 613	**controlled variable**	Regelgröße *(f)*
C 614	**control pressure**	Regeldruck *(m)*
C 615	**control range**	Regelspanne *(f)*; Regelbereich *(m)*; Steuerbereich *(m)*
C 616	**control signal**	Regelimpuls *(m)*; Steuerimpuls *(m)*; Regelsignal *(n)*; Steuersignal *(n)*
C 617	**control system; control equipment**	Regeleinrichtung *(f)*
C 618	**control valve**	Regelventil *(n)*; Stellventil *(n)*; Steuerventil *(n)*

C 619	convection	Konvektion (f); Berührung (f)
C 620	convection coefficient	konvektive Wärmeübergangszahl (f)
C 621	convective fin	konvektionsgekühlte Rippe (f)
C 622	convective flow; convection flow	konvektive Strömung (f); Konvektionsströmung (f)
C 623	convective heat transfer; heat transfer by convection; convection heat transfer	konvektive Wärmeübertragung (f); Wärmeübertragung (f) durch Berührung; Wärmeübertragung (f) durch Konvektion; konvektiver Wärmeübergang (m); Berührungswärmeübertragung (f)
C 624	convective mass transfer; convective mass transport; convection mass transfer; convection mass transport	konvektiver Stoffaustausch (m); konvektiver Stofftransport (m)
C 625	convective transport	konvektiver Transport (m)
C 626	conventional engineering	herkömmliche Technik (f) [Standardausführung]
C 627	convergent cross-section; cross-sectional convergence	Querschnittsverengung (f) [Druckverlustberechnung]
C 628	conversion fitting	Adapter (m); Übergangsstück (n)
C 629	convex-contour seam; convex-contour weld	Naht (f) mit Wulst
C 630	convex fillet weld	Wölbkehlnaht (f)
C 631	convexity, excessive ... [weld imperfection]	Nahtüberhöhung (f); übermäßige Wölbung (f) [Schweißnahtfehler]
C 632	convex unequal leg fillet weld	ungleichschenklige Wölbkehlnaht (f)
C 633	convoluted cross-section [bellows]	Wellenquerschnitt (m) [Balgwelle]
C 634	convolution [bellows; see Annex 1, p. 85]	Balgwelle (f); Welle (f) [Kompensatorbalg; siehe Anhang 1, S. 85]
C 635	convolution crest [bellows]	Wellenscheitel (m) [Balgwelle]
C 636	convolution depth [bellows]	Wellentiefe (f) [Balgwelle]
C 637	convolution root [bellows]	Wellental (n) [Balgwelle]
C 638	coolant [nuclear reactor]	Kühlwasser (n); Primärwasser (n) [Kernreaktor]
C 639	coolant; cooling agent; cooling medium	Kältemittel (n); Kühlmittel (n)
C 640	coolant condenser	Kältemittelkondensator (m)
C 641	coolant evaporator	Kältemittelverdampfer (m)
C 642	coolant flow	Kühlmittelstrom (m); Kühlmittelströmung (f)
C 643	coolant flow blockage	Blockade (f) des Kühlmittelstroms; Kühlmittelstromblockade (f)
C 644	coolant flow rate	Kühlmitteldurchsatz (m); Kühlmittelmenge (f)
C 645	cooler; chiller	Kühler (m) [Spezialfall des Wärmeaustauschers, in dem die Wärme ausgenutzt wird, während sie im Kühler im allgemeinen vernichtet wird, d. h. an Wasser oder Luft abgegeben wird. Ausführungen wie Wärmeaustauscher.]
C 646	cooling air	Kühlluft (f)
C 647	cooling capability	Kühlfähigkeit (f); Kühlvermögen (n)
C 648	cooling characteristic	Abkühlungsverlauf (m); Kühlungsverlauf (m)
C 649	cooling circuit	Kühlkreislauf (m)
C 650	cooling coil	Kühlschlange (f)

C 651	cooling curve	Abkühlungskurve *(f)*; Kühlkurve *(f)*
C 652	cooling fin	Kühlrippe *(f)*
C 653	cooling jacket	Kühlmantel *(m)*
C 654	cooling pipe	Kühlrohr *(n)*
C 655	cooling pond [nuclear reactor]	Abkühlbecken *(n)* [Kernreaktor]
C 656	cooling rate	Abkühlungsgeschwindigkeit *(f)*; Kühlungsgeschwindigkeit *(f)*
C 657	cooling surface	Kühlfläche *(f)*
C 658	cooling system	Kühlsystem *(n)* [Kombination von Kühlern, Kühlflüssigkeit, Wärmeaustauschern und Pumpen, die dazu dient, Wärme (z. B. Destillationswärme, Reaktionswärme) kontinuierlich aus einem Prozeß herauszuführen. Die Auswahl der Kühlmedien richtet sich nach den Temperaturbedingungen. Die abgeführte Wärme wird zur Aufheizung anderer Produktströme bzw. zur Dampferzeugung benutzt; siehe auch: **chilling package**]
C 659	cooling time	Abkühldauer *(f)*
C 660	cooling tower	Kühlturm *(m)*
C 661	cooling tube	Kühlrohr *(n)*
C 662	cooling vessel; cooler [FGD]	Kühlkolonne *(f)* [REA]
C 663	cooling water	Kühlwasser *(n)*
C 664	cooling water circuit; cooling water system	Kühlwasserkreislauf *(m)*
C 665	COP; coefficient of performance	Leistungsziffer *(f)* [z. B. eines Verdunstungskühlers]
C 666	coplanar surface defects *(pl)*	Oberflächenfehler *(m, pl)*, in der gleichen Ebene liegende ...
C 667	cordoned off plant area	abgesperrter Anlagenbereich *(m)*
C 668	cord packing; round packing cord	Rundschnurdichtung *(f)*; Zopfpackung *(f)*
C 669	core catcher system [nuclear reactor]	Auffangwanne *(f)*; Bodenkühleinrichtung *(f)* [Kernreaktor]
C 670	cored filler wire	Fülldraht *(m)*
C 671	cored (-wire) electrode	Fülldrahtelektrode *(f)*
C 672	core hole	Kernloch *(n)* [Ergebnis einer Kernbohrung]
C 673	core of the valve	Ventileinsatz *(m)*
C 674	core refining; grain refinement heating	Kernrückfeinen *(n)* [kornverfeinernde Wärmebehandlung]
C 675	core wire diameter [welding]	Kerndrahtdurchmesser *(m)* [Schweißen]
C 676	corner effect [ultras.]	Winkelspiegeleffekt *(m)*; Eckeneffekt *(m)* [US-Prüfung]
C 677	corner joint	Ecknaht *(f)*; Eckstoß *(m)*; Eckverbindung *(f)*
C 678	corner radius, internal ...	innerer Krempenradius *(m)* [Boden]; Übergangsradius *(m)* [z. B. beim Stutzen]
C 679	corner valve; angle valve [see Annex 1, p. 33]	Ecksitzventil *(n)* [siehe Anhang 1, S. 33]
C 680	corner weld joint	Winkelstoßschweißverbindung *(f)*
C 681	co-rolled cladding	Walzplattierung *(f)* [siehe auch: R 539]
C 682	correcting element	Stellglied *(n)*

corrugated pipe

C 683	**correcting range**	Stellbereich *(m)* [Regeln/Steuern]
C 684	**correcting signal**	Korrekturgröße *(f)*; Stellbefehl *(m)* [Stellgröße]
C 685	**correcting unit**	Stellgerät *(n)*
C 686	**correcting variable**	Stellgröße *(f)*
C 687	**correction curve**	Korrekturkurve *(f)*
C 688	**correction point**	Ausgleichsstelle *(f)*
C 689	**correction time**	Ausregelzeit *(f)* [Regelung]
C 690	**correction value**	Nachführwert *(m)* [Regelung]
C 691	**corrective action**	korrigierende Änderung *(f)* [z. B. einer Stellgröße]
C 692	**corrective changes** *(pl)*; **corrective work**	Änderungsarbeiten *(f, pl)*; Nachbesserungen *(f, pl)* [Korrekturmaßnahmen]
C 693	**corrective control action**	Regeleingriff *(m)*
C 694	**corrosion**	Korrosion *(f)*
C 695	**corrosion allowance**	Korrosionszuschlag *(m)* [Wanddicke]
C 696	**corrosion fatigue**	Korrosionsermüdung *(f)*; Schwingungsrißkorrosion *(f)*
C 697	**corrosion fatigue crack**	Korrosionsermüdungsriß *(m)*
C 698	**corrosion fatigue fracture**	Korrosionsdauerbruch *(m)*; Korrosionsermüdungsbruch *(m)*
C 699	**corrosion fouling**	Fouling *(n)* durch Korrosion; KorrosionsFouling *(n)*
C 700	**corrosion inhibitor**	Korrosionsinhibitor *(m)*; Korrosionshemmer *(m)*
C 701	**corrosion monitoring**	Korrosionsüberwachung *(f)*
C 702	**corrosion pickling**	Korrosionsbeizung *(f)*; korrosive Beizung *(f)*
C 703	**corrosion products** *(pl)*	Korrosionsprodukte *(n, pl)*
C 704	**corrosion protection**	Korrosionsschutz *(m)*
C 705	**corrosion protection coating; anti-corrosion coating**	Korrosionsschutzanstrich *(m)*
C 706	**corrosion rate**	Korrosionsgeschwindigkeit *(f)*
C 707	**corrosion resistance; resistance to corrosion**	Korrosionsbeständigkeit *(f)*
C 708	**corrosion risk**	Korrosionsgefährdung *(f)*
C 709	**corrosive action; corrosive attack**	Korrosionsangriff *(m)*
C 710	**corrosive gas**	Schadgas *(n)*
C 711	**corrugated bend**	Wellrohrbogen *(m)*
C 712	**corrugated conduit**	Wellmantelrohr *(n)*
C 713	**corrugated expansion joint**	Wellrohrdehnungsausgleicher *(m)*; Wellrohrkompensator *(m)*; Linsenausgleicher *(m)*; Faltenrohrausgleicher *(m)* [Kleine Baumaße, gute Anpassungsmöglichkeit und eine hohe Elastizität gestatten seine Verwendung für alle vorkommenden Betriebsfälle. Ausführung als U-Bogen-Kompensator oder lyraförmiger Kompensator. Anwendungsbereich: Dampf-, Gas- und Luftleitungen; siehe auch: **expansion joint**]
C 714	**corrugated pipe**	Faltenrohr *(n)*; Wellrohr *(n)*

C 715	**corrugated seal** **[see Annex 1, p. 115]**	Welldichtung *(f)*; Welldichtring *(m)* [siehe Anhang 1, S. 115]
C 716	**corrugated slip sleeve**	gewelltes äußeres Schutzrohr *(n)*
C 717	**corrugated tube**	Wellrohr *(n)*; Wellschlauch *(m)*
C 718	**cotter pin; split pin**	Splint *(m)* [für eine Schraube]
C 719	**Couette flow**	Couette-Strömung *(f)*
C 720	**counterbrace**	Wechselstab *(m)* [Fachwerk]
C 721	**counter flange; mating flange**	Gegenflansch *(m)*
C 722	**counterflow; countercurrent flow**	Gegenstrom *(m)*
C 723	**counterflow heat exchanger**	Gegenstrom-Wärmeaustauscher *(m)*; Gegenströmer *(m)*
C 724	**countertie**	Gegendiagonale *(f)*; Wechselstab *(m)* [Fachwerk]
C 725	**counterweight**	Gegengewicht *(n)*
C 726	**couplant** **[ultras.]**	Kopplungsmittel *(n)*; Ankopplungsmittel *(n)* [US-Prüfung]
C 727	**couplant** **[AET]**	Koppelmedium *(n)* [SEP]
C 728	**coupled** *(v)* **[tube]**	kraftschlüssig verbunden *(V)* [Rohr]
C 729	**coupled vibrations** *(pl)* **[tube bundle]**	Koppelschwingungen *(f, pl)* [Kopplung der Schwingung eines Rohres mit den Schwingungen anderer Rohre im Rohrbündel]
C 730	**coupler; female coupling half**	Überwurf *(m)*; Kupplungshälfte *(f)*
C 731	**coupling**	Kupplungsstück *(n)*; Muffe *(f)* [Verschraubung]
C 732	**coupling** **[see Annex 1, p. 81]**	Kupplungsstück *(n)* [als Teil einer Aufhängung/ Lastkette; siehe Anhang 1, S.81]
C 733	**coupling bush; coupling sleeve**	Kupplungshülse *(f)*; Kupplungsmuffe *(f)*
C 734	**coupling connector**	Einschraubverschraubung *(f)*
C 735	**coupling flange**	Verbindungsflansch *(m)*
C 736	**coupling guard**	Kupplungsschutz *(m)*
C 737	**coupling pad**	Kupplungsfutter *(n)*
C 738	**coupling sleeve; coupling bush**	Kupplungshülse *(f)*; Kupplungsmuffe *(f)*
C 739	**coupling type joint**	Schraubmuffenverbindung *(f)*
C 740	**coupling with male ends**	Außengewindekupplung *(f)*
C 741	**coupon plate** **[UK]; production plate** **[US]** **[production control test; welding]**	Arbeitsprobe *(f)* [Eine Arbeitsprobe besteht aus zwei Blechstreifen, die am Mantelblech angeschweißt werden und im Verlauf der Längsnahtschweißung mit geschweißt werden, und dann zur Prüfung der Schweißnaht Zugversuchen unterzogen wird. Die Arbeitsprobe muß den gleichen Wärmebehandlungen unterzogen werden wie der Mantelschuß]
C 742	**course; strake; section [vessel]**	Schuß *(m)* [Behälter] [auch: S 432, S 440]
C 743	**cover; shroud; external sleeve** **[expansion joint; see Annex 1, p. 88]**	Schutzrohr *(n)* [Rohr auf der Außenseite eines Kompensators zum Schutz des Balges vor mechanischer Beschädigung und vor Verschmutzung der Wellentäler sowie als Träger für die Wärmedämmung; siehe Anhang 1, S. 88]

crack toughness

C 744	**cover bolting**	Deckelverschraubung *(f)*
C 745	**cover cap**	Abdeckkappe *(f)*
C 746	**covered electrode**	Mantelelektrode *(f)*; umhüllte Elektrode *(f)*
C 747	**cover gasket**	Deckeldichtung *(f)*
C 748	**cover (plate)**	Deckel *(m)*; Deckplatte *(f)*; Abdeckplatte *(f)*; Verschlußdeckel *(m)*
C 749	**cover plate closure**	Abdeckplattenverschluß *(m)*
C 750	**crack**	Riß *(m)* [Fehlerart]
C 751	**crack, penny-shaped . . .**	münzförmiger Riß *(m)*; Kreisriß *(m)*
C 752	**crack arrester**	Rißstopper *(m)*
C 753	**crack arrest insert**	Rißstoppelement *(n)*; Rißauffangelement *(n)*
C 754	**crack arrest strip**	Rißstoppsegment *(n)*; Rißstoppstreifen *(m)*
C 755	**crack arrest temperature; CAT**	Rißauffangtemperatur *(f)*
C 756	**crack arrest test**	Rißauffangversuch *(m)*
C 757	**crack arrest toughness**	Rißauffangzähigkeit *(f)*
C 758	**crack at the edge of the nugget**	Riß *(m)* am Linsenrand [meist kommaförmig]
C 759	**crack blunting**	Rißabstumpfung *(f)*
C 760	**cracked (open) valve**	angelüftetes Ventil *(n)*
C 761	**cracked (v)**	rißbehaftet *(V)*
C 762	**crack front**	Rißfront *(f)*
C 763	**crack front curvature**	Rißfrontkrümmung *(f)*
C 764	**crack geometry**	Rißgeometrie *(f)*
C 765	**crack growth**	Rißwachstum *(n)*
C 766	**crack growth delay**	Rißwachstumsverzögerung *(f)*
C 767	**crack growth rate**	Rißfortpflanzungsgeschwindigkeit *(f)*; Rißwachstumsrate *(f)*
C 768	**cracking**	Rißbildung *(f)*
C 769	**cracking sensitivity; cracking susceptibility**	Rißanfälligkeit *(f)*; Rißneigung *(f)*
C 770	**crack initiation**	Rißeinleitung *(f)*
C 771	**crack instability**	Rißinstabilität *(f)*
C 772	**crack in the heat affected zone; crack in the HAZ**	Riß *(m)* in der Wärmeeinflußzone [WEZ]
C 773	**crack in the middle of the nugget**	Riß *(m)* in Linsenmitte [vielfach sternförmig]
C 774	**crack in the parent metal**	Riß *(m)* im unbeeinflußten Grundwerkstoff
C 775	**crack length**	Rißlänge *(f)*
C 776	**crack opening displacement; COD**	Rißöffnungsverschiebung *(f)*; Rißöffnungsverdrängung *(f)*; Rißuferverschiebung *(f)*
C 777	**crack pattern**	Rißmuster *(n)*
C 778	**crack propagation**	Rißausbreitung *(f)*; Rißfortpflanzung *(f)*
C 779	**crack propagation coefficient**	Rißausbreitungskoeffizient *(m)*
C 780	**crack resistance curve**	Rißwiderstandskurve *(f)*
C 781	**crack size**	Rißgröße *(f)*
C 782	**crack tip**	Rißspitze *(f)*
C 783	**crack tip opening angle; CTOA**	Rißspitzenöffnungswinkel *(m)*
C 784	**crack tip opening displacement; CTOD**	Rißspitzenöffnungsverdrängung *(f)*; Rißspitzenaufweitung *(f)*; Rißspitzenöffnungsverschiebung *(f)*
C 785	**crack toughness**	Rißzähigkeit *(f)*

C 786	cradle, pipe ...	Rohrschlitten *(m)*
C 787	cradle support	Lagerstuhl *(m)* [Schlittenunterstützung]
C 788	crater crack [weld imperfection]	Endkrater-Riß *(m)* [Schweißnahtfehler, kann auftreten in Richtung der Naht, quer zur Naht, sternförmig]
C 789	crater pipe; solidification pipe [weld imperfection]	Endkraterlunker *(m)* [Schwingungshohlraum im Endkrater]
C 790	crawl-type welding machine	Krabbelkäfer *(m)* [UP-Schweißautomat]
C 791	crazes *(pl)*	Pseudorisse *(m, pl)* [in Polymerwerkstoffen; flache linsenförmige Zonen]
C 792	crazing	Pseudorißbildung *(f)*; Fließzonenbildung *(f)* [in Polymerwerkstoffen]
C 793	creased bend	Faltenrohrbogen *(m)*
C 794	creep	Kriechen *(n)* [Kriechen ist ein spezieller Fall der Inelastizität, der zu spannungsinduzierten, zeitabhängigen Verformungen unter Belastung führt. Nach Zurücknahme aller aufgebrachten Belastungen kann es noch zu kleinen unabhängigen Verformungen kommen] [Hinweis: Bei Zeitstandversuchen werden Werte für das Kriechen bis zum Bruch ermittelt, worin der Zeitfaktor eingeht. In diesem Fall wird „creep" bei Komposita mit „Zeitstand..." übersetzt]
C 795	creep and fatigue interactions *(pl)*	Wechselwirkung *(f)* von Kriechen und Ermüdung
C 796	creep behaviour	Kriechverhalten *(n)*; Dauerstandverhalten *(n)*
C 797	creep characteristics *(pl)*	Kriechverhalten *(n)*
C 798	creep crack growth	Kriechrißwachstum *(n)*
C 799	creep curve	Zeitbruchlinie *(f)*; Kriechdehnungskurve *(f)*
C 800	creep damage	Zeitstandschäden *(m, pl)*; Versagen *(n)* durch Kriechen
C 801	creep deformation	Kriechverformung *(f)*
C 802	creep driven swelling; CDS	kriechgetriebenes Schwellen *(n)*
C 803	creep fatigue data *(pl)*	Zeitstandermüdungsdaten *(n, pl)*
C 804	creep fracture	Zeitbruch *(m)*; Zeitstandbruch *(m)*
C 805	creep life prediction	Lebensdauervoraussage *(f)* unter Kriechbelastung
C 806	creep limit	Kriechgrenze *(f)*
C 807	creep properties *(pl)*; stress rupture properties *(pl)*	Zeitstandeigenschaften *(f, pl)*; Zeitdehnverhalten *(n)*
C 808	creep range	Zeitstandbereich *(m)*
C 809	creep ratcheting	unterbrochenes Zeitstandkriechen *(n)*; Kriechratcheting *(n)*
C 810	creep rate	Kriechgeschwindigkeit *(f)*
C 811	creep resistance	Kriechfestigkeit *(f)*
C 812	creep rupture	Kriechbruch *(m)*
C 813	creep (rupture) elongation	Zeitstandbruchdehnung *(f)*
C 814	creep rupture properties *(pl)*	Zeitstandverhalten *(n)*

C 815	**creep rupture strength; stress rupture strength**	Zeitstandfestigkeit *(f)*
C 816	**creep rupture stress values** *(pl)*	Zeitstandfestigkeitswerte *(m, pl)*
C 817	**creep strain**	Kriechdehnung *(f)*
C 818	**creep strain limit**	Zeitdehngrenze *(f)*
C 819	**creep (stress) rupture test; stress/time-to-rupture test; creep test; stress rupture testing**	Zeitstandbruchversuch *(m)*; Zeitstandversuch *(m)*
C 820	**crest** [bellows; see Annex 1, p. 85]	Wellenscheitel *(m)* [Faltenbalg; siehe Anhang 1, S. 85]
C 821	**crest clearance** [thread]	Kopfspiel *(n)* [Gewinde]
C 822	**crevice corrosion**	Spaltkorrosion *(f)*
C 823	**creviced bend beam testing; CBB test**	CBB-Prüfung *(f)* [Erläuterungen siehe unter: **CBB test**]
C 824	**crimped-finned tube**	Fächerrippenrohr *(n)*
C 825	**crinoline ring** [insulation]	Abstandshalterung *(m)*; Stützring *(m)* [Isolierung]
C 826	**crippling**	Knicken *(n)* [von Längsversteifungen]
C 827	**critical angle** [ultras.]	kritischer Winkel *(m)* [US-Prüfung]
C 828	**critical component**	hochbeanspruchtes Bauteil *(n)*
C 829	**critical crack length**	kritische Rißlänge *(f)*
C 830	**critical defect size**	kritische Fehlergröße *(f)*
C 831	**critical flow**	kritische Strömung *(f)*
C 832	**critical flow velocity**	kritische Strömungsgeschwindigkeit *(f)*
C 833	**critical heat flux (density); CHF; DNB heat flux**	kritische Wärmestromdichte *(f)*; DNB-Wärmestromdichte *(f)*; kritische Heizflächenbelastung *(f)* [erste kritische Heizflächenbelastung]
C 834	**critical heat flux ratio; minimum DNBR; minimum ratio between DNB heat flux and local heat flux**	Siedeabstand *(m)* [Siedegrenzwert]
C 835	**critical load**	Grenzbelastung *(f)* [Statik]
C 836	**critical roughness; critical height of roughness**	kritische Rauhigkeitshöhe *(f)*
C 837	**critical strain**	kritische Verformung *(f)*
C 838	**critical temperature**	kritische Temperatur *(f)*
C 839	**critical velocity**	Stopfgrenze *(f)* [Fördergeschwindigkeit im Rohr bei Feststofförderung]; kritische Strömungsgeschwindigkeit *(f)*
C 840	**crop end control; CEC**	Rohrendensteuerung *(f)* [Unter Rohrendensteuerung versteht man die gezielte Änderung der Antriebsmotordrehzahlen des Streckreduzierwalzwerks, um an den Rohrenden Spannungs- und Formänderungszustände zu erreichen, die möglichst nahe an den stationären Umformbedingungen liegen. Die durch Endenverdickungen bedingten Materialverluste können beim Streckreduzieren dadurch vermindert werden, daß in Ein-

und Auslaufphase des Walzprozesses durch Erhöhung der Drehzahlverhältnisse die auf die Rohrenden wirkende Zugspannung erhöht und so der Vergrößerung der Wanddicke über das Toleranzmaß hinaus entgegengewirkt wird.]

C 841	cross baffle; transverse baffle [heat exchanger]	Umlenksegment *(n)*; Querleitblech *(n)* [Wärmeaustauscher]
C 842	cross bar	Riegel *(m)* [Stahlbau]
C 843	cross beam	Querbalken *(m)*; Querträger *(m)*
C 844	cross break	Abrollknick *(m)* [Walzfehler]
C 845	cross breaking strength	Knickfestigkeit *(f)*
C 846	cross counterflow heat exchanger	Kreuzgegenstrom-Wärmeaustauscher *(m)*; Kreuzgegenströmer *(m)*
C 847	cross flow; transverse flow	Kreuzstrom *(m)*; Querstrom *(m)*; Querströmung *(f)*
C 848	cross-flow velocity	Querströmgeschwindigkeit *(f)*
C 849	cross frame	Rahmenbinder *(m)*
C 850	cross member	Querträger *(m)*; Traverse *(f)*
C 851	cross-over area	Übergangsraum *(m)*
C 852	cross-over pipe	Überströmleitung *(f)*
C 853	cross-score design; radial slit design [prebulged bursting disk]	Ausführung *(f)* mit radialen Einkerbungen; radial eingekerbte Ausführung *(f)* [vorgewölbte Berstscheibe]
C 854	cross-section	Querschnitt *(m)*
C 855	cross-sectional area	Querschnittsfläche *(f)*
C 856	cross-sectional area effective as compensation	tragende Fläche *(f)* [Behälter/Stutzenberechnung]
C 857	cross-sectional convergence; convergent cross-section	Querschnittsverengung *(f)* [Druckverlustberechnung]
C 858	cross-sectional divergence; divergent cross-section	Querschnittserweiterung *(f)* [Druckverlustberechnung]
C 859	cross section flattening	Querschnittsverflachung *(f)*
C 860	cross-shaped flow straightener	kreuzförmiger Strömungsgleichrichter *(m)*
C 861	cross stay(ing)	Querverankerung *(f)*
C 862	cross talk [ultras.]	Übersprechen *(n)* [Signaldurchlässigkeit durch eine Sperre; US-Prüfung]
C 863	crotch of a nozzle; nozzle crotch	Stutzengabelung *(f)*; Gabelung *(f)* eines Stutzens
C 864	crotch section [nozzle]	Verzweigungsquerschnitt *(m)* [Stutzengabelung]
C 865	crotch thickness [tee]	Wanddicke *(f)* in der Gabelung [T-Stück]
C 866	crown [of dished head or conical head]	Bereich *(m)* der Rotationsachse [eines gewölbten oder kegeligen Bodens]
C 867	crown [expansion joint]	Scheitel *(m)* [Wellrohrkompensator]
C 868	crown [gen.]	Scheitel *(m)*; Überhöhung *(f)* [allg.]
C 869	crown depth	Scheitelhöhe *(f)*
C 870	crowned end [bolt]	Linsenkuppe *(f)* [Schraubenende]
C 871	crown section [dished end]	Kalotte *(f)*; Ronde *(f)*; gewölbter Abschnitt *(m)* [gewölbter Boden]

C 872	crown section, spherical ...	flachgewölbter Abschnitt *(m)* [Tellerboden]
C 873	cruciform joint	Doppel-T-Stoß *(m)* [Kreuzstoß]
C 874	crushing	Quetschen *(n)* [Dichtung]
C 875	crush seal; compression seal; gasket seal	Preßdichtung *(f)*
C 876	cryogenic fluid	Tiefsttemperaturmedium *(n)*
C 877	cryogenics	Tieftemperaturtechnik *(f)*
C 878	cryogenic service	Tieftemperaturbetrieb *(m)* [unter − 100° C]
C 879	crystal [ultras.]	Kristall *(n)* [piezoelektrischer Wandler in einem Prüfkopf; US-Prüfung]
C 880	crystal, ultrasonic ...	Schwinger *(m)* [US-Prüfung]
C 881	crystal backing [ultras.]	Dämpfungskörper *(m)* [US-Prüfung]
C 882	crystalline fracture	körniger Bruch *(m)*
C 883	crystallization fouling	Fouling *(n)* durch Kristallisation [man unterscheidet zwei Arten: a) **precipitation fouling (scaling)** b) **solidification fouling** oder **freezing fouling** siehe auch: a) und b)]
C 884	C-Scan [ultras.]	C-Bild *(n)* [US-Prüfung]
C 885	CTHE; coiled tubular heat exchanger	Wickelrohr-Wärmeaustauscher *(m)*; gewickelter Rohrwärmeaustauscher *(m)*
C 886	CTOA; crack tip opening angle	Rißspitzenöffnungswinkel *(m)*
C 887	CTOD; crack tip opening displacement	Rißspitzenöffnungsverdrängung *(f)*; Rißspitzenaufweitung *(f)*; Rißspitzenöffnungsverschiebung *(f)*
C 888	CT specimen; compact tension specimen	Kompaktzugprobe *(f)*
C 889	CTS specimen	CTS-Probe *(f)* [Definition siehe unter: **controlled thermal severity test**]
C 890	CTS test; controlled thermal severity test	kontrollierte Wärmeeinflußprüfung *(f)*; CTS-Prüfung *(f)* [Definition siehe unter: **controlled thermal severity test**]
C 891	cuff [UK]; tangent [US]; tail [see Annex 1, p. 85]	zylindrischer Auslauf *(m)* [gerader nicht gewellter Teil am Balgende eines Kompensators; siehe Anhang 1, S. 85]
C 892	culvert	Düker *(m)* [Kanal]
C 893	cumulative damage	Schädigungsakkumulation *(f)*
C 894	cumulative damage theory	Schädigungsakkumulationshypothese *(f)*
C 895	cup packing [gasket]	Manschettenpackung *(f)* [Dichtung]
C 896	cup point [bolt]	Ringschneide *(f)* [Schraubenende]
C 897	cup square bolt	Flachrundschraube *(f)*
C 898	curb angle [tank]	Bordwinkel *(m)* [Tank]
C 899	cursory examination [visual]	oberflächliche Prüfung *(f)* [visuelle]
C 900	curved shell	gekrümmte Schale *(f)*
C 901	cushion insert	federnde Zwischenlage *(f)*
C 902	customer application engineering; CAE	kundenspezifisches Engineering *(n)*
C 903	cut-and-shut bend	Bogen *(m)*, mittels Gehrungsschnitten hergestellter ...
C 904	cut length skelp	geschnittener Streifen *(m)* [Rohrherstellung]
C 905	cutoff frequency [ultras.]	Grenzfrequenz *(f)* [US-Prüfung]

C 906	cutoff length	Abschnittlänge *(f)*
C 907	cut-off level; gate; rejection level **[NDE]**	Zurückweisungslevel *(m)* [zerstörungsfreie Prüfung]
C 908	cut surface	Schnittfläche *(f)*
C 909	cut surface quality	Schnittflächengüte *(f)*; Brennschnittflächengüte *(f)*
C 910	cutting	Trennen *(n)*; Zerschneiden *(n)* [Werkstoffe]
C 911	cutting allowance	Verschnittzuschlag *(m)*; Schnittzugabe *(f)*
C 912	cutting allowance, thermal ...	Brennzugabe *(f)* [Brennschneiden]
C 913	cutting and welding outfit	Schneid- und Schweißausrüstung *(f)*
C 914	cutting consumables *(pl)*	Schneidhilfsstoffe *(f)*
C 915	cut to shape	formgeschnitten *(V)*
C 916	cyclic condition	Wechselbeanspruchung *(f)*
C 917	cyclic design life	rechnerische Lebensdauer *(f)* unter Wechselbeanspruchung
C 918	cyclic internal pressure	schwellender Innendruck *(m)*
C 919	cyclic life	Lebensdauer *(f)* unter Wechselbeanspruchung
C 920	cyclic movement	zyklische Verschiebung *(f)*
C 921	cyclic stressing; cycling	Wechselbeanspruchung *(f)*; wechselnde Beanspruchung *(f)*
C 922	cyclic stress range	Spannungsschwingbreite *(f)*
C 923	cyclone	Zyklon *(m)* [Kontinuierlicher Fliehkraftabscheider. Flüssigkeits-Gasgemische, Gas-Feststoffgemische oder Flüssigkeits-Feststoffgemische werden mit großen Pumpgeschwindigkeiten tangential in einen Rundbehälter eingeführt. Am oberen Ablauf tritt Gas bzw. Flüssigkeit aus, am unteren Flüssigkeit bzw. der Feststoffbrei. Anwendung z. B. in der Destillationstechnik zur Trennung von Gasen und Dämpfen.]
C 924	cylindrical flange; straight flange **[UK]**; cylindrical skirt **[US]** **[end/head]**	zylindrischer Bord *(m)* [Boden]
C 925	cylindrical hole in calibration block **[ultras.]**	Zylinderbohrung *(f)* im Testkörper [US-Prüfung]
C 926	cylindrical pipe section	Rohrschuß *(m)*
C 927	cylindrical plug valve; parallel plug valve **[see Annex 1, p. 44]**	Hahnventil *(n)* mit zylindrischem Küken [siehe Anhang 1, S. 44]
C 928	cylindrical shell	Kreiszylinderschale *(f)*; zylindrischer Mantel *(m)*
C 929	cylindrical shell length	zylindrische Mantellänge *(f)*
C 930	cylindrical skirt **[support]**	zylindrische Unterstützung *(f)* [Behälter; siehe auch: **skirt** (Pratze)]
C 931	cylindrical skirt **[US]**; cylindrical flange; straight flange **[UK]** **[head/end]**	zylindrischer Bord *(m)* [Boden]
C 932	cylindricity tolerance	Zylinderformtoleranz *(f)*

D

D 1	**DAC; distance amplitude correction [ultras.]**	Laufzeitkorrigierung *(f)*; Entfernungs-Amplituden-Korrektur *(f)* [US-Prüfung]
D 2	**daily load cycle**	täglicher Lastzyklus *(m)*
D 3	**daily load cycle operation**	täglicher Lastzyklusbetrieb *(m)*; Lastwechselbetrieb *(m)* im täglichen Zyklus
D 4	**dam [valve]**	Stausteg *(m)* [Ventil]
D 5	**damage**	Schaden *(m)*
D 6	**damage accumulation rate**	Erschöpfungszuwachs *(m)*
D 7	**damage calculation**	Erschöpfungsberechnung *(f)* [LTM-System]
D 8	**damaged area**	Schadstelle *(f)*
D 9	**damage due to creep and fatigue**	Erschöpfung *(f)* durch Kriechen und Ermüdung [Zeitstand -und Wechselbeanspruchung]
D 10	**damage file**	Erschöpfungsdatei *(f)* [LTM-System]
D 11	**damage in transport**	Transportschaden *(m)*
D 12	**damage log**	Erschöpfungsprotokoll *(n)* [LTM-System]
D 13	**damage of material due to creep and fatigue**	Werkstofferschöpfung *(f)* aus Kriechen und Ermüdung
D 14	**damage summation rule; life fraction rule; LFR**	Lebensdaueranteilregel *(f)* [lineare: siehe auch: **linear damage rule**]
D 15	**damage tolerance**	schadenstolerantes Bauteilverhalten *(n)* [Betriebsfestigkeit]
D 16	**dam baffle**	Staublech *(n)*
D 17	**damming-up of condensate; condensate damming-up**	Kondensataufstau *(m)*; Aufstauen *(n)* des Kondensats
D 18	**damper actuator**	Klappenantrieb *(m)*
D 19	**damper blade**	Klappenflügel *(m)* [Rechteckkanal]
D 20	**damper body**	Klappenrahmen *(m)*
D 21	**damper control equipment**	Klappenregelung *(f)*
D 22	**damping**	Dämpfung *(f)*
D 23	**damping [ultras.]**	Dämpfung *(f)* [US-Prüfung]
D 24	**damping, negative ...**	negative Dämpfung *(f)* [Definition siehe: **negative damping**]
D 25	**damping coefficient**	Dämpfungskoeffizient *(m)*
D 26	**damping forces** *(pl)*	Dämpfungskräfte *(f, pl)*
D 27	**damping in still fluid**	Dämpfung *(f)* im ruhenden Fluid
D 28	**dashpot cylinder**	Kolbendämpfer *(m)*
D 29	**dashpot valve [piston check valve]**	Kolben-Rückschlag-Ventil *(n)* [siehe: **piston check valve**]
D 30	**davit [manhole]**	Schwenkvorrichtung *(f)* [Mannloch]
D 31	**DBE; design basis earthquake**	Auslegungserdbeben *(n)*
D 32	**DBTT; ductile brittle transition temperature; NDTT; NDT temperature; nil-ductility temperature; reference toughness transition temperature**	Sprödbruchübergangstemperatur *(f)*; NDT-Temperatur *(f)*; Nullzähigkeitstemperatur *(f)*
D 33	**DCB specimen; double cantilever beam specimen**	Doppelbalken-Probe *(f)*
D 34	**dead end**	blindes Rohrende *(n)*; Blindverschluß *(m)*

D 35	dead-end cylinder	Blindzylinder *(m)*
D 36	dead-flow area	strömungsfreier Raum *(m)*
D 37	dead load	ständige Last *(f)*; Eigenlast *(f)*; Eigengewicht *(n)*
D 38	dead room; anechoic room	schalltoter Raum *(m)*
D 39	dead zone	tote Zone *(f)*; Totzone *(f)*
D 40	debugging period; burn-in period; shaking out period	Anfangsperiode *(f)*; Anlaufperiode *(f)*; Frühfehlerperiode *(f)* [Lebensdauerbestimmung von Anlagenteilen]
D 41	deburring	Entgraten *(n)*
D 42	decay of vibration amplitude	Abfallen *(n)* der Schwingungsamplitude
D 43	deck; plate; tray	Boden *(m)* [Erläuterungen siehe unter: **tray**]
D 44	deck drain [tank]	Deckablaß *(m)* [Tank]
D 45	deck leg [tank]	Decksteg *(m)* [Tank]
D 46	decommissioning [nuclear reactor]	Außerdienststellung *(f)* [Kernreaktor]
D 47	decompression check valve	Rückschlagventil *(n)* mit Vorentlastung
D 48	decontamination	Dekontamination *(f)*
D 49	deep penetration welding	Tiefeinbrandschweißen *(n)*
D 50	deep weld	nahezu durchgeschweißte Naht *(f)*
D 51	defect	Fehlstelle *(f)*; Fehler *(m)*
D 52	defect acceptance level	Fehlergrenzwert *(m)* [Abnahme]
D 53	defect assessment	Fehlerbeurteilung *(f)*
D 54	defect detection	Fehlererfassung *(f)*; Fehlererkennung *(f)*; Fehlerortung *(f)*
D 55	defect interpretation	Fehlererkennbarkeit *(f)*
D 56	defect report	Mängelbericht *(m)*
D 57	defect resolution	Fehlerauflösung *(f)*
D 58	deferred maintenance	Nachrüstungswartung *(f)*; verzögerte Wartung *(f)*
D 59	definition; image definition [radiog.]	Schärfe *(f)*; Bildschärfe *(f)* [Durchstrahlungsprüfung]
D 60	deflagration	Verpuffung *(f)*
D 61	deflecting fillet [heat exchanger]	Ablenkleiste *(f)* [Wärmeaustauscher]
D 62	deflection	Abbiegung *(f)*; Durchbiegung *(f)*
D 63	deflection [instrument]	Ausschlag *(m)* [Meßgerät]
D 64	deflection [bellows]	Verschiebung *(f)* [Kompensatorbalg]
D 65	deflection of the shell	Manteldurchbiegung *(f)*
D 66	deflection theory	Durchbiegungstheorie *(f)*
D 67	deflection to rupture	Bruchdurchbiegung *(f)*
D 68	deflection under load	Durchbiegung *(f)* unter Last
D 69	deflector [duct]	Umlenkgitter *(n)* [Kanal]
D 70	deflector [pump]	Spritzring *(m)* [Pumpe]
D 71	deflector (plate)	Ablenkblech *(n)*; Ablenkplatte *(f)*
D 72	deformability	Verformbarkeit *(f)*; Formänderungsvermögen *(n)*
D 73	deformation; strain; distortion	Verformung *(f)*; Deformation *(f)*; Formänderung *(f)*; Gestaltsänderung *(f)*
D 74	deformation bands *(pl)*	Fließfiguren *(f, pl)*
D 75	deformation resistance	Verformungswiderstand *(m)*

departure from film boiling

D 76	**DEGB; double-ended guillotine break [nuclear reactor]**	doppelendiger Rohrbruch *(m)* [postuliertes Ausfallverhalten; Auslegungsgrundlage für Kernnotkühlsysteme und das Containment in Nuklear-Anlagen; die konsequente Einhaltung dieses Konzepts führt zum Einbau von vielen Rohrausschlag-Sicherungen **(pipe whip restraint)**]
D 77	**degradation [material properties]**	Verschlechterung *(f)* [Werkstoffeigenschaften]
D 78	**degraded material**	Ausschuß *(m)*
D 79	**degree of freedom**	Freiheitsgrad *(m)*
D 80	**delay cracking**	Spätrißbildung *(f)* [Auftreten von Rissen nach einer gewissen Zeit nach Beendigung der Schweißung]
D 81	**delayed boiling; delay in boiling; boiling delay**	Siedeverzug *(m)*; Siedeverzögerung *(f)*
D 82	**delayed cracking**	verzögerte Rißbildung *(f)*
D 83	**delayed crack retardation**	behinderte Rißwachstumsverzögerung *(f)*
D 84	**delayed sweep [ultras.]**	verzögerte Zeitablenkung *(f)* [US-Prüfung]
D 85	**delay line [ultras.]**	Vorlauf *(m)*; Vorlaufstrecke *(f)* [US-Prüfung]
D 86	**delay line (single-element) search unit [ultras.]**	Prüfkopf *(m)* mit Vorlaufstrecke [US-Prüfung]
D 87	**delta sealing ring**	Delta-Dichtungsring *(m)*
D 88	**demister; mist eliminator; droplet separator**	Entnebler *(m)*; Entfeuchter *(m)*; Tropfenabscheider *(m)*; Demister *(m)*
D 89	**densitometer [radiog.]**	Schwärzungsmesser *(m)*; Densitometer *(n)* [Durchstrahlungsprüfung]
D 90	**density [gen.]**	Dichte *(f)*; Dichtheit *(f)*; Schwärzung *(f)* [allg.]
D 91	**density [radiog.]**	Schwärzung *(f)* [Durchstrahlungsprüfung]
D 92	**density comparison strip [radiog.]**	Schwärzevergleichsstreifen *(m)* [Durchstrahlungsprüfung]
D 93	**density of porosity**	Porendichte *(f)*
D 94	**density wave instability**	Dichte-Wellen-Instabilität *(f)* [zurückzuführen auf die enge Rückkopplung zwischen Massenstrom, Dampfgehalt und Druckabfall]
D 95	**density waves** *(pl)*	Dichtewellen *(f, pl)* [dynamische Instabilität der Zweiphasenströmung; Strömungsoszillationen]
D 96	**dent**	Beule *(f)*
D 97	**dented tube**	Beulrohr *(n)*
D 98	**denting, tube . . . ; necking**	Denting *(n)*; Einschnürung *(f)* von Rohren [eine durch Korrosion verursachte Einschnürung von Heizrohren im Bereich von Lochplattenabstandshaltern in Dampferzeugern von Kernkraftwerken; siehe auch: **tube denting**]
D 99	**departure from circularity**	Abweichung *(f)* von der Kreisform
D 100	**departure from film boiling; DFB [heat transfer]**	Benetzung *(f)*; instabiler Dampffilm *(m)*; Übergang *(m)* vom stabilen zum instabilen oder partiellen Filmsieden [instabile Siedevorgänge beim Unterschreiten der Wandtemperatur am DFB-Punkt]

D 101	**departure from nucleate boiling; DNB; transition heat flux** [also see: burnout]	Umschlagen *(n)* vom Blasen- zum Filmsieden; Übergang *(m)* vom Bläschen- zum Filmsieden; Filmsieden *(n)*; Siedekrisis *(f)* der 1. Art [kritische Heizflächenbelastung; bei geringem Dampfvolumenanteil in der Strömung bildet sich aufgrund der hohen Wärmestromdichte ein Dampffilm, der die Flüssigkeit von der Heizfläche trennt. Die Wärme wird durch Filmsieden übertragen; siehe auch: **burnout**]
D 102	**departure size of condensation drops**	Tropfenabreißgröße *(f)* bei der Tropfenkondensation
D 103	**dephlegmation; partial condensation**	partielle Kondensation *(f)*; Dephlegmation *(f)*; teilweise Kondensation *(f)*; Teilkondensation *(f)*; Aufstärkung *(f)*
D 104	**dephlegmator; reflux condenser; reflux exchanger; refluxer**	Dephlegmator *(m)*; Rücklaufkondensator *(m)* [Soviel wie Scheider. In der Destillationstechnik Destillieraufsatz, im dem höher siedende Anteile kondensieren und in den Destillationsprozeß zurückgeführt werden, während die dampfförmigen Bestandteile über die Geistleitung **(overhead piping system)** zur Kühlung und Kondensation abgeführt werden.]
D 105	**depletion** [grain boundaries]	Verarmung *(f)* [in den Korngrenzen]
D 106	**deposited metal; welddeposit; weld metal**	Schweißgut *(n)*; Schweißmetall *(n)*
D 107	**deposition; deposits** *(pl)*; **settlement**	Ablagerung *(f)* [z. B. in Rohren/Leitungen]
D 108	**deposition, droplet** . . .	Tropfenanlagerung *(f)* [beim „Dryout"]
D 109	**deposition controlled burnout**	Burnout *(m)* mit Anlagerung von Wassertropfen an die Rohrwand [Siedekrise; verbunden mit einem Austrocknen der Heizfläche; Dryout]
D 110	**deposition rate**	Einbringleistung *(f)* [Abschmelzmenge; Elektrode]
D 111	**deposition rate**	Auftragsleistung *(f)* [Spritzverfahren]
D 112	**deposition welding**	Auftragsschweißen *(n)*
D 113	**depressurization; pressure relief**	Druckentlastung *(f)*
D 114	**depressurization transient**	vorübergehende Druckentlastung *(f)*
D 115	**depressurized; unpressurized**	drucklos [Adj.]
D 116	**depth factor** [for disturbed flow]	Korrekturfaktor *(m)* für nicht ausgebildete Strömung
D 117	**depth gauge**	Tiefenlehre *(f)*
D 118	**depth of chamfering**	Flankenabschrägungstiefe *(f)*
D 119	**depth of corrugation**	Wellentiefe *(f)*
D 120	**depth of crack**	Rißtiefe *(f)*
D 121	**depth of crown; depth of dishing**	Höhe *(f)* der Bodenwölbung; Wölbungshöhe *(f)*
D 122	**depth of engagement** [thread]	Tragtiefe *(f)* [Gewinde]
D 123	**depth of hardening**	Härtetiefe *(f)*
D 124	**depth of indication** [ultras.]	Tiefenlage *(f)* [US-Prüfung]
D 125	**depth of nut engagement**	Eingrifftiefe *(f)* der Mutter
D 126	**depth of penetration**	Eindringtiefe *(f)*
D 127	**depth of section**	Profilhöhe *(f)* [Baustahl]

D 128	**depth of thread**	Gewindehöhe *(f)*; Gewindetiefe *(f)*
D 129	**depth scan [weld]**	Queranschallung *(f)* [einer Schweißnaht]
D 130	**desalination**	Entsalzung *(f)* [Meerwasser]
D 131	**desalination plant**	Meerwasserentsalzungsanlage *(f)*
D 132	**descaling**	Entzundern *(n)*
D 133	**descaling solution**	Entzunderungslösung *(f)*
D 134	**descaling treatment**	Entzunderungsbehandlung *(f)*
D 135	**design**	Auslegung *(f)*; Konstruktion *(f)*; Berechnung *(f)*; Gestaltung *(f)*
D 136	**design acceptability**	Abnehmbarkeit *(f)* der Konstruktion
D 137	**design approach**	rechnerische Annäherung *(f)*; Ausführungslösung *(f)*
D 138	**design approval; approval of coded designs; design review**	rechnerische Vorprüfung *(f)* [Konstruktion]
D 139	**design basis accident [nuclear reactor]**	Auslegungsstörfall *(m)*; Auslegungsunfall *(m)* [Kernreaktor]
D 140	**design basis earthquake; DBE**	Auslegungserdbeben *(n)*
D 141	**design calculation**	Auslegungsberechnung *(f)*
D 142	**design capacity**	Auslegungsleistung *(f)*
D 143	**design conditions** *(pl)*	Berechnungsbedingungen *(f, pl)*; Auslegungsbedingungen *(f, pl)*
D 144	**design criterion**	Auslegungsmerkmal *(n)*
D 145	**design data**	Auslegungsdaten *(n, pl)*
D 146	**design data sheet**	Auslegungsblatt *(n)*
D 147	**design draft**	Konstruktionsentwurf *(m)*
D 148	**design drawing**	Entwurfszeichnung *(f)*; Konstruktionszeichnung *(f)*
D 149	**design engineer; designer**	Konstrukteur *(m)*
D 150	**design equation**	Berechnungsformel *(f)*
D 151	**design factor**	Berechnungsbeiwert *(m)*
D 152	**design fatigue curve; fatigue curve; S/N curve; stress number curve**	Wöhlerkurve *(f)*; Ermüdungskurve *(f)*
D 153	**design flow rate**	Auslegungsdurchsatz *(m)*
D 154	**design fundamentals** *(pl)*; **design principles** *(pl)*	Konstruktionsgrundlagen *(f, pl)*
D 155	**design hazard review; DHR**	Gefahrenuntersuchung *(f)* in der Planungsphase [Quantifizierung sämtlicher signifikanter Gefahren mittels Fehler- oder Ereignisbäumen, so daß die Herausarbeitung der optimalen Sicherheitsmerkmale möglich ist]
D 156	**design life(time); theoretical lifetime**	rechnerische Lebensdauer *(f)*; erwartete Lebensdauer *(f)*
D 157	**design limitations** *(pl)*	konstruktive Einschränkungen *(f, pl)*
D 158	**design liquid height**	rechnerische Flüssigkeitshöhe *(f)*
D 159	**design load**	Bemessungslast *(f)*; Lastannahme *(f)*
D 160	**design margin**	Berechnungsspanne *(f)*
D 161	**design metal temperature**	rechnerische Wandtemperatur *(f)*; Berechnungswandtemperatur *(f)*

D 162	**design pressure; calculation pressure**	Berechnungsdruck *(m)*; Auslegungsdruck *(m)* [im allgemeinen der höchstzulässige Betriebsüberdruck **(maximum allowable working (gauge) pressure)**. Durch Beschickungsmittel hervorgerufene statische Drücke werden nur dann berücksichtigt, wenn sie die Beanspruchung der Bauteile um mehr als 5% erhöhen. Bei Innendruck und Außendruck wird in der Regel nicht mit dem Differenzdruck **(differential pressure)** gerechnet, sondern mit beiden Drücken getrennt; es können jedoch auch 2 Innendrücke vorhanden sein]
D 163	**design review**	Entwurfsüberprüfung *(f)*; Konstruktionsüberprüfung *(f)*
D 164	**design rotation angle**	rechnerischer Verdrehungswinkel *(m)*
D 165	**design specific gravity**	rechnerisches spezifisches Gewicht *(n)*
D 166	**design strength value**	Festigkeitskennwert *(m)* [Der niedrigste der beiden Werte (bei Berechnungstemperatur): Streckgrenze oder 0,2% Grenze und Zeitstandfestigkeit bei 100 000 Stunden]
D 167	**design stress; allowable stress**	zulässige Spannung *(f)*
D 168	**design stress for shear**	zulässige Schubspannung *(f)*
D 169	**design stress intensity**	zulässige Vergleichsspannung *(f)*
D 170	**design temperature**	Berechnungstemperatur *(f)*; Auslegungstemperatur *(f)* [Höchste zu erreichende Wandtemperatur; mindestens 20°C]
D 171	**design thermal performance**	rechnerische Wärmeleistung *(f)* [z. B. eines Speisewasservorwärmers]
D 172	**design throat thickness [weld]**	a-Maß *(n)* [Schweiße]
D 173	**design verification review; DVR**	Projektausführungskontrolle *(f)* [Überwachung beim Bau einer Anlage durch qualifiziertes Personal einschl. der Schlußkontrolle]
D 174	**design wind velocity**	rechnerische Windgeschwindigkeit *(f)*
D 175	**desired position**	Sollstellung *(f)*
D 176	**desired service life**	vorgesehene Lebensdauer *(f)*
D 177	**desired value; variable**	Sollwert *(m)*; Einstellwert *(m)* [zu erreichender Wert]
D 178	**desorption**	Desorption *(f)*; Desorbieren *(n)* [Desorbieren ist das Trennen eines Systems aus Feststoff und von diesem durch Oberflächenkräfte festgehaltener Teilchen in seine Komponenten. Man unterscheidet: — Heißgasdesorption — Dampfdesorption — Vakuumdesorption]
D 179	**destructive testing**	zerstörende Prüfung *(f)*
D 180	**desublimation plant**	Desublimationsanlage *(f)*
D 181	**desuperheating shroud [feedwater heater]**	Kühlzonenmantel *(m)* [Speisewasservorwärmer]

Dewar (vessel)

D 182	**desuperheating zone** **[feedwater heater]**	Enthitzungszone *(f)* [Enthitzungsteil im Speisewasservorwärmer]
D 183	**desuperheating zone shroud** **[feedwater heater]**	Enthitzungszonen-Schirmblech *(n)* [Speisewasservorwärmer]
D 184	**detail drawing**	Einzelteilzeichnung *(f)*; Teilzeichnung *(f)*
D 185	**detection ink** **[magn.t.]**	Prüfflüssigkeit *(f)* [Magnetpulverprüfung]
D 186	**detection limit**	Nachweisgrenze *(f)*
D 187	**determination of dew point**	Taupunktbestimmung *(f)*
D 188	**detuning baffle**	Schallschutzblech *(n)*
D 189	**detuning in frequency; frequency detuning**	Frequenzverstimmung *(f)*
D 190	**developed flow; non-disturbed flow; undisturbed flow**	ausgebildete Strömung *(f)* [siehe: S 1040]
D 191	**developed laminar flow regime**	ausgebildeter Teil *(m)* der laminaren Strömung
D 192	**developed length**	gestreckte Länge *(f)*; Strecklänge *(f)*; abgewikkelte Länge *(f)*
D 193	**developed nucleate boiling**	voll ausgebildetes Kernsieden *(n)*
D 194	**developed view; development**	Abwicklung *(f)* [geometrische]
D 195	**developer**	Entwickler *(m)*
D 196	**developing time; development time** **[penetrant testing]**	Einwirkzeit *(f)* [Entwickler; Farbeindringverfahren]
D 197	**deviation from actual size**	Istabmaß *(n)*; Sollmaßabweichung *(f)*; Abweichung *(f)* von der wirklichen Form
D 198	**deviations** *(pl)* **of loading**	Lastabweichungen *(f, pl)*
D 199	**Dewar (vessel); gas storage vessel** **[see Annex 1, p. 11]**	Dewar-Behälter *(m)* [stationäre oder mobile Behälter zur Lagerung von verflüssigtem Gas. Metallische Dewar-Behälter stellen übergroße Thermosflaschen dar. Sie bestehen aus einem inneren und einem äußeren Gefäß. Das innere Gefäß wird bei derartigen Industrie-Dewars aus einem Werkstoff mit ausgezeichneter Sprödbruchwiderstandsfähigkeit hergestellt. Das äußere Gefäß, das der Atmosphäre ausgesetzt ist, wird meist aus gewöhnlichen Baustahlblechen oder aus Aluminium von Normalgüte gefertigt. Alle Behälter sind voll geschweißt. Verbindungen zwischen diesen beiden Gefäßen werden auf ein Minimum beschränkt, einmal um die Bewegung des Innenbehälters infolge Zusammenziehung und Ausdehnung nicht zu behindern und dann, um eine möglichst perfekte Isolation zwischen den beiden Behältern zu gewährleisten. Der Zwischenraum zwischen Innen- und Außenbehälter heißt Isolationsraum, seine Tiefe wird von den jeweiligen Isolationsbedürfnissen des verflüssigten Gases im Innenbehälter und den Temperaturzuständen außerhalb des Außenbehälters bestimmt. Dieser Isolationsraum kann entweder evakuiert oder atmosphärischem Druck ausgesetzt sein. Im

Dewar (vessel)

Isolationsraum können ebenso Isolationsdämmstoffe liegen. Durch den Isolationsraum verlaufen eine große Zahl von dehnbaren Rohrleitungen, die für die Füllung und Leerung des verflüssigten Gases, die Aufrechterhaltung eines Gasdruckes über dem Flüssigkeitsspiegel und die Kontrolle der Flüssigkeitshöhe gebraucht werden. Im Isolationsraum befindet sich ebenfalls das Aufhängesystem, das die Gesamtlast des Innenbehälters auf den Außenbehältern mit einem Minimum von Temperaturverlusten überträgt. Dieses Aufhängungssystem kann entweder aus einer Reihe von gelenkig befestigten Hängestäben bestehen, die die Last des Innenbehälters in den Außenbehälter abtragen, oder aber aus einer Anzahl von Tragstützen, die konzentrisch in den Tragstützen des Außenbehälters verlaufen und dadurch isoliert sind. Die Außenbehälter ruhen meist auf Stützen, bei kleinen Behältern auf einer Tragschürze. Die Behälter können entweder stationär oder mobil sein. Transportable Behälter sind entweder auf Eisenbahnwaggons oder auf Lastkraftwagen montiert. Siehe auch: **gas storage tank**; siehe Anhang 1, S. 11]

D 200	**dewetting**	Entnetzung *(f)*
D 201	**dew point**	Taupunkt *(m)*
D 202	**dew-point corrosion**	Taupunktkorrosion *(f)*; Naßkorrosion *(f)*
D 203	**dew-point level, gas temperature falling/ ranging below...**	Taupunktunterschreitung *(f)*
D 204	**dew-point temperature**	Taupunkttemperatur *(f)*
D 205	**DFB; departure from film boiling**	Benetzung *(f)* [instabiler Dampffilm; Definition unter **departure from film boiling**]
D 206	**DGS diagram [distance, gain, size; ultras.]**	AVG-Skala *(f)* [Abstand, Verstärkung, Größe; US-Prüfung]
D 207	**DGS method; distance gain size method [ultras.]**	Bezugslinienmethode *(f)*; AVG-Methode *(f)* [US-Prüfung]
D 208	**DHR; design hazard review**	Gefahrenuntersuchung *(f)* in der Planungsphase [siehe: **design hazard review**]
D 209	**diagonal brace; diagonal stay**	Kreuzstrebe *(f)*
D 210	**diagonal bracing**	Diagonalverband *(m)*; Schrägverband *(m)* [Stahlbau]
D 211	**diagonal (link) stay**	Eckanker *(m)*
D 212	**diagonal member**	Diagonalstab *(m)*; Schrägstab *(m)* [Stahlbau]; Strebe *(f)* [schiefliegend, Fachwerk]
D 213	**diagonal pitch**	Schrägteilung *(f)* [Verschwächungsbeiwert]
D 214	**diagonal tension**	Schrägzug *(m)* [Spannung]
D 215	**diagonal tie**	Zugdiagonale *(f)*; Zugstrebe *(f)* [Stahlbau]
D 216	**diagrammatic sketch**	Prinzipskizze *(f)*

differential head

D 217	**diameter**	Durchmesser *(m)*
D 218	**diametral clearance**	Durchmesserspiel *(n)*
D 219	**diamond pyramid hardness number**	Vickershärtezahl *(f)*
D 220	**diamond-shaped metal gasket** **[see Annex 1, p. 116]**	Metall-Spießkantdichtung *(f)* [siehe Anhang 1, S. 116]
D 221	**diaphragm**	Membran *(f)* [Membrane sind Bauteile aus elastischem Werkstoff, die eine Trennwand zwischen zwei Räumen bilden. Diese Trennwand muß dicht und möglichst leicht verformbar sein. In den beiden Räumen findet man im allgemeinen unterschiedliche Druckverhältnisse, verschiedene Medien oder beides gemeinsam vor. Die drei Hauptfunktionen sind: die Trenn-, die Regel- und die Pumpfunktion. Es gibt vier Grundformen: — Flachmembran (Pumpfunktion) — Sickenformmembran (Regelfunktion) — Tellerformmembran (Pumpfunktion) — Rollmembran (Regelfunktion, Trennfunktion). Die Herstellung erfolgt nach verschiedenen Verfahren: — Spritzgießverfahren **(injection moulding)** — Spritzpreßverfahren **(transfer moulding)** — Verdrängerverfahren **(compression moulding)**]
D 222	**diaphragm check valve**	Membranrückflußverhinderer *(m)*
D 223	**diaphragm element**	Membranmeßwerk *(n)*; Plattenfedermeßwerk *(n)* [Manometer]
D 224	**diaphragm gasket**	Membrandichtung *(f)*
D 225	**diaphragm-operated valve**	membrangesteuertes Ventil *(n)*; Membranventil *(n)*
D 226	**diaphragm plate**	Lastverteilungsplatte *(f)* [Stahlbau]
D 227	**diaphragm pressure gauge**	Membranmanometer *(n)*; Plattenfedermanometer *(n)*
D 228	**diaphragm pump**	Membranpumpe *(f)*
D 229	**diaphragm seal**	Membrandichtung *(f)*
D 230	**diaphragm seal, welded . . .** **[see Annex 1, p. 117]**	Membranschweißdichtung *(f)* [siehe Anhang 1, S. 117]
D 231	**diaphragm valve** **[see Annex 1, P. 50]**	Membranventil *(n)*; membrangesteuertes Ventil *(n)* [siehe Anhang 1, S. 50]
D 232	**differential coil system** **[eddy t.]**	Spulenselbstvergleichsverfahren *(n)* [Wirbelstromprüfung]
D 233	**differential control valve**	Differenzdruckregelventil *(n)*
D 234	**differential design pressure**	Auslegungs-Differenzdruck *(m)*; Berechnungsdifferenzdruck *(m)*
D 235	**differential expansion**	Ausdehnungsunterschied *(m)*
D 236	**differential head; differential pressure [pump]**	Förderdruck *(m)* [Pumpe]

D 237	**differential pressure**	Differenzdruck *(m)*; Druckdifferenz *(f)*; Wirkdruck *(m)*
D 238	**differential pressure controller**	Differenzdruckregler *(m)*
D 239	**differential pressure control set**	Differenzdruckregeleinheit *(f)*
D 240	**differential pressure flowmeter**	Wirkdruckdurchflußmesser *(m)*
D 241	**differential pressure gauge**	Differenzdruckmesser *(m)*; Differentialmanometer *(n)*; Wirkdruckmesser *(m)*
D 242	**differential pressure line**	Wirkdruckleitung *(f)*
D 243	**differential pressure range**	Wirkdruckbereich *(m)*
D 244	**differential pressure switch**	Differenzdruckwächter *(m)*
D 245	**differential pressure transducer; differential pressure transmitter**	Wirkdruckgeber *(m)*
D 246	**differential relief valve**	nicht vorgesteuertes einstufiges Ventil *(n)*
D 247	**diffuser**	Diffusor *(m)*
D 248	**diffuser [pump]**	Leitrad *(n)* [Pumpe]
D 249	**diffuser ring [pump]**	Leitkranz *(m)* [Pumpe]
D 250	**diffusion welding**	Diffusionsschweißen *(n)*
D 251	**dilatation**	Dilatation *(f)* [Wärmedehnungsverlauf]
D 252	**dilution [welding]**	Aufmischung *(f)* [Schweißen]
D 253	**dimensional accuracy**	Maßgenauigkeit *(f)*; Maßhaltigkeit *(f)*
D 254	**dimensional check; dimensional survey**	Maßkontrolle *(f)*; Prüfung *(f)* auf Maßhaltigkeit; Maßprüfung *(f)*
D 255	**dimensional defect [weld imperfection]**	Maßfehler *(m)* [Nahtfehler]
D 256	**dimensional inaccuracy**	Maßungenauigkeit *(f)*
D 257	**dimensional stability**	Maßbeständigkeit *(f)*; Formbeständigkeit *(f)*
D 258	**dimensional survey; dimensional check**	Maßkontrolle *(f)*; Maßprüfung *(f)*; Prüfung *(f)* auf Maßhaltigkeit
D 259	**dimensional survey record**	Maßprotokoll *(n)*
D 260	**dimensional tolerance**	Maßabweichung *(f)*; Maßtoleranz *(f)*
D 261	**dimensionless number**	dimensionslose Zahl *(f)*
D 262	**dimple**	Grübchen *(n)* [Bruchwaben]
D 263	**dip pipe**	Peilstutzen *(m)* [Füllstandsmessung]
D 264	**dip point [curve]**	Einsattlungspunkt *(m)*; Sattelpunkt *(m)* [Kurve]
D 265	**dip transfer arc welding; short arc welding**	Kurzlichtbogenverfahren *(n)* [Schweißen]
D 266	**direct burial [pipe]**	direkte Einbettung *(f)* [Rohr]
D 267	**direct-contact condensation**	Mischkondensation *(f)*; Sprühkondensation *(f)*; Direktkondensation *(f)* mit kontinuierlicher Dampfphase [Kondensation an unterkühlten Tropfen bei direktem Kontakt mit dem Dampf; die unterkühlte Flüssigkeit kann als geschlossener ebener oder zylindrischer Strahl, als Wasserfilm oder in Form von Tropfen eingesprüht werden. Hierzu werden z. B. verwendet: Sprühkolonnen **(spray columns)**, Prallglockenbodenkolonnen **(baffle tray columns)**, Siebboden- oder Glockenbodenkolonnen **(sieve tray** or **bubble tray columns)**, Füllkörperkolonnen **(packed columns)** oder Rotationskolonnen **(agitated columns)**]

D 268	**direct-contact condenser**	Misch-Kondensator *(m)*; Einspritzkondensator *(m)*; Direkt-Kontakt-Kondensator *(m)*
D 269	**direct contact magnetization [magn. t.]**	Direktkontaktmagnetisierung *(f)* [Magnetpulverprüfung]
D 270	**directional blocked centre valve**	Ventil *(n)* mit gesperrtem Durchfluß; Ventil *(n)* mit Sperrstellung [Wegeventil]
D 271	**directional centre by-pass valve**	Ventil *(n)* mit freiem Durchfluß [Wegeventil]
D 272	**directional (main) anchor; sliding anchor [expansion joint]**	Gleitanker *(m)*; Gleitfestpunkt *(m)* [Kompensator]
D 273	**directional restraint; sliding restraint [expansion joint]**	Gleitfestpunkt *(m)* [bei Kompensatoren; kann Festpunkt/Anker **(main anchor)** oder Zwischenfestpunkt **(intermediate anchor)** sein. Ausführung als Führungslager **(pipe alignment guide)** möglich]
D 274	**direction (-control) valve**	Wegeventil *(n)*
D 275	**direction of loading**	Belastungsrichtung *(f)*
D 276	**direction of rolling**	Walzrichtung *(f)*
D 277	**direction point**	Richtpunkt *(m)*
D 278	**direct-mounted valve; line-mounted valve**	Leitungsventil *(n)*; Rohrventil *(n)*
D 279	**direct quenching**	Direkthärten *(n)* [Wärmebehandlung]
D 280	**direct-reading instrument**	direktanzeigendes Instrument *(n)*
D 281	**direct scanning [ultras.]**	Methode *(f)* des halben Sprungabstandes [US-Prüfung] [auch: S 569]
D 282	**direct spring-loaded pop type safety valve**	direkt ansprechendes federbelastetes Sicherheitsventil *(n)*
D 283	**direct spring-loaded safety valve [see Annex 1, p. 34]**	Sicherheitsventil *(n)* mit Federbelastung; federbelastetes Sicherheitsventil *(n)* [siehe auch: **safety valve**; siehe Anhang 1, S. 34]
D 284	**direct stress; normal stress**	Normalspannung *(f)*
D 285	**direct thrust**	unmittelbar eingeleiteter Auflagerdruck *(m)*
D 286	**direct weight loaded safety valve [see Annex 1, p. 34]**	Sicherheitsventil *(n)* mit Gewichtsbelastung; gewichtsbelastetes Sicherheitsventil *(n)* [siehe auch: **safety valve**; siehe Anhang 1, S. 34]
D 287	**disbonding [corrosion protection]**	Unterwanderung *(f)* von Fehlstellen [Korrosionsschutz]
D 288	**disbonding, cathodic . . .**	kathodische Unterwanderung *(f)* [Erläuterungen siehe unter: **cathodic disbonding**]
D 289	**disc [UK]; disk [US] [gen.]**	Scheibe *(f)*; Teller *(m)*; Platte *(f)* [allg.] [siehe auch Wortverbindungen mit **disk**]
D 290	**discharge; drain; outlet**	Ablaß *(m)*; Ablaßöffnung *(f)*
D 291	**discharge area [valve]**	Abblasequerschnitt *(m)*; engster Strömungsquerschnitt *(m)* [Aus dem engsten Strömungsdurchmesser ermittelter Querschnitt, mit dessen Hilfe die Abblaseleistung des Sicherheitsventils berechnet wird]
D 292	**discharge branch [pump]**	Druckstutzen *(m)* [Pumpe]

D 293	**discharge capacity** [valve]	Abblaseleistung *(f)*; betriebliche Abblaseleistung *(f)*; Abblasemenge *(f)* [Ventil; Menge des beim Abblasedruck in der Zeiteinheit durchströmenden (abgeblasenen) Betriebsmediums]
D 294	**discharge casing** [pump]	Druckgehäuse *(n)* [Pumpe]
D 295	**discharge coefficient; coefficient of discharge**	Ausflußziffer *(f)*; Ausflußkoeffizient *(m)* [Ventil; siehe auch: **coefficient of discharge**]
D 296	**discharge control valve; drain control valve**	Ablaufregelventil *(n)* [für Ablaßmenge]
D 297	**discharge cover** [pump]	Druckdeckel *(m)* [Pumpe]
D 298	**discharge diameter** [valve]	Abblasedurchmesser *(m)*; engster Strömungsdurchmesser *(m)* [Ventil; Innendurchmesser der Düse oder des kleinsten Querschnitts vor dem Ventilsitz]
D 299	**discharge elbow** [valve]	Abblasekrümmer *(m)* [Ventil]
D 300	**discharge end; discharge side** [pump]	Druckseite *(f)* [Pumpe]
D 301	**discharge nozzle; discharge connection; drain nozzle; drain connection**	Ablaßstutzen *(m)*; Entleerungsstutzen *(m)*
D 302	**discharge pipe; drain pipe; drain**	Ablaufrohr *(n)*; Ablaufleitung *(f)*
D 303	**discharge pipe; escape pipe** [valve]	Abblaseleitung *(f)*; Ablaßleitung *(f)* [Ventil]
D 304	**discharge plug**	Entleerungsstopfen *(m)*
D 305	**discharge pressure** [pump]	Enddruck *(m)* [Pumpe]
D 306	**discharge reactions** *(pl)*	Ausströmreaktionskräfte *(f, pl)*
D 307	**discharge** *(v)* **to atmosphere** [valve]	abblasen *(V)*, ins Freie ... [Ventil]
D 308	**discolouraton; tarnishing**	Verfärbung *(f)*
D 309	**discolouration (due to elevated temperature)** [weld imperfection]	Anlauffarben *(f, pl)* [Nahtfehler]
D 310	**disconnected cracks, group of ...** [weld imperfection]	Risse *(m, pl)*, eine Gruppe nicht miteinander verbundener ... [Häufung von Schweißnahtfehlern, Rissen kann auftreten; im Schweißgut, in der WEZ und im Grundwerkstoff]
D 311	**discontinuities, location remote from ...**	ungestörter Bereich *(m)*
D 312	**discontinuity**	Werkstofftrennung *(f)*; Diskontinuität *(f)*; Unstetigkeit *(f)*; Störstelle *(f)*
D 313	**discontinuity category designation**	Werkstofftrennungskennzeichnung *(f)*
D 314	**discontinuity of edge rotation**	Randstörung *(f)* durch Drillung
D 315	**discontinuity stresses** *(pl)*	Störstellenspannungen *(f, pl)*
D 316	**disc-shaped compact specimen**	scheibenförmige Kompaktprobe *(f)*
D 317	**dished end** [UK]; **dished head** [US] [see Annex 1, pp. 22 and 28]	gewölbter Boden *(m)* [siehe: **head**, siehe Anhang 1 S. 22 und 28]
D 318	**dished from plate** [head]	aus Blech gekümpelt*(V)* [Boden]
D 319	**dished parts** *(pl)*	Kümpelteile *(n, pl)*
D 320	**dished section** [end/head]	Kümpelteil *(m)* [Behälterboden]
D 321	**dishing** [tank]	Schüsseln *(n)* [Setzungsform eines Tanks, d. h. es bildet sich eine Setzungsmulde mit dem Tiefpunkt in der Behältermitte]
D 322	**dishing** [dished end]	Kümpeln *(n)* [Formgebung gewölbter Böden]
D 323	**dishing radius; crown radius**	Wölbungsradius *(m)*
D 324	**disk** [US]; **disc** [UK]. [gen.]	Scheibe *(f)*; Teller *(m)*; Platte *(f)* [allg.]

distance gain size method

D 325	disk [isolating damper]		Flügel *(m)* [Absperrklappe; Rundkanal]
D 326	disk [check valve]		Rückschlagklappe *(f)* [Absperrmechanismus einer Rückschlagklappe]
D 327	disk [valve]		Kegel *(m)*; Teller *(m)*; Abschlußkörper *(m)*; Schieberplatte *(f)* [Ventil]
D 328	disk, free area at ... [heat exchanger]		freier Kreisquerschnitt *(m)* [bei Kreisscheiben- und Kreisring-Anordnung in Wärmeaustauschern]
D 329	disk-and-doughnut baffle arrangement [heat exchanger]		Kreisscheiben-und-ring-Umlenkblechanordnung *(f)*; Umlenkscheiben- und -ring-Anordnung *(f)* [in Wärmeaustauschern; Anordnungen von vollen Kreisscheiben, die mit Kreisringen abwechseln]
D 330	disk check [check valve]		Rückschlagkegel *(m)* [Rückschlagventil; siehe: **check valve**]
D 331	disk check mechanism		Rückschlagplatte *(f)* [Absperrmechanismus einer Rückschlagklappe]
D 332	disk face [valve]		Kegeldichtung *(f)* [Dichtfläche]; [Ventil]
D 333	disk facing ring		Kegelsitzring *(m)* [Ventil]
D 334	disk-finned tube		Kreisrippenrohr *(n)* [Rohr mit ebenen kreisförmigen Blechscheiben, die in überall gleichmäßigen Abständen auf dem Rohr befestigt sind]
D 335	disk guide [valve]		Kegelführung *(f)* [Ventil]
D 336	disk hinge pin; pivot pin [swing check valve]		Aufhängebolzen *(m)*; Stift *(m)* [Rückschlagklappe]
D 337	disk lever [valve]		Plattenhebel *(m)* [Ventil]
D 338	disk stem nut [valve]		Spindelmutter *(f)* [Ventil]
D 339	disk tube inserts *(pl)*		scheibenförmige Rohreinsätze *(m, pl)* [zur Turbulenzerzeugung]
D 340	disk turbine; bladed impeller		Scheibenrührer *(m)* [in Rührkesseln]
D 341	disk-type gasholder; dry gasholder; piston gasholder; waterless gasholder		Scheibengasbehälter *(m)*; trockener Gasbehälter *(m)* [Erläuterungen siehe unter: **piston gasholder**]
D 342	dislocation [structure]		Versetzung *(f)* [im Feingefüge]
D 343	dislocation pile-up		Versetzungsaufstau *(m)*
D 344	dispersed flow; spray flow		Sprühströmung *(f)*
D 345	displacement body		Verdränger *(m)* [Wärmeaustauscher]
D 346	displacement strains *(pl)*		Dehnungen *(f, pl)* aufgrund von Verlagerungen
D 347	displacement stress range		Verlagerungsspannungs-Schwingbreite *(f)*; Schwingbreite *(f)* der Verlagerungsspannungen
D 348	display of failure signal		Anstehen *(n)* einer Ausfallmeldung
D 349	dissimilar steels *(pl)*		artungleiche Stähle *(m, pl)*; verschiedenartige Stähle *(m, pl)*
D 350	distance amplitude correction; DAC [ultras.]		Laufzeitkorrigierung *(f)*; Entfernungs-Amplituden-Korrektur *(f)* [US-Prüfung]
D 351	distance gain size method; DGS method [ultras.]		Bezugslinienmethode *(f)*; AVG-Methode *(f)* [US-Prüfung]

D 352	**distillate**	Destillat *(n)* [das bei einer Destillation verdampfte und wieder kondensierte Produkt]
D 353	**distillation**	Destillation *(f)* [Durch Erhitzen von Flüssigkeiten führt man sie in Dampfform über, leitet die Dämpfe über Kühler und kondensiert sie wieder zur Flüssigkeit. Verbreitete Methode, um Flüssigkeiten von gelösten, nicht destillierbaren Produkten abzutrennen; siehe auch: **column**]
D 354	**distortion; deformation; strain**	Formänderung *(f)*; Gestaltsänderung *(f)*; Verformung *(f)*
D 355	**distortion energy theory, maximum . . .**	Gestaltänderungsenergiehypothese *(f)*; GE-Hypothese *(f)*; Hypothese *(f)* der größten Gestaltänderungsarbeit
D 356	**distributed live loads**	verteilte Betriebsbelastungen *(f, pl)*
D 357	**distribution pipe**	Verteilerrohr *(n)*
D 358	**distribution steam piping**	Dampfverteilungsleitung *(f)*
D 359	**distribution system pressure**	Verteilungsnetzdruck *(m)*
D 360	**district heat**	Fernwärme *(f)*
D 361	**district heating pipeline**	Fernwärme-Rohrleitung *(f)*; Fernwärmeleitung *(f)*
D 362	**disturbed flow**	nicht ausgebildete Strömung *(f)*
D 363	**divergence [cross section]**	trichterförmige Erweiterung *(f)* [Querschnitt]
D 364	**divergence [tube bank]**	Auffaltung *(f)* [Rohrpaket]
D 365	**divergent cross-section; cross-sectional divergence**	Querschnittserweiterung *(f)* [Druckverlustberechnung]
D 366	**divergent ratings** *(pl)* **[flange]**	abweichende Druck- und Temperaturstufen *(f, pl)* [Flansch]
D 367	**diversion cross-flow**	Nettoqueraustausch *(m)* [infolge von Druckgradienten quer zur Strömungsrichtung, z. B. durch unterschiedlichen Dampfgehalt in Unterkanälen]
D 368	**diverter gate**	Umstellweiche *(f)*
D 369	**divided flow [shell-and-tube heat exchanger]**	geteilte Strömung *(f)* [ohne Leitblech; im Rohrbündel-Wärmeaustauscher]
D 370	**dividing wall**	Trennwand *(f)* [in Druckräumen]
D 371	**division valve**	Trennventil *(n)*
D 372	**D-log E curvce; H and D curve; characteristic curve [radiog.]**	D-log E-Kurve *(f)*; H- und D-Kurve *(f)*, Gradationskurve *(f)*; charakteristische Kurve *(f)* [Durchstrahlungsprüfung]
D 373	**DNB; departure from nucleate boiling [heat transfer]**	Umschlagen *(n)* vom Blasen- zum Filmsieden; Übergang *(m)* vom Bläschen- zum Filmsieden; Filmsieden *(n)*; Siedekrisis *(f)* der 1. Art [siehe Definition unter: **departure from nucleate boiling**]
D 374	**DNB heat flux; critical heat flux (density); CHF [heat transfer]**	kritische Wärmestromdichte *(f)*; DNB-Wärmestromdichte *(f)*; kritische Heizflächenbelastung *(f)* [erste kritische Heizflächenbelastung]
D 375	**documents** *(pl)* **for approval**	Vorprüfunterlagen *(f, pl)*

D 376	dog point, full ... [bolt]	Zapfen *(m)* [Schraube]
D 377	dog point, half ... [bolt]	Kernansatz *(m)* [Schraube]
D 378	dome	Haube *(f)*; Kuppel *(f)*
D 379	dome [reactor]	Behälterabschluß *(m)* [Reaktor-Liner]
D 380	domed end [UK]; domed head [US] [see Annex 1, pp. 22 and 28]	gewölbter Boden *(m)* [siehe Anhang 1, S. 22 und 28]
D 381	dome section	Kalotte *(f)* [eines gewölbten Bodens]
D 382	dome-type roof [tank]	Kuppeldach *(n)*; Kugelkalottendach *(n)*; Kugelsegmentdach *(n)* [Tank]
D 383	double-bevel groove weld [US]	Doppel-halbe V-Naht *(f)*; K-Naht *(f)*
D 384	double-block-and-bleed principle [ball valve]	Double-block-and-bleed-Prinzip *(n)* [Dichtprinzip, bei dem zwei Dichtungen beidseitig (eingangs- und ausgangsseitig des Kugelkükens) wirken, d. h. sie sind vollkommen voneinander getrennt und selbständig. Durch die beiden Sitzringabsperrungen entstehen drei völlig unabhängige Druckräume, bestehend aus Zuströmseite, Gehäuseinnenraum und Abströmseite. Ein unzulässiger Druckaufbau im Gehäuseinnenraum zwischen den Sitzringsystemen wird durch Selbstentlastung, d. h. durch Abheben der Sitzringsysteme von der Kugel vermieden; dieses Prinzip findet Anwendung in Kugelhähnen **(ball valve)** mit vollverschweißtem Gehäuse]
D 385	double block and bleed valve set; block and bleed valve	Doppelabsperrarmatur *(f)* mit Zwischenentlüftung [siehe auch: **block and bleed valve**]
D 386	double block valve set	Doppelabsperrarmatur *(f)*
D 387	double bounce technique [ultras.]	Methode *(f)* des 1 1/2-fachen Sprungabstandes [US-Prüfung] [auch: T 663]
D 388	double-bundle condenser; dual-circuit condenser	Zweikreis-Kondensator *(m)*
D 389	double-bundle vaporizer	Doppelbündel-Verdampfer *(m)*
D 390	double cantilever beam specimen; DCB specimen	Doppelbalken-Probe *(f)*
D 391	double check valve; dual check valve	entsperrbares (Zwillings-)Rückschlagventil *(n)*
D 392	double-cup; U-ring; U-cup	Nutringmanschette *(f)*; Nutring *(m)*; Doppellippenring *(m)*
D 393	double-cylinder roller bearing [see Annex 1, p. 75]	Doppelzylinder-Rollenlager *(n)* [siehe Anhang 1, S. 75]
D 394	double-deck roof [tank; see Annex 1, p. 15]	Doppeldeckdach *(n)* [Tank; siehe Anhang 1, S. 15]
D 395	double-deck type floating roof [tank]	Doppeldeckschwimmdach *(n)* [Tank]
D 396	double-disk gate [valve]	Keilplatte *(f)* [Ventil]
D 397	double-disk gate valve [see Annex 1, p. 41]	Keilplattenschieber *(m)*; Parallelplattenschieber *(m)*; Plattenkeilschieber *(m)* [Erläuterungen siehe unter: **gate valve**; siehe auch: Anhang 1, S. 41]
D 398	double edge crack	symmetrischer Kantenriß *(m)*

double-ended guillotine break

D 399	**double-ended guillotine break; DEGB**	doppelendiger Rohrbruch *(m)* [Erläuterungen siehe unter: **DEGB**]
D 400	**double-end stud (bolt)**	Stiftbolzen *(m)*; Stiftschraube *(f)*
D 401	**double fillet weld**	Doppelkehlnaht *(f)*
D 402	**double film viewing [radiog.]**	Doppelfilmbetrachtung *(f)* [Durchstrahlungsprüfung]
D 403	**double-flanged butterfly valve [flanged end body;˙ see Annex 1, p. 54]**	Absperrklappe *(f)* in Flanschbauweise [siehe Anhang 1, S. 54]
D 404	**double-fluted tube**	doppelt (auf der Innen- und Außenseite) feingewelltes Rohr *(n)* [in Fallfilmverdampfern]
D 405	**double full-lift safety valve**	Doppel-Vollhub-Sicherheitsventil *(n)*
D 406	**double hinge expansion joint; swing-type expansion joint [see Annex 1, pp. 90 and 95]**	Doppelgelenk-Kompensator *(m)* [Lateral-Kompensator; siehe Anhang 1, S. 90 und 95]
D 407	**double-J groove weld [US]**	Doppel HU-Naht *(f)*; Doppel-J-Naht *(f)*; halbe Tulpennaht *(f)*
D 408	**double passage; repeated passage**	zweimaliger Durchlauf *(m)*
D 409	**double-pass heat exchanger**	zweiflutiger Wärmeaustauscher *(m)*
D 410	**double pipe hanger**	Doppelrohrschelle *(f)*
D 411	**double-pipe heat exchanger; DPHE**	Doppelrohr-Wärmeaustauscher *(m)*
D 412	**double-probe technique [ultras.]**	Doppelkopfverfahren *(n)* [US-Prüfung]
D 413	**double-seated valve**	Doppelsitzventil *(n)*
D 414	**double segmental baffle [heat exchanger]**	Doppel-Segmentleitblech *(n)*; Umlenkdoppelsegment *(n)* [z. B. Kreisscheiben- und -ringUmlenkbleche; im RWÜ]
D 415	**double split flow**	doppelt geteilte Strömung *(f)*
D 416	**double submerged arc welding process**	Doppel-UP-Lichtbogenschweißen *(n)*
D 417	**double-suction pump**	zweiflutige Pumpe *(f)*; zweiströmige Pumpe *(f)*
D 418	**double taper junctures** *(pl)*	Doppelkegelverbindungen *(f, pl)*
D 419	**double traverse technique [ultras.]**	Methode *(f)* des einfachen Sprungabstands [US-Prüfung] [auch: S 536]
D 420	**double triangular truss**	Rhombenfachwerk *(n)*
D 421	**double tube; Field tube**	Doppelrohr *(n)* Bauart Field; Fieldrohr *(n)* [Erläuterungen siehe: **Field tube**]
D 422	**double-tube quench cooler**	Doppelrohr-Spaltgaskühler *(m)*
D 423	**double tubesheet construction [heat exchanger]**	Doppel-Rohrbodenkonstruktion *(f)* [zur Verhinderung der Vermischung der rohr- und mantelseitigen Strömungen; Wärmeaustauscher]
D 424	**double-tubesheet U-tube heat exchanger**	U-Rohrbündel-Wärmeaustauscher *(m)* mit Doppelrohrboden
D 425	**double-type expansion joint; dual bellows expansion joint [see Annex 1, p. 89]**	Doppelbalg-Kompensator *(m)*; zweibalgiger Kompensator *(m)*; zweiwelliger Kompensator *(m)*; zweiwelliger Dehnungsausgleicher *(m)* [siehe Anhang 1, S. 89]
D 426	**double-U butt joint; double-U groove weld [US]**	Doppel-U-Naht *(f)*; doppelter Tulpenstoß *(m)*
D 427	**double-V butt joint; double-vee groove weld [US]**	Doppel-V-Naht *(f)*; X-Naht *(f)*

D 428	double-walled vessel; jacketed vessel	Doppelmantelbehälter *(m)*
D 429	double-wall technique [radiog.]	Doppelwandbetrachtung-Durchstrahlungstechnik *(f)*
D 430	double-wall tube; duplex tube	Doppelwand-Rohr *(n)*
D 431	double-welded butt joint	beidseitig geschweißter Stumpfstoß *(m)*
D 432	double-welded lap joint	beidseitig geschweißter Überlappstoß *(m)*
D 433	doughnut, free area at ... [heat exchanger]	freier Ringquerschnitt *(m)* [bei Kreisscheiben-und -ring-Anordnung in Wärmeaustauschern]
D 434	doughnut (baffle) [heat exchanger; see: disk-and-doughnut baffle arrangement]	Kreisring *(m)*; Umlenkring *(m)* [Umlenkblech in Wärmeaustauschern (siehe: Kreisscheiben- und -ring-Umlenkblech-Anordnung; D 329)]
D 435	downcomer [column]	Fallrohr *(n)* [Fallrohre, meist mit Flüssigkeitsabschluß in Kolonnen. Durch sie bewegt sich die Flüssigkeit von Fraktionierböden nach unten. Der freie Querschnitt wird so berechnet, daß es auf den Böden nicht zu Flüssigkeitsstaus kommt.]
D 436	downcoming flow of coolant	fallende Kühlmittelströmung *(f)*
D 437	downflow	Abstrom *(m)* [Abwärtsfluß]
D 438	downhand position [welding]	Normallage *(f)* [Schweißen]
D 439	downstream	nachgeschaltet; hinter [Anordnung]
D 440	downstream conditions *(pl)*	Zustände *(m, pl)* in der Auslaufstrecke
D 441	downstream controller	Abströmregler *(m)*
D 442	downthrust air [valve]	Belastungsluft *(f)* [Ventil-Zusatzbelastung]
D 443	down time; outage time; unavailability time	Nichtverfügbarkeitszeit *(f)*; Stillstandszeit *(f)*
D 444	downward expansion	Absenkung *(f)* [durch Dehnung]
D 445	downward thermal growth	Absenkung *(f)* [durch Wärmedehnung]
D 446	DPHE; double pipe heat exchanger	Doppelrohr-Wärmeaustauscher *(m)*
D 447	drag [thermal cutting]	Schnittriefennachlauf *(m)* [Brennschneiden]
D 448	drag coefficient	Luftwiderstandsbeiwert *(m)*; Widerstandszahl *(f)*; Widerstandsbeiwert *(m)*
D 449	drag force term	Widerstandsterm *(m)* [Verhältnis zwischen widerstandsbedingtem Druckgradienten und Widerstandsbeiwert]
D 450	dragout [penetrant]	Austragen *(n)* [Eindringmittel]
D 451	drag reduction	Widerstandsverringerung *(f)*
D 452	drain; drain pipe	Ablaßleitung *(f)*; Ablaßrohr *(n)*; Ablaufleitung *(f)*; Ablaufrohr *(n)*; Abflußleitung *(f)*; Abflußrohr *(n)* [Öffnung]
D 453	drain [condensate]	Kondensatablauf *(m)*; Kondensataustritt *(m)*
D 454	drain	Entwässerung *(f)*; Abfluß *(m)*; Entleerung *(f)*; Ablauf *(m)*; Ablaß *(m)*; Ausfluß *(m)* [Medium]
D 455	drainage	Entwässerung *(f)*
D 456	drainage slope	Entwässerungsgefälle *(n)*
D 457	drain boss [valve]	Entwässerung *(f)* [Nippel am Ventil]
D 458	drain cock	Ablaßhahn *(m)*
D 459	drain connection; drain nozzle; discharge nozzle; discharge connection	Entleerungsstutzen *(m)*; Ablaßstutzen *(m)*

D 460	drain control	Ablaufregelung *(f)* [Flüssigkeit]
D 461	drain control (system)	Kondensatablaufregelung *(f)*
D 462	drain control valve; discharge control valve	Ablaufregelventil *(n)* [für Ablaßmenge]
D 463	drain cooler	Kondensatkühler *(m)* [einer Ölpump- und Vorwärmstation]
D 464	drain header; drain manifold	Ablaßsammler *(m)*
D 465	drain inlet	Nebenkondensateintritt *(m)*
D 466	drain line	Ablaßleitung *(f)*; Entwässerungsleitung *(f)*
D 467	drain manifold; drain header	Ablaßsammler *(m)*
D 468	drain nozzle; discharge nozzle; drain connection; discharge connection	Ablaßstutzen *(m)*; Entleerungsstutzen *(m)*
D 469	drain outlet	Nebenkondensataustritt *(m)*
D 470	drain pipe; drain	Ablaßleitung *(f)*; Ablaßrohr *(n)*; Ablaufleitung *(f)*; Ablaufrohr *(n)*; Abflußleitung *(f)*; Abflußrohr *(n)*
D 471	drain plug	Entleerungsstopfen *(m)*
D 472	drains *(pl)* [feedwater heater]	Nebenkondensat *(n)*; Kondensat *(n)* [Speisewasservorwärmer]
D 473	drains *(pl)* [boiler]	Abwasser *(n)* [Kessel]
D 474	drains subcooling zone baffle [feedwater heater]	Kühlzonen-Umlenkblech *(n)* [Spreisewasservorwärmer]
D 475	drains tank	Ablaßtank *(m)*; Entwässerungsgefäß *(n)*
D 476	drain subcooler approach; DCA [feedwater heater]	Grädigkeit *(f)* der Kondensatunterkühlung; Kondensatunterkühlungs-Annäherung *(f)*; Annäherung *(f)* für Kondensatunterkühlung
D 477	drain subcooling; condensate depression	Kondensatunterkühlung *(f)*
D 478	drain valve; purger; purge valve	Entleerungsventil *(n)*; Ablaßventil *(n)*; Entwässerungsventil *(n)*
D 479	drain water	Ablaßwasser *(n)*
D 480	draw bead welding	Punkt- bzw. Strichraupenschweißen *(n)* [an rohrähnlichen Körpern zum Richten; nur für Stähle geeignet, die nicht aufhärten]
D 481	drawn arc stud welding	Lichtbogenbolzenschweißen *(n)* mit Hubzündung
D 482	drawoff-sump [tank]	Abzugssumpf *(m)* [Tank]
D 483	draw-off tray [fractionating column]	Abnahmeboden *(m)* [Boden einer Fraktionierkolonne, an dem meist eine Abnahme des Seitenschnitts **(side cut)** erfolgt. Meist mit Abnahmetasse versehen, in die das aus der Kolonne herausführende Rohr hineinreicht. Spezielle Ausführung: Totalabnahmeboden **(total draw-off tray)**, an dem die gesamte auf dem Boden anfallende Kondensatmenge herausgeführt wird. Siehe auch: **internal reflux** (Zwischenrückfluß); **column** (Kolonne)]
D 484	dressing	Nacharbeitung *(f)*; Nachbearbeitung *(f)*; Nachbehandlung *(f)*
D 485	dressing [weld]	Beischleifen *(n)* [Schweißnaht; Grundwerkstoff]
D 486	drier; dryer	Trockner *(m)*

D 487	drift expanding test [tube]	Aufweitversuch *(m)* [Rohr]
D 488	drifting	Aufdornen *(n)*
D 489	drill drift tolerance [tube holes]	Ovalitätstoleranz *(f)* von Bohrungen; Toleranz *(f)* für die Ovalität der Bohrungen [Verlaufen des Loches beim Bohren von Rohrlöchern]
D 490	drip-type condenser; film cooler	Rieselfilmkühler *(m)*
D 491	driving fit	Treibsitz *(m)*
D 492	driving (force) mean temperature difference	treibende mittlere Temperaturdifferenz *(f)*
D 493	drop forging	Gesenkschmieden *(n)* [Vorgang]; Gesenkschmiedestück *(n)* [Erzeugnis]
D 494	drop in flow efficiency; flow efficiency drop	Durchflußleistungsabfall *(m)*
D 495	drop in pressure; pressure drop	Druckabfall *(m)*
D 496	droplet deposition	Tropfenanlagerung *(f)* [beim **Dryout**]
D 497	droplet flow; drop flow	Tropfenströmung *(f)*; Spritzerströmung *(f)*
D 498	droplet separator; demister; mist eliminator	Tropfenabscheider *(m)*; Entnebler *(m)*; Entfeuchter *(m)*; Demister *(m)*
D 499	drop-out voltage	Abfallspannung *(f)* [Relais]
D 500	drop-weight tear test	Fallgewichtsversuch *(m)*; Fallgewichtszerreißversuch *(m)* [nach Pellini]
D 501	dropwise condensation	Tropfenkondensation *(f)*
D 502	drossed surface [weld]	Verzunderung *(f)* [Schweißnahtfehler]
D 503	drum; steam drum	Kesseltrommel *(f)*; Trommel *(f)*; Dampftrommel *(f)*
D 504	drum course; drum section; drum strake	Trommelschuß *(m)*
D 505	drum cradle (support)	Trommelsattel *(m)*; Trommelstuhl *(m)*
D 506	drum drain connection	Trommelablaßstutzen *(m)*
D 507	drum drain valve	Trommelentwässerungsventil *(n)*; Trommelablaßventil *(n)*
D 508	drum end; drum head	Trommelboden *(m)*
D 509	drum hanger	Trommelbügel *(m)*
D 510	drum hanger system	Trommelaufhängung *(f)*
D 511	drum hold-up capacity	Trommelspeicherkapazität *(f)*
D 512	drum inspection	Trommelbefahrung *(f)*
D 513	drum insulation	Trommelisolierung *(f)*
D 514	drum internals *(pl)*; drum internal fittings *(pl)*	Trommeleinbauten *(m, pl)*
D 515	drum manhole	Trommelmannloch *(n)*
D 516	drum nozzle	Trommelstutzen *(m)*
D 517	drum operating pressure	Trommelarbeitsdruck *(m)*
D 518	drum safety valve	Trommelsicherheitsventil *(n)*
D 519	drum screen	Trommelsieb *(n)*
D 520	drum section; drum course; drum strake	Trommelschuß *(m)*
D 521	drum shell	Trommelmantel *(m)*
D 522	drum steam space	Trommeldampfraum *(m)*
D 523	drum steam space loading	Trommeldampfraumbelastung *(f)*
D 524	drum strake; drum course; drum section	Trommelschuß *(m)*
D 525	drum stub	Trommelstutzen *(m)* [Nippel]
D 526	drum stub connection	Stutzenverbindung *(f)* [Trommelnippel]
D 527	dry-bulb temperature	Trockenkugel-Temperatur *(f)*; Trockenthermometer-Temperatur *(f)*

D 528	dry-bulb thermometer	Trockenthermometer *(n)*
D 529	dry collisions *(pl)* [heat transfer]	Wärmeübergang *(m)* von der Wand an Tropfen [die infolge radialer Bewegung die wandnahe Grenzschicht erreichen, jedoch die Wand nicht benetzen]
D 530	dry equipment weight [vessel]	Leergewicht *(n)* [z. B. von Behältern]
D 531	dry flashback seal [welding]	Trockenvorlage *(f)* [Schweißen]
D 532	dry gasholder; disk-type gasholder; piston gasholder; waterless gasholder	Scheibengasbehälter *(m)*; trockener Gasbehälter *(m)* [Erläuterungen siehe unter: **piston gasholder**]
D 533	drying nozzle	Trocknungsdüse *(f)*
D 534	dryout [heat transfer]	Dryout *(m)*; Trockengehen *(n)* der Wand beim Filmsieden [Abreißen des Wasserfilms von der Rohrwand bzw. Austrocknen des Wasserfilms; Siedekrise der 2. Art]
D 535	dryout heat flux [heat transfer]	Austrocknungs-Wärmestromdichte *(f)*; Austrocknungs-Wärmestrom *(m)*; Austrocknungs-Heizflächenbelastung *(f)*
D 536	dryout lag [heat transfer]	Austrocknungsverzugszeit *(f)*; Dryoutverzugszeit *(f)*
D 537	dryout limit [heat transfer]	Austrocknungsgrenze *(f)*; Dryoutgrenze *(f)*
D 538	dryout margin; dryout ratio [heat transfer]	Sicherheitsabstand *(m)* gegen Austrocknung; Austrocknungssicherheit *(f)*
D 539	dryout point [heat transfer]	Austrocknungspunkt *(m)*
D 540	dryout time [magn.t.]	Trockenzeit *(f)* [Magnetpulverprüfung]
D 541	dry patches *(pl)* [heat transfer]	trockene Flecken *(m, pl)* [auf der Heizfläche beim stellenweisen Abreißen des Flüssigkeitsfilms; „Dryout"-Phänomen]
D 542	dry (powder) technique [magn.t.]	Trockenpulverprüfung *(f)* [Magnetpulverprüfung]
D 543	dry seal pipe thread	selbstdichtendes Rohrgewinde *(n)*
D 544	DSA; dynamic strain ageing embrittlement	dynamische Alterungsversprödung *(f)*
D 545	dual (bellows) expansion joint; double-type expansion joint [see Annex 1, p. 89]	zweibalgiger Kompensator *(m)*; zweiwelliger Dehnungsausgleicher *(m)*; DoppelbalgKompensator *(m)* [siehe Anhang 1, S. 89]
D 546	dual check valve; double check valve	entsperrbares (Zwillings-)Rückschlagventil *(n)*
D 547	dual-circuit condenser; double bundle condenser	Zweikreis-Kondensator *(m)*
D 548	dual crystal search unit; dual crystal probe; twin probe; TR probe [ultras.]	SE-Prüfkopf *(m)*; Sender-Empfänger-Prüfkopf *(m)* [US-Prüfung]
D 549	dual-flow design	zweisträngige Ausführung *(f)*
D 550	duct	Kanal *(m)*; Leitung *(f)*
D 551	duct branch	Kanalabzweig *(m)*; Leitungsabzweig *(m)*
D 552	duct branching	Kanalverzweigung *(f)*; Leitungsverzweigung *(f)*
D 553	duct cross-section	Kanalquerschnitt *(m)*; Leitungsquerschnitt *(m)*
D 554	ductile-brittle transition temperature; DBTT; nil-ductility transition temperature; NDTT; NDT temperature; reference toughness transition temperature	Sprödbruchübergangstemperatur *(f)*; NDT-Temperatur *(f)*; Nullzähigkeitstemperatur *(f)*

D 555	**ductile (cast) iron**	Kugelgraphitguß *(m)*; Kugelgraphitgußeisen *(n)*; Sphäroguß *(m)* [GGG]
D 556	**ductile fracture**	zäher Bruch *(m)*; Verformungsbruch *(m)*
D 557	**ductile tearing mode**	zäher Reißmodus *(m)*
D 558	**ductility**	Formänderungsvermögen *(n)*; Duktilität *(f)*
D 559	**ductility-dip crack; brittle crack**	Sprödriß *(m)* [entsteht, während der Werkstoff ein temperaturabhängiges Zähigkeitsminimum durchläuft]
D 560	**ductility-dip-cracking**	Heißrißbildung *(f)* durch den Abfall der Verformbarkeit
D 561	**duct route**	Kanalführung *(f)*; Leitungsführung *(f)* [Verlauf]
D 562	**Dugdale strip (yield) model**	Dugdalesches plastisches Zonenmodell *(n)*; Streifenfließmodell *(n)* nach Dugdale
D 563	**dummy insert; dummy layer** [welding]	Blindeinsatz *(m)*; Blindlage *(f)* [Schweißen]
D 564	**dummy nozzle**	Blindnippel *(m)*; Blindstutzen *(m)*; Freistutzen *(m)*
D 565	**dummy plug**	Blindstopfen *(m)*
D 566	**dummy tube**	Blindrohr *(n)* [als Verdrängerkörper; Abstandhalter]
D 567	**dummy tubing**	Blindberohrung *(f)*
D 568	**duplex block and bleed valve set**	Ventilkombination *(f)* mit Doppelabsperrung und Entlastung/Zwischenentlüftung [siehe auch: **double-block-and-bleed principle**]
D 569	**duplex tube; double-wall tube**	Doppelwand-Rohr *(n)*
D 570	**duplex tube; bimetallic tube**	Duplex-Rohr *(n)*; bimetallisches Rohr *(n)* [zwei Rohre verschiedenartiger Metalle; das eine (äußere) Rohr wird fest über das andere (innere) Rohr gezogen; es besteht kein Spalt zwischen den beiden Rohren. Die Befestigung erfolgt durch Aufschrumpfen oder andere mechanische Mittel.]
D 571	**DVR; design verification review**	Projektausführungskontrolle *(f)* [siehe: **design verification review**]
D 572	**dwell time** [penetrant]	Einwirkdauer *(f)*; Verweilzeit *(f)* [Eindringmittel]
D 573	**dynamic head; dynamic pressure**	dynamisches Druckgefälle *(n)*; dynamischer Druck *(m)*; Staudruck *(m)*
D 574	**dynamic load factor**	dynamischer Lastfaktor *(m)*
D 575	**dynamic strain ageing embrittlement; DSA**	dynamische Alterungsversprödung *(f)*
D 576	**dynamic viscosity; absolute viscosity**	dynamische Viskosität *(f)*; absolute Viskosität *(f)* [die dynamische Viskosität kennzeichnet den Widerstand eines Stoffes, den dieser einer gegenseitigen Verschiebung zweier benachbarter Schichten entgegensetzt]

E

E 1	earth grade	Erdaufschüttung *(f)*
E 2	earthquake intensity	Erdbebenstärke *(f)*
E 3	earthquake load	Erdbebenlast *(f)*
E 4	earthquake moment load	Erdbeben-Momenten-Belastung *(f)*
E 5	earthquake moment range	Erdbeben-Moment-Schwingbreite *(f)*
E 6	earthquake-proof	erdbebensicher *(Adj.)*
E 7	earthquake-proof design; earthquake-resistant design; anti-seismic design; aseismic design	erdbebensichere Auslegung *(f)*; erdbebenfeste Auslegung *(f)*
E 8	earthquake response	Reaktion *(f)* auf Erdstöße; Erdstoßreaktion *(f)*
E 9	earth settlement	Bodensetzung *(f)*
E 10	easing lever; easing gear [valve]	Entlastungsvorrichtung *(f)*; Anlüftvorrichtung *(f)*; Anlüfthebel *(m)* [Ventil]
E 11	easy-glide region [metal structure]	Bereich *(m)* mit Mehrfachgleitung in allen Körnern [Bereichseinteilung polykristalliner Metalle bei plastischer Verformung; Gleitlinienlänge gleich dem Korndurchmesser]
E 12	EBW; electron beam welding	Elektronenstrahlschweißen *(n)*
E 13	eccentric loading	außermittige Belastung *(f)*
E 14	echo [ultras.]	Echo *(n)* [Anzeige reflektierter Energie; US-Prüfung]
E 15	echo time [ultras.]	Laufzeit *(f)* [US-Prüfung]
E 16	ecodoom; ecological calamity	Umweltkatastrophe *(f)*
E 17	ecological balance	ökologisches Gleichgewicht *(n)*
E 18	ecological damage	Umweltschäden *(m, pl)*
E 19	ecological hazard	Umweltgefahr *(f)*
E 20	ecologically beneficial	umweltfreundlich [Adj.]
E 21	ecologically injurious	umweltschädlich [Adj.]
E 22	ecological menace	Umweltbedrohung *(f)*
E 23	economiser [UK]; economizer [US]; flue-gas (swept) feed(water) heater [boiler]	Speisewasservorwärmer *(m)*; Eko *(m)*; Ekonomiser *(m)*; rauchgasbeheizter Vorwärmer *(m)* [Kessel]
E 24	ECP specimen; edge cracked panel specimen	seitengekerbte Flachzugprobe *(f)*
E 25	eddy current testing; ECT; eddy current flaw detection	Wirbelstromprüfung *(f)*
E 26	eddy diffusion; turbulent diffusion; vorticity diffusion	turbulente Scheindiffusion *(f)*; Turbulenzdiffusion *(f)*; Wirbeldiffusion *(f)*
E 27	eddy diffusity; turbulent diffusity	Koeffizient *(m)* der turbulenten Scheindiffusion; Scheindiffusionskoeffizient *(m)*; Turbulenzdiffusionskoeffizient *(m)*; Wirbeldiffusionskoeffizient *(m)*
E 28	eddy diffusity of heat transfer	turbulente Wärmeaustauschgröße *(f)*
E 29	eddy diffusity of momentum	turbulente Impulsaustauschgröße *(f)*
E 30	eddy flow	Wirbelströmung *(f)*
E 31	eddy kinematic viscosity	scheinbare kinematische Zähigkeit *(f)* der turbulenten Strömung
E 32	eddy mass diffusity	turbulenter Stoffaustauschkoeffizient *(m)*

effective thermal conductivity

E 33	eddy shedding; vortex shedding	Wirbelablösung *(f)*
E 34	eddy thermal diffusity	scheinbare Temperaturleitfähigkeit *(f)* der turbulenten Strömung
E 35	eddy viscosity	scheinbare turbulente Viskosität *(f)*; turbulente Scheinzähigkeit *(f)*
E 36	edge bolting	Randverschraubung *(f)*
E 37	edge crack	Kantenriß *(m)*
E 38	edge cracked panel specimen; ECP specimen	seitengekerbte Flachzugprobe *(f)*
E 39	edge defect; edge imperfection	Kantenfehler *(m)* [Walzfehler]
E 40	edge discontinuity	Kantenstörstelle *(f)*
E 41	edge imperfection; edge defect	Kantenfehler *(m)* [Walzfehler]
E 42	edge lap	Randkante *(f)*
E 43	edge reinforcement; reinforcement edge	Randverstärkung *(f)*
E 44	edge rotation	Randverdrillung *(f)*; Verdrillung *(f)* des Randes
E 45	edge seam weld	Stirnrollenschweißnaht *(f)*
E 46	edge stress	Randspannung *(f)*
E 47	edge weld	Stirnnaht *(f)*; Stirnschweißnaht *(f)*
E 48	edge zone [ultras.]	Randzone *(f)* [Blech; US-Prüfung]
E 49	EDX; energy dispersive X-ray microanalysis	energiedissipative Röntgenmikroanalyse *(f)*
E 50	EELS; electron energy loss spectroscopy	Elektronen-Energieverlust-Spektroskopie *(f)*
E 51	effective area	mittragende Fläche *(f)* [bei Ausgleich durch Werkstoff]
E 52	effective area of support	Stützfläche *(f)*
E 53	effective bearing area	Lochleibungsfläche *(f)*
E 54	effective bellows length	gewellte aktive Balglänge *(f)*
E 55	effective cross-section	Wirkungsquerschnitt *(m)*
E 56	effective diameter [thread]	Flankendurchmesser *(m)* [Gewinde]
E 57	effective flow area	effektive Durchflußfläche *(f)*; effektiver Durchflußquerschnitt *(m)*
E 58	effective flow rate	effektiver Durchsatz *(m)*
E 59	effective gasket seating width	Wirkbreite *(f)* der Dichtung; Dichtungs-Wirkbreite *(f)*
E 60	effective head	Wirkdruck *(m)*
E 61	effective length; unsupported length; buckling length	Knicklänge *(f)* [Stab]; Beullänge *(f)* [Schale]
E 62	effective length of shell	mittragende Länge *(f)* [Behältermantel]
E 63	effective length of weld	mittragende Schweißnahtlänge *(f)*
E 64	effective mass per unit length	effektive Massenbelegung *(f)*
E 65	effective mean temperature difference; EMTD; true mean temperature difference	tatsächliche mittlere Temperaturdifferenz *(f)*
E 66	effective part of shell	mittragender Mantelteil *(m)*
E 67	effective plate width [PHE]	effektive Plattenbreite *(f)*; tatsächliche Plattenbreite *(f)* [Abstand Dichtung zu Dichtung zwischen den Platten eines Platten-Wärmeaustauschers]
E 68	effective reinforcement	mittragende Verstärkung *(f)*
E 69	effective section modulus	effektives Widerstandsmoment *(n)*
E 70	effective thermal conductivity	effektive Wärmeleitfähigkeit *(f)*

E 71	effective throat thickness [weld]	Nahthöhe (f) [Schweiße; Kehlnaht]
E 72	effective tube surface	wirksame Rohroberfläche (f); effektive Rohroberfläche (f)
E 73	effective width	mittragende Breite (f)
E 74	effective yield point	tatsächliche Streckgrenze (f)
E 75	efficiency	Wirkungsgrad (m)
E 76	efficiency of ligaments between tubeholes; ligament efficiency [tubesheet]	Verschwächungsbeiwert (m) der Platte; Rohrlochsteg-Verschwächungsbeiwert (m) [Rohrboden]
E 77	efficiency of weld; weld (joint) efficiency; weld factor; joint factor	Nahtfaktor (m); Schweißnahtfaktor (m); obs.: Verschwächungsbeiwert (m) der Schweißnaht
E 78	efficiency shortfall; efficiency underrun	Minderleistung (f) [Nichterreichen des garantierten Wirkungsgrades]
E 79	efflux	Abfluß (m); Ablauf (m); Ausfluß (m) [Medium]
E 80	efflux edge; outlet edge	Abströmkante (f); Ausflußkante (f); Abflußkante (f)
E 81	effusion	Effusion (f); Ausströmung (f)
E 82	EGW; electro-gas welding	Elektro-Schutzgas-Schweißen (n); Elektrogasschweißen (n)
E 83	elastic analysis	elastische Analyse (f)
E 84	elastic constant	Elastizitätskonstante (f)
E 85	elastic curve	Biegelinie (f) [Durchbiegung]
E 86	elastic foundation	elastische Bettung (f)
E 87	elastic instability	elastisches Einbeulen (n)
E 88	elastic limit	Elastizitätsgrenze (f); Fließgrenze (f) [Werkstoff]
E 89	elastic modulus; modulus of elasticity; Young's modulus	Elastizitätsmodul (m); E-Modul (m)
E 90	elastic-plastic strain	elastisch-plastische Dehnung (f)
E 91	elastic ratio	Streckgrenzenverhältnis (n) [Verhältnis der Streckgrenze zur Zugfestigkeit]
E 92	elastic springback	elastische Rückverformung (f) [eines Rohres nach dem Aufweiten; auch bei Metall-O-RingDichtungen nach dem Zusammendrücken]
E 93	elastomer gasket	Gummidichtung (f) [Elastomer]
E 94	elastomeric forming [expansion joint]	Elastomerverfahren (n); Elastomerformung (f) [Umformverfahren zur Herstellung von Kompensatorbälgen]
E 95	elasto-plastic fracture mechanics	Fließbruchmechanik (f) [auch: Y 14]
E 96	elbolet	Elbolet (m) [Aufschweiß-Sattelstutzen an 90°-Rohrbogen]
E 97	elbow; bend	Rohrbogen (m); Rohrkrümmer (m)
E 98	elbow coupling; elbow fitting; angle fitting; angle coupling	Winkelverschraubung (f); Winkelverbindung (f)
E 99	elbow outlet leg	Krümmerabströmstück (n) [Auslauf]
E 100	elbow valve [see Annex 1, p. 33]	Eckventil (n) mit Krümmer [siehe Anhang 1, S. 33]
E 101	elbow with cast-in wear-back	Verschleißkrümmer (m)

E 102	**electric actuator**	Elektroantrieb *(m)*; E-Antrieb *(m)*
E 103	**electrically actuated valve; valve with electric actuator**	Ventil *(n)* mit Elektroantrieb
E 104	**electrically pressure welded tube**	elektrisch preßgeschweißtes Rohr *(n)*
E 105	**electrical resistance brazing**	elektrisches Widerstandslöten *(n)*
E 106	**electric flash welded** *(v)*	abbrand-stumpfgeschweißt V
E 107	**electric resistance welded pipe**	elektrisch widerstandsgeschweißtes Rohr *(n)*
E 108	**electric trace heating; electric tracing**	elektrische Begleitheizung *(f)*
E 109	**electric welding set**	Elektroschweißmaschine *(f)*
E 110	**electrochemical corrosion; galvanic corrosion**	elektrochemische Korrosion *(f)*; elektrolytische Korrosion *(f)*; galvanische Korrosion *(f)*; Lokalelementbildung *(f)*; Kontaktkorrosion *(f)*
E 111	**electrode**	Elektrode *(f)*
E 112	**electrode burn**	Elektrodenschmorstelle *(f)*
E 113	**electrode classification**	Elektrodenbezeichnung *(f)*
E 114	**electrode efficiency**	Schweißgutausbeute *(f)*; Schweißgutausbringung *(f)*
E 115	**electrode extension** [welding]	Elektroden-Überstand *(m)* [Schweißen]
E 116	**electrode-flux combination**	Draht-Pulverkombination *(f)* [UP-Schweißen]
E 117	**electrode holder**	Elektrodenhalter *(m)*; Elektrodenzange *(f)*
E 118	**electrode indentation** [weld imperfection]	Elektrodeneindruck *(m)* [Nahtfehler]
E 119	**electrode material**	Elektrodenwerkstoff *(m)*
E 120	**electrode negative (UK — reversed polarity; US — straight polarity)**	negative Elektrode *(f)*
E 121	**electrode positive (UK — straight polarity; US — reversed polarity)**	positive Elektrode *(f)*
E 122	**electrode run-out length**	Ausziehlänge *(f)* der Elektrode; ElektrodenAusziehlänge *(f)*; Auslauflänge *(f)*
E 123	**electrode spacing**	Elektrodenabstand *(m)*
E 124	**electro-gas welding; EGW**	Elektro-Schutzgas-Schweißen *(n)*; Elektrogasschweißen *(n)*
E 125	**electromagnetic testing**	elektromagnetische Prüfung *(f)*
E 126	**electromagnetic yoke** [magn.t.]	Jochmagnetisierungsgerät *(n)* [Magnetpulverprüfung]
E 127	**electron beam cutting**	Elektronenstrahlschneiden *(n)*
E 128	**electron beam drilling**	Elektronenstrahlbohren *(n)*
E 129	**electron beam welding; EBW**	Elektronenstrahlschweißen *(n)*
E 130	**electron energy loss spectroscopy; EELS**	Elektronen-Energieverlust-Spektroskopie *(f)*
E 131	**electron fractography**	Elektronenfraktographie *(f)*
E 132	**electronic wave form generator** [AET]	elektronischer Wellengenerator *(m)* [SEP]
E 133	**electron microscopy, scanning . . .; SEM**	Raster-Elektronenmikroskopie *(f)*
E 134	**electron microscopy, transmission . . .; TEM**	Transmissions-Elektronenmikroskopie *(f)*; TEM
E 135	**electroplated coating**	galvanischer Überzug *(m)*
E 136	**electro-slag remelting process; ESR process**	Elektroschlacke-Umschmelzverfahren *(n)*
E 137	**electro-slag welding; ESW**	Elektroschlackeschweißen *(n)*
E 138	**elephant-footing** [tank]	Beulen *(n)* des Tanks im Fußbereich; Elephant-Footing *(n)* [durch Druckkraft; Flüssigkeitswirkung]

E 139	elevated temperature proof stress; proof stress at elevated temperature [UK]; yield strength at temperature [US]	Warmstreckgrenze (f) [0,2%-Dehngrenze bei höheren Temperaturen]
E 140	elevated temperature tank	Tank (m), bei erhöhter Temperatur betriebener ...
E 141	elevation head	Ortshöhe (f) [potentielle geodätische Höhe als Teil der Bernoullischen Gleichung für eine perfekte Strömung]
E 142	ellipsoidal head [US]; ellipsoidal end [UK]	elliptischer Boden (m) [siehe auch: **head**]
E 143	elliptical crack	elliptischer Riß (m)
E 144	elliptical opening	elliptischer Ausschnitt (m)
E 145	elongated cavity [weld imperfection]	Gaskanal (m) [langgestreckter Gaseinschluß in Richtung der Schweißnaht; in Einzelfällen auch an der Oberfläche; Nahtfehler]
E 146	elongated defect	länglicher Fehler (m)
E 147	elongated hole	Langloch (n)
E 148	elongated pore	Schlauchpore (f)
E 149	elongated slag inclusion; linear slag line [weld imperfection]	Schlackenzeile (f) [zeilenförmige Einlagerung im Schweißgut; Nahtfehler]
E 150	elongation	Dehnung (f); Längsdehnung (f); Längung (f)
E 151	elongation at fracture; ultimate elongation	Bruchdehnung (f) [Zugversuch]
E 152	elongation before reduction, percentage ...	Gleichmaßdehnung (f) [Zugversuch]
E 153	embankment [tank]	Umwallung (f) [Tank]
E 154	embedded defect	eingebetteter Fehler (m)
E 155	embossed coarse-grain pattern	Rauhkorndessinierung (f)
E 156	embrittlement	Versprödung (f)
E 157	emergency load [vibration damper]	Überlast (f) im Notfall [Schwingungsdämpfer]
E 158	emergency shutdown	Notabfahren (n); Notabschaltung (f); Schnellausschaltung (f)
E 159	emergency stop valve	Notabsperrventil (n)
E 160	emergency valve	Notventil (n)
E 161	emergency vent	Notentlüftung (f)
E 162	emergency venting device	Not-Entlüftungsvorrichtung (f)
E 163	emission event; acoustic emission event [AET]	Ereignis (n); Vorgang (m) [SEP]
E 164	emissivity	Emissionsverhältnis (n)
E 165	emptying pump	Entleerungspumpe (f)
E 166	empty weight	Leergewicht (n)
E 167	emulsified flow	Emulsionsströmung (f)
E 168	emulsifier	Emulgator (m)
E 169	enamel	Emaille (f)
E 170	enamelling	Emaillieren (n)
E 171	enamel paint	Emaillelack (m)
E 172	encircling coil examination [eddy t.]	Prüfung (f) mit umschließender Spule [Wirbelstromprüfung]
E 173	enclosed space	umschlossener Raum (m)
E 174	enclosure	Gehäuse (n); Mantel (m); Verkleidung (f)

E 175	**enclosure method**	Methode *(f)* des umschlossenen Raumes; Bruttomethode *(f)*
E 176	**end; end plate [UK]; head [US] [see Annex 1, pp. 22–32]**	Boden *(m)* [Bodenformen siehe unter: **head**; siehe Anhang 1, S. 22–32]
E 177	**end box; channel; header; water box [condenser]**	Wasserkammer *(f)*; Kopf *(m)* [Kondensator]
E 178	**end bracket**	Endkonsole *(f)*
E 179	**end cap**	Endkappe *(f)* [Rohrverschluß]
E 180	**end closure**	Endverschluß *(m)*; Bodenverschluß *(m)*
E 181	**end equalizing ring [bellows expansion joint; see Annex 1, p. 86]**	Endverstärkungsring *(m)* [Kompensatorbalg; siehe Anhang 1, S. 86]
E 182	**end force**	Endkraft *(f)*
E 183	**end gusset (plate)**	End-Eckblech *(n)*
E 184	**end of life; EOL**	Endzustand *(m)* der Belastbarkeit
E 185	**endothermic reaction**	endotherme Reaktion *(f)*
E 186	**end plate; end [UK]; head [US] [head types see under: "head"]**	Boden *(m)* [Bodenformen siehe unter: **head**]
E 187	**end plate**	Kopfplatte *(f)*; Stirnplatte *(f)*
E 188	**end plug [cap]**	Endstopfen *(m)* [Kappe]
E 189	**end preparation [weld]**	Fugenvorbereitung *(f)* [Schweiße]
E 190	**end prepared for expanding**	Einwalzende *(n)*
E 191	**end pressure**	Kantenpressung *(f)* [bei eingesetzten Rohren, die gegen die Kanten der Rohrlöcher drücken]
E 192	**end quench test [Jominy]**	Stirnabschreckversuch *(m)* [nach Jominy]
E 193	**end ring**	Abschlußring *(m)*; Kopfring *(m)*
E 194	**end section**	Endstück *(n)*
E 195	**end stiffening member [tank]**	Kopfsteife *(f)* [Tank]
E 196	**end support [PHE]**	Stützsäule *(f)* [Plattenwärmeaustauscher]
E 197	**end thrust [by forces and moments]**	Endverschiebung *(f)* [durch Kräfte u. Momente]
E 198	**end trimming allowance**	Säumungszuschlag *(m)* [Endenbearbeitung]
E 199	**endurance failure**	Dauerschwingbruch *(m)*
E 200	**endurance strength; endurance limit; fatigue strength**	Dauerwechselfestigkeit *(f)*; Dauerschwingfestigkeit *(f)*; Langzeitfestigkeit *(f)*; Dauerfestigkeit *(f)*
E 201	**endurance test; fatigue test**	Dauerschwingversuch *(m)*; Langzeitversuch *(m)*; Dauerprüfung *(f)*; Dauerversuch *(m)*; Zeitstandprüfung *(f)*
E 202	**energy absorbed; impact energy**	Kerbschlagarbeit *(f)*; Schlagarbeit *(f)*
E 203	**energy absorbed-temperature curve**	AVT-Kurve *(f)*; Kerbschlagarbeit-Temperatur-Kurve *(f)*
E 204	**energy dispersive X-ray microanalysis; EDX**	energiedissipative Röntgenmikroanalyse *(f)*
E 205	**energy dissipation**	Energiedissipation *(f)*
E 206	**energy of rupture**	Arbeit *(f)* [Arbeit pro Volumeneinheit, die zum Bruch führt]
E 207	**energy release rate**	Energiefreisetzungsrate *(f)*
E 208	**engagement [thread]**	Eingriff *(m)* [durch Schraube; bei Gewinden]
E 209	**engagement length [thread]**	Einschraublänge *(f)* [Gewinde]
E 210	**enquiry case [UK]; code case [US]**	Auslegungsfall *(m)* [siehe auch: **code case**]
E 211	**entering velocity; approach velocity**	Anströmgeschwindigkeit *(f)*

E 212	**enthalpy; heat content**	Wärmeinhalt *(m)*; Enthalpie *(f)* [Enthalpie; allgemein die Wärmemenge in einem Stoff bei einer gegebenen Temperatur, d. h. das Produkt aus Masse, absoluter Temperatur und spezifischer Wärme. Thermodynamisch die Summe aus innerer Wärme und dem Produkt aus Druck mal Volumen]
E 213	**enthalpy controlled flow**	reibungsfreie Strömung *(f)* [bei hohen Drücken]
E 214	**enthalpy recovery factor**	Enthalpierückgewinnungsfaktor *(m)*
E 215	**enthalpy-temperature diagram**	h, t-Diagramm *(n)* [Enthalpie-Temperatur]
E 216	**entrained-flow gasification; entrained-phase gasification**	Flugstaubvergasung *(f)*; Flugstromvergasung *(f)*; Staubstromvergasung *(f)*
E 217	**entrained liquid**	mitgerissene Flüssigkeit *(f)*
E 218	**entrained water droplets** *(pl)*	mitgerissene Wassertröpfchen *(n, pl)*
E 219	**entrainment; carry-over**	Mitreißen *(n)* [die ungenügende Phasentrennung bei der Trennung fester, flüssiger oder gasförmiger Phasen voneinander]
E 220	**entrainment** **[film boiling]**	Entrainment *(n)*; Tröpfchenmitreißen *(n)* [im Dampfkern getragener Tropfenanteil einer Flüssigkeit; Filmsieden]
E 221	**entrainment, heavy . . .**	starker Tropfenmitriß *(m)*; Heavy Entrainment *(n)*
E 222	**entrainment, low . . .**	geringer Tropfenmitriß *(m)*; Low Entrainment *(n)*
E 223	**entrance loss; inlet loss**	Eintrittsverlust *(m)*
E 224	**entrance region**	Anlaufstrecke *(f)*
E 225	**entrance region of the tube**	Rohreinlaufgebiet *(n)*
E 226	**entrance temperature**	Eintrittstemperatur *(f)*
E 227	**entrapped gas** **[weld imperfection]**	Gaseinschluß *(m)* [Schweißnahtfehler]
E 228	**entrapped moisture**	eingedrungene Feuchtigkeit *(f)*
E 229	**entropy**	Entropie *(f)*
E 230	**entry surface** **[ultras.]**	Einschalloberfläche *(f)* [US-Prüfung]
E 231	**envelope**	Hüllkurve *(f)*; Umgrenzungslinie *(f)*; Einhüllende *(f)*
E 232	**envelope seal**	Umhüllungsdichtung *(f)*
E 233	**environmental acceptability**	Umweltfreundlichkeit *(f)*
E 234	**environmental stress crazing and cracking**	umgebungsinduzierte Spannungsrißbildung *(f)* [Pseudorisse und Risse in Kunststoffrohrleitungen]
E 235	**EOL; end of life**	Endzustand *(m)* der Belastbarkeit
E 236	**equalization of stresses**	Gleichsetzung *(f)* der Spannungen
E 237	**equalizing ring** **[bellows; see Annex 1, p. 86]**	Zwischenringverstärkung *(f)*; Verstärkungsring *(m)* mit etwa T-förmigem Querschnitt [Kompensatorbalg; siehe Anhang 1, S. 86]
E 238	**equal leg fillet weld**	gleichschenklige Kehlnaht *(f)*
E 239	**equal-percentage characteristic** **[control valve]**	gleichprozentige Durchflußkennlinie *(f)* [Regelventil]
E 240	**equation of heat conduction; heat conduction equation**	Wärmeleitungsgleichung *(f)*
E 241	**equation of motion**	Bewegungsgleichung *(f)*

E 242	**equation of state**	Zustandsgleichung *(f)*
E 243	**equilateral tube pitch span**	konstante Rohrteilung *(f)*
E 244	**equilibrium flow**	Gleichgewichtsströmung *(f)*
E 245	**equilibrium of stresses**	Gleichgewicht *(n)* der Spannungen
E 246	**equilibrium partial pressure**	Gleichgewichts-Partialdruck *(m)*
E 247	**equilibrium two-phase flow**	Gleichgewichts-Zweiphasenströmung *(f)*; gleichgewichtige Zweiphasenströmung *(f)*
E 248	**equivalent flaw; substitute defect**	Ersatzfehler *(m)*
E 249	**equivalent linear stress**	äquivalente lineare Biegespannung *(f)* [die lineare Spannungsverteilung, welche dasselbe Nettobiegemoment wie die tatsächliche Spannungsverteilung hat]
E 250	**equivalent penetrameter sensitivity** [ultras.]	äquivalente Bohrlochsteg-Empfindlichkeit *(f)* [US-Prüfung]
E 251	**equivalent solid plate**	äquivalent homogene Platte *(f)* [als Ersatz für den gelochten Teil einer Rohrplatte nach der Plattentheorie]
E 252	**equivalent stress; equivalent stress intensity**	Vergleichsspannung *(f)*
E 253	**equivalent stress range**	vergleichbare Spannungsschwingbreite *(f)*
E 254	**erection instructions** *(pl)*	Montageanleitung *(f)* [Anlage]
E 255	**erection opening**	Montageöffnung *(f)* [Ausschnitt]
E 256	**erection scaffold(ing)**	Montagegerüst *(n)*
E 257	**erection sequence**	Montagefolge *(f)*
E 258	**erection site**	Montageort *(m)*
E 259	**erection support grid**	Montagehilfstragrost *(m)*
E 260	**erection well**	Montageöffnung *(f)* [durchgehend]; Montageschacht *(m)*
E 261	**erosion corrosion**	Erosionskorrosion *(f)*
E 262	**escape pipe; discharge pipe** [valve]	Abblaseleitung *(f)*; Abdampfleitung *(f)* [Ventil]
E 263	**ESR process; electro-slag remelting process**	Elektroschlacke-Umschmelzverfahren *(n)*
E 264	**essential facilities factor**	Bauschwingungsfaktor *(m)*
E 265	**ESW; electro-slag welding**	Elektroschlackeschweißen *(n)*
E 266	**etchant**	Ätzmittel *(n)*
E 267	**etching crack**	Ätzriß *(m)*
E 268	**etching technique**	Ätzverfahren *(n)*
E 269	**etch pit**	Ätzgrübchen *(n)*
E 270	**E-type shell**	Mantel *(m)* der Type E; E-Mantel *(m)* [TEMA]
E 271	**evaporation**	Verdampfung *(f)*
E 272	**evaporation loss**	Verdampfungsverlust *(m)*
E 273	**evaporation loss** [tank]	Verdampfungsverlust *(m)*; Atmungsverlust *(m)* [Tank]
E 274	**evaporative capacity**	Verdampfungsleistung *(f)*
E 275	**evaporative cooler**	Verdunstungskühler *(m)*
E 276	**evaporative cooling**	Verdunstungskühlung *(f)*
E 277	**evaporator**	Verdampfer *(m)*; Eindampfapparat *(m)* [zum Konzentrieren von wäßrigen Lösungen oder zur Gewinnung von reinem Wasser; siehe auch: **vaporizer**]

E 278	evaporator circuitry	Verdampferschaltung (f)
E 279	evaporator plant	Eindampfanlage (f)
E 280	evaporator tube	Verdampferrohr (n)
E 281	event count [AET]	Ereignissumme (f) [SEP]
E 282	event rate [AET]	Ereignisrate (f) [SEP]
E 283	examination	Kontrolle (f); Prüfung (f); Untersuchung (f)
E 284	examination class	Prüfklasse (f) [ASME; US-Prüfung]
E 285	examination face	Prüffläche (f)
E 286	examination medium	Prüfmittel (n)
E 287	examination result	Prüfergebnis (n)
E 288	excess flow loss; surplus flow loss	Überströmverlust (m)
E 289	excess flow valve; flow limiting valve	Strombegrenzungsventil (n); Strömungswächter (m)
E 290	excessive convexity [weld imperfection]	übermäßige Wölbung (f); Nahtüberhöhung (f) [Nahtfehler]
E 291	excessive dressing; underflushing [weld imperfection]	Unterschleifung (f) [unzulässige Verminderung des Werkstücks oder der Nahtdicke durch Schleifen; Nahtfehler]
E 292	excessive fouling	übermäßige Verunreinigung (f)
E 293	excessive heating	Überhitzen (n); Überhitzung (f)
E 294	excessive local penetration; penetration bead [weld imperfection]	Schweißtropfen (m) [Nahtfehler]
E 295	excessive over-fill [weld imperfection]	Überhöhung (f) der äußeren Schweißlage [Nahtfehler]
E 296	excessive pass; overlap [weld imperfection]	Schweißgutüberlauf (m) [übergelaufenes, nicht gebundenes Schweißgut auf dem Grundwerkstoff; Nahtfehler]
E 297	excessive peaking [weld imperfection]	übermäßige Überhöhung (f) [Nahtfehler]
E 298	excessive penetration; excessive root convexity [weld imperfection]	zu große Wurzelüberhöhung (f) [durchlaufende Wurzelüberhöhung und einzelne Durchtropfungen; Nahtfehler]
E 299	excessive reinforcement [weld imperfection]	zu große Nahtüberhöhung (f) [Nahtfehler]
E 300	excessive sag [butt weld; horizontal and overhead positions]	durchgefallene Naht (f) [bei Schweißposition W und Ü bei Stumpfnähten; Nahtfehler]
E 301	excessive sag [fillet weld; horizontal position]	flachliegende Kehlnaht (f) [bei Schweißposition H; Nahtfehler]
E 302	excessive sag [pipe]	übermäßige Durchbiegung (f) [Rohr]
E 303	excessive sag [weld imperfection]	verlaufenes Schweißgut (n) [Schweißgut befindet sich aufgrund des Eigengewichts an nicht beabsichtigten Stellen; Nahtfehler]
E 304	excessive scatter [radiog.]	zu starke rückwärtige Streustrahlung (f) [Durchstrahlungsprüfung]
E 305	excessive separation [weld imperfection]	übermäßiges Klaffen (n) [Der Spalt zwischen den geschweißten Werkstücken ist unzulässig groß; Nahtfehler]
E 306	excessive temperature rise	Übererwärmung (f)
E 307	excessive trim [weld imperfection]	Schweißlagenüberhöhung (f) [Nahtfehler]
E 308	excessive weld zone [weld imperfection]	übermäßige Linsendicke (f); übermäßige Schweißnahtbreite (f) [Nahtfehler]

expansion diaphragm

E 309	excess length	Überlänge (f)
E 310	excess material	Werkstoffüberschuß (m)
E 311	excess penetrant removal	Zwischenreinigung (f) [Farbeindringverfahren]
E 312	excess penetration [weld imperfection]	Wurzeldurchhang (m) [Nahtfehler]
E 313	excess penetration bead [weld imperfection]	durchhängende Wurzel (f) [Nahtfehler]
E 314	excess weight	Übergewicht (n)
E 315	excess weld metal; weld reinforcement [weld imperfection]	Schweißnahtüberhöhung (f); Nahtüberhöhung (f) [Nahtfehler]
E 316	excitation	Erregung (f)
E 317	exciting force; excitation force	Erregerkraft (f)
E 318	exclusion seal; protective seal	Schutzdichtung (f)
E 319	excursion [magn. t]	Auswandern (n) [von magnetischen Kraftlinien bei der Magnetpulverprüfung]
E 320	exfoliation	Abblätterung (f) [Abschälen von Rohrwerkstoff]
E 321	exhaust insert	Ausblaseeinsatz (m)
E 322	exhaust throttle; bleed throttle	Entlüftungsdrossel (f)
E 323	exiting frequency	Erregerfrequenz (f)
E 324	exit piping	Austrittsleitung (f)
E 325	exit velocity	Austrittsgeschwindigkeit (f)
E 326	exothermic reaction	exotherme Reaktion (f)
E 327	expanded connection; roller expanded connection [tube/tubesheet]	Walzverbindung (f) [Rohre im Rohrboden]
E 328	expanded depth	Anwalzhöhe (f) [Walz-Schweißverbindung]
E 329	expanded joint insert	Walzverbindungseinsatz (m); Einsatz (m) für eine Walzverbindung
E 330	expanded length of tube	Rohreinwalzlänge (f)
E 331	expanded metal	Streckmetall (n)
E 332	expanded portion [tube]	Einwalzstelle (f) [am Rohr]
E 333	expanded tube	Einwalzrohr (n)
E 334	expanded tube connection	Rohreinwalzung (f) [Verbindung]
E 335	expanded-welded joint	Walz-Schweißverbindung (f)
E 336	expanded-welded nozzle	Walz-Schweißnippel (m)
E 337	expander	Rohrwalze (f)
E 338	expanding	Anwalzen (n); Einwalzen (n) [Walzverbindung]
E 339	expanding beader	Anwalze (f) [Walzverbindung]
E 340	expanding end	Einwalzende (n)
E 341	expanding groove; tube hole groove	Walzrille (f) [Rohreinwalzen]
E 342	expand ratio; final tube expansion [tube/tubesheet]	Haftaufweitung (f) [Rohr; nach dem Einwalzen; siehe auch: **final tube expansion**]
E 343	expansion	Aufweitung (f) [beim Einwalzen]
E 344	expansion bellows; bellows (type) expansion joint [see Annex 1, pp. 85–105]	Balgkompensator (m); Ausdehnungsstück (n); Ausdehnbalg (m) [Dehnungsausgleicher; siehe Anhang 1, S. 85–105]
E 345	expansion diaphragm	Ausdehnungsmembran (f)

E 346 **expansion joint** **[see Annex 1, pp. 85–105]**

Kompensator *(m)*; Dehnungsausgleicher *(m)*
[Kompensatoren finden z. B. Verwendung in Rohrleitungen und Rohrleitungssystemen von Chemieanlagen, Kraftwerken und Kernkraftwerken, in Rohrdurchführungen von Reaktorsicherheitsbehältern, in Dampferzeugern bzw. Wärmeaustauschern und anderen kerntechnischen Systemen und Komponenten. Ein weiterer Einsatzbereich sind Armaturen für die Kerntechnik, in denen Metallbälge zur stopfbuchslosen Spindelabdichtung (siehe: **bellows seal valve)** verwendet werden. Kompensatoren dienen allgemein dazu, auftretende Wärmedehnungen von Rohrleitungen oder Bewegungen ihrer Anschlußpunkte aufzunehmen, um Reaktionen auf die Leitungen und ihre Anschlußpunkte so gering wie möglich zu halten. Sie tragen wesentlich dazu bei, das strukturmechanische Verhalten eines Rohrsystems zu beeinflussen. Grundsätzlich unterscheidet man drei Baugruppen von Kompensatoren:
a) Axial-Kompensatoren
b) Lateral-Kompensatoren
c) Angular-Kompensatoren.
Wirkungsweise:
Axial-Kompensatoren
Bei den Axial-Kompensatoren erfolgt die Dehnungsaufnahme nur in Richtung der Rohrachse durch am Umfang gleichmäßige Verformung der Balgwellen. Die aus Über- oder Unterdruck entstehenden Rohrinnendruckkräfte sowie der Eigenwiderstand der Balgwellen sind von den Anschlußpunkten aufzunehmen.
Lateral-Kompensatoren
Lateral-Kompensatoren **(swing-type joint)** dienen vorwiegend zur Aufnahme von Bewegungen quer zur Achse **(lateral deflection)** der durch Zuganker verspannten Bälge mit Rohrmittelstück. Die laterale Bewegung der Kompensatorenden wird also durch Winkelbewegung der beiden Bälge und des Rohrmittelstückes aufgebracht. Die größte Winkelbewegung tritt entsprechend dem Momentenverlauf in den beiden äußeren Wellen auf. Die Rohrinnendruckkraft wird von den Zug- oder Druckstangen aufgenommen. Die mögliche Dehnungsaufnahme und die auftretenden Kräfte und Momente an den Rohranschlußpunkten wird sehr wesentlich vom Abstand der beiden Bälge beeinflußt.

expansion joint, swing ...

Angular-Kompensatoren
Während ein Axial-Kompensator oder ein Lateral-Kompensator eine selbstständige Kompensationseinheit darstellen, ist ein Angular-Kompensator nur ein Rohrgelenk **(hinged expansion joint)** eines aus mindestens zwei und höchstens drei Gelenken bestehenden ebenen Gelenksystems. Für räumliche Dehnungsaufnahme kann anstelle von zwei Gelenksystemen auch der Einbau von Kardan-Rohrgelenkstücken **(gimbal expansion joint)** gewählt werden. Siehe auch Anhang 1, S. 85–105]

E 347	**expansion joint, articulated** ...	Gelenkkompensator *(m)*
E 348	**expansion joint, ball-type** ...	Kugelgelenkkompensator *(m)*
E 349	**expansion joint, corrugated** ...	Wellrohrdehnungsausgleicher *(m)*; Wellrohrkompensator *(m)*; Linsenausgleicher *(m)*; Faltenrohrausgleicher *(m)*
E 350	**expansion joint, double-type** ...	zweibalgiger Kompensator *(m)*; zweiwelliger Dehnungsausgleicher *(m)*
E 351	**expansion joint, dual (bellows)** ...	zweibalgiger Kompensator *(m)*; zweiwelliger Dehnungsausgleicher *(m)*
E 352	**expansion joint, externally pressurized** ...	außendruckbelasteter Dehnungsausgleicher *(m)*; außendruckbelasteter Kompensator *(m)*
E 353	**expansion joint, gimbal** ...	Rohrgelenkkompensator *(m)*; Rohrgelenkstück *(n)* [Angularkompensator mit Kardan-Rohrgelenkstücken anstelle von zwei Gelenksystemen; zur räumlichen Dehnungsaufnahme]
E 354	**expansion joint, hinged** ...	Gelenkkompensator *(m)* [ein Rohrgelenk eines aus mindestens zwei oder höchstens drei Gelenken bestehenden ebenen Gelenksystems]
E 355	**expansion joint, internally-guided** ...	Axialkompensator *(m)* mit innerem Leitrohr
E 356	**expansion joint, non-metallic** ...	Weichstoffkompensator *(m)*
E 357	**expansion joint, omega-type** ...	omegaförmiger Balg *(m)*; Torusbalg *(m)*
E 358	**expansion joint, pressure balanced** ...	eckentlasteter Axialkompensator *(m)*
E 359	**expansion joint, rectangular** ...	rechteckiger Kompensator *(m)*; rechteckiger Dehnungsausgleicher *(m)*; Kamera-Dehnungsausgleicher *(m)*
E 360	**expansion joint, single (bellows)** ...	einbalgiger Kompensator *(m)*; einbalgiger Dehnungsausgleicher *(m)*
E 361	**expansion joint, single-type** ...	einbalgiger Kompensator *(m)*; einbalgiger Dehnungsausgleicher *(m)*
E 362	**expansion joint, slip-type** ...	Gleitrohrdehnungsausgleicher *(m)*; Gleitrohrkompensator *(m)*
E 363	**expansion joint, swing** ...	Gelenkkompensator *(m)* [Lateralkompensator]

E 364	**expansion joint, swivel-type** ...	Gelenkkompensator *(m)* [ermöglicht Verdrehbewegung eines Rohrleitungssystems in einer Ebene]
E 365	**expansion joint, toroidal (bellows)** ...	Ringwulstdehnungsausgleicher *(m)*; Ringwulstkompensator *(m)*; kreisringförmiger Dehnungsausgleicher *(m)*; TorusbalgKompensator *(m)*
E 366	**expansion joint, universal** ...	Universalkompensator *(m)* [für allseitige Bewegungsaufnahme]
E 367	**expansion joint, universal pressure balanced** ...	eckentlasteter Gelenkkompensator *(m)*
E 368	**expansion sleeve**	Dehnungshülse *(f)*
E 369	**expansion strain**	Ausdehnungsverformung *(f)*
E 370	**expansion stresses** *(pl)*	Ausdehnungsspannungen *(f, pl)* [Spannungen infolge der Behinderung einer freien Verschiebung von Rohren]
E 371	**expansion thrusts** *(pl)*	Ausdehnungsschubkräfte *(f, pl)*
E 372	**explosion-bonded cladding**	Explosionsplattierung *(f)*; Sprengplattierung *(f)*
E 373	**explosion-clad tubesheet**	sprengplattierter Rohrboden *(m)*
E 374	**explosion safety device**	Explosionssicherung *(f)*
E 375	**explosion valve**	Explosionsklappe *(f)*
E 376	**explosion-welded joint**	Explosionsschweißverbindung *(f)*; Sprengschweißverbindung *(f)*; Schockschweißverbindung *(f)*
E 377	**explosive-clad plate; explosion-bonded plate**	sprengplattiertes Blech *(n)*
E 378	**explosive welding; explosion welding**	Sprengschweißen *(n)*; Explosionsschweißen *(n)*; Schockschweißen *(n)*
E 379	**exposed piping**	offen verlegte Rohrleitung *(f)*; frei verlegte Rohrleitung *(f)*
E 380	**expose** *(v)* **to pressure; charge** *(v)* **with pressure; pressurize** *(v)*	druckbeaufschlagen; mit Druck beaufschlagen *(V)*
E 381	**exposure** [radiog.]	Belichtung *(f)* [bei der Durchstrahlungsprüfung]
E 382	**exposure holder** [radiog.]	Filmträger *(m)* [Durchstrahlungsprüfung]
E 383	**exposure layout** [radiog.]	Aufnahmeanordnung *(f)* [Durchstrahlungsprüfung]
E 384	**exposure table** [radiog.]	Belichtungstabelle *(f)* [Durchstrahlungsprüfung]
E 385	**extended surface; finned surface**	berippte Oberfläche *(f)*
E 386	**extended surface effectiveness; fin effectiveness** [heat exchanger]	Rippenwirkungsgrad *(m)* [Wärmeaustauscher]
E 387	**extended surface tube; fin tube**	Rippenrohr *(n)*
E 388	**extension**	Verlängerung *(f)*; Verlängerungsstück *(n)*
E 389	**extension sleeve**	Dehnhülse *(f)* [Schraubenbolzen]
E 390	**extensometer**	Dehnungsmeßgerät *(n)*
E 391	**external dishing**	Auskümpelung *(f)*
E 392	**external floating-roof tank**	Tank *(m)* mit äußerem Schwimmdach; Schwimmdachtank *(m)* [siehe: F 445]
E 393	**external height of dishing**	äußere Wölbungshöhe *(f)*

extraction column

E 394	**externally piloted valve**	fremdgesteuertes Ventil *(n)*
E 395	**externally pressurized expansion joint [see Annex 1, p. 96]**	außendruckbelasteter Kompensator *(m)*; außendruckbelasteter Dehnungsausgleicher *(m)* [Axial-Kompensator; bei dieser Ausführung ist der Balg so angeordnet, daß er durch Außendruck beaufschlagt wird. Aufwendige Konstruktion, da Bälge mit größerem Durchmesser und ein zusätzlicher druckfester Außenmantel erforderlich sind. Entscheidende Vorteile sind: — sehr große Bewegungsaufnahme bei kleinen Verstellkräften ist möglich, weil Stabilitätsprobleme, wie sie bei Innendruckbeaufschlagung zu berücksichtigen sind, praktisch keine Rolle spielen — der Balg wird durch den Außenmantel vor Beschädigung geschützt — es bleiben keine Rückstände von aggressiven Flüssigkeiten oder Kondensaten in den Balgwellen stehen, da sie ablaufen können — es bleiben keine Ablagerungen von Feststoffen in den Balgwellen haften, da die Wellen nicht in der Strömung liegen — die vollständige Entlüftung des Kompensators und der anschließenden Rohrleitung ist möglich. Siehe Anhang 1, S. 96]
E 396	**externally sealed floating tubesheet [heat exchanger]**	außen abgedichteter Schwimmkopfrohrboden *(m)* [Wärmeaustauscher]
E 397	**external pressure**	Außendruck *(m)*
E 398	**external pressure capability**	Außendruckwiderstandsfähigkeit *(f)*
E 399	**external-screw type valve**	Ventil *(n)* mit freiliegender Spindel
E 400	**external sleeve; cover; shroud [expansion joint]**	Schutzrohr *(n)* [Kompensator; Definition siehe unter: **cover**]
E 401	**external taper thread**	kegeliges Außengewinde *(n)*
E 402	**external tube; outer tube**	Außenrohr *(n)*
E 403	**extracting**	Extrahieren *(n)*
E 404	**extraction column**	Extraktionskolonne *(f)* [Extraktionskolonnen sind ähnlich den Fraktionierkolonnen gebaut. Die Extraktionskolonne ist mit Böden zum Stoffaustausch zwischen den beiden Flüssigkeitsphasen versehen. Rückfluß bzw. Zwischenrückfluß regeln die Trennschärfe der Extraktion bzw. halten die Temperaturen im Extraktionsturm konstant. Das Raffinat verläßt die Kolonne über Kopf, das extrahierte Gut wird unten abgezogen; siehe auch: **column**]

E 405	**extractive distillation**	Extraktivdestillation *(f)* [Kunstgriff zur Trennung von azeotropen Gemischen sowie von Komponenten mit annähernd gleichen Siedepunkten. Dabei wird im oberen Kolonnenteil ein geeignetes Lösungsmittel zugegeben, das weniger flüchtig ist. Bei richtiger Wahl des Lösungsmittels wird die relative Feuchtigkeit der zu trennenden Komponenten so weit verändert, daß eine Zerlegung des Einsatzgemisches mittels Destillation möglich wird.]
E 406	**extracts** *(pl)*	Extrakte *(n, pl)*
E 407	**extreme fibre**	Außenfaser *(f)*
E 408	**extreme fibre elongation**	Reckung *(f)* der Außenfaser
E 409	**extremities** *(pl)*	Endpunkte *(m, pl)*
E 410	**extruded lip**	ausgehalster Kragen *(m)*
E 411	**extruded outlet**	Aushalsung *(f)*; ausgehalster Abgang *(m)*
E 412	**extruded pipe; extruded tube**	stranggepreßtes Rohr *(n)*
E 413	**extruded taper**	Aushalsungskegel *(m)*
E 414	**eyebolt** [see Annex 1, p. 80]	Augenschraube *(f)*; Hebeöse *(f)*; Ösenschraube *(f)*; Ringschraube *(f)*; Gewindeöse *(f)* [siehe Anhang 1, S. 80]
E 415	**eyelet**	Öse *(f)*
E 416	**eyenut**	Ösenmutter *(f)*; Ringmutter *(f)*
E 417	**eyerod**	Augenanker *(m)*

F

F 1	**fabrication**	Fertigung *(f)*; Herstellung *(f)*
F 2	**fabrication and field erection quality plan**	Bau- und Montageüberwachungsplan *(m)*
F 3	**fabrication and inspection coverage**	Fertigungs- und Prüffolge *(f)* [Qualitätssicherungs-Handbuch]
F 4	**fabrication stress**	durch Bearbeitung erzeugte Spannung *(f)*
F 5	**fabrication supervision; manufacturing supervision**	Bauüberwachung *(f)* [im Werk durch Werksabnahme]
F 6	**fabrication tolerances** *(pl)*	Fertigungstoleranzen *(f, pl)*
F 7	**fabrication weld**	Werkstattschweiße *(f)*
F 8	**fabric expansion joint**	Weichstoffkompensator *(m)* [auch: N 141]
F 9	**face; facing; mating surface [flange; see Annex 1, p. 113]**	Dichtfläche *(f)*; Arbeitsleiste *(f)* [Flansch; siehe Anhang 1, S. 113]
F 10	**face and back welded-on flange**	beidseitig angeschweißter Flansch *(m)*
F 11	**face bend test**	Biegeversuch *(m)* mit der Raupe im Zug; Normalbiegeversuch *(m)*; Biegeversuch *(m)* mit Decklage im Zug; Faltversuch *(m)* mit Decklage/Raupe im Zug
F 12	**face contact area; face**	Dichtungsfläche *(f)*; Dichtfläche *(f)*
F 13	**faced tubesheet**	verkleideter Rohrboden *(m)*
F 14	**face feed [brazing]**	Einlegen *(n)* [Hartlot]
F 15	**face in tension**	Raupe *(f)* im Zug; Decklage *(f)* im Zug [Biegeversuch]
F 16	**face joint**	Sichtfuge *(f)*
F 17	**face of weld**	Nahtoberfläche *(f)*
F 18	**face-to-face dimension**	Baulänge *(f)* [Armaturen]
F 19	**face valve; seated valve; seating valve; seat valve**	Sitzventil *(n)*
F 20	**facing dimension [flange]**	Dichtflächenabmessung *(f)* [Flansch]
F 21	**facing to length**	Ablängen *(n)* [an der Stirnseite]
F 22	**factored load**	Last *(f)*, mit Beiwert versehene ...
F 23	**factories act**	Gewerbeordnung *(f)*
F 24	**factor of safety; safety factor**	Sicherheitsbeiwert *(m)* [Erläuterungen unter: **safety factor**]
F 25	**factor of utilisation**	Verhältnis *(n)* der zulässigen Spannung zur Zugfestigkeit [In den Fällen, wo die Spannung proportional zur Belastung ist, ist dieser Faktor der Reziprokwert des Sicherheitsbeiwertes; siehe: **safety factor**]
F 26	**factory-assembled; factory-built**	fabrikfertig *(Adj.)*
F 27	**factory inspectorate**	Gewerbeaufsichtsamt *(n)*
F 28	**FAD; failure assessment diagram**	Fehler-Abschätzungs-Diagramm *(n)*; FAD
F 29	**FAD; failure-analysis diagram**	Versagensanalyse-Diagramm *(n)*; FAD
F 30	**FAD; fracture analysis diagram**	Pellini-Diagramm *(n)*; Bruchanalysendiagramm *(n)*
F 31	**fail-safe** *(adj.)*	betriebssicher; versagenssicher *(Adj.)*
F 32	**fail-safe circuit**	Sicherheitsschaltung *(f)* [elektrisch]

fail safe design

F 33	**fail safe design**	Auslegung *(f)* nach dem Prinzip des „beschränkten Versagens"; Fail-safe-Auslegung *(f)* [Mehrfach statisch unbestimmte und sonstige Konstruktionen, bei denen die Funktion eines angerissenen oder gebrochenen Teils bis zur Entdeckung und Behebung des Schadens von parallelgeschalteten Teilen erfahrungsgemäß oder nachweislich übernommen wird, entsprechen dem Prinzip des „beschränkten Versagens". Sie erlauben für das Einzelteil höhere Ausfallwahrscheinlichkeiten.]
F 34	**fail-safe device**	Mangelsicherung *(f)*
F 35	**fail-safety**	Versagenssicherheit *(f)*; Ausfallsicherheit *(f)*; Betriebssicherheit *(f)*; Fehlersicherheit *(f)*; Störungssicherheit *(f)*
F 36	**fail-soft**	beschränkt funktionsfähig
F 37	**fail-soft system**	System *(n)* mit reduziertem Betrieb
F 38	**failure**	Ausfall *(m)*; Versagen *(n)*
F 39	**failure analysis**	Schadensanalyse *(f)*
F 40	**failure-analysis diagram; FAD**	Versagensanalyse-Diagramm *(n)*; FAD
F 41	**failure assessment diagram; FAD**	Fehler-Abschätzungs-Diagramm *(n)*; FAD
F 42	**failure initiation curve**	Versagensgrenzkurve *(f)*
F 43	**failure mode**	Versagensmodus *(m)*; Schadensmodus *(m)*; Versagensart *(f)*
F 44	**failure mode, effects and criticality analysis; FMECA**	Ausfallarten-, Ausfallauswirkungs- und Ausfallbedeutungsanalyse *(f)*
F 45	**failure mode and effects analysis; FMEA**	Ausfallarten- und Ausfallauswirkungsanalyse *(f)*
F 46	**failure performance**	Ausfallverhalten *(n)*
F 47	**failure pressure [tank]**	Reißdruck *(m)* [Tank]
F 48	**falling film evaporator**	Fallfilmverdampfer *(m)*; Rieselfilmverdampfer *(m)*
F 49	**falling-film flow**	Rieselströmung *(f)*
F 50	**falling liquid film**	Rieselfilm *(m)*
F 51	**falling wave film flow**	Wellenströmung *(f)* des Kondensatfilmes
F 52	**fall *(v)* in line [welds]**	fluchten *(V)* [Nähte]
F 53	**fall-off in flow**	Abfallen *(n)* der Strömung; Strömungsabfall *(m)*
F 54	**fall of temperature; temperature reduction; temperatur decrease**	Temperaturabfall *(m)*
F 55	**false diffusion**	falsche Diffusion *(f)*
F 56	**false indication**	Scheinanzeige *(f)*
F 57	**family of cracks**	Rißschar *(f)*
F 58	**fan**	Gebläse *(n)*
F 59	**Fanning friction factor**	Widerstandsbeiwert *(m)* [dimensionslose, den Strömungswiderstand beschreibende Kennzahl; nach Fanning]
F 60	**far field portion of the sound beam [ultras.]**	Fernfeldteil *(m)* des Schallstrahlenbündels [US-Prüfung]
F 61	**fast-acting valve; quick-acting valve; rapidaction valve; quick closure-type valve**	Schnellschlußventil *(n)*

F 62	**fast breeder**	Schnellbrüter *(m)*; schneller Brutreaktor *(m)*
F 63	**fastener**	Befestigungselement *(n)*; Verbindungselement *(n)*
F 64	**fastening bolt; fastening screw**	Befestigungsschraube *(f)*; Halteschraube *(f)*
F 65	**fastenings** *(pl)*	Anschlußmaterial *(n)* [Befestigungsteile]
F 66	**fast fracture**	Gewaltbruch *(m)*
F 67	**fatigue**	Ermüdung *(f)*
F 68	**fatigue analysis; fatigue evaluation**	Ermüdungsanalyse *(f)*; Dauerfestigkeitsanalyse *(f)*; Dauerfestigkeitsnachweis *(m)*
F 69	**fatigue behaviour**	Ermüdungsverhalten *(n)*; Dauerschwingverhalten *(n)*
F 70	**fatigue crack**	Ermüdungsriß *(m)*; Ermüdungsanriß *(m)*
F 71	**fatigue crack acceleration**	Ermüdungsrißbeschleunigung *(f)*
F 72	**fatigue crack curve**	Ermüdungsrißkurve *(f)*
F 73	**fatigue crack delay**	Ermüdungsrißverzögerung *(f)*
F 74	**fatigue crack growth**	Ermüdungsrißwachstum *(n)*
F 75	**fatigue crack growth law**	Gesetz *(n)* des Anwachsens von Ermüdungsrissen; Ermüdungsrißwachstumsgesetz *(n)*
F 76	**fatigue cracking**	Ermüdungsrissigkeit *(m)*
F 77	**fatigue crack initiation**	Ermüdungsrißeinleitung *(f)*
F 78	**fatigue crack prediction**	Ermüdungsrißvorhersage *(f)*
F 79	**fatigue crack propagation**	Rißausbreitung *(f)* infolge Ermüdung
F 80	**fatigue crack test**	Ermüdungsrißversuch *(m)*
F 81	**fatigue crack threshold (value)**	Ermüdungsrißschwellenwert *(m)*
F 82	**fatigue curve; design fatigue curve; S/N curve; stress number curve**	Ermüdungskurve *(f)*; Wöhlerkurve *(f)*; Dauerfestigkeitskurve *(f)*
F 83	**fatigue design**	Auslegung *(f)* auf Ermüdung
F 84	**fatigue design conditions** *(pl)*	Auslegungsbedingungen *(f, pl)* für Ermüdung
F 85	**fatigue evaluation; fatigue analysis**	Dauerfestigkeitsnachweis *(m)*; Dauerfestigkeitsanalyse *(f)*; Ermüdungsanalyse *(f)*
F 86	**fatigue failure**	Ermüdungsversagen *(n)*; Versagen *(n)* durch Ermüdung
F 87	**fatigue fracture**	Dauerbruch *(m)*; Ermüdungsbruch *(m)*; Dauerschwingbruch *(m)*
F 88	**fatigue fretting**	Ermüdung *(f)* durch Abnutzung
F 89	**fatigue hardening**	Verfestigung *(f)* durch wechselnde Beanspruchung
F 90	**fatigue life**	Lebensdauer *(f)* bei Ermüdung
F 91	**fatigue limit; fatigue strength; endurance limit**	Dauerfestigkeit *(f)* [bei hohen Lastspielzahlen]; Ermüdungsfestigkeit *(f)* [bei niedrigen Lastspielzahlen]; Dauerwechselfestigkeit *(f)*
F 92	**fatigue loading**	Ermüdungsbeanspruchung *(f)*; Dauerschwingbeanspruchung *(f)*

F 93	**fatigue notch factor**	Kerbwirkungszahl *(f)* [Verhältnis der Dauerfestigkeit des Vollstabes mit profilierter Oberfläche zur Dauerfestigkeit des Kerbstabes; Def. DIN 50100; bei einem Bauteil mit konstruktiv bedingten Kerben ist mit Versagen durch Ermüdungsbruch zu rechnen, wenn die Nennspannungsamplitude die „Kerb-Dauerfestigkeit" des Bauteils erreicht; siehe auch: **fatigue strength reduction factor; notch sensitivity ratio**]
F 94	**fatigue notch sensitivity**	Kerbempfindlichkeitszahl *(f)*
F 95	**fatigue precrack**	Ermüdungsanriß *(m)*
F 96	**fatigue strength; fatigue limit**	Ermüdungsfestigkeit *(f)*; Dauerfestigkeit *(f)* [siehe: **fatigue limit**]
F 97	**fatigue strength reduction factor**	Ermüdungsfaktor *(m)* [Spannungserhöhungsfaktor, welcher den Einfluß einer örtlichen Struktur-Diskontinuität (Spannungskonzentration/**stress concentration**) auf die Ermüdungsfestigkeit berücksichtigt; d. h. durch die Spannungserhöhung wird die zulässige Lastspielzahl verringert; siehe auch: **stress concentration factor; peak stress**]
F 98	**fatigue strength under alternating tensile stresses**	Dauerfestigkeit *(f)* unter wechselnden Zugspannungen [Zug–Druck]; Dauerfestigkeit *(f)* im Zug-Wechselbereich
F 99	**fatigue strength under pulsating pressure**	Dauerfestigkeit *(f)* unter pulsierendem Innendruck
F 100	**fatigue strength under pulsating stresses; pulsating fatigue strength**	Dauerfestigkeit *(f)* unter schwellender Beanspruchung; Schwellfestigkeit *(f)*
F 101	**fatigue strength under repeated bending stresses**	Dauerfestigkeit *(f)* unter wechselnder Biegebeanspruchung; Biegedauerfestigkeit *(f)* im Schwellbereich
F 102	**fatigue strength under reversed bending stresses**	Biegewechselfestigkeit *(f)*
F 103	**fatigue strength under reversed stresses**	Dauerwechselfestigkeit *(f)*
F 104	**fatigue stress**	Dauerschwingbeanspruchung *(f)*
F 105	**fatigue striations** *(pl)*	Schwingungsstreifen *(m, pl)* [streifenförmige Markierungen auf Schwingbruchflächen im mikroskopischen Bereich]
F 106	**fatigue test; endurance test**	Dauerschwingversuch *(m)*; Dauerversuch *(m)*; Dauerprüfung *(f)*; Ermüdungsversuch *(m)*
F 107	**fatigue test under cyclic stresses**	Schwingversuch *(m)*
F 108	**fault**	Fehler *(m)* [Störung]
F 109	**faulted load** [vibration damper]	Last *(f)* im Schadensfall [Schwingungsdämpfer]
F 110	**fault shutdown**	Störabschaltung *(f)*
F 111	**fault tree**	Fehlerbaum *(m)* [eine Art Flußdiagramm]
F 112	**fault tree analysis**	Fehleranalyse *(f)* in Form eines Baumdiagramms
F 113	**FCAW; flux-cored arc welding**	Fülldraht-Lichtbogenschweißen *(n)*

field-erection tolerances

F 114	**feather edge** [rolling of tubes]	scharfe Kante *(f)* [am Rohr; entsteht durch Walzen]
F 115	**feathered position, damper in fully . . .**	Segelstellung *(f)*, Klappe in . . .
F 116	**feedback** [rectifying column]	Rückkopplungsschaltung *(f)* [Rektifizierkolonne]
F 117	**feedforward** [rectifying column]	Vorwärtsregelung *(f)* [Rektifizierkolonne]
F 118	**feedwater**	Speisewasser *(n)*
F 119	**feedwater deaeration**	Speisewasserentgasung *(f)*
F 120	**feedwater heater; FWH; feed heater**	Speisewasservorwärmer *(m)*; Vorwärmer *(m)* [als Rohrbündelwärmeübertrager]
F 121	**feedwater heating**	Speisewasservorwärmung *(f)*
F 122	**feedwater inlet**	Speisewassereintritt *(m)*
F 123	**feedwater line; feedwater pipe**	Speisewasserleitung *(f)*
F 124	**feedwater outlet**	Speisewasseraustritt *(m)*
F 125	**feedwater treatment**	Speisewasserbehandlung *(f)*; Speisewasserkonditionierung *(f)*
F 126	**female adaptor ring; female support ring**	Druckring *(m)*; Sattelring *(m)*
F 127	**female branch tee; female side tee**	T-Verschraubung *(f)* mit Aufschraubkappe im Abzweig
F 128	**female connector; female end fitting; socket end fitting**	Aufschraubverschraubung *(f)*
F 129	**female coupling half; coupler**	Überwurf *(m)*; Kupplungshälfte *(f)*
F 130	**female elbow**	Winkelverschraubung *(f)* mit Überwurfkappe; Aufschraubwinkel *(m)* [Rohrverschraubung]
F 131	**female end fitting; female connector socket end fitting**	Aufschraubverschraubung *(f)*
F 132	**female face; recess** [gasket; see Annex 1, pp. 113]	Rücksprung *(m)* [Dichtfläche; siehe Anhang 1, S. 113]
F 133	**female nipple**	Einschraubnippel *(m)*
F 134	**female run tee**	T-Verschraubung *(f)* mit Aufschraubkappe im durchgehenden Teil
F 135	**female side tee; female branch tee**	T-Verschraubung *(f)* mit Aufschraubkappe im Abzweig
F 136	**female support ring; female adaptor ring**	Druckring *(m)*; Sattelring *(m)*
F 137	**female thread; internal thread**	Innengewinde *(n)*; Muttergewinde *(n)*
F 138	**ferrite**	Ferrit *(n)*
F 139	**ferritic steel**	ferritischer Stahl *(m)*
F 140	**ferrous metallurgy**	Eisenhüttenwesen *(n)*
F 141	**ferrule** [heat exchanger]	Einsteckrohr *(n)* [Wärmeaustauscher]
F 142	**fibre elongation**	Faserreckung *(f)*
F 143	**fibre in compression**	Druckfaser *(f)*; Druckzone *(f)* [Krümmer]
F 144	**fibre in tension**	Zugfaser *(f)*; Zugzone *(f)* [Krümmer]
F 145	**fibrous fracture**	faseriger Bruch *(m)*; Holzfaserbruch *(m)*; Schieferbruch *(m)*
F 146	**field assembly**	Baustellenmontage *(f)*
F 147	**field-erected**	baustellenmontiert *(Adj.)*
F 148	**field-erection tolerances** *(pl)*	Baustellen-Montagetoleranzen *(f, pl)*

F 149	**field fabrication inspection; in-process inspection on site**	Bauprüfung *(f)* [Baustellenüberwachung]
F 150	**field fit-up**	Aufmaß *(n)* [von Rohrleitungen]
F 151	**field indicator** **[magn.t.]**	Vergleichskörper *(m)* [Magnetpulverprüfung]
F 152	**field inspection**	Abnahme *(f)* auf der Baustelle
F 153	**field inspection** **[pipeline]**	Feldbesichtigung *(f)* [Rohrstrecke]
F 154	**field instructions** *(pl)*	Montageanleitungen *(f, pl)* [Vorschriften]
F 155	**field splice**	Montagestoß *(m)* [Stahlbau]
F 156	**field test**	Betriebsprüfung *(f)*; Feldversuch *(m)*
F 157	**Field tube; double tube**	Fieldrohr *(n)*; Doppelrohr *(n)* (Bauart Field) [einseitig geschlossenes Rohr, in das ein biegungselastisches Verdrängerrohr für die Zuführung von Kühlflüssigkeit eingesteckt wird]
F 158	**Field-tube heat exchanger**	Doppelrohr-Wärmeaustauscher *(m)*; Fieldrohr-Wärmeaustauscher *(m)* [nicht verwechseln mit: **double-pipe heat exchanger**]
F 159	**field weld**	Baustellenschweiße *(f)*
F 160	**figure-eight blank**	Steckscheibe *(f)* in Form einer 8 [siehe auch: **blind**]
F 161	**filament wound**	fadengewickelt [V] [Rohr]
F 162	**filament wound reinforcement**	Verstärkung *(f)*, in Wickeltechnik hergestellte ...
F 163	**filiform corrosion**	fadenförmiger Angriff *(m)* [Korrosion]
F 164	**filler bead** **[welding]**	Füllage *(f)* [Schweißen]
F 165	**filler metal**	Schweißzusatzwerkstoff *(m)*; Zusatzwerkstoff *(m)*
F 166	**filler plate**	Futterblech *(n)* [Träger]
F 167	**filler plug**	Füllstopfen *(m)*
F 168	**filler rod; welding rod**	Stabelektrode *(f)*; Schweißstab *(m)*
F 169	**fillers** *(pl)*; **packing** **[column]**	Füllkörper *(m, pl)* [Kolonne]
F 170	**filler wire; welding wire**	Schweißdraht *(m)*; Zusatzdraht *(m)*
F 171	**fillet** **[welding]**	Kehle *(f)* [Schweißen]
F 172	**fillet radius**	Kehlhalbmesser *(m)*
F 173	**fillet radius relief**	Hinterdrehung *(f)* des Kehlhalbmessers; Kehlhalbmesser-Hinterdrehung *(f)*
F 174	**fillet weld; fillet joint**	Kehlnaht *(f)*
F 175	**fillet welded side bar**	kehlnahtgeschweißter Streifen *(m)* [bei Verwendung einer Spannhülse im Rohrleitungsbau; Längsnaht durch Auflegen eines kehlnahtgeschweißten Streifens]
F 176	**fill-in connection; fill-in nozzle**	Einfüllstutzen *(m)*
F 177	**filling height** **[tank]**	Füllhöhe *(f)* [Tank]
F 178	**filling operations** *(pl)*	Füllbetrieb *(m)*
F 179	**fill-in opening**	Einfüllstutzen *(m)*
F 180	**fill nozzle** **[tank]**	Füllstutzen *(m)* [Tank]
F 181	**fill packing; packed bed**	Füllkörperschicht *(f)*; Füllkörperschüttung *(f)*
F 182	**film base density** **[radiog.]**	Schichtträgerschwärzung *(f)* [Durchstrahlungsprüfung]

F 183	film blackening; film density [radiog.]	Filmschwärzung *(f)* [Durchstrahlungsprüfung]
F 184	film boiling; film evaporation	Filmverdampfung *(f)*; Filmsieden *(n)*
F 185	film boiling heat transfer	Wärmeübergang *(m)* beim Filmsieden
F 186	film coefficient; film heat transfer coefficient	Filmkoeffizient *(m)*; Wärmeübergangszahl *(f)* bei Filmkondensation
F 187	film contrast [radiog.]	Filmkontrast *(m)*; Filmsteilheit *(f)* [Durchstrahlungsprüfung]
F 188	film cooler; drip-type condenser	Rieselfilmkühler *(m)*
F 189	film cooling	Filmkühlung *(f)*
F 190	film density; film blackening [radiog.]	Filmschwärzung *(f)* [Durchstrahlungsprüfung]
F 191	film diffusivity	Filmdiffusionskoeffizient *(m)*
F 192	film evaporation; film boiling	Filmverdampfung *(f)*; Filmsieden *(n)*
F 193	film flow	Filmströmung *(f)*
F 194	film heat transfer coefficient; film coefficient	Filmkoeffizient *(m)*; Wärmeübergangszahl *(f)* bei Filmkondensation
F 195	film identification	Filmbezeichnung *(f)*
F 196	filming amines *(pl)*	filmbildende Amine *(n, pl)*
F 197	film interpretation	Filmbeurteilung *(f)*
F 198	film location plan	Filmlageplan *(m)*
F 199	film marker interval [radiog.]	Abstand *(m)* der Markierungen in der Filmebene [Durchstrahlungsprüfung]
F 200	film rust	Flugrost *(m)*
F 201	film speed [radiog.]	Filmgeschwindigkeit *(f)* [Durchstrahlungsprüfung]
F 202	film surface temperature	Filmoberflächentemperatur *(f)*
F 203	film(-type) condensation; filmwise condensation	Filmkondensation *(f)*
F 204	filter [radiog.]	Filter *(n)* [gleichförmige Materialschicht, die zwischen der Strahlenquelle und dem Film angeordnet wird; Durchstrahlungsprüfung]
F 205	fin; rib	Rippe *(f)*
F 206	final acceptance	Endabnahme *(f)*
F 207	final acceptance certificate	Bauprüfbescheinigung *(f)*
F 208	final boiling point	Siedeende *(n)*
F 209	final closure weld	Decklagennaht *(f)* [z. B. durch Metallschutzgasschweißen hergestellt]
F 210	final controlled variable	Hauptregelgröße *(f)*
F 211	final control(ling) element; final operator	Stellglied *(n)* [Stellgerät]
F 212	final dimensions *(pl)*	Endmaße *(n, pl)*
F 213	final direction of the plate rolling	Endwalzrichtung *(f)* des Bleches
F 214	final expanding [tube]	Festwalzen *(n)* [Rohre]
F 215	final heat treatment	End-Wärmebehandlung *(f)*
F 216	final inspection	Endabnahme *(f)*; Endprüfung *(f)*
F 217	final inspection	Bauprüfung *(f)* [durch Kunde/Technischen Überwachungsverein (TÜV) oder Versicherer]
F 218	final inspection certificate	Bauprüfbescheinigung *(f)*
F 219	final operator; final control(ling) element	Stellglied *(n)* [Stellgerät]
F 220	final pass; final run [welding]	Decklage *(f)* [Schweißen]

F 221	**final position**	Endstellung (f); Endlage (f)
F 222	**final temper bead reinforcement** [weld]	Vergütungsdecklage (f) [überhöht; Schweißnaht]
F 223	**final thickness**	ausgeführte Dicke (f)
F 224	**final tube expansion; expand ratio**	Haftaufweitung (f) [Rohr; nach dem Einwalzen]
F 225	**final value**	Beharrungswert (m) [Regelung]
F 226	**final weld; closure weld**	Schlußnaht (f); Decknaht (f) [Schweiße]
F 227	**final weld surface**	Decknahtoberfläche (f)
F 228	**fine crack transfer mark**	Brandrißmarkierung (f) [Walzfehler]
F 229	**fin effectiveness; extended surface effectiveness** [heat exchanger]	Rippenwirkungsgrad (m) [Wärmetauscher]
F 230	**fine-grained region**	Feinkornzone (f)
F 231	**fine-grained steel**	Feinkornstahl (m)
F 232	**fine-pitch thread**	Feingewinde (n)
F 233	**fingertip test**	Fingertupfprobe (f)
F 234	**finished dimension**	Fertigmaß (n)
F 235	**finished height of face**	Dichtflächen-Fertighöhe (f)
F 236	**finished length**	Baulänge (f); Fertiglänge (f)
F 237	**finished part**	Fertigteil (n)
F 238	**finished product**	Fertigerzeugnis (n)
F 239	**finishing**	Endbearbeitung (f); Nachbearbeitung (f); Fertigbearbeitung (f); Nacharbeitung (f)
F 240	**finish of ... RMS**	Oberflächenzustand (m) mit einem Effektivwert von ... [Rauhigkeit]
F 241	**finned flat tube**	beripptes Flachrohr (n)
F 242	**finned-tube heat exchanger; tube-fin heat exchanger**	Rippenrohr-Wärmeaustauscher (m)
F 243	**fin overlap**	Überlappung (f) der Rippen; Rippenüberlappung (f)
F 244	**fin pitch; gill pitch**	Rippenteilung (f)
F 245	**fin spacing**	Rippenabstand (m)
F 246	**fin surfaces** (pl)	Rippenflächen (f, pl)
F 247	**fin-tip clearance**	Rippenspitzenabstand (m); Rippenspitzenspalt (m); Rippenspitzenspiel (n)
F 248	**fin-tip clearance, negative ...** [fin overlap]	negatives Rippenspitzenspiel (n) [Überlappung der Rippen]
F 249	**fin-tip clearance, positive ...** [no fin overlap]	positives Rippenspitzenspiel (n) [keine Überlappung der Rippen]
F 250	**fin-tube; extended-surface tube**	Rippenrohr (n)
F 251	**fire-safe design; fire tested design** [ball valve]	Fire-safe-Ausführung (f) [Kugelhahn; im Brandfall übernehmen metallische Anlageflächen die Funktion der Notabdichtung und werden durch hitzebeständige Dichtungswerkstoffe ergänzt. Funktionssicherheit auch bei über + 600° C.]
F 252	**fire-type testing** [valves]	Brandschutz-Typenprüfung (f) [Ventile]
F 253	**first bead to the second side** [weld]	erste Gegenlage (f) [Schweißnaht]

flanged end (plate)

F 282	flange, hub(bed) ...	Flansch *(m)* mit Ansatz
F 283	flange, inlet ...	Eintrittsflansch *(m)*
F 284	flange, integral(-type) ...	fester Flansch *(m)*; Festflansch *(m)*
F 285	flange, lap-joint ...	loser Flansch *(m)*
F 286	flange, lap-joint ... with welding stub	loser Flansch *(m)* mit Vorschweißbund
F 287	flange, locating ...	Festpunkt-Flansch *(m)*
F 288	flange, long welding neck ...	Stutzenflansch *(m)*
F 289	flange, loose-type ...	loser Flansch *(m)*
F 290	flange, loose-type hubbed ...	loser Flansch *(m)* mit Ansatz
F 291	flange, male and female face ... [see Annex 1, p. 114]	Flansch *(m)* mit Vor- und Rücksprung [siehe Anhang 1, S. 114]
F 292	flange, mating ...	Gegenflansch *(m)*
F 293	flange, narrow-faced ...	Flansch *(m)* mit schmaler Dichtfläche
F 294	flange, orifice ...	Meßscheibenflansch *(m)*
F 295	flange, raised-face ...	Flansch *(m)* mit (vorspringender) Arbeitsleiste
F 296	flange, retained gasketed ...	Flansch *(m)* mit Eindrehung zur Aufnahme der Dichtung
F 297	flange, reverse ...	innenliegender Flansch *(m)*
F 298	flange, ring-joint ...	Flansch *(m)* mit Ringnut [für Ring-Joint-Dichtung]
F 299	flange, rotatable ...	Drehflansch *(m)*
F 300	flange, rotating ...	Drehflansch *(m)*
F 301	flange, screwed ...	Gewindeflansch *(m)*
F 302	flange, seal welded ...	Flansch *(m)* mit Dichtschweiße
F 303	flange, slip-on ...	Überschiebflansch *(m)*
F 304	flange, socket ...	Aufsteckflansch *(m)* [mit eingedrehtem Absatz]
F 305	flange, taper hub ...	Flansch *(m)* mit konischem Ansatz
F 306	flange, tongue and groove ... [see Annex 1, p. 114]	Flansch *(m)* mit Feder und Nut [siehe Anhang 1, S. 114]
F 307	flange, ungasketed ...	Flansch *(m)* ohne Dichtung
F 308	flange, ungasketed seal welded ...	Flansch *(m)* ohne Dichtung mit Dichtschweißung [Schweißlippendichtung]; dichtungsloser dichtgeschweißter Flansch *(m)*
F 309	flange, welding-neck ...	Vorschweißflansch *(m)*
F 310	**flange attachment**	Flanschbefestigung *(f)*
F 311	**flange bearing**	Flanschauflagefläche *(f)*; Flanschauflager *(n)*
F 312	**flange bearing with stop**	Flanschauflager *(n)* mit Anschlag
F 313	**flange bolt holes** *(pl)*	Flanschschraubenlöcher *(n, pl)*
F 314	**flange bolting (material)**	Flanschverschraubung *(f)* [als Verbindungsteile]
F 315	**flanged and flued (head) expansion joint**	Dehnungsausgleicher *(m)* mit zweifach gekrempter Halbwelle; U-Bogendehnungsausgleicher *(m)* [siehe auch: U 194]
F 316	**flanged connection; flanged joint**	Flanschverbindung *(f)* [besteht aus Flanschpaar, Rohransatz, Verschraubung, Dichtung]
F 317	**flanged end body** [double flanged butterfly valve; see Annex 1, p. 54]	Gehäuse *(n)* in Flanschbauweise [Absperrklappe; siehe Anhang 1, S. 54]
F 318	**flanged end (plate)** [UK]; **flanged head** [US]	Krempenboden *(m)*; gekrempter Boden *(m)*

F 319	flange design bolt load	Auslegungsschraubenkraft *(f)* der Flanschverbindung
F 320	flange dimensions *(pl)*	Flanschabmessungen *(f, pl)*
F 321	flanged-in opening; necked-in opening [see Annex 1, p. 24]	Einhalsung *(f)* [siehe Anhang 1, S. 24]
F 322	flange distortion	Flanschverformung *(f)*
F 323	flanged lip [tubesheet]	Bördelung *(f)* [im Rohrboden an den Rohrlöchern zur besseren Auflagerung von eingewalzten Rohren sowie zur Verringerung von Schwingungsamplituden und Leckage]
F 324	flanged-out opening; necked-out opening [see Annex 1, p. 24]	Aushalsung *(f)* [siehe Anhang 1, S. 24]
F 325	flanged pipe end	gebördeltes Rohrende *(n)*
F 326	flanged roof-to-shell detail [tank]	gebördelte Dach-/Mantelausführung *(f)* [Tank]
F 327	flanged tubesheet	gekrempter Rohrboden *(m)*
F 328	flange edge	Flanschkante *(f)*
F 329	flange face; flange facing [see Annex 1, p. 113]	Dichtfläche *(f)*; Stirnfläche *(f)* [wenn keine Dichtleiste vorhanden – Dichtfläche = Stirnfläche]; Arbeitsleiste *(f)* [siehe Anhang 1, S. 113]
F 330	flange facing finish	Dichtflächenendzustand *(m)*
F 331	flange gasket	Flanschdichtung *(f)*
F 332	flange hub	Flansch-Ansatz *(m)*
F 333	flangeless bonnet valve	Ventil *(n)* mit selbstdichtendem Deckelverschluß
F 334	flangeless butterfly valve; wafer type butterfly valve [see Annex 1, p. 55]	Einklemmklappe *(f)* [siehe Anhang 1, S. 55]
F 335	flange modulus	Flanschwiderstand *(m)*
F 336	flange plate	Gurtplatte *(f)*; Lamelle *(f)* [Stahlbau]
F 337	flange rating	Flanschdruckstufe *(f)* [Flanschbemessung]
F 338	flange seal	Flanschdichtung *(f)*
F 339	flange sealing groove	Dichtungsrille *(f)* [Flansch]
F 340	flange splice	Gurtstoß *(m)* [Stahlbau]
F 341	flange square	Flanschwinkel *(m)*
F 342	flange thickness	Flanschblattdicke *(f)*
F 343	flange with male and female face [see Annex 1, p. 113]	Flansch *(m)* mit Vor- und Rücksprung [siehe Anhang 1, S. 113]
F 344	flange with raised face [see Annex 1, p. 113]	Flansch *(m)* mit Arbeitsleiste [siehe Anhang 1, S. 113]
F 345	flange with tongue and groove face [see Annex 1, p. 113]	Flansch *(m)* mit Feder und Nut [siehe Anhang 1, S. 113]
F 346	flanging	Bördeln *(n)*
F 347	flank of thread	Gewindeflanke *(f)*
F 348	flap valve [swing check valve]	Pendelklappe *(f)* [Absperrorgan]
F 349	flare *(v)*	bördeln; aufweiten; aufdornen *(V)*
F 350	flare angle	Bördelwinkel *(m)*
F 351	flare burner	Fackelbrenner *(m)*
F 352	flared *(v)*	aufgebördelt *(V)*
F 353	flared joint; flare fitting; flare coupling	Bördelverbindung *(f)*; Bördelverschraubung *(f)*

flash welding machine

F 354	**flared lap**	durch Bördelung hergestellter Bund *(m)*; umgebördelter Bund *(m)*
F 355	**flared nipple**	Übergangsnippel *(m)* mit Bördel
F 356	**flared pipe end**	aufgeweitetes Rohrende *(n)*
F 357	**flare fitting; flared joint; flare coupling**	Bördelverbindung *(f)*; Bördelverschraubung *(f)*
F 358	**flareless**	ohne Aufbördelung *(f)*; bördellos
F 359	**flareless joint; non-flared fitting**	bördellose Rohrverbindung *(f)*
F 360	**flare stack**	Fackelkamin *(m)*
F 361	**flare (stack) system**	Abfackeleinrichtung *(f)*
F 362	**flare unit**	Fackelanlage *(f)*
F 363	**flaring**	Aufweiten *(n)* [Rohrenden]; Aufdornung *(f)*; Bördelung *(f)*
F 364	**flash [gen.]**	Blitz *(m)*; Aufblitzen *(n)*; Grat *(m)* [allg.]
F 365	**flash [flash welding]**	Grat *(m)* [Abbrennstumpfschweißen]
F 366	**flash-butt-weld connection**	Abbrennstumpfschweißverbindung *(f)*
F 367	**flash (butt) welding**	Abbrennstumpfschweißen *(n)*
F 368	**flash distillation [seawater desalination]**	Entspannungsverdampfung *(f)*; Flashdestillation *(f)* [Meerwasserentsalzung]
F 369	**flash distillation [column]**	Turmdestillation *(f)*; Gleichgewichtsdestillation *(f)* [Destillation, bei der ein Dampf/Flüssigkeitsgemisch über Siedepunkt erhitzt wird und bei Eintritt in den Turm durch Verminderung des Druckes plötzlich verdampft. Je nach Siedepunkt steigen die Dämpfe im Turm höher oder weniger hoch und können auf den einzelnen Böden in verschiedenen Siedebereichen abgefangen werden; siehe auch: **fractionating column**]
F 370	**flash (evaporation)**	stoßartige Teilverdampfung *(f)* [durch Druckabsenkung unter den Sättigungsdruck]
F 371	**flashing**	Kondensationsschläge *(m, pl)* [entstehen, wenn ein heißes Medium auf ein kaltes Rohr trifft]
F 372	**flashing [fluid]**	Aufschäumen *(n)* [einer Flüssigkeit]
F 373	**flashing [welding]**	Abbrand *(m)* [Vorgang beim Abbrennstumpfschweißen]
F 374	**flashing allowance [welding]**	Abbrandzuschlag *(m)*; Abbrand *(m)* [Zuschlag; Abbrennstumpfschweißen]
F 375	**flashing flow**	Ausdampfströmung *(f)*; Entspannungsverdampfungsströmung *(f)*
F 376	**flashing liquid level**	aufschäumender Flüssigkeitsspiegel *(m)*
F 377	**flash removal [flash welding]**	Entgraten *(n)* [Abbrennstumpfschweißen]
F 378	**flash steam**	entspannter Dampf *(m)*; Entspannerbrüdendampf *(m)*; Brüdendampf *(m)*
F 379	**flash subcooling; flash undercooling**	Entspannungsunterkühlung *(f)*
F 380	**flash tank**	Entspannungsgefäß *(n)*; Entspannungsbehälter *(m)* [Verdampfer]
F 381	**flash welding; flash-butt welding**	Abbrennstumpfschweißen *(n)*
F 382	**flash welding machine**	Abbrennstumpfschweißmaschine *(f)*

F 383	**flat bar**	Flachstab *(m)* [Flachstahl]
F 384	**flat bottom hole** [ultras.]	Flachbodenloch *(n)*; Flachbodenbohrung *(f)* [US-Prüfung]
F 385	**flat bottom tank**	Flachbodentank *(m)*
F 386	**flat concave style construction** [insulation]	Kalottenschnitt *(m)* [Isolierung]
F 387	**flat end (plate)** [UK]; **flat head** [US] [see Annex 1, pp. 22 and 29]	ebener Boden *(m)*; Flachboden *(m)* [Vorschweißboden; siehe Anhang 1, S. 22 und 29]
F 388	**flat face** [flange; see Annex 1, p. 113]	Dichtfläche *(f)* ohne Arbeitsleiste; glatte Dichtfläche *(f)* [Flansch; siehe Anhang 1, S. 113]
F 389	**flat face flange; full-faced flange**	glatter Flansch *(m)*; Flansch *(m)* ohne Arbeitsleiste
F 390	**flat gasket** [see Annex 1, pp. 116/117]	Flachdichtung *(f)* [siehe Anhang 1, S. 116/117]
F 391	**flat head** [US]; **flat end (plate)** [UK] [see Annex 1, p. 22]	ebener Boden *(m)*; Flachboden *(m)* [siehe Anhang 1, S. 22]
F 392	**flat metal-jacketed gasket** [see Annex 1, p. 115]	blechummantelte Flachdichtung *(f)* [siehe Anhang 1, S. 115]
F 393	**flat-plate type impingement baffle**	ebenes Prallblech *(n)*
F 394	**flats** *(pl)* [weld]	Abflachungen *(f, pl)* [Naht]
F 395	**flat steel**	Flacheisen *(n)*; Flachstahl *(m)*
F 396	**flattening**	Abplattung *(f)*
F 397	**flattening test**	Ringfaltversuch *(m)*; Quetschfaltversuch *(m)*
F 398	**flattening test specimen**	Ringfaltprobe *(f)*
F 399	**flat tensile fracture**	Zugbruch *(m)* mit ebener Bruchfläche
F 400	**flat tube**	Flachrohr *(n)*
F 401	**flat-tube heat exchanger**	Flachrohr-Wärmeaustauscher *(m)*
F 402	**flat-type wedge gate valve**	Keilflachschieber *(m)* [siehe auch: **gate valve**]
F 403	**flaw; imperfection**	Fehler *(m)*; Ungänze *(f)* [Oberflächengüte]
F 404	**flaw assessment**	Fehlerbewertung *(f)*
F 405	**flaw depth**	Fehlertiefe *(f)*
F 406	**flaw detection** [ultras.]	Fehlerortung *(f)* [US-Prüfung]
F 407	**flaw detection**	Fehlererfassung *(f)*; Fehlererkennung *(f)*
F 408	**flaw detection sensitivity** [ultras.]	Fehlernachweis-Empfindlichkeit *(f)* [US-Prüfung]
F 409	**flaw due to external contour** [ultras.]	formbedingter Fehler *(m)* [US-Prüfung]
F 410	**flaw echo** [ultras.]	Fehlerecho *(n)* [US-Prüfung]
F 411	**flaw indication**	Fehleranzeige *(f)*
F 412	**flaw interpretation**	Fehlererkennbarkeit *(f)*
F 413	**flaw location**	Fehlerort *(m)*
F 414	**flaw location scale** [ultras.]	Fehlerortungsstab *(m)* [US-Prüfung]
F 415	**flaw size**	Fehlergröße *(f)*
F 416	**flaw size determination**	Fehlergrößenbestimmung *(f)*
F 417	**flexibility** [gen.]	Dehnbarkeit *(f)*; Biegsamkeit *(f)*; Beweglichkeit *(f)*; Elastizität *(f)* [allg.]
F 418	**flexibility** [pipe]	Elastizität *(f)* [Rohrleitung]
F 419	**flexibility analysis** [pipe]	Elastizitätsberechnung *(f)* [Rohrleitung]
F 420	**flexible hose**	Wellschlauch *(m)*
F 421	**flexible installation of pipes**	„weiche" Verlegung *(f)* von Rohrleitungen

floating roof seal

F 422	**flexible metallic tube; metal hose** [see Annex 1, p. 104]	Metallschlauch *(m)* [siehe Anhang 1, S. 104]
F 423	**flexible tubing**	Faltenbalgschlauch *(m)*
F 424	**flexible wedge** [gate valve]	elastischer Keil *(m)* [Absperrschieber]
F 425	**flexible wiper primary seal** [tank; see Annex 1, p. 17]	Dichtungsschürze *(f)* mit elastischem Wischerblatt [Tank; siehe Anhang 1, S. 17]
F 426	**flexural efficiency**	Durchbiegungsvermögen *(n)*
F 427	**flexural resistance; flexural strength** [steel construction]	Biegefestigkeit *(f)* [Stahlbau]
F 428	**flexural rigidity**	Biegesteifigkeit *(f)*
F 429	**flexure stress**	Biegespannung *(f)*
F 430	**float**	Schwimmer *(m)*
F 431	**float ball**	Schwimmerkugel *(f)*
F 432	**floating ball** [ball valve]	schwimmende Kugel *(f)* [Kugelhahn]
F 433	**floating ball (-ball) valve**	Kugelhahn *(m)* mit schwimmender Kugel
F 434	**floating bell gasholder**	Glockengasbehälter *(m)*; nasser Gasbehälter *(m)* [Bei diesem Behälter taucht eine aus mehreren zylindrischen Mänteln bestehende Glocke mit den unteren beiden Zylindermänteln, die hakenförmig ineinandergreifen, in ein mit Wasser gefülltes Becken. Durch die Last der Glocke wird das Gas einem gleichmäßigen Druck ausgesetzt, mit dem es über Rohrleitungen zu den Verbrauchern gefördert wird]
F 435	**floating hanger rod**	pendelnd angeordneter Zuganker *(m)*; Pendelanker *(m)*
F 436	**floating head** [heat exchanger]	Schwimmkopf *(m)*; frei bewegliche Rohrplatte *(f)* [Wärmeaustauscher]
F 437	**floating head cover**	Schwimmkopf-Deckel *(m)*
F 438	**floating head flange**	Schwimmkopf-Flansch *(m)*
F 439	**floating head heat exchanger** [see Annex 1, p. 5]	Schwimmkopf-Wärmeaustauscher *(m)*; Schwimmkopfapparat *(m)* [Rohrbündelwärmeaustauscher; siehe Anhang 1, S. 5, Abb. AES]
F 440	**floating head with backing device**	Schwimmkopf *(m)* mit Gegenhalter
F 441	**floating point**	Überflutungspunkt *(m)*
F 442	**floating roof, (external)...** [tank; see Annex 1, p. 15]	Schwimmdach *(n)* [Dacharten siehe Anhang 1, S. 15; Erläuterungen siehe unter: **floating-roof tank**]
F 443	**floating roof, internal...** [tank; see Annex 1, p. 13]	Schwimmdecke *(f)*, (innenliegende)...[Tank; siehe Anhang 1; S. 13]
F 444	**floating roof seal** [tank; see Annex 1, pp. 16/17]	Schwimmdachabdichtung *(f)* [Tank; siehe Anhang 1, S. 16/17]

F 445	**floating-roof tank**	**[see Annex 1, pp. 13/14]**	Schwimmdachtank *(m)* [Wirtschaftliche Überlegungen und das Bestreben, die Umweltbelastungen so gering wie möglich zu halten, führten dazu, bei Tanks das eingelagerte Medium durch eine auf der Flüssigkeit schwimmende Abdeckung vom angrenzenden Gasraum abzutrennen. Bei zwei Tanktypen, dem Schwimmdachtank und dem Festdachtank mit innenliegender Schwimmdecke, wird diese Trenung fast völlig erreicht. Der Schwimmdachtank ist ein Stehtank mit kreiszylindrischem Tankmantel, der nach oben offen ist. Der Abschluß des Mediums gegen die Atmosphäre erfolgt durch ein sich dem Füllstand ensprechend bewegendes Schwimmdach **(floating roof)**, das direkt auf dem Lagergut ruht. Verdampfungsverluste können im Ruhezustand des Daches nur an der beweglichen Dichtung zwischen Tankmantel und Schwimmdach und an den Durchführungsstellen der Schwimmdachstützen durch das Dach auftreten. Durch konstruktive Maßnahmen können diese Verluste auf ein Minimum reduziert werden. Bei Tanks mit kleineren Durchmessern (Ø <35 m) wird aus wirtschaftlichen Gründen der Festdachtank mit innenliegender Schwimmdecke **(internal floating roof)** bei der Lagerung flüchtiger Medien als Alternativform in Erwägung gezogen. Dieser Tanktyp ist eine Zwischenform zwischen einem Festdach- und einem Schwimmdachtank. Die Doppelfunktion, die das Dach des Schwimmtanks zu erfüllen hat — Schutz des Mediums gegen Verschmutzung und Niederschläge einerseits, Sicherung gegen übermäßige Verdampfungsverluste des Mediums andererseits — , wird hier aufgeteilt und getrennt dem Festdach und der auf der auf dem Medium ruhenden Schwimmdecke zugewiesen. Schwimmdächer existieren im wesentlichen in vier Ausführungsformen als — Membrandach mit Ringponton **(annular pontoon roof)** — Membrandach mit Ring- und Mittelponton **(single-decke pontoon roof)** — „Buoy-Roof-Dach" **(buoy roof)** — Doppeldeckdach **(double-deck roof)**; siehe Anhang 1, S. 13/14]
F 446	**floating seats** *(pl)*	**[ball valve]**	schwimmende Dichtringe *((m, pl)* [Kugelhahn]

F 447	floating section [pipe]	schwimmender Rohrleitungsabschnitt (m)
F 448	floating tubesheet [heat exchanger] [see Annex 1, p. 5]	Schwimmkopf-Rohrboden (m); schwimmende Rohrplatte (f) [Wärmetauscher]; siehe Anhang 1, S. 5, Abb. AES]
F 449	floating tubesheet, externally sealed ...	Schwimmkopf-Rohrboden (m), außen abgedichteter ...
F 450	floating tubesheet skirt	Bord (m) des Schwimmkopf-Rohrbodens; Schwimmkopf-Rohrboden-Bord (m)
F 451	float-operated discharge valve	Schwimmerablaßventil (n)
F 452	float stop	Schwimmersperre (f)
F 453	float support	Schwimmerlager (n)
F 454	float switch	Schwimmerschalter (m) [Niveauwächter]
F 455	float valve	Schwimmerventil (n)
F 456	flooded-bed type scrubber	Rieselwäscher (m)
F 457	flooded equipment weight	Eigengewicht (n) plus Füllung [Behälter]
F 458	flooding [gen.]	Überfluten (n); Überflutung (f)
F 459	flooding [column]	Überfluten (n) [Das Auffüllen einer Kolonne oder einzelner Bodenabschnitte mit Flüssigkeit. Es tritt auf, wenn die Kapazität der Fallrohre überlastet ist. Bei Überfluten „hängt" die Destillationskolonne. Druckstöße und unregelmäßiger Ablauf von Sumpf- und Seitenprodukten sind Zeichen für Überfluten]
F 460	flooding point	Überflutungspunkt (m)
F 461	floor drain [tank]	Bodenentwässerung (f) [Tank]
F 462	floor pedestal [valve]	Flursäule (f) [Ventil]
F 463	flow [gen.]	Fließen (n); Fluß (m); Strömung (f); Durchströmung (f); Durchfluß (m); Durchsatz (m) [allg.]
F 464	flow analogue test	Luftmengenabgleichung (f) [bei Luftvorlagen]
F 465	flow annulus	Strömungsspalt (m)
F 466	flow apron	Strömungsschürze (f)
F 467	flow area; flow cross section	Strömungsfläche (f); Strömungsquerschnitt (m); Durchflußfläche (f); Durchflußquerschnitt (m)
F 468	flow arrow	strömungsanzeigender Pfeil (m)
F 469	flow at the entrance	Anströmung (f)
F 470	flow baffle	Strömungsleitblech (n)
F 471	flow baffling	Strömungsumlenkung (f)
F 472	flow balancing	Durchfluß-Mengenausgleich (m)
F 473	flow blockage	Strömungsblockade (f); Stromblockade (f)
F 474	flow capacitance ratio	Wasserwertverhältnis (n)
F 475	flow capacity; flow rating; valve rating	Durchflußkapazität (f); Ventilkapazität (f); Durchsatz (m)
F 476	flow cell; flow chamber	Durchlaufgefäß (n)
F 477	flow chanelling	Strömungskanalisierung (f)
F 478	flow channel	Strömungskanal (m); Durchflußkanal (m); Durchströmkanal (m)

F 479	**flow characteristic**	Strömungskennlinie *(f)*; Strömungscharakteristik *(f)*
F 480	**flow chart; flow diagram**	Strömungsdiagramm *(n)*; Fließdiagramm *(n)*; Flußdiagramm *(n)*; Ablaufschema *(n)*
F 481	**flow coefficient**	Durchsatzkoeffizient *(m)*; Durchflußbeiwert *(m)*; Durchflußzahl *(f)*
F 482	**flow configuration**	Strömungsführung *(f)*; Strömungsbild *(n)*; Strömungsverlauf *(m)*
F 483	**flow control**	Durchflußregelung *(f)*; Mengenregelung *(f)*; Umlaufregelung *(f)*
F 484	**flow control valve**	Durchflußregelventil *(n)*; Mengenregelventil *(n)*
F 485	**flow cross-section; flow area**	Strömungsquerschnitt *(m)*; Strömungsfläche *(f)*; Durchflußfläche *(f)*; Durchflußquerschnitt *(m)*
F 486	**flow deflection**	Strömungsablenkung *(f)*
F 487	**flow diagram; flow chart**	Strömungsdiagramm *(n)*; Fließdiagramm *(n)*; Flußdiagramm *(n)*
F 488	**flow diameter**	Strömungsdurchmesser *(m)*
F 489	**flow directing devices** *(pl)*	Strömungslenkeinrichtungen *(f, pl)*
F 490	**flow direction**	Strömungsrichtung *(f)*
F 491	**flow distribution**	Strömungsverteilung *(f)*
F 492	**flow distribution orifice**	Strömungsverteilungsblende *(f)*; Strömungsverteilungsdrossel *(f)*
F 493	**flow dividing**	Stromteilung *(f)*
F 494	**flow efficiency drop; drop in flow efficiency**	Durchflußleistungsabfall *(m)*
F 495	**flow forming**	Fließpressen *(n)*; Streckdruckverfahren *(n)* [Herstellung von Präzisionsstahlrohren]
F 496	**flow-generated noise**	Strömungsrauschen *(n)*
F 497	**flow heater**	Durchlaufvorwärmer *(m)*
F 498	**flow indicator**	Durchflußanzeiger *(m)*; Strömungsanzeiger *(m)*
F 499	**flow-induced tube vibrations** *(pl)*	strömungsinduzierte Rohrschwingungen *(f, pl)* [siehe unter: **buffeting, galloping, resonant buffeting, wake buffeting, wake galloping, whirling**]
F 500	**flow-induced vibration; FIV**	strömungsinduzierte Schwingung *(f)* [Es gibt drei Haupterregungsmechanismen: 1) vortex shedding 2) turbulent buffeting 3) fluidelastic instability; siehe **1)–3)**]
F 501	**flowing viscosity**	Fließviskosität *(f)*
F 502	**flow instability**	Strömungsinstabilität *(f)*
F 503	**flow lattice**	Strömungsgitter *(n)*
F 504	**flow lift force**	Aufschwimmkraft *(f)* der Strömung
F 505	**flow limiter**	Durchsatzbegrenzer *(m)*; Durchflußbegrenzer *(m)*
F 506	**flow-limiting valve; excess flow valve**	Strombegrenzungsventil *(n)*; Strömungswächter *(m)*
F 507	**flow liner; liner; internal sleeve**	Leitrohr *(n)* [siehe: **liner**]

F 508	**flow maldistribution**	Strömungsfehlverteilung *(f)*; Strömungsungleichverteilung *(f)*; Ungleichverteilung *(f)* der Strömung; Fehlverteilung *(f)* der Strömung
F 509	**flow measuring**	Durchflußmessung *(f)*; Durchsatzmessung *(f)*
F 510	**flowmeter**	Strommesser *(m)*; Durchflußmengenmesser *(m)*; Durchflußmesser *(m)*; Strömungsmengenmesser *(m)*
F 511	**flow-metering duct section**	Kanal-Meßstrecke *(f)*; Meßkörper-Kanalstück *(n)*
F 512	**flow mixing**	Strömungsmischung *(f)*
F 513	**flow model**	Strömungsmodell *(n)*
F 514	**flow monitor**	Durchflußwächter *(m)*; Strömungswächter *(m)*
F 515	**flow nozzle**	Durchflußmeßdüse *(f)*; Strömungsmeßdüse *(f)*
F 516	**flow oscillations** *(pl)*	Strömungsoszillationen *(f, pl)*
F 517	**flow path; flow passage**	Strömungsweg *(m)*; Strömungspfad *(m)*
F 518	**flow path length**	Länge *(f)* des Strömungswegs; Strömungsweglänge *(f)*
F 519	**flow pattern**	Strömungsbild *(n)*; Strömungsdiagramm *(n)*; Stromlinienbild *(n)*; Strömungsfigur *(f)*; Strömungsmuster *(n)*
F 520	**flow pattern map**	Strömungsformenkarte *(f)*
F 521	**flow rate; rate of flow**	Durchflußmenge *(f)*; Durchflußstrom *(m)*; Durchfluß *(m)*; Durchsatz *(m)*
F 522	**flow rate control**	Durchflußmengenregelung *(f)*; Mengenstromregelung *(f)*; Strömungsmengenregelung *(f)*
F 523	**flow rate increase**	Durchsatzerhöhung *(f)*; Durchflußerhöhung *(f)*
F 524	**flow rate limiter**	Durchflußbegrenzer *(m)*; Strömungsbegrenzer *(m)*
F 525	**flow rate measurement**	Durchflußmengenmessung *(f)*; Mengenstrommessung *(f)*; Strömungsmengenmessung *(f)*
F 526	**flow rate perturbation**	Durchsatzstörung *(f)*
F 527	**flow rate reduction**	Durchsatzabsenkung *(f)*
F 528	**flow rating; flow capacity; valve rating**	Durchflußkapazität *(f)*; Ventilkapazität *(f)*; Durchsatz *(m)*
F 529	**flow reactive forces** *(pl)*	Reaktionskräfte *(f, pl)* der Strömung; Strömungs-Reaktionskräfte *(f, pl)*
F 530	**flow reattachment**	Wiederanlegen *(n)* der Strömung
F 531	**flow redistribution**	Strömungsumverteilung *(f)*; Strömungsneuverteilung *(f)*
F 532	**flow regime**	Strömungsregime *(n)*; Strömungszone *(f)*
F 533	**flow regulating valve**	Mengenregler *(m)*
F 534	**flow resistance; fluid resistance**	Strömungswiderstand *(m)*; Durchflußwiderstand *(m)*
F 535	**flow resistivity**	spezifischer Strömungswiderstand *(m)*
F 536	**flow restriction**	Strömungsdrosselung *(f)*
F 537	**flow restriction plate**	Segmentblende *(f)* [Strömungsabsperrung; siehe auch: **orifice (plate)**]
F 538	**flow restrictor**	Durchflußdrossel *(f)*; Drosselblende *(f)* im Rohrsystem; Strömungsbegrenzer *(m)*
F 539	**flow-return header**	Umkehrsammler *(m)*

F 540	flow reversal; reversal of flow; flow return	Strömungsumkehr *(f)*; Strömungsumkehrung *(f)*; Umkehrung *(f)* der Strömung(srichtung)
F 541	flow reversibility	Umkehrbarkeit *(f)* der Strömung; Strömungsumkehrbarkeit *(f)*
F 542	flow-reversible heat exchanger	Wärmeaustauscher *(m)* mit umkehrbarer Strömung
F 543	flow scattering	Strömungsausbreitung *(f)* [bei erzwungener Querströmung]
F 544	flow sensor; flow transmitter	Durchflußgeber *(m)*
F 545	flow separation	Abreißen *(n)* der Strömung; Ablösung *(f)* der Strömung
F 546	flow sheet	Durchflußdiagramm *(n)*; Flußdiagramm *(n)*; Strömungsdiagramm *(n)*
F 547	flow stability	Strömungsstabilität *(f)*
F 548	flow stability margin	Strömungsstabilitätsabstand *(m)*
F 549	flow straightener	Strömungsgleichrichter *(m)*; Durchflußgleichrichter *(m)*
F 550	flow study; fluid dynamics study; fluid dynamical study	fluiddynamische Untersuchung *(f)*; Strömungsuntersuchung *(f)*; strömungstechnische Untersuchung *(f)*
F 551	flow sweeping	Strömungsablenkung *(f)* [bei erzwungener Querströmung infolge von z. B. Spiralnuten, Abstandshaltern und Endplatten in Wärmeaustauschern]
F 552	flow switch	Strömungsschalter *(m)*; Durchflußschalter *(m)*
F 553	flow-through packing	durchströmte Kugelschüttung *(f)*
F 554	flow transducer	Durchflußmeßumformer *(m)*
F 555	flow transients *(pl)*	Strömungstransienten *(f, pl)*
F 556	flow transmitter; flow sensor	Durchflußgeber *(m)*
F 557	flowtube	Meßrohr *(n)* [Durchflußmessung]
F 558	flow velocity	Strömungsgeschwindigkeit *(f)*; Durchflußgeschwindigkeit *(f)*; Durchsatzgeschwindigkeit *(f)*
F 559	flow visualization	Sichtbarmachen *(n)* der Strömung
F 560	flow volume	Durchflußvolumen *(n)*
F 561	fluctuating load	Wechsellast *(f)*
F 562	fluctuating part [steady-state flow]	fluktuierender Teil *(m)* [einer turbulenten stationären Strömung]
F 563	fluctuating stress	Schwingbeanspruchung *(f)* [Spannung]
F 564	fluctuating temperature gradients *(pl)*	schwellende Temperaturgefälle *(n, pl)*
F 565	fluctuating tension stress ranges *(pl)*	schwankende Zugspannungs-Schwingbreiten *(f, pl)*
F 566	fluctuation	Fluktuation *(f)*; Schwankung *(f)*
F 567	flued flange	ausgehalster Bord *(m)*
F 568	flued opening	ausgehalster Ausschnitt *(m)* [siehe auch: F 324]
F 569	fluid [gen.]	Fluid *(n)*; Medium *(n)*; Flüssigkeit *(f)* [allgemeine Bezeichnung für strömende Flüssigkeiten oder Gas]

F 570	**fluid bed; fluidized bed**	Fließbett *(n)*; Wirbelschicht *(f)*; Wanderbett *(n)*; Fluidatbett *(n)*
F 571	**fluid circulation**	Flüssigkeitsumlauf *(m)*
F 572	**fluid-control device**	Regelorgan *(n)*
F 573	**fluid coupling**	Flüssigkeitskupplung *(f)*; Fluidankopplung *(f)*; hydraulische Kupplung *(f)*; Strömungskupplung *(f)*
F 574	**fluid damping**	Flüssigkeitsdämpfung *(f)*
F 575	**fluid damping-controlled instability [tube bundle]**	fluiddämpfungskontrollierte Instabilität *(f)* [fluidelastische Instabilität, bei der nur ein einziges Rohr in einer Anordnung von starren Rohren in einem Rohrbündel eine Instabilität erfährt]
F 576	**fluid density**	Flüssigkeitsdichte *(f)*
F 577	**fluid dynamical study; fluid dynamics study; flow study**	fluiddynamische Untersuchung *(f)*; strömungstechnische Untersuchung *(f)*; Strömungsuntersuchung *(f)*
F 578	**fluid-dynamic attenuation**	fluiddynamische Dämpfung *(f)*
F 579	**fluid dynamic force**	strömungsdynamische Kraft *(f)*
F 580	**fluid dynamics**	Strömungslehre *(f)* [Teilgebiet der Mechanik; Lehre von der Bewegung der Flüssigkeiten und Gase]
F 581	**fluid dynamics computation**	strömungsdynamische Berechnung *(f)*
F 582	**fluid dynamics model**	strömungstechnisches Modell *(n)*; fluiddynamisches Modell *(n)*
F 583	**fluid-elastic coupling**	fluidelastische Kopplung *(f)*; flüssigkeitselastische Kopplung *(f)* [Whirling-Mechanismus; siehe: **whirling**]
F 584	**fluid-elastic damping**	fluidelastische Dämpfung *(f)*
F 585	**fluid-elastic excitation**	fluidelastische Erregung *(f)*
F 586	**fluid-elastic feedback [tube bundle]**	fluidelastische Rückkopplung *(f)* [Rohrschwingungsphänomen; ein schwingendes Rohr kann über die elastischen Eigenschaften auf benachbarte Rohre im Rohrbündel einwirken]
F 587	**fluid-elastic forces** *(pl)*	fluidelastische Kräfte *(f, pl)*
F 588	**fluid-elastic instability; fluid-elastic whirling**	fluidelastische Instabilität *(f)*
F 589	**fluid-elastic stiffness**	fluidelastische Steifigkeit *(f)*
F 590	**fluid-elastic stiffness-controlled instability [tube bundle]**	fluidelastische steifigkeitskontrollierte Instabilität *(f)* [fluidelastische Instabilität, bei der benachbarte Rohre im Rohrbündel fluidelastisch gekoppelt werden]
F 591	**fluid-elastic vibration**	fluidelastische Schwingung *(f)*
F 592	**fluid flow**	Fluidströmung *(f)*; Flüssigkeitsströmung *(f)*
F 593	**fluid friction**	Flüssigkeitsreibung *(f)*
F 594	**fluid friction loss**	Reibungsdruckverlust *(m)* [eines Wasser/Dampfgemisches]
F 595	**fluid hammer**	Druckstoß *(m)* [Wasserschlag]

F 596	fluidity coefficient	Fluidität (f); reziproker Viskositätskoeffizient (m) [reziproker Wert der Viskosität bei Newtonschen Flüssigkeiten]
F 597	fluidization	Fluidisierung (f); Fluidisation (f) [Herbeiführen des Fließbettzustandes]
F 598	fluidized bed; fluid bed	Fließbett (n); Wirbelschicht (f); Wanderbett (n); Fluidatbett (n)
F 599	fluidized-bed cooler	Wirbelschichtkühler (m)
F 600	fluidized-bed drier; fluidized-bed dehumidifier	Fließbetttrockner (m); Wirbelschichttrockner (m)
F 601	fluidized-bed heat exchanger	Fließbett-Wärmeaustauscher (m); Wirbelschicht-Wärmeaustauscher (m)
F 602	fluidized spray drying; FSD	Sprühtrocknung (f) mit integrierter Agglomeration
F 603	fluid mechanics	Strömungsmechanik (f)
F 604	fluid momentum	Bewegung (f) des Arbeitsmittels
F 605	fluid phase equilibria (pl)	Dampf-Flüssigkeits-Gleichgewicht (n)
F 606	fluid pressure	Flüssigkeitsdruck (m) [hydrostatischer oder hydrodynamischer Druck]
F 607	fluid pressure history	Druckverlauf (m) des Arbeitsmittels [zeitlich]
F 608	fluid pumping	Umpumpen (n) des Mediums
F 609	fluid resistance; flow resistance	Strömungswiderstand (m)
F 610	fluids engineering	Strömungstechnik (f)
F 611	fluid/structure interactions (pl)	Fluid-Struktur-Wechselwirkungen (f, pl)
F 612	fluorescent examination method [magn.t.]	Fluoreszensverfahren (n) [Magnetpulverprüfung]
F 613	fluorescent magnetic ink [magn.t.]	fluoreszierende Prüfflüssigkeit (f) [Magnetpulverprüfung]
F 614	fluorescent metallic screen [radiog.]	fluoreszierende Metallverstärkerfolie (f) [Durchstrahlungsprüfung]
F 615	fluorescent screen; intensifying screen [radiog.]	fluoreszierende Folie (f) [Verstärkerfolie; Durchstrahlungsprüfung]
F 616	fluoroscopy equipment [radiog.]	Durchleuchtungseinrichtung (f) [Durchstrahlungsprüfung]
F 617	flush branch	eingesetzter Abzweig (m)
F 618	flush-contour weld; flush-contour seam	Naht (f) ohne Wulst; Schweißnaht (f) ohne Wulst
F 619	flush dressing; flush machining [weld]	Abarbeiten (n) [Naht auf Materialdicke]; Einebnen (n) [Schweißnaht]
F 620	flush gas; bleed gas; purge gas; purging gas	Spülgas (n)
F 621	flush grinding [weld]	Beschleifen (n); Glattschleifen (n) [Naht einebnen]
F 622	flush nozzle; set-in nozzle	bündiger Stutzen (m) [bis zur Innenkante des Grundkörpers eingesetzt]
F 623	flush-type cleanout fitting [tank]	bodengleiche Reinigungsarmatur (f) [Tank]
F 624	fluted tube	Rohr (n) mit profilierter Oberfläche
F 625	fluttering [valve]	Flattern (n) [Ventil]
F 626	flux [welding]	Schweißpulver (n); Flußmittel (n); Pulver (n) [Schweißen]
F 627	flux backing [submerged-arc welding]	Schweißpulverabstützung (f); Pulverbett (n) [von unten; UP-Schweißen]

F 628	flux blanket [welding]	Pulverdecke (f) [Schweißen]
F 629	flux-cored arc welding; FCAW	Fülldraht-Lichtbogenschweißen (f)
F 630	flux-cored metal-arc welding	Metall-Lichtbogenschweißen (n) mit Fülldrahtelektrode
F 631	flux-cored (wire) electrode	Fülldrahtelektrode (f)
F 632	flux damming [submerged-arc welding]	Schweißpulverabstützung (f) [seitlich; UP-Schweißen]
F 633	flux dispensing container	Pulverbehälter (m)
F 634	flux inclusions (pl) [weld imperfection]	Flußmitteleinschlüsse (m, pl) [scharfkantiger Schlackeneinschluß im Schweißgut; Nahtfehler]
F 635	flux pickup; flux recovery [welding]	Pulverabsaugung (f) [Schweißen]
F 636	flux pickup system; flux recovery system [welding]	Pulverabsaugvorrichtung (f) [Schweißen]
F 637	flux shielding [welding]	Flußmittelschutz (m) [Schweißen]
F 638	flux support [submerged-arc welding]	Schweißpulverabstützung (f) [vorlaufend; UP-Schweißen]
F 639	FMEA; failure mode and effects analysis	Ausfallarten- und Ausfallauswirkungsanalyse (f)
F 640	FMECA; failure mode, effects and criticality analysis	Ausfallarten-, Ausfallauswirkungs- und Ausfallbedeutungsanalyse (f)
F 641	focused beam [ultras.]	fokussiertes Schallbündel (n) [US-Prüfung]
F 642	focus size [radiog.]	Brennfleckgröße (f) [Durchstrahlungsprüfung]
F 643	focus-to-film distance; source-to-film distance [radiog.]	Abstand (m) Strahlenquelle-Film [Durchstrahlungsprüfung]
F 644	focus-to-object distance [radiog.]	Abstand (m) Strahlenquelle-Werkstückoberfläche [Durchstrahlungsprüfung]
F 645	Föppl vortex	Föppl-Wirbel (m)
F 646	fog [radiog.]	Schleier (m) [Durchstrahlungsprüfung]
F 647	fog cooling	Nebelkühlung (f); Schleierkühlung (f)
F 648	fog density [radiog.]	Schleierschwärzung (f) [Durchstrahlungsprüfung]
F 649	fog flow	Nebelströmung (f); Strömung (f) in Form eines Dampf-Wassertropfen-Gemisches
F 650	fogging; fog formation	Nebelbildung (f)
F 651	folding machine	Abkantbank (f) [Isolierwerkzeug]
F 652	follower; movable tightening cover [PHE]	bewegliche Druckplatte (f); bewegliche Gestellplatte (f) [in Plattenwärmeaustauschern]
F 653	footage of welds	Nahtlänge (f)
F 654	foot valve [check valve]	Fußventil (n) [Rückschlagventil am Grund einer Saugleitung **(suction pipe)**; oft in Verbindung mit einem Filtersieb **(strainer)**]
F 655	force application	Krafteinleitung (f)
F 656	force coefficient; shape factor [wind load]	Widerstandszahl (f) angeströmter Körper [z. B. bei Windbelastung]
F 657	forced convection; positive convection	erzwungene Konvektion (f); Zwangskonvektion (f)
F 658	forced convection boiling	Sieden (n) bei erzwungener Konvektion; Zwangskonvektionssieden (f)

F 659	forced convection cooling	Kühlung *(f)* bei erzwungener Konvektion; Zwangskonvektionskühlung *(f)*
F 660	forced-flow reboiler	Zwangumlauf-Reboiler *(m)*; ZwangumlaufVerdampfer *(m)*
F 661	forced outage	nichtplanmäßiger Stillstand *(m)*
F 662	force fit	Preßsitz *(m)*
F 663	forehand welding	Nachlinksschweißen *(n)*; Linksschweißen *(n)*
F 664	forged steel raised face; FSRF	Arbeitsleiste *(f)* aus Schmiedestahl
F 665	forge welding	Feuerschweißen *(n)*; Hammerschweißen *(n)*; Schmiedeschweißen *(n)*
F 666	forging	Schmiedestück *(n)* [Bauteil]; Schmieden *(n)* [Vorgang]
F 667	forging crack	Schmiederiß *(m)*
F 668	forging (-grade) steel	Schmiedestahl *(m)*
F 669	forging laps *(pl)*	Schmiedeüberlappungen *(f, pl)*
F 670	fouling [heat exchanger]	Fouling *(n)*; Verschmutzung *(f)*; Belagbildung *(f)* [Bildung eines thermischen Isolationsmaterials auf Wärmeübertragungsflächen]
F 671	fouling [pipe]	Kollision *(f)*; Zusammenstoß *(m)* [Rohrleitung]
F 672	fouling, biological . . .	Fouling *(n)* durch biologisches Wachstum; biologisches Fouling *(n)*; Biofouling *(n)* [z. B. durch Anreicherung und Wachstum von Mikroorganismen (Bakterien, Algen) **(microbial biofouling)** oder Makroorganismen (Muscheln) an Oberflächen **(macrobial biofouling)**]
F 673	fouling, chemical reaction . . .	Fouling *(n)* durch Reaktion; ReaktionsFouling *(n)* [Feststoffanlagerung durch chemische Reaktion, insbesondere Polimerisation und Zersetzung in der Flüssigkeitsströmung]
F 674	fouling, corrosion . . .	Fouling *(n)* durch Korrosion; KorrosionsFouling *(n)* [Bildung einer Schicht von Korrosionsprodukten]
F 675	fouling, crystallization . . .	Fouling *(n)* durch Kristallisation [siehe: **crystallization fouling**]
F 676	fouling, freezing . . .	Fouling *(n)* durch Ausfrieren; ErstarrungsFouling *(n)* [siehe: **solidification fouling**]
F 677	fouling, gas-side . . .	gasseitiges Fouling *(n)*
F 678	fouling, particulate . . .	Partikel-Fouling *(n)* [Ablagerung feiner Feststoffpartikel durch Diffusion und/oder Trägheitseinfluß in der Flüssigkeitsströmung]; Sedimentations-Fouling *(n)*; Fouling *(n)* durch Sedimentation [Ablagerung relativ großer Partikel]
F 679	fouling, precipitation . . .	Fouling *(n)* durch Kristallisation [Auskristallisierung gelöster Salze bei Wärmeab- oder -zufuhr bei der Flüssigkeitsströmung]

fractional distillation

F 680	**fouling, solidification ...**	Fouling *(n)* durch Kristallisation; ErstarrungsFouling *(n)* [Ausfrieren von reinen Flüssigkeiten oder Flüssigkeitsgemischen]
F 681	**fouling allowance**	Verschmutzungszuschlag *(m)*
F 682	**fouling factor**	Foulingfaktor *(m)*; Verschmutzungsfaktor *(m)*; spezifischer Wärmewiderstand *(m)* [Der Foulingsfaktor ist eigentlich kein Faktor, sondern beschreibt physikalisch gesehen den zusätzlichen Wärmeleitwiderstand der Foulingschicht]
F 683	**fouling layer**	Foulingschicht *(f)*
F 684	**fouling resistance**	Wärmeübergangswiderstand *(m)*; Verschmutzungswiderstand *(m)*
F 685	**foundation**	Fundament *(n)*; Bettung *(f)*; Gründung *(f)*
F 686	**foundation anchorage**	Fundamentverankerung *(f)*
F 687	**foundation base; foundation slab**	Fundamentplatte *(f)*
F 688	**foundation base frame**	Fundamentrahmen *(m)*
F 689	**foundation bed**	Untergrund *(m)*; Fundament-Baugrund *(m)*
F 690	**foundation bolt; holding-down bolt; anchor bolt**	Fundamentschraube *(f)*; Ankerschraube *(f)*; Befestigungsschraube *(f)*; Fundamentbolzen *(m)* [Anker]; Fundamentanker *(m)*
F 691	**foundation load(ing)**	Fundamentbelastung *(f)*
F 692	**foundation pier** [tank]	Gründungspfeiler *(m)* [Tank]
F 693	**foundation plan**	Fundamentzeichnung *(f)*; Fundamentplan *(m)*
F 694	**foundation retaining wall** [tank]	fundamentartige Stauwand *(f)* [Tank]
F 695	**foundation slab; foundation base**	Fundamentplatte *(f)*
F 696	**foundation soil**	Baugrund *(m)* [Boden]
F 697	**four-way valve**	Vierwege-Ventil *(n)*
F 698	**fraction**	Fraktion *(f)* [Schnitt]
F 699	**fractional condensation**	fraktionierte Kondensation *(f)* [Meistbenutztes Prinzip der kontinuierlichen Destillation in der Mineralölindustrie. Durch Erhitzung unter Druck und Entspannung im Fraktionierturm **(fractionating column)** findet eine Teilverdampfung **(flash distillation)** statt. Durch Kühlung des Kolonnenkopfes **(reflux** / Rückfluß) findet partielle Kondensation statt, die Kohlenwasserstoffe mit dem höchsten Siedepunkt kondensieren auf den niedrigsten Franktionierböden, die mit niedrigeren Siedepunkten auf jeweils höheren Böden.]
F 700	**fractional distillation**	fraktionierte Destillation *(f)* [Man fängt die Dämpfe nach Siedegrenzen getrennt auf und zerlegt so ein Gemisch verschieden destillierender Produkte in engere Fraktionen (Schnitte). Da die Kohlenwasserstoffe mit steigendem Siedepunkt auch steigende Dichten,

fractional distillation

		Viskositäten, Flammpunkte usw. aufweisen, zerlegt man durch eine fraktionierte Destillation das Rohölgemisch auch in Fraktionen mit verschiedenen physikalischen Eigenschaften]
F 701	**fractionating column**	Fraktionierkolonne *(f)*; Fraktionierturm *(m)* [Destillation / **distillation**. Um die bei einer Gleichgewichtsdestillation in den Fraktionierturm aus dem Ofen eintretenden Dämpfe in Schnitte zu zerlegen, bedient man sich der fraktionierenden Kondensation **(fractional condensation)**. Die Einbauten in den Fraktionierkolonnen (Böden; siehe **tray**) dienen zum Stoffaustausch zwischen den aufsteigenden Dämpfen und den kondensierten, herabfließenden Flüssigkeiten. Ist die Destillation im Gleichgewicht, können je nach Bauart der Fraktionierkolonne Kopfprodukte **(tops)**, Seitenschnitte **(side cuts)** und Bodenprodukte in gleichmäßiger Menge abgenommen werden. Voraussetzung ist eine mengenmäßig gleichmäßige Einspeisung eines gleichförmigen Einsatzproduktes, konstante Kolonneneintrittstemperatur, konstante Wasserdampfeinspeisung, konstante Druckverhältnisse und festzulegende Abnahme der Mengen abzunehmender Produkte (Kopf-, Seiten- und Bodenprodukte). Die gleichmäßige Temperatur am Kopf bzw. an den Abnahmeböden wird durch Rückfluß in die Fraktionierkolonnen aufrechterhalten. Siehe auch: **column**]
F 702	**fractionating tray**	Fraktionierboden *(m)* [siehe auch: **tray**]
F 703	**fractionation**	Fraktionierung *(f)*
F 704	**fractography**	Fraktographie *(f)*; Bruchflächenkunde *(f)*
F 705	**fracture**	Bruch *(m)*
F 706	**fracture analysis diagram; FAD**	Pellini-Diagramm *(n)*; Bruchanalysendiagramm *(n)*
F 707	**fracture appearance; character of fracture; appearance of fracture**	Bruchaussehen *(n)*
F 708	**fracture initiation**	Brucheinleitung *(f)*
F 709	**fracture toughness**	Bruchzähigkeit *(f)*
F 710	**fracture transition elastic temperature; FTE temperature**	FTE-Temperatur *(f)* [höchste Temperatur, bei welcher bei Anliegen einer der Streckgrenze entsprechenden Spannung Rißwachstum auftritt]
F 711	**fracture transition plastic temperature; FTP temperature**	FTP-Temperatur *(f)* [Temperatur, oberhalb der reine Scherbrüche auftreten und die dazu erforderliche Spannung ungefähr der Reißfestigkeit entspricht]
F 712	**frame [PHE]**	Gestell *(n)* [Plattenwärmeaustauscher]
F 713	**frame and truss structure**	Rahmen-Fachwerkkonstruktion *(f)*

F 714	frame column; frame leg	Rahmenständer *(m)* [Stütze]
F 715	frame structure	Rahmenkonstruktion *(f)*
F 716	frangible roof [tank]	Reißdach *(n)* [Tank]
F 717	free air; atmospheric air	atmosphärische Luft *(f)*; Luft *(f)* im Ansaugungszustand; Außenluft *(f)*
F 718	free area at disk [heat exchanger]	freier Kreisquerschnitt *(m)* [bei Kreisscheiben- und -ring-Anordnung in Wärmeaustauschern; siehe: D 329]
F 719	free area at doughnut [heat exchanger]	freier Ringquerschnitt *(m)* [bei Kreisscheiben- und -ring-Anordung in Wärmeaustauschern; siehe: D 329]
F 720	freeboard [sloshing; tank]	Amplitude *(f)* der Spiegelschwingungen; Spiegelschwingungsamplitude *(f)* [beim Schwappen der Flüssigkeit im Tank]
F 721	freeboard [vessel; tank]	Freiraum *(m)* [Behälter; Tank]
F 722	freebody method	Stufenkörpermethode *(f)* [Berechnungsverfahren für ein statisch unbestimmtes System]
F 723	free boiling	freies Sieden *(n)*
F 724	free convection; natural convection	freie Konvektion *(f)*; natürliche Konvektion *(f)*
F 725	free convection laminar flow	natürliche laminare Konvektionsströmung *(f)*
F 726	free convective heat transfer; free convection heat transfer	Wärmeübergang *(m)* durch freie Konvektion
F 727	free end displacement	Verschiebung *(f)* des freien Endes
F 728	free flow	freie Strömung *(f)*
F 729	free passage of valve	Ventildurchgang *(m)*
F 730	free space [gen.]	Freiraum *(m)* [allgemein]
F 731	free stream turbulence	Turbulenz *(f)* der freien Anströmung
F 732	free stream velocity	Freistromgeschwindigkeit *(f)*
F 733	freezing fouling; solidification fouling	Fouling *(n)* durch Ausfrieren; ErstarrungsFouling *(n)*
F 734	frequency detuning; detuning in frequency	Frequenzverstimmung *(f)*
F 735	frequency of pulse repetition; pulse repetition rate [ultras.]	Impulsfolgefrequenz *(f)*; Impulsfolgerate *(f)* [US-Prüfung]
F 736	frequency response	Frequenzantwort *(f)*
F 737	fretting [welding]	Verschweißen *(n)* [unter Heliumatmosphäre]
F 738	fretting corrosion	Reiboxydation *(f)*; Reibungskorrosion *(f)*; mechanischer Reibabtrag *(m)*; Fretting *(n)*; Fraßkorrosion *(f)* [mit Korrosion verbundenes Fressen von aufeinandergleitenden Flächen fester Körper]
F 739	fretting wear	Reibverschleiß *(m)*
F 740	fretting wear rate	Reibverschleißrate *(f)*

friction

F 741	friction	Reibung *(f)* [Reibung ist die Summe der an der Berührungsfläche zweier Körper wirksam werdenden Kräfte, die Bewegung hemmen bzw. verhindern. Reibung tritt auch in strömenden Medien auf (Flüssigkeiten, Gase). Je nach kinematischen Bedingungen unterscheidet man Gleitreibung, Rollreibung und Bohrreibung. Abhängig vom Zustand der Grenzflächen und den dynamischen Verhältnissen differenziert man zwischen Trockenreibung (zwischen reinen Festkörperflächen), Grenzreibung (zwischen technischen, verunreinigten/oxydierten Festkörperflächen), Flüssigkeitsreibung — auch hydrodynamische Reibung — (zwischen Flüssigkeits- oder Gasschichten) und Mischreibung (teils Grenz-, teils Flüssigkeitsreibung).]
F 742	**frictional force**	Reibungskraft *(f)*
F 743	**frictional heat**	Reibungswärme *(f)*
F 744	**frictional loss; friction loss**	Reibungsverlust *(m)*
F 745	**frictional pressure gradient**	Reibungsdruckabfall *(m)*
F 746	**frictional resistance**	Reibungswiderstand *(m)*
F 747	**frictional resistance to movement**	Reibungswiderstand *(m)*, der Bewegung entgegengesetzter ...
F 748	**friction factor; skin friction coefficient**	Reibungszahl *(f)*; Reibungsbeiwert *(m)*; Widerstandszahl *(f)*; Widerstandsbeiwert *(m)*
F 749	**friction factor, Fanning ...**	Widerstandsbeiwert *(m)* [dimensionslose, den Strömungswiderstand beschreibende Kennzahl; nach Fanning]
F 750	**friction-grip bolting joint**	HV-Verbindung *(f)*; hochfeste Schraubverbindung *(f)*
F 751	**friction losses** *(pl)*	Reibungsverluste *(m, pl)*
F 752	**friction stud welding**	Reibbolzenschweißen *(n)*
F 753	**friction theory, internal ...**	Hypothese *(f)* des elastischen Grenzzustandes [Mohr]
F 754	**friction-type bolted connection**	GV-Verbindung *(f)* [Schraubverbindung, gleitfest, vorgespannt]
F 755	**friction-type connection**	gleitfeste Verbindung *(f)*; kraftschlüssige Verbindung *(f)* [Schraube]
F 756	**friction-type connection with fit bolts**	GVP-Verbindung *(f)* [Schraubverbindung, gleitfest, vorgespannt, mit Paßschraube]
F 757	**friction-type locking** [bolt]	kraftschlüssige Sicherung *(f)* [einer Schraube]
F 758	**friction welding**	Reibschweißen *(n)*
F 759	**front end stationary head** [heat exchanger]	fester Stirnboden *(m)* [Wärmeaustauscher]
F 760	**front face of tubesheet**	Stirnfläche *(f)* des Rohrbodens; Rohrbodenstirnfläche *(f)*
F 761	**front screen** [radiog.]	Vorderfolie *(f)* [Durchstrahlungsprüfung]
F 762	**frothing**	Schäumen *(n)*; Schaumbildung *(f)*

full ultrasonic examination

F 763	frothing flow; churn flow	Schaumströmung (f); aufgewühlte Strömung (f)
F 764	frothover [tank]	kontinuierliches Überschäumen (n) relativ kleiner Flüssigkeitsmengen; Frothover (m) [führt zum „Boilover" bei Tankbränden; siehe: **boilover**]
F 765	**Froude number**	Froude-Zahl (f); Froudesche Kennzahl (f) [Maß für das Verhältnis der Trägheitskräfte zu den Schwerkräften in einer Strömung; ist von Einfluß, wenn Schwer- oder Auftriebskräfte eine maßgebliche Rolle spielen (statischer Druckabfall, Wasserumlauf, Entmischung bei Zweiphasenströmungen)]
F 766	**frozen flow**	eingefrorene Strömung (f)
F 767	**FSD; fluidized spray drying**	Sprühtrocknung (f) mit integrierter Agglomeration
F 768	**FSRF; forged steel raised face** [flange]	Arbeitsleiste (f) aus Schmiedestahl [Flansch]
F 769	**F-type shell** [heat exchanger]	Mantel (m) der Type F; F-Mantel (m) [Wärmeaustauscher; TEMA]
F 770	**full diameter holder** [bursting disc]	verbolzter Flansch (m) [Haltevorrichtung für Berstscheibe, die zwischen den Anschlußflanschen sitzt und den gleichen Durchmesser wie diese hat; siehe auch: **holder; capsule/insert holder**]
F 771	**full encirclement saddle tee**	voll umschließendes Sattel-T-Stück (n) [Einsatz beim „**Hot tapping**"]
F 772	**full-faced flange; flat face flange**	glatter Flansch (m)
F 773	**full-face gasket** [see Annex 1, p. 114]	vollflächige Dichtung (f); durchgehende Dichtung (f) [siehe Anhang 1, S. 114]
F 774	**full fillet weld**	Vollkehlnaht (f)
F 775	**full-lift safety valve** [see Annex 1, p. 35]	Vollhub-Sicherheitsventil (n) [siehe auch: **safety valve**; siehe Anhang 1, S. 35]
F 776	**full-lift spring compression** [valve]	voller Hub (m) beim Zusammendrücken der Feder [Ventil]
F 777	**full-opening pop action** [valve]	schlagartiges Öffnen (n); schlagartiger Übergang (m) in die voll geöffnete Stellung [Ventil]
F 778	**full overhead frame** [PHE]	Vollrahmen (m) [Plattenwärmeaustauscher]
F 779	**full-penetration weld**	vollständig durchgeschweißte Naht (f)
F 780	**full quench and tempering**	Durchvergütung (f) [Wärmebehandlung]
F 781	**full-range pressure cycles** (pl)	Druckzyklen (m, pl) über die volle Schwingbreite
F 782	**full roof travel** [tank]	volle Bewegung (f) des Daches [Tank]
F 783	**full-size specimen**	Vollmaßprobe (f)
F 784	**full strength connection**	volltragender Anschluß (m)
F 785	**full-strength weld**	volltragende Naht (f); volltragende Schweißnaht (f)
F 786	**full support**	satte Auflage (f); satter Sitz (m)
F 787	**full sweep** [ultras.]	volle Zeitablenkung (f) [US-Prüfung]
F 788	**full ultrasonic examination**	Ultraschall-Gesamtprüfung (f); US-Gesamtprüfung (f)

F 789	full vacuum	Hochvakuum *(n)*
F 790	fully automatic welding machine	Schweißvollautomat *(m)*
F 791	full yield	plastische Verformung *(f)* durch Fließen [des tragenden Ligaments]
F 792	fully retained gasketed flange	Flansch *(m)* mit Eindrehung zum Einlegen der Dichtung
F 793	functional capability; functional viability	Funktionstüchtigkeit *(f)*
F 794	functional layout	funktioneller Aufbau *(m)*
F 795	functional pressure difference [valve]	Funktionsdruckdifferenz *(f)* [Differenz zwischen dem Öffnungsdruck und dem Schließdruck, in Prozent des Ansprechdrucks ausgedrückt; Ventil]
F 796	functional test	Funktionsprüfung *(f)*
F 797	functional unit	Funktionseinheit *(f)*
F 798	fundamental frequency [ultras.]	Grundfrequenz *(f)* [US-Prüfung]
F 799	fundamental mode sloshing [tank]	Grundschwingung *(f)* durch Oberflächeneffekte der Flüssigkeit [Tank]
F 800	fundamental tone	Grundton *(m)* [akustische Schwingungen]
F 801	furnace butt welded pipe	stumpf feuergeschweißtes Rohr *(n)*
F 802	fused zone; fusion area [welding]	Schmelzbereich *(m)*; Schmelzzone *(f)* [Schweißen] [auch: F 817]
F 803	fusible insert [welding]	abschmelzende Einlage *(f)* [Schweißen]
F 804	fusible link valve	Schmelzsicherung *(f)*
F 805	fusible plug	Schmelzstopfen *(m)*
F 806	fusing metal retainer	abschmelzende metallische Schweißbadsicherung *(f)*
F 807	fusion face [welding]	Fugenflanke *(f)*; Flanke *(f)*; Schweißkante *(f)* [Schweißen]
F 808	fusion-faced edge	Anschweißende *(n)* [Längsseite, Blech/Flachstahl]
F 809	fusion-faced end	Anschweißende *(n)* [Stirnseite; Rohr]
F 810	fusion facing	Anfasen *(n)* [Schweißkante]
F 811	fusion line; boundary line [welding]	Schmelzlinie *(f)*; Schmelzgrenze *(f)*; Verschmelzungslinie *(f)* [mit dem Grundwerkstoff; Schweißen]
F 812	fusion penetration	Aufschmelztiefe *(f)*; Flankeneinbrand *(m)* [Schweißen]
F 813	fusion weld	Schmelzschweißnaht *(f)*; Schmelzschweiße *(f)*
F 814	fusion welded joint	Schmelzschweißverbindung *(f)*
F 815	fusion welded pressure vessel	schmelzgeschweißter Druckbehälter *(m)*
F 816	fusion welder	Schmelzschweißer *(m)*
F 817	fusion zone [welding]	Mischzone *(f)*; Diffusionszone *(f)*; Mischungszone *(f)* [Zone des aufgeschmolzenen Grundwerkstoffes; Schweißen]
F 818	future-expansion space	Einbaureserve *(f)*

G

G 1	**gag bolt** [safety valve]	Blockierschraube *(f)* [Sicherheits-Ventil]
G 2	**gagging** [safety valve]	Verblockung *(f)*; Verriegelung *(f)* [Sicherheits-Ventil]
G 3	**Galileo number**	Galilei-Zahl *(f)* [dimensionslose Kennzahl; sie läßt sich durch die Kenngröße Re (Reynolds-Zahl) und Fr (Froude-Zahl) ausdrücken]
G 4	**galling**	Abreiben *(n)*; Fressen *(n)* [Verschleiß]
G 5	**galloping** [tube bundle vibration]	Galloping *(n)*; Formanregung *(f)* bewegungsinduzierter Schwingungen; Flattern *(n)* [Eigenbewegung der Rohre im Rohrbündel, die zu destabilisierenden Veränderungen des Quertriebsbeiwerts (senkrecht zur Strömungsrichtung) führt; Grundtyp selbsterregter fluidelastischer Schwingungen]
G 6	**galvanic corrosion; electrochemical corrosion**	galvanische Korrosion *(f)*; elektrochemische Korrosion *(f)*; elektrolytische Korrosion *(f)*; Lokalelementbildung *(f)*; Kontaktkorrosion *(f)*
G 7	**gamma barrier**	Gammaschranke *(f)* [Füllstandsmessung]
G 8	**gamma radiography**	Gamma-Durchstrahlung *(f)*
G 9	**gamma ray**	Gammastrahl *(m)*
G 10	**gamma-ray radiograph; gammagraph**	Gammafilmaufnahme *(f)* [Strahlenbild]
G 11	**gap**	Spalt *(m)*; Gasse *(f)*
G 12	**gap conductance**	Wärmeleitung *(f)* im Spalt
G 13	**gap flow**	Spaltströmung *(f)*
G 14	**gap flow velocity**	Spaltströmungsgeschwindigkeit *(f)*; Geschwindigkeit *(f)* der Spaltströmung
G 15	**gap heat transfer**	Wärmeübertragung *(f)* im Spalt; Wärmeübergang *(m)* im Spalt; Spaltwärmeübertragung *(f)*; Spaltwärmeübergang *(m)*
G 16	**gapped-bead-on-plate test; G-BOP test**	G-BOP-Test *(m)* [Schweißraupe auf Spalt geschweißt; zur Untersuchung des Schweißgutes auf Kaltrißempfindlichkeit]
G 17	**gap scanning; non-contact scanning** [ultras.]	berührungslose Prüfung *(f)* [US-Prüfung]
G 18	**gas backing**	Gasschutz *(m)* der Nahtwurzel
G 19	**gas binding**	Stauung *(f)* von Gas
G 20	**gas blanket; gas cushion**	Schutzgaspolster *(n)*; Schutzgaspuffer *(m)*; Gasvorlage *(f)*
G 21	**gas blanketed vapour condenser**	Dampfkondensator *(m)* mit Inertgasbelastung
G 22	**gas blanketing**	Gasschutzvorlage *(f)* [Aufbringen eines Gaspolsters]
G 23	**gas bottle; gas cylinder**	Gasflasche *(f)*
G 24	**gas bottle bank; gas cylinder bank**	Gasflaschenbatterie *(f)*
G 25	**gas bubble**	Gasblase *(f)*

G 26	gas cavity [weld imperfection]	Gaseinschluß *(m)* [gasgefüllter Hohlraum im Schweißgut, im Schweißnahtübergang oder in der Wärmeeinflußzone (WEZ); Nahtfehler]
G 27	gas cleaning unit	Gasreinigungsanlage *(f)*
G 28	gas constant	Gaskonstante *(f)*
G 29	gas controlled heat pipe	gasgeregeltes Wärmerohr *(n)*
G 30	gas-cooled fast breeder reactor; GFBR	gasgekühlter schneller Brutreaktor *(m)*
G 31	gas cooler; gas chiller	Gaskühler *(m)*
G 32	gas cracking	Gasspaltung *(f)*
G 33	gas cushion; gas blanket	Gaspolster *(n)* [Behälter]
G 34	gas discharge colour method	Lecksuche *(f)* mit Geißlerrohr
G 35	gas displacement system	Gaspendelsystem *(n)* [Ein geschlossenes Rohrleitungssystem, welches Behälter oder Tanks untereinander und häufig mit einem Gasometer oder Fackelsystem verbindet. Man ermöglicht ein Atmen der Behälter ohne Luftverunreinigung in einer bekannten Gasatmosphäre (Schutzgas). Der Systemdruck wird dabei so gesteuert, daß vorgewählte Grenzwerte nicht über-/unterschritten werden.]
G 36	gas distribution system	Gasnetz *(n)*
G 37	gas duct	Gaskanal *(m)*
G 38	gas failsafe device	Gasmangelsicherung *(f)*
G 39	gas failure valve	Gasmangelventil *(n)*
G 40	gas flow	Gasstrom *(m)*
G 41	gas flow rate	Gasmassenstrom *(m)*
G 42	gas-gas heater	Gasvorwärmer *(m)*; GAVO; Gaswärmeaustauscher *(m)*; GAWA
G 43	gas inlet branch; gas inlet connection; gas inlet nozzle	Gaseintrittsstutzen *(m)*
G 44	gas inlet pressure	Gaseintrittsdruck *(m)*
G 45	gas inlet temperature	Gaseintrittstemperatur *(f)*
G 46	gasket [see Annex 1, pp. 114–117]	Dichtung *(f)* [siehe Anhang 1, S. 114–117]
G 47	gasket, grooved metal . . .	Kammprofildichtung *(f)*
G 48	gasket bearing width	Auflagerbreite *(f)* der Dichtung; Dichtungsauflagerbreite *(f)*
G 49	gasket contact area to be seated	vorzuverformende Kontaktfläche *(f)* der Dichtung
G 50	gasket contact face; gasket bearing surface	Auflagefläche *(f)* der Dichtung; Dichtungsauflagefläche *(f)*
G 51	gasket factor	Dichtungsbeiwert *(m)*; Dichtungsfaktor *(m)*; Dichtungskennwert *(m)* [zur Berechnung der Dichtungskraft; Betriebszustand]
G 52	gasket groove	Dichtungsnut *(f)*
G 53	gasket load reaction	Dichtungskraft *(f)*; Dichtungsauflagedruck *(m)*
G 54	gasket load reaction, allowable. . .	Dichtungsstandkraft *(f)* [im Betriebszustand]
G 55	gasket moment arm	Hebelarm *(m)* der Dichtung; Dichtungshebelarm *(m)*
G 56	gasket port (opening); corner port; porthole [in plates of PHE]	Durchtrittsöffnung *(f)* [in Platten von Plattenwärmeaustauschern]

gas-shielded arc welding

G 57	gasket retaining ring	Dichtungshaltering *(m)*
G 58	gasket ring; packing ring; sealing ring	Dichtungsring *(m)*
G 59	gasket seal; crush seal; compression seal	Preßdichtung *(f)*
G 60	gasket seating	Vorverformung *(f)* der Dichtung; Dichtungsvorverformung *(f)*; Dichtungssetzbewegung *(f)*; Setzen *(n)* der Dichtung
G 61	gasket seating load	Vorverformungskraft *(f)* der Dichtung; Dichtungsvorverformungskraft *(f)*
G 62	gasket seating surface	Sitzfläche *(f)* der Dichtung; Dichtungssitzfläche *(f)*
G 63	gasket seating width	Dichtungssitzbreite *(f)*
G 64	gasket seating width, effective ...	Dichtungswirkbreite *(f)*; Wirkbreite *(f)* der Dichtung
G 65	gasket web	Dichtungssteg *(m)*
G 66	gas leakage rate	Gasleckage *(f)*; Gasverlust *(m)* [Menge]
G 67	gas leakage test	Gasdichtigkeitsprüfung *(f)*
G 68	gas leak tester	Gasspürmeßgerät *(n)*
G 69	gasless welding	gasloses Schweißen *(n)*
G 70	gas liquefaction	Gasverflüssigung *(f)*
G 71	gas mass flow rate	Gasmassenstrom *(m)*
G 72	gas-metal arc spot welding	Schutzgas-Lichtbogenpunktschweißen *(n)*
G 73	gas occlusion	Gaseinschluß *(m)*
G 74	gas outlet branch; gas outlet connection; gas outlet nozzle	Gasaustrittsstutzen *(m)*
G 75	gas outlet pressure	Gasaustrittsdruck *(m)*
G 76	gas outlet temperature	Gasaustrittstemperatur *(f)*
G 77	gas pipe	Gasrohr *(n)*; Gasleitung *(f)*
G 78	gas pipeline	Gasfernleitung *(f)*
G 79	gas piping	Gasleitung *(f)*
G 80	gas pore [weld imperfection]	Gaspore *(f)*; Gasblase *(f)*; Gaseinschluß *(m)*; Gaskanal *(m)* [kugelartiger Gaseinschluß; Nahtfehler]
G 81	gas powder welding	Gas-Pulver-Schweißen *(n)*
G 82	gas pressure bonding	Gasdruckdiffusionsschweißen *(n)* [heißisostatisches Pressen]
G 83	gas pressure reducing valve; gas regulator	Gasdruckreduzierventil *(n)*
G 84	gas purchase	Gasabnahme *(f)* [vom Netz]
G 85	gas purging [weld]	Formierung *(f)* [Schweiße]
G 86	gas purification	Gasreinigung *(f)*
G 87	gas reforming	Gasspaltung *(f)* [z. B. durch Dampf]
G 88	gas regulator; gas pressure reducing valve	Gasdruckreduzierventil *(n)*
G 89	gas reversing chamber; GRC	Gasumlenkkammer *(f)*; GUK
G 90	gas scrubber	Gaswäscher *(m)* [siehe auch: **gas washer**]
G 91	gas scrubbing	Gaswäsche *(f)*
G 92	gas send out	Gasabgabe *(f)* [ins Netz]
G 93	gas-shielded arc welding	Schutzgasschweißen *(n)*; Schutzgaslichtbogenschweißen *(n)*

gas (shielded) metal-arc welding

G 94	**gas (shielded) metal-arc welding; GMAW [US]; MIG welding; metal inert gas welding [UK]**	Schutzgas-Metall-Lichtbogenschweißen *(n)*; Metall-Schutzgasschweißen *(n)*; MIG-Schweißen *(n)*
G 95	**gas supply**	Gasversorgung *(f)*; Gaszufuhr *(f)*
G 96	**gas tungsten arc welding; GTAW [US]; TIG welding; tungsten inert gas welding [UK]**	Schutzgas-Wolfram-Lichtbogenschweißen *(n)*; WIG-Schweißen *(n)*; Wolfram-Inertgas-Schweißen *(n)*; Wolfram-Schutzgas-Schweißen *(n)*
G 97	**gas velocity**	Gasgeschwindigkeit *(f)*
G 98	**gas washer; scrubber; spray tower absorber**	Gaswäscher *(m)* [Apparate zur Gasreinigung; meist Waschtürme **(wash column)** mit Böden **(tray)**, welche den Stoffaustausch zwischen dem aufsteigenden zu reinigenden Gas und dem herabfließenden Raffinationsmittel bewirken. Häufig auch mit Füllkörpern **(fill packing)**, z. B. Raschigringnestern, versehen. Sonderkonstruktionen wie Feldwäscher oder **rotating disk contactor** bewirken besonders innigen Stoffaustausch.]
G 99	**gas welder**	A-Schweißer *(m)*; Autogenschweißer *(m)*; Gasschweißer *(m)*
G 100	**gas welding**	Autogenschweißen *(n)*; Gasschmelzschweißen *(n)*; Gasschweißen *(n)*
G 101	**gate [gate valve]**	Klappe *(f)* [Schieber]
G 102	**gate [casting]**	Anschnitt *(m)*; Eingußkanal *(m)* [Gußstück]
G 103	**gate [ultras.]**	Gatter *(n)* [US-Prüfung]
G 104	**gate; rejection level; cut-off level [NDE]**	Zurückweisungslevel *(m)* [zerstörungsfreie Prüfung (ZfP)]
G 105	**gate valve [see Annex 1, p. 41]**	Absperrschieber *(m)*; Schieber *(m)*; Schieberventil *(n)* [Absperrschieber unterscheiden sich durch ihr Absperrsystem und den Gehäuseaufbau. Herkömmliche Bauarten sind Absperrschieber mit keilförmigen Sitzflächen, und zwar mit einem starren Keil **(solid wedge gate valve)**, einem elastischen Keil **(flexible/split wedge gate valve)** und einem keilförmigen Absperrteil, das aus zwei Platten besteht, die sich über einen mittleren Auflagepunkt (z. B. eine Kugel) abstützen **(double disk gate valve)**. Beim Parallelplatten-Absperrschieber **(parallel slide gate valve)** werden die Parallelplatten über ein Federpaket abgestützt, das auch im drucklosen Zustand eine leichte Dichtpressung erzeugt und in Offenstellung Schwingungen der Platten vermeidet. In unteren und mittleren Druckbereichen werden die Gehäuse mit Flanschen verschlossen; Hochdruckschieber werden mit einem druckdichten Deckelverschluß ausgeführt. Die Hochdruck-Ausführung der Schieber unterscheidet sich im Absperrmechanismus

nicht von den Ausführungen für niedrige Drücke, der starre Keil wird jedoch vermieden. Parallelplatten-Absperrschieber mit Leitrohr **(guide)** sind üblich. Der Durchgang ist kleiner als die Anschlußnennweite. Die dabei entstehenden Druckverluste werden durch das Leitrohr gemindert. Schieber der höheren Druckbereiche wurden früher grundsätzlich mit einem Leitrohr ausgerüstet, ebenfalls Schieber mit keilförmig angeordneten Dichtflächen. Siehe Anhang 1, S. 41]

G 106	**gate valve, lever-lifting type . . .**	Schieber *(m)*, mit Hebel angehobener . . .
G 107	**gate valve actuation**	Schieberbetätigung *(f)* [Vorgang]
G 108	**gate valve operating mechanism**	Schieberbetätigung *(f)* [Bauteil]
G 109	**gating**	Anschnittechnik *(f)* [Gießereimodell]
G 110	**gauge**	Lehre *(f)*; Meßwerkzeug *(n)*
G 111	**gauge block**	Endmaß *(n)*; Parallelendmaß *(n)* [Lehre]
G 112	**gauge length**	Meßlänge *(f)* [Zugprobe]
G 113	**gauge length after fracture**	Meßlänge *(f)* nach Bruch [Zugprobe]
G 114	**gauge mark**	Streichmaß *(n)* [Schablone zum Bohren von Lochreihen in einem Blech]
G 115	**gauge pressure**	Überdruck *(m)*
G 116	**gauge size**	Lehrenmaß *(n)*
G 117	**gauge valve**	Meßventil *(n)*
G 118	**gauging**	Lehren *(n)* [Prüfmethode]
G 119	**gauging**	Messen *(n)* [Füllstand]
G 120	**gauging tool**	Meßwerkzeug *(n)*
G 121	**G-BOP test; gapped-bead-on-plate test**	G-BOP-Test *(m)* [Schweißraupe auf Spalt geschweißt; zur Untersuchung des Schweißgutes auf Kaltrißempfindlichkeit]
G 122	**general arrangement; general layout**	Gesamtanordnung *(f)* [Anlage]
G 123	**general (arrangement) drawing**	Gesamtzeichnung *(f)*; Hauptzeichnung *(f)*; Übersichtszeichnung *(f)*
G 124	**general specification**	Rahmennorm *(f)*; Rahmenvorschrift *(f)*
G 125	**general thermal stress**	allgemeine Wärmespannung *(f)*
G 126	**general tolerance**	Freimaßtoleranz *(f)*
G 127	**general view**	Gesamtansicht *(f)*
G 128	**general yielding**	vollplastisches Fließen *(n)*
G 129	**generated surface**	Mantelfläche *(f)* [Mathematik]
G 130	**generator; generating line** [mathematics]	Mantellinie *(f)* [Mathematik]
G 131	**generator length**	Länge *(f)* der Mantellinie; Mantellinienlänge *(f)*
G 132	**generic specification**	Rahmennorm *(f)*; Rahmenvorschrift *(f)*
G 133	**geometrical discontinuity**	geometrische Unstetigkeit *(f)*; geometrische Störstelle *(f)*; geometrische Diskontinuität *(f)*; geometrische Werkstofftrennung *(f)*

G 134	**geometric stress; hot spot stress**	Strukturspannung *(f)* [an Schweißstößen unmittelbar vor der Nahtübergangskerbe bzw. Nahtendkerbe meßbare Spannung; weitgehend identisch mit der an dieser Stelle nach den technischen Tragwerktheorien – ohne Berücksichtigung der Kerbwirkung – errechenbare Oberflächenspannung]
G 135	**geometric unsharpness** [radiog.]	geometrische Unschärfe *(f)* [Durchstrahlungsprüfung]
G 136	**geysering**	Geysireffekt *(m)* [Teilverdampfung einer Flüssigkeit im Sättigungszustand bei schlagartiger Druckenlastung]
G 137	**GFBR; gas-cooled fast breeder reactor**	gasgekühlter schneller Brutreaktor *(m)*
G 137.1	**G-foot finned tube** [heat exchanger]	G-Typ-Rippenrohr *(n)*; G-fin-Rohr *(n)* [Wärmeaustauscher]
G 138	**ghost echo**	Phantomecho *(n)*
G 139	**gimbal expansion joint** [see Annex 1, pp. 90 und 93]	Rohrgelenkstück *(n)*; Rohrgelenkkompensator *(m)*; Kardangelenkkompensator *(m)* [Angularkompensator mit Kardan-Rohrgelenkstücken anstelle von zwei Gelenksystemen; zur räumlichen Dehnungsaufnahme; siehe Anhang 1, S. 90 und 93]
G 140	**gimbal-mounted**	kardanisch gelagert
G 141	**girder; beam** [gen.]	Träger *(m)*; Balken *(m)*; Walzprofilträger *(m)* [allg.]
G 142	**girth flange**	Behälterflansch *(m)*
G 143	**girth weld** [US]; **circumferential weld** [UK]	Rundnaht *(f)*; Umfangsnaht *(f)*; Umfangsschweißung *(f)*; Rundschweißnaht *(f)*
G 144	**gland; stuffing box; packing box; packed gland**	Stopfbuchse *(f)*
G 145	**gland**	Packungsstützring *(m)*
G 146	**gland bolt**	Stopfbuchsschraube *(f)*
G 147	**gland bolting; compression gland**	Stopfbuchsverschraubung *(f)*
G 148	**gland cock**	Stopfbuchshahn *(m)* [siehe auch: **cock**]
G 149	**gland flange**	Stopfbuchsbrille *(f)*
G 150	**gland follower; packing gland**	Stopfbuchsring *(m)*
G 151	**glandless; packless** *(adj.)*	stopfbuchslos *(Adj.)*
G 152	**glandless valve; packless valve**	stopfbuchsloses Ventil *(n)*
G 153	**gland nut**	Stopfbuchsmutter *(f)*
G 154	**gland packing**	Stopfbuchspackung *(f)*; Stopfbuchsenpackung *(f)*; Stopfbuchseinsatz *(m)*
G 155	**gland sleeve**	Stopfbuchshülse *(f)*
G 156	**glassed steel vessel**	emaillierter Stahlbehälter *(m)*
G 157	**glass fibre reinforced plastic; GRP**	glasfaserverstärkter Kunststoff *(m)*; GFK
G 158	**glide region, easy-** ... [metal structure]	Mehrfachgleitung *(f)* in allen Körnern, Bereich mit ... [Bereichseinteilung polykristalliner Metalle bei plastischer Verformung; Gleitlinienlänge gleich dem Korndurchmesser]

G 159	**globe valve** [see Annex 1, p. 44]	Durchgangsventil *(n)*; Niederschraubventil *(n)* [siehe Anhang 1, S. 44]
G 160	**globe valve, straight-run** . . .	Durchgangsventil *(n)* mit geradem Durchgang; Niederschraubventil *(n)* mit geradem Durchgang
G 161	**globe valve, straightway Y-type** . . .	Durchgangsventil *(n)* in Y-Ausführung; Niederschraubventil *(n)* in Y-Ausführung
G 162	**globular arc**	Tropfenlichtbogen *(m)*
G 163	**globular transfer**	tropfenförmiger Werkstoffübergang *(m)*; Tropfenübergang *(m)* [Schweißen]
G 164	**GMAW; gas metal arc welding** [US]; **MIG welding; metal inert gas welding** [UK]	Schutzgas-Metall-Lichtbogenschweißen *(n)*; MIG-Schweißen *(n)*; Metall-Schutzgasschweißen *(n)*
G 165	**go-devil; ball(-shaped) scraper; spherical pig**	Kugelmolch *(m)*; Trennkugel *(f)*; Reinigungsmolch *(m)*; Rohrmolch *(m)*
G 166	**gouging**	Fugenhobeln *(n)*; Fugenflämmen *(n)*
G 167	**gouging out** [weld root]	Ausfugen *(n)*; Auskreuzen *(n)*; Ausräumen *(n)* [Wurzel]
G 168	**governor valve** [pressure control valve]	Druckregelventil *(n)* [nicht genormter engl. Ausdruck; siehe: **pressure control valve**]
G 169	**Graesser contactor**	Graesser-Kontaktor *(m)* [Extraktor mit Rührern]
G 170	**Graetz number**	Graetz-Zahl *(f)* [dimensionslose Kennzahl; Kehrwert der Fourierzahl; wird hauptsächlich in Berechnungen bei stationär strömenden Medien benutzt, in denen die Zeit (z. B. als Verweilzeit in einem beheizten oder gekühlten Rohrstück) in der Regel durch die Länge und die mittlere Strömungsgeschwindigkeit ausgedrückt wird]
G 171	**grain boundaries** *(pl)*	Korngrenzen *(f, pl)*
G 172	**grain boundary attack**	Korngrenzenangriff *(m)* [auch: I 311, I 312]
G 173	**grain boundary liquation; grain boundary melting**	Korngrenzenseigerung *(f)*; Korngrenzenaufschmelzung *(f)*
G 174	**grain boundary precipitation**	Korngrenzenausscheidung *(f)*
G 175	**grain boundary voids** *(pl)*	Hohlräume *(m, pl)* an den Korngrenzen
G 176	**grain coarsening**	Kornvergröberung *(f)*
G 177	**grain growth**	Grobkornbildung *(f)*; Kornwachstum *(n)*
G 178	**graininess** [radiog]	Körnung *(f)* [Durchstrahlungsprüfung]
G 179	**grain refinement**	Kornverfeinerung *(f)*
G 180	**grain refinement heating; core refining**	Kernrückfeinen *(n)* [kornverfeinernde Wärmebehandlung]
G 181	**grain size**	Korngröße *(f)*
G 182	**grain structure**	Korngefüge *(n)*; Kornaufbau *(m)*
G 183	**granular bainite nose**	Zwischenstufennase *(f)* [Bainitgefüge in der Zwischenumwandlungsstufe]
G 184	**granular flux** [welding]	Schlackenpulver *(n)* [Schweißen]
G 185	**graphite-moderated reactor**	graphitmoderierter Reaktor *(m)*
G 186	**graphite rupture disk**	Graphit-Brechscheibe *(f)*; Graphit-Berstscheibe *(f)*

G 187	graphitic corrosion [casting]	Spongiose (f) [Gußfehler]
G 188	Grashof number; convection modulus	Grashof-Zahl (f) [dimensionslose Kennzahl; Maß für das Verhältnis der Schwerkräfte zu den Viskositätskräften in einer Strömung; ähnlich wie die Archimedes-Zahl gebildet ist sie die wichtigste Kenngröße zur Beschreibung des Wärmeübergangs bei freier Konvektion]
G 189	grass [background noise; ultras.]	Echogras (n) [US-Prüfung]
G 190	gravitational constant	Gravitationskonstante (f)
G 191	gravity arc welding	Schwerkraftlichtbogenschweißen (n)
G 192	gravity flow	Gravitationsströmung (f); Schwereströmung (f)
G 193	gravity position welding	Wannenlagenschweißen (n)
G 194	gravity-type heat exchanger	Gravitations-Wärmeaustauscher (m)
G 195	gray cast iron; grey cast iron; lamellargraphite cast iron	Gußeisen (n) mit Lamellengraphit; Lamellengraphit-Gußeisen (n)
G 196	grazing incidence [ultras]	streifender Strahleneinfall (m) [US-Prüfung]
G 197	GRC; gas reversing chamber	Gasumlenkkammer (f); GUK
G 198	grid [gen.]	Gitter (n); Raster (n); Netz (n) [allg.]
G 199	grid bar	Gitterstab (m)
G 200	grid lines (pl) [ultras.]	Rasterlinien (f, pl) [US-Prüfung]
G 201	grid-line scanning [ultras.]	Flächenprüfung (f) [US-Prüfung]
G 202	grid-pattern examination [ultras.]	Rasterprüfung (f) [US-Prüfung]
G 203	grid scanning [ultras.]	Abtasten (n) in Rasterform [US-Prüfung]
G 204	grid-support structure; support grid; lattice structure [tube bundle]	Gitter-Stützkonstruktion (f); Stützgitter (n) [in ND-Vorwärmern; Bündelunterstützung anstelle von gebohrten Unterstützungsplatten (Schikanen, Stützböden)]
G 205	grid tray	Gitterrost (m) [siehe: **tray**]
G 206	grinding mark [weld imperfection]	Schleifkerbe (f) [örtlich beschädigte Oberfläche durch unsachgemäßes Schleifen; Nahtfehler]
G 207	grip	Einspannung (f) [bei Zugversuch z. B.]
G 208	groove [gen.]	Fuge (f); Riefe (f); Nut (f); Rille (f) [allg.]
G 209	groove [welding]	Nahtfuge (f) [Schweißen]
G 210	groove angle [welding]	Öffnungswinkel (m) [Schweißen]
G 211	groove complex	Rillenschar (f)
G 212	grooved flat head [US]; grooved flat end [UK]	Nutboden (m)
G 213	grooved metal gasket [see Annex 1, pp. 116/117]	Kammprofildichtung (f); kammprofilierte Metalldichtung (f) [siehe Anhang 1, S. 116/117]
G 214	grooved pipe end	genutetes Rohrende (n)
G 215	grooved ring	Nutring (m)
G 216	grooved tube	genutetes Rohr (n)
G 217	groove face [welding]	Schweißfase (f); Schweißfuge (f); Schweißkante (f); Flanke (f); Fugenflanke (f)
G 218	groove thickness [welding]	Fugenhöhe (f) [Schweißen]

G 219	groove to reduce stress concentration; relief groove [end]	Entlastungsnut *(f)* [Boden]
G 220	groove track	Rillenverlauf *(m)*
G 221	groove weld	Fugennaht *(f)*
G 222	grooving	Nutung *(f)*
G 223	grooving out [root; welding]	Ausfugen *(n)* [Wurzel; Schweißen]
G 224	gross crushing	übermäßiges Quetschen *(n)*
G 225	gross plastic deformation; gross plasticity	übermäßige plastische Verformung *(f)*
G 226	gross porosity at the toe [weld imperfection]	schwammiges Schweißgut *(n)* in der Decklage [Nahtfehler]
G 227	gross porosity in the root [weld imperfection]	schwammiges Schweißgut *(n)* in der Wurzellage [Nahtfehler]
G 228	gross section yielding; GSY	allgemeines Fließen *(n)*; vollplastisches Fließen *(n)*; Fließen *(n)* im Bruttoquerschnitt
G 229	gross structural discontinuity	allgemeine Strukturdiskontinuität *(f)*; umfassende Störstelle *(f)*; strukturelle Gesamtdiskontinuität *(f)*; strukturelle Unstetigkeit *(f)*
G 230	ground rod	Staberder *(m)*; Erdungsstange *(f)*
G 231	growth-controlled fracture	wachstumskontrollierte Bruchausbreitung *(f)*
G 232	GRP; glass-fibre reinforced plastic	glasfaserverstärkter Kunststoff *(m)*; GFK
G 233	GTAW; gas tungsten-arc welding [US]; TIG welding; tungsten inert gas welding [UK]	Schutzgas-Wolfram-Lichtbogenschweißen *(n)*; WIG-Schweißen *(n)*; Wolfram-Inertgas-Schweißen *(n)*; Wolfram-Schutzgas-Schweißen *(n)*
G 234	G-type shell [heat exchanger]	Mantel *(m)* der Type G; G-Mantel *(m)* [Wärmeaustauscher; TEMA]
G 235	guide [expansion joint]	Führungslager *(n)* [bei Kompensatoren]
G 236	guide bushing; guide sleeve	Führungshülse *(f)*
G 237	guided *(v)*	geführt *(V)* [Zustand einer Auflagerung des Randes einer Platte oder einer Schale, die eine Verdrehung derselben verhindert, jedoch Längs- und Querverschiebungen zuläßt; siehe auch: **held**]
G 238	guided point	Führungspunkt *(m)*
G 239	guide funnel	Führungstrichter *(m)*
G 240	guide piston [valve]	Hubkolben *(m)* [Ventil]
G 241	guide pole; guide rod	Führungsstange *(f)*
G 242	guide pole [tank]	Führungsrohr *(n)* [im Schwimmdach eines Tanks; verhindert die Rotation des Daches]
G 243	guide post [valve]	Führungssäule *(f)* [Ventil]
G 244	guide roller	Führungsrolle *(f)*; Leitrolle *(f)*
G 245	guide shoe	Gleitschuh *(m)* [Backe]
G 246	guide sleeve; guide bushing	Führungshülse *(f)*
G 247	guide sleeve, internal ... [expansion joint]	inneres Leitrohr *(n)* [Kompensator]
G 248	guide wedge	Führungskeil *(m)*
G 249	guiding accuracy	Führungsgenauigkeit *(f)*
G 250	guiding pin	Führungsstift *(m)*

G 251	**guillotine valve; guillotine damper; knife gate valve [see Annex 1, p. 42]**	Steckschieber *(m)* [Absperrschieber; siehe Anhang 1, S. 42]
G 252	**gusset**	Anschluß *(m)*; Zwickel *(m)*; Knoten *(m)*
G 253	**gusseted elbow; segmental bend; mitred bend**	Segmentkrümmer *(m)*; Gehrungskrümmer *(m)*; Segmentrohrbogen *(m)*
G 254	**gusset plate**	Knotenblech *(n)*; Eckblech *(n)*
G 255	**gusset stay**	Blechanker *(m)*; Eckverstrebung *(f)*
G 256	**gust factor [tank]**	Böenfaktor *(m)* [Tank]

H

H 1	**hair-line crack; capillary crack**	Haarriß *(m)*
H 2	**hair-pin coil (element)**	Haarnadelrohr *(n)* [Rohrschlange]
H 3	**hair-pin heat exchanger**	Haarnadel-Wärmeaustauscher *(m)*; Haarnadel-Wärmeübertrager *(m)*; Wärmeaustauscher *(m)* in Haarnadelausführung
H 4	**half angle [thread]**	Teilflankenwinkel *(m)* [Gewinde]
H 5	**half bead technique; temper bead welding; butterbead-temperbead welding**	Vergütungslagentechnik *(f)*; Vergütungslagen-Schweißen *(n)*
H 6	**half bead weld repair and weld temper bead reinforcement technique**	Vergütungslagentechnik *(f)* mittels Ausbesserungsschweißen [Die erste Schweißgutlage wird über dem gesamten auszubessernden Bereich eingebracht, und ungefähr die Hälfte der Dicke dieser Lage wird durch Schleifen vor dem Einbringen der nachfolgenden Lagen entfernt. Die nachfolgenden Lagen werden so eingebracht, daß ein Vergüten der darunterliegenden Lagen und deren WEZ gewährleistet ist. Die Vergütungsdecklage wird auf eine über der auszubessernden Oberfläche liegenden Höhe eingebracht, ohne daß sie mit dem Grundwerkstoff in Berührung kommt, aber nahe genug an der Kante der darunterliegenden Lage liegt, um ein Vergüten des Grundwerkstoffs zu gewährleisten. Die Vergütungsdecklagenüberhöhung wird dann so entfernt, daß sie im wesentlichen bündig mit der Oberfläche des Grundwerkstoffs abschließt]
H 7	**half dog point [bolt]**	Kernansatz *(m)* [Schraubenende]
H 8	**half-pipe coil**	Halbrohrschlange *(f)*
H 9	**half-pipe heating channel**	Halbrohr-Heizkanal *(m)*
H 10	**half-pipe section [insulation]**	Halbschale *(f)* [Rohrisolierung]
H 11	**half-value thickness [radiog.]**	Halbwertsdicke *(f)* [Durchstrahlungsprüfung]
H 12	**halide (leak) detector; halogen (sensitive) leak detector**	Halogenanzeigegerät *(n)*; Halogenlecksuchgerät *(n)*; Halogenlecksucher *(m)*
H 13	**halide leak test; halogen leak test**	Halogen-Dichtheitsprüfung *(f)*; Halogen-Lecktest *(m)*
H 14	**haloes *(pl)***	Höfe *(m, pl)* [spröde Bereiche um Störstellen herum]
H 15	**halogen diode detector testing**	Prüfung *(f)* mittels Halogendiodendetektor; Halogendiodendetektorprüfung *(f)*
H 16	**halogen sniffer test**	Halogen-Schnüffeltest *(m)*
H 17	**hammer forging**	Freiformschmieden *(n)* [Vorgang]; Freiformschmiedestück *(n)* [Teil]
H 18	**hammering [valve]**	Hämmern *(n)* [Ventil]

H 19	**Hammond tubeseal** [tank]	Hammond-Schwimmdachabdichtung *(f)*; Schwimmdachdichtung *(f)* „tubeseal" nach Hammond; Tubeseal-Schwimmdachabdichtung *(f)* nach Hammond [Dichtungsart (Tankbau); Dichtungsschürze, bei der der Dichtungsschlauch mit Flüssigkeit gefüllt ist. Der hydrostatitische Druck bewirkt das Anpressen der Dichtungsschürze; siehe auch: **rim-seal system**]
H 20	**Hampson heat exchanger**	Hampson-Wickelrohr-Wärmeaustauscher *(m)*; Wickelrohrwärmeaustauscher *(m)* Bauart Hampson
H 21	**H and D curve; D-log E curve; characteristic curve** [radiog.]	H- und D-Kurve *(f)*; D-log E-Kurve *(f)*; Gradationskurve *(f)* [Durchstrahlungsprüfung]
H 22	**hand lay-up joint; laid-up joint**	handaufgelegte Verbindung *(f)*
H 23	**hand lay-up moulding**	handaufgelegtes Pressen *(n)*
H 24	**handtight engagement**	Einschraublänge *(f)* von Hand
H 25	**handwheel** [gen.]	Handrad *(n)* [allg.]
H 26	**handwheel** [valve]	Handantrieb *(m)* [Ventil]
H 27	**handwheel retainer**	Handradhalter *(m)*
H 28	**hanger**	Aufhängeeisen *(n)*; Hängevorrichtung *(f)*; Rohrhänger *(m)*
H 29	**hanger flange**	Aufhängeflansch *(m)*
H 30	**hanger rod**	Aufhängestange *(f)*; Anker *(m)* [als Traganker]; Gestänge *(n)*; Hängestange *(f)*; Zuganker *(m)*; Zugstange *(f)*
H 31	**hangers** *(pl)* **and attachments; hanger fixtures** *(pl)*; **suspension fixtures** *(pl)*	Aufhängeteile *(n, pl)*; Aufhängung *(f)* [Teile]
H 32	**hanger support** [vessel support; see Annex 1, p. 21]	Hänger *(m)* [Behälteraufhängung; siehe Anhang 1, S. 21]
H 33	**hanger system; suspension system**	Aufhängung *(f)* [allgemein]
H 34	**hanger travel position**	Hängerstellung *(f)* [Konstanthänger; LISEGA]
H 35	**hanging type fixture**	Hängewerk *(n)*
H 36	**hangup; virtual leak** [leak test]	scheinbarer Fehler *(m)*; scheinbares Leck *(n)*; virtuelles Leck *(n)* [entsteht durch langsames Entweichen von absorbiertem oder eingeschlossenem Spürgas; Dichtheitsprüfung]
H 37	**hardenability; potential hardness increase**	Aufhärtbarkeit *(f)*
H 38	**hard-faced layer**	Hartauftragsschicht *(f)*
H 39	**hard facing; hard surfacing** [operation]	Schweißpanzern *(n)*; Aufpanzerung *(f)*; Panzern *(n)*; Hartauftragsschweißen *(n)* [Vorgang]
H 40	**hard-facing weld metal overlay**	Hartauftragsschweißung *(f)*; Aufpanzerung *(f)*
H 41	**hardness increase**	Aufhärtung *(f)* [nach dem Härten]
H 42	**hardness survey; hardness test(ing)**	Härteprüfung *(f)*
H 43	**hardness traverse**	Härteverlauf *(m)*; Härtenetzmessung *(f)*
H 44	**hard region**	Aufhärtungszone *(f)* [Werkstoff]
H 45	**hard spot**	örtliche Aufhärtung *(f)*

H 46	hard stamping	Stempelung *(f)* mit Metallstempel; Anstempeln *(n)* mit Metallstempel
H 47	hard surfacing; hard facing; hard surface overlaying [operation]	Aufpanzerung *(f)*; Hartauftragsschweißen *(n)*; Schweißpanzern *(n)* [Vorgang]
H 48	hard temper	übermäßige Härte *(f)*
H 49	hard zone cracking	Hartrissigkeit *(f)*
H 50	harmonics *(pl)* [ultras]	Oberwellen *(f, pl)* [US-Prüfung]
H 51	hauling	Verlegung *(f)* [Rohr]
H 52	HAZ; heat-affected zone	Wärmeeinflußzone *(f)*; WEZ
H 53	hazard and operability studies *(pl)*	Gefahren- und Durchführbarkeitsstudie *(f)*
H 54	hazard category	Gefahrenklasse *(f)*
H 55	hazard tree	Gefahrenbaum *(m)*
H 56	HCF; high-cycle fatigue	Ermüdung *(f)* bei hoher Lastspielzahl [Beanspruchung aus hochfrequenter Belastung im Bereich der Dauerfestigkeit]
H 57	HDS; hydrostatic design stress	hydrostatische Berechnungsspannung *(f)*
H 58	head	Säule *(f)* [Flüssigkeit]
H 59	head [pump]	Druckhöhe *(f)*; Förderhöhe *(f)* [Pumpe]
H 60	head [US]; end (plate) [UK] [see Annex 1, pp. 22–32]	Boden *(m)* [siehe Anhang 1, S. 22–32]
H 61	head, blank ...	Vollboden *(m)*; Boden *(m)* ohne Ausschnitte; ungelochter Boden *(m)*
H 62	head, conical ...	Kegelboden *(m)*
H 63	head, dished ...	gewölbter Boden *(m)*
H 64	head, ellipsoidal ...	elliptischer Boden *(m)*
H 65	head, flanged ...	Krempenboden *(m)*; gekrempter Boden *(m)*
H 66	head, flat ...	ebener Boden *(m)*
H 67	head, grooved flat ...	Nutboden *(m)*
H 68	head, hemispherical ... [see Annex 1, pp. 22 and 27]	Halbkugelboden *(m)* [siehe Anhang 1, S. 22 und 27]
H 69	head, manholed ...	Mannlochboden *(m)*
H 70	head, obround ...	länglich runder Boden *(m)*
H 71	head, perforated ...	gelochter Boden *(m)*; Boden *(m)* mit Ausschnitten
H 72	head, plus ...	positiver Boden *(m)* [Druck gegen die Innenwölbung]
H 73	head, semi-ellipsoidal ... [see Annex 1, pp. 22 and 26]	Korbbogenboden *(m)* [siehe Anhang 1, S. 22 und 26]
H 74	head, spherically domed ...	kugelförmig gewölbter Boden *(m)* [ohne Krempe]
H 75	head, toriconical ... [see Annex 1, pp. 23 and 32]	Kegelboden *(m)* mit Krempe; gekrempter Kegelboden *(m)* [siehe Anhang 1, S. 23 und 32]
H 76	head, torispherical ... [see Annex 1, pp. 22 and 25]	torisphärischer Boden *(m)* [gewölbt und gekrempt]; Klöpperboden *(m)* [Radius = Außendurchmesser; $R = D_a$]; Korbbogenboden *(m)* [$R = 0,8 D_a$; tiefgewölbter Boden mit Krempe] [siehe Anhang 1 S. 22 und 25]
H 77	head, unpierced ...	Vollboden *(m)*; Boden *(m)* ohne Ausschnitte; ungelochter Boden *(m)*

H 78	head, unpierced dished ...	gewölbter Vollboden *(m)*
H 79	head, welded flat ...	Vorschweißboden *(m)*
H 80	head-capacity curve; pressure-volume curve [pump]	QH-Kennlinie *(f)* [Druck/Volumen bei Pumpen]
H 81	head closure	Endverschluß *(m)* [Behälter]
H 82	header	Sammler *(m)*
H 83	header	Grundrohr *(n)*; Rohrverteiler *(m)*; Leitungsverteiler *(m)*; Verteilerstück *(n)*
H 84	header; water box; channel; end box [condenser]	Wasserkammer *(f)*; Kopf *(m)* [Kondensator]
H 85	header; stationary head [PHE]	feste Gestellplatte *(f)* [Plattenwärmeaustauscher]
H 86	header box	Sammlerkasten *(m)*
H 87	header cap	Kammerkappe *(f)* [Sammler]
H 88	header end	Sammlerboden *(m)*
H 89	header nozzle	Sammlerstutzen *(m)*
H 90	header stub	Sammlernippel *(m)*
H 91	header-type feedwater heater	Sammler-Vorwärmer *(m)*; Vorwärmer *(m)* in Sammlerbauweise
H 92	header wall box	Sammlerkasten *(m)* [Wandvorbaukasten]
H 93	head flowmeter	Wirkdruckdurchflußmesser *(m)*
H 94	head plate	Bodenblech *(n)*
H 95	head skirt	zylindrischer Bord *(m)* des Bodens [siehe auch: C 924, C 931, S 603, S 1142]
H 96	head-up feedwater heater; channel-up feedwater heater	Kopfvorwärmer *(m)*; stehender Vorwärmer *(m)* in Kopfkonstruktion
H 97	heart cut	Herzschnitt *(m)* [Destillatfraktion mit engen Siedegrenzen bezeichnet man als Herzschnitte. In der Destillationsanlage ist hierzu starker Rückfluß [**reflux**] und eine ausreichende Anzahl von Fraktionierböden unterhalb und oberhalb der Abnahmestelle notwendig; siehe auch: **distillation**]
H 98	heat [gen.]	Wärme *(f)*; Hitze *(f)*; Schmelze *(f)*; Ofengang *(m)*; Charge *(f)* [allg.]
H 99	heat absorption	Wärmeaufnahme *(f)*
H 100	heat absorption surface	Kühlfläche *(f)* [Kessel]
H 101	heat accumulator	Wärmespeicher *(m)*
H 102	heat affected zone; HAZ	Wärmeeinflußzone *(f)*; WEZ
H 103	heat analysis [US]; ladle analysis [UK]	Schmelzenanalyse *(f)*
H 104	heat balance; thermal balance	Wärmebilanz *(f)*
H 105	heat barrier; thermal buffer	Wärmesperre *(f)*
H 106	heat bridge	Wärmebrücke *(f)*
H 107	heat build-up	Wärmestau *(m)*
H 108	heat capacity	Wärmekapazität *(f)* [allgemein]
H 109	heat capacity rate	Wärmeinhaltsrate *(f)*; Wärmekapazitätsstrom *(m)* [Wasserwert]
H 110	heat code	Chargen-Nr. *(f)* [Schmelze]

heat exchanger

H 111	heat conduction; conduction of heat; thermal conduction	Wärmeleitung *(f)*
H 112	heat conduction equation; equation of heat conduction	Wärmeleitungsgleichung *(f)*
H 113	heat conduction in the steady state; steady (-state) heat conduction; steady conduction of heat	stationäre Wärmeleitung *(f)*
H 114	heat conduction in the unsteady state; unsteady (-state) heat conduction; unsteady conduction of heat	instationäre Wärmeleitung *(f)*
H 115	heat consumption	Wärmeverbrauch *(m)*
H 116	heat content; enthalpy	Wärmeinhalt *(m)*; Enthalpie *(f)* [Definition siehe unter: **enthalpy**]
H 117	heat convection; convection of heat; thermal convection	Wärmekonvektion *(f)*; Wärmemitführung *(f)*
H 118	heat crack; hot crack; hot tear	Wärmeriß *(m)*; Warmriß *(m)* [siehe: **hot crack**]
H 119	heat cycle	Wärmekreislauf *(m)*; Wärmeschaltung *(f)*
H 120	heat displacement	Wärmeauskopplung *(f)*; Wärmeverschiebung *(f)*
H 121	heat dissipation	Wärmeabfuhr *(f)*; Wärmeabgabe *(f)*; Wärmeableitung *(f)*; Wärmeabführung *(f)*
H 122	heat dissipation rate	Wärmeabfuhrgeschwindigkeit *(f)*
H 123	heat drop	Wärmeabfall *(m)*
H 124	heat duty	Wärmeleistung *(f)*
H 125	heated section; heatable section	beheizbare Strecke *(f)*; beheizte Strecke *(f)*
H 126	heated tool welding; hot-tool welding	Heizelementschweißen *(n)* [bei Kunststoffrohrleitungen]
H 127	heated wedge pressure welding	Heizkeilschweißen *(n)*
H 128	heat exchanger [see Annex 1, pp. 4–7]	Wärme(aus)tauscher *(m)*; Wärmeübertrager *(m)* [Apparate zum Wärmeaustausch zwischen einem zu kühlenden und einem aufzuheizenden Medium; besonders wichtig in der Destillationstechnik. Wird die abzuführende Wärme an Kühlwasser, Kühlsole oder Luft abgegeben und damit vernichtet (d. h. nicht weiter ausgenutzt, spricht man von Kühlern. Wird das abzukühlende Medium beim Wärmeaustausch verflüssigt (kondensiert), bezeichnet man den Wärmeaustauscher als Kondensator. Wird das Kühlmedium verdampft, so spricht man von Verdampferkühlern. Um möglichst viel Wärmeaustauschfläche, von deren Größe die Wirksamkeit des Wärmeaustauschers abhängt, auf kleinem Raum unterzubringen, sind viele Wärmeaustauschertypen entwickelt worden, z. B. Schlangen-, Spiral-, Mantelrohr-, Röhrenbündel-, Haarnadel-Wärmeaustauscher. Bei der Konstruktion wird darauf geachtet, daß bei den Austauscherrohren keine Wärmespannung auftritt.

heat exchanger

Röhrenbündelwärmeaustauscher (**shell-and-tube heat exchanger**; S 430) werden bei großen Temperaturdifferenzen mit Schwimmkopf ausgebildet, um die Längenausdehnung der Rohre zu kompensieren. Der Wärmeaustausch wird, soweit es das Temperaturniveau zuläßt, zur Rückgewinnung von Wärme durchgeführt.

Aggregatzustand der Fluide. Man unterscheidet Apparate ohne Phasenänderung (Vorwärmer, Luftkühler, rauchgasbeheizter Überhitzer u. a. und solche mit Phasenänderung (Kondensatoren, Eindampf-Apparaturen, Verdampfungskühler u. a.). Die Berechnung wird erschwert, wenn auf beiden Seiten mit zweiphasigen Strömungsvorgängen gerechnet werden muß.

Betriebsweise. Es werden kontinuierlich durchströmte (Rekuperatoren) und diskontinuierlich durchströmte (Regeneratoren) Wärmeaustauscher unterschieden; siehe Anhang 1, S. 4-7]

H 129	**heat exchanger, air cooled** . . .	luftgekühlter Wärmeaustauscher *(m)*
H 130	**heat exchanger, air-oil** . . .	Öl/Luft-Wärmetauscher *(m)*
H 131	**heat exchanger, baffled shell-and-tube** . . .	Rohrbündelwärmeaustauscher *(m)* mit Strömungsleitblechen
H 132	**heat exchanger, bare-tube** . . .	Glattrohrwärmeaustauscher *(m)*; Wärmetauscher *(m)* mit unberippten Rohren
H 133	**heat exchanger, chevron-type plate** . . .	Plattenwärmeaustauscher *(m)* mit Platten mit pfeilförmigem Muster [Fischgrätenmuster]
H 134	**heat exchanger, compact** . . .	Kompaktwärmeaustauscher *(m)*
H 135	**heat exchanger, counterflow** . . .	Gegenstrom-Wärmeaustauscher *(m)*; Gegenströmer *(m)*
H 136	**heat exchanger, cross counterflow** . . .	Kreuzgegenstrom-Wärmeaustauscher *(m)*; Kreuzgegenströmer *(m)*
H 137	**heat exchanger, cross-flow** . . .	Querstrom-Wärmeaustauscher *(m)*
H 138	**heat exchanger, direct-contact** . . .	Direktkontakt-Wärmeaustauscher *(m)*
H 139	**heat exchanger, disk-and-doughnut type** . . .	Rohrbündel-Wärmeaustauscher *(m)* mit Kreisscheiben- und Kreisring-Umlenkblechen
H 140	**heat exchanger, double pipe** . . .	Doppelrohr-Wärmeaustauscher *(m)*
H 141	**heat exchanger, Field tube** . . .	Doppelrohr-Wärmeaustauscher *(m)*; Wärmeaustauscher *(m)* mit eingestecktem Doppelrohr; Fieldrohr-Wärmeaustauscher *(m)*
H 142	**heat exchanger, finned-tube** . . .	Rippenrohr-Wärmeaustauscher *(m)*
H 143	**heat exchanger, fixed tubesheet** . . .	Festkopf-Wärmeaustauscher *(m)*; Wärmeaustauscher *(m)* mit festem Rohrboden
H 144	**heat exchanger, floating head** . . .	Schwimmkopf-Wärmeaustauscher *(m)*
H 145	**heat exchanger, flow reversible** . . .	Wärmeaustauscher *(m)* mit umkehrbarer Strömung

H 146	**heat exchanger, hair-pin** ...	Wärmeaustauscher *(m)* in Haarnadelausführung; Haarnadel-Wärmeaustauscher *(m)*; Haarnadel-Wärmeübertrager *(m)*
H 147	**heat exchanger, herringbone-type plate** ...	Plattenwärmeaustauscher *(m)* mit Platten mit Fischgrätenmuster [pfeilförmiges Muster]
H 148	**heat exchanger, intermediate** ...	Zwischenwärmetauscher *(m)*
H 149	**heat exchanger, lamella flow** ...	Lamellenbündel-Wärmeaustauscher *(m)*
H 150	**heat exchanger, liquid-coupled indirect** ...	flüssigkeitsgekoppelter indirekter Wärmeaustauscher *(m)*
H 151	**heat exchanger, longitudinally finned-tube** ...	Wärmeaustauscher *(m)* mit Längsrippenrohren
H 152	**heat exchanger, multipass** ...	mehrgängiger Wärmeaustauscher *(m)*; Wärmeaustauscher *(m)* mit mehreren Mantelwegen
H 153	**heat exchanger, multitube** ...	Multitube-Wärmeaustauscher *(m)*
H 154	**heat exchanger, offset strip-finned plate** ...	Rippenplatten-Wärmeaustauscher *(m)* mit verzahnten Rippen [aus Metallband bestehende Rippen in versetzter Anordnung]
H 155	**heat exchanger, oil-to-air** ...	Öl/Luft-Wärmeaustauscher *(m)*
H 156	**heat exchanger, parallel-corrugated plate-type** ...	Plattenwärmeaustauscher *(m)* mit Platten mit Waschbrettmuster
H 157	**heat exchanger, pin-fin** ...	Nadelrippen-Wärmeaustauscher *(m)*
H 158	**heat exchanger, plate-and frame** ...	Plattenwärme(aus)tauscher *(m)*
H 159	**heat exchanger, plate-fin** ...	Rippenplatten-Wärmeaustauscher *(m)*
H 160	**heat exchanger, plate(-type)** ...	Plattenwärme(aus)tauscher *(m)*
H 161	**heat exchanger, plate ... with parallel corrugated plates**	Plattenwärmeaustauscher *(m)* mit Platten mit Waschbrettmuster
H 162	**heat exchanger, pull through floating head** ...	Wärmeaustauscher *(m)* mit Schwimmkopf und durchgezogenem Rohrbündel
H 163	**heat exchanger, reversing** ...	umschaltbarer Wärmeaustauscher *(m)* [Definition siehe unter: **reversing heat exchanger**]
H 164	**heat exchanger, ribbon-packed** ...	Wärmeaustauscher *(m)* mit schraubenförmiger Metallpackung [Definition siehe unter: **ribbon-packed heat exchanger**]
H 165	**heat exchanger, rotary-type** ...	Rotationswärmeaustauscher *(m)*
H 166	**heat exchanger, scraped-surface** ...	Kratzkühler *(m)*
H 167	**heat exchanger, segmentally baffled shelland-tube** ...	Rohrbündelwärmeaustauscher *(m)* mit Segmentleitblechen
H 168	**heat exchanger, shell-and-tube** ... [see **Annex 1, pp. 4-7**]	Rohrbündelwärmeaustauscher *(m)*; Rohrbündelwärmeübertrager *(m)*; RWÜ; Mantelröhrenwärmeaustauscher *(m)* [siehe Anhang 1, S. 4–7]
H 169	**heat exchanger, single pass** ...	eingängiger Wärmeaustauscher *(m)*; Wärmeaustauscher *(m)* mit einem Mantelweg
H 170	**heat exchanger, spiral plate** ...	Spiralwärmeaustauscher *(m)*
H 171	**heat exchanger, straight-tube** ...	Geradrohr-Wärmeaustauscher *(m)*; Wärmeaustauscher *(m)* mit geraden Rohren; Wärmeaustauscher *(m)* mit geradem Rohrbündel
H 172	**heat exchanger, tube-fin** ...	Rippenrohr-Wärmeaustauscher *(m)*

H 173	**heat exchanger, tubular** ...	Rohrbündelwärmeaustauscher *(m)*; Rohrbündelwärmeübertrager *(m)*; RWÜ; Mantelröhrenwärmeaustauscher *(m)*
H 174	**heat exchanger, U-tube** ... **[see Annex 1, p. 4]**	U-Rohr-Wärmeaustauscher *(m)*; U-Röhrenwärmeübertrager *(m)*; U-Rohrbündelwärmeaustauscher *(m)* [siehe Anhang 1, S. 4: CFU]
H 175	**heat exchanger, wavy-groove plate** ...	Plattenwärmeaustauscher *(m)* mit Platten mit gewelltem Waschbrettmuster
H 176	**heat exchanger supports** *(pl)*	Wärmeaustauscherhalterungen *(f, pl)*
H 177	**heat exchange surface**	wärmetauschende Heizfläche *(f)*
H 178	**heat extraction; heat removal**	Wärmeentzug *(m)*
H 179	**heat flow; heat flux**	Wärmestrom *(m)*; Wärmefluß *(m)*
H 180	**heat flow diagram; heat balance diagram; temperature-entropy diagram**	Wärmeschaltbild *(n)*; Wärmeschaltplan *(m)*; Wärmediagramm *(n)*
H 181	**heat flow rate**	Wärmedurchgang *(m)* [Menge]
H 182	**heat flux; heat flow**	Wärmestrom *(m)*; Wärmefluß *(m)*
H 183	**heat-flux-controlled flow**	aufgeprägter Wärmefluß *(m)*
H 184	**heat flux density; surface heat flux**	Wärmestromdichte *(f)* [an der Heizfläche; Heizflächenbelastung]
H 185	**heat flux density vector**	Vektor *(m)* der Wärmestromdichte
H 186	**heat flux disturbance** *(pl)*	Wärmestromstörungen *(f, pl)*
H 187	**heat flux-flow coupling effects** *(pl)*	Kopplungseffekte *(m, pl)* zwischen Wärmefluß und Strömung
H 188	**heat fusion joint**	warmgeschweißte Verbindung *(f)*
H 189	**heat generation; heat production**	Wärmeerzeugung *(f)*
H 190	**heating coll**	Heizschlange *(f)*
H 191	**heating jacket**	Heizmantel *(m)* [z. B. im Dünnschichtverdampfer]
H 192	**heating pin**	Heizstift *(m)*
H 193	**heating steam**	Heizdampf *(m)*
H 194	**heating surface; heat exchange surface**	Heizfläche *(f)* [allg.]
H 195	**heat input; heat supply**	Wärmezufuhr *(f)*; eingebrachte Wärme *(f)*
H 196	**heat input [welding]**	Wärmeeinbringung *(f)* [Schweißen]
H 197	**heat insulation; thermal insulation**	Wärmeisolierung *(f)*; Wärmedämmung *(f)*; Wärmeschutz *(m)*
H 198	**heat insulation lagging**	Wärmedämmung *(f)*; Wärmeisolierung *(f)*; Wärmeschutz *(m)*
H 199	**heat insulator**	Wärmedämmstoff *(m)*
H 200	**heat liberation; heat release**	Wärmeabbau *(m)*; Wärmeentbindung *(f)*; Wärmefreisetzung *(f)*
H 201	**heat load [gen.]**	Wärmebelastung *(f)* [allgemein]
H 202	**heat load; thermal load [environment]**	Wärmebelastung *(f)* [Umwelt]
H 203	**heat loss**	Wärmeverlust *(m)*
H 204	**heat loss method**	indirekte Wirkungsgrad-Bestimmung *(f)* anhand der Wärmeverluste
H 205	**heat of adsorption; adsorption heat**	Adsorptionswärme *(f)*
H 206	**heat of evaporation**	Verdampfungsenthalpie *(f)*
H 207	**heat of reaction**	Reaktionswärme *(f)*

H 208	**heat output; heat capacity; heat duty; thermal output**	Wärmeleistung *(f)*; Wärmeabgabe *(f)*
H 209	**heat peak**	Wärmespitze *(f)*; Wärmequellendichte *(f)*
H 210	**heat pipe**	Wärmerohr *(n)* [Ein evakuiertes, vakuumdicht geschlossenes System, dessen Innenwand mit einer Kapillarstruktur (Docht) versehen ist. Im Innern des Wärmerohrs befindet sich ein flüssiger Wärmeträger, der bei Wärmezufuhr an einem Ende des Wärmerohrs (Heizzone) verdampft. Der Dampf strömt in axialer Richtung zum wärmeabgebenden Ende des Wärmerohrs (Kühlzone) und kondensiert dort, wobei er seine Verdampfungsenthalpie abgibt. Das Kondensat wird durch die Saugwirkung der Kapillarstruktur zur Heizzone zurückgeführt. Das Funktionsprinzip des Wärmerohrs beruht auf dem Umlauf des Wärmeträgers allein durch das Temperaturgefälle zwischen Heiz- und Kühlzone]
H 211	**heat pipe furnace**	Wärmerohr-Ofen *(m)*
H 212	**heat-pipe heat exchanger**	Wärmerohr-Wärmeaustauscher *(m)*; Wärmerohr-Wärmeübertrager *(m)* [besteht aus einem Bündel einzeln abgedichteter Wärmerohre, die durch eine Trennwand voneinander getrennt sind, wobei die Heißgase sich auf der einen und die kalten Gase sich auf der anderen Seite befinden]
H 213	**heat pump**	Wärmepumpe *(f)*
H 214	**heat quantity**	Wärmemenge *(f)*
H 215	**heat radiation; radiation of heat; thermal radiation**	Wärmestrahlung *(f)*; Wärmeeinstrahlung *(f)*
H 216	**heat recovery**	Wärmerückgewinnung *(f)*; Wärmenutzung *(f)*; Abwärmeverwertung *(f)*
H 217	**heat recovery system**	Wärmerückgewinnungsanlage *(f)*; Wärmerückgewinnungssystem *(n)*; Abwärmeverwertungsanlage *(f)*
H 218	**heat rejection; heat removal**	Wärmeabfuhr *(f)*; Wärmeabführung *(f)*; Wärmeableitung *(f)*
H 219	**heat rejection section**	Entspannungskammer *(f)* zur Wärmeabführung [in Entspannungsverdampfern; besteht aus mehreren Stufen (stages)]
H 220	**heat release; heat liberation**	Wärmeentbindung *(f)*
H 221	**heat removal; heat extraction**	Wärmeentzug *(m)*
H 222	**heat sealing**	Heizelement-Wärmekontaktschweißen *(n)*
H 223	**heat-sensitive detector**	Wärmemelder *(m)*
H 224	**heat sink**	Wärmesenke *(f)*

H 225	**heat-sink welding**	Schweißen *(n)* mit Wärmeableitung; Kühlblechschweißung *(f)* [Schweißen mit Kühlung der Schweißverbindung zur Vermeidung von Heißrissen (Mikrorissen); nur bei Austeniten; Umkehrung der die Risse verursachenden Eigenspannungen (Zugspannungen) in Druckspannungen]
H 226	**heat-sound insulation; combined thermalacoustic insulation**	Wärme-/Schallisolierung *(f)*
H 227	**heat source**	Wärmequelle *(f)*
H 228	**heat source density**	Wärmequellendichte *(f)*
H 229	**heat storage; thermal storage**	Wärmespeicherung *(f)*
H 230	**heat supply; heat input**	Wärmezufuhr *(f)*; eingebrachte Wärme *(f)*
H 231	**heat tracing**	Begleitheizung *(f)* [auch: T 539]
H 232	**heat transfer; heat transmission**	Wärmeübergang *(m)*; Wärmedurchgang *(m)*; Wärmeübertragung *(f)*
H 233	**heat transfer area; heat transfer surface; heat exchange surface**	Wärmeübertragungsfläche *(f)*; Wärmeübergangsfläche *(f)*
H 234	**heat transfer by conduction; conductive heat transfer**	Wärmeübertragung *(f)* durch Leitung; Wärmeübergang *(m)* durch Leitung
H 235	**heat transfer by convection; convective heat transfer**	Wärmeübertragung *(f)* durch Konvektion; Wärmeübertragung *(f)* durch Berührung; konvektive Wärmeübertragung *(f)*; konvektiver Wärmeübergang *(m)*; Berührungswärmeübertragung *(f)*
H 236	**heat transfer by radiation; radiant heat transmission; radiative heat transfer**	Wärmeübertragung *(f)* durch Strahlung; Strahlungswärmeübertragung *(f)*
H 237	**heat transfer coefficient; HTC**	Wärmeübergangszahl *(f)*
H 238	**heat transfer coefficient, overall . . .**	Wärmedurchgangszahl *(f)*
H 239	**heat transfer enhancement**	Intensivierung *(f)* des Wärmeübergangs
H 240	**heat transfer flow passages** *(pl)*	Wärmeübergangskanäle *(m, pl)*
H 241	**heat transfer fluid; heat transfer agent**	Wärmeträger *(m)*; Wärmeübertragungsmittel *(n)*
H 242	**heat transfer in packed beds**	Wärmeübertragung *(f)* in Festbetten
H 243	**heat transfer rate**	Wärmeübergangsleistung *(f)*; Wärmeübertragungsleistung *(f)*
H 244	**heat transfer surface rotation; rotation of heat transfer surface**	Rotation *(f)* der Heizfläche; Heizflächen-Rotation *(f)*
H 245	**heat transfer without phase change**	Wärmeübergang *(m)* ohne Phasenwechsel
H 246	**heat transfer with phase change**	Wärmeübergang *(m)* mit Phasenwechsel
H 247	**heat transmission; heat transfer**	Wärmeübertragung *(f)*; Wärmeübergang *(m)*
H 248	**heat transmitting area**	Wärmeübertragungsbereich *(m)*
H 249	**heat transport**	Wärmetransport *(m)*; Wärmefortleitung *(f)*
H 250	**heat transport medium; heat transport fluid**	Wärmetransportmittel *(n)*; Wärmetransportmedium *(n)*
H 251	**heat trap**	Wärmefalle *(f)*
H 252	**heat treatable steel**	Vergütungsstahl *(m)*
H 253	**heat-treated structure**	Vergütungsgefüge *(n)*
H 254	**heat treated** *(v)* **to produce ferritic structure**	ferritisch geglüht *(V)*

H 255	**heat treated** *(v)* **to produce grain refinement**	kernrückgefeint *(V)* [Wärmebehandlung zur Kornverfeinerung]
H 256	**heat treated** *(v)* **with non-scaling effect**	zunderarm geglüht *(V)*
H 257	**heat treatment**	Wärmebehandlung *(f)*; Glühbehandlung *(f)* [Wärmebehandlungsarten siehe unter: **annealing; core refining; grain refinement; normalizing; quenching; quenching and tempering; soaking; solution annealing; solution heat treatment; stabilizing; stress relief heat treatment; stress relieving; tempering**]
H 258	**heat treatment chart**	Glühstreifen *(m)*
H 259	**heat treatment diagram**	Glühdiagramm *(n)*
H 260	**heat treatment furnace**	Glühofen *(m)*
H 261	**heat treatment record**	Glühprotokoll *(n)*
H 262	**heat unit**	Wärmeeinheit *(f)* [Maßeinheit für Wärmeenergie]
H 263	**heat-up rate**	Aufwärmgeschwindigkeit *(f)*; Aufwärmungsgeschwindigkeit *(f)*
H 264	**heavy ends** *(pl)*; **tails** *(pl)* **[distillation]**	Nachlauf *(m)* [Destillation]
H 265	**heavy entrainment**	starker Tropfenmitriß *(m)*; Heavy Entrainment *(n)*
H 266	**heavy-walled**	dickwandig *(Adj.)*
H 267	**heavy-water reactor; HWR**	Schwerwasserreaktor *(m)*
H 268	**height of transfer unit; HTU**	Höhe *(f)* einer Übertragungseinheit
H 269	**held** *(v)*	festgehalten *(V)* [Zustand einer Auflagerung am Rande einer Platte oder Schale, die Längs- und Querverschiebungen verhindert, jedoch eine Verdrehung zuläßt; siehe auch: **guided**]
H 270	**heliarc welding process; inert-gas shielded nonconsumable-electrode arc welding method [Heliarc]**	Heliarc-Verfahren *(n)*; Wolfram-Inertgas-Schweißen *(n)* mit Helium als Schutzgas
H 271	**helical coil**	spiralförmige Rohrschlange *(f)*
H 272	**helical coil type heat exchanger**	Wendelrohr-Warmeübertrager *(m)*; Wendelrohr-Wärme(aus)tauscher *(m)*; gewendelter Wärmeübertrager *(m)*; gewendelter Wärme(aus)tauscher *(m)*
H 273	**helical compression spring**	Druckfeder *(f)*; Schraubendruckfeder *(f)*
H 274	**helical fin**	wendelförmige Rippe *(f)*; schraubenförmige Rippe *(f)*
H 275	**helical flights impeller; helical ribbon impeller**	Wendelrührer *(m)* [Rührkessel]
H 276	**helical internal-finned tube**	Schneckenrippenrohr *(n)*
H 277	**helically coiled tube**	schraubenförmig gewundenes Rohr *(n)*; Wendelrohr *(n)*; Helissenrohr *(n)*
H 278	**helically finned tube**	Schraubenrippenrohr *(n)*; Wendelrippenrohr *(n)* [fälschlich auch: Spiralrippenrohr]
H 279	**helical scanning path; scanning helix [ultras.]**	Abtastspirale *(f)* [US-Prüfung]
H 280	**helical tube bank; helical tube bundle; helix bundle; helix bank**	Helix-Bündel *(n)*; Helissenrohrbündel *(n)*
H 281	**helical vane inserts** *(pl)* **[tube]**	eingesetzte Schneckenwendel *(m, pl)* [Rohr]

H 282	helium bombing	Prüfung *(f)* mittels Heliumbombe; Heliumbombenprüfung *(f)*
H 283	helium mass spectrometer	Heliummassenspektrometer *(n)*
H 284	helix (system)	Schraubenwendel *(m)* [Helissenrohrbündel]
H 285	**Helmholtz resonator**	Helmholtz-Resonator *(m)*
H 286	hemispherical head [US]; hemispherical end [UK] [see Annex 1, pp. 22 and 27]	Halbkugelboden *(m)* [siehe Anhang 1, S. 22 und 27]
H 287	hemispherical header [condenser]	halbkugelförmiger Kopf *(m)* [Kondensator]
H 288	herringbone configuration; chevon pattern [PHE]	Fischgrätenmuster *(n)*; pfeilförmiges Muster *(n)* [Muster in Platten von Plattenwärmeaustauschern]
H 289	herringbone structure	Fischgrätenmuster *(n)* [Bruchfläche]
H 290	herringbone-type plate heat exchanger; chevron-type plate heat exchanger	Plattenwärmeaustauscher *(m)* mit Platten mit Fischgrätenmuster [pfeilförmiges Muster]
H 291	HETP; height of theoretical plate [column]	Höhe *(f)* eines einzelnen theoretischen Bodens [Kolonne; siehe auch: **theoretical plate**]
H 292	hexagonal bolt; hex bolt; hexagon head bolt	Sechskantschraube *(f)* [mit Schaft]
H 293	hexagon(al) nut; hex nut	Sechskantmutter *(f)*
H 294	hexagonal screw; hexagon head screw	Sechskantschraube *(f)* [Gewinde annähernd bis Kopf]
H 295	hexagon head bushing	Reduziernippel *(m)* mit Sechskant
H 296	hexagon nipple [reducing nipple]	Sechskant-Doppelnippel *(m)* [Reduziernippel]
H 297	hexagon socket	Innensechskant *(m)* [Schraube]
H 298	hexagon socket head cap screw	Zylinderschraube *(f)* mit Innensechskant
H 299	high-alloy steel	hochlegierter Stahl *(m)*
H 300	high-carbon steel	kohlenstoffreicher Stahl *(m)*; Hartstahl *(m)*
H 301	high-cycle fatigue; HCF	Ermüdung *(f)* bei hoher Lastspielzahl [Beanspruchungen aus hochfrequenter Belastung im Bereich der Dauerfestigkeit]
H 302	high cycles *(pl)*	hohe Lastwechsel *(m, pl)*
H 303	higher strength material	höherfester Werkstoff *(m)*
H 304	high-grade steel	Edelstahl *(m)*; Qualitätsstahl *(m)*
H 305	high-integrity condenser	dichter Kondensator *(m)*
H 306	high-level testing; high-pressure test	Streßtest *(m)*; Streßdruckprüfung *(f)*; Druck-/Volumenmeßverfahren *(n)*; obs: Anspannungstest *(m)* [Erläuterungen siehe unter: **high-pressure test**]
H 307	high-lift safety valve [see Annex 1, p. 35]	Niederhub-Sicherheitsventil *(n)*; Proportionalventil *(n)* [siehe: **safety valve**; siehe Anhang 1, S. 35]
H 308	highly volatile fluid	leichtflüchtiger Durchflußstoff *(m)*
H 309	high-manganese steel	Manganhartstahl *(m)*
H 310	high pressure; HP	Hochdruck *(m)*
H 311	high-pressure heat exchanger	Hochdruck-Wärmeübertrager *(m)*; HD-Wärmeübertrager *(m)*; Hochdruck-Wärme(aus)tauscher *(m)*
H 312	high-pressure spherical gas storage vessel; Horton sphere [see Annex 1, p. 12]	HD-Kugelgasbehälter *(m)*; Horton-Sphäroid *(n)*; kugelförmiger Druckgastank *(m)* [siehe Anhang 1, S. 12]

H 313	**high-pressure test; high-level testing**	Streßtest *(m)*; Streßdruckprüfung *(f)*; Druck-/Volumenmeßverfahren *(n)* [nach Dechant; Druckprobe von Rohrleitungen; der zu prüfende Rohrleitungsabschnitt wird zunächst mit Wasser gefüllt, der Innendruck kontinuierlich gesteigert, bis an einer Stelle des Bauteils Werkstofffließen einsetzt. Der Druckaufbau wird dann gestoppt und der Druck über eine vorgegebene Zeit konstant gehalten]; Anspannungstest *(m)* [obs.]
H 314	**high-strength bolt**	HV-Schraube *(f)* [hochfest, vorgespannt]; hochfeste Schraube *(f)*
H 315	**high-strength bolting**	hochfeste Verschraubung *(f)*
H 316	**high-strength friction bolt**	HVG-Schraube *(f)* [hochfest, vorgespannt, gleitfest]
H 317	**high-strength friction grip bolt with waisted shank**	HVG-Dehnschraube *(f)* [hochfest/vorgespannt/gleitfest]
H 318	**high-strength material**	hochfester Werkstoff *(m)*
H 319	**high-strength structural fasteners**	HV-Verbindungsteile *(n, pl)*
H 320	**high stress cycle range**	hoher Spannungs-Lastspielbereich *(m)*
H 321	**high-temperature corrosion**	Hochtemperaturkorrosion *(f)*
H 322	**high-temperature fluid**	Hochtemperaturflüssigkeit *(f)*
H 323	**high-temperature gas-cooled reactor; HTGR**	gasgekühlter Hochtemperaturreaktor *(m)*
H 324	**high-temperature oxidation; scaling**	Verzunderung *(f)* [Wärmeaustauscher]; Zunderung *(f)*; Zunderbildung *(f)* [siehe auch: O 181]
H 325	**high-temperature piping steel**	warmfester Röhrenstahl *(m)*
H 326	**high-temperature reactor; HTR**	Hochtemperaturreaktor *(m)*
H 327	**high-temperature resistance**	Wärmefestigkeit *(f)*
H 328	**high-temperature resistant**	hochtemperaturbeständig *(Adj)*
H 329	**high-temperature stability**	Hitzebeständigkeit *(f)*; Wärmebeständigkeit *(f)*
H 330	**high-temperature thermomechanical treatment; HTTMT**	Umformung *(f)* im stabilen Austenitgebiet
H 331	**high-temperature yield stress [UK]; hot yield point; yield point at elevated temperature [US]**	Warmstreckgrenze *(f)*
H 332	**high-tensile steel; HTS**	hochfester Stahl *(m)*
H 333	**high velocity combustion spraying**	Hochgeschwindigkeits-Flammspritzen *(n)*; HVC-Verfahren *(n)*
H 334	**hinge, plastic . . .**	Fließgelenk *(n)*
H 335	**hinged column; column hinged at both ends**	Pendelstütze *(f)*
H 336	**hinged connection**	Gelenk *(n)* [Verbindung]
H 337	**hinged expansion joint [see Annex 1, pp. 90 and 93]**	Rohrgelenk-Kompensator *(m)*; Gelenkkompensator *(m)* [ein Rohrgelenk eines aus mindestens zwei oder höchstens drei Gelenken bestehenden ebenen Gelenksystems; siehe Anhang 1, S. 90 und 93]
H 338	**hinged manhole closure**	klappbarer Mannlochverschluß *(m)*
H 339	**hinged strut [see Annex 1, p. 78]**	Gelenkstrebe *(f)* [siehe Anhang 1, S. 78]

H 340	hinge lever [valve]	Plattenhebel (m) [Ventil]
H 341	hinge pin [check valve]	Aufhängebolzen (m); Stift (m) [Rückschlagklappe]
H 342	hinge pin	Gelenkbolzen (m); Scharnierzapfen (m)
H 343	hissing (noise) [valve]	Kneifgeräusch (n) [Ventil]
H 344	history of stress; stress history	Spannungsverlauf (m) [zeitlich]
H 345	hod-platinum halogen detector	Platin-Halogen-Lecksuchgerät (n)
H 346	hogging [pipe]	Aufbuckeln (n) [Rohr]
H 347	holder [bursting disk]	Haltevorrichtung (f) [Berstscheibe; siehe auch: union holder; plug/screw holder; capsule/insert holder; full diameter holder]
H 348	holding-down bolt; foundation bolt; anchor bolt	Fundamentschraube (f); Befestigungsschraube (f); Fundamentanker (m); Fundamentbolzen (m); Ankerschraube (f)
H 349	holding time; time at temperature [heat treatment]	Haltezeit (f) [Wärmebehandlung]
H 350	hold point	Haltepunkt (m) [QS-Handbuch]
H 351	hold-up	Flüssigkeitshöhe (f); Hold-up (m)
H 352	hold-up tank; collecting tank	Sammelbehälter (m)
H 353	hole	Bohrloch (n); Bohrung (f); Loch (n); Öffnung (f)
H 354	hole area deduction	Lochabzug (m)
H 355	hole centre	Bohrungsmitte (f); Lochmitte (f)
H 356	hole centre spacing; tube (hole) pitch [tubesheet]	Lochteilung (f); Rohrlochteilung (f); Lochabstand (m); [im Rohrboden: Mittenabstand zweier benachbarter Rohre]
H 357	hole circle	Lochkreis (m)
H 358	hole-circle diameter	Lochkreisdurchmesser (m)
H 359	hole clearance	Lochspiel (n)
H 360	hole edge stress	Lochrandspannung (f)
H 361	hole pitch	Lochteilung (f)
H 362	hole size	Bohrungsmaß (n); Lochgröße (f)
H 363	hollow root ring [see Annex 1, p. 86]	Verstärkungsring (m) aus Rohrmaterial [siehe Anhang 1, S. 86]
H 364	holography	Holographie (f)
H 365	homogeneity test	Homogenitätsprüfung (f)
H 366	homogenous crystalline structure	gleichmäßiges Kristallgefüge (n)
H 367	homogenous frozen model	eingefrorenes Modell (n); Modell (n) mit eingefrorenem Phasenwechsel [reibungsfreies homogenes Strömungsmodell; Zweiphasenströmung; beide Phasen strömen mit gleicher Geschwindigkeit, es findet aber zwischen ihnen kein Wärme- und Stoffaustausch statt]
H 368	homogenous nucleation	homogene Keimbildung (f)
H 369	homogenous seal; unreinforced seal	nicht armierte Dichtung (f); unbewehrte Dichtung (f)
H 370	honeycomb design [tubesheet]	wabenförmiges Muster (n) [Rohrboden]
H 371	hood pressure test; chamber test	Hüllentest (m); Haubenlecksuchverfahren (n); Haubenleckprüfung (f)

H 372	hood test	Zeltprüfung *(f)* [Helium-Prüfung]
H 373	hook crack	Hakenriß *(m)*
H 374	**Hooke's law**	Hookesches Gesetz *(n)* [Das Hookesche Gesetz besagt, daß unter einachsiger Beanspruchung Spannung und Dehnung einander proportional sind. Seine Gültigkeit ist bei metallischen Werkstoffen auf den elastischen Zustandsbereich beschränkt]
H 375	**hoop stress; circumferential stress**	Umfangsspannung *(f)*
H 376	**horizontal shear force**	Längsschubkraft *(f)*
H 377	**horseshoe corrosion; impingement attack**	Erosionskorrosion *(f)* [an den Eintrittsenden der Rohre; lochförmige Unterhöhlungen oder hufeisenförmige Auswaschungen]
H 378	**horseshoe vortex**	Hufeisenwirbel *(m)*; Wirbel *(m)* in Hufeisenform
H 379	**Horton sphere; spherical storage vessel [see Annex 1, p. 12]**	Hortonsphäroid *(n)*; Kugelgasbehälter *(m)*; kugelförmiger Druckgastank *(m)* [siehe Anhang 1, S. 12]
H 380	**hose connection**	Schlauchanschluß *(m)*
H 381	**hose (-end) fitting; hose outlet connector**	Schlauchanschlußstück *(n)* [Stutzen]
H 382	**hose lining process**	Schlauch-Lining-Verfahren *(n)*; SchlauchAuskleidungsverfahren *(n)* [Bei den Schlauchverfahren werden vorgefertigte Schläuche in die zu sanierende Rohrleitung eingebracht. Die verschiedenen Verfahren unterscheiden sich durch die unterschiedliche Dicke des Schlauchmaterials und die Art der Aushärtung der verwendeten Kunststoffe. Es gibt sowohl Schläuche, die fest mit der Rohrinnenwand verklebt werden, als auch solche, die eine ausreichende Materialstärke aufweisen, so daß keine Verklebung mit der Wandung nötig erscheint. Schlauchverfahren werden sowohl bei Gas- und Wasserleitungen als auch bei Abwasserrohren eingesetzt.]
H 383	**hot bending**	Warmbiegen *(n)*
H 384	**hot bend test**	Warmbiegeversuch *(m)*; Warmfaltversuch *(m)*
H 385	**hot crack; heat crack; hot tear**	Warmriß *(m)*; Wärmeriß *(m)* [entsteht durch eine niedrig schmelzende Phase, während diese flüssig ist]
H 386	**hot-drawn tube**	warmgezogenes Rohr *(n)*
H 387	**hot extrusion**	Warmstrangpressen *(f)*
H 388	**hot-finished tube**	warmgewalztes Rohr *(n)*
H 389	**hot forming; hot shaping**	Warmbearbeitung *(f)*; Warmformgebung *(f)*; Warmumformung *(f)*; Warmverformung *(f)*
H 390	**hot forming property; hot working property**	Warmverarbeitbarkeit *(f)*
H 391	**hot gas overlap welding**	Warmgas-Überlappschweißen *(n)*
H 392	**hot gas string-bead welding**	Warmgas-Ziehschweißen *(n)*
H 393	**hot gas welding by extrusion**	Warmgas-Extrusionsschweißen *(n)*

H 394	hot heading [bolt]	Anstauchen *(n)* des Kopfs im warmen Zustand [Schraubenmaterial]
H 395	hot isostatic pressing	heißisostatisches Pressen *(n)*; HIP-Technik *(f)*
H 396	hot junction	Heißlötstelle *(f)*; Meßstelle *(f)*
H 397	hot mill fold [rolling]	Klanken *(m)* [Walzfehler]
H 398	hot oil jacket	Thermölanlage *(f)* [z. B. zur Konstanthaltung der Behälterwandtemperatur bei Doppelmantelgefäßen]
H 399	hot pressure welding	Warmpreßschweißen *(n)*
H 400	hot pull(-up); hot pulling	Warmvorspannung *(f)*; warme Vorspannung *(f)* [Rohrleitung]
H 401	hot shortness	Heißrißanfälligkeit *(f)*; Warmrißanfälligkeit *(f)*; Warmrissigkeit *(f)*
H 402	hot spot	stationäre Temperaturspitze *(f)* [beim Thermoschock]
H 403	hot spot protection	lokaler kathodischer Schutz *(m)*; LKS
H 404	hot spots *(pl)* [tank]	Flammenballen *(m, pl)* [Bei Schadenfeuern in Chemieanlagen und Tanklagern]
H 405	hot spot stress; geometric stress	Strukturspannung *(f)* [Definition siehe unter: **geometric stress**]
H 406	hot spot zone	Bereich *(m)* besonders hoher Erwärmung
H 407	hot staking procedure	Hot-staking-Verfahren *(n)*; Kollektorschweißen *(n)* [Schlitzkollektortyp]
H 408	hot tapping	Hot Tapping *(n)* [Veränderungen oder Reparaturen an unter Druck, Medium und Temperatur stehenden Rohrleitungen]
H 409	hot tear; hot crack; heat crack	Wärmeriß *(m)*; Warmriß *(m)* [siehe: **hot crack**]
H 410	hot tensile test	Warmzugversuch *(m)*
H 411	hot test facility	Heißtechnikum *(n)*; Anlage *(f)* für Heißversuche
H 412	hot-tool welding; heated tool welding	Heizelementschweißen *(n)* [Kunststoffrohrleitung]
H 413	hotwell [condenser]	Hotwell *(m)*; Kondensatsammelbehälter *(m)*; Heißkondensatsammler *(m)*; Fallwasserkasten *(m)* [Kondensator]
H 414	hot working property; hot forming property	Warmverarbeitbarkeit *(f)*
H 415	hot working range	Warmformgebungsbereich *(m)*; Warmumformungsbereich *(m)*
H 416	hot working steel	Warmarbeitsstahl *(m)*
H 417	hot yield point; yield point at elevated temperature [US]; high-temperature yield point [UK]	Warmstreckgrenze *(f)*
H 418	HP; high pressure	Hochdruck *(m)*
H 419	HTC; heat transfer coefficient	Wärmeübergangszahl *(f)*
H 420	HTGR; high-temperature gas-cooled reactor	gasgekühlter Hochtemperaturreaktor *(m)*
H 421	HTR; high-temperature reactor	Hochtemperaturreaktor *(m)*
H 422	HTS; high-tensile steel	hochfester Stahl *(m)*
H 423	HTTMT; high-temperature thermomechanical treatment	Umformung *(f)* im stabilen Austenitgebiet
H 424	HTU; height of transfer unit	Höhe *(f)* einer Übertragungseinheit

H 425	**H-type shell**	Mantel *(m)* der Type H; H-Mantel *(m)* [TEMA]
H 426	**hub**	Ansatz *(m)*; Schweißlippe *(f)*
H 427	**hub, flange ...**	Flansch-Ansatz *(m)*
H 428	**hub(bed) flange**	Flansch *(m)* mit Ansatz
H 429	**hubbed flange, loose type ...**	loser Flansch *(m)* mit Ansatz
H 430	**hubbed slip-on flange**	Überschiebflansch *(m)* mit Ansatz
H 431	**hubbed tubesheet**	Rohrboden *(m)* mit Schweißlippen
H 432	**hub dimensions**	Ansatzabmessungen *(f, pl)*
H 433	**hub stress**	Spannung *(f)* im Ansatz
H 434	**hub stress correction factor**	Korrekturfaktor *(m)* für die Spannung im Ansatz
H 435	**hub thickness at back of flange**	Kegeldicke *(f)* am Blatt [Flansch]
H 436	**hump**	Buckel *(m)*; Aufwölbung *(f)*
H 437	**humping [tank]**	ringförmige Randaufwölbung *(f)* [Tank; Setzungsunterschiede des Behälterbodens]
H 438	**humping bead formation [electron beam welding]**	Buckelbildung *(f)*; Unduloidbildung *(f)* [Instabilitäten, die durch rhythmische Kontraktion der Schmelze bei Überschreiten einer bestimmten Schmelzbadgröße beim Elektronenstrahlschweißen entstehen]
H 439	**HWR; heavy-water reactor**	Schwerwasserreaktor *(m)*
H 440	**hybrid heat exchanger**	Hybrid-Wärmeaustauscher *(m)* [Wärmeaustauscher in Kompaktbauweise; Kombination von Platten- und Rohrwärmeaustauscher]
H 441	**hydraulically rough surface**	hydraulisch rauhe Oberfläche *(f)*
H 442	**hydraulically rough tube**	hydraulisch rauhes Rohr *(n)* [liegt vor, wenn die Wanderhebung größer als die Grenzschichtdicke ist]
H 443	**hydraulically smooth surface**	hydraulisch glatte Oberfläche *(f)*
H 444	**hydraulically smooth tube**	hydraulisch glattes Rohr *(n)* [liegt vor, wenn die Grenzschichtdicke größer als die Wanderhebung ist]
H 445	**hydraulic diameter**	hydraulischer Durchmesser *(m)*
H 446	**hydraulic expansion**	hydraulisches Aufweiten *(n)* [eines Rohres]
H 447	**hydraulic forming; hydrostatic forming [expansion joint]**	hydraulisches Umformverfahren *(n)*; Umformen *(n)* unter Flüssigkeitsdruck [Kaltumformverfahren für Kompensatorbälge]
H 448	**hydraulic instability**	hydraulische Instabilität *(f)*
H 449	**hydraulic (pressure) test [UK]; hydrostatic (pressure) test; hydrotest [US; ASTM]**	Abdrücken *(n)*; Wasserdruckprüfung *(f)*; Wasserdruckprobe *(f)*; Druckprobe *(f)*; Druckprüfung *(f)* (mit Wasser)
H 450	**hydraulic shock; water hammer; line shock**	Wasserschlag *(m)*; Druckstoß *(m)*; Druckschlag *(m)*; hydraulischer Stoß *(m)* [siehe auch: **water hammer**]

hydraulic shock absorber

H 451	**hydraulic shock absorber; hydraulic snubber; hydraulic sway brace [see Annex 1, pp. 65/66, 68]**	Schwingungsbremse *(f)*; hydraulische Stoßbremse *(f)*; hydraulische Schwingungsbremse *(f)* [hydraulische Schwingungsbremsen unterscheiden sich von Hängern (siehe: **constant hanger**) im wesentlichen dadurch, daß sie zwar bei langsam verlaufenden Bewegungen keinerlei Bewegungsbehinderung am Rohrstrang hervorrufen sollen, daß sie aber bei schnell ablaufenden Bewegungen in ihrer Wirkungsrichtung sich wie starre Auflager verhalten sollen, die somit in ihrer Wirkungsrichtung bei schnellen Bewegungsvorgängen im Rohrstrang am Ort der Schwingungsbremse keine Bewegung zulassen; siehe Anhang 1, S. 65/66, 68]
H 452	**hydraulic test pump**	Abdrückpumpe *(f)*
H 453	**hydraulic-test water**	Prüfwasser *(n)* [Druckprobe]
H 454	**hydraulic tube extractor**	hydraulische Rohrausziehvorrichtung *(f)*
H 455	**hydraulic valve**	Hydroventil *(n)*
H 456	**hydrodynamical instability**	hydrodynamische Instabilität *(f)* [Zweiphasenströmung]
H 457	**hydrodynamic coupling**	hydrodynamische Kopplung *(f)*
H 458	**hydrodynamic damping**	hydrodynamische Dämpfung *(f)*
H 459	**hydrodynamic force**	hydrodynamische Kraft *(f)*
H 460	**hydrodynamic mass effect; added (virtual) mass effect**	hydrodynamischer Masseneffekt *(m)* [von Feststoffen, wenn sie in Flüssigkeiten vibrieren]
H 461	**hydrodynamic pressure; static pressure**	hydrodynamischer Druck *(m)*; statischer Druck *(m)* [Druck des Strömungsmediums]
H 462	**hydrogen diffusion rate**	Wasserstoffdiffusionsgeschwindigkeit *(f)*
H 463	**hydrogen embrittlement**	Wasserstoffversprödung *(f)*; wasserstoffinduzierte Versprödung *(f)*
H 464	**hydrogen induced crack**	Wasserstoffriß *(m)* [entsteht durch Erhöhen des Eigenspannungszustands infolge aus dem Gitter ausgeschiedenen Wasserstoffs, der aufgrund von Gefügeänderungen nicht aus dem Werkstoff effundieren kann]
H 465	**hydrostatic design stress; HDS**	hydrostatische Berechnungsspannung *(f)*
H 466	**hydrostatic (end) force; hydrostatic end load**	Rohr-Gesamtkraft *(f)*; Innendruckkraft *(f)* [Flansch-Berechnung]
H 467	**hydrostatic head**	Wassersäule *(f)*
H 468	**hydrostatic isolation fitting**	Rohrverschluß *(m)* [zur Druckprobe]
H 469	**hydrostatic pressure; bulk modulus of elasticity**	hydrostatischer Druck *(m)* [Definition siehe unter: **bulk modulus of elasticity**]
H 470	**hydrostatic pressure head**	hydrostatische Druckhöhe *(f)*
H 471	**hydrostatic (pressure) test; hydrotest [ASTM; US]; hydraulic (pressure) test [UK]**	Druckprobe *(f)*; Druckprüfung *(f)* (mit Wasser); Wasserdruckprüfung *(f)*; Wasserdruckprobe *(f)*; Abdrücken *(n)*
H 472	**hydrostatic stress-state**	hydrostatischer Spannungszustand *(m)*

H 473	**hydrotest blanking device; hydrotest isolation fitting**	Druckprobenverschluß *(m)*
H 474	**hypereutectoid steel**	hypereutektoider Stahl *(m)*
H 475	**hypothetical basis convection coefficient**	angenommene Ausgangszahl *(f)* des konvektiven Wärmeübergangs
H 476	**hysteresis loop**	Hystereseschleife *(f)*

IBC gasket

I

I 1	**IBC gasket; inside bolt circle gasket** [see Annex 1, p. 114]	innenliegende Dichtung *(f)* [siehe Anhang 1, S. 114]
I 2	**IBW; internal bore welding; back-bore welding** [tube/tubesheet]	Innenlochschweißen *(n)* [Rohr-Rohrbodenverbindung; spaltfreies Rohreinschweißen]
I 3	**IBW gun; inbore welding gun**	Innenrohrschweißvorrichtung *(f)*
I 4	**ideal gas**	ideales Gas *(n)*
I 5	**ideal plug flow; perfect plug flow** [fluidized bed]	ideale Kolbenströmung *(f)*; rückmischungsfreie Fluidströmung *(f)* [Wirbelschicht]
I 6	**identification; identifier**	Kennzeichnung *(f)*; Markierung *(f)*
I 7	**identification mark(ing)**	Kennzeichen *(n)*; Markierung *(f)* [tatsächlich aufgebrachtes Kennzeichen]
I 8	**identification number**	Kennummer *(f)*
I 9	**idle corrosion**	Stillstandskorrosion *(f)*
I 10	**idle motion**	Leerweg *(m)*
I 11	**idle position**	Ruhestellung *(f)*
I 12	**I-foot finned tube** [heat exchanger]	I-Typ-Rippenrohr *(n)*; I-fin-Rohr *(n)* [Wärmeaustauscher]
I 13	**IGA; intergranular attack; intergranular corrosion; intercrystalline corrosion**	interkristalline Korrosion *(f)*; IKK; Korngrenzenkorrosion *(f)*; Korngrenzenangriff *(m)*
I 14	**IGSCC; intergranular stress corrosion cracking**	interkristalline Spannungskorrosionsrißbildung *(f)*
I 15	**IHSI; induction heating stress improvement**	Spannungsverbesserung *(f)* durch Induktionswärmebehandlung
I 16	**IHX; intermediate heat exchanger**	Zwischenwärmetauscher *(m)*
I 17	**illuminated bore check**	Beleuchtungsprobe *(f)* [Rohrinnenseite]
I 18	**image definition; definition** [radiog.]	Bildschärfe *(f)*; Schärfe *(f)* [Durchstrahlungsprüfung]
I 19	**image intensifier; intensifying screen** [radiog.]	Verstärkerfolie *(f)* [Durchstrahlungsprüfung]
I 20	**image quality** [radiog.]	Bildgüte *(f)* [Durchstrahlungsprüfung]
I 21	**image quality index; radiographic quality level** [radiog.]	Bildgütezahl *(f)* [Durchstrahlungsprüfung]
I 22	**image quality indicator; IQI; penetrameter** [radiog.]	Bildgüteprüfsteg *(m)*; Bildgüteanzeiger *(m)*; Bildgütesteg *(m)* [Durchstrahlungsprüfung]
I 23	**immersion testing; immersion technique** [ultras.]	Tauchtechnik *(f)* [US-Prüfung]
I 24	**impact baffle; impact plate; impingement baffle**	Prallplatte *(f)*; Prallblech *(n)* [Wärmeaustauscher]
I 25	**impact effect**	Stoßwirkung *(f)*
I 26	**impact energy; energy absorbed**	Kerbschlagarbeit *(f)*; Schlagarbeit *(f)*
I 27	**impact fatigue strength**	Dauerschlagfestigkeit *(f)*
I 28	**impact force**	Schlagkraft *(f)*; Stoßkraft *(f)*
I 29	**impact loading**	Schlagbeanspruchung *(f)*; Stoßbeanspruchung *(f)*
I 30	**impact plate; impact baffle; impingement plate; impingement baffle**	Prallblech *(n)*; Prallplatte *(f)* [Wärmeaustauscher]
I 31	**impact strength**	Schlagfestigkeit *(f)*; Schlagbiegefestigkeit *(f)*

I 32	impact tester; pendulum impact testing machine	Kerbschlagbiegehammer *(m)*; Pendelschlagwerk *(n)*
I 33	impact test(ing); notched-bar impact test	Kerbschlagbiegeversuch *(m)*
I 34	impact testing machine	Schlagprüfmaschine *(f)* [z. B. Pendelschlagwerk]
I 35	impact test specimen	Kerbschlagbiegeprobe *(f)*
I 36	impact toughness	Schlagzähigkeit *(f)*
I 37	impact wrench	Schlagschrauber *(m)*
I 38	impact wrench tightening, calibrated...	Drehimpulsverfahren *(n)* [ASTM; HV-Schraubverbindung]
I 39	impairment of quality	Qualitätsminderung *(f)*
I 40	impeller; agitator	Rührwerk *(n)*; Rührer *(m)* [Rührwerksbehälter]
I 41	impeller [pump]	Pumpenlaufrad *(n)*
I 42	imperfection; flaw	Ungänze *(f)*; Fehler *(m)* [Oberflächengüte]
I 43	imperfection in welding; weld imperfection	Schweißnahtfehler *(m)*
I 44	imperfect shape [weld]	Formfehler *(m)* [Abweichung von der vorgeschriebenen geometrischen Form der Schweißverbindung]
I 45	imperfect weld dimension	Schweißnahtmaßfehler *(m)*
I 46	impingement plate; impingement baffle; impact baffle; impact plate	Prallplatte *(f)*; Prallblech *(n)* [Wärmeaustauscher]
I 47	impingement protection	Prallschutz *(m)*
I 48	impingement tube assembly [HP-heater]	Prallharfe *(f)* [meist dreireihige Schirmkonstruktion; in HD-Vorwärmern]
I 49	impinging fluid	aufprallendes Medium *(n)*
I 50	imposed load	Verkehrslast *(f)*; Betriebslast *(f)*
I 51	impulse sealing	Heizelementwärmeimpulsschweißen *(n)*; Wärmeimpulsschweißen *(n)*
I 52	inbore welding gun; IBW gun	Innenrohrschweißvorrichtung *(f)*
I 53	inception of bubble cavitation; bubble cavitation inception	Blasenkavitationsbeginn *(m)*; Beginn *(m)* der Blasenkavitation
I 54	incidence angle; angle of incidence [ultras.]	Einschallwinkel *(m)* [US-Prüfung]
I 55	incidence plane [ultras.]	Einfallsebene *(f)* [US-Prüfung]
I 56	incipient crack	Anriß *(m)*
I 57	incipient crack in thread	Gewindeanriß *(m)*
I 58	incipiently notched round bar	angekerbter Rundstab *(m)*
I 59	incipient surface crack	Oberflächenanriß *(m)*
I 60	inclined crack	schräger Riß *(m)*; Schrägriß *(m)*
I 61	inclined-tube evaporator	Schrägrohr-Verdampfer *(m)*; Verdampfer *(m)* mit schrägem Rohrbündel
I 62	included angle [tank/vessel support]	Umschlingungswinkel *(m)* [Behälterunterstützung]
I 63	inclusion	Einschluß *(m)*
I 64	incomplete fusion [weld imperfection]	unvollständige Bindung *(f)* [Nahtfehler]
I 65	incompletely filled groove [weld imperfection]	Decklagenunterwölbung *(f)*; Unterwölbung *(f)* [nicht ausgefüllte Schweißfuge; Nahtfehler]
I 66	incomplete (root) penetration; penetrator [weld imperfection]	ungenügende Durchschweißung *(f)* [Nahtfehler]

I 67	**incomplete side wall fusion; lack of side (wall) fusion** [weld imperfection]	Flankenbindefehler *(m)* [Bindefehler zwischen Schweißgut und Grundwerkstoff; Nahtfehler]
I 68	**incompressible flow**	inkompressible Strömung *(f)*
I 69	**incondensibles** *(pl)*; **non-condensibles** *(pl)*; **non-condensible gases** *(pl)*	nichtkondensierbare Gase *(n, pl)* [Erläuterungen siehe unter: **non-condensible gases**]
I 70	**in-core instrumentation** [nuclear reactor]	Kerninstrumentierung *(f)* [Kerninnenmessung; Kernreaktor]
I 71	**incremental collapse**	schrittweise Verformungszunahme *(f)*; einsinnig stufenweise Verformung *(f)* [fortschreitendes plastisches Versagen]
I 72	**incremental distortion**	stufenweise Formänderung *(f)*; stufenweise anwachsende Verformung *(f)*
I 73	**incremental growth**	stufenweises Wachstum *(n)*
I 74	**incremental plastic strain**	stufenweise plastische Verformung *(f)*
I 75	**indentations** *(pl)*	Eindrücke *(m, pl)* [Walzfehler]
I 76	**independent field inspection; third-party field inspection**	Bauüberwachung *(f)* [auf der Baustelle durch Kunden]
I 77	**independent in-process inspection; quality control surveillance; third-party inspection**	Bauüberwachung *(f)* [im Werk durch Kunden]
I 78	**independent inspection authority**	Fremdabnehmer *(m)* [z. B. Behörde oder Versicherer]
I 79	**independent inspector; outside inspector**	Fremdabnehmer *(m)* [Sachverständiger]
I 80	**indication** [ultras.]	Befund *(m)* [Anzeige; US-Prüfung]
I 81	**individual tube hydrostatic testing; ITHT** [tube bundle]	Wasserdruckprüfung *(f)* der einzelnen Rohre [Rohrbündel]
I 82	**induction hardening**	Induktionshärten *(n)*
I 83	**induction heating stress improvement; IHSI**	Spannungsverbesserung *(f)* durch Induktionswärmebehandlung
I 84	**induction machine** [magn.t.]	Induktionsgerät *(n)* [Magnetpulverprüfung]
I 85	**industrial gases** *(pl)*	technische Gase *(n, pl)*
I 86	**industrial process**	verfahrenstechnischer Prozeß *(m)*
I 87	**inelasticity**	Inelastizität *(f)* [bezeichnet das Werkstoffverhalten, bei dem im Bauteil bleibende Verformungen auftreten, die nach Zurücknahme aller aufgebrachten Belastungen sich nicht zurückbilden. Plastizität und Kriechen sind spezielle Formen der Inelastizität]
I 88	**inelastic response**	unelastisches Verhalten *(n)* [Bauteil; Festigkeitsanalyse]
I 89	**inert gas**	Inertgas *(n)*
I 90	**inert gas arc welding**	Schutzgas-Lichtbogenschweißen *(n)*
I 91	**inert gas blanketing; inerting**	Inertisierung *(f)*
I 92	**inert-gas shielded nonconsumable-electrode arc welding method** [Heliarc]; **heliarc welding process**	Heliarc-Verfahren *(n)*; Wolfram-Inertgas-Schweißen *(n)* mit Helium als Schutzgas
I 93	**inert gas welding**	Schutzgasschweißen *(n)*
I 94	**inertia effect**	Beharrungswirkung *(f)*; Trägheitswirkung *(f)*
I 95	**inertial force**	Trägheitskraft *(f)*; Massenkraft *(f)*
I 96	**inertia moment**	Trägheitsmoment *(n)*

inlet temperature

I 97	**inertia welding**	Schwungradreibschweißen *(n)*
I 98	**inextensible support**	starre Unterstützung *(f)*
I 99	**inflammable liquid**	feuergefährliche Flüssigkeit *(f)*
I 100	**inflection point [curve]**	Wendepunkt *(m)* [Kurve]
I 101	**inflow; approach flow**	Anströmung *(f)*; Zufluß *(m)*
I 102	**inherent elasticity**	Eigenelastizität *(f)* [Rohr]
I 103	**inherently flexible**	eigenelastisch *(Adj.)*
I 104	**inherent reinforcement**	Eigenverstärkung *(f)*
I 105	**initial boiling point**	Siedebeginn *(m)*
I 106	**initial bolt prestress**	Schraubenvorspannung *(f)* [Einbauzustand]
I 107	**initial bolt prestress factor**	Schraubenvorspannungsfaktor *(m)*
I 108	**initial compression [spring]**	Vorspannung *(f)* [Feder]
I 109	**initial defect size**	anfängliche Fehlergröße *(f)*; Anfangs-Fehlergröße *(f)*
I 110	**initial deformation**	Verformungsbeginn *(m)*
I 111	**initial end squaring [flash welding]**	Anfangsquerschnitts-Herstellung *(f)*; Herstellung *(f)* des Anfangsquerschnitts [Abbrennstumpfschweißen]
I 112	**initial fused area**	Anschmelzung *(f)* [Brennschneiden]
I 113	**initial pulse; main bang [ultras.]**	Sendeimpulsanzeige *(f)*; Suchimpuls *(m)* [US-Prüfung]
I 114	**initial start-up; commissioning**	erste Inbetriebnahme *(f)*
I 115	**initial steam condition**	Anfangsdampfzustand *(m)*
I 116	**initial temperature difference; ITD**	Anfangstemperaturdifferenz *(f)*; Differenz *(f)* der Anfangstemperatur
I 117	**initial tightening condition [bolt]**	erstes Anziehen *(n)* der Schrauben [im Einbauzustand]
I 118	**initial tightening force; applied initial tension**	aufzubringende Vorspannkraft *(f)* [HV-Schraube]
I 119	**initiation [fouling]**	Einleitung *(f)* [1. Fouling-Phase: Induktion, Keimbildung, Oberflächenveränderung]
I 120	**injection zone**	Düsenzone *(f)* [Quenche]
I 121	**inlet area [valve]**	Eintrittsquerschnitt *(m)* [Querschnitt, durch den das Medium in das Sicherheitsventil eintritt]
I 122	**inlet baffle spacing [heat exchanger]**	Leitblech-Eintrittsabstand *(m)* [Wärmeaustauscher]
I 123	**inlet branch; inlet connection; inlet nozzle**	Eintrittsstutzen *(m)*; Einlaufstutzen *(m)*
I 124	**inlet flange**	Eintrittsflansch *(m)*
I 125	**inlet header**	Eintrittssammler *(m)*
I 126	**inlet loss; entrance loss**	Eintrittsverlust *(m)*
I 127	**inlet nominal diameter**	Eintrittsnennweite *(f)*
I 128	**inlet port**	Eintrittsmündung *(f)*; Eintrittsöffnung *(f)*
I 129	**inlet port [in PHE plates]**	Eintrittsöffnung *(f)* [in den Platten eines Plattenwärmetauschers]
I 130	**inlet pressure**	Eintrittsdruck *(m)*; Eingangsdruck *(m)*; Vordruck *(m)*
I 131	**inlet subcooling**	Eintrittsunterkühlung *(f)*
I 132	**inlet temperature**	Eintrittstemperatur *(f)*

I 133	in-line blending	Eindosieren *(n)* in eine gemeinsame Pumpleitung; Einmischen *(n)* in eine Verpumpungsleitung [siehe: **blending**]
I 134	in-line check valve; straight check valve; straightway check valve	Rückschlagventil *(n)* mit geradem Durchfluß
I 135	in-line fins *(pl)*	fluchtende Rippen *(f, pl)*
I 136	in-line tube arrangement [tube bundle]	fluchtende Rohranordnung *(f)* [Rohrbündel]
I 137	in-motion radiography	Bewegungsdurchstrahlung *(f)*; Durchstrahlungsprüfung *(f)* bewegter Objekte
I 138	in-motion unsharpness [radiog.]	Bewegungsunschärfe *(f)* [Durchstrahlungsprüfung]
I 139	inner fibre [bend]	Innenfaser *(f)* [Krümmer]
I 140	in-plane squirm [expansion point; see Annex 1, p. 99]	Welleninstabilität *(f)*; lokale Instabilität *(f)* [Kompensatorbalgwelle; siehe Anhang 1, S. 99]
I 141	in-process inspection	Zwischenkontrolle *(f)*; Zwischenprüfung *(f)* [Abnahme]
I 142	in-process inspection	Bauprüfung *(f)*; Fertigungskontrolle *(f)*; Fertigungsprüfung *(f)*; Fertigungsüberwachung *(f)* [werksseitig; qualitätssichernd]
I 143	in-process inspection on site; field fabrication inspection	Bauprüfung *(f)* [Baustellenüberwachung]
I 144	in-process inspection record	Bauprüfungsprotokoll *(n)* [Fertigungsüberwachung]
I 145	in-process inspection report	Bauprüfungsbericht *(m)* [Fertigungsüberwachung]
I 146	input resolution	Ansprechwert *(m)* [Regeln]
I 147	inscribed circle	eingeschriebener Kreis *(m)*; Inkreis *(m)*
I 148	inscribed square standing wave	stehende akustische Welle *(f)*
I 149	insert	Einsatzstück *(n)*; Einlage *(f)*
I 150	insert	Stützhülse *(f)* [Verschraubung]
I 151	insert holder; capsule holder [bursting disc]	verbolzter Flansch *(m)* [siehe: **capsule holder**]
I 152	insert plate	Einbaublech *(n)*
I 153	insert valve	Einbauventil *(n)* [zwischen Flanschen]
I 154	in-service leak test	wiederkehrende Dichtheitsprüfung *(f)*
I 155	inside bolt circle gasket; IBC gasket [see Annex 1, p. 114]	innenliegende Dichtung *(f)* [siehe Anhang 1, S. 114]
I 156	inside contour	Innenumriß *(m)*
I 157	inside diameter	Innendurchmesser *(m)*
I 158	inside-diameter turning	Innenausdrehen *(n)*; Innendurchmesserdrehen *(n)* [spanabhebend]
I 159	inside pipe diameter	Rohrinnendurchmesser *(m)*
I 160	inside pipe wall	Rohrinnenwand *(f)*
I 161	inside screw gate valve	Schieber *(m)* mit innenliegendem Spindelgewinde
I 162	inside tube diameter	Rohrinnendurchmesser *(m)*
I 163	inside tube wall	Rohrinnenwand *(f)*
I 164	inside width	lichte Weite *(f)* [Breite]

inspection port

I 165	in-situ lining process	In-Situ-Lining-Verfahren *(n)* [Sanierung von Gasleitungen; flüssiges Expoxidharz wird zwischen zwei Steckern (Molchen) durch die Leitung geführt (DN 50 — DN 125); siehe auch: **resin lining process**]
I 166	inspection	Begehung *(f)*; Revision *(f)* [Anlage]
I 167	inspection	Abnahme *(f)*; Prüfung *(f)* [Inspektion]
I 168	inspection	Besichtigung *(f)* [Kontrolle]
I 169	inspection, field ...	Abnahme *(f)* auf der Baustelle
I 170	inspection, final ...	Bauprüfung *(f)* [Abnahme durch Kunden/ Technischen Überwachungsverein (TÜV) oder Versicherer]
I 171	inspection and testing plan; inspection and testing schedule	Prüfablaufplan *(m)*; Prüfplan *(m)* [Abnahme]
I 172	inspection authority; inspecting authority	Prüfstelle *(f)* [Behörde oder Versicherer]; Abnahmebehörde *(f)*
I 173	inspection category	Prüfklasse *(f)* [Abnahme]
I 174	inspection certificate	Abnahmeprüfzeugnis *(n)*; Prüfattest *(n)*; Prüfzeugnis *(n)*; Prüfbescheinigung *(f)* [Abnahme]
I 175	inspection characteristic	Prüfmerkmal *(n)* [Abnahme]
I 176	inspection condition	Prüfbedingung *(f)* [Abnahme]
I 177	inspection coverage; inspection scope	Prüfumfang *(m)* [Abnahme]
I 178	inspection documents *(pl)*	Prüfunterlagen *(f, pl)* [Abnahme]
I 179	inspection door	Besichtigungstür *(f)*; Schautür *(f)*; Inspektionstür *(f)*
I 180	inspection eye	Schauloch *(n)*; Schauöffnung *(f)*
I 181	inspection flap	Schauklappe *(f)*; Kontrollklappe *(f)*
I 182	inspection frequency [ultras]	Prüffrequenz *(f)* [US-Prüfung]
I 183	inspection gauge	Prüflehre *(f)*
I 184	inspection glass; inspection window	Schauglas *(n)*
I 185	inspection hatch [tank]	Schauluke *(f)* [Tank]
I 186	inspection hold-point	Prüfschritt *(m)* [Abnahme]
I 187	inspection hole; observation hole	Prüföffnung *(f)*; Schauloch *(n)*; Schauöffnung *(f)*; Kontrollbohrung *(f)*; Kontrollöffnung *(f)*; Besichtigungsöffnung *(f)*
I 188	inspection instruction	Prüfanweisung *(f)*; Prüfvorschrift *(f)* [Abnahme]
I 189	inspection interval	Prüfintervall *(n)* [Abnahme]
I 190	inspection level	Prüfniveau *(n)*; Prüfstufe *(f)* [Abnahme]
I 191	inspection lot	Prüflos *(n)* [Abnahme]
I 192	inspection medium	Prüfmittel *(n)*
I 193	inspection nipple	Besichtigungsnippel *(m)*
I 194	inspection nozzle	Kontrollstutzen *(m)*; Besichtigungsstutzen *(m)*
I 195	inspection opening	Befahröffnung *(f)*
I 196	inspection outage; inspection shutdown	Revisionsstillstand *(m)*
I 197	inspection personnel	Prüfpersonal *(n)* [Abnahme]
I 198	inspection plan; inspection schedule	Prüfplan *(m)* [Abnahme]
I 199	inspection port	Schautür *(f)*

I 200	**inspection pressure gauge**	Kontrollmanometer *(n)*; Prüfmanometer *(n)*
I 201	**inspection procedure**	Prüfverfahren *(n)* [Abnahme]
I 202	**inspection record; inspection report**	Abnahmeprüfprotokoll *(n)*; Prüfbericht *(m)*; Prüfprotokoll *(n)* [Abnahme]
I 203	**inspection requirement**	Prüfbedingung *(f)* [Abnahme]
I 204	**inspection result**	Prüfergebnis *(n)* [Abnahme]
I 205	**inspection schedule; inspection plan**	Prüfplan *(m)* [Abnahme]
I 206	**inspection scope; inspection coverage**	Prüfumfang *(m)* [Abnahme]
I 207	**inspection shutdown; inspection outage**	Revisionsstillstand *(m)*
I 208	**inspection space**	Befahrraum *(m)*
I 209	**inspection specification**	Prüfspezifikation *(f)* [Abnahme]
I 210	**inspection stamp**	Prüfstempel *(m)* [Abnahme]
I 211	**inspection sticker**	Prüfaufkleber *(m)*; Prüfplakette *(f)* [Abnahme]
I 212	**inspection window; inspection glass**	Schauglas *(n)*
I 213	**inspector**	Abnehmer *(m)*; Inspektor *(m)*; Bauprüfer *(m)*; Prüfer *(m)* [Abnahme]
I 214	**inspectorate**	Überwachungsorgan *(n)* [Abnahme]
I 215	**instability**	Instabilität *(f)*; Unstabilität *(f)*
I 216	**installation**	Installation *(f)*; Einbau *(m)*; Montage *(f)*; Aufstellung *(f)*
I 217	**installation drawing**	Aufstellungszeichnung *(f)*; Einbauzeichnung *(f)*; Installationsplan *(m)*; Montagezeichnung *(f)*
I 218	**installation fittings** *(pl)*	Einbauten *(m, pl)*
I 219	**installation instruction**	Einbauanleitung *(f)*; Montageanleitung *(f)*
I 220	**installation material**	Installationsmaterial *(n)*; Montagematerial *(n)*
I 221	**installation site**	Montageort *(m)*; Einsatzort *(m)*; Verwendungsort *(m)*
I 222	**installation work**	Montagearbeiten *(f, pl)*; Installationsarbeiten *(f, pl)*
I 223	**installed capacity**	installierte Leistung *(f)*
I 224	**installed condition**	Montagezustand *(m)*
I 225	**installed downstream**	unterstromiger Einbau *(m)*; eingebaut *(V)* nach/hinter
I 226	**installed location**	Einbaulage *(f)*; Einbaustelle *(f)*
I 227	**installed upstream**	oberstromiger Einbau *(m)*; eingebaut *(V)* vor
I 228	**instruction manual**	Handbuch *(n)*
I 229	**instruction plate**	Hinweisschild *(n)*
I 230	**instructions** *(pl)* **for use**	Gebrauchsanweisung *(f)*
I 231	**instrument**	Instrument *(n)* [Meßgerät]
I 232	**instrumentation**	Instrumentierung *(f)*
I 233	**instrumentation and control equipment**	Meß-, Regel- und Überwachungseinrichtung *(f)*; Überwachungs- und Regelanlage *(f)*
I 234	**instrument(ation) valve**	Meßleitungsventil *(n)*
I 235	**instrument board**	Meßwarte *(f)* [Tafel]
I 236	**instrument calibration**	Gerätejustierung *(f)*
I 237	**instrument connection**	Geräteanschluß *(m)*; Armaturstutzen *(m)*
I 238	**instrumented Charpy impact test**	instrumentierter Charpy-Kerbschlagbiegeversuch *(m)*

insulation

I 239	**instrumented precracked Charpy impact test**	instrumentierter Charpy-Kerbschlagbiegeversuch *(m)* an angerissenen Proben
I 240	**instrumented precracked Charpy slow-bend test**	langsamer instrumentierter Charpy-Kerbschlagbiegeversuch *(m)* an angerissenen Proben
I 241	**instrument line; instrument lead**	Meßleitung *(f)*
I 242	**instrument nozzle**	Kontrollstutzen *(m)*; Meßstellenstutzen *(m)*; Meßstutzen *(m)*
I 243	**instrument piping**	Instrumentenleitungen *(f, pl)*
I 244	**instrument setting**	Geräteeinstellung *(f)*
I 245	**insufficient fusion** [weld imperfection]	unvollständige Bindung *(f)* [Nahtfehler]
I 246	**insufficient penetration** [weld imperfection]	unzureichende Linsendicke *(f)*; unzureichende Schweißnahtbreite*(f)* [Linse ist zu flach oder Stumpfnaht zu schmal; Nahtfehler]
I 247	**insulance; insulation resistance**	Isolationswiderstand *(m)* [Isolierwert]
I 248	**insulant; insulating material; insulation material**	Isolier(werk)stoff *(m)*; Dämmstoff *(m)*
I 249	**insulating blanket; insulating mat; insulation blanket**	Isoliermatte *(f)*; wärmedämmende Matte *(f)*; Dämmatte *(f)*
I 250	**insulating board**	Isolierplatte *(f)*; Dämmplatte *(f)*
I 251	**insulating compound**	Isoliermasse *(f)*; Dämmasse *(f)*
I 252	**insulating construction material**	Isolierbaustoff *(m)*
I 253	**insulating sealant**	Isolierabdichtungsstoff *(m)*
I 254	**insulating sleeving; insulating tube**	Isolierschlauch *(m)*
I 255	**insulating tape**	Isolierband *(n)*
I 256	**insulating thickness; insulation thickness**	Dämmdicke *(f)*; Dämmstärke *(f)*; Isolierstärke *(f)*
I 257	**insulating thimble**	Isolierscheibe *(f)* [Seilendbeschlag]
I 258	**insulating tool**	Dämmwerkzeug *(n)*; Isolierwerkzeug *(n)*
I 259	**insulating underlay**	Dämmunterlage *(f)*; Isolierunterlage *(f)*
I 260	**insulation**	Isolierung *(f)*; Wärmeschutzmasse *(f)*; Wärmedämmung *(f)*; Dämmung *(f)* [Zur Vermeidung von Wärmeverlusten sind Rohrleitungen und Ausrüstungen, die heiße oder unterkühlte Medien enthalten, zu isolieren. Die Aufgabe der Isolierung ist es, einen großen Widerstand gegen den Wärmeaustausch zu bilden. Dies geschieht durch Verkleiden der Austauschflächen mit Isolierstoffen, die die folgenden Eigenschaften aufweisen sollen: — schlechte Wärmeleitfähigkeit — geringe Dichte — ausreichende Stabilität gegen mechanische Einflüsse — unempfindlich gegen vorübergehende Feuchtigkeit — temperaturbeständig bei den vorliegenden Temperaturen — gut verarbeitbar.

insulation

		Die Isolierstoffe müssen sehr porös sein und damit Luft in feinster Verteilung enthalten, da die Luft ein sehr schlechter Wärmeleiter ist. Geliefert werden Isolierstoffe als Matten, Halbschalen oder Formstücke, Schnüre oder Zöpfe, loses Material zum Stopfen.]
I 261	insulation, personnel protection ...	Berührungsschutz *(m)*
I 262	insulation blanket; insulating blanket; insulating mat	wärmedämmende Matte *(f)*; Isoliermatte *(f)*; Dämmatte *(f)*
I 263	insulation contractor	Isolierfirma *(f)*
I 264	insulation material; insulating material; insulant	Isolier(werk)stoff *(m)*; Dämmstoff *(m)*
I 265	insulation resistance; insulance	Isolationswiderstand *(m)* [Isolierwert]
I 266	insulation securing band	Isolierbandeisen *(n)*
I 267	insulation spider	Abstandshalter *(m)* [Wärmedämmung]
I 268	insulation surface	Dämmoberfläche *(f)*; Isolieroberfläche *(f)*
I 269	insulation thickness; insulating thickness	Dämmdicke *(f)*; Dämmstärke *(f)*; Isolierstärke *(f)*
I 270	insulation trim	Isoliereinsatz *(m)* [Klappe]
I 271	insulation work	Isolierarbeiten *(f, pl)*
I 272	insurance plugging [tube bundle]	Sicherheitsverstopfung *(f)*; Dichtsetzen *(n)*; Abstopfen *(n)* [von einzelnen Rohren im Rohrbündel von Wärmeaustauschern, die versagt haben (Leckage etc.). Das Rohr wird verstopft.]
I 273	integral check valve; built-in check valve	eingebautes Rückschlagventil *(n)*
I 274	integral communicating chambers *(pl)*	kommunizierende Druckräume *(m, pl)* aus einem Stück
I 275	integral finned tube	Rohr *(m)* mit integraler Berippung; Rohr *(n)* mit integralen Rippen
I 276	integral leakage; total leaks *(pl)*; total leakage	Gesamtundichtheit *(f)*; Leckrate *(f)*
I 277	integral low-fin condenser tube	Kondensatorrohr *(n)* mit integralen niedrigen Rippen
I 278	integrally cast	angegossen *(V)*
I 279	integrally welded	angeschweißt *(V)*
I 280	integral nozzle reinforcement	Stutzenverstärkung *(f)* aus einem Stück
I 281	integral tubesheet	fester Rohrboden *(m)* [mit dem Mantel verschweißt]
I 282	integral (-type) flange	fester Flansch *(m)*; Festflansch *(m)*
I 283	integrity	Unversehrtheit *(f)*; Vollständigkeit *(f)*
I 284	intensifying back screen [radiog.]	Verstärkerhinterfolie *(f)* [Durchstrahlungsprüfung]
I 285	intensifying screen; image intensifier [radiog.]	Verstärkerfolie *(f)* [Durchstrahlungsprüfung]
I 286	intensity of turbulence	Turbulenzgrad *(m)*
I 287	interaction	gegenseitige Beeinflussung *(f)*; wechselseitige Handlung *(f)*; Wechselwirkung *(f)*
I 288	interaction moment	Wechselwirkungsmoment *(n)*
I 289	interactive defects *(pl)*	sich gegenseitig beeinflussende Fehler *(m, pl)*
I 290	interchangeability	Austauschbarkeit *(f)* [von Anlageteilen]

I 291	interconnection	Zusammenschaltung *(f)*
I 292	intercooler; interstage cooler	Zwischenkühler *(m)* [Kompressor]
I 293	intercooling; interstage cooling	Zwischenkühlung *(f)*
I 294	intercrystalline corrosion; intergranular corrosion	interkristalline Korrosion *(f)*; IKK; Korngrenzenkorrosion *(f)*; Korngrenzenangriff *(m)*
I 295	intercrystalline corrosion resistance test	IK-Prüfung *(f)*
I 296	intercrystalline corrosion susceptibility	Kornzerfallsneigung *(f)*
I 297	intercrystalline corrosion test specimen	IK-Probe *(f)*
I 298	intercrystalline cracking	interkristalline Rißbildung *(f)*
I 299	interdendritic shrinkage; solidification hole [weld imperfection]	Makrolunker *(m)* [Schwingungshohlraum verschiedenartiger Gestalt im Schweißgut; Nahtfehler]
I 300	interface	Trennfläche *(f)*; Grenzfläche *(f)*
I 301	interface contact stress condition	Berührungsflächen-Spannungszustand *(m)*
I 302	interface energy; interface surface energy; interfacial energy	Grenzflächenenergie *(f)*
I 303	interface pressure	Grenzflächenpressung *(f)*
I 304	interfacial corrosion test	Unterrostungstest *(m)*
I 305	interfacial shear (stress)	Dampfschubspannung *(f)* an der Phasengrenze
I 306	interfacial surface generator; ISG	ISG-Mischer *(m)* [statischer Mischer]
I 307	interfacial tension	Grenzflächenspannung *(f)*
I 308	interfacial vapour shear (stress)	Schubspannung *(f)* an der Phasengrenze
I 309	interference galloping	Interferenzgalloping *(n)* [eine aerodynamische Instabilität, die in ihrer Erscheinungsform dem „Galloping" sehr ähnlich ist. Im Gegensatz zum klassischen Galloping ist die Instabilität des Interferenzgalloping nicht schwinggeschwindigkeitsabhängig. Sie hängt ab von der Lage]
I 310	intergranular and transgranular crack; i-t-crack	inter- und transkristalliner Riß *(m)*; I-T-Riß *(m)*
I 311	intergranular attack	Korngrenzenangriff *(m)*
I 312	intergranular corrosion; intergranular attack; IGA; intercrystalline corrosion	interkristalline Korrosion *(f)*; IKK; Korngrenzenkorrosion *(f)*; Korngrenzenangriff *(m)*
I 313	intergranular corrosion resistance	IK-Beständigkeit *(f)*; Beständigkeit *(f)* gegen interkristalline Korrosion
I 314	intergranular crack; intercrystalline crack	interkristalliner Riß *(m)*; Korngrenzenriß *(m)* [verläuft entlang der Kristallitgrenzen]
I 315	intergranular stress corrosion cracking; IGSCC	interkristalline Spannungskorrosionsrißbildung *(f)*
I 316	interlaminar strength	Schichtfestigkeit *(f)*; Spaltfestigkeit *(f)* [Beschichtung]
I 317	interlocking	Verriegelung *(f)* [elektrisch]
I 318	intermediate anchor	Zwischenfestpunkt *(m)* [Rohrhalterung]
I 319	intermediate bracket	Zwischenkonsole *(f)*
I 320	intermediate cooler; intercooler	Zwischenkühler *(m)* [eines Kompressors]
I 321	intermediate flow	Übergangsströmung *(f)*; Gleitströmung *(f)*
I 322	intermediate girder [tank]	Zwischenträger *(m)* [Tank]

I 323	**intermediate heat exchanger; IHX**	Zwischenwärmetauscher *(m)*
I 324	**intermediate piece; transition piece; adapter**	Zwischenstück *(n)* [siehe auch: A 141]
I 325	**intermediate strength bolting**	mittelfeste Verschraubung *(f)*
I 326	**intermittent weld**	Streckenschweiße *(f)*; unterbrochene Schweißnaht *(f)*
I 327	**intermixing; cross contamination** [of fluids in PHEs]	Vermischung *(f)* [der Medien in Plattenwärmeaustauschern]
I 328	**intermixing flow**	sich vermischende Strömung *(f)*
I 329	**internal bore welding; IBW; backbore welding** [tube/tubesheet]	Innenlochschweißen *(n)* [Rohr-Rohrbodenverbindung; spaltfreies Rohreinschweißen]
I 330	**internal chills** *(pl)*	harte Stellen *(f, pl)* im Guß
I 331	**internal corner radius**	innerer Krempenradius *(m)* [Boden]; Übergangsradius *(m)* [z. B. beim Stutzen]
I 332	**internal damping**	innere Dämpfung *(f)*; Eigendämpfung *(f)*
I 333	**internal fittings** *(pl)* [drum]	Innenausrüstung *(f)* [Trommel]
I 334	**internal fittings** *(pl)*; **internals** *(pl)*	Einbauten *(m, pl)*
I 335	**internal floating roof** [tank; see Annex 1, p. 13]	Schwimmdecke *(f)* [Tank]; siehe F 445; siehe Anhang 1, S. 13]
I 336	**internal friction theory** [after Mohr]	Hypothese *(f)* des elastischen Grenzzustandes [Mohr]
I 337	**internal guide sleeve** [expansion joint]	inneres Leitrohr *(n)*; Führungsrohr *(n)* [Kompensator; siehe: **internal sleeve**]
I 338	**internal heat source**	innere Wärmequelle *(f)*
I 339	**internal inspection**	Innenbesichtigung *(f)*
I 340	**internally finned tube**	innen verripptes Rohr *(n)*
I 341	**internally guided expansion joint**	Axialkompensator *(m)* mit innerem Leitrohr
I 342	**internal neutralization** [distillation]	innere Neutralisation *(f)* [Vorgang in der Destillationskolonne, bei der Totalabnahmeböden **(total draw-off tray)** als Neutralisationsböden eingesetzt werden.]
I 343	**internal partitions** *(pl)* [tank]	innere Schottung *(f)* [Trennwände im Tank]
I 344	**internal pressure**	Innendruck *(m)*
I 345	**internal projection** [nozzle]	innerer Überstand *(m)* [Stutzen]
I 346	**internal reflux; intermediate reflux** [distillation column]	innerer Rückfluß *(m)*; Zwischenreflux *(m)* [Innerer Rückfluß ist bei Destillationskolonnen der Produktstrom, der sich durch den Temperaturunterschied vom Kolonnenkopf zum Kolonnensumpf auf den einzelnen Fraktionierböden durch teilweise Kondensation der aufsteigenden Dämpfe bildet und als Kondensat über die Fallrohre auf den nächst tieferen Boden abläuft. Dort verdampft er teilweise und steigt dampfförmig wiederum in der Kolonne aufwärts. Die Größe des inneren Rückflusses ist ein entscheidender Wert für die Fraktionierschärfe einer Destillationskolonne. Der innere Rückfluß und damit die Fraktionierschärfe läßt sich durch Erhöhung der

investment casting

		Wärmezufuhr und entsprechender Rückflußsteigerung zum Kolonnenkopf erhöhen. Wenn einer Destillationskolonne ein Seitenschnitt **(side cut)** entnommen wird, so reduziert sich der innere Reflux um diesen Betrag.]
I 347	internal shrinkage	interne Schrumpfungen *(f, pl)*
I 348	internal sleeve; liner; baffle sleeve; flow liner [expansion joint; see Annex 1, p. 88]	Leitrohr *(n)* [zur Verminderung des Kontakts zwischen der inneren Oberfläche von Kompensatorbälgen und dem Strömungsmittel und zur Verringerung des Durchflußwiderstands; siehe Anhang 1, S. 88]
I 349	internal sleeve; liner [nozzle]	Schutzrohr *(n)* [im Stutzen]
I 350	internal structures *(pl)*	Inneneinbauten *(m, pl)*
I 351	internal thread; female thread	Innengewinde *(n)*
I 352	internal tube; inner tube	Innenrohr *(n)*
I 353	internal upset [weld]	Innenwulst *(m)* [Schweißnaht]
I 354	interpass cooling [weld]	Zwischenabkühlung *(f)* [Schweißen]
I 355	interpass temperature [weld]	Zwischenlagentemperatur *(f)* [Schweißen]
I 356	interphase level controller	Phasenregler *(m)* [siehe: **settler**]
I 357	inter-ply pressure sensing connection; pressure tap coupling [multi-ply bellows]	permanente Lecküberwachung *(f)* [Eine Kontrollbohrung in den Zwischenlagen eines Mehrlagen-Kompensators (im Balgbordbereich) wird in einen geschlossenen Ringraum geführt, an den das Druckmeßgerät angeschlossen ist. Das Druckmeßgerät gibt bei Druckanstieg Alarm und zeigt eine beginnende Schädigung der Innenlage gefahrlos an.]
I 358	interpretation	Auswertung *(f)*; Beurteilung *(f)*
I 359	interrun [weld]	Zwischenlage *(f)* [Schweißen]
I 360	inter-run undercut; interpass undercut [weld imperfection]	Längskerbe *(f)* zwischen den Schweißraupen [Nahtfehler]
I 361	interrupted creep test	unterbrochener Zeitstandversuch *(m)* [mit Unterbrechung der Belastung und der Beheizung]
I 362	interrupted quenching	gebrochenes Härten *(n)* [Wärmebehandlung]
I 363	interrupted seam welding	Steppnahtschweißen *(n)* [auch: S 1118]
I 364	intersecting welds *(pl)*	überkreuzende Nähte *(f, pl)*
I 365	interstage cooler; intercooler	Zwischenkühler *(m)*
I 366	interstage cooling; intercooling	Zwischenkühlung *(f)*
I 367	interstitial atom	Zwischengitteratom *(n)*
I 368	interstitial free condition [ferrite]	Zustand *(m)* frei von interstitiell gelösten Atomen [Ferrit]
I 369	interstitial solid solution	Einlagerungsmischkristall *(n)*
I 370	interstitial space	Zwischenraum *(m)* [Kristallgitter]
I 371	intervening stop valve	zwischengeschaltetes Absperrventil *(n)*
I 372	in-tube condensation	Kondensation *(f)* im Rohr; rohrseitige Kondensation *(f)*
I 373	investment casting	Genauguß *(m)* [Gußstück]

I 374	inviscid flow	reibungsfreie Strömung (f)
I 375	inward forming	Einhalsen (n)
I 376	ionization vacuum gauge	Ionisationsvakuummeter (n)
I 377	ion-microprobe mass spectrometer	Ionenmikrosonden-Massenspektrometer (n)
I 378	ion pump leak detector	Lecksuchgerät (n) mit Ionenpumpe
I 379	ion resonance spectrometer	Ionenresonanzspektrometer (n)
I 380	IQI; image quality indicator; penetrameter [radiog.]	Bildgüteprüfsteg (m); Bildgüteanzeiger (m); Bildgütesteg (m) [Durchstrahlungsprüfung]
I 381	IQI sensitivity [radiog.]	Bildgüteprüfsteg-Empfindlichkeit (f); Bildgütezahl (f) [Durchstrahlungsprüfung]
I 382	iron oxide electrode	erzsaure Elektrode (f)
I 383	iron oxide sheath [electrode]	erzsaure Umhüllung (f) [Elektrode]
I 384	irradiation	Bestrahlung (f) [Durchstrahlung]
I 385	irregular surface [weld imperfection]	fehlerhafte Nahtzeichnung (f) [z. B. zu grobe oder unregelmäßige Schuppung; Nahtfehler]
I 386	irregular width [weld imperfection]	unregelmäßige Nahtbreite (f) [Nahtfehler]
I 387	irrotational flow; non-vortex flow	drallfreie Strömung (f)
I 388	ISG; interfacial surface generator	ISG-Mischer (m) [statischer Mischer]
I 389	isolated defect	Einzelfehler (m)
I 390	isolated hot junction	Thermoelement (n) [isoliertes; vom Boden/Mantel]
I 391	isolated ligament	einzelner Steg (m)
I 392	isolated opening	Einzelausschnitt (m) [Behälter]
I 393	isolated operation	Inselbetrieb (m)
I 394	isolated plain bar stay	einzelner Vollanker (m)
I 395	isolated pores (pl)	Einzelporen (f, pl)
I 396	isolated radial loads (pl)	radiale Einzellasten (f, pl)
I 397	isolated wormholes (pl)	einzelne Schlauchporen (f, pl)
I 398	isolating damper	Regulierklappe (f); Absperrklappe (f) [Auf-Zu]
I 399	isolating device; shut-off device	Absperrorgan (n); Absperrarmatur (f) [allgemein; Erläuterungen siehe unter: **shut-off device**]
I 400	isolating valve; stop valve; shut-off valve	Absperrventil (n)
I 401	isolation test [leak test]	Druckanstiegsprüfung (f) [Dichtheitsprüfung]
I 402	isometric drawing	Isometrie (f) [isometrische Darstellung]
I 403	ISO metric thread	ISO-Gewinde (n) [metrisches]
I 404	isothermal surface	isotherme Fläche (f) [Oberfläche, bei der an allen Punkten die Temperatur gleich ist]
I 405	ISO V-notch specimen	ISO-V-Probe (f); ISO-Spitzkerbprobe (f)
I 406	ITD; initial temperature difference	Anfangstemperaturdifferenz (f); Differenz (f) der Anfangstemperatur
I 407	iteration (process)	Iterationsverfahren (n); iteratives Berechnungsverfahren (n) [schrittweise Näherung]
I 408	ITHT; individual tube hydrostatic testing [tube bundle]	Wasserdruckprüfung (f) der einzelnen Rohre [Rohrbündel]

J

J 1	**jacket**	Doppelmantel *(m)*
J 2	**jacket, partial ...**	Teilummantelung *(f)*
J 3	**jacketed closure**	Doppelmantelabschluß *(m)*
J 4	**jacketed steam kettle**	Doppelmantel-Dampfgefäß *(n)*
J 5	**jacketed trough**	Trog *(m)* mit Doppelmantel
J 6	**jacketed vessel; double-walled vessel**	Doppelmantelbehälter *(m)*
J 7	**jacket space**	Zwischenraum *(m)* zwischen Mantel und Doppelmantel
J 8	**jack screw**	Hebeschraube *(f)*; Vormontageschraube *(f)*
J 9	**jet**	Strahl *(m)*
J 10	**jet condenser**	Strahlkondensator *(m)* [Mischkondensator]
J 11	**jet deflection**	Strahlablenkung *(f)*
J 12	**jet pairing [tube bundle]**	Paarung *(f)* des Fluidstroms; Vereinigung *(f)* von Strahlen [Strömungstechnik; entsteht nach Austritt der Strahlen (des Fluidstroms) aus den Spalten einer einzigen quer angeströmten Rohrreihe (im Rohrbündel) infolge der Instabilität bei dünnen Strahlen]
J 13	**jet pump**	Strahlpumpe *(f)*
J 14	**jet switching [tube bundle]**	Jet-Switching-Mechanismus *(m)* [Strömungstechnik; bei gegenphasigen Schwingungen benachbarter Rohre (im Rohrbündel) in Anströmrichtung ändert der sich hinter benachbarten Zylindern paarende Fluidstrom **(jet pairing)** im Takt mit der Zylinderbewegung.]
J 15	**job casting**	Kundenguß *(m)*
J 16	**joining material**	Fügestoff *(m)*
J 17	**joint [welding]**	Schweißstoß *(m)*
J 18	**joint [gen.]**	Stoß *(m)*; Verbindung *(f)*; Fuge *(f)*; Teilfuge *(f)* [allg.]
J 19	**joint bolt**	Gelenkbolzen *(m)*
J 20	**joint contact surface**	Kontaktfläche *(f)*; Auflagefläche *(f)*
J 21	**joint contact surface compression load [flange]**	Anpreßkraft *(f)* der Verbindung [Flansch]
J 22	**joint covering strip**	Stoßstreifen *(m)*
J 23	**joint design [weld]**	Nahtform *(f)*; Nahtausführung *(f)* [Schweiße]
J 24	**jointed staybolt**	gelenkiger Stehbolzen *(m)*
J 25	**joint face [gasket]**	Dichtfläche *(f)*; Dichtungsfläche *(f)*; Auflagefläche *(f)* [Dichtung]
J 26	**joint face**	Stoßfläche *(f)* [aneinander]
J 27	**joint factor; weld (joint) efficiency; weld factor; efficiency of weld**	Schweißnahtfaktor *(m)*; Nahtfaktor *(m)*; obs.: Verschwächungsbeiwert *(m)* der Schweißnaht
J 28	**joint flanges** *(pl)*	Flanschverbindungen *(f, pl)*
J 29	**joint gasket**	Dichtungsring *(m)*
J 30	**joint geometry**	Stoßgeometrie *(f)*
J 31	**jointing material [flange]**	Dichtungsmaterial *(n)* [Flansch]

J 32	**joint penetration** [weld]	Nahttiefe *(f)*
J 33	**joint preparation** [weld]	Fugenvorbereitung *(f)*; Schweißkantenvorbereitung *(f)*; Schweißnahtvorbereitung *(f)*
J 34	**joint restraint**	Einspannung *(f)* einer Verbindung
J 35	**joint ring**	Dichtungsring *(m)*
J 36	**joint set-up** [weld]	Vorrichten *(n)* [Schweißnaht]
J 37	**joint surface**	Fügefläche *(f)*
J 38	**joint thickness**	Fugenhöhe *(f)*
J 39	**joint welding**	Verbindungsschweißen *(n)*
J 40	**joint with bush**	Gelenkkopf *(m)* [LISEGA-Gelenkstrebe]
J 41	**Jominy end quench test**	Stirnabschreckversuch *(m)* nach Jominy; Jominy-Stirnabschreckversuch *(m)*
J 42	**J-type shell** [heat exchanger]	Mantel *(m)* der Type J; J-Mantel *(m)* [Wärmeaustauscher; TEMA]
J 43	**jump**	Sprung *(m)* [im Frequenzverlauf von Schwingungen]
J 44	**junction**	Verbindung *(f)* [Anschluß]
J 45	**junction face**	Verbindungsfläche *(f)*
J 46	**junction point**	Anschlußpunkt *(m)*; Knotenpunkt *(m)*; Verbindungsstelle *(f)* [Stahlbau]

knuckle radius

K

K 1	**Kaiser effect** [AET]	Kaiser-Effekt *(m)* [SEP]
K 2	**Karman vortex street**	Karman'sche Wirbelstraße *(f)* [Muster der sich periodisch an einem quer angeströmten Zylinder ablösenden Wirbel, deren Konfiguration im Strömungsnachlauf stabil bleibt]
K 3	**Karr column**	Karr-Kolonne *(f)* [Kolonne mit bewegten Siebböden]
K 4	**Kellog design approach**	Kellog-Verfahren *(n)*; Flächenvergleichsverfahren *(n)*; **besser**: Kräftevergleichsverfahren *(n)* [bei diesem Verfahren wird eigentlich das Produkt einer druckführenden Querschnittsfläche und Druck verglichen mit dem Produkt einer spannungstragenden Fläche und zulässiger Mittelspannung; bei Stutzen und Abzweigausschnitten; der Ausdruck „Flächenvergleichsverfahren" ist daher nicht korrekt; nicht verwechseln mit „Flächenersatzverfahren" **(area replacement approach)**]
K 5	**Kettle reboiler** [see Annex 1, p. 6]	Kettle-Type-Verdampfer *(m)* [mit K-Mantel; siehe Anhang 1, S. 6, Abb. AKT]
K 6	**keyhole welding technique**	Stichlochtechnik *(f)*; Stichlochschweißen *(n)*
K 7	**kidney fracture; transverse fissure**	Nierenbruch *(m)*
K 8	**killed steel**	beruhigter Stahl *(m)*
K 9	**kinematically admissible velocity field**	kinematisch zulässiges Geschwindigkeitsfeld *(n)*
K 10	**kinematic viscosity**	kinematische Viskosität *(f)*; kinematische Zähigkeit *(f)* [die kinematische Viskosität ist der Quotient aus dynamischer Viskosität und der Dichte des Fluids]
K 11	**kink, sharp ...**	scharfer Knick *(m)*
K 12	**knee**	Kniestück *(n)* [Krümmer]
K 13	**kneebrace**	Kniehebel *(m)*
K 14	**knife edge support** [clip gauge]	Rasierklingenlager *(n)* [Dehnungsaufnehmer]
K 15	**knife gate valve; guillotine valve; guillotine damper** [see Annex 1, p. 42]	Steckschieber *(m)* [Absperrschieber; siehe Anhang 1, S. 42]
K 16	**knife rings** *(pl)* [bursting disc]	Randschneiden *(f, pl)*; Schneidringe *(m, pl)* [Knickberstscheibe]
K 17	**knockback condenser**	Rücklaufkondensator *(m)* [Rieselfilmapparat mit Gegenstrom zwischen Dampf- und Rieselfilm bzw. Kühlmedium]
K 18	**knockout drum; knockout vessel**	Abscheidebehälter *(m)*; Entwässerungstopf *(m)*; Flüssigkeitsabscheider *(m)* [Tropfenabscheidung aus Gasstrom]
K 19	**knuckle** [end/head]	Krempe *(f)* [Behälterboden]
K 20	**knuckle depth**	Krempenhöhe *(f)*
K 21	**knuckle radius**	Krempenhalbmesser *(m)*; Krempenradius *(m)*

K 22	**Knudsen flow; transition flow**	Knudsen-Strömung *(f)*; Übergangsströmung *(f)* [Strömung von Gasen durch Kanäle und Rohre unter Bedingungen der viskosen Laminarströmung und der Molekularströmung]
K 23	**K-type shell [heat exchanger]**	K-Mantel *(m)*; Mantel *(m)* der Type K [Wärmeaustauscher; TEMA]
K 24	**Kühni extracting column**	Kühni-Extraktor *(m)* [siehe: **extraction column**]

L

L 1	labyrinth gland; labyrinth seal	Labyrinthdichtung *(f)*
L 2	lack of adhesion	Haftfehler *(m)*
L 3	lack of bond [roll cladding]	Bindefehler *(m)*; Haftfehler *(m)* [Walzplattierung]
L 4	lack of bond [clad welding]	mangelhafte Bindung *(f)* [Schweißplattierung]
L 5	lack of fusion [weld imperfection]	Bindefehler *(m)* [Nahtfehler]
L 6	lack of inter-run fusion [weld imperfection]	Lagenbindefehler *(m)* [Nahtfehler]
L 7	lack of penetration [weld imperfection]	ungenügende Durchschweißung *(f)* [Nahtfehler]
L 8	lack of root fusion; root contraction [weld imperfection]	Wurzelbindefehler *(m)* [Wurzelkerbe; Nahtfehler]
L 9	lack of side (wall) fusion; incomplete side wall fusion [weld imperfection]	Flankenbindefehler *(m)* [Bindefehler zwischen Schweißgut und Grundwerkstoff; Nahtfehler]
L 10	lacquer technique, strain indicating . . .	Reißlack *(m)*, Dehnungsanzeige mittels . . .
L 11	ladle analysis [UK]; heat analysis [US]	Schmelzenanalyse *(f)*
L 12	lagger	Isolierer *(m)*; Isolierklempner *(m)*
L 13	lagger's mate	Isolierhelfer *(m)*
L 14	lagging	Verkleidung *(f)*; Wärmedämmung *(f)* [Wärmeschutz]
L 15	lagging	Nacheilen *(n)*; Verzögerung *(f)*
L 16	laid-up joint; hand lay-up joint	handaufgelegte Verbindung *(f)*
L 17	Lamb wave; plate wave [ultras.]	Lamb-Welle *(f)*; Plattenwelle *(f)* [US-Prüfung]
L 18	lamellar-graphite cast iron; gray cast iron; grey cast iron	Gußeisen *(n)* mit Lamellengraphit; Lamellengraphit-Gußeisen *(n)*
L 19	lamellar heat exchanger; lamella flow heat exchanger; LHE; Ramèn heat exchanger	Lamellenwärmeaustauscher *(m)*; Lamellenbündelwärmeaustauscher *(m)*; Ramèn-Wärmeaustauscher *(m)*
L 20	lamellar structure	Lamellenstruktur *(f)*; Streifengefüge *(n)*
L 21	lamellar tear	Lamellenriß *(m)*
L 22	lamellar tearing; terrace fractures *(pl)*	Terrassenbrüche *(m, pl)*; Lamellenrißbildung *(f)*; Einreißen *(n)* in Dickenrichtung; Spaltrissigkeit *(f)* [entsteht durch Aufreißen von parallel verlaufenden Seigerungszonen mit langgestreckten nichtmetallischen Einschlüssen bei Beanspruchung eines Werkstücks in Dickenrichtung]
L 23	laminar boundary layer	laminare Grenzschicht *(f)*
L 24	laminar boundary layer flow	laminare Grenzschichtströmung *(f)*
L 25	laminar flow; streamline flow	Laminarströmung *(f)*; laminare Strömung *(f)*; schlichte Strömung *(f)* [siehe auch: **turbulent flow**]
L 26	laminar fully developed flow	laminare (voll) ausgebildete Strömung *(f)*
L 27	laminar reflector [ultras.]	oberflächenparalleler Fehler *(m)* [US-Prüfung]
L 28	laminar Sherwood number	laminare Sherwood-Zahl *(f)*
L 29	laminar stagnation flow	laminare Staupunktströmung *(f)*
L 30	laminar start-up flow	laminare Anfangsströmung *(f)*
L 31	laminar wave-free condensate film	laminarer wellenfreier Kondensatfilm *(m)*

L 32	**laminated bellows** [see Annex 1, p. 102]	Mehrlagenbalg *(m)*; mehrwandiger Balg *(m)* [siehe Anhang 1, S. 102]
L 33	**laminations** *(pl)*	Doppelungen *(f, pl)* [Walzfehler]
L 34	**land** [weld]	Fugenansatz *(m)*; Stegansatz *(m)* [Schweiße]
L 35	**land, unwelded** ...	unverschweißter Bereich *(m)*
L 36	**land, width of** ... [welding neck flange]	Anstoßkante *(f)*, Breite der ... [Vorschweißflansch]
L 37	**landing** [tank]	Podest *(m)* [Tank]
L 38	**lane** [tube bundle]	Gasse *(f)* [im Rohrbündel]
L 39	**laning** [condenser; tube bundle]	Gassenbildung *(f)*; Gassenkonstruktion *(f)* [im Kondensator durch Beseitigung von Rohren; siehe auch: **penetration lane**]
L 40	**lantern ring** [floating tubesheet]	Laternenring *(m)* [Schwimmkopfrohrboden]
L 41	**lap joint**	Überlappnaht *(f)*; Überlappstoß *(m)*
L 42	**lap-joint flange** [see Annex 1, pp. 106/109]	loser Flansch *(m)* [siehe Anhang 1, S. 106/109]
L 43	**lap-joint flange with welding stub**	loser Flansch *(m)* mit Vorschweißbund
L 44	**lap joint stub end** [long, ANSI length; short, MSS length]	Vorschweißbund *(m)* [lang, ANSI-Länge; kurz, MSS-Länge] [bei losen Flanschen]
L 45	**lapped-type flange**	Flansch *(m)* mit Bund
L 46	**large base of the cone**	große Grundfläche *(f)* des Kegels
L 47	**latching device**	Verriegelung *(f)*
L 48	**latent heat**	latente Wärme *(f)*
L 49	**latent heat of vaporization**	latente Verdampfungswärme *(f)*
L 50	**latent image** [radiog.]	latentes Bild *(n)* [Durchstrahlungsprüfung]
L 51	**lateral**	Abzweigstück *(n)*
L 52	**lateral clearance**	Seitenspiel *(n)*
L 53	**lateral condenser**	seitlich angeordneter Kondensator *(m)*
L 54	**lateral deflection; lateral offset** [expansion joint; see Annex 1, p. 98]	laterale Bewegung *(f)* [Kompensator; siehe Anhang 1, S. 98]
L 55	**lateral deformation**	seitliche Deformation *(f)*
L 56	**lateral distance**	Seitenabstand *(m)*
L 57	**lateral expansion** [impact test]	seitliche Breitung *(f)* [Kerbschlagbiegeversuch]
L 58	**lateral expansion; lateral extension** [expansion joint]	Seitenausweitung *(f)*; seitliche Dehnung *(f)* [Kompensator]
L 59	**lateral force**	Querkraft *(f)*
L 60	**lateral force coefficient**	Horizontalbeiwert *(m)* der Erdbebenersatzlast [Verhältniszahl der Maximalbeschleunigung des Erdbebens zur Erdbeschleunigung]
L 61	**lateral pressure**	seitlicher Druck *(m)*
L 62	**lateral stress**	Querbeanspruchung *(f)*
L 63	**lateral thrusts** *(pl)*	seitliche Verschiebungen *(f, pl)*
L 64	**lateral wall effect**	Seitenwandeffekt *(m)*
L 65	**lateral working spring rate** [expansion joint bellows]	Lateral-Federrate *(f)*; Verstellkraft-Rate *(f)* [siehe: **bellows spring rate**]
L 66	**lateral yielding**	seitliches Ausweichen *(n)* [Rohr]
L 67	**lath size of acicular ferrite**	Tafelgröße *(f)* beim nadeligen Ferrit
L 68	**lattice**	Gitter *(n)* [Kristallographie]

leakage flow

L 69	lattice bar	Gitterstab *(m)* [Fachwerk]
L 70	lattice beam; lattice girder	Gitterträger *(m)*; Fachwerkträger *(m)*
L 71	lattice structure; grid support structure; support grid	Stützgitter *(n)*; Gitter-Stützkonstruktion *(f)* [Definition siehe: **grid-support structure**]
L 72	lattice truss	Fachwerkbinder *(m)*; Gitterbalken *(m)*
L 73	layer	Lage *(f)*; Schicht *(f)*; Überzug *(m)*
L 74	layered construction	Mehrlagenbauweise *(f)*
L 75	layered pressure vessel	Mehrlagenbehälter *(m)*; Schalendruckbehälter *(m)*
L 76	layered shell	Mehrlagenmantel *(m)*
L 77	layered stack	Lagenstapel *(m)*
L 78	layer gap [layered shell]	Lagenspalt *(m)*; Spalt *(m)* zwischen den Lagen [Mehrlagenbehälter]
L 79	layer wash	Lageneinspülung *(f)*
L 80	laying [pipe]	Verlegen *(n)* [Rohre]
L 81	laying conditions *(pl)* [pipe]	Verlegungsbedingungen *(f, pl)* [Rohrleitung]
L 82	layout of piping systems	Planung *(f)* von Rohrleitungssystemen; Linienführung *(f)* von Rohrleitungssystemen
L 83	LBB behaviour; leak-before-break behaviour	Leck-vor-Bruchverhalten *(n)*; LBB-Verhalten *(n)* [Definition siehe unter: **leak-before-break behaviour**]
L 84	LCF; low-cycle fatigue	Ermüdung *(f)* bei niedriger Lastspielzahl; niederzyklische Ermüdung *(f)* [Ermüdung bei hoher Spannungsschwingbreite und dementsprechend kleiner Lastwechselzahl]
L 85	LDR; linear damage rule	lineare Schädigungsakkumulationshypothese *(f)*; Miner-Regel *(f)* [nach PALMGREN und MINER]
L 86	lead [thread]	Ganghöhe *(f)* [Gewinde]
L 87	lead foil screen [radiog.]	Bleiverstärkerfolie *(f)* [Durchstrahlungsprüfung]
L 88	leading edge	Anströmkante *(f)*
L 89	leading edge effect	Anströmkanteneffekt *(m)*
L 90	leading edge of the crack	Rißführungskante *(f)*
L 91	leading end [pipe/tube]	vorderes Ende *(n)* [Rohr]
L 92	lead screen [radiog.]	Blei-Verstärkerfolie *(f)* [Durchstrahlungsprüfung]
L 93	lead shielding [radiog.]	Bleiabschirmung *(f)* [Durchstrahlungsprüfung]
L 94	leak	Leck *(n)*; Leckstelle *(f)*; undichte Stelle *(f)*
L 95	leakage	Leckage *(f)*; Undichtigkeit *(f)*; Lecken *(n)*
L 96	leakage air	Leckluft *(f)*
L 97	leakage air flow	Leckluftmenge *(f)*
L 98	leakage detection; leak detection; leak hunting; leak proving; leak(age) testing	Lecksuche *(f)*; Leckprüfung *(f)*
L 99	leak(age) detection test; leak test	Dichtheitsprobe *(f)* [Prüfung]; Leckprüfung *(f)*; Lecktest *(m)*
L 100	leakage field interference	Streufeldstörung *(f)*
L 101	leakage flow	Leckströmung *(f)*; Leckstrom *(m)*

L 102	**leakage-flow induced vibration**	leckageströmungsinduzierte Schwingung *(f)*
L 103	**leakage gas flow**	Leckgasmenge *(f)*
L 104	**leakage path**	Sickerweg *(m)*; Leckweg *(m)*
L 105	**leakage pressure [valve]**	Leckagedruck *(m)* [Druck vor dem Sicherheitsventil bei der Ventilstellung dichtgeschlossen (d. h. Hub = Null), bei dem das Sicherheitsventil seine Dichtheit verliert]
L 106	**leakage rate; leak rate**	Leckrate *(f)*
L 107	**leakage water**	Leckwasser *(n)*
L 108	**leak-before-break behaviour; LBB behaviour**	Leck-vor-Bruchverhalten *(n)*; LBB-Verhalten *(n)* [Materialverhalten von Rohrleitungen unter den schwersten zu erwartenden Belastungen. Das LBB-Verhalten besagt, daß eine unter Druck und eventuell gleichzeitig unter anderen Belastungen stehende Rohrleitung aus zähem Werkstoff beim Versagen erst eine Phase des Leckwerdens durchläuft (welche kurz oder lang sein kann), bevor sie durch die anstehende Beanspruchung instabil versagt bzw. bricht]
L 109	**leak detection; leakage detection; leak hunting; leak proving**	Lecksuche *(f)*
L 110	**leak detector; leak-sensing device**	Lecksuchröhre *(f)*; Lecknachweisgerät *(n)*; Lecksuchgerät *(n)*
L 111	**leaked-in air**	Leckluft *(f)*; Lufteinbruch *(m)*
L 112	**leak hunting; leak proving; leak detection; leakage detection**	Lecksuche *(f)*
L 113	**leak-off valve**	Absaugventil *(n)* [Stopfbuchsbedampfung]
L 114	**leak path**	Leckweg *(m)*
L 115	**leakproof** *(adj.)*	lecksicher *(Adj.)*
L 116	**leak rate; leakage rate**	Leckrate *(f)*
L 117	**leak test mass spectrometer**	Lecksuchmassenspektrometer *(n)*
L 118	**leech box [vacuum testing]**	Saugkasten *(m)* [Vakuumprüfung]
L 119	**leeward cylinder**	leeseitiger Zylinder *(m)* [Strömungstechnik]
L 120	**LEFM; linear elastic fracture mechanics**	LEBM; linear-elastische Bruchmechanik *(f)*
L 121	**left-hand thread**	linksgängiges Gewinde *(n)*; Linksgewinde *(n)*
L 122	**leftward welding**	Linksschweißen *(n)*; Nachlinksschweißen *(n)*
L 123	**leg [pipe]**	Strang *(m)*; Leitungszweig *(m)* [Rohr]
L 124	**leg [angle]**	Schenkel *(m)* [Winkel]
L 125	**leg dimension of weld**	Schenkellänge *(f)* der Naht
L 126	**leg support; support leg**	Stützfuß *(m)*; Einzelstütze *(f)* [Behälter]
L 127	**Leidenfrost point**	Leidenfrost-Punkt *(m)* [Punkt, bei dem das Filmsieden beginnt]
L 128	**Leidenfrost temperature; minimum film boiling temperature**	Leidenfrost-Temperatur *(f)*; Benetzungstemperatur *(f)* [Der Vorgang der Benetzung einer beheizten Oberfläche, deren Temperatur sich beträchtlich oberhalb der Sättigungstemperatur der benetzenden Flüssigkeit befindet.

lever gate valve

Diese Benetzungstemperatur, auch Leidenfrost-Temperatur genannt, kennzeichnet die Grenze zwischen den Bereichen der ausgebildeten Dampffilm- bzw. Tröpfchenströmung und des Übergangssiedens. Im englischen Sprachgebrauch wird der Vorgang der Benetzung mit **departure from film boiling (DFB)**, die zugehörige Wärmestromdichte mit **minimum film boiling heat flux** bzw. die zugehörige Leidenfrost-Temperatur mit **minimum film boiling temperature** bezeichnet. siehe auch: **wetting temperature; quench temperature**]

L 129	**lengthening piece**	Ansatzstück *(n)*; Verlängerungsstück *(n)*
L 130	**length of skirt; skirt length [US]**	Höhe *(f)* des zylindrischen Bords [Boden]
L 131	**length of straight pipe**	abgewickelte Rohrlänge *(f)*; gestreckte Rohrlänge *(f)*
L 132	**length of the girder between supports**	freie Stützlänge *(f)* des Trägers; freie Trägerstützlänge *(f)*
L 133	**length over flanges [valve]**	Baulänge *(f)* [Ventil]
L 134	**lens gasket; lens joint [see Annex 1, pp. 116/117]**	Linsendichtung *(f)*; Dichtlinse *(f)* [siehe Anhang 1, S. 116/117]
L 135	**lenticular-shaped tube**	linsenförmiges Rohr *(n)*
L 136	**level**	Füllstand *(m)*; Spiegel *(m)* [Pegel/Stand]
L 137	**level controller**	Niveauregler *(m)*; Füllstandregler *(m)*
L 138	**level drain [tank]**	Überlauf *(m)* [Tank]
L 139	**level gauge**	Füllstandanzeiger *(m)*
L 140	**level gauge pipe**	Peilstutzen *(m)* [Füllstand]
L 141	**level gauge plate**	Peiltisch *(m)* [Füllstand]
L 142	**level gauging rod**	Peilstab *(m)* [Füllstand]
L 143	**level indicator**	Füllstandanzeiger *(m)*; Niveauanzeiger *(m)*
L 144	**level measuring**	Niveaumessung *(f)*
L 145	**level monitor; level switch**	Niveauwächter *(m)*
L 146	**level overriding cutout [drum]**	Niveaubegrenzer *(m)* [Trommel]
L 147	**level probe**	Füllstandsonde *(f)*; Niveausonde *(f)*
L 148	**level switch; level monitor**	Niveauwächter *(m)*
L 149	**level transmitter**	Niveaugeber *(m)*; Füllstandgeber *(m)*
L 150	**lever**	Hebelarm *(m)*
L 151	**lever and weight loaded safety valve [see Annex 1, p. 34]**	Sicherheitsventil *(n)* mit Hebel- und Gewichtsbelastung; hebel- und gewichtsbelastetes Sicherheitsventil *(n)* [siehe auch: **safety valve**; siehe Anhang 1, S. 34]
L 152	**lever-feedback valve; servovalve**	Servoventil *(n)* mit Hebelrückführung
L 153	**lever gate valve; lever lifting-type gate valve**	hebelbetätigter Schieber *(m)* [Zwei Ausführungen:

— mit Gleitspindel **(slinding stem)**, deren Achse im rechten Winkel zu den Gehäuseanschlußenden steht. Der Hebel wird beim Öffnen des Schiebers mit der Spindel angehoben.
— mit Drehspindel **(rotary stem)**, bei der der Hebel an der Spindel befestigt und mit der Schieberplatte durch einen Nocken verbunden ist. Der Hebel macht etwa eine Viertel-Drehung, wenn das Ventil geöffnet wird; siehe auch: **gate valve**]

L 154	**lever-operated valve** [directional]	hebelbetätigtes Wegeventil *(n)*
L 155	**lever valve**	Hebelventil *(n)*
L 156	**Lewis number**	Lewis-Zahl *(f)* [Die Lewis-Zahl ist das Verhältnis zweier Stoffwerte, d. h. der Quotient aus Temperaturleitfähigkeit und Diffusionskoeffizient]
L 157	**L-foot finned tube; L-finned tube** [heat exchanger]	L-Typ-Rippenrohr *(n)*; L-fin-Rohr *(n)*; Rippenrohr *(n)* Typ L-fin [Wärmeaustauscher]
L 158	**LHE; lamellar heat exchanger; lamella flow heat exchanger; Ramèn heat exchanger**	Lamellen-Wärmeaustauscher *(m)*; Ramèn-Wärmeaustauscher *(m)*; Lamellenbündelwärmeaustauscher *(m)*
L 159	**licensing authority**	Genehmigungsbehörde *(f)*
L 160	**licensing certificate**	Genehmigungsbescheid *(m)*
L 161	**licensing procedure**	Genehmigungsverfahren *(n)*
L 162	**licensing requirements** *(pl)*	Genehmigungsauflagen *(f, pl)*
L 163	**life expectancy**	Lebensdauererwartung *(f)*; Lebenserwartung *(f)*
L 164	**lifetime**	Lebensdauer *(f)*
L 165	**lifetime monitoring system**	Lebensdauerüberwachungssystem *(n)*
L 166	**lift; travel moment** [valve]	Hub *(m)*; Ventilhub *(m)* [Hubhöhe des Kegels, gemessen von der Dichtfläche]
L 167	**lift and drag displacements** *(pl)*	Gleit- und Widerstandsverschiebungen *(f, pl)*
L 168	**lift check**	Rücklaufsperre *(f)* [Rückschlagventil]
L 169	**lift disc**	Rückschlagkegel *(m)* [Ventil]
L 170	**lift force**	Auftriebskraft *(f)*
L 171	**lifting eye**	Aufhängeöse *(f)*
L 172	**lifting eye bolt**	Ringschraube *(f)*
L 173	**lifting lug**	Hebeöse *(f)*; Montageöse *(f)*; Tragöse *(f)*; Transportöse *(f)*
L 174	**lifting pump**	Hebepumpe *(f)*
L 175	**lifting roof; breather roof; breathing roof**	atmosphärisches Dach *(n)*; Atemdach *(n)*
L 176	**lifting trunnion**	Tragpoller *(m)*; Hebepoller *(m)*
L 177	**lift off** *(v)* **a seat** [valve]	abheben *(V)* von einem Sitz [Ventil]
L 178	**lift-off effect** [electromagnetic testing]	Abzieheffekt *(m)* [elektromagnetische Prüfung]
L 179	**lift plug valve**	Anlüfthahn *(m)* [nicht schmierbarer Hahn]
L 180	**lift pressure** [valve]	Anhebedruck *(m)* [Ventil]
L 181	**lift stop** [valve]	Hubbegrenzung *(f)* [Ventil]

limit stop

L 182	lift (type) check valve	Rückschlagventil *(n)* [Ventil, dessen Absperrorgan durch das Medium angehoben wird; Absperrorgane sind: — Rückschlagkolben **(piston check)** — Rückschlagkegel **(disk check)** — Rückschlagkugel **(ball check)**; siehe auch: **check valve**]
L 183	lift valve	Hubventil *(n)*
L 184	ligament [fracture mechanics]	Ligament *(n)* [Bruchmechanik]
L 185	ligament [tubesheet]	Steg *(m)* [Rohrfeld]
L 186	ligament, atypical . . . [tubesheet]	Steg *(m)*, von der normalen Anordnung abweichender . . .[Rohrboden]
L 187	ligament, isolated . . . [tubesheet]	einzelner Steg *(m)* [Rohrboden]
L 188	ligament, typical . . . [tubesheet]	regulärer Steg *(m)* [Rohrboden]
L 189	ligament crack [tubesheet]	Stegriß *(m)* [Rohrfeld]
L 190	ligament efficiency; efficiency of ligaments between tubeholes [tubesheet]	Verschwächungsbeiwert *(m)* der Platte; Rohrlochsteg-Verschwächungsbeiwert *(m)* [Rohrboden]
L 191	ligament stress [tubesheet]	Stegbeanspruchung *(f)*; Stegspannung *(f)* [Rohrfeld]
L 192	ligament width	Stegbreite *(f)*
L 193	light ends *(pl)* [distillation]	Vorlauf *(m)* [beim Destillieren; die niedrig siedenden Anteile eines Produktes]
L 194	light radiation welding	Lichtstrahlschweißen *(n)*
L 195	light-water reactor; LWR	Leichtwasserreaktor *(m)*
L 196	limit [gen.]	Grenze *(f)*; Begrenzung *(f)*; Grenzwert *(m)* [allg.]
L 197	limit analysis	Traglastverfahren *(n)*; Grenztragfähigkeitsanalyse *(f)*; Fließgelenkverfahren *(n)* [ausgehend von einem ideal elastisch-plastischen Werkstoffverhalten werden auf der Basis des Fließgelenkkonzepts in Verbindung mit statisch verträglichen Spannungs- und kinematisch verträglichen Verschiebungsfeldern untere und obere Grenzwerte der Traglast ermittelt]
L 198	limit deviation	Grenzabmaß *(n)*
L 199	limiting device	Begrenzungsvorrichtung *(f)*
L 200	limiting orifice	Begrenzungsscheibe *(f)*
L 201	limiting quality	rückzuweisende Qualitätsgrenzlage *(f)* [auch: R 289]
L 202	limiting size	Grenzmaß *(n)*
L 203	limit(ing) value	Grenzwert *(m)*; Höchstwert *(m)*
L 204	limit load	Grenzlast *(f)*; Höchstlast *(f)*
L 205	limit number of load cycles	Grenzlastspielzahl *(f)*
L 206	limit point	Lastmaximum *(n)* [in der Laststauchungskurve; Vorbeulrechnung]
L 207	limit stop	Anschlag *(m)*; Endanschlag *(m)* [Begrenzung]

L 208	limit to crack propagation	Rißfortpflanzungsgrenzwert *(m)*; Grenzwert *(m)* der Rißfortpflanzung
L 209	linear characteristic [valve]	lineare Durchflußkennlinie *(f)* [Ventil]
L 210	linear damage rule; LDR	lineare Schädigungsakkumulationshypothese *(f)*; Miner-Regel *(f)* [nach PALMGREN und MINER]
L 211	linear damping	lineare Dämpfung *(f)*
L 212	linear-elastic fracture mechanics; LEFM	linear-elastische Bruchmechanik *(f)*; LEBM
L 213	linear expansion	Längsdehnung *(f)*
L 214	linear expansion coefficient	linearer Wärmeausdehnungskoeffizient *(m)*
L 215	linear inclusion; slag line [weld imperfection]	Schlackenzeile *(f)* [Nahtfehler]
L 216	linear intercepts *(pl)* of grain boundaries, to make...	Linienschnittverfahren *(n)*, die Korngröße nach dem... bestimmen
L 217	linearity [ultras.]	Linearität *(f)* [US-Prüfung]
L 218	linear misalignment; linear offset; linear mismatch [weld imperfection]	Kantenversatz *(m)* [Schweißnahtfehler; die geschweißten Teile sind parallel versetzt]
L 219	linear porosity [weld imperfection]	Porenzeile *(f)*; Porenkette *(f)* [Nahtfehler]
L 220	linear slag line; elongated slag inclusion [weld imperfection]	Schlackenzeile *(f)* [zeilenförmige Einlagerung im Schweißgut; Nahtfehler]
L 221	line axis	Leitungsachse *(f)* [Rohrleitung]
L 222	line branching; pipe branching	Rohrverzweigung *(f)*; Leitungsverzweigung *(f)*
L 223	line load	Streckenlast *(f)*
L 224	line loss	Leitungsverlust *(m)*
L 225	line-mounted valve; direct-mounted valve	Rohrventil *(n)*; Leitungsventil *(n)*
L 226	line network	Rohrnetz *(n)*; Leitungsnetz *(n)*
L 227	line of support	Abstützungslinie *(f)*
L 228	line of the gasket reaction	Reaktionslinie *(f)* der Dichtung
L 229	line pattern examination; line pattern scanning [ultras.]	Linienprüfung *(f)* [US-Prüfung]
L 230	line pressure	Leitungsdruck *(m)*; Druck *(m)* in der Leitung
L 231	liner	Auskleidung *(f)*; Futter *(n)*
L 232	liner [nuclear reactor]	Liner *(m)* [Kernreaktor]
L 233	liner; internal sleeve [nozzle]	Schutzrohr *(n)* [im Stutzen]
L 234	liner; internal sleeve; baffle sleeve [expansion joint; see Annex 1, p. 88]	Leitrohr *(n)* [zur Verminderung des Kontakts zwischen der inneren Oberfläche von Kompensatorbälgen und dem Strömungsmittel und zur Verringerung des Durchflußwiderstands; siehe Anhang 1, S. 88]
L 235	liner [pump]	Innengehäuse *(n)* [Pumpe]
L 236	line run	Leitungsstrecke *(f)*
L 237	line rupture protection valve	Rohrbruchventil *(n)*
L 238	line shock; hydraulic shock; water hammer	hydraulischer Stoß *(m)*; Druckstoß *(m)*; Wasserschlag *(m)*; Druckschlag *(m)* [siehe auch: **water hammer**]
L 239	lines *(pl)* of flux [magn. t.]	Kraftlinienfluß *(m)* [Magnetpulverprüfung]
L 240	line-spring model [Rice a. Levy]	Leitungsfeder-Modell *(n)* [Rice u. Levy]

L 241	**line sway**	Schwingungen *(f, pl)* der Rohrleitung; Leitungsschwingungen *(f, pl)*; Rohrleitungsschwingungen *(f, pl)*
L 242	**line-up clamp; alignment clamp; air (line-up) clamp**	Druckluftzentrierklammer *(f)*; Preßluftzentrierklammer *(f)*
L 243	**link pin**	Anlenkbolzen *(m)*
L 244	**link stay**	Eckanker *(m)*
L 245	**lip seal**	Dichtlippe *(f)*; Lippenring *(m)* [Dichtung]
L 246	**liquation crack**	Aufschmelzungsriß *(m)* [nur die niedrigschmelzende Phase z. B. an einer Korngrenze wird aufgeschmolzen]
L 247	**liquation (melting) of grain boundary**	Korngrenzenaufschmelzung *(f)*
L 248	**liquefaction**	Verflüssigung *(f)* [Überführung vom gas-(dampf-)förmigen Zustand in den flüssigen Aggregatzustand. Hierbei ist wichtig, daß man die kritischen Daten beachtet, d. h. Druck und Temperatur müssen so gehalten werden, daß die Verflüssigung eintritt. Bei Gasen, die unter Normalbedingungen gasförmig sind, gelingt die Verflüssigung nur unter Druck und Kühlung.]
L 249	**liquefied gas storage tank; dewars** [see Annex 1, p. 11]	Flüssiggas-Lagertank *(m)*; Dewar-Behälter *(m)* [siehe Anhang 1, S. 11; siehe auch: **dewar**]
L 250	**liquefied natural gas; LNG**	Flüssigerdgas *(n)*; verflüssigtes Erdgas *(n)*
L 251	**liquefied petroleum gas; LPG**	Flüssiggas *(n)*; verflüssigtes Erdöl *(n)*
L 252	**liquid chiller**	Flüssigkeitskühler *(m)*
L 253	**liquid column**	Flüssigkeitssäule *(f)*
L 254	**liquid column coupling** [ultras.]	Ankopplung *(f)* mittels Flüssigkeitssäule [US-Prüfung]
L 255	**liquid coupling nozzle** [ultras.]	Stutzen *(m)* für die Ankopplung mit Flüssigkeit [US-Prüfung]
L 256	**liquid entrainment**	Mitreißen *(n)* von Wassertröpfchen; Austragen *(n)* von Wasser; Mitreißen *(n)* von Wasser [mit dem Dampf]; Überreißen *(n)* von Wasser
L 257	**liquid entry**	Eindringen *(n)* von Flüssigkeit
L 258	**liquid film**	Flüssigkeitsfilm *(m)*
L 259	**liquid height**	Flüssigkeitshöhe *(f)*
L 260	**liquid impingement erosion**	Tropfenschlagerosion *(f)*
L 261	**liquid level; liquid surface**	Flüssigkeitsspiegel *(m)*; Flüssigkeitsstand *(m)* [Pegel]
L 262	**liquid level connection**	Anschluß *(m)* an den Flüssigkeitsstand
L 263	**liquid-level controller**	Flüssigkeitsstandregler *(m)*; Niveauregler *(m)*
L 264	**liquid-level indicator**	Flüssigkeitsstandanzeiger *(m)*; Niveauanzeiger *(m)*
L 265	**liquid level measurement**	Füllstandmessung *(f)*
L 266	**liquid level slot** [tank]	Füllstandsöffnung *(f)* [Tank]
L 267	**liquid-level switch**	Flüssigkeits(stand)wächter *(m)*; Niveauwächter *(m)*
L 268	**liquid-metal heat pipe**	Flüssigmetal-Wärmerohr *(n)*

L 269	liquid penetrant comparator	Prüfnormal *(n)* für die Eindringmittelprüfung
L 270	liquid penetrant examination; penetrant flaw detection; penetrant testing	Eindringmittelprüfung *(f)*; Farbeindringverfahren *(n)*
L 271	liquid relief valve	Überströmventil *(n)* [für Flüssigkeiten]
L 272	liquid ring pump	Flüssigkeitsringpumpe *(f)*; Wasserringpumpe *(f)* [siehe auch: W 59]
L 273	liquid slippage	Flüssigkeitsschlupf *(m)*
L 274	liquid slugging	Stoßwellen *(f, pl)* durch Flüssigkeiten; Flüssigkeitsstoßwellen *(f, pl)*
L 275	liquid static head	statische Flüssigkeitssäule *(f)*
L 276	liquid surface; liquid level	Flüssigkeitsspiegel *(m)*
L 277	liquid thermal expansion relief valve	Flüssigkeitsüberströmventil *(n)*, auf Wärmeausdehnung ansprechendes ...
L 278	liquid-tight *(adj.)*	flüssigkeitsdicht *(Adj.)*
L 279	liquid tongue	Flüssigkeitskeil *(m)*
L 280	live load; superficial load	Verkehrslast *(f)*
L 281	LMTD; logarithmic mean temperature difference	logarithmische mittlere Temperaturdifferenz *(f)*
L 282	LNG; liquefied natural gas	Flüssigerdgas *(n)*; verflüssigtes Erdgas *(n)*
L 283	load; loading	Last *(f)*; Belastung *(f)*; Beanspruchung *(f)*
L 284	load adjustment bolt	Lasteinstellschraube *(f)* [LISEGA-Aufhängung]
L 285	load application	Lasteinleitung *(f)*
L 286	load bolt	Blockierbolzen *(m)* [LISEGA-Aufhängung]
L 287	load carrying capacity	Tragfähigkeit *(f)*
L 288	load concentration factor	Lastkonzentrationsfaktor *(m)*
L 289	load cycle	Lastzyklus *(m)*
L 290	load cycle operation	Lastzyklusbetrieb *(m)*; Lastwechselbetrieb *(m)*
L 291	load cycles *(pl)*, number of ...	Lastspielzahl *(f)*
L 292	load cycling	Lastwechselbeanspruchungen *(f, pl)*
L 293	load cycling behaviour	Lastwechselverhalten *(n)*
L 294	load decrease; load reduction	Lastabsenkung *(f)*
L 295	load deflection curve	Durchbiegungskurve *(f)*
L 296	load displacement curve	Last-Verschiebungskurve *(f)*; Lastverteilungskurve *(f)*
L 297	load distribution	Lastaufteilung *(f)*
L 298	load excursion; load fluctuation	Lastschwankung *(f)*; Leistungsschwankung *(f)*
L 299	load factor	Lastfaktor *(m)*
L 300	load fluctuation; load excursion	Lastschwankung *(f)*; Leistungsschwankung *(f)*
L 301	load-following operation	Lastfolgebetrieb *(m)*
L 302	load history	Lastverlauf *(m)* [zeitlich]
L 303	load incidence point	Lastangriffspunkt *(m)*
L 304	load increase	Lasterhöhung *(f)*; Leistungssteigerung *(f)*
L 305	load increment; step load change	Lastsprung *(m)*
L 306	load index edge	Lastanzeigekante *(f)* [Zugbüchse; Aufhängung]
L 307	load indicator (plate); load index plate	Lastanzeiger *(m)* [Aufhängung]
L 308	loading area	Lasteinleitungsbereich *(m)*
L 309	loading frequency	Beanspruchungshäufigkeit *(f)*
L 310	loading rate	Belastungsgeschwindigkeit *(f)*

locating bearing

L 311	loading sequence	Belastungsfolge *(f)*
L 312	loading weight	Belastungsgewicht *(n)*
L 313	load joint	Lastöse *(f)* [Konstantanhänger; LISEGA]
L 314	load nut	Spannmutter *(f)* [LISEGA]
L 315	load range; operating range; duty range	Lastbereich *(m)*
L 316	load redistribution	Lastumverteilung *(f)*
L 317	load reduction; load decrease	Lastabsenkung *(f)*
L 318	load rejection; load shedding	Lastabwurf *(m)*
L 319	load response rate; rate of load change	Laständerungsgeschwindigkeit *(f)*
L 320	load reversal	Umkehrung *(f)* der Last; Lastumkehrung *(f)*
L 321	load sensitivity	Lastempfindlichkeit *(f)*; Lastansprechen *(n)*
L 322	load sequence	Lastfolge *(f)*
L 323	load setback	Herunterfahren *(n)* [Last]
L 324	load shedding; load rejection	Lastabwurf *(m)*
L 325	load spectrum	Belastungsfolge *(f)*; Lastspektrum *(n)*
L 326	load spectrum [under service conditions]	Beanspruchungscharakteristik *(f)*
L 327	load stress	Belastungsspannung *(f)*
L 328	load surges *(pl)*; load swings *(pl)*	Laststöße *(m, pl)*
L 329	load swing; load change; load variation	Laständerung *(f)*; Lastveränderung *(f)*; Lastwechsel *(m)*
L 330	load test	Belastungsprobe *(f)*; Belastungsprüfung *(f)*
L 331	load torque	Lastmoment *(n)*
L 332	load variation; load fluctuation	Lastschwankung *(f)*
L 333	lobster-back cladding	Segmentverkleidung *(f)*
L 334	lobster-back construction [insulation]	Segmentschnitt *(m)* [Verkleidung]
L 335	LOCA; loss-of-coolant accident [nuclear reactor]	Kühlmittelverlust-Störfall *(m)* [Kernreaktor]
L 336	local boiling; subcooled boiling	unterkühltes Sieden *(n)*
L 337	local cell [corrosion]	Lokalelement *(n)* [Korrosion]
L 338	local excessive heating	örtlich übermäßige Beheizung *(f)*
L 339	local fusion caused by the clamps [weld imperfection]	Schmorstelle *(f)* [Anschmelzung an der Werkstückoberfläche im Bereich von Stromkontaktquellen; Nahtfehler]
L 340	local heat flux density	örtliche Wärmestromdichte *(f)*
L 341	localised corrosion	Lokalkorrosion *(f)*; örtliche Korrosion *(f)*
L 342	localized (intermittent) undercut [weld imperfection]	nicht durchlaufende Einbrandkerbe *(f)* [Nahtfehler]
L 343	localized porosity; clustered porosity; cluster of pores [weld imperfection]	Porennest *(n)* [örtlich gehäufte Poren; Einzelporen; Nahtfehler]
L 344	local mass transfer coefficient	örtlicher Stoffübergangskoeffizient *(m)*
L 345	local overstrain	örtlich bleibende Formänderung *(f)*
L 346	local pressure loss	örtlicher Druckverlust *(m)*
L 347	local strain	örtliche Verformung *(f)*
L 348	local structural discontinuity	örtliche Struktur-Diskontinuität *(f)*
L 349	local thermal stress	örtliche Temperaturspannung *(f)*; örtliche Wärmespannung *(f)*
L 350	local thermodynamic equilibrium; LTE	lokales thermodynamisches Gleichgewicht *(n)*
L 351	locating bearing	Festlager *(n)*; Führungslager *(n)*

locating flange

L 352	locating flange	Festpunkt-Flansch *(m)*
L 353	location remote from discontinuities	ungestörter Bereich *(m)*
L 354	lock	Verriegelung *(f)*; Arretierung *(f)*; Verschluß *(m)*; Schloß *(n)*
L 355	locked position	Raststellung *(f)*
L 356	locking	Sperren *(n)*; Verriegeln *(n)*
L 357	locking device; locking fixture	Feststellvorrichtung *(f)*; Klemmvorrichtung *(f)*; Arretiervorrichtung *(f)*; Sperrvorrichtung *(f)*; Verschließeinrichtung *(f)*
L 358	locking gland with removable key [valve]	Verriegelungsaufsatz *(m)* mit abnehmbarem Betätigungshebel [Ventil]
L 359	locking pin	Arretierstift *(m)*; Haltestift *(m)*; Sperrbolzen *(m)*; Sperrstift *(m)*; Sicherungsbolzen *(m)*; Sicherungsstift *(m)*
L 360	locking ring; snap ring	Sicherungsring *(m)*; Klemmring *(m)*; Federring *(m)*; Sperring *(m)*; Sprengring *(m)*
L 361	lock(ing) screw	Arretierschraube *(f)*; Halteschraube *(f)*; Sicherungsschraube *(f)*
L 362	locking yoke	Feststellbügel *(m)*
L 363	lock-in phenomenon; wake capture phenomenon	Einschließungsphänomen *(n)*; Mitnahmeeffekt *(m)* [Synchronisation der Rohreigenfrequenzen mit eventuell auftretenden Wirbelablösungen]
L 364	lock nut; check nut; retaining nut	Gegenmutter *(f)*; Klemmutter *(f)*; Sicherungsmutter *(f)*
L 365	lock pin	Blockierung *(f)* [LISEGA-Aufhängung]
L 366	lock seam	Falz *(f)* [Blechnahtverbindung]
L 367	lock washer; retaining washer	Sicherungsscheibe *(f)* [Unterlegscheibe]
L 368	lock weld	Sicherungsschweiße *(f)* [Unterschweißung]
L 369	logarithmic decrement	logarithmisches Dekrement *(n)* [Strömungstechnik; in jedem realen System nimmt die Schwingungsamplitude mit der Zeit ab, wenn die Erregerkräfte aufhören zu wirken. Der Logarithmus des Verhältnisses zweier aufeinanderfolgender Amplituden gleichen Vorzeichens ist ein Maß für die Dämpfung; man nennt ihn das logarithmische Dekrement]
L 370	logarithmic mean temperature difference; LMTD	logarithmische mittlere Temperaturdifferenz *(f)*
L 371	logarithmic temperature difference	logarithmische Temperaturdifferenz *(f)*
L 372	longitudinal axis	Längsachse *(f)*
L 373	longitudinal baffle; longitudinal pass partition plate [heat exchanger]	Längsleitblech *(n)*; Längsleitwand *(f)*; Längstrennwand *(f)* [Wärmeaustauscher]
L 374	longitudinal crack [weld imperfection]	Längsriß *(m)* [Schweißnahtfehler; tritt auf im Schweißgut, im Übergang, in der Wärmeeinflußzone (WEZ), im Grundwerkstoff]
L 375	longitudinal edge	Längskante *(f)*

L 376	**longitudinal fin; axial fin**	Längsrippe *(f)* [äußere Rippe; das Profil kann rechteckig, dreieckig oder nach innen parabolisch gekrümmt sein]
L 377	**longitudinal finned-tube heat exchanger**	Wärmeaustauscher *(m)* mit Längsrippenrohren
L 378	**longitudinal finning**	Längsberippung *(f)*
L 379	**longitudinal flaw**	Längsfehler *(m)*
L 380	**longitudinal flow shell-and-tube heat exchanger**	Längsstrom-Rohrbündel-Wärmeübertrager *(m)*; LRWÜ
L 381	**longitudinal force**	Längskraft *(f)*
L 382	**longitudinal hub stress**	Längsspannung *(f)* im Ansatz
L 383	**longitudinally finned tube; Brown-Fintube; axially finned tube**	Längsrippenrohr *(n)*; Brown-Fintube *(n)*
L 384	**longitudinal magnetization**	Längsmagnetisierung *(f)*
L 385	**longitudinal magnetization technique [magn. t.]**	Längsmagnetisierungstechnik *(f)*
L 386	**longitudinal moment loading**	Beanspruchung *(f)* durch ein Längsmoment
L 387	**longitudinal motion; longitudinal movement**	Längsbewegung *(f)*
L 388	**longitudinal pitch**	Längsteilung *(f)*
L 389	**longitudinal pressure stress**	Längsdruckspannung *(f)*
L 390	**longitudinal seam; longitudinal weld**	Längsnaht *(f)*; Längsschweißnaht *(f)*
L 391	**longitudinal section**	Längsschnitt *(m)*
L 392	**longitudinal specimen**	Längsprobe *(f)*
L 393	**longitudinal stiffening**	Längsversteifung *(f)*
L 394	**longitudinal tensile specimen**	Längszugprobe *(f)*
L 395	**longitudinal wave; compressional wave [ultras.]**	Longitudinalwelle *(f)*; Dehnungswelle *(f)* [US-Prüfung]
L 396	**longitudinal wave pulse-echo contact technique [ultras.]**	Impuls-Echo-Verfahren *(n)* mit impulsförmigen Longitudinalwellen in Kontakttechnik [US-Prüfung]
L 397	**longitudinal weld; longitudinal seam**	Längsnaht *(f)*; Längsschweißnaht *(f)*
L 398	**long radius elbow (45°)**	Schweißbogen *(m)* mit großem Radius (45°)
L 399	**long radius elbow (90°)**	Schweißbogen *(m)* mit großem Radius (90°)
L 400	**long radius reducing elbow**	Reduzier-Schweißbogen *(m)* mit großem Radius (90°)
L 401	**long radius return**	Umkehrbogen *(m)* mit großem Radius (180°)
L 402	**long residue**	atmosphärischer Rückstand *(m)* [siehe: **residue**]
L 403	**long stick out welding**	Long-Stick-Out-Schweißen *(n)*; Schweißen *(n)* mit freistehendem Elektrodendrahtende [Unter „Long-Stick-Out-Schweißen" ist zu verstehen, daß das freie Ende des UP-Drahtes, d. h. die Entfernung zwischen Werkstück und Stromkontakt, von üblicherweise ca. 30 mm auf ca. 70 bis 100 mm mit Hilfe einer speziellen Kontaktdüseneinrichtung

verlängert wird. Infolge des größeren elektrischen Widerstandes ergibt sich nach dem Joule'schen Gesetz eine erhöhte Vorwärmung des freien Drahtendes und damit eine höhere Abschmelzgeschwindigkeit. Bei optimaler Einstellung der Schweißparameter (Schweißspannung und -geschwindigkeit) wurde ohne Veränderung der Stromstärke eine Verringerung der Abschmelzzeit um 20 bis 40% gemessen, je nach eingestellter freier Drahtlänge. Wichtig ist, daß bei diesem Verfahren die Wärmeeinbringung bzw. Streckenenergie nicht erhöht und somit die Kerbschlagzähigkeit der Schweißverbindung nicht beeinträchtigt wird.]

L 404	long-term behaviour	Langzeitverhalten (n)
L 405	long-term elevated temperature strength	Langzeitwarmfestigkeit (f)
L 406	long-term elevated temperature values (pl)	Langzeit-Warmfestigkeitswerte (m, pl)
L 407	long-term test	Langzeitversuch (m)
L 408	long-time behaviour	Langzeitverhalten (n)
L 409	long welding-neck flange [see Annex 1, p. 106]	Stutzenflansch (m) [siehe Anhang 1, S. 106]
L 410	loose mill scale	loser Walzzunder (m)
L 411	loose particle monitoring	„lose-Teile"-Prüfung (f)
L 412	loose-type flange	loser Flansch (m)
L 413	loose-type hubbed flange	loser Flansch (m) mit Ansatz
L 414	loss of back reflection [ultras.]	Verlust (m) des Rückwandechos [US-Prüfung]
L 415	loss-of-coolant accident; LOCA [nuclear reactor]	Kühlmittelverlust-Störfall (m) [Kernreaktor]
L 416	loss of head [pump]	Druckverlusthöhe (f) [Pumpe]
L 417	louvre	Jalousie (f)
L 418	louvre damper	Jalousieklappe (f)
L 419	louvred fin	eingeschlitzte Rippe (f)
L 420	low-alloy steel	niedriglegierter Stahl (m)
L 421	low-carbon steel	kohlenstoffarmer Stahl (m); weicher Stahl (m)
L 422	low-cycle fatigue; LCF	Ermüdung (f) bei niedriger Lastspielzahl; niederzyklische Ermüdung (f) [Ermüdung bei hoher Spannungsschwingbreite und dementsprechend kleiner Lastwechselzahl]
L 423	low-cycle fatigue cracks (pl)	Ermüdungsrisse (m, pl) im Niedrig-Lastwechselbereich
L 424	low cycles (pl)	niedrige Lastwechsel (m, pl)
L 425	lower bound collapse load	untere Grenzlast (f) [untere Eingrenzung der Grenzlast bei der Grenztragfähigkeitsanalyse]
L 426	lower control bar; bottom guide bar; bottom guide rail [PHE]	untere Führungsstange (f) [Plattenwärmeaustauscher]
L 427	lower edge of the shell	Mantelunterkante (f)
L 428	lowering valve	Absenkventil (n); Senkventil (n)
L 429	lower limiting value	Mindestwert (m) [QS]

L 430	lower shelf [impact test]	Tieflage *(f)* [beim Kerbschlagbiegeversuch]
L 431	lower yield point	untere Streckgrenze *(f)*
L 432	low-finned tube	niedrig beripptes Rohr *(n)*
L 433	low-level condenser; vacuum condenser	Vakuum-Kondensator *(m)*
L 434	low levels *(pl)* of fluctuations of applied stress	niederfrequente Spannungswechsel *(m, pl)*
L 435	low-lift valve	Niederhubventil *(n)*
L 436	low load; part load; partial load	Teillast *(f)*; Schwachlast *(f)*
L 437	low-load condition	Schwachlastzustand *(m)*
L 438	low-load operation; part-load operation	Teillastbetrieb *(m)*; Schwachlastbetrieb *(m)*
L 439	low-load performance; low-load behaviour; part-load performance; part-load behaviour	Teillastverhalten *(n)*; Schwachlastverhalten *(n)*
L 440	low-load range; part-load range	Schwachlastbereich *(m)*
L 441	low-operating level [tank; floating roof]	niedrigste Betriebsstellung *(f)* [Schwimmdecke; Tank]
L 442	low-pitched roof [tank]	schwach geneigtes Dach *(n)* [Tank]
L 443	low pressure; LP	Niederdruck *(m)*; Niedrigdruck *(m)*; ND
L 444	low pressure heater; low pressure feedwater heater; LP (feed) heater; LPFWH	Niederdruckvorwärmer *(m)*; ND-Vorwärmer *(m)*; NDV; Vakuumvorwärmer *(m)*
L 445	low-pressure steam	Niederdruckdampf *(m)*
L 446	low-strength bolting	niederfestes Schraubenmaterial *(n)*
L 447	low stress cycle range	unterer Lastspielbereich *(m)*; Niedrig-Spannungslastspielbereich *(m)*
L 448	low-stress stamp	Stempel *(m)* zur Vermeidung der Einbringung zu hoher Spannungen
L 449	low-temperature brittleness; cold shortness	Kaltbrüchigkeit *(f)*; Kaltsprödigkeit *(f)*; cold shortness
L 450	low-temperature corrosion	Tieftemperaturkorrosion *(f)*
L 451	low-temperature impact properties *(pl)*	Kaltzähigkeitseigenschaften *(f, pl)*
L 452	low temperature sensitisation; LTS	Sensibilisieren *(n)* bei niedrigen Temperaturen [zur Verhinderung der Spannungsrißkorrosion von nichtrostenden Stählen]
L 453	low-temperature steel	kaltzäher Stahl *(m)*
L 454	low-temperature thermomechanical treatment; LTTMT	Umformung *(f)* im metastabilen Austenitgebiet
L 455	low-water alarm	Wassermangelmelder *(m)*
L 456	LP; low pressure	Niedrigdruck *(m)*; ND; Niederdruck *(m)*
L 457	LPFWH; low-pressure feedwater heater; LP (feed) heater	ND-Vorwärmer *(m)*; Niederdruckvorwärmer *(m)*; NDV; Vakuumvorwärmer *(m)*
L 458	LPG; liquefied petroleum gas	Flüssiggas *(n)*; verflüssigtes Erdöl *(n)*
L 459	LP heater drains system	ND-Vorwärmer-Kondensator-System *(n)*
L 460	L-shaped bend; L-type pipe configuration	L-System *(n)* [bei der Kompensation mit Gelenksystemen; Anordnung von Teilsystemen einer Rohrleitung]
L 461	LTE; local thermodynamic equilibrium	lokales thermodynamisches Gleichgewicht *(n)*
L 462	LTS; low temperature sensitisation	Sensibilisieren *(n)* bei niedrigen Temperaturen [zur Verhinderung der Spannungsrißkorrosion von nichtrostenden Stählen]

L 463	**L-type shell** [heat exchanger]	Mantel *(m)* der Type L; L-Mantel *(m)* [Wärmeaustauscher; TEMA]
L 464	**lubricated plug valve**	schmierbarer Hahn *(m)*
L 465	**Luder's lines** *(pl)*; **slip lines** *(pl)*; **stretcher strains** *(pl)*; **Luder's bands** *(pl)*	Fließlinien *(f, pl)*; Kraftwirkungslinien *(f, pl)*; Fließfiguren *(f, pl)*
L 466	**lug**	Öse *(f)*; Pratze *(f)*
L 467	**lugged type body** [butterfly valve; see Annex 1, p. 55]	Ringgehäuse *(n)* mit Anbauflansch [Absperrklappe; siehe Anhang 1, S. 55]
L 468	**lug type valve; lugged valve; lug wafer valve** [butterfly valve; see Annex 1, p. 55]	Absperrklappe *(f)* mit Anbauflansch [siehe Anhang 1, S. 55]
L 469	**LWR; light-water reactor**	Leichtwasserreaktor *(m)*

maintenance manual

M

M 1	**machining marks** *(pl)*	Rattermarken *(f, pl)* [auf die Bearbeitung zurückzuführende Narben]
M 2	**Mach number**	Mach-Zahl *(f)* [Verhältnis einer Strömungsgeschwindigkeit zur Schallgeschwindigkeit; beschreibt den Einfluß der Kompressibilität des Mediums auf den Strömungsvorgang]
M 3	**macrobial biofouling**	Biofouling *(n)* durch Makroorganismen; biologischer Bewuchs *(m)*
M 4	**macroetching**	Grobätzung *(f)*
M 5	**macroexamination**	Grobgefügeuntersuchung *(f)*; Makroprüfung *(f)*
M 6	**macrofouling**	Grobverschmutzung *(f)*; Makrofouling *(n)*
M 7	**macrograph; macrosection**	Makroschliffbild *(n)*; Makrobild *(n)* [Schliffbild, das das Makrogefüge verdeutlicht]
M 8	**macroscopic examination**	makroskopische Untersuchung *(f)*
M 9	**macrostructure**	Grobstruktur *(f)*; Grobgefüge *(n)*
M 10	**macrostructure analysis, X-ray ...**	Röntgengrobstrukturanalyse *(f)*; röntgenographische Analyse *(f)* der Grobstruktur
M 11	**magnet-flow technique** [magn.t.]	Polmagnetisierung *(f)* [Magnetpulverprüfung]
M 12	**magnetic field indicator** [magn. t.]	Magnetfeldindikator *(m)* [Magnetpulverprüfung]
M 13	**magnetic field strength; magnetizing force** [magn. t.]	magnetische Feldstärke *(f)* [Magnetpulverprüfung]
M 14	**magnetic flaw detection ink** [magn. t.]	Prüfflüssigkeit *(f)* [Magnetpulverprüfung]
M 15	**magnetic particle buildup** [magn. t.]	Ansammlung *(f)* von magnetischen Teilchen/Partikeln [Magnetpulverprüfung]
M 16	**magnetic particle examination; magnetic particle testing** [US]; **magnetic particle flaw detection** [UK]; **magnaflux test**	Magnetpulverprüfung *(f)*; Magnafluxprüfung *(f)*
M 17	**magnetic particle field indicator** [magn. t.]	Magnetpulverflußindikator *(m)* [Magnetpulverprüfung]
M 18	**magnetic powder** [magn.t.]	Magnetpulver *(n)* [Prüfmittel]
M 19	**magnetizing force; magnetic field strength** [magn. t.]	magnetische Feldstärke *(f)* [Magnetpulverprüfung]
M 20	**magnetizing force, application of a ...** [magn. t.]	Anlegen *(n)* einer magnetischen Feldstärke [Magnetpulverprüfung]
M 21	**main anchor** [piping]	Hauptfestpunkt *(m)* [Rohrleitung]
M 22	**main bang; initial pulse** [ultras.]	Suchimpuls *(m)*; Sendeimpulsanzeige *(f)* [US-Prüfung]
M 23	**main compression member** [tank]	Hauptdruckstab *(m)* [Tank]
M 24	**main duct**	Sammelleitung *(f)* [Kanal]
M 25	**mains**	Sammelleitung *(f)* [elektrisch]
M 26	**maintenance**	Instandhaltung *(f)*; Wartung *(f)*; Unterhaltung *(f)* [Pflege]
M 27	**maintenance instructions** *(pl)*	Wartungsvorschriften *(f, pl)*
M 28	**maintenance interval**	Laufzeit *(f)* [zwischen den Wartungen]; Wartungsfrist *(f)*
M 29	**maintenance manual**	Wartungshandbuch *(n)*

M 30	**maintenance work**	Instandhaltungsarbeiten *(f, pl)*; Wartungsarbeiten *(f, pl)*
M 31	**major clearance** [thread]	Spitzenspiel *(n)* [Gewinde]
M 32	**major defect**	Hauptfehler *(m)*; schwerwiegender Fehler *(m)* [Schaden]
M 33	**major diameter** [thread]	Außendurchmesser *(m)* [Gewinde]
M 34	**make circuit**	Arbeitsstrom *(m)* [elektrisch]
M 35	**make contact**	Arbeitskontakt *(m)*; Schließer *(m)* [Schließkontakt]
M 36	**make current**	Arbeitsstrom *(m)* [elektrisch]
M 37	**make delay**	Ansprechverzögerung *(f)* [Signal]
M 38	**make gas; process gas**	Produktgas *(n)*; Prozeßgas *(n)*; Spaltgas *(n)*
M 39	**make gas cooler**	Spaltgaskühler *(m)*
M 40	**maldistribution**	Fehlverteilung *(f)*; falsche Verteilung *(f)*
M 41	**maldistribution of flow**	Fehlverteilung *(f)* der Strömung; Strömungsfehlverteilung *(f)*
M 42	**maldistribution of temperature**	Fehlverteilung *(f)* der Temperatur; Temperaturfehlverteilung *(f)*
M 43	**male and female face** [flange; see Annex 1, p. 114]	Dichtfläche *(f)* mit Vor- und Rücksprung [Flansch; siehe Anhang 1, S. 114]
M 44	**male branch tee; male side tee**	T-Verschraubung *(f)* mit Einschraubzapfen im Abzweig
M 45	**male connector; port connection**	Anschlußzapfen *(m)*; Übergangsnippel *(m)*; Einschraubverbindung *(f)*; Einschraubzapfen *(m)*
M 46	**male elbow; street elbow**	Einschraubwinkel *(m)*; Winkelverschraubung *(f)*
M 47	**male end fitting; plug end fitting; port fitting**	Einschraubverschraubung *(f)*
M 48	**male face; spigot** [gasket; see Annex 1, p. 113]	Vorsprung *(m)* [Dichtfläche; siehe Anhang 1, S. 113]
M 49	**male hose connector; male hose end**	Schlauchstutzen *(m)* mit Außengewinde
M 50	**male hose connector with sleeve**	Schlauchanschluß *(m)* mit Außengewinde und Hülse
M 51	**male run tee; street tee**	T-Verschraubung *(f)* mit Einschraubzapfen im durchgehenden Teil
M 52	**male spigot**	Gewindezapfen *(m)*
M 53	**male thread**	Außengewinde *(n)*
M 54	**malfunction**	Betriebsstörung *(f)*; Funktionsfehler *(m)*; Funktionsstörung *(f)*; Störung *(f)* [Funktion/Betrieb]
M 55	**malleable cast iron**	Temperguß *(m)*; schmiedbares Gußeisen *(n)*
M 56	**malleablising**	Tempern *(n)*
M 57	**maloperation**	Bedienungsfehler *(m)*; Fehlbedienung *(f)*
M 58	**mandatory hold point**	vorgeschriebener Haltepunkt *(m)* [QS]
M 59	**manhole**	Mannloch *(n)*
M 60	**manhole closure**	Mannlochverschluß *(m)*
M 61	**manhole cover plate**	Mannlochdeckel *(m)*
M 62	**manhole cover stud**	Mannlochdeckelbolzen *(m)*
M 63	**manhole cross bar**	Mannlochbügel *(m)*

M 64	**manhole davit**	Mannlochschwenkvorrichtung *(f)*
M 65	**manholed head [US]; manholed end [UK]**	Mannlochboden *(m)*
M 66	**manhole frame**	Mannlochrahmen *(m)*
M 67	**manhole gasket**	Mannlochdichtung *(f)*
M 68	**manhole insulating cap**	Steckkappe *(f)* für Mannloch; Mannloch-Steckkappe *(f)*
M 69	**manhole neck**	Mannlochansatz *(m)*
M 70	**manhole reinforcement**	Mannlochring *(m)*; Mannlochverstärkung *(f)*
M 71	**manifold**	Sammel(rohr)leitung *(f)*; Sammelrohr *(n)*; Verteilerrohr *(n)*
M 72	**manifold (block)**	Mehrfachabsperrung *(f)* [z. B. Ventilkombination]
M 73	**manipulated variable**	Stellgröße *(f)*
M 74	**manipulated variable, total range of ...**	Stellbereich *(m)* [Regeln, Steuern]
M 75	**manipulating element**	Stellglied *(n)*
M 76	**manipulating time**	Stellzeit *(f)*
M 77	**manipulating unit**	Stellgerät *(n)*
M 78	**manometer; pressure gauge**	Manometer *(n)*; Druckmeßgerät *(n)*
M 79	**manometric delivery head**	manometrische Förderhöhe *(f)* [Druckhöhe]
M 80	**manual actuation; manual operation**	Handbedienung *(f)*; Handbetätigung *(f)*; Handbetrieb *(m)*
M 81	**manual control**	Handsteuerung *(f)*
M 82	**manual drive**	Handantrieb *(m)*
M 83	**manual metal-arc welding**	Handmetallichtbogenschweißen *(n)*; Lichtbogenhandschweißen *(n)*; E-Hand *(n)*
M 84	**manual metal-arc welding with covered electrodes**	Lichtbogenhandschweißen *(n)* mit umhüllten Elektroden
M 85	**manual scanning; manual testing [ultras.]**	Abtasten *(n)* von Hand; Handprüfung *(f)* [US-Prüfung]
M 86	**manufacture; fabrication**	Fertigung *(f)*; Herstellung *(f)*
M 87	**manufacturer**	Hersteller *(m)*
M 88	**manufacturer's nameplate**	Firmenschild *(n)*; Herstellerschild *(n)*
M 89	**manufacturer's status report [quality assurance manual]**	Hersteller-Baubericht *(m)* [Qualitäts-Sicherungs-Handbuch]
M 90	**manufacturer's test certificate**	Werksprüfzeugnis *(n)*
M 91	**manufacturing documents** *(pl)*	Fertigungsunterlagen *(f, pl)*
M 92	**manufacturing process**	Herstellungsverfahren *(n)*
M 93	**manufacturing quality control**	Herstellungskontrolle *(f)*
M 94	**manufacturing supervision; fabrication supervision [by works inspection (department)]**	Bauüberwachung *(f)* [im Werk durch Werksabnahme]
M 95	**manway neck**	Mannlochkragen *(m)*
M 96	**manway (opening) [tank]**	Mannloch *(n)* [Tank]
M 97	**maraging steel**	martensitaushärtender Stahl *(m)*
M 98	**marker [ultras.]**	Zeitmarkierung *(f)* [US-Prüfung]
M 99	**marking**	Kennzeichnung *(f)*; Stempelung *(f)*; Markierung *(f)* [Ergebnis]
M 100	**marking**	Kennzeichnen *(n)*; Stempeln *(n)*; Markieren *(n)* [Vorgang]

M 101	marking-transfer certificate	Umstempelungsbescheinigung (f)
M 102	mark of approval	Genehmigungsvermerk (m)
M 103	mark of conformity	Prüfzeichen (n)
M 104	**MARSE; measured area of the rectified signal envelope** [AET]	gemessene Fläche (f) der Impulseinhüllenden des gleichgerichteten Signals [SEP]
M 105	masking; blocking [radiog.]	Abschirmung (f); Abdeckung (f) [Durchstrahlungsprüfung]
M 106	masking [ultras.]	Abschaltung (f) [US-Prüfung]
M 107	masonry walls (pl) [tank]	Mauerwerkswände (f, pl) [Tank]
M 108	mass	Masse (f)
M 109	mass concentration	Massenkonzentration (f)
M 110	mass-damping parameter	Masse-Dämpfungsparameter (m)
M 111	mass exchange	Stoffaustausch (m)
M 112	mass flow; mass flux; mass throughput	Durchflußmenge (f); Massenfluß (m); Massenstrom (m); Stoffstrom (m); Massendurchsatz (m); Mengenstrom (m)
M 113	mass flow density; mass flux density	Massenstromdichte (f)
M 114	mass flowmeter	Massendurchsatzmeßgerät (n)
M 115	mass flux; mass flow; mass throughput	Massenstrom (m); Mengenstrom (m); Durchflußmenge (f); Massenfluß (m); Stoffstrom (m); Massendurchsatz (m)
M 116	mass flux density; mass flow density	Massenstromdichte (f)
M 117	mass flux rate; mass flow rate	Massenstrom (m); Massendurchsatz (m); Durchsatz (m)
M 118	mass fraction	Gehalt (m); Massenanteil (m) [in der Flüssigkeits- bzw. Dampfphase; bezogen auf Gesamtmasse]
M 119	mass loading	Gehalt (m) [in der Flüssigkeits- bzw. Dampfphase; bezogen auf Teilmasse des Stoffes]
M 120	mass per unit area	Flächengewicht (n); flächenbezogene Masse (f); spezifisches Gewicht (n) [flächenbezogen]
M 121	mass spectrometer leak detector; MSLD	Massenspektrometerlecksuchgerät (n)
M 122	mass throughput; mass flow; mass flux	Durchflußmenge (f); Massenfluß (m); Massenstrom (m); Stoffstrom (m); Massendurchsatz (m); Mengenstrom (m)
M 123	mass transfer	Stoffübertragung (f); Stoffübergang (m); Stoffaustausch (m)
M 124	mass transfer coefficient	Stoffübergangskoeffizient (m); Stoffaustauschkoeffizient (m)
M 125	mass transfer coefficient, local ...	örtlicher Stoffübergangskoeffizient (m)
M 126	mass velocity; mass flow per unit area	Massenstromdichte (f)
M 127	master certificate	Rahmenbescheinigung (f)
M 128	master drain valve	Hauptablaßventil (n)
M 129	master gauge	Lochbild (n) [für Flanschlöcher]
M 130	master gauge	Prüflehre (f)
M 131	master gauge, calibrated ...	geeichtes Kontrollmanometer (n)
M 132	master pressure gauge	Kontrollmanometer (n); Prüfmanometer (n)
M 133	master stamping	Hauptkennzeichnung (f)

M 134	master valve	Hauptventil *(n)*
M 135	material certificate	Werkstoffnachweis *(m)*; Abnahmezeugnis *(n)*
M 136	material combination	Werkstoffkombination *(f)*; Werkstoffpaarung *(f)*
M 137	material designation	Werkstoffbezeichnung *(f)*
M 138	material designator	Materialkennung *(f)* [Bezeichnung]
M 139	material expulsion [weld imperfection]	Werkstoffauspressung *(f)* [zwischen den geschweißten Werkstücken; ausgepreßter Werkstoff, auch als Spritzer; Nahtfehler]
M 140	material fatigue	Werkstoffermüdung *(f)*
M 141	material identification; material marking	Werkstoffkennzeichnung *(f)*
M 142	material inspection	Materialprüfung *(f)* [Abnahme]
M 143	material properties *(pl)*	Werkstoffeigenschaften *(f, pl)*
M 144	material property value	Werkstoffkennwert *(m)*
M 145	material quality	Werkstoffgüte *(f)*; Werkstoffqualität *(f)*
M 146	materials consistency check; materials identification check	Werkstoffverwechslungsprüfung *(f)*
M 147	material strain history	Dehnungsverlauf *(m)* des Werkstoffes [zeitlich]
M 148	material testing; mechanical testing	Materialprüfung *(f)*; Werkstoffprüfung *(f)* [zerstörend]
M 149	mating allowance	Paarungsabmaß *(n)*
M 150	mating dimension	Anschlußmaß *(n)* [Rohrleitungen; Kanäle]
M 151	mating face	Gegenfläche *(f)*
M 152	mating flange; counter flange	Gegenflansch *(m)*
M 153	mating part	Paßteil *(n)*
M 154	mating surface; face; facing [flange]	Dichtfläche *(f)*; Dichtungsfläche *(f)* [Flansch]
M 155	mating surface	Berührungsfläche *(f)*; Fügefläche *(f)*; Paßfläche *(f)*
M 156	matrix calculus	Matrizenrechnung *(f)*
M 157	matrix heat exchanger; compact heat exchanger; CPX	Kompaktwärmeaustauscher *(m)*
M 158	mattress	Matte *(f)* [mit Drahtgewebe versteppte Wärmedämmatte]
M 159	MAWP; maximum allowable working pressure [US]; maximum permissible working pressure [UK]	zulässiger Betriebsüberdruck *(m)* [siehe auch: **design pressure**]
M 160	maximum clearance	Größtspiel *(n)* [Passung]
M 161	maximum credible accident; MCA [nuclear reactor]	größter anzunehmender Unfall *(m)*; GAU [Kernreaktor]; Auslegungsunfall *(m)*; Auslegungsstörfall *(m)*
M 162	maximum distortion energy theory [Huber, v. Mises, Hencky]	Gestaltänderungsenergiehypothese *(f)*; GE-Hypothese *(f)*; Hypothese *(f)* der größten Gestaltänderungsarbeit [Huber, v. Mises, Hencky]
M 163	maximum heat flux; peak heat flux	maximale Wärmestromdichte *(f)*; Spitzenheizflächenbelastung *(f)*; Berechnungs-Wärmestrom *(m)*
M 164	maximum interference	Größtübermaß *(n)* [Passung]
M 165	maximum load	Höchstlast *(f)*; Grenzlast *(f)*; Belastungsgrenze *(f)*

M 166	**maximum operating pressure** [valve]	höchster Arbeitsdruck *(m)* [Ventil]
M 167	**maximum pressure**	Maximaldruck *(m)*
M 168	**maximum shear (stress) theory** [Coulomb, Guest, Mohr]	Schubspannungshypothese *(f)*; Hypothese *(f)* der größten Schubspannung [Coulomb, Guest, Mohr]
M 169	**maximum strain energy theory** [Beltrami]	Hypothese *(f)* der größten Formänderungsarbeit [Beltrami]
M 170	**maximum strain theory** [Mariotte, St. Venant, Bach]	Hypothese *(f)* der größten Dehnung/Gleitung [Mariotte, St. Venant, Bach]
M 171	**maximum stress theory** [Rankine]	Hypothese *(f)* der größten Normalspannung [Rankine]
M 172	**maximum sustained fluid operating pressure**	höchster Betriebsdruck *(m)* des Arbeitsmittels
M 173	**maximum tolerance deviation**	Grenzabmaß *(n)* [Passung]
M 174	**maximum unsupported tube length; MUTL** [tube bundle]	maximale ungestützte Rohrlänge *(f)* [im Rohrbündel]
M 175	**maximum value**	Größtwert *(m)*; Höchstwert *(m)*
M 176	**MCA; maximum credible accident** [nuclear reactor]	größter anzunehmender Unfall *(m)*; GAU [Kernreaktor]; Auslegungsunfall *(m)*; Auslegungsstörfall *(m)*
M 177	**MCF; metal composition factor**	chemischer Zusammensetzungsfaktor *(m)*; Faktor *(m)* für die chemische Zusammensetzung
M 178	**mean downtime; MDT**	mittlere Ausfalldauer *(f)*
M 179	**mean metal temperature**	mittlere Wandtemperatur *(f)*
M 180	**mean roughness index**	Mittenrauhwert *(m)*
M 181	**mean stress**	Mittelspannung *(f)*
M 182	**mean temperature difference; MTD**	mittlere Temperaturdifferenz *(f)*
M 183	**mean time between failures; MTBF**	mittlerer Ausfallabstand *(m)*; mittlere störungsfreie Zeit *(f)*; mittlere fehlerfreie Betriebszeit *(f)*
M 184	**mean time between maintenance; MTBM**	mittlere Zeit *(f)* zwischen Wartungsarbeiten
M 185	**mean time to failure; MTTF**	konstante Ausfallrate *(f)*
M 186	**mean time to repair; MTTR**	mittlere Komponenten-Nichtverfügbarkeit *(f)*
M 187	**measured area of the rectified signal envelope; MARSE** [AET]	gemessene Fläche *(f)* der Impulseinhüllenden des gleichgerichteten Signals [SEP]
M 188	**measured value; measured quantity; measured variable**	Meßgröße *(f)*; Meßwert *(m)* [gemessen]
M 189	**measurement; measuring**	Messung *(f)*
M 190	**measurement result**	Meßergebnis *(n)*
M 191	**measurement sensitivity**	Meßempfindlichkeit *(f)*
M 192	**measurement standard**	Normal *(n)* [Eichnormal]
M 193	**measurement traverse**	Netzmessung *(f)*
M 194	**measurement uncertainty**	Meßunsicherheit *(f)*
M 195	**measuring accuracy; measurement accuracy**	Meßgenauigkeit *(f)*
M 196	**measuring connection**	Meßanschluß *(m)*
M 197	**measuring equipment**	Meßeinrichtung *(f)*
M 198	**measuring error; measurement error**	Meßabweichung *(f)*; Meßfehler *(m)*
M 199	**measuring instrument**	Meßgerät *(n)*; Meßinstrument *(n)*
M 200	**measuring range**	Meßbereich *(m)*

M 201	measuring signal; measurement signal	Meßsignal (n)
M 202	measuring unit	Meßeinrichtung (f)
M 203	mechanical cleaning	mechanische Reinigung (f)
M 204	mechanical damage to the workpiece surface caused by clamps	Spannmarkierung (f) [mechanisch beschädigte Werkstückoberfläche im Bereich der Spannbacken]
M 205	mechanical interlock	mechanische Arretierung (f)
M 206	mechanical pre-tensioning [bolt]	mechanische Vorspannung (f) [von Schrauben]
M 207	mechanical properties (pl) [material]	Festigkeitseigenschaften (f, pl); technologische Eigenschaften (f, pl) [Werkstoff]
M 208	mechanical seal; mechanical shaft-seal	Gleitringdichtung (f)
M 209	mechanical shoe [tank; see Annex 1, p. 16]	Gleitblech (n) [aus Metall; Ringraumabdichtung; Tank; siehe Anhang 1, S. 16]
M 210	mechanical shoe primary seal [tank; see Annex 1, p. 16]	Gleitblechdichtung (f) [Tank; siehe Anhang 1, S. 16]
M 211	mechanical stability	mechanische Festigkeit (f) [Gerät]
M 212	mechanical strength	mechanische Festigkeit (f) [Werkstoff]
M 213	mechanical stress	mechanische Spannung (f); Spannung (f) infolge mechanischer Belastung
M 214	mechanical testing	technologische Prüfung (f) [Werkstoff]; Werkstoffprüfung (f) [zerstörende]
M 215	mechanical test of production weld; production control test	Arbeitsprüfung (f)
M 216	mechanised welding	mechanisiertes Schweißen (n)
M 217	medium-grade alloy	mittelwertige Legierung (f); Stahl (m) mit mittleren Legierungsanteilen
M 218	medium-tensile steel	mittelfester Stahl (m)
M 219	melt flow index; MFI	Schmelzindex (m) [Fließverhalten von Polyäthylen (PE) im thermoelastischen Zustand]
M 220	melt-in technique of welding	Einschmelz-Schweißtechnik (f)
M 221	melt-through [weld imperfection]	Durchbrand (m); Durchschmelzen (n) [Schweißnahtfehler]
M 222	membrane stress	Membranspannung (f)
M 223	membrane stress concentration factor	Membranspannungsformzahl (f)
M 224	membrane stress correction factor	Korrekturfaktor (m) für die Membranspannung
M 225	membrane yielding	plastisches Fließen (n); plastische Verformung (f)
M 226	memory effect [thermoplastics]	Memory-Effekt (m) [bei thermoplastischen Werkstoffen; diese Werkstoffe haben das Bestreben, die durch nachträgliche Verformung entstandenen Spannungen durch Rückverformung wieder abzubauen.]
M 227	meridional bending stress	Biegespannung (f) in Meridianrichtung
M 228	metal active-gas welding; MAG welding; active gas metal arc welding	Metall-Aktivgas-Schweißen (n); MAG-Schweißen (n)
M 229	metal-arc welding	Metall-Lichtbogenschweißen (n)
M 230	metal-arc welding, flux-cored . . .	Metall-Lichtbogenschweißen (n) mit Fülldrahtelektrode

M 231	**metal-arc welding, gas-shielded** ...	Metall-Schutzgasschweißen *(n)*
M 232	**metal bellows** **[see Annex 1, p. 104]**	Metallbalg *(m)* [siehe Anhang 1, S. 104]
M 233	**metal bellows seal**	Metallbalgdichtung *(f)*
M 234	**metal casing**	Blechgehäuse *(f)*; Metallgehäuse *(f)*
M 235	**metal coating**	Metallbeschichtung *(f)*
M 236	**metal composition factor; MCF**	chemischer Zusammensetzungsfaktor *(m)*; Faktor *(m)* für die chemische Zusammensetzung
M 237	**metal diaphragm seal** **[see Annex 1, pp. 116/117]**	Metallmembrandichtung *(f)*; Membranschweißdichtung *(f)* [siehe Anhang 1, S. 116/117]
M 238	**metal end; nut end**	Einschraubende *(n)* [Stiftschraube]
M 239	**metal flexible hose** **[see Annex 1, p. 105]**	Metallschlauch *(m)* [siehe Anhang 1, S. 105]
M 240	**metal foil**	Metallfolie *(f)*
M 241	**metal gasket; metal seal; metallic gasket** **[see Annex 1, p. 116]**	Metalldichtung *(f)* [siehe Anhang 1, S. 116]
M 242	**metal gauze insert; metal liner**	Metallgewebeeinlage *(f)*
M 243	**metal hose; flexible metallic tube; metal tube; metal tubing** **[see Annex 1, p. 105]**	Metallschlauch *(m)* [siehe Anhang 1, S. 105]
M 244	**metal inert gas welding; MIG welding** **[UK]; gas metal-arc welding; GMAW** **[US]**	Schutzgas-Metall-Lichtbogenschweißen *(n)*; MIG-Schweißen *(n)*
M 245	**metallic expansion joint**	Blechkompensator *(m)*
M 246	**metallic inclusion** **[weld imperfection]**	Fremdmetalleinschluß *(m)* [Einlagerung eines Fremdmetallteilchens im Schweißgut; Nahtfehler]
M 247	**metal liner; metal skin**	Blechhaut *(f)*
M 248	**metal liner; metal gauze insert**	Metallgewebeeinlage *(f)*
M 249	**metallographic section**	Schiffprobe *(f)* [metallographische]
M 250	**metal loss; metal wastage**	Metallabtrag *(m)*; Materialabtrag *(m)*
M 251	**metal-O-ring-gasket** **[see Annex 1, p. 116]**	Runddichtung *(f)* [Metall]; Metall-Runddichtung *(f)* [siehe Anhang 1, S. 116]
M 252	**metal path distance; skip distance** **[ultras.]**	Sprungabstand *(m)* [US-Prüfung]
M 253	**metal screen** **[radiog.]**	Metallfolie *(f)*; Bleifolie *(f)* [Durchstrahlungsprüfung]
M 254	**metal shroud**	Blechschürze *(f)*; Blechverkleidung *(f)*; Hemd *(n)* [Behälterblechauskleidung]
M 255	**metal skin; metal liner**	Blechhaut *(f)*
M 256	**metal sprayed coating**	metallischer Spritzüberzug *(m)*; Spritzmetallüberzug *(m)*
M 257	**metal spraying**	metallische Spritzbeschichtung *(f)* [Vorgang]
M 258	**metal temperature**	Wandtemperatur *(f)*; Werkstofftemperatur *(f)*
M 259	**metal-to-metal bonding**	Metallkleben *(n)*
M 260	**metal-to-metal joint**	Ganzmetallverbindung *(f)*
M 261	**metal tube; metal tubing; metal hose; flexible metallic tube** **[see Annex 1, p. 105]**	Metallschlauch *(m)* [siehe Anhang 1, S. 105]
M 262	**metal wastage; metal loss**	Metallabtrag *(m)*; Materialabtrag *(m)*
M 263	**metering pipe section**	Meßflasche *(f)* [in Rohrleitung eingebaut]
M 264	**method of similarity**	Ähnlichkeitsverfahren *(n)*
M 265	**metric tube end**	metrischer Rohranschluß *(m)*

M 266	**microbial biofouling**	Biofouling *(n)* durch Mikroorganismen
M 267	**microfin tube**	Mikrorippenrohr *(n)*
M 268	**microfissure; microcrack**	Mikroriß *(m)*
M 269	**microfouling**	Rohrbeläge *(m, pl)*; Mikrofouling *(n)*
M 270	**micrograph; microsection**	Mikroschliffbild *(n)*; Mikrobild *(n)* [Schliffbild, das das Feingefüge verdeutlicht]
M 271	**microlayer evaporation**	Mikroschichtverdampfung *(f)*
M 272	**microlayer theory**	Mikrofilm-Theorie *(f)* [Nach dieser Theorie sind die außergewöhnlich hohen Wärmeübergangskoeffizienten bei der Blasenverdampfung auf die Existenz eines sehr dünnen Flüssigkeitsfilms unter der anwachsenden Dampfblase zurückzuführen.]
M 273	**microsection moulding press**	Einbettpresse *(f)* [Mikroschliff-Gefügeuntersuchung]
M 274	**microsegregation**	Kristallseigerung *(f)*
M 275	**microshrinkage [weld imperfection]**	Mikrolunker *(m)* [Schwingungshohlraum im Schweißgut; Nahtfehler]
M 276	**microstructure**	Mikrostruktur *(f)*; Feingefüge *(n)*; Kleinstgefüge *(n)*
M 277	**microstructure analysis, X-ray . . .; X-ray diffraction analysis**	Röntgenfeinstrukturanalyse *(f)*; Röntgenbeugungsuntersuchung *(f)*; röntgenographische Analyse *(f)* der Feinstruktur
M 278	**microvoid coalescence**	Gleitbruch *(m)* über Hohlraumbildung [mit ausgeprägtem Lochwachstum; typisch für duktile Werkstoffe mit nicht-metallischen Einschlüssen]
M 279	**microvoids** *(pl)*	Hohlräume *(m, pl)*
M 280	**MIG welding; metal inert gas welding [UK]; gas metal arc welding; GMAW [US]**	Schutzgas-Metall-Lichtbogenschweißen *(n)*; MIG-Schweißen *(n)*
M 281	**mild steel**	Flußstahl *(m)*; Weicheisen *(n)*
M 282	**mill certificate**	Werksprüfbescheinigung *(f)*; Werkstoffzeugnis *(n)*
M 283	**milled-body bolt [tank]**	Dehnschraube *(f)* [Tank]
M 284	**mill edge**	Naturkante *(f)*; unbeschnittene Kante *(f)* [Walzkante]
M 285	**mill-length tubes** *(pl)*	Lagerlänge *(f)*, Rohre in . . .; Lieferlänge *(f)*, Rohre in . . .
M 286	**mill scale**	Walzzunder *(m)*
M 287	**mill test**	Werksprüfung *(f)*
M 288	**mill test pressure**	Werksprüfdruck *(m)*
M 289	**mill test report**	Abnahmeprüfzeugnis *(n)*
M 290	**miniature angle probe [ultras.]**	Miniaturwinkelprüfkopf *(m)* [US-Prüfung]
M 291	**minimum approach temperature difference; pinch point temperature difference**	Grädigkeit *(f)*; minimale Temperaturdifferenz *(f)* [siehe auch: **pinch design technology**]
M 292	**minimum area through seat bore [safety valve]**	Düsendurchmesser *(m)* [Sitzdurchmesser beim Sicherheitsventil]
M 293	**minimum clearance**	Kleinstspiel *(n)* [Passung]

M 294	**minimum design seating stress; yield factor** [gasket]	Mindestflächenpressung *(f)* [für das Vorverformen der Dichtung; Dichtungskennwert; kleinste mittlere Flächenpressung, die im Betrieb notwendig ist, um ein erforderliches Dichthalten der Dichtung zu erzielen]
M 295	**minimum detectable leak**	kleinstes nachweisbares Leck *(n)*
M 296	**minimum elongation at fracture**	Mindestbruchdehnung *(f)*
M 297	**minimum film boiling temperature; Leidenfrost temperature**	Benetzungstemperatur *(f)*; Leidenfrost-Temperatur *(f)* [siehe auch: **Leidenfrost temperature**]
M 298	**minimum-flow control** [pump]	Mindestmengenregelung *(f)* [Pumpe]
M 299	**minimum flow line** [pump]	Mindestfördermengenleitung *(f)* [Pumpe]
M 300	**minimum interference**	Kleinstübermaß *(n)* [Passung]
M 301	**minimum limit of size**	unteres Grenzmaß *(n)* [Passung]
M 302	**minimum load**	Mindestlast *(f)*
M 303	**minimum mass flow** [pump]	Mindestfördergewicht *(n)* [Pumpe]
M 304	**minimum ratio between DNB heat flux and local heat flux; minimum DNBR; critical heat flux ratio**	Siedeabstand *(m)* [Siedegrenzwert]
M 305	**minimum tensile strength**	Mindestzugfestigkeit *(f)*
M 306	**minimum (volume) flow** [pump]	Freilaufmenge *(f)*; Mindestfördermenge *(f)* [Pumpe]
M 307	**minimum wall thickness**	Mindestwanddicke *(f)*; Mindestwandstärke *(f)*
M 308	**minor clearance** [thread]	Spitzenspiel *(n)* [Gewinde-Kerndurchmesser]
M 309	**minor damage**	geringfügiger Schaden *(m)*
M 310	**minor-diameter area** [thread]	Kernquerschnitt *(m)* [Gewinde-Kerndurchmesser]
M 311	**minus allowance**	unteres Abmaß *(n)* [Passung]
M 312	**mirror-reflected jet**	gespiegelte Wirbelstraße *(f)*
M 313	**misadjusted controller**	verstellter Regler *(m)* [Fehleinstellung]
M 314	**misaligned weld**	Nahtversatz *(m)*
M 315	**misalignment** [weld imperfection]	Fluchtfehler *(m)*; Lagenversatz *(m)* [z. B. bei Stumpfnähten asymmetrische Kapplage; Nahtfehler]
M 316	**mission simulation and availability analysis**	Einsatzsimulations- und Verfügbarkeitsanalyse *(f)*
M 317	**mist eliminator; demister; droplet separator**	Entfeuchter *(m)*; Demister *(m)*; Entnebler *(m)*; Tropfenabscheider *(m)*
M 318	**mist flow**	Nebelströmung *(f)*
M 319	**mitre**	Gehrung *(f)*; Schrägschnitt *(m)*
M 320	**mitre box**	Gehrungsschmiege *(f)*
M 321	**mitred bend**	Segmentkrümmer *(m)*; Segmentrohrbogen *(m)* [siehe auch: G 253, S 246]
M 322	**mitred cut**	Gehrungsschnitt *(m)*
M 323	**mitre joint**	Gehrungsstoß *(m)*
M 324	**mitre joint butt welds** *(pl)*	stumpfgeschweißte Gehrungsnähte *(f, pl)*
M 325	**mitre segment**	Krümmersegment *(n)*; Gehrungssegment *(n)*
M 326	**mitre weld**	Gehrungsschweißnaht *(f)*

M 327	mixed condensation; direct contact condensation	Mischkondensation *(f)* [siehe: D 267]
M 328	mixed flow regime	Übergangsgebiet *(n)* von der Ringströmung zur Schichtenströmung
M 329	mixer nozzle attachment [tank]	Mischerstutzen-Befestigung *(f)* [Tank]
M 330	mixer-settler column	Mischer-Abscheider-Kolonne *(f)*; Mixer-Settler-Kolonne *(f)*; Turm-Mixer-Settler *(m)*
M 331	mixing [gen.]	Mischen *(n)*; Durchmischen *(n)*; Vermischen *(n)* [allgem.]
M 332	mixing; blending	Mischen *(n)* [siehe: **blending**]
M 333	mixing jets *(pl)*	Mischdüsen *(f, pl)* [in Rohrleitungen]
M 334	mixing loop	Mischschleife *(f)* [Rohrleitung]
M 335	mixing pipe	Mischstrecke *(f)* [Rohrleitung]
M 336	mixing plug valve [see Annex 1, p. 48]	Mischhahn *(m)* [siehe Anhang 1, S. 48]
M 337	mixing pump	Mischpumpe *(f)*
M 338	mixing tee	Misch-T-Stück *(n)*
M 339	mixing valve	Mischventil *(n)*
M 340	mobile welding head	selbstfahrender Schweißkopf *(m)*
M 341	mock-up assembly	Probemontage *(f)*
M 342	mock-up testing [AET]	Musterprüfung *(f)*; Mock-up-Prüfung *(f)* [SEP]
M 343	mode of failure; failure mode	Versagensart *(f)*; Versagensmodus *(m)*; Schadensmodus *(m)*
M 344	mode of operation; modus operandi; operating mode	Betriebsweise *(f)*
M 345	moderate strength material	mittelfester Werkstoff *(m)*
M 346	modular construction; modular design	Modulbauweise *(f)*; Blockbauweise *(f)*
M 347	modular (construction) system	Baukastensystem *(n)*; Bausteinsystem *(n)*
M 348	modulus of elasticity; Young's modulus	Elastizitätsmodul *(m)*
M 349	modulus of rigidity; shear modulus; rigidity modulus; modulus of elasticity in shear	Schubmodul *(m)*; Schermodul *(m)*; Gleitmodul *(m)*
M 350	Mohr's strain cycle	Mohrscher Dehnungskreis *(m)*
M 351	Mohr's stress cycle	Mohrscher Spannungskreis *(m)*
M 352	moisture	Feuchtigkeit *(f)*
M 353	moisture separator	Feuchtigkeitsabscheider *(m)*
M 354	molar concentration	Stoffmengenkonzentration *(f)*
M 355	molar density	molare Dichte *(f)*
M 356	molar mass	molare Masse *(f)*; Molmasse *(f)*
M 357	molar mass flow rate	Stoffmengenstrom *(m)*
M 358	molar mass fraction	Molenbruch *(m)* [in der Flüssigkeits- bzw. Dampfphase; bezogen auf die gesamte Stoffmenge]
M 359	molar mass loading	Beladung *(f)* [in der Flüssigkeits- bzw. Dampfphase; bezogen auf Teilmenge des Stoffes]
M 360	molar mass velocity	Stoffmengenstromdichte *(f)*
M 361	molar volume	Molvolumen *(n)*; molares Volumen *(n)*

M 362	**molecular distillation**	Molekulardestillation *(f)* [Destillation unter hohem Vakuum, bei der die Wege, die die Dämpfe zurückzulegen haben, äußerst klein gehalten sind. Es gelingt, durch sie hochmolekulare Stoffe ohne Zersetzung zu destillieren.]
M 363	**molecular flow; free-molecule flow; low-density flow**	Molekularströmung *(f)*; freie Molekularströmung *(f)*; molekulare Strömung *(f)*
M 364	**molecular sieve**	Molekularsieb *(n)*; Molsieb *(n)*; Molekularsperre *(f)*
M 365	**molecular weight**	Molekulargewicht *(n)*; Molgewicht *(n)*
M 366	**moment arm**	Hebelarm *(m)* [Flanschberechnung]
M 367	**moment loading**	Momentenbelastung *(f)*
M 368	**moment of inertia**	Trägheitsmoment *(n)*
M 369	**moment of resistance**	Widerstandsmoment *(n)*
M 370	**momentum defect thickness**	Impulsverlustdicke *(f)*
M 371	**momentum flow density**	Impulsstromdichte *(f)*
M 372	**monobloc bursting disc**	einteilige Berstscheibe *(f)*
M 373	**monodisperse packed bed**	monodisperse Kugelschüttung *(f)*
M 374	**monoflange type body; single flange body [butterfly valve; see Annex 1, p. 55]**	Ringgehäuse *(n)* mit Monoflansch [Drosselklappe; siehe Anhang 1, S. 55]
M 375	**movable cradle**	bewegliche Stütze *(f)* [Wiege]
M 376	**movable support legs** *(pl)*	bewegliche Stützfüße *(m, pl)*
M 377	**movable tigthening cover; follower [PHE]**	bewegliche Gestellplatte *(f)*; bewegliche Druckplatte *(f)* [Plattenwärmeaustauscher]
M 378	**movement indicator [expansion joint]**	Bewegungsanzeiger *(m)* [Dehnungsausgleicher]
M 379	**moving concentrated load**	bewegliche Einzellast *(f)*
M 380	**moving packed bed**	bewegte Kugelschüttung *(f)*
M 381	**moving seal; dynamic seal**	Bewegungsdichtung *(f)*; dynamische Dichtung *(f)*
M 382	**MSF; multi-stage flash evaporation**	mehrstufige Entspannungsverdampfung *(f)*
M 383	**MSLD; mass spectrometer leak detector**	Massenspektrometerlecksuchgerät *(n)*
M 384	**MTBF; mean time between failures**	mittlerer Ausfallabstand *(m)*; mittlere störungsfreie Zeit *(f)*
M 385	**MTBM; mean time between maintenance**	mittlere Zeit *(f)* zwischen Wartungsarbeiten
M 386	**MTD; mean temperature difference**	mittlere Temperaturdifferenz *(f)*
M 387	**MTTF; mean time to failure**	konstante Ausfallrate *(f)*
M 388	**MTTR; mean time to repair**	mittlere Komponenten-Nichtverfügbarkeit *(f)*
M 389	**muff cover**	Isolierkappe *(f)* [z. B. für Ventile]
M 390	**muff cover insulation**	Kappenisolierung *(f)*
M 391	**muffler**	Schalldämpfer *(m)*
M 392	**multi-axial stress condition**	mehrachsiger Spannungszustand *(m)*
M 393	**multi-bolt joint**	Anschlußbild *(m)* [großes, Schraubverbindung]; Schraubenbild *(n)* [großes]
M 394	**multi-chamber vessel**	Behälter *(m)* mit mehreren Druckräumen
M 395	**multi-channel source location [AET]**	Vielkanal-Schallquellenortung *(f)* [SEP]
M 396	**multi-convolute expansion joint; multi-leaf expansion joint**	mehrwelliger Kompensator *(m)*

M 397	**multi-directional magnetization** [magn. t.]	Mehrrichtungsmagnetisierung *(f)* [Magnetpulverprüfung]
M 398	**multi-flex sealing strip arrangement** [heat exchanger; tube bundle]	elastische Dichtstreifenanordnung *(f)* [Wärmeaustauscher-Rohrbündel]
M 399	**multi-flow valve**	Wegeventil *(n)*
M 400	**multi-layer weld**	Mehrlagenschweißnaht *(f)*
M 401	**multi-pass arrangement** [plates in PHEs]	Mehrfachschaltung *(f)* [Plattenanordnung in Plattenaustauschern]
M 402	**multi-pass heat exchanger**	mehrgängiger Wärmeaustauscher *(m)*; Wärmeaustauscher *(m)* mit mehreren Mantelwegen; mehrflutiger Wärmeaustauscher *(m)*
M 403	**multi-phase medium**	mehrphasiges Medium *(n)*
M 404	**multiple back reflections** *(pl)* [ultras.]	Mehrfach-Rückwandechos *(n, pl)* [US-Prüfung]
M 405	**multiple downcomer tray** [column]	MD-Boden *(m)* [in Kolonnen]
M 406	**multiple openings** *(pl)*	Lochfeld *(n)* [Rohrplatte/Sammler]
M 407	**multiple reflections** *(pl)* [ultras.]	Mehrfachreflexionen *(f, pl)* [US-Prüfung]
M 408	**multiple supported U-tubes** *(pl)*	mehrfach aufgelagerte U-Rohre *(n, pl)*
M 409	**multi-ply bellows** [expansion joint; see Annex 1, p. 102]	vielwandiger Balg *(m)* [der vielwandige Balg wird aus einem viellagigen Zylinderpaket hergestellt. Dazu wird über einen längsnahtgeschweißten dichten Innenzylinder spiralig Bandmaterial in so vielen Lagen aufgewickelt, wie es die gewünschte Gesamtwanddicke erfordert; anschließend wird ein längsgeschweißter Außenzylinder eng übergeschoben. Das so entstandene viellagige Zylinderpaket wird durch Herauspressen von ringförmigen Wellen zum vielwandigen Balg umgeformt. Die Vorzüge diese Bälge sind: — Beherrschung hoher und höchster Drücke — große Bewegungsaufnahme — kleine Baumaße — geringe Verstellkräfte — optimale Kompensation auf kleinstem Raum — frühzeitige Leckanzeige (im Schadensfall) über Kontrollbohrung — völlige Berstsicherheit — Möglichkeit zur permanenten Lecküberwachung bei kritischen Medien **(inter-ply pressure sensing connection)** — wirtschaftlicher Einsatz hochwertiger korrosionsbeständiger Materialqualitäten wie Inconel, Incoloy, Hastelloy, Titan und Tantal — isolierend gegen Körperschall (Dämmung bis 20 dB); siehe Anhang 1, S. 102]
M 410	**multi-ply construction** [bellows]	Mehrlagenbauart *(f)* [Balg]
M 411	**multipressure condenser; multiple-pressure condenser**	Kondensator *(m)* mit mehreren Druckstufen
M 412	**multi-run deposits** *(pl)* [weld]	Mehrlagenschweißungen *(f, pl)* [Lagenaufbau]

M 413	**multi-run welding**	Mehrlagenschweißen *(n)*
M 414	**multi-sectional end [see Annex 1, p. 32]**	mehrteiliger Boden *(m)* [siehe Anhang 1, S. 32]
M 415	**multi-stage flash evaporation; MSF**	mehrstufige Entspannungsverdampfung *(f)*
M 416	**multi-support excitation**	Beaufschlagung *(f)* von Auflagerpunkten mit unterschiedlichen Spektren
M 417	**multitube heat exchanger**	Multitube-Wärmeaustauscher *(m)*
M 418	**multi-use CIP**	Kombinationsreinigung *(f)*
M 419	**multi-way valve**	Mehrwegeventil *(n)*
M 420	**MUTL; maximum unsupported tube length [tube bundle]**	maximale ungestützte Rohrlänge *(f)* [im Rohrbündel]

negative damping

N

N 1	naked eye examination	Prüfung *(f)* mit bloßem Auge
N 2	nameplate	Fabrikschild *(n)*; Typenschild *(n)*; Firmenschild *(n)*
N 3	napsack weld [weld imperfection]	Rucksacknaht *(f)* [Nahtfehler]
N 4	narrow-faced flange	Flansch *(m)* mit schmaler Dichtfläche
N 5	narrow-gap welding	Engspalt-Schweißen *(n)*
N 6	natural ageing	Kaltauslagern *(n)*; natürliches Altern *(n)* [siehe: **ageing**]
N 7	natural circulation; thermosiphonic circulation; thermal circulation; thermally induced circulation	Naturumlauf *(m)*
N 8	natural circulation calandria; thermosiphon reboiler	Thermosiphon-Reboiler *(m)*; NaturumlaufWiederverdampfer *(m)*
N 9	natural convection	freie Konvektion *(f)*; natürliche Konvektion *(f)*
N 10	natural frequencies *(pl)* of tubes	Rohreigenfrequenzen *(f, pl)*
N 11	natural frequency	Eigenfrequenz *(f)*
N 12	natural gas	Erdgas *(n)*; Naturgas *(n)*
N 13	natural wear and tear	natürliche Abnutzung *(f)*
N 14	NCR: non-conformance report	Abweichungsbericht *(m)* [QS-Handbuch]
N 15	NDE; non-destructive examination [US]; NDT; non-destructive testing [UK]	zerstörungsfreie Prüfung *(f)*; ZfP
N 16	NDT temperature; nil-ductility transition temperature	NDT-Temperatur *(f)*; Sprödbruch-Übergangstemperatur *(f)*; Nullzähigkeitstemperatur *(f)*
N 17	near field [ultras.]	Nahfeld *(n)*; Fresnelsche Zone *(f)* [US-Prüfung]
N 18	near surface discontinuity	oberflächennahe Werkstofftrennung *(f)*
N 19	near-white-metal [finish]	metallisch rein [Entrostungsgrad]
N 20	neck	Hals *(m)*; Kragen *(m)*; Schulter *(f)*; Ansatz *(m)*
N 21	necked-down bolt	Dehnschraube *(f)* [Schraube mit Dehnschaft]
N 22	necked-in opening; flanged-in opening [see Annex 1, p. 24]	Einhalsung *(f)* [siehe Anhang 1, S. 24]
N 23	necked-out opening; flanged-out opening [see Annex 1, p. 24]	Aushalsung *(f)* [siehe Anhang 1, S. 24]
N 24	neck height	Ansatzhöhe *(f)*
N 25	necking; tube denting	Denting *(n)*; Einschnürung *(f)* von Heizrohren [Definition siehe unter: **tube denting**]
N 26	necking	Einschnürung *(f)*; Querschnittsverengung *(f)*
N 27	necking-down degree	Einschnürungsgrad *(m)* [Zugprobe]
N 28	neck plate [tank]	Ansatzblech *(n)* [Tank]
N 29	needle gun	Nadelhammer *(m)* [zur Entrostung von Schweißnähten]
N 30	needle valve	Nadelventil *(n)* [Bei dieser Ventilbauart hat der Kegelteller die Form einer Nadelkuppe]
N 31	negative buoyancy [tank]	Auftriebssicherung *(f)*; Untertrieb *(m)* [Tank]
N 32	negative damping [tube bundle]	negative Dämpfung *(f)* [entsteht bei Massenströmen in der Nähe von flüssigkeitselastischer Instabilität zwischen hydrodynamischen Kräften und der Rohrbewegung]

N 33	negative deviation	Minusabweichung (f)
N 34	negative feedback	Gegenkopplung (f); negative Rückkopplung (f) [Regeln]
N 35	negative pressure; vacuum pressure	negativer Druck (m); Vakuumdruck (m)
N 36	NEKAL soapy water tightness test	NEKAL-Prüfung (f) [Dichtheitsprüfung durch Abseifen]
N 37	nested configuration	geschachtelter Aufbau (m)
N 38	nested tubes (pl)	geschachtelte Rohre (n, pl)
N 39	nest of tubes; tube nest; tube bundle	Rohrbündel (n)
N 40	NESTS-type baffles (pl) [tube bundle; heat exchanger]	Stützblechkonstruktion (f) Bauart NESTS; NESTS-Stützbleche (n, pl) [Rohrbündel; Wärmeaustauscher]
N 41	net bending moment	Nettobiegemoment (n)
N 42	net density [radiog.]	effektive Schwärzung (f) [Durchstrahlungsprüfung; Gesamtschwärzung abzüglich Schleierschwärzung und Schichtträgerschwärzung]
N 43	net efficiency; overall efficiency	Nettowirkungsgrad (m); Gesamtwirkungsgrad (m)
N 44	net head [pump]	Nettofallhöhe (f) [Pumpe]
N 45	net mass flow	Nutzfördergewicht (n) [Pumpe]
N 46	net positive suction head; NPSH; retaining pressure head	Haltedruckhöhe (f);NPSH-Wert (m) [Definition siehe: NPSH]
N 47	net positive suction head available; NPSHA	verfügbare Haltedruckhöhe (f); verfügbarer NPSH-Wert (m)
N 48	net positive suction head required; NPSHR	erforderliche Haltedruckhöhe (f); erforderlicher NPSH-Wert (m)
N 49	net pressure [pump]	Förderdruck (m) [Pumpe]
N 50	net section yielding	Ligamentfließen (n); Fließen (n) im Nettoquerschnitt
N 51	net volumetric flow	Nutzfördermenge (f)
N 52	net weight	Nettogewicht (n)
N 53	neutral axis; neutral fibre [bend]	neutrale Faser (f) [Bogen]
N 54	neutral axis of stiffening ring	Schwerachse (f) [Versteifungsring]
N 55	neutron radiographic testing; NRT	Neutronenradiographie (f)
N 56	Newtonian fluids (pl)	Newtonsche Flüssigkeiten (f, pl) [Flüssigkeiten, die dem Newtonschen Reibungsgesetz folgen, wobei die Schubspannung dem Geschwindigkeitsgefälle proportional ist.]
N 57	NF metal; non-ferrous metal	NE-Metall (n); Nichteisenmetall (n)
N 58	nibbling	Nibbeln (n) [Blechbearbeitung]
N 59	nick	Einkerbung (f); Kerbe (f); Ritz (m)
N 60	nick-bend specimen	Kerbbiegeprobe (f)
N 61	nick-break test	Bruchflächenprüfung (f)
N 62	nil-ductility transition temperature; NDT temperature	Sprödbruch-Übergangstemperatur (f); NDT-Temperatur (f); Nullzähigkeitstemperatur (f)
N 63	nipple	Nippel (m) [Verschraubung]
N 64	no-break criterion, to meet the ...	bruchfrei bleiben

N 65	node reflection; skip distance [ultras.]	Sprungabstand *(m)* [US-Prüfung]
N 66	no-dig technology	grabenlose Rohrleitungssanierung *(f)* [siehe auch: **close-fit lining process**]
N 67	nodular-graphite cast iron; spheroidal graphite cast iron; ductile cast iron	Gußeisen *(n)* mit Kugelgraphit; sphärolitisches Gußeisen *(n)*; Kugelgraphit-Gußeisen *(n)*
N 68	no-flow condition	strömungsloser Zustand *(m)*
N 69	noise [ultras.]	Rauschen *(n)* [US-Prüfung]
N 70	noise	Geräusch *(n)*; Lärm *(m)*
N 71	noise abatement; noise control	Geräuschbekämpfung *(f)*; Lärmbekämpfung *(f)*; Lärmschutz *(m)*
N 72	noise dose	Lärmbelastung *(f)*
N 73	noise emission	Geräuschemission *(f)*
N 74	noise generation	Geräuschentwicklung *(f)*
N 75	noise level; noise intensity	Geräuschpegel *(m)*; Geräuschstärke *(f)*; Lärmpegel *(m)*; Störpegel *(m)*
N 76	noise level attenuation; noise suppression; noise deadening	Geräuschdämpfung *(f)*
N 77	noise nuisance	Geräuschbelästigung *(f)*; Lärmbelästigung *(f)*
N 78	noise pollution	Lärmbelastung *(f)*
N 79	noise rating curve	Geräuschbeurteilungskurve *(f)*; Lärmbewertungskurve *(f)*
N 80	noise ratio	Störabstand *(m)* [Signale]
N 81	noise reduction	Lärmminderung *(f)*
N 82	noise source; sound source	Geräuschquelle *(f)*; Schallquelle *(f)*; Störquelle *(f)* [Akustik]
N 83	noise threshold	Rauschgrenze *(f)*
N 84	noise transmission; sound transmission	Schalltransmission *(f)*; Schallübertragung *(f)*
N 85	noise weighting	Geräuschbeurteilung *(f)*; Lärmbeurteilung *(f)*; Störgewicht *(n)*
N 86	no-load flow; zero-load flow	Durchflußstrom *(m)* bei Nullast; Nullast-Durchflußstrom *(m)*
N 87	no-load operation	Betrieb *(m)* ohne Last; Leerlaufbetrieb *(m)*; Leerlauf *(m)*
N 88	nominal allowance	Nennabmaß *(n)*
N 89	nominal bellows resistance factor	Nennwiderstandsbeiwert *(m)* des Balges
N 90	nominal bore (size)	Nennweite *(f)*
N 91	nominal capacity [tank]	Nenninhalt *(m)* [Tank]
N 92	nominal delivery [pump]	Nennförderstrom *(m)* [Pumpe]
N 93	nominal design strength (value)	Festigkeitskennwert *(m)* [Nennfestigkeit]
N 94	nominal design stress	zulässige Spannung *(f)*
N 95	nominal diameter [pipe]	Nenndurchmesser *(m)* [bis 305 mm entweder der Außen- oder der Innendurchmesser; über 305 mm immer der Außendurchmesser]
N 96	nominal diameter [tube]	Nenndurchmesser *(m)* [ist immer der Außendurchmesser]
N 97	nominal diameter	Nenndurchmesser *(m)*
N 98	nominal flow rate	Nenndurchflußstrom *(m)*; Nennstrom *(m)*; Nennförderstrom *(m)*

nominal (net-section) stress

N 99	nominal (net-section) stress	Nettonennspannung *(f)*
N 100	nominal operating pressure; nominal working pressure	Nennarbeitsdruck *(m)*; Nennbetriebsdruck *(m)*
N 101	nominal pipe size; NPS	Rohrnennweite *(f)* [mit DN gekennzeichnet]
N 102	nominal pressure; rated pressure	Nenndruck *(m)* [mit PN gekennzeichnet]
N 103	nominal quantity	Sollmenge *(f)*
N 104	nominal set-to-operate pressure [valve]	Nennansprechdruck *(m)* [Ventil]
N 105	nominal size	Nennmaß *(n)*; Sollmaß *(n)*
N 106	nominal solid deflection [valve]	Nennfederweg *(m)*; größtmöglicher Federweg *(m)* einer Ventilfeder; Blocklänge *(f)*
N 107	nominal thickness	Nenndicke *(f)*
N 108	nominal throughput; rated throughput	Nenndurchsatz *(m)*
N 109	nominal value	Sollwert *(m)*; Nennwert *(m)*
N 110	nominal wall thickness	Nennwanddicke *(f)*
N 111	nominal water containing capacity [tank]	Nennwasserinhalt *(m)* [Tank]
N 112	nominal width; nominal bore; DN	Nennweite *(f)*; DN [früher: NW]
N 113	nomogram; nomograph	Leiterdiagramm *(n)*; Nomogramm *(n)*
N 114	non-ageing steel	alterungsbeständiger Stahl *(m)*
N 115	non-availability time	Nichtverfügbarkeitszeit *(f)*
N 116	non-bearing wall	nichttragende Wand *(f)*
N 117	non-chokable pump	Freistrompumpe *(f)*
N 118	non-choked flow	nicht blockierte Strömung *(f)*
N 119	non-circularity	Ovalität *(f)*; Unrundheit *(f)*
N 120	noncompliance; nonconformance	Nichterfüllung *(f)*; Nichtübereinstimmung *(f)*
N 121	non-condensible gases *(pl)*; non-condensibles *(pl)*; incondensibles *(pl)* [condenser]	nichtkondensierbare Gase *(n, pl)* [Sie reichern sich an den Stellen niedrigsten Drucks (niedrigster Temperatur) an und bilden hier eine wachsende Wärmewiderstandsschicht. Da die Dämpfe hierdurch diffundieren müssen, um an die Kühlfläche zu gelangen, verschlechtert sich das Vakuum. Bei konstantem Gesamtdruck verringern sich der Dampfteildruck und das treibende Temperaturgefälle zwischen Dampf- und Kühlmitteltemperatur. Kondensatoren sind daher bei Überdruck zu entlüften und bei Vakuumbetrieb durch Abpumpen von Inertgasen freizuhalten.]
N 122	nonconformance	Abweichung *(f)* [Produktfehler; QS]
N 123	nonconformance report	Abweichungsbericht *(m)*; Ausfallmeldung *(f)*; Mängelbericht *(m)* [QS]
N 124	non-contact scanning; gap scanning [ultras.]	berührungslose Prüfung *(f)* [US-Prüfung]
N 125	non-continuous weld [weld imperfection]	Undichtheit *(f)* [Unzureichend geschweißte Naht, z. B. zu großer Schweißpunktabstand oder zu kleine Schweißpunkte; Nahtfehler]
N 126	non-destructive examination; NDE; non-destructive testing; NDT; non-destructive inspection	zerstörungsfreie Prüfung *(f)*; ZfP
N 127	non-detachable connection	Festanschluß *(m)*

N 128	**non-disturbed flow; developed flow; undisturbed flow**	ausgebildete Strömung *(f)* [siehe: S 1040]
N 129	**non-divided waterbox**	ungeteilte Wasserkammer *(f)*
N 130	**non-equilibrium flows** *(pl)*	Nicht-Gleichgewichtsströmungen *(f, pl)*
N 131	**non-ferrous metal**	Nichteisenmetall *(n)*
N 132	**non-flared fitting; flareless joint**	bördellose Rohrverbindung *(f)*
N 133	**non-fusing metal retainer**	nicht abschmelzbare metallische Schweißbadsicherung *(f)*
N 134	**non-hazardous area**	nichtexplosionsgefährdeter Bereich *(m)*
N 135	**non-interchangeability**	Nichtaustauschbarkeit *(f)*
N 136	**non-isolated plain bar stays** *(pl)*	mehrfach angeordnete Vollanker *(m, pl)*
N 137	**nonisothermal factor**	Temperatur-Korrekturfaktor *(m)* [berücksichtigt die Wärmeübertragung zwischen den anwachsenden Clustern (Keimbildung bei spontaner Kondensation) und ihrer Umgebung.]
N 138	**non-load-bearing wall**	nichttragende Wand *(f)*
N 139	**non-lubricated plug valve**	nicht schmierbarer Hahn *(m)* [zu den nichtschmierbaren Hähnen zählen: **lift plug valve, split plug valve, spherical/ball plug valve**]
N 140	**non-metallic coating**	nichtmetallische Beschichtung *(f)*
N 141	**non-metallic expansion joint**	Weichstoffkompensator *(m)* [auch: F 8]
N 142	**non-metallic gasket** [see Annex 1, p. 115]	Weichstoffdichtung *(f)* [siehe Anhang 1, S. 115]
N 143	**non-metallic inclusion**	nichtmetallischer Einschluß *(m)*
N 144	**non-Newtonian fluids** *(pl)*	nicht-Newtonsche Flüssigkeiten *(f, pl)* [Flüssigkeiten, bei denen bei Verschieben zweier Flüssigkeitsschichten die auftretende Schubspannung nicht proportional dem Geschwindigkeitsgefälle ist. Die Viskosität ist bei diesen Flüssigkeiten nicht nur von Temperatur und Druck, sondern auch vom Geschwindigkeitsgefälle und der Beanspruchungszeit abhängig.]
N 145	**non-operating periods** *(pl)*	Stillstandszeiten *(f, pl)*
N 146	**non-planar defect**	nicht flächiger Fehler *(m)*
N 147	**non-pollutive** *(adj.)*	umweltfreundlich *(Adj.)*
N 148	**non-pressure (retaining) part**	druckloses Teil *(n)*
N 149	**non-pressure thermit welding**	Gießschmelzschweißen *(n)*
N 150	**non-pressure welding**	Schmelzschweißen *(n)*
N 151	**non-proximity impeller**	nicht wandgängiger Rührer *(m)* [Rührkessel]
N 152	**non-reclosing pressure relief device**	nicht wiederschließende Sicherheitseinrichtung *(f)* gegen Drucküberschreitung [siehe: **rupture disk**]
N 153	**non-return flap**	Rückschlagklappe *(f)* [grobe Armatur]
N 154	**non-return valve; check valve**	Rückschlagventil *(n)*; Rückschlagklappe *(f)*; Rückströmsicherung *(f)* [siehe: **check valve**]
N 155	**non-rising stem; non-rising spindle** [valve]	nichtsteigende Spindel *(f)* [Ventil]
N 156	**non-rising stem valve**	Ventil *(n)* mit nicht steigender Spindel
N 157	**non-scaling** *(adj.)*	zunderarm *(Adj.)*

N 158	**non-screen type film** [radiog.]	folienloser Film *(m)* [Durchstrahlungsprüfung]
N 159	**non-standard design**	Sonderausführung *(f)*
N 160	**non-uniform electrode indentation**	unregelmäßiger Elektrodeneindruck *(m)*
N 161	**non-uniform excitation**	ungleichförmige Erregung *(f)*
N 162	**non-uniform flow**	ungleichförmige Strömung *(f)*
N 163	**non-uniformity of flow**	Strömungsungleichverteilung *(f)*
N 164	**non-uniform temperature distribution**	ungleichförmige Temperaturverteilung *(f)*
N 165	**non-uniform thickness bend**	Krümmer *(m)* mit ungleicher Wanddicke
N 166	**non-vortex flow; irrotational flow**	drallfreie Strömung *(f)*
N 167	**no-phase change heat exchanger**	Wärmeaustauscher *(m)* ohne Phasenänderung
N 168	**normal-beam immersion probe** [ultras.]	Normalprüfkopf *(m)* für Tauchtechnik [US-Prüfung]
N 169	**normal incidence** [ultras.]	Senkrechteinfall *(m)* [des Schallstrahlenbündels; US-Prüfung]
N 170	**normalizing; normalising**	Normalglühen *(n)*; Normalisieren *(n)*
N 171	**normalizing forming**	normalisierendes Umformen *(n)*
N 172	**normal operation; normal service**	Normalbetrieb *(m)*
N 173	**normal operational fouling**	betriebsmäßige Verschmutzung *(f)*
N 174	**normal probe** [ultras.]	Normalprüfkopf *(m)* [US-Prüfung]
N 175	**normal shutdown**	Regelabschaltung *(f)*
N 176	**normal state; normal condition**	Normalzustand *(m)*
N 177	**normal stress; direct stress**	Normalspannung *(f)*
N 178	**normal temperature**	Normtemperatur *(f)*
N 179	**normal temperature and pressure; NTP**	Normalzustand *(m)* [Standardzustand; 0 Grad C; 1,01325 bar]
N 180	**normal to the surface**	rechtwinklig zur Oberfläche; senkrecht zur Oberfläche
N 181	**notch**	Kerbe *(f)*
N 182	**notch acuity**	Kerbschärfe *(f)*
N 183	**notch-break specimen**	Kerbbiegeprobe *(f)*
N 184	**notch ductility; notch toughness**	Kerbschlagzähigkeit *(f)*; Kerbzähigkeit *(f)*
N 185	**notched bar**	Kerbstab *(m)*
N 186	**notched-bar impact test; impact test(ing)**	Kerbschlagbiegeversuch *(m)*
N 187	**notched round bar**	gekerbter Rundstab *(m)*
N 188	**notch effect**	Kerbwirkung *(f)*
N 189	**notch root**	Kerbgrund *(m)*
N 190	**notch sensitivity**	Kerbempfindlichkeit *(f)*
N 191	**notch-sensitivity ratio**	Kerbwirkungszahl *(f)*; Kerbfaktor *(m)* [wird verwendet zum Vergleich des Spannungskonzentrationsfaktors k_t **(stress concentration factor)** mit dem Ermüdungsfaktor k_f **(fatigue strength reduction factor)**]
N 192	**notch toughness; notch ductility**	Kerbschlagzähigkeit *(f)*; Kerbzähigkeit *(f)*
N 193	**note of approval**	Genehmigungsvermerk *(m)*
N 194	**not to scale; NTS**	nichtmaßstäblich; unmaßstäblich *(Adj.)*

NSSS

N 195	**no-tubes-in-window design; NTIW** [heat exchanger]	Kein-Rohr-im-Fenster-Konstruktion *(f)*; NTIWKonstruktion *(f)* [Segmentleitblechanordnung in Wärmeaustauschern; es befinden sich im Blechausschnitt (Fenster) keine Rohre; dadurch entsteht ein vergrößerter Mantelraum zum Ausdampfen]
N 196	**novelty search**	Neuheitsprüfung *(f)* [Patent]
N 197	**nozzle**	Düse *(f)*
N 198	**nozzle; stub; branch; standpipe**	Stutzen *(m)*; Rohrstutzen *(m)*
N 199	**nozzle closure member**	Stutzenverschluss *(m)*
N 200	**nozzle crotch; crotch of a nozzle**	Stutzengabelung *(f)*; Gabelung *(f)* eines Stutzens
N 201	**nozzle drop out**	Stutzen-Abfallstück *(n)*; Abfallstück *(n)* von einem Stutzen
N 202	**nozzle geometry**	Stutzenanordnung *(f)*
N 203	**nozzle load**	Stutzenlast *(f)*
N 204	**nozzle neck**	Stutzenansatz *(m)*; Stutzenhals *(m)*
N 205	**nozzle pad reinforcement; nozzle reinforcing pad**	Stutzenblech *(n)* [Verstärkung]; Verstärkungskragen *(m)*
N 206	**nozzle projection**	Stutzenüberstand *(m)* [ins Behälterinnere]
N 207	**nozzle reinforcing pad; nozzle pad reinforcement**	Stutzenblech *(n)* [Verstärkung]; Verstärkungsblech *(n)* für einen Stutzen; Stutzenverstärkungsblech *(n)*
N 208	**nozzle transition piece**	Stutzenübergangsstück *(n)*
N 209	**nozzle type valve**	Drosselventil *(n)*
N 210	**nozzle velocity**	Stutzengeschwindigkeit *(f)*
N 211	**nozzle weld**	Stutzenschweißnaht *(f)*
N 212	**nozzle with reinforcing pad; pad-reinforced nozzle**	Stutzen *(m)* mit scheibenförmiger Verstärkung; Stutzen *(m)* mit Verstärkungsscheibe
N 213	**NPS; nominal pipe size**	Rohrnennweite *(f)* [mit DN gekennzeichnet]
N 214	**NPS; nuclear power station; nuclear power plant**	AKW; Atomkraftwerk *(n)*; KKW; Kernkraftwerk *(n)*
N 215	**NPSH; net positive suction head; retaining pressure head** [pump]	Haltedruckhöhe *(f)*; NPSH-Wert *(m)*; Mindestsaughöhe *(f)*; mindestnotwendige Zulaufhöhe *(f)* [die Differenz der Gesamtdruckhöhe der Flüssigkeit im Eintrittsquerschnitt einer Pumpe, mit der gerade eine Dampfblasenbildung an der Stelle des örtlich geringsten Druckes vermieden wird, und der der Flüssigkeitstemperatur entsprechenden Sättigungsdruckhöhe; kavitationsfreier Betrieb]
N 216	**NPSHA; net positive suction head available**	verfügbare Haltedruckhöhe *(f)*; verfügbarer NPSH-Wert *(m)*
N 217	**NPSHR; net positive suction head required**	erforderliche Haltedruckhöhe *(f)*; erforderlicher NPSH-Wert *(m)*
N 218	**NPT; National (American) Standard Taper Pipe Thread**	Standard-Rohrgewinde *(n)* [US-Standard; kegelig]
N 219	**NRT; neutron radiographic testing**	Neutronenradiographie *(f)*
N 220	**NSSS; nuclear steam supply system**	nukleare Dampferzeugungsanlage *(f)*

N 221	**NTIW; no-tubes-in-window design** [heat exchanger]	Kein-Rohr-im-Fenster-Konstruktion *(f)*; NTIWKonstruktion *(f)* [Definition siehe unter: **no-tubes-in-window design**]
N 222	**NTP; normal temperature and pressure**	Normzustand *(f)* [Standardzustand; 0 Grad C, 1,01325 bar]
N 223	**NTP; number of theoretical plates** [column]	Anzahl *(f)* der theoretisch erforderlichen Böden [Kolonne; siehe auch: **theoretical plate**]
N 224	**NTS; not to scale**	nichtmaßstäblich; unmaßstäblich *(Adj.)*
N 225	**NTU; number of transfer units**	Übertragungszahl *(f)*; Zahl *(f)* der Übertragungseinheiten [Wärmetechnik]
N 226	**nubbin** [flange]	Dichtleiste *(f)* [Flansch]
N 227	**nuclear action**	Keimwirkung *(f)*; Kernwirkung *(f)* [Kristallographie]
N 228	**nuclear chemistry**	Kernchemie *(f)*
N 229	**nuclear energy**	Atomenergie *(f)*; Kernenergie *(f)*
N 230	**nuclear engineering; nuclear technology**	Kerntechnik *(f)*; Nukleartechnik *(f)*
N 231	**nuclear fission**	Kernspaltung *(f)*
N 232	**nuclear fuel**	Kernbrennstoff *(m)*
N 233	**nuclear fusion**	Kernfusion *(f)*
N 234	**nuclear moratorium**	Kernkraftwerksbaustopp *(m)*
N 235	**nuclear physics**	Kernphysik *(f)*
N 236	**nuclear power**	Atomkraft *(f)*; Kernkraft *(f)*
N 237	**nuclear power opponent**	Kernkraftwerksgegner *(m)*
N 238	**nuclear power plant; nuclear power station**	Atomkraftwerk *(n)*; AKW; Kernkraftwerk *(n)*; KKW
N 239	**nuclear power plant component**	Kernenergiekomponente *(f)*; KKW-Komponente *(f)* [Anlagenteil]
N 240	**nuclear power station; NPS; nuclear power plant**	AKW; Atomkraftwerk *(n)*; KKW; Kernkraftwerk *(n)*
N 241	**nuclear radiation**	Kernstrahlung *(f)*
N 242	**nuclear regulatory authorities** *(pl)*	atomrechtliche Genehmigungsbehörden *(f, pl)*
N 243	**nuclear steam supply system; NSSS**	nukleare Dampferzeugungsanlage *(f)*
N 244	**nuclear technology; nuclear engineering**	Kerntechnik *(f)*; Nukleartechnik *(f)*
N 245	**nucleate boiling**	Bläschenverdampfung *(f)*; Bläschensieden *(n)*; Blasenverdampfung *(f)*; Blasensieden *(n)*
N 246	**nucleation**	Keimbildung *(f)*; Kernbildung *(f)* [Kristallographie]
N 247	**nucleation site**	Keimbildungsort *(m)*
N 248	**nucleus**	Keim *(m)*; Kern *(m)* [Kristallographie]
N 249	**nucleus of condensation; condensation nucleus; condensation centre**	Kondensationskern *(m)*; Kondensationskeim *(m)*; Kondensationszentrum *(n)*
N 250	**nugget diameter** [welding]	Linsendurchmesser *(m)* [Widerstandsschweißen]
N 251	**nuisance trip**	Störabschaltung *(f)*
N 252	**number of cycles to failure**	Bruchlastspielzahl *(f)*
N 253	**number of moles**	Stoffmenge *(f)*
N 254	**number of operating cycles**	Betriebslastzahl *(f)*
N 255	**number of stress cycles**	Lastwechselzahl *(f)*; Lastspielzahl *(f)* [Dauerversuch]

N 256	**number of threads**	Gängigkeit *(f)* [Gewinde]
N 257	**number of transfer units; NTU**	Übertragungszahl *(f)*; Zahl *(f)* der Übertragungseinheiten [Wärmetechnik]
N 258	**Nusselt number**	Nußelt-Zahl *(f)* [sie beschreibt den konvektiven Wärmeübergang; sie läßt sich deuten als das Verhältnis einer kennzeichnenden Länge zur thermischen Grenzschicht; dimensionsloser Wärmeübergangskoeffizient]
N 259	**nut**	Mutter *(f)* [Schraube]
N 260	**nut end; metal end**	Einschraubende *(n)* [Stiftschraube]
N 261	**nut thickness**	Mutterhöhe *(f)*

O

O 1	**OBE; operating base earthquake**	Betriebserdbeben *(n)*
O 2	**object-to-film distance** **[radiog.]**	Abstand *(m)* Werkstückoberfläche-Bildschicht [Durchstrahlungsprüfung]
O 3	**oblique angle**	schiefer Winkel *(m)*
O 4	**oblique incidence** **[ultras.]**	Schrägeinschallung *(f)* [US-Prüfung]
O 5	**oblique valve; Y-type valve** **[see Annex 1, p. 33]**	Schrägsitzventil *(n)*; Freiflußventil *(n)* [siehe Anhang 1, S. 33]
O 6	**oblong hole**	Langloch *(n)*
O 7	**obround end** **[UK]; obround head** **[US]**	länglich runder Boden *(m)*
O 8	**obround opening**	ovaler Ausschnitt *(m)*
O 9	**observation hole; inspection hole**	Prüföffnung *(f)*; Schauloch *(n)*; Kontrollbohrung *(f)*; Kontrollöffnung *(f)* [Schauöffnung]
O 10	**obturator; closure member** **[valve]**	Absperrorgan *(n)*; Schließvorrichtung *(f)* [bei Armaturen; z. B. Ventilteller, Keilplatte, Kugelküken, Klappe etc.]
O 11	**obtuse angle**	stumpfer Winkel *(m)*
O 12	**occasional loads** *(pl)*	gelegentliche Lasten *(f, pl)*
O 13	**occlusion**	Okklusion *(f)* [Einschließen von ungelöstem Gas in einem Festkörper während der Erstarrung]
O 14	**off-centre defect**	außermittiger Fehler *(m)*
O 15	**off-centre loading**	Beanspruchung *(f)* „weitab von der Mitte"
O 16	**off-grade quality**	Mindergüte *(f)*; Qualitätsabweichung *(f)*
O 17	**off-line cleaning; cleaning during shutdown** **[heat exchanger]**	Stillstandsreinigung *(f)* [meist mit einem Auseinanderbauen des Wärmeaustauschers verbunden]
O 18	**off-line corrosion**	Stillstandskorrosion *(f)*
O 19	**offset** **[pipe]**	Abbiegung *(f)*; S-Stück *(n)* [Rohrleitung]
O 20	**offset** **[gen.]**	Abbiegung *(f)*; Absatz *(m)*; Versatz *(m)*; Abzweigung *(f)*; Hervorstehen *(n)*; Kröpfung *(f)* [allgem.]
O 21	**offset bend**	Etagenkrümmer *(m)*
O 22	**offset piping**	außermittige Rohrleitungen *(f, pl)*
O 23	**offset section**	abgekröpfter Teil *(m)*
O 24	**offset strip-finned plate heat exchanger**	Rippenplattenwärmeaustauscher *(m)* mit verzahnten Rippen [aus Metallband bestehende Rippen in versetzter Anordnung]
O 25	**offset yield strength, 0.2%** ...	Ersatzstreckgrenze *(f)* bei 0,2% plastischer Dehnung
O 26	**off-site facilities** *(pl)*	Hilfs- und Nebenanlagen *(f, pl)*, außerhalb des Baufeldes befindliche ...
O 27	**off-size**	Maßabweichung *(f)*; Maßtoleranz *(f)*
O 28	**oil canning; transition buckling; snap-through buckling**	Durchschlagen *(n)* [Definition siehe unter: **snap-through buckling**]
O 29	**oil coller**	Ölkühler *(m)*
O 30	**oil heater**	Ölvorwärmer *(m)*

O 31	**oil pipework**	Ölleitungen *(f, pl)*; ölführende Rohrleitungen *(f, pl)*
O 32	**oil tank**	Ölbehälter *(m)*; Öltank *(m)*
O 33	**oil-to-air heat exchanger; air-oil heat exchanger**	Öl/Luft-Wärmeaustauscher *(m)*
O 34	**Oldshue-Rushton column**	Oldshue-Rushton-Kolonne *(f)* [Weiterentwicklung der Scheibelkolonne, bei der die Packungszonen durch einfache Stator-Ringe ersetzt werden]
O 35	**olive**	Schneidring *(m)*
O 36	**olive ball sleeve**	Doppelkegelring *(m)*
O 37	**olive-type compression fitting**	Schneidringverschraubung *(f)* mit Doppelkegelring
O 38	**omega-type bellows**	omegaförmiger Balg *(m)*; Torusbalg *(m)* [siehe auch: **toroidal bellows**]
O 39	**ONB; onset of nucleate boiling**	Blasensiedebeginn *(m)*; Beginn *(m)* des Blasensiedens
O 40	**once-only check**	einmalige Prüfung *(f)*
O 41	**on-line tube cleaning**	kontinuierliche Rohrreinigung *(f)*; Rohrreinigung *(f)* im Betrieb
O 42	**onset of crack extension**	Anfangspunkt *(m)* eines sich ausdehnenden Risses
O 43	**onset of nucleate boiling; ONB**	Blasensiedebeginn *(m)*; Beginn *(m)* des Blasensiedens
O 44	**onset of plasticity**	Einsetzen *(n)* der plastischen Verformung
O 45	**on-site machining**	Vor-Ort-Bearbeitung *(f)* [durch transportable Maschinen, z. B. zum Abdrehen von Flanschdichtflächen]
O 46	**open annealing**	Blauglühen *(n)*
O 47	**open end shell design** [tank suction heater]	Konstruktion *(f)* mit an einem Ende offenen Mantel [Tankvorwärmer]
O 48	**opening**	Aussparung *(f)*; Ausschnitt *(m)*; Öffnung *(f)*
O 49	**opening, ringwall ...** [tank]	Aussparung *(f)* im Ringbalken [Tank]
O 50	**opening connection**	Ausschnittsanschluß *(m)*
O 51	**opening pressure** [valve]	Öffnungsdruck *(m)* [Druck vor dem Sicherheitsventil **(safety valve)**, bei dem bei einem bestimmten Ventilhub die Öffnung (Abblasung) vonstatten geht. Druck beim schlagartigen Öffnen eines Vollhub-Sicherheitsventils. Sein maximaler Wert — beim Abblasen von Dämpfen (Gasen) — kann im allgemeinen das 1,1-fache des Ansprechdruckes betragen.]
O 52	**opening pressure difference** [valve]	Öffnungsdruckdifferenz *(f)* [Differenz zwischen dem Öffnungsdruck und dem Ansprechdruck, ausgedrückt in Prozent des Arbeitsdruckes; Ventil]; Druckanstieg *(m)*
O 53	**open joint**	sichtbare Fuge *(f)*
O 54	**open joint** [welding]	Fuge *(f)* mit Stegabstand; Stoß *(m)* mit Spalt [Schweißen]

O 55	open root weld	Schweißnaht *(f)* mit Wurzelspalt
O 56	open-spring safety valve	Sicherheitsventil *(n)* mit offenem Aufsatz
O 57	open-top compartments *(pl)* [tank]	offene Zellen *(f, pl)* [Tank]
O 58	open-top tank	oben offener Tank *(m)*
O 59	open-web joints *(pl)* [tank]	Fachwerkverbände *(m, pl)* [Tank]
O 60	operating base earthquake; OBE	Betriebserdbeben *(n)*
O 61	operating bolt stress	Schraubenkraft *(f)* im Betriebszustand
O 62	operating conditions *(pl)*	Betriebsbedingungen *(f, pl)*
O 63	operating instructions *(pl)*	Betriebsvorschrift *(f)*; Betriebsanweisung *(f)*
O 64	operating integrity; operational safety; operational reliability	Betriebssicherheit *(f)*
O 65	operating liquid level	Betriebs-Flüssigkeitsstand *(m)*
O 66	operating manual	Betriebshandbuch *(n)*; Betriebsanleitung *(f)*
O 67	operating margin [valve]	Grenze *(f)* des Arbeitsbereichs [Ventil]
O 68	operating mode; mode of operation; modus operandi	Betriebsweise *(f)*
O 69	operating period; working period	Betriebsdauer *(f)*
O 70	operating pressure; working pressure	Betriebsdruck *(m)*; Arbeitsdruck *(m)*
O 71	operating pressure difference [valve]	Arbeitsdruckdifferenz *(f)* [Differenz zwischen dem Ansprechdruck und dem höchsten Arbeitsdruck, ausgedrückt in Prozent des höchsten Arbeitsdrucks. Der zum Erzielen des Dichtschließens des Sicherheitsventils bzw. des entsprechenden Schließdrucks erforderliche Wert.]
O 72	operating range	Betriebsbereich *(m)*
O 73	operating range; duty range; load range	Lastbereich *(m)*
O 74	operating temperature; working temperature	Betriebstemperatur *(f)*; Arbeitstemperatur *(f)*
O 75	operating temperature [valve]	Arbeitstemperatur *(f)* [Temperatur des Mediums vor dem Sicherheitsventil unter betriebsmäßigen Bedingungen]
O 76	operating time; operating period	Betriebszeit *(f)*
O 77	operation; service	Betrieb *(m)*
O 78	operational behaviour; operational performance	Betriebsverhalten *(n)*
O 79	operational failure; operational outage	Betriebsausfall *(m)*
O 80	operational safety; operational reliability; operating integrity	Betriebssicherheit *(f)*
O 81	operational stoppage	Betriebsstillstand *(m)*
O 82	operational stress range	betriebliche Spannungsschwingbreite *(f)*
O 83	operational upper limit stress	oberer betrieblicher Spannungsgrenzwert *(m)*
O 84	optimisation of stresses; stress optimisation	Spannungsoptimierung *(f)*
O 85	orange-peel bulb plug	apfelsinenschalenförmiger Blindverschluß *(m)*
O 86	orange-peel construction [insulation]	Zeppelinschnitt *(m)*; Apfelsinenschnitt *(m)*; Orangenschnitt *(m)* [Isolierung]
O 87	orange-peel swage	apfelsinenschalenförmiges Reduzierstück *(n)*
O 88	orientation [specimen]	Lage *(f)* [längs/quer; Biege-/Zugprobe]

O 89	**orifice baffle** **[shell-and-tube heat exchanger]**	Mantelraum-Trennblech *(n)* [Rohrbündelwärmeaustauscher]
O 90	**orifice cross-section**	Blendenquerschnitt *(m)*
O 91	**orifice flange**	Meßscheibenflansch *(m)*
O 92	**orifice letter** **[valve]**	Sitzkennbuchstabe *(f)* [Ventil]
O 93	**orifice (plate)**	Drosselblende *(f)*; Blende *(f)*; Drosselscheibe *(f)*; Meßblende *(f)*; Stauscheibe *(f)* [in eine Rohrleitung eingebaute Verengung zur Mengenmessung strömender Flüssigkeiten. Die Druckdifferenz vor und hinter der Blende ist ein Maß für die in der Zeiteinheit durchströmenden Flüssigkeiten in Volumen]
O 94	**orifice with (single) pressure-tap hole**	Meßblende *(f)* mit Einzelanbohrung
O 95	**original cross-sectional area**	Anfangsquerschnitt *(m)* [Zugversuch]
O 96	**original gauge length**	Anfangsmeßlänge *(f)* [Zugversuch]
O 97	**original position**	Ausgangsstellung *(f)*; Grundstellung *(f)*; Ruhestellung *(f)*
O 98	**O-ring gasket; O-ring seal** **[see Annex 1, p. 116]**	O-Ring-Dichtung *(f)*; Runddichtung *(f)* [siehe Anhang 1, S. 116]
O 99	**oscillating forces** *(pl)*	Schwingungskräfte *(f, pl)*
O 100	**oscillation; weaving** **[electrode]**	Pendelbewegung *(f)* [Elektrode]
O 101	**oscillation length** **[electrode]**	Pendellänge *(f)* [Elektrode]
O 102	**oscillation width** **[electrode]**	Pendelbreite *(f)*; Pendelweite *(f)* [Elektrode]
O 103	**OTL; outer tube limit; tube rim** **[tubesheet]**	eingeschriebener Kreis *(m)* [äußerer Rand des Rohrbodens]
O 104	**outage; standstill**	Stillegung *(f)*; Stillsetzung *(f)*; Stillstand *(m)*
O 105	**outage time; down-time; unavailability time**	Nichtverfügbarkeitszeit *(f)*; Stillstandszeit *(f)*
O 106	**outdoor type construction; outdoor design**	Freiluftbauweise *(f)* [Ausführung]
O 107	**outdoor type construction method**	Freiluftbauweise *(f)* [Verfahren]
O 108	**outdoor unit**	Freiluftanlage *(f)*
O 109	**outer tube limit; OTL; tube rim** **[tubesheet]**	eingeschriebener Kreis *(m)* [äußerer Rand des Rohrbodens]
O 110	**outflow nozzle**	Ausströmstutzen *(m)*
O 111	**outflow rate**	Ausströmmenge *(f)* pro Zeiteinheit; Ausströmrate *(f)*
O 112	**outlet; discharge; drain**	Ablaß *(m)*; Ablaßöffnung *(f)*
O 113	**outlet**	Austritt *(m)*
O 114	**outlet area** **[valve]**	Austrittsquerschnitt *(m)* [Querschnitt, durch den das Medium das Sicherheitsventil verläßt]
O 115	**outlet baffle spacing** **[heat exchanger]**	Leitblech-Austrittsabstand *(m)* [Wärmeaustauscher]
O 116	**outlet branch; outlet connection; outlet nozzle; exit nozzle**	Austrittsstutzen *(m)*
O 117	**outlet edge; efflux edge**	Abströmkante *(f)*; Ausflußkante *(f)*; Abflußkante *(f)*
O 118	**outlet flange**	Austrittsflansch *(m)*
O 119	**outlet header**	Austrittssammler *(m)*
O 120	**outlet nominal diameter**	Austrittsnennweite *(f)*

outlet nozzle

O 121	**outlet nozzle; exit nozzle; outlet branch; outlet connection**	Austrittsstutzen *(m)*
O 122	**outlet port**	Austrittsmündung *(f)*; Austrittsöffnung *(f)*; Austritt *(m)*
O 123	**outlet pressure**	Austrittsdruck *(m)*
O 124	**outlet pressure**	Hinterdruck *(m)* [Reduzierstation]
O 125	**outlet temperature**	Austrittstemperatur *(f)*
O 126	**out-of plumbness [tank]**	Abweichung *(f)* von der Lotrechten [Tank]
O 127	**out-of-position welding**	Vorhand-Schweißen *(n)* [angewendet beim Einschweißen von Rohren in den Boden eines Dampferzeugers bzw. beim Anschweißen von Rohren an einen Sammler aufgrund der besseren Zugänglichkeit; d. h. nicht in Zwangslage geschweißt]
O 128	**out-of roundness; ovality**	Unrundheit *(f)*
O 129	**out-of true**	verformt [Abweichung von der Kreisform]
O 130	**outside compression flange [tank]**	Druckgurt *(m)* [Tank]
O 131	**outside inspector; independent inspector**	Fremdabnehmer *(m)* [Sachverständiger]
O 132	**outside packed floating head [heat exchanger]**	außen abgedichteter Schwimmkopf *(m)*; außen dichtgepackter Schwimmkopf *(m)* [Wärmeaustauscher]
O 133	**outside pipe diameter; pipe OD**	Rohraußendurchmesser *(m)*
O 134	**outside pipe wall**	Rohraußenwand *(f)*
O 135	**outside screw gate valve**	Schieber *(m)* mit außenliegendem Spindelgewinde
O 136	**outside-tube condensation**	Kondensation *(f)* außerhalb des Rohres [mantelseitig; Kondensator]
O 137	**outside tube diameter; tube OD**	Rohraußendurchmesser *(m)*
O 138	**outside tube wall**	Rohraußenwand *(f)*
O 139	**oval disk gate valve**	Ovalplattenschieber *(m)* [siehe auch: **gate valve**]
O 140	**oval header**	Ovalsammler *(m)*
O 141	**ovality; out-of-roundness**	Unrundheit *(f)*
O 142	**ovalling**	wirbelerregte Schalenschwingungen *(f, pl)* [Wirbelablösungen verursachen neben Biege- und Querschwingungen auch Schalenschwingungen (ovalling) bei biegeweichen (großen dünnwandigen) Zylinderschalen. Üblicherweise wird bei „ovalling" eine symmetrische Schwingung in Form einer doppelten Sinuswelle mit 4 Knotenpunkten angeregt]
O 143	**oval metal bellows [see Annex 1, p. 100]**	Ovalbalg *(m)*; Metallbalg *(m)* mit ovalem Querschnitt [siehe Anhang 1, S. 100]
O 144	**oval point [bolt]**	Linsenkuppe *(f)* [Schraubenende]
O 145	**oval-shaped metal gasket [see Annex 1, p. 116]**	Ovalprofildichtung *(f)* [Metall]; Metall-Ovalprofildichtung *(f)* [siehe Anhang 1, S. 116]
O 146	**oval type wedge gate valve**	Keil-Ovalschieber *(m)* [siehe auch: **gate valve**]
O 147	**overall column efficiency**	Verstärkungsverhältnis *(n)* der Kolonne; Austauschverhältnis *(n)* der Kolonne

overpressure protection

O 148	**overall dimension**		Außenabmessung *(f)* [gesamt]; Gesamtmaß *(n)*; Hauptabmessung *(f)*; Außenmaß *(n)*
O 149	**overall efficiency**		Gesamtwirkungsgrad *(m)*
O 150	**overall exchange factor**		Gesamtstrahlungsaustauschzahl *(f)*
O 151	**overall heat transfer coefficient; thermal transmittance; U-value**		Wärmedurchgangszahl *(f)*; Wärmedurchgangswert *(m)*; k-Wert *(m)*
O 152	**overall heat transfer resistance; total thermal resistance**		Wärmedurchgangswiderstand *(m)*
O 153	**overall height**		Gesamthöhe *(f)*
O 154	**overall length; total length**		Gesamtlänge *(f)*; Länge *(f)* über alles
O 155	**overall life prediction**		Gesamtlebensdauervorhersage *(f)*
O 156	**overbolting**		zu starkes Anziehen *(n)* der Schraubenverbindung
O 157	**overbraid; braiding**		Ummantelung *(f)*; Umflechtung *(f)* [Schlauch]
O 158	**overburden of earth**	**[tank]**	Erdoberschicht *(f)* [Tank]
O 159	**overflow; overflow drainage opening; overflow slot**	**[tank]**	Überlauf *(m)*; Überlauföffnung *(f)* [Tank]
O 160	**overhead condenser**		Überkopfkühler *(m)* [Öl]
O 161	**overhead piping system**	**[distillation column]**	Geistleitung *(f)* [an Destillationskolonnen]
O 162	**overhead welding**		Überkopfschweißen *(n)*
O 163	**overlap**	**[gen.]**	Überlappung *(f)*; Übergreifen *(n)*; Überschneiden *(n)* [allg.]
O 164	**overlap; excessive pass**	**[weld imperfection]**	Schweißgutüberlauf *(m)* [übergelaufenes, nicht gebundenes Schweißgut auf dem Grundwerkstoff; Nahtfehler]
O 165	**overlap**	**[distillation]**	Überlappen *(n)* [Unter Überlappen versteht man, daß bei geringer Schnittschärfe einer Destillationskolonne die einzelnen aufeinander folgenden Fraktionen Siedekurven zeigen, die sich überschneiden. Dann ist also der Anfangssiedepunkt der folgenden Fraktion niedriger als der Endsiedepunkt der vorhergehenden, z. B. Siedebereiche aufeinanderfolgender Benzinfraktionen seien 80–120°, 110–150°, 140–200°. Im entgegengesetzten Falle spricht man von Siedelücke (gap). In diesem Fall hat die Großdestillation schärfer geschnitten als die DIN-Destillation. Es endet dann beispielsweise die Benzindestillation bei 200°, die anschließende Gasölfraktion hätte Siedebeginn von 220°.]
O 166	**overlapped L-foot fin**		überlappte L-Rippe *(f)*
O 167	**overload**		Überlast *(f)*
O 168	**overnight shutdown**		Nachtstillstand *(m)*; Nachtabschaltung *(f)*
O 169	**overpressure**		Überdruck *(m)*
O 170	**overpressure; accumulation of pressure** **[valve]**		Drucküberschreitung *(f)* [Ventil]
O 171	**overpressure protection**		Überdrucksicherung *(f)*

O 172	**overshoot**	Regelungsüberschreitung *(f)*
O 173	**oversizing**	Überdimensionierung *(f)*
O 174	**overstrain**	bleibende Formänderung *(f)* [siehe: P 160]
O 175	**overstrain, local ...**	örtlich bleibende Formänderung *(f)*
O 176	**overstressing**	Überbelastung *(f)* [zum Abbau von Spannungsspitzen durch örtliches Fließen]
O 177	**overtightening**	Überdrehung *(f)* [Schraube]
O 178	**overturning effect [tank]**	Kippwirkung *(f)* [Tank]
O 179	**overturning moment**	Kippmoment *(n)*
O 180	**overwraps** *(pl)*	Hüllblechlagen *(f, pl)*
O 181	**oxidation limit**	Zundergrenze *(f)*
O 182	**oxide film; oxidised film; oxide layer; oxide skin**	Oxidhaut *(f)*; Oxidschicht *(f)*
O 183	**oxide inclusion**	Oxidhaut *(f)* [dünne nicht metallische Einlagerung im Schweißgut]
O 184	**oxy-acetylene cutting**	Autogenbrennschneiden *(n)*; Brennschneiden *(n)* mit Azetylen-Sauerstoff
O 185	**oxy-acetylene flame-stress relieving**	autogenes Entspannen *(n)*; Spannungsarmglühen *(n)* mit Sauerstoff-Azetylenflamme
O 186	**oxy-acetylene welding**	Autogenschweißen *(n)*
O 187	**oxy-arc cutting; oxy-fuel gas cutting**	Autogenbrennschneiden *(n)*; Gasbrennschneiden *(n)*
O 188	**oxygen gouging**	autogenes Fugenhobeln *(n)*
O 189	**oxy-hydrogen welding**	Wasserstoff-Sauerstoff-Schweißen *(n)*

P		
P 1	**package equipment**	Kompaktausrüstung *(f)*
P 2	**package plant**	Kompaktanlage *(f)*
P 3	**packed** *(v)*	dichtgepackt *(V)* [Dichtungspackung]; abgedichtet *(V)* [durch Verschraubung]
P 4	**packed bed; fill packing**	Füllkörperschicht *(f)*; Füllkörperschüttung *(f)*; Kugelschüttung *(f)*
P 5	**packed-bed reactor**	Füllkörper-Reaktor *(m)*
P 6	**packed bed under non-flow conditions; stagnant packed bed**	nichtdurchströmte Kugelschüttung *(f)*
P 7	**packed cock**	Packhahn *(m)* [siehe auch: **cock**]
P 8	**packed column**	Füllkörperkolonne *(f)*; Füllkörpersäule *(f)*
P 9	**packed floating tubesheet with lantern ring** [heat exchanger]	abgedichteter Schwimmkopfrohrboden *(m)* mit Laternenring [Wärmeaustauscher]
P 10	**packed gland; packing box; stuffing box; gland**	Stopfbuchse *(f)*
P 11	**packed joints** *(pl)*	Dichtpackungsverbindungen *(f, pl)* [Verbindungen mit Packungen aus Dichtungswerkstoffen]
P 12	**packed tower scrubber**	Rieselwäscher *(m)*; Rieselwaschturm *(m)* [siehe auch: **wash column**]
P 13	**packed valve**	Stopfbuchsventil *(n)*; Ventil *(n)* mit Stopfbuchse
P 14	**packing; fillers** *(pl)* [column]	Füllkörper *(m, pl)* [Kolonne]
P 15	**packing**	Packung *(f)*; Dichtpackung *(f)*; Dichtung *(f)*
P 16	**packing adjustment**	Nachziehen *(n)* einer Packung
P 17	**packing base ring**	Stopfbuchsgrundring *(m)*
P 18	**packing bolt**	Justierbolzen *(m)* [zum Nachziehen einer Stopfbuchspackung]
P 19	**packing box; packed gland; stuffing box; gland**	Stopfbuchse *(f)*
P 20	**packing chamber, lantern ring type** ...	Laternenringpackung *(f)*
P 21	**packing density**	Packungsdichte *(f)*; Stopfdichte *(f)*; Belegungsdichte *(f)*
P 22	**packing gland; gland follower**	Stopfbuchsring *(m)*; Stellring *(m)*
P 23	**packing of uniform sized spheres**	Gleichkorn(kugel)schüttung *(f)*
P 24	**packing ring; sealing ring; gasket ring**	Dichtungsring *(m)*
P 25	**packing sealing arrangement** [tube bundle]	Trennwandabdichtungspaket *(f)* mit Blattfedern; Dichtungspaket *(n)* [im Rohrbündel]
P 26	**packing structure**	Packungsstruktur *(f)*
P 27	**packless; glandless** *(adj.)*	stopfbuchslos *(Adj.)*
P 28	**packless valve; glandless valve**	stopfbuchsloses Ventil *(n)*
P 29	**pad**	Platte *(f)* [zur Bewehrung; Unterstützung]
P 30	**pad**	Anschweißplättchen *(n)* [Thermoelement]
P 31	**pad**	Backe *(f)*; Polster *(n)*
P 32	**pad** [tank]	Fußplatte *(f)* [Tank]
P 33	**pad, (built-up ...); pad-type flange**	Blockflansch *(m)* [durchgesteckter Ring]
P 34	**pad-reinforced nozzle; nozzle with reinforcing pad**	Stutzen *(m)* mit Verstärkungsscheibe; Stutzen *(m)* mit scheibenförmiger Verstärkung

pad (reinforcement)

P 35	**pad (reinforcement); reinforcing pad**	scheibenförmige Verstärkung *(f)*; ringförmige Verstärkung *(f)*; Verstärkungsring *(m)*; Verstärkungsscheibe *(f)*; Scheibe *(f)* [Behälterversteifung]
P 36	**Pall ring**	Pallring *(m)* [Füllkörper]
P 37	**PALTEM process; pipeline automatic lining system**	PALTEM-Schlauch-Auskleidungsverfahren *(n)* [Sanierung von Gas-Rohrleitungen; in Japan entwickeltes hose-lining-Verfahren; in das Altrohr wird ein gewebter kunststoffbeschichteter oder synthetischer Schlauch, der innen ein Zwei-Komponenten-Harz enthält, das mittels Walzen gleichmäßig über die gesamte Innenfläche verteilt wird, durch Druckluft eingebracht (am Altrohr befestigt und „umgestülpt"). Das Aushärten des Harzes wird durch Beaufschlagung des frisch eingebrachten Schlauches mit Heißdampf beschleunigt. Behandelt werden können bis zu 500 m in den Nennweitenbereichen DN 100 bis DN 500. Dabei können 90°-Krümmer problemlos überwunden werden.]
P 38	**pancake coil element; flat coil element**	Flachspirale *(f)*; Rohrschlange *(f)* [Heizfläche]
P 39	**panel edge** [tank]	Tafelkante *(f)* [Tank]
P 40	**panel-type heat exchanger**	panelartiger Wärmeaustauscher *(m)*
P 41	**pan head** [bolt]	Flachkopf *(m)* [Schraube]
P 42	**pantograph linkages** *(pl)* [expansion joint; see Annex 1, p. 95]	Nürnberger Schere *(f)* [scherenförmige Diagonalverstrebung von Dehnungsausgleichern; siehe Anhang 1, S. 95]
P 43	**pan-type floating roof** [tank; see Annex 1, p. 15]	pfannenartiges Schwimmdach *(n)* [Tank; siehe Anhang 1, S. 15]
P 44	**paraflow-type heat exchanger**	Plattenwärmeaustauscher *(m)* Typ Paraflow
P 45	**parallel corrugations** *(pl)*; **washboard pattern** [PHE]	Waschbrettmuster *(n)* [paralleles Wellenmuster in Platten von Plattenwärmeaustauschern]
P 46	**parallel disc gate**	Parallel-Platte *(f)* [Ventilabsperrung; siehe: **parallel slide gate valve**]
P 47	**parallel flow; coflow; cocurrent flow**	Gleichstrom *(m)*; parallele Strömung *(f)*
P 48	**parallel flow heat exchanger**	Gleichstromwärme(aus)tauscher *(m)*; Gleichstromwärmeüberträger *(m)*
P 49	**parallel flow velocities** *(pl)*	Parallelstromgeschwindigkeiten *(f, pl)*
P 50	**parallel operation**	Parallelbetrieb *(m)*; Parallellauf *(m)*
P 51	**parallel pad**	Parallelbacke *(f)* [Rohrhalterung]
P 52	**parallel path scanning** [ultras.]	Abtasten *(n)* entlang paralleler Bahnen [US-Prüfung]
P 53	**parallel pitch**	fluchtende Teilung *(f)*
P 54	**parallel-plate channel flow**	Strömung *(f)* im ebenen Spalt
P 55	**parallel plug valve; cylindrical plug valve** [see Annex 1, p. 44]	Hahnventil *(n)* mit zylindrischem Küken [siehe Anhang 1, S. 44]
P 56	**parallel production test piece**	Parallelprobe *(f)* [Werkstattschweißungen]

P 57	**parallel slide (gate) valve** [see Annex 1; p. 41]	Parallelplattenabsperrschieber *(m)*; Parallelplattenschieber *(m)* [Erläuterungen siehe: **gate valve**; siehe Anhang 1, S. 41]
P 58	**parallel thread**	zylindrisches Gewinde *(n)*
P 59	**parent metal** [UK]; **base metal** [US]	Grundwerkstoff *(m)*
P 60	**partial boiling**	partielles Sieden *(n)*
P 61	**partial condensation; dephlegmation**	Dephlegmation *(f)*; teilweise Kondensation *(f)*; partielle Kondensation *(f)*
P 62	**partial flow**	Teildurchfluß *(m)*; Teilstrom *(m)*
P 63	**partial jacket**	Teilummantelung *(f)*
P 64	**partial nucleate boiling**	partielles Kernsieden *(n)*
P 65	**partial pressure**	Partialdruck *(m)*
P 66	**partial thickness defect**	teilweise über die Dicke verlaufender Fehler *(m)*
P 67	**partial vaporization**	Teilverdampfung *(f)* [von Flüssigkeiten]
P 68	**particle radiation**	Teilchenstrahlung *(f)*
P 69	**particle strands** *(pl)*	Feststoffsträhnen *(f, pl)* [Gas-Feststoffwirbelschicht]
P 70	**particulate fouling**	Partikel-Fouling *(n)* [Ablagerungen feiner Feststoffpartikel durch Diffusion und/oder Trägheitseinfluß in der Flüssigkeitsströmung]; Sedimentations-Fouling *(n)*; Fouling *(n)* durch Sedimentation [Ablagerung relativ großer Partikel]
P 71	**partition wall, (pass) . . .; pass partition plate; partition plate** [heat exchanger]	Trennwand *(f)*; Durchgangstrennwand *(f)* [Wärmeaustauscher]
P 72	**part load; partial load; low load**	Teillast *(f)*; Schwachlast *(f)*
P 73	**part-load operation; low-load operation**	Teillastbetrieb *(m)*; Schwachlastbetrieb *(m)*
P 74	**part-load performance; part-load behaviour; low-load performance; low-load behaviour**	Teillastverhalten *(n)*; Schwachlastverhalten *(n)*
P 75	**part-load range; low-load range**	Teillastbereich *(m)*; Schwachlastbereich *(m)*
P 76	**part-through thickness crack**	teilweise durchgehender Oberflächenriß *(m)*; teilweise durch die Dicke gehender Riß *(m)*
P 77	**PASCC; polythionic acid stress corrosion cracking**	Spannungskorrosionsrißbildung *(f)* durch Polythionsäure
P 78	**pass; run** [welding]	Schweißlage *(f)*
P 79	**passage**	Durchgang *(m)*; Durchlauf *(m)*
P 80	**passivation**	Passivierung *(f)*
P 81	**passivator**	Passivierungsmittel *(n)*
P 82	**pass partition bowing**	Durchbiegen *(n)* der Trennwand
P 83	**pass partition bypass flow; F-stream** [heat exchanger]	Bypass-Strömung *(f)* zwischen Trennwand und Rohrbündel; F-Strom *(f)* [Wärmeaustauscher]
P 84	**pass partition groove**	Trennwandnut *(f)*
P 85	**pass partition plate; pass partition wall** [heat exchanger]	Durchgangstrennwand *(f)*; Trennwand *(f)* [Wärmeaustauscher]
P 86	**paste couplant** [ultras.]	Kopplungspaste *(f)* [US-Prüfung]
P 87	**patenting**	Patentieren *(n)* [Werkstoffbehandlung]
P 88	**patrolling** [pipeline]	Begehen *(n)* [Rohrleitung]

P 89	**PAW; plasma arc welding**	Plasma-Lichtbogenschweißen *(n)*
P 90	**PCD; pitch-circle diameter; bolt circle diameter**	Lochkreisdurchmesser *(m)*; Teilkreisdurchmesser *(m)*
P 91	**peak heat flux**	Berechnungs-Wärmestrom *(m)*
P 92	**peaking [weld]**	Aufdachung *(f)* [Naht]
P 93	**peaking [tank]**	Aufdachung *(f)* [Abweichung von der Zylinderform, waagerecht gemessen; Tank]
P 94	**peak load**	Spitzenlast *(f)*
P 95	**peak stress**	Spannungsspitze *(f)* [Eine Tertiärspannung, die der Primär- und Sekundärspannung überlagert ist. Die grundlegende Eigenschaft besteht darin, daß sie keine merkliche Formänderung hervorruft, jedoch in Verbindung mit Primär- und Sekundärspannungen für die Ermüdung oder Sprödbruchgefahr von Bedeutung sein kann; Ermüdungsanalyse; Spannungsspitzen werden durch Kerben **(stress raisers)** hervorgerufen: In der angloamerikanischen Literatur werden die Kerbwirkungszahlen mit K_t für Zug- und K_b für Biegebeanspruchung bzw. mit K_s bezeichnet. Im ASME-Code, BS 5500 sowie den KTA-Regeln sind die Oberflächeneinflüsse (z. B. Walzhaut) der verarbeiteten Werkstoffe bereits in den Ermüdungskurven enthalten, so daß zur Ermittlung der Spannungsspitze die Kerbwirkungszahlen für Schweißnähte oder Übergangsradien nur noch zu berücksichtigen sind. Siehe Hinweise unter: **stress concentration factor**/Spannungserhöhungsfaktor (in der Literatur und BS 5500 mit **SCF** bezeichnet). Mit Hilfe dieses Faktors und der Beanspruchung in der ungestörten Grundschale werden die Spannungen an einer Störstelle, z. B. an der Verbindungsstelle eines Stutzens mit der Grundschale ermittelt. Die so erhaltene Spannung wird auch als Strukturspannung bezeichnet. Um die Spannungspitze bzw. die Gesamtspannung für die Ermüdungsanalyse zu erhalten, müssen die Strukturspannungen noch mit der Kerbwirkungszahl multipliziert werden.]
P 96	**peak stress intensity**	Spitzenvergleichsspannung *(f)* [Tertiärvergleichsspannung]
P 97	**peak-to-valley height; C.L.A. height; centreline average height**	Rauhtiefe *(f)* [in Oberflächen]
P 98	**pebble-bed reactor**	Kugelhaufenreaktor *(m)*

penetration assembly

P 99	pebble (stone) heater	Pebble-Heater *(m)*; Wärmeaustauscher *(m)* mit bewegten Wärmeträgern [Regenerator zum Wärmeaustausch mittels bewegter Speicherteilchen; bei dieser Bauart werden z. B. Korund-Pellets als Zwischenwärmeträger zur Überhitzung von Dampf benutzt]
P 100	Peclet number	Peclet-Zahl *(f)* [Die Peclet-Zahl kann nach Erweitern mit der kinematischen Viskosität als Produkt der Reynolds-Zahl und der PrandtlZahl beschrieben werden. Sie wird für die Lösung von Problemen bei der Wärmeübertragung durch erzwungene Konvektion benötigt (siehe auch die Kenngrößen Graetz-, Reynolds- und Prandtl-Zahl)]
P 101	pedestal frame [PHE]	Fußgestell *(n)* [Plattenwärmeaustauscher]
P 102	peening [weld]	Hämmern *(n)* [der Schweißnaht]
P 103	peephole	Kontrollbohrung *(f)*; Kontrollöffnung *(f)*; Prüföffnung *(f)*; Schauloch *(n)*; Schauöffnung *(f)*
P 104	peepholed bolt	Sichtschraube *(f)*
P 105	penalty in design thickness	Zuschlag *(m)* zur berechneten Wanddicke
P 106	pencil-lead break [AET]	brechende Bleistiftmine *(f)* [SEP; als punktförmige Strahlenquelle auf einer Linie angebracht]
P 107	pendulum impact testing machine; impact tester	Pendelschlagwerk *(n)*; Kerbschlagbiegehammer *(m)*
P 108	penetrameter; image quality indicator; IQI [radiog.]	Bildgüteprüfsteg *(m)*; Bildgüteanzeiger *(m)*; Bildgütesteg *(m)* [Durchstrahlungsprüfung]
P 109	penetrameter image	Bild *(n)* des Bohrlochstegs
P 110	penetrant	Eindringmittel *(n)*; Prüfmittel *(n)* [Farbeindring-Prüfung]
P 111	penetrant bleedout [penetrant testing]	Durchschlagen *(n)* des Eindringmittels [Eindringmittelprüfung]
P 112	penetrant cleaner; penetrant remover	Reiniger *(m)* [FE-Prüfung]
P 113	penetrant entrapment [penetrant testing]	Entwicklereinschließung *(f)*; Entwicklereinschluß *(m)* [Eindringmittelprüfung]
P 114	penetrant flaw detection; penetrant testing; liquid penetrant examination	Eindringmittelprüfung *(f)*; Farbeindringverfahren *(n)*; FE-Prüfung *(f)*
P 115	penetrant indication [penetrant testing]	Eindringmittelanzeige *(f)* [Eindringmittelprüfung]
P 116	penetrant removal	Zwischenreinigung *(f)* [FE-Prüfung]
P 117	penetration	Eindringen *(n)*; Durchdringen *(n)* [Vorgang]
P 118	penetration	Durchdringung *(f)*; Durchbruch *(m)* [Öffnung]
P 119	penetration assembly [nuclear reactor]	Rohrdurchführung *(f)* [Rohrdurchführungen sind Konstruktionen, die den druckfesten und gasdichten Durchtritt medienführender Rohre durch die Behälterwand eines Reaktorsicherheitsbehälters gestatten. Zu einer Rohrdurchführung gehören:

penetration assembly

		— alle Konstruktionsteile zwischen dem Stutzen im Sicherheitsbehälter und dem medienführenden Rohr einschließlich der Anschlußnaht am Sicherheitsbehälterstutzen — das medienführende Rohr zwischen innerer und äußerer Gebäudeabschlußarmatur. Ist keine innenliegende Armatur vorgesehen, gilt die erste innenliegende Rohrrundnaht außerhalb des Sicherheitsbehälterstutzens als Grenze. Nicht zu den Rohrdurchführungen gehören die in den Sicherheitsbehälter eingeschweißten Stutzen und die Gebäudeabschlußarmaturen.]
P 120	**penetration bead; excessive local penetration** [weld imperfection]	Schweißtropfen *(m)* [Nahtfehler]
P 121	**penetration depth**	Eindringtiefe *(f)*
P 122	**penetration lane** [condenser]	Dampfgasse *(f)* [im Oberflächenkondensator werden Dampfgassen durch Weglassen von Rohren geschaffen, damit der Dampf auch die in der Mitte des Rohrbündels liegenden Rohre beaufschlagen kann und somit ein möglicher Druckverlust verhindert und die Kondensatorleistung nicht beeinträchtigt wird; siehe auch: **laning**]
P 123	**penetration liner** [nuclear reactor]	Panzerrohr *(n)* [Kernreaktor]
P 124	**penetration time**	Eindringzeit *(f)* [FE-Prüfung]
P 125	**penetrator; incomplete (root) penetration** [weld imperfection]	ungenügende Durchschweißung *(f)* [Nahtfehler]
P 126	**penny-shaped crack**	Kreisriß *(m)*; münzförmiger Riß *(m)*
P 127	**penstock** [valve]	Schütz *(n)*; Hubschütz *(n)* [Schütze werden zum Absperren von offenen oder geschlossenen Kanälen in der Wasserkraftnutzung oder Abwassertechnik eingesetzt.]
P 128	**penstock**	Druckrohrleitung *(f)* [Wasserkraftwerk]
P 129	**penstock, rectangular ...**	Steckschütz *(n)*
P 130	**penstock, submersible ...**	Absenkschütz *(n)*
P 131	**percentage elongation (at fracture)**	prozentuale Bruchdehnung *(f)*
P 132	**percentage elongation before reduction**	Gleichmaßdehnung *(f)* [Zugversuch]
P 133	**percussion welding**	Funkenschweißen *(n)*; Perkussionsschweißen *(n)*
P 134	**perfect plug flow; ideal plug flow**	rückmischungsfreie Fluidströmung *(f)*; ideale Kolbenströmung *(f)*
P 135	**perforated fin**	gelochte Rippe *(f)*
P 136	**perforated head** [US]; **pierced end** [UK]	gelochter Boden *(m)*; Boden *(m)* mit Ausschnitten
P 137	**perforated plate**	Lochplatte *(f)*; gelochte Platte *(f)* [Rohrboden]
P 138	**perforated sheet; perforated plate**	Siebblech *(n)*; Lochblech *(n)*; Lochplatte *(f)*
P 139	**perforated shroud**	gelochte Blechummantelung *(f)* [zur Unterdrückung von strömungsinduzierten Schwingungen]

P 140	**performance**	Leistungsfähigkeit *(f)*; Leistung *(f)*
P 141	**performance characteristics** *(pl)*	Leistungskennlinien *(f, pl)*
P 142	**performance curve**	Leistungskennlinie *(f)*; Leistungskurve *(f)*
P 143	**performance figures** *(pl)*	Leistungsdaten *(n, pl)*; Betriebsdaten *(n, pl)*
P 144	**performance ratio**	energetischer Ausnutzungsgrad *(m)*; Nutzungsgrad *(m)* [Verhältnis der tatsächlichen Aufwärmung bzw. Abkühlung und Enthitzung zur theoretisch möglichen]
P 145	**performance test**	Leistungsprüfung *(f)*; Funktionsprüfung *(f)*
P 146	**performance trials** *(pl)*	Leistungsversuche *(m, pl)*
P 147	**periodic check**	zyklische Prüfung *(f)*
P 148	**periodic inspection**	periodische Befahrung *(f)* [Kontrolle]
P 149	**periodic maintenance**	periodische Wartung *(f)*; Routinewartung *(f)*
P 150	**periodic review**	wiederkehrende Prüfung *(f)*
P 151	**periodic vortex shedding**	Frequenz *(f)* der Wirbelablösung; Wirbelablösungsfrequenz *(f)*
P 152	**periodic wake shedding**	periodische Wirbelablösung *(f)* im Nachlauf [führt zu **Resonant Buffeting**]
P 153	**peripheral flanging** [UK]	Bördeln *(n)* [über den Umfang]
P 154	**peripheral seal** [tank]	Randabdichtung *(f)*; Ringraumabdichtung *(f)* [Tank; siehe auch: **rim-seal system**]
P 155	**peripheral welding**	Umfangsschweißen *(n)*
P 156	**periscope-head water level indicator**	Spiegelkopf-Wasserstandsanzeiger *(m)*
P 157	**permanent backing ring** [weld]	bleibende Schweißunterlage *(f)*
P 158	**permanent blank**	Blinddeckel *(m)*
P 159	**permanent load**	ständige Last *(f)*
P 160	**permanent set; permanent strain; plastic deformation**	bleibende Verformung *(f)* [plastisch]; bleibende Dehnung *(f)*; bleibende Formänderung *(f)*
P 161	**permitted coefficient of discharge** [safety valve]	zuerkannte Ausflußziffer *(f)* [den Typ und die konstruktive Gestaltung eines Sicherheitsventils **(safety valve)** kennzeichnender dimensionsloser Zahlenwert, kleiner als 1]
P 162	**per-row welding**	reihenweises Einschweißen *(n)* [von Rohren an Sammler]
P 163	**persistant slip bands** *(pl)*	verformungsbedingte Gleitbänder *(n, pl)*; Ermüdungsgleitbänder *(n, pl)*
P 164	**personnel protection insulation**	Berührungsschutz *(m)* [Wärmeisolierung]
P 165	**PFHE; plate fin heat exchanger**	Rippenplatten-Wärmeaustauscher *(m)*
P 166	**phase change**	Phasenänderung *(f)*
P 167	**phased array probe** [ultras.]	phasengesteuerter Gruppenstrahler *(m)*; Gruppenstrahlerprüfkopf *(m)* [US-Prüfung]
P 168	**phase diagram; equilibrium diagram**	Phasendiagramm *(n)*; Gleichgewichtsdiagramm *(n)*
P 169	**phase separation**	Phasentrennung *(f)*
P 170	**PHE; plate (-type) heat exchanger; plateand-frame heat exchanger**	Plattenwärme(aus)tauscher *(m)*
P 171	**Philips ionisation gauge; cold-cathode ionisation gauge**	Kaltkathoden-Vakuummeter *(n)*; Philips-Vakuummeter *(n)*

P 172	**photoelasticity**	Spannungsoptik *(f)*; Photoelastizität *(f)*
P 173	**photoelastic material**	spannungsoptisches Material *(n)*
P 174	**photoelastic model**	spannungsoptisches Modell *(n)*
P 175	**photographic emulsion [radiog.]**	Bildschicht *(f)* [Durchstrahlungsprüfung]
P 176	**photomacrograph; macrosection**	Makroaufnahme *(f)*; Makroschliffbild *(n)*
P 177	**photomicrograph; microsection**	Mikroaufnahme *(f)*; Mikroschliffbild *(n)*
P 178	**PHR; preliminary hazard review**	Gefahren-Voruntersuchung *(f)* [Erläuterungen siehe unter: **preliminary hazard review**]
P 179	**PH set; pump and heater set**	Pump- und Vorwärmstation *(f)*
P 180	**pickle**	Beize *(f)*
P 181	**pickling agent**	Abbeizmittel *(n)*
P 182	**pickling insert**	Beizeinsatz *(m)*
P 183	**pick-up delay**	Ansprechverzögerung *(f)* [Relais]
P 184	**pierced end [UK]; perforated head [US]**	Boden *(m)* mit Ausschnitten; gelochter Boden *(m)*
P 185	**pierced shell**	durchbohrter Rohling *(m)* [beim Walzen von Rohren]
P 186	**pig; pipeline scraper**	Rohrmolch *(m)*; Reinigungsmolch *(m)*; Molch *(m)*
P 187	**piggyback arrangement**	Huckepack-Anordnung *(f)*
P 188	**pigtail**	Wassersackrohr *(n)*
P 189	**pigtail [steam reformer]**	Pigtail *(n)* [im Röhrenspaltofen **(steam reformer)** elastisch verlegtes Rohr mit kleinem Durchmesser]
P 190	**pigtail, internal . . .**	inneres Rückführrohr *(n)* [He/He-Zwischenwärmetauscher]
P 191	**pig trap; pig signaller**	Molchschleuse *(f)*; Molchmelder *(m)*
P 192	**pile-support concrete mast [tank]**	pfahlgestützter Betonmast *(m)* [Tank]
P 193	**pile-up ahead of a barrier**	Versetzungsaufstauung *(f)* vor einem Hindernis [Strömung]
P 194	**pilot casting**	Probegußstück *(n)*
P 195	**pilot-controlled; pilot-operated**	fremdgesteuert *(V)*; gesteuert *(V)*; früher: hilfsgesteuert [V]
P 196	**pilot-operated pressure relief valve**	gesteuertes Druckentlastungsventil *(n)*
P 197	**pilot-operated safety valve**	gesteuertes Sicherheitsventil *(n)*; hilfsgesteuertes Sicherheitsventil *(n)*
P 198	**pilot valve**	Stellventil *(n)*; Steuerventil *(n)*; Vorsteuerventil *(n)*
P 199	**PIM; pipeline insertion machine**	Insertions-Molch *(m)*
P 200	**PIM berstlining; size-for-size pipeline replacement process**	Berstlining-Verfahren *(n)* [Sanierung von Rohrleitungen; ein Insertionsmolch **(PIM)** wird mit einer Winde durch das gußeiserne Altrohr gezogen und zertrümmert dieses; der Molch ist mit einer Aufweitungshülse versehen und schiebt das zertrümmerte Altrohr beiseite und schafft somit einen erweiterten Verlegeraum für das Neurohr. Mit dem Insertions-Molch

wird ein PVC-Rohr in den so entstandenen Bauraum gezogen, in das anschließend das eigentliche PE-Gasrohr geführt wird, das somit gegen Beschädigungen geschützt wird. Einsatz bis zu Nennweiten von DN 200]

P 201	**pin**	Bolzen *(m)*; Stift *(m)*
P 202	**pinch**	Einschnürung *(f)* [Quetschung]
P 203	**pinch cock**	Quetschhahn *(m)*
P 204	**pinch design technology**	Pinch-Technologie *(f)* [eine Entwurfsmethode, um zu einem optimierten Wärmeaustauscher-Netz zu gelangen, d. h. maximale Energieeinsparungen bei minimalem Investitionsaufwand zu erzielen. Man legt zuerst alle Energieströme der sogenannten Heißseite fest, anschließend macht man dasselbe mit der Kaltseite (d. h. die in Wärmeaustauschern abzukühlenden bzw. aufzuheizenden Produktströme). Zwischen beiden Kurvenverläufen im Temperatur/Enthalpiediagramm gibt es einen Punkt geringsten Abstandes, d. h. minimaler Temperaturdifferenz (Grädigkeit). Dieser Punkt wird „Pinch" (Einschnürung) genannt. Es sind Wege zu suchen, die Produktströme jeweils über- und unterhalb des „Pinch" zwecks Wärmeaustauschs zusammenzuführen. Man beginnt die Überlegungen jeweils beim „Pinch" und bewegt sich von ihm weg.]
P 205	**pinch point**	Einschnürungspunkt *(m)*; Mindesttemperaturabstand *(m)*
P 206	**pinch-point temperature difference; minimum approach temperature difference**	Grädigkeit *(f)*; minimale Temperaturdifferenz *(f)* [siehe: **pinch design technology** sowie **terminal temperature difference, approach temperature, drains subcooling approach**]
P 207	**pinch tube; valve boot; valve sleeve**	Schlaucheinsatz *(m)* [Quetsch-/Schlauchmembranventil]
P 208	**pinch valve**	Quetschventil *(n)*; Schlauchquetschventil *(n)*
P 209	**pin-ended column**	Pendelstütze *(f)* [Stahlbau]
P 210	**pin-fin**	Nadelrippe *(f)*
P 211	**pin-fin heat exchanger**	Nadelrippen-Wärmeaustauscher *(m)*
P 212	**pinhole**	Pore *(f)*; Schlauchpore *(f)*
P 213	**pinhole leaks** *(pl)*	Leckstellen *(f, pl)* durch Gasporen
P 214	**pinned gusset stay**	verstifteter Blechanker *(m)*
P 215	**pinpointing indication**	Ortungsanzeige *(f)*
P 216	**pipe**	Mantelrohr *(n)* [als Mantel verwendet bei Mänteln mit Durchmesser bis 710 mm und in Doppelrohr-Wärmeaustauschern]
P 217	**pipe**	Rohr *(n)* [als Anschluß, Verbindung; zur Förderung von Medien]

pipe alignment guide

P 218	**pipe alignment guide** [see Annex 1, p. 84]	zwangsgeführtes Gleitlager *(n)*; Führungslager *(n)*; [siehe Anhang 1, S. 84]
P 219	**pipe anchor** [see Annex 1, p. 81]	Festpunkt *(m)*; Festpunktlager *(n)* [siehe Anhang 1, S. 81]
P 220	**pipe and fusion face cutter; pipe bevelling machine; pipe end preparation tool**	Abkreisaggregat *(n)* [Rohrendenbearbeitung]
P 221	**pipe band clamp**	Rohrschlaufe *(f)* [Aufhängung]
P 222	**pipe bend; pipe elbow**	Rohrbogen *(m)*; Rohrkrümmer *(m)*
P 223	**pipe bender**	Rohrbiegemaschine *(f)*
P 224	**pipe bending mandrel**	Rohrbiegedorn *(m)*
P 225	**pipe branch**	Rohrabzweig *(m)*; Rohrstutzen *(m)*
P 226	**pipe branching; line branching**	Rohrverzweigung *(f)*; Leitungsverzweigung *(f)*; Rohrabzweigung *(f)*
P 227	**pipe bridge; pipe rack**	Rohrbrücke *(f)*
P 228	**pipe burst; pipe rupture; pipe failure; pipe fracture**	Rohrbruch *(m)*; Rohrreißer *(m)*; Reißer *(m)*
P 229	**pipe clamp** [see Annex 1, p. 71]	Bügelschelle *(f)* [LISEGA]; Rohrschelle *(f)* [siehe Anhang 1, S. 71]
P 230	**pipe connecting elements** *(pl)*	Rohranschlußteile *(n, pl)* [LISEGA]
P 231	**pipe connection**	Vorschuhrohr *(n)* [Anschlußstück]
P 232	**pipe connection**	Rohranschluß *(m)*; Rohrverbindung *(f)*
P 233	**pipe coupling**	Gewindemuffe *(f)*; Rohrverschraubung *(f)*
P 234	**pipe covering protection saddle** [see Annex 1, p. 70]	Isoliersattel *(m)* [siehe Anhang 1, S. 70]
P 235	**pipe cradle**	Rohrschlitten *(m)*
P 236	**pipe cutting appliance**	Rohrschneidgerät *(n)*
P 237	**pipe cutting saw**	Rohrsäge *(f)*
P 238	**pipe damage**	Rohrschaden *(m)*
P 239	**pipe diameter**	Rohrdurchmesser *(m)*
P 240	**pipe diameter, inside** ...	Rohrinnendurchmesser *(m)*
P 241	**pipe diameter, outside** ...	Rohraußendurchmesser *(m)*
P 242	**pipe elbow; (pipe) bend**	Rohrbogen *(m)*; Rohrkrümmer *(m)*
P 243	**pipe end**	Rohrende *(n)*
P 244	**pipe end, flanged** ...	gebördeltes Rohrende *(n)*
P 245	**pipe end, grooved** ...	genutetes Rohrende *(n)*
P 246	**pipe end cap**	Rohrendverschluß *(m)*
P 247	**pipe end preparation tool; pipe and fusion face cutter; pipe bevelling machine**	Abkreisaggregat *(n)* [Rohrendenbearbeitung]
P 248	**pipe failure; pipe rupture; pipe burst; pipe fracture**	Rohrreißer *(m)*; Reißer *(m)*; Rohrbruch *(m)*
P 249	**pipe fitter**	Rohrleitungsmonteur *(m)*; Rohrschlosser *(m)*
P 250	**pipe fitting**	Fitting *(n)*; Rohrformstück *(n)*; Rohrarmatur *(f)*
P 251	**pipe flange**	Rohrflansch *(m)*
P 252	**pipe fracture; pipe failure; pipe burst; pipe rupture**	Rohrbruch *(m)*; Rohrreißer *(m)*; Reißer *(m)*
P 253	**pipe guide**	Rohrführung *(f)* [Bauteil]
P 254	**pipe half-clamp**	Rohrschellenhälfte *(f)*
P 255	**pipe hanger**	Rohraufhängung *(f)* [Bauteil]

pipe supporting elements

P 256	**pipe insulation; pipe lagging**	Rohrwärmedämmung (f) [Isolierung]
P 257	**pipe joint**	Rohranschluß (m); Rohrverbindung (f)
P 258	**pipe leg**	Rohrschenkel (m)
P 259	**pipe length**	Rohrlänge (f)
P 260	**pipeline**	Pipeline (f); Hauptrohrleitung (f); Rohrleitung (f) [Eine Pipeline ist eine für den Transport gasförmiger, flüssiger, staubförmiger oder fester Güter geeignete Rohrleitung. Es werden durch Pipelines über große Entfernungen vorwiegend Erdgas, Erdöl und Mineralölprodukte transportiert]
P 261	**pipeline insertion machine; PIM**	Insertions-Molch (m)
P 262	**pipeline scraper; pig**	Reinigungsmolch (m); Rohrmolch (m); Molch (m)
P 263	**pipe manifold**	Rohrverteiler (m)
P 264	**pipe nipple**	Rohrdoppelnippel (m)
P 265	**pipe nozzle**	Rohrstutzen (m)
P 266	**pipe nut**	Überwurfmutter (f) [Rohr]
P 267	**pipe OD; outside pipe diameter**	Rohraußendurchmesser (m)
P 268	**pipe penetration**	Rohrdurchführung (f); Rohrdurchbruch (m) [Öffnung]
P 269	**pipe rack; pipe bridge**	Rohrbrücke (f)
P 270	**pipe relining process**	Rohr-Relining-Verfahren (n) [Sanierung von Gasrohrleitungen mittels PE- oder Thermoplast-Rohren, die in das zu sanierende Altrohr eingezogen werden; siehe auch: **slip lining; close-fit lining**]
P 271	**pipe reserve (area)**	Rohrleitungstrakt (m)
P 272	**pipe restraint**	Rohrführung (f) [Bauteil]
P 273	**pipe roll; roller bearing** [see Annex 1, p. 75]	Rollenlager (n) [siehe Anhang 1, S. 75]
P 274	**pipe routing**	Rohrführung (f); Trassenführung (f) [Verlauf]
P 275	**pipe run; run of pipe; piping run**	Rohrstrang (m); Hauptrohr (n)
P 276	**pipe rupture; pipe fracture; pipe failure; pipe burst**	Rohrbruch (m); Rohrreißer (m); Reißer (m)
P 277	**pipe saddle support**	Rohrsattellager (n)
P 278	**pipe scaffolding**	Rohrgerüst (n) [Montagegerüst]
P 279	**pipe section**	Rohrschale (f); Formstück (n) [Isolierung]
P 280	**pipe section, cylindrical . . .**	Rohrschuß (m)
P 281	**pipe shoe**	Rohrschuh (m); Laufschuh (m)
P 282	**pipe sleeve**	Rohrhülse (f)
P 283	**pipestill**	Röhrenofen (m); Röhrenverdampfer (m); Pipestill (m) [Destillation]
P 284	**pipe stoppage**	Rohrverstopfung (f)
P 285	**pipe stub**	Rohrstutzen (m)
P 286	**pipe support**	Rohrhalterung (f); Rohraufhängung (f); Rohrunterstützung (f)
P 287	**pipe supporting elements** (pl)	Rohrleitungstragelemente (n, pl)

pipe suspension system

P 288	**pipe suspension system**	Rohraufhängung *(f)*; Rohrhalterung *(f)* [System]
P 289	**pipe swaging**	Rohreinziehung *(f)* [Vorgang]
P 290	**pipe tap connections** *(pl)*	Rohr-Gewindeanschlüsse *(m, pl)*
P 291	**pipe thread**	Rohrgewinde *(n)*
P 292	**pipe thread, dry seal . . .**	selbstdichtendes Rohrgewinde *(n)*
P 293	**pipe thread, parallel . . .**	zylindrisches Rohrgewinde *(n)*
P 294	**pipe thread, tapered . . .**	kegeliges Rohrgewinde *(n)*
P 295	**pipe thread tapping**	Gewindeschneiden *(n)* [Rohr]
P 296	**pipe union**	Rohrverschraubung *(f)*
P 297	**pipe wall thickness**	Rohrwandstärke *(f)*; Rohrwanddicke *(f)*
P 298	**pipe welder**	Rohrschweißer *(m)*
P 299	**pipe whip restraint** [see Annex 1, p. 74]	Rohrausschlagsicherung *(f)*; Rohrausschlagsbegrenzung *(f)*; Ausschlagsbegrenzung *(f)* [siehe Anhang 1, S. 74]
P 300	**pipe whip test**	Rohrausschlagversuch *(m)*
P 301	**pipework** [see Annex 1, p. 3]	Rohrleitung *(f)* [System; siehe Anhang 1, S. 3]
P 302	**pipework field fit-up dimensions** *(pl)*	Rohrleitungsaufmaß *(n)* [Baustelle]
P 303	**pipework site measurements** *(pl)*	Rohrleitungsaufmaß *(n)* [Vermessung auf der Baustelle]
P 304	**pipework system**	Rohrleitungssystem *(n)*
P 305	**piping** [gen.]	Rohrleitungen *(f, pl)* [allg.]
P 306	**piping, power . . .**	Rohrleitungen *(f, pl)* in Kraftanlagen
P 307	**piping reactions** *(pl)*	Reaktionskräfte *(f, pl)* [Rohrleitung]
P 308	**piping run; pipe run; run of pipe**	Rohrstrang *(m)*; Hauptrohr *(n)*
P 309	**piston** [valve]	Hubkolben *(m)*; Führungskolben *(m)* [Ventil]
P 310	**piston check** [valve]	Rückschlagkolben *(m)* [Ventil]
P 311	**piston check valve** [see Annex 1, p. 39]	Kolben-Rückschlagventil *(n)* [siehe Anhang 1, S. 39]
P 312	**piston gasholder; disk-type gasholder; dry gasholder; waterless gasholder**	Scheibengasbehälter *(m)*; trockener Gasbehälter *(m)* [In einem zylindrischen Mantel, der durch ein leichtes Dach abgedeckt ist, befindet sich eine Scheibe, die sich in den Führungsrollen am Behälterrand mit einer Dichtung auf und ab bewegt. Mit Hilfe einer Pumpe wird in einem Kreislauf Sperrflüssigkeit in den Dichtraum der Scheibe am Behälterrand gefördert, wodurch eine Abdichtung erreicht wird. Die Scheibe bewegt sich beim Füllen nach oben und erzeugt durch ihre Masse den zur Förderung notwendigen Druck.]
P 313	**pit** [gen.]	Grube *(f)*; Grübchen *(n)*; Einsenkung *(f)*; Eindruck *(m)* [allg.]
P 314	**pit**	Eindruck *(m)* [Vertiefung, die durch Entfernen von Fremdmaterial entsteht]
P 315	**pit** [weld imperfection]	Grübchen *(n)* [örtliche Vertiefung auf der Werkstückoberfläche im Bereich der Linse; Nahtfehler]

P 316	**pitch** [gen.]	Abstand *(m)*; Teilung *(f)*; Steigung *(f)* [allg.]
P 317	**pitch, tube hole ...** [tubesheet]	Lochteilung *(f)*; Rohrlochteilung *(f)* [Rohrboden]
P 318	**pitch across width; pitch over width; transverse pitch** [tube bundle]	Querteilung *(f)* [Rohrbündel]
P 319	**pitch-circle diameter; PCD**	Lochkreisdurchmesser *(m)*; Teilkreisdurchmesser *(m)*
P 320	**pitch cone** [thread]	Steigungskegel *(m)* [Gewinde]
P 321	**pitch diameter** [thread]	Flankendurchmesser *(m)*; Teilkreisdurchmesser *(m)* des Gewindes; Gewinde-Teilkreisdurchmesser *(m)*
P 322	**pitch error** [thread]	Steigungsfehler *(m)* [Gewinde]; Teilungsfehler *(m)*
P 323	**pitcher tee**	Bogen-T *(n)* [Fitting]
P 324	**pitch of staybolts**	Stehbolzenteilung *(f)*
P 325	**pitch thread**	Gewindesteigung *(f)*
P 326	**pit initiation**	Grübchenbildung *(f)*
P 327	**pitting attack**	Lochfraßangriff *(m)*
P 328	**pitting (corrosion)**	Lochkorrosion *(f)*; Chloridionenkorrosion *(f)*; Pitting *(n)*
P 329	**pitting index**	Wirksumme *(f)*
P 330	**pittings** *(pl)*	Ätzgrübchen *(n, pl)* [Grübchen werden durch auf einen Punkt konzentrierende Korrosion gefressen; Grübchenbildung]
P 331	**pivoted pad**	Druckstück *(n)* [Lager]
P 332	**pivoted-pad bearing**	Segmentdrucklager *(n)*; Klotzlager *(n)* [auch: T 441]
P 333	**pivoted-pad thrust bearing**	Axialsegmentdrucklager *(n)* [auch: T 442]
P 334	**pivoting mechanism**	Schwenkvorrichtung *(f)*
P 335	**pivot pin; (disk) hinge pin** [swing check valve]	Aufhängebolzen *(m)*; Stift *(m)* [Rückschlagklappe]
P 336	**plain bar stay**	Vollanker *(m)*
P 337	**plain carbon steel**	unlegierter Kohlenstoffstahl *(m)*
P 338	**plain cylinder; solid cylinder**	Vollzylinder *(m)*
P 339	**plain end; square end** [tube]	glattes Ende *(n)*; unbearbeitetes Ende *(n)* [Rohr]
P 340	**plain end** [UK]; **plain head** [US]	Vollboden *(m)*; Boden *(m)* ohne Ausschnitte; ungelochter Boden *(m)*
P 341	**plain end tube**	Glattend-Rohr *(n)* [ohne Gewinde]
P 342	**plain head; unpierced head; blank head** [US]; **plain end; unpierced end** [UK]	Vollboden *(m)*; Boden *(m)* ohne Ausschnitte; ungelochter Boden *(m)*
P 343	**plain tube; bare tube**	glattes Rohr *(n)*; Glattrohr *(n)* [Glattrohre sind entweder gerade Rohre, U-förmige (haarnadelförmige) Rohre oder Rohrschlangen]
P 344	**planar defect**	Flächenfehler *(m)*; flächiger Fehler *(m)*
P 345	**planar flaw** [ultras.]	Flächenfehler *(m)*; flächiger Fehler *(m)* [US-Prüfung]
P 346	**planar guide**	Führungslager *(n)*

P 347	**planar pipe alignment guide** [US]; **single-plane pipe guide** [UK] [see Annex 1, p. 84]	Haltepunkt *(m)*, senkrecht zur Rohrachse gleitender... [siehe Anhang 1, S. 84]
P 348	**planar reflector** [ultras.]	ebener Fehler *(m)*; ebener Reflektor *(m)* [US-Prüfung]
P 349	**plane load-bearing structure**	Flächentragwerk *(n)*
P 350	**plane of support**	Abstützebene *(f)*
P 351	**plane strain, state of...**	ebener Dehnungszustand *(m)*; EDZ
P 352	**plane strain constraints** *(pl)*	Behinderung *(f)* der ebenen Verformung
P 353	**plane strain crack growth**	Fortpflanzung *(f)* eines ebenen Verformungsrisses
P 354	**plane strain fracture**	EDZ-Bruch *(m)*
P 355	**plane strain fracture toughness**	EDZ-Bruchzähigkeit *(f)*; Bruchzähigkeit *(f)* im ebenen Dehnungszustand; Bruchzähigkeit *(f)* bei ebener Formänderung; Bruchzähigkeit *(f)* unter den Bedingungen des ebenen Dehnungszustandes (EDZ)
P 356	**plane strain plastic zone**	plastische Zone *(f)* im EDZ
P 357	**plane strain testing**	EDZ-Prüfung *(f)*
P 358	**plane stress**	ebene Spannung *(f)*
P 359	**plane stress, state of...**	ebener Spannungszustand *(m)*; ESZ
P 360	**plane stress plastic zone**	plastische Zone *(f)* im ESZ [ebener Spannungszustand]
P 361	**plane stress testing**	ESZ-Prüfung *(f)*
P 362	**planned unavailability time; planned outage time**	Plananteil *(m)* der Arbeits-Nichtverfügbarkeitszeit; Reparaturzeit *(f)*
P 363	**plant**	Anlage *(f)*
P 364	**plant engineering**	Anlagenplanung *(f)*
P 365	**plant identification**	Anlagenkennzeichnung *(f)*
P 366	**plant interface**	Anlagenkoppeleinrichtung *(f)* [zum Prozeß]
P 367	**plant layout and civil work**	bautechnische Anlagenkonstruktion *(f)*
P 368	**plant life extension; PLE**	Anlagen-Lebensdauerverlängerung *(f)*
P 369	**plant load factor**	Anlagenausnutzungsgrad *(m)*
P 370	**plant maximising**	Probierbetrieb *(m)* [verfahrenstechnische Inbetriebnahme]
P 371	**plant operator**	Anlagenwärter *(m)*
P 372	**plant outage**	Anlagenstillstand *(m)*
P 373	**plant owner**	Anlagenbetreiber *(m)*
P 374	**plant section**	Teilanlage *(f)*
P 375	**plant security**	Objektschutz *(m)* [Baustelle]
P 376	**plant shutdown; plant trip**	Anlagenabschaltung *(f)*
P 377	**plant specific**	anlagengebunden; anlagenspezifisch *(Adj.)*
P 378	**plant specification**	Anlagenspezifikation *(f)*
P 379	**plasma arc cutting**	Plasma-Lichtbogenschneiden *(n)*
P 380	**plasma arc welding; PAW**	Plasma-Lichtbogenschweißen *(n)*
P 381	**plasma cutting torch**	Plasmaschneidbrenner *(m)*
P 382	**plasma jet-plasmà arc welding**	Plasmastrahl-Plasmalichtbogenschweißen *(n)*
P 383	**plasma jet welding**	Plasmastrahlschweißen *(n)*

P 384	plasma MIG welding	Plasma-Metall-Schutzgasschweißen *(n)*
P 385	plasma torch	Plasmabrenner *(m)*
P 386	plastic analysis	plastische Analyse *(f)*
P 387	plastic behaviour	plastisches Verhalten *(n)*
P 388	plastic collapse	plastischer Kollaps *(m)*; plastisches Versagen *(n)* [zum Zähbruch führende plastische Verformung]
P 389	plastic collapse pressure	plastischer Versagensdruck *(m)*
P 390	plastic constraint	Plastifizierungsbehinderung *(f)*
P 391	plastic constraint factor	Plastifizierungsbehinderungsfaktor *(m)*
P 392	plastic deformation; plastic yielding; permanent set; membrane yielding	plastische Verformung *(f)*
P 393	plastic fracture	Verformungsbruch *(m)*
P 394	plastic hinge	Fließgelenk *(n)*
P 395	plastic instability load	plastische Instabilitätslast *(f)*
P 396	plasticity	Plastizität *(f)*; plastische Verformung *(f)* [spezieller Fall der Inelastizität, bei dem der Werkstoff irreversibel zeitunabhängig verformt ist]
P 397	plasticity index	Bildsamkeitszahl *(f)*
P 398	plastic pipe	Kunststoffrohr *(n)*
P 399	plastic range	plastischer Bereich *(m)*
P 400	plastic replica; replication	Folienabdruck *(m)*; Gefügeabdruck *(m)* [siehe auch: R 338]
P 401	plastic response	Antwortverhalten *(n)* [plastische Verformung]
P 402	plastic reverse deformation; relaxation; shakedown	plastische Rückverformung *(f)*
P 403	plastic shakedown	Einspielvorgang *(m)* [Werkstoffmechanik]
P 404	plastic strain, incremental ...	stufenweise plastische Verformung *(f)*
P 405	plastic strain(ing)	überelastische Beanspruchung *(f)*
P 406	plastic tube	Kunststoffrohr *(n)*
P 407	plastic zone adjustment [fracture mechanics]	plastische Zonenkorrektur *(f)* [Bruchmechanik]
P 408	plasto-elastic deformation	plastisch-elastische Verformung *(f)*
P 409	plate	Grobblech *(n)*; Blech *(n)*
P 410	plate; deck; tray [column]	Boden *(m)* [Erläuterungen siehe unter: **tray**]
P 411	plate	Platte *(f)* [Statik]
P 412	plate	Lamelle *(f)* [Stahlträger]
P 413	plate-and-frame heat exchanger; plate-type heat exchanger	Plattenwärmeaustauscher *(m)*
P 414	plate coil; meander coil	Mäanderschlange *(f)* [Rohrschlange]
P 415	plate edge	Blechkante *(f)*; Blechrand *(m)*
P 416	plate edge scanning [ultras.]	Blechrandzonenprüfung *(f)* [US-Prüfung]
P 417	plate-fabricated pipe	Blechrohr *(n)* [Rohr mit Längsdraht]
P 418	plate-fabricated tubular offset	Blechrohretage *(f)*
P 419	plate-fin heat exchanger; PFHE	Rippenplattenwärmeaustauscher *(m)*
P 420	plate flow gap [PHE]	Plattenspalt *(m)*; Gassenweite *(f)* [zwischen Platten in Plattenwärmeaustauschern]

P 421	**plate girder**	Blechringträger *(m)*; Vollwandträger *(m)*
P 422	**plate heat exchanger with parallel corrugated plates**	Plattenwärmeaustauscher *(m)* mit Platten mit Waschbrettmuster
P 423	**plate heat transfer area**	Wärmeübertragungsfläche *(f)* der Platte
P 424	**plate lug; square plate** [see Annex 1, p. 80]	Blechlasche *(f)*; Lochplatte *(f)* [siehe Anhang 1, S. 80]
P 425	**plate mixing; thermal mixing** [PHE]	Mischschaltung *(f)* [Platten verschiedenartiger Prägungsmuster werden in einem Rahmen eines Plattenwärmeaustauschers miteinander vermischt, um die genaue erforderliche thermische und hydraulische Leistung zu erzielen.]
P 426	**plate pack** [PHE]	Plattenpaket *(n)*; Plattenbündel *(n)* [eines Plattenwärmeaustauschers]
P 427	**plate ribs** *(pl)* [tank]	Rippenbleche *(n, pl)* [Tank]
P 428	**plate-ring flange** [tank]	Blechringflansch *(m)* [Tank]
P 429	**plate spacing**	Plattenabstand *(m)*
P 430	**plate stiffener**	Verstärkungsblech *(n)*; Versteifungsblech *(n)*
P 431	**plate strips** *(pl)*	Plattenbänder *(n, pl)*
P 432	**plate template**	Blechschablone *(f)*
P 433	**plate-type air heater**	Plattenlufterhitzer *(m)*; Plattenluftvorwärmer *(m)*
P 434	**plate-type evaporator**	Plattenverdampfer *(m)*; Verdampfer *(m)* in Plattenbauart [Plattenwärmeaustauscher; arbeitet nach dem Fallfilm- oder Kletterfilmprinzip]
P 435	**plate-type heat exchanger; plate-and-frame heat exchanger**	Plattenwärmeaustauscher *(m)*
P 436	**plate wave; Lamb wave** [ultras.]	Plattenwelle *(f)*; Lamb-Welle *(f)* [US-Prüfung]
P 437	**platform**	Bühne *(f)*; Plattform *(f)*; Podest *(n)*
P 438	**PLE; plant life extension**	Anlagen-Lebensdauerverlängerung *(f)*
P 439	**plug** [gen.]	Blindstopfen *(m)*; Abschlußvorrichtung *(f)*; Pfropfen *(m)*; Abschlußverschraubung *(f)* [allg.]
P 440	**plug cock**	konischer Hahn *(m)* [siehe auch: **cock**]
P 441	**plug end fitting; port fitting; male end fitting**	Einschraubverschraubung *(f)*
P 442	**plug flow**	Pfropfenströmung *(f)*
P 443	**pluggage**	Verstopfung *(f)*
P 444	**plugging; clogging** [pipe]	Verstopfen *(n)* [Rohrleitung]
P 445	**plugging** [tube]	Verstopfen *(n)*; Zustopfen *(n)* [Rohr; siehe auch: **insurance plugging**]
P 446	**plug holder; screw holder**	Einschraubhaltevorrichtung *(f)* [Berstscheibe; siehe auch: **holder**]
P 447	**plug slug flow**	Kolbenblasenströmung *(f)*
P 448	**plug valve** [see Annex 1, pp. 43–47]	Kegelventil *(n)*; Hahnventil *(n)* [Ein Ventil, dessen Absperrorgan (Küken/**plug**) zylindrisch **(cylindrical/parallel plug valve)**, kegelförmig **(taper-plug valve)** oder kugelförmig **(spherical/ball plug valve)** ist; siehe Anhang 1, S. 43–47]

pollutant emission

P 449	plug weld; slit weld	Lochschweiße *(f)*; Füllschweiße *(f)*; Fensterschweiße *(f)*; Pfropfenschweiße *(f)* [Lochnaht]
P 450	plunger valve [see Annex 1, p. 51]	Kolbenventil *(n)* [Kolbenschieber; wird wegen seiner Durchflußrichtung als Ventil bezeichnet; Ableitung vom Rundkolbenschieber der Dampfmaschine; siehe Anhang 1, S. 51]
P 451	plus head [US]	positiver Boden *(m)* [Druck gegen die Innenwölbung]
P 452	ply [bellows]	Lage *(f)* [eines Kompensatorbalges]
P 453	pneumatic actuator	Druckluftantrieb *(m)*; pneumatischer Stellantrieb *(m)*
P 454	pneumatically controlled direction valve; air-actuated direction valve; air-controlled direction valve; air-operated direction valve	pneumatisch betätigtes Wegeventil *(n)*; Wegeventil *(n)* mit pneumatischer Verstellung
P 455	pneumatic assistance [valve]	pneumatische Zusatzbelastung *(f)* [Ventil]
P 456	pneumatic positioner	pneumatischer Stellungsregler *(m)*
P 457	pneumatic test	Druckprobe *(f)* (mit Luft); Druckprüfung *(f)* (mit Luft)
P 458	pneumatic weld seam grinder	Preßluft-Schweißnahtschleifmaschine *(f)*; Druckluft-Schweißnahtschleifmaschine *(f)*
P 459	pocket; thermowell	Schutzrohr *(n)*; Tauchhülse *(f)* [Thermoelement]
P 460	pocket	Tasche *(f)*; Totraum *(m)*
P 461	Podbielniak extracting column	Podbielniak-Extraktor *(m)*
P 462	pod type jacket	geschottete Ummantelung *(f)*
P 463	point [bolt; thread end]	Kuppe *(f)* [einer Schraube am Gewindeende]
P 464	point load; concentrated load	punktförmige Belastung *(f)*; Punktlast *(f)*; Einzellast *(f)*
P 465	point of attachment	Anschlußpunkt *(m)*
P 466	point of load application	Lastangriffspunkt *(m)*
P 467	point of support	Stützstelle *(f)*
P 468	point of tangency of flanged tubesheet	Krümmungsanfang *(m)* eines gekrempten Rohrbodens
P 469	point support	Punktlager *(n)*
P 470	Poiseuille flow	Poiseuille-Strömung *(f)* [Sonderfall laminarer viskoser Strömung durch ein langes Rohr mit kreisrundem Querschnitt]
P 471	Poisson's ratio	Querkontraktionszahl *(f)*; Poissonsche Zahl *(f)*
P 472	polarity [welding]	Polung *(f)*; Polarität *(f)* [Schweißen]
P 473	polished section; polished specimen	Schliffstück *(n)*; Schliff *(m)*
P 474	polishing reactor	Nachreaktionsstrecke *(f)*; Quenche *(f)* [Direktentschwefelung]
P 475	polithionic acid stress corrosion cracking; PASCC	Spannungskorrosionsrißbildung *(f)* durch Polythionsäure
P 476	pollutant	Schadstoff *(m)*; Schmutzstoff *(m)*; Verschmutzungsstoff *(m)*
P 477	pollutant concentration	Schadstoffkonzentration *(f)*
P 478	pollutant emission	Schadstoffemission *(f)*

P 479	polluted water	Schmutzwasser *(n)*; belastetes Wasser *(n)*
P 480	polluter	Umweltverschmutzer *(m)*
P 481	polluter-pays principle	Verursacherprinzip *(n)* [Umweltverschmutzung]
P 482	polluting load	Schmutzfracht *(f)*
P 483	pollution	Verschmutzung *(f)*; Verunreinigung *(f)*
P 484	pollution abatement; pollution control	Umweltschutz *(m)* [Maßnahme]
P 485	pollution burden	Schadstoffbelastung *(f)*
P 486	pollution control equipment	Umweltschutzeinrichtung *(f)*
P 487	pontoon-type floating roof [tank; see Annex 1, p. 15]	Ponton-Schwimmdach *(n)* [Tank; siehe Anhang 1, S. 15]
P 488	pool [weld]	Bad *(n)* [Schweißen]
P 489	pool boiling	Behältersieden *(n)*; Sieden *(n)* bei freier Konvektion
P 490	poor restart [weld imperfection]	Ansatzfehler *(m)* [Nahtfehler]
P 491	poor restart at the toe [weld imperfection]	Ansatzfehler *(m)* in der Decklage [Nahtfehler]
P 492	poor restart in the root [weld imperfection]	Ansatzfehler *(m)* in der Wurzellage [Nahtfehler]
P 493	pop action [valve]	schlagartiges Öffnen *(n)* [Ventil]
P 494	pop action, full-opening ... [valve]	schlagartiges volles Öffnen *(n)* [Ventil]
P 495	pop-in [crack; fracture mechanics]	kurzzeitige Instabilität *(f)*; plötzlicher Kraftabfall *(m)* [bei kurzzeitiger instabiler Rißausbreitung]; Instabilität *(f)* mit Rißstoppen; plötzlich instabile Rißausbreitung *(f)* [Rißspitzenplastifizierung]
P 496	pop mark	Ankörnung *(f)* [Stelle]
P 497	poppet valve	Tellerventil *(n)*
P 498	popping point on air [valve]	Ansprechpunkt *(m)* bei Luft [Ventil]
P 499	popping pressure; set-to-operate pressure; response pressure [valve]	Ansprechdruck *(m)* [Ventil]
P 500	pop safety valve [direct spring loaded safety valve]	schlagartig öffnendes Sicherheitsventil *(n)* [siehe: **safety valve**; nicht genormter engl. Ausdruck]
P 501	pore	Pore *(f)*; Blase *(f)* [Hohlraum]
P 502	pore blocking	Zudrücken *(n)* von Poren; Abdichten *(n)* von Poren [Oxidbildung]
P 503	porosity [weld imperfection]	Porosität *(f)*; Poren *(f, pl)* [Nahtfehler]
P 504	porosity, apparent ...	offene Poren *(f, pl)*
P 505	porosity, clustered ...	örtlich gehäufte Poren *(f, pl)*; Porennest *(n)*
P 506	porosity, isolated ...	vereinzelte Poren *(f, pl)*
P 507	porosity, localised ...	örtlich gehäufte Poren *(f, pl)*; Porennest *(n)*
P 508	porosity, sparse ...	verstreute Poren *(f, pl)*
P 509	porosity, uniformly distributed ...	gleichförmig verteilte Poren *(f, pl)*
P 510	port	Mündung *(f)*; Öffnung *(f)*
P 511	port connection; male connector	Einschraubverbindung *(f)*; Einschraubzapfen *(m)*
P 512	port diameter	Durchmesser *(m)* der Öffnung
P 513	port fitting; plug end fitting; male end fitting	Einschraubverschraubung *(f)*
P 514	porthole; corner port; gasket port opening [PHE]	Durchtrittsöffnung *(f)* [in Platten von Plattenwärmeaustauschern]

pre-commissioning tests

P 515	positioning accuracy	Einstellgenauigkeit *(f)* [Lage]
P 516	positive convection; forced convection	erzwungene Konvektion *(f)*; Zwangskonvektion *(f)*
P 517	positive locking device	kraftschlüssige (absolut sichere) Verriegelungseinrichtung *(f)*
P 518	positive pressure	Überdruck *(m)*
P 519	post-assembly position	Einbaulage *(f)*
P 520	post-dryout	Post-Dryout *(m)*; minimaler Wärmeübergang *(m)*
P 521	post-dryout heat transfer	Wärmeübergang *(m)* bei der Tröpfchenströmung
P 522	post-emulsifiable penetrant	nachemulgierendes Eindringmittel *(n)*
P 523	postreatment	Nachbehandlung *(f)*
P 524	postulated pipe rupture	postulierter Rohrbruch *(m)*; postuliertes Rohrversagen *(n)*
P 525	post-weld heat treatment; PWHT	Wärmebehandlung *(f)* nach dem Schweißen
P 526	potential hardness increase; hardenability	Aufhärtbarkeit *(f)*
P 527	pour point	Trübungspunkt *(m)*; Fließgrenze *(f)* [Wärmeträgermedien]
P 528	powder metallising; powder metal spraying	Pulvermetallspritzen *(n)*
P 529	powder metallurgy	Pulvermetallurgie *(f)*; Sintermetallurgie *(f)*; Sintertechnik *(f)*
P 530	powder metal parts *(pl)*	Sintermetallteile *(n, pl)*
P 531	power-actuated pressure relief valve	kraftbetätigtes Druckentlastungsventil *(n)*
P 532	power-actuated valve	kraftbetätigtes Ventil *(n)*
P 533	power piping	Rohrleitungen *(f, pl)* in Kraftanlagen
P 534	power plant; power station	Kraftwerk *(n)*
P 535	power spectral density; PSD	Energiedichtespektrum *(n)*; Leistungsdichtespektrum *(n)*
P 536	PQR; procedure qualification record	Verfahrensprüfprotokoll *(n)*; Verfahrensprüfbericht *(m)* [Schweißverfahrensprüfung]
P 537	Prandtl number	Prandtl-Zahl *(f)* [Maß für das Verhältnis der hydrodynamischen Grenzschicht zur thermischen Grenzschicht]
P 538	Prandtl's pitot tube	Prandtl-Staurohr *(n)*
P 539	preacceptance inspection	Vorprüfung *(f)* [Abnahme]
P 540	preassembly	Vormontage *(f)*
P 541	pre-bulged *(v)* [bursting disk]	vorgewölbt *(V)* [Berstscheibe]
P 542	precipitation	Ausscheidung *(f)* [Metallurgie]; Fällung *(f)* [Vorgang, chemisch]
P 543	precipitation fouling; scaling	Fouling *(n)* durch Kristallisation [Auskristallisierung gelöster Salze bei Wärmeab- oder -zufuhr; bei der Flüssigkeitsströmung]
P 544	precipitation hardening	Ausscheidungshärtung *(f)* [entsteht durch Ausscheiden spröder Phasen während des Schweißens oder beim nachfolgenden Erwärmen]
P 545	precision steel tube	Präzisionsstahlrohr *(n)*
P 546	pre-commissioning tests *(pl)*	Vorversuche *(m, pl)* zur Inbetriebnahme

P 547	**pre-cracked specimen Charpy impact test**	Kerbschlagbiegeversuch *(m)* an angerissenen Proben nach Charpy
P 548	**pre-cracked specimen Charpy slow bend test**	Biegeversuch *(m)* an angerissenen Proben nach Charpy
P 549	**predicted failure rate**	vorausberechnete Ausfallrate *(f)*
P 550	**prefabricated part**	Fertigbauteil *(n)*
P 551	**prefabrication**	Vorfertigung *(f)*
P 552	**preferred fit**	Vorzugspassung *(f)*
P 553	**preheater**	Vorwärmer *(m)*
P 554	**preheat temperature**	Vorwärmtemperatur *(f)*
P 555	**preheat time**	Vorwärmzeit *(f)*
P 556	**preliminary calculation**	Vorkalkulation *(f)* [Angebots-Preisermittlung]
P 557	**preliminary calibration**	Voreichung *(f)*
P 558	**preliminary hazard review; PHR**	Gefahren-Voruntersuchung *(f)* [Gefahren werden z. B. nach dem „Was-ist-wenn"-Verfahren identifiziert sowie schwerwiegende Auswirkungen wie z. B. Gaswolkenausbreitung und Explosionseffekte quantifiziert]
P 559	**preliminary test**	Vorversuch *(m)*
P 560	**preload; preset load**	Vorspannung *(f)*; Vorbelastung *(f)* [Aufhängung]
P 561	**preloaded spring**	vorgespannte Feder *(f)*
P 562	**premagnetization** [magn. t.]	Vormagnetisierung *(f)* [Magnetpulverprüfung]
P 563	**pre-manufacturing inspection**	vorlaufende Fertigungskontrolle *(f)*
P 564	**premature failure** [tensile test]	vorzeitige Anrisse *(m, pl)* [beim Zugversuch z. B. an den Kanten]
P 565	**prepackaged**	betriebs- und einbaufertig *(Adj.)*
P 566	**pre-service testing**	Prüfung *(f)* vor Inbetriebnahme
P 567	**preset (load); preload**	Vorspannung *(f)*; Vorbelastung *(f)* [Aufhängung]
P 568	**preset setpoint**	vorgegebener Sollwert *(m)*
P 569	**presetting pin**	Blockierung *(f)* [LISEGA-Aufhängung]
P 570	**preset value**	Sollwert *(m)*; vorgegebener Wert *(m)*
P 571	**pressed cage**	Blechkäfig *(m)* [Pendellager]
P 572	**pressed forging**	Preßling *(m)* [Schmieden]
P 573	**pressfit**	Preßpassung *(f)*
P 574	**pressure**	Druck *(m)*
P 575	**pressure, external ...**	Außendruck *(m)*
P 576	**pressure, internal ...**	Innendruck *(m)*
P 577	**pressure, resistance to ...**	Druckfestigkeit *(f)*
P 578	**pressure application; application of pressure**	Druckbeaufschlagung *(f)*
P 579	**pressure balanced expansion joint** [see Annex 1, pp. 90, 91 and 94]	eckentlasteter Axial-Kompensator *(m)* [Die eckentlastete Kompensation stellt eine spezielle Form der Streckenverankerung dar und wird als kompletter, einbaufertiger Apparat geliefert. Eingesetzt werden zwei Axial-Kompensatoren der Normalausführung **(single-type)**.

pressure failure

Die eckentlastete Kompensation mit Axial-Kompensatoren kann überall dort vorgesehen werden, wo eine 90°-Umleitung durch einen Rohrbogen gegeben ist und der freie Schenkel zum Einsatz eines Lateral-Kompensators zu kurz ist. Voraussetzung für den funktionell richtigen Einsatz des eckentlasteten Axial-Kompensators ist, daß nur kleine vertikale Bewegungen oder, falls doch größere vorhanden, diese in gleicher Größe und ohne allzu große zeitliche Verschiebung auftreten. Ist diese Voraussetzung nicht gegeben, ist das Problem mit dem eckentlasteten Universal-Kompensator **(universal pressure-balanced expansion joint)** zu lösen. Siehe Anhang 1, S. 90, 91 und 94]

P 580	**pressure-balanced flap valve**	Druckausgleichsklappe (f)
P 581	**pressure-balanced valve; pressure-compensated valve; balanced relief valve; compensated relief valve**	druckentlastetes Druckbegrenzungsventil (n); druckentlastetes Ventil (n); ausgeglichenes Ventil (n)
P 582	**pressure buildup; buildup of pressure**	Druckaufbau (m)
P 583	**pressure capability**	Drucktragfähigkeit (f)
P 584	**pressure chamber**	Druckraum (m)
P 585	**pressure change rate**	Druckänderungsgeschwindigkeit (f)
P 586	**pressure change test**	Druckdifferenzprüfung (f)
P 587	**pressure-containing component; pressure-retaining member; pressure part**	druckführendes Teil (n); drucktragendes Teil (n); Druckteil (n)
P 588	**pressure-containing enclosure**	umschlossener Druckraum (m)
P 589	**pressure control**	Druckregelung (f); Druckbegrenzung (f); Druckführung (f)
P 590	**pressure controller**	Druckregler (m)
P 591	**pressure control valve**	Druckregelventil (n); Druckbegrenzungsventil (n)
P 592	**pressure cycles** (pl)	Druckzyklen (m, pl)
P 593	**pressure cycling resistance**	Druckwechselfestigkeit (f)
P 594	**pressure decrease; pressure reduction**	Druckabbau (m)
P 595	**pressure differential; pressure difference**	Druckdifferenz (f); Differenzdruck (m)
P 596	**pressure distillation**	Druckdestillation (f) [Destillation unter erhöhtem Druck, um gelöste oder verflüssigte Gase abzutrennen und als Flüssigkeiten zu gewinnen]
P 597	**pressure drop; drop in pressure**	Druckabfall (m); Druckverlust (m)
P 598	**pressure drop calculation**	Druckverlustberechnung (f)
P 599	**pressure-drop oscillations** (pl)	Druckabfall-Instabilität (f)
P 600	**pressure-drop restrictions** (pl)	Druckabfall-Beschränkungen (f, pl)
P 601	**pressure due to static head of liquids**	statischer Druck (m) infolge der Flüssigkeitssäule
P 602	**pressure-energized seal; automatic seal; selfadjusting seal; self-acting seal**	selbstdichtende Dichtung (f); selbstwirkende Dichtung (f); druckgespannte Dichtung (f)
P 603	**pressure failure**	Druckausfall (m)

P 604	**pressure field**	Druckfeld (n)
P 605	**pressure fluctuation; pressure pulsation; pressure ripple**	Druckschwankung (f); Druckpulsation (f)
P 606	**pressure gas cooler**	Druckgaskühler (m)
P 607	**pressure gasification**	Druckvergasung (f)
P 608	**pressure gas welding**	Gaspreßschweißen (n)
P 609	**pressure gauge; manometer**	Manometer (n); Druckmeßgerät (n)
P 610	**pressure gauge valve**	Prüfventil (n) [Manometer]; Manometerkontrollventil (n)
P 611	**pressure gradient**	Druckgefälle(n); Druckgradient (m)
P 612	**pressure head**	Druckhöhe (f); Förderhöhe (f)
P 613	**pressure increase; pressure rise**	Druckanstieg (m); Druckerhöhung (f); Drucksteigerung (f)
P 614	**pressure instrument lead**	Druckmeßleitung (f)
P 615	**pressure leakage curve**	Druckabfallkurve (f)
P 616	**pressure level**	Druckhöhe (f) [Pegel]
P 617	**pressure limiter**	Druckbegrenzer (m)
P 618	**pressure limiting station**	Druckbegrenzungsstation (f)
P 619	**pressure limit valve**	Druckbegrenzer (m)
P 620	**pressure load; pressure loading**	Druckbeanspruchung (f)
P 621	**pressure-loaded area**	Druckfläche (f) [Behälter-/Stutzenberechnung]
P 622	**pressure-loaded valve**	druckbelastetes Ventil (n)
P 623	**pressure loading; pressure load**	Druckbeanspruchung (f)
P 624	**pressure loss**	Druckverlust (m); Druckabfall (m)
P 625	**pressure loss due to pipe roughness**	Rohrrauheitsverlust (m); Druckabfall (m) infolge Rohrrauhigkeit
P 626	**pressure on the concave side**	Druck (m) gegen die Innenwölbung
P 627	**pressure on the convex side**	Druck (m) gegen die Außenwölbung
P 628	**pressure part; pressure-retaining member; pressure-containing component**	Druckteil (n); druckführendes Teil (n); drucktragendes Teil (n); druckbeanspruchtes Teil (n)
P 629	**pressure probe; sampling probe; sniffer (probe)**	Schnüffelsonde (f); Schnüffler (m); Leckschnüffler (m)
P 630	**pressure proof test to destruction; proof test**	Überlastungs-Druckprüfung (f) bis zur Zerstörung; Überlastversuch (m) [falls keine mathematische Berechnung möglich ist]
P 631	**pressure pump**	Druckhaltepumpe (f)
P 632	**pressure range**	Druckbereich (m)
P 633	**pressure rating; rated pressure; PN**	Nenndruck (m); Druckstufe (f); Druckhöhe (f) [Rohrleitung]
P 634	**pressure reading**	Druckanzeige (f)
P 635	**pressure recovery**	Druckerholung (f)
P 636	**pressure reducing valve; reducing valve**	Druckminderventil (n); Druckreduzierventil (n)
P 637	**pressure reduction; pressure decrease**	Druckabbau (m)
P 638	**pressure regulating station**	Druckregelstation (f)
P 639	**pressure regulating valve**	Druckregelventil (n)
P 640	**pressure regulator**	Druckregler (m)
P 641	**pressure relief; depressurization**	Druckentlastung (f)
P 642	**pressure relief joint; rupture joint**	Reißnaht (f); Sollbruchstelle (f)

pressure-tube reactor

P 643	**pressure relief (protective) device**	Drucksicherung *(f)*
P 644	**pressure relief station**	Druckminderanlage *(f)*
P 645	**pressure relief valve**	Druckbegrenzer *(m)*; Druckentlastungsventil *(n)*; Sicherheitseinrichtung *(f)* gegen Drucküberschreitung [siehe auch: **safety valve**]
P 646	**pressure-relieved expansion joint** [see Annex 1, p. 97]	Axial-Kompensator *(m)* mit Druckentlastung; druckentlasteter Axial-Kompensator *(m)* [siehe Anhang 1, S. 97]
P 647	**pressure-retaining boundary**	druckführende Begrenzung *(f)* [systembezogen]
P 648	**pressure-retaining member; pressure containing component; pressure part**	druckführendes Teil *(n)*; Druckteil *(n)*; drucktragendes Teil *(n)*
P 649	**pressure rise; pressure increase**	Druckanstieg *(m)*; Druckerhöhung *(f)*; Drucksteigerung *(f)*
P 650	**pressure seal bonnet joint** [valve]	selbstdichtender Deckelverschluß *(m)* [Ventil]
P 651	**pressure sealing type joint**	Druckdichtung *(f)*
P 652	**pressure sensor**	Druckgeber *(m)*; Druckmeßwertgeber *(m)*
P 653	**pressure shell**	Druckröhre *(f)*; Druckschale *(f)*
P 654	**pressure-shock resistant** *(adj.)*	druckstoßfest *(Adj.)*
P 655	**pressure spring**	Druckfeder *(f)*
P 656	**pressure stage**	Druckstufe *(f)*
P 657	**pressure surge**	plötzlicher Druckanstieg *(m)*; Druckstoß *(m)*
P 658	**pressure switch**	Druckschalter *(m)*; Druckwächter *(m)*
P 659	**pressure system**	Drucksystem *(n)* [Als Drucksystem bezeichnet man den Komplex von Behältern, der aus Druckquelle, Rohrleitungen, Druckgefäßen, meß- und regeltechnischen Geräten, Abblas- bzw. Entspannungsgruppe sowie anderen Bauelementen besteht, miteinander ein geschlossenes System bildet und bei einem vom atmosphärischen Druck abweichenden Druck arbeitet.]
P 660	**pressure tap**	Druckmeßstutzen *(m)*; Druckentnahmestutzen *(m)*
P 661	**pressure tap coupling; inter-ply pressure sensing connection** [multi-ply bellows]	permanente Lecküberwachung *(f)* [Definition siehe unter: **inter-ply pressure sensing connection**]
P 662	**pressure tapping point**	Druckmeßstelle *(f)*; Druckentnahmestelle *(f)*; Druckanzapfung *(f)*
P 663	**pressure test**	Drucktest *(m)*; Druckprüfung *(f)*
P 664	**pressure thermit welding**	Gießpreßschweißen *(n)*
P 665	**pressure thrust**	Schubkraft *(f)* vom Druck her
P 666	**pressure thrust force**	axiale Druckkraft *(f)*
P 667	**pressure-tight** *(adj.)*	druckdicht *(Adj.)*
P 668	**pressure-tight joint**	druckdichte Verbindung *(f)*
P 669	**pressure transducer; pressure transmitter**	Druckmeßwertumwandler *(m)*; Druckmeßwertumformer *(m)*; Druckgeber *(m)*
P 670	**pressure transient**	Drucktransiente *(f)*; Druckschwankung *(f)*
P 671	**pressure-tube reactor**	Druckröhrenreaktor *(m)*

P 672	**pressure undershoot**	Druckunterschwingung *(f)* [bei einer plötzlichen Druckentlastung in einem Rohr, z. B. durch Platzen einer Berstscheibe oder durch plötzliches Entfernen eines Verschlusses, wird der volle Querschnitt des Rohrs freigegeben. Die ausgelöste Druckstörung breitet sich mit Schallgeschwindigkeit aus. Das Fluid gerät dabei in überhitzten Zustand bei weiterhin flüssiger Konsistenz. Es erreicht einen Druck, der weit unterhalb seines Siededrucks liegt, bevor es explosionsartig auszudampfen beginnt. Die Druckdifferenz wird *Druckunterschwingung* genannt. Da die Temperatur der Flüssigkeit nicht unmittelbar dieser schnellen Druckänderung durch eine entsprechende Abnahme auf den jeweiligen Sättigungswert folgen kann, stellt sich ein thermodynamischer Ungleichgewichtszustand zwischen Dampf- und Flüssigkeitsphase ein, wobei die Flüssigkeit überhitzt ist.]
P 673	**pressure vessel**	Druckbehälter *(m)*; Druckgefäß *(n)* [Ein mit Sicherheits- und Betriebsarmaturen ausgestattetes, bei einem vom atmosphärischen Druck abweichenden Druck arbeitendes Druckgefäß]
P 674	**pressure-volume curve; head capacity curve** [pump]	QH-Kennlinie *(f)* [Druck/Volumen bei Pumpe]
P 675	**pressure welding**	Preßschweißen *(n)*
P 676	**pressurising; pressurizing**	Druckaufgabe *(f)*; Druckbeaufschlagung *(f)*; Druckbelastung *(f)*; Bespannen *(n)*
P 677	**pressurized water reactor; PWR**	Druckwasserreaktor *(m)*
P 678	**pressurizing agent** [hydrostatic test]	Druckmittel *(n)*; Bespannungsmittel *(n)* [Wasserdruckprüfung]
P 679	**pre-tensioning**	Vorspannung *(f)* [von Schrauben]
P 680	**preventive maintenance**	vorbeugende Wartung *(f)*; Diagnosewartung *(f)*
P 681	**primary circuit; primary loop** [nuclear reactor]	Primärkreislauf *(m)* [Kernreaktor]
P 682	**primary cooling system** [nuclear reactor]	Hauptkühlkreis *(m)*; Primärkühlkreislauf *(m)* [Kernreaktor]
P 683	**primary cutoff valve; primary shut-off valve**	Erstabsperrung *(f)* [Ventil]
P 684	**primary detector**	Meßfühler *(m)*; Signalgeber *(m)*
P 685	**primary pump**	Hauptpumpe *(f)*
P 686	**primary radiation** [radiog.]	primäre Strahlung *(f)* [Durchstrahlungsprüfung]
P 687	**primary reference response** [ultras.]	primäre Kontrollechohöhe *(f)* [US-Prüfung]
P 688	**primary seal fabric** [tank; see Annex 1, p. 16]	Dichtungsschürze *(f)* [aus Gummi; verbindet Gleitblech und Ponton-Schwimmdach im Tank; siehe Anhang 1, S. 16]
P 689	**primary stiffening ring** [tank]	Hauptringsteife *(f)* [Tank]
P 690	**primary stress; principal stress**	Primärspannung *(f)*; primäre Spannung *(f)* [mech.]

process interface

P 691	primary weld; principal weld	Hauptschweißnaht *(f)*
P 692	priming stage [pump]	Ansaugstufe *(f)* [Pumpe]
P 693	priming water [pump]	Ansaugwasser *(n)* [Pumpe]
P 694	principal stress; primary stress	Hauptspannung *(f)*; Primärspannung *(f)*; primäre Spannung *(f)* [mech.]
P 695	probability analysis	Wahrscheinlichkeitsberechnung *(f)*
P 696	probability of detection	Nachweiswahrscheinlichkeit *(f)*
P 697	probability of fracture	Bruchwahrscheinlichkeit *(f)*
P 698	probe [UK]; search unit [US] [ultras.]	Prüfkopf *(m)* [US-Prüfung]
P 699	probe gas; search gas; test gas [leak test]	Testgas *(n)*; Prüfgas *(n)* [Leckprüfung]
P 700	probe holder [ultras.]	Prüfkopfhalterung *(f)* [US-Prüfung]
P 701	probe holder receptacle [ultras.]	Prüfkopfhalteraufnahme *(f)* [US-Prüfung]
P 702	probe index [centre of probe sound emission; ultras.]	Schallaustritts-Marke *(f)* [Mittelpunkt d. Schallaustritts am Prüfkopf; US-Prüfung]
P 703	probe insert [ultras.]	Prüfkopf-Einsatz *(m)* [US-Prüfung]
P 704	probe shoe [ultras.]	Prüfkopfschuh *(m)* [US-Prüfung]
P 705	probe technique; probe testing [leak test]	Lecksuchtechnik *(f)* mit Absprühsonde; Absprühsonden-Lecksuchtechnik *(f)*
P 706	probe-to-specimen contact [ultras.]	Ankopplung *(f)* [US-Prüfung]
P 707	problem-solving package	Problemlösungen *(f, pl)*
P 708	procedure and welder's qualification test	Verfahrens- und Schweißerprüfung *(f)*
P 709	procedure note	Durchführungsbestimmung *(f)*
P 710	procedure qualification record; PQR	Verfahrensprüfprotokoll *(n)* [Schweißverfahrensprüfung]
P 711	procedure qualification report; PQR	Verfahrensprüfbericht *(m)*
P 712	process air heater	Prozeßluftvorwärmer *(m)*
P 713	process annealing	Zwischenglühen *(n)*
P 714	process control	Prozeßführung *(f)* [Regelung/Steuerung]; Verfahrensregelung *(f)*
P 715	process control	Fertigungskontrolle *(f)* [Qualitätssteuerung]
P 716	process control system	Prozeßleitsystem *(n)*
P 717	process cooling	Prozeßkühlung *(f)*
P 718	process diagram	Prozeßablaufdiagramm *(n)*
P 719	process engineering; process technology	Verfahrenstechnik *(f)*
P 720	process equipment	verfahrenstechnische Anlagenteile *(n, pl)*
P 721	process equipment construction	Apparatebau *(m)*
P 722	process equipment engineering	Apparatetechnik *(f)*
P 723	process flow diagram; process flow scheme; process flow sheet	Prozeßablaufschema *(n)*; Prozeßschema *(n)*; Verfahrensfließbild *(n)*
P 724	process flow study	Ablauf-Studie *(f)* [Fertigungsorganisation]
P 725	process fluid	Prozeßflüssigkeit *(f)*
P 726	process gas; make gas	Produktgas *(n)*; Prozeßgas *(n)*; Spaltgas *(n)*
P 727	process gas cooler; product gas cooler; make gas cooler	Spaltgaskühler *(m)*
P 728	process gas header system	Produktgassammelsystem *(n)*
P 729	process heat	Prozeßwärme *(f)*
P 730	process heat transfer	Prozeßwärmeübertragung *(f)*
P 731	process interface	Prozeßschnittstelle *(f)*

P 732	**process monitoring**	Prozeßüberwachung *(f)*; Betriebsüberwachung *(f)*
P 733	**process-oriented sequential control**	prozeßabhängige Ablaufsteuerung *(f)*
P 734	**process package; process unit**	Prozeßeinheit *(f)*
P 735	**process plant technology**	Apparatetechnik *(f)*
P 736	**process reaction rate**	Ansprechgeschwindigkeit *(f)* [Regelstrecke]
P 737	**process section**	Verfahrensabschnitt *(m)*
P 738	**process sequence**	Prozeßfolge *(f)*; Verfahrensfolge *(f)*
P 739	**process signal conversion**	Meßwertumwandlung *(f)*
P 740	**process steam**	Prozeßdampf *(m)*; Betriebsdampf *(m)*
P 741	**process technology; process engineering**	Verfahrenstechnik *(f)*
P 742	**procurement guidelines** *(pl)*	Beschaffungsrichtlinien *(f, pl)*
P 743	**prod** [magn. t.]	Aufsetzelektrode *(f)*; Prüfelektrode *(f)* [Magnetpulverprüfung]
P 744	**prod technique** [magn. t.]	Punktkontakttechnik *(f)* [Magnetpulverprüfung]
P 745	**producer gas**	Generatorgas *(n)*
P 746	**product** [tank]	Speichergut *(n)*; Produkt *(n)* [Tank]
P 747	**product analysis**	Stückanalyse *(f)*; Erzeugnisanalyse *(f)* [am gelieferten Erzeugnis]
P 748	**product engineering**	Fertigungstechnik *(f)*
P 749	**product gas cooler; process gas cooler; make gas cooler**	Spaltgaskühler *(m)*
P 750	**production castings** *(pl)*	Gußstücke *(n, pl)* aus der laufenden Produktion
P 751	**production control**	Fertigungsüberwachung *(f)* [Steuern der Fertigung]; Fertigungssteuerung *(f)*
P 752	**production (control) test; mechanical testing of production weld** [welding]	Arbeitsprüfung *(f)* [Schweißen]
P 753	**production (control) test plate; coupon plate**	Arbeitsprobe *(f)* [siehe: **coupon plate**]
P 754	**production control test specimen**	Arbeitsprobe *(f)* [siehe: **coupon plate**]
P 755	**production engineering**	Fertigungstechnik *(f)*
P 756	**production management**	Fertigungsleitung *(f)* [QS-Handbuch]
P 757	**production plate** [US]; **coupon plate** [UK] [production control test; welding]	Arbeitsprobe *(f)* [siehe: **coupon plate**]
P 758	**production test piece**	Fertigungsprobe *(f)*
P 759	**production weld**	Fertigungsschweißprobe *(f)*
P 760	**production welding**	Fertigungsschweißen *(n)*
P 761	**product mixing equipment** [tank]	Produktmischeinrichtungen *(f, pl)* [Tank]
P 762	**product quality auditing**	Produktaudit *(n)* [QS]
P 763	**product turbulence** [tank]	Speichergutturbulenz *(f)* [Tank]
P 764	**pro-eutectoid ferrite**	voreutektoides Ferrit *(n)*
P 765	**profile defect**	Formfehler *(m)*
P 766	**profiled sheet (metal)**	Formblech *(n)*
P 767	**profile gasket**	Profildichtung *(f)*
P 768	**progressive distortion; ratcheting; progressive deformation**	fortschreitende Deformation *(f)*; fortschreitende Verformung *(f)* [Erläuterungen siehe unter: **ratcheting**]
P 769	**projected surface distance** [radiog.]	Projektionsabstand *(m)* [Durchstrahlungsprüfung]

protective plate

P 770	**projection**	Projektion *(f)* [Darstellung]
P 771	**projection**	Überkragung *(f)*; Überstand *(m)*; Vorsprung *(m)* [Überhang]
P 772	**projection [nozzle]**	Überstand *(m)* [des Stutzen ins Behälterinnere]
P 773	**projection of a crack**	Rißprojektion *(f)*
P 774	**projection spot welding**	Buckelschweißen *(n)*; Warzenschweißen *(n)*
P 775	**promoter**	Anti-Benetzungsmittel *(n)* [eine Substanz, die auf eine Oberfläche aufgetragen wird, um eine wasserabweisende Schicht zu erhalten und die Tropfenkondensation aufrecht zu erhalten.]
P 776	**proof load(ing)**	Prüflast *(f)*
P 777	**proof of quality**	Nachweis *(m)* der Güteeigenschaften
P 778	**proof stress [UK]; yield strength [US]**	Dehngrenze *(f)*, 0,2%... [0,1% für Austenite]
P 779	**proof stress at elevated temperature; elevated temperature proof stress [UK]; yield strength at temperature [US]**	Warmstreckgrenze *(f)* [0,2%-Dehngrenze bei höheren Temperaturen]
P 780	**proof stress properties** *(pl)* **at elevated temperature**	Warmfestigkeitseigenschaften *(f, pl)*
P 781	**proof test; pressure proof test to destruction**	Überlastversuch *(m)*; Überlastungs-Druckprüfung *(f)* bis zur Zerstörung [falls keine mathematische Berechnung möglich ist]
P 782	**propagation coefficient, crack...**	Rißausbreitungs-Koeffizient *(m)*
P 783	**propagation speed; propagation velocity**	Fortpflanzungsgeschwindigkeit *(f)*; Ausbreitungsgeschwindigkeit *(f)*
P 784	**propeller calandria evaporator**	Umwälzverdampfer *(m)* mit Propellerpumpe
P 785	**propeller mixer**	Propellerrührwerk *(n)*; Propellerrührer *(m)* [Mischsystem, kontinuierlich oder diskontinuierlich arbeitend. Meist stehendes zylindrisches Gefäß mit schnell laufendem Propeller. Ein den Propeller umgebender Zylinder verstärkt die Rührwirkung. Besonders geeignet um Mischungen zweier spezifisch stark unterschiedlicher Flüssigkeiten zu erzielen.]
P 786	**property class**	Festigkeitsklasse *(f)* [Schrauben]
P 787	**property ratio method**	Methode *(f)* der Stoffwertverhältnisse
P 788	**proportional elastic limit**	Proportionalitätsgrenze *(f)*
P 789	**proportioning gate valve**	Mischschieber *(m)*
P 790	**proportioning pump**	Dosierpumpe *(f)*
P 791	**protection saddle, (pipe covering...) [see Annex 1, p. 70]**	Isoliersattel *(m)* [siehe Anhang 1, S. 70]
P 792	**protective cap [valve]**	Schutzkappe *(f)* [Ventil]
P 793	**protective device**	Schutzeinrichtung *(f)*
P 794	**protective diaphragm**	Schutzvorlage *(f)* [Manometer]
P 795	**protective ferrule**	Isolierröhrchen *(n)* [Thermoelement]
P 796	**protective layer; protective coating**	Schutzschicht *(f)*; Schutzüberzug *(m)*; Deckschicht *(f)*
P 797	**protective plate**	Schutzblech *(n)*

P 798	**protective plug**	Schutzstopfen *(m)*
P 799	**protective seal; exclusion seal**	Schutzdichtung *(f)*
P 800	**protective shield [feedwater heater]**	Schutzring *(m)*; Einlegring *(m)* [Speisewasservorwärmer; Rohrbündelbauart]
P 801	**protective shroud [PHE]**	Schutzmantel *(m)* [zum Transport von Plattenwärmeaustauschern]
P 802	**protective transit coating**	Reiseanstrich *(m)*; Transportanstrich *(m)*; Versandanstrich *(m)*
P 803	**prototype plant**	Erstanlage *(f)*; Musteranlage *(f)*
P 804	**prototype testing**	Baumusterprüfung *(f)*; Modellprüfung *(f)*
P 805	**protruding branch**	durchgesteckter Abzweig *(m)*
P 806	**protruding nozzle**	durchgesteckter Stutzen *(m)*; Einschweißstutzen *(m)*; Einschweißnippel *(m)* [siehe auch: S 349]
P 807	**protruding stay**	durchgesteckter Anker *(m)* [Behälterboden]
P 808	**protrusion [weld]**	Durchtropfung *(f)* [Schweißnaht]
P 809	**proved rejection [of a major component]**	Ausschußwerden *(n)* [eines wichtigen Bauteils]
P 810	**proximity impeller**	wandgängiger Rührer *(m)* [Rührkessel]
P 811	**prying action**	Wechselwirkung *(f)* [in Schraubenverbindungen]
P 812	**prying effect**	Hebelwirkung *(f)*
P 813	**prying forces** *(pl)*	Wechselwirkungskraft *(f)*; Abstützkraft *(f)* [in Endplatten-Schraubenverbindungen]
P 814	**PSD; power spectral density**	Energiedichtespektrum *(n)*; Leistungsdichtespektrum *(n)*
P 815	**PT; penetrant testing**	FE-Prüfung *(f)*; Farbeindringverfahren *(n)*
P 816	**puckering [weld]**	Runzeln *(n)* [Schweißnaht]
P 817	**pulling cable**	Zugseil *(n)*
P 818	**pulling eye**	Zugöse *(f)*
P 819	**pull-out resistance [tube]**	Ausziehwiderstand *(m)* [Rohr; aus dem Rohrbündel]
P 820	**pull-through floating head**	durchgezogener Schwimmkopf *(m)*
P 821	**pull-through floating head kettle type reboiler [see Annex 1, p. 6]**	Kettle-Typ-Verdampfer *(m)* mit Schwimmkopf und durchgezogenem Rohrbündel [siehe Anhang 1, S. 6, Abb. AKT]
P 822	**pull-through heat exchanger**	Pull-through-Apparat *(m)* [Wärmeaustauscher mit Schwimmkopf und durchgezogenem Rohrbündel]
P 823	**pulsating bending strength**	Biegedauerfestigkeit *(f)* im Schwellbereich
P 824	**pulsating fatigue strength**	Dauerfestigkeit *(f)* unter schwellender Beanspruchung; Schwellfestigkeit *(f)* [auch: F 100]
P 825	**pulsating fatigue strength under bending stresses**	Biegeschwellfestigkeit *(f)*
P 826	**pulsating fatigue strength under tensile stresses**	Zugschwellfestigkeit *(f)*
P 827	**pulsating load; pulsating stress**	schwellende Beanspruchung *(f)*
P 828	**pulsating pipe flow**	pulsierende Rohrströmung *(f)*
P 829	**pulsating pressure**	pulsierender Druck *(m)*

P 830	**pulsating stress; pulsating load**	schwellende Beanspruchung *(f)*
P 831	**pulsating tension stress range**	Spannungsschwingbreite *(f)* unter Zugbeanspruchung
P 832	**pulsation**	Pulsieren *(n)*; Pulsation *(f)*; Schwingung *(f)*
P 833	**pulsation dampener**	Schwingungsdämpfer *(m)*
P 834	**pulse** [ultras.]	Impuls *(m)* [US-Prüfung]
P 835	**pulsed arc** [welding]	pulsierender Lichtbogen *(m)*; Impulslichtbogen *(m)*; Pulslichtbogen *(m)* [Schweißen]
P 836	**pulsed column**	pulsierende Kolonne *(f)*; Kolonne *(f)* mit Pulsation [Füllkörper- oder Siebbodenkolonne (Extraktor)]
P 837	**pulsed flow**	pulsierende Strömung *(f)*
P 838	**pulsed magnetic welding**	Magnetimpulsschweißen *(n)*
P 839	**pulsed packed-bed column**	pulsierende Füllkörperkolonne *(f)*; PFK
P 840	**pulsed power welding**	Impuls-Lichtbogenschweißen *(n)*
P 841	**pulsed sieve-tray extracting column**	pulsierter Siebboden-Extraktor *(m)*; PSE
P 842	**pulsed turbulent flow**	pulsierende turbulente Strömung *(f)*
P 843	**pulsed welding**	Impulsschweißen *(n)*
P 844	**pulse-echo method** [ultras.]	Impuls-Echo-Verfahren *(n)* [US-Prüfung]
P 845	**pulse-echo straight beam instrument** [ultras.]	Impuls-Echo-Gerät *(n)* für Senkrechteinschallung [US-Prüfung]
P 846	**pulse energy**	Impulsstärke *(f)*
P 847	**pulse envelope** [ultras.]	Echosignal-Einhüllende *(f)* [US-Prüfung]
P 848	**pulse generator**	Impulsgeber *(m)*; Taktgeber *(m)*
P 849	**pulse length** [ultras.]	Impulslänge *(f)* [US-Prüfung]
P 850	**pulse repetition frequency; pulse repetition rate; frequency of pulse repetition**	Impulsfolgefrequenz *(f)*; Impulsfolgerate *(f)*; [US-Prüfung]
P 851	**pulse resonance method** [ultras.]	Impuls-Resonanz-Verfahren *(n)* [US-Prüfung]
P 852	**pulse signal**	Impulssignal *(n)*
P 853	**pulse system**	Taktsystem *(n)*; getaktetes System *(n)*
P 854	**pulse train**	Impulsfolge *(f)*; Pulsfolge *(f)*
P 855	**pulse transit time** [ultras.]	Impulslaufzeit *(f)* [US-Prüfung]
P 856	**pulse transit-time method** [ultras.]	Impuls-Laufzeit-Verfahren *(n)* [US-Prüfung]
P 857	**pulse transmitter**	Pulsgeber *(m)*
P 858	**pulse tuning** [ultras.]	Impulsabstimmung *(f)* [US-Prüfung]
P 859	**pulse width** [ultras.]	Impulsdauer *(f)* [US-Prüfung]
P 860	**pulse zero-point distance** [ultras.]	Nullpunktabstand *(m)* einer Anzeige [US-Prüfung]
P 861	**pump**	Pumpe *(f)*
P 862	**pumpable** *(adj.)*	pumpfähig *(Adj.)*
P 863	**pump and heater set; PH set**	Pump- und Vorwärmstation *(f)*
P 864	**pump-assisted thermal circulation; thermally induced, pump-assisted circulation with recirculation; controlled circulation; forced circulation**	Zwangumlauf *(m)*
P 865	**pump balance disc**	Pumpenentlastungsscheibe *(f)*
P 866	**pump bottom-half casing**	Pumpengehäuseunterteil *(n)*
P 867	**pump casing**	Pumpengehäuse *(n)*

P 868	pump differential head; pump differential pressure; pump net pressure	Pumpenförderdruck *(m)*
P 869	pump discharge branch	Pumpendruckstutzen *(m)*
P 870	pump discharge casing	Pumpendruckgehäuse *(n)*
P 871	pump discharge line	Pumpendruckleitung *(f)*
P 872	pump discharge pressure	Pumpendruck *(m)*
P 873	pump discharge side	Pumpendruckseite *(f)*
P 874	pump discharge strainer	Pumpendruckfilter *(n)*
P 875	pumped storage power station	Pumpspeicherwerk *(n)*
P 876	pump efficiency	Pumpenwirkungsgrad *(m)*
P 877	pump head	Pumpendruckhöhe *(f)*
P 878	pump impeller	Pumpenflügelrad *(n)*; Pumpenlaufrad *(n)*
P 879	pumping capacity	Pumpenförderleistung *(f)*; Pumpenleistung *(f)*
P 880	pumping medium	Pumpenfördermedium *(n)*
P 881	pumping station; pump set	Pumpstation *(f)* [In längere Rohrleitungen (pipelines) baut man Pumpstationen ein, um den über die Leitung erfolgten Druckabfall durch automatisch arbeitende Pumpen auszugleichen.]
P 882	pump-in rate [tank]	eingepumpte Menge *(f)* [Tank]
P 883	pump-liquid temperature; pumping temperature	Pumpenfördertemperatur *(f)*
P 884	pump receiver	Pumpenvorlage *(f)*
P 885	pump set; pumping station	Pumpstation *(f)* [siehe: **pumping station**]
P 886	pump speed	Pumpendrehzahl *(f)*
P 887	pump stationary disc	Pumpenentlastungsgegenscheibe *(f)*
P 888	pump suction branch	Pumpensaugstutzen *(m)*
P 889	pump suction line	Pumpenansaugleitung *(f)*; Pumpensaugleitung *(f)*
P 890	pump suction pressure	Pumpenansaugdruck *(m)*
P 891	pump suction side	Pumpensaugseite *(f)*
P 892	pump suction strainer	Pumpensaugfilter *(n)*
P 893	pump sump; pump well	Pumpeneinlaufschacht *(m)*; Pumpensumpf *(m)*
P 894	pure bending	reine Biegebeanspruchung *(f)*
P 895	pure shear	reine Abscherung *(f)*
P 896	purge connections *(pl)*; aeration connections *(pl)*	Spülanschlüsse *(m, pl)*; Belüftungsanschlüsse *(m, pl)*
P 897	purge gas; bleed gas; flush gas; purging gas	Spülgas *(n)*
P 898	purger; drain valve; purge valve	Entleerungsventil *(n)*; Ablaßventil *(n)*
P 899	purging	Ausblasen *(n)*
P 900	purging gas; anti-slag gas [welding]	Formiergas *(n)*; Spülgas *(n)* [Schweißen]
P 901	PWHT; post-weld heat treatment	Wärmebehandlung *(f)* nach dem Schweißen
P 902	PWR; pressurised water reactor	Druckwasserreaktor *(m)*

Q

Q 1	**QA; quality assurance**	QS; Qualitätssicherung *(f)*
Q 2	**QA manual; quality assurance manual**	QS-Handbuch *(n)*; Qualitätssicherungshandbuch *(n)*
Q 3	**QA representative; quality assurance representative**	Qualitätsbeauftragter *(m)*
Q 4	**QA system; quality assurance system**	QS-System *(n)*; Qualitätssicherungssystem *(n)*
Q 5	**QC; quality control**	Qualitätskontrolle *(f)*
Q 6	**Q-pipe heat exchanger**	Q-Pipe-Wärmeaustauscher *(m)* [Der „Q-Pipe" ist ein Wärmeaustauscher, der aus einer Vielzahl unabhängig voneinander arbeitender Wärmerohre **(heat pipes)** besteht, die in Reihen neben- und übereinander angeordnet sind. Jedes Rohr steht unter Vakuum und ist mit einer leicht siedenden Flüssigkeit gefüllt. Das heiße, wärmeabgebende Medium verdampft diese Flüssigkeit, die dann in der kälteren Rohrhälfte wieder kondensiert und die Kondensationswärme an das vorbeiströmende kältere Medium abgibt. Eingesetzt wird der „Q-Pipe" z. B. bei: Raffinerieanlagen und petrochemischen Anlagen, Wirbelschicht- und Industriekesseln sowie Sondermüllverbrennungsanlagen; siehe auch: **heat pipe**]
Q 7	**quadratic pressure drop**	quadratischer Druckverlust *(m)*
Q 8	**quadruple traverse technique** [ultras.]	Methode *(f)* des doppelten Sprungabstandes [US-Prüfung] [auch: T 661]
Q 9	**qualification certificate**	Befähigungsnachweis *(m)*; Qualifikationsnachweis *(m)*
Q 10	**qualification class**	Prüfgruppe *(f)* [Schweißer]
Q 11	**qualification record**	Befähigungsnachweis *(m)*
Q 12	**qualification report**	Zulassungsbericht *(m)* [QS-Handbuch]
Q 13	**qualification test**	Eignungsprüfung *(f)*; Qualifikationsprüfung *(f)*; Zulassungsprüfung *(f)*
Q 14	**qualified BPS; qualified bonding procedure specification**	zugelassene Klebeverfahrensspezifikation *(f)*
Q 15	**qualified welder**	geprüfter Schweißer *(m)*
Q 16	**qualified welding procedure; approved welding procedure**	zugelassenes Schweißverfahren *(n)*
Q 17	**qualitative analysis**	qualitative Analyse *(f)*
Q 18	**quality assurance; QA**	Qualitätssicherung *(f)*; Qualitätsüberwachung *(f)*; QS
Q 19	**quality assurance manual; QA manual**	QS-Handbuch *(n)*; Qualitätssicherungshandbuch *(n)*
Q 20	**quality assurance representative; QA representative**	Qualitätsbeauftragter *(m)*
Q 21	**quality assurance system; QA system**	QS-System *(n)*; Qualitätssicherungssystem *(n)*
Q 22	**quality audit**	Qualitätsüberprüfung *(f)* [Audit]
Q 23	**quality class**	Güteklasse *(f)*; Prüfklasse *(f)* [Abnahme]

Q 24	**quality control; QC**	Qualitätskontrolle *(f)*; Qualitätslenkung *(f)*
Q 25	**quality control report**	Werkszeugnis *(n)*
Q 26	**quality control sheet**	Prüfblatt *(n)* [QS]
Q 27	**quality defect**	Qualitätsmangel *(m)*
Q 28	**quality department manager**	Qualitätsstellenleiter *(m)*
Q 29	**quality engineering**	Qualitätstechnik *(f)*
Q 30	**quality factor**	Gütefaktor *(m)*
Q 31	**quality feature**	Qualitätsmerkmal *(n)*
Q 32	**quality grade**	Gütegrad *(m)*; Gütestufe *(f)*
Q 33	**quality grading**	Gütestufen-Einteilung *(f)*
Q 34	**quality inspection**	Qualitätsprüfung *(f)*
Q 35	**quality level**	Qualitätslage *(f)*; Qualitätsstandard *(m)*
Q 36	**quality management policy**	QS-Grundsätze *(m, pl)*
Q 37	**quality of manufacture**	Fertigungsqualität *(f)*
Q 38	**quality plan**	Bauüberwachungsplan *(m)*
Q 39	**quality procedure**	QS-Verfahrensanweisung *(f)*
Q 40	**quality surveillance**	Qualitätsüberwachung *(f)*
Q 41	**quality surveillance; independent in-process inspection; third-party inspection**	Bauüberwachung *(f)* [im Werk durch Kunden]
Q 42	**quality testing**	Qualitätsprüfung *(f)*
Q 43	**quality verification**	Qualitätsfähigkeitsbestätigung *(f)*
Q 44	**quantitative analysis**	quantitative Analyse *(f)*
Q 45	**quantitative proportion**	Mengenverhältnis *(n)*
Q 46	**quantity**	Menge *(f)*; Stückzahl *(f)*
Q 47	**quantity**	Größe *(f)* [Math.]
Q 48	**quantity sheet**	Leistungsverzeichnis *(n)*; Mengengerüst *(n)*
Q 49	**quarantined item**	gesperrtes Teil *(n)* [QS]
Q 50	**quarantine period**	Sperrfrist *(f)* [QS]
Q 51	**quarantine store**	Sperrlager *(n)* [QS]
Q 52	**quarter bend**	Krümmer *(m)*, 90-Grad ...
Q 53	**quarter turn**	Vierteldrehung *(f)*; Schaltung *(f)*, 90-Grad ...
Q 54	**quasi-constant slip**	quasi-konstanter Schlupf *(m)*
Q 55	**quasi-stationary temperature gradient**	quasi-stationärer Temperaturgradient *(m)*
Q 56	**quasi-steady flow; quasi-stationary flow**	quasistationäre Strömung *(f)* [*quasistationäre Strömungsvorgänge* sind solche, bei denen sich Druck und Geschwindigkeit zwar an jeder Stelle des Systems mit der Zeit verändern, bei denen aber die Druckänderungen infolge der Beschleunigung und Verzögerung der bewegten Teilchen vernachlässigt werden können. Nur unter dieser wesentlichen Voraussetzung können für ein bestimmtes Zeitintervall die Gesetze der stationären Strömung auch für die quasistationäre Strömung angewandt werden. Charakteristische quasistationäre Strömungsvorgänge sind z. B.: — die Strömung durch ein Ventil, dessen Querschnitt langsam verändert wird,

quilting

— die Strömung durch eine Rohrleitung mit einem in dieser sitzenden Ventil, dessen Querschnitt langsam verändert wird, wobei es belanglos ist, ob dieses Ventil am Eintritt, in der Mitte oder am Austritt der Leitung sitzt. Siehe auch die Erläuterungen zur *stationären Strömung* **(steady flow)** und zur *instationären Strömung* **(unsteady flow)**.]

Q 57	quench and temper heat treatment	Vergüten *(n)* [Wärmebehandlung]
Q 58	quench cooler; quench boiler	Quenchkühler *(m)*; Quenche *(f)* [Abhitzekessel]
Q 59	quench hardening	Abschreckhärten *(n)* [Wärmebehandlung]
Q 60	quenching	Abschrecken *(n)* [Wärmebehandlung]
Q 61	quenching	Quenchen *(n)* [Einspritzen von Flüssigkeiten oder kühlen Dämpfen in heiße Gase zur plötzlichen Herabsetzung der Temperatur]
Q 62	quenching and tempering	Abschrecken *(n)* und Anlassen [mit Luft]; Vergüten *(n)* [wenn anderes Medium als Luft, z. B. Öl oder Wasser verwendet wird]
Q 63	quenching time	Abschreckzeit *(f)*
Q 64	quench temperature [US]; wetting temperature [UK]	Wandtemperatur *(f)* bei Benetzung [meist als minimale Wandtemperatur definiert, bei der stabiles Filmsieden aufrecht erhalten werden kann; auch: Temperatur, bei der die Geschwindigkeit der Benetzungsfront unabhängig wird; siehe auch: **Leidenfrost temperature**]
Q 65	quick-acting closure	Schnellverschluß *(m)*
Q 66	quick-acting valve; fast-acting valve; rapidaction valve; quick closure-type valve	Schnellschlußventil *(n)*
Q 67	quick-adjusting mechanism	Schnellverstellung *(f)* [Vorrichtung]
Q 68	quick adjustment	Schnellverstellung *(f)* [Vorgang]
Q 69	quick-closing damper	Schnellschlußklappe *(f)*
Q 70	quick-exhaust valve; quick-ventilation valve; rapid-escape valve; quick-release valve	Schnellentlüftungsventil *(n)*
Q 71	quick-locking mechanism	Schnellverschluß *(m)*
Q 72	quick-release cover	Schnellverschlußdeckel *(m)*
Q 73	quick-release valve; quick-exhaust valve; rapid-escape valve; quick-ventilation valve	Schnellentlüftungsventil *(n)*
Q 74	quilted insulation mat	gesteppte Isoliermatte *(f)*
Q 75	quilted mineral wool mats on galvanised wire netting	versteppte Mineralwollmatten *(f, pl)* auf verzinktem Drahtgeflecht
Q 76	quilting	Aufsteppen *(n)*; Steppen *(n)*; Versteppen *(n)* [Isoliermatte]

R

R 1	**rabbet joint**	Falzstoß *(m)*; T-Stoß *(m)* mit Einfalzung
R 2	**radially split pump**	quergeteilte Pumpe *(f)*
R 3	**radial scan [ultras.]**	Radialabtastung *(f)* [US-Prüfung]
R 4	**radial sleeve bearing**	Radialgleitlager *(n)*
R 5	**radial slit design; cross-score design [prebulged busting disk]**	Ausführung *(f)* mit radialen Einkerbungen; radial eingekerbte Ausführung *(f)* [vorgewölbte Berstscheibe]
R 6	**radial stress**	Radialspannung *(f)*
R 7	**radial thrust bearing**	Trag-Stützlager *(n)*
R 8	**radial weir gate**	Überfallklappwehr *(n)*
R 9	**radiant energy**	Strahlungsenergie *(f)*
R 10	**radiant heat**	Strahlungswärme *(f)*
R 11	**radiant heating surface**	Strahlungsheizfläche *(f)*
R 12	**radiant heat transmission; radiative heat transfer; heat transfer by radiation**	Wärmeübertragung *(f)* durch Strahlung; Wärmeübergang *(m)* durch Strahlung; Strahlungswärmeübertragung *(f)*
R 13	**radiating crack [weld imperfection]**	sternförmiger Riß *(m)* [kann auftreten im Schweißgut, in der WEZ, im Grundwerkstoff]
R 14	**radiation beam length [radiative heat transfer]**	Schichtdicke *(f)* [Wärmeübergang durch Strahlung]
R 15	**radiation coefficient**	Strahlungszahl *(f)*
R 16	**radiation coefficient for black exchange; Stefan-Boltzmann constant**	Strahlungszahl *(f)* des schwarzen Körpers; Stefan-Boltzmann-Konstante *(f)*
R 17	**radiation from clouds of particles**	Partikelstrahlung *(f)*
R 18	**radiation from nonluminous gases**	Gasstrahlung *(f)*
R 19	**radiation interchange; radiative interchange**	Strahlungsaustausch *(m)*
R 20	**radiation loss**	Strahlungsverlust *(m)*
R 21	**radiation of heat**	Wärmestrahlung *(f)*
R 22	**radiative heat transfer; radiant heat transmission; heat transfer by radiation**	Wärmeübertragung *(f)* durch Strahlung; Wärmeübergang *(m)* durch Strahlung; Strahlungswärmeübertragung *(f)*
R 23	**radioactive ionisation gauge**	Kernstrahlungsionisations-Vakuummeter *(m)*
R 24	**radioactive tracer leak detection**	Lecksuche *(f)* mit radioaktivem Indikator
R 25	**radiograph**	Röntgenaufnahme *(f)*; Durchstrahlungsaufnahme *(f)*; Durchstrahlungsbild *(n)*; Röntgenbild *(n)*
R 26	**radiographic contrast**	Durchstrahlungskontrast *(m)*
R 27	**radiographic density [radiog.]**	Schwärzungsgrad *(m)* von Durchstrahlungsaufnahmen [Durchstrahlungsprüfung]
R 28	**radiographic equipment**	Aufnahmegerät *(n)* [Durchstrahlung]
R 29	**radiographic examination; radiography; radiological flaw detection; radiographic inspection; radiographic testing**	Durchstrahlungsprüfung *(f)*
R 30	**radiographic exposure**	radiographische Belichtung *(f)*
R 31	**radiographic penetration**	Durchstrahlung *(f)*
R 32	**radiographic quality**	Bildgüte *(f)* [Durchstrahlungsprüfung]

R 33	**radiographic quality level; image quality index** [radiog.]	Bildgütezahl *(f)* einer Durchstrahlungsaufnahme [Durchstrahlungsprüfung]
R 34	**radiographic sensitivity**	radiographische Empfindlichkeit *(f)* [Durchstrahlungsprüfung]
R 35	**radiograph identification**	Filmzuordnung *(f)* [Durchstrahlungsaufnahme]
R 36	**radiograph interpretation**	Filmbeurteilung *(f)* [Durchstrahlungsaufnahme]
R 37	**radiograph location sketch** [radiog.]	Lageplan *(m)* [Durchstrahlungsaufnahmen]
R 38	**radiography; radiographic examination; radiographic inspection; radiological flaw detection; radiographic testing**	Durchstrahlungsprüfung *(f)*
R 39	**radiography operator**	Durchstrahlungsprüfer *(m)*; ZfP-Prüfer *(m)* [Durchstrahlung]
R 40	**radiography test report**	Durchstrahlungsprüfbericht *(m)*
R 41	**radiological flaw detection; radiography; radiographic examination; radiographic inspection; radiographic testing**	Durchstrahlungsprüfung *(f)*
R 42	**radio-opaque substance**	Röntgenkontrastmittel *(n)*
R 43	**radius of crown; radius of dishing**	Wölbungsradius *(m)* [gewölbter Boden]
R 44	**radius of curvature**	Krümmungsradius *(m)*
R 45	**radius of dishing; radius of crown**	Wölbungsradius *(m)* [gewölbter Boden]
R 46	**radius of gyration**	Trägheitshalbmesser *(m)*
R 47	**radius of the centroid**	Flächenschwerpunktradius *(m)*
R 48	**radius of the spherical part of a torispherical end/head**	innerer Kugelschalenradius *(m)* eines Klöpperbodens
R 49	**rafter** [tank]	Sparre *(f)* [Tank]
R 50	**rafter clip** [tank]	Sparrenklemme *(f)* [Tank]
R 51	**rafters** *(pl)* [tank]	Gespärre *(n)* [Tank]
R 52	**rafter slope** [tank]	Sparrenneigung *(f)* [Tank]
R 53	**railway tank car: RTC**	Kesselwagen *(m)*
R 54	**Rainflow HCM; rainflow hysteresis counting method**	Rainflow-Zählverfahren *(n)* [Verfahren zur Berechnung von Beanspruchungs-ZeitVerläufen, das die für die Betriebsfestigkeit maßgebenden Ereignisse erkennt und zählt]
R 55	**rain water downpipe**	Regenfallrohr *(n)*
R 56	**rainwater drain** [tank]	Regenwasserabfluß *(m)* [Tank]
R 57	**raised cheese head screw; raised fillister head screw**	Linsenzylinderschraube *(f)*
R 58	<u>raised face</u> [flange; see Annex 1, p. 113]	Dichtfläche *(f)* mit Arbeitsleiste [Flansch; siehe Anhang 1, S. 113]
R 59	**raised-face flange**	Flansch *(m)* mit vorspringender Arbeitsleiste
R 60	**Ramen heat exchanger; lamellar heat exchanger; LHE; lamella flow heat exchanger**	Lamellen-Wärmeaustauscher *(m)*; Ramèn Wärmeaustauscher *(m)*; Lamellenbündelwärmeaustauscher *(m)* [siehe: **lamellar heat exchanger**]
R 61	**ramification**	Verfingerung *(f)* [von Rohren]; Verzweigung *(f)* [Verästelung]
R 62	**ramp rise in temperature**	kontinuierlicher Temperaturanstieg *(m)*
R 63	**random check; random sampling**	Stichprobe *(f)* [Probeentnahme]
R 64	**random check sample**	Stichprobe *(f)* [entnommene]

R 65	**random failure**	Zufallsausfall *(m)*
R 66	**random mill length**	Lieferlänge *(f)* [Rohre]
R 67	**random noise**	Rauschstörung *(f)*; statisches Rauschen *(n)*
R 68	**random packing**	ungeordnete Packung *(f)* [unregelmäßige Packung aus Füllkörpern zur Wärme- und Stoffübertragung in Kolonnen]
R 69	**random stress loading**	Zufallsbelastung *(f)*
R 70	**random variable**	Zufallsgröße *(f)*
R 71	**range [ultras.]**	Bereich *(m)* [maximale Länge des Ultraschallweges, die angezeigt wird; US-Prüfung]
R 72	**range calibration [ultras.]**	Entfernungsjustierung *(f)* [US-Prüfung]
R 73	**range limit of measurement**	Meßbereichsgrenze *(f)*
R 74	**range of resultant moments**	Schwingbreite *(f)* der resultierenden Momente
R 75	**range valve**	Hauptleitungsventil *(n)*
R 76	**rapid-action valve; fast-acting valve; quickacting valve; quick closure-type valve**	Schnellschlußventil *(n)*
R 77	**rapid arc transfer; RAT [welding]**	Werkstoffschnellübergang *(m)* [Schweißen]
R 78	**rapid-escape valve; quick-exhaust valve; quick-ventilation valve; quick release valve**	Schnellentlüftungsventil *(n)*
R 79	**Raschig ring**	Raschigring *(m)* [Füllkörperschüttung]
R 80	**RAT; rapid arc transfer [welding]**	Werkstoffschnellübergang *(m)* [Schweißen]
R 81	**ratcheting**	fortschreitende Deformation *(f)* [eine schrittweise fortschreitende inelastische Deformation oder Dehnung einer Komponente, die wechselnden mechanischen Spannungen, thermischen Spannungen oder einer Kombination von beiden unterworfen ist]
R 82	**ratcheting, creep . . .**	unterbrochenes Zeitstandkriechen *(n)*; Kriech-ratcheting *(n)*
R 83	**ratcheting, thermal stress . . .**	stufenweise fortschreitende Deformation *(f)* aufgrund von Wärmespannungen; wärmespannungsbedingte fortschreitende Deformation *(f)*; schrittweises Versagen *(n)* bei lokalen thermischen Wechselbeanspruchungen [nicht im Zeitstandbereich]
R 84	**rated burst pressure; stamped burst pressure**	Ansprechdruck *(m)* [Berstscheibe]
R 85	**rated (discharge) capacity; rated relieving capacity [valve]**	Nennabblaseleistung *(f)* [Ventil]
R 86	**rated frequency**	Nennfrequenz *(f)*
R 87	**rated movement [expansion joint]**	Nennbewegung *(f)* [der maximale Betrag der Bewegung (axiale Dehnung und Zusammendrückung, laterale Bewegung und Winkelverdrehung oder irgendeine Kombination dieser Bewegungsarten), die ein Kompensator aufnehmen kann]
R 88	**rated pressure; nominal pressure**	Nenndruck *(m)* [mit PN gekennzeichnet]
R 89	**rated relieving capacity; rated discharge capacity [valve]**	Nennabblaseleistung *(f)* [Ventil]
R 90	**rated throughput; nominal throughput**	Nenndurchsatz *(m)*

R 91	rate of cooling	Abkühlgeschwindigkeit *(f)*
R 92	rate of crack growth	Rißwachstumsgeschwindigkeit *(f)*
R 93	rate of crack propagation	Rißfortpflanzungsgeschwindigkeit *(f)*
R 94	rate of flow; flow rate	Durchflußmenge *(f)*; Durchflußstrom *(m)*; Durchfluß *(m)*; Durchsatz *(m)*
R 95	rate of heat flow	Wärmedurchgang *(m)* [Menge]
R 96	rate of heating	Aufheizgeschwindigkeit *(f)* [Wärmebehandlung]
R 97	rate of load change	Laständerungsgeschwindigkeit *(f)*
R 98	rate of pressure change	Druckänderungsgeschwindigkeit *(f)*
R 99	rate of reaction; reaction rate	Reaktionsgeschwindigkeit *(f)*; Ansprechgeschwindigkeit *(f)*
R 100	rate of search unit movement [ultras.]	Abtastgeschwindigkeit *(f)* [US-Prüfung]
R 101	rate of temperature change	Temperaturänderungsgeschwindigkeit *(f)*
R 102	ratholing	Hohlraumbildung *(f)* [Strömung in Rohrleitungen]
R 103	rating	Einstufung *(f)*
R 104	rating plate	Leistungsschild *(n)*
R 105	ratings *(pl)*, pressure and temperature . . .	Druck-Temperaturstufen *(f, pl)*
R 106	ratio of specific heats	Adiabatenexponent *(m)*
R 107	Rayleigh number	Rayleigh-Zahl *(f)*
R 108	Rayleigh wave; surface wave [ultras.]	Rayleigh-Welle *(f)*; Oberflächenwelle *(f)* [US-Prüfung]
R 109	reaction forces *(pl)*	Reaktionskräfte *(f, pl)* [Rohrleitung]
R 110	reaction rate; rate of reaction	Ansprechgeschwindigkeit *(f)*; Reaktionsgeschwindigkeit *(f)*
R 111	reaction tank; reaction vessel	Reaktionsbehälter *(m)*; Reaktionsgefäß *(n)*; Reaktor *(m)* [Behälter]
R 112	reaction temperature	Reaktionstemperatur *(f)*
R 113	reaction value	Anlaufwert *(m)* [Regelung]
R 114	reactor, (nuclear) . . .	Reaktor *(m)*; Kernreaktor *(m)*
R 115	reactor pressure vessel; RPV	Reaktordruckbehälter *(m)*; RDB
R 116	reactor pressure vessel closure head	Reaktordruckbehälterdeckel *(m)*
R 117	reactor weater clean-up system	Primärreinigungsanlage *(f)* [Reaktor]
R 118	ready-to-fit assembly	montagefertige Baugruppe *(f)*
R 119	ready-to-operate installation; readyto-operate erection	betriebsbereite Montage *(f)*; betriebsbereite Aufstellung *(f)*
R 120	reamed bolt	Paßschraube *(f)*
R 121	rear connection; back connection	rückseitiger Anschluß *(m)*
R 122	rear head [US]; rear end [UK]	hinterer Boden *(m)*
R 123	reattachment of flow	Wiederanlegen *(n)* der Strömung
R 124	rebaking [electrode]	Rücktrocknung *(f)* [Elektroden]
R 125	reboiler	Reboiler *(m)*; Wiederverdampfer *(m)* [Reboiler oder Wiederverdampfer sind Erhitzer, die oft in Destillationsvorgänge eingeschaltet werden. Sie haben den Zweck, durch nochmaliges

Erhitzen des Destillationsrückstandes die noch nicht ausgedampften leichteren Teile aus dem Produkt auszutreiben. Sie werden meistens als Röhrenheizkörper gebaut, wobei das aus dem Turm rückfließende Produkt von unten her durch die Rohre eintritt und als Gasflüssigkeitsgemisch wieder der Kolonne zugeführt wird. Beheizung der Reboiler durch Wasserdampf, Umlauföl oder durch heiße Produkte der betreffenden Destillationsanlage. Siehe z. B. **thermosiphon reboiler, kettle reboiler**]

R 126	**recalculation; confirmatory calculation**		Nachrechnung *(f)*
R 127	**receiver**		Auffangbehälter *(m)*; Sammelbehälter *(m)*; Sammelkasten *(m)*; Vorlage *(f)* [Behälter; siehe auch: **rundown tank**]
R 128	**receiver**		Empfängergerät *(n)*
R 129	**receiver, (air)** ...		Druckluftbehälter *(m)*; Luftkessel *(m)*; Preßluftspeicher *(m)*; Windkessel *(m)*
R 130	**receiver probe** [ultras.]		Empfängerprüfkopf *(m)* [US-Prüfung]
R 131	**receiving inspection**		Eingangskontrolle *(f)*
R 132	**receptacle**		Auffangbehälter *(m)*; Sammelgefäß *(n)*
R 133	**recess**		Rücksprung *(m)*; Aussparung *(f)*
R 134	**recess; female face** [flange; see Annex 1, p. 113]		Rücksprung *(m)* [Flanschdichtfläche; siehe Anhang 1, S. 113]
R 135	**recessed gasket**		eingekammerte Dichtung *(f)*
R 136	**recipient**		Vorlage *(f)* [Behälter]
R 137	**reciprocating feed pump**		Kolbenspeisepumpe *(f)*
R 138	**reciprocating metering pump**		Kolbendosierpumpe *(f)*
R 139	**recirculation; circulation**		Umwälzung *(f)*; Umlauf *(m)*; Rücklauf *(m)*; Rezirkulation *(f)*
R 140	**recirculation control valve**		Rücklaufregelventil *(n)*; Umlaufregelventil *(n)*; Umwälzregelventil *(n)*
R 141	**recirculation line**		Rücklaufleitung *(f)*; Umwälzleitung *(f)*
R 142	**recirculation mode of operation**		Umwälzbetrieb *(m)*; Rezirkulationsbetrieb *(m)*
R 143	**recirculation pump; circulating pump**		Umwälzpumpe *(f)*
R 144	**recirculation system; circulating system; circulatory system; circuitry**		Umwälzsystem *(n)*
R 145	**recirculation valve**		Umlaufventil *(n)*; Umwälzventil *(n)*
R 146	**recirculation water flow**		Umwälzwassermenge *(f)*
R 147	**recommended safety practices** *(pl)*		Sicherheitsempfehlungen *(f, pl)*
R 148	**recommissioning**		Wiederinbetriebnahme *(f)*
R 149	**recondensation**		Rekondensation *(f)*; Rückverflüssigung *(f)*
R 150	**recondensation coefficient**		Rückverflüssigungskoeffizient *(m)*
R 151	**record**		Aufzeichnung *(f)*; Protokoll *(n)*
R 152	**recording medium** [radiog.]		Aufnahmemedium *(n)* [Durchstrahlungsprüfung]
R 153	**recovery** [of specimen after stressing]		Erholung *(f)* [einer Probe nach Beanspruchung]

reduced shank

R 154	**recovery**	Rückgewinnung *(f)*
R 155	**recovery rate**	Erholungsgeschwindigkeit *(f)*
R 156	**recovery system**	Rückgewinnungsanlage *(f)*
R 157	**recovery time**	Regelzeit *(f)*
R 158	**recrystallised structure**	umgekörnte Struktur *(f)* [Werkstoff]
R 159	**recrystallization**	Umkristallisation *(f)*
R 160	**rectangular damper**	Rechteckklappe *(f)*
R 161	**rectangular expansion joint** [see Annex 1, p. 101]	rechteckiger Kompensator *(m)*; rechteckiger Dehnungsausgleicher *(m)*; Kamera-Dehnungsausgleicher *(m)* [siehe Anhang 1, S. 101]
R 162	**rectangular penstock**	Steckschütz *(n)* [siehe auch: **penstock**]
R 163	**rectangular shell condenser; box-type condenser**	Kastenkondensator *(m)*; rechteckiger Kondensator *(m)* [Oberflächenkondensator mit rechteckigem Mantel]
R 164	**rectangular tensile specimen**	Flachzugprobe *(f)*
R 165	**rectangular test specimen**	Flachprobe *(f)*
R 166	**rectangular tubesheet**	rechteckiger Rohrboden *(m)* [findet Anwendung bei bestimmten Oberflächenkondensatoren (Kastenkondensator)]
R 167	**rectification**	Rektifizieren *(n)* [Rektifizieren ist das Trennen flüssiger Stoffgemische in Anteile mit unterschiedlichen Siedetemperaturen durch Verdampfen, Stoffaustausch mit rücklaufendem Kondensat und anschließendem Kondensieren; siehe auch: **column**]
R 168	**rectified signal envelope** [AET]	Impulseinhüllende *(f)* des gleichgerichteten Signals [SEP]
R 169	**rectifier welding set**	Schweißgleichrichter *(m)*
R 170	**rectifying column; stripping column** [see Annex 1, p. 9]	Rektifiziersäule *(f)* [siehe: **column**; siehe Anhang 1, S. 9]
R 171	**recuperative (air) heater**	Rekuperativ(luft)vorwärmer *(m)*
R 172	**recuperative heat exchanger; recuperator**	Rekuperator *(m)*; rekuperativer Wärmeaustauscher *(m)*; Rekuperativ-Wärmeaustauscher *(m)*
R 173	**recycle; reflux**	Rückfluß *(m)* [Rückführung von Kondensat; siehe: **reflux**]
R 174	**recycle ratio**	Rückflußverhältnis *(n)*
R 175	**redox potential meter**	Redoxpotential-Meßgerät *(n)*
R 176	**reduced back reflection** [ultras.]	geschwächtes Rückwandecho *(n)* [US-Prüfung]
R 177	**reduced flaw distance**	reduzierter Fehlerabstand *(m)*
R 178	**reduced flaw size**	reduzierte Fehlergröße *(f)*
R 179	**reduced inspection**	reduzierte Prüfung *(f)* [Abnahme]
R 180	**reduced output**	reduzierte Leistung *(f)*; Minderleistung *(f)*
R 181	**reduced pressure**	reduzierter Druck *(m)*
R 182	**reduced scale**	verkleinerter Maßstab *(m)*
R 183	**reduced shank; waisted shank**	Dehnschaft *(m)*; reduzierter Schaft *(m)* [Schraube]

R 184	**reduced shank bolt**	Dehnschraube *(f)*
R 185	**reduced temperature**	reduzierte Temperatur *(f)*
R 186	**reducer; reducing adaptor**	Reduzierstück *(n)*
R 187	**reducer union**	gerade Reduzierverschraubung *(f)*
R 188	**reducing agent**	Reduktionsmittel *(n)*; Reduziermittel *(n)*
R 189	**reducing cross**	Reduzier-Kreuzstück *(n)*
R 190	**reducing mill process**	Streckreduzieren *(n)* [Rohr]
R 191	**reducing nipple**	Reduziernippel *(m)*
R 192	**reducing sleeve; reducing socket**	Reduziermuffe *(f)*; Übergangsmuffe *(f)*
R 193	**reducing valve; pressure reducing valve**	Druckminderventil *(n)*; Druckreduzierventil *(n)*; Reduzierventil *(n)*
R 194	**reduction factor**	Abminderungsbeiwert *(m)*; Minderungsfaktor *(m)*; Reduktionsfaktor *(m)*
R 195	**reduction of area**	Brucheinschnürung *(f)* [beim Zugversuch]; Einschnürung *(f)*; Querschnittsänderung *(f)*; Querschnittsverminderung *(f)*
R 196	**reduction product**	Abbauprodukt *(n)* [chemisch]
R 197	**redundant forces** *(pl)*	statisch unbestimmte Kräfte *(f, pl)*
R 198	**re-entrant angle**	einspringender Winkel *(m)* [strömungstechnisch ungünstig; sind zu vermeiden]
R 199	**re-examination; repeat test; retest**	Wiederholungsprüfung *(f)*
R 200	**refacing; refinishing** [surface]	Nacharbeiten *(n)* [Oberfläche]
R 201	**reference block; test block** [ultras.]	Vergleichskörper *(m)*; Kontrollkörper *(m)*; Prüfkörper *(m)*; Testkörper *(m)*; Prüfblock *(m)* [US-Prüfung]
R 202	**reference block technique** [ultras.]	Vergleichskörperverfahren *(n)* [US-Prüfung]
R 203	**reference code number**	Bezugskennzeichen *(n)*
R 204	**reference dimension**	Kontrollmaß *(n)*; Maß *(n)* ohne Toleranzangabe
R 205	**reference discontinuity**	Vergleichswerkstoffehler *(m)*
R 206	**reference drawing**	zugehörige Zeichnung *(f)*
R 207	**reference echo; control echo** [ultras.]	Bezugsecho *(n)*; Kontrollecho *(n)* [US-Prüfung]
R 208	**reference electrode**	Bezugselektrode *(f)*
R 209	**reference gauge**	Prüflehre *(f)*
R 210	**reference heat treatment**	Bezugswärmebehandlung *(f)*
R 211	**reference input variable**	Leitsollwert *(m)* [Regelung]
R 212	**reference leak; calibrated leak; sensitivity calibrator; standard leak; test leak**	Eichleck *(n)*; Testleck *(n)*; Vergleichsleck *(n)*; Leck *(n)* bekannter Größe; Bezugsleck *(n)*
R 213	**reference level**	Bezugspegel *(m)*
R 214	**reference list of pipework**	Schlüsselliste *(f)* [Rohrbau]
R 215	**reference period**	Nennzeit *(f)*; Bezugszeit *(f)* [Summe aus Verfügbarkeits- und Nichtverfügbarkeitszeit]
R 216	**reference piece; reference specimen**	Vergleichsprobe *(f)*
R 217	**reference piece** [penetrant testing]	Prüfnormal *(n)* [FE-Prüfung]
R 218	**reference pressure**	Bezugsdruck *(m)*
R 219	**reference quantity**	Bezugsgröße *(f)*
R 220	**reference radiograph**	Vergleichs-Durchstrahlungsaufnahme *(f)*
R 221	**reference reflector** [ultras.]	Vergleichsreflektor *(m)*; Justierreflektor *(m)* [US-Prüfung]

refrigerant inlet

R 222	reference response, primary . . . [ultras.]	primäre Kontrollechohöhe *(f)* [US-Prüfung]
R 223	reference setpoint	Führungssollwert *(m)* [Regelung]
R 224	reference signal	Führungssignal *(n)* [Regelung]
R 225	reference specimen; reference piece	Vergleichsprobe *(f)*
R 226	reference standard	Reinsubstanz *(f)* [chemisch]
R 227	reference standard	Bezugsnorm *(f)*
R 228	reference standard	Vergleichsnormal *(n)* [Lehre]
R 229	reference standard	Eichnormal *(n)*; Prüfnormal *(n)*; Vergleichskörper *(m)*
R 230	reference temperature	Bezugstemperatur *(f)*
R 231	reference variable	Führungsgröße *(f)* [Regelung]
R 232	refilling	Nachfüllen *(n)*; Auffüllen *(n)*
R 233	refinery	Raffinerie *(f)*
R 234	refinery gases *(pl)*	Raffineriegase *(n, pl)*
R 235	refining loss	Raffinationsverlust *(m)*
R 236	refinishing; refacing	Nacharbeiten *(n)* [Oberfläche]
R 237	reflecting surface [ultras.]	Reflektorfläche *(f)* [US-Prüfung]
R 238	reflection [ultras.]	Reflexion *(f)*; Echo *(n)* [US-Prüfung]
R 239	reflection angle [ultras.]	Reflexionswinkel *(m)* [US-Prüfung]
R 240	reflection technique [ultras.]	Reflexionsverfahren *(n)* [US-Prüfung]
R 241	reflector [ultras.]	Fehler *(m)*; Reflexionsstelle *(f)* [US-Prüfung]
R 242	reflux; recycle [column]	Rückfluß *(m)* [Rückführung von Kondensat (oder Raffinat) zur besseren Fraktionierung in Fraktionierkolonnen **(fractionating column)** bei der Destillation oder in Extraktionstürmen **(extraction column)** beim Extrahieren. Bei der fraktionierten Destillation **(fractional distillation)** erreicht man durch temperaturgesteuerten Rückfluß konstante Temperaturen in der Fraktionierkolonne. Man unterscheidet zwischen Kopfrückfluß **(top reflux)** und Zwischenrefluß **(internal reflux)**. Das Rückflußverhältnis **(recycle ratio)** wird meist in Vol.-Verhältnissen Rückfluß zu Einsatz ausgedrückt.]
R 243	reflux [gen.]	Rückfluß *(m)*; Rücklauf *(m)*; Rückstrom *(m)* [allgemein]
R 244	reflux condenser; reflux exchanger; refluxer; dephlegmator	Rücklaufkondensator *(m)*; Rückflußkühler *(m)*; Rückflußkondensator *(m)*; aufstärkender Rücklaufkondensator *(m)*; verstärkender Rücklaufkondensator *(m)*; Dephlegmator *(m)*
R 245	reflux valve [check valve]	Rückschlagventil *(n)* [nichtgenormter engl. Ausdruck; siehe: **check valve**]
R 246	reformer tube	Spaltrohr *(n)* [Röhrenspaltofen]
R 247	refraction [ultras.]	Brechung *(f)* [Winkeländerung in der Richtung des Schallstrahlenbündels; US-Prüfung]
R 248	refrigerant; refrigerating agent; refrigerating medium	Kältemittel *(n)*; Kälteträger *(m)*; Kühlmittel *(n)*
R 249	refrigerant inlet	Kühlmitteleintritt *(m)*

R 250	**refrigerant outlet**	Kühlmittelaustritt *(m)*
R 251	**refrigerated service**	Kühlbetrieb *(m)*
R 252	**refrigerated tank**	Tank *(m)* im Kühlbetrieb
R 253	**refrigerating action; refrigerating effect**	Kühlwirkung *(f)*
R 254	**refrigerating pipe; cooling pipe**	Kühlrohr *(n)*
R 255	**refrigerating plant**	Kälteanlage *(f)*; Kühlanlage *(f)*
R 256	**refrigeration**	Kälteerzeugung *(f)*
R 257	**refrigeration by circulation**	Umlaufkühlung *(f)*
R 258	**refrigeration compressor**	Kälteverdichter *(m)*
R 259	**refrigeration cycle**	Kältekreislauf *(m)*
R 260	**refrigerator; refrigerating machine**	Kältemaschine *(f)*; Kühlmaschine *(f)* [Meist Kompressionskältemaschinen. Sie bestehen aus einem Kompressor, einem Kühler zur Abführung der Kompressionswärme, einer Drossel zur adiabatischen Entspannung des Kältemittels und dem eigentlichen Wärmeaustauscher, über den die so erzeugte Untertemperatur („Kälte") nutzbar gemacht werden kann.]
R 261	**refurbishment; revamping**	Ertüchtigung *(f)*; Sanierung *(f)* [Anlage]
R 262	**regenerative air heater**	Regenerativ-Luftvorwärmer *(m)*; Regenerativ-Luvo *(m)*
R 263	**regenerative capacity**	Wärmespeicherfähigkeit *(f)*
R 264	**regenerative heat exchanger; RHX; regenerator**	regenerativer Wärmeaustauscher *(m)*; regenerativer Wärmeübertrager *(m)*; Regenerator *(m)*
R 265	**regenerative process**	Regenerativprozeß *(m)*
R 266	**registered design drawing**	Gebrauchsmusterzeichnung *(f)*
R 267	**regular packing [column]**	geordnete Packung *(f)* [Pakete aus Geweben, Streckmetall, Formkörpern oder regelmäßig gesetzte Füllkörper in Kolonnen; zur Wärme- und Stoffübertragung]
R 268	**regulating damper; control damper**	Regelklappe *(f)* [Regelorgan]
R 269	**regulating device**	Reguliervorrichtung *(f)*; Stellvorrichtung *(f)*
R 270	**regulating point**	Stellort *(m)* [Steuern/Regeln]
R 271	**regulating stem tip [valve]**	Regelkonus *(m)*; Regulierkegel *(m)* [Ventil]
R 272	**reheat crack**	Relaxationsriß *(m)*
R 273	**reheat cracking; stress relief cracking/embrittlement**	Relaxationsrißbildung *(f)*; Rißbildung *(f)* in der WEZ während der entspannenden Wärmebehandlung [Spannungsfreiglühen]
R 274	**reinforced bellows [see Annex 1, p. 86]**	verstärkter Balg *(m)* [siehe Anhang 1, S. 86]
R 275	**reinforced seal**	armierte Dichtung *(f)*; bewehrte Dichtung *(f)*
R 276	**reinforced slab [tank]**	bewehrte Platte *(f)* [Tank]
R 277	**reinforcement**	Versteifung *(f)*; Armierung *(f)*; Aussteifung *(f)*; Bewehrung *(f)*; Verstärkung *(f)*
R 278	**reinforcement [weld]**	Wulst *(m)* [Schweißnaht]
R 279	**reinforcement edge; edge reinforcement**	Randverstärkung *(f)*
R 280	**reinforcement splices *(pl)* [tank]**	Bewehrungsstöße *(m, pl)* [Tank]
R 281	**reinforcing cloth [tank]**	Bewehrungsstoff *(m)* [Tank]

R 282	**reinforcing collar; collar** **[expansion joint; see Annex 1, p. 88]**	Balgbordring *(m)*; Bordring *(m)* [eines Kompensators; zur Verstärkung des zylindrischen Auslaufs **(tangent; cuff)**; siehe Anhang 1, S. 88]
R 283	**reinforcing mesh** **[tank]**	Bewehrungsgewebe *(n)* [Tank]
R 284	**reinforcing pad; pad (reinforcement)**	Verstärkungsscheibe *(f)*; ringförmige Verstärkung *(f)*; scheibenförmige Verstärkung *(f)*; Verstärkungsring *(m)*; Scheibe *(f)* [Behälterversteifung]
R 285	**reinforcing plate**	Verstärkungsblech *(n)*; Versteifungsblech *(n)*
R 286	**reinforcing ring; root ring** **[expansion joint; see Annex 1, p. 86]**	Verstärkungsring *(m)* [für Kompensatoren; aus Rohr- oder Stabmaterial hergestellt; eingesetzt in den Wellentälern der Bälge zur Erhöhung der Druckfestigkeit; siehe Anhang 1, S. 86]
R 287	**reinforcing sleeve**	Verstärkungshülse *(f)*
R 288	**reject** **[suppression; ultras.]**	Siebkreis *(m)* [Unterdrückung; US-Prüfung]
R 289	**rejectable quality level; RQL**	rückzuweisende Qualitätsgrenzlage *(f)*
R 290	**rejection level; gate; cut-off level** **[NDE]**	Zurückweisungslevel *(m)* [ZfP]
R 291	**relaxation**	Relaxation *(f)*; Entspannung *(f)*
R 292	**relaxation factor**	Entspannungsfaktor *(m)*
R 293	**relaxation modulus**	Entspannungsmodul *(m)*
R 294	**relaxed tensile stress**	nachlassende Zugspannung *(f)*
R 295	**release plate**	Reißblech *(n)*
R 296	**relief, fillet radius ...**	Hinterdrehung *(f)* des Kehlhalbmessers; Kehlhalbmesserhinterdrehung *(f)*
R 297	**relief bracket**	Entlastungskonsole *(f)*
R 298	**relief capacity; discharge capacity** **[valve]**	Abblaseleistung *(f)* [Ventil]
R 299	**relief check valve**	Freilaufrückschlagventil *(n)*
R 300	**relief cone** **[valve]**	Vorhubkegel *(m)* [Ventil]
R 301	**relief device**	Überdrucksicherung *(f)* [Ventil]
R 302	**relief grinding**	Hinterschleifen *(n)*
R 303	**relief groove; groove to reduce stress concentration**	Entlastungsnut *(f)* [Boden]
R 304	**relief hood** **[safety valve]**	Abblasehaube *(f)* [Sicherheitsventil]
R 305	**relief milling**	Hinterfräsen *(n)*
R 306	**relief plate**	Entlastungsplatte *(f)*
R 307	**relief valve; pressure relief valve**	Überströmventil *(n)*; Überdruckventil *(n)* [Sicherheitsventil-Bauart; niederhubiges Proportional-Ventil im Gegensatz zum schnell öffnenden Vollhub-Ventil **(safety valve)**. Siehe auch Erläuterungen unter: **safety valve**]
R 308	**relieving capacity** **[safety valve]**	Ausblaseleistung *(f)* [Sicherheitsventil]
R 309	**relieving opening pressure** **[valve]**	Entlastungsöffnungsdruck *(m)* [Druck vor dem Sicherheitsventil in geöffneter Ventilstellung. Er ist ein den stabilen Öffnungszustand bezeichnender Gleichgewichtsdruck. Die tatsächliche Menge des bei dem Entlastungsöffnungsdruck während der Zeiteinheit abge-

relieving opening pressure

blasenen Mediums stimmt mit der tatsächlichen Menge des in das abzusichernde System (in den Behälter) während der Zeiteinheit eingespeisten oder darin entstandenen Mediums überein. Der Entlastungsöffnungsdruck des Proportional-Sicherheitsventils stimmt mit dem Öffnungsdruck überein. Der Entlastungsöffnungsdruck des nichtproportional schlagartig wirkenden Ventils kann vom Öffnungsdruck abweichen. Sein zulässiger maximaler Wert wird durch die Belastbarkeit des abzusichernden Systems (Behälters) bestimmt.]

R 310	**remainder of the loading**	Restbeanspruchung *(f)*
R 311	**remaining wall thickness**	Restwandstärke *(f)*
R 312	**remanent creep life prediction**	Restlebensdauervorhersage *(f)* bei Kriechbeanspruchung
R 313	**remanent life**	Restlebensdauer *(f)*
R 314	**remanent life prediction**	Restlebensdauervorhersage *(f)*
R 315	**remote from discontinuities, location** . . .	ungestörter Bereich *(m)*
R 316	**remote position indicator**	Stellungsfernmelder *(m)*
R 317	**remote regulator**	Fernregler *(m)*
R 318	**remote sensor; remote transmitter**	Ferngeber *(m)*
R 319	**remote water level indicator**	Wasserstandsfernanzeiger *(m)*
R 320	**removable channel [heat exchanger]**	abnehmbare Vorkammer *(f)* [Wärmeaustauscher]
R 321	**removable tube bundle [heat exchanger]**	ausziehbares Rohrbündel *(n)* [Wärmeaustauscher]
R 322	**removal [fouling]**	Abtragung *(f)* [4. Fouling-Phase: Erosion, Aufbrechen, Auflösen]
R 323	**remove *(v)* the flash**	entgraten *(V)* [Abbrennstumpfschweißen]
R 324	**renewable-type disc [valve]**	Schraubkegel *(m)* [Ventil]
R 325	**renewal of gland packing**	Nachverpacken *(n)* [Stopfbüchse]
R 326	**renewal test; repeat test; retest; re-examination**	Wiederholungsprüfung *(f)*
R 327	**renewal test, (welder's qualification . . .)**	Wiederholungsprüfung *(f)* [Schweißer; QS-Handbuch]
R 328	**repair**	Ausbesserung *(f)*; Reparatur *(f)*
R 329	**repair welding**	Ausbesserungsschweißen *(n)*; Reparaturschweißung *(f)*
R 330	**repeated bending stresses** *(pl)*	wechselnde Biegebeanspruchung *(f)*
R 331	**repeated passage; double passage**	zweimaliger Durchlauf *(m)*
R 332	**repeated rib roughness**	Pendelrauhigkeit *(f)*; wiederholte Rippenrauhigkeit *(f)*
R 333	**repeated stress**	schwellende Spannung *(f)*; Schwellspannung *(f)*
R 334	**repeat station**	zeichnungsgleiche Anlage *(f)*
R 335	**repeat test; retest; re-examination**	Wiederholungsprüfung *(f)*
R 336	**replacement bundle**	Austausch-Rohrbündel *(n)*
R 337	**replacement pipe section**	Austausch-Rohrabschnitt *(m)*

R 338	**replica technique**	Lackabdruckverfahren *(n)*; Gefügeabdruckprüfung *(f)* mittels Folie; Replicatechnik *(f)*
R 339	**replicate sampling**	mehrfache Probenahme *(f)*
R 340	**replication of design**	identische Ausführung *(f)*
R 341	**representative plant**	typische Anlage *(f)*
R 342	**representative production test piece**	Fertigungsprobe *(f)*
R 343	**required value; specified value**	Sollwert *(m)* [geforderter Wert]
R 344	**reseating** [valve]	Einschleifen *(n)* [Ventil]
R 345	**reseating pressure** [valve]	Schließdruck *(m)* [Druck vor dem Sicherheitsventil, bei dem das Abschlußorgan (Kegel) aus einer geöffneten Lage wieder in den Zustand des Dichtschließens gelangt]
R 346	**reseat pressure difference; blow-down** [valve]	Schließdruckdifferenz *(f)* [Differenz zwischen dem Ansprechdruck und dem Schließdruck, in Prozent des Ansprechdrucks ausgedrückt; Ventil]
R 347	**reservoir**	Behälter *(m)*; Sammelbehälter *(m)*; Speichergefäß *(n)* [offener Behälter]
R 348	**reservoir capacity**	Fassungsvermögen *(n)* des Behälters; Behälterinhalt *(m)*
R 349	**resetting** [valve]	Rückstellung *(f)* [in die Ausgangsstellung; Ventil]
R 350	**residence time; hold-up time**	Verweilzeit *(f)*
R 351	**residual drainage valve**	Restentwässerungsventil *(n)*
R 352	**residual gasket load**	Restdichtungskraft *(f)*
R 353	**residual heat**	Nachwärme *(f)* [Kernreaktor]
R 354	**residual heat exchanger** [nuclear reactor]	Nachwärmekühler *(m)*; Abschalt-Wärmeaustauscher *(m)* [Reaktor]
R 355	**residual heat removal system; RHR system**	Nachkühlkreislauf *(m)* [Kernreaktor]
R 356	**residual ovality of the cross section**	bleibende Querschnittsovalisierung *(f)*
R 357	**residual stresses** *(pl)*	Eigenspannungen *(f, pl)*
R 358	**residual technique** [magn. t.]	Restfeldtechnik *(f)* [Magnetpulverprüfung]
R 359	**residual transport properties** *(pl)*	Restanteil *(m)* der Transportgrößen
R 360	**residual useful life**	Restnutzung *(f)* [restliche Betriebszeit einer Anlage]
R 361	**residual weld stress**	Schweißeigenspannung *(f)*
R 362	**residual yield stress**	restliche Streckgrenze *(f)*
R 363	**residue** [distillation]	Rückstand *(m)* [Nicht destillierter Rückstand einer atmosphärischen Destillation heißt *atmosphärischer Rückstand* **(long residue)**, der einer Vakuumdestillation *Vakuumrückstand* **(short residue)**.]
R 364	**resilient-filled primary seal; seal envelope** [tank; see Annex 1, p. 16]	Gummischürze *(f)*; Dichtungsschürze *(f)* [Ringraumabdichtung; mit Schaumstoff, Flüssigkeit oder Gas gefüllte Schürze; Tank; siehe Anhang 1, S. 16]
R 365	**resilient seal valve; soft seat valve; softseated valve**	Weichsitzventil *(n)*
R 366	**resilient support**	federnde Unterstützung *(f)*

resilient supports

R 367	**resilient supports** *(pl)*; **spring supports** **[see Annex 1, pp. 59, 61 and 62]**	federnde Abstützungen *(f, pl)*; federnde Auflager *(n, pl)* [Erläuterungen siehe unter: **spring supports**; siehe Anhang 1, S. 59, 61 und 62]
R 368	**resin lining process**	Harz-Lining-Verfahren *(n)* [Sanierung von Gasleitungen; ein aus zwei miteinander verbundenen Kugeln bestehender Molch wird mit Druckluft durch die zu sanierende Leitung getrieben und beschichtet dabei die Rohrinnenwand mit Epoxidharz; entspricht dem **In-situ-Lining-Verfahren**]
R 369	**resistance brazing**	Widerstands(hart)löten *(n)*
R 370	**resistance butt welding**	Widerstandsstumpfschweißen *(n)*
R 371	**resistance coefficient**	Widerstandsbeiwert *(m)*
R 372	**resistance fusion welding**	Widerstandsschmelzschweißen *(n)*
R 373	**resistance seam welding; RSEW**	Widerstandsrollennahtschweißen *(n)*
R 374	**resistance spot welding; RSW**	Widerstandspunktschweißen *(n)*
R 375	**resistance stud welding**	Widerstandsbolzenschweißen *(n)*
R 376	**resistance temperature detector**	Widerstandstemperaturfühler *(m)*
R 377	**resistance thermometer**	Widerstandsthermometer *(n)*
R 378	**resistance to brittle failure**	Sprödbruchfestigkeit *(f)*
R 379	**resistance to caustic embrittlement**	Laugenrißbeständigkeit *(f)*
R 380	**resistance to corrosion; corrosion resistance**	Korrosionsbeständigkeit *(f)*
R 381	**resistance to crack extension**	Rißausbreitungswiderstand *(m)*
R 382	**resistance to flow**	Strömungswiderstand *(m)*
R 383	**resistance to hot cracking**	Warmrißbeständigkeit *(f)*
R 384	**resistance to intercrystalline corrosion; resistance to intergranular corrosion**	IK-Beständigkeit *(f)*; Beständigkeit *(f)* gegen interkristalline Korrosion
R 385	**resistance to wear**	Verschleißfestigkeit *(f)*
R 386	**resistance welding electrode**	Widerstandsschweißelektrode *(f)*
R 387	**resolution** **[ultras.]**	Auflösung *(f)* [getrennte Anzeigen zu gleicher Zeit von Werkstofftrennungen; US-Prüfung]
R 388	**resonance** **[tube bundle]**	Resonanz *(f)* [tritt auf, wenn Erregerfrequenz und Rohreigenfrequenz gleich sind; Rohrbündel]
R 389	**resonance method** **[ultras.]**	Resonanzmethode *(f)* [Dickenmessung; US-Prüfung]
R 390	**resonant buffeting**	Resonant Buffeting *(n)*; resonanzartige Schwingungsamplituden *(f, pl)* [periodische Wirbelablösungen, die den stochastischen Turbulenzen in der Anströmung eines Schwingers überlagert sind und mit dessen Eigenfrequenzen übereinstimmen. Spezialfall des „**buffeting**"; fluidisch induzierte Schwingungen von Kreiszylindern]
R 391	**resonant cavity**	Hohlraumresonator *(m)*
R 392	**resonant vibration amplitudes** *(pl)*	Resonanz-Schwingungsamplituden *(f, pl)*
R 393	**response delay**	Ansprechverzögerung *(f)*

R 394	**response pressure; set-to-operate pressure; popping pressure** [valve]	Ansprechdruck *(m)* [Ventil; siehe: **set pressure**]
R 395	**response range**	Ansprechbereich *(m)*
R 396	**response spectrum method**	Antwortspektrenverfahren *(n)* [Erdbeben]
R 397	**response threshold** [operating level]	Ansprechschwelle *(f)*
R 398	**response time**	Einstellzeit *(f)* [Regeln]; Ansprechzeit *(f)*
R 399	**responsive to pressure, to be** ...	ansprechen [V], auf Druck ...
R 400	**restart**	Wiederanfahren *(n)*; Wiederanlauf *(m)*; Wiederinbetriebnahme *(f)*
R 401	**restart** [arc]	Wiederansetzen *(n)* [Lichtbogen]
R 402	**resting place** [valve]	Ruhestellung *(f)* [Ventil]
R 403	**restraining control device; snubber**	Schwingungsbremse *(f)*; Stoßdämpfer *(m)* [Oberbegriff; siehe auch: **hydraulic shock absorber**; **sway brace**; **snubber**]
R 404	**restraint**	Ausdehnungsbehinderung *(f)*
R 405	**restraint** [expansion joint]	Arretierung *(f)* [bei Kompensatoren durch zusätzliche Druckbeanspruchung bei der Prüfung]
R 406	**restraint** [welding]	Einspannung *(f)* [Schweißen]
R 407	**restraint, local** ... [weld]	lokale Schrumpfung *(f)* [Schweißnaht]
R 408	**restraints** *(pl)* [pipeline]	Halterungen *(f, pl)* [Rohrleitung]
R 409	**restraint to thermal expansion**	Behinderung *(f)* der Wärmedehnung
R 410	**restriction**	Verengung *(f)* [Querschnitt]
R 411	**restrictive length; choke length; throttling length** [valve]	Drossellänge *(f)* [Ventil]
R 412	**restrike** [arc]	Wiederanzünden *(n)* [Lichtbogen]
R 413	**resultant flexural bending stress**	resultierende Biegespannung *(f)*
R 414	**resultant moment**	resultierendes Moment *(n)*
R 415	**resulting moment loading**	resultierende Momentenbeanspruchung *(f)*
R 416	**retained austenite**	Restaustenit *(n)*
R 417	**retained gasketed flange**	Flansch *(m)* mit Eindrehung zur Aufnahme der Dichtung
R 418	**retainer**	Haltebügel *(m)*; Halter *(m)*
R 419	**retainer** [welding]	Schweißbadsicherung *(f)*
R 420	**retaining gasket ring**	Dichtungstragring *(m)*
R 421	**retaining nut; lock nut; check nut**	Sicherungsmutter *(f)*
R 422	**retaining pin**	Vorstecker *(m)* [Arretierstift]
R 423	**retaining plate**	Halteblech *(n)*; Sicherungsblech *(n)*
R 424	**retaining pressure head; NPSH; net positive suction head**	Haltedruckhöhe *(f)*; NPSH-Wert *(m)* [Definition siehe unter: **NPSH**]
R 425	**retaining screw**	Halteschraube *(f)*
R 426	**retaining strip**	Haltestreifen *(m)*
R 427	**retaining wall** [tank]	Stauwand *(f)* [Tank]
R 428	**retaining washer; lock washer**	Sicherungsscheibe *(f)*
R 429	**retention valve** [check valve]	Rückschlagventil *(n)* [nicht genormter engl. Ausdruck; siehe: **check valve**]
R 430	**retentivity, material with high** ...	hochremanenter Werkstoff *(m)*
R 431	**retest; repeat test; re-examination**	Wiederholungsprüfung *(f)*

R 432	**retest specimen**	Ersatzprobe *(f)* [Werkstoffprüfung]
R 433	**retrofitting; backfitting**	Nachrüsten *(n)*
R 434	**retubing**	Neuberohrung *(f)*
R 435	**return bend; return elbow**	Umkehrbogen *(m)* [180°]
R 436	**return bend housing [heat exchanger]**	Umkehrgehäuse *(n)* [zur Verbindung der beiden Mantelrohre eines Haarnadelelements im Haarnadelwärmeaustauscher]
R 437	**return bonnet [heat exchanger]**	Umlenkhaube *(f)* [Wärmeaustauscher]
R 438	**return flow**	Rückstrom *(m)*
R 439	**return (steam) condensate**	Rücklaufkondensat *(n)*
R 440	**re-use CIP**	Stapelreinigung *(f)*
R 441	**revamping; refurbishment**	Ertüchtigung *(f)*; Sanierung *(f)* [Anlage]
R 442	**reversal [bursting disc]**	Umkippen *(n)* [Berstscheibe]
R 443	**reversal of flow; flow reversal**	Strömungsumkehr *(f)*; Strömungsumkehrung *(f)*; Umkehrung *(f)* der Strömungsrichtung
R 444	**reverse bend test**	Hin- und Herbiegeversuch *(m)*; Umbiegeversuch *(m)*
R 445	**reverse buckling [bursting disk]**	Wölbung *(f)* nach hinten [Berstscheibe]
R 446	**reverse buckling disk**	Knickberstscheibe *(f)*; umgekehrt belastete Knickscheibe *(f)* [bei dieser Berstscheibe wird die konvexe Seite dem Überdruck ausgesetzt, d. h. die Scheibe wird nicht auf Zerreißen, sondern auf Einbeulen belastet. Beim Ansprechdruck klappt die Scheibe schlagartig um, schlägt auf ein Messer und wird dabei segmentförmig in mehrere Teile aufgeschnitten]
R 447	**reverse curve reducer**	Reduzierstück *(n)* mit Doppelkrümmung
R 448	**reversed curve section**	Schuß *(m)* mit Doppelkrümmung
R 449	**reverse-dished end; reverse-dished head [see Annex 1, p. 23]**	Diffuseurboden *(m)* [nach innen gewölbter Boden; nur für drucklose Behälter; siehe Anhang 1, S. 23]
R 450	**reverse flange**	innenliegender Flansch *(m)*; Umkehrflansch *(m)*
R 451	**reverse polarity [UK]**	negative Polung *(f)* [Schweißen]
R 452	**reverse polarity [US]**	positive Polung *(f)* [Schweißen]
R 453	**reverse pressure**	umgekehrter Druck *(m)*
R 454	**reverse shakedown; reverse relaxation**	Rückverformung *(f)* [plastische]
R 455	**reversing heat exchanger**	umschaltbarer Wärmeaustauscher *(m)* [Gegenstrom-Wärmeaustauscher, bei dem die Strömungsquerschnitte für Luft und Stickstoff vertauscht werden können; diese Bauart findet Anwendung in Luftzerlegungsanlagen zur Gewinnung von reinem gasförmigem Sauerstoff]
R 456	**revex air separation plant**	Luftzerlegungsanlage *(f)* mit umschaltbarem Wärmeaustauscher [siehe: **reversing heat exchanger**]
R 457	**review [of documents]**	Überprüfung *(f)*; Durchsicht *(f)* [Dokumente]
R 458	**revised design**	Neukonstruktion *(f)*

R 459	**rewetting**	Wiederbenetzung *(f)*
R 460	**rewetting front**	Wiederbenetzungsfront *(f)*
R 461	**rewetting of heating surface**	Wiederbenetzung *(f)* der Heizfläche
R 462	**rewetting rate**	Wiederbenetzungsrate *(f)*
R 463	**Reynolds number**	Reynolds-Zahl *(f)* [Die Reynolds-Zahl kann als Verhältnis der Trägheitskraft zur Reibungskraft angesehen werden. Für die Frage, ob eine Strömung stabil laminar bleibt, oder ob sich eine turbulente Strömung einstellen kann, ist der Zahlenwert der Reynolds-Zahl das entscheidende Kriterium.]
R 464	**RHR; roughness height rating**	Rauhtiefe *(f)*
R 465	**RHR system; residual heat removal system**	Nachkühlkreislauf *(m)* [Kernreaktor]
R 466	**RHX; regenerative heat exchanger; regenerator**	regenerativer Wärmeaustauscher *(m)*; regenerativer Wärmeübertrager *(m)*
R 467	**rib; fin**	Rippe *(f)*
R 468	**ribbed plate**	Riffelblech *(n)* [für die Speichermasse von Regeneratoren der Tieftemperaturtechnik]
R 469	**ribbed-plate air heater**	Rippenplattenvorwärmer *(m)*
R 470	**ribbed thin-tubesheet design; stiffened tubesheet**	Rohrboden *(m)* mit Stützvorrichtung [Abfangkonstruktion für den unteren dünnen (berippten) Rohrboden eines Spaltgaskühlers]
R 471	**ribbed tube; rifled tube**	Rillenrohr *(n)*; Drallrohr *(n)*; innenberipptes Rohr *(n)*; Riffelrohr *(n)*; innengerilltes Rohr *(n)* [Drallrohr zur Verbesserung der Bläschenverdampfung]
R 472	**ribbon-packed heat exchanger**	Wärmeaustauscher *(m)* mit schraubenförmiger Metallpackung [in den USA entwickelter Gegenstrom-Wärmeaustauscher, bei dem der Innen- und Außenraum eines verhältnismäßig weiten Rohres von einer Metallpackung gefüllt ist. Diese Packung besteht aus wendelförmig gewundenen Metallbändern, die innen und außen so an die Rohrwand angelötet sind, daß sie wie häufig unterbrochene Längsrippen wirken; „Gegenströmer"-Bauart; siehe: **reversing heat exchanger**]
R 473	**rib cooling; fin cooling**	Rippenkühlung *(f)*
R 474	**rib-roughened surface**	riffelrauhe Oberfläche *(f)*
R 475	**rib-roughness; ripple (surface) roughness**	Riffelrauhigkeit *(f)*; Rippenrauhigkeit *(f)*
R 476	**rifled evaporator tube**	innenberipptes Verdampferrohr *(n)*
R 477	**rifled tube; ribbed tube**	innenberipptes Rohr *(n)*; innengerilltes Rohr *(n)*; Rillenrohr *(n)*; Drallrohr *(n)*; Riffelrohr *(n)* [Drallrohr zur Verbesserung der Bläschenverdampfung]
R 478	**rightward welding; backhand welding**	Nachrechtsschweißen *(n)*
R 479	**rigid attachment**	starres Anbauteil *(n)*
R 480	**rigid body motion**	Starrkörperverschiebung *(f)*

R 481	rigid body rotation	Rotation *(f)* starrer Körper; Starrkörperrotation *(f)*
R 482	rigid hanger	starrer Hänger *(m)*; starre Aufhängung *(f)*
R 483	rigid insert	starres Einsatzstück *(n)*
R 484	rigidity modulus; modulus of rigidity; shear modulus	Schermodul *(m)*; Gleitmodul *(m)*; Schubmodul *(m)*
R 485	rigid restraint	starre Einspannung *(f)*
R 486	rigid strut; hinged strut [see Annex 1, p. 78]	Gelenkstrebe *(f)* [LISEGA; siehe Anhang 1, S. 78]
R 487	rigid support	Festpunktunterstützung *(f)*
R 488	rimming steel; unkilled steel	unberuhigter Stahl *(m)*
R 489	rim reinforcement	kranzförmige Verstärkung *(f)*
R 490	rim-seal loss [tank]	Spaltverlust *(m)* [Atmungsverlust in Schwimmdachtanks]
R 491	rim-seal system [tank; see Annex 1, pp. 16–17]	Ringraumdichtungssystem *(n)* [Tank; siehe auch: **mechnical shoe**; **seal envelope**; **weather shield**; siehe: **Wiggings slimline system**; **Wiggings safety seal**; **Hammond tubeseal**; siehe Anhang 1, S. 16–17]
R 492	rim stiffener [tank]	Randsteife *(f)* [Tank]
R 493	rim vapour space; annular rim space [tank; see Annex 1, p. 16]	Ringraum *(m)*; Dampfraum *(m)* [zwischen Tankmantel und Schwimmdach im Tank; siehe Anhang 1, S. 16]
R 494	rim vent [tank]	Ringraumentlüftung *(f)* [Tank]
R 495	rim vent pipe [tank]	Ringraumentlüftungsrohr *(n)* [Tank]
R 496	ring beam; ring girder; ring support [see Annex 1, pp. 19/20]	Ringträger *(m)*; Tragring *(m)* [Behälterunterstützung; siehe Anhang 1, S. 19/20]
R 497	ring compression	Ringpressung *(f)*
R 498	ring-down count; accoustic emission count [AET]	Schallsumme *(f)*; Impulssumme *(f)* [SEP]
R 499	ring duct	Ringkanal *(m)*
R 500	ring expanding test	Ringaufdornversuch *(m)*
R 501	ring girder; ring support; ring beam [see Annex 1, pp. 19/20]	Ringträger *(m)*; Tragring *(m)* [Behälterunterstützung; siehe Anhang 1, S. 19/20]
R 502	ring groove; annular groove	Ringnut *(f)*
R 503	ringing time [ultras.]	Abklingzeit *(f)* [US-Prüfung]
R 504	ring-joint facing	Dichtfläche *(f)* mit Ringnut
R 505	ring-joint flange	Flansch *(m)* mit Ringnut [für Ring-Joint-Dichtung]
R 506	ring-joint gasket [see Annex 1, p. 116]	Metallringdichtung *(f)*; Ring-Joint-Dichtung *(f)* [siehe Anhang 1, S. 116]
R 507	ring main	Ringleitung *(f)*
R 508	ring packing; ring seal	Ringdichtung *(f)*
R 509	ring section	Ringprofil *(n)*
R 510	ring stiffener; stiffening ring	Versteifungsring *(m)*
R 511	ring support; ring girder; ring beam [see Annex 1, pp. 19/20]	Tragring *(m)*; Ringträger *(m)* [Behälterunterstützung; siehe Anhang 1, S. 19/20]
R 512	ring supported vessel	ringgestützter Behälter *(m)*
R 513	ring surface load	Ringflächenkraft *(f)*

R 514	**ring-type gasket**	Ringdichtung *(f)*
R 515	**ringwall [tank]**	Ringfundament *(n)* [Tank]
R 516	**ringwall opening [tank]**	Aussparung *(f)* im Ringbalken [Tank]
R 517	**rinsing insert**	Spüleinsatz *(m)*
R 518	**ripple formation [weld]**	Querkerben *(f, pl)*; Schuppenbildung *(f)* [Schweißnahtoberfläche]
R 519	**ripple (surface) roughness; rib roughness**	Riffelrauhigkeit *(f)*; Rippenrauhigkeit *(f)*
R 520	**riser [casting]**	Steiger *(m)*; Steigtrichter *(m)* [im Guß]
R 521	**riser [tube]**	Steigrohr *(n)*; Steigleitung *(f)*
R 522	**riser clamp [see Annex 1, pp. 72/73]**	Vertikalschelle *(f)*; Steigrohrschelle *(f)* [siehe Anhang 1, S. 72/73]
R 523	**riser duct**	Steigkanal *(m)*
R 524	**risering [of a mould]**	Trichtertechnik *(f)* [Gußform]
R 525	**riser pipe**	Steigrohr *(n)*; Steigleitung *(f)*
R 526	**rising film evaporator; climbing film evaporator**	Kletterfilmverdampfer *(m)*
R 527	**rising shelf [impact test]**	Anstieg *(m)* der Hochlage [Kerbschlagbiegeversuch]
R 528	**rising spindle; rising stem [valve]**	steigende Spindel *(f)* [Ventil]
R 529	**rising stem valve**	Ventil *(n)* mit steigender Spindel
R 530	**river pattern [fracture mechanics]**	Flußmuster *(n)* [Bruchmechanik]
R 531	**RMS; root mean square**	quadratischer Mittelwert *(m)*; Mittenrauhwert *(m)*; Effektivwert *(m)* [Oberflächenzustand]
R 532	**Robert-type evaporator; short-tube evaporator**	Robert-Verdampfer *(m)*; KurzrohrVerdampfer *(m)*
R 533	**Rockwell hardness test**	Rockwell-Härteprüfung *(f)* [HRB = mit Kugel / ball; HRC = mit Spitze / cone]
R 534	**rod baffle design**	Stab-Leitblechkonstruktion *(f)* [Rohrgitterstützkonstruktion; das Gitter besteht aus parallelen Stäben, die an Stützringen befestigt sind]
R 535	**rod bundle**	Stabbündel *(n)*
R 536	**ROL; run-out length [welding]**	Auslauflänge *(f)* [Schweißen]
R 537	**ROL; run-out length [theory of elasticity of shells]**	Abklinglänge *(f)* [Def. siehe: **run-out length**]
R 538	**roll-bending**	Biegewalzen *(n)*; Rundwalzen *(n)*; Walzrunden *(n)*
R 539	**roll cladding**	Walzplattierung *(f)* [Aufwalzen einer dünnen, korrosionsbeständigen Deckschicht auf das Grundmaterial]
R 540	**roll-clad plate**	walzplattiertes Blech *(n)*

R 541	**rolldown lining process**	Rolldown-Lining-Verfahren *(n)* [Sanierung von Rohrleitungen; siehe auch: **close fit lining**; die Durchmesserreduzierung um 10% des PE-Rohrs, das in die zu sanierende Rohrleitung eingesetzt werden soll, wird durch das Ziehen des PE-Rohrs durch zwei um 90° versetzte Walzenpaare (roll-down) erreicht. Etwa 1/3 dieser erzwungenen Deformierung ist reversibel. Das eingezogene, gestauchte PE-Rohr wird blind verschlossen, mit Wasser gefüllt und durch pulsierende Druckgebung (10–12 bar) in 2–24 Stunden auf den Innendurchmesser des Altrohrs geweitet; (gleichzeitige Druckprobe)]
R 542	**rolled beam**	Profilträger *(m)*; Walzträger *(m)*
R 543	**rolled flange**	Walzflansch *(m)*
R 544	**rolled-in scale**	Zundereinwalzungen *(f, pl)*
R 545	**rolled-in slugs** *(pl)*	Einwalzungen *(f, pl)*
R 546	**rolled pipe end**	eingewalztes Rohrende *(n)*
R 547	**rolled plate**	Walzblech *(n)*; Walztafel *(f)*
R 548	**rolled product**	Walzerzeugnis *(n)*
R 549	**rolled section**	Walzprofil *(n)*
R 550	**rolled steel**	Walzstahl *(m)*
R 551	**rolled structural section**	Walzprofil *(n)*
R 552	**rolled tube joint**	eingewalzte Rohrverbindung *(f)*
R 553	**roller bearing; pipe roll; roller suport** [see Annex 1, p. 75]	Rollenlager *(n)*; Rollenauflager *(n)* [siehe Anhang 1, S. 75]
R 554	**(roller-) expanded connection**	Walzverbindung *(f)* [Rohre im Rohrboden]
R 555	**roller-expanded tube**	eingewalztes Rohr *(n)*
R 556	**roller hanger** [see Annex 1, p. 76]	hängendes Rollenlager *(n)* [siehe Anhang 1, S. 76]
R 557	**roller rail**	Laufschiene *(f)*
R 558	**roller rest; chair and roll**	Rollenbock *(m)* [Halterung]
R 559	**roller seating**	Rollenlagerung *(f)*
R 560	**roller support; roller bearing** [see Annex 1, p. 75]	Rollenlager *(n)* [siehe Anhang 1, S. 75]
R 561	**roller-thrust bearing**	Axialrollenlager *(n)*
R 562	**roll forming** [expansion joint]	mechanisches Rollverfahren *(n)*; Rollformung *(f)* [Kaltumformverfahren für Kompensatorbälge]
R 563	**rolling friction**	Rollreibung *(f)*; Wälzreibung *(f)*
R 564	**rolling-in of tubes**	Einwalzen *(n)* von Rohren
R 565	**rolling ladder** [tank; see Annex 1, p. 14]	Rolleiter *(f)* [bei jeder Schwimmdachneigung begehbare Leiter; Tank; siehe Anhang 1, S. 14]
R 566	**roll marks** *(pl)*	Abdrücke *(m, pl)* [Walzfehler]; Walzmarkierungen *(f, pl)*

R 567	roof [tank; see Annex 1, pp. 13–15]	Dach *(n)*; Tankdach *(n)* [Erläuterungen zu den einzelnen Dachbauarten siehe unter: **fixed-roof tank**; **floating-roof tank**; **buoy roof**; siehe Anhang 1, S. 13–15]
R 568	roof drain [tank]	Dachentwässerung *(f)* [Tank]
R 569	roof live load [tank]	Dachbetriebslast *(f)* [Tank]
R 570	roof penetration	Dachdurchführung *(f)*; Deckendurchführung *(f)*
R 571	roof support; roof-leg support [tank]	Dachstütze *(f)* [Tank]
R 572	roof travel [tank]	Hub *(m)* des Daches [Tank]
R 573	root [expansion joint]	Wellental *(n)*; Grund *(m)* [von Wellrohrkompensatoren]
R 574	root area of the thread	Fläche *(f)* des Gewindekerns
R 575	root backing [weld]	Wurzelbadsicherung *(f)* [Unterlage]
R 576	root bend test	Biegeversuch *(m)* mit der Wurzel im Zug; Faltversuch *(m)* mit der Wurzel im Zug; Wurzelfaltversuch *(m)*
R 577	root bend test specimen	Biegeprobe *(f)* mit Wurzel im Zug; Faltprobe *(f)* mit Wurzel im Zug
R 578	root chipping	Wurzelauskreuzen *(n)*
R 579	root concavity; suck-back; shrinkage groove; underwashing [weld imperfection]	Wurzelrückfall *(m)*; Wurzelkerbe *(f)* [Nahtfehler]
R 580	root contraction; lack of root fusion [weld imperfection]	Wurzelbindefehler *(m)* [Wurzelkerbe; Nahtfehler]
R 581	root cracking	Wurzelrißbildung *(f)*
R 582	root diameter [fin tube]	Kerndurchmesser *(m)* [eines Rippenrohres]
R 583	root diameter [thread]	Kerndurchmesser *(m)* [Gewinde]
R 584	root drops *(pl)* [weld]	Schweißgutdurchtropfung *(f)*
R 585	root face [welding]	Stegflanke *(f)* [Schweißen]
R 586	root formation [welding]	Wurzelausbildung *(f)* [Schweißen]
R 587	root gap; root opening [welding]	Stegabstand *(m)*; Wurzelspalt *(m)* [Schweißen]
R 588	root imperfection [weld]	Wurzelfehler *(m)* [Schweißnaht]
R 589	root mean square; RMS	quadratischer Mittelwert *(m)*; Effektivwert *(m)*; Mittenrauhwert *(m)* [Oberflächenzustand]
R 590	root of fin	Rippenfuß *(m)*
R 591	root of thread	Gewindekern *(m)*
R 592	root opening; root gap [welding]	Stegabstand *(m)*; Wurzelspalt *(m)* [Schweißen]
R 593	root overlap [weld imperfection]	Schweißgutüberlauf *(m)* an der Wurzelseite [Nahtfehler]
R 594	root pass; root run [welding]	Wurzellage *(f)*; Wurzelnaht *(f)* [Schweißen]
R 595	root penetration, complete ... [weld]	vollständiger Wurzeleinbrand *(m)* [Schweißnaht]
R 596	root penetration, incomplete ... [weld]	unvollständiger Wurzeleinbrand *(m)* [Schweißnaht]
R 597	root reinforcement [weld]	Wurzelüberhöhung *(f)* [Schweißnaht]

R 598	**root ring; reinforcing ring** **[expansion joint; see Annex 1, p. 86]**	Verstärkungsring *(m)* [für Kompensatoren, aus Rohr- oder Stabmaterial hergestellt, eingesetzt in den Wellentälern der Bälge zur Erhöhung der Druckfestigkeit; siehe Anhang 1, S. 86]
R 599	**root run; root pass** **[welding]**	Wurzellage *(f)*; Wurzelnaht *(f)* [Schweißen]
R 600	**root undercut(ting)** **[weld imperfection]**	Wurzeleinbrandkerbe *(f)* [Nahtfehler]
R 601	**rope seal**	Dichtschnur *(f)*
R 602	**rotary compression test**	Cottingham-Prüfverfahren *(n)*; Prüfverfahren *(n)* mit hoher hydrostatischer Zugspannung [nach Cottingham; zur Simulation der Beanspruchungsbedingungen beim Schrägwalzen]
R 603	**rotary compressor; turbocompressor**	Rotationskompressor *(m)*; Rotationskolbenverdichter *(m)* [Wird meist zweistufig mit Zwischenkühlung zur Förderung und Kompression von Gasen verwendet.]
R 604	**rotary disk valve**	Drehschieber *(m)*
R 605	**rotary displacement pump**	Rotationspumpe *(f)*
R 606	**rotary head welding equipment**	Schweißvorrichtung *(f)* mit rotierendem Schweißkopf
R 607	**rotary inertia**	Rotationsträgheit *(f)*
R 608	**rotary (piston) pump**	Drehkolbenpumpe *(f)*; Kreiskolbenpumpe *(f)*
R 609	**rotary stem**	Drehspindel *(f)* [siehe: **lever gate valve**]
R 610	**rotary-type heat exchanger**	Rotationswärmeaustauscher *(m)*
R 611	**rotatable flange; rotating flange**	Drehflansch *(m)*
R 612	**rotated square tube arrangement** **[tube bundle]**	gedrehte quadratische Teilung *(f)* [Rohranordnung, in Strömungsrichtung versetzt]
R 613	**rotated tube arrangement** **[tube bundle]**	gedrehte Dreiecksteilung *(f)* [Rohranordnung, in Strömungsrichtung fluchtend]
R 614	**rotating disk contactor; rotating-disk column**	Rotationskontaktor *(m)*; Drehscheibenextraktor *(m)* [Wasch- und Extraktionskolonne, die dadurch gekennzeichnet ist, daß eine mit rotierenden Tellern versehene Welle in einer Kolonne bewegt wird. Die Zwischenräume zwischen zwei Tellern werden durch stationär angebrachte Lochflächen (Statoren) unterbrochen. Beim Waschen z. B. eines von unten nach oben strömenden Gases muß dieses stets den von den rotierenden Tellern durch Zentrifugalkraft gebildeten Flüssigkeitsfilm der von oben zugeführten Waschflüssigkeit passieren. Hierdurch ist inniger Stoffaustausch bei geringem Druckverlust gewährleistet. Anwendung auch bei Extraktionskolonnen und Gaswäschern.]
R 615	**rotating heat transfer surface**	rotierende Heizfläche *(f)* [im Dünnschichtverdampfer]

R 616	**rotating stall**	rotierende Ablösung *(f)*; umlaufende Ablösung *(f)* [Instabilitäten in Form von umlaufenden Zonen abgelöster Strömung bei Betrieb mit reduziertem Fördervolumen bei Turbomaschinen; Vorgang äußert sich in tieffrequenten Druckschwankungen und Schwingungen]
R 617	**rotationally symmetric cylinder-to-sphere connection**	rotationssymmetrische Zylinder-Kugelverbindung *(f)*
R 618	**rotational tolerance**	Verdrehungstoleranz *(f)*
R 619	**rotation of heat transfer surface; heat transfer surface rotation**	Rotation *(f)* der Heizfläche; Heizflächenrotation *(f)*
R 620	**rotor**	Rührer *(m)*; Rührflügel *(m)* [im Dünnschichtverdampfer]
R 621	**roughing** [leak test]	Grobevakuieren *(n)* [Dichtheitsprüfung]
R 622	**roughing**	Grobbearbeitung *(f)*; Schruppen *(n)*; Vorbearbeitung *(f)* [Rohbearbeitung]
R 623	**roughing pump; backing pump** [leak test]	Vorvakuumpumpe *(f)* [Dichtheitsprüfung]
R 624	**roughness height rating; RHR**	Rauhtiefe *(f)*
R 625	**roughness index number**	Oberflächenrauheit *(f)* [Meßgröße]
R 626	**roughness width**	Rillenabstand *(m)* [Rauheit]
R 627	**rough surface**	rauhe Oberfläche *(f)*
R 628	**round bar steel**	Rundeisen *(n)*; Rundstahl *(m)*
R 629	**round base**	runde Fußplatte *(f)* [Fitting]
R 630	**round billet**	Rundknüppel *(m)*
R 631	**round corner** [rectangular expansion joint; see Annex 1, p. 101]	Rundecke *(f)* [Rechteck-Kompensator; siehe Anhang 1, S. 101]
R 632	**rounded indication**	rundliche Anzeige *(f)*
R 633	**round head**	Halbrundkopf *(m)* [Schraube]
R 634	**round packing cord; cord packing**	Rundschnurdichtung *(f)*; Zopfpackung *(f)*
R 635	**round tensile specimen**	Rundzugprobe *(f)*
R 636	**round test specimen**	Rundprobe *(f)*
R 637	**round thread**	Rundgewinde *(n)*
R 638	**round type wedge gate valve**	Keil-Rundschieber *(m)* [Ventil]
R 639	**routine maintenance**	periodische Wartung *(f)*; Routinewartung *(f)*; planmäßige Wartung *(f)*; laufende Wartung *(f)*
R 640	**routing, pipe . . .**	Trassenführung *(f)*; Rohrführung *(f)* [Verlauf]
R 641	**RPV; reactor pressure vessel**	Reaktordruckbehälter *(m)*; RDB
R 642	**RQL; rejectable quality level**	rückzuweisende Qualitätsgrenzlage *(f)*
R 643	**RSEW; resistance seam welding**	Widerstandsrollennahtschweißen *(n)*
R 644	**RSW; resistance spot welding**	Widerstandspunktschweißen *(n)*
R 645	**RTC; railway tank car**	Kesselwagen *(m)*
R 646	**rubber-lined tank; rubberised tank; rubber-lined vessel; rubberised vessel**	gummierter Behälter *(m)*
R 647	**rubber lining**	Gummierung *(f)* [Behälter]
R 648	**rubber seal**	Gummidichtung *(f)*
R 649	**ruling section**	maßgeblicher Querschnitt *(m)* [Schmiedestück]

R 650	**run; pass** [welding]	Schweißlage *(f)*; Lage *(f)*; Raupe *(f)* [Schweißen]
R 651	**run** [tee]	Durchgang *(m)* [T-Stück]
R 652	**runaway**	Durchgehen *(n)* [außer Kontrolle]
R 653	**runaway condition**	Aufschaukelungen *(f, pl)* [Rohrschwingungsphänomen; Aufschaukelungen entstehen durch Rückkopplungsmechanismen des strömenden Fluids, wenn die den Rohren zugeführte Energie nicht durch Dämpfung zerstreut werden kann]
R 654	**rundown tank; receiver**	Vorlage *(f)*; Vorlagebehälter *(m)* [Zwischenbehälter, z. B. bei der Destillation, der die ablaufenden Fraktionen aufnimmt, bevor sie nach Untersuchung in den Haupttank verpumpt werden. Moderne Destillationen mit automatischer Steuerung und häufig automatisch arbeitenden Analysengeräten verzichten auf Vorlagen. Die Fraktionen laufen sofort in den Haupttank ab.]
R 655	**runner gate** [casting]	Einguß *(m)* [Gußform]
R 656	**running board** [tank]	Laufsteg *(m)* [Tank]
R 657	**running fire** [tank]	brennende Flüssigkeit *(f)* [bei Tankbränden; siehe: **boilover**]
R 658	**run-off plate** [welding]	Auslaufblech *(n)* [Schweißen]
R 659	**run of pipe; pipe run; piping run**	Rohrstrang *(m)*; Hauptrohr *(n)*
R 660	**run-on plate** [welding]	Einlaufblech *(n)* [Schweißen]
R 661	**runout; thread runout**	Gewindeauslauf *(m)*
R 662	**run-out length; ROL** [theory of elasticity of shells]	Abklinglänge *(f)* [Beschreibt die Größe einer Störung, die mit zunehmender Entfernung von der Störstelle abnimmt; führt zur Verringerung der Spannungs-, Dehnungs-, und Verformungs-Amplituden; Begriff der Elastizitätstheorie von Schalen]
R 663	**run-out length; ROL** [welding]	Auslauflänge *(f)* [Schweißen]
R 664	**run out section** [bend]	Nachlaufstück *(n)* [Krümmer]
R 665	**run sequence** [welding]	Lagenfolge *(f)* [Schweißnaht]
R 666	**run wall** [pipe]	Grundrohrwand *(f)*
R 667	**rupture cross-section**	Bruchquerschnitt *(m)*
R 668	**rupture disk; blow-out disk; bursting disk**	Berstscheibe *(f)*; Berstmembran *(f)*; Platzscheibe *(f)*; Reißscheibe *(f)*
R 669	**rupture disk holder**	Haltevorrichtung *(f)* [Berstscheibe; hält die Scheibenkonstruktion und das Zubehör (Stützkonstruktion, Wärmeschild usw.) zusammen. Die Berstscheibe und ihr Zubehör werden damit an den abzusichernden Behälter und das Abblasesystem angeschlossen]
R 670	**rupture joint; pressure relief joint**	Reißnaht *(f)*; Sollbruchstelle *(f)*
R 671	**rupture life**	Lebensdauer *(f)* bis zum Bruch

R 672	**rupture zone length**	Bruchlängenzone *(f)*
R 673	**rust deposit**	Rostansatz *(m)* [Belag]
R 674	**rust film**	Flugrost *(m)*; Rostschicht *(f)*

S

S 1	sacrificial anode	Opferanode *(f)* [siehe: **cathodic protection**]
S 2	saddle	Auflagepratze *(f)*; Sattel *(m)*
S 3	saddle support; support(ing) saddle [see Annex 1, p. 19]	Sattelauflager *(n)*; Tragsattel *(m)* [Behälterunterstützung; siehe Anhang 1, S. 19]
S 4	saddle tee	Sattel-T-Stück *(n)*
S 5	saddle top plate	Satteldeckplatte *(f)*
S 6	saddle type service connection	sattelartige Hausanschlußverbindung *(f)* [durch Sattelformstücke; Gasleitung]
S 7	saekaphen enamelled	säkapheniert *(V)* [Korrosionsschutz durch Aufspritzen eines warm oder kalt aushärtenden Phenol-Kunstharzes]
S 8	safeguard	Sicherung *(f)* [mechanisch]
S 9	safe life design	Auslegung *(f)* nach dem Prinzip des sicheren Bestehens [für statisch unbestimmte Systeme und alle sonstigen Konstruktionen, bei denen ein Schwingbruch katastrophale Folgen hätte]
S 10	safe load	Tragfähigkeit *(f)*; Tragkraft *(f)*; Traglast *(f)*
S 11	safe shutdown earthquake; SSE	Sicherheitserdbeben *(n)*
S 12	safe stress	zulässige Beanspruchung *(f)*
S 13	safe-to-operate inspection; SOI	Betriebssicherheitsüberprüfung *(f)* [Überprüfung der sicherheitstechnischen Ausrüstung und Merkmale der Anlage in der Betriebsphase. Zu jeder dieser Phasen gehört eine umfassende Dokumentation, für die praxisorientierte Schemata gegeben wurden.]
S 14	safety against overturning	Kippsicherheit *(f)* [Stahlkonstruktion]
S 15	safety analysis report	Sicherheitsbericht *(m)*
S 16	safety device	Sicherheitseinrichtung *(f)* [Einrichtungen wie z. B. Sicherheitsventile, Explosionssicherungen, Feuerschutzeinrichtungen, die zur Sicherung einer Anlage oder eines Prozesses dienen und Brände, Explosionen, Detonationen usw. verhüten sollen.]
S 17	safety factor; factor of safety	Sicherheitsbeiwert *(m)* [Berücksichtigt (bei der Auslegung nach AD-Merkblättern) im wesentlichen Unsicherheiten im Rechnungsansatz und bietet Gewähr, daß bei der Wasserdruckprüfung mit dem üblichen Prüfdruck 1,3 p ausreichender Abstand gegen den Festigkeitskennwert bei 20° C eingehalten wird. Er beträgt bei Walz- und Schmiedestählen $S = 1,1$ bei Prüfdruck und $S = 1,5$ bei Berechnungstemperatur]
S 18	safety interlock system	Sicherheitverriegelungssystem *(n)*
S 19	safety lug	Sicherungsflosse *(f)*; Sicherungseisen *(n)*
S 20	safety margin	Sicherheitsabstand *(m)*; Sicherheitsreserve *(f)*; Sicherheitsspanne *(f)*

safety valve

S 21	**safety measure; safety precaution**	Sicherheitsmaßnahme *(f)*; Vorsichtsmaßnahme *(f)*
S 22	**safety pin**	Sicherungsstift *(m)*; Sicherheitsnadel *(f)*; Vorstecker *(m)* [Arretierstift]
S 23	**safety relief valve**	Sicherheitsüberströmventil *(n)*
S 24	**safety requirements** *(pl)*	Sicherheitsbestimmungen *(f, pl)*; sicherheitstechnische Anforderungen *(f, pl)*
S 25	**safety rope**	Abfangtau *(n)* [Befahreinrichtung]
S 26	**safety seal**	Sicherheitsvorlage *(f)*
S 27	**safety seal (system), Wiggings ...** [tank]	Wiggins-Schwimmdachabdichtungssystem *(n)* „Safety Seal"; Safety-Seal-Schwimmdachabdichtung *(f)* nach Wiggins [Abschluß zwischen Tankmantel und Schwimmdach durch Gleitbleche, die durch eine Gummischürze mit dem Ponton verbunden sind. Das Hebelsystem und die Druckfeder drücken das Gleitblech an die Behälterwand; die Federn bewirken gleichzeitig die radiale Führung des Schwimmdachs; siehe auch: **rim-seal system**]
S 28	**safety shutdown system**	Sicherheitsabschaltsystem *(n)*
S 29	**safety shutoff device**	Sicherheitsabsperrorgan *(n)*
S 30	**safety standpipe**	Sicherheitsstandrohr *(n)* [Das Standrohr ist ein nach dem Prinzip der miteinander verbundenen, kommunizierenden Gefäße arbeitendes, senkrecht angeordnetes U-förmiges Rohr, dessen einer Schenkel länger ausgeführt ist. Der kürzere (Fall-)Schenkel ist an den Dampfraum des zu schützenden Behälters angeschlossen. Der längere (Steig-)Schenkel steht mit der Atmosphäre in nicht absperrbarer Verbindung. Standrohre werden ausschließlich zum Abblasen von Gasen (Dämpfen) verwendet.]
S 31	**safety tab washer**	Sicherungsblech *(n)* mit Lappen. [Unterlegscheibe]
S 32	**safety valve** [see Annex 1, p. 34]	Sicherheitsventil *(n)*; Si-Ventil *(n)* [Sicherheitsventile sollen verhindern, daß Drücke in Behältern und Rohrleitungen so ansteigen, daß Schäden auftreten können. Das Sicherheitsventil ist eine Armatur, die bei einem bestimmten Ansprechdruck selbstständig öffnet, bei einem zulässigen weiteren Druckanstieg eine bestimmte Menge des Mediums durchläßt um Druck abzubauen und nach einem gewissen Druckabfall selbsttätig dicht schließt. Bauarten sind:

— das **einfache, unmittelbar belastete Sicherheitsventil (ordinary safety valve)**. Es kann mit Gewichten **(direct weight loaded)**, mit Hebel und Gewicht **(lever and weight loaded)** oder mit einer Feder **(direct spring loaded)** belastet sein. Die Ausführung mit Federbelastung ist die verbreitetste Konstruktion. Bei hohen Temperaturen wird die Haube offen ausgeführt, um die Feder von der Luft zu kühlen, das Austreten von kleinen Dampfmengen über die nicht an der Führung abgedichtete Spindel ist ungefährlich. Bei giftigen, ätzenden, brennbaren und radioaktiven Stoffen sowie Flüssigkeiten ist eine geschlossene Haube erforderlich. Eine Ausführung mit Faltenbalg (siehe: **bellows sealed valve**) ist ebenfalls möglich, wobei der Faltenbalg die Durchführung der Spindel zur Atmosphäre abdichtet. Diese Konstruktion kann sowohl mit offener als auch geschlossener Haube geliefert werden.

Ventile, die nach Öffnungsbeginn sofort den vollen Hub erreichen, werden als **VollhubVentile (full-lift safety valve)** bezeichnet. Sie erreichen nach dem Öffnen eine optimale Länge, bezogen auf den Sitzquerschnitt. Ventile, die proportional über den Druckanstieg öffnen, werden als **Proportional-Ventile (high-lift safety valve)** bezeichnet. Die meisten Ventile dieser Art erreichen nur einen kleine Hub im Vergleich zu Vollhub-Sicherheitsventilen und wurden früher als **Niederhub-Ventile** bezeichnet.

— das **gesteuerte** oder auch **mittelbar wirkende Sicherheitsventil (pilot operated safety valve)** wird für große Leistungen oder besondere Aufgaben eingesetzt. Mittelbar wirkende Sicherheitsventile werden mit dem Medium selbst gesteuert oder arbeiten mit Hilfsmedien; siehe Anhang 1, S. 34]

S 33	**SAFT; synthetic aperture focusing technique** [ultras.]	SAFT-Verfahren *(n)* [US-Prüfung]
S 34	**sagged weld** [weld imperfection]	durchgefallene Naht *(f)* [Schweißnahtfehler]
S 35	**sagging; sag** [pipe]	Durchhang *(m)*; Durchhängen *(n)*; Durchbiegen *(n)* [Rohrleitung]
S 36	**sag tie**	Schlauder *(f)* [Zwischenabfangung für Fassadenunterkonstruktion]
S 37	**sample**	Stichprobe *(f)*
S 38	**sample**	Probe *(f)*; Probestück *(n)*; Prüfkörper *(m)*; Prüfling *(m)*; Prüfmuster *(n)*
S 39	**sample calculation**	Berechnungsbeispiel *(n)*

saturation

S 40	sample cooler	Probeentnahmekühler *(m)*
S 41	sampling	Probeentnahme *(f)*; Probenahme *(f)*; Entnahme *(f)* [Probe]; Stichprobenentnahme *(f)*
S 42	sampling connection	Probeentnahmestutzen *(m)*
S 43	sampling device	Probenehmer *(m)*; Probeentnehmer *(m)*
S 44	sampling equipment	Probeentnahmeeinrichtung *(f)*
S 45	sampling inspection	Stichprobe *(f)* [Kontrolle/Prüfung]
S 46	sampling length	Meßlänge *(f)*; Prüflänge *(f)* [Oberflächenrauheit]
S 47	sampling line	Probeentnahmeleitung *(f)*; Probenahmestrecke *(f)*
S 48	sampling point	Probeentnahmestelle *(f)*; Entnahmestelle *(f)* [Probe]
S 49	sampling probe; pressure probe; sniffer (probe) [leak test]	Schnüffelsonde *(f)*; Schnüffler *(m)*; Leckschnüffler *(m)* [Leckprüfung]
S 50	sampling probe	Absauglanze *(f)*; Entnahmesonde *(f)*; Probenahmesonde *(f)*; Prüfsonde *(f)*
S 51	sampling pump	Probeentnahmepumpe *(f)*
S 52	sampling valve	Probeentnahmeventil *(n)*
S 53	sandblasting	Sandstrahlen *(n)*
S 54	sand-cast alloy	Sandgußlegierung *(f)*
S 55	sand-grain type roughness [tube]	Sandrauhigkeit *(f)* [zur Intensivierung des Wärmeübergangs in Rohren]
S 56	sand patches *(pl)*	Sandstellen *(f, pl)* [Walzfehler]
S 57	sandwich construction	Sandwichbauweise *(f)*; Verbundplattenbauweise *(f)*
S 58	sandwiched tubesheet; three-element bolted joint [heat exchanger]	Sandwich-Konstruktion *(f)*; Drei-Elementen-Verbindung *(f)*; Verbundkonstruktion *(f)* [besteht aus einem unverankerten Rohrboden (im Wärmeaustauscher), der zwischen zwei Flanschen mit konischem Ansatz liegt]
S 59	sandwich internal floating roof; sandwich panel roof [tank]	Schwimmdecke *(f)* in Sandwich-Bauweise; Sandwich-Schwimmdecke *(f)* [Tank-Schwimmdecke mit Sandwich-Panelen (wabenförmig / honeycomb) aus Metall oder mit starren Panelen (rigid panel) aus Plastik]
S 60	sandwich materials *(pl)*	Verbundwerkstoffe *(m, pl)*
S 61	sandwich panel [tank]	Sandwichplatte *(f)* [Tank]
S 62	sandwich wrap technique	Sandwich-Wickel-Leckprüftechnik *(f)*
S 63	sanitation	Ertüchtigung *(f)*; Sanierung *(f)* [Anlage]
S 64	saturated boiling; saturation boiling; bulk boiling	Sättigungssieden *(n)*
S 65	saturated nucleate boiling	gesättigtes Blasensieden *(n)*
S 66	saturated steam; wet steam	Sattdampf *(m)*; Naßdampf *(m)*; gesättigter Dampf *(m)*
S 67	saturated steam line	Sattdampfleitung *(f)*
S 68	saturation	Sättigung *(f)*

saturation level

S 69	**saturation level; vertical limit** [ultras.]	Sättigungspunkt *(m)*; vertikale Begrenzung *(f)* [US-Prüfung]
S 70	**saturation pressure**	Sättigungsdruck *(m)*
S 71	**saturation temperature**	Sättigungstemperatur *(f)*; Siedetemperatur *(f)*
S 72	**save-all tank**	Tropfwasserbehälter *(m)*
S 73	**SAW; submerged arc welding**	Unterpulverschweißen *(n)*; UP-Schweißen *(n)*
S 74	**saw-tooth fins** *(pl)* **[tube]**	sägezahnartige Rippen *(f, pl)* [in einem niedrig berippten Rohr mit nah beieinander liegenden Ausschnitten in den Rippenspitzen werden diese sägezahnartigen Rippen in eine waagerechte Position gebogen und bilden somit Kanäle mit Poren auf der Oberseite]
S 75	**sawtooth run** [pipe]	sägezahnförmige Rohrstrecke *(f)*
S 76	**scab**	Schale *(f)* [Werkstoffehler]
S 77	**scabbard tube**	Futterrohr *(n)*
S 78	**scaffold**	Baugerüst *(n)*; Montagegerüst *(n)*
S 79	**scaffold cable support** [tank]	Kabelgerüstauflager *(n)* [Tank]
S 80	**scale**	Maßstab *(m)*; Maßteilung *(f)* [Zeichnung]
S 81	**scale**	Skala *(f)*
S 82	**scale-down**	Maßstabverkleinerung *(f)*
S 83	**scale drawing**	maßstabgerechte Zeichnung *(f)*
S 84	**scaled sound level**	bewerteter Schallpegel *(m)*
S 85	**scale efflorescence**	Zunderausblühung *(f)*
S 86	**scale lower limit**	Skalenanfangswert *(m)*
S 87	**scale marks** *(pl)*	Skalenteilung *(f)*
S 88	**scale model**	maßstabgerechtes Modell *(n)*
S 89	**scale range**	Meßbereich *(m)*; Skalenbereich *(m)*
S 90	**scale-resistant** *(adj.)*	zunderbeständig *(Adj.)*
S 91	**scale spacing**	Teilstrichabstand *(m)* [Skala]
S 92	**scale-up**	Maßstabsübertragung *(f)* [im Maßstab vergrößern]
S 93	**scale-up**	Übertragbarkeit *(f)* [von Versuchsdaten auf Großanlage]
S 94	**scale upper limit**	Skalenendwert *(m)*
S 95	**scaling; high-temperature oxidation**	Verzunderung *(f)*; Zunderung *(f)* [die chemische Reaktion eines Metalls bzw. einer Legierung mit oxydierenden Gasen, wie z. B. Sauerstoff, Schwefel, Halogene oder Wasserdampf, bei erhöhten Temperaturen]
S 96	**scaling; precipitation fouling**	Fouling *(n)* durch Kristallisation [Definition siehe unter: **precipitation fouling**]
S 97	**scaling factor**	Abbildungsmaßstab *(m)*
S 98	**scaling limit**	Zundergrenze *(f)*
S 99	**scaling resistance**	Zunderbeständigkeit *(f)*
S 100	**scanning** [ultras.]	Abtasten *(n)*; Beschallen *(n)* [US-Prüfung]
S 101	**scanning, grid** ... [ultras.]	Abtasten *(n)* in Rasterform [US-Prüfung]
S 102	**scanning, parallel path** ... [ultras.]	Abtasten *(n)* entlang paralleler Bahnen [US-Prüfung]

scraped surface heat exchanger

S 103	**scanning electron microscope**	Rasterelektronenmikroskop *(n)*; REM
S 104	**scanning helix; helical scanning path** [ultras.]	Abtastspirale *(f)* [US-Prüfung]
S 105	**scanning sensitivity** [ultras.]	Abtastungsempfindlichkeit *(f)* [US-Prüfung]
S 106	**scanning sensitivity calibration** [ultras.]	Empfindlichkeitsjustierung *(f)* [US-Prüfung]
S 107	**scanning technique** [ultras.]	Abtast-Prüftechnik *(f)* [US-Prüfung]
S 108	**scanning transmission electron microscope**	Durchstrahlungs-Rasterelektronenmikroskop *(n)*
S 109	**scanning zone** [ultras.]	Prüfzone *(f)* [US-Prüfung]
S 110	**scatter**	Streuung *(f)*
S 111	**scatter band; scatter range**	Streubereich *(m)*
S 112	**scattered energy** [ultras.]	gestreute Energie *(f)* [US-Prüfung]
S 113	**scattered radiation**	Streustrahlung *(f)*
S 114	**scattered radiation** [ultras.]	nicht bildzeichnende Strahlung *(f)* [US-Prüfung]
S 115	**SCC; stress corrosion cracking**	SRK; Spannungsrißkorrosion *(f)*
S 116	**SCCC; sulphide stress corrosion cracking**	schwefelinduzierte Spannungsrißkorrosion *(f)*
S 117	**SCF; stress concentration factor**	Formzahl *(f)*; Spannungskonzentrationsfaktor *(m)* [Definition siehe unter: **stress concentration factor**]
S 118	**scheduled maintenance**	planmäßige Wartung *(f)*
S 119	**scheduled outage**	planmäßiger Stillstand *(m)*; planmäßige Außerbetriebnahme *(f)*
S 120	**scheduled outage time**	geplante Nichtverfügbarkeitszeit *(f)*; Plananteil *(m)* der Nichtverfügbarkeitszeit
S 121	**Scheibel column**	Scheibel-Kolonne *(f)* [Kolonne mit Doppelblatt-Rührern und Füllkörper- oder Drahtgewebepackungen; arbeitet nach dem Mischer-Scheider-Prinzip]
S 122	**Schlieren system** [ultras.]	Schlierenoptik *(f)* [optisches System zur visuellen Anzeige eines Ultraschallstrahlenbündels]
S 123	**Schmidt number**	Schmidt-Zahl *(f)* [sie steht in Analogie zur Prandtl-Zahl; im älteren Schrifttum wird sie auch als Prandtl'sche Kennzahl zweiter Art bezeichnet]
S 124	**scored tension-loaded bursting disk**	Berstscheibe *(f)*, mit Kerben versehene lasttragende ... [siehe auch: **cross-score design**; **semicircular design**]
S 125	**scram** [nuclear reactor]	Notabschaltung *(f)*; Schnellabschaltung *(f)*; Schnellschluß *(m)* [Kernreaktor]
S 126	**scraped surface heat exchanger; SSHE**	Kratzkühler *(m)* [waagerecht angeordneter rohrförmiger mantel-gekühlter Apparat **(low-speed unit)**, bei dem die Kühlfläche durch ein innen angeordnetes Wischersystem **(spring-loaded scraper)**, das mit Federn an die Rohrwand gepreßt wird, von Kristallablagerungen freigehalten wird und ein guter

scraped surface heat exchanger

		Wärmeübergang erzielt wird; oder: Doppelrohrwärmeüberträger **(high-speed unit)** in dessen innerem Ringraum eine mit Schabmessern besetzte Welle **(scraper blade)** rotiert]
S 127	scraper blade	Schaber *(m)* [im Kratzkühler; mit Schabmessern besetzte Welle, die im Kratzkühler rotiert]
S 128	scratches *(pl)*	Schrammen *(f, pl)* [Walzfehler]
S 129	scratch hardness test	Ritzhärteprüfung *(f)*
S 130	screen; intensifying screen [radiog.]	Verstärkerfolie *(f)* [Durchstrahlungsprüfung]
S 131	screening [fracture mechanics]	Abschirmen *(n)* [äußere Abschirmung von Spannungen an der Rißspitze durch die plastische Zone; Bruchmechanik]
S 132	screw	Schraube *(f)*
S 133	screw bolt	Schraubenbolzen *(m)*
S 134	screw bush	Gewindehülse *(f)*
S 135	screw-down non-return and flood valve [screw-down stop and check valve]	absperrbares Rückschlagventil *(n)* [nicht genormter engl. Ausdruck]
S 136	screw-down stop and check valve [see Annex 1, p. 36]	absperrbares Rückschlagventil *(n)* [siehe Anhang 1, S. 36]
S 137	screw-down stop valve	Niederschraub-Absperrventil *(n)* [Ausführung als:
		— Durchgangsventil **(globe valve)**
		— Schrägsitzventil **(oblique valve)**
		— Eckventil **(angle valve)**
		— Nadelventil **(needle valve)**]
S 138	screwed cap	Kappe *(f)* mit Innengewinde
S 139	screwed connection	Schraubverbindung *(f)*; Verschraubung *(f)*
S 140	screwed coupling [reducing coupling; half coupling]	Muffe *(f)* mit Innengewinde [Reduziermuffe; Halbmuffe]
S 141	screwed cross [straight and reducing]	Kreuz *(n)* mit Innengewinde [gleichgroß und reduziert]
S 142	screwed elbow [45° or 90°]	Winkel *(m)* mit Innengewinde [45° oder 90°]
S 143	screwed-end valve	Ventil *(n)* mit Innengewinde
S 144	screwed flange	Gewindeflansch *(m)*
S 145	screwed lateral	Abzweigung *(f)* mit Innengewinde
S 146	screwed nipple	Gewindenippel *(m)*
S 147	screwed nozzle	Schraubstutzen *(m)*
S 148	screwed pipe fitting	Gewindeformstück *(n)*
S 149	screwed pipe joint	Rohrverschraubung *(f)*
S 150	screwed pocket	Einschraubschutzrohr *(n)* [Thermoelement]
S 151	screwed portion	Gewindeteil *(m)*
S 152	screwed roof nozzle [tank]	Gewindedachstutzen *(m)* [Tank]
S 153	screwed sleeve joint; screwed gland joint	Schraubmuffenverbindung *(f)*
S 154	screwed socket	Einschraubstutzen *(m)*
S 155	screwed tee [straight and reducing]	T-Stück *(n)* mit Innengewinde [gleich groß und reduziert]
S 156	screwed union	Rohrverschraubung *(f)* mit Innengewinde
S 157	screw gland	Schraubstopfbuchse *(f)*

S 158	screw head	Schraubenkopf *(m)*
S 159	screw holder; plug holder	Einschraubhaltevorrichtung *(f)* [Berstscheibe; siehe auch: **holder**]
S 160	screw plug	Gewindestopfen *(m)*; Schraubverschluß *(m)*; Verschlußschraube *(f)*
S 161	screw stay	Gewindeanker *(m)*
S 162	screw-stem thermocouple	Einschraubthermoelement *(n)*
S 163	screw type heat exchanger	Schnecken-Wärmeaustauscher *(m)*
S 164	scrubber; spray tower absorber; gas washer	Waschturm *(m)*; Wäscher *(m)*; Gaswäscher *(m)* [in Rauchgasentschwefelungsanlagen (REA); siehe auch: **gas washer; wash column**]
S 165	scrubbing slurry	Waschwasser *(n)*; Waschsuspension *(f)* [in REA]
S 166	scrubbing slurry tank	Waschsuspensionsbehälter *(m)* [in REA]
S 167	Scruton's number	Scruton-Zahl *(f)* [Masse-Dämpfungsparameter; Produkt von Massenverhältnis und logarithmischem Dekrement; strömungsinduzierte Schwingungen]
S 168	SDR; standard dimensional ratio	genormtes Maßverhältnis *(n)*
S 169	seal	Dichtung *(f)*; Abdichtung *(f)*
S 170	seal cartridge	Einbaudichtsatz *(m)*; Einbaudichtung *(f)*
S 171	seal centering cable [tank]	Dichtungszentrierkabel *(n)* [Tank]
S 172	sealed casing	abgedichtetes Mantelrohr *(n)*
S 173	seal envelope; resilient-filled primary seal [tank; see Annex 1, p. 16]	Gummischürze *(f)*; Dichtungsschürze *(f)* [Tank; siehe auch: **resilient filled primary seal**; siehe Anhang 1, S. 16]
S 174	sealing compound	Dichtungsmasse *(f)*
S 175	sealing diaphragm plate; seal welded diaphragm plate	Membranschweißabdichtung *(f)*; dichtgeschweißte Membranplatte *(f)*
S 176	sealing edge of the plate	Blechdichtkante *(f)*
S 177	seal(ing) face [valve]	Dichtleiste *(f)* [Ventil]
S 178	sealing force	Dichtkraft *(f)*
S 179	sealing liquid	Sperrflüssigkeit *(f)*
S 180	sealing pass; sealing run [weld]	Gegenlage *(f)*; Kapplage *(f)*; Wurzelgegennaht *(f)* [Schweißnaht; auch: B 33]
S 181	sealing pressure	Dichtungsdruck *(m)*
S 182	sealing ring; gasket ring; packing ring	Dichtungsring *(m)*
S 183	seal member [bursting disk]	Berstelement *(n)* [Scheibe; schließt unter Betriebsbedingungen den Strömungsquerschnitt ab, wird aber durch den Ansprechdruck zerstört und gibt somit den Strömungsquerschnitt frei]
S 184	seal membrane	Dichtmembran *(f)*
S 185	seal ring	Paßscheibe *(f)* [Absperrklappe]
S 186	seal strip	Abdichtstreifen *(m)*
S 187	seal washer	Dichtungsscheibe *(f)*
S 188	seal water	Sperrwasser *(n)*
S 189	seal-water valve	Sperrwasserarmatur *(f)* [Ventil]

S 190	seal weld	Dichtnaht (f)
S 191	seal-welded flange	Flansch (m) mit Dichtschweiße
S 192	seal-welded threaded joint	dichtgeschweißte Gewindeverbindung (f)
S 193	seal-welded tubesheet joint	dichtgeschweißte Rohr-Rohrboden-Verbindung (f)
S 194	seal welding	Dichtnahtschweißen (n); Dichtschweißen (n)
S 195	seal weld-lip [flange]	Schweißlippe (f) [Flanschabdichtung]
S 196	seal whistle [valve]	Dichtungstöne (m, pl) [bei sehr kleinen Ventilhüben intermittierend auftretende Pfeiftöne]
S 197	seam; weld	Naht (f); Schweißnaht (f)
S 198	seamless tube	nahtloses Rohr (n)
S 199	seams (pl) [rolling]	Schalenstreifen (m, pl); Fältelungsrisse (m, pl) [Walzfehler]
S 200	seam weld	Rollenschweißnaht (f)
S 201	search gas; test gas; probe gas [leak test]	Testgas (n); Prüfgas (n) [Leckprüfung]
S 202	search unit [US]; probe [UK] [ultras.]	Prüfkopf (m) [US-Prüfung]
S 203	seat area; seating area [valve]	Sitzquerschnitt (m); Sitzfläche (f); Dichtfläche (f) des Ventilsitzes [Fläche, mit der sich der Kegel und der Ventilsitz berühren, z. B. bei einem flachen Ventilsitz]
S 204	seat bore [valve]	Sitzbohrung (f) [Innendurchmesser am Ventilsitz]
S 205	seating, gasket . . .	Vorverformung (f) der Dichtung; Dichtungsvorverformung (f)
S 206	seating area; seat area [valve]	Sitzfläche (f); Sitzquerschnitt (m); Dichtfläche (f) des Ventilsitzes [Ventil]
S 207	seating force	Dichtkraft (f)
S 208	seating stress	Anpreßkraft (f); Flächenpressung (f) [bei Verschraubungen, Dichtungen]
S 209	seating stress, minimum design . . .	Mindestflächenpressung (f) [Erläuterungen siehe unter: **minimum design seating stress**]
S 210	seat(ing) valve; seated valve; face valve	Sitzventil (n)
S 211	seat insert [valve]	Sitzeinsatz (m) [eingepreßtes elastisches Dichtmittel, z. B. in Kugelhähnen]
S 212	seat ring; seat bushing [valve]	Sitzring (m) [Ventil]
S 213	secondary beam	Zwischenträger (m) [Stahlbau]
S 214	secondary cooling circuit [nuclear reactor]	Sekundärkühlkreislauf (m) [Kernreaktor]
S 215	secondary crack	Sekundärriß (m); Mikroriß (m)
S 216	secondary flow	Nebenstrom (m); Teilstrom (m); Zweigstrom (m)
S 217	secondary load	Zusatzlast (f)
S 218	secondary load to assist safety valve; additional load applied	Zusatzbelastung (f) [Ventil]
S 219	secondary radiation [radiog.]	sekundäre Strahlung (f) [Durchstrahlungsprüfung]
S 220	secondary sealing [ball valve]	Notdichtung (f) [Kugelhahn]
S 221	secondary stress	Sekundärspannung (f); sekundäre Spannung (f)
S 222	secondary wind girder [tank]	Zwischenwindträger (m) [Tank]
S 223	second moment of area	Flächenträgheitsmoment (n)

S 224	second side treatment [weld]	Nahtunterseitenbehandlung (f)
S 225	second surface bend test	Biegeversuch (m) mit der 2. Oberfläche im Zug
S 226	section [gen.]	Querschnitt (m); Segment (n) [allg.]
S 227	section	Abschnitt (m); Teilstück (n) [Strang / Strecke]
S 228	section	Profil (n) [Formstahl]
S 229	section [drawing]	Schnitt (m) [Zeichnung]
S 230	section; course; strake [pressure vessel]	Schuß (m) [Fertigteil; Behälter]
S 231	sectional drawing	Schnittzeichnung (f)
S 232	sectional flanging	Bördeln (n) in mehreren Arbeitsgängen
S 233	sectional grips (pl)	geteilte Spannbacken (f, pl)
S 234	sectionalizing block valve; sectioning valve	Strangabsperrventil (n); Strangventil (n)
S 235	sectional representation [drawing]	Schnittdarstellung (f) [Zeichnung]
S 236	sectional tube element	Rohrscheibe (f)
S 237	sectional view [drawing]	Schnittansicht (f); Schnittbild (n) [Zeichnung]
S 238	section force	Schnittkraft (f) [Statik]
S 239	section(ing) valve; sectionalizing block valve	Strangventil (n)
S 240	section modulus	Widerstandsmoment (n)
S 241	section moment	Schnittmoment (n) [Statik]
S 242	section-type pump	Gliederpumpe (f)
S 243	securing band [insulation]	Bandeisen (n) [Isolierung]
S 244	Seger cone	Segerkegel (m); Pyrometerkegel (m)
S 245	segmental baffle [tubular heat exchanger]	Segmentleitblech (n) [Rohrbündel-Wärmeaustauscher]
S 246	segmental bend; gusseted elbow	Segmentkrümmer (m)
S 247	segmental orifice plate	Segmentblende (f) [siehe auch: **orifice plate**]
S 248	segmental plate bend	Blechrohrsegmentbogen (m)
S 249	segmental shear ring	unterteilter Scherring (m)
S 250	segmented split ring	mehrfach geteilter Ring (m) [Dichtringkonstruktion; meist drei- bis vierfach geteilter Ring]
S 251	segregation	Seigerung (f); Entmischung (f) [Auskristallisieren]
S 252	segregation cracking	Seigerungsrißbildung (f)
S 253	seismic analysis	Erdbebenberechnung (f)
S 254	seismic factor	Erdbebenfaktor (m)
S 255	seismic intensity	Erdbebenstärke (f)
S 256	seismic load	Erdbebenlast (f)
S 257	seismic response	Erdbebenantwort (f)
S 258	seismic tie	Erdbebensicherung (f) [Bauteil]
S 259	seismic withstand capability	Erdbebenfestigkeit (f)
S 260	seizing	Fressen (n); Festfressen (n) [Gewinde]
S 261	selected setpoint	vorgegebener Sollwert (m)
S 262	selectivity	Trennschärfe (f) [Auflösungsvermögen]
S 263	self-acting locking ball	Selbstschlußkugel (f) [Wasserstandsventil]
S 264	self-acting seal; self-adjusting seal; automatic seal; pressure-energized seal	selbstwirkende Dichtung (f); selbstdichtende Dichtung (f); druckgespannte Dichtung (f)
S 265	self-aligning bearing	Pendellager (n)
S 266	self-aligning roller bearing	Pendelrollenlager (n)

S 267	self-aligning roller thrust bearing	Axialpendelrollenlager *(n)*
S 268	self-baking electrode	Sinterelektrode *(f)*
S 269	self-balancing stress	selbstausgleichende Spannung *(f)*
S 270	self-bleeding; self-purging	selbstentlüftend *(Adj.)*
S 271	self-constraint	Eigenbehinderung *(f)*
S 272	self-equilibrating	selbstausgleichend *(Adj.)*
S 273	self-exited vibrations *(pl)*	selbsterregte Schwingungen *(f, pl)*
S 274	self-flaring fitting	selbstbördelnde Rohrverbindung *(f)*
S 275	self-locking latching device	selbstsperrende Verriegelung *(f)*
S 276	self-purging; self-bleeding	selbstentlüftend *(Adj.)*
S 277	self-reinforcing nozzle	Stutzen *(m)* mit integraler Verstärkung; integral verstärkter Stutzen *(m)*
S 278	self-retaining bolt	selbstsichernder Schraubenbolzen *(m)*
S 279	self-sealing joint	Selbstabdichtung *(f)*; selbstdichtende Verbindung *(f)*
S 280	self-springing [pipe]	Selbstfederung *(f)* [Rohrleitung]
S 281	self-supported span [tank]	freitragende Stützweite *(f)* [Tank]
S 282	self-supporting	freitragend [Stahlkonstruktion]
S 283	self-supporting cone roof [tank]	freitragendes Kegeldach *(n)* [Tank]
S 284	self-supporting dome roof [tank]	freitragendes Kugelsegmentdach *(n)* [Tank]
S 285	self-supporting roof [tank]	freitragendes Dach *(n)* [Tank]
S 286	self-supporting umbrella roof [tank]	freitragendes Regenschirmdach *(n)* [Tank]
S 287	self-sustained arc	selbstständiger Lichtbogen *(m)*
S 288	SEM; scanning electron microscopy	Raster-Elektronenmikroskopie *(f)*
S 289	semi-automatic welding machine	Schweißhalbautomat *(m)*
S 290	semicircular notch	Rundkerbe *(f)*
S 291	semicircular-score design [bursting disk]	Ausführung *(f)* mit zentrisch im Kreisbogen angebrachten Schlitzen [in der Abdeckplatte von vorgewölbten Berstscheiben]
S 292	semicommercial plant operation	Optimierungsphase *(f)* [Anlagenbetrieb]
S 293	semi-ellipsoidal head [US]; semi-ellipsoidal end [UK] [see Annex 1, pp. 22 and 26]	Korbbogenboden *(m)* [siehe auch: **torispherical end/head**; siehe: Anhang 1, S. 22 und 26]
S 294	semi-finished product	Halbzeug *(n)*; Halbfabrikat *(n)*
S 295	semi-industrial pilot plant	halbtechnische Versuchsanlage *(f)*
S 296	semi-killed steel	halbberuhigter Stahl *(m)*
S 297	semi-manufactured part	Halbfertigteil *(n)*
S 298	semi-outdoor construction	Halbfreiluftbauweise *(f)*
S 299	semi-permeable membrane	halbdurchlässige Membran *(f)*
S 300	SENB specimen; single-edge notched bend specimen	Dreipunkt-Biegeprobe *(f)*
S 301	sensitivity [ultras.]	Empfindlichkeit *(f)* [Nachweisfähigkeit von Werkstofftrennungen; US-Prüfung]
S 302	sensitivity calibrator; calibrated leak; reference leak; standard leak; test leak	Eichleck *(n)*; Testleck *(n)*; Vergleichsleck *(n)*; Leck *(n)* bekannter Größe; Bezugsleck *(n)*
S 303	sensitized	sensibilisiert *(V)* [durch Spannungsarmglühen]
S 304	sensor array [AET]	Sondenarray *(m)* [SEP]

S 305	**SENT specimen; single-edge notched tensile specimen**	einseitig gekerbte Zugprobe *(f)*
S 306	**separation bubble**	Ablöseblase *(f)*
S 307	**separation column**	Trennsäule *(f)* [siehe: **column**]
S 308	**separation of flow**	Abreißen *(n)* der Strömung
S 309	**separation pig; batching pig**	Trennmolch *(m)*; Chargen-Trennmolch *(m)*
S 310	**separations** *(pl)*	Bruchaufreißungen *(f, pl)*; Nebenbrüche *(m, pl)*
S 311	**separator**	Abscheider *(m)* [Allgemein ein Gefäß mit oder ohne Einbauten, in dem zwei Phasen (Flüssigkeiten, Flüssigkeiten und Gas, Flüssigkeiten und Feststoffe) durch Schwerkraft getrennt werden. Meist als Durchlaufabscheider gebaut, vielfach mit Niveauanzeiger und Niveauregler versehen. Abscheider werden in Prozeßanlagen überall dort eingebaut, wo es sich nicht vermeiden läßt, daß Flüssigkeitsteilchen in einen Gasstrom und umgekehrt Gasblasen in einem Flüssigkeitsstrom entstehen. Vielverwendete Bauformen sind Zentrifugal- und Prallplattenabscheider]
S 312	**sequence cascade**	Ablaufkette *(f)* [Steuerung]
S 313	**sequential control**	Ablaufsteuerung *(f)* [elektrisch]
S 314	**serial number**	Fabriknummer *(f)*; laufende Nummer *(f)*; Seriennummer *(f)*
S 315	**serial production**	Reihenfertigung *(f)*; Serienfertigung *(f)*
S 316	**series-production parts** *(pl)*	serienmäßig hergestellte Teile *(n, pl)*
S 317	**serrated-concentric finish**	konzentrisch geriffelte Oberfläche *(f)*
S 318	**serrated finned tube**	verzahntes und verripptes Rohr *(n)*
S 319	**serrated lock washer**	Fächerscheibe *(f)*
S 320	**serrated strip for travel stop**	Blockierleiste *(f)* [LISEGA-Aufhängung]
S 321	**serration**	Verzahnung *(f)*
S 322	**service; operation**	Betrieb *(m)*; Fahrweise *(f)*
S 323	**serviceability**	Betriebstauglichkeit *(f)*
S 324	**serviceable design**	funktionsfähige Konstruktion *(f)*
S 325	**service factor**	Betriebsbeiwert *(m)*
S 326	**service history**	Betriebsablauf *(m)*
S 327	**service life**	betriebliche Lebensdauer *(f)*; Standzeit *(f)*; Nutzungsdauer *(f)*; Dauerhaltbarkeit *(f)*
S 328	**service load**	Betriebslast *(f)*
S 329	**servo-assisted solenoid valve**	vorgesteuertes Magnetventil *(n)*
S 330	**servo-loading spring** [valve]	Schließfeder *(f)* [Ventil]
S 331	**servo-loading spring, valve closing by (action of) . . .**	federkraftschließendes Ventil *(n)*
S 332	**servo-valve**	Servoventil *(n)*; Hilfsventil *(n)*; Stellventil *(n)*; Steuerventil *(n)*
S 333	**set-in branch**	eingeschweißter Abzweig *(m)*
S 334	**set-in nozzle; flush nozzle**	Einschweißstutzen *(m)*; bündig eingesetzter Stutzen *(m)*; Einschweißnippel *(m)* [siehe auch: **flush nozzle**]

S 335	**set of test specimens**	Probensatz *(m)*
S 336	**set-on branch**	aufgeschweißter Abzweig *(m)*
S 337	**set-on nozzle**	Sattelstutzen *(m)*; Aufschweißstutzen *(m)*; aufgesetzter Stutzen *(m)*; Aufschweißnippel *(m)*
S 338	**set-on tube stub**	aufgeschweißter Rohrnippel *(m)*
S 339	**set point**	Sollwert *(m)* [eines Reglers]
S 340	**set point adjuster**	Sollwerteinsteller *(m)*
S 341	**set point adjustment**	Sollwerteinstellung *(f)*
S 342	**set point controller**	Sollwertführgerät *(n)*
S 343	**set point error**	Sollwertabweichung *(f)* [Regelung]
S 344	**set point transmitter**	Sollwertgeber *(m)*
S 345	**set pressure; start-to-leak pressure** [valve]	Einstelldruck *(m)* [Arbeitsdruck vor dem am Drucksystem (Druckbehälter) installierten Sicherheitsventil, bei dem das Abschlußorgan (Kegel) zu öffnen beginnt. Je nach Einbauverhältnissen können der nominelle Einstelldruck **(test pressure)** und der Ansprechdruck identisch oder verschieden sein.]
S 346	**set screw**	Einstellschraube *(f)*
S 347	**setter; adjuster**	Einsteller *(m)* [elektrisch]
S 348	**set-through branch**	durchgesteckter (und eingeschweißter) Abzweig *(m)*
S 349	**set-through nozzle**	durchgesteckter Stutzen *(m)*
S 350	**set-through tube stub**	durchgesteckter Rohrnippel *(m)*
S 351	**setting**	Einstellwert *(m)*
S 352	**setting** [valve]	Einstellung *(f)* [Ventil]
S 353	**setting accuracy**	Einstellgenauigkeit *(f)*
S 354	**setting element**	Einstellglied *(n)*
S 355	**setting of roof-leg supports** [tank]	Stellung *(f)* der Dachstützen; Dachstützenstellung *(f)* [Tank]
S 356	**setting range**	Einstellbereich *(m)*
S 357	**set(ting) screw**	Einstellschraube *(f)*; Justierschraube *(f)*; Stellschraube *(f)*
S 358	**settlement** [soil]	Senkung *(f)*; Sackung *(f)* [Boden]
S 359	**settlement** [foundation]	Setzung *(f)* [Fundament]
S 360	**settlement; deposition; deposits** *(pl)*	Ablagerung *(f)* [z. B. in Rohren/Leitungen]
S 361	**settler**	Absetzgefäß *(n)* [Gefäße, meist liegende Zylinder mit oder ohne Einbauten, in denen sich zwei nicht ineinander lösliche Flüssigkeiten unter dem Einfluß der Schwere voneinander trennen und bei ständigem Zulauf der Mischung ständigen Ablauf beider Phasen aufweisen. Die Ablaufregelung erfolgt durch Phasenregler **(interface level controller)**, welcher den Stand der Zwischenschicht aufrechterhält. Siehe auch: **separator**]
S 362	**settling**	Absetzen *(n)*
S 363	**settling chamber**	Absetzkammer *(f)*

shape factor

S 364	**set-to-operate pressure; popping pressure; response pressure** [valve]	Ansprechdruck *(m)* [Ventil]
S 365	**set-to-operate pressure, nominal . . .** [valve]	Nennansprechdruck *(m)* [Ventil]
S 366	**severity level**	Fehlergrenzstufe *(f)* [Schwereklasse]
S 367	**shaded area**	schraffierter Bereich *(m)*
S 368	**shadow** [ultras.]	Schallschatten *(m)* [US-Prüfung]
S 369	**shadow technique** [ultras.]	Absorptionsverfahren *(n)* [US-Prüfung]
S 370	**shakedown**	elastisches Einspielen *(n)* [einer Konstruktion]
S 371	**shakedown analysis**	Einspielverfahren *(n)* [Analyse]
S 372	**shakedown load; stabilizing load**	Einspielbelastung *(f)* [Die maximale Belastung, die aufgebracht werden kann und bei Entlastung solche Restmomente erzeugt, so daß eine wiederholte Belastung in gleicher Höhe oder kleiner nur elastische Spannungen hervorruft]
S 373	**shakedown** *(v)* **to elastic action**	sich im elastischen Bereich einspielen *(V)*
S 374	**shaking-out period; burn-in period; debugging period**	Anfangsperiode *(f)*; Anlaufperiode *(f)*; Frühfehlerperiode *(f)* [Lebensdauerbestimmung von Anlagenteilen]
S 375	**shallow crack**	flacher Riß *(m)*
S 376	**shallow dished end** [see Annex 1, pp. 22 and 28]	flachgewölbter Boden *(m)* [siehe Anhang 1, S. 22 und 28]
S 377	**shape**	Form *(f)*; Gestalt *(f)*; Profil *(n)*
S 378	**shape constant** [gasket]	Formzahl *(f)* [Dichtung]
S 379	**shaped part; shaped section**	Formstück *(n)*
S 380	**shaped probe** [ultras.]	angeschliffener Prüfkopf *(m)* [US-Prüfung]
S 381	**shape factor**	Stützziffer *(f)* [berücksichtigt die Tragfähigkeitsreserve ungleichmäßig beanspruchter Bauteile im überelastischen Zustand. Kenngröße für eine gesteigerte Tragfähigkeit = Quotient aus der Laststeigerung nach Beginn des Fließens und der Belastungsgrenze bei Fließbeginn.]
S 382	**shape factor** [dished ends]	Berechnungsbeiwert *(m)* [bei gewölbten Böden: K-Faktor (UK); C-Faktor (nach ISO); β-Wert (nach TRD)]
S 383	**shape factor** [heat transmission]	Formfaktor *(m)*; Formeinflußzahl *(f)* [zur Angabe des Wärmestroms zwischen zwei isothermen Flächen]
S 384	**shape factor; force coefficient** [wind load]	Widerstandszahl *(f)* angeströmter Körper [z. B. bei Windbelastung]

S 385	**shape welding**	formgebendes Schweißen *(n)*; Formschweißen *(n)*; Thyssen-Formschmelzverfahren *(n)* [Mit Hilfe des formgebenden Schweißens nach dem UP-Verfahren lassen sich rotationssymmetrische Körper auch komplizierter Form mit hohen Stückmassen herstellen. Auf einen Anfahrkörper (dünnwandiges Trägermaterial), der später durch Zerspanen abgearbeitet oder als korrosionsfeste Innenwandung in das Bauteil integriert werden kann, wird lagenweise das Werkstück durch Auftragsschweißen aufgebaut. Formgeschweißte Werkstoffe verhalten sich isotrop, und die Werkstoffkennwerte liegen über denen von Schmiedewerkstoffen.]
S 386	**sharp-angle bend**	Krümmer *(m)* mit kleinem Biegeradius
S 387	**SHE; spiral heat exchanger**	Spiral-Wärmeaustauscher *(m)*
S 388	**shear**	Schubbeanspruchung *(f)*; Schub *(m)* [Scherkraft / Querkraft]
S 389	**shear decohesion**	Abscherung *(f)* [nach der Lochbildung ohne merkliches Lochwachstum; diese Bruchform ist typisch für hochfeste Legierungen mit geringem S-Gehalt und feinverteilten Karbiden.]
S 390	**shear deformation**	Schubverformung *(f)*
S 391	**sheared edge defects** *(pl)*	Schnittkantenfehler *(m, pl)* [Walzfehler]
S 392	**sheared flow regions** *(pl)*	getrennte Strömungsabschnitte *(m, pl)*
S 393	**shear flow**	Scherströmung *(f)*
S 394	**shear force**	Scherkraft *(f)*; Schubkraft *(f)*
S 395	**shear fracture**	Scherbruch *(m)*; Gleitbruch *(m)*
S 396	**shear frame**	Fachwerkscheibe *(f)* [Stahlbau]
S 397	**shear gasket**	Scherdichtung *(f)*
S 398	**shearing cross section**	Abscherquerschnitt *(m)*
S 399	**shearing strength**	Abscherfestigkeit *(f)*; Scherfestigkeit *(f)*
S 400	**shearing stress**	Abscherspannung *(f)*
S 401	**shear lips** *(pl)*	Scherlippen *(f, pl)*
S 402	**shear load**	Querbeanspruchung *(f)* [Scherkraft / Querkraft]
S 403	**shear modulus; rigidity modulus; modulus of rigidity**	Schermodul *(m)*; Schubmodul *(m)*; Gleitmodul *(m)*
S 404	**shear rate**	Schergefälle *(n)*; Geschwindigkeitsgefälle *(n)*
S 405	**shear resistance; shear strength**	Schubfestigkeit *(f)*; Schubsteifigkeit *(f)*; Scherfestigkeit *(f)*
S 406	**shear strain**	Schubbeanspruchung *(f)*; Scherbeanspruchung *(f)*
S 407	**shear stress**	Schubspannung *(f)*; Scherspannung *(f)*
S 408	**shear stress criterion; shear stress theory**	Schubspannungshypothese *(f)*
S 409	**shear test specimen**	Scherprobe *(f)*
S 410	**shear viscosity**	Schubviskosität *(f)*
S 411	**shear wall**	Wandscheibe *(f)* [Stahlbau]

S 412	**shear wave; transverse wave** [ultras.]	Scherwelle *(f)*; Transversalwelle *(f)* [US-Prüfung]
S 413	**shear wave search unit** [ultras.]	Transversalwellenprüfkopf *(m)* [US-Prüfung] [auch: T 618]
S 414	**sheathed thermocouple**	Mantelthermoelement *(n)*
S 415	**sheet**	Feinblech *(n)*; Blech *(n)*
S 416	**sheet-metal plate**	Blechtafel *(f)*
S 417	**sheet steel**	Stahlblech *(n)*
S 418	**shelf, lower ...** [impact test]	Tieflage *(f)* [Kerbschlagbiegeversuch]
S 419	**shelf, upper ...** [impact test]	Hochlage *(f)* [Kerbschlagbiegeversuch]
S 420	**shell**	Mantel *(m)*; Mantelrohr *(n)* [siehe nachfolgende Mantelarten von RWÜ]
S 421	**shell** [theory of shells]	Schale *(f)* [Schalentheorie]
S 422	**shell, E-Type ...**	Mantel *(m)* der Type E; E-Mantel *(m)* [TEMA]
S 423	**shell, F-type ...**	Mantel *(m)* der Type F; F-Mantel *(m)* [TEMA]
S 424	**shell, G-type ...**	Mantel *(m)* der Type G; G-Mantel *(m)* [TEMA]
S 425	**shell, H-type ...**	Mantel *(m)* der Type H; H-Mantel *(m)* [TEMA]
S 426	**shell, J-type ...**	Mantel *(m)* der Type J; J-Mantel *(m)* [TEMA]
S 427	**shell, K-type ...**	Mantel *(m)* der Type K; K-Mantel *(m)* [TEMA]
S 428	**shell, L-type ...**	Mantel *(m)* der Type L; L-Mantel *(m)* [TEMA]
S 429	**shell, X-type ...**	Mantel *(m)* der Type X; X-Mantel *(m)* [TEMA]
S 430	**shell-and-tube heat exchanger** [see Annex 1, p. 4–7]	Rohrbündelwärmeübertrager *(m)*; RWÜ; Rohrbündelwärmeaustauscher *(m)*; Mantelröhrenwärmeaustauscher *(m)* [Die Rohre dieser Wärmetauscherbauart sind glatt, d. h. unberippt; siehe im Gegensatz dazu: **bundle exchanger**; siehe Anhang 1, S. 4–7]
S 431	**shell boiler**	Großwasserraumkessel *(m)*; GWK
S 432	**shell course; shell strake; shell section**	Mantelschuß *(m)*
S 433	**shell cover**	Manteldeckel *(m)*; Mantelhaube *(f)*
S 434	**shell cover flange**	Deckelflansch *(m)* am Mantel
S 435	**shell cutout**	Mantelausschnitt *(m)*
S 436	**shell of revolution**	rotationssymmetrische Schale *(f)*
S 437	**shell pass**	Mantelgang *(m)*; Mantelweg *(m)*; Manteldurchgang *(m)* [die Anzahl der Mantelgänge ist gleich der Anzahl der Zeiten, in denen das mantelseitige Medium die volle Mantellänge durchquert]
S 438	**shell plate**	Mantelblech *(n)*
S 439	**shell rotation**	Manteldrehung *(f)*
S 440	**shell section; shell strake; shell course**	Mantelschuß *(m)*
S 441	**shell-side flow**	mantelseitige Strömung *(f)*
S 442	**shell-side flow rate**	mantelseitige Strömungsgeschwindigkeit *(f)*
S 443	**shell-side flow streams** *(pl)*	Teilströme *(m, pl)* bei der Strömung im Mantelraum
S 444	**shell-side fluid density**	Dichte *(f)* des mantelseitigen Fluids
S 445	**shell-side fluid displaced by the tubes**	verdrängtes mantelseitiges Fluid *(n)*
S 446	**shell-side heat transfer**	mantelseitiger Wärmeübergang *(m)*

shell-side longitudinal pass partition plate

S 447	**shell-side longitudinal pass partition plate; longitudinal baffle** [heat exchanger]	Längsleitblech *(n)*; Längsleitwand *(f)*; Längstrennwand *(f)* [Wärmeaustauscher]
S 448	**shell-side pressure drop**	mantelseitiger Druckabfall *(m)*
S 449	**shell-type float**	Mantelschwimmer *(m)*
S 450	**shell uplift** [tank]	Abheben *(n)* des Mantels [Tank]
S 451	**shelving** [flash butt welding]	Kantenbildung *(f)* [Abbrennstumpfschweißen]
S 452	**Sherwood number**	Sherwood-Zahl *(f)* [sie ist — wie in entsprechender Weise die Nußelt-Zahl — als dimensionsloser Stoffübergangskoeffizient gebildet. Im älteren Schrifttum wird sie auch als Nußelt'sche Kennzahl zweiter Art bezeichnet]
S 453	**shielded inert-gas metal-arc welding; SIGMA welding**	SIGMA-Schweißen *(n)*
S 454	**shielded metal-arc welding; SMAW**	Metall-Lichtbogenschweißen *(n)* mit umhüllter Elektrode
S 455	**shielding gas**	Inertgas *(n)*; Schutzgas *(n)* [Schweißen]
S 456	**shim**	Ausgleichsstück *(n)* [Unterfüttern]; Beilageblech *(n)*; Blechunterlage *(f)*; Futterblech *(n)*
S 457	**shims** *(pl)*	Beilagen *(f, pl)* [Werkstoff]
S 458	**shims** *(pl)* **under penetrameters** [radiog.]	Beilagen *(f, pl)* unter Bohrlochbildgüteprüfstegen [Durchstrahlungsprüfung]
S 459	**shipping restraint; sizing bar** [expansion joint]	Stützeisen *(n)* [zur Arretierung des Kompensators; Stützeisen werden erst nach Montage des Kompensators in der Rohrleitung entfernt]
S 460	**shock absorber, hydraulic** ... [see Annex 1, pp. 65, 66, 68]	Schwingungsbremse *(f)*; Stoßbremse *(f)* [Erläuterungen siehe unter: **hydraulic shock absorber**; siehe Anhang 1, S. 65, 66, 68]
S 461	**shock absorber extension** [see Annex 1, p. 77]	Stoßbremsenverlängerung *(f)* [siehe Anhang 1, S. 77]
S 462	**shock arrestor** [pipe]	Stoßbremse *(f)* [Rohrleitung]
S 463	**shock load**	Stoßlast *(f)*; Stoßbelastung *(f)* [Beanspruchung]
S 464	**shock pulse**	Stoßimpuls *(m)*
S 465	**shock sensitive** *(adj.)*	stoßempfindlich *(Adj.)*
S 466	**shock suppressor** [pipe]	Stoßdämpfer *(m)* [Rohrleitung]
S 467	**shock tempering**	Stoßanlassen *(n)* [Wärmebehandlung]
S 468	**shock wave pressure**	Stoßwellendruck *(m)*
S 469	**shoe, mechanical** ... [tank; see Annex 1, p. 16]	Gleitblech *(n)* [Ringraumabdichtung; Tank; siehe Anhang 1, S. 16]
S 470	**shop assembly**	Werkstattmontage *(f)*
S 471	**shop weld**	werkstattgeschweißte Naht *(f)*; Werkstattschweiße *(f)*
S 472	**short arc**	Kurzlichtbogen *(m)*
S 473	**short arc welding; dip transfer arc welding**	Kurzlichtbogenverfahren *(n)* [Schweißen]
S 474	**short circuiting transfer** [welding]	Werkstoffübergang *(m)* durch Kurzschlußbildung
S 475	**short offset**	kurzer Versatz *(m)* [S-Rohrstück]
S 476	**short radius elbow**	Schweißbogen *(m)* mit kleinem Radius 90°
S 477	**short radius return**	Umkehrbogen *(m)* mit kleinem Radius 180°
S 478	**short residue**	Vakuumrückstand *(m)* [siehe: **residue**]

shut-off device

S 479	**short stub end**	Vorschweißbund *(m)*
S 480	**short term properties** *(pl)*	Kurzzeitfestigkeitswerte *(m, pl)*
S 481	**short term tensile strength characteristics** *(pl)*	Kurzzeit-Zugfestigkeitseigenschaften *(f, pl)*
S 482	**shot** [magn.t.]	Kurzmagnetisierung *(f)* [kurzer Erregerzyklus bei der Magnetpulverprüfung]
S 483	**shoulders** *(pl)*	Auflager *(n, pl)* [Prüfvorrichtung]
S 484	**shower deck** [distillation column]	Showerdeck *(n)* [Fraktioniereinrichtung in Destillationstürmen. Der Querschnitt des Turms ist durch halbkreisförmige Bleche abwechselnd rechts und links verschlossen, so daß die aufsteigenden Gase schlangenförmige Bewegungen machen müssen und durch die von Deck zu Deck herabfließenden Flüssigkeitsschleier passieren müssen; siehe auch: **tray**]
S 485	**shrinkage**	Schrumpfung *(f)*
S 486	**shrinkage cavity** [weld imperfection]	Lunker *(m)*; Schrumpflunker *(m)* [Schweißnahtfehler; Hohlraum infolge Schwindens beim Erstarren]
S 487	**shrinkage crack**	Schrumpfriß *(m)* [entsteht durch Behindern des Schrumpfens]
S 488	**shrinkage groove; suck-back; root concavity; underwashing** [weld imperfection]	Wurzelkerbe *(f)*; Wurzelrückfall *(m)* [Nahtfehler]
S 489	**shrinkage stress**	Schrumpfspannung *(f)*
S 490	**shroud; cover; external sleeve** [expansion joint; see Annex 1, p. 88]	Schutzrohr *(n)* [Dehnungsausgleicher; Definition siehe unter: **cover**; siehe Anhang 1, S. 88]
S 491	**shroud** [feedwater heater]	Trennblech *(n)*; Hemd *(n)*; Zwischenmantel *(m)*; Schirmblech *(n)* [im Speisewasservorwärmer]
S 492	**shutdown**	Abfahren *(n)*
S 493	**shutdown procedure**	Abfahrvorgang *(m)*
S 494	**shutdown rate**	Abfahrgeschwindigkeit *(f)*
S 495	**shutdown sequence; shutdown pattern**	Abfahrverlauf *(m)*
S 496	**shut-off device; isolating device**	Absperrorgan *(n)*; Absperrarmatur *(f)*; Rohrschalter *(m)* [Absperrorgane als Ausrüstung zum Regeln und Absperren von Stoffflüssen haben z. B. die Aufgabe, die Strömung in einer Rohrleitung zu jeder gewünschten Zeit zu unterbrechen. Hauptanforderungen an Absperrorgane sind: — sicherer Abschluß und dauernd gutes Abdichten — leichte und schnelle Bedienungsmöglichkeit — geringer Durchflußwiderstand — Beständigkeit und Widerstandsfähigkeit der Dichtflächen gegen chemische, thermische und mechanische Angriffe — gute Reparaturfähigkeit der Dichtflächen — standardisierte Anschlußmaße.

shut-off device

Absperrorgane werden unterteilt in:
— Hähne **(cocks)**
— Ventile **(valves)** und
— Schieber **(gate valves)**.]

S 497	**shut-off stroke; closing pressure surge; closing shock**	Schließdruckstoß *(m)*; Schließschlag *(m)*
S 498	**shut-off valve; stop valve; isolating valve**	Absperrventil *(n)*
S 499	**shut positon**	Schließstellung *(f)*
S 500	**shutter valve; slide gate valve**	Absperrschieber *(m)* [Bunker; Silo; Trichter]
S 501	**SICC; strain-induced corrosion cracking**	dehnungsinduzierte Rißkorrosion *(f)*; DRK
S 502	**side bar, fillet-welded ...**	kehlnahtgeschweißter Streifen *(m)* [bei Verwendung einer Spannhülse im Rohrleitungsbau; Längsnaht durch Auflegen eines kehlnahtgeschweißten Streifens]
S 503	**side bend test**	Seitenbiegeversuch *(m)*; Querfaltversuch *(m)*
S 504	**side bend test specimen**	Querbiegeprobe *(f)*; Querfaltprobe *(f)*
S 505	**side cut; side stream [column]**	Seitenschnitt *(m)*; Seitenstrom *(m)*; Seitenprodukt *(m)* [Seitenprodukt, daß bei einer Fraktionskolonne kontinuierlich von einzelnen Böden abgenommen wird. Der Seitenschnitt wird vielfach zur Verbesserung des Flammpunktes über einen Stripper geleitet, über Wärmeaustauscher gekühlt: Siehe auch: Kopfprodukt **(tops)**; Bodenprodukt **(bottom product)**, Seitenturm **(stripper)**.]
S 506	**side drilled bore**	Seitenbohrung *(f)*
S 507	**side fillet weld**	Flankenkehlnaht *(f)*
S 508	**side groove**	Seitenkerbe *(f)*
S 509	**side outlet cross**	Kreuzstück *(n)* mit seitlichem Abgang; T-Verteiler *(m)*
S 510	**side outlet tee**	T-Stück *(n)* mit seitlichem Abgang; T-Verteiler *(m)*
S 511	**side rake**	Seitenfreiwinkel *(m)*
S 512	**side stiffening member [tank]**	Seitensteife *(f)* [Tank]
S 513	**sideway tripping**	seitliche Auslenkung *(f)* [von Versteifungen]
S 514	**sieve tray; sieve plate [column; see Annex 1, p. 10]**	Siebboden *(m)* [siehe: **tray**; **column**; siehe Anhang 1, S. 10]
S 515	**sieve tray column**	Siebbodenkolonne *(f)* [Erläuterungen siehe unter: **column**]
S 516	**sight glass**	Schauglas *(n)*; Sichtglas *(n)*
S 517	**sight hole**	Schauloch *(n)*; Schauöffnung *(f)*
S 518	**sigma phase**	Sigmaphase *(f)*
S 519	**SIGMA welding; shielded inert-gas metal-arc welding**	SIGMA-Schweißen *(n)*
S 520	**signal-to-noise ratio [ultras.]**	Signal-Rausch-Verhältnis *(n)*; Rauschabstand *(m)*; Störabstand *(m)* [US-Prüfung]
S 521	**silencer**	Schalldämpfer *(m)*
S 522	**silencer housing**	Schalldämpfergehäuse *(n)*

S 523	**silencing; soundproofing**	Geräuschdämpfung *(f)* [Schallisolierung]; Lärmminderung *(f)*; Schalldämpfung *(f)*
S 524	**silo**	Silo *(n)*
S 525	**silo vibrator**	Silovibrationseinrichtung *(f)*
S 526	**similarity coefficient**	Ähnlichkeitskennzahl *(f)*
S 527	**similar steels** *(pl)*	artgleiche Stähle *(m, pl)*
S 528	**simmering [of valve seat]**	Schlagen *(n)* [des Ventilsitzes]
S 529	**simply supported tubesheet**	frei aufliegender Rohrboden *(m)*
S 530	**simulated AE source [AET]**	simulierte Schallquelle *(f)* [SEP]
S 531	**sing-around method**	Impuls-Folgefrequenzverfahren *(n)* [Ultraschall-Durchflußmessung]
S 532	**single banjo; adjustable elbow**	richtungseinstellbare Winkelverschraubung *(f)*
S 533	**single (bellows) expansion joint; single-type expansion joint [see Annex 1, pp. 89 and 92]**	einbalgiger Kompensator *(m)*; einwelliger Dehnungsausgleicher *(m)* [siehe Anhang 1, S. 89 und 92]
S 534	**single bevel butt joint; single bevel groove weld**	HV-Naht *(f)*
S 535	**single bevel butt joint with root face**	HY-Naht *(f)* [Stegnaht]
S 536	**single bounce technique [ultras.]**	Methode *(f)* des einfachen Sprungabstands [US-Prüfung] [auch: D 419]
S 537	**single-braid hose**	Schlauch *(m)* mit einfacher Ummantelung
S 538	**single connecting plate**	Lasche *(f)* [LISEGA-Aufhängung]
S 539	**single-deck pontoon roof [tank; see Annex 1, p. 14]**	Membran-Pontondach *(n)* [Tank; siehe auch: **floating-roof tank**; siehe Anhang 1, S. 14]
S 540	**single-edge notched bend specimen; SENB specimen**	Dreipunktbiegeprobe *(f)*
S 541	**single-edge notched tensile specimen; SENT specimen**	einseitig gekerbte Zugprobe *(f)*
S 542	**single flange butterfly valve [see Annex 1, p. 55]**	Absperrklappe *(f)* mit Monoflansch [siehe auch: **butterfly valve**; siehe auch Anhang 1, S. 55]
S 543	**single-flow** *(adj.)*	einflutig *(Adj.)*
S 544	**single-J-butt joint; single-J-groove weld**	HU-Naht *(f)*; J-Naht *(f)*
S 545	**single-layer** *(adj.)*	einlagig (Adj.)
S 546	**single mitre corner [rectangular expansion joint; see Annex 1, p. 101]**	Gehrungsecke *(f)* [in Rechteck-Kompensatoren; siehe Anhang 1, S. 101]
S 547	**single particle**	Einzelkugel *(f)* [kugelförmiger, gleichkörniger Partikel]
S 548	**single-pass arrangement [PHE]**	Einfachschaltung *(f)* [Plattenanordnung im Plattenwärmeaustauscher]
S 549	**single-pass bonnet (head)**	eingängige Haube *(f)*
S 550	**single-pass condenser**	Kondensator *(m)* mit einem Wasserweg; einflutiger Kondensator *(m)*
S 551	**single-pass drain cooling section**	eingängige Kondensatkühlzone *(f)*
S 552	**single-pass heat exchanger**	eingängiger Wärmeaustauscher *(m)*; Wärmeaustauscher *(m)* mit einem Mantelweg
S 553	**single-pass shell [heat exchanger]**	eingängiger Mantel *(m)*; Mantel *(m)* mit einfachem Durchgang [Wärmeaustauscher]
S 554	**single-pass welding; single-run welding**	Einlagenschweißung *(f)*

S 555	**single-phase flow**	Einphasenströmung *(f)*; einphasige Strömung *(f)* [Wasser, gesättigter oder überhitzter Dampf]
S 556	**single-phase fluid flow**	einphasige Flüssigkeitsströmung *(f)*
S 557	**single-phase medium**	einphasiges Medium *(n)*
S 558	**single-piece saddle**	einteiliger Sattel *(m)*
S 559	**single-plane bend**	in einer Ebene liegender Krümmer *(m)*
S 560	**single-plane pipe guide [UK]; planar pipe guide [US] [see Annex 1, p. 84]**	Haltepunkt *(m)*, senkrecht zur Rohrachse gleitender . . . [siehe Anhang 1, S. 84]
S 561	**single-ply bellows [see Annex 1, p. 102]**	Einlagenbalg *(m)*; einwandiger Balg *(m)* [siehe Anhang 1, S. 102]
S 562	**single-probe technique [ultras.]**	Einkopfverfahren *(n)* [US-Prüfung]
S 563	**single-seated valve**	Einsitzventil *(n)*
S 564	**single-segmental baffles** *(pl)*	Einfach-Segmentleitbleche *(n, pl)*
S 565	**single-stage distillation**	einstufige Destillation *(f)*
S 566	**single-start thread**	eingängiges Gewinde *(f)*
S 567	**single tap orifice plate**	Normblende *(f)* mit Einzelanbohrung
S 568	**single train heater arrangement**	einsträßige Vorwärmeranordnung *(f)*
S 569	**single traverse technique [ultras.]**	Methode *(f)* des halben Sprungabstandes [US-Prüfung] [auch: D 281]
S 570	**single-type expansion joint; single (bellows) expansion joint [see Annex 1, pp. 89 and 92]**	einbalgiger Kompensator *(m)*; einwelliger Dehnungsausgleicher *(m)* [siehe Anhang 1, S. 89 und 92]
S 571	**single-type pressure balanced expansion joint [see Annex 1, pp. 90 and 94]**	eckentlasteter Axial-Kompensator *(m)* [siehe: **pressure balanced expansion joint**; siehe Anhang 1, S. 90 und 94]
S 572	**single-U butt joint; single-U-groove weld**	U-Naht *(f)*; Tulpennaht *(f)*
S 573	**single-use CIP**	verlorene Reinigung *(f)*
S 574	**single-vee butt joint; single V-groove weld**	V-Naht *(f)*
S 575	**single-vee butt joint with root face**	Y-Naht *(f)*
S 576	**single-wall technique [radiog.]**	Einzelwanddurchstrahlung *(f)* [Durchstrahlungsprüfung]
S 577	**single-wall vessel**	einschaliger Behälter *(m)*; einwandiger Behälter *(m)*
S 578	**singularity**	Singularität *(f)*
S 579	**singularity, elastic . . .**	elastische Singularität *(f)*
S 580	**singularity, plastic . . .**	plastische Singularität *(f)*
S 581	**singular stress field**	singuläres Spannungsfeld *(n)*
S 582	**sintered powder metal**	Sintermetall *(n)*
S 583	**site amplification factor**	Vergrößerungsbeiwert *(m)* gegenüber der Bodenverschiebungsamplitude [Erdbebenberechnung]
S 584	**site assembly**	Baustellenmontage *(f)* [Zusammenbau]
S 585	**site erection**	Baustellenmontage *(f)* [Errichtung]
S 586	**site pre-fabrication workshop**	Montagehalle *(f)* [Baustelle]
S 587	**site weld**	Baustellenschweiße *(f)*; Montageschweiße *(f)*
S 588	**siting**	Standortwahl *(f)*

S 589	**siting, seismic and geological ...**	Standortwahl *(f)* nach seismischen und geologischen Gesichtspunkten
S 590	**size of root face**	Steghöhe *(f)*
S 591	**size of weld; weld size**	Nahtabmessung *(f)* [Schweißen]
S 592	**sizing bar; shipping restraint [expansion joint]**	Stützeisen *(n)* [zur Arretierung des Kompensators; Stützeisen werden erst nach Montage des Kompensators in der Rohrleitung entfernt]
S 593	**skelp**	Röhrenstreifen *(m)* [Bandstahl]
S 594	**skelp, coiled ...**	aufgeschnittener Blechstreifen *(m)*
S 595	**sketch plates** *(pl)* **[tank]**	Umrißbleche *(n, pl)* [Bodenbleche, auf denen der Tank lagert]
S 596	**skimming flows** *(pl)* **[tube bundle]**	Abschöpfen *(n)*; Abschöpfströmung *(f)* [Fall, bei dem die Strömung nur auf einer Seite des Rohres verläuft wie z. B. im Fall von Gassenrohren; Strömungsinstabilität]
S 597	**skin effect**	Skineffekt *(m)*; Oberflächeneffekt *(m)* [z. B. bei Wärmeübergangsproblemen; siehe: **thermal skin effect**]
S 598	**skin friction**	Oberflächenreibung *(f)*; Wandreibung *(f)*
S 599	**skin-friction coefficient; friction factor**	Reibungswert *(m)*; Reibungszahl *(f)*; Widerstandszahl *(f)*; Widerstandsbeiwert *(m)*
S 600	**skip distance; node reflection [ultras.]**	Sprungabstand *(m)* [US-Prüfung]
S 601	**skirt [tank]**	Bord *(m)* [Schwimmdecke; Tank]
S 602	**skirt [UK] [theory of shells]**	dünnwandige biegeschlaffe Schale *(f)* [Membran] [Begriff der Schalentheorie]
S 603	**skirt, cylindrical ... [US]; cylindrical flange; straight flange [UK] [head/end]**	zylindrischer Bord *(m)* [Boden]
S 604	**skirt length; length of skirt [US]**	Höhe *(f)* des zylindrischen Bords
S 605	**skirt (support); support skirt [vessel; see Annex 1, p. 18]**	Standzarge *(f)*; Zarge *(f)* [Stütze für zylindrische Behälter; siehe Anhang 1, S. 18]
S 606	**slag inclusion [weld imperfection]**	Schlackeneinschluß *(m)* [nichtmetallische, nicht scharfkantige Einlagerung im Schweißgut; Nahtfehler]
S 607	**slag line; linear inclusion [weld imperfection]**	Schlackenzeile *(f)* [Nahtfehler]
S 608	**slant fracture**	schräge Bruchfläche *(f)*
S 609	**sleeve [expansion joint]**	Schutzrohr *(n)* [Kompensator; siehe auch: **telescoping sleeve**]
S 610	**sleeve [gen.]**	Buchse *(f)*; Hülse *(f)*; Muffe *(f)*; Manschette *(f)* [allg.]
S 611	**sleeve**	Buchse *(f)* [Fertigungsrohling]
S 612	**sleeve, internal ...; liner [nozzle]**	Schutzrohr *(n)* [im Stutzen]
S 613	**sleeve coupled joint**	Schraubmuffenverbindung *(f)*
S 614	**sleeve joint**	Einsteckmuffenstoß *(m)*; Einsteckstoß *(m)*; Muffenverbindung *(f)*
S 615	**sleeve packing**	Lippenstulp *(m)*; Manschettenpackung *(f)*; Stulpmanschette *(f)*
S 616	**sleeve welding with spigot and sleeve**	Heizelement-Muffenschweißen *(n)*

S 617	**sleeving**	Rohr-in-Rohr-Reparatur *(f)*; Sleeving *(n)* [Einbau von Schutzrohren; Reparatur von nuklearen Dampferzeugern]
S 618	**slenderness ratio**	Schlankheitsgrad *(m)*
S 619	**slide gate valve; shutter valve**	Absperrschieber *(m)* [Bunker; Silo; Trichter]
S 620	**slide gate valve**	Schieber *(m)* [Ventil]; Schieberventil *(n)*
S 621	**slide gate valve actuation**	Schieberbetätigung *(f)* [Vorgang]
S 622	**slide gate valve operating mechanism**	Schieberbetätigung *(f)* [Bauteil]
S 623	**slide-in sealing arrangement; tongueand-groove sealing arrangement [heat exchanger]**	aufgesteckte elastische Trennwanddichtung *(f)* [Abdichtung für Längsleitbleche; Wärmetauscher]
S 624	**slide plate**	Gleitplatte *(f)* [Auflager]
S 625	**sliding anchor; directional anchor [US]; sliding restraint; directional restraint [UK] [expansion joint]**	Gleitanker *(m)* [Kompensator]
S 626	**sliding friction**	Gleitreibung *(f)*
S 627	**sliding socket joint**	Gleitmuffe *(f)*; Steckmuffe *(f)*
S 628	**sliding stem**	Gleitspindel *(f)* [siehe: **lever gate valve**]
S 629	**sliding support**	Gleitlager *(n)*
S 630	**slight tearing**	leichte Anrisse *(m, pl)*
S 631	**slimline system, Wiggins ... [tank]**	Slimline-Schwimmdachabdichtung *(f)* nach Wiggins; Wiggins-Schwimmdachabdichtung „Slimline" *(f)* [besteht aus einer mit Schaumstoffkern gefüllten Gummischürze. Der Schaumstoffkern ist der elastische Teil und übt die Aufgabe des Hebelsystems und der Druckfeder ähnlich wie beim Safety-Seal-Schwimmdachabdichtungssystem aus; Tankdachabdichtung; siehe: **resilient-filled primary seal**; siehe auch Anhang 1, S. 16]
S 632	**sling stay**	Bügelanker *(m)*
S 633	**sling strap**	Tragband *(n)* [Aufhängung]
S 634	**sling supports** *(pl)* **[see Annex 1, p. 21]**	Schlingen *(f, pl)* [Behälter-Aufhängung; Siehe Anhang 1, S. 21]
S 635	**slip direction**	Gleitrichtung *(f)*
S 636	**slip emergence**	Gleiterscheinung *(f)*
S 637	**slip flow**	Schlupfströmung *(f)*
S 638	**slip flow factor**	Schlupfströmungskoeffizient *(m)*; Schlupfströmungszahl *(f)*
S 639	**slip joint [pipe]**	Gleitfuge *(f)* [Rohr]
S 640	**slip lines** *(pl)*; **Luder's bands***(pl)*; **stretcher strains** *(pl)*	Fließlinien *(f, pl)*; Fließfiguren *(f, pl)*; Kraftwirkungslinien *(f, pl)*
S 641	**slip lining**	Slip-Lining-Verfahren *(n)* [Sanierung von Gas-Rohrleitungen mittels PE- oder anderen Thermoplastrohren, die in das Altrohr eingezogen werden; pipe relining Verfahren]
S 642	**slip-on backing flange**	Überschieb-Gegenflansch *(m)*
S 643	**slip-on flange [see Annex 1, pp. 106 and 108]**	Überschiebflansch *(m)* [siehe Anhang 1, S. 106 und 108]

S 644	**slip-on flange, hubbed** ...	Überschiebflansch *(m)* mit Ansatz
S 645	**slip plane**	Gleitebene *(f)* [Kristallographie]
S 646	**slip resistance**	Gleitsicherheit *(f)*
S 647	**slip-type expansion joint**	Gleitrohrdehnungsausgleicher *(m)*; Gleitrohrkompensator *(m)*
S 648	**slit area** [valve]	Spaltquerschnitt *(m)*; Schlitzquerschnitt *(m)* [Durch den Ventilhub entstandener Strömungsquerschnitt. Der Spaltquerschnitt kann als Zylindermantel, Kegelmantel oder ringförmig ausgebildet sein; der beim Öffnungsdruck entstandene engste Spaltquerschnitt ist maßgeblich für die Klassifizierung von Ventilen]
S 649	**slit top section** [bursting disk]	geschlitzte Abdeckplatte *(f)* [Berstscheibe]
S 650	**sliver**	Splitter *(m)* [Walzfehler]
S 651	**sloping foundation** [tank]	Fundament *(n)* mit Böschung [Tank]
S 652	**slopover** [tank]	kurzzeitiges Überschwappen *(n)*; Slopover *(m)* [bei Tankbränden; führt zum „Boilover"; siehe: **boilover**]
S 653	**slop system**	Abproduktsammlersystem *(n)*
S 654	**sloshing** [tank]	Oberflächeneffekte *(m, pl)* der Flüssigkeit; Schwappen *(n)* [konvektive Flüssigkeitswirkungen; Spiegelschwingungen an der Oberfläche; Tank]
S 655	**slotted hole**	Langloch *(n)*
S 656	**slot weld; plug weld**	Schlitznaht *(f)*; Füllschweiße *(f)*; Fensterschweiße *(f)*
S 657	**slug flow**	Schwallströmung *(f)*; Strömungsschlag *(m)*
S 658	**slugging**	Stoßwellen *(f, pl)*
S 659	**sluice gate**	Ablaßschieber *(m)*
S 660	**sluice valve** [gate valve]	Absperrschieber *(m)* [Bauart mit starrem Keil; für Pumpen, in Wasserwerken etc.]
S 661	**slung girder**	Bügelanker *(m)*
S 662	**small base of the cone**	kleine Grundfläche *(f)* des Kegels
S 663	**small scale yielding; SSY**	Fließen *(n)* im kleinplastischen Bereich; Kleinbereichsfließen *(n)*
S 664	**small-size valves** *(pl)* **and accessories**	Kleinarmaturen *(f; pl)*
S 665	**small-size welding set**	Kleinschweißgerät *(n)*
S 666	**SMAW; shielded metal arc welding**	Metall-Lichtbogenschweißen *(n)* mit umhüllter Elektrode
S 667	**smooth bearing**	glatte Auflagerfläche *(f)*
S 668	**smooth operation; trouble-free performance**	reibungsloser Betrieb *(m)*
S 669	**snaked** *(v)* **in the ditch** [pipe]	frei aufgelagert *(V)*; zwanglos im Graben verlegt *(V)* [elastisches Kunststoffrohr]
S 670	**snap-back procedure**	Snap-back-Verfahren *(n)* [zur Anregung mechanischer Strukturen; Auslenkung des Tragwerks und schlagartiges Rückschnellen; zur Untersuchung von Eigenschwingungen.]

S 671	**snap ring; locking ring**	Federring *(m)*; Sicherungsring *(m)*; Sprengring *(m)*; Sperring *(m)*
S 672	**snap sample**	Stichprobe *(f)*
S 673	**snap-through buckling; transition buckling; oil canning**	Durchschlagen *(n)* [ursprünglich druckbelastete Tragwerke (Stabsysteme oder flache Kugelschalen) schlagen in einem zweiten Gleichgewichtszustand mit Zugbeanspruchung durch. Damit ist nicht unbedingt ein Verlust der Tragfähigkeit verbunden]
S 674	**snap-through failure**	durchbruchartiges Versagen *(n)*; durchschlagartiges Versagen *(n)*
S 675	**S/N curve; stress number curve; fatigue curve; design fatigue curve**	Wöhlerkurve *(f)*; Ermüdungskurve *(f)*; Dauerfestigkeitskurve *(f)*; Wöhlerschaubild *(n)*
S 676	**SNG; substitute natural gas**	künstliches Erdgas *(n)*
S 677	**sniffer (probe); sampling probe; pressure probe** [leak test]	Schnüffelsonde *(f)*; Schnüffler *(m)*; Leckschnüffler *(m)* [Leckprüfung]
S 678	**sniffing check**	Schnüffelkontrolle *(f)*
S 679	**snow load**	Schneelast *(f)*
S 680	**snubber**	Schutzvorlage *(f)* [Manometer]
S 681	**snubber; restraining control device**	Schwingungsbremse *(f)*; Stoßdämpfer *(m)*; Stoßbremse *(f)* [siehe: **hydraulic shock absorber**; **sway brace**]
S 682	**snubber extension**	Stoßbremsenverlängerung *(f)*
S 683	**snubbing**	Stoßdämpfung *(f)* [von Durchflußstoffen]
S 684	**snug fit**	fester Paßsitz *(m)*
S 685	**soaking**	Wasserstoffarmglühen *(n)*; Wasserstoffeffusionsglühen *(n)* [Vorbeugung gegen Wasserstoffversprödung im Schweißgut und in der WEZ unmittelbar nach dem Schweißen]
S 686	**soaking**	Durchwärmen *(n)* [auf bestimmter Temperatur halten]; Dauerglühen *(n)*
S 687	**soaking time**	Durchwärmzeit *(f)*
S 688	**soak** *(v)* **thoroughly through** [heat treatment]	vollständig durchglühen *(V)* [Wärmebehandlung]
S 689	**soap bubble test; soapsuds test; soapy water tightness check; soapsuds check for leakage**	Seifenlaugenprüfung *(f)*; Lecksuche *(f)* mit Seifenlösung; Abseifen *(n)*
S 690	**socket bonded joint**	Muffenklebeverbindung *(f)*
S 691	**socket (-ended) valve**	Muffenventil *(n)*
S 692	**socket end fitting; female connector; female end fitting**	Aufschraubverschraubung *(f)*
S 693	**socket flange**	Aufsteckflansch *(m)* [mit eingedrehtem Absatz]
S 694	**socket heat fusion joint**	Heizelement-Muffenschweißverbindung *(f)*
S 695	**socket joint**	Muffenverbindung *(f)*
S 696	**socket-welded connection**	Einsteckschweißverbindung *(f)*
S 697	**socket welded joint**	Schweißmuffenverbindung *(f)*
S 698	**socket-weld end**	Einsteckschweißmuffe *(f)*
S 699	**socket welding coupling; welded socket**	Schweißnippel *(m)*
S 700	**socket welding elbow, 90° ...**	Einsteckschweißwinkel *(m)*, 90° ...

S 701	**socket welding fitting**	Formstück *(n)* mit Einsteck-Schweißmuffen
S 702	**socket welding fitting with spherical seal member**	Schweißkugelverschraubung *(f)*
S 703	**socket welding flange** [see Annex 1, p. 112]	Einsteckschweißflansch *(m)*; Einschweißflansch *(m)* [siehe Anhang 1, S. 112]
S 704	**socket welding outlet**	muffengeschweißter Abgang *(m)*
S 705	**sockolet**	Sockolet *(n)* [Aufschweiß-Sattelstutzen für Einsteckschweißung]
S 706	**sodium-cooled reactor**	natriumgekühlter Reaktor *(m)*
S 707	**soft annealing**	Weichglühen *(n)*
S 708	**softening process**	Ausglühverfahren *(n)*
S 709	**softening treatment**	Wärmebehandlung *(f)* durch Ausglühen
S 710	**soft packing**	Weichstoffdichtung *(f)*
S 711	**soft rubber packing**	Weichgummidichtung *(f)*
S 712	**soft-seated valve; soft seat valve; resilient seal valve**	Weichsitzventil *(n)*
S 713	**soft solder flux**	Flußmittel *(n)* für Weichlot
S 714	**soft soldering**	Weichlöten *(n)*
S 715	**SOI; safe-to-operate inspection**	Betriebssicherheitsüberprüfung *(f)* [siehe: **safe-to-operate inspection**]
S 716	**soil embankment** [tank]	Umwallung *(f)* [Tank]
S 717	**soil support capability** [tank]	Tragfähigkeit *(f)* des Erdbodens [Tank]
S 718	**soldering; soft soldering**	Weichlöten *(n)*
S 719	**solder-joint fitting**	Formstück *(n)* mit Lötfugen
S 720	**solder-joint pressure fitting**	Lötverschraubung *(f)*
S 721	**solderless fitting**	lötlose Rohrverschraubung *(f)*
S 722	**solenoid**	Magnetspule *(f)*
S 723	**solenoid control valve**	Magnetsteuerventil *(n)*
S 724	**solenoid-operated mechanism**	Magnetantrieb *(m)*
S 725	**solenoid-operated pilot valve**	Magnetsteuerventil *(n)*
S 726	**solenoid valve**	Magnetventil *(n)*; Elektroventil *(n)*
S 727	**solid barrier**	Festkörpersperre *(f)*
S 728	**solid-bed gasification**	Festbettvergasung *(f)*
S 729	**solid-bed gasifier**	Festbettvergaser *(m)*
S 730	**solid bend**	Raumkrümmer *(m)*; räumlicher Bogen *(m)*
S 731	**solid cylinder; plain cylinder**	Vollzylinder *(m)*
S 732	**solid-disc wedge**	starrer Plattenkeil *(m)* [Absperrschieber]
S 733	**solid-drawn tube**	nahtlos gezogenes Rohr *(n)*
S 734	**solid flat metal gasket**	Flachdichtung *(f)* aus massivem Metall
S 735	**solidification**	Erstarrung *(f)*
S 736	**solidification crack** [weld imperfection]	Erstarrungsriß *(m)* [entsteht während des Erstarrens des Schweißbades; Nahtfehler]
S 737	**solidification fouling; freezing fouling**	Fouling *(n)* durch Ausfrieren; ErstarrungsFouling *(n)* [Ausfrieren von reinen Flüssigkeiten oder Flüssigkeitsgemischen bzw. Erstarren durch Unterschreiten der Schmelztemperatur]

solidification hole

S 738	**solidification hole; interdendritic shrinkage** [weld imperfection]	Makrolunker *(m)* [Schwingungshohlraum verschiedenartiger Gestalt im Schweißgut; Nahtfehler]
S 739	**solidification pipe; crater pipe** [weld imperfection]	Endkraterlunker *(m)* [Schwingungshohlraum im Endkrater; Nahtfehler]
S 740	**solid inclusion** [weld imperfection]	Feststoffeinschluß *(m)* [feste Fremdstoffeinlagerung im Schweißgut; Nahtfehler]
S 741	**solid-jet nozzle**	Vollstrahldüse *(f)*
S 742	**solid root ring** [see Annex 1, p. 86]	Verstärkungsring *(m)* aus Stabmaterial [siehe Anhang 1, S. 86]
S 743	**solid wedge gate valve** [see Annex 1, p. 40]	Absperrschieber *(m)* mit starrem Keil [Erläuterungen siehe: **gate valve**; siehe Anhang 1, S. 40]
S 744	**solid weld boss**	Vollwandschweißstutzen *(m)*
S 745	**solution annealing; solution heat treatment**	Lösungsglühen *(n)* [Wärmebehandlung]
S 746	**solution treated**	lösungsgeglüht *(V)*
S 747	**solvent-cemented joint**	lösungsgeschweißte Verbindung *(f)*
S 748	**sound**	Schall *(m)*
S 749	**sound-absorbing material; acoustical material**	Schallschluckstoff *(m)*; Dämmstoff *(m)*
S 750	**sound absorption**	Schallabsorption *(f)*
S 751	**sound attenuation**	Schallschwächung *(f)*; Schalldämpfung *(f)*
S 752	**sound beam** [ultras.]	Schallstrahlenbündel *(n)*; Schallbündel *(n)* [US-Prüfung]
S 753	**sound beam, far field portion of the ...** [ultras.]	Fernfeldteil *(m)* des Schallstrahlenbündels [US-Prüfung]
S 754	**sound damping; sound attenuation; silencing**	Schalldämpfung *(f)*
S 755	**sound energy**	Schallenergie *(f)*
S 756	**sound field**	Schallfeld *(n)*
S 757	**sound-heat insulation; combined acousticheat insulation**	Schall-/Wärmeisolierung *(f)*
S 758	**sound impedance**	Schallimpedanz *(f)*; Schallscheinwiderstand *(m)*
S 759	**sound impulse**	Schallimpuls *(m)*
S 760	**sound insulation**	Schallisolierung *(f)*; Schallschutz *(m)*; Schalldämmung *(f)*
S 761	**sound intensity**	Schallintensität *(f)*
S 762	**sound intensity level**	Schallintensitätspegel *(m)*
S 763	**sound level**	Schallpegel *(m)*
S 764	**sound-level meter**	Schallpegelmeßgerät *(n)*
S 765	**sound particle velocity**	Schallschnelle *(f)*
S 766	**sound particle velocity level**	Schallschnellpegel *(m)*
S 767	**sound power; acoustic power**	Schalleistung *(f)*
S 768	**sound power level; acoustic power level**	Schalleistungspegel *(m)*
S 769	**sound pressure**	Schalldruck *(m)*
S 770	**sound pressure level**	Schalldruckpegel *(m)*
S 771	**sound pressure spectrum**	Schallspektrum *(n)*
S 772	**soundproof** *(adj.)*	schalldicht *(Adj.)*
S 773	**sound propagation**	Schallausbreitung *(f)*
S 774	**sound reflection**	Schallreflektion *(f)*

S 775	**sound scattering; acoustic satter**	Schallstreuung (f)
S 776	**sound source; noise source**	Schallquelle (f)
S 777	**sound transmission; noise transmission**	Schalltransmission (f); Schallübertragung (f)
S 778	**sound velocity; acoustic velocity**	Schallgeschwindigkeit (f)
S 779	**source [radiog.]**	Strahlenquelle (f) [Durchstrahlungsprüfung]
S 780	**source side marker [radiog.]**	strahlenseitige Markierung (f) [Durchstrahlungsprüfung]
S 781	**source surveillance**	Herstellerüberwachung (f)
S 782	**source-to-film-distance; focus-to-film distance [radiog.]**	Abstand (m) Strahlenquelle-Film [Durchstrahlungsprüfung]
S 783	**source-to-object distance [radiog.]**	Abstand (m) Strahlenquelle-Werkstückoberfläche [Durchstrahlungsprüfung]
S 784	**sour gas**	Sauergas (n); saures Erdgas (n)
S 785	**space allotment**	Raumaufteilung (f)
S 786	**spacer**	Distanzstück (n); Abstandshalter (m); Ausgleichsstück (n)
S 787	**spacer bush**	Distanzhülse (f)
S 788	**spacer tube**	Distanzrohr (n)
S 789	**span (width)**	Stützweite (f); Spannweite (f) [Träger]
S 790	**spare tube bundle**	Ersatzrohrbündel (n)
S 791	**sparse porosity**	verstreute Porosität (f)
S 792	**spatter [weld imperfection]**	Schweißspritzer (m) [auf der Oberfläche des Grundwerkstoffs oder der Schweißnaht haftender Tropfen; Nahtfehler]
S 793	**SPC; static precracking**	statisches Anreißen (n)
S 794	**special cast steel**	Edelgußstahl (m)
S 795	**specific enthalpy**	spezifische Enthalpie (f)
S 796	**specific entropy**	spezifische Entropie (f)
S 797	**specific free energy**	spezifische freie Energie (f)
S 798	**specific heat capacity**	spezifische Wärmekapazität (f); spezifische Wärme (f)
S 799	**specific heat of evaporation**	spezifische Verdampfungswärme (f); Verdampfungswärme (f)
S 800	**specific internal energy**	spezifische innere Energie (f)
S 801	**specific pressure drop**	spezifischer Druckabfall (m)
S 802	**specified size**	Sollmaß (n) [Passung]
S 803	**specified value; required value**	Sollwert (m) [geforderter Wert]
S 804	**specimen**	Probe (f) [aus Prüf- oder Probenstück entnommen]; Probekörper (m); Probestab (m); Prüfkörper (m); Prüfling (m)
S 805	**spectacle blind**	Brillenflansch (m); Brillensteckschieber (m)
S 806	**spectroscopic analysis**	Spektralanalyse (f)
S 807	**spherical branch blank**	Kugelabzweigrohling (m)
S 808	**spherical crown section**	flachgewölbter Abschnitt (m) [Tellerboden]

S 809	**spherical dished cover** [see Annex 1, pp. 23 and 30]	flachgewölbter Behälterdeckel *(m)*; Tellerboden *(m)* [Tellerböden bestehen aus einem kugelig gewölbten Bodenteil und einem anschließenden Flanschring. Der Flanschring kann Schraubenlöcher bzw. Schraubenschlitze besitzen oder auch mit Verschlußnocken versehen sein; siehe Anhang 1, S. 23 und 30]
S 810	**spherical gas tank** [see Annex 1, p. 12]	Kugelgasbehälter *(m)* [siehe Anhang 1, S. 12]
S 811	**spherically domed head** [US]; **spherically domed end** [UK]	kugelförmig gewölbter Boden *(m)* [ohne Krempe]
S 812	**spherically sealed washer**	Kugelscheibe *(f)* [Klammerschraube]
S 813	**spherical part; spherical section** [see Annex 1, pp. 22 and 31]	Kugelkalotte *(f)* [siehe Anhang 1, S. 23 und 31]
S 814	**spherical pig; ball(-shaped) scraper; go-devil**	Kugelmolch *(m)*; Trennkugel *(f)*
S 815	**spherical plug valve; ball (plug) valve** [see Annex 1, pp. 45–47]	Kugelhahn *(m)* [siehe auch: **plug valve**; siehe auch Anhang 1, S. 45–47]
S 816	**spherical radius**	Wölbungsradius *(m)*; Kalottenradius *(m)* [Behälterboden]
S 817	**spherical reflector** [ultras.]	Kugelreflektor *(m)* [US-Prüfung]
S 818	**spherical section; spherical part** [see Annex 1, pp. 23 and 31]	Kugelkalotte *(f)* [Bodenteil; siehe Anhang 1, S. 23 und 31]
S 819	**spherical sector**	Kugelausschnitt *(m)*
S 820	**spherical segment**	Kalottenteil *(m)*; Kugelabschnitt *(m)*
S 821	**spherical shell**	Kugelschale *(f)*
S 822	**spherical storage tank**	Kugeltank *(m)*
S 823	**spherical valve; ball valve**	Kugelventil *(n)*
S 824	**spheroidal graphite cast iron**	Kugelgraphitgußeisen *(n)*; Sphäroguß *(m)* [GGG]
S 825	**spheroidising**	Kugelglühen *(n)* [Vorgang]
S 826	**spheroidising**	Einformung *(f)* [kugelige Gefügeausbildung]
S 827	**spider guide**	Kreuzgleitführung *(f)*
S 828	**spigot; male face** [flange; see Annex 1, p. 113]	Vorsprung *(m)* [Flanschdichtfläche; siehe Anhang 1, S. 113]
S 829	**spigot-and-socket joint**	Muffenstoß *(m)*; Muffenrohrverbindung *(f)*; Steckmuffe *(f)* [Rohrleitung]
S 830	**spigot part**	Vorsprung *(m)*; vorspringender Teil *(m)*
S 831	**spillage** [tank]	Überflutungen *(f, pl)* [Tank]
S 832	**spills** *(pl)* [rolling]	Schuppen *(f, pl)* [Walzfehler]
S 833	**spindle; stem** [valve]	Spindel *(f)* [Ventil]
S 834	**spinseal lining process**	Spinseal-Verfahren *(n)* [Innenbeschichtung von Rohrleitungsabschnitten bei der Sanierung von Gas-Rohrleitungen; ein ZweiKomponenten-Polyurethan wird im Spinnkopf einer in das Rohr eingefahrenen Vorrichtung gemischt und durch Rotation der Spinnscheibe auf die Rohrinnenwand gesprüht.]
S 835	**spiral fin**	Spiralrippe *(f)*; spiralförmige Rippe *(f)*

S 836	**spiral-finned oval tube**	Ovalrohr *(n)*, mit Rippen spiralförmig umwickeltes ...
S 837	**spiral fin tube**	Spiralrippenrohr *(n)*
S 838	**spiral-heat exchanger; SHE**	Spiral-Wärmeaustauscher *(m)*
S 839	**spiral heat exchanger, counterflow** ...	Spiralwärmeaustauscher *(m)* als Gegenstromapparat
S 840	**spiral heat exchanger, cross- and counterflow** ...	Spiralwärmeaustauscher *(m)* als Kreuz- und Gegenstromapparat
S 841	**spiral heat exchanger, crossflow** ...	Spiralwärmeaustauscher *(m)* als Kreuzstromapparat
S 842	**spirally corrugated tube**	spiralgewelltes Rohr *(n)*; Spiralrohr *(n)*
S 843	**spirally-wound finned tube**	Wendelrippenrohr *(n)*
S 844	**spiral-plate heat exchanger**	Spiralwärmeaustauscher *(m)*
S 845	**spiral spring; coiled spring**	Spiralfeder *(f)*
S 846	**spiral spring insert** **[tube]**	Spiralfedereinsatz *(m)* [Rohreinsatz zur Turbulenzerhöhung; erhöht rohrseitig die konvektive Wärmeübergangszahl]
S 847	**spiral-type condenser**	Spiralkondensator *(m)*
S 848	**spiral wound asbestos-filled (metal) gasket** **[see Annex 1, p. 115]**	Spiralasbestdichtung *(f)* [siehe Anhang 1, S. 115]
S 849	**spiral wound gasket**	Spiraldichtung *(f)*
S 850	**splash balls** *(pl)* **[casting]**	Spritzkugeln *(f, pl)* [Blasen und metallische Einschlüsse mit gleicher chemischer Zusammensetzung wie der Grundwerkstoff; Gußfehler]
S 851	**split backing ring** **[welding]**	geteilter Unterlegering *(m)* [Schweißen]
S 852	**split-body ball valve** **[see Annex 1, p. 45]**	Kugelhahn *(m)* mit zweiteiligem Gehäuse [siehe Anhang 1, S. 45]
S 853	**split disc wedge**	beweglicher Plattenkeil *(m)* [Absperrschieber]
S 854	**split flow**	geteilte Strömung *(f)* [mit Leitblech; im RWÜ]
S 855	**split-flow shell**	Mantel *(m)* mit geteilter Strömung
S 856	**split pin; cotter pin**	Splint *(m)* [für eine Schraube]
S 857	**split range**	Bereichsteilung *(f)* [Stellsignal bei Stellgliedern]
S 858	**split-ring floating head heat exchanger**	Wärmeaustauscher *(m)* mit zweiteiligen Ringen und Schwimmkopf
S 859	**split shear ring**	zweiteiliger Abscherring *(m)*
S 860	**split-wedge; two-piece wedge** **[gate valve]**	zweiteiliger elastischer Keil *(m)* [Absperrschieber]
S 861	**split wedge gate valve** **[see Annex 1, p. 40]**	Absperrschieber *(m)* mit elastischem Keil [Erläuterungen siehe: **gate valve**; siehe Anhang 1, S. 40]
S 862	**sponge rubber balls** *(pl)*	Schaumgummi-Kugeln *(f, pl)* [werden zur Rohrreinigung in Wärmeaustauschern verwendet]
S 863	**spools** *(pl)*	Fertigungseinheiten *(f, pl)* [Aufteilung der Rohrleitungsanlage in Fertigungseinheiten; zeichnerische Darstellung von Rohrleitungen]
S 864	**spot bubble cavitation**	ruhende Blasenkavitation *(f)*
S 865	**spot check**	Stichprobe *(f)*

S 866	spot check sample	Stichprobe *(f)* [entnommene]
S 867	spot facing [flange bearing]	Hinterfräsen *(n)* [Flanschauflagefläche]
S 868	spot fusion welding	Schmelzpunktschweißen *(n)*
S 869	spot radiography	stellenweise Durchstrahlungsprüfung *(f)*
S 870	spot sample	Einzelprobe *(f)*; lokale Probe *(f)* [Probeentnahme]
S 871	spot weld	Punktschweißnaht *(f)*
S 872	spot-welded joint	Punktschweißverbindung *(f)*
S 873	spot welding	Punktschweißen *(n)*
S 874	spot welding machine	Punktschweißmaschine *(f)*
S 875	spray arc	Sprühlichtbogen *(m)*
S 876	spray bank	Düsenebene *(f)*; Sprühebene *(f)* [Sprühturm; REA]
S 877	spray column	Sprühkolonne *(f)* [siehe: **column**]
S 878	sprayed metal coating	Metallspritzüberzug *(m)*; Spritzmetallüberzug *(m)*; Spritzmetallschicht *(f)*
S 879	spray flow	Nebelströmung *(f)*; Sprühströmung *(f)*
S 880	spray-fuse method	Spritzschmelzverfahren *(n)*
S 881	spray tower absorber; srubber; gas washer	Waschturm *(m)*; Wäscher *(m)*; Gaswäscher *(m)* [in Rauchgasentschwefelungsanlagen (REA); siehe auch: **gas washer; wash column**]
S 882	spreader [valve]	Federkeil *(m)* [Ventil]
S 883	spring adjuster	Federeinstellvorrichtung *(f)*
S 884	springback	Rückfederung *(f)*; Zurückfedern *(n)* [beim Biegen von Rohren]
S 885	spring-compensated pipe hanger	Federausgleichshänger *(m)*
S 886	spring constant; spring rate	Federkonstante *(f)*
S 887	spring cushion	Federelement *(n)* [Aufhängung]
S 888	spring cushion roll	Federlager *(n)* [Aufhängung]
S 889	spring hanger	Rohrhänger *(m)*
S 890	spring-loaded safety valve, (direct . . .) [see Annex 1, p. 34]	federbelastetes Sicherheitsventil *(n)* [siehe auch: **safety valve**; siehe Anhang 1, S. 34]
S 891	spring-loaded wall scraper unit	Kratzer *(m)* [im Kratzkühler **(low-speed scraped surface exchanger)**; federbelastetes Wischersystem; entweder mit J- oder U-förmiger Feder **(J-type oder U-type scraper spring construction)**]
S 892	spring-mass-damping system	Feder-Masse-Dämpfungssystem *(n)*
S 893	spring pack; bank of springs	Federpaket *(n)*
S 894	spring pipe [valve]	Federhaube *(f)*; Bügelhaube *(f)* [Ventil]
S 895	spring plate [valve]	Federteller *(m)* [Ventil]
S 896	spring power	Federkraft *(f)*
S 897	spring pressure [valve]	Federanpreßdruck *(m)*; Federdruck *(m)* [Ventil]
S 898	spring rate; spring constant	Federkonstante *(f)*
S 899	spring return	Federrückstellung *(f)*
S 900	spring-return mechanism	Rückstellfeder *(f)*; Rückschnellfeder *(f)*
S 901	spring saddle [insulation]	Federabstandshalter *(m)* [Rohrisolierung]

S 902	**spring support** [hanger]	Druckbüchse *(f)* [Aufhängung]
S 903	**spring supports** *(pl)*; **resilient supports** *(pl)* [see Annex 1, pp. 59, 61 and 62]	federnde Aufhänger *(m, pl)*; federnde Auflager *(n, pl)* [Federnde Abstützungen, wie z. B. Federhänger **(variable spring hanger)** oder elastische Auflager, haben im wesentlichen die Aufgabe, sowohl einen bestimmten Teil des Rohrleitungsgewichts zu tragen als auch den Rohrstrang am Abstützpunkt die Bewegungsfreiheit weitgehend zu belassen. Siehe Anhang 1, S. 59, 61 und 62]
S 904	**spring suspension**	federnde Aufhängung *(f)*
S 905	**spring sway brace; spring snubber; sway brace** [see Annex 1, p. 67]	Stoßbremse *(f)* mit Feder; Schwingungsbremse *(f)* mit Feder [siehe: **sway brace**; siehe Anhang 1, S. 67]
S 906	**spring tension welding**	Federkraftlichtbogenschweißen *(n)*
S 907	**spring-type straight pin**	Spannstift *(m)*; Spannhülse *(f)*
S 908	**spud** [casting]	Angußkanal *(m)*; Eingußkanal *(m)* [Gußform]
S 909	**sputtering temperature**	Versprühtemperatur *(f)* [Wandtemperatur in der Benetzungsfront, bei der ein Versprühen des Flüssigkeitsfilms eintritt]
S 910	**square-cut pipe**	rechtwinklig abgeschnittenes Rohr *(n)*
S 911	**squared end; plain end** [tube]	glattes Ende *(n)* [Rohr]
S 912	**square-edge weld**	Steilflankennaht *(f)*
S 913	**square fin**	Rechteckrippe *(f)*
S 914	**square-finned oval tube**	Ovalrippenrohr *(n)* mit rechteckigen Rippen
S 915	**square groove weld** [US]; **square butt joint** [UK]	I-Naht *(f)*
S 916	**square head plug**	Vierkantstopfen *(m)*
S 917	**square plate; plate lug** [see Annex 1, p. 80]	Lochplatte *(f)*; Blechlasche *(f)* [LISEGA-Aufhängung; siehe Anhang 1, S. 80]
S 918	**square-section header**	Rechtecksammler *(m)*; Vierkantsammler *(m)*
S 919	**square thread**	Flachgewinde *(n)*
S 920	**square tube arrangement**	quadratische Rohrteilung *(f)* [in Strömungsrichtung fluchtend]
S 921	**squealer; audible leak indicator**	akustischer Leckanzeiger *(m)* [Lecksuche]
S 922	**squeeze-film damping** [tube bundle]	Quetschfilmdämpfung *(f)* [während ein Rohr im Wärmetauscher-Rohrbündel schwingt, wird der Flüssigkeitsfilm im Spiel zwischen Rohr und Stützblech rein- und rausgequetscht. Dies führt zur Dämpfung an den Stützstellen]
S 923	**squeeze-type gasket**	Quetschdichtung *(f)* mit reduzierter Dichtpressung
S 924	**squirm** [see Annex 1, p. 99]	Auslenkung *(f)* [Kompensator; Instabilität; siehe Anhang 1, S. 99]
S 925	**SSE; safe shutdown earthquake**	Sicherheitserdbeben *(n)*
S 926	**S-shaped bellows**	S-förmiger Kompensatorbalg *(m)*; Kompensatorbalg *(m)* mit S-förmigem Wellenprofil
S 927	**SSHE; scraped surface heat exchanger**	Kratzkühler *(m)* [Definition unter: **scraped surface heat exchanger**]

S 928	**SSY; small scale yielding**	Fließen *(n)* im kleinplastischen Bereich; Kleinbereichsfließen *(n)*
S 929	**stabilising**	Stabilglühen *(n)*; Stabilisierungsglühen *(n)*
S 930	**stabilising load; shakedown load**	Einspielbelastung *(f)* [Erläuterungen siehe unter: **shakedown load**]
S 931	**stability (under load)**	Standfestigkeit *(f)*
S 932	**stabilizer; stabilising column**	Stabilisierkolonne *(f)* [Druckdestillation]
S 933	**stab-in bundle [column]**	Einsteckbündel *(n)* [in Fraktionierkolonnen]
S 934	**stable arc**	weicher Lichtbogen *(m)*
S 935	**stable crack growth**	stabiles Rißwachstum *(n)*
S 936	**stable film boiling**	stabiles Filmsieden *(n)*
S 937	**stable surface defect**	lagefester Oberflächenfehler *(m)*
S 938	**stacked units** *(pl)*	Apparate *(m, pl)* in Reihenschaltung
S 939	**stage barrel [pump]**	Stufenhülse *(f)* [Pumpe]
S 940	**staged entrained flow gasification**	Stufenflugstaubverfahren *(n)* [Vergasung]
S 941	**stage inspection**	vorgezogene Bauprüfung *(f)*
S 942	**stage inspection certificate**	Teilbauprüfbescheinigung *(f)*
S 943	**staggered intermittent weld**	unterbochene versetzte Schweißnaht *(f)*; versetzte Streckenschweiße *(f)*
S 944	**staggered joints** *(pl)*	Fugenversatz *(m)*
S 945	**staggered seam; staggered weld**	Zickzacknaht *(f)*; Zickzackschweißnaht *(f)*; versetzte Naht *(f)*
S 946	**staggered tube arrangement**	versetzte Rohranordnung *(f)*
S 947	**stagnant area**	Stauzone *(f)*
S 948	**stagnant water**	Totwasser *(n)*; stehendes Wasser *(n)*
S 949	**stagnant zone**	Totraum *(m)*
S 950	**stagnation**	Stagnation *(f)*; Stillstand *(m)*; Stau *(m)*; Stauung *(f)*
S 951	**stagnation enthalpy**	Staupunkt-Enthalpie *(f)*
S 952	**stagnation flow**	Staupunktströmung *(f)*
S 953	**stagnation line**	Staulinie *(f)*
S 954	**stagnation point**	Staupunkt *(m)*
S 955	**stagnation-point flow**	Staupunktströmung *(f)*
S 956	**stagnation (point) temperature; (surface) temperature at the stagnation point**	Staupunkttemperatur *(f)*
S 957	**stagnation pressure**	Staudruck *(m)*
S 958	**stagnation pressure loss**	Staudruckverlust *(m)*
S 959	**stainless steel**	nichtrostender Stahl *(m)*; Nirostahl *(m)*
S 960	**stair stringer**	Treppenwange *(f)*
S 961	**stamp**	Stempel *(m)*
S 962	**stamped burst pressure; rated burst pressure [bursting disk]**	Ansprechdruck *(m)* [Berstscheibe]
S 963	**stamp marking; stamping**	Anstempeln *(n)*; Kennzeichnung *(f)* [mit Stahlstempel]; Stempeln *(n)*
S 964	**stanchion pipe support**	Stelzenlager-Unterstützung *(f)*
S 965	**standard Charpy impact test**	Standard-Kerbschlagbiegeversuch *(m)* nach Charpy
S 966	**standard dimensional ratio; SDR**	genormtes Maßverhältnis *(n)*

S 967	standard gauge	Normallehre *(f)*; Prüflehre *(f)*; Urlehre *(f)*
S 968	standard instrument	Eichinstrument *(n)*
S 969	standardisation	Normung *(f)*; Standardisierung *(f)*; Vereinheitlichung *(f)*
S 970	standard leak; calibrated leak; reference leak; sensitivity calibrator; test leak	Eichleck *(n)*; Testleck *(n)*; Vergleichsleck *(n)*; Leck *(n)* bekannter Größe; Bezugsleck *(n)*
S 971	standard leak rate	normale Leckrate *(f)*; normale Ausflußrate *(f)*
S 972	standard length	Normallänge *(f)*
S 973	standard loading	Regellast *(f)* [Mech.]
S 974	standard orifice, single tap ...	Normblende *(f)* mit Einzelanbohrung
S 975	standard orifice plate	Normblende *(f)* [siehe auch: **orifice plate**]
S 976	standard product	Serienfabrikat *(n)*
S 977	standard service pressure	Norm-Versorgungsdruck *(m)* [Gasleitung]
S 978	standard size	Einheitsgröße *(f)*; Normalformat *(n)*; Normgröße *(f)*
S 979	standard-size specimen	Normalprobe *(f)*
S 980	standard specification (sheet)	Normblatt *(f)*
S 981	standard temperature	Bezugstemperatur *(f)*
S 982	standard test specimen	Normalprobe *(f)*
S 983	standing storage loss [tank]	Standverlust *(m)* [Atmungsverlust in Schwimmdachtanks]
S 984	standing wave column	stehende akustische Welle *(f)*
S 985	standoff distance [ultras.]	Vorlaufstrecke *(f)* [US-Prüfung]
S 986	standpipe	Standrohr *(n)* [siehe: **safety standpipe**]
S 987	standstill; outage	Stillsetzung *(f)*; Stillegung *(f)*; Stillstand *(m)*
S 988	standup pressure test	Druckhalteprüfung *(f)*
S 989	Stanton number	Stanton-Zahl *(f)*
S 990	star crack	strahlenförmiger Riß *(m)*
S 991	star-shaped insert [tube]	Innenstern *(m)*; sternförmiger Rohreinsatz *(m)* [innen beripptes Rohr]
S 992	start-to-leak pressure; set pressure [valve]	Ansprechdruck *(m)*; Einstelldruck *(m)* [Ventil; siehe: **set pressure**]
S 993	start-up	Anfahren *(n)*
S 994	start-up control valve	Anfahrregelventil *(n)*
S 995	start-up flow	Anlaufströmung *(f)*; Anfangsströmung *(f)*
S 996	start-up loss	Anfahrverlust *(m)*
S 997	start-up pipe; start-up line	Anfahrleitung *(f)*
S 998	start-up procedure	Anfahrvorgang *(m)*
S 999	start-up rate	Anfahrgeschwindigkeit *(f)*
S 1000	start-up system	Anfahrkreislauf *(m)*
S 1001	start-up time	Anfahrzeit *(f)*
S 1002	start-up valve	Anfahrventil *(n)*
S 1003	state of equilibrium	Gleichgewichtszustand *(m)*
S 1004	state of plane strain	ebener Dehnungszustand *(m)*; EDZ
S 1005	state of plane stress	ebener Spannungszustand *(m)*; ESZ
S 1006	state of the art	Stand *(m)* der Technik
S 1007	state variable	Zustandsgröße *(f)*
S 1008	statical analysis	statische Berechnung *(f)*; Statik *(f)*

S 1009	**statical integrity proof**	statischer Nachweis *(m)*
S 1010	**statically cast pipe**	ruhend vergossenes Rohr *(n)*
S 1011	**statically determinate forces** *(pl)*	statisch bestimmte Kräfte *(f, pl)*
S 1012	**statically indeterminate forces** *(pl)*	statisch unbestimmte Kräfte *(f, pl)*
S 1013	**statically indeterminate structure**	statisch unbestimmte Konstruktion *(f)*
S 1014	**static(al) moment**	statisches Moment *(n)*
S 1015	**static casting**	ruhend vergossenes Gußstück *(n)*
S 1016	**static friction**	Haftreibung *(f)* [Reibverschweißung]; Ruhereibung *(f)*
S 1017	**static head**	statische Förderhöhe *(f)* [Druckhöhe]
S 1018	**static line**	Stauleitung *(f)*
S 1019	**static loading**	ruhende Beanspruchung *(f)*; Dauerlast *(f)* [Mech.]
S 1020	**static loading due to internal pressure**	ruhende Innendruckbeanspruchung *(f)*
S 1021	**static mixer inserts** *(pl)* **[tube]**	statische Mischereinbauten *(m, pl)* [zur Turbulenzerhöhung und Verbesserung des Wärmeübergangs in Wärmetauscherrohren]
S 1022	**static piping system**	fest verlegte Rohrleitung *(f)*
S 1023	**static precracking; SPC**	statisches Anreißen *(n)*
S 1024	**static pressure**	statischer Druck *(m)* [auch: H 461]
S 1025	**static seal**	ruhende Dichtung *(f)*; statische Dichtung *(f)*
S 1026	**static sparking**	Funkenbildung *(f)* durch statische Aufladung
S 1027	**static stress**	statische Beanspruchung *(f)*
S 1028	**stationary disc [pump]**	Entlastungsgegenscheibe *(f)* [Pumpe]
S 1029	**stationary flow; steady(-state) flow**	stationäre Strömung *(f)*; ausgebildete Strömung *(f)* [Erläuterungen siehe unter: **steady flow**]
S 1030	**stationary head**	fester Boden *(m)*; Festkopfboden *(m)*
S 1031	**stationary head type integral with tubesheet**	fester Boden *(m)* in einem Stück mit dem Rohrboden
S 1032	**stationary state; steady state**	Beharrungszustand *(m)*; stationärer Zustand *(m)*
S 1033	**stationary tubesheet**	feste Rohrplatte *(f)*; Festkopf-Rohrboden *(m)*
S 1034	**staybolt**	Stehbolzen *(m)*; Ankerbolzen *(m)*
S 1035	**stayed surface**	verankerte Fläche *(f)*
S 1036	**staying**	Abstützung *(f)*; Verankerung *(f)*
S 1037	**staying action**	Versteifungswirkung *(f)*
S 1038	**staytube**	Ankerrohr *(n)*; Halterohr *(n)*; Stützrohr *(n)* [Behälterunterstützung]
S 1039	**steady conduction of heat; steady(-state) heat conduction; heat conduction in the steady state**	stationäre Wärmeleitung *(f)*
S 1040	**steady flow; steady-state flow; stationary flow**	stationäre Strömung *(f)*; ausgebildete Strömung *(f)* [Man nennt einen Strömungsvorgang *stationär*, wenn alle Zustandsgrößen wie Geschwindigkeit, Druck und Temperatur an jeder Stelle der betrachteten Strömung unabhängig von der Zeit sind. Bei einer stationären

steam boiler

Strömung dürfen also auch keinerlei Veränderungen an den geometrischen Abmessungen der starren Körper, zwischen denen sich der Strömungsvorgang abwickelt, vorgenommen werden. Charakteristische stationäre Vorgänge inkompressibler Flüssigkeiten sind etwa die Strömung durch Rohre oder Ventile, oder die Umströmung starrer Körper, jedoch immer unter der Voraussetzung, daß alle geometrischen Abmessungen des Systems unverändert bleiben und alle Drücke und Geschwindigkeiten unabhängig von der Zeit betrachtet werden können. Die meistbekannten Gleichungen zur Beschreibung stationärer Strömung sind etwa die Torricellische Gleichung für den Ausfluß aus Gefäßen, die Bernoullische Gleichung, die Gesetze für den Strömungswiderstand durch Ventile, Rohre, Krümmer bei laminarer bzw. bei turbulenter Strömung usw.
Charakteristische stationäre Strömungsvorgänge stark kompressibler Medien sind etwa das Ausströmen von Gasen im unterkritischen Bereich, die Strömung durch Laval-Düsen, die Strömung von Gasen durch Rohre unter Berücksichtigung des Boyle-Mariotteschen Gesetzes usw.; siehe auch: *instationäre Strömung* **(unsteady flow)** sowie *quasistationäre Strömung* **(quasi-steady flow)**.]

S 1041	**steady internal pressure**	Innendruck *(m)* im Beharrungszustand
S 1042	**steady state; stationary state**	Beharrungszustand *(m)*; stationärer Zustand *(m)*
S 1043	**steady-state characteristics** *(pl)*	Beharrungsverhalten *(n)*; stationäres Verhalten *(n)*
S 1044	**steady-state discharge condition**	stationärer Abblasezustand *(m)*
S 1045	**steady-state flow; stationary flow; steady flow**	stationäre Strömung *(f)*; ausgebildete Strömung *(f)* [Erläuterungen siehe unter: **steady flow**]
S 1046	**steam**	Dampf *(m)* [Dampf, gasförmiger Aggregatzustand eines Stoffes, der mit der flüssigen oder festen Phase des gleichen Stoffes in thermodynamischem Gleichgewicht steht; zumeist versteht man darunter Wasserdampf. Dampf ist als Gas unsichtbar, sichtbarer Wasser„Dampf" **(vapour)** enthält bereits feinverteiltes, tröpfchenförmiges Wasser (Kondensat). Die Gasdichte, hier Dampfdichte und der Gasdruck, hier Dampfdruck, sind stark temperaturabhängig.]
S 1047	**steam binding**	örtliche Strömungsblockagen *(f, pl)* [Wärmetechnik]
S 1048	**steam boiler; steam generator**	Dampfkessel *(m)*; Dampferzeuger *(m)*

steam bubbles

S 1049	**steam bubbles** *(pl)*; **steam voids** *(pl)*	Dampfblasen *(f, pl)*
S 1050	**steam cushion**	Dampfpolster *(n)*
S 1051	**steam cycle**	Dampfkreisprozeß *(m)*
S 1052	**steam distillation**	Wasserdampf-Destillation *(f)* [Destillation unter Zugabe von Wasserdampf bzw. überhitztem Wasserdampf. Durch sie gelingt es hochsiedende Flüssigkeiten mit Wasserdampf unterhalb ihres normalen Siedepunktes überzutreiben.]
S 1053	**steam (distribution) dome**	Dampfdom *(m)* [Haube]
S 1054	**steam drum**	Ausdampftrommel *(f)*; Dampftrommel *(f)*
S 1055	**steam drum internals** *(pl)*; **steam drum internal fittings** *(pl)*	Dampftrommeleinbauten *(m, pl)*
S 1056	**steam erosion**	Dampferosion *(f)*
S 1057	**steam generating plant; steam raising plant**	Dampferzeugeranlage *(f)*
S 1058	**steam generator**	Dampferzeuger *(m)* [entweder nuklearer **(nuclear steam generator)** oder konventioneller Dampferzeuger **(steam boiler)**]
S 1059	**steam-induced gasification**	Wasserdampfvergasung *(f)*
S 1060	**steam inlet nozzle**	Dampfeintrittsstutzen *(m)*
S 1061	**steam inlet pressure**	Dampfeintrittsdruck *(m)*
S 1062	**steam inlet temperature**	Dampfeintrittstemperatur *(f)*
S 1063	**steam outlet nozzle**	Dampfaustrittsstutzen *(m)*
S 1064	**steam outlet pressure**	Dampfaustrittsdruck *(m)*
S 1065	**steam outlet temperature**	Dampfaustrittstemperatur *(f)*
S 1066	**steam pressure**	Dampfdruck *(m)*
S 1067	**steam reformer**	Röhrenspaltofen *(n)*; RSO [Bauart: Spaltrohr- bzw. Hüllrohrbauweise oder als Rohrbündelwärmeaustauscher in **„Segmental-Baffle"** Bauweise (mit Segment-Umlenkblechen) oder in **„Disk-and-Doughnut"**-Bauweise (siehe: **disk-and-doughnut**). Der RSO wird verwendet zur Einkopplung nuklear erzeugter Wärme (HTR-Hochtemperaturreaktor) in die Methan-Spaltungsreaktion]
S 1068	**steam space** [drum]	Dampfraum *(m)* [Trommel]
S 1069	**steam space loading**	Dampfraumbelastung *(f)*
S 1070	**steam supply pipe; steam supply line**	Dampfleitung *(f)*
S 1071	**steam surface condenser; surface condenser**	Oberflächenkondensator *(m)*
S 1072	**steam void fraction**	Dampfblasenanteil *(m)*
S 1073	**steam voids** *(pl)*; **steam bubbles** *(pl)*	Dampfblasen *(f, pl)*
S 1074	**steel ball test** [pipe]	Kugeldurchlaufversuch *(m)* [Rohr]
S 1075	**steel bars** *(pl)*; **steel rods** *(pl)*	Stabstahl *(m)*
S 1076	**steel bulkhead plate** [tank]	Stahlspundwand *(f)* [Tank]
S 1077	**steel making process**	Stahlerschmelzungsverfahren *(n)*
S 1078	**steel pad**	Stahlpuffer *(m)*
S 1079	**steel pad** [tank]	stählerne Fußplatte *(f)* [Tank]
S 1080	**steel pipe**	Stahlrohr *(n)*

S 1081	**steel plate**	Stahlblech *(n)* [Grobblech]
S 1082	**steel sections** *(pl)*; **steel shapes** *(pl)*	Profile *(n, pl)*; Profileisen *(n, pl)*; Profilstahl *(m)*
S 1083	**steel sheet**	Stahlblech *(n)* [Feinblech]
S 1084	**steel shoe** [tank; see Annex 1, p. 16]	stählernes Gleitblech *(n)* [Tank; siehe auch: **mechanical shoe**; siehe Anhang 1, S. 16]
S 1085	**steel stamping**	Kennzeichnung *(f)* mit Stahlstempel
S 1086	**steel tube**	Stahlrohr *(n)*
S 1087	**stellited valve**	hartgepanzertes Ventil *(n)*
S 1088	**stem; spindle** [valve]	Spindel *(f)* [Ventil]
S 1089	**stem actuation** [valve]	Spindelbetätigung *(f)* [Ventil]
S 1090	**stem blocking attachment** [safety valve]	Unterstellvorrichtung *(f)* [Si-Ventil]
S 1091	**stem correction**	Fadenkorrektur *(f)* [Instrument]
S 1092	**stem guide** [valve]	Spindelführung *(f)* [Ventil]
S 1093	**stem head** [valve]	Spindelfluß *(m)*; Kegelkopf *(m)* [Ventil]
S 1094	**stem leakage** [valve]	Lecken *(n)* der Ventilspindel [Ventil]
S 1095	**stem retraction** [valve]	Spindelrückholung *(f)* [Ventil]
S 1096	**stem seal** [valve]	Spindeldichtung *(f)* [Ventil]
S 1097	**stem thread** [valve]	Schaftgewinde *(n)* [Ventil]
S 1098	**stem travel** [valve]	Spindelweg *(m)* [Ventil]
S 1099	**step-back welding method**	Pilgerschrittschweißverfahren *(n)*
S 1100	**step cooling**	simulierende Wärmebehandlung *(f)*; simuliertes Langzeitglühen *(n)*
S 1101	**step unit**	Ablaufglied *(n)* [Steuerung]
S 1102	**step wave**	rampenförmige Druckentlastungswelle *(f)*
S 1103	**step-wedge calibration film; step-wedge comparison film** [radiog.]	Stufenkeilkontrollfilm *(m)*; Stufenkeilvergleichsfilm *(m)*; Schwärzevergleichsfilm *(m)* [Durchstrahlungsprüfung]
S 1104	**sticking** [valve]	Klemmen *(n)* [Ventil]
S 1105	**sticking friction; sticktion**	Haftreibung *(f)*
S 1106	**stiffened tubesheet; ribbed-thin-tubesheet design**	Rohrboden *(m)* mit Stützvorrichtung [Abfangkonstruktion für den unteren dünnen Rohrboden eines Spaltgaskühlers]
S 1107	**stiffening**	Aussteifung *(f)*; Versteifung *(f)*
S 1108	**stiffening angle; angle stiffener**	Versteifungswinkel *(m)*
S 1109	**stiffening effect**	Versteifungswirkung *(f)*
S 1110	**stiffening ring; ring stiffener** [gen.]	Versteifungsring *(m)* [allg.]
S 1111	**stiffening ring** [tank]	Windträger *(m)*; Ringsteife *(f)* [Tank]
S 1112	**stiffness**	Steifheit *(f)*; Steifigkeit *(f)*
S 1113	**still-air cooling; still-atmosphere cooling**	Abkühlung *(f)* in ruhiger Luft; Kühlung *(f)* in ruhiger Luft
S 1114	**stilts** *(pl)*	Stützfüße *(m, pl)* [siehe: **support foot**]
S 1115	**stimulation** [AET]	Anregung *(f)* [zur Aktivierung einer Schallquelle; SEP]
S 1116	**stirred reactor**	durchgemischter Reaktor *(m)*
S 1117	**stitching** [weld imperfection]	Frequenzstiche *(m, pl)* [Schweißnahtfehler]
S 1118	**stitch welding**	Steppnahtschweißen *(n)* [auch: I 363]
S 1119	**stool support** [see Annex 1, p. 18]	Lagerstuhl *(m)* [Siehe Anhang 1, S. 18]

S 1120	**stop and check valve, combined** ... [see Annex 1, p. 36]	kombiniertes Absperr- und Rückschlagventil *(n)*; absperrbares Rückschlagventil *(n)* [siehe Anhang 1, S. 36]
S 1121	**stopcock**	Absperrhahn *(m)*
S 1122	**stopper; body stop**	Anschlag *(m)* [Begrenzung bei Absperrklappe]
S 1123	**stop pin**	Anschlagbolzen *(m)*; Blockierung *(f)* [LISEGA-Aufhängung]
S 1124	**stop start** [weld imperfection]	Anfangs- und Endkrater *(m)* [Schweißfehler beim Ansatz]
S 1125	**stop/start position** [welding]	Absetz-/Anfangsstelle *(f)* [Schweißen]
S 1126	**stop valve; isolating valve; shut-off valve**	Absperrventil *(n)*
S 1127	**storage capacity**	Fassungsvermögen *(n)*; Speicherkapazität *(f)* [Behälter]
S 1128	**storage life**	Lagerbeständigkeit *(f)*; Lagerfähigkeit *(f)*
S 1129	**storage tank; storage vessel**	Sammelbehälter *(m)*; Speicherbehälter *(m)*; Vorratsbehälter *(m)*; Lagerbehälter *(m)*
S 1130	**stored product**	Speichergut *(n)*; Lagergut *(n)*
S 1131	**stove-enamel finish; stoving finish**	Einbrennlackierung *(f)* [Korrosionsschutz; empfohlen bei Temperaturen bis rund 120° C, da sonst ein Einreißen und Abblättern der Schutzschicht eintreten kann]
S 1132	**straddle holes** *(pl)* **across centre line**	Bohrungen *(f, pl)* quer zur Mittellinie
S 1133	**straddle scan technique** [ultras.]	Doppel-Winkelkopfverfahren *(n)*; Winkelkopfreflexionsverfahren *(n)* [US-Prüfung]
S 1134	**straight beam** [ultras.]	Senkrechtschallstrahl *(m)* [US-Prüfung]
S 1135	**straight beam probe; straight beam search unit** [ultras.]	Senkrechtprüfkopf *(m)* [US-Prüfung]
S 1136	**straight-beam scanning** [ultras.]	Normaleinschallung *(f)*; Senkrechteinschallung *(f)* [US-Prüfung]
S 1137	**straight check valve; straightway check valve; in-line check valve**	Rückschlagventil *(n)* mit geradem Durchfluß
S 1138	**straight-condensing feedwater heater**	Durchlauf-Speisewasservorwärmer *(m)*; einflutiger Speisewasservorwärmer *(m)* mit direkter Kondensation
S 1139	**straight coupling; straight fitting**	Durchgangsverschraubung *(f)*; gerade Rohrverbindung *(f)*; gerade Rohrverschraubung *(f)*
S 1140	**straight cross**	Kreuzstück *(n)*
S 1141	**straightening force**	Richtkraft *(f)* [Kraft, die ausrichtend, geraderichtend wirkt]
S 1142	**straight flange; cylindrical flange** [UK]; **cylindrical skirt** [US] [end/head]	zylindrischer Bord *(m)* [Boden]
S 1143	**straight-line chart**	Nomogramm *(n)*
S 1144	**straight male coupling**	gerade Verschraubung *(f)* mit Außengewinde
S 1145	**straight polarity** [US] [welding]	negative Polung *(f)* [Schweißen]
S 1146	**straight polarity** [UK] [welding]	positive Polung *(f)* [Schweißen]
S 1147	**straight-roller bearing** [see Annex 1, p. 75]	Zylinderrollenlager *(n)* [siehe Anhang 1, S. 75]
S 1148	**straight-run globe valve; straightway valve** [see Annex 1, p. 33]	Niederschraubventil *(n)* mit geradem Durchgang; Durchgangsventil *(n)* [siehe Anhang 1, S. 33]

S 1149	**straight seam; longitudinal seam**	Längsnaht *(f)*
S 1150	**straight-stem thermocouple**	gerades Thermoelement *(n)*
S 1151	**straight tee**	T-Stück *(n)* [als Fitting]
S 1152	**straight thread**	zylindrisches Gewinde *(n)*
S 1153	**straight tube**	gerades Rohr *(n)*
S 1154	**straight tube bundle**	Geradrohrbündel *(n)*
S 1155	**straight-tube design**	Geradrohr-Konstruktion *(f)*
S 1156	**straight-tube heat exchanger**	Geradrohr-Wärmeaustauscher *(m)*; Wärmeaustauscher *(m)* mit geraden Rohren; Wärmeaustauscher *(m)* mit geradem Rohrbündel
S 1157	**straightway check valve; straight check valve; in-line check valve**	Rückschlagventil *(n)* mit geradem Durchfluß
S 1158	**straightway valve** [see Annex 1, p. 33]	Durchgangsventil *(n)* [siehe Anhang 1, S. 33]
S 1159	**straightway Y-type globe valve**	Durchgangsventil *(n)* in Y-Ausführung
S 1160	**strain; deformation; distortion**	Dehnung *(f)*; Reckung *(f)*; Verformung *(f)*
S 1161	**strain, local . . .**	örtliche Verformung *(f)*
S 1162	**strain ageing**	Reckalterung *(f)* [Im wesentlichen beruht der Vorgang der Reckalterung auf einem Einfluß einer größeren Anzahl von durch Kaltverformung erzeugten Versetzungen im Kristallgitter. Stickstoff- und Kohlenstoffatome wandern durch zeit- und temperaturabhängige Diffusion in verspannte Gitterbereiche. Sie lagern sich auf kürzestem Weg in den Versetzungen ab. Durch diese Ablagerung tritt bei ausreichendem Stickstoff- und Kohlenstoffgehalt des Stahls eine Fließbehinderung ein. Man spricht dann von dem Altern **(ageing)** und Versprören **(embrittlement)** eines Stahls, wobei dem Stickstoff gegenüber dem Kohlenstoff weitaus größere Bedeutung beigemessen wird. Die Auswirkungen einer Reckalterung sind das Ansteigen von Streckgrenze, Zugfestigkeit und Härte bei gleichzeitigem Abnehmen von Dehnung, Einschnürung und Kerbschlagarbeit. Durch Aluminiumzugabe bei der Stahlherstellung kann der Stickstoff zu Aluminiumnitrid abgebunden werden. Dadurch wird eine Alterungsbeständigkeit des Stahls erreicht.]
S 1163	**strain analysis**	Dehnungsanalyse *(f)*; Verformungsanalyse *(f)*
S 1164	**strain before reduction in area**	Gleichmaßdehnung *(f)*
S 1165	**strain concentration factor**	Dehnungsformzahl *(f)*; Dehnungskonzentrationsfaktor *(m)*
S 1166	**strain cycling fatigue data** *(pl)*	Dauerfestigkeitskennwerte *(m, pl)* bei zyklischer Verformung; Dehnungszyklen *(m, pl)*
S 1167	**strain energy**	Dehnungsenergie *(f)* [örtlich/infinitesimal]; Verformungsenergie *(f)* [global/integral]; Formänderungsenergie *(f)*
S 1168	**strain energy density**	spezifische Formänderungsarbeit *(f)*

S 1169	**strain energy release rate**	Energiefreisetzungsrate *(f)* [EnergieBilanz-Kriterium]
S 1170	**strainer**	Sieb *(n)*; Filter *(n)* [Siebe dienen in Rohrleitungen zum Festhalten von Feststoffteilchen, die durch Herauslösen aus den Wandungen oder durch schadhaft gewordene Einbauteile in den Stoffstrom gelangen. Sie sind so konstruiert, daß sie während eines kurzzeitigen Stillstandes ausgewechselt und gereinigt werden können.]
S 1171	**strainer basket**	Siebkorb *(m)*; Filterkorb *(m)*
S 1172	**strain gauge**	Dehnungsmeßstreifen *(m)*; Dehnungsmeßgerät *(n)*
S 1173	**strain hardening; work hardening** [material]	Verfestigung *(f)*; Verfestigungsverformung *(f)*; Kaltverfestigung *(f)* [Werkstoff]
S 1174	**strain hardening exponent**	Verfestigungsfaktor *(m)*; Verfestigungsindex *(m)*
S 1175	**strain indicating lacquer**	Prüfreißlack *(m)*
S 1176	**strain indicating lacquer technique**	Dehnungsanzeige *(f)* mittels Reißlack
S 1177	**strain-induced corrosion cracking; SICC**	dehnungsinduzierte Rißkorrosion *(f)*
S 1178	**strain intensification**	Dehnungserhöhung *(f)*
S 1179	**strain length**	Dehnlänge *(f)*
S 1180	**strain length of bolt**	Schraubenlängung *(f)*; Längung *(f)* der Schraube
S 1181	**strain limit**	Dehngrenze *(f)*
S 1182	**strain limiting load**	Grenzdehnungslast *(f)*
S 1183	**strain measuring**	Dehnungsmessung *(f)*
S 1184	**strain of external fibre**	Reckung *(f)* der äußeren Faser; Außenfaserreckung *(f)*
S 1185	**strain range**	Dehnungsschwingbreite *(f)*
S 1186	**strain rate**	Dehngeschwindigkeit *(f)*; Verformungsgeschwindigkeit *(f)*; Dehnrate *(f)*; Formänderungsgeschwindigkeit *(f)*
S 1187	**strake; course; section**	Schuß *(m)* [Behälter]
S 1188	**stranded electrode**	verdrillte Elektrode *(f)*
S 1189	**strap**	Schellenband *(n)*; Bandeisen *(n)*
S 1190	**strap bolt**	Bügelschraube *(f)*
S 1191	**strap guide**	Gleitschelle *(f)*
S 1192	**strapped butt joint**	Stumpfstoß *(m)* mit Lasche
S 1193	**strapping**	Verlaschung *(f)*
S 1194	**stratification, (thermal) . . .; thermal striping; stratified layering**	Strähnenbildung *(f)*; Schichtbildung *(f)*; Entmischung *(f)* [siehe: **thermal striping**]
S 1195	**stratified flow**	Schichtenströmung *(f)*
S 1196	**stratified two-phase flow**	geschichtete Zweiphasenströmung *(f)*
S 1197	**stratified wavy flow**	Schichten-Wellenströmung *(f)*
S 1198	**stray flash; arc strike; arc burn**	Zündstelle *(f)*; Lichtbogenüberschlag *(m)*; Lichtbogenzündstelle *(f)* [Definition siehe: **arc strike**]
S 1199	**streaming transfer** [gas-shielded metal-arc welding]	fließender Werkstoffübergang *(m)* [beim Metallschutzgasschweißen]

stress concentration factor

S 1200	**streamline flow; laminar flow**	Laminarströmung *(f)*; laminare Strömung *(f)*; schlichte Strömung *(f)*
S 1201	**streamline shaped tube inserts** *(pl)*	stromlinienförmige Rohreinsätze *(m, pl)* [zur Turbulenzerzeugung in Rohren]
S 1202	**street elbow; port connection; male elbow; male connector**	Einschraubverbindung *(f)*; Winkelverschraubung *(f)*; Einschraubzapfen *(m)*; Einschraubwinkel *(m)*
S 1203	**street tee; male run tee**	T-Verschraubung *(f)* mit Einschraubzapfen im durchgehenden Teil
S 1204	**strength grade**	Festigkeitsklasse *(f)*
S 1205	**strength in resistance to pulling out** [tubes]	Widerstandsfähigkeit *(f)* gegen Herausziehen; Ausziehwiderstand *(m)* [von Rohren]
S 1206	**strength value**	Festigkeitswert *(m)*
S 1207	**strength weld**	tragende Naht *(f)*; Festigkeitsschweiße *(f)*
S 1208	**strength-welded**	tragend verschweißt *(V)*
S 1209	**stress**	Spannung *(f)* [mechanische Belastung]; Beanspruchung *(f)* [unterhalb der Elastizitätsgrenze]
S 1210	**stress analysis**	Spannungsanalyse *(f)*; Spannungsnachweis *(m)*
S 1211	**stress coat method**	Reißlackverfahren *(n)* [Dehnungsanzeige]
S 1212	**stress component**	Spannungsanteil *(m)* [Mech.]
S 1213	**stress concentration**	Spannungskonzentration *(f)*; Spannungsanhäufung *(f)* [Mech.]
S 1214	**stress concentration due to geometric discontinuity**	formbedingte Spannungskonzentration *(f)* [z. B. Hohlkehlen bei eingeschweißten Stutzen, Wanddickenreduzierungen, Unstetigkeiten; siehe auch: **stress concentration factor (SCF)**]
S 1215	**stress concentration factor; SCF**	Spannungserhöhungsfaktor *(m)*; Spannungskonzentrationsfaktor *(m)*; Formzahl *(f)*; Kerbwirkungszahl *(f)* [Faktor zur Kennzeichnung der örtlichen Erhöhung von Spannungen; Unstetigkeits- bzw. Störstellen (Kerben, Ausschnitte, geometrische Formänderungen usw.) führen zu erhöhten örtlichen Spannungen. Dies wird Spannungskonzentration **(stress concentration)** genannt, und die sie verursachenden Unstetigkeiten werden Spannungserhöher **(stress raisers)** genannt. Nach **BS 5500** handelt es sich um die örtliche Erhöhung von Strukturspannungen an Unstetigkeitsstellen der Struktur oder des Lastangriffs. Das Verhältnis der vorhandenen maximalen Spannung zu der Spannung, die gemäß den herkömmlichen Formeln z. B. für Membran- und Biegspannung usw. berechnet wird, wird in diesem Regelwerk als **Spannungskonzentrationsfaktor** bezeichnet.

stress concentration factor

Nach **TRD** handelt es sich um einen Faktor zur Kennzeichnung der maximalen Gesamtspannung gegenüber der Nennspannung (Membranspannung). Diese **Formzahl** umfaßt Strukturspannungen und die Kerbwirkungszahl.]

S 1216	stress condition		Spannungszustand *(m)*
S 1217	stress corrosion cracking; SCC		Spannungsrißkorrosion *(f)*; SRK
S 1218	stress crack		Spannungsriß *(m)*
S 1219	stress crazing		Zeitdehnlinien *(f, pl)* [Oberflächenfehler]
S 1220	stress curve		Spannungsverlauf *(m)* [örtlich]
S 1221	stress cycle		Spannungszyklus *(m)*; Lastspiel *(n)* [Dauerversuch]; Belastungszyklus *(m)* [Spannung; Mech.]
S 1222	stress-cycle diagram		Dauerfestigkeitsschaubild *(n)*; Wöhler-Schaubild *(n)*
S 1223	stress cycle range		Lastspielbereich *(m)*; Lastwechselbereich *(m)*
S 1224	stress difference		Spannungsdifferenz *(f)*
S 1225	stresses *(pl)* due to thermal skin effect		Wärmeschockspannungen *(f, pl)* [wirken sich auf der Oberfläche eines Bauteils aus und können zu flächig verteilten Anrissen führen]
S 1226	stress evaluation		spannungstechnische Beurteilung *(f)*
S 1227	stress history; history of stress		Spannungsverlauf *(m)* [zeitlich]
S 1228	stress index		Spannungsbeiwert *(m)* [für Spannungskategorien oder Spannungsarten; bei Stutzen in Kugelschalen, Zylinderschalen und gewölbten Böden wird nach ASME-Code abhängig von der Geometrie die Spannungsindexmethode angewandt, um Gesamtspannungen (Strukturspannung + Spannungsspitze **(peak stress)**) zu erhalten.]
S 1229	stress-induced corrosion		spannungsinduzierte Korrosion *(f)*
S 1230	stressing conditions *(pl)*		Beanspruchungszustände *(m, pl)*
S 1231	stress intensification		Spannungserhöhung *(f)*
S 1232	stress intensification factor		Spannungserhöhungsfaktor *(m)*
S 1233	stress intensity		Vergleichsspannung *(f)*
S 1234	stress intensity factor		Beiwert *(m)* für die Vergleichsspannung; Vergleichsspannungsbeiwert *(m)* [Vergleich einer mehrachsigen Spannung mit einer im Zugversuch ermittelten einachsigen Spannung]
S 1235	stress intensity factor [fracture mechanics]		Spannungsintensitätsfaktor *(m)* [in der Bruchmechanik bei Bruchspannung; K_{Ic}]
S 1236	stress number curve; S/N curve; (design) fatigue curve		Wöhlerkurve *(f)*; Ermüdungskurve *(f)*; Dauerfestigkeitskurve *(f)*
S 1237	stress of reversed sign		Spannung *(f)* mit umgekehrtem Vorzeichen
S 1238	stress optimisation; optimisation of stresses		Spannungsoptimierung *(f)*
S 1239	stress per unit area; unit stress		Spannung *(f)* pro Flächeneinheit

S 1240	**stress raiser**	Spannungserhöhungsursache *(f)*; Spannungserhöher *(m)* [Kerben usw.; siehe auch: **peak stress; stress concentration factor**]
S 1241	**stress range**	Spannungsschwingbreite *(f)*
S 1242	**stress range reduction factor for cyclic condition**	Minderungsfaktor *(m)* der Spannungsschwingbreite bei Wechselbeanspruchung [siehe: **fatigue strength reduction factor**]
S 1243	**stress redistribution**	Spannungsumlagerung *(f)*; Spannungsumverteilung *(f)*
S 1244	**stress reduction factor**	Spannungsabminderungsbeiwert *(m)*
S 1245	**stress relaxation**	Spannungsrelaxation *(f)*
S 1246	**stress relief cracking; stress relief embrittlement; reheat cracking**	Relaxationsversprödung *(f)*; Relaxationsrißbildung *(f)* [Kriechversprödung; Rißbildung in der WEZ während der entspannenden Wärmebehandlung nach dem Schweißen]
S 1247	**stress relief heat treatment; stress relieving; stress relief annealing**	Spannungsarmglühen *(n)*
S 1248	**stress report**	Spannungsanalysenergebnisse *(n, pl)*; Ergebnisse *(n, pl)* der Spannungsanalyse
S 1249	**stress resultant**	Schnittgröße *(f)* [Statik]
S 1250	**stress reversal**	Wechselbeanspruchung *(f)*
S 1251	**stress rupture properties** *(pl)*; **creep properties** *(pl)*	Zeitstandeigenschaften *(f, pl)*; Zeitdehnverhalten *(n)*
S 1252	**stress rupture strength; creep rupture strength**	Zeitstandfestigkeit *(f)*
S 1253	**stress spectrum**	Spannungsspektrum *(n)*
S 1254	**stress-strain analysis**	Spannungs-Dehnungsanalyse *(f)*
S 1255	**stress-strain behaviour**	Spannungs-Dehnungsverhalten *(n)*
S 1256	**stress strain diagram**	Spannungs-Dehnungs-Diagramm *(n)*; Spannungs-Verformungs-Diagramm *(n)*
S 1257	**stress-strain relation law**	Formänderungsgesetz *(n)*
S 1258	**stress tensor**	Spannungstensor *(m)*
S 1259	**stress-time plots** *(pl)*	Spannungs-Zeitkurven *(f, pl)*
S 1260	**stress/time-to-rupture test; stress rupture testing; creep (stress) rupture test; creep test**	Zeitstandversuch *(m)*
S 1261	**stress trajectory** [photoelasticity]	Spannungsverlauf *(m)*; Spannungsverteilung *(f)* [Spannungsoptik]
S 1262	**stress wave** [AET]	Spannungswelle *(f)* [SEP]
S 1263	**stretched fibre**	gereckte Faser *(f)*
S 1264	**stretched zone**	Rißabstumpfungsbereich *(m)* am Übergang Ermüdungsriß/Gewaltbruch; aufgewölbter Bereich *(m)* an der Rißspitze [Rißspitzenplastifizierung; Rißbruchmechanik]
S 1265	**stretcher strains** *(pl)*; **Luder's bands** *(pl)*; **slip lines** *(pl)*	Fließfiguren *(f, pl)*; Kraftwirkungslinien *(f, pl)*; Fließlinien *(f, pl)* [Werkstoffverformung]
S 1266	**Streuber tray** [column]	Streuber-Boden *(m)* [Kolonnenboden]
S 1267	**striations** *(pl)*	Riefen *(f, pl)* [Fehlerart]

S 1268	**striations** *(pl)*, **fatigue** ...	Schwingungsstreifen *(m, pl)* [streifenförmige Markierungen auf Schwingbruchflächen in mikroskopischen Bereich]
S 1269	**striker**	Schlaghammer *(m)* [Kerbschlagversuch]
S 1270	**striking coefficient**	Haftwahrscheinlichkeit *(f)* [von Wasserstoffmolekülen bei der Wasserstoffversprödung]
S 1271	**striking distance**	Luftstrecke *(f)* [Hammerschlagweg; Kerbschlagversuch]
S 1272	**striking edge**	Schlagkante *(f)*
S 1273	**stringer bead** [welding]	Strichraupe *(f)*; Zugraupe *(f)* [Schweißen]
S 1274	**stringer bead technique** [welding]	Strichraupentechnik *(f)*; Zugraupentechnik *(f)* [Schweißen]
S 1275	**strip**	Band *(n)* [Stahl]
S 1276	**strip cladding**	Bandplattierung *(f)*
S 1277	**strip feeding and guiding system** [welding]	Bandtransport- und Führeinrichtung *(f)* [Schweißen]
S 1278	**strip lining**	Auskleidungsstreifen *(m)*
S 1279	**stripper**	Seitenturm *(m)*; Stripper *(m)*; Abstreifer *(m)*; Nebenturm *(m)* [Fraktionierkolonne mit 4–6 Böden, die neben einer Hauptkolonne (Fraktionierkolonne / **fractionating column**) angebracht ist und die Seitenschnitte **(side cuts)** von den leichteren Anteilen durch Wasserdampf oder durch erneute Erhitzung **(reboiler)** befreit. Je nach Erfordernissen erhält jeder Seitenschnitt einen Seitenturm.]
S 1280	**strip weld cladding**	Schweißplattieren *(n)* mit Bandelektrode [Bandplattieren]
S 1281	**strip wound metal hose**	Metallwickelschlauch *(m)*
S 1282	**strip-wound pressure vessel** [reactor]	Wickelbehälter *(m)* [Reaktor]
S 1283	**strip yield model**	Streifenfließmodell *(n)*; plastisches Zonenmodell *(n)*
S 1284	**strong backs** *(pl)* [heat exchanger]	Aussteifungen *(f, pl)* [bei Trennwänden in Rohrbündel-Wärmeaustauschern]
S 1285	**structural analysis**	statische Berechnung *(f)*; statischer Nachweis *(m)*; Statik *(f)*
S 1286	**structural attachment**	Anbauteil *(n)*
S 1287	**structural bracing**	Bandage *(f)* [Stahlbau]
S 1288	**structural component**	Bauteil *(n)* [Stahlbau]
S 1289	**structural damping**	strukturelle Dämpfung *(f)*
S 1290	**structural design**	Baukonstruktion *(f)* [Auslegung]
S 1291	**structural discontinuities** *(pl)*	strukturelle Werkstofftrennungen *(f, pl)*; Störstellen *(f, pl)*
S 1292	**structural-dynamic attenuation**	strukturdynamische Dämpfung *(f)*
S 1293	**structural framework**	Skelett *(n)* [Stahlbau]
S 1294	**structural geometry**	Gefügegeometrie *(f)*
S 1295	**structural grade carbon steel**	unlegierter Baustahl *(m)*
S 1296	**structural grade quality factor**	Baustahl-Gütefaktor *(m)*
S 1297	**structural hollow section**	Hohlprofil *(n)*

S 1298	**structural member**	Bauteil *(n)*; Bauelement *(n)* [Stahlbau]
S 1299	**structural shapes** *(pl)*; **structural sections** *(pl)* **[tank]**	Profile *(n, pl)*; Profileisen *(n, pl)* [Tank]
S 1300	**structural sheet**	Konstruktionsblech *(n)*
S 1301	**structural stability**	konstruktive Stabilität *(f)* [Statik]
S 1302	**structural stability [material]**	Stabilität *(f)* des Gefüges [Werkstoff]
S 1303	**structural steel**	Baustahl *(m)*; Konstruktionsstahl *(m)*
S 1304	**structural steel section**	Stahlbauprofil *(n)*
S 1305	**structure [material]**	Gefüge *(n)*; Struktur *(f)*; Zusammensetzung *(f)* [Werkstoff]
S 1306	**structure-borne noise; structure-borne sound**	Körperschall *(m)*
S 1307	**structured surface**	strukturierte Oberfläche *(f)* [wird z. B. durch Fräsen oder Walzen hergestellt; siehe z. B.: **saw-tooth fin**]
S 1308	**structure-phase examination**	Gefügeuntersuchung *(f)* [Makro / Mikro]
S 1309	**strut**	Druckstrebe *(f)*; Druckstab *(m)*; Strebe *(f)*
S 1310	**strut, hinged . . . [see Annex 1, p. 78]**	Gelenkstrebe *(f)* [siehe Anhang 1, S. 78]
S 1311	**strut member; strut section**	Verstrebung *(f)*; Verstrebungsprofil *(n)*
S 1312	**stub**	Anschlußstutzen *(m)*; Stutzen *(m)* [Nippel]
S 1313	**stub, tube . . .**	Rohrnippel *(m)*
S 1314	**S-tube**	Rohrschleife *(f)*
S 1315	**stud**	Bolzen *(m)* [ohne Kopf, Gewinde an Enden oder durchgehend]
S 1316	**stud arc welding**	Bolzenschweißung *(f)*; Bestiftung *(f)* [Rohr]
S 1317	**stud bolt**	Gewindebolzen *(m)*; Schraubenbolzen *(m)*; Bolzenschraube *(f)*; Stiftbolzen *(m)*; Stiftschraube *(f)*
S 1318	**studded connection**	Blockflansch *(m)* [Stiftschraubenverbindung]
S 1319	**stud hole**	Sackloch *(n)*
S 1320	**stud pretensioner**	Schraubenspannvorrichtung *(f)*
S 1321	**stud pretensioning**	Schraubenvorspannung *(f)*
S 1322	**stud welding gun**	Bestiftungspistole *(f)*; Bolzenschweißgerät *(n)*
S 1323	**stud welding machine**	Bestiftungsmaschine *(f)*
S 1324	**stuffing box; packing box; packing chamber**	Stopfbuchse *(f)*
S 1325	**sub-atmospheric pressure; negative pressure**	Unterdruck *(m)*
S 1326	**subchannel**	Unterkanal *(m)*
S 1327	**sub-contract fabrication**	Fremdfertigung *(f)*; Fertigungsverlagerung *(f)*
S 1328	**subcooled boiling; local boiling**	unterkühltes Sieden *(n)*
S 1329	**subcooler [nuclear reactor]**	Unterkühler *(m)* [Kernreaktor]
S 1330	**subcooling zone; drains subcooling zone [feedwater heater]**	Kühlzone *(f)*; Kondensatkühlzone *(f)* [Speisewasservorwärmer; Rohrbündelapparat]
S 1331	**subcritical annealing**	Rekristallisationsglühen *(n)*
S 1332	**subcritical crack growth**	unterkritisches Rißwachstum *(n)*
S 1333	**subcritical flow**	unterkritische Strömung *(f)*
S 1334	**subcritical vibration; turbulent buffeting**	unterkritische Schwingung *(f)*; turbulentes Flattern *(n)* [siehe auch: **buffeting**]
S 1335	**sub-dew-point (gas) temperature; gas temperature falling below dew point level**	Taupunktunterschreitung *(f)* [Gastemperatur]

S 1336	subgrade [tank]	Unterbau *(m)* [Tank]
S 1337	subject contrast [radiog.]	Objektkontrast *(m)* [Durchstrahlungsprüfung]
S 1338	sublimation	Sublimation *(f)* [Verdampfung aus dem festen Zustand]
S 1339	sublimation cooling	Sublimationskühlung *(f)*
S 1340	sublimation heat; latent heat of sublimation	Sublimationswärme *(f)*
S 1341	submerged arc welding; SAW	Unterpulverschweißen *(n)*; UP-Schweißen *(n)*
S 1342	submerged-arc welding flux	UP-Schweißpulver *(n)*
S 1343	submerged-arc welding machine	UP-Schweißmaschine *(f)*
S 1344	submerged-arc welding process	UP-Schweißverfahren *(n)*
S 1345	submersible penstock	Absenkschütz *(n)* [siehe auch: **penstock**]
S 1346	subsize specimen	Untermaß-Probe *(f)*; Kleinprobe *(f)*
S 1347	subsonic flow	Unterschallströmung *(f)*
S 1348	substitute defect; equivalent flaw	Ersatzfehler *(m)*
S 1349	substitute natural gas; SNG	künstliches Erdgas *(n)*
S 1350	subsurface defect	oberflächennaher Fehler *(m)*; randnaher Fehler *(m)*
S 1351	successive thermal cycles *(pl)*	aufeinanderfolgende Temperaturzyklen *(m, pl)*
S 1352	successive tube passes *(pl)* [heat exchanger]	hintereinandergeschaltete Rohrdurchgänge *(m, pl)* [Wärmeaustauscher]
S 1353	suck back; root concavity; underwashing; shrinkage groove [weld imperfection]	Wurzelkerbe *(f)*; Wurzelrückfall *(m)* [Nahtfehler]
S 1354	suck-up [weld imperfection]	Absaugung *(f)*; hohle Wurzeloberfläche *(f)* [Nahtfehler]
S 1355	suction	Absaugen *(n)*; Ansaugen *(n)*
S 1356	suction branch [pump]	Saugstutzen *(m)*; Ansaugstutzen *(m)* [Pumpe]
S 1357	suction flow	Ansaugströmung *(f)*; Ansaugstrom *(m)*
S 1358	suction head; suction lift	Saughöhe *(f)*
S 1359	suction line; suction pipe [pump]	Ansaugleitung *(f)* [Pumpe]
S 1360	suction pressure; vacuum pressure	Unterdruck *(m)*
S 1361	suction pump	Saugpumpe *(f)*
S 1362	suction side	Saugseite *(f)*
S 1363	suction silencer; intake silencer	Ansaugschalldämpfer *(m)*; saugseitiger Schalldämpfer *(m)*
S 1364	suction strainer	Ansaugfilter *(n)*; Ansaugkorb *(m)*
S 1365	sulphide stress corrosion cracking; SCCC	schwefelinduzierte Spannungsrißkorrosion *(f)*
S 1366	sump	Sumpf *(m)*
S 1367	sump pump	Sumpfpumpe *(f)*
S 1368	superficial corrosion attack	Flugrostbefall *(m)*
S 1369	superficial examination	oberflächliche Prüfung *(f)*
S 1370	superficial load; live load	Verkehrslast *(f)*
S 1371	superficial velocity	Leerrohrgeschwindigkeit *(f)*
S 1372	superfine-grained [structure]	feinstkörnig *(Adj.)* [Gefüge]

support ring

S 1373	superimposed back pressure [valve]		Fremdgegendruck *(m)* [Druck in dem am Austrittsflansch angeschlossenen Rohrleitungssystem, bevor das Sicherheitsventil anspricht. Er kann einen konstanten oder variablen Wert haben. Er beeinflußt den Ansprechdruck und den Schließdruck des Sicherheitsventils sowie den gemessenen Ausfluß.]
S 1374	superimposed faults *(pl)*		überlagerte Fehler *(m, pl)*
S 1375	superimposed loads *(pl)*		überlagerte Lasten *(f, pl)*
S 1376	superimposed permanent load		ständig aufliegende Last *(f)*
S 1377	supersonic flow		Überschallströmung *(f)*
S 1378	supervision of production		Fertigungsüberwachung *(f)* [Vorgesetztentätigkeit]
S 1379	supervisory authority		Überwachungsbehörde *(f)*
S 1380	support [gen.]		Auflager *(n)*; Widerlager *(n)*; Unterstützung *(f)*; Halterung *(f)*; Konsole *(f)* [allg.]
S 1381	support [bursting disk]		Stützkonstruktion *(f)* [Berstscheibe; schützt die Scheibe bei Gegendruck **(back pressure)**; siehe auch: **vacuum support**]
S 1382	support bracket; bracket support [see Annex 1, p. 18]		Tragkonsole *(f)*; Tragpratze *(f)* [siehe Anhang 1, S. 18]
S 1383	support capability		Tragfähigkeit *(f)*
S 1384	supported area		Stützfläche *(f)*
S 1385	supported cone roof [tank]		aufgelagertes Kegeldach *(n)* [Tank]
S 1386	support flange		Halteflansch *(m)*; Stützflansch *(m)*
S 1387	support foot; support leg; column support; stilt [see Annex 1, p. 18]		Stützfuß *(m)*; Stützsäule *(f)*; Auflagepratze *(f)* [Behälterunterstützung; siehe Anhang 1, S. 18]
S 1388	support grid; grid support structure; lattice structure		Gitter-Stützkonstruktion *(f)*; Stützgitter *(n)* [Definition siehe unter: **grid support structure**]
S 1389	support hangers *(pl)*; hanger supports *(pl)* [see Annex 1, p. 21]		Hänger *(m, pl)* [Behälter-Aufhängung; siehe Anhang 1, S. 21]
S 1390	supporting flange		Stützbord *(m)*
S 1391	supporting lug		Stützpratze *(f)*; Tragflosse *(f)* [Behälter-Stützkonsole]
S 1392	supporting member		tragendes Element *(n)*
S 1393	supporting ring		Haltering *(m)*; Tragring *(m)*
S 1394	support(ing) saddle; saddle support [see Annex 1, p. 19]		Sattelauflager *(n)*; Tragsattel *(m)* [Behälterunterstützung; siehe Anhang 1, S. 19]
S 1395	supporting steelwork; support(ing) structure		Stützkonstruktion *(f)*; Tragkonstruktion *(f)*; Traggerüst *(n)*; Tragwerk *(n)*; Unterstützungskonstruktion *(f)*
S 1396	support leg; support foot; column support		Auflagepratze *(f)*; Stützfuß *(m)*; Stützsäule *(f)*
S 1397	support plate		Auflagerblech *(n)*; Tragblech *(n)*; Tragplatte *(f)*
S 1398	support resultant		Stützgröße *(f)* [Stahlbau]
S 1399	support ring		Stützring *(m)*

S 1400	**support skirt; skirt (support)** [see Annex 1, p. 18]	Standzarge *(f)*; Zarge *(f)* [Behälterunterstützung; siehe Anhang 1, S. 18]
S 1401	**support tube**	Tragrohr *(n)*
S 1402	**suppression** [ultras.]	Unterdrückung *(f)* [US-Prüfung]
S 1403	**suppression chamber** [reactor]	Kondensationskammer *(f)* [Reaktor]
S 1404	**suppression vent (pipe)** [reactor]	Kondensationsrohr *(n)* [Reaktor]
S 1405	**surface**	Oberfläche *(f)*
S 1406	**surface-active agents** *(pl)*	oberflächenaktive Mittel *(n, pl)*
S 1407	**surface boiling**	Oberflächensieden *(n)*; Siedebeginn *(m)*
S 1408	**surface cavity**	Oberflächenhohlraum *(m)*
S 1409	**surface cleaning**	Oberflächenreinigung *(f)*
S 1410	**surface cleanliness**	Oberflächenreinheit *(f)*
S 1411	**surface coating**	Oberflächenüberzug *(m)*
S 1412	**surface condenser; steam surface condenser**	Oberflächenkondensator *(m)*
S 1413	**surface condition; surface finish; surface quality**	Oberflächenbeschaffenheit *(f)*; Oberflächengüte *(f)*; Oberflächenzustand *(m)* [fertige Oberfläche]
S 1414	**surface conditioning**	Oberflächenbehandlung *(f)*
S 1415	**surface crack** [weld imperfection]	Oberflächenriß *(m)* [Riß an der Werkstückoberfläche im Bereich des Elektrodeneindrucks oder im Schweißnahtbereich; Nahtfehler]
S 1416	**surface crack detection**	Oberflächenrißprüfung *(f)*
S 1417	**surface defect; surface flaw; surface imperfection**	Oberflächenfehler *(m)*
S 1418	**surface dressing**	Oberflächenbearbeitung *(f)*
S 1419	**surface finish; surface condition; surface quality**	Oberflächenbeschaffenheit *(f)*; Oberflächengüte *(f)*; Oberflächenzustand *(m)* [fertige Oberfläche]
S 1420	**surface flaw; surface defect; surface imperfection**	Oberflächenfehler *(m)*
S 1421	**surface flow**	Oberflächenströmung *(f)*
S 1422	**surface friction**	Oberflächenreibung *(f)*
S 1423	**surface hardening**	Oberflächenhärtung *(f)*; Randhärten *(n)*
S 1424	**surface hardness**	Oberflächenhärte *(f)*; Randschichthärte *(f)*
S 1425	**surface (heat transfer) coefficient**	Wärmeübergangszahl *(f)*
S 1426	**surface imperfection; surface defect; surface flaw**	Oberflächenfehler *(m)*
S 1427	**surface irregularities** *(pl)*	Oberflächenabweichungen *(f, pl)* [Fehler]
S 1428	**surface layer**	Deckschicht *(f)*; Oberflächenschicht *(f)*; Randschicht *(f)* [Werkstück]
S 1429	**surface machining**	Oberflächenbearbeitung *(f)* [spanabhebend]
S 1430	**surface penetrant removal**	Zwischenreinigung *(f)* [Farbeindringverfahren]
S 1431	**surface pitting** [weld imperfection]	Narben *(f, pl)* [Schweißnahtfehler]
S 1432	**surface plate**	Anreißplatte *(f)*; Richtplatte *(f)* [Anreißen]
S 1433	**surface pore** [weld imperfection]	Oberflächenpore *(f)* [zur Oberfläche geöffnete Pore; Nahtfehler]
S 1434	**surface pressure**	Flächenpressung *(f)*
S 1435	**surface protection**	Oberflächenschutz *(m)*

S 1436	**surface protective coating**	Oberflächenschutz *(m)* [Überzug]
S 1437	**surface protuberance [weld imperfection]**	wulst- oder gratförmiger Überhang *(m)* [Nahtfehler]
S 1438	**surface quality; surface condition; surface finish**	Oberflächenbeschaffenheit *(f)*; Oberflächengüte *(f)*; Oberflächenzustand *(m)* [fertige Oberfläche]
S 1439	**surface replicaton**	Folienabdruck *(m)*; Gefügeabdruck *(m)*
S 1440	**surface resistance (of heat transfer)**	Wärmeübergangswiderstand *(m)*
S 1441	**surface roughness**	Oberflächenrauhigkeit *(f)*; Oberflächenrauhtiefe *(f)*
S 1442	**surface temperature**	Oberflächentemperatur *(f)*
S 1443	**surface tension**	Oberflächenspannung *(f)*
S 1444	**surface texture**	Oberflächenrauheit *(f)*
S 1445	**surface treatment**	Oberflächenbehandlung *(f)*
S 1446	**surface wave; Rayleigh wave [ultras.]**	Oberflächenwelle *(f)*; Rayleigh-Welle *(f)* [US-Prüfung]
S 1447	**surfacing**	Auftragsschweißen *(n)*
S 1448	**surge pipe**	Beruhigungsrohr *(n)* [Wasserstand]
S 1449	**surge tank; surge vessel**	Ausgleichsbehälter *(m)*; Beruhigungsbehälter *(m)*; Druckausgleichsbehälter *(m)*; Pufferbehälter *(m)*; Puffertank *(m)*; Zwischenbehälter *(m)*
S 1450	**surplus flow loss; excess flow loss**	Überströmverlust *(m)*
S 1451	**survey**	Begutachtung *(f)*; Sachverständigenbericht *(m)*
S 1452	**surveying; survey**	Vermessung *(f)*
S 1453	**suspender beam**	Hängestange *(f)* [Träger; kein Aufhängeanker]
S 1454	**suspension fixtures** *(pl)*; **hanger fixtures** *(pl)*; **hangers** *(pl)* **and attachments**	Aufhängeteile *(n, pl)*; Aufhängung *(f)* [Teile]
S 1455	**suspension system; hanger system**	Aufhängung *(f)* [allgemein]
S 1456	**sustained backfire**	Rückzündung *(f)* [Schweißbrenner]
S 1457	**sustained operation; continuous operation**	kontinuierlicher Betrieb *(m)*
S 1458	**swaged double nipple**	Übergangsdoppelnippel *(m)* [Verschraubung]
S 1459	**swaged end**	eingezogenes Ende *(n)*
S 1460	**swaged forging**	Gesenkschmiedestück *(n)*
S 1461	**swaged nipple**	Übergangsnippel *(m)* [Verschraubung]
S 1462	**swagedown lining process**	Swagedown-Verfahren *(n)* [siehe auch: **close fit lining**; beim Swagedown-Verfahren wird eine Durchmesserreduzierung des PE-Rohres, das in die zu sanierende Rohrleitung eingesetzt werden soll, durch Erwärmung und Ziehen durch ein Gesenk (swage) erreicht; Sanierung von Gas-Rohrleitungen]
S 1463	**swage lining rig**	Swage-Lining-Maschine *(f)* [siehe: **swagedown lining process**]
S 1464	**sway brace; sway snubber [see Annex 1, p. 67]**	Schwingungsbremse *(f)*; Stoßbremse *(f)* [mit Feder; weitere Erläuterungen siehe unter: **hydraulic shock absorber**; siehe auch Anhang 1, S. 67]

sweep board

S 1465	**sweep board** [tank]	Kreisschablone *(f)* [zur Messung der Abweichung waagerecht/senkrecht von der Zylinderform; Tank]
S 1466	**sweep (line); time base; base line** [ultras.]	Zeitablenkung *(f)*; Zeitlinie *(f)* [US-Prüfung]
S 1467	**sweep range** [ultras.]	Zeitablenkbereich *(m)* [US-Prüfung]
S 1468	**sweep range calibration** [ultras.]	Justierung *(f)* des Zeitablenkbereichs [US-Prüfung]
S 1469	**swelling** [gasket]	Quellen *(n)* [Dichtung]
S 1470	**swept gain** [ultras.]	gewobbelte Verstärkung *(f)* [siehe DAC; US-Prüfung]
S 1471	**swing check valve** [see Annex 1, p. 38]	Rückschlagklappe *(f)*; Rückströmsicherung *(f)* [siehe Anhang 1, S. 38; siehe auch: **check valve**]
S 1472	**swing expansion joint; double hinge expansion joint** [see Annex 1, pp. 90 and 93]	Doppelgelenk-Kompensator *(m)*; Gelenkkompensator *(m)* [Lateralkompensator; siehe Anhang 1, S. 90 und 93]
S 1473	**swirling flow**	Drallströmung *(f)*
S 1474	**swirl promoter**	Drallerzeuger *(m)*
S 1475	**swirl strips** *(pl)* [tube insert]	Verwirbelungsstreifen *(m, pl)* [Rohreinsatz zur Turbulenzerzeugung und Verbesserung des Wärmeübergangs]
S 1476	**swirl vane**	Drallblech *(n)*
S 1477	**switching regenerator**	Speicher-Umschaltwärmeaustauscher *(m)* [Regenerator]
S 1478	**swivel-type expansion joint**	Gelenkkompensator *(m)* [ermöglicht Verdrehbewegung eines Rohrleitungssystems in einer Ebene]
S 1479	**synchronized reattachment (of vortices)**	Synchronisation *(f)* ablösender Wirbel; synchronisierte Ablösung *(f)* von Wirbeln; synchronisierte Wirbelablösung *(f)*
S 1480	**synthetic aperture focusing technique; SAFT** [ultras.]	SAFT-Verfahren *(n)* [US-Prüfung]
S 1481	**system examination threshold** [AET]	Geräteschwelle *(f)* [SEP]
S 1482	**system relief** [gas pipeline]	Netzdruckregler *(m)* [Gasleitung]

T

T 1	**tab washer**	Sicherungsblech *(n)* mit Lappen [Unterlegscheibe]
T 2	**tack** [welding]	Heftstelle *(f)* [Schweißen]
T 3	**tacking up** [welding]	Zusammenheften *(n)* [Schweißen]
T 4	**tack weld**	Heftschweiße *(f)*; Heftnaht *(f)*
T 5	**tack weld defect**	Heftstellenfehler *(m)*
T 6	**tack welding**	Heftschweißen *(n)*; Heften *(n)* [Schweißen]
T 7	**tack-welding clamp**	Schweißheftschelle *(f)*
T 8	**tack-welding grip**	Schweißheftzange *(f)*
T 9	**tail** [flaw indication]	Ausläufer *(m)* [Fehleranzeige]
T 10	**tail; tangent** [US]; **cuff** [UK]	zylindrischer Auslauf *(m)* [Def: siehe: **tangent**]
T 11	**tail gas heater**	Restgaserhitzer *(m)*
T 12	**tailor-made part**	Sonderanfertigung *(f)* [nach Kundenspezifikation]
T 13	**tailpipe; barometric tailpipe** [condenser]	Fallwasserrohr *(n)* [im Mischkondensator]
T 14	**tailpipe connection** [condenser]	Fallwasserrohranschluß *(m)* [im Mischkondensator]
T 15	**tails** *(pl)*; **heavy ends** *(pl)* [distillation]	Nachlauf *(m)* [bei der Destillation]
T 16	**tamper-resistant mechanical fastener**	verstemmfeste mechanische Befestigung *(f)*
T 17	**tangent** [US]; **cuff** [UK]; **tail** [see Annex 1, p. 85]	zylindrischer Auslauf *(m)* [gerader, nicht gewellter Teil an den Balgenden eines Kompensators; siehe Anhang 1, S. 85]
T 18	**tangential force**	Tangentialkraft *(f)*
T 19	**tangential stress**	Tangentialspannung *(f)* [Mech.]
T 20	**tangent (line)**	Berührungslinie *(f)*; Tangente *(f)* [Math.]
T 21	**tangent plane**	Berührungsebene *(f)*; Tangentialebene *(f)*
T 22	**tank** [see Annex 1, pp. 11–14]	Tank *(m)*; Behälter *(m)*; Flüssigkeitsbehälter *(m)* [Lagerbehälter, bei dem Druck (Über-/Unterdruck) durch das Betreiben (Befüllen/Entleeren) auftritt; z. B. zur Lagerung von Rohöl und Mineralölprodukten. Prinzipiell werden 3 Typen unterschieden: 1) Festdachtanks **(fixed roof tank)**, 2) Schwimmdachtanks **(floating roof tank)**, 3) Festdachtanks mit innenliegender Schwimmdecke **(fixed-roof tank with internal floating roof)**. Siehe auch **1)** bis **3)**; siehe Anhang 1, S. 11–14]
T 23	**tank airlifting process**	Airlifting-Verfahren *(n)* [Tank-Schwimmdach-Hubmethode; die Hubmethode des Airlifting ermöglicht es, die Vorteile eines bodenebenen Zusammenbaus und einer „trockenen Fertigstellung" des Schwimmdaches zu vereinen. Bei dieser Methode wird das von der Oberseite fertig geschweißte Schwimmdach mittels Luftdruck in eine Höhe getragen, in der

tank airlifting process

die Dachstützen ausgefahren und fixiert werden können. Nach dem Ablassen des Überdruckes kann dann unmittelbar mit dem Verschweißen an der Unterseite des Daches begonnen werden.]

T 24	tank bottom valve	Tankbodenventil *(n)*; Behälterbodenventil *(n)*
T 25	tank capacity	Fassungsvermögen *(n)* des Tanks; Tankinhalt *(m)*
T 26	tank course; tank strake	Behälterschuß *(m)*
T 27	tank farm	Tanklager *(n)*; Tankanlage *(f)*
T 28	tank filling height	Füllhöhe *(f)* im Tank
T 29	tank shell	Tankmantel *(m)*; Behältermantel *(m)*
T 30	tank strake; tank course	Behälterschuß *(m)*
T 31	tank support	Tankauflagerung *(f)*
T 32	tank support lug	Behältertragpratze *(f)*
T 33	tank with tight roof	Festdachtank *(m)* [siehe auch: **fixed roof tank**]
T 34	tap; tapping point	Meßstelle *(f)* [Druckentnahme]; Entnahmestelle *(f)* [Druckanzapfung]
T 35	tapered course	Kegelschuß *(m)*
T 36	tapered flange beam	H-Profil *(n)* mit geneigten inneren Flanschflächen
T 37	tapered liner [expansion joint]	konisches Leitrohr *(n)* [Dehnungsausgleicher; siehe auch: **liner**]
T 38	tapered nozzle	konischer Stutzen *(m)*
T 39	tapered roller bearing	Kegelrollenlager *(n)*
T 40	tapered roller thrust bearing	Axialkegelrollenlager *(n)*
T 41	tapered sealing plug	Abdichtkonus *(m)*
T 42	tapered thread	konisches Gewinde *(n)*; kegeliges Gewinde *(n)*
T 43	taper fit	Kegelpassung *(f)*
T 44	taper hub flange	Flansch *(m)* mit konischem Ansatz
T 45	taper pin	Kegelstift *(m)*
T 46	taper plug-type disc	Drosselkegel *(m)*; Regulierkegel *(m)* [Ventil]
T 47	taper plug valve; tapered plug valve [see Annex 1, p. 43]	Kegelhahn *(m)* mit konischem Küken [siehe Anhang 1, S. 43]
T 48	taper weld	verjüngte Schweißnaht *(f)*
T 49	tapped blind hole	Gewindegrundloch *(n)*
T 50	tapped hole	Gewindebohrung *(f)*; Gewindeloch *(n)*
T 51	tappet [valve]	Stößel *(m)* [Ventil]
T 52	tapping	Anzapfung *(f)* [Dampf oder Kondensat]
T 53	tapping point; tap	Meßstelle *(f)* [Druckentnahme]; Entnahmestelle *(f)* [Druckanzapfung]
T 54	tapping screw	Schneidschraube *(f)*; Blechschraube *(f)*; selbstschneidende Schraube *(f)*
T 55	target [radiog.]	Fangelektrode *(f)*; Target *(n)* [Durchstrahlungsprüfung]
T 56	target flowmeter	Stauscheiben-Durchflußmeßgerät *(n)*
T 57	target plate	Prüfplatte *(f)* [Ausblasen von Rohrleitungen]
T 58	target value	Richtwert *(m)*
T 59	tarnishing [metal]	Anlaufen *(n)* [Metall]

temperature cycling

T 60	**T-blank; tee blank**	T-Rohling *(m)*
T 61	**tearing instability**	Versagen *(n)* durch stabiles Rißwachstum vor Erreichen der plastischen Grenzlast [Bruchmechanik]
T 62	**tearing mode**	Reißmodus *(m)*
T 63	**tearing weld seam**	Sollbruchstelle *(f)*; Reißnaht *(f)* [Schweißnaht]
T 64	**tear resistance; tearing strength**	Zerreißfestigkeit *(f)*
T 65	**technical frontiers** *(pl)*	technisches Neuland *(n)*
T 66	**technical inspectorate**	technischer Überwachungsverein *(m)*
T 67	**technical process**	verfahrenstechnischer Prozeß *(m)*
T 68	**technical science**	Technologie *(f)*; Technik *(f)* [Wissenschaft]
T 69	**tee; T-section**	T-Eisen *(n)*; T-Stück *(n)*; T-Stahl *(m)*; T-Profil *(n)*
T 70	**tee blank; T-blank**	T-Rohling *(m)*
T 71	**tee connection**	T-förmige Verbindung *(f)*
T 72	**tee guide**	T-Auflager *(n)* im Führungsrahmen
T 73	**tee joint; T-joint**	T-Stoß *(m)*
T 74	**tee run**	T-Stück-Durchgang *(m)*
T 75	**TEF; temper embrittlement factor**	Anlaßversprödungsfaktor *(m)*
T 76	**Teflon heat exchanger**	Teflon-Wärmeaustauscher *(m)* [aus PFTE (Polytetrafluoräthylen) hergestellter Rohrbündelwärmeaustauscher]
T 77	**Tekken test**	Tekken-Prüfung *(f)* [In Japan entwickelte Stumpfschweißnahtprüfung zur Erforschung des Kaltrißverhaltens]
T 78	**telemeter**	Fernmeßgerät *(n)*
T 79	**telemetering; telemetry**	Fernmessung *(f)*
T 80	**telemetering system**	Fernmeßanlage *(f)*
T 81	**telemonitoring**	Fernüberwachung *(f)*
T 82	**telescoping sleeve; (telescoping) liner; baffle sleeve; internal sleeve** [expansion joint; see Annex 1, p. 88]	Teleskophülse *(f)*; Leitrohr *(n)* [zur Verminderung des Kontakts zwischen der inneren Oberfläche von Kompensatorbälgen und dem Strömungsmittel und zur Verringerung des Durchflußwiderstandes; siehe Anhang 1, S. 88]
T 83	**telltale hole**	Kontrollbohrung *(f)*; Kontrollöffnung *(f)*; Prüföffnung *(f)*; Schauloch *(n)*; Schauöffnung *(f)*
T 84	**TEM; transmission electron microscopy**	Transmissions-Elektronenmikroskopie *(f)*; TEM
T 85	**temper** [US] [material]	Härtestufe *(f)*; Härtegrad *(m)* [Werkstoff]
T 86	**temper** *(v)* [heat treatment]	anlassen *(V)* [Wärmebehandlung]
T 87	**temperature asymmetry; asymmetric temperature distribution**	Temperaturschräglage *(f)*; Temperaturschieflage *(f)*
T 88	**temperature balance**	Temperaturausgleich *(m)*
T 89	**temperature change**	Temperaturänderung *(f)*
T 90	**temperature control**	Temperaturführung *(f)*
T 91	**temperature controller**	Temperaturregler *(m)*
T 92	**temperature correction**	Temperaturkorrektor *(f)*
T 93	**temperature curve**	Temperaturverlauf *(m)* [Kurve]
T 94	**temperature cycling**	Temperaturwechselbeanspruchung *(f)*

T 95	**temperature decrease; temperature reduction; fail of temperature**	Temperaturabfall *(m)*
T 96	**temperature dependant fluid**	temperaturabhängige Flüssigkeit *(f)*
T 97	**temperature distribution**	Temperaturverteilung *(f)*
T 98	**temperature drifting**	Temperaturanstieg *(m)* [zeitlicher Anstieg der Temperatur]; Driften *(n)*
T 99	**temperature drop**	Temperaturgefälle *(n)* [Abfall]
T 100	**temperature efficiency**	Temperaturwirkungsgrad *(m)*
T 101	**temperature-entropy diagram; heat balance diagram; heat flow diagram**	Wärmediagramm *(n)*; Wärmeschaltbild *(n)*; Wärmeschaltplan *(m)*
T 102	**temperature excursion**	Temperaturauslenkung *(f)*; Temperaturwanderung *(f)*
T 103	**temperature falling below dew-point level; sub-dew point (gas) temperature**	Taupunktunterschreitung *(f)* [Gastemperatur]
T 104	**temperature fluctuation**	Temperaturschwankung *(f)*
T 105	**temperature gradient**	Temperaturgefälle *(n)*
T 106	**temperature increase; temperature rise**	Temperaturanstieg *(m)*; Temperaturerhöhung *(f)*
T 107	**temperature indicating crayon; tempilstick**	Temperaturfarbstift *(m)*; Farbumschlagstift *(m)*; Thermochromstift *(m)*
T 108	**temperature indicator**	Temperaturanzeiger *(m)*
T 109	**temperature measurement traverse**	Temperaturnetzmessung *(f)*
T 110	**temperature measuring point**	Temperaturmeßstelle *(f)*
T 111	**temperature monitor**	Temperaturwächter *(m)*
T 112	**temperature pattern; temperature profile**	Temperaturverlauf *(m)*; Temperaturprofil *(n)*
T 113	**temperature range**	Temperaturstufe *(f)*; Temperaturbereich *(m)*
T 114	**temperature recorder**	Temperaturschreiber *(m)*
T 115	**temperature reduction; temperature decrease; fall of temperature**	Temperaturabfall *(m)*
T 116	**temperature rise; temperature increase**	Temperaturanstieg *(m)*; Temperaturerhöhung *(f)*
T 117	**temperature rise (of feedwater)**	Aufwärmspanne *(f)* [Temperaturunterschied zwischen Speisewasseraustritt und -eintritt; im Speisewasservorwärmer]
T 118	**temperature sensor**	Temperaturfühler *(m)*
T 119	**temperature shield [rupture disk]**	Hitzeschild *(m)* [Berstscheibe]
T 120	**temperature-use limit**	maximale Betriebstemperatur *(f)*; Einsatzgrenze *(f)* [in °C; Anwendungsgrenze]
T 121	**temper bead welding; half bead technique**	Vergütungslagenschweißen *(n)*
T 122	**temper-brittle fracture**	Anlaßsprödbruch *(m)*
T 123	**temper brittleness**	Anlaßsprödigkeit *(f)*
T 124	**temper colour; temper film; visible oxide film [weld]**	Anlauffarbe *(f)* [oxydierte Oberfläche im Bereich der Schweißnaht]
T 125	**temper embrittlement**	Anlaßversprödung *(f)*
T 126	**temper embrittlement factor; TEF**	Anlaßversprödungsfaktor *(m)*
T 127	**temper hardening**	Aushärtung *(f)* [bei erhöhter Temperatur]
T 128	**tempering [heat treatment]**	Anlassen *(m)* [Wärmebehandlung]
T 129	**tempering heat**	Anlaßtemperatur *(f)* [Wärmebehandlung]
T 130	**tempering steel**	Vergütungsstahl *(m)*
T 131	**tempering time**	Anlaßdauer *(f)* [Wärmebehandlung]

terminal reactions

T 132	**tempilstick; temperature indicating crayon**	Temperaturfarbstift *(m)*; Farbumschlagstift *(m)*; Thermochromstift *(m)*
T 133	**temporary bolt**	Montageschraube *(f)*; Heftschraube *(f)*
T 134	**temporary restraint** **[expansion joint]**	provisorische Arretierung *(f)* [von Kompensatoren bei zusätzlicher Druckbeanspruchung der Rohrleitung während der Prüfung]
T 135	**temporary weld**	provisorische Schweißnaht *(f)*; Hilfsschweißnaht *(f)* [Montage]
T 136	**temporary weld attachments** *(pl)*	Hilfsschweißungen *(f, pl)* [Montage]
T 137	**tensile bending moment**	positives Biegemoment *(n)* [Zug]
T 138	**tensile bending stress**	positive Biegespannung *(f)* [Zug]
T 139	**tensile creep testing**	Zeitstandversuch *(m)*
T 140	**tensile ductility**	Formänderungsvermögen *(n)* unter Zugbeanspruchung; Zähigkeit *(f)* auf Zug
T 141	**tensile fibre; tension fibre**	Zugfaser *(f)*
T 142	**tensile force**	Zugkraft *(f)*
T 143	**tensile fracture**	Zugbruch *(m)*
T 144	**tensile load**	Zugbeanspruchung *(f)*
T 145	**tensile property**	Zugfestigkeitseigenschaften *(f, pl)*
T 146	**tensile shear test specimen; tension shear test specimen**	Scherzugprobe *(f)*; Zugscherprobe *(f)*
T 147	**tensile specimen**	Zugprobe *(f)*; Zerreißprobe *(f)*
T 148	**tensile steel**	hochfester Stahl *(m)*
T 149	**tensile strain**	Zugdehnung *(f)*; Zugverformung *(f)*
T 150	**tensile strength**	Zugfestigkeit *(f)* [auch: U 17, U 197]
T 151	**tensile stress**	Zugspannung *(f)*
T 152	**tensile stress area**	Spannungsquerschnitt *(m)* [Gewinde]
T 153	**tensile test; tension test**	Zugversuch *(m)*; Zerreißversuch *(m)*
T 154	**tensile testing machine**	Zugprüfmaschine *(f)*; Zerreißmaschine *(f)*
T 155	**tensile test specimen; tension specimen**	Zugprobe *(f)*; Zerreißprobe *(f)*
T 156	**tension**	Spannung *(f)*; Zugkraft *(f)*; Zug *(m)*
T 157	**tension-compression fatigue strength**	Zug-Druck-Dauerfestigkeit *(f)*
T 158	**tension fibre; tensile fibre**	Zugfaser *(f)*
T 159	**tension(ing)**	Vorspannen *(n)* [HV-Schraube]
T 160	**tensioning bolt**	Spannschraube *(f)*
T 161	**tensioning nut**	Spannmutter *(f)*
T 162	**tension shear test specimen; tensile shear test specimen**	Scherzugprobe *(f)*; Zugscherprobe *(f)*
T 163	**tension specimen; tensile test specimen**	Zugprobe *(f)*; Zerreißprobe *(f)*
T 164	**tension stress range**	Zugspannungsschwingbreite *(f)*
T 165	**tension test; tensile test**	Zugversuch *(m)*; Zerreißversuch *(m)*
T 166	**tenth-value-layer; TVL** **[radiog.]**	Zehnt-Wert-Lage *(f)* [Durchstrahlungsprüfung]
T 167	**terminal dimension**	Anschlußmaß *(n)* [für Rohrleitungen, Kanäle]
T 168	**terminal housing**	Anschlußkopf *(m)* [Thermoelement]
T 169	**terminal movements** *(pl)*	Bewegungen *(f, pl)* an Anschlußstellen
T 170	**terminal point**	Endpunkt *(m)*
T 171	**terminal reactions** *(pl)*	Reaktionskräfte *(f, pl)* an den Anschlußstellen

T 172	**terminal temperature difference; TTD**	Grädigkeit *(f)* [kleinste Temperaturdifferenz zwischen Primärstrom (wärmeabgebendes Medium) und Sekundärstoffstrom (wärmeaufnehmendes Medium); z. B. in Speisewasservorwärmern, die dem Druck des eintretenden Dampfes entsprechende Sättigungstemperatur minus der Temperatur des austretenden Speisewassers; bei Systemen mit mehreren Komponenten wie Kessel mit Eco, Überhitzer usw. wird die Grädigkeit **pinch point** genannt; siehe: **pinch design technology** sowie **pinch point, mimimum approach temperature**]
T 173	**termination element**	Abschlußglied *(n)* [elektrisch]
T 174	**terrace fractures** *(pl)* **[lamellar tearing]**	Terrassenbrüche *(m, pl)*; längere parallel zur Oberfläche verlaufende Bruchpartien *(f, pl)* [bei Lamellenrißbildung]
T 175	**TESP; test and examination sequence plan**	Bauprüffolgeplan *(m)*
T 176	**test; examination; check; inspection**	Prüfung *(f)*
T 177	**test and examination sequence plan; TESP**	Bauprüffolgeplan *(m)*
T 178	**test assembly; test set-up; test rig**	Prüfanordnung *(f)*; Prüfstand *(m)*; Versuchsanordnung *(f)*; Versuchsstand *(m)* [Aufbau]
T 179	**test block**	Prüfstand *(m)*; Versuchsstand *(m)*
T 180	**test block; reference block** **[ultras.]**	Prüfblock *(m)*; Prüfkörper *(m)*; Testkörper *(m)*; Kontrollkörper *(m)* [US-Prüfung]
T 181	**test certificate**	Prüfbescheinigung *(f)*; Prüfattest *(n)*
T 182	**test condition**	Prüfbedingung *(f)*
T 183	**test coupon; test piece; test specimen**	Probekörper *(m)*; Probestab *(m)*; Prüfkörper *(m)*; Prüfling *(m)*
T 184	**test data** *(pl)*	Prüfdaten *(n, pl)*; Versuchsdaten *(n, pl)*
T 185	**test documents** *(pl)*	Prüfbelege *(m, pl)*; Prüfunterlagen *(f, pl)*
T 186	**test duration**	Prüfdauer *(f)*; Versuchsdauer *(f)*
T 187	**test equipment**	Prüfeinrichtung *(f)*; Prüfmittel *(n)*
T 188	**test fluid; test liquid**	Prüfflüssigkeit *(f)*; Prüfmedium *(n)*
T 189	**test for resistance to intercrystalline corrosion**	IK-Prüfung *(f)*; Prüfung *(f)* der Beständigkeit gegen interkristalline Korrosion
T 190	**test gas; probe gas; search gas** **[leak test]**	Testgas *(n)*; Prüfgas *(n)* [Leckprüfung]
T 191	**test gauge connection**	Prüfanschluß *(m)* [Manometer]
T 192	**test gauge flange**	Prüfflansch *(m)* [Manometer]
T 193	**testing laboratory**	Prüfanstalt *(f)* [Werkstoffe]; Prüflabor *(n)*
T 194	**test instruction**	Prüfanweisung *(f)*; Prüfvorschrift *(f)*
T 195	**test instrument**	Prüfinstrument *(n)*; Versuchsinstrument *(n)*
T 196	**test leak; calibrated leak; sensitivity calibrator; reference leak; standard leak**	Eichleck *(n)*; Testleck *(n)*; Vergleichsleck *(n)*; Leck *(n)* bekannter Größe; Bezugsleck *(n)*
T 197	**test loop (facility)**	Testschleife *(f)*
T 198	**test lot**	Prüflos *(n)*
T 199	**test measuring point**	Versuchsmeßstelle *(f)*
T 200	**test method; test procedure**	Prüfverfahren *(n)*; Prüfmethode *(f)*; Versuchsverfahren *(n)*; Versuchsmethode *(f)*

T 201	**test piece**	Prüfstück *(n)* [bei Schweißer- und Schweißverfahrensprüfungen]; Probstück *(n)* [zur Prüfung der Festigkeit]
T 202	**test plant**	Versuchsanlage *(f)*
T 203	**test plate**	Arbeitsprobe *(f)* [Blech]; Probeblech *(n)*; Probeplatte *(f)*; Probstück *(n)* [Blech; aus Los]; Prüfstück *(n)* [Blech; bei Schweißer- und Schweißverfahrensprüfungen]
T 204	**test plate, production ...; coupon plate**	Arbeitsprobe *(f)* [siehe: **coupon plate**]
T 205	**test pressure**	Prüfdruck *(m)*; Probedruck *(m)* [der bei der Festigkeits- oder Dichtheitsprüfung angewandte Druck]
T 206	**test pressure [valve]**	Einstelldruck *(m)*; nomineller Einstelldruck *(m)* [Druck vor dem auf einem Prüfstand angebrachten Sicherheitsventil, bei dem der Kegel zu öffnen beginnt. Ein auf dem Prüfstand bei Raumtemperatur, atmosphärischem Fremdgegendruck mit Funktionsgenauigkeit eingestellter Druckwert.]
T 207	**test pressure gauge**	Kontrollmanometer *(n)*; Prüfmanometer *(n)*
T 208	**test procedure**	Prüfverfahren *(n)*; Versuchsverfahren *(n)*
T 209	**test record**	Prüfprotokoll *(n)*
T 210	**test report**	Prüfbericht *(m)*; Prüfbescheid *(m)*; Prüfprotokoll *(n)*; Versuchsbericht *(m)*
T 211	**test requirement**	Prüfbedingung *(f)*; Versuchsbedingung *(f)* [Anforderung]
T 212	**test result**	Prüfergebnis *(n)*; Versuchsergebnis *(n)*
T 213	**test result evaluation; test result interpretation**	Versuchsauswertung *(f)*
T 214	**test rig; test set-up; test assembly**	Prüfanordnung *(f)*; Prüfstand *(m)*; Versuchsanordnung *(f)*; Versuchsstand *(m)* [Aufbau]
T 215	**test ring**	Probering *(m)*
T 216	**test run**	Probelauf *(m)*; Probebetrieb *(m)*; Testlauf *(m)*; Versuchsfahrt *(f)*; Versuchslauf *(m)*
T 217	**test section**	Prüfstrecke *(f)*
T 218	**test sensitivity**	Prüfempfindlichkeit *(f)*
T 219	**test sensitivity setting**	Einstellung *(f)* der Prüfempfindlichkeit
T 220	**test sequence**	Prüffolge *(f)*
T 221	**test series**	Versuchsreihe *(f)*
T 222	**test set-up; test assembly; test rig**	Prüfanordnung *(f)*; Prüfstand *(m)*; Versuchsanordnung *(f)*; Versuchsstand *(m)* [Aufbau]
T 223	**test specification**	Prüfvorschrift *(f)*; Prüfanweisung *(f)* [QS-Handbuch]
T 224	**test specimen**	Probe *(f)* [aus Prüfstück]; Probstück *(n)*; Probestab *(m)*; Prüfkörper *(m)*; Prüfling *(m)*
T 225	**test specimen blank**	Rohling *(m)* für die Prüfung
T 226	**test specimen set**	Probensatz *(m)*
T 227	**test stand**	Prüfstand *(m)*; Versuchsstand *(m)*
T 228	**test surface [ultras.]**	Prüffläche *(f)* [US-Prüfung]

T 229	test weld	Probeschweißnaht *(f)*; Versuchsschweißnaht *(f)*
T 230	tetrafluorethylene packing; TFE packing	Teflonpackung *(f)*
T 231	texture	Rauhigkeit *(f)*; Struktur *(f)* [Oberfläche]
T 232	TFE packing; tetrafluorethylene packing	Teflonpackung *(f)*
T 233	T-foot finned tube	T-Typ-Rippenrohr *(n)*; T-fin-Rohr *(n)*
T 234	TFT; thermal fouling test	TFT-Methode *(f)* [siehe: **thermal fouling test**]
T 235	THAM; thermohydraulic analysis method	thermohydraulische Analysenmethode *(f)*
T 236	theorem	Lehrsatz *(m)*; Theorem *(n)* [Math.]
T 237	theoretical (discharge) capacity [valve]	theoretische Abblaseleistung *(f)*; theoretischer Ausfluß *(m)* [Ventil; Menge des bei Abblasedruck — unter Berücksichtigung eines Wertes 1 der Ausflußziffer **(coefficient of discharge)** — durch Berechnung ermittelten, in der Zeiteinheit durchströmenden Meßmediums]
T 238	theoretical lifetime; design lifetime	rechnerische Lebensdauer *(f)* [Lebensdauer-Auslegung]
T 239	theoretical plate [column]	theoretischer Boden *(m)* [Boden in Destillations- oder Extraktionskolonnen, der völliges Gleichgewicht zwischen beiden Phasen hervorrufen würde. Der wirkliche Boden, also z. B. Glocken- oder Ventilboden hat nur einen Wirkungsgrad von ca. 60 — 90 % in Abhängigkeit von der Belastung und Bauweise]
T 240	theoretical throat [fillet weld]	rechnerische Kehlnahtdicke *(f)* [Gesamtdicke]
T 241	theory of failure	Festigkeitshypothese *(f)*
T 242	theory of plastic limit analysis	Traglastverfahren *(n)* im Rahmen der Plastizitätstheorie
T 243	theory of rigid body rotation	Theorie *(f)* der Rotation starrer Körper
T 244	thermal aging	thermisches Altern *(n)*
T 245	thermal barrier; thermal buffer; heat barrier	Wärmesperre *(f)*
T 246	thermal boundary layer	Temperaturgrenzschicht *(f)*
T 247	thermal breakdown	Wärmedurchschlag *(m)*
T 248	thermal calculation	wärmetechnische Berechnung *(f)*
T 249	thermal capacity	Wärmekapazität *(f)*; Wärmeleistung *(f)*
T 250	thermal characteristic	Temperaturverhalten *(n)*
T 251	thermal conductance	Wärmedurchlässigkeit *(f)*
T 252	thermal conduction; heat conduction; conduction of heat	Wärmeleitung *(f)*
T 253	thermal conductivity	Wärmeleitfähigkeit *(f)* [Fähigkeit eines Stoffes, Wärme zu transportieren; sie wird durch die Wärmeleitzahl charakterisiert]
T 254	thermal conductivity coefficient; thermal diffusivity coefficient	Wärmeleitzahl *(f)*
T 255	thermal constraints *(pl)*	Temperaturzwängungen *(f, pl)* [Zwängungen, die durch die Behinderung von Temperaturdehnungen entstehen]
T 256	thermal contact [tubesheet]	thermischer Kontakt *(m)* [inniger Kontakt für einen guten Wärmefluß zwischen Rohr und Rohrboden]

thermal fatigue resistance

T 257	**thermal cracking**	Warmrißbildung *(f)*
T 258	**thermal cracking [oil]**	thermische Spaltung *(f)* [Öl]
T 259	**thermal creep**	Wärmekriechen *(n)*
T 260	**thermal cutout**	Temperaturbegrenzer *(m)*; thermischer Unterbrecher *(m)*
T 261	**thermal cutting**	Brennschneiden *(n)*; Schneidbrennen *(n)*
T 262	**thermal cutting allowance**	Brennzugabe *(f)* [Brennschneiden]
T 263	**thermal cutting template**	Brennschablone *(f)* [Brennschneiden]
T 264	**thermal cycle**	Wärmekreislauf *(m)*; Wärmekreisprozeß *(m)*; thermischer Kreislauf *(m)*; Wärmeschaltung *(f)*
T 265	**thermal cyclic stress**	Wärmewechselbeanspruchung *(f)*; Temperaturwechselbeanspruchung *(f)*
T 266	**thermal cycling**	Wärmelastspiele *(n, pl)*
T 267	**thermal design**	wärmetechnische Auslegung *(f)*
T 268	**thermal detector**	Temperaturfühler *(m)*
T 269	**thermal diffusivity; coefficient of thermal conductivity**	Wärmeleitzahl *(f)*
T 270	**thermal efficiency**	Wärmewirkungsgrad *(m)*; thermischer Wirkungsgrad *(m)*
T 271	**thermal endurance**	Langzeitwarmfestigkeit *(f)*
T 272	**thermal entrance region of a tube**	thermische Anlaufstrecke *(f)* eines Rohrs [thermischer Einlauf]
T 273	**thermal entry heat transfer**	Wärmeübertragung *(f)* im thermischen Einlauf
T 274	**thermal entry length**	thermische Einlauflänge *(f)*
T 275	**thermal equilibrium; temperature equilibrium**	thermisches Gleichgewicht *(n)*; Wärmegleichgewicht *(n)*; Temperaturgleichgewicht *(n)*; thermischer Beharrungszustand *(m)*
T 276	**thermal expansion**	Wärmeausdehnung *(f)*; Wärmedehnung *(f)*
T 277	**thermal expansion coefficient**	Wärmedehnzahl *(f)*; Wärmeausdehnungskoeffizient *(m)*; thermischer Ausdehnungskoeffizient *(m)*
T 278	**thermal expansivity**	Wärmeausdehnungsvermögen *(n)*
T 279	**thermal fatigue**	Ermüdung *(f)* durch Wärmebeanspruchung
T 280	**thermal fatigue resistance**	Temperaturwechselfestigkeit *(f)*; Temperaturwechselbeständigkeit *(f)*; Temperaturwechselverhalten *(n)* [Festigkeit bzw. Festigkeitsveränderung, die ein Prüfkörper erfährt, der zyklischen Temperaturveränderungen unterworfen wird. Hierbei wird das Ergebnis natürlich stark von der gewählten Anzahl der Zyklen und der Temperaturdifferenz beeinflußt. Das Maß für die Temperaturwechselfestigkeit ist der Festigkeitsverlust nach einer bestimmten Anzahl von Zyklen. Häufig findet man aber auch eine Bestimmung des Gewichtsverlustes, die nach einer vorgegebenen Anzahl von Zyklen durchgeführt wird, während andere Autoren die Anzahl der Zyklen als Maß für die Temperaturwechselfestigkeit ansehen, bei der

thermal fatigue resistance

		Zerstörung, Rißbildung oder aber ein vorgegebener Gewichtsverlust auftritt. In jedem Fall jedoch wird die Festigkeit des Prüfkörpers maßgeblich gemindert.]
T 281	**thermal fouling test; TFT**	TFT-Methode (f) [Wärmeübergangstestmethode; durch den TFT erhält man Meßwerte des Wärmeübergangs von unbehandelten und mit Antifoulants behandelten Strömen]
T 282	**thermal gradient; temperature gradient**	Temperaturgradient (m); Temperaturgefälle (n); Wärmegefälle (n)
T 283	**thermal history**	Wärmeverlauf (m); Verlauf (m) der Wärme [zeitlich]
T 284	**thermal inertia**	Wärmeträgheit (f)
T 285	**thermal insulation; heat insulation**	Wärmedämmung (f)
T 286	**thermal load; thermal pollution**	Wärmebelastung (f) [Umwelt]
T 287	**thermal mixing; plate mixing [PHE]**	thermische Mischschaltung (f) [in Plattenwärmeaustauschern]
T 288	**thermal monitor**	Wärmewächter (m)
T 289	**thermal movement**	wärmebedingte Bewegung (f)
T 290	**thermal output**	Wärmeleistung (f)
T 291	**thermal performance rating [heat exchanger]**	Wärmeleistungsbemessung (f) [Wärmeaustauscher]
T 292	**thermal pollution; thermal load**	Wärmebelastung (f) [Umwelt]
T 293	**thermal power station**	Wärmekraftwerk (n)
T 294	**thermal pre-tensioning**	Warmvorspannung (f) [von Schrauben]
T 295	**thermal protection; thermal insulation**	Wärmeschutz (m)
T 296	**thermal radiation; radiation of heat; heat radiation**	Wärmestrahlung (f); Wärmeausstrahlung (f)
T 297	**thermal relief**	Entlastung (f) bei Wärmedehnung
T 298	**thermal resistance**	Wärmedurchlaßwiderstand (m)
T 299	**thermal resistivity**	Wärmebeständigkeit (f) [als Ziffer]
T 300	**thermal sensor**	Wärmefühler (m)
T 301	**thermal severity number; TSN**	Kennzahl (f) für die Wasserstoffrißanfälligkeit [siehe auch: **controlled thermal severity**]
T 302	**thermal shock**	Wärmeschock (m); Thermoschock (m)
T 303	**thermal shock resistance**	Thermoschockfestigkeit (f); Wärmeschockfestigkeit (f); Thermoschockverhalten (n) [Thermoschockfestigkeit ist der Spannungswert, dem ein Körper gegebener Form und Abmessungen widersteht, ohne daß Brucherscheinungen, hervorgerufen durch eine einmalige, plötzliche und schroffe Temperaturveränderung, auftreten. Die Bestimmung der Thermoschockfestigkeit erfolgt entweder durch die

		Untersuchung der Festigkeit einer abgeschreckten Probe in Abhängigkeit von der Temperaturdifferenz, oder aber durch Bestimmung einer kritischen, gerade zur Rißbildung führenden Temperaturdifferenz und anschließender Berechnung des zugehörigen Spannungswerts.]
T 304	**thermal shock stress**	Thermoschockspannung *(f)*
T 305	**thermal skin effect, stresses due to ...**	Wärmeschockspannungen *(f, pl)*; [wirken sich auf der Oberfläche eines Bauteils aus und können zu flächig verteilten Anrissen führen.]
T 306	**thermal sleeve**	Wärmeschutzhülse *(f)*; Wärmemanschette *(f)*
T 307	**thermal stability**	Wärmebeständigkeit *(f)*
T 308	**thermal stratification; thermal striping; stratified layering**	Strähnenbildung *(f)*; Schichtbildung *(f)* [siehe: **thermal striping**]
T 309	**thermal stress**	Wärmespannung *(f)*; Temperaturspannung *(f)*
T 310	**thermal stress ratchet(ing)**	stufenweise fortschreitende Deformation *(f)* aufgrund von Wärmespannungen; wärmespannungsbedingte fortschreitende Deformation *(f)*; schrittweises Versagen *(n)* bei lokalen thermischen Wechselbeanspruchungen [nicht im Zeitstandbereich]
T 311	**thermal stress resistance**	Wärmespannungswiderstand *(m)*
T 312	**thermal striping; thermal stratification; stratified layering**	Strähnenbildung *(f)*; Schichtbildung *(f)* [tritt auf, wenn Fluide verschiedener Temperaturen sich vermischen. Örtliche Fluidtemperaturschwankungen aufgrund von wechselnder Vermischung können sich auf benachbarte strukturelle Oberflächen übertragen und Wärmespannungen erzeugen sowie zu Ermüdungsschäden führen. Dies spielt sich im Bereich hoher Lastspiele (HCF) ab.]
T 313	**thermal striping fatigue**	Ermüdung *(f)* durch Strähnenbildung
T 314	**thermal transmission; thermal transmittance**	Wärmedurchgang *(m)*
T 315	**thermal transmittance; U-value; overall heat transfer coefficient**	Wärmedurchgangszahl *(f)*; Wärmedurchgangswert *(m)*; k-Wert *(m)* [siehe auch: **overall heat transfer coefficient**]
T 316	**thermal wedge**	Wärmekeil *(m)*; thermischer Keil *(m)*
T 317	**thermionic (energy) converter**	thermionischer Konverter *(m)* [zur Direktumwandlung von thermischer in elektrische Energie]
T 318	**thermit welding process**	Thermitschweißverfahren *(n)*
T 319	**thermocouple**	Thermoelement *(n)*
T 320	**thermocouple stem**	Halsrohr *(n)* [Thermoelement]
T 321	**thermocouple well; thermocouple pocket**	Thermoelementschutzrohr *(n)*
T 322	**thermodynamic cycle**	thermodynamischer Kreisprozeß *(m)*
T 323	**thermodynamic efficiency**	thermodynamischer Wirkungsgrad *(m)*
T 324	**thermohydraulic analysis method; THAM**	thermohydraulische Analysenmethode *(f)*
T 325	**thermostatic expansion valve**	thermostatisches Expansionsventil *(n)*

T 326	**thermowell; pocket**	Eintauchhülse *(f)*; Tauchhülse *(f)*; Schutzrohr *(n)* [Thermoelement]
T 327	**thickness gauge**	Dickenlehre *(f)*
T 328	**thick-section weldment**	Dickwandschweißung *(f)*
T 329	**thin-aerofoil stall**	Strömungsablösung *(f)* mit Wiederanlegen der Strömung
T 330	**thin-film evaporator**	Dünnschichtverdampfer *(m)*; Dünnfilmverdampfer *(m)*
T 331	**thinning**	Dickenabnahme *(f)* [Wand]
T 332	**thin shear flow layers** *(pl)*	Strömungen *(f, pl)* mit Grenzschichtcharakter
T 333	**thin-tubesheet quench boiler**	Spaltgaskühler *(m)* mit Rohrbodenabfangkonstruktion [siehe: **ribbed thin-tubesheet design**]
T 334	**third-party field inspection; independent field inspection**	Bauüberwachung *(f)* [auf der Baustelle durch Kunden]
T 335	**third-party inspection; independent in-process inspection; quality control surveillance**	Bauüberwachung *(f)* [z. B. im Werk durch Kunden]
T 336	**thorium high-temperature reactor; THTR**	Thorium-Hochtemperaturreaktor *(m)*; THTR
T 337	**Thormann tray** [column]	Thormann-Boden *(m)* [Tunnelboden in Rektifizierkolonne; siehe: **tunnel cap tray**]
T 338	**thorough mixing**	Durchmischung *(f)*
T 339	**thread crest**	Gewindespitze *(f)*
T 340	**thread cutting**	Gewindeschneiden *(n)*
T 341	**thread depth**	Gewindetiefe *(f)*
T 342	**threaded bolt**	Gewindebolzen *(m)*
T 343	**threaded bonnet joint**	geschraubte Aufsatzverbindung *(f)*
T 344	**threaded bush; threaded sleeve**	Gewindebuchse *(f)*; Gewindehülse *(f)*
T 345	**threaded connection**	Gewindeanschluß *(m)*; Anschlußgewinde *(n)*
T 346	**threaded coupling**	Gewindemuffe *(f)*
T 347	**threaded element**	Einschraubelement *(n)*
T 348	**threaded flange** [see Annex 1, pp. 106/107]	Gewindeflansch *(m)* [siehe Anhang 1, S. 106/107]
T 349	**threaded length**	Gewindelänge *(f)*
T 350	**threaded pipe connection**	Rohrverschraubung *(f)*
T 351	**threaded pipe end**	Rohrende *(n)* mit Gewinde
T 352	**threaded plug**	Gewindestopfen *(m)*
T 353	**threaded port**	Gewindeanschluß *(m)*
T 354	**threaded ring**	Gewindering *(m)*
T 355	**threaded rod**	Gewindestange *(f)*
T 356	**threaded sleeve; threaded bush**	Gewindebuchse *(f)*; Gewindehülse *(f)*
T 357	**thread engagement**	Gewindeeingriff *(m)*
T 358	**thread engagement length**	Einschraublänge *(f)*
T 359	**thread flank**	Gewindeflanke *(f)*
T 360	**thread form**	Gewindeprofil *(n)*
T 361	**thread half angle**	Teilflankenwinkel *(m)* [Gewinde]
T 362	**thread milling**	Gewindefräsen *(n)*

T 363	**threadolet**	Threadolet *(m)*; Aufschweiß-Sattelstutzen *(m)* mit Gewinde
T 364	**thread pitch; thread lead**	Gewindesteigung *(f)*
T 365	**thread plug gauge**	Gewindelehrdorn *(m)*
T 366	**thread reducer**	Reduzierstück *(n)* mit beiderseitigem Gewinde; Gewindereduzierstück *(n)*
T 367	**thread runout; runout**	Gewindeauslauf *(m)*
T 368	**thread sealant**	Gewindedichtungsmittel *(n)*
T 369	**threadstripping**	Abstreifen *(n)* des Muttergewindes [Versagensart]
T 370	**thread undercut**	Gewindefreistich *(m)*
T 371	**three-dimensional stress distribution**	dreidimensionale Spannungsverteilung *(f)*
T 372	**three-edge bearing test**	Dreikantenauflagerversuch *(m)*
T 373	**three element (bolted) joint; sandwiched tubesheet** [heat exchanger]	Drei-Elementen-Verbindung *(f)*; Verbundkonstruktion *(f)*; Sandwich-Konstruktion *(f)* [besteht aus einem unverankerten Rohrboden, der zwischen zwei Flanschen mit konischem Ansatz liegt; Rohrbündel-Wärmeaustauscher]
T 374	**three-pass condenser**	Dreiweg-Kondensator *(m)*; Kondensator *(m)* mit drei Wasserwegen; dreiflutiger Kondensator *(m)*
T 375	**three-plate laps** *(pl)* [tank]	Dreiplattenstöße *(m, pl)* [Tank]
T 376	**three-ply assembly**	dreischichtiges Bauteil *(n)*
T 377	**three-point loading**	Dreipunkt-Belastung *(f)*
T 378	**three-way valve** [see Annex 1, p. 33]	Dreiwege-Ventil *(n)*; Wechselventil *(n)* [siehe Anhang 1, S. 33]
T 379	**three-zone heater** [feedwater heater]	Drei-Zonen-Vorwärmer *(m)* [komplexer Speisewasser-Vorwärmer mit Enthitzungs-, Kondensations- und Kühlzone]
T 380	**threshold**	Grenzwert *(m)*; Schwellenwert *(m)*
T 381	**threshold level**	Ansprechschwelle *(f)*
T 382	**threshold metal temperature**	Materialgrenztemperatur *(f)*
T 383	**threshold of detectability** [AET]	Detektierungsschwelle *(f)* [SEP]
T 384	**threshold range**	Schwellenbereich *(m)*
T 385	**threshold stress intensity factor for stress corrosion cracking**	Schwellenwert *(m)* des Spannungsintensitätsfaktors für Spannungsrißkorrosion
T 386	**threshold stress value**	Spannungsschwellenwert *(m)* [Schwellenwert der zyklischen Spannungsintensität, unter dem ein Ermüdungsriß in metallischen Werkstoffen nicht ausbreitungsfähig ist]
T 387	**throat thickness, (actual ...)** [fillet weld]	Nahthöhe *(f)*; Schweißnahthöhe *(f)* [Kehlnaht; Schweißen]
T 388	**throttle gate valve**	Drosselschieber *(m)* [Ventil]
T 389	**throttle plug**	Drosselkegel *(m)*; Regulierkegel *(m)*
T 390	**throttle valve**	Drosselventil *(n)*
T 391	**throttling** [gen.]	Drosselung *(f)* [Zustandsänderung eines Gases, Dampfes oder einer Flüssigkeit, bei der der Druck abfällt, die Enthalpie jedoch konstant bleibt]

T 392	**throttling** [valve]	Drosseln *(n)* [Ventil; Reduzierung der Strömung durch teilweises Schließen]
T 393	**throttling length; choke length; restrictive length** [valve]	Drossellänge *(f)* [Ventil]
T 394	**throttling position** [valve]	drosselnde Stellung *(f)* [Ventil]
T 395	**through bolt**	Durchgangsschraube *(f)*
T 396	**through-coil technique** [eddy t.]	Durchlaufspulentechnik *(f)* [Wirbelstromprüfung]
T 397	**through crack**	durchgehender Riß *(m)*
T 398	**through-rod**	durchgehender Ankerstab *(m)*
T 399	**through-stay**	durchgehender Anker *(m)*
T 400	**through-thickness crack**	Durchriß *(m)*
T 401	**through-thickness defect**	über die Dicke verlaufender Fehler *(m)*
T 402	**through transmission** [ultras.]	Durchschallung *(f)* [US-Prüfung]
T 403	**thrust**	Axialdruck *(m)* [Schub]; Längsdruck *(m)*
T 404	**thrust and radial bearing**	Trag-Stützlager *(n)*
T 405	**thrust ball bearing**	Axialkugellager *(n)*; Längskugellager *(n)*
T 406	**thrust bearing**	Drucklager *(n)*; Traglager *(n)*; Axiallager *(n)*; Axialdrucklager *(n)*
T 407	**thrust bearing housing**	Axiallagergehäuse *(n)*; Drucklagergehäuse *(n)*
T 408	**thrust (bearing) pad**	Axiallagerklotz *(m)*; Drucklagerklotz *(m)*; Druckstück *(n)*
T 409	**thrust bearing plate**	Axiallagerteller *(m)*; Drucklagerteller *(m)*
T 410	**thrust bearing ring**	Axiallagerring *(m)*; Drucklagerring *(m)*
T 411	**thrust bearing segment**	Axiallagersegment *(m)*; Drucktellerring *(m)*
T 412	**thrust block** [tank]	Drucklager *(n)* [Tank]
T 413	**thrust collar**	Druckring *(m)*; Lagerbund *(m)*; Lagerschulter *(f)*
T 414	**thrust face**	Druckfläche *(f)*
T 415	**thrust from thread**	Gewindedruck *(m)*
T 416	**thrust load(ing)**	Axialbelastung *(f)*; Längsbelastung *(f)*; Schubbelastung *(f)*; Axialschub *(m)*
T 417	**thrust plate ring**	Axialtellerring *(m)*; Drucktellerring *(m)*
T 418	**thrust ring**	Druckring *(m)*
T 419	**thrusts** *(pl)*	Schubkräfte *(f, pl)*
T 420	**THTR; thorium high-temperature reactor**	Thorium-Hochtemperaturreaktor *(m)*; THTR
T 421	**tie bar** [expansion joint]	Flacheisengelenk *(n)* [zur Übertragung der Längskräfte bei Kompensatoren]
T 422	**tie bolt**	Ankerbolzen *(m)*; Zuganker *(m)*
T 423	**tie diagonal**	Zugstrebe *(f)*; Zugdiagonale *(f)* [Stahlbau]
T 424	**tie-in dimension**	Anschlußmaß *(n)* [für Rohrleitungen, Kanäle]
T 425	**tie-in plan**	Anschlußplan *(m)*
T 426	**tie rod**	Ankerzugstange *(f)*; Zuganker *(m)*; Distanzbolzen *(m)*
T 427	**tie rod** [expansion joint]	Längsanker *(m)*; Gelenkstange *(f)* [zur Übertragung der Längskräfte bei Kompensatoren]
T 428	**tie rod** [heat exchanger]	Haltestange *(f)* [Wärmeaustauscher]
T 429	**TIG-dressing**	WIG-Aufschmelzen *(n)*
T 430	**tightened inspection**	erschwerte Prüfung *(f)*; verschärfte Prüfung *(f)*

T 431	**tightening [bolt]**	Festanziehen *(n)*; Festspannen *(n)* [Schraube]
T 432	**tightening bolt**	Spannschraube *(f)*
T 433	**tightening force**	Spannkraft *(f)*
T 434	**tightening nut**	Spannmutter *(f)*; Klemmutter *(f)*
T 435	**tight fit**	enger Sitz *(m)*; strammer Sitz *(m)*
T 436	**tightness check; leakage detection**	Lecksuche *(f)*
T 437	**tight-shutoff damper**	dichtschließende Absperrklappe *(f)*
T 438	**TIG-torch**	WIG-Brenner *(m)*
T 439	**TIG welding; tungsten inert gas welding [UK]; gas tungsten-arc welding; GTAW [US]**	WIG-Schweißen *(n)*; Wolfram-Inertgas-Schweißen *(n)*; Wolfram-Schutzgas-Schweißen *(n)*; Schutzgas-Wolfram-Lichtbogenschweißen *(n)*
T 440	**tilting moment**	Kippmoment *(n)* [Statik]
T 441	**tilting-pad bearing**	Klotzlager *(n)*; Segmentdrucklager *(n)* [auch: P 332]
T 442	**tilting-pad thrust bearing**	Axialsegmentdrucklager *(n)* [auch: P 333]
T 443	**time at temperature; holding time [heat treatment]**	Haltezeit *(f)* [Wärmebehandlung]
T 444	**time base; sweep (line) [ultras.]**	Zeitlinie *(f)* [US-Prüfung]
T 445	**time-base range [ultras.]**	Justierbereich *(m)*; Laufzeitbereich *(m)* [US-Prüfung]
T 446	**time-base sweep [ultras.]**	Zeitablenkung *(f)* [US-Prüfung]
T 447	**time between overhauls [plant]**	ununterbrochene Betriebszeit *(f)* [Anlage]
T 448	**time corrected gain [ultras.]**	zeitkorrigierte Verstärkung *(f)* [US-Prüfung]
T 449	**time-dependent design strength value**	zeitabhängiger Festigkeitskennwert *(m)*
T 450	**time-dependent quantity**	zeitabhängige Größe *(f)*
T 451	**time element**	Zeitglied *(n)*
T 452	**time-oriented sequential control**	zeitabhängige Ablaufsteuerung *(f)*
T 453	**time-temperature transformation curve; TTT curve**	ZTU-Schaubild *(n)*; Zeit-Temperatur-Umwandlungs-Schaubild *(n)*
T 454	**time to repair; TTR**	Nichtverfügbarkeitszeit *(f)*
T 455	**time-to-rupture during irradiation; TRI**	Zeitstandfestigkeit *(f)* unter Neutronenbestrahlung [Schadensakkumulation infolge bestrahlungsinduzierter Kriechverformung]
T 456	**time variable gain [ultras.]**	zeitabhängig geregelte Verstärkung *(f)* [US-Prüfung]
T 457	**time yield**	Zeitfließgrenze *(f)*; Zeitstreckgrenze *(f)*
T 458	**T-joint; tee joint**	T-Stoß *(m)*
T 459	**TMD; tuned mass damper**	aktiver dynamischer Schwingungsdämpfer *(m)* [in Bauwerken]
T 460	**toe [weld]**	Übergang *(m)*; Nahtrand *(m)* [Schweißnaht]
T 461	**toeboard [tank]**	Fußleiste *(f)* [Tank]
T 462	**toe crack**	Kerbriß *(m)* [entsteht an Stellen hoher Spannungskonzentration (geometrische Kerben) bei gleichzeitiger vorhandener geometrischer Kerbe]
T 463	**toe crack [weld]**	Übergangsriß *(m)* [Schweißnaht]
T 464	**toe groove [weld]**	Übergangskerbe *(f)* [Schweißnaht]

toggle

T 465	**toggle**	Kniehebel *(m)*
T 466	**toggle disc valve**	Lenkhebelklappe *(f)*
T 467	**toggle-operated valve**	Kipphebelventil *(n)*; Schwenkhebelklappe *(f)*
T 468	**tolerable defect parameter**	zulässiger Fehlerparameter *(m)*
T 469	**tolerance class**	Toleranzklasse *(f)*
T 470	**toleranced size**	Grenzmaß *(n)*; Paßmaß *(n)*; toleriertes Maß *(n)*
T 471	**tolerance limit**	Toleranzgrenze *(f)*
T 472	**tolerance plug gauge**	Grenzlehrdorn *(m)*
T 473	**tongue and groove** [see Annex 1, p. 113]	Feder *(f)* und Nut [siehe Anhang 1, S. 113]
T 474	**tongue and groove face** [flange; see Annex 1, p. 114]	Dichtfläche *(f)* mit Nut und Feder [Flansch; siehe Anhang 1, S. 114]
T 475	**tongue and groove sealing arrangement; slide-in sealing arrangement** [tube bundle; heat exchanger]	aufgesteckte elastische Trennwanddichtung *(f)* [Abdichtung bei Längsleitblechen im Wärmeaustauscher-Rohrbündel]
T 476	**tongue formation** [rolling]	Zungenbildung *(f)* [Walzen]
T 477	**tool mark; chip(ping) mark** [weld imperfection]	Meißelkerbe *(f)*; abgemeißelte Defektstelle *(f)* [örtlich beschädigte Oberfläche durch unsachgemäßes Meißeln, z. B. beim Entfernen der Schlacke; Nahtfehler]
T 478	**top angle** [tank]	Dacheckring *(m)* [Tank]
T 479	**top-angle section** [tank]	Dacheckringprofil *(n)* [Tank]
T 480	**top bead** [weld]	Decklage *(f)* [Schweißen]
T 481	**top-carrying-bar; upper support bar** [PHE]	obere Tragstange *(f)* [eines Plattenwärmeaustauschers]
T 482	**top chord** [tank]	Obergurt *(m)* [Tank]
T 483	**top curb angle** [tank]	oberer Bordwinkel *(m)* [Tank]
T 484	**top distillation**	Topdestillation *(f)* [Destillation, bei der, meist unter Atmosphärendruck, die leichten Produkte Benzin, Kerosin und Gasöl über Top (Kopf) abdestilliert werden]
T 485	**top-entry ball valve** [see Annex 1, p. 46]	Kugelhahn *(m)* mit ungeteiltem Gehäuse [U-förmiges Gehäuse ermöglicht durch seine obere Gehäuseöffnung den Austausch sämtlicher Verschleißteile. Für eine Reparatur braucht dieser Kugelhahn daher nicht aus dem Leitungssystem herausgenommen zu werden; siehe Anhang 1, S. 46]
T 486	**top-hat section** [insulation]	Isolierkappe *(f)*; zylindrische Kappe *(f)* [Isolierung]
T 487	**top layer** [gen.]	Decklage *(f)*; Deckschicht *(f)* [allg.]
T 488	**top layer** [weld]	Decklage *(f)* [Schweißen]
T 489	**top overlap** [weld imperfection]	Schweißgutüberlauf *(m)* an der Decklage; Decklagenüberlauf *(m)* [Nahtfehler]
T 490	**topping**	Toppen *(n)* [Destillieren unter Atmosphärendruck. Das über Kopf, d. h. durch das Geistrohr der Kolonne abdestillierte Produkt ist das Top-Produkt **(tops)**]
T 491	**topping plant**	Vorschaltanlage *(f)*
T 492	**top railing** [tank]	Handleiste *(f)* [Tank]

T 493	**top reflux**	Kopfreflux *(m)* [Siehe: **reflux**]
T 494	**tops** *(pl)* **[column]**	Kopfprodukte *(n, pl)* [Produkte, die bei der Destillation über Kopf abgehen und durch Kondensation gewonnen werden. Meist im Gegensatz zu Seitenschnitten **(side cuts)** bzw. Bodenprodukten **(bottom products)** genannt, speziell bei Fraktionierkolonnen **(fractionating columns)**.]
T 495	**top section [rupture disk]**	Abdeckplatte *(f)* [Berstscheibe]
T 496	**top-shell extension [tank]**	obere Mantelverlängerung *(f)* [Tank]
T 497	**top strip [welding]**	Abdeckstreifen *(m)* [Schweißen]
T 498	**torch**	Brenner *(m)* [Schweißen/Brennschneiden]
T 499	**torch brazing**	Flammlöten *(n)*
T 500	**torch cutting**	Autogenschneiden *(n)*; Autogentrennen *(n)*; Brennschneiden *(n)*
T 501	**toriconical closure**	Verschluß *(m)* mit Übergangskrempe
T 502	**toriconical end [UK]; toriconical head [US] [see Annex 1, p. 23]**	Kegelboden *(m)* mit Krempe; gekrempter Kegelboden *(m)* [siehe Anhang 1, S. 23]
T 503	**torispherical end [UK]; torispherical head [US] [see Annex 1, pp. 22 and 25]**	torisphärischer Boden *(m)*; gewölbter und gekrempter Boden *(m)*; Klöpperboden *(m)* [Radius = Außendurchmesser]; Korbbogenboden *(m)* [tiefgewölbter Boden mit Krempe; Radius = 0,8 × Außendurchmesser] [siehe Anhang 1, S. 22 und 25]
T 504	**torispherical shell**	torisphärische Schale *(f)* [besteht aus Kugelkalotte und Torussegment und tritt meistens in Kopplung mit einer zylindrischen Schale auf. Bauelement für Schalenkonstruktionen/Druckbehälter]
T 505	**torn surface [weld imperfection]**	Heftstellenfehler *(m)*; Ausbrechung *(f)* [örtliche beschädigte Oberfläche durch unsachgemäßes Entfernen angeschweißter Teile wie z. B. Montagehilfen, Transporthilfen; Nahtfehler]
T 506	**toroid**	ringförmiger Körper *(m)*; Toroid *(m)*
T 507	**toroidal bellows [see Annex 1, p. 87]**	Torusbalg *(m)* [siehe Anhang 1, S. 87]
T 508	**toroidal (bellows) expansion joint**	Ringwulstdehnungsausgleicher *(m)*; Ringwulst-Kompensator *(m)*; kreisringförmiger Dehnungsausgleicher *(m)*; TorusbalgKompensator *(m)*
T 509	**toroidal chamber**	Ringkammer *(f)*
T 510	**toroidal ring**	Rundring *(m)*; Rundschnurring *(m)*
T 511	**toroidal shell**	Torusschale *(f)*
T 512	**torque**	Torsionsmoment *(n)*; Verdrehmoment *(n)* [um Behälterachse]
T 513	**torsion**	Torsion *(f)*; Verdrehung *(f)*; Verwindung *(f)*; Verdrallung *(f)*
T 514	**torsional buckling**	Drillknicken *(n)*; Torsionsknicken *(n)*
T 515	**torsional moment**	Torsionsmoment *(n)*

torsional rigidity

T 516	**torsional rigidity; torsional stiffness**	Verdrehungssteifigkeit *(f)*; Torsionssteifigkeit *(f)*; Drehsteifigkeit *(f)*
T 517	**torsional rotation**	Torsionsverdrehung *(f)*
T 518	**torsional strain**	Torsionsbeanspruchung *(f)*
T 519	**torsional stress**	Verdrehspannung *(f)*; Torsionsspannung *(f)*
T 520	**total draw-off tray** **[column]**	Totalabnahmeboden *(m)* [Fraktionierboden einer Destillationskolonne, der nur Aufstiegsöffnungen **(riser)**, aber keinen Abfluß zum nächstunteren Boden **(downcomer)** besitzt. Statt dessen wird über eine Tasse das gesamte Produkt von dem Boden abgesogen. Totalabnahmeböden werden besonders bei inneren Rückflußsystemen bzw. bei innerer Neutralisation benutzt.]
T 521	**total head**	Gesamtdruckhöhe *(f)*
T 522	**total leakage; total leaks** *(pl)*; **integral leakage**	Gesamtundichtheit *(f)*; Leckrate *(f)*
T 523	**total length**	Gesamtlänge *(f)*
T 524	**total life to failure**	Gesamtlebensdauer *(f)* bis zum Bruch
T 525	**total lift** **[valve]**	Gesamthub *(m)* [Ventil]
T 526	**total mass flow** **[pump]**	Gesamtfördergewicht *(n)* [Pumpe]
T 527	**total moment loading**	Gesamtmomentenbelastung *(f)*
T 528	**total outflow**	Abfluß-Menge *(f)*
T 529	**total surface; total outside tube surface; gross surface**	gesamte Rohroberfläche *(f)* [gesamte äußere Rohroberfläche, die mit einbezieht: a) die wirksame Rohroberfläche b) die Rohroberfläche im Rohrboden c) die benetzte Oberfläche und d) die inaktive Oberfläche]
T 530	**total thermal resistance; overall heat transfer resistance**	Wärmedurchgangswiderstand *(m)*
T 531	**total travel** **[pipe]**	Gesamtverlagerung *(f)* [Rohrleitung]
T 532	**total volume flow**	Gesamtfördermenge *(f)* [Volumen]
T 533	**total weight**	Gesamtgewicht *(n)*
T 534	**tower tray**	Kolonnenboden *(m)* [siehe auch: **tray**]
T 535	**town gas**	Stadtgas *(n)*
T 536	**trace pattern** **[ultras.]**	Reflektogramm *(n)* [US-Prüfung]
T 537	**tracer gas** **[leak test]**	Spürgas *(n)* [Dichtheitsprüfung]
T 538	**tracer head** **[thermal cutting]**	Nachfolgekopf *(m)* [Brennschneidemaschine]
T 539	**tracing heating (system); tracing system**	Begleitheizung *(f)* [Rohrleitung]
T 540	**trade and industrial code**	Gewerbeordnung *(f)* [im engl.: **factories act**]
T 541	**trade supervisory authority**	Gewerbeaufsicht *(f)*
T 542	**traffic load**	Verkehrslast *(f)*
T 543	**trailing shielding gas** **[welding]**	Nachlauf-Schutzgas *(n)* [Schweißen]
T 544	**transceiver probe; dual (crystal) search unit; twin probe; TR probe** **[ultras.]**	Einschwingerprüfkopf *(m)*; SenderEmpfänger-Prüfkopf *(m)*; SE-Prüfkopf *(m)* [US-Prüfung]
T 545	**transcrystalline crack; transgranular crack**	transkristalliner Riß *(m)* [verläuft durch die Kristallite]
T 546	**transcrystalline fracture**	transkristalliner Bruch *(m)*
T 547	**transducer** **[ultras.]**	Schwinger *(m)* [US-Prüfung]

T 548	transfer of identification marks	Umstempelung (f) [Werkstoff]
T 549	transformation diagram	Umwandlungsdiagramm (n)
T 550	transformation temperature	Umwandlungstemperatur (f)
T 551	transgranular crack; transcrystalline crack	transkristalliner Riß (m) [verläuft durch die Kristallite]
T 552	transient behaviour	Regelverhalten (n); Übergangsverhalten (n)
T 553	transient boiling; transition boiling	Übergangssieden (n); instabiles Filmsieden (n) [Übergang von der Blasen- zur Filmverdampfung; siehe auch: **DNB**]
T 554	transient condensation shocks (pl)	Kondensationsschläge (m, pl)
T 555	transient flow; unsteady flow	instationäre Strömung (f); transiente Strömung (f) [Erläuterungen siehe unter: **unsteady flow**]
T 556	transient heat conduction	instationäre Wärmeleitung (f) [auch: U 139]
T 557	transient operating condition	instationärer Betriebszustand (m)
T 558	transient pressure	Druckschwankung (f)
T 559	transient response	Einschwingverhalten (n); Übergangsverhalten (n); Zeitverhalten (n)
T 560	transient temperature	Temperaturschwankung (f)
T 561	transit coating, (protective) ...	Reiseanstrich (m)
T 562	transitional turbulent flow	turbulente Übergangsströmung (f)
T 563	transition boiling; transient boiling	Übergangssieden (n); instabiles Filmsieden (n) [Übergang von der Blasen- zur Filmverdampfung; siehe auch: **DNB**]
T 564	transition buckling; snap-through buckling; oil canning	Durchschlagen (n) [Definition siehe unter: **snap-through buckling**]
T 565	transition flange	Übergangsflansch (m)
T 566	transition flow; Knudsen flow	Übergangsströmung (f); Knudsen-Strömung (f) [Definition siehe unter: **Knudsen flow**]
T 567	transition flow regime	Übergangsgebiet (n) [Übergangsbereich von laminarer zu turbulenter Strömung]
T 568	transition heat flux; departure from nucleate boiling; DNB	Filmsieden (n); Siedekrisis (f) der 1. Art; Umschlagen (n) vom Blasen- zum Filmsieden; Übergang (m) vom Bläschen- zum Filmsieden [Definition siehe unter: **departure from nucleate boiling**]
T 569	transition knuckle	Übergangskrempe (f)
T 570	transition piece; adapter; intermediate piece	Zwischenstück (n) [siehe auch: A 141]
T 571	transition point	Übergangspunkt (m)
T 572	transition temperature	Übergangstemperatur (f)
T 573	transition zone	Übergangszone (f)
T 574	transit time standard [ultras.]	Laufnormal (n) [US-Prüfung]
T 575	transmission electron microscope; TEM	Durchstrahl-Elektronenmikroskop (n)
T 576	transmission electron microscopy; TEM	Transmissions-Elektronenmikroskopie (f); TEM
T 577	transmission line	Transportleitung (f)
T 578	transmission technique [ultras.]	Durchstrahlungsverfahren (n) [US-Prüfung]
T 579	transmission valve	Transportleitungsventil (n)

T 580	**transmitter**	Meßfühler (m); Meßwertgeber (m); Geber (m); Meßwertumformer (m); Transmitter (m)
T 581	**transmitter and receiver probe; transceiver probe; TR probe** [ultras.]	Sende- und Empfangsprüfkopf (m); SE-Prüfkopf (m) [US-Prüfung]
T 582	**transmitter probe; sending probe** [ultras.]	Sender (m) [Prüfkopf, welcher sendet; US-Prüfung]
T 583	**transonic flow; near sonic flow; nearly sonic flow**	schallnahe Strömung (f); Strömung (f) im schallnahen Bereich
T 584	**transport** [fouling]	Transport (m) [2. Fouling-Phase: Diffusion, Sedimentation]
T 585	**transportable assembly**	Transporteinheit (f)
T 586	**transport line**	Förderrohrleitung (f); Förderleitung (f)
T 587	**transport of heat**	Wärmetransport (m)
T 588	**transport properties** (pl)	Transportgrößen (f, pl) [sie umfassen: die elektrische Leitfähigkeit, dynamische Viskosität, Wärmeleitfähigkeit und den Diffusionskoeffizienten]
T 589	**transport speed**	Fördergeschwindigkeit (f)
T 590	**transverse baffle; cross baffle** [heat exchanger]	Querleitblech (n); Umlenksegment (n) [Wärmeaustauscher]
T 591	**transverse beam**	Querträger (m) [aus Profilstahl]
T 592	**transverse bend test**	Querbiegeversuch (m); Querfaltversuch (m)
T 593	**transverse bend test specimen**	Querbiegeprobe (f); Querfaltprobe (f)
T 594	**transverse crack** [weld]	Querriß (m) [kann liegen: im Schweißgut; in der WEZ; im Grundwerkstoff]
T 595	**transverse diaphragm**	Querscheibe (f) [Stahlbau]
T 596	**transverse direction**	Querrichtung (f)
T 597	**transverse fin**	Querrippe (f)
T 598	**transverse finning; transverse ribbing; circumferential finning; circumferential ribbing**	Querberippung (f); Rundberippung (f)
T 599	**transverse fissure; kidney fracture**	Nierenbruch (m)
T 600	**transverse flaw**	Querfehler (m)
T 601	**transverse flow; cross flow**	Querströmung (f); Querstrom (m); Kreuzstrom (m)
T 602	**transverse force**	Querkraft (f)
T 603	**transverse fracture**	Querbruch (m)
T 604	**transverse groove**	Quernut (f)
T 605	**transverse microsection**	Querschliff (m) [Mikro]
T 606	**transverse moment loading**	Beanspruchung (f) durch ein Quermoment
T 607	**transverse motion; transverse movement**	Querbewegung (f)
T 608	**transverse pitch(ing); pitch across width; pitch over width; transverse spacing**	Querteilung (f) [Rohrbündel]
T 609	**transverse rib roughness**	Querrippen-Rauhigkeit (f)
T 610	**transverse seam welding machine**	Quernahtschweißmaschine (f)
T 611	**transverse second surface bend specimen**	Querbiegeprobe (f) mit der 2. Oberfläche im Zug
T 612	**transverse shear deformation**	Querschubverformung (f)
T 613	**transverse specimen**	Querprobe (f)
T 614	**transverse stiffener**	Quersteife (f)

T 615	transverse tensile specimen	Querzugprobe *(f)*
T 616	transverse tensile test	Querzugversuch *(m)*
T 617	transverse wave; shear wave [ultras.]	Transversalwelle *(f)*; Scherwelle *(f)* [US-Prüfung]
T 618	transverse wave probe [ultras.]	Transversalwellen-Prüfkopf *(m)* [US-Prüfung] [auch: S 413]
T 619	trap [condensate]	Kondenstopf *(m)*; Kondensatableiter *(m)*
T 620	trap [leak test]	Kühlfalle *(f)* [Leckdetektor]
T 621	trap discharge piping	Kondenstopf-Abblaseleitung *(f)*
T 622	trapeze-type hanger (assembly) [see Annex 1, pp. 62/63]	Traversenhänger *(m)* [siehe Anhang 1, S. 62/63]
T 623	trapezoidal section	Trapezprofil *(n)* [Trapezstahl]
T 624	trapezoidal thread; acme thread	Trapezgewinde *(n)*
T 625	trap inlet piping	Kondenstopf-Zuführungsleitung *(f)*
T 626	trapped air	eingeschlossene Luft *(f)*
T 627	traps *(pl)*	Wasserstofffallen *(f, pl)* [Gefügestellen im Stahl, in denen sich Wasserstoff ansammelt und zu Rissen führt; wasserstoffinduzierte Rißbildung]
T 628	travel [gen.]	Hub *(m)*; Stellweg *(m)*; Weg *(m)*; Verfahrweg *(m)* [allgemein]
T 629	travel [pipe]	Verlagerung *(f)* [Rohr]
T 630	travel [support hanger]	Arbeitsweg *(m)* [Aufhängung]
T 631	travel [tank floating head]	Hub *(m)* [Schwimmdecke im Tank]
T 632	travelling bubble cavitation	wandernde Blasenkavitation *(f)*
T 633	travelling indication [ultras.]	Wanderanzeige *(f)* [US-Prüfung]
T 634	travel moment; lift [valve]	Hub *(m)*; Ventilhub *(m)* [Ventil; siehe: **lift**]
T 635	travel range	Wegbereich *(m)* [LISEGA-Aufhängung]
T 636	travel scale	Weganzeige *(f)*; Wegskala *(f)* [LISEGA-Aufhängung]
T 637	travel stop	Blockierblech *(n)*; Blockierung *(f)* [LISEGA-Aufhängung]
T 638	tray; plate; deck [see Annex 1, p. 10]	Boden *(m)* [Einbauten in Fraktionierkolonnen **(fractionating column)** zur Erzielung der für den Stoffaustausch zwischen aufsteigendem Dampf und Flüssigkeit notwendigen innigen Durchmischung beider Phasen. Der Konstruktion nach unterscheidet man Glockenboden **(bubble cap tray)**, Gitterroste **(grid tray)**, Siebboden **(sieve way)**, Kaskadenboden **(cascade tray)**, Ventilboden **(valve tray)**. Jede dieser Bodenarten hat spezielle Vor- und Nachteile, z. B. unterschiedlichen Druckverlust, Baukosten, Fraktionierwirkung, Flexibilität bei unterschiedlicher Belastung. Siehe auch: **column**; siehe Anhang 1, S. 10]
T 639	trench	Rohrgraben *(m)*
T 640	trench backfill	Verfüllung *(f)*; Grabenauffüllung *(f)*
T 641	trench backfill compactor	Grabenverdichter *(m)*

T 642	trench bottom	Grabensohle *(f)*
T 643	trepanned plug	Bohrkern *(m)*
T 644	trepanned plug specimen	Bohrkern-Probe *(f)*
T 645	trepanning	Bohrkernentnahme *(f)*; Hohlbohren *(n)*; Kernbohren *(n)* [Probeentnahme]
T 646	Tresca yield criterion	Gestaltänderungsenergie *(f)* nach Tresca, zum Fließbeginn führende kritische ...
T 647	trestle	Stützbock *(m)*
T 648	TRI; time-to-rupture during irradiation	Zeitstandfestigkeit *(f)* unter Neutronenbestrahlung [Schadensakkumulation infolge bestrahlungsinduzierter Kriechverformung]
T 649	trial assembly	Probemontage *(f)* [Werkstatt; Baustelle]
T 650	trial plant	Versuchsanlage *(f)*
T 651	trial run; trial operation	Probebetrieb *(m)*; Probelauf *(m)*
T 652	trial weld	Probeschweißnaht *(f)*; Versuchsschweißnaht *(f)*
T 653	triangular fin	Dreiecksrippe *(f)* [glatte, dreieckige Rippe für Kompakt-Wärmeaustauscher]
T 654	triangular tube arrangement	Dreiecksteilung *(f)* [in Strömungsrichtung versetzte Rohrteilung]
T 655	triflux heat exchanger	Dreistrom-Wärmeaustauscher *(m)*
T 656	trim [valve]	Garnitur *(f)*; Innengarnitur *(f)* [Ventilinnenteile]
T 657	trimming	Besäumen *(n)* [Endenbearbeitung]
T 658	trimming [casting]	Entgraten *(n)* [Schmiedestück]
T 659	trimming allowance	Besäumungszuschlag *(m)*; Säumungszuschlag *(m)* [Endenbearbeitung]
T 660	trimming to size	Egalisieren *(n)* [Endenbearbeitung]
T 661	triple bounce technique [ultras.]	Methode *(f)* des doppelten Sprungabstandes [US-Prüfung] [auch: Q 8]
T 662	triple segmental baffle	Dreifach-Segment-Leitblech *(n)*
T 663	triple traverse technique [ultras.]	Methode *(f)* des 1 1/2-fachen Sprungabstands [US-Prüfung] [auch: D 387]
T 664	trip limit value	Abschaltgrenzwert *(m)*
T 665	tripping, sideway ...	seitliche Auslenkung *(f)* [von Versteifungen]
T 666	tripping wires *(pl)*	Stolperdrähte *(m, pl)*
T 667	trip set point	Abschaltpunkt *(m)*
T 668	trip valve	Schnellschlußventil *(n)*
T 669	trouble-free operation; trouble-free performance; smooth operation	reibungsloser Betrieb *(m)*; störungsfreier Betrieb *(m)*
T 670	TR probe; transmitter and receiver probe; transceiver probe; double (crystal) search unit; twin probe [ultras.]	Sende- und Empfangsprüfkopf *(m)*; SE-Prüfkopf *(m)*; Einschwingerprüfkopf *(m)* [US-Prüfung]
T 671	true alignment	genaue Fluchtung *(f)*
T 672	true circularity of cross section	kreisrunder Querschnitt *(m)*
T 673	true fracture strain	tatsächliche Bruchdehnung *(f)*
T 674	true mean temperature difference; effective mean temperature difference; EMTD	tatsächliche mittlere Temperaturdifferenz *(f)*
T 675	true to shape; geometrically accurate	formgenau *(Adj.)*
T 676	truncate *(v)* [thread]	abflachen *(V)* [Gewinde]

T 677	truncated cone	Kegelstumpf *(m)*
T 678	truncated cone end; truncated head	Kegelstumpfboden *(m)*
T 679	trunnion	Zapfen *(m)*
T 680	trunnion bearing	Zapfenlager *(n)*
T 681	trunnion bushing	Zapfendurchführung *(f)*
T 682	trunnion-mounted ball [ball valve]	zapfengelagerte Kugel *(f)* [Kugelhahn]
T 683	trunnion type ball valve	Kugelhahn *(m)* mit zapfengelagertem Kugelküken
T 684	truss [tank]	Binder *(m)* [Tank]
T 685	try cock	Probierhahn *(m)*
T 686	tryvalve	Kontrollventil *(n)*; Probierventil *(n)*; Prüfventil *(n)*
T 687	**T-section; tee**	T-Eisen *(n)*; T-Stück *(n)*; T-Stahl *(m)*; T-Profil *(n)*
T 688	**TSN; thermal severity number**	Kennzahl *(f)* für die Wasserstoffrißanfälligkeit [siehe auch: **controlled thermal severity**]
T 689	**TSP; tube support plate**	Rohrstützplatte *(f)*; Rohrstützblech *(n)*
T 690	**TTD; terminal temperature difference**	Grädigkeit *(f)* [Definition siehe unter: **terminal temperature difference**]
T 691	**TTR; time to repair**	Nichtverfügbarkeitszeit *(f)*
T 692	**TTT curve; time-temperature transition curve**	ZTU-Schaubild *(n)*; Zeit-Temperatur-Umwandlungs-Schaubild *(n)*
T 693	tube	Rohr *(n)* [bei Medium-Umwandlung, z. B. in Wärmetauschern]
T 694	tube adapter; tube connector	Rohrstutzen *(m)* [Adapter-Verschraubung]
T 695	tube apex	Rohrscheitel *(m)*
T 696	tube area	berohrter Bereich *(m)*; Rohrspiegel *(m)*
T 697	tube arrangement	Rohranordnung *(f)*
T 698	tube array; tube field layout; tube pattern	Rohrfeldanordnung *(f)* [im Rohrboden]
T 699	tube bank [boiler]	Rohrbündel *(n)*; Rohrpaket *(n)* [im Kesselbau]
T 700	tube bend; elbow	Rohrkrümmer *(m)*; Rohrbogen *(m)*
T 701	tube bending machine	Rohrbiegemaschine *(f)*
T 702	tube bending mandrel	Rohrbiegedorn *(m)*
T 703	tube bundle; tube nest [heat exchanger]	Rohrbündel *(n)* [im Wärmetauscher]
T 704	tube burst; tube rupture; tube fracture	Rohrreißer *(m)*; Rohrbruch *(m)*
T 705	tube cleaning system	Rohrreinigungssystem *(n)*
T 706	tube coil (element); tubular coil	Rohrschlange *(f)* [siehe auch: **tubular coil**]
T 707	tube connection	Rohranschluß *(m)*; Rohrverbindung *(f)*
T 708	tube connector; tube adapter	Rohrstutzen *(m)* [Adapter-Verschraubung]
T 709	tube current [radiog.]	Röhrenstrom *(m)* [Durchstrahlungsprüfung]
T 710	tube damage	Rohrschaden *(m)*

T 711	**tube denting; necking**	Denting *(n)*; Einschnürung *(f)* von Heizrohren [durch Korrosion verursachte Einschnürung im Bereich von Lochplattenabstandshaltern; in nuklearen Dampferzeugern; wird durch Vorhandensein von Chloriden gefördert, die sich in dem Spalt zwischen Rohr und Rohrboden ansammeln und die Bildung von festen Korrosionsprodukten beschleunigen. Die Ansammlung dieser Feststoffe deformiert die Rohre bzw. beult diese ein]
T 712	**tube deposits** *(pl)*	Rohrbelag *(m)* [Ablagerung]
T 713	**tube diameter**	Rohrdurchmesser *(m)*
T 714	**tube end**	Rohrende *(n)*
T 715	**tube end attachment**	Befestigung *(f)* des Rohrendes [im Rohrboden]
T 716	**tube end cap**	Rohrverschluß *(m)* [als Kappe]
T 717	**tube end fusion**	Rohrende *(n)* abgeschmolzen [Rohr-/Rohrbodenverbindungs-Schweißen]
T 718	**tube entrance convection coefficient**	konvektive Wärmeübergangszahl *(f)* im Rohreinlauf
T 719	**tube entrance effect**	Rohreinlaufwirkung *(f)*
T 720	**tube entrance flow**	Rohreinlaufströmung *(f)*
T 721	**tube entrance region**	Rohreinlaufgebiet *(n)*
T 722	**tube expanded into tubesheet over full sheet thickness**	volltragend eingewalztes Rohr *(n)* [im Rohrboden]
T 723	**tube expander**	Rohrwalze *(f)*
T 724	**tube expansions** *(pl)*	Rohreinwalzstellen *(f, pl)*
T 725	**tube extractor**	Rohrausziehvorrichtung *(f)*
T 726	**tube failure**	Rohrversagen *(n)*; Rohrschaden *(m)*
T 727	**tube field layout; tube array; tube pattern**	Rohrfeldanordnung *(f)* [im Rohrboden]
T 728	**tube-fin heat exchanger; finned-tube heat exchanger**	Rippenrohrwärmeaustauscher *(m)*
T 729	**tube fitting**	Rohrarmatur *(f)*; Rohrfitting *(n)*; Rohrformstück *(n)*; Rohrverschraubung *(f)*
T 730	**tube fracture; tube rupture; tube burst**	Rohrbruch *(m)*; Rohrreißer *(m)*
T 731	**tube frictional pressure drop**	Rohrreibungsdruckverlust *(m)*
T 732	**tube friction factor**	Rohrreibungsbeiwert *(m)*
T 733	**tube guide**	Rohrführung *(f)* [Bauteil]
T 734	**tube hanger**	Rohraufhängung *(f)*; Rohrhänger *(m)* [als Befestigungsteil]
T 735	**tube hole**	Rohrloch *(n)*; Rohrbohrung *(f)*
T 736	**tube hole groove; expanding groove**	Walzrille *(f)* [Rohreinwalzen]
T 737	**tube (hole) pitch; hole centre spacing** [tubesheet]	Lochteilung *(f)*; Rohrlochteilung *(f)* [im Rohrboden; Mittenabstand zweier benachbarter Rohre]
T 738	**tube inserts** *(pl)*	Rohreinsätze *(m, pl)* [zur Turbulenzerzeugung]
T 739	**tube joint**	Rohranschluß *(m)*; Rohrverbindung *(f)*
T 740	**tube joint leakage** [tubesheet]	Beschädigung *(f)* der Rohr-Rohrboden-Verbindung [aufgrund von Rohrschwingungen]
T 741	**tube lane**	Rohrgasse *(f)*

T 742	**tube lateral motion**	Seitwärtsbewegung *(f)* des Rohres; Rohrseitwärtsbewegung *(f)* [Rohrbewegung in der Rohrhalterung bzw. -unterstützung]
T 743	**tube leg**	Rohrschenkel *(m)* [beim U-Rohrbogen]; Rohrstrang *(m)*
T 744	**tube length**	Rohrlänge *(f)*
T 745	**tube metal temperature**	Rohrwandtemperatur *(f)*
T 746	**tube metal wastage**	Rohrabzehrung *(f)*
T 747	**tube nest; tube bundle**	Rohrbündel *(n)* [im Rohrbündelwärmeaustauscher]
T 748	**tube OD; outside tube diameter**	Rohraußendurchmesser *(m)*
T 749	**tube passes** *(pl)*, **successive ...**	hintereinandergeschaltete Rohrdurchgänge *(m, pl)*
T 750	**tube pattern; tube array; tube field layout**	Rohrfeldanordnung *(f)* [im Rohrboden]
T 751	**tube penetration**	Rohrdurchführung *(f)*; Rohrdurchbruch *(m)*
T 752	**tube pitch, close ...**	dichte Rohrteilung *(f)*; enge Rohrteilung *(f)*
T 753	**tube plate** [UK]; **tubesheet** [US]	Rohrboden *(m)*; Rohrplatte *(f)*
T 754	**tube plate thermal conductivity; tubesheet thermal conductivity**	Wärmeleitfähigkeit *(f)* des Rohrbodens
T 755	**tubercular corrosion; tuberculation; honeycomb corrosion**	Narbenkorrosion *(f)*; narbenartige Anfressung *(f)*
T 756	**tube rim; OTL; outer tube limit** [tubesheet]	eingeschriebener Kreis *(m)* [äußerer Rand des Rohrbodens]
T 757	**tube rocking motion**	Kippbewegung *(f)* des Rohres; Rohrkippbewegung *(f)* [Rohrbewegung in der Rohrhalterung bzw. -unterstützung]
T 758	**tube row**	Rohrreihe *(f)*
T 759	**tube run**	Rohrstrang *(m)*
T 760	**tube rupture; tube burst; tube fracture**	Rohrreißer *(m)*; Rohrbruch *(m)*
T 761	**tube screen**	Rohrgitter *(n)*; Rohrgardine *(f)*
T 762	**tube seal** [tank; see Annex 1, pp. 16/17]	Dichtungsschlauch *(m)*; Dichtungsschürze *(f)* [flüssigkeitsgefüllte Dichtungsschürze; Tank; siehe Anhang 1, S. 16/17]
T 763	**tubeseal, Hammond ...** [tank]	Schwimmdachdichtung *(f)* „tubeseal" nach Hammond; Hammond-Schwimmdachabdichtung *(f)*; Tubeseal-Schwimmdachabdichtung *(f)* nach Hammond [Tank] [Definition siehe unter: **Hammond tubeseal**]
T 764	**tubesheet; tube sheet** [US]; **tube plate** [UK]	Rohrboden *(m)*; Rohrplatte *(f)*
T 765	**tubesheet clamping**	Einspannung *(f)* des Rohrbodens; Rohrbodeneinspannung *(f)*
T 766	**tube-side**	Rohrraum *(m)*; rohrseitig *(Adj.)* [Wärmeaustauscher]
T 767	**tubes** *(pl)* **in mill lenghts**	Rohre *(n, pl)* in Lagerlängen
T 768	**tube size**	Rohrgröße *(f)*
T 769	**tube spring constant**	Rohr-Federkonstante *(f)*

T 770	**tube stake** [heat exchanger]	Rohrhalterung *(f)* [Blechstreifen mit J- oder haarnadelförmigem Schenkel, die entlang der durch die Rohrstege gebildeten Gassen zwischen den Rohren eingefügt werden. Die Halterungen werden von oben eingeführt und durch den J- oder U-Bogen gehalten, der auf dem obersten Rohr in der Rohrreihe anliegt]
T 771	**tube stub**	Rohrstutzen *(m)*; Rohrnippel *(m)*
T 772	**tube studding**	Rohrbestiftung *(f)* [siehe auch: **studding**]
T 773	**tube support**	Rohrhalterung *(f)*; Rohraufhängung *(f)*; Rohrunterstützung *(f)*
T 774	**tube support lug**	Rohrhalterung *(f)* [Heizflächenrohr]
T 775	**tube support plate; TSP**	Rohrstützplatte *(f)*; Rohrstützblech *(n)*
T 776	**tube suspension system**	Rohraufhängung *(f)* [als System]
T 777	**tube swaging**	Rohreinziehung *(f)* [Vorgang]
T 778	**tube threading**	Einziehen *(n)* des Rohrs; Einfädeln *(n)* des Rohrs; Rohreinziehen *(n)*; Rohreinfädeln *(n)* [in Stützblech, Lenkblech im Rohrbündelwärmetauscher]
T 779	**tube-to-tube clashing** [tube bundle]	Rohrkollision *(f)*; Kollision *(f)* von Rohren [im Rohrbündel]
T 780	**tube-to-tubesheet rolling**	Einwalzen *(n)* von Rohren in den Rohrboden
T 781	**tube-to-tubesheet weld**	Rohreinschweißung *(f)* [Rohrboden]
T 782	**tube wall**	Rohrwandung *(f)*; Rohrwand *(f)*
T 783	**tube wall thickness**	Rohrwanddicke *(f)*; Rohrwandstärke *(f)*
T 784	**tube welder**	Rohrschweißer *(m)*
T 785	**tube welding plant**	Rohrschweißanlage *(f)*
T 786	**tubing**	Schlauch *(m)*
T 787	**tubular air heater**	Röhrenlufterhitzer *(m)*
T 788	**tubular coil; tube coil (element)**	Rohrschlange *(f)* [Schlangenrohrbündel in Spiralform oder Schlangenform; in Kesseln, Kühlern und Wärmeaustauschern]
T 789	**tubular heat exchanger**	Röhrenwärmeaustauscher *(m)*; Plattenröhrenwärmeaustauscher *(m)*
T 790	**tubular jacket**	Mantelrohr *(n)*
T 791	**tubular offset; offset tube; bent tube**	Rohrausbiegung *(f)*; Rohretage *(f)*; Etagenrohr *(n)* [ausgebogenes Rohr]
T 792	**tubular stiffener**	innere Stützhülse *(f)* [rohrförmige Versteifung]
T 793	**tubular support**	Rohrfuß *(m)* [Behälterunterstützung]
T 794	**tundish**	Abflußtrichter *(m)*; Ablauftrichter *(m)*; Sammeltrichter *(m)* [Entlüftung/Entwässerung]
T 795	**tuned mass damper; TMD**	aktiver dynamischer Schwingungsdämpfer *(m)* [in Bauwerken]
T 796	**tungsten inclusion**	Wolfram-Einschluß *(m)*
T 797	**tungsten inert gas welding; TIG welding [UK]; gas tungsten arc welding; GTAW [US]**	WIG-Schweißen *(n)*; Wolfram-Inertgas-Schweißen *(n)*; Wolfram-Schutzgas-Schweißen *(n)*; Schutzgas-Wolfram-Lichtbogenschweißen *(n)*

T 798	**tungsten spatter [weld imperfection]**	Wolfram-Spritzer *(m)* [auf der Oberfläche des Grundwerkstoffs oder der Schweißnaht haftender Tropfen; Nahtfehler]
T 799	**tunnel cap tray [see Annex 1, p. 10]**	Tunnelboden *(m)* [siehe auch: **tray**; siehe Anhang 1, S. 10]
T 800	**turbulence**	Turbulenz *(f)*; Durchwirbelung *(f)*; Verwirbelung *(f)*
T 801	**turbulence induced vibration**	turbulenzerregte Schwingung *(f)*
T 802	**turbulence intensity**	Turbulenzgrad *(m)*
T 803	**turbulence promoters** *(pl)*	Turbulenzförderer *(m, pl)*; Turbulenz-Promotoren *(m, pl)* [z. B. **spiral-spring inserts, twisted tape inserts, swirl strips** etc.]
T 804	**turbulent boundary layers** *(pl)*	turbulente Grenzschichten *(f, pl)*
T 805	**turbulent buffeting; subcritical vibration**	turbulentes Flattern *(n)*; unterkritische Schwingung *(f)* [siehe auch: **buffeting**]
T 806	**turbulent bursts** *(pl)*	turbulente Flüssigkeitsballen *(m, pl)* [bewirken in Grenzschichtnähe die Erosion der Foulingschicht; Turbulenztheorie nach CLEAVER und YATES]
T 807	**turbulent diffusion; eddy diffusion; vorticity diffusion**	turbulente Scheindiffusion *(f)*; Turbulenzdiffusion *(f)*; Wirbeldiffusion *(f)*
T 808	**turbulent diffusity; eddy diffusity**	Scheindiffusionskoeffizient *(m)*; Turbulenzdiffusionskoeffizient *(m)*; Wirbeldiffusionskoeffizient *(m)*; Koeffizient *(m)* der turbulenten Scheindiffusion
T 809	**turbulent flow**	turbulente Strömung *(f)*; Turbulenzströmung *(f)*; Wirbelströmung *(f)*; Flechtströmung *(f)* [Bei der Strömung von Flüssigkeiten und Gasen unterscheidet man laminare und turbulente Strömung. Bei der laminaren Strömung bewegen sich alle Teilchen des Mediums parallel zueinander in Strömungsrichtung. Bei der turbulenten Strömung führen die Teilchen neben der Bewegung in Strömungsrichtung zusätzlich Wirbelbewegungen aus. Nach Überschreiten einer „kritischen" Strömungsgeschwindigkeit geht die laminare Strömung schlagartig in turbulente Strömung über. Die Turbulenz setzt um so eher ein, je geringer die Viskosität des Mediums und je größer der Durchmesser des Rohres ist, in dem die Strömung vonstatten geht. Der Strömungszustand wird gekennzeichnet durch die → **Reynoldszahl**. Der Strömungswiderstand wächst bei laminarer Strömung etwa linear mit der Strömungsgeschwindigkeit, bei turbulenter Strömung mit ihrem Quadrat.]

T 810	**turbulent interchange**	turbulenter Transport *(m)* [Querströmeffekt bei freiem oder natürlichem Queraustausch durch turbulente Bewegung quer zur Hauptströmungsrichtung]
T 811	**turbulent mixing**	turbulente Vermischung *(f)*
T 812	**turn-around velocities** *(pl)* **[heat exchanger]**	Umkehrgeschwindigkeiten *(f, pl)* [Das Fluid geht von Querströmung in Parallelströmung durch das Fenster im Leitblech über; dies führt zu Rohrschwingungen im RWÜ]
T 813	**turnbuckle** [see Annex 1, p. 80]	Spannschloß *(m)* [siehe Anhang 1, S. 80]
T 814	**turnbuckle sleeve**	Spannschloßmutter *(f)*
T 815	**turn-of-nut-tightening** [ASTM]	Drehwinkelverfahren *(n)* [ASTM; Anziehen von Schrauben]
T 816	**turns** *(pl)* **per unit length**	Windungszahl *(f)* [Schraube/Wicklung]
T 817	**TVL; tenth-value-layer** [radiog.]	Zehnt-Wert-Lage *(f)* [Durchstrahlungsprüfung]
T 818	**twin arc welding**	Zwillingslichtbogenschweißen *(n)*
T 819	**twin clamp**	Doppelklemme *(f)* [Befestigung]
T 820	**twin-flap valve**	Doppelpendelklappe *(f)*
T 821	**twin probe; dual (crystal) search unit; transceiver probe; TR probe** [ultras.]	Doppelkopfsystem *(n)*; SE-Prüfkopf *(m)*; Sender-Empfänger-Prüfkopf *(m)*; Einschwingerprüfkopf *(m)* [US-Prüfung]
T 822	**twin set**	Zwillingsaggregat *(n)*
T 823	**twin-stream operation**	zweistraßige Fahrweise *(f)*
T 824	**twist**	Verdrehung *(f)*; Verdrallung *(f)*; Drall *(m)*; Verwindung *(f)*
T 825	**twisted tapes** *(pl)* **[heat exchanger]**	verdrallte Leitbleche *(n, pl)*; verdrillte Bänder *(n,pl)* [Windmühlenflügeln ähnliche Leitschaufeln in Wärmeaustauscherrohren zur Turbulenzerzeugung]
T 826	**twisted tube** **[heat exchanger]**	schraubenförmig verdrilltes oder gewundenes Rohr *(n)* [plattgedrücktes Rohr mit spaltförmigem Querschnitt, das in ein Außenrohr gesteckt wird; die im inneren und äußeren Querschnitt erzeugte Turbulenz erhöht den Wärmeübergang, aber auch den Druckabfall; findet Anwendung in Kompaktwärmeaustauschern]
T 827	**twisting moment**	Verdrehmoment *(n)*; Verdrehungsmoment *(n)* [Träger]
T 828	**twistlock**	Bajonettverschluß *(m)*
T 829	**two-pass bonnet (head)** **[heat exchanger]**	zweigängige Haube *(f)* [Wärmeaustauscher]
T 830	**two-pass condenser**	Zweiweg-Kondensator *(m)*; Kondensator *(m)* mit zwei Wasserwegen; zweiflutiger Kondensator *(m)*
T 831	**two-pass shell** **[heat exchanger]**	zweigängiger Mantel *(m)*; Mantel *(m)* mit zwei Durchgängen [Wärmeaustauscher]
T 832	**two-phase flow**	Zweiphasenströmung *(f)* [Dampf-Wassergemisch]

T 833	**two-piece wedge; split wedge** **[gate valve]**	zweiteiliger elastischer Keil *(m)* [Absperrschieber; siehe: **gate valve**]
T 834	**two-strand chain**	zweisträngige Kette *(f)*
T 835	**two-zone heater** **[feedwater heater]**	Zwei-Zonen-Vorwärmer *(m)* [Speisewasser-Vorwärmer mit Kondensations- und Kühlzone oder Enthitzungs- und Kondensationszone in einem Mantel]
T 836	**type**	Ausführung *(f)* [Bauart/Form]
T 837	**type approval**	Bauartzulassung *(f)*
T 838	**type approval procedure**	Bauartzulassungsverfahren *(n)*; Typenzulassungsverfahren *(n)*
T 839	**type designation**	Fabrikatbezeichnung *(f)*; Typenbezeichnung *(f)*
T 840	**type range**	Typenreihe *(f)*
T 841	**type testing**	Bauartprüfung *(f)*; Baumusterprüfung *(f)*; Bauteilprüfung *(f)*; Typenprüfung *(f)*
T 842	**typical analysis**	Richtanalyse *(f)*
T 843	**typical ligament** **[tubesheet]**	regulärer Steg *(m)* [Rohrboden]

U

U 1	**U-bend**	U-Bogen *(m)*; Umkehrbogen *(m)*
U 2	**U-bend tube design**	U-Rohrkonstruktion *(f)*
U 3	**U-bolt** [see Annex 1, p. 79]	Schraubbügel *(m)*; Bügelschraube *(f)*; U-Bolzen *(m)*; U-Bügel *(m)*; Rohrbügel *(m)*; Rundbügel *(m)* [siehe Anhang 1, S. 79]
U 4	**U-bolt clamp** [see Annex 1, p. 78]	Bügelschelle *(f)* [siehe Anhang 1, S. 78]
U 5	**U-cup; U-ring; double cup**	Doppellippenring *(m)*
U 6	**U-groove butt joint**	Tulpennaht *(f)*; U-Naht *(f)*
U 7	**UHF; uniform heat flux**	gleichmäßiger Wärmefluß *(m)*
U 8	**U-lining process**	U-lining-Verfahren *(n)* [Sanierung von Gas-Rohrleitungen durch Einziehen eines PE-Rohrs; beim Herstellen des PE-Rohrs wird dieses unmittelbar nach der Extrusion zum U-Profil deformiert, so daß das U-Profil-Rohr einen um 25 % reduzierten Durchmesser hat und leicht in das Altrohr eingezogen werden kann. Unter Dampf- und Druckeinwirkung nimmt das Rohr aufgrund des **Memory-Effekts (memory effect)** seine ursprüngliche Form wieder an.]
U 9	**ullage** [tank]	Leerraum *(m)* [Tank]
U 10	**ultimate collapse load**	Traglastgrenze *(f)* [Tragfähigkeitsanalyse]
U 11	**ultimate elongation; elongation at fracture**	Bruchdehnung *(f)* [Zugversuch]
U 12	**ultimate energy** [ultras.]	Grenzenergie *(f)* [US-Prüfung]
U 13	**ultimate load**	Bruchlast *(f)*; Traglast *(f)*
U 14	**ultimate load factor** [flange]	Grenzlastfaktor *(m)* [Flansch]
U 15	**ultimate number of cycles**	Grenzlastspielzahl *(f)*
U 16	**ultimate strength**	Bruchgrenze *(f)* [Festigkeit]
U 17	**ultimate tensile strength; UTS**	Zugfestigkeit *(f)*; Bruchfestigkeit *(f)* [gegen Zug]; Zerreißfestigkeit *(f)* [gegen Zug]
U 18	**ultimate tensile stress**	Zerreißbeanspruchung *(f)*
U 19	**ultra multiple wire electrode welding**	Mehrdraht-UP-Schweißen *(n)*
U 20	**ultrasonic**	Ultraschall *(m)*
U 21	**ultrasonically tested for absence of laminations**	doppelungsfrei geschallt [V]
U 22	**ultrasonic baseline examination**	Ultraschallnullaufnahme *(f)*
U 23	**ultrasonic crystal**	Schwinger *(m)* [US-Prüfung]
U 24	**ultrasonic edge scanning**	Ultraschallrandzonenprüfung *(f)* [Blech]
U 25	**ultrasonic equipment**	Ultraschallprüfgerät *(n)*
U 26	**ultrasonic flaw detection; ultrasonic test(ing); ultrasonic examination; ultrasonics; ultrasonic inspection; UT**	US-Prüfung *(f)*; Ultraschallprüfung *(f)*
U 27	**ultrasonic grid-line plus edge scanning**	Ultraschallgesamtprüfung *(f)* [Rasterflächen und Randzonenprüfung; Blech]
U 28	**ultrasonic grid-line scanning**	Ultraschallflächenprüfung *(f)* [Rasterprüfung; Blech]
U 29	**ultrasonic spectroscopy**	Ultraschall-Spektroskopie *(f)*

U 30	**ultrasonic test result**	Ultraschallbefund *(m)*
U 31	**ultrasonic transducer**	Ultraschallprüfkopf *(m)*
U 32	**ultrasonic wave frequency**	Ultraschallfrequenz *(f)*
U 33	**ultrasonic welding**	Ultraschallschweißen *(n)*
U 34	**ultrasound**	Ultraschall *(m)* [Akustik]
U 35	**ultratorr pipe fittings** *(pl)*	Höchstdruck-Rohrfittings *(n, pl)*
U 36	**umbrella-type roof** [tank]	Regenschirmdach *(n)* [Tank]
U 37	**unaccounted-for gas**	Gasverlust *(m)*
U 38	**unaccounted loss**	Restverlust *(m)* [z. B. Wärmebilanz]
U 39	**unalloyed steel**	unlegierter Stahl *(m)*
U 40	**unattended (mode of) operation; unmanned mode of operation**	unbedienter Betrieb *(m)*; vollautomatischer Betrieb *(m)*
U 41	**unavailability time; down-time; outage time**	Nichtverfügbarkeitszeit *(f)*; Stillstandszeit *(f)*
U 42	**unbalanced moments** *(pl)*	unausgeglichene Momente *(n, pl)*
U 43	**unbounded plastic deformation**	unbegrenzte plastische Deformation *(f)*
U 44	**unbraced length of column** [tank]	nicht gehaltene Stützenlänge *(f)* [Tank]
U 45	**unconfined plain faced joint**	nicht eingeschlossene Dichtfläche *(f)*
U 46	**uncoupled vibration** [tube bundle]	ungekoppelte Schwingung *(f)* [nur ein Rohr des Rohrbündels im RWÜ schwingt, während die anderen Rohre nicht schwingen]
U 47	**UNC screw thread** [Unified National Coarse]	Grobgewinde *(n)* [UNC]
U 48	**underbead** [weld]	Unterraupe *(f)* [Schweißnaht]
U 49	**underbead crack**	Unternahtriß *(m)*
U 50	**underbead cracking**	Unternahtrißbildung *(f)*
U 51	**under-bottom connection** [tank]	Unterbodenanschluß *(m)* [Tank]
U 52	**underclad cracking**	Unterplattierungsrißbildung *(f)*
U 53	**undercut** [flange]	Hinterdrehung *(f)* [Flansch]
U 54	**undercut** [thread]	Freistich *(m)* [Gewinde]
U 55	**undercut** [weld imperfection]	Einbrandkerbe *(f)* [Nahtfehler]
U 56	**undercut, continuous ...** [weld imperfection]	durchlaufende Einbrandkerbe *(f)* [Schweißnahtfehler]
U 57	**undercut, localized intermittent ...** [weld imperfection]	nicht durchlaufende Einbrandkerbe *(f)* [Nahtfehler]
U 58	**undercutting** [radiog.]	Unterhöhlung *(f)* [durch Streustrahlung; Durchstrahlungsprüfung]
U 59	**undercutting** [weld imperfection]	Einbrandkerbenbildung *(f)*; Bildung *(f)* von Einbrandkerben [Schweißnahtfehler]
U 60	**undercutting for seating** [valve]	Eindrehung *(f)* für den Sitz [Ventil]
U 61	**undercutting ring**	Unterschneidering *(m)* [Bio-Reaktor]
U 62	**underfill** [weld imperfection]	weggeschmolzene Stirnlängskante *(f)* [Kehlnaht]; ungenügende Fugenfüllung *(f)* [Fugennaht]
U 63	**underflushing; excessive dressing** [weld imperfection]	Unterschleifen *(n)* [unzulässige Verminderung des Werkstücks oder der Nahtdicke durch Schleifen; Nahtfehler]
U 64	**underground tank**	Tiefbehälter *(m)*
U 65	**undermatching weld metal**	Schweißgut *(n)* mit geringerer Festigkeit
U 66	**underrated** *(v)*	unterdimensioniert; unterbemessen *(V)*

undersize

U 67	undersize	Untermaß *(n)*; Untergröße *(f)*
U 68	underwashing; root concavity; suck-back; shrinkage groove [weld imperfection]	Wurzelrückfall *(m)*; Wurzelkerbe *(f)* [Nahtfehler]
U 69	underweight	Untergewicht *(n)*; Mindergewicht *(n)*
U 70	undisturbed flow; non-disturbed flow; developed flow	ausgebildete Strömung *(f)* [siehe: S 1040]
U 71	undressed *(v)*	unbearbeitet *(V)*
U 72	undrilled outer rim; unperforated rim [tubesheet]	unberohrter äußerer Rand *(m)* [Rohrboden]
U 73	UNEF screw thread [Unified National Extra Fine]	Feingewinde *(n)* [UNEF]
U 74	unequal-leg angle	ungleichschenkliges Winkeleisen *(n)*
U 75	unexpanded tube	nicht eingewalztes Rohr *(n)*
U 76	unfinned end [tube]	unberipptes Ende *(n)* [Rohr]
U 77	unflanged flat end (plate); unflanged flat head [see Annex 1, p. 22]	Scheibenboden *(m)*; ungekrempter ebener Boden *(m)* [siehe Anhang 1, S. 22]
U 78	UNF screw thread [Unified National Fine]	Feingewinde *(n)* [UNF]
U 79	ungasketed seal-welded flange	dichtungsloser dichtgeschweißter Flansch *(m)*; Flansch *(m)* ohne Dichtung mit Dichtschweißung [Schweißlippendichtung]
U 80	uniaxial load	einachsige Beanspruchung *(f)*
U 81	uniaxial stress state	einachsiger Spannungszustand *(m)*
U 82	unified assembly	konstruktive Einheit *(f)*
U 83	uniform attack [corrosion]	gleichförmiger Flächenabtrag *(m)* [Korrosion]
U 84	uniform heat flux; UHF	gleichmäßiger Wärmefluß *(m)*
U 85	uniformly distributed porosity; uniform porosity [weld imperfection]	gleichförmig verteilte Porosität *(f)* [zahlreich verstreute Poren; Nahtfehler]
U 86	uniform tubehole pattern	regelmäßiges Lochfeld *(n)*; regelmäßiges Rohrlochfeld *(n)*
U 87	uniform void fraction distribution in bed of spheres	gleichverteilter Lückengrad *(m)* in Kugelschüttungen
U 88	uniform wall temperature; UWT	gleichförmige Wandtemperatur *(f)*
U 89	uninterrupted operation; uninterrupted duty	unterbrechungsfreier Betrieb *(m)*; Dauerbetrieb *(m)*
U 90	union	Kupplungsstück *(n)*; Muffe *(f)* [Verschraubung]
U 91	union cross	Kreuzstück *(n)*; kreuzförmige Verschraubung *(f)* mit vierseitigem Rohranschluß; Kreuzung *(f)* mit vierseitigem Rohranschluß
U 92	union elbow	Winkelstück *(n)*; Winkel *(m)*; Winkelverschraubung *(f)* mit zweiseitigem Rohranschluß
U 93	union holder [bursting disk]	überwurfmutterartige Haltevorrichtung *(f)* [Berstscheibenflansch; siehe auch: **holder**]
U 94	union nut	Überwurfmutter *(f)*
U 95	union tee	T-Verschraubung *(f)* mit dreiseitigem Rohranschluß
U 96	unit	Einheit *(f)* [Maß]; Maßeinheit *(f)*
U 97	unit	Aggregat *(n)*; Komponente *(f)*; Einheit *(f)* [Anlageteil]
U 98	unit area	Flächeneinheit *(f)*

unpierced dished end

U 99	**unit assembly**	Teilzusammenbau *(m)*
U 100	**unit assembly drawing**	Teilzusammenstellungszeichnung *(f)*
U 101	**unitised construction system**	Baukastensystem *(n)*; Bausteinsystem *(n)*; Komponentenbauweise *(f)*
U 102	**unit length**	Längeneinheit *(f)*
U 103	**unit moment**	Flächeneinheitsmoment *(n)*
U 104	**unit soil loading [tank]**	Bodenpressung *(f)* [Tank]
U 105	**unit stress; stress per unit area**	Spannung *(f)* pro Flächeneinheit
U 106	**unit weight**	Einheitsgewicht *(n)*; Stückgewicht *(n)*
U 107	**universal beam**	H-Profil *(n)* [mit parallelen Flanschflächen]; mittelbreiter I-Träger *(m)*
U 108	**universal column**	breiter I-Träger *(m)*; Breitflanschträger *(m)*; H-Profil *(n)* [mit parallelen Flanschflächen]
U 109	**universal expansion joint; [see Annex 1, p. 89]**	Universalkompensator *(m)* [für allseitige Bewegungsaufnahme; siehe Anhang 1, S. 89]
U 110	**universal gas constant**	allgemeine Gaskonstante *(f)*
U 111	**universal joint**	Gelenkverbindung *(f)*; Kreuzgelenk *(n)*; Universalgelenk *(n)*
U 112	**universal joist**	H-Profil *(n)* [mit geneigten inneren Flanschflächen]
U 113	**universal pressure-balanced expansion joint [see Annex 1, p. 91]**	eckentlasteter Universalkompensator *(m)* [der eckentlastete Universalkompensator ist dem eckentlasteten Axial-Kompensator **(pressure-balanced expansion joint)** durch seine universelle Bewegungsmöglichkeit in 3 Ebenen (Raumbeweglichkeit) überlegen, im Aufbau jedoch ähnlich; er wird, wie jener, als komplettes einbaufertiges Aggregat geliefert. Eine solche Kompensation kann überall vorgesehen werden, wo eine 90°-Umleitung durch einen Rohrbogen gegeben ist und der freie Schenkel zum Einbau eines weiteren Lateral-Kompensators zu kurz ist. Die Verankerung wird wie bei allseitig beweglichen Lateral-Kompensatoren mit Kreuzgelenken, oder falls laterale Beweglichkeit in einer Ebene ausreichend ist, mit Bolzengelenken versehen. Siehe Anhang 1, S. 91]
U 114	**universal tied expansion joint [see Annex 1, pp. 89 and 94]**	verankerter Universalkompensator *(m)* [siehe Anhang 1, S. 89 und 94]
U 115	**unkilled steel; rimming steel**	unberuhigter Stahl *(m)*
U 116	**unmanned operation**	unbemannter Betrieb *(m)*; unbewachter Betrieb *(m)*; vollautomatischer Betrieb *(m)*
U 117	**unnotched specimen**	Vollstab *(m)* [Werkstoffprüfung]
U 118	**U-notch specimen**	Rundkerbprobe *(f)*
U 119	**unperforated rim; undrilled outer rim [tubesheet]**	unberohrter Randbereich *(m)*; unberohrter äußerer Rand *(m)* [Rohrboden]
U 120	**unpierced dished end [UK]; unpierced dished head [US]**	gewölbter Vollboden *(m)*

U 121	**unpierced end [UK]; unpierced head [US]; plain end [UK]; plain head; blank head [US]**	ungelochter Boden *(m)*; Vollboden *(m)*; Boden *(m)* ohne Ausschnitte
U 122	**unpierced shell**	Mantel *(m)* ohne Ausschnitte
U 123	**unplanned downtime; unplanned outage time; unplanned unavailability time**	Ausfallzeit *(f)* [Störanteil der Nichtverfügbarkeitszeit]
U 124	**unpressurized; depressurized**	drucklos *(Adj.)*
U 125	**unreactive** *(adj.)*	reaktionsträge *(Adj.)*
U 126	**unrefined columnar region [welding]**	nicht umgewandelte Stengelkristallzone *(f)* [Schweißen]
U 127	**unreinforced bellows [see Annex 1, p. 86]**	unverstärkter Balg *(m)* [siehe Anhang 1, S. 86]
U 128	**unreinforced seal; homogeneous seal**	nicht armierte Dichtung *(f)*; unbewehrte Dichtung *(f)*
U 129	**unrestrained position**	nicht durch Einspannung behinderte Lage *(f)*
U 130	**unseat** *(v)*; **lift off** *(v)* **a seat [valve]**	abheben *(V)* vom Sitz [Ventil]
U 131	**unsound weld metal**	fehlerhaftes Schweißgut *(n)*
U 132	**UNS screw thread [Unified National Special]**	Sondergewinde *(n)* [UNS]
U 133	**unstable crack growth**	instabiles Rißwachstum *(n)*
U 134	**unstable crack propagation**	instabile Rißausbreitung *(f)*
U 135	**unstable flow; unsteady flow; transient flow**	instabile Strömung *(f)*; instationäre Strömung *(f)*; transiente Strömung *(f)* [Erläuterungen siehe unter: **unsteady flow**]
U 136	**unstable fracture**	instabiler Bruch *(m)*
U 137	**unstamped backfill**	nicht unterstopfte Hinterfüllung *(f)*
U 138	**unstayed flat end [UK]; unstayed flat head [US]**	unverankerter ebener Boden *(m)*
U 139	**unsteady conduction of heat; unsteady (-state) heat conduction; heat conduction in the unsteady state**	instationäre Wärmeleitung *(f)*
U 140	**unsteady flow; transient flow; unstable flow**	instationäre Strömung *(f)*; transiente Strömung *(f)*; instabile Strömung *(f)* [Unter einer instationären Strömung versteht man den Vorgang, bei dem sich Druck und Geschwindigkeit an jeder Stelle des Systems mit der Zeit verändern. Der Druckunterschied an verschiedenen Stellen des Systems entsteht in erster Linie durch die Beschleunigungs- und Verzögerungskräfte infolge der Geschwindigkeitsveränderungen mit der Zeit an einer bestimmten Stelle des Systems. Die Druckänderung durch Reibungsverluste wird bei dieser als instationär betrachteten Strömung fast immer vollständig vernachlässigt. Eine charakteristische instationäre Strömung ist etwa die Strömung in einer Rohrleitung, in der an beliebiger Stelle plötzlich ein Abschlußorgan geschlossen oder geöffnet wird. Siehe auch: *stationäre Strömung* **(steady flow)** sowie *quasistationäre Strömung* **(quasi-steady flow).**]

U 141	**unsupported length; effective length; buckling length**	Knicklänge *(f)*; Beullänge *(f)*
U 142	**unsupported length of bellows**	ungestützte Balglänge *(f)*
U 143	**unsupported span length**	Länge *(f)* einer Stützweite; Stützweitenlänge *(f)*
U 144	**unsupported tube span; baffle spacing** [heat exchanger]	Leitblechabstand *(m)*; ungestützte Rohrspannweite *(f)* [Wärmeaustauscher]
U 145	**untoleranced dimension**	Freimaß *(n)*
U 146	**unwelded land**	unverschweißter Bereich *(m)*
U 147	**unwetted heat exchanger**	trockener Wärmeaustauscher *(m)*
U 148	**unwetted heat exchange surfaces** *(pl)*	trockene Wärmeaustauschflächen *(f, pl)*
U 149	**U-packing ring**	Manschettenpackung *(f)* [Dichtung]
U 150	**updating form**	Revisionsblatt *(n)* [QS-Handbuch]
U 151	**updating service**	Revisionsdienst *(m)* [QS-Handbuch]; Änderungsdienst *(m)* [Dokumentation]
U 152	**upflow; upward flow**	Aufwärtsströmung *(f)*; Aufstrom *(m)*
U 153	**upgraded design**	verbesserte Ausführung *(f)*
U 154	**upgrading**	Ertüchtigung *(f)*; Sanierung *(f)* [Anlage]
U 155	**uphill welding; upward vertical welding**	Steignahtschweißen *(n)*
U 156	**uplift** [tank shell]	Auftrieb *(m)*; Abheben *(n)* [Tankmantel]
U 157	**upper allowance**	oberes Abmaß *(n)* [Passung]
U 158	**upper bound approach**	Näherungsverfahren *(n)* für die obere Grenzlast
U 159	**upper bound collapse load**	obere Grenzlast *(f)* [obere Eingrenzung der Grenzlast bei der Tragfähigkeitsanalyse]
U 160	**upper shelf** [impact test]	Hochlage *(f)* [Kerbschlagbiegeversuch]
U 161	**upper shelf energy level** [impact test]	Energieniveau *(n)* der oberen Hochlage [Kerbschlagbiegeversuch]
U 162	**upper support bar; top-carrying bar** [PHE]	obere Tragstange *(f)* [Plattenwärmetauscher]
U 163	**upper yield point**	obere Streckgrenze *(f)*
U 164	**uprating**	Leistungserhöhung *(f)*
U 165	**U-profile bellows** [see Annex 1, p. 86]	U-Profilbalg *(m)*; Balg *(m)* mit U-Profil; fiktiv: Kompensatorwelle *(f)* mit Kreisringplatte [siehe Anhang 1, S. 86]
U 166	**upset** *(v)*	stauchen *(V)*
U 167	**upset allowance**	Stauchlängenzugabe *(f)*
U 168	**upset bending machine**	Biegedrückmaschine *(f)*
U 169	**upset condition** [operation]	Störfall *(m)* [im Betrieb]
U 170	**upset flash**	Stauchgrat *(m)*
U 171	**upset length loss**	Stauchlängenverlust *(m)*
U 172	**upset load** [vibration damper]	Last *(f)* für bestimmungsgemäßen Betrieb [Schwingungsdämpfer]
U 173	**upset operating condition**	Betriebsstörung *(f)*
U 174	**upset pressure**	Stauchdruck *(m)*
U 175	**upsetting**	Stauchen *(n)*; Anstauchen *(n)*
U 176	**upsetting force**	Stauchkraft *(f)*
U 177	**upsetting operation**	Stauchvorgang *(m)*
U 178	**upsetting test**	Stauchversuch *(m)*
U 179	**upset underfill**	unausgefüllte Stauchung *(f)*
U 180	**upset wrinkle**	Stauchfalte *(f)*

U 181	**upstream heating surface**	vorgeschaltete Heizfläche *(f)*
U 182	**upthrust air [valve]**	Hubluft *(f)* [Ventilzusatzbelastung]
U 183	**upturned fibre**	Faserumlenkung *(f)*
U 184	**upturned fibre imperfections** *(pl)*	Unvollkommenheiten *(f, pl)* durch Faserumlenkung
U 185	**upturned welding flange**	Vorschweißbördel *(m)* [Flansch]
U 186	**upward flow; upflow**	Aufwärtsströmung *(f)*; Aufstrom *(m)*
U 187	**upward folding**	Innenkanten *(n)* [Blech]
U 188	**upward vertical welding; uphill welding**	Steignahtschweißen *(n)*
U 189	**U-ring section**	U-Profilring *(m)*
U 190	**usage factor**	Erschöpfungsgrad *(m)*; Erschöpfung *(f)*; [früher auch:] Ausnutzungsgrad *(m)*
U 191	**useful energy; net energy**	Nutzenergie *(f)*
U 192	**useful heat; effective heat**	Nutzwärme *(f)*
U 193	**U-shaped bend; U-type pipe**	U-System *(n)* [Kompensation von Rohrleitungen mit Gelenksystemen; künstliche Umlenkung einer geraden Rohrstrecke]
U 194	**U-shaped expansion joint [see Annex 1, p. 86]**	U-Bogen-Dehnungsausgleicher *(m)* [Siehe Anhang 1, S. 86]
U 195	**U-span profile bellows**	abgespannter U-Dehnungsausgleicher *(m)*
U 196	**UT; ultrasonic testing**	US-Prüfung *(f)*; Ultraschallprüfung *(f)*
U 197	**UTS; ultimate tensile strength**	Zugfestigkeit *(f)*; Bruchfestigkeit *(f)*; Zerreißfestigkeit *(f)* [gegen Zug]
U 198	**U-tube (bundle) heat exchanger [see Annex 1, p. 4, Fig. CFU]**	U-Rohrbündel-Wärmeübertrager *(m)*; U-Rohrbündel-Wärmeaustauscher *(m)*; U-Röhren-Wärmeübertrager *(m)* [Dieser Wärmeaustauscher besteht aus einem Bündel U-förmiger Rohre, die an **einem** Rohrboden befestigt sind und sich in einem zylindrischen Mantel befinden; nicht verwechseln mit dem Haarnadel-Wärmeaustauscher **(hair-pin design)**; siehe Anhang 1, S. 4; Abb. CFU]
U 199	**U-tube compact heat exchanger**	U-Rohr-Kompakt-Wärmeaustauscher *(m)*; URKO-Wärmeaustauscher *(m)*; URKO-WT [Gegenüber herkömmlichen U-Rohr-Wärmetauschern unterscheidet sich der URKO-WT durch separate Rohrplatten für die beiden Schenkel des Rohrbündels. Einsatz als Helium-Helium-Wärmetauscher]
U 200	**U-tube manometer**	U-Rohr-Manometer *(n)*
U 201	**U-tubesheet**	U-Rohrboden *(m)*
U 202	**U-type arrangement [PHE]**	U-Anordnung *(f)* [Plattenwärmeaustauscher; Anordnung, bei der die Eintritts- und die Austrittsöffnung des Mediums auf derselben Seite liegen]
U 203	**U-type scraper spring construction**	U-förmiger Kratzer *(m)*; Kratzer *(m)* mit U-förmiger Feder [Kratzkühler; federbelastetes Wischersystem mit U-förmiger Feder]

U 204	**U-value; thermal transmittance; overall heat transfer coefficient**	Wärmedurchgangszahl *(f)*; Wärmedurchgangswert *(m)*; k-Wert *(m)*
U 205	**UWT; uniform wall temperature**	gleichförmige Wandtemperatur *(f)*

V

V 1	**vacuum**	Vakuum *(n)*; Unterdruck *(m)* [wird durch Pumpen oder Strahlsauger erzeugt. Die Erzeugung eines absoluten Vakuums ist praktisch unmöglich, man erreicht Teilvakuum. Man unterscheidet folgende Vakuumbereiche: — Grobvakuum — Feinvakuum — Hochvakuum — Ultrahochvakuum.]
V 2	**vacuum arc remelt process; VAR process**	Vakuum-Lichtbogen-Umschmelzverfahren *(n)*
V 3	**vacuum box**	Vakuumkammer *(f)*
V 4	**vacuum breaker**	Unterdruckausgleichsventil *(n)*; Vakuumausgleichsventil *(n)*; Vakuumbrecher *(m)* [Rückschlagventil]
V 5	**vacuum breaking**	Unterdruckausgleich *(m)*; Vakuumausgleich *(m)*
V 6	**vacuum condenser**	Vakuumkondensator *(m)* [wird unter Vakuum betrieben. Findet Anwendung oberhalb von Destillationskolonnen, die unter Vakuum betrieben werden wie z. B. in einer Erdölraffinerie. Oberflächenkondensatoren in Kraftwerken werden ebenfalls unter Vakuum betrieben.]
V 7	**vacuum deaerator**	Vakuumentgaser *(m)* [Speisewasser]
V 8	**vacuum distillation**	Vakuumdestillation *(f)*; Hochvakuumdestillation *(f)* [Destillation unter vermindertem Luftdruck zur Herabsetzung der Siedetemperatur und zur Vermeidung von Zersetzung]
V 9	**vacuum gauge; vacuometer**	Unterdruckmanometer *(n)*; Vakuummeßgerät *(n)*; Vakuummeter *(n)*
V 10	**vacuum pressure; suction pressure**	Unterdruck *(m)*
V 11	**vacuum pump**	Unterdruckpumpe *(f)*; Vakuumpumpe *(f)*
V 12	**vacuum relief valve; anti-void valve; antivacuum valve**	Vakuumbrecher *(m)*; Unterdruckbegrenzungsventil *(n)*
V 13	**vacuum service**	Vakuumbetrieb *(m)*
V 14	**vacuum support** [bursting disk]	Vakuumstütze *(f)*; Unterdruckverstärkung *(f)* [vorgewölbte Berstscheibe; gibt der Scheibe bei Gegendruck (Vakuum) einen Schutz]
V 15	**vacuum testing**	Vakuumprüfung *(f)*
V 16	**valve** [see Annex 1, pp. 33–57]	Ventil *(n)* [Absperreinrichtung. Bei Ventilen erfolgt die Absperrbewegung *senkrecht* zur Dichtfläche und in Richtung des Durchflusses. Ein Absperrkörper (Platte, Kegel, Kolben, Kugel) gibt mit einer Abhebebewegung parallel zur Strömungsrichtung einen zylindrischen Ringquerschnitt als Strömungsquerschnitt frei. Ventilähnliche Absperrorgane, in

denen wegen besonders günstiger Strömungsverhältnisse oder besonderer Aggressivität des Fluids eine Membrane zusammengedrückt wird, sind Membranventil und Ringkolbenventil mit rotationssymmetrischer Strömungsführung. Ventile sind die am häufigsten eingesetzten Absperrorgane in der chemischen Industrie. Sie sind wenig empfindlich und leicht zu reparieren.

Man unterscheidet nach der Art der Abdichtung:

— Teller- oder Kegelsitzventile **(plug valve)**

— Kolbenventile **(plunger valve)**

— Membranventile **(diaphragm valve)**

— Quetschventile **(pinch valve)**

nach der Anordnung des Ventilsitzes:

— Geradsitzventile/Durchgangsventile **(straightway valve)**

— Schrägsitzventile/Freiflußventile **(oblique valve)**

— Eckventile **(angle valve)**

nach der Funktion:

— Absperrventile **(shut-off valve, isolating valve, stop valve)**

— Drosselventile **(throttle valve)**

— Regelventile **(control valve)**

— Rückschlagventile **(check valve)**

— Sicherheitsventile **(safety valve)**.

Dazu kommen eine ganze Reihe von Sonderausführungen wie:

Bodenablaßventil, Wechselventil, 3-Wege-Ventil, Heizmantelventil und viele mehr.

Ventile weisen gegenüber den anderen Armaturenbauarten eine Reihe von Vorteilen auf:

— Sie können entsprechend ihrer Bauart sowohl zum Absperren, zum Drosseln als auch zum Regeln eingesetzt werden.

— Es kommt zu keiner Gleitbewegung auf der Dichtfläche, der Verschleiß ist entsprechend geringer als bei anderen Armaturen.

— Durch Erhöhung der Spindelkraft ist es möglich, die Abdichtung zu verbessern.

— Ein Nacharbeiten der Sitzflächen ist im Bedarfsfall problemloser möglich als z. B. beim Schieber.

Diesen deutlichen Vorteilen stehen natürlich auch einige Nachteile gegenüber:

— Ventile haben ein vergleichsweise hohes Gewicht.

— Zur Betätigung sind hohe Stellkräfte notwendig.

valve

		— Die Strömungsverluste sind infolge der mehrfachen Umlenkung höher als bei anderen Armaturenbauarten. Ventilbauarten siehe Anhang 1, S. 33–37]
V 17	valve, combined stop and check ...	kombiniertes Absperr- und Rückschlagventil *(n)*
V 18	valve actuation	Ventilbetätigung *(f)*
V 19	valve actuator; valve operator	Ventilstellantrieb *(m)*; Ventilantrieb *(m)*
V 20	valve area	Ventilquerschnitt *(m)* [freier]
V 21	valve assisted by secondary load	Ventil *(m)* mit Zusatzbelastung
V 22	valve bellows [see Annex 1, p. 49]	Ventil-Ausgleichsfaltenbalg *(m)*; Ventilbalg *(m)*; Ausgleichsfaltenbalg *(m)* [siehe: **bellows sealed valve**; siehe Anhang 1, S. 49]
V 23	valve body	Ventilkörper *(m)*; Ventilgehäuse *(n)*; Armaturenkörper *(m)*
V 24	valve (body) seat	Ventilsitz *(m)*
V 25	valve bonnet; valve cap; valve cover; valve hood	Ventildeckel *(m)*; Ventilaufsatz *(m)*; Ventilkappe *(f)*; Ventilaufbau *(m)*; Ventilbügeldeckel *(m)*
V 26	valve bonnet gasket	Ventildeckeldichtung *(f)*
V 27	valve bonnet seal	Ventildeckelverschluß *(m)*
V 28	valve boot; valve sleeve; pinch tube	Schlaucheinsatz *(m)* [Quetsch-/Schlauchmembranventil]
V 29	valve capacity; flow capacity; flow rating	Durchflußkapazität *(f)*; Ventilkapazität *(f)*; Durchsatz *(m)*
V 30	valve characteristic	Ventildurchflußkennlinie *(f)*; Ventilkennlinie *(f)*; Ventilöffnungskennlinie *(f)*; Ventilcharakteristik *(f)*
V 31	valve chatter; valve vibration; valve oscillation	Ventilschwingung *(f)*; Ventilschnarren *(n)*; Ventilflattern *(n)*
V 32	valve chest	Ventilkasten *(m)*; Ventilgehäuse *(n)*
V 33	valve combination; valve set	Ventilkombination *(f)*
V 34	valve connection	Armaturstutzen *(m)*; Ventilanschluß *(m)*
V 35	valve control module	Ventilansteuerungsbaugruppe *(f)*
V 36	valve cover; valve bonnet; valve cap; valve hood	Ventildeckel *(m)*; Ventilaufsatz *(m)*; Ventilkappe *(f)*; Ventilaufbau *(m)*; Ventilbügeldeckel *(m)*
V 37	valve disc; valve disk	Ventilkegel *(m)*; Ventilteller *(m)*
V 38	valve face-to-face dimension; valve overall length	Ventilbaulänge *(f)*
V 39	valve flow coefficient	Ventilkoeffizient *(m)*
V 40	valve group; valve set	Ventilgruppe *(f)*; Ventilstation *(f)*
V 41	valve hammering	Ventilschläge *(m, pl)*
V 42	valve handwheel	Ventilhandrad *(n)*
V 43	valve head	Ventilkegel *(m)* [Sicherheitsventil]
V 44	valve head face	Kegeldichtfläche *(f)* [Sicherheitsventil]
V 45	valve hood; valve bonnet; valve cap; valve cover	Ventildeckel *(m)*; Ventilaufsatz *(m)*; Ventilkappe *(f)*; Ventilaufbau *(m)*; Ventilbügeldeckel *(m)*
V 46	valve interlocking device; valve lock	Armaturenschloß *(n)*

V 47	**valve lapping machine**	Ventilsitzeinschleifmaschine *(f)*
V 48	**valve lift**	Ventilhub *(m)* [siehe auch: L 166]
V 49	**valve lift stop**	Hubbegrenzung *(f)*; Ventilhubbegrenzung *(f)*
V 50	**valve liner**	Ventilbüchse *(f)*
V 51	**valve lock; valve interlocking device**	Armaturenschloß *(n)*
V 52	**valve manifold**	Ventilblock *(m)*
V 53	**valve operator; valve actuator**	Ventilstellantrieb *(m)*; Ventilantrieb *(m)*
V 54	**valve oscillation; valve chatter; valve vibration**	Ventilschwingung *(f)*; Ventilschnarren *(n)*; Ventilflattern *(n)*
V 55	**valve plate**	Flachschieber *(m)*; Planschieber *(m)*; Ventilplatte *(f)*
V 56	**valve plug**	Ventilkegel *(m)* [Hahnventil]; Ventilstopfen *(m)*
V 57	**valve port**	Ventildurchflußöffnung *(f)*
V 58	**valve position**	Ventilstellung *(f)* [offen oder geschlossen]
V 59	**valve position display**	Ventilstellungsanzeige *(f)*
V 60	**valve positioner**	Ventilstellwerk *(n)*; Ventilantrieb *(m)*; Ventilstellantrieb *(m)*
V 61	**valve position indicator**	Ventilstellungsanzeiger *(m)*; Ventilstellungsgeber *(m)*
V 62	**valve rating; flow capacity; flow rating**	Durchflußkapazität *(f)*; Ventilkapazität *(f)*; Durchsatz *(m)*
V 63	**valve reseater**	Ventilsitzbearbeitungsgerät *(n)*
V 64	**valve response**	Ventilverhalten *(n)*
V 65	**valves** *(pl)* **(and accessories)**	Armaturen *(f, pl)* [feine Armatur; Armaturen sind Ausrüstungen zum Absperren und Regeln von Durchflußmengen und zur Sicherung geschlossener Systeme. Sie haben die Aufgabe, Strömungen zu unterbinden, d. h. sie abzusperren, Rohrleitungen und Apparate gegen Überlastungen abzusichern und den Durchfluß zu regeln. Man unterscheidet: — Absperrorgane **(shut-off devices)** — Steuer- und Regelorgane **(control devices)** — Sicherheitsorgane **(safety devices)**.]
V 66	**valve seat; valve body seat**	Ventilsitz *(m)*
V 67	**valve set; valve group**	Ventilgruppe *(f)*; Ventilstation *(f)*
V 68	**valve setting**	Ventileinstellung *(f)*
V 69	**valve size**	Ventilweite *(f)*
V 70	**valve sleeve; valve boot; pinch tube**	Schlaucheinsatz *(m)* [Quetsch-/Schlauchmembranventil]
V 71	**valve spindle; valve stem**	Ventilstößel *(m)*; Ventilspindel *(f)*
V 72	**valve spool; valve piston**	Schieber *(m)*; Ventilkolben *(m)*; Steuerschieber *(m)*

valve tray

V 73	**valve tray** [column; see Annex 1, p. 10]	Ventilboden *(m)*; Düsenboden *(m)* [Fraktionierboden in einer Kolonne. Er wird dadurch gekennzeichnet, daß die Riser (Aufstiegsöffnungen) durch einfache Ventile (Klappen, Pilze) verschlossen sind, die sich unter dem Druck der aufsteigenden Dämpfe öffnen. Sie zeichnen sich durch große Flexibilität bei variierender Dampfbelastung der Fraktionierkolonne aus; siehe Anhang 1, S. 10]
V 74	**valve trim**	Ventilinnenteile *(n, pl)*; Ventileinsatz *(m)*; Ventilinnengarnitur *(f)*
V 75	**valve vibration; valve chatter; valve oscillation**	Ventilschwingung *(f)*; Ventilschnarren *(n)*; Ventilflattern *(n)*
V 76	**valve with electric actuator; electrically actuated valve**	Ventil *(n)* mit Elektroantrieb
V 77	**valve yoke**	Ventilbügelaufsatz *(m)*; Ventilbockaufsatz *(m)*; Ventiljoch *(n)*; Laterne *(f)*
V 78	**valve yoke bush**	Ventilbügelfutter *(n)*
V 79	**vane-type(moisture) separator**	Feinabscheider *(m)* [Feuchtigkeit]
V 80	**vanishing thread**	auslaufendes Gewinde *(n)*
V 81	**Van Stoned ends** *(pl)* [expansion joint; see Annex 1, p. 103]	Van-Stone-Flanschenden *(n, pl)*; Bördelflansche *(m, pl)* [Bei dieser Konstruktion werden die Flansche über die Balgenden geschoben, und der Balgwerkstoff wird nach außen über die Flanschdichtflächen umgebördelt. Der Balgwerkstoff verhindert den Kontakt zwischen den Flanschen und dem das Rohr durchströmenden Medium. Der umgebördelte Teil des Balgwerkstoffes, der die Flanschdichtfläche überlappt, erzeugt einen Zustand, der dem einer Dichtleiste äquivalent ist; Kompensatorbalg; siehe Anhang 1, S. 103]
V 82	**vaporization**	Verdampfung *(f)* [Wechsel einer Flüssigkeit vom Flüssig- in den Gaszustand]
V 83	**vaporization heat**	Verdampfungswärme *(f)*; Dampfbildungswärme *(f)*
V 84	**vaporization loss**	Verdampfungsverlust *(m)*
V 85	**vaporizer**	Verdampfer *(m)*; Eindampfapparat *(m)* [zur Verdampfung nichtwäßriger Lösungen; siehe auch: **evaporator**]
V 86	**vapour**	Dampf *(m)* [siehe auch: **steam**]
V 87	**vapour barrier**	Dampfsperre *(f)* [Isolierung]
V 88	**vapour belt; distributor belt**	Dampfgürtel *(m)*
V 89	**vapour compression evaporation; VCE**	Brüdenkompressionsverdampfung *(f)*
V 90	**vapour compression type evaporator**	Brüdenkompressionsverdampfer *(m)*
V 91	**vapour condensation**	Brüdenkondensation *(f)*
V 92	**vapour condenser**	Brüdenkondensator *(m)*; BRÜKO
V 93	**vapour density**	Dampfdichte *(f)*
V 94	**vapour-dome roof** [tank]	Dampfdom-Dach *(n)* [Tank]

V 95	**vapour exit nozzle**	Dampfaustrittsstutzen *(m)*
V 96	**vapour head**	Brüdendom *(m)* [z. B. im Verdampfer]
V 97	**vapour inlet nozzle**	Dampfeintrittsstutzen *(m)*
V 98	**vapour phase**	Dampfphase *(f)*
V 99	**vapour pressure**	Dampfdruck *(m)* [Der Druck, mit der eine Flüssigkeit (mitunter auch ein fester Körper) das Bestreben hat, aus dem flüssigen in den gasförmigen Zustand überzugehen, bzw. der Druck eines gesättigten Dampfes]
V 100	**vapours** *(pl)*; **water vapours** *(pl)*	Brüden *(f, pl)*; Wrasen *(f, pl)* [Definition siehe unter: **water vapours**]
V 101	**vapour shear effects** *(pl)*	Scherkraftwirkung *(f)* des Dampfstroms
V 102	**vapour shear (stress)**	Dampfschubspannung *(f)*
V 103	**vapour space**	Dampfraum *(m)*
V 104	**vapour state**	dampfförmiger Zustand *(m)*
V 105	**vapour-tight skirt** [tank]	dampfdichter Bord *(m)* [Tank]
V 106	**vapour void fraction; void fraction of vapour**	Dampfvolumenanteil *(m)*; volumetrischer Dampfgehalt *(m)* [über den Querschnitt gemittelter volumetrischer Dampfgehalt]
V 107	**variable; desired value**	Sollwert *(m)*; Einstellwert *(m)* [zu erreichender Wert]
V 108	**variable amplitude loading**	Belastungen *(f, pl)* mit veränderlicher Amplitude
V 109	**variable and constant supports** *(pl)*	Unterstützungen *(f, pl)* mit variabler und konstanter Stützkraft
V 110	**variable angle-beam probe** [ultras.]	Winkel-Prüfkopf *(m)* mit veränderlichem Winkel [US-Prüfung]
V 111	**variable design point method**	Verfahren *(n)* mit veränderlichen Auslegungspunkten
V 112	**variable-pressure deaeration**	Gleitdruckentgasung *(f)*; Schwebeentgasung *(f)*
V 113	**variable-pressure deaerator**	Schwebeentgaser *(m)*; Gleitdruckentgaser *(m)*
V 114	**variable sensitivity probe** [ultras.]	Tiefenprüfkopf *(m)* [US-Prüfung]
V 115	**variable spring base support**	Federbüchse *(f)*
V 116	**variable (spring) hanger** [see Annex 1, pp. 59, 61/62]	Federbüchse *(f)*; Federhänger *(m)*; Federausgleichshänger *(m)* [Aufhängung; siehe Anhang 1, S. 59, 61/62]
V 117	**variable (spring) support**	Federstütze *(f)* [Aufhängung]
V 118	**variable spring trapeze hanger** [see Annex 1, pp. 59 and 62]	Federhängertraverse *(f)* [siehe Anhang 1, S. 59 and 62]
V 119	**VAR process; vacuum arc remelt process**	Vakuum-Lichtbogen-Umschmelzverfahren *(n)*
V 120	**VCE; vapour compression evaporation**	Brüdenkompressionsverdampfung *(f)*
V 121	**veeing out** [weld]	Ausfugen *(n)* [V-Naht]
V 122	**vee notch; V-notch**	V-Kerbe *(f)*; Kerbnut *(f)*
V 123	**vee path** [ultras.]	V-Schallweg *(m)* [US-Prüfung; bei Schrägeinschallung]
V 124	**vee-plug; vee-stem; V-plug** [valve]	Regulierkegel *(m)* [Ventil]
V 125	**vehicle fluid**	Trägerflüssigkeit *(f)*
V 126	**velocity approach factor**	Vorgeschwindigkeitsfaktor *(m)*
V 127	**velocity boundary layer**	Geschwindigkeitsgrenzschicht *(f)*

V 128	**velocity head**	Staudruck *(m)*
V 129	**velocity head coefficient**	Staudruckbeiwert *(m)*
V 130	**velocity head loss**	Staudruckverlust *(m)*
V 131	**velocity profile**	Geschwindigkeitsprofil *(n)*
V 132	**vent**	Schwadenrohr *(n)* [Laugenkühler]
V 133	**vent; deaerate; evacuate air** *(v)*	entlüften *(V)*
V 134	**vent; air bleeder; vent (port); bleeder; bleeder hole; bleeder port**	Entlüftungsbohrung *(f)*; Entlüftungsöffnung *(f)*; Entlüftung *(f)*; Entlüfter *(m)*
V 135	**vent; vent line**	Entlüftung *(f)*; Entlüftungsleitung *(f)*
V 136	**vent condenser**	Schwadenkondensator *(m)*; Schwadenkühler *(m)*
V 137	**vent connections** *(pl)* [heat exchanger]	Entlüftungsanschlüsse *(m, pl)* [oben auf der Vorkammer, der Haube oder auf dem Mantel eines Wärmetauschers angebracht]
V 138	**vent duct**	Entlüftungskanal *(m)*
V 139	**vent hole** [welding]	Entlüftungsbohrung *(f)* [Schweißen]
V 140	**ventilation; aeration; airing**	Entlüftung *(f)*
V 141	**ventilation nozzle**	Entlüftungsdüse *(f)*
V 142	**vent piping**	Entlüftungsleitungen *(f, pl)*
V 143	**vent plug**	Entlüftungsschraube *(f)*; Entlüftungsstopfen *(m)*
V 144	**vent slots** *(pl)*	Entlüftungsschlitze *(m, pl)*
V 145	**vent stacks** *(pl)*	Abzugsrohre *(n, pl)*
V 146	**vent tundish**	Entlüftungstrichter *(m)*
V 147	**venturi nozzle; venturi tube**	Venturidüse *(f)* [siehe: **venturi tube**]
V 148	**venturi section**	Venturimeßstrecke *(f)*
V 149	**venturi tube; venturi nozzle**	Venturirohr *(n)*; Venturidüse *(f)* [Venturirohre werden in Rohrleitungen zur Messung der durchfließenden Mengen eingebaut. In Form einer Düse wird der Rohrquerschnitt auf etwa ein Viertel des vollen eingeschnürt und anschließend kegelförmig erweitert zur Wiedergewinnung des Druckabfalls. Gemessen wird die Druckveränderung infolge Geschwindigkeitszunahme vor und hinter der Einschnürung mittels Differentialmanometer.]
V 150	**vent valve**	Entlüftungsventil *(n)*
V 151	**vertical bracing**	Vertikalverband *(m)* [Stahlbau]
V 152	**vertical construction**	stehende Ausführung *(f)*
V 153	**vertical-down technique** [welding]	Fallnahttechnik *(f)* [Schweißen]
V 154	**vertical-down weld**	Fallnaht *(f)* [Schweißen]
V 155	**vertical lift rate** [welding]	senkrechte Steiggeschwindigkeit *(f)* [Schweißen]
V 156	**vertically finned surface**	senkrecht berippte Oberfläche *(f)*
V 157	**vertical shell-and-U-tube evaporator**	stehender U-Rohr-Verdampfer *(m)* [z. B. in der Kerntechnik]
V 158	**vertical span member**	Vertikalstab *(m)*; Stiel *(m)* [Stahlbau]
V 159	**vertical steam generator**	stehender Dampferzeuger *(m)* [z. B. in der Kerntechnik]

V 160	**vertical truss**	Ständerfachwerk *(n)*
V 161	**vertical tube evaporation; VTE**	Fallfilmdestillation *(f)*
V 162	**vertical tube evaporator; VTE**	Senkrechtrohrverdampfer *(m)*; Steigrohrverdampfer *(m)*
V 163	**vertical tube-side thermosiphon reboiler**	stehender Thermosiphon-Reboiler *(m)*; stehender Naturumlauf-Wiederverdampfer *(m)* [besteht im allgemeinen aus einem E-Mantel mit senkrechten Rohren, in denen die Siedeflüssigkeit durch die Rohre strömt; Einsatz bei Destillationskolonnen]
V 164	**vertical-up technique** [welding]	Steignahttechnik *(f)* [Schweißen]
V 165	**vertical-up weld**	Steignaht *(f)*
V 166	**vertical welding**	Senkrechtschweißen *(n)*; Vertikalschweißen *(n)*
V 167	**vessel**	Behälter *(m)*
V 168	**vessel, pressure . . .**	Druckbehälter *(m)*
V 169	**vessel course; vessel strake; section**	Behälterschuß *(m)*
V 170	**vessel internals** *(pl)*	Behältereinbauten *(m, pl)*
V 171	**vessel shell**	Behältermantel *(m)*
V 172	**vessel strake; vessel course; section**	Behälterschuß *(m)*
V 173	**vessel support lug**	Behältertragpratze *(f)*
V 174	**vessel under external pressure**	außendruckbeanspruchter Behälter *(m)*
V 175	**vessel under internal pressure**	innendruckbeanspruchter Behälter *(m)*
V 176	**vibration amplitude; amplitude of vibration**	Schwingungsamplitude *(f)*
V 177	**vibration damper; vibration absorber** [see Annex 1, p. 82/83]	Schwingungsdämpfer *(m)*; Rohrleitungsdämpfer *(m)* [Schwingungsdämpfer sind Sicherheitseinrichtungen, die 1) unzulässige Rohrleitungsbewegungen infolge innerer oder äußerer Anregung bei besonderen Betriebszuständen und Störungen verhindern. Belastungen durch äußere Anregungen werden beispielsweise durch Erdbeben, Flugzeugabstürze oder Detonationswellen hervorgerufen. Massenstromänderungen verursachen Druckstoßkräfte, die die Rohrleitung durch innere Anregung belasten. 2) Betriebsschwingungen begrenzen bzw unterdrücken. 3) quasistatische Bewegungen, die sich z. B. aus Temperaturdehnungen ergeben, bei nur kleinen Reaktionskräften zulassen. Schwingungsdämpfer erfüllen damit die gleiche Aufgabe wie mechanische und hydraulische Stoßbremsen. Sie sind jedoch kostengünstiger und bieten darüber hinaus eine Reihe von technischen Vorteilen. Zum

vibration damper

		Beispiel wirken sie gleichzeitig in allen Bewegungsfreiheitsgraden, dämpfen Betriebsschwingungen und sind wartungsfrei. Einsatz im konvektionellen und kerntechnischen Bereich; siehe Anhang 1, S. 82/83]
V 178	**vibration excitation mechanisms** *(pl)*	Schwingungserregungsmechanismen *(m, pl)* [Es gibt drei Arten von Erregungsmechanismen für Rohrschwingungen: 1) turbulent buffeting 2) vortex shedding 3) fluidelastic instability; siehe: **1) — 3)**]
V 179	**vibration-free** *(adj.)*	erschütterungsfrei *(Adj.)*
V 180	**vibration-induced fretting wear** **[tube bundle]**	Schwingungsreibverschleiß *(m)* [aufgrund von Rohrschwingungen kommt es zur Kollision zwischen einzelnen Rohren in RWÜ oder ein Rohr schlägt gegen die Rohrlochkante im Leitblech]
V 181	**vibration-induced wear**	schwingungsinduzierter Verschleiß *(m)*
V 182	**vibratory energy**	Schwingungsenergie *(f)*
V 183	**Vickers diamond indentor hardness test**	Pyramidendruckprobe *(f)*; Vickershärteprüfung *(f)*
V 184	**Vickers hardness**	Vickershärte *(f)* [HV]
V 185	**Vickers hardness test**	Vickershärteprüfung *(f)*
V 186	**Vickers pyramid hardness**	Pyramidenhärte *(f)*
V 187	**violent arc** **[welding]**	unruhiger Lichtbogen *(m)* [Schweißen]
V 188	**violent boiling; ebullition**	heftiges Sieden *(n)*; Aufsieden *(n)*; heftige Verdampfung *(f)*
V 189	**virtual leak; hangup** **[leak test]**	virtuelles Leck *(n)*; scheinbares Leck *(n)*; scheinbarer Fehler *(m)* [entsteht durch langsames Entweichen von absorbiertem oder eingeschlossenem Spürgas; Dichtheitsprüfung]
V 190	**virtual mass**	virtuelle Masse *(f)*
V 191	**visco-elastic vibration damper** **[see Annex 1, pp. 82/83]**	viskoelastischer Schwingungsdämpfer *(m)*; VISCO-Dämpfer *(m)* [Rohrleitung; siehe auch: **vibration damper**; siehe Anhang 1, S. 82/83]
V 192	**viscosity**	Viskosität *(f)*; Zähigkeit *(f)*; Zähflüssigkeit *(f)* [Viskosität ist die durch innere Reibung bei Flüssigkeiten und Gasen auftretende Zähflüssigkeit]
V 193	**viscosity index**	Viskositätsindex *(m)* [Ein Maß für die Abhängigkeit der Viskosität einer Flüssigkeit von ihrer Temperatur]
V 194	**viscosity index improver**	Viskositätsindexverbesserer *(m)*
V 195	**viscous damping**	Flüssigkeitsdämpfung *(f)*
V 196	**viscous flow; frictional flow**	zähe Strömung *(f)*; viskose Strömung *(f)*; reibungsbehaftete Strömung *(f)*; Reibungsströmung *(f)*
V 197	**viscous interaction parameter**	Interferenzparameter *(m)* für Strömungen [um schlanke Hyperschallkörper]

V 198	viscous sub-layer	viskose Unterschicht *(f)* [überwiegend laminar]
V 199	visible oxide film; temper colour; temper film [weld]	Anlauffarbe *(f)* [oxydierte Oberfläche im Bereich der Schweißnaht]
V 200	visual examination	Sichtprüfung *(f)*; visuelle Prüfung *(f)*
V 201	visual inspection	Augenscheinprüfung *(f)*; Sichtkontrolle *(f)*; Sichtprüfung *(f)*
V 202	V-notch; vee notch	Kerbnut *(f)*; V-Kerbe *(f)*
V 203	V-notch specimen	Spitzkerbprobe *(f)*; V-Kerbprobe *(f)* [ISO]
V 204	void	Hohlraum *(m)*; Leerstelle *(f)*
V 205	void fraction	Leervolumenanteil *(m)* [Dampfblasen/Poren]
V 206	void fraction [packing]	Lückengrad *(m)* [Schüttung]
V 207	void fraction of gas	Gasvolumenanteil *(m)*
V 208	void fraction of stationary packing	Lückengrad *(m)* der Ruheschüttung
V 209	void fraction (of vapour); vapour void fraction	volumetrischer Dampfgehalt *(m)*; Dampfvolumenanteil *(m)* [Definition siehe: **vapour void fraction**]
V 210	void ratio	Porenanteil *(m)*; Porenziffer *(f)*
V 211	voids *(pl)* of the packed bed	Hohlräume *(m, pl)* der Schüttung; Schüttungshohlräume *(m, pl)*
V 212	void space	Porenvolumen *(n)*
V 213	volatilization; evaporation	Verdunstung *(f)*; Verflüchtigung *(f)* [Unter Verdunstung versteht man im Gegensatz zum Verdampfen den Übergang einer Flüssigkeit vom flüssigen in den gasförmigen Aggregatzustand unterhalb des eigentlichen Siedepunktes. Die Verdunstung ist abhängig vom Dampfdruck (Partialdruck) bei der Verdunstungstemperatur. Die Verdunstung findet nur an der Oberfläche der Flüssigkeit statt.]
V 214	volume	Volumen *(n)*
V 215	volume flow	Volumenstrom *(m)*
V 216	volume flow rate	Volumendurchsatz *(m)*; Volumendurchfluß *(m)*; Volumenstromdichte *(f)*
V 217	volume fraction	Volumengehalt *(m)*
V 218	volumetric examination	Volumenprüfung *(f)* [Prüfung auf innere Fehler, z. B. bei Gußstücken mittels Ultraschall- oder Durchstrahlungsprüfung]
V 219	volumetric flowmeter	volumetrischer Flüssigkeitszähler *(m)*
V 220	vortex	Wirbel *(m)*
V 221	vortex induced vibration	wirbelinduzierte Schwingung *(f)*
V 222	vortex motion	Wirbelbewegung *(f)*
V 223	vortex shedding; eddy shedding	Wirbelablösung *(f)*
V 224	vortex shedding frequency	Wirbelablösungsfrequenz *(f)*
V 225	vortex street	Wirbelstraße *(f)*
V 226	vorticity	Wirbelvektor *(m)*; Verwirbelung *(f)*
V 227	vorticity diffusion; eddy diffusion; turbulent diffusion	turbulente Scheindiffusion *(f)*; Turbulenzdiffusion *(f)*; Wirbeldiffusion *(f)*
V 228	V-plug; vee-plug; vee-stem [valve]	Regulierkegel *(m)* [Ventil]
V 229	V-ported valve	Ventil *(n)* mit eingezogenem Querschnitt

V 230	**V-port seat valve**	Ventil *(n)* mit Regulierkegel
V 231	**V-profile bellows**	Balg *(m)* mit V-Profil; V-Profilbalg *(m)*
V 232	**VTE; vertical tube evaporation**	Fallfilmdestillation *(f)*
V 233	**V-thread**	Spitzgewinde *(n)*

W

W 1	**wafer type body** [see Annex 1, p. 55]	Ringgehäuse *(n)* in Einklemmbauweise; Einklemmgehäuse *(n)* [Absperrklappe; siehe Anhang 1, S. 55]
W 2	**wafer type butterfly valve; flangeless butterfly valve** [see Annex 1, p. 55]	Einklemmklappe *(f)* [Absperrklappe; siehe Anhang 1, S. 55]
W 3	**waisted shank; reduced shank**	Dehnschaft *(m)*; reduzierter Schaft *(m)* [Schraube]
W 4	**wake** [flow regime]	Nachlaufströmung *(f)*; Nachlaufgebiet *(n)*; Nachlauf *(m)*; Kielstrom *(m)*; Nachströmung *(f)*; Nachlaufbereich *(m)* [Feste Partikel, Tropfen und Blasen, die sich in einer kontinuierlichen fluiden Phase bewegen, „schleppen" ein gewisses Volumen der kontinuierlichen Phase „hinter sich her". Dieses Nachlaufgebiet hat andere hydrodynamische Eigenschaften als seine Umgebung]
W 5	**wake boundary**	Totwassergrenze *(f)* [Strömungstechnik]
W 6	**wake buffeting**	Wake Buffeting *(n)*; Turbulenz *(f)* in der ungeordneten Nachlaufströmung [Das Kreisprofil befindet sich ebenfalls in der Nachlaufströmung vorgelagerter Zylinder. In diesem Fall ist die Wirkung der Turbulenz in der ungeordneten Nachlaufströmung auf das betrachtete Profil für die Anregung entscheidend; siehe: **buffeting**; fluidisch induzierte Schwingungen von Kreiszylindern]
W 7	**wake capture phenomenon; lock-in phenomenon**	Einschließungsphänomen *(n)*; Mitnahmeeffekt *(m)* [Synchronisation der Rohreigenfrequenzen mit eventuell auftretenden Wirbelablösungen]
W 8	**wake galloping; wake-induced flutter; wakeinduced oscillations**(pl)	Wake Galloping *(n)* [Die Formanregung **(galloping)** ist der Grundtyp selbsterregter fluidelastischer Schwingungen. Die Schwingungen - in der Regel normal zur Strömungsrichtung - werden von fluidischen Kräften induziert, die in Beziehung mit der Schwinggeschwindigkeit der Struktur gesehen werden müssen. Galloping tritt am einzelnen Kreisprofil nicht auf und ist als **wake galloping** zurückzuführen auf das Auftriebs- und Widerstandsverhalten eines Kreiszylinders in der Nachlaufströmung vorgelagerter gleichartiger Profile; fluidisch induzierte Schwingungen von Kreiszylindern]
W 9	**wake space; wake area; stagnant area**	Totzone *(f)*; Totraum *(m)*; Stagnationszone *(f)*
W 10	**walkways** *(pl)* [tank]	Laufstege *(m, pl)* [Tank]
W 11	**wall**	Wand *(f)*; Wandung *(f)*
W 12	**wall anchor**	Maueranker *(m)*
W 13	**wall baffle**	Strombrecher *(m)* [Rührkessel]
W 14	**wall boundary layer**	Wandgrenzschicht *(f)*

W 15	**wall box**	Abdichtkasten *(m)*; Anschlußkasten *(m)* [für grobe Armaturen]
W 16	**wall feed-through point; wall opening; wall penetration**	Wanddurchführung *(f)*
W 17	**wall friction**	Wandreibung *(f)*
W 18	**wall roughness**	Wandungsrauheit *(f)*
W 19	**wall scraper unit, spring-loaded ...**	Kratzer *(m)* [Kratzkühler]
W 20	**wall shear stress**	Wandschubspannung *(f)*
W 21	**wall thickening**	Wanddickenzuwachs *(m)*; Wandstärkenzuwachs *(m)*
W 22	**wall thickness**	Wanddicke *(f)*; Wandstärke *(f)*
W 23	**wall thickness allowance**	Wanddickenzuschlag *(m)*; Wandstärkenzuschlag *(m)*
W 24	**wall thickness control; WTC**	Wanddickensteuerung *(f)* [In Wanddickensteuerungssystemen wird die Rohrwanddicke vor und/oder nach der Umformung gemessen und für eine direkte Steuerung oder Regelung mit Hilfe einer Drehzahlführung der Antriebsmotoren herangezogen]
W 25	**wall thinning**	Wanddickenminderung *(f)*; Wanddickenverschwächung *(f)*; Wandstärkenminderung *(f)*; Wandstärkenverschwächung *(f)*
W 26	**wall thinning allowance**	Wanddickenminderungszuschlag *(m)*; Wandstärkenminderungszuschlag *(m)*
W 27	**wall thinning due to erosion/corrosion; WHATEC**	Wanddickenverringerung *(f)* aufgrund von Erosion/Korrosion
W 28	**warm prestressing**	Warmvorspannung *(f)*
W 29	**warping**	Verwerfung *(f)*; Unebenheit *(f)*; Verziehung *(f)*
W 30	**washboard pattern; parallel corrugations** *(pl)* **[PHE]**	Waschbrettmuster *(n)* [Plattenwärmetauscher]
W 31	**wash column; wash tower**	Waschkolonne *(f)* [Kolonne mit Einbauten wie Raschig-Ringnestern, Böden zum Waschen von Gasen durch eine Waschflüssigkeit. Durch die Einbauten muß inniger Kontakt der aufsteigenden Gase mit der abfließenden Waschflüssigkeit ohne Kanalbildung gewährleistet sein. Häufig werden Waschkolonnen mit nachgeschalteten Abtreibekolonnen für die Waschflüssigkeiten kombiniert. Waschtürme in Rauchgasentschwefelungsanlagen werden **scrubber** oder **spray tower absorber** genannt.]
W 32	**wash pass** [weld]	zusätzliche Decklage *(f)* [Schweißnaht]
W 33	**wash tray** [distillation column]	Waschboden *(m)* [Boden einer Destillationskolonne, der ein Mitreißen von Flüssigkeiten und damit unerwünschter Salze, bzw. nicht destillierender Substanzen, mit den zum nächsten Boden aufsteigenden Dämpfen durch intensives Waschen mit aufgegebenem Rückfluß (Zwischenrückfluß/**reflux**) verhindern soll.]

W 34	**wastage** [corrosion]	Gleichmaßabtrag *(m)*; Wastage *(n)* [durch Aufkonzentration von Phosphat hervorgerufen]
W 35	**waste-gas heat exchanger**	Abgaswärmeaustauscher *(m)*
W 36	**waste gas temperature; off-gas temperature**	Abgastemperatur *(f)* [allgemein]
W 37	**waste heat**	Abhitze *(f)*; Abwärme *(f)*
W 38	**waste-heat recovery system**	Abwärmenutzungssystem *(n)*; Abhitzenutzungssystem *(n)*
W 39	**waste steam**	Abdampf *(m)*
W 40	**water box; channel; end-box; header** [condenser/heat exchanger]	Wasserkammer *(f)*; Kopf *(m)* [Kondensator]; Vorkammer *(f)* [eines Wärmeaustauschers]
W 41	**water box**	Wasserkammer *(f)* [Wasserabscheidung]
W 42	**water break test**	Wasserabreißprüfung *(f)*
W 43	**water chemistry**	Wasserchemie *(f)*
W 44	**water column**	Wasserstandsäule *(f)*
W 45	**water conversion factor; WCF** [seawater desalination]	Ausbeute *(f)* [bei der Meerwasserentsalzung]
W 46	**water cooling jacket**	Wasserkühlmantel *(m)*
W 47	**water drawoff sump**	Wasserabzugssumpf *(m)*
W 48	**water gauge (glass)**	Wasserstandsanzeiger *(m)* [als Glasgerät; für niedrige Drücke]
W 49	**water hammer; hydraulic shock; line shock**	Wasserschlag *(m)*; hydraulischer Stoß *(m)*; Druckstoß *(m)*; Druckschlag *(m)* [Druckstöße in Rohrleitungen werden durch: — das Anfahren und Abschalten von Pumpen bzw. Pumpenausfall — Öffnungs- und Schließvorgänge von Armaturen — Leitungsbruch verursacht. Druckstöße sind Druckwellen, die sich mit hoher Geschwindigkeit (800 bis 1400 m/s) längs der Rohrleitung fortpflanzen, an Rohrnetzverzweigungen und Durchmessersprüngen partiell reflektiert werden und einer Dämpfung durch Flüssigkeitsreibung und Strukturbewegung unterliegen. Die Maximalwerte des Druckes können erheblich größer sein als die im stationären Betrieb vorhandenen; sie sind deshalb für die Bemessung von Rohrleitungen und Armaturen maßgebend]
W 50	**water inlet**	Wassereintritt *(m)*
W 51	**water jacket cooler**	Wassermantelkühler *(m)* [Gefäße mit Doppelmantel zur Abführung von Wärme (Reaktionswärme) in den wasserdurchflossenen Kühlmantel. Häufig werden Rührwerksbehälter mit einem Mantel zum alternativen Beheizen oder Abkühlen mit Dampf und Wasser versehen.]

W 52	**waterless gasholder; dry gasholder; piston gasholder; disk-type gasholder**	Scheibengasbehälter *(m)*; trockener Gasbehälter *(m)* [Erläuterungen siehe unter: **piston gasholder**]
W 53	**water level**	Wasserstand *(m)*
W 54	**water level indicator**	Wasserstandsanzeiger *(m)* [für hohe Drücke]
W 55	**water outlet**	Wasseraustritt *(m)*
W 56	**water path** [ultras.]	Wasserstrecke *(f)* [US-Prüfung; Tauchtechnik oder Wasservorlaufstrecke]
W 57	**water pocket** [pipe]	Wassersack *(m)*; Wasserpfropfen *(m)* [Rohrleitung]
W 58	**water pressure**	Wasserdruck *(m)*
W 59	**water-ring air pump; liquid ring pump**	Wasserringpumpe *(f)*; Flüssigkeitsring-Luftpumpe *(f)* [teilweise beaufschlagte Zellenradpumpe, bei der die Verdichtung mit Hilfe einer Flüssigkeit, meist Wasser, erfolgt.]
W 60	**water seal**	Wassertasse *(f)*; Wasservorlage *(f)*
W 61	**water seal excursion**	Ausschlag *(m)* der Wasservorlage
W 62	**water-seal system**	Wasservorlage *(f)*; Flüssigkeitssperre *(f)*; Wassersperre *(f)* [Abdichtung]
W 63	**water separator**	Wasserabscheider *(m)*
W 64	**water temperature**	Wassertemperatur *(f)*
W 65	**water-tube boiler**	Wasserrohrkessel *(m)*
W 66	**water vapours** *(pl)*	Brüden *(f, pl)*; Wrasen *(f, pl)*; Dampfschwaden *(f, pl)* [aus kleinen Wassertröpfchen bestehender Nebel, der bei der Abkühlung des unsichtbaren Wasserdampfs entsteht]
W 67	**water-washable penetrant**	wasserabwaschbares Eindringmittel *(n)* [FE-Prüfung]
W 68	**wave**	Welle *(f)* [allg./elektr./Phys.]
W 69	**waveform accelerations** *(pl)*	wellenförmige Beschleunigung *(f)*
W 70	**wave form generator** [AET]	Wellengenerator *(m)* [SEP]
W 71	**wave front** [ultras.]	Wellenfront *(f)* [US-Prüfung]
W 72	**wave interference** [ultras.]	Interferenz *(f)* [US-Prüfung]
W 73	**wavelength**	Wellenlänge *(f)*
W 74	**wavelength limit**	Wellenbegrenzung *(f)* [Oberflächenrauhigkeit]
W 75	**wave train** [ultras.]	Wellenzug *(m)* [US-Prüfung]
W 76	**waviness**	Welligkeit *(f)* [Oberfläche]
W 77	**wavy filmwise condensation**	wellige Filmkondensation *(f)*
W 78	**wavy fin**	wellenförmige Rippe *(f)* [Kompakt-Wärmeaustauscher]
W 79	**wavy flow**	Wellenströmung *(f)*
W 80	**wavy-free film**	wellenfreier Film *(m)*
W 81	**wavy-groove plate heat exchanger**	Plattenwärmeaustauscher *(m)* mit Platten mit gewelltem Waschbrettmuster
W 82	**WCF; water conversion factor**	Ausbeute *(f)* [bei der Meerwasserentsalzung]
W 83	**wear and tear**	Verschleiß *(m)*; Abnutzung *(f)*
W 84	**wear-back**	Schleißrücken *(m)* [Krümmer]
W 85	**wear-back-casting elbow**	Verschleißkrümmer *(m)*

W 86	**wear index**	Verschleißzahl *(f)*
W 87	**wear part**	Schleißteil *(n)*; Verschleißteil *(n)*
W 88	**wear plate**	Schleißblech *(n)*; Schleißplatte *(f)*; Verschleißplatte *(f)*
W 89	**wear rate**	Verschleißgeschwindigkeit *(f)*
W 90	**wear resistance**	Verschleißfestigkeit *(f)*
W 91	**wear ring [pump]**	Laufring *(m)* [Pumpe]
W 92	**wear ring**	Verschleiß-Schutzring *(m)*
W 93	**weather cover**	Wetterabdeckung *(f)*
W 94	**weathering [gen.]**	Verwitterung *(f)*; Verwetterung *(f)* [allg.]
W 95	**weathering [liquified natural gas]**	Weathering *(n)* [Veränderung der Zusammensetzung des im Tank gelagerten LNG (verflüssigtes Erdgas) durch Abführen des durch Wärmeeinfall in den Tank entstehenden BoilOff-Gases in der Halteperiode]
W 96	**weathering steel**	witterungsbeständiger Stahl *(m)*; wetterfester Stahl *(m)*
W 97	**weather shield**	Witterungsschutz *(m)*
W 98	**weather shield [tank; see Annex 1, p. 16]**	Wetterblech *(n)* [Tank; Ringraumabdichtung aus Metall, Kunststoff oder Verbundwerkstoff; siehe Anhang 1, S. 16]
W 99	**weave bead**	Pendelraupe *(f)* [Schweißen]
W 100	**weave bead technique**	Pendelraupentechnik *(f)* [Schweißen]
W 101	**weave-bead weld**	gependelte Schweiße *(f)*
W 102	**weaving; oscillation [welding electrode]**	Pendelbewegung *(f)* [Schweißelektrode]
W 103	**web**	Steg *(m)* [Stahlbau]
W 104	**web bracing**	Ausfachung *(f)* [Stahlbau]
W 105	**Weber number**	Weber-Zahl *(f)* [dimensionslose Kenngröße; enthält wie die Kapitza-Zahl die Oberflächenspannung; sie spielt eine Rolle z. B. bei Strömungsvorgängen mit freien Oberflächen, bei der Tropfenbildung und beim Zerstäuben von Flüssigkeiten; sie läßt sich auch durch die Kenngröße Reynolds-Zahl, Froude-Zahl und Kapitza-Zahl ausdrücken]
W 106	**web member**	Ausfachungsstab *(m)*
W 107	**web plate**	Stegblech *(n)*
W 108	**wedge [ultras.]**	Keil *(m)* [verwendet bei der US-Schrägeinschallmethode mittels Kontakttechnik]
W 109	**wedge**	Keil *(m)*
W 110	**wedge face [valve]**	Keildichtung *(f)* [Ventil]
W 111	**wedge flow**	Keilströmung *(f)*
W 112	**wedge gate valve [see Annex 1, p. 40]**	Keilschieber *(m)* [zwei Bauarten: — mit starrem Keil **(solid wedge)** — mit elastischem zweiteiligen Keil **(split/ two-piece wedge)**; weitere Erläuterungen siehe unter: **gate valve**; siehe auch Anhang 1, S. 40]
W 113	**wedge seal ring**	Keildichtungsring *(m)*

W 114	wedge-shaped passage tube	Rohr (n) mit keilförmigem Querschnitt
W 115	weep hole	Ablauföffnung (f) [im Laternenring]
W 116	weighted average; weighted mean	gewichteter Mittelwert (m); gewichtetes Mittel (n)
W 117	weighted average heat transfer coefficient	bewertete mittlere Wärmedurchgangszahl (f)
W 118	weighted flow sheet	Mengenstrombild (n)
W 119	weight empty [vessel]	Leergewicht (n); Montagegewicht (n) [Behälter]
W 120	weight-loaded safety valve [see Annex 1, p. 34]	gewichtsbelastetes Sicherheitsventil (n) [siehe Anhang 1, S. 34]
W 121	weight loss	Massenverlust (m) [z. B. durch Korrosion]
W 122	weight per cent	Gewichtsprozent (n)
W 123	weight per unit area	flächenbezogene Masse (f); Flächengewicht (n)
W 124	weir	Wehr (n) [Trennwand zur Aufrechterhaltung eines Flüssigkeitsspiegels. Wird z. B. in Ölabscheidern und Glockenböden eingebaut]
W 125	weir	Überlaufplatte (f)
W 126	weld; seam	Schweißnaht (f); Naht (f); Schweiße (f)
W 127	weld, double bevel groove . . .	Doppel-halbe V-Naht (f); K-Naht (f)
W 128	weld, double-J groove . . .	Doppel-HU-Naht (f); Doppel-J-Naht (f); halbe Tulpennaht (f)
W 129	weld, double-U groove . . .	Doppel-U-Naht (f)
W 130	weld, double-vee groove . . .	Doppel-V-Naht (f); X-Naht (f)
W 131	weld, single-bevel groove . . .	HV-Naht (f)
W 132	weld, single-J-groove . . .	HU-Naht (f)
W 133	weld, single-U groove . . .	U-Naht (f)
W 134	weld, single-vee groove . . .	V-Naht (f)
W 135	weld, single-vee groove . . . with root face	halbe Y-Naht (f)
W 136	weld, square groove . . .	I-Naht (f)
W 137	weldability	Schweißbarkeit (f); Schweißeignung (f); Verschweißbarkeit (f)
W 138	weldable quality	Schweißqualität (f)
W 139	weldable quality pipe	Rohr (n) in Schweißqualität
W 140	weldable sealer; welding primer	Schweißgrundierung (f)
W 141	weldable seal membrane	Schweißmembran-Dichtring (m)
W 142	weld-adjacent zone	Nebennahtzone (f); schweißnahtnaher Bereich (m)
W 143	weld area crack	Riß (m) im Schweißnahtbereich
W 144	weld assessment	Schweißnahtbeurteilung (f); Nahtbeurteilung (f); Schweißnahtbewertung (f)
W 145	weld-attached (v)	angeschweißt (V)
W 146	weld attachments (pl)	Anschweißteile (n, pl)
W 147	weld back	Nahtunterseite (f); Schweißnahtunterseite (f)
W 148	weld backing	Schweißnahtunterlage (f); Schweißunterlage (f)
W 149	weld bead	Schweißraupe (f)
W 150	weld bevel	Schweißfase (f); Schweißfuge (f); Schweißkante (f)
W 151	weld boss	Schweißstutzen (m)
W 152	weld buildup	Schweißnahtaufbau (m)

W 153	**weld cladding; weld metal overlay**	Schweißplattierung *(f)*; Schweißplattieren *(n)*
W 154	**weld-clad plate**	schweißplattiertes Blech *(n)*
W 155	**weld collar; welding neck** **[flange]**	Vorschweißbund *(m)* [Flansch]
W 156	**weld concavity**	Nahtunterwölbung *(f)* [Schweiße]
W 157	**weld configuration**	Nahtgestaltung *(f)*
W 158	**weld contraction**	Schweißnahteinschnürung *(f)*
W 159	**weld convexity**	Nahtüberhöhung *(f)*
W 160	**weld cracking**	Schweißnahtrißbildung *(f)*
W 161	**weld crack sensitivity**	Schweißnahtrißanfälligkeit *(f)*
W 162	**weld cross-sectional area**	Schweißnahtquerschnittsfläche *(f)*
W 163	**weld decay-proof electrode**	IK-beständige Elektrode *(f)*
W 164	**weld defect; weld fault; weld flaw; weld imperfection**	Schweißnahtfehler *(m)*; Schweißfehler *(m)*
W 165	**weld deposit; weld metal**	Schweißgut *(n)*; Schweißmetall *(n)*
W 166	**weld deposit build-up**	aufgetragenes Schweißgut *(n)*
W 167	**weld distortion**	Schweißnahtverzug *(m)* [Verwerfung]
W 168	**weld droplet**	Schweißtropfen *(m)*
W 169	**welded all round** **[drawing]**	ringsumgeschweißt *(V)*; Rundumschweiße *(f)*; umlaufende Naht *(f)* [Zeichnungsvermerk]
W 170	**welded and rolled tube joint**	geschweißte und eingewalzte Rohrverbindung *(f)*
W 171	**welded attachment**	Schweißanschluß *(m)*
W 172	**welded component; welded member; weldfabricated component**	Schweißbauteil *(n)*; Schweißteil *(n)*
W 173	**welded construction; weldment**	Schweißkonstruktion *(f)* [fertiges Schweißteil]
W 174	**welded-end closure**	geschweißter Endverschluß *(m)*
W 175	**welded flat end** **[UK]**; **welded flat head** **[US]**	Vorschweißboden *(m)*
W 176	**welded hot junction**	verschweißtes Thermoelement *(n)* [mit Boden/Mantel]
W 177	**weld(ed) joint**	Schweißverbindung *(f)*; Schweißstoß *(m)*; Verbindungsschweiße *(f)*
W 178	**welded member; welded component; weldfabricated component**	Schweißbauteil *(n)*; Schweißteil *(n)*
W 179	**welded pad**	aufgeschweißter Blockflansch *(m)*
W 180	**welded patch**	aufgeschweißter Flicken *(m)*
W 181	**welded pocket**	Einschweißschutzrohr *(n)* [Thermoelement]
W 182	**welded socket; socket welding coupling**	Schweißnippel *(m)*
W 183	**welded-stem thermometer**	Einschweißthermometer *(n)*
W 184	**welded test specimen**	Schweißprobe *(f)*; Schweißprobestück *(n)*
W 185	**welded transition**	geschweißtes Übergangsstück *(n)*
W 186	**welded tube joint**	geschweißte Rohrverbindung *(f)*
W 187	**weld efficiency**	Schweißnahtwertigkeit *(f)* [siehe auch: **weld factor**]
W 188	**weld embrittlement**	Schweißnahtversprödung *(f)*
W 189	**weld end (connection); welding end**	Anschweißende *(n)*
W 190	**welder's approval test** **[UK]**; **welder's performance qualification** **[US]**; **welder's qualification test**	Schweißerprüfung *(f)* [Befähigungsnachweisprüfung von Schweißern]
W 191	**welder's identification mark**	Schweißerstempel *(m)*; Schweißerzeichen *(n)*

welder's qualification record

W 192	welder's qualification record	Schweißernachweis *(m)* [Zeugnis]
W 193	weld-fabricated component; welded component; welded member	Schweißbauteil *(n)*; Schweißteil *(n)*
W 194	weld factor; joint factor; efficiency of weld; weld (joint) efficiency	Schweißnahtfaktor *(m)*; Nahtfaktor *(m)*; obs.: Verschwächungsbeiwert *(m)* der Schweißnaht; Schweißnahtwertigkeit *(f)*
W 195	weld failure; weld fracture	Nahtbruch *(m)*; Schweißnahtbruch *(m)*
W 196	weld fault; weld flaw; weld defect	Schweißnahtfehler *(m)*; Schweißfehler *(m)*
W 197	weld filler metal	Schweißzusatzwerkstoff *(m)*; Schweißmaterial *(n)*
W 198	weld fitments *(pl)*	Einschweißteile *(n, pl)*
W 199	weld flash; welding flash	Schweißgrat *(m)*
W 200	weld form	Nahtausführung *(f)*; Nahtform *(f)*; Schweißnahtform *(f)*
W 201	weld fracture; weld failure	Schweißnahtbruch *(m)*; Nahtbruch *(m)*
W 202	weld fracture strength	Schweißnahtbruchfestigkeit *(f)*; Nahtbruchfestigkeit *(f)*
W 203	weld fusion boundary (line)	Schmelzlinie *(f)* der Schweißnaht
W 204	weld gap; welding gap	Schweißspalt *(m)*
W 205	weld gas; welding-grade gas	Schweißgas *(n)*
W 206	weld gasket; weld-lip seal [see Annex 1, p. 117]	Schweißringdichtung *(f)*; Schweißlippendichtung *(f)* [siehe Anhang 1, S. 117]
W 207	weld groove; welding groove	Nahtfuge *(f)*; Schweißnahtfuge *(f)*
W 208	weld hot crack susceptibility	Schweißnahtwarmrißanfälligkeit *(f)*
W 209	weld imperfection; imperfection in welding	Schweißnahtfehler *(m)*; Schweißfehler *(m)*
W 210	welding arc	Schweißlichtbogen *(m)*
W 211	welding assembly work	Schweißmontagearbeit *(f)*
W 212	welding attachments *(pl)*	Anschweißteile *(n, pl)*
W 213	welding bell	Schweißglocke *(f)*
W 214	welding cap	Anschweißdeckel *(m)*
W 215	welding consumables *(pl)*	Schweißhilfsstoffe *(m, pl)*
W 216	welding edge	Schweißkante *(f)*
W 217	welding elbow	Schweißbogen *(m)*; Anschweiß-Kniestück *(n)*
W 218	weld(ing) end; weld end (connection)	Anschweißende *(n)*
W 219	welding end connection	geschweißter Anschluß *(m)*
W 220	welding energy input	Schweißenergieeintrag *(m)*
W 221	welding engineer	Schweißfachingenieur *(m)*
W 222	welding equipment; welding plant	Schweißanlage *(f)*; Schweißeinrichtung *(f)*
W 223	welding flange	Vorschweißbördel *(m)*
W 224	welding flash; weld flash	Schweißgrat *(m)*
W 225	welding-grade gas; weld gas	Schweißgas *(n)*
W 226	welding groove; weld groove	Nahtfuge *(f)*; Schweißnahtfuge *(f)*
W 227	welding heat	Schweißwärme *(f)*; Schweißhitze *(f)*
W 228	welding inspector	Schweißsachverständiger *(m)*
W 229	welding instruction	Schweißanleitung *(f)*
W 230	welding jig	Schweißvorrichtung *(f)*
W 231	welding neck	Anschweißreduzierstück *(n)* [Rohrbau]
W 232	welding neck; weld collar [flange]	Vorschweißbund *(m)* [Flansch]

W 233	**welding-neck flange** [see Annex 1, pp. 106 and 111]	Vorschweißflansch *(m)* [siehe Anhang 1, S. 106 und 111]
W 234	**welding nozzle**	Schweißdüse *(f)*
W 235	**welding on site**	Baustellenschweißen *(n)*
W 236	**welding plant; welding equipment**	Schweißanlage *(f)*; Schweißeinrichtung *(f)*
W 237	**welding position**	Schweißlage *(f)*; Schweißnahtlage *(f)*; Schweißposition *(f)*
W 238	**welding positioner**	Schweißdreh- und -kipptisch *(m)*
W 239	**welding powder**	Schweißpulver *(n)*
W 240	**welding preheat temperature**	Schweißvorwärmtemperatur *(f)*
W 241	**welding primer; weldable sealer**	Schweißgrundierung *(f)*
W 242	**welding procedure qualification; WPQ** [US]; **approval (testing) of welding procedure** [UK]	Schweißverfahrensprüfung *(f)*; Verfahrensprüfung *(f)*
W 243	**welding procedure qualification record; WPQR**	Schweißverfahrensprüfprotokoll *(n)*; Verfahrensprüfprotokoll *(n)*; Protokoll *(n)* der Schweißverfahrensprüfung
W 244	**welding procedure sheet; WPS**	Schweißplan *(m)* [QS-Handbuch]
W 245	**welding procedure specification; WPS**	Schweißverfahrensspezifikation *(f)*
W 246	**welding process**	Schweißverfahren *(n)*
W 247	**welding properties** *(pl)*	Schweißeigenschaften *(f, pl)*
W 248	**welding quality**	Schweißgüte *(f)*
W 249	**welding rate; welding speed**	Schweißgeschwindigkeit *(f)*
W 250	**welding repair**	Schweißausbesserung *(f)*
W 251	**welding research**	Schweißforschung *(f)*
W 252	**welding residual stress**	Schweißeigenspannung *(f)*
W 253	**welding rod; filler rod**	Stabelektrode *(f)*; Schweißstab *(m)*
W 254	**welding schedule**	Schweißplan *(m)*
W 255	**welding sequence**	Schweißfolge *(f)*; Schweißnahtfolge *(f)*
W 256	**welding sequence schedule**	Schweißfolgeplan *(m)*; Schweißnahtfolgeplan *(m)*
W 257	**welding specification**	Schweißvorschrift *(f)*
W 258	**welding stress**	Schweißspannung *(f)* [mechanisch]
W 259	**welding technique**	Schweißausführung *(f)*; Schweißtechnik *(f)*; Schweißverfahren *(n)* [Handhabung]
W 260	**welding turntable**	Schweißdrehtisch *(m)*
W 261	**welding unit**	Schweißaggregat *(n)*; Schweißgerät *(n)*
W 262	**welding variables** *(pl)*	schweißtechnische Einflußgrößen *(f, pl)*
W 263	**welding wire; filler wire**	Schweißdraht *(m)*
W 264	**welding workmannship**	Schweißausführungsgüte *(f)*
W 265	**welding zone; weld zone**	Schweißzone *(f)*
W 266	**weld-in rod**	Einschweißende *(n)* [LISEGA]
W 267	**weld interface region**	Schweißnahtübergangszone (f)
W 268	**weld interface structure**	Schweißnahtübergangsgefüge *(n)*; Übergangsgefüge *(n)*
W 269	**weld junction**	Bindezone *(f)*; Schmelzzonengrenzschicht *(f)*; Schweißnahtanschluß *(m)*

weld-lip seal

W 270	**weld-lip seal; weld gasket** [see Annex 1, p. 117]	Schweißlippendichtung *(f)*; Schweißringdichtung *(f)* [siehe Anhang 1, S. 117]
W 271	**weldment; welded construction**	Schweißkonstruktion *(f)* [fertiges Schweißteil]
W 272	**weld metal; weld deposit**	Schweißgut *(n)*; Schweißmetall *(n)*
W 273	**weld metal crack**	Schweißgutriß *(m)*
W 274	**weld metal deposition**	Schweißguteinbringung *(f)*
W 275	**weld metal overlay; weld cladding**	Schweißplattierung *(f)*
W 276	**weld-metal recovery**	Schweißgutausbeute *(f)* [Ausbringung]
W 277	**weld metal structure**	Schweißgutgefüge *(n)*
W 278	**weld (metal) zone**	Schmelzzone *(f)* [Schweißen] [siehe auch: F 802, F 817]
W 279	**weld nipple; weld stub**	Schweißstutzen *(m)*
W 280	**weld notch**	Schweißkerbe *(f)*
W 281	**weld nugget**	Schweißlinse *(f)*
W 282	**weldolet**	Weldolet *(n)* [Aufschweiß-Sattelstutzen]
W 283	**weld-on bracket** [see Annex 1, p. 77]	Anschweißbock *(m)* [LISEGA-Aufhängung; siehe Anhang 1, S. 77]
W 284	**weld-on eye plate**	Anschweißöse *(f)* [LISEGA]
W 285	**weld-on pad**	Anschweißplättchen *(n)* [Thermoelement]
W 286	**weld-on plate**	Anschweißplatte *(f)* [LISEGA]
W 287	**weld-on union**	Anschweißverschraubung *(f)*
W 288	**weld overlap**	Schweißgutüberlauf *(m)*
W 289	**weld overlay interface**	Schweißplattierungsgrenzfläche *(f)*
W 290	**weld pad**	Schweißbacke *(f)* [Halterung]
W 291	**weld pass; weld run**	Schweißlage *(f)*
W 292	**weld path**	Schweißnahtverlauf *(m)*
W 293	**weld pool**	Schweißbad *(n)*; Schmelzbad *(n)*
W 294	**weld pool backing; weld pool back-up bar; weld pool retainer**	Schweißbadsicherung *(f)*
W 295	**weld pool depth**	Schweißbadtiefe *(f)*
W 296	**weld position**	Schweißlage *(f)*
W 297	**weld preparation**	Fugenvorbereitung *(f)*; Schweißkantenvorbereitung *(f)*; Schweißnahtvorbereitung *(f)*
W 298	**weld-prepared edges** *(pl)*	Anschweißenden *(n, pl)* beiderseits [Längsseite, Blech/Flachstahl]
W 299	**weld prepared ends** *(pl)*	Anschweißenden *(n, pl)* beiderseits
W 300	**weld prepared tube**	Einschweißrohr *(n)*
W 301	**weld profile**	Nahtprofil *(n)*; Schweißnahtprofil *(n)*
W 302	**weld quality assurance**	Schweißnahtgütesicherung *(f)*
W 303	**weld reinforcement; excess weld metal** [weld imperfection]	Schweißnahtüberhöhung *(f)*; Nahtüberhöhung *(f)* [Nahtfehler]
W 304	**weld restraint**	Schweißnahteinspannung *(f)*
W 305	**weld ripples** *(pl)*	Raupenwellungen *(f, pl)*; Welligkeit *(f)* der Schweißnaht
W 306	**weld root gap**	Stegabstand *(m)* [Naht]
W 307	**weld root surface**	Schweißnahtwurzeloberfläche *(f)*
W 308	**weld run; weld pass**	Schweißlage *(f)*
W 309	**weld seam**	Schweißnaht *(f)*

W 310	**weld section thickness**	Schweißnahtquerschnittsfläche *(f)*
W 311	**weld shape**	Nahtform *(f)*; Schweißnahtform *(f)*
W 312	**weld shrinkage**	Nahtschrumpfung *(f)*; Schweißnahtschrumpfung *(f)* [Schweißen]
W 313	**weld size; size of weld**	Schweißnahtgröße *(f)*; Nahtgröße *(f)*; Nahtabmessung *(f)*; Schweißnahtabmessung *(f)*
W 314	**weld slag**	Schweißschlacke *(f)*
W 315	**weld spatter**	Nahtspritzer *(m)*; Schweißperlen *(f,pl)*
W 316	**weld specimen**	Schweißprobe *(f)*; Schweißprobestück *(n)*
W 317	**weld strength**	Schweißnahtfestigkeit *(f)*
W 318	**weld structure**	Nahtgefüge *(n)*; Schweißnahtgefüge *(n)*; Schweißgefüge *(n)*
W 319	**weld stub; weld nipple**	Schweißstutzen *(m)*
W 320	**weld surface marks** *(pl)*	Nahtzeichnung *(f)* [auf Durchstrahlungsaufnahme]
W 321	**weld surface preparation**	Schweißflächenvorbereitung *(f)*
W 322	**weld test**	Schweißversuch *(m)*
W 323	**weld testing**	Schweißnahtprüfung *(f)*
W 324	**weld test specimen**	Schweißprobe *(f)*; Schweißprobestück *(n)*
W 325	**weld upset** [weld imperfection]	Schweißnahtüberhöhung *(f)* [Wulst; Nahtfehler]
W 326	**weld zone; welding zone**	Schweißzone *(f)*
W 327	**well**	Schutzrohr *(n)* [Thermoelement]
W 328	**well stirred reactor**	ideal durchmischter Reaktor *(m)*
W 329	**wet-bulb temperature**	Kühlgrenztemperatur *(f)*; Feuchtigkeitsthermometer-Temperatur *(f)*; Feuchtlufttemperatur *(f)*; Feuchtkugeltemperatur *(f)*
W 330	**wet bulb thermometer**	Feuchtkugelthermometer *(n)*; Naßthermometer *(n)*; Verdunstungsthermometer *(n)*
W 331	**wet collisions** *(pl)*	Wärmeübergang *(m)* von der Wand an Tropfen [die die Wand zeitweise berühren]
W 332	**wet developer**	Naßentwickler *(m)*
W 333	**wet magnetic particle inspection; wet particle method; wet technique**	Magnetpulverprüfung *(f)* mit Naßpulver; Naßpulverprüfung *(f)*; Naßprüfung *(f)*
W 334	**wet pip pump**	Tauchpumpe *(f)*
W 335	**wettability**	Benetzbarkeit *(f)*
W 336	**wetted perimeter**	benetzter Umfang *(m)*; Umfang *(m)* des benetzten Querschnitts
W 337	**wetted surface; fluid contact surface**	benetzte Oberfläche *(f)*; befeuchtete Oberfläche *(f)*
W 338	**wetting agent**	Benetzungsmittel *(n)*
W 339	**wetting temperature; quench temperature**	Wandtemperatur *(f)* bei Benetzung [meist als minimale Wandtemperatur definiert, bei der stabiles Filmsieden aufrecht erhalten werden kann; auch: Temperatur, bei der die Geschwindigkeit der Benetzungsfront unabhängig wird; siehe auch: **Leidenfrost temperature**]

W 340	**WHATEC; wall thinning due to erosion/corrosion**	Wanddickenverringerung *(f)* aufgrund von Erosion/Korrosion
W 341	**wheel search unit [ultras.]**	Reifen-Prüfkopf *(m)* [US-Prüfung]
W 342	**wheel valve [screw-down stop valve]**	Niederschraub-Absperrventil *(n)* [nicht genormter engl. Ausdruck; siehe: **screwdown stop valve**]
W 343	**whipping pipe**	ausschlagende Rohrleitung *(f)*
W 344	**whip restraint, pipe ... [see Annex 1, p. 74]**	Rohrausschlagsicherung *(f)*; Rohrausschlagsbegrenzung *(f)*; Ausschlagsbegrenzung *(f)* [siehe Anhang 1, S. 74]
W 345	**whip test, pipe ...**	Rohrausschlagversuch *(m)*
W 346	**whirl**	Wirbel *(m)*
W 347	**whirling [tube bundle]**	Whirling *(n)*; willkürliche Auslenkung *(f)* [hervorgerufen z. B. durch ungleichmäßige Wärmedehnungen von Rohren in Zylindergittern von Wärmeaustauschern; kann die benachbarten Zylinder beeinflussen. Durch die Wechselwirkung über das die Rohre umströmende Fluid werden diese Rohre fluidisch gekoppelt. Sie bewegen sich auf für diese Schwingungsform charakteristischen elliptischen Bahnen]
W 348	**whirling motion**	Wirbelbewegung *(f)*
W 349	**Whitworth thread**	Zollgewinde *(n)* [Whitworthgewinde]
W 350	**wick [heat pipe]**	Kapillarstruktur *(f)*; Docht *(m)* [im Wärmerohr]
W 351	**wickless heat pipe**	dochtloses Wärmerohr *(n)*
W 352	**wide-flange section**	breitflanschiger Doppel-T-Stahl *(m)* [parallele Flanschflächen]
W 353	**width across corners [bolt]**	Eckmaß *(n)*; Übereckmaß *(n)* [Schraube]
W 354	**width across flats [bolts and nuts]**	Schlüsselweite *(f)* [Schrauben und Muttern]
W 355	**Wiggins safety seal (system) [tank]**	Safety-Seal-Schwimmdachabdichtung *(f)* nach Wiggins; Wiggins-Schwimmdachabdichtungssystem *(n)* „Safety Seal" [Def. siehe unter: **safety seal system, Wiggins**]
W 356	**Wiggins slimline system [tank]**	Wiggins-Schwimmdachabdichtung *(f)*; „Slimline" Slimline-Schwimmdachabdichtung *(f)* nach Wiggins [Def. siehe unter: **slimline system, Wiggins**]
W 357	**wind girder [tank]**	Windträger *(m)* [Tank]
W 358	**wind load**	Windbelastung *(f)*
W 359	**window cut [heat exchanger]**	Fensterzone *(f)*; Blechausschnitt *(m)* [Spalt zwischen Leitblech und Mantel im RWÜ; siehe: **NTIW**]
W 360	**wind pressure**	Winddruck *(m)*
W 361	**windshield wipers** *(pl)*	scheibenwischerartige Störungen *(f, pl)* [zufällige Störungen, die durch großen Rippenabstand von Wärmeübertragungsflächen angefacht werden und wie Scheibenwischer einen sehr dünnen Flüssigkeitsfilm auf der Oberfläche erzeugen, wodurch ein verbesserter Wärmeübergang erzielt wird]

W 362	**wind-skirt** [tank]	Windschürze *(f)* [Tank]
W 363	**wind speed; wind velocity**	Windgeschwindigkeit *(f)*
W 364	**wind sway**	Windschwingungen *(f, pl)*
W 365	**windward cylinder**	luvseitiger Zylinder *(m)* [Strömungstechnik]
W 366	**wing wall** [tank]	Flügelmauer *(f)* [Tank]
W 367	**winterization**	Frostsicherung *(f)*
W 368	**wiped-film evaporator; agitated-film evaporator**	Rührfilmverdampfer *(m)*
W 369	**wire braid sheath**	Drahtumflechtung *(f)*; Geflechtverankerung *(f)* [Metallschlauch/**braid covered metal hose**]
W 370	**wire-coil inserts** *(pl)* [tube]	Drahtspiralen *(f, pl)* [Rohreinsätze zur Turbulenzerzeugung]
W 371	**wire feed speed** [welding]	Drahtvorschubgeschwindigkeit *(f)* [Schweißen]
W 372	**wire gauge**	Drahtlehre *(f)*
W 373	**wire-type image quality indicator; wire IQI** [radiog.]	Drahtbildgüteprüfsteg *(m)*; Drahtsteg *(m)* [Durchstrahlungsprüfung]
W 374	**wire-wound pressure vessel** [reactor]	Wickelbehälter *(m)* [Reaktor]
W 375	**wispy annular flow**	Ringsträhnenströmung *(f)*
W 376	**withdrawal loss** [tank]	Entleerungsverlust *(m)* [Atmungsverluste in Schwimmdachtanks; entstehen durch die Produktmengen, die an der Tankwand haften und bei der Dachabsenkung verdampfen]
W 377	**witnessing of inspection**	Beaufsichtigen *(n)*; Anwesenheit *(f)* eines Sachverständigen [Abnahme]
W 378	**witness point**	Meldepunkt *(m)* [QS]
W 379	**workability**	Bearbeitbarkeit *(f)*; Verarbeitbarkeit *(f)*; Verformbarkeit *(f)* [Bearbeitung]
W 380	**work hardening; strain hardening** [material]	Kaltverfestigung *(f)*; Aufhärtung *(f)*; Kalthärtung *(f)* [Werkstoff; nach Kaltverformung]
W 381	**working fluid**	Arbeitsmedium *(n)*; Antriebsmedium *(n)*; Betriebsmedium *(n)*
W 382	**working fluid** [jet pump]	Treibmittel *(n)* [Strahlpumpe]
W 383	**working gauge pressure**	Betriebsüberdruck *(m)*
W 384	**working heat**	Warmformgebungshitze *(f)*
W 385	**working load**	Betriebslast *(f)*; Gebrauchslast *(f)*
W 386	**working period**	Betriebsdauer *(f)*
W 387	**working pressure; operating pressure**	Arbeitsdruck *(m)*; Betriebsdruck *(m)*
W 388	**working spring rate; nominal bellows resistance factor**	Arbeits-Federkonstante *(f)*; tatsächliche Federkonstante *(f)* [eines Kompensatorbalges]
W 389	**working temperature; operating temperature**	Arbeitstemperatur *(f)*; Betriebstemperatur *(f)*
W 390	**workmanship** [quality]	Ausführungsqualität *(f)*; Bauausführung *(f)* [Qualität]; Bearbeitungsgüte *(f)*
W 391	**workpiece**	Werkstück *(n)*; Arbeitsstück *(n)*
W 392	**works certificate**	Werksbescheinigung *(f)* [Attest]
W 393	**works designation**	Werksbezeichnung *(f)*
W 394	**workshop assembly**	Werkstattmontage *(f)* [Zusammenbau]
W 395	**workshop test**	Werkstattprüfung *(f)*
W 396	**workshop weld**	Werkstattschweiße *(f)*; Werkstattnaht *(f)*

W 397	**works inspection department**	Werksabnahme *(f)* [Abteilung]
W 398	**works inspector**	Werkssachverständiger *(m)*; Werksabnehmer *(m)*
W 399	**works test certificate**	Werksprüfzeugnis *(n)*
W 400	**works test report**	Werksprüfprotokoll *(n)*
W 401	**wormhole**	Schlauchpore *(f)* [schlauchförmiger Gaseinschluß in verschiedenartiger Lage; einzeln oder gehäuft (z. B. Krähenfüße) auftretend]
W 402	**wormholes, aligned . . .** *(pl)*	Schlauchporenkette *(f)*; lineare Schlauchporen *(f, pl)*
W 403	**wormholes, isolated . . .** *(pl)*	einzelne Schlauchporen *(f, pl)*
W 404	**worst-case design**	Auslegung *(f)* für den ungünstigsten Betriebsfall
W 405	**WPQ; welding procedure qualification [US]; approval (testing) of welding procedure [UK]**	Schweißverfahrensprüfung *(f)*; Verfahrensprüfung *(f)*
W 406	**WPS; welding procedure specification**	Schweißverfahrensspezifikation *(f)*
W 407	**WPS; welding procedure sheet**	Schweißplan *(m)* [QS-Handbuch]
W 408	**wrap around [ultras.]**	Überlagerung *(f)* [US-Prüfung]
W 409	**wrapping**	Wickeln *(n)*
W 410	**wrench [ball valve]**	Hahnschlüssel *(m)* [Kugelhahn]
W 411	**wrenching technique**	Schraubenschlüsselverfahren *(n)* [Anziehen von Schrauben mit normalem Schlüssel im Gegensatz zum Drehmomentschlüssel]
W 412	**wrinkle bend**	Faltenrohrkrümmer *(m)*
W 413	**wrinkling**	Faltenbildung *(f)*; Runzelbildung *(f)*
W 414	**wrinkling [shell]**	vielwelliges Ausbeulen *(n)* in Umfangsrichtung [tritt z. B. bei einem unter Innendruck stehenden zylindrischen Behälter, der mit einem Bodenabschluß bestehend aus einer Kugelkalotte und einem torusförmigen Übergangsstück versehen ist, aufgrund von Druckspannungen im torusfömigen Übergangsstück auf]
W 415	**wrought alloy**	Knetlegierung *(f)*
W 416	**wrought iron**	Schmiedeeisen *(n)*
W 417	**wrought material**	Halbzeug *(n)*
W 418	**wrought steel**	Schweißstahl *(m)* [Schmiedeeisen]; warmverformter Stahl *(m)*
W 419	**W-stream; baffle window stream [tube bundle]**	W-Strom *(m)*; Strömung *(f)* durch die Fensterzone [Summe der B-, C- und F-Strömungen in RWÜ-Rohrbündel]
W 420	**WTC; wall thickness control**	Wanddickensteuerung *(f)* [Erläuterungen siehe unter: **wall thickness control**]

X

X 1	**XPS; X-ray photoelectron spectroscopy**	Röntgenphotoelektronen-Spektroskopie *(f)*
X 2	**X-ray analysis**	Röntgenanalyse *(f)*
X 3	**X-ray diffraction analysis; X-ray microstructure analysis**	Röntgenbeugungsuntersuchung *(f)*; Röntgenfeinstrukturuntersuchung *(f)*; röntgenographische Untersuchung *(f)* der Feinstruktur
X 4	**X-ray diffraction pattern**	Röntgenbeugungsdiagramm *(n)*
X 5	**X-ray fluorescence analysis**	Röntgenfluoreszenzanalyse *(f)*
X 6	**X-ray macrostructure analysis**	Röntgengrobstrukturanalyse *(f)*; röntgenographische Untersuchung *(f)* des Grobgefüges
X 7	**X-ray microstructure analysis; X-ray diffraction analysis**	Röntgenfeinstrukturanalyse *(f)*; röntgenographische Untersuchung *(f)* der Feinstruktur; Röntgenbeugungsuntersuchung *(f)*
X 8	**X-ray photoelectron spectroscopy; XPS**	Röntgenphotoelektronen-Spektroskopie *(f)*
X 9	**X-ray test**	Röntgenprüfung *(f)*
X 10	**X-type shell** [heat exchanger]	Mantel *(m)* der Type X; X-Mantel *(m)* [Wärmeaustauscher; TEMA]

Y

Y 1	**Y-branch; breeches section**	Hosenstutzen *(m)*; Y-Abzweigung *(f)*
Y 2	**yield, full** ...	plastische Verformung *(f)* [des tragenden Ligaments] durch Fließen
Y 3	**yield criterion, von Mises** ...	Gestaltänderungsenergiehypothese *(f)* nach von Mises
Y 4	**yield factor; minimum design seating stress [gasket]**	Mindestflächenpressung *(f)* [für das Vorverformen der Dichtung; Dichtungskennwert; kleinste mittlere Flächenpressung, die im Betrieb notwendig ist, um ein erforderliches Dichtverhalten der Dichtung zu erzielen]
Y 5	**yielding**	Fließen *(n)*
Y 6	**yielding [gasket]**	Nachgiebigkeit *(f)* [einer Dichtung]
Y 7	**yielding, circumferential** ...	Fließen *(n)* in Umfangsrichtung
Y 8	**yielding, contained** ...	teilplastisches Fließen *(n)* [Def. siehe unter: **contained yielding**]
Y 9	**yielding, general** ...	vollplastisches Fließen *(n)*
Y 10	**yielding, gross section** ...	allgemeines Fließen *(n)*; Fließen *(n)* im Bruttoquerschnitt; vollplastisches Fließen *(n)*
Y 11	**yielding, membrane** ...	plastisches Fließen *(n)*; plastische Verformung *(f)*
Y 12	**yielding, net section** ...	Ligamentfließen *(n)*
Y 13	**yielding, small scale** ...; **SSY**	Kleinbereichsfließen *(n)*; Fließen *(n)* im kleinplastischen Bereich
Y 14	**yielding fracture mechanics** *(pl)*	Fließbruchmechanik *(f)* [auch: E 95]
Y 15	**yield locus**	Fließort *(m)*
Y 16	**yield point [US]; yield stress [UK]**	Streckgrenze *(f)*; Fließgrenze *(f)*; früher auch: Formänderungsfestigkeit *(f)*
Y 17	**yield point, lower** ...	untere Streckgrenze *(f)*
Y 18	**yield point, upper** ...	obere Streckgrenze *(f)*
Y 19	**yield point at elevated temperature [US]; high-temperature yield stress [UK]; hot yield point**	Warmstreckgrenze *(f)*
Y 20	**yield point at normal temperature**	Kaltstreckgrenze *(f)*
Y 21	**yield range**	Fließbereich *(m)*
Y 22	**yield strain**	Fließdehnung *(f)* [Verhältnis Streckgrenze/Elastizitätsmodul]
Y 23	**yield strength [US]; proof stress [UK]**	Dehngrenze *(f)*, 0,2% ... [0,1% für Austenite]
Y 24	**yield strength, 0.2% offset** ...	Ersatzstreckgrenze *(f)* bei 0,2% plastischer Dehnung
Y 25	**yield strength at temperature [US]; elevated temperature proof stress; proof stress at elevated temperature [UK]**	Warmstreckgrenze *(f)* [0,2%-Dehngrenze bei höheren Temperaturen]
Y 26	**yield stress [UK]; yield point [US]**	Streckgrenze *(f)*; Fließgrenze *(f)*; früher auch: Formänderungsfestigkeit *(f)*
Y 27	**yield stress under tensile load**	Zugfließspannung *(f)*
Y 28	**yoke [valve]**	Bügelaufsatz *(m)*; Joch *(n)*; Bockaufsatz *(m)* [Ventil]

Y 29	**yoke** [magn.t.]	Joch *(n)* [Magnetpulverprüfung]
Y 30	**yoke bonnet** [valve]	Bügeldeckel *(m)* [Ventil]
Y 31	**yoke bush** [valve]	Gewindebüchse *(f)*; Gewindeeinsatz *(m)* [Ventil]
Y 32	**yoke magnetization** [magn. t.]	Jochmagnetisierung *(f)* [Magnetpulverprüfung]
Y 33	**yoke nut; yoke sleeve; yoke bushing; stem nut**	Spindelmutter *(f)* [Ventil]
Y 34	**yoke technique** [magn. t.]	Jochtechnik *(f)* [Magnetpulverprüfung]
Y 35	**Young's modulus; modulus of elasticity**	Elastizitätsmodul *(m)*; E-Modul *(m)*
Y 36	**Y-pattern globe valve**	Durchgangsventil *(n)* in Schrägsitzausführung
Y 37	**Y-pattern swing check valve**	Rückschlagventil *(n)* in Schrägsitzausführung
Y 38	**Y-pattern valve; oblique valve** [see Annex 1, p. 33]	Schrägsitzventil *(n)*; Freiflußventil *(n)* [siehe Anhang 1, S. 33]
Y 39	**Y-pipe**	Gabelrohr *(n)*; Hosenrohr *(n)*; Y-Rohr *(n)*
Y 40	**Y-section**	Hosenstück *(n)*; Y-Stück *(n)*
Y 41	**Y-type valve** [oblique valve]	Schrägsitzventil *(n)* [nicht genormter engl. Ausdruck; siehe **oblique valve**]

Z

Z 1	**Z-bar; zed-bar; zee; Z-section**	Z-Profil *(n)*; Z-Stahl *(m)*
Z 2	**zero axis**	Nullachse *(f)*
Z 3	**zero dead stop**	Nullanschlag *(m)*
Z 4	**zero load**	Nullast *(f)*
Z 5	**zero-load flow; no-load flow**	Durchflußstrom *(m)* bei Nullast; Nullast-Durchflußstrom *(m)*
Z 6	**zero-point vibration; zero-point motion; zero jitter**	Nullpunkt(s)schwingung *(f)*; Nullpunkt(s)bewegung *(f)*; Nullpunkt(s)unruhe *(f)*
Z 7	**zero-shear viscosity**	Schubviskosität *(f)* „Null"; Zero-shear-Viskosität *(f)*
Z 8	**zig-zag pitched [tube pitch]**	in Zickzackrichtung *(f)* geteilt [Rohrteilung]
Z 9	**zone adjacent to the weld; weld-adjacent zone**	Nebennahtzone *(f)*; schweißnahtnaher Bereich *(m)*
Z 10	**zone of the arc; arc zone [welding]**	Bogenzone *(f)*; Lichtbogenzone *(f)* [Schweißen]
Z 11	**zone strip**	Zonenstreifen *(m)*
Z 12	**Z-shaped bend; Z-type piece configuration**	Z-System *(n)* [Kompensation einer Rohrleitung mit Gelenksystemen; Teilsystem einer Rohrleitungsstrecke]
Z 13	**Z-type arrangement [PHE]**	Z-Anordnung *(f)* [im Plattenwärmeaustauscher; Anordnung, bei der die Eintritts- und Austrittsöffnungen auf zwei verschiedenen Seiten liegen]

Part 2

Teil 2

A

Abarbeiten *(n)*	F 619
Abbauprodukt *(n)*	R 196
Abbeizmittel *(n)*	P 181
Abbiegung *(f)*	D 62, O 19, O 20 ▲
Abbildungsmaßstab *(m)*	S 97
Abblasedurchmesser *(m)*	D 298
Abblaseeinrichtung *(f)*	A 471
Abblasehaube *(f)*	A 470, R 304
Abblasekrümmer *(m)*	D 299
Abblasekrümmer *(m)*, winkelförmiger	A 309
Abblaseleistung *(f)*	D 293, R 298
Abblaseleistung *(f)*, gemessene	A 120
Abblaseleistung *(f)*, theoretische	T 237
Abblaseleistungs-Bescheinigungsprüfung *(f)*	C 31
Abblaseleitung *(f)*	D 303, E 262
Abblasemenge *(f)*	D 293
abblasen *(V)*, ins Freie	D 307
Abblasequerschnitt *(m)*	D 291
Abblaseventil *(n)*	A 472
Abblasezustand *(m)*, stationärer	S 1044
Abblätterung *(f)*	E 320
Abbrand *(m)*	B 536, C 560, F 373, F 374 ▲
abbrand-stumpfgeschweißt *(V)*	E 106
Abbrandzuschlag *(m)*	F 374
Abbrennstumpfschweißen *(n)*	F 367, F 381
Abbrennstumpfschweißmaschine *(f)*	F 382
Abbrennstumpfschweißverbindung *(f)*	F 366
Abdampf *(m)*	W 39
Abdampfleitung *(f)*	E 262
Abdeckkappe *(f)*	C 745
Abdeckplatte *(f)*	C 748, T 495 ▲
Abdeckplatte *(f)*, geschlitzte	S 649
Abdeckplattenverschluß *(m)*	C 749
Abdeckstreifen *(m)*	T 497
Abdeckung *(f)*	B 305, M 105
Abdichten *(n)*	C 69
Abdichten *(n)* von Poren	P 502
Abdichtkasten *(m)*	W 15
Abdichtkonus *(m)*	T 41
Abdichtstreifen *(m)*	S 186
Abdichtung *(f)*	S 169
Abdrücke *(m, pl)*	R 566
Abdrücken *(n)*	H 449, H 471
Abdrückpumpe *(f)*	H 452
Abfackeleinrichtung *(f)*	F 361
Abfahren *(n)*	S 492
Abfahrgeschwindigkeit *(f)*	S 494
Abfahrverlauf *(m)*	S 495
Abfahrvorgang *(m)*	S 493
Abfallen *(n)* der Schwingungsamplitude	D 42

▲ to denote different meanings / gibt unterschiedliche Bedeutungen an

Abfallen der Strömung

Abfallen *(n)* **der Strömung**	F 53
Abfallspannung *(f)*	D 499
Abfallstück *(n)* **von einem Stutzen**	N 201
Abfangen *(n)* **von Laststößen**	A 59
Abfangtau *(n)*	S 25
Abfasung *(f)*	C 119
abflachen *(V)*	T 676
Abflachungen *(f, pl)*	F 394
Abfluß *(m)*	D 454, E 79 ▲
Abflußkante *(f)*	E 80, O 117
Abflußleitung *(f)*	D 452, D 470
Abfluß-Menge *(f)*	T 528
Abflußrohr *(n)*	D 452, D 470
Abflußtrichter *(m)*	T 794
Abgang *(m)*, **ausgehalster**	E 411
Abgang *(m)*, **muffengeschweißter**	S 704
Abgastemperatur *(f)*	W 36
Abgaswärmeaustauscher *(m)*	W 35
abgeblockter Teil *(m)*	B 303
abgedichtet *(V)*	P 3
abgedichteter Schwimmkopf *(m)*, **außen**	O 132
abgedichteter Schwimmkopfrohrboden *(m)* **mit Laternenring**	P 9
abgedichtetes Mantelrohr *(n)*	S 172
abgekröpfter Teil *(m)*	O 23
abgemeißelte Defektstelle *(f)*	C 171, T 477
abgespannter U-Dehnungsausgleicher *(m)*	U 195
abgesperrter Anlagenbereich *(m)*	C 667
abgewickelte Länge *(f)*	D 192
abgewickelte Rohrlänge *(f)*	L 131
Abgleichgefäß *(n)*	B 96
Abheben *(n)*	U 156
Abheben *(n)* **des Mantels**	S 450
abheben *(V)* **vom Sitz**	U 130, L 177
abheben *(V)* **von einem Sitz**	L 177, U 130
Abhitze *(f)*	W 37
Abhitzenutzungssystem *(n)*	W 38
A-Bild *(n)*	A 439, A 442
Abkantbank *(f)*	F 651
Abklinglänge *(f)*	R 537, R 662
Abklingzeit *(f)*	R 503
Abkreisaggregat *(n)*	P 220, P 247
Abkreisaggregat *(n)* **zur Rohrendbearbeitung**	B 261
Abkreismaschine *(f)*	C 379
Abkühlbecken *(n)*	C 655
Abkühldauer *(f)*	C 659
Abkühlgeschwindigkeit *(f)*	R 91
Abkühlung *(f)* **in ruhiger Luft**	S 1113
Abkühlungsgeschwindigkeit *(f)*	C 656
Abkühlungskurve *(f)*	C 651
Abkühlungsverlauf *(m)*	C 648
Ablagerung *(f)*	D 107, S 360

▲ to denote different meanings / gibt unterschiedliche Bedeutungen an

Ablängen (n)	F 21
Ablaß (m)	D 290, D 454, O 112
Ablaßhahn (m)	D 458
Ablaßleitung (f)	D 303, D 452, D 466, D 470
Ablaßöffnung (f)	D 290, O 112
Ablaßrohr (n)	D 452, D 470
Ablaßsammler (m)	D 464, D 467
Ablaßschieber (m)	S 659
Ablaßstutzen (m)	D 301, D 459, D 468
Ablaßtank (m)	D 475
Ablaßventil (n)	B 286, B 311, P 898
Ablaßwasser (n)	D 479
Ablauf (m)	D 454, E 79
Ablaufglied (n)	S 1101
Ablaufkette (f)	S 312
Ablaufleitung (f)	D 302, D 452, D 470
Ablauföffnung (f)	W 115
Ablaufregelung (f)	D 460
Ablaufregelventil (n)	D 296, D 462
Ablaufrohr (n)	D 302, D 452, D 470
Ablaufschema (n)	F 480
Ablaufsteuerung (f)	S 313
Ablaufsteuerung (f), prozeßabhängige	P 733
Ablaufsteuerung (f), zeitabhängige	T 452
Ablauf-Studie (f)	P 724
Ablauftrichter (m)	T 794
Ablenkblech (n)	B 67, D 71 ▲
Ablenkleiste (f)	D 61
Ablenkplatte (f)	B 67, D 71 ▲
Ablöseblase (f)	S 306
Ablösung (f) der Strömung	F 545
Ablösung (f), rotierende	R 616
Ablösung (f), umlaufende	R 616
Ablösung (f) von Wirbeln, synchronisierte	S 1479
Abmaß (n)	A 233
Abmaß (n), oberes	A 235, U 157
Abmaß (n), unteres	A 236
Abminderungsbeiwert (m)	R 194
Abminderungsfaktor (m)	C 230
Abnahme (f)	I 167
Abnahme (f) auf der Baustelle	F 152, I 169
Abnahme (f) oder Zurückweisung von Fehlern, Prüfung für die	A 45
Abnahme (f) oder Zurückweisung von Fehlern, Richtlinie für die	A 47
Abnahmebeamter (m)	A 496
Abnahmebehörde (f)	I 172
Abnahmebescheinigung (f)	A 41
Abnahmeboden (m)	D 483
Abnahmegrenzlage (f)	A 44
Abnahmeklasse (f)	A 43
Abnahme-Level (m)	A 44

▲ to denote different meanings / gibt unterschiedliche Bedeutungen an

Abnahmenormal *(n)*	A 47
Abnahmeprüfprotokoll *(n)*	I 202
Abnahmeprüfung *(f)*	A 48
Abnahmeprüfzeugnis *(n)*	I 174, M 289 ▲
Abnahmeversuch *(m)*	A 48
Abnahmevorschrift *(f)*	A 46
Abnahmezeugnis *(n)*	M 135
abnehmbare Vorkammer *(f)*	R 320
Abnehmbarkeit *(f)* der Konstruktion	D 136
Abnehmer *(m)*	A 496, I 213
Abnutzung *(f)*	W 83
Abnutzung *(f)*, natürliche	N 13
Abplattung *(f)*	F 396
Abproduktsammlersystem *(n)*	S 653
abrasiver Verschleiß *(m)*	A 12
Abreiben *(n)*	G 4
Abreißdurchmesser *(m)* der Dampfblase	B 448, B 482
Abreißen *(n)* der Strömung	F 545, S 308
Abreißen *(n)* der Wassersäule	C 371
Abreißen *(n)* des Wasserstroms	B 441
Abrieb *(m)*	A 5
Abriebeigenschaft *(f)*	A 11
Abrollknick *(m)*	C 844
Absack-Anhäufungstechnik *(f)*	B 81
Absatz *(m)*	O 20
Absaugen *(n)*	S 1355
Absauglanze *(f)*	S 50
Absaugung *(f)*	S 1354
Absaugventil *(n)*	L 113
Abschaltgrenzwert *(m)*	T 664
Abschaltpunkt *(m)*	T 667
Abschaltung *(f)*	M 106
Abschalt-Wärmeaustauscher *(m)*	R 354
Abscheidebehälter *(m)*	K 18
Abscheidegrad *(m)*	C 64
Abscheider *(m)*	S 311
Abscherfestigkeit *(f)*	S 399
Abscherquerschnitt *(m)*	S 398
Abscherring *(m)*, zweiteiliger	S 859
Abscherspannung *(f)*	S 400
Abscherung *(f)*	S 389
Abscherung *(f)*, reine	P 895
Abscherung *(f)*, zulässige Spannung auf reine	A 230
Abschirmen *(n)*	S 131
Abschirmung *(f)*	B 305, M 105
Abschlußglied *(n)*	T 173
Abschlußkörper *(m)*	D 327
Abschlußring *(m)*	B 306, E 193 ▲
Abschlußverschraubung *(f)*	P 439
Abschlußvorrichtung *(f)*	C 265, P 439 ▲
Abschmelzelektrode *(f)*	C 557
abschmelzende Einlage *(f)*	F 803

abschmelzende metallische Schweißbadsicherung *(f)*	F 806
Abschnitt *(m)*	S 227
Abschnitt *(m)*, flachgewölbter	S 808, C 872
Abschnittlänge *(f)*	C 906
Abschöpfen *(n)*	S 596
Abschöpfströmung *(f)*	S 596
Abschrecken *(n)*	Q 60
Abschrecken *(n)* und Anlassen	Q 62
Abschreckhärten *(n)*	Q 59
Abschreckzeit *(f)*	Q 63
Abschwächer *(m)*	A 485
Abseifen *(n)*	S 689
Absenkschütz *(n)*	S 1345, P 130
Absenkung *(f)*	D 444, D 445 ▲
Absenkventil *(n)*	L 428
Absetz-/Anfangsstelle *(f)*	S 1125
Absetzen *(n)*	S 362
Absetzgefäß *(n)*	S 361
Absetzkammer *(f)*	S 363
Absolutanzeige *(f)*	A 17
Absolutdruck *(m)*	A 15
absolute Viskosität *(f)*	A 18, D 576
Absolutmessung *(f)*	A 14
Absolutspule *(f)*	A 13
absorbierender Überzug *(m)*	A 31
Absorption *(f)*	A 21
Absorption *(f)* von UV-Strahlen	A 27
Absorptionsanlage *(f)*	A 29
Absorptionsfähigkeit *(f)*	A 32
Absorptionskoeffizient *(m)*	A 22
Absorptionsspektrum *(n)*	A 30
Absorptionsturm *(m)*	A 23
Absorptionsverfahren *(n)*	S 369
Absorptionsvermögen *(n)*	A 32
Absorptionswärme *(f)*	A 24
Absperr- und Rückschlagventil *(n)*, kombiniertes	C 383, S 1120, V 17
Absperrarmatur *(f)*	I 399, S 496
absperrbares Eck-Rückschlagventil *(n)*	A 284
absperrbares Rückschlagventil *(n)*	S 136, S 1120, S 135, C 608
Absperrhahn *(m)*	S 1121
Absperrklappe *(f)*	I 398
Absperrklappe *(f)*, dichtschließende	T 437
Absperrklappe *(f)* in Flanschbauweise	D 403
Absperrklappe *(f)* mit Anbauflansch	L 468
Absperrklappe *(f)* mit Monoflansch	S 542
Absperrorgan *(n)*	C 152, C 260, C 267, I 399, O 10, S 496 ▲
Absperrschieber *(m)*	G 105, S 500, S 619, S 660 ▲
Absperrschieber *(m)* mit elastischem Keil	S 861
Absperrschieber *(m)* mit starrem Keil	S 743
Absperrventil *(n)*	I 400, S 498, S 1126
Absperrventil *(n)*, zwischengeschaltetes	I 371
Absprühsonden-Lecksuchtechnik *(f)*	P 705

▲ to denote different meanings / gibt unterschiedliche Bedeutungen an

Abstand

Abstand *(m)*	P 316
Abstand *(m)* der Markierungen in der Filmebene	F 199
Abstand *(m)* Strahlenquelle-Film	F 643, S 782
Abstand *(m)* Strahlenquelle-Werkstückoberfläche	F 644, S 783
Abstand *(m)* Werkstückoberfläche-Bildschicht	O 2
Abstandshalter *(m)*	I 267, S 786 ▲
Abstandshaltering *(n)*	C 825
Abstopfen *(n)*	I 272
Abstreifen *(n)* des Muttergewindes	T 369
Abstreifer *(m)*	S 1279
Abstrom *(m)*	D 437
Abströmkante *(f)*	E 80, O 117
Abströmregler *(m)*	D 441
Abstumpfung *(f)* der Rißlinie	B 314
Abstumpfungslinie *(f)*	B 315
Abstützebene *(f)*	P 350
Abstützkraft *(f)*	P 813
Abstützung *(f)*	B 562, S 1036 ▲
Abstützungen *(f, pl)*, federnde	R 367
Abstützungslinie *(f)*	L 227
Abtasten *(n)*	S 100
Abtasten *(n)* entlang paralleler Bahnen	P 52, S 102
Abtasten *(n)* in Rasterform	G 203, S 101
Abtasten *(n)* von Hand	M 85
Abtastgeschwindigkeit *(f)*	R 100
Abtast-Prüftechnik *(f)*	S 107
Abtastspirale *(f)*	H 279, S 104
Abtastung *(f)*, automatische	A 505
Abtastungsempfindlichkeit *(f)*	S 105
Abtragung *(f)*	R 322
Abwärme *(f)*	W 37
Abwärmenutzungssystem *(n)*	W 38
Abwärmeverwertung *(f)*	H 216
Abwärmeverwertungsanlage *(f)*	H 217
Abwasser *(n)*	D 473
abweichende Druck- und Temperaturstufen *(f, pl)*	D 366
Abweichung *(f)*	N 122
Abweichung *(f)* von der Kreisform	D 99
Abweichung *(f)* von der Lotrechten	O 126
Abweichung *(f)* von der Winkelhaltigkeit	A 311
Abweichung *(f)* von der wirklichen Form	D 197
Abweichung *(f)* von der Zylinderform	B 122
Abweichungsbericht *(m)*	N 123, N 14
Abwicklung *(f)*	D 194
Abwinklung *(f)*	A 315
Abzieheffekt *(m)*	L 178
Abzugsrohre *(n, pl)*	V 145
Abzugssumpf *(m)*	D 482
Abzweig *(m)*	B 426
Abzweig *(m)*, aufgeschweißter	S 336
Abzweig *(m)*, durchgesteckter	P 805
Abzweig *(m)*, durchgesteckter (und eingeschweißter)	S 348

Amplitudenregelung, Linearität der

Abzweig *(m)*, eingeschweißter	S 333
Abzweig *(m)*, eingesetzter	F 617
Abzweiganschluß *(m)*	B 428
Abzweigrohling *(m)*	B 427
Abzweigrohr *(n)*	B 436
Abzweigrohr *(n)*, kragenverstärktes	C 347
Abzweigsegment *(n)*	B 430
Abzweigstück *(n)*	L 51
Abzweigung *(f)*	B 266, B 433, O 20 ▲
Abzweigung *(f)* mit Innengewinde	S 145
Adapter *(m)*	A 141, C 628, I 324, T 570
Adhäsion *(f)*	A 152
Adiabatenexponent *(m)*	R 106
adiabatische Ausdehnung *(f)*	A 156
adiabatische Expansion *(f)*	A 156
adiabatische Mischtemperatur *(f)*	A 157
Adsorption *(f)*	A 174
Adsorptionswärme *(f)*	A 175, H 205
Aggregat *(n)*	U 97
Aggressivwasser *(n)*	A 116
Ähnlichkeitskennzahl *(f)*	S 526
Ähnlichkeitsverfahren *(n)*	M 264
Airlifting-Verfahren *(n)*	A 202, T 23
aktive Balglänge *(f)*, gewellte	E 54
aktiver dynamischer Schwingungsdämpfer *(m)*	T 795, T 459
akustische Holographie *(f)*	A 95
akustische Impedanz *(f)*	A 97
akustische Resonanz *(f)*	A 104
akustische Schwingungen *(f, pl)*	A 109
akustische Welle *(f)*	A 110
akustische Welle *(f)*, stehende	I 148, S 984
akustische Wellen *(f, pl)*, stehende	A 106
akustischer Leckanzeiger *(m)*	A 488, S 921
akustischer Sumpf *(m)*	A 269
AKW	N 214, N 238, N 240
allgemeine Gaskonstante *(f)*	U 110
allgemeine Strukturdiskontinuität *(f)*	G 229
allgemeine Wärmespannung *(f)*	G 125
allgemeines Fließen *(n)*	G 228, Y 10
Altern *(n)*	A 183
Altern *(n)*, natürliches	N 6
Altern *(n)*, thermisches	T 244
alterungsbeständiger Stahl *(m)*	N 114
Alterungsriß *(m)*	A 184
Alterungsversprödung *(f)*, dynamische	D 544, D 575
a-Maß *(n)*	D 172
Amine *(n, pl)*, filmbildende	F 196
Amplitude *(f)*	A 254
Amplitude *(f)* der Spiegelschwingungen	F 720
Amplituden-Ansprechen *(n)*	A 257
Amplitudenbezugslinie *(f)*	A 256, A 423
Amplitudenregelung *(f)*, Linearität der	A 255

▲ to denote different meanings / gibt unterschiedliche Bedeutungen an

Amplitudenverteilung

Amplitudenverteilung *(f)*	A 82
Analyse *(f)* der Feinstruktur, röntgenographische	M 277
Analyse *(f)* der Grobstruktur, röntgenographische	M 10
Analyse *(f)*, elastische	E 83
Analyse *(f)*, plastische	P 386
Analyse *(f)*, qualitative	Q 17
Analyse *(f)*, quantitative	Q 44
Analysenmethode *(f)*, thermohydraulische	T 324
Anbauflansch *(m)*, Absperrklappe mit	L 468
Anbauflansch *(m)*, Ringgehäuse mit	L 467
Anbauteil *(n)*	A 477, S 1286
Anbauteil *(n)*, starres	R 479
Anbauteil *(n)*, tragendes	B 190
Änderungsarbeiten *(f, pl)*	C 692
Änderungsdienst *(m)*	U 151
Andrückrolle *(f)*	C 216
aneinandergrenzende Kegel *(m, pl)*	C 537
Anfahren *(n)*	S 993
Anfahrgeschwindigkeit *(f)*	S 999
Anfahrkreislauf *(m)*	S 1000
Anfahrleitung *(f)*	S 997
Anfahrregelventil *(n)*	S 994
Anfahrventil *(n)*	S 1002
Anfahrverlust *(m)*	S 996
Anfahrvorgang *(m)*	S 998
Anfahrzeit *(f)*	S 1001
anfängliche Fehlergröße *(f)*	I 109
Anfangs- und Endkrater *(m)*	S 1124
Anfangsdampfzustand *(m)*	I 115
Anfangs-Fehlergröße *(f)*	I 109
Anfangsmeßlänge *(f)*	O 96
Anfangsperiode *(f)*	B 535, D 40, S 374
Anfangspunkt *(m)* eines sich ausdehnenden Risses	O 42
Anfangsquerschnitt *(m)*	O 95
Anfangsquerschnitts-Herstellung *(f)*	I 111
Anfangsströmung *(f)*	S 995
Anfangsströmung *(f)*, laminare	L 30
Anfangstemperaturdifferenz *(f)*	I 116, I 406
Anfasen *(n)*	F 810
anflanschen *(V)*	F 273
Anfressung *(f)*, narbenartige	T 755
angegossen *(V)*	C 53, I 278
angekerbter Rundstab *(m)*	I 58
angelüftetes Ventil *(n)*	C 760
angenommene Ausgangszahl *(f)* des konvektiven Wärmeübergangs	H 475
angeschliffener Prüfkopf *(m)*	S 380
angeschweißt *(V)*	I 279, W 145
angewendelte Treppen *(f, pl)*	C 192
angreifendes Moment *(n)*	A 373
Angular-Federrate *(f)*	A 319
Angularkompensation *(f)*	A 25

Angußkanal *(m)*	S 908
anhaftender Elektrodenwerkstoff *(m)*	A 150
Anhäufung *(f)*	A 60, B 504
Anhäufung *(f)* **von festen Teilchen**	B 507
Anhebedruck *(m)*	L 180
Anisotropie *(f)*	A 321
Anker *(m)*	H 30
Anker *(m)*, **durchgehender**	T 399
Anker *(m)*, **durchgesteckter**	P 807
Ankerblech *(n)*	A 265
Ankerbolzen *(m)*	S 1034
Ankerbolzen *(m)*	T 422
Ankerhülse *(f)*	A 266
Ankerrohr *(n)*	S 1038
Ankerschaft *(m)*	B 320
Ankerschraube *(f)*	A 260, F 690, H 348
Ankerstab *(m)*, **durchgehender**	T 398
Ankerzugstange *(f)*	T 426
Ankopplung *(f)*	P 706
Ankopplung *(f)* **mittels Flüssigkeitssäule**	L 254
Ankopplungsmittel *(n)*	C 726
Ankörnung *(f)*	P 496
Ankunftszeitintervall *(n)*	A 428
Anlage *(f)*	P 363
Anlage *(f)* **für Heißversuche**	H 411
Anlagenabschaltung *(f)*	P 376
Anlagenausnutzungsgrad *(m)*	P 369
Anlagenbereich *(m)*, **abgesperrter**	C 667
Anlagenbetreiber *(m)*	P 373
anlagengebunden *(Adj.)*	P 377
Anlagenkennzeichnung *(f)*	P 365
Anlagenkonstruktion *(f)*, **bautechnische**	P 367
Anlagenkoppeleinrichtung *(f)*	P 366
Anlagen-Lebensdauerverlängerung *(f)*	P 368, P 438
Anlagenplanung *(f)*	P 364
Anlagenspezifikation *(f)*	P 378
anlagenspezifisch *(Adj.)*	P 377
Anlagenstillstand *(m)*	P 372
Anlagenteile *(n, pl)*, **verfahrenstechnische**	P 720
Anlagenwärter *(m)*	P 371
Anlaßdauer *(f)*	T 131
anlassen *(V)*	T 86
Anlassen *(m)*	T 128
Anlaßsprödbruch *(m)*	T 122
Anlaßsprödigkeit *(f)*	T 123
Anlaßtemperatur *(f)*	T 129
Anlaßversprödung *(f)*	T 125
Anlaßversprödungsfaktor *(m)*	T 126, T 75
Anlaufen *(n)*	T 59
Anlauffarbe *(f)*	A 324, T 124, V 199 ▲
Anlauffarben *(f, pl)*	D 309
Anlaufperiode *(f)*	B 535, D 40, S 374

▲ to denote different meanings / gibt unterschiedliche Bedeutungen an

Anlaufstrecke *(f)*	E 224
Anlaufstrecke *(f)* **eines Rohrs, thermische**	T 272
Anlaufströmung *(f)*	S 995
Anlaufwert *(m)*	R 113
Anlegen *(n)* **einer magnetischen Feldstärke**	M 20
Anlenkbolzen *(m)*	L 243
Anlieferungslänge *(f)*	A 444
Anlüfthahn *(m)*	L 179
Anlüfthebel *(m)*	E 10
Anlüftvorrichtung *(f)*	E 10
Annäherung *(f)* **für Kondensatunterkühlung**	D 476
Annäherung *(f)*, **rechnerische**	D 137
Annäherungstemperatur *(f)*	A 377
Annahmeprüfung *(f)*	A 42
Anordnungsfaktor *(m)*	A 425
Anordnungszeichnung *(f)*	A 424
Anpreßkraft *(f)*	C 439, C 566, S 208 ▲
Anpreßkraft *(f)* **der Verbindung**	J 21
Anregung *(f)*	S 1115
Anreißen *(n)*, **statisches**	S 793, S 1023
Anreißplatte *(f)*	S 1432
Anriß *(m)*	I 56
Anrisse *(m, pl)*, **leichte**	S 630
Anrisse *(m, pl)*, **vorzeitige**	P 564
Ansammlung *(f)*	A 60, B 504 ▲
Ansammlung *(f)* **von magnetischen Partikeln/Teilchen**	B 505, M 15
Ansammlung *(f)* **von magnetischen Teilchen/Partikeln**	M 15, B 505
Ansatz *(m)*	H 426, N 20 ▲
Ansatzabmessungen *(f, pl)*	H 432
Ansatzblech *(n)*	N 28
Ansatzfehler *(m)*	P 490
Ansatzfehler *(m)* **in der Decklage**	P 491
Ansatzfehler *(m)* **in der Wurzellage**	P 492
Ansatzhöhe *(f)*	N 24
Ansatzstück *(n)*	L 129
Ansaugen *(n)*	S 1355
Ansaugfilter *(n)*	S 1364
Ansaugkorb *(m)*	S 1364
Ansaugleitung *(f)*	S 1359
Ansaugschalldämpfer *(m)*	S 1363
Ansaugstrom *(m)*	S 1357
Ansaugströmung *(f)*	S 1357
Ansaugstufe *(f)*	P 692
Ansaugstutzen *(m)*	S 1356
Ansaugungszustand *(m)*, **Luft im**	A 465
Ansaugwasser *(n)*	P 693
Anschlag *(m)*	B 324, L 207, S 1122 ▲
Anschlagbolzen *(m)*	S 1123
Anschlagleiste *(f)*	B 323
Anschlagwinkel *(m)*	B 57
Anschluß *(m)*	G 252
Anschluß *(m)*, **geschweißter**	W 219

Anschluß *(m)*, rückseitiger	B 3, R 121
Anschluß *(m)*, volltragender	F 784
Anschluß *(m)* an den Flüssigkeitsstand	L 262
Anschlußbild *(m)*	M 393
Anschlußgewinde *(n)*	T 345
Anschlußgrößen *(f, pl)*	C 397
Anschlußkasten *(m)*	W 15
Anschlußkopf *(m)*	C 534, T 168
Anschlußmaß *(n)*	C 536, M 150, T 167, T 424
Anschlußmaterial *(n)*	F 65
Anschlußplan *(m)*	T 425
Anschlußpunkt *(m)*	J 46, P 465
Anschlußstutzen *(m)*	B 426, S 1312
Anschlußzapfen *(m)*	M 45
Anschmelzung *(f)*	I 112
Anschnitt *(m)*	G 102
Anschnittechnik *(f)*	G 109
Anschraubbock *(m)*	B 356
Anschüttung *(f)*	B 6
Anschweißbock *(m)*	W 283
Anschweißdeckel *(m)*	W 214
Anschweißende *(n)*	B 570, F 808, F 809, W 189, W 218
Anschweißenden *(n, pl)* beiderseits	W 298, W 299
Anschweiß-Kniestück *(n)*	W 217
Anschweißnaht *(f)*	A 481
Anschweißnippel *(m)* mit Gewindeende	A 142
Anschweißöse *(f)*	W 284
Anschweißplättchen *(n)*	P 30, W 285
Anschweißplatte *(f)*	W 286
Anschweißreduzierstück *(n)*	W 231
Anschweißteile *(n, pl)*	W 146, W 212
Anschweißverschraubung *(f)*	W 287
Anspannungstest *(m)*	H 313, H 306
Ansprechbereich *(m)*	R 395
Ansprechdruck *(m)*	P 499, R 84, R 394, S 364, S 962, S 992 ▲
ansprechen, auf Druck ...	R 399
Ansprechgeschwindigkeit *(f)*	P 736, R 99, R 110
Ansprechpunkt *(m)* bei Luft	P 498
Ansprechschwelle *(f)*	R 397, T 381
Ansprechverzögerung *(f)*	M 37, P 183, R 393 ▲
Ansprechwert *(m)*	I 146
Ansprechzeit *(f)*	R 398
Anstauchen *(n)*	U 175
Anstauchen *(n)* des Kopfs im warmen Zustand	H 394
Anstauchschweißen *(n)*	C 327
Anstehen *(n)* einer Ausfallmeldung	D 348
Anstellbewegung *(f)*	A 376
Anstellwinkel *(m)*	A 285
Anstempeln *(n)*	S 963
Anstempeln *(n)* mit Metallstempel	H 46
Anstieg *(m)* der Hochlage	R 527
Anstoßkante *(f)*, Breite der	L 36

▲ to denote different meanings / gibt unterschiedliche Bedeutungen an

Anströmgeschwindigkeit (f)	A 378, E 211
Anströmkante (f)	L 88
Anströmkanteneffekt (m)	L 89
Anströmung (f)	A 375, F 469, I 101
Anti-Benetzungsmittel (n)	P 775
Anti-Blow-Out-Schaltwelle (f)	A 346
Antidröhnblech (n)	A 349
Antifoulant (n)	A 351
Anti-Fouling-System (n)	A 352, A 181
Anti-Fressmasse (f)	A 353
Anti-Statik-Ausführung (f)	A 359
Antriebsmedium (n)	W 381
Antwortspektrenverfahren (n)	R 396
Antwortverhalten (n)	P 401
Anwalze (f)	E 339
Anwalzen (n)	E 338
Anwalzhöhe (f)	E 328
Anwesenheit (f) eines Sachverständigen	W 377
Anzahl (f) der theoretisch erforderlichen Böden	N 223
Anzapfung (f)	T 52
Anzeige (f), rundliche	R 632
Anzeigegenauigkeit (f)	A 65
Anzeigen (f, pl) von Bindungsfehlern und Fehlern im Auflagewerkstoff	B 366
Anziehen (n) der Schrauben, erstes	I 117
Anziehen (n) der Schraubenverbindung, zu starkes	O 156
Anzugsbegrenzung (f), Dichtung mit	C 519
Anzugsmoment (n) der Schraube	B 351
apfelsinenschalenförmiger Blindverschluß (m)	O 85
apfelsinenschalenförmiges Reduzierstück (n)	O 87
Apfelsinenschnitt (m)	O 86
Apparate (m, pl) in Reihenschaltung	S 938
Apparatebau (m)	P 721
Apparatetechnik (f)	P 722, P 735
äquivalente Bohrlochsteg-Empfindlichkeit (f)	E 250
äquivalente lineare Biegespannung (f)	E 249
äquivalent homogene Platte (f)	E 251
Arbeit (f)	E 206
Arbeitsdruck (m)	O 70, W 387
Arbeitsdruck (m), höchster	M 166
Arbeitsdruckdifferenz (f)	O 71
Arbeits-Federkonstante (f)	W 388
Arbeitskontakt (m)	M 35
Arbeitsleiste (f)	F 9, F 329, M 154
Arbeitsleiste (f) aus Schmiedestahl	F 664, F 768
Arbeitsmedium (n)	W 381
Arbeitsprobe (f)	C 741, P 753, P 754, P 757, T 203, T 204
Arbeitsprüfung (f)	M 215, P 752
Arbeitsstrom (m)	M 34, M 36
Arbeitsstück (n)	W 391
Arbeitstemperatur (f)	O 75, W 389
Arbeitsweg (m)	T 630

Aufdornen

Arcair-Verfahren *(n)*	A 399
arithmetische mittlere Temperaturdifferenz *(f)*	A 422
arithmetischer Mittelwert *(m)*	A 421
Armaturen *(f, pl)*	V 65
Armaturenkörper *(m)*	V 23
Armaturenschloß *(n)*	V 46, V 51
Armaturstutzen *(m)*	I 237, V 34 ▲
armierte Dichtung *(f)*	R 275
Armierung *(f)*	R 277
Arretierschraube *(f)*	L 361
Arretierstift *(m)*	L 359
Arretierung *(f)*	L 354, R 405
Arretierung *(f)*, mechanische	M 205
Arretierung *(f)*, provisorische	T 134
Arretiervorrichtung *(f)*	L 357
Artefakt *(n)*	A 429
artgleiche Stähle *(m, pl)*	S 527
artungleiche Stähle *(m, pl)*	D 349
A-Schweißer *(m)*	G 99
Aspektverhältnis *(n)*	A 449
asymmetrischer Drehscheibenextraktor *(m)*	A 463, A 173
Atemdach *(n)*	B 451, L 175
Atemdachbehälter *(m)*	B 452
Atemdachtank *(m)*	B 452
Atmosphärendruck *(m)*	A 469
atmosphärische Destillation *(f)*	A 467
atmosphärische Eisbildung *(f)*	A 468
atmosphärische Korrosion *(f)*	A 466
atmosphärische Luft *(f)*	A 465, F 717
atmosphärischer Druck *(m)*	A 469
atmosphärischer Rückstand *(m)*	L 402
atmosphärisches Dach *(n)*	B 451, L 175
Atmungsverlust *(m)*	E 273
Atomenergie *(f)*	N 229
Atomkraft *(f)*	N 236
Atomkraftwerk *(n)*	N 214, N 238, N 240
atomrechtliche Genehmigungsbehörden *(f, pl)*	N 242
Attestierung *(f)*	C 108
Ätzgrübchen *(n)*	E 269
Ätzgrübchen *(n, pl)*	P 330 ▲
Ätzmittel *(n)*	E 266
Ätzriß *(m)*	E 267
Ätzverfahren *(n)*	E 268
Aufbau *(m)*	B 504
Aufbauchen *(n)*	B 129
Aufbeulen *(n)*	B 516
Aufblitzen *(n)*	F 364
Aufbördelung *(f)*, ohne	F 358
Aufbuckeln *(n)*	H 346
Aufdachung *(f)*	P 92, P 93 ▲
Aufdeckung *(f)* rückwärtiger Streustrahlung	B 52
Aufdornen *(n)*	D 488

▲ to denote different meanings / gibt unterschiedliche Bedeutungen an

aufdornen *(V)*	F 349
Aufdornung *(f)*	F 363
aufeinanderfolgende Temperaturzyklen *(m, pl)*	S 1351
Auffaltung *(f)*	D 364
Auffangbehälter *(m)*	R 127, R 132 ▲
Auffangtasse *(f)*	C 348
Auffangwanne *(f)*	C 669
Auffüllen *(n)*	R 232
Auffüllung *(f)*	B 6
Aufgabelung *(f)*	B 432
aufgebördelt *(V)*	F 352
aufgebrachte Dehnung *(f)*	A 374
aufgebrachte Last *(f)*	A 372
aufgelagert *(V)*, frei	S 669
aufgelagerte U-Rohre *(n, pl)*, mehrfach	M 408
aufgelagertes Kegeldach *(n)*	S 1385
aufgeprägter Wärmefluß *(m)*	H 183
aufgeschnittener Blechstreifen *(m)*	C 307, S 594
aufgeschweißter Abzweig *(m)*	S 336
aufgeschweißter Blockflansch *(m)*	W 179
aufgeschweißter Flicken *(m)*	W 180
aufgeschweißter Rohrnippel *(m)*	S 338
aufgesetzter Stutzen *(m)*	S 337
aufgesteckte elastische Trennwanddichtung *(f)*	S 623, T 475
aufgetragenes Schweißgut *(n)*	W 166
aufgeweitetes Rohr *(n)*	B 210
aufgeweitetes Rohrende *(n)*	F 356
aufgewölbter Bereich *(m)* an der Rißspitze	S 1264
aufgewühlte Strömung *(f)*	C 178, F 763
Aufhängebolzen *(m)*	D 336, H 341, P 335
Aufhängebügel *(m)*	C 529
Aufhängeeisen *(n)*	H 28
Aufhängeflansch *(m)*	H 29, F 281
Aufhängeöse *(f)*	L 171
Aufhänger *(m, pl)*, federnde	S 903
Aufhängestange *(f)*	H 30
Aufhängeteile *(n, pl)*	H 31, S 1454
Aufhängung *(f)*	H 31, H 33, S 1454, S 1455 ▲
Aufhängung *(f)*, federnde	S 904
Aufhängung *(f)*, starre	R 482
Aufhärtbarkeit *(f)*	H 37, P 526
Aufhärtung *(f)*	H 41, W 380 ▲
Aufhärtung *(f)*, örtliche	H 45
Aufhärtungsriß *(m)*	A 182
Aufhärtungszone *(f)*	H 44
Aufheizgeschwindigkeit *(f)*	R 96
Auflage *(f)*, satte	F 786
Auflagefläche *(f)*	B 199, J 20, J 25 ▲
Auflagefläche *(f)* der Dichtung	G 50
Auflagepratze *(f)*	S 2, S 1387, S 1396 ▲
Auflager *(n)*	B 418, S 1380 ▲
Auflager *(n, pl)*	S 483 ▲

Auflager *(n)*, durchgehendes	C 584
Auflager *(n, pl)*, federnde	R 367, S 903
Auflagerbelastung *(f)*	B 191
Auflagerblech *(n)*	S 1397
Auflagerbreite *(f)* der Dichtung	G 48
Auflagerdruck *(m)*	B 196
Auflagerdruck *(m)*, unmittelbar eingeleiteter	D 285
Auflagerfläche *(f)*, glatte	S 667
Auflagerspannung *(f)*	B 198
Auflösung *(f)*	R 387
Aufmaß *(n)*	F 150
Aufmischung *(f)*	D 252
Aufnahmeanordnung *(f)*	E 383
Aufnahmegerät *(n)*	R 28
Aufnahmemedium *(n)*	R 152
Aufpanzerung *(f)*	H 39, H 40, H 47 ▲
aufprallendes Medium *(n)*	I 49
Aufsatz *(m)*	B 375
Aufsatzstück *(n)*	A 480
Aufsatzventil *(n)*	B 385
Aufsatzventil *(n)*, geschraubtes	B 343
Aufsatzverbindung *(f)*, geschraubte	T 343
Aufschaukelungen *(f, pl)*	R 653
Aufschäumen *(n)*	F 372
aufschäumender Flüssigkeitsspiegel *(m)*	F 376
aufschmelzender Einlegering *(m)*	C 556
Aufschmelztiefe *(f)*	F 812
Aufschmelzungsriß *(m)*	L 246
Aufschraubverschraubung *(f)*	F 128, F 131, S 692
Aufschraubwinkel *(m)*	F 130
Aufschüttung *(f)*	B 6
Aufschweißnippel *(m)*	S 337
Aufschweißring *(m)*	B 30
Aufschweiß-Sattelstutzen *(m)* mit Gewinde	T 363
Aufschweißstreifen *(m)*	B 38
Aufschweißstutzen *(m)*	S 337
Aufschwimmkraft *(f)* der Strömung	F 504
Aufsetzelektrode *(f)*	P 743
Aufsicht *(f)*	A 482
Aufsieden *(n)*	V 188
aufstärkender Rücklaufkondensator *(m)*	R 244
Aufstärkung *(f)*	D 103
Aufstauen *(n)* des Kondensats	C 478, D 17
Aufsteckflansch *(m)*	S 693, F 304
Aufstellung *(f)*	I 216
Aufstellungszeichnung *(f)*	I 217
Aufsteppen *(n)*	Q 76
Aufstrom *(m)*	U 152, U 186
auftragsgeschweißt *(V)*	B 515
Auftragsleistung *(f)*	D 111
Auftragsschweißen *(n)*	D 112, S 1447
Auftrieb *(m)*	U 156

▲ to denote different meanings / gibt unterschiedliche Bedeutungen an

Auftriebskraft *(f)*	L 170
Auftriebssicherung *(f)*	N 31
Aufwärmgeschwindigkeit *(f)*	H 263
Aufwärmspanne *(f)*	T 117
Aufwärmungsgeschwindigkeit *(f)*	H 263
Aufwärtsströmung *(f)*	U 152, U 186
aufweiten *(V)*	F 349
Aufweiten *(n)*	F 363, B 213 ▲
Aufweiten *(n)*, **hydraulisches**	H 446
Aufweitung *(f)*	B 209, E 343 ▲
Aufweitung *(f)*, **trichterförmige**	B 216
Aufweitversuch *(m)*	D 487
Aufwölbung *(f)*	H 436
Aufzeichnung *(f)*	R 151
aufzubringende Vorspannkraft *(f)*	A 371, I 118
Augenanker *(m)*	E 417
Augenscheinprüfung *(f)*	V 201
Augenschraube *(f)*	E 414
Ausbauchen *(n)*	B 113
Ausbesserung *(f)*	R 328
Ausbesserungsschweißen *(n)*	R 329
Ausbeulen *(n)* **in Umfangsrichtung, vielwelliges**	W 414
Ausbeulen *(n)*, **parabolisches**	B 129
Ausbeulung *(f)*	B 297
Ausbeute *(f)*	W 45, W 82
Ausblaseeinsatz *(m)*	E 321
Ausblaseleistung *(f)*	R 308
Ausblasen *(n)*	P 899
Ausbrechung *(f)*	T 505
Ausbreitungsgeschwindigkeit *(f)*	P 783
Ausdampfmenge *(f)*	B 335
Ausdampfströmung *(f)*	F 375
Ausdampftrommel *(f)*	S 1054
Ausdehnbalg *(m)*	B 228, E 344
Ausdehnung *(f)*, **adiabatische**	A 156
Ausdehnungsbehinderung *(f)*	R 404
Ausdehnungskoeffizient *(m)*, **thermischer**	T 277
Ausdehnungsmembran *(f)*	E 345
Ausdehnungsschubkräfte *(f, pl)*	E 371
Ausdehnungsspannungen *(f, pl)*	E 370
Ausdehnungsstück *(n)*	B 228, E 344
Ausdehnungsunterschied *(m)*	D 235
Ausdehnungsverformung *(f)*	E 369
Ausfachung *(f)*	W 104
Ausfachungsstab *(m)*	W 106
Ausfall *(m)*	F 38
Ausfallabstand *(m)*, **mittlerer**	M 183, M 384
Ausfallarten-, Ausfallauswirkungs- und Ausfallbedeutungsanalyse *(f)*	F 44, F 640
Ausfallarten- und Ausfallauswirkungsanalyse *(f)*	F 45, F 639
Ausfalldauer *(f)*, **mittlere**	M 178
Ausfallmeldung *(f)*	N 123

Ausfallrate *(f)*, konstante	M 185, M 387
Ausfallrate *(f)*, vorausberechnete	P 549
Ausfallsicherheit *(f)*	F 35
Ausfallverhalten *(n)*	F 46
Ausfallzeit *(f)*	U 123
Ausfluß *(m)*	D 454, E 79
Ausfluß *(m)*, gemessener	A 120
Ausfluß *(m)*, theoretischer	T 237
Ausflußkante *(f)*	E 80, O 117
Ausflußkoeffizient *(m)*	D 295
Ausflußrate *(f)*, normale	S 971
Ausflußziffer *(f)*	C 294, D 295
Ausflußziffer *(f)*, gemessene	C 294
Ausflußziffer *(f)*, zuerkannte	P 161
Ausfugen *(n)*	B 2, G 167, G 223, V 121
Ausfugen *(n)* mit Kohlelichtbogen	A 399
Ausführung *(f)*	T 836
Ausführung *(f)* mit radialen Einkerbungen	C 853, R 5
Ausführung *(f)* mit zentrisch im Kreisbogen angebrachten Schlitzen	S 291
Ausführungsqualität *(f)*	W 390
Ausgangsstellung *(f)*	O 97
Ausgangswerkstoff *(m)*	B 152
Ausgangszahl *(f)* des konvektiven Wärmeübergangs, angenommene	H 475
Ausgangszustand *(m)* hoher Belastbarkeit	B 205
ausgebildete Strömung *(f)*	D 190, N 128, S 1029, S 1040, S 1045, U 70
ausgebildete Strömung *(f)*, laminare (voll)	L 26
ausgebildeter Teil *(m)* der laminaren Strömung	D 191
ausgebildetes Kernsieden *(n)*, voll	D 193
ausgeführte Dicke *(f)*	F 223
ausgeführte Mantelwanddicke *(f)*	A 437
ausgeglichene Momente *(n, pl)*	B 89
ausgeglichenes Ventil *(n)*	B 90, C 399, P 581
ausgehalster Abgang *(m)*	E 411
ausgehalster Ausschnitt *(m)*	F 568
ausgehalster Bord *(m)*	F 567
ausgehalster Kragen *(m)*	E 410
Ausgleich *(m)*	C 403
Ausgleichsbehälter *(m)*	S 1449
Ausgleichsbohrung *(f)*	B 97
Ausgleichsbördelung *(f)*	C 401
Ausgleichselement *(n)*	B 217
Ausgleichsfaltenbalg *(m)*	V 22
Ausgleichsfläche *(f)*	C 400
Ausgleichskurve *(f)* nach der Methode der kleinsten Quadrate der Abweichungen	B 258
Ausgleichsstelle *(f)*	C 688
Ausgleichsstück *(n)*	S 456, S 786 ▲
Ausgleichung *(f)*	C 403
Ausglühen *(n)*	A 322
Ausglühverfahren *(n)*	S 708

▲ to denote different meanings / gibt unterschiedliche Bedeutungen an

Aushalsung

Aushalsung *(f)*	E 411, F 324, N 23
Aushalsungskegel *(m)*	E 413
Aushärtung *(f)*	T 127
Ausheizen *(n)*	B 86
Auskleidung *(f)*	L 231
Auskleidung *(f)*, säurefeste	A 78
Auskleidung *(f)* nach dem Close-fit-Verfahren	C 253
Auskleidungsstreifen *(m)*	S 1278
Ausknickung *(f)*	B 493
Auskreuzen *(n)*	B 2, G 167
Auskümpelung *(f)*	E 391
Auslauf *(m)*, zylindrischer	C 891, T 10, T 17
Auslaufblech *(n)*	R 658
auslaufendes Gewinde *(n)*	V 80
Ausläufer *(m)*	T 9
Auslauflänge *(f)*	E 122, R 536, R 663 ▲
Auslaufstrecke *(f)*, Zustände in der	D 440
Auslegung *(f)*	B 148, C 472, D 135 ▲
Auslegung *(f)*, wärmetechnische	T 267
Auslegung *(f)* auf Ermüdung	F 83
Auslegung *(f)* für den ungünstigsten Betriebsfall	W 404
Auslegung *(f)* nach dem Prinzip des „beschränkten Versagens"	F 33
Auslegung *(f)* nach dem Prinzip des sicheren Bestehens	S 9
Auslegungsbedingungen *(f, pl)*	D 143
Auslegungsbedingungen *(f, pl)* für Ermüdung	F 84
Auslegungsberechnung *(f)*	D 141
Auslegungsblatt *(n)*	D 146
Auslegungsdaten *(n, pl)*	D 145
Auslegungs-Differenzdruck *(m)*	D 234
Auslegungsdruck *(m)*	C 8, D 162
Auslegungsdurchsatz *(m)*	D 153
Auslegungserdbeben *(n)*	D 31, D 140
Auslegungsfall *(m)*	C 291, E 210
Auslegungsleistung *(f)*	D 142
Auslegungsmerkmal *(n)*	D 144
Auslegungsschraubenkraft *(f)* der Flanschverbindung	F 319
Auslegungsstörfall *(m)*	D 139, M 161, M 176 ▲
Auslegungstemperatur *(f)*	D 170
Auslegungsunfall *(m)*	D 139, M 161, M 176 ▲
Auslenkung *(f)*	S 924
Auslenkung *(f)*, seitliche	S 513
Auslenkung *(f)*, willkürliche	W 347
Auslenkung *(f)* des Balges	B 227
Ausnutzungsgrad *(m)*	U 190
Ausnutzungsgrad *(m)*, energetischer	P 144
Ausräumen *(n)*	B 2, G 167
Ausregelzeit *(f)*	C 689
Ausrichten *(n)*	A 218
Ausrichtungstoleranz *(f)*	A 454
Ausscheidung *(f)*	P 542
Ausscheidungshärtung *(f)*	P 544

Ausschlag *(m)*	D 63
Ausschlag *(m)* der Wasservorlage	W 61
ausschlagende Rohrleitung *(f)*	W 343
Ausschlagsbegrenzung *(f)*	P 299, W 344
Ausschnitt *(m)*	O 48
Ausschnitt *(m)*, ausgehalster	F 568
Ausschnitt *(m)*, elliptischer	E 144
Ausschnitt *(m)*, ovaler	O 8
Ausschnittsanschluß *(m)*	O 50
Ausschuß *(m)*	D 78
Ausschußwerden *(n)*	P 809
außen abgedichteter Schwimmkopf *(m)*	O 132
außen abgedichteter Schwimmkopfrohrboden *(m)*	E 396, F 449
außen dichtgepackter Schwimmkopf *(m)*	O 132
Außenabmessung *(f)*	O 148
Außendruck *(m)*	E 397, P 575
außendruckbeanspruchter Behälter *(m)*	V 174
außendruckbelasteter Dehnungsausgleicher *(m)*	E 395, E 352
außendruckbelasteter Kompensator *(m)*	E 395, E 352
Außendruckwiderstandsfähigkeit *(f)*	E 398
Außendurchmesser *(m)*	M 33
Außenfaser *(f)*	E 407
Außenfaserreckung *(f)*	S 1184
Außengewinde *(n)*	M 53
Außengewindekupplung *(f)*	C 740
Außenluft *(f)*	A 465, F 717
Außenmaß *(n)*	O 148
Außenrohr *(n)*	E 402
Außerbetriebnahme *(f)*, planmäßige	S 119
Außerdienststellung *(f)*	D 46
äußere Rohrreihe *(f)*	B 406
äußere Wölbungshöhe *(f)*	E 393
äußerer Rand *(m)*, unberohrter	U 119, U 72
äußeres Kippmoment *(n)*, punktförmiges	C 466
äußeres Schutzrohr *(n)*, gewelltes	C 716
äußeres Torsionsmoment *(n)*, punktförmiges	C 467
außermittige Belastung *(f)*	E 13
außermittige Rohrleitungen *(f, pl)*	O 22
außermittiger Fehler *(m)*	O 14
Außermittigkeit *(f)*	C 91
Aussparung *(f)*	O 48, R 133 ▲
Aussparung *(f)* im Ringbalken	R 516, O 49
Aussteifung *(f)*	B 413, R 277, S 1107 ▲
Aussteifungen *(f, pl)*	S 1284
Ausströmmenge *(f)* pro Zeiteinheit	O 111
Ausströmrate *(f)*	O 111
Ausströmreaktionskräfte *(f, pl)*	D 306
Ausströmstutzen *(m)*	O 110
Ausströmung *(f)*	E 81
Austauschbarkeit *(f)*	I 290
Austausch-Rohrabschnitt *(m)*	R 337
Austausch-Rohrbündel *(n)*	R 336

▲ to denote different meanings / gibt unterschiedliche Bedeutungen an

Austauschverhältnis *(n)* der Kolonne	O 147
Austenit *(n)*	A 490
Austenitgefüge *(n)*	A 492
austenitischer Stahl *(m)*	A 491
Austenitisierung *(f)*	A 493
Austenitstahl *(m)*	A 491
Austragen *(n)*	D 450
Austragen *(n)* von Wasser	L 256
Austritt *(m)*	O 113, O 122
Austrittsdruck *(m)*	O 123
Austrittsflansch *(m)*	O 118
Austrittsgeschwindigkeit *(f)*	E 325
Austrittsleitung *(f)*	E 324
Austrittsmündung *(f)*	O 122
Austrittsnennweite *(f)*	O 120
Austrittsöffnung *(f)*	O 122
Austrittsquerschnitt *(m)*	O 114
Austrittssammler *(m)*	O 119
Austrittsstutzen *(m)*	O 116, O 121
Austrittstemperatur *(f)*	O 125
Austrocknungsgrenze *(f)*	D 537
Austrocknungs-Heizflächenbelastung *(f)*	D 535
Austrocknungspunkt *(m)*	D 539
Austrocknungssicherheit *(f)*	D 538
Austrocknungsverzugszeit *(f)*	D 536
Austrocknungs-Wärmestrom *(m)*	D 535
Austrocknungs-Wärmestromdichte *(f)*	D 535
Auswandern *(n)*	E 319
Ausweichen *(n)*, seitliches	L 66
Auswertung *(f)*	I 358
ausziehbares Rohrbündel *(n)*	R 321
Ausziehlänge *(f)* der Elektrode	E 122
Ausziehwiderstand *(m)*	P 819, S 1205
Autofrettage *(f)*	A 498
Autogenbrennschneiden *(n)*	O 184, O 187
autogenes Entspannen *(n)*	O 185
autogenes Fugenhobeln *(n)*	O 188
Autogenschneiden *(n)*	T 500
Autogenschweißen *(n)*	G 100, O 186
Autogenschweißer *(m)*	G 99
Autogentrennen *(n)*	T 500
Autoklav *(m)*	A 497
automatische Abtastung *(f)*	A 505
autoradiographische Aufnahme *(f)*	A 509
AVG-Methode *(f)*	D 207, D 351
AVG-Skala *(f)*	D 206
AVT-Kurve *(f)*	E 203
Axialbelastung *(f)*	T 416
Axialdruck *(m)*	T 403
Axialdrucklager *(n)*	T 406
axiale Bewegung *(f)*	A 520
axiale Dehnung *(f)*	A 520

axiale Druckkraft *(f)*	P 666
axiale Strömung *(f)*	A 522
axiale Zusammendrückung *(f)*	A 519
Axialfederkonstante *(f)* **einer Balgwelle**	B 218
Axial-Federrate *(f)*	A 524
Axialkegelrollenlager *(n)*	T 40
Axialkompensation *(f)*	A 26
Axial-Kompensator *(m)*, **druckentlasteter**	P 646
Axial-Kompensator *(m)*, **eckentlasteter**	P 579, S 571, E 358
Axial-Kompensator *(m)* **mit Druckentlastung**	P 646
Axialkompensator *(m)* **mit innerem Leitrohr**	E 355, I 341
Axialkugellager *(n)*	T 405
Axiallager *(n)*	T 406
Axiallagergehäuse *(n)*	T 407
Axiallagerklotz *(m)*	T 408
Axiallagerring *(m)*	T 410
Axiallagersegment *(m)*	T 411
Axiallagerteller *(m)*	T 409
Axialpendelrollenlager *(n)*	S 267
Axialrollenlager *(n)*	R 561
Axialschub *(m)*	T 416
Axialsegmentdrucklager *(n)*	P 333, T 442
Axialtellerring *(m)*	T 417

▲ to denote different meanings / gibt unterschiedliche Bedeutungen an

B

Backe *(f)*	P 31
Bad *(n)*	P 488
Badsicherung *(f)*	B 25
bainitisches Mikrogefüge *(n)*	B 84
Bajonettverschluß *(m)*	T 828
Balg *(m)*	B 217
Balg *(m)*, **mehrwandiger**	L 32
Balg *(m)*, **omegaförmiger**	E 357, O 38
Balg *(m)*, **unverstärkter**	U 127
Balg *(m)*, **verstärkter**	R 274
Balg *(m)*, **vielwandiger**	M 409
Balganschweißende *(n)*	B 229
Balgausführung *(f)*	B 219
Balgauslenkung *(f)*	B 227
Balgbordring *(m)*	C 346, R 282
Balgfederrate *(f)*	B 226
Balgkompensator *(m)*	B 228, E 344
Balglänge *(f)*, **gewellte aktive**	E 54
Balglänge *(f)*, **ungestützte**	U 142
Balgmittenabstand *(m)*	B 222
Balg *(m)* **mit U-Profil**	U 165
Balg *(m)* **mit V-Profil**	V 231
Balgquerschnitt *(m)*, **wirksamer**	B 221
Balgwelle *(f)*	C 634
Balken *(m)*	B 175, G 141
Balken *(m)*, **eingespannter**	F 263
Balken *(m)*, **elastisch gebetteter**	B 183
Balkentheorie *(f)*	B 188
Band *(n)*	S 1275
Bandage *(f)*	S 1287
Bandeisen *(n)*	S 243, S 1189 ▲
Bandplattierung *(f)*	S 1276
Bandtransport- und Führeinrichtung *(f)*	S 1277
Bau- und Betriebsgenehmigung *(f)*	C 555
Bau- und Montageüberwachungsplan *(m)*	F 2
Bauartprüfung *(f)*	T 841
Bauartzulassung *(f)*	T 837
Bauartzulassungsverfahren *(n)*	T 838
Bauausführung *(f)*	C 554, W 390 ▲
Baudatenblatt *(n)*	A 436
Bauelement *(n)*	C 410, S 1298 ▲
Baugerüst *(n)*	S 78
Baugrund *(m)*	F 696
Baugruppe *(f)*, **montagefertige**	R 118
Baukastensystem *(n)*	M 347, U 101 ▲
Baukonstruktion *(f)*	S 1290
Baulänge *(f)*	F 18, F 236, L 133 ▲
Baumusterprüfung *(f)*	P 804, T 841 ▲
Bauprüfbescheinigung *(f)*	F 207, F 218
Bauprüfer *(m)*	I 213

Beaufschlagung von Auflagerpunkten

Bauprüffolgeplan *(m)*	T 175, T 177
Bauprüfung *(f)*	A 42, F 149, F 217, I 142, I 143, I 170 ▲
Bauprüfung *(f)*, vorgezogene	S 941
Bauprüfungsbericht *(m)*	I 145
Bauprüfungsprotokoll *(n)*	I 144
Bauschingereffekt *(m)*	B 166
Bauschwingungsfaktor *(m)*	E 264
Baustahl *(m)*	S 1303
Baustahl *(m)*, unlegierter	S 1295
Baustahl-Gütefaktor *(m)*	S 1296
Bausteinsystem *(n)*	M 347, U 101 ▲
Baustellenmontage *(f)*	F 146, S 584, S 585 ▲
Baustellen-Montagetoleranzen *(f, pl)*	F 148
baustellenmontiert	F 147
Baustellenschweiße *(f)*	F 159, S 587
Baustellenschweißen *(n)*	W 235
bautechnische Anlagenkonstruktion *(f)*	P 367
Bauteil *(n)*	C 410, S 1288, S 1298 ▲
Bauteil *(n)*, dreischichtiges	T 376
Bauteilliste *(f)*	C 412
Bauteilprüfung *(f)*	T 841
Bauteilverhalten *(n)*, schadenstolerantes	D 15
bauüberwachender Sachverständiger *(m)*	A 496
Bauüberwachung *(f)*	C 593, F 5, I 76, I 77, M 94, Q 41, T 334, T 335 ▲
Bauüberwachungsplan *(m)*	Q 38
Bauzeit *(f)*, tatsächliche	A 118
Bauzustand *(m)*	A 441
Bayonettrohr *(n)*	B 167
Bayonettrohr-Wärmeaustauscher *(m)*	B 168
B-Bild *(n)*	B 470
Beanspruchung *(f)*	L 283, S 1209 ▲
Beanspruchung *(f)*, einachsige	U 80
Beanspruchung *(f)*, ruhende	S 1019
Beanspruchung *(f)*, schwellende	P 827, P 830
Beanspruchung *(f)*, statische	S 1027
Beanspruchung *(f)*, überelastische	P 405
Beanspruchung *(f)*, wechselnde	C 921
Beanspruchung *(f)* durch ein Längsmoment	L 386
Beanspruchung *(f)* durch ein Quermoment	T 606
Beanspruchungen *(f, pl)*, überlagerte	C 381
Beanspruchungscharakteristik *(f)*	L 326
Beanspruchungshäufigkeit *(f)*	L 309
Beanspruchungskombinationen *(f, pl)*	C 381
Beanspruchungszustände *(m, pl)*	S 1230
Beanspruchung *(f)* „weitab von der Mitte"	O 15
Bearbeitbarkeit *(f)*	W 379
Bearbeitung *(f)*, rückseitige	B 5
Bearbeitungsgüte *(f)*	W 390
beaufschlagen *(V)*, mit Druck	E 380, C 142
Beaufschlagung *(f)* von Auflagerpunkten mit unterschiedlichen Spektren	M 416

▲ to denote different meanings / gibt unterschiedliche Bedeutungen an

Beaufsichtigen *(n)*	W 377
Beaufsichtigung *(f)*	A 482
Bedienungsfehler *(m)*	M 57
Befähigungsnachweis *(m)*	C 105, Q 9, Q 11 ▲
Befahröffnung *(f)*	A 51, A 57, I 195 ▲
Befahrraum *(m)*	I 208
Befahrung *(f)*, periodische	P 148
Befestigung *(f)*, verstemmfeste mechanische	T 16
Befestigung *(f)* des Rohrendes	T 715
Befestigungselement *(n)*	F 63
Befestigungsnaht *(f)*	A 481
Befestigungsnocken *(m)*	A 476
Befestigungspratze *(f)*	A 479
Befestigungsschraube *(f)*	A 260, F 64, F 690, H 348
befeuchtete Oberfläche *(f)*	W 337
Befund *(m)*	I 80
begehbare Ausführung *(f)*	A 55
Begehen *(n)*	P 88
Begehung *(f)*	I 166
Beginn *(m)* der Blasenkavitation	B 478, I 53
Beginn *(m)* des Blasensiedens	O 39, O 43
Begleitheizung *(f)*	H 231, T 539
Begleitheizung *(f)*, elektrische	E 108
Begleitproben-Versuch *(m)*	C 398
Begrenzung *(f)*	L 196
Begrenzung *(f)*, druckführende	P 647
Begrenzung *(f)*, vertikale	S 69
Begrenzungsscheibe *(f)*	L 200
Begrenzungsvorrichtung *(f)*	L 199
Begutachtung *(f)*	A 379, S 1451 ▲
Behälter *(m)*	R 347, T 22, V 167 ▲
Behälter *(m)*, außendruckbeanspruchter	V 174
Behälter *(m)*, einschaliger	S 577
Behälter *(m)*, einwandiger	S 577
Behälter *(m)*, innendruckbeanspruchter	V 175
Behälter *(m)*, ringgestützter	R 512
Behälterabschluß *(m)*	D 379
Behälterbodenventil *(n)*	T 24
Behälterdeckel *(m)*, flachgewölbter	S 809
Behältereinbauten *(m, pl)*	V 170
Behälterflansch *(m)*	G 142, F 280
Behälterinhalt *(m)*	R 348
Behältermantel *(m)*	T 29, V 171 ▲
Behälter *(m)* mit mehreren Druckräumen	M 394
Behälterschuß *(m)*	T 26, T 30, V 169, V 172 ▲
Behältersieden *(n)*	P 489
Behältertragpratze *(f)*	T 32, V 173 ▲
Beharrungsverhalten *(n)*	S 1043
Beharrungswert *(m)*	F 225
Beharrungswirkung *(f)*	I 94
Beharrungszustand *(m)*	S 1032, S 1042
Beharrungszustand *(m)*, thermischer	T 275

beheizbare Strecke *(f)*	H 125
beheizte Strecke *(f)*	H 125
Beheizung *(f)*, örtlich übermäßige	L 338
behinderte Lage *(f)*, nicht durch Einspannung	U 129
behinderte Rißwachstumsverzögerung *(f)*	D 83
Behinderung *(f)* der ebenen Verformung	P 352
Behinderung *(f)* der Wärmedehnung	R 409
beidseitig angeschweißter Flansch *(m)*	F 10
beidseitig geschweißter Stumpfstoß *(m)*	D 431
beidseitig geschweißter Überlappstoß *(m)*	D 432
Beilageblech *(n)*	S 456
Beilagen *(f, pl)*	S 457
Beilagen *(f, pl)* unter Bohrlochbildgüteprüfstegen	S 458
Beischleifen *(n)*	D 485
Beiwert *(m)* für die Vergleichsspannung	S 1234
Beizanschluß *(m)*	A 74
Beize *(f)*	P 180
Beizeinsatz *(m)*	P 182
Beizen *(n)*	A 73
beizspröder Stahl *(m)*	A 72
Beizung *(f)*, korrosive	C 702
Beladung *(f)*	M 359
Belagbildung *(f)*	F 670
belastetes Wasser *(n)*	P 479
Belastung *(f)*	A 372, L 283
Belastung *(f)*, außermittige	E 13
Belastung *(f)*, punktförmige	C 468, P 464
Belastung *(f)* durch Aufschüttungen	B 10
Belastungen *(f, pl)* mit veränderlicher Amplitude	V 108
Belastungsfolge *(f)*	L 311, L 325
Belastungsgeschwindigkeit *(f)*	L 310
Belastungsgewicht *(n)*	L 312
Belastungsgrenze *(f)*	M 165
Belastungsluft *(f)*	D 442
Belastungsprobe *(f)*	L 330
Belastungsprüfung *(f)*	L 330
Belastungsrichtung *(f)*	D 275
Belastungsspannung *(f)*	L 327
Belastungszyklus *(m)*	S 1221
Belegungsdichte *(f)*	P 21
Beleuchtungsprobe *(f)*	I 17
Belichtung *(f)*	E 381
Belichtung *(f)*, radiographische	R 30
Belichtungstabelle *(f)*	E 384
Belüftungsanschlüsse *(m, pl)*	A 177, P 896
Belüftungsöffnung *(f)*	B 450
Belüftungsprobe *(f)*	A 178
Belüftungsprüfung *(f)*	A 178
Belüftungsversuch *(m)*	A 178
Bemessungslast *(f)*	D 159
Benetzbarkeit *(f)*	W 335
benetzte Oberfläche *(f)*	W 337

▲ to denote different meanings / gibt unterschiedliche Bedeutungen an

benetzter Umfang

benetzter Umfang *(m)*	W 336
Benetzung *(f)*	D 100, D 205
Benetzungsmittel *(n)*	W 338
Benetzungstemperatur *(f)*	L 128, M 297
berechnete Schraubenkraft *(f)* der Flanschverbindung	B 354
Berechnung *(f)*	C 7, D 135
Berechnung *(f)*, statische	S 1008, S 1285
Berechnung *(f)*, strömungsdynamische	F 581
Berechnung *(f)*, wärmetechnische	T 248
Berechnungsbedingungen *(f, pl)*	D 143
Berechnungsbeispiel *(n)*	S 39
Berechnungsbeiwert *(m)*	D 151, S 382
Berechnungsdifferenzdruck *(m)*	D 234
Berechnungsdruck *(m)*	C 8, D 162
Berechnungsformel *(f)*	D 150
Berechnungsspanne *(f)*	D 160
Berechnungsspannung *(f)*, hydrostatische	H 465, H 57
Berechnungstemperatur *(f)*	D 170
Berechnungswandtemperatur *(f)*	D 161
Berechnungs-Wärmestrom *(m)*	M 163, P 91
Bereich *(m)*	R 71
Bereich *(m)*, plastischer	P 399
Bereich *(m)*, schweißnahtnaher	Z 9
Bereich *(m)*, ungestörter	R 315
Bereich *(m)*, unverschweißter	U 146
Bereich *(m)* besonders hoher Erwärmung	H 406
Bereich *(m)* der Rotationsachse	C 866, C 93 ▲
Bereichsanzeigen *(f, pl)*	C 272
Bereichsteilung *(f)*	S 857
berippte Oberfläche *(f)*	E 385
berippte Oberfläche *(f)*, senkrecht	V 156
beripptes Flachrohr *(n)*	F 241
beripptes Rohr *(n)*, konzentrisch (innen und außen)	C 470
Berl-Sattelkörper **(m)**	B 257
berohrter Bereich *(m)*	T 696
Berstdruck *(m)*	B 545
Berstelement *(n)*	S 183
Berstlining-Verfahren *(n)*	P 200
Berstmembran *(f)*	B 544, B 312, R 668
Berstscheibe *(f)*	B 544, B 312, R 668
Berstscheibe *(f)*, einteilige	M 372
Berstscheibe *(f)*, mit Kerben versehene lasttragende ...	S 124
Bersttoleranz *(f)*	B 547
Berstzugfestigkeit *(f)*	B 546
beruhigter Stahl *(m)*	K 8
Beruhigungsbehälter *(m)*	S 1449
Beruhigungsrohr *(n)*	S 1448
Berührung *(f)*	C 619
Berührungsdichtung *(f)*	C 568
Berührungsebene *(f)*	T 21
Berührungsfläche *(f)*	M 155
Berührungsflächen-Spannungszustand *(m)*	I 301

▲ to denote different meanings / gibt unterschiedliche Bedeutungen an

Berührungslinie *(f)*	T 20
berührungslose Prüfung *(f)*	G 17, N 124
Berührungsschutz *(m)*	P 164, I 261
Berührungswärmeübertragung *(f)*	C 623, H 235
Besäumen *(n)*	T 657
Besäumungszuschlag *(m)*	T 659
Beschädigung *(f)* der Rohr-Rohrboden-Verbindung	T 740
Beschaffungsrichtlinien *(f, pl)*	P 742
Beschallen *(n)*	S 100
Bescheinigung *(f)*	C 103
Beschichtung *(f)*	C 285
Beschichtung *(f)*, nichtmetallische	N 140
Beschleifen *(n)*	C 590, F 621
beschränkt funktionsfähig *(Adj.)*	F 36
Besichtigung *(f)*	I 168
Besichtigungsnippel *(m)*	I 193
Besichtigungsöffnung *(f)*	I 187
Besichtigungsstutzen *(m)*	I 194
Besichtigungstür *(f)*	I 179
Bespannen *(n)*	P 676
Bespannungsmittel *(n)*	P 678
Beständigkeit *(f)* gegen interkristalline Korrosion	I 313, R 384
Bestellast *(f)*	C 17
Best-Fit-Kurve *(f)*	B 258
Bestiftung *(f)*	S 1316
Bestiftungsmaschine *(f)*	S 1323
Bestiftungspistole *(f)*	S 1322
bestimmte Kräfte *(f, pl)*, statisch	S 1011
Bestrahlung *(f)*	I 384
Betätigungseinrichtung *(f)*	A 134
Betätigungsvorrichtung *(f)*	A 129
Betonmast *(m)*, pfahlgestützter	P 192
Betonringwand *(f)*	C 474
Betrieb *(m)*	O 77, S 322
Betrieb *(m)*, unbemannter	U 116
Betrieb *(m)*, unbewachter	U 116
Betrieb *(m)*, vollautomatischer	U 40, U 116
betriebliche Abblaseleistung *(f)*	D 293
betriebliche Lebensdauer *(f)*	S 327
betrieblicher Spannungsgrenzwert *(m)*, oberer	O 83
betriebliche Spannungsschwingbreite *(f)*	O 82
Betrieb *(m)* ohne Last	N 87
betriebs- und einbaufertig *(Adj.)*	P 565
Betriebsablauf *(m)*	S 326
Betriebsanleitung *(f)*	O 66
Betriebsanweisung *(f)*	O 63
Betriebsausfall *(m)*	O 79
Betriebsbedingungen *(f, pl)*	O 62
Betriebsbeiwert *(m)*	S 325
Betriebsbelastungen *(f, pl)*, verteilte	D 356
Betriebsbereich *(m)*	O 72
betriebsbereite Aufstellung *(f)*	R 119

▲ to denote different meanings / gibt unterschiedliche Bedeutungen an

betriebsbereite Montage

betriebsbereite Montage *(f)*	R 119
Betriebsdampf *(m)*	P 740
Betriebsdaten *(n, pl)*	P 143
Betriebsdauer *(f)*	O 69, W 386
Betriebsdruck *(m)*	O 70, W 387
Betriebsdruck *(m)* des Arbeitsmittels, höchster	M 172
Betriebserdbeben *(n)*	O 60, O 1
Betriebs-Flüssigkeitsstand *(m)*	O 65
Betriebshandbuch *(n)*	O 66
Betriebslast *(f)*	I 50, S 328, W 385
Betriebslastzahl *(f)*	N 254
betriebsmäßige Verschmutzung *(f)*	N 173
betriebsmäßig sauberer Zustand *(m)*	C 387
Betriebsmedium *(n)*	W 381
Betriebsprüfung *(f)*	F 156
betriebssicher *(Adj.)*	F 31
Betriebssicherheit *(f)*	F 35, O 64, O 80
Betriebssicherheitsüberprüfung *(f)*	S 13, S 715
Betriebsspannung *(f)*, zulässige	A 232
Betriebsstellung *(f)*, niedrigste	L 441
Betriebsstillstand *(m)*	O 81
Betriebsstörung *(f)*	A 2▲, M 54, U 173
Betriebstauglichkeit *(f)*	S 323
Betriebstauglichkeit *(f)*, fortgesetzte	C 571
Betriebstemperatur *(f)*	O 74, W 389
Betriebstemperatur *(f)*, maximale	T 120
Betriebsüberdruck *(m)*	W 383
Betriebsüberdruck *(m)*, zulässiger	M 159
Betriebsüberwachung *(f)*	P 732
Betriebsverhalten *(n)*	O 78
Betriebsvorschrift *(f)*	O 63
Betriebsweise *(f)*	M 344, O 68
Betriebszeit *(f)*	O 76
Betriebszeit *(f)*, mittlere fehlerfreie	M 183
Betriebszeit *(f)*, ununterbrochene	T 447
Betriebszustand *(m)*, instationärer	T 557
Betriebszustand *(m)*, Schraubenkraft im	B 363
Bettung *(f)*	F 685
Bettung *(f)*, elastische	E 86
Beuldruck *(m)*	B 497
Beule *(f)*	D 96
Beulen *(n)*	B 494
Beulen *(n)*, verzweigtes	B 267
Beulen *(n)* des Tanks im Fußbereich	E 138
Beulfestigkeit *(f)*	B 498, C 345 ▲
Beullänge *(f)*	B 495, E 61, U 141
Beullast *(f)*	B 496
Beulrohr *(n)*	D 97
Beurteilung *(f)*	I 358
Beurteilung *(f)*, spannungstechnische	S 1226
Beurteilungsstufe *(f)*	A 43
bewegliche Druckplatte *(f)*	F 652, M 377

▲ to denote different meanings / gibt unterschiedliche Bedeutungen an

Biegeschwellfestigkeit

bewegliche Einzellast *(f)*	M 379
bewegliche Gestellplatte *(f)*	F 652, M 377
bewegliche Rohrplatte *(f)*, frei	F 436
beweglicher Plattenkeil *(m)*	S 853
bewegliche Stütze *(f)*	M 375
bewegliche Stützfüße *(m, pl)*	M 376
Beweglichkeit *(f)*	F 417
bewegte Kugelschüttung *(f)*	M 380
Bewegung *(f)*, wärmebedingte	T 289
Bewegung *(f)* des Arbeitsmittels	F 604
Bewegung *(f)* des Daches, volle	F 782
Bewegungen *(f, pl)* an Anschlußstellen	T 169
Bewegungsanzeiger *(m)*	M 378
Bewegungsdichtung *(f)*	M 381
Bewegungsdurchstrahlung *(f)*	I 137
Bewegungsgleichung *(f)*	E 241
Bewegungsunschärfe *(f)*	I 138
bewehrte Dichtung *(f)*	R 275
bewehrte Platte *(f)*	R 276
Bewehrung *(f)*	R 277
Bewehrungsgewebe *(n)*	R 283
Bewehrungsstöcke *(m, pl)*	R 280
Bewehrungsstoff *(m)*	R 281
bewertete mittlere Wärmedurchgangszahl *(f)*	W 117
bewerteter Schallpegel *(m)*	S 84
Bewuchs *(m)*, biologischer	M 3
Bezugsdruck *(m)*	R 218
Bezugsecho *(n)*	R 207, C 604
Bezugselektrode *(f)*	R 208
Bezugsgröße *(f)*	R 219
Bezugskennzeichen *(n)*	R 203
Bezugsleck *(n)*	C 11, R 212, S 302, S 970, T 196
Bezugslinienmethode *(f)*	D 207, D 351
Bezugsnorm *(f)*	R 227
Bezugspegel *(m)*	R 213
Bezugstemperatur *(f)*	R 230, S 981
Bezugswärmebehandlung *(f)*	R 210
Bezugszeit *(f)*	R 215
Biegebeanspruchung *(f)*, reine	P 894
Biegebeanspruchung *(f)*, wechselnde	R 330
Biegedauerfestigkeit *(f)* im Schwellbereich	F 101, P 823
Biegedrückmaschine *(f)*	C 255, U 168
Biegefestigkeit *(f)*	B 240, F 427 ▲
Biegehalbmesser *(m)*	B 238
Biegelinie *(f)*	E 85
Biegemoment *(n)*	B 237
Biegemoment *(n)*, positives	T 137
Biegeprobe *(f)*	B 246
Biegeprobe *(f)* mit Wurzel im Zug	R 577
Biegeradius *(m)*	B 238
biegeschlaffe Schale *(f)*, dünnwandige	S 602
Biegeschwellfestigkeit *(f)*	P 825

▲ to denote different meanings / gibt unterschiedliche Bedeutungen an

Biegespannung

Biegespannung *(f)*	B 241, F 429 ▲
Biegespannung *(f)*, äquivalente lineare	E 249
Biegespannung *(f)*, negative	C 449
Biegespannung *(f)*, positive	T 138
Biegespannung *(f)*, resultierende	R 413
Biegespannung *(f)* in Meridianrichtung	M 227
Biegespannungsformzahl *(f)*	B 242
Biegesteifigkeit *(f)*	F 428
Biegeverformung *(f)*	B 239
Biegeversuch *(m)*	B 250
Biegeversuch *(m)* an angerissenen Proben nach Charpy	P 548
Biegeversuch *(m)* mit Decklage im Zug	F 11
Biegeversuch *(m)* mit der ersten Oberfläche im Zug	F 255, B 252
Biegeversuch *(m)* mit der Oberfläche im Zug	S 225
Biegeversuch *(m)* mit der Raupe im Zug	F 11, B 251
Biegeversuch *(m)* mit der Wurzel im Zug	R 576, B 253
Biegeversuch *(m)* mit der zweiten Oberfläche im Zug	B 254
Biegewalzen *(n)*	R 538
Biegewechselfestigkeit *(f)*	F 102
Biegewinkel *(m)*	A 287
Biegsamkeit *(f)*	F 417
Bild *(n)* des Bohrlochstegs	P 109
Bildgüte *(f)*	I 20, R 32
Bildgüteanzeiger *(m)*	I 22, I 380, P 108
Bildgüteprüfsteg *(m)*	I 22, I 380, P 108
Bildgüteprüfsteg-Empfindlichkeit *(f)*	I 381
Bildgütesteg *(m)*	I 22, I 380, P 108
Bildgütezahl *(f)*	I 21, I 381
Bildgütezahl *(f)* einer Durchstrahlungsaufnahme	R 33
Bildsamkeitszahl *(f)*	P 397
Bildschärfe *(f)*	I 18, D 59
Bildschicht *(f)*	P 175
Bildung *(f)* von Einbrandkerben	U 59
bimetallisches Rohr *(n)*	B 268, D 570
Bindefehler *(m)*	L 3, L 5 ▲
Bindeklammer *(f)*	B 123
Binder *(m)*	T 684
Bindergurt *(m)*	C 176
Bindezone *(f)*	W 269
Bindung *(f)*	A 151
Bindung *(f)*, mangelhafte	L 4
Bindung *(f)*, unvollständige	I 64, I 245
Bindung *(f)*, vollständige	C 407
Biofouling *(n)*	B 271, F 672
Biofouling *(n)* durch Makroorganismen	M 3
Biofouling *(n)* durch Mikroorganismen	M 266
biologischer Bewuchs *(m)*	M 3
biologisches Fouling *(n)*	B 271, F 672
Blasendruckprüfung *(f)*	B 490
Blankstahl *(m)*	C 321
Bläschensieden *(n)*	N 245
Bläschenverdampfung *(f)*	N 245

Blase *(f)*	B 471, P 501 ▲
Blasenablösung *(f)*	B 481, B 488
blasenbildende Lösung *(f)*	B 489
Blasenbildung *(f)*	B 484
Blasendestillation *(f)*	B 160
Blasendurchmesser *(m)* beim Abreißen	B 448, B 482
Blasenfrequenz *(f)*	B 485
Blasenkammer *(f)*	B 479
Blasenkavitation *(f)*	B 475
Blasenkavitation *(f)*, ruhende	S 864, B 476
Blasenkavitation *(f)*, wandernde	T 632, B 477
Blasenkavitationsbeginn *(m)*	B 478, I 53
Blasenprüfung *(f)*	B 490
Blasensäule *(f)*	B 480
Blasensäulenreaktor *(m)*	B 473
Blasensiedebeginn *(m)*	O 39, O 43
Blasensieden *(n)*	N 245
Blasensieden *(n)*, gesättigtes	S 65
Blasenströmung *(f)*	B 483, B 492
Blasentest *(m)*	B 490
Blasenverdampfung *(f)*	N 245
Blasenwachstum *(n)*	B 486
blasige Dichtung *(f)*	B 310
Blauglühen *(n)*	O 46
Blech *(n)*	P 409, S 415 ▲
Blech *(n)*, gesteuert gewalztes	C 610
Blechanker *(m)*	G 255
Blechanker *(m)*, verstifteter	P 214
Blechausschnitt *(m)*	B 70, W 359
Blechdichtkante *(f)*	S 176
Blechgehäuse *(f)*	M 234
Blechhaut *(f)*	M 247, M 255
Blechkäfig *(m)*	P 571
Blechkante *(f)*	P 415
Blechkompensator *(m)*	M 245
Blechlasche *(f)*	P 424, S 917
Blechrand *(m)*	P 415
Blechrandzonenprüfung *(f)*	P 416
Blechringflansch *(m)*	P 428
Blechringträger *(m)*	P 421
Blechrohr *(n)*	P 417
Blechrohretage *(f)*	P 418
Blechrohrsegmentbogen *(m)*	S 248
Blechschablone *(f)*	P 432
Blechschraube *(f)*	T 54
Blechschürze *(f)*	M 254
Blechstreifen *(m)*, aufgeschnittener	C 307, S 594
Blechtafel *(f)*	S 416
blechummantelte Flachdichtung *(f)*	F 392
Blechummantelung *(f)*, gelochte	P 139
Blechunterlage *(f)*	S 456
Blechverkleidung *(f)*	M 254

▲ to denote different meanings / gibt unterschiedliche Bedeutungen an

Bleiabschirmung (f)	L 93
bleibende Dehnung (f)	P 160
bleibende Formänderung (f)	P 160, O 174
bleibende Formänderung (f), örtlich	L 345
bleibende Querschnittsovalisierung (f)	R 356
bleibende Schweißunterlage (f)	P 157, B 31
bleibende Verformung (f)	C 540, P 160
Bleifolie (f)	M 253
Bleistiftmine (f), brechende	P 106
Bleiverstärkerfolie (f)	L 87, L 92
Blende (f)	O 93
Blendenquerschnitt (m)	O 90
Blindabdeckung (f)	B 280
Blindberohrung (f)	D 567
Blinddeckel (m)	P 158
Blindeinsatz (m)	D 563
blindes Rohrende (n)	D 34
Blindflansch (m)	B 295
Blindflanschen (n)	B 279
Blindlage (f)	D 563
Blindnippel (m)	B 275, D 564
Blindrohr (n)	D 566
Blindstopfen (m)	D 565, P 439
Blindstutzen (m)	B 274, B 275, D 564
Blindverschluß (m)	D 34
Blindverschluß (m), apfelsinenschalenförmiger	O 85
Blindzylinder (m)	D 35
Blitz (m)	F 364
Blockade (f) des Kühlmittelstroms	C 643
Blockbauweise (f)	M 346
Blockflansch (m)	B 514, B 551, P 33, S 1318 ▲
Blockflansch (m), aufgeschweißter	W 179
Blockierblech (n)	T 637
Blockierbolzen (m)	L 286
Blockierleiste (f)	S 320
Blockierschraube (f)	G 1
blockierte Strömung (f)	C 173
Blockierung (f)	B 269, L 365, P 569, S 1123, T 637 ▲
Blocklänge (f)	N 106
Blocklöten (n)	B 300
Bockaufsatz (m)	Y 28
Boden (m)	D 43, E 176, E 186, H 60, P 410, T 638 ▲
Boden (m), ebener	F 387, F 391, H 66
Boden (m), elliptischer	H 64
Boden (m), fester	S 1030
Boden (m), flachgewölbter	S 376
Boden (m), gekrempter	H 65
Boden (m), gelochter	P 136, P 184, H 71
Boden (m), gewölbter	D 317, D 380, H 63
Boden (m), gewölbter und gekrempter	T 503
Boden (m), haubenförmiger rückwärtiger	B 383
Boden (m), kugelförmig gewölbter	S 811, H 74

▲ to denote different meanings / gibt unterschiedliche Bedeutungen an

Bord, zylindrischer

Boden *(m)*, länglich runder	O 7, H 70
Boden *(m)*, mehrteiliger	M 414
Boden *(m)*, positiver	P 451, H 72
Boden *(m)*, theoretischer	T 239
Boden *(m)*, torisphärischer	T 503, H 76
Boden *(m)*, ungekrempter ebener	U 77
Boden *(m)*, ungelochter	B 277, H 61, H 77, P 340, P 342, U 121
Boden *(m)*, unverankerter ebener	U 138
Bodenbelastung *(f)*, zulässige	A 227
Bodenblech *(n)*	H 94
Bodenecknaht *(f)*	B 392
Bodenentwässerung *(f)*	F 461
bodengleiche Reinigungsarmatur *(f)*	F 623
Bodenglocke *(f)*	B 472
Boden *(m)* in einem Stück mit dem Rohrboden, fester	S 1031
Bodenkühleinrichtung *(f)*	C 669
Boden *(m)* mit Ausschnitten	P 136, P 184, H 71
Boden *(m)* ohne Ausschnitte	B 277, H 61, H 77, P 340, P 342, U 121
Bodenpressung *(f)*	U 104
Bodenpressung *(f)*, mittlere	A 518
Bodenprodukt *(n)*	B 395
Bodenringblech *(n)*	A 330
Bodensetzung *(f)*	E 9
Bodenverfestigung *(f)*	C 395
Bodenverschluß *(m)*	E 180
Bodenwölbung, Höhe *(f)* der	D 121
Böenfaktor *(m)*	G 256
Bogen *(m)*	A 397
Bogen*(m)*, mittels Gehrungsschnitten hergestellter ...	C 903
Bogen *(m)*, räumlicher	S 730
bogenförmige Probe *(f)*	A 408
Bogen-T *(n)*	P 323
Bogenzone *(f)*	A 416, Z 10
Bohrkern *(m)*	T 643
Bohrkernentnahme *(f)*	T 645
Bohrkern-Probe *(f)*	T 644
Bohrloch *(n)*	B 387, H 353
Bohrlochsteg-Empfindlichkeit *(f)*, äquivalente	E 250
Bohrung *(f)*	B 387, H 353
Bohrungen *(f, pl)* quer zur Mittellinie	S 1132
Bohrungsmaß *(n)*	H 362
Bohrungsmitte *(f)*	H 355
Boilover *(m)*	B 336
Bojendach *(n)*	B 533
Bolzen *(m)*	B 338, P 201, S 1315 ▲
Bolzenschraube *(f)*	S 1317
Bolzenschweißgerät *(n)*	S 1322
Bolzenschweißung *(f)*	S 1316
Bord *(m)*	F 274, S 601
Bord *(m)*, ausgehalster	F 567
Bord *(m)*, dampfdichter	V 105
Bord *(m)*, zylindrischer	C 924, C 931, S 603, S 1142

▲ to denote different meanings / gibt unterschiedliche Bedeutungen an

Bord (m) des Bodens, zylindrischer	H 95
Bord (m) des Schwimmkopf-Rohrbodens	F 450
Bördelflansche (m, pl)	V 81
bördellos (Adj.)	F 358
bördellose Rohrverbindung (f)	F 359, N 132
bördeln (V)	F 273, F 349
Bördeln (n)	F 346, P 153
Bördeln (n) in mehreren Arbeitsgängen	S 232
Bördelung (f)	F 323, F 363
Bördelverbindung (f)	F 353, F 357
Bördelverschraubung (f)	F 353, F 357
Bördelwinkel (m)	F 350
Bordring (m)	C 346, R 282
Bordwinkel (m)	C 898
Bordwinkel (m), oberer	T 483
Brandrißmarkierung (f)	F 228
Brandschutz-Typenprüfung (f)	F 252
brechende Bleistiftmine (f)	P 106
Brechung (f)	R 247
Brechungswinkel (m)	A 290
Bredtschneider-Verschluß (m)	B 453
Breite (f), mittragende	E 73
breiter I-Träger (m)	U 108
breitflächig durchfärben (V)	B 288
breitflächig durchschlagen (V)	B 288
breitflanschiger Doppel-T-Stahl (m)	W 352
Breitflanschträger (m)	U 108
Breitung (f), seitliche	L 57
brennende Flüssigkeit (f)	R 657
Brenner (m)	T 498
Brennfleckgröße (f)	F 642
Brennschablone (f)	T 263
Brennschneiden (n)	T 261, T 500
Brennschneiden (n) mit Azetylen-Sauerstoff	O 184
Brennschnittflächengüte (f)	C 909
Brennzugabe (f)	T 262, C 912
Brillenflansch (m)	S 805
Brillensteckschieber (m)	S 805
Brinell-Härteprüfung (f)	B 108, B 458
Brown-Fintube (n)	A 523, B 469, L 383
Bruch (m)	F 705
Bruch (m), faseriger	F 145
Bruch (m), instabiler	U 136
Bruch (m), körniger	C 882
Bruch (m), zäher	D 556
Bruchanalysendiagramm (n)	F 30, F 706
Bruchaufreißungen (f, pl)	S 310
Bruchausbreitung (f), wachstumskontrollierte	G 231
Bruchaussehen (n)	A 369, C 141, F 707
Bruchbelastung (f)	B 443
Bruchbolzen (m)	B 444
Bruchbolzengehäuse (n)	B 446

bruchbolzengesicherte nicht wiederschließende Druckentlastungseinrichtung *(f)*	B 447
Bruchbolzensicherung *(f)*	B 445
Bruchdehnung *(f)*	E 151, U 11
Bruchdehnung *(f)*, prozentuale	P 131
Bruchdehnung *(f)*, tatsächliche	T 673
Bruchdurchbiegung *(f)*	D 67
Bruchebene *(f)*	C 235
Brucheinleitung *(f)*	F 708
Brucheinschnürung *(f)*	R 195
Bruchfestigkeit *(f)*	U 197, U 17
Bruchfläche *(f)*	C 235
Bruchfläche *(f)*, schräge	S 608
Bruchflächenkunde *(f)*	F 704
Bruchflächenprüfung *(f)*	N 61
bruchfrei bleiben	N 64
Bruchgrenze *(f)*	U 16
Bruchlängenzone *(f)*	R 672
Bruchlast *(f)*	U 13
Bruchlastspielzahl *(f)*	N 252
Bruchmechanik *(f)*, linear-elastische	L 120, L 212
Bruchpartien *(f, pl)*, längere parallel zur Oberfläche verlaufende	T 174
Bruchquerschnitt *(m)*	R 667
Bruchwahrscheinlichkeit *(f)*	P 697
Bruchzähigkeit *(f)*	F 709
Bruchzähigkeit *(f)* bei ebener Formänderung	P 355
Bruchzähigkeit *(f)* im ebenen Dehnungszustand	P 355
Bruchzähigkeit *(f)* unter den Bedingungen des ebenen Dehnungszustandes (EDZ)	P 355
Brüden *(f, pl)*	V 100, W 66
Brüdendampf *(m)*	F 378
Brüdendom *(m)*	V 96
Brüdenkompressionsverdampfer *(m)*	V 90
Brüdenkompressionsverdampfung *(f)*	V 89, V 120
Brüdenkondensation *(f)*	V 91
Brüdenkondensator *(m)*	V 92
BRÜKO	V 92
Brummblech *(n)*	A 349
Brüter *(m)*	B 456
Brutreaktor *(m)*	B 456
Brutreaktor *(m)*, gasgekühlter schneller	G 30, G 137
Brutreaktor *(m)*, schneller	F 62
Bruttomethode *(f)*	E 175
Bruttoquerschnitt *(m)*, Fließen im	G 228
Buchse *(f)*	S 610, S 611 ▲
Buckel *(m)*	H 436
Buckelbildung *(f)*	H 438
Buckelschweißen *(n)*	P 774
Buffeting *(n)*	B 503
Buffeting *(n)*, Resonant	R 390
Buffeting *(n)*, Wake	W 6

▲ to denote different meanings / gibt unterschiedliche Bedeutungen an

Bügelanker *(m)*	S 632, S 661
Bügelaufsatz *(m)*	Y 28
Bügeldeckel *(m)*	B 375, Y 30
Bügelhaube *(f)*	S 894
Bügelschelle *(f)*	P 229, U 4 ▲
Bügelschraube *(f)*	B 408, S 1190, U 3 ▲
Bühne *(f)*	P 437
Bund *(m)*, **durch Bördelung hergestellter**	F 354
Bund *(m)*, **umgebördelter**	F 354
bündig eingesetzter Stutzen *(m)*	S 334
bündiger Stutzen *(m)*	F 622
Buoy-Roof-Schwimmdach *(n)*	B 533
Burnout *(m)*	B 537
Burnoutgrenze *(f)*	B 538
Burnout *(m)* **mit Anlagerung von Wassertropfen an die Rohrwand**	D 109
Burst-Signal *(n)*	B 543
Bypass *(m)*	B 576
Bypass-Strömung *(f)* **zwischen Trennwand und Rohrbündel**	P 83

C

CAT	C 63, C 462
CBB-Prüfung *(f)*	C 79, C 823
C-Bild *(n)*	C 884
charakteristische Kurve *(f)*	C 138, D 372
Charge *(f)*	H 98
Chargen-Nr. *(f)*	H 110
Chargen-Trennmolch *(m)*	B 163, S 309
Charpy-Kerbschlagbiegeversuch *(m)*, **instrumentierter**	I 238
Charpy-Kerbschlagbiegeversuch *(m)* **an angerissenen Proben, instrumentierter**	I 239
Charpy-Kerbschlagbiegeversuch *(m)* **an angerissenen Proben, langsamer instrumentierter**	I 240
Charpy-Pendelschlagversuch *(m)*	C 144
Charpy-Probe *(f)*	C 145
Charpy-Schlagfestigkeit *(f)*	C 143
Charpy-Spitzkerbe *(f)*	C 146
chemische Reinigung *(f)*	C 159
chemischer Zusammensetzungsfaktor *(m)*	M 177, M 236
Chloridionenkorrosion *(f)*	P 328
CIP-Reinigung *(f)*	C 181, C 228
Close-Fit-Auskleidungsverfahren *(n)*	C 253
Clusteranalyse *(f)*	C 269
Coanda-Effekt *(m)*	C 274
Coldbox *(f)*	C 317
Compliance *(f)*	C 408
Containment *(n)*	C 570
Cottingham-Prüfverfahren *(n)*	R 602
Couette-Strömung *(f)*	C 719
CTS-Probe *(f)*	C 889
CTS-Prüfung *(f)*	C 612, C 890

D

Dach *(n)*	R 567
Dach *(n)*, atmosphärisches	B 451, L 175
Dach *(n)*, freitragendes	S 285
Dach *(n)*, schwach geneigtes	L 442
Dachbetriebslast *(f)*	R 569
Dachdurchführung *(f)*	R 570
Dacheckring *(m)*	T 478, A 271
Dacheckringprofil *(n)*	T 479
Dachentwässerung *(f)*	R 568
Dach-/Mantelausführung *(f)*, gebördelte	F 326
Dachstütze *(f)*	R 571
Dachstützenstellung *(f)*	S 355
Dämmasse *(f)*	I 251
Dämmatte *(f)*	I 249, I 262
Dämmdicke *(f)*	I 256, I 269
Dämmoberfläche *(f)*	I 268
Dämmplatte *(f)*	I 250
Dämmstärke *(f)*	I 256, I 269
Dämmstoff *(m)*	A 99, I 248, I 264, S 749 ▲
Dämmung *(f)*	I 260
Dämmunterlage *(f)*	I 259
Dämmwerkzeug *(n)*	I 258
Dampf *(m)*	S 1046, V 86 ▲
Dampfaustrittsdruck *(m)*	S 1064
Dampfaustrittsstutzen *(m)*	S 1063, V 95 ▲
Dampfaustrittstemperatur *(f)*	S 1065
Dampfbildungswärme *(f)*	V 83
Dampfblasen *(f, pl)*	S 1049, S 1073
Dampfblasenabreißdurchmesser *(m)*	B 448, B 482
Dampfblasenanteil *(m)*	S 1072
Dampfdichte *(f)*	V 93
dampfdichter Bord *(m)*	V 105
Dampfdom *(m)*	S 1053
Dampfdom-Dach *(n)*	V 94
Dampfdruck *(m)*	S 1066, V 99 ▲
Dampfeintrittsdruck *(m)*	S 1061
Dampfeintrittsstutzen *(m)*	S 1060, V 97 ▲
Dampfeintrittstemperatur *(f)*	S 1062
Dampferosion *(f)*	S 1056
Dampferzeuger *(m)*	B 325, S 1058, S 1048 ▲
Dampferzeuger *(m)*, stehender	V 159
Dampferzeugeranlage *(f)*	S 1057
Dampferzeugungsanlage *(f)*, nukleare	N 220, N 243
Dampffilm *(m)*, instabiler	D 100
Dampf-Flüssigkeits-Gleichgewicht *(n)*	F 605
dampfförmiger Zustand *(m)*	V 104
Dampfgasse *(f)*	P 122
Dampfgehalt *(m)*, volumetrischer	V 106, V 209
Dampfgürtel *(m)*	V 88
Dampfkessel *(m)*	B 325, S 1048

Dampfkondensator *(m)*	C 497
Dampfkondensator *(m)* mit Inertgasbelastung	G 21
Dampfkreisprozeß *(m)*	S 1051
Dampfleitung *(f)*	S 1070
Dampfphase *(f)*	V 98
Dampfpolster *(n)*	S 1050
Dampfraum *(m)*	R 493, S 1068, V 103
Dampfraumbelastung *(f)*	S 1069
Dampfschubspannung *(f)*	V 102
Dampfschubspannung *(f)* an der Phasengrenze	I 305
Dampfschwaden *(f, pl)*	W 66
Dampfsperre *(f)*	V 87
Dampftrommel *(f)*	S 1054, D 503
Dampftrommeleinbauten *(m, pl)*	S 1055
Dämpfung *(f)*	D 22, D 23
Dämpfung *(f)*, fluiddynamische	F 578
Dämpfung *(f)*, fluidelastische	F 584
Dämpfung *(f)*, hydrodynamische	H 458
Dämpfung *(f)*, innere	I 332
Dämpfung *(f)*, lineare	L 211
Dämpfung *(f)*, negative	N 32, D 24
Dämpfung *(f)*, strukturdynamische	S 1292
Dämpfung *(f)*, strukturelle	S 1289
Dämpfung *(f)* im ruhenden Fluid	D 27
Dämpfungsglied *(n)*	A 486
Dämpfungskoeffizient *(m)*	D 25
Dämpfungskörper *(m)*	C 881
Dämpfungskräfte *(f, pl)*	D 26
Dampfverteilungsleitung *(f)*	D 358
Dampfvolumenanteil *(m)*	V 106, V 209
Dauerbeanspruchung *(f)*	C 580
Dauerbelastung *(f)*	C 580
Dauerbetrieb *(m)*	C 582, U 89
Dauerbetriebszeit *(f)*	C 581
Dauerbruch *(m)*	F 87
Dauerfestigkeit *(f)*	F 91, F 96, E 200
Dauerfestigkeit *(f)* im Zug-Wechselbereich	F 98
Dauerfestigkeitsanalyse *(f)*	F 68, F 85
Dauerfestigkeitskennwerte *(m, pl)* bei zyklischer Verformung	S 1166
Dauerfestigkeitskurve *(f)*	F 82, S 675, S 1236
Dauerfestigkeitsnachweis *(m)*	F 68, F 85
Dauerfestigkeitsschaubild *(n)*	S 1222
Dauerfestigkeit *(f)* unter pulsierendem Innendruck	F 99
Dauerfestigkeit *(f)* unter schwellender Beanspruchung	F 100, P 824
Dauerfestigkeit *(f)* unter wechselnden Zugspannungen	F 98
Dauerfestigkeit *(f)* unter wechselnder Biegebeanspruchung	F 101
Dauerglühen *(n)*	S 686
Dauerhaltbarkeit *(f)*	S 327
Dauerlast *(f)*	S 1019
Dauerprüfung *(f)*	E 201, F 106

▲ to denote different meanings / gibt unterschiedliche Bedeutungen an

Dauerschallverfahren *(n)*	C 587
Dauerschlagfestigkeit *(f)*	I 27
Dauerschwingbeanspruchung *(f)*	A 247, F 92, F 104 ▲
Dauerschwingbruch *(m)*	E 199, F 87
Dauerschwingfestigkeit *(f)*	E 200
Dauerschwingverhalten *(n)*	F 69
Dauerschwingversuch *(m)*	F 106, E 201
Dauerstandverhalten *(n)*	C 796
Dauerversuch *(m)*	F 106, E 201
Dauerwechselfestigkeit *(f)*	E 200, F 91, F 103
Deckablaß *(m)*	D 44
Deckel *(m)*	B 375, C 266, C 748 ▲
Deckeldichtung *(f)*	B 379, C 747 ▲
Deckelflansch *(m)*	B 378
Deckelflansch *(m)* am Mantel	S 434
Deckelverschluß *(m)*	B 381
Deckelverschluß *(m)*, selbstdichtender	P 650
Deckelverschraubung *(f)*	C 744
Deckendurchführung *(f)*	R 570
Decklage *(f)*	F 220, T 480, T 487, T 488 ▲
Decklage *(f)*, zusätzliche	W 32
Decklage *(f)* im Zug	F 15
Decklagennaht *(f)*	F 209
Decklagenüberlauf *(m)*	T 489
Decklagenunterwölbung *(f)*	I 65
Decknaht *(f)*	C 268, F 226
Decknahtoberfläche *(f)*	F 227
Deckplatte *(f)*	C 748
Deckschicht *(f)*	P 796, S 1428, T 487 ▲
Decksteg *(m)*	D 45
Defektstelle *(f)*, abgemeißelte	C 171
Deformation *(f)*	D 73
Deformation *(f)*, fortschreitende	P 768, R 81
Deformation *(f)*, seitliche	L 55
Deformation *(f)*, unbegrenzte plastische	U 43
Deformation *(f)*, wärmespannungsbedingte fortschreitende	T 310, R 83
Deformation *(f)* aufgrund von Wärmespannungen, stufenweise fortschreitende	T 310, R 83
Dehnbarkeit *(f)*	F 417
Dehngeschwindigkeit *(f)*	S 1186
Dehngrenze *(f)*	S 1181
Dehngrenze *(f)*, 0,2 %	P 778, Y 23
Dehnhülse *(f)*	E 389
Dehnlänge *(f)*	S 1179
Dehnrate *(f)*	S 1186
Dehnschaft *(m)*	R 183, W 3
Dehnschraube *(f)*	M 283, N 21, R 184 ▲
Dehnung *(f)*	E 150, S 1160
Dehnung *(f)*, axiale	A 520
Dehnung *(f)*, bleibende	P 160
Dehnung *(f)*, elastisch-plastische	E 90

Dehnung *(f)*, Prüfung auf einsinnig steigende	C 542
Dehnung *(f)*, seitliche	L 58
Dehnungen *(f, pl)* aufgrund von Verlagerungen	D 346
Dehnung/Gleitung *(f)*, Hypothese der größten	M 170
Dehnungsanalyse *(f)*	S 1163
Dehnungsanzeige *(f)* mittels Reißlack	S 1176
Dehnungsaufnehmer *(m)*	C 238
Dehnungsausgleicher *(m)*	E 346
Dehnungsausgleicher *(m)*, außendruckbelasteter	E 395, E 352
Dehnungsausgleicher *(m)*, einbalgiger	E 360, E 361, S 533, S 570
Dehnungsausgleicher *(m)*, einwelliger	S 533, S 570, E 360, E 361
Dehnungsausgleicher *(m)*, kreisringförmiger	T 508, E 365
Dehnungsausgleicher *(m)*, rechteckiger	R 161, E 359
Dehnungsausgleicher *(m)*, zweiwelliger	D 425, D 545, E 350, E 351
Dehnungsausgleicher *(m)* mit zweifach gekrempter Halbwelle	F 315
Dehnungsbehinderung *(f)*	C 549
Dehnungsenergie *(f)*	S 1167
Dehnungserhöhung *(f)*	S 1178
Dehnungsformzahl *(f)*	S 1165
Dehnungsgeschwindigkeit *(f)*, konstante	C 547
Dehnungshülse *(f)*	E 368
dehnungsinduzierte Rißkorrosion *(f)*	S 501, S 1177
Dehnungskonzentrationsfaktor *(m)*	S 1165
Dehnungskreis *(m)*, Mohrscher	M 350
Dehnungsmeßgerät *(n)*	E 390, S 1172 ▲
Dehnungsmeßstreifen *(m)*	S 1172
Dehnungsmessung *(f)*	S 1183
Dehnungsschwingbreite *(f)*	S 1185
Dehnungsverlauf *(m)* des Werkstoffes	M 147
Dehnungswelle *(f)*	C 432, L 395
Dehnungszustand *(m)*, ebener	P 351, S 1004
Dehnungszustand *(m)*, nicht ebener	A 354
Dehnungszyklen *(m, pl)*	S 1166
Dekontamination *(f)*	D 48
Dekrement *(n)*, logarithmisches	L 369
Delta-Dichtungsring *(m)*	D 87
Demister *(m)*	D 88, D 498, M 317
Densitometer *(n)*	D 89
Denting *(n)*	D 98, N 25, T 711
Dephlegmation *(f)*	D 103, P 61
Dephlegmator *(m)*	D 104, R 244
Desorbieren *(n)*	D 178
Desorption *(f)*	D 178
Destillat *(n)*	D 352
Destillation *(f)*	D 353
Destillation *(f)*, atmosphärische	A 467
Destillation *(f)*, einstufige	S 565
Destillation *(f)*, fraktionierte	F 700
Desublimationsanlage *(f)*	D 180
Detektierungsschwelle *(f)*	T 383
Dewar-Behälter *(m)*	D 199, L 249

▲ to denote different meanings / gibt unterschiedliche Bedeutungen an

Diagnosewartung (f)	P 680
Diagonalstab (m)	D 212
Diagonalverband (m)	D 210
Dichtungsauflagefläche (f)	G 50
Dichtungsauflagerbreite (f)	G 48
Dichtungshebelarm (m)	G 55
Dichte (f)	D 90
Dichte (f), molare	M 355
Dichte (f) des mantelseitigen Fluids	S 444
dichter Kondensator (m)	H 305
dichte Rohrteilung (f)	T 752
Dichtewellen (f, pl)	D 95
Dichte-Wellen-Instabilität (f)	D 94
Dichtfläche (f)	F 9, F 12, F 329, J 25, M 154
Dichtfläche (f), eingeschlossene	C 518
Dichtfläche (f), glatte	F 388
Dichtfläche (f), nicht eingeschlossene	U 45
Dichtfläche (f) des Ventilsitzes	S 203, S 206
Dichtfläche (f) mit Arbeitsleiste	R 58
Dichtfläche (f) mit Nut und Feder	T 474
Dichtfläche (f) mit Ringnut	R 504
Dichtfläche (f) mit Vor- und Rücksprung	M 43
Dichtflächenabmessung (f)	F 20
Dichtflächenendzustand (m)	F 330
Dichtflächen-Fertighöhe (f)	F 235
Dichtfläche (f) ohne Arbeitsleiste	F 388
dichtgepackt (V)	P 3
dichtgepackter Schwimmkopf (m), außen	O 132
dichtgeschweißte Gewindeverbindung (f)	S 192
dichtgeschweißte Membranplatte (f)	S 175
dichtgeschweißter Flansch (m), dichtungsloser	U 79, F 308
dichtgeschweißte Rohr-Rohrboden-Verbindung (f)	S 193
Dichtheit (f)	D 90
Dichtheitsprobe (f)	L 99
Dichtheitsprüfung (f), wiederkehrende	I 154
Dichtkraft (f)	S 178, S 207 ▲
Dichtleiste (f)	N 226, S 177 ▲
Dichtlinse (f)	L 134
Dichtlippe (f)	L 245
Dichtmembran (f)	S 184
Dichtnaht (f)	S 190
Dichtnahtschweißen (n)	S 194
Dichtorgan (n)	C 152, C 260
Dichtpackung (f)	P 15
Dichtpackungsverbindungen (f, pl)	P 11
Dichtringe ((m, pl), schwimmende	F 446
dichtschließende Absperrklappe (f)	T 437
Dichtschnur (f)	R 601
Dichtschweißen (n)	S 194
Dichtsetzen (n)	I 272
Dichtstreifenanordnung (f), elastische	M 398
Dichtung (f)	G 46, P 15, S 169 ▲

▲ to denote different meanings / gibt unterschiedliche Bedeutungen an

Dichtung (f), armierte	R 275
Dichtung (f), bewehrte	R 275
Dichtung (f), blasige	B 310
Dichtung (f), druckgespannte	P 602, S 264
Dichtung (f), dynamische	M 381
Dichtung (f), eingekammerte	R 135
Dichtung (f), eingeklebte	B 369
Dichtung (f), (ein)gefaßte	C 44
Dichtung (f), getränkte	C 420
Dichtung (f), innenliegende	I 1, I 155
Dichtung (f), nicht armierte	H 369, U 128
Dichtung (f), ruhende	S 1025
Dichtung (f), selbstdichtende	P 602, S 264
Dichtung (f), selbstwirkende	P 602, S 264
Dichtung (f), statische	S 1025
Dichtung (f), unbewehrte	H 369, U 128
Dichtung (f), vollflächige	F 773
Dichtung (f) mit Anzugsbegrenzung	C 519
Dichtungsauflagedruck (m)	G 53
Dichtungsbeiwert (m)	G 51
Dichtungsdruck (m)	S 181
Dichtungsfaktor (m)	G 51
Dichtungsfläche (f)	F 12, J 25, M 154
Dichtungshaltering (m)	G 57
Dichtungskennwert (m)	G 51
Dichtungskraft (f)	G 53
dichtungsloser dichtgeschweißter Flansch (m)	U 79, F 308
Dichtungsmasse (f)	C 70, S 174
Dichtungsmaterial (n)	J 31
Dichtungsnut (f)	G 52
Dichtungspaket (n)	P 25
Dichtungsrille (f)	F 339
Dichtungsring (m)	G 58, J 29, J 35, P 24, S 182
Dichtungsscheibe (f)	S 187
Dichtungsschlauch (m)	T 762
Dichtungsschürze (f)	P 688, R 364, S 173, T 762 ▲
Dichtungsschürze (f) mit elastischem Wischerblatt	F 425
Dichtungssetzbewegung (f)	G 60
Dichtungssitzbreite (f)	G 63
Dichtungssitzfläche (f)	G 62
Dichtungsstandkraft (f)	G 54
Dichtungsteg (m)	G 65
Dichtungstöne (m, pl)	S 196
Dichtungstragring (m)	R 420
Dichtungsverbindung (f), eingeschlossene	C 517
Dichtungsvorverformung (f)	G 60, S 205
Dichtungs-Wirkbreite (f)	E 59
Dichtungswirkbreite (f)	G 64
Dichtungszentrierkabel (n)	S 171
Dicke (f), ausgeführte	F 223
Dickenabnahme (f)	T 331
Dickenabnahmetoleranz (f) beim Biegen	B 255

▲ to denote different meanings / gibt unterschiedliche Bedeutungen an

Dickenlehre (f)	T 327
dickwandig (Adj.)	H 266
Dickwandschweißung (f)	T 328
Differentialmanometer (n)	D 241
Differenz (f) der Anfangstemperatur	I 116, I 406
Differenzdruck (m)	D 237, P 595
Differenzdruckmesser (m)	D 241
Differenzdruckregeleinheit (f)	D 239
Differenzdruckregelventil (n)	D 233
Differenzdruckregler (m)	D 238
Differenzdruckwächter (m)	D 244
Diffuseurboden (m)	R 449
Diffusion (f), falsche	F 55
Diffusionsschweißen (n)	D 250
Diffusionszone (f)	F 817
Diffusor (m)	D 247
Dilatation (f)	D 251
dimensionslose Zahl (f)	D 261
direkt ansprechendes federbelastetes Sicherheitsventil (n)	D 282
direktanzeigendes Instrument (n)	D 280
direkte Einbettung (f)	D 266
Direkthärten (n)	D 279
Direktkondensation (f) mit kontinuierlicher Dampfphase	D 267
Direkt-Kontakt-Kondensator (m)	D 268
Direktkontaktmagnetisierung (f)	D 269
Direktkontakt-Wärmeaustauscher (m)	H 138
Diskontinuität (f)	D 312
Diskontinuität (f), geometrische	G 133
disperses Sieden (n)	A 335
Distanzbolzen (m)	T 426
Distanzhülse (f)	S 787
Distanzrohr (n)	S 788
Distanzstück (n)	S 786
Divergenz (f)	A 286, B 187
D-log E-Kurve (f)	D 372, C 138, H 21
DN	N 112
DNB-Wärmestromdichte (f)	C 833, D 374
Docht (m)	W 350
dochtloses Wärmerohr (n)	W 351
Doppel HU-Naht (f)	D 407
Doppelabsperrarmatur (f)	D 386
Doppelabsperrarmatur (f) mit Zwischenentlüftung	B 299, D 385
Doppelbalg-Kompensator (m)	D 425, D 545
Doppelbalken-Probe (f)	D 33, D 390
Doppelbündel-Verdampfer (m)	D 389
Doppeldeckdach (n)	D 394
Doppeldeckschwimmdach (n)	D 395
doppelendiger Rohrbruch (m)	D 76, D 399
Doppelfilmbetrachtung (f)	D 402, C 419
Doppelgelenk-Kompensator (m)	D 406, S 1472
Doppel-halbe V-Naht (f)	D 383, W 127

Doppel-HU-Naht *(f)*	W 128
Doppel-J-Naht *(f)*	D 407, W 128
Doppelkegelklemmring *(m)*	B 116
Doppelkegelring *(m)*	O 36
Doppelkegelverbindungen *(f, pl)*	D 418
Doppelkehlnaht *(f)*	D 401
Doppelklemme *(f)*	T 819
Doppelkopfsystem *(n)*	T 821
Doppelkopfverfahren *(n)*	D 412
Doppellippenring *(m)*	D 392, U 5
Doppelmantel *(m)*	J 1
Doppelmantelabschluß *(m)*	J 3
Doppelmantelbehälter *(m)*	D 428, J 6
Doppelmantel-Dampfgefäß *(n)*	J 4
Doppelpendelklappe *(f)*	T 820
Doppelrohr *(n)* (Bauart Field)	F 157, D 421
Doppel-Rohrbodenkonstruktion *(f)*	D 423
Doppelrohrschelle *(f)*	D 410
Doppelrohr-Spaltgaskühler *(m)*	D 422
Doppelrohr-Wärmeaustauscher *(m)*	D 411, D 446, F 158, H 140, H 141
Doppel-Segmentleitblech *(n)*	D 414
Doppelsitzdichtung *(f)*	B 56
Doppelsitzventil *(n)*	D 413
doppelt (auf der Innen- und Außenseite) feingewelltes Rohr *(n)*	D 404
doppelter Tulpenstoß *(m)*	D 426
doppelt geteilte Strömung *(f)*	D 415
Doppel-T-Stahl *(m)*, breitflanschiger	W 352
Doppel-T-Stoß *(m)*	C 873
Doppel-U-Naht *(f)*	D 426, W 129
Doppelungen *(f, pl)*	L 33
doppelungsfrei geschallt *(V)*	U 21
Doppel-UP-Lichtbogenschweißen *(n)*	D 416
Doppel-V-Naht *(f)*	D 427, W 130
Doppel-Vollhub-Sicherheitsventil *(n)*	D 405
Doppelwandbetrachtung-Durchstrahlungstechnik *(f)*	D 429
Doppelwand-Rohr *(n)*	D 430, D 569
Doppel-Winkelkopfverfahren *(n)*	S 1133
Doppelzylinder-Rollenlager *(n)*	D 393
Dosierpumpe *(f)*	P 790
Double-block-and-bleed-Prinzip *(n)*	D 384
Drahtbildgüteprüfsteg *(m)*	W 373
Drahtlehre *(f)*	W 372
Draht-Pulverkombination *(f)*	E 116
Drahtspiralen *(f, pl)*	W 370
Drahtsteg *(m)*	W 373
Drahtumflechtung *(f)*	W 369
Drahtvorschubgeschwindigkeit *(f)*	W 371
Drall *(m)*	T 824
Drallblech *(n)*	S 1476
Drallerzeuger *(m)*	S 1474
drallfreie Strömung *(f)*	I 387, N 166

▲ to denote different meanings / gibt unterschiedliche Bedeutungen an

Drallrohr *(n)*	R 471, R 477
Drallströmung *(f)*	S 1473
Drehflansch *(m)*	F 299, F 300, R 611
Drehimpuls *(m)*	A 314
Drehimpulsverfahren *(n)*	C 10, I 38
Drehklappe *(f)*	B 554
Drehkolbenpumpe *(f)*	R 608
Drehlängsschieber *(m)*	C 376
Drehscheibenextraktor *(m)*	R 614
Drehscheibenextraktor *(m)*, **asymmetrischer**	A 173, A 463
Drehschieber *(m)*	C 287, R 604
Drehsicherung *(f)*	A 355
Drehspindel *(f)*	R 609
Drehsteifigkeit *(f)*	T 516
Drehwinkelverfahren *(n)*	T 815
dreidimensionale Spannungsverteilung *(f)*	T 371
Dreiecksrippe *(f)*	T 653
Dreiecksteilung *(f)*	T 654
Dreiecksteilung *(f)*, **gedrehte**	R 613
Drei-Elementen-Verbindung *(f)*	S 58, T 373
Dreifach-Segment-Leitblech *(n)*	T 662
dreiflutiger Kondensator *(m)*	T 374
Dreikantenauflagerversuch *(m)*	T 372
Dreiplattenstöße *(m, pl)*	T 375
Dreipunkt-Belastung *(f)*	T 377
Dreipunkt-Biegeprobe *(f)*	S 300, S 540, B 247
dreischichtiges Bauteil *(n)*	T 376
Dreistrom-Wärmeaustauscher *(m)*	T 655
Dreiwege-Ventil *(n)*	T 378
Dreiweg-Kondensator *(m)*	T 374
Drei-Zonen-Vorwärmer *(m)*	T 379
Driften *(n)*	T 98
Drillknicken *(n)*	T 514
Drillung *(f)*, **Randstörung durch**	D 314
DRK	S 501
Dröhnblech *(n)*	A 349
Drosselblende *(f)*	O 93
Drosselblende *(f)*, **ringförmige**	A 339
Drosselblende *(f)* **im Rohrsystem**	F 538
Drosselcharakteristik *(f)*	A 417
Drosselkegel *(m)*	T 46, T 389 ▲
Drosselklappe *(f)*	B 554
Drossellänge *(f)*	C 174, R 411, T 393
Drosseln *(n)*	T 392
drosselnde Stellung *(f)*	T 394
Drosselplatte *(f)*	C 172
Drosselscheibe *(f)*	O 93
Drosselschieber *(m)*	T 388
Drosselung *(f)*	T 391
Drosselventil *(n)*	N 209, T 390
Drosselverhalten *(n)*	A 417
Druck *(m)*	P 574

▲ to denote different meanings / gibt unterschiedliche Bedeutungen an

druckentlasteter Axial-Kompensator

Druck *(m)*, atmosphärischer	A 469
Druck *(m)*, dynamischer	D 573
Druck *(m)*, hydrodynamischer	H 461
Druck *(m)*, hydrostatischer	B 527, H 469
Druck *(m)*, negativer	N 35
Druck *(m)*, pulsierender	P 829
Druck *(m)*, reduzierter	R 181
Druck *(m)*, seitlicher	L 61
Druck *(m)*, statischer	H 461, S 1024
Druck *(m)*, umgekehrter	R 453
Druckabbau *(m)*	P 594, P 637
Druckabfall *(m)*	D 495, P 597, P 624
Druckabfall *(m)*, mantelseitiger	S 448
Druckabfall *(m)*, spezifischer	S 801
Druckabfall-Beschränkungen *(f, pl)*	P 600
Druckabfall-Instabilität *(f)*	P 599
Druckabfallkurve *(f)*	P 615
Druckänderungsgeschwindigkeit *(f)*	P 585, R 98
Druckanstieg *(m)*	A 61, P 613, P 649, O 52 ▲
Druckanstieg *(m)*, plötzlicher	P 657
Druckanstiegsprüfung *(f)*	I 401
Druckanzapfung *(f)*	P 662
Druckanzeige *(f)*	P 634
Druckaufbau *(m)*	B 506, P 582
Druckaufgabe *(f)*	P 676
Druckausfall *(m)*	P 603
Druckausgleichsbehälter *(m)*	A 63, S 1449 ▲
Druckausgleichsklappe *(f)*	P 580
druckbeanspruchtes Teil *(n)*	P 628
Druckbeanspruchung *(f)*	C 451, C 453, P 620, P 623 ▲
druckbeaufschlagen *(V)*	C 142, E 380
Druckbeaufschlagung *(f)*	A 370, P 578, P 676
Druckbegrenzer *(m)*	P 617, P 619, P 645 ▲
Druckbegrenzung *(f)*	P 589
Druckbegrenzungsstation *(f)*	P 618
Druckbegrenzungsventil *(n)*	P 591
Druckbegrenzungsventil *(n)*, druckentlastetes	B 90, C 399, P 581
Druckbehälter *(m)*	P 673, V 168
Druckbehälter *(m)* nach Vorschrift	C 293
druckbelastetes Ventil *(n)*	P 622
Druckbelastung *(f)*	P 676
Druckbereich *(m)*	P 632
Druckbiegespannung *(f)*	C 449
Druckbüchse *(f)*	S 902
Druckdeckel *(m)*	D 297
Druckdestillation *(f)*	P 596
druckdicht *(Adj.)*	P 667
druckdichte Verbindung *(f)*	P 668
Druckdichtung *(f)*	P 651
Druckdifferenz *(f)*	D 237, P 595
Druckdifferenzprüfung *(f)*	P 586
druckentlasteter Axial-Kompensator *(m)*	P 646

▲ to denote different meanings / gibt unterschiedliche Bedeutungen an

druckentlastetes Druckbegrenzungsventil *(n)*	B 90, C 399, P 581
druckentlastetes Ventil *(n)*	B 90, C 399, P 581
Druckentlastung *(f)*	D 113, P 641
Druckentlastung *(f)*, vorübergehende	D 114
Druckentlastungseinrichtung *(f)*, bruchbolzengesicherte nicht wiederschließende	B 447
Druckentlastungsventil *(n)*	P 645
Druckentlastungsventil *(n)*, gesteuertes	P 196
Druckentlastungsventil *(n)*, kraftbetätigtes	P 531
Druckentlastungswelle *(f)*, rampenförmige	S 1102
Druckentnahmestelle *(f)*	P 662
Druckentnahmestutzen *(m)*	P 660
Druckerhöhung *(f)*	P 613, P 649
Druckerhöhungspumpe *(f)*	B 386
Druckerholung *(f)*	P 635
Druckfaser *(f)*	F 143
Druckfeder *(f)*	C 444, H 273, P 655
Druckfeld *(n)*	P 604
Druckfestigkeit *(f)*	C 452, P 577
Druckfläche *(f)*	P 621, T 414
druckführende Begrenzung *(f)*	P 647
druckführendes Teil *(n)*	P 587, P 628, P 648
Druckführung *(f)*	P 589
Druckgaskühler *(m)*	P 606
Druckgastank *(m)*, kugelförmiger	H 312, H 379
Druckgeber *(m)*	P 652, P 669
Druckgefälle *(n)*	P 611
Druckgefälle *(n)*, dynamisches	D 573
Druckgefäß *(n)*	P 673
Druck *(m)* gegen die Außenwölbung	P 627
Druck *(m)* gegen die Innenwölbung	P 626
Druckgehäuse *(n)*	D 294
druckgespannte Dichtung *(f)*	A 506, P 602, S 264
Druckgradient *(m)*	P 611
Druckgurt *(m)*	C 435, O 130
Druckhalteprüfung *(f)*	S 988
Druckhaltepumpe *(f)*	P 631
Druckhalteventil *(n)*	C 546
Druckhöhe *(f)*	H 59, P 612, P 616, P 633
Druckhöhe *(f)*, hydrostatische	H 470
Druck *(m)* in der Leitung	L 230
Druck *(m)* infolge der Flüssigkeitssäule, statischer	P 601
Druckkessel *(m)*	A 497
Druckkraft *(f)*	C 450
Druckkraft *(f)*, axiale	P 666
Drucklager *(n)*	T 406, T 412
Drucklagergehäuse *(n)*	T 407
Drucklagerklotz *(m)*	T 408
Drucklagerring *(m)*	T 410
Drucklagerteller *(m)*	T 409
drucklos *(Adj.)*	D 115, U 124
druckloses Teil *(n)*	N 148

Druckluft *(f)*	C 424
Druckluftantrieb *(m)*	P 453
Druckluftbehälter *(m)*	A 213, C 429, R 129
Druckluftkühler *(m)*	C 425
Druckluftleitung *(f)*	C 428
Druckluftschlauch *(m)*	C 427
Druckluft-Schweißnahtschleifmaschine *(f)*	P 458
Druckluftverteiler *(m)*	C 426
Druckluftzentrierklammer *(f)*	A 195, A 203, A 220, L 242
Druckmeßgerät *(n)*	M 78, P 609
Druckmeßleitung *(f)*	P 614
Druckmeßstelle *(f)*	P 662
Druckmeßstutzen *(m)*	P 660
Druckmeßwertgeber *(m)*	P 652
Druckmeßwertumformer *(m)*	P 669
Druckmeßwertumwandler *(m)*	P 669
Druckminderanlage *(f)*	P 644
Druckminderventil *(n)*	P 636, R 193
Druckmittel *(n)*	P 678
Druckmittelbeiwert *(m)*	A 516
Druckplatte *(f)*, **bewegliche**	F 652, M 377
Druckprobe *(f)*	H 449, H 471
Druckprobe *(f)* **(mit Luft)**	P 457
Druckprobenverschluß *(m)*	H 473
Druckprüfung *(f)*	P 663
Druckprüfung *(f)* **(mit Luft)**	P 457
Druckprüfung *(f)* **(mit Wasser)**	H 449, H 471
Druckpulsation *(f)*	P 605
Druckraum *(m)*	P 584, C 117
Druckraum *(m)*, **umschlossener**	P 588
Druckräume *(m, pl)*, **kommunizierende**	C 393
Druckräume *(m, pl)* **aus einem Stück, kommunizierende**	I 274
Druckreduzierventil *(n)*	P 636, R 193
Druckregelstation *(f)*	P 638
Druckregelung *(f)*	P 589
Druckregelventil *(n)*	P 591, P 639, G 168
Druckregler *(m)*	P 590, P 640
Druckring *(m)*	F 126, F 136, T 413, T 418 ▲
Druckröhre *(f)*	P 653
Druckröhrenreaktor *(m)*	P 671
Druckrohrleitung *(f)*	P 128
Druckschale *(f)*	P 653
Druckschalter *(m)*	P 658
Druckschlag *(m)*	W 49, H 450, L 238
Druckschraube *(f)*	C 208
Druckschwankung *(f)*	P 605, P 670, T 558
Druckseite *(f)*	D 300
Drucksicherung *(f)*	P 643
Druckspannung *(f)*	C 453
Druckstab *(m)*	C 440, S 1309 ▲
Drucksteigerung *(f)*	P 613, P 649
Druckstoß *(m)*	W 49, H 450, L 238, F 595, P 657 ▲

▲ to denote different meanings / gibt unterschiedliche Bedeutungen an

druckstoßfest *(Adj.)*	P 654
Druckstrebe *(f)*	C 440, S 1309 ▲
Druckstück *(n)*	A 135, C 456, P 331, T 408 ▲
Druckstufe *(f)*	P 633, P 656 ▲
Druckstutzen *(m)*	D 292
Drucksystem *(n)*	P 659
Druckteil *(n)*	P 587, P 628, P 648
Drucktellerring *(m)*	T 411, T 417
Druck-Temperaturstufen *(f, pl)*	R 105
Drucktest *(m)*	P 663
drucktragendes Teil *(n)*	P 587, P 628, P 648
Drucktragfähigkeit *(f)*	P 583
Drucktransiente *(f)*	P 670
Drucküberschreitung *(f)*	A 62, O 170
Druck- und Temperaturstufen *(f, pl)*, abweichende	D 366
Druckunterschwingung *(f)*	P 672
Druckverformung *(f)*	C 445
Druckvergasung *(f)*	P 607
Druckverlauf *(m)* des Arbeitsmittels	F 607
Druckverlust *(m)*	P 597, P 624
Druckverlust *(m)*, örtlicher	L 346
Druckverlust *(m)*, quadratischer	Q 7
Druckverlustberechnung *(f)*	P 598
Druckverlusthöhe *(f)*	L 416
Druck-/Volumenmeßverfahren *(n)*	H 306
Druckwächter *(m)*	P 658
Druckwasserreaktor *(m)*	P 677, P 902
Druckwechselfestigkeit *(f)*	P 593
Druckwelle *(f)*	C 448
Druckzone *(f)*	F 143
Druckzyklen *(m, pl)*	P 592
Druckzyklen *(m, pl)* über die volle Schwingbreite	F 781
Dryout *(m)*	D 534
Dryoutgrenze *(f)*	D 537
Dryoutverzugszeit *(f)*	D 536
Dugdalesches plastisches Zonenmodell *(n)*	D 562
Düker *(m)*	C 892
Duktilität *(f)*	D 558
Dünnfilmverdampfer *(m)*	T 330
Dünnschichtverdampfer *(m)*	T 330
dünnwandige biegeschlaffe Schale *(f)*	S 602
Duplex-Rohr *(n)*	B 268, D 570
Durchbiegen *(n)*	S 35
Durchbiegen *(n)* der Trennwand	P 82
Durchbiegung *(f)*	D 62
Durchbiegung *(f)*, übermäßige	E 302
Durchbiegungskurve *(f)*	L 295
Durchbiegungstheorie *(f)*	D 66
Durchbiegungsvermögen *(n)*	F 426
Durchbiegung *(f)* unter Last	D 68
durchbohrter Rohling *(m)*	P 185
Durchbrand *(m)*	B 540, M 221

▲ to denote different meanings / gibt unterschiedliche Bedeutungen an

Durchbrennen *(n)* der Heizfläche	B 537
Durchbrenngrenze *(f)*	B 538
Durchbrennpunkt *(m)*	B 539
Durchbruch *(m)*	P 118
durchbruchartiges Versagen *(n)*	S 674
Durchdringen *(n)*	P 117
Durchdringung *(f)*	P 118
Durchfluß *(m)*	F 463, F 521, R 94 ▲
Durchflußanzeiger *(m)*	F 498
Durchflußbegrenzer *(m)*	F 505, F 524
Durchflußbeiwert *(m)*	F 481
Durchflußdiagramm *(n)*	F 546
Durchflußdrossel *(f)*	F 538
Durchflußerhöhung *(f)*	F 523
Durchflußfläche *(f)*	F 467, F 485
Durchflußfläche *(f)*, effektive	E 57
Durchflußgeber *(m)*	F 544, F 556
Durchflußgeschwindigkeit *(f)*	F 558
Durchflußgleichrichter *(m)*	F 549
Durchflußkanal *(m)*	F 478
Durchflußkapazität *(f)*	F 475, F 528, V 29, V 62
Durchflußkennlinie *(f)*, gleichprozentige	E 239
Durchflußkennlinie *(f)*, lineare	L 209
Durchflußleistungsabfall *(m)*	D 494, F 494
Durchflußmenge *(f)*	F 521, M 112, M 115, M 122, R 94
Durchfluß-Mengenausgleich *(m)*	F 472
Durchflußmengenmesser *(m)*	F 510
Durchflußmengenmessung *(f)*	F 525
Durchflußmengenregelung *(f)*	F 522
Durchflußmeßdüse *(f)*	F 515
Durchflußmesser *(m)*	F 510
Durchflußmeßumformer *(m)*	F 554
Durchflußmessung *(f)*	F 509
Durchflußquerschnitt *(m)*	F 467, F 485
Durchflußquerschnitt *(m)*, effektiver	E 57
Durchflußregelung *(f)*	F 483
Durchflußregelventil *(n)*	F 484
Durchflußschalter *(m)*	F 552
Durchflußstrom *(m)*	F 521, R 94
Durchflußstrom *(m)* bei Nullast	N 86, Z 5
Durchflußvolumen *(n)*	F 560
Durchflußwächter *(m)*	F 514
Durchflußwiderstand *(m)*	F 534
Durchflußzahl *(f)*	F 481
Durchführungsbestimmung *(f)*	P 709
Durchführungsmembran *(f)*	B 548
Durchgang *(m)*	P 79, R 651 ▲
Durchgangsloch *(n)*	C 233
Durchgangsschraube *(f)*	T 395
Durchgangstrennwand *(f)*	P 71, P 85
Durchgangsventil *(n)*	S 1148, S 1158, G 159
Durchgangsventil *(n)* in Schrägsitzausführung	Y 36

▲ to denote different meanings / gibt unterschiedliche Bedeutungen an

Durchgangsventil *(n)* **in Y-Ausführung**	S 1159, G 161
Durchgangsventil *(n)* **mit geradem Durchgang**	G 160
Durchgangsverschraubung *(f)*	S 1139
durchgefallene Naht *(f)*	E 300, S 34 ▲
Durchgehen *(n)*	R 652
durchgehende Dichtung *(f)*	F 773
durchgehende Rippe *(f)*	C 579
durchgehender Anker *(m)*	T 399
durchgehender Ankerstab *(m)*	T 398
durchgehender Riß *(m)*	T 397
durchgehender Umfangsriß *(m)*	C 194
durchgehendes Auflager *(n)*	C 584
durchgehende Teilummantelung *(f)*	C 583
durchgemischter Reaktor *(m)*	S 1116
durchgeschmolzener Schweißpunkt *(m)*, **einseitig**	B 541
durchgeschmolzene Schweißnaht *(f)*	B 542
durchgeschweißte Naht *(f)*, **nahezu**	D 50
durchgeschweißte Naht *(f)*, **vollständig**	F 779
durchgesteckter Abzweig *(m)*	P 805
durchgesteckter Anker *(m)*	P 807
durchgesteckter Rohrnippel *(m)*	S 350
durchgesteckter Stutzen *(m)*	P 806, S 349 ▲
durchgesteckter (und eingeschweißter) Abzweig *(m)*	S 348
durchgezogener Schwimmkopf *(m)*	P 820
durchglühen *(V)*, **vollständig**	S 688
Durchhang *(m)*	S 35
Durchhängen *(n)*	S 35
durchhängende Wurzel *(f)*	E 313
Durchlauf *(m)*	P 79
Durchlauf *(m)*, **zweimaliger**	D 408, R 331
durchlaufende Einbrandkerbe *(f)*	C 585, U 56
durchlaufende Schweißnaht *(f)*	C 588
Durchlaufgefäß *(n)*	F 476
Durchlauf-Speisewasservorwärmer *(m)*	S 1138
Durchlaufspulentechnik *(f)*	T 396
Durchlaufvorwärmer *(m)*	F 497
Durchleuchtungseinrichtung *(f)*	F 616
Durchmesser *(m)*	D 217
Durchmesser *(m)* **der Öffnung**	P 512
Durchmesserspiel *(n)*	D 218
Durchmischen *(n)*	M 331
durchmischter Reaktor *(m)*, **ideal**	W 328
Durchmischung *(f)*	T 338
Durchriß *(m)*	T 400
Durchsatz *(m)*	F 463, F 475, F 521, F 528, M 117, R 94, V 29, V 62 ▲
Durchsatz *(m)*, **effektiver**	E 58
Durchsatzabsenkung *(f)*	F 527
Durchsatzbegrenzer *(m)*	F 505
Durchsatzerhöhung *(f)*	F 523
Durchsatzgeschwindigkeit *(f)*	F 558
Durchsatzkoeffizient *(m)*	F 481

Durchsatzmessung *(f)*	F 509
Durchsatzstörung *(f)*	F 526
Durchschallung *(f)*	T 402
durchschlagartiges Versagen *(n)*	S 674
Durchschlagen *(n)*	B 287, O 28, S 673, T 564 ▲
durchschlagen *(V)*, breitflächig	B 288
Durchschlagen *(n)* des Eindringmittels	P 111
Durchschmelzen *(n)*	M 221
Durchschweißung *(f)*, ungenügende	I 66, L 7, P 125
Durchsicht *(f)*	R 457
Durchstrahl-Elektronenmikroskop *(n)*	T 575
Durchstrahlung *(f)*	R 31
Durchstrahlungsaufnahme *(f)*	R 25
Durchstrahlungsbild *(n)*	R 25
Durchstrahlungskontrast *(m)*	R 26
Durchstrahlungsprüfbericht *(m)*	R 40
Durchstrahlungsprüfer *(m)*	R 39
Durchstrahlungsprüfung *(f)*	R 29, R 38, R 41
Durchstrahlungsprüfung *(f)*, stellenweise	S 869
Durchstrahlungsprüfung *(f)* bewegter Objekte	I 137
Durchstrahlungs-Rasterelektronenmikroskop *(n)*	S 108
Durchstrahlungsverfahren *(n)*	T 578
Durchströmkanal *(m)*	F 478
durchströmte Kugelschüttung *(f)*	F 553
Durchströmung *(f)*	F 463
Durchtrittsöffnung *(f)*	G 56, P 514
Durchtropfung *(f)*	P 808
Durchvergütung *(f)*	F 780
Durchwärmen *(n)*	S 686
Durchwärmzeit *(f)*	S 687
Durchwirbelung *(f)*	T 800
Düse *(f)*	N 197
Düsenboden *(m)*	V 73
Düsendurchmesser *(m)*	M 292
Düsenebene *(f)*	S 876
Düsenzone *(f)*	I 120
dynamische Alterungsversprödung *(f)*	D 544, D 575
dynamische Dichtung *(f)*	M 381
dynamischer Druck *(m)*	D 573
dynamischer Lastfaktor *(m)*	D 574
dynamischer Schwingungsdämpfer *(m)*, aktiver	T 459, T 795
dynamisches Druckgefälle *(n)*	D 573
dynamische Viskosität *(f)*	A 18, D 576

▲ to denote different meanings / gibt unterschiedliche Bedeutungen an

E

E-Antrieb *(m)*	E 102
ebener Boden *(m)*	F 387, F 391, H 66
ebener Boden *(m)*, **ungekrempter**	U 77
ebener Boden *(m)*, **unverankerter**	U 138
ebener Dehnungszustand *(m)*	P 351, S 1004
ebener Fehler *(m)*	P 348
ebener Reflektor *(m)*	P 348
ebener Spannungszustand *(m)*	P 359, S 1005
ebene Spannung *(f)*	P 358
ebenes Prallblech *(n)*	F 393
Echo *(n)*	E 14, R 238
Echogras *(n)*	G 189
Echosignal-Einhüllende *(f)*	P 847
Eckanker *(m)*	D 211, L 244
Eckblech *(n)*	G 254
Ecke *(f)*	A 270
Eckeneffekt *(m)*	C 676
eckentlasteter Axial-Kompensator *(m)*	P 579, S 571, E 358
eckentlasteter Gelenkkompensator *(m)*	E 367
eckentlasteter Universalkompensator *(m)*	U 113
Eck-Federsicherheitsventil *(n)*	A 303
Eck-Hebelsicherheitsventil *(n)*	A 302
Eckmaß *(n)*	C 95, W 353 ▲
Ecknaht *(f)*	C 677
Eck-Rückschlagventil *(n)*	A 277, A 281
Eck-Rückschlagventil *(n)*, **absperrbares**	A 284
Eck-Sicherheitsventil *(n)*	A 294, A 301
Ecksitzventil *(n)*	C 679
Eckstoß *(m)*	C 677
Eckventil *(n)*	A 304
Eckventil *(n)* **mit Krümmer**	E 100
Eckverbindung *(f)*	A 283, C 677
Eckverstrebung *(f)*	G 255
Eck-Vollhubsicherheitsventil *(n)*	A 300
Edelgußstahl *(m)*	S 794
Edelstahl *(m)*	H 304
EDZ	P 351, S 1004
EDZ-Bruch *(m)*	P 354
EDZ-Bruchzähigkeit *(f)*	P 355
EDZ-Prüfung *(f)*	P 357
effektive Durchflußfläche *(f)*	E 57
effektive Massenbelegung *(f)*	E 64
effektive Plattenbreite *(f)*	E 67
effektiver Durchflußquerschnitt *(m)*	E 57
effektiver Durchsatz *(m)*	E 58
effektive Rohroberfläche *(f)*	E 72
effektive Schwärzung *(f)*	N 42
effektives Widerstandsmoment *(n)*	E 69
effektive Wärmeleitfähigkeit *(f)*	E 70
Effektivwert *(m)*	R 531, R 589

Effusion *(f)*	E 81
Egalisieren *(n)*	T 660
E-Hand *(n)*	M 83
Eichinstrument *(n)*	S 968
Eichkörper *(m)*	B 144, C 14
Eichkörper-Ausbildung *(f)*	C 15
Eichkörper-Bezeichnung *(f)*	B 145
Eichkörperkrümmung *(f)*	B 301
Eichkurve *(f)*	C 16
Eichleck *(n)*	C 11, R 212, S 302, S 970, T 196
Eichnormal *(n)*	C 21, R 229
Eichung *(f)*	B 143
Eigenbehinderung *(f)*	S 271
Eigendämpfung *(f)*	I 332
eigenelastisch *(Adj.)*	I 103
Eigenelastizität *(f)*	I 102
Eigenfrequenz *(f)*	N 11
Eigengegendruck *(m)*	B 513
Eigengewicht *(n)*	D 37
Eigengewicht *(n)* **plus Füllung**	F 457
Eigenlast *(f)*	D 37
Eigenspannungen *(f, pl)*	R 357
Eigentemperatur *(f)* **der Wand**	A 158
Eigenüberwachung *(f)*	A 495
Eigenverstärkung *(f)*	I 104
Eignungsprüfung *(f)*	Q 13
einachsige Beanspruchung *(f)*	U 80
einachsiger Spannungszustand *(m)*	U 81
einbalgiger Dehnungsausgleicher *(m)*	S 533, S 570, E 360, E 361
einbalgiger Kompensator *(m)*	S 533, S 570, E 360, E 361
Einbau *(m)*	I 216
Einbau *(m)*, **oberstromiger**	I 227
Einbau *(m)*, **unterstromiger**	I 225
Einbauanleitung *(f)*	A 457, I 219
Einbaublech *(n)*	I 152
Einbaudichtsatz *(m)*	S 170
Einbaudichtung *(f)*	S 170
Einbaulage *(f)*	I 226, P 519 ▲
Einbaureserve *(f)*	F 818
Einbauspiel *(n)*	A 455, F 260 ▲
Einbaustelle *(f)*	I 226
Einbauten *(m, pl)*	B 511, I 218, I 334
Einbauventil *(n)*	C 42, I 153 ▲
Einbauzeichnung *(f)*	I 217
Einbauzustand *(m)*	A 448
Einbauzustand *(m)*, **Schraubenkraft im**	B 352
Einbettpresse *(f)*	M 273
Einbettung *(f)*, **direkte**	D 266
Einbeulen *(n)*, **elastisches**	E 87
Einbeulen *(n)*, **parabolisches**	B 337
Einbrandkerbe *(f)*	U 55
Einbrandkerbe *(f)*, **durchlaufende**	C 585, U 56

▲ to denote different meanings / gibt unterschiedliche Bedeutungen an

Einbrandkerbe *(f)*, nicht durchlaufende	L 342, U 57
Einbrandkerbenbildung *(f)*	U 59
Einbrandstelle *(f)*	C 563
Einbrennlackierung *(f)*	B 85, S 1131
Einbringleistung *(f)*	D 110
Eindampfanlage *(f)*	E 279
Eindampfapparat *(m)*	E 277, V 85 ▲
Eindosieren *(n)* in eine gemeinsame Pumpleitung	I 133
Eindrehung *(f)* für den Sitz	U 60
Eindringen *(n)*	P 117
Eindringen *(n)* von Flüssigkeit	L 257
Eindringmittel *(n)*	P 110
Eindringmittel *(n)*, nachemulgierendes	P 522
Eindringmittel *(n)*, wasserabwaschbares	W 67
Eindringmittelanzeige *(f)*	P 115
Eindringmittelprüfung *(f)*	L 270, P 114
Eindringtiefe *(f)*	D 126, P 121
Eindringzeit *(f)*	P 124
Eindruck *(m)*	P 313, P 314 ▲
Eindrücke *(m, pl)*	I 75
Einebnen *(n)*	F 619
Einfachschaltung *(f)*	S 548
Einfach-Segmentleitbleche *(n, pl)*	S 564
Einfädeln *(n)* des Rohrs	T 778
Einfallsebene *(f)*	I 55
Einfallswinkel *(m)*	A 288
Einflußgrößen *(f, pl)*, schweißtechnische	W 262
einflutig *(Adj.)*	S 543
einflutiger Kondensator *(m)*	S 550
einflutiger Speisewasservorwärmer *(m)* mit direkter Kondensation	S 1138
Einformung *(f)*	S 826
Einfüllstutzen *(m)*	F 176, F 179
eingängige Haube *(f)*	S 549
eingängige Kondensatkühlzone *(f)*	S 551
eingängiger Mantel *(m)*	S 553
eingängiger Wärmeaustauscher *(m)*	S 552, H 169
eingängiges Gewinde *(f)*	S 566
Eingangsdruck *(m)*	I 130
Eingangskontrolle *(f)*	R 131
eingebautes Rückschlagventil *(n)*	B 510, I 273
eingebaut *(V)* nach/hinter	I 225
eingebaut *(V)* vor	I 227
eingebetteter Fehler *(m)*	E 154
eingebrachte Wärme *(f)*	H 195, H 230
eingedrungene Feuchtigkeit *(f)*	E 228
eingefaßte Dichtung *(f)*	C 44
eingefrorenes Modell *(n)*	H 367
eingefrorene Strömung *(f)*	F 766
eingegossen *(V)*	C 52
eingekammerte Dichtung *(f)*	R 135
eingekerbte Ausführung *(f)*, radial	C 853, R 5

eingeklebte Dichtung *(f)*	B 369
eingepumpte Menge *(f)*	P 882
eingeschlitzte Rippe *(f)*	L 419
eingeschlossene Dichtfläche *(f)*	C 518
eingeschlossene Dichtungsverbindung *(f)*	C 517
eingeschlossene Luft *(f)*	T 626
eingeschriebener Kreis *(m)*	I 147, O 103, O 109 ▲
eingeschriebener Kreis *(m)*	T 756
eingeschweißter Abzweig *(m)*	S 333
eingesetzter Abzweig *(m)*	F 617
eingesetzter Reboiler *(m)*	C 366
eingesetzter Wiederverdampfer *(m)*	C 366
eingesetzte Schneckenwendel *(m, pl)*	H 281
eingespannt *(V)*	B 509, C 207
eingespannte Platte *(f)*	F 267
eingespannter Balken *(m)*	F 263
eingewalzte Rohrverbindung *(f)*	R 552
eingewalztes Rohr *(n)*	R 555
eingewalztes Rohr *(n)*, volltragend	T 722
eingewalztes Rohrende *(n)*	R 546
eingezogenes Ende *(n)*	S 1459
Eingriff *(m)*	E 208
Eingrifftiefe *(f)* der Mutter	D 125
Einguß *(m)*	R 655
Eingußkanal *(m)*	G 102, S 908
Einhalsen *(n)*	I 375
Einhalsung *(f)*	F 321, N 22
Einheit *(f)*	U 96, U 97 ▲
Einheitsgewicht *(n)*	U 106
Einheitsgröße *(f)*	S 978
Einheitslast *(f)*	B 151
Einhüllende *(f)*	E 231
Einkerbung *(f)*	N 59
Einklemmgehäuse *(n)*	W 1
Einklemmklappe *(f)*	W 2, F 334
Einkopfverfahren *(n)*	S 562
Einlage *(f)*	I 149
Einlage *(f)*, abschmelzende	F 803
Einlagenbalg *(m)*	S 561
Einlagenschweißung *(f)*	S 554
Einlagerungsmischkristall *(n)*	I 369
einlagig *(Adj.)*	S 545
Einlaufblech *(n)*	R 660
Einlaufdüse *(f)*	B 215
Einlauflänge *(f)*, thermische	T 274
Einlaufstutzen *(m)*	I 123
Einlegen *(n)*	F 14
Einlegering *(m)*	B 30
Einlegering *(m)*, aufschmelzender	C 556
Einlegring *(m)*	P 800
Einleitung *(f)*	I 119
einmalige Prüfung *(f)*	O 40

▲ to denote different meanings / gibt unterschiedliche Bedeutungen an

Einmischen *(n)* in eine Verpumpungsleitung	I 133
Einphasenströmung *(f)*	S 555
einphasige Flüssigkeitsströmung *(f)*	S 556
einphasiges Medium *(n)*	S 557
einphasige Strömung *(f)*	S 555
Einreißen *(n)* in Dickenrichtung	L 22
Einsattlungspunkt *(m)*	D 264
Einsatz *(m)* für eine Walzverbindung	E 329
Einsatzgrenze *(f)*	T 120
Einsatzmenge *(f)*	B 157
Einsatzort *(m)*	I 221
Einsatzsimulations- und Verfügbarkeitsanalyse *(f)*	M 316
Einsatzstück *(n)*	I 149
Einsatzstück *(n)*, starres	R 483
einschaliger Behälter *(m)*	S 577
Einschalloberfläche *(f)*	E 230
Einschallwinkel *(m)*	A 288, I 54
Einschleifen *(n)*	R 344
Einschließungsphänomen *(n)*	L 363, W 7
Einschluß *(m)*	I 63
Einschluß *(m)*, nichtmetallischer	N 143
Einschmelz-Schweißtechnik *(f)*	M 220
Einschnürung *(f)*	N 26, P 202, R 195 ▲
Einschnürung *(f)* am Austritt	C 552
Einschnürung *(f)* von Heizrohren	N 25, T 711, D 98
Einschnürung *(f)* von Rohren	D 98, N 25, T 711
Einschnürungsgrad *(m)*	N 27
Einschnürungspunkt *(m)*	P 205
Einschnürwiderstand *(m)*	C 553
Einschränkungen *(f, pl)*, konstruktive	D 157
Einschraubelement *(n)*	T 347
Einschraubende *(n)*	N 260, M 238
Einschraubhaltevorrichtung *(f)*	P 446, S 159
Einschraublänge *(f)*	E 209, T 358
Einschraublänge *(f)* von Hand	H 24
Einschraubnippel *(m)*	F 133
Einschraubschutzrohr *(n)*	S 150
Einschraubstutzen *(m)*	S 154
Einschraubthermoelement *(n)*	S 162
Einschraubverbindung *(f)*	M 45, P 511, S 1202
Einschraubverschraubung *(f)*	C 734, M 47, P 441, P 513
Einschraubwinkel *(m)*	M 46, S 1202
Einschraubzapfen *(m)*	M 45, P 511, S 1202
Einschweißen *(n)*, reihenweises	P 162
Einschweißende *(n)*	W 266
Einschweißflansch *(m)*	S 703
Einschweißnippel *(m)*	P 806, S 334
Einschweißrohr *(n)*	W 300
Einschweißschutzrohr *(n)*	W 181
Einschweißstutzen *(m)*	P 806, S 334 ▲
Einschweißteile *(n, pl)*	W 198
Einschweißthermometer *(n)*	W 183

Einschwingerprüfkopf *(m)*	T 544, T 670, T 821, D 548
Einschwingverhalten *(n)*	T 559
einseitig durchgeschmolzener Schweißpunkt *(m)*	B 541
einseitig gekerbte Zugprobe *(f)*	S 305, S 541
Einsenkung *(f)*	P 313
Einsetzen *(n)* der plastischen Verformung	O 44
einsinnig steigende Dehnung *(f)*, Prüfung auf	C 542
einsinnig stufenweise Verformung *(f)*	I 71
Einsitzventil *(n)*	S 563
Einspannbacke *(f)*	C 211
Einspannhebel *(m)*	C 212
Einspannung *(f)*	G 207, R 406 ▲
Einspannung *(f)*, starre	R 485
Einspannung *(f)* des Rohrbodens	T 765
Einspannung *(f)* einer Verbindung	J 34
Einspannvorrichtung *(f)*	C 210
Einspielbelastung *(f)*	S 372, S 930
Einspielen *(n)*, elastisches	S 370
einspielen *(V)*, sich im elastischen Bereich	S 373
Einspielverfahren *(n)*	S 371
Einspielvorgang *(m)*	P 403
einspringender Winkel *(m)*	R 198
Einspritzkondensator *(m)*	D 268
Einsteckbündel *(n)*	S 933
Einsteckmuffenstoß *(m)*	S 614
Einsteckrohr *(n)*	F 141
Einsteckschweißflansch *(m)*	S 703
Einsteckschweißmuffe *(f)*	S 698
Einsteckschweißverbindung *(f)*	S 696
Einsteckschweißwinkel *(m)*, 90°	S 700
Einsteckstoß *(m)*	S 614
Einsteigeklappe *(f)*	A 58
Einsteigeluke *(f)*	A 53
Einsteigeöffnung *(f)*	A 51, A 57
Einstellast *(f)*	C 17
Einstellbereich *(m)*	S 356
Einstelldruck *(m)*	S 345, S 992, T 206 ▲
Einstelldruck *(m)*, nomineller	T 206
Einstelleinrichtung *(f)*	A 170
Einsteller *(m)*	A 163, S 347
Einstellgenauigkeit *(f)*	P 515, S 353
Einstellglied *(n)*	S 354
Einstellschraube *(f)*	S 346, S 357
Einstellsteuerwerk *(n)*	A 169
Einstellung *(f)*	A 168, S 352 ▲
Einstellung *(f)* der Prüfempfindlichkeit	T 219
Einstellwert *(m)*	D 177, S 351, V 107 ▲
Einstellzeit *(f)*	R 398
einstraßige Vorwärmeranordnung *(f)*	S 568
einstufige Destillation *(f)*	S 565
einstufiges Ventil *(n)*, nicht vorgesteuertes	D 246
Einstufung *(f)*	R 103

▲ to denote different meanings / gibt unterschiedliche Bedeutungen an

Eintauchhülse (f)	T 326
einteilige Berstscheibe (f)	M 372
einteiliger Sattel (m)	S 558
Eintrittsdruck (m)	I 130
Eintrittsflansch (m)	F 283, I 124
Eintrittsmündung (f)	I 129
Eintrittsnennweite (f)	I 127
Eintrittsöffnung (f)	I 128, I 129
Eintrittsquerschnitt (m)	I 121
Eintrittssammler (m)	I 125
Eintrittsstutzen (m)	I 123
Eintrittstemperatur (f)	E 226, I 132
Eintrittsunterkühlung (f)	I 131
Eintrittsverlust (m)	E 223, I 126
Einwalzen (n)	E 338
Einwalzende (n)	E 190, E 340
Einwalzen (n) von Rohren	R 564
Einwalzen (n) von Rohren in den Rohrboden	T 780
Einwalzrohr (n)	E 333
Einwalzstelle (f)	E 332
Einwalzungen (f, pl)	R 545
einwandiger Balg (m)	S 561
einwandiger Behälter (m)	S 577
einwelliger Dehnungsausgleicher (m)	S 533, S 570
Einwirkdauer (f)	D 572
Einwirkzeit (f)	D 196
Einzelausschnitt (m)	I 392
Einzelfehler (m)	I 389
Einzelkugel (f)	S 547
Einzellast (f)	C 468, P 464
Einzellast (f), bewegliche	M 379
Einzellasten (f, pl), radiale	I 396
einzelne Schlauchporen (f, pl)	I 397, W 403
einzelner Steg (m)	I 391, L 187
einzelner Vollanker (m)	I 394
Einzelporen (f, pl)	I 395
Einzelprobe (f)	S 870
Einzelstütze (f)	L 126
Einzelstützen (f, pl)	C 369
Einzelteilzeichnung (f)	D 184
Einzelwanddurchstrahlung (f)	S 576
Einziehen (n) des Rohrs	T 778
Eisbildung (f), atmosphärische	A 468
Eisenhüttenwesen (n)	F 140
Eko (m)	E 23
Ekonomiser (m)	E 23
elastische Analyse (f)	E 83
elastische Bettung (f)	E 86
elastische Dichtstreifenanordnung (f)	M 398
elastische Nachgiebigkeit (f)	C 408
elastischer Keil (m)	F 424
elastischer Keil (m), zweiteiliger	S 860, T 833

elastische Rückverformung *(f)*	E 92
elastisches Einbeulen *(n)*	E 87
elastisches Einspielen *(n)*	S 370
elastische Singularität *(f)*	S 579
elastische Trennwanddichtung *(f)*, **aufgesteckte**	S 623, T 475
elastisch gebetteter Balken *(m)*	B 183
elastisch-plastische Dehnung *(f)*	E 90
Elastizität *(f)*	F 417, F 418
Elastizitätsberechnung *(f)*	F 419
Elastizitätsgrenze *(f)*	E 88
Elastizitätskonstante *(f)*	E 84
Elastizitätsmodul *(m)*	B 526, E 89, M 348, Y 35 ▲
Elastomerformung *(f)*	E 94
Elastomerverfahren *(n)*	E 94
Elbolet *(m)*	E 96
elektrische Begleitheizung *(f)*	E 108
elektrisches Widerstandslöten *(n)*	E 105
elektrisch preßgeschweißtes Rohr *(n)*	E 104
elektrisch widerstandsgeschweißtes Rohr *(n)*	E 107
Elektroantrieb *(m)*	E 102
elektrochemische Korrosion *(f)*	E 110, G 6
Elektrode *(f)*	E 111
Elektrode *(f)*, **endlose**	C 577
Elektrode *(f)*, **erzsaure**	I 382
Elektrode *(f)*, **kalkbasische**	B 150
Elektrode *(f)*, **nackte**	B 126
Elektrode *(f)*, **umhüllte**	C 284, C 746
Elektrode *(f)*, **verdrillte**	S 1188
Elektrodenabstand *(m)*	E 123
Elektroden-Ausziehlänge *(f)*	E 122
Elektrodenbezeichnung *(f)*	E 113
Elektrodeneindruck *(m)*	E 118
Elektrodeneindruck *(m)*, **unregelmäßiger**	N 160
Elektrodenhalter *(m)*	E 117
Elektrodenschmorstelle *(f)*	E 112
Elektroden-Überstand *(m)*	E 115
Elektrodenwerkstoff *(m)*	E 119
Elektrodenwerkstoff *(m)*, **anhaftender**	A 150
Elektrodenzange *(f)*	E 117
Elektrogasschweißen *(n)*	E 82, E 124
elektrolytische Korrosion *(f)*	E 110, G 6
elektromagnetische Prüfung *(f)*	E 125
Elektronen-Energieverlust-Spektroskopie *(f)*	E 50, E 130
Elektronenfraktographie *(f)*	E 131
Elektronenstrahlbohren *(n)*	E 128
Elektronenstrahlschneiden *(n)*	E 127
Elektronenstrahlschweißen *(n)*	E 12, E 129
elektronischer Wellengenerator *(m)*	E 132
Elektroschlackeschweißen *(n)*	E 137, E 265
Elektroschlacke-Schweißen *(n)* **mit abschmelzender Führung**	C 558
Elektroschlacke-Umschmelzverfahren *(n)*	E 136, E 263

▲ to denote different meanings / gibt unterschiedliche Bedeutungen an

Elektro-Schutzgas-Schweißen *(n)*	E 82, E 124
Elektroschweißer *(m)*	A 413
Elektroschweißmaschine *(f)*	E 109
Elektroventil *(n)*	S 726
Elephant-Footing *(n)*	E 138
elliptischer Ausschnitt *(m)*	E 144
elliptischer Boden *(m)*	E 142, H 64
elliptischer Riß *(m)*	E 143
Emaille *(f)*	E 169
Emaillelack *(m)*	E 171
Emaillieren *(n)*	E 170
emaillierter Stahlbehälter *(m)*	G 156
E-Mantel *(m)*	E 270, S 422
Emissionsverhältnis *(n)*	E 164
E-Modul *(m)*	E 89, Y 35
Empfängergerät *(n)*	R 128
Empfängerprüfkopf *(m)*	R 130
Empfindlichkeit *(f)*	S 301
Empfindlichkeit *(f)* **, radiographische**	R 34
Empfindlichkeitsjustierung *(f)*	S 106
Emulgator *(m)*	E 168
Emulsionsströmung *(f)*	E 167
Endabnahme *(f)*	F 206, F 216 ▲
Endanschlag *(m)*	L 207
Endbearbeitung *(f)*	F 239
Enddruck *(m)*	D 305
Ende *(n)***, vorderes**	L 91
End-Eckblech *(n)*	E 183
Endkappe *(f)*	E 179
Endkonsole *(f)*	E 178
Endkraft *(f)*	E 182
Endkrater *(m)***, Anfangs- und**	S 1124
Endkraterlunker *(m)*	C 789, S 739
Endkrater-Riß *(m)*	C 788
Endlage *(f)*	F 221
endlose Elektrode *(f)*	C 577
Endmaß *(n)*	G 111
Endmaße *(n, pl)*	F 212
endotherme Reaktion *(f)*	E 185
Endprüfung *(f)*	F 216
Endpunkt *(m)*	T 170
Endpunkte *(m, pl)*	E 409
Endstellung *(f)*	F 221
Endstopfen *(m)*	E 188
Endstück *(n)*	E 194
Endverschiebung *(f)*	E 197
Endverschluß *(m)*	E 180, H 81
Endverschluß *(m)***, geschweißter**	W 174
Endverstärkungsring *(m)*	E 181
Endwalzrichtung *(f)* **des Bleches**	F 213
End-Wärmebehandlung *(f)*	F 215
Endzustand *(m)* **der Belastbarkeit**	E 184, E 235

▲ to denote different meanings / gibt unterschiedliche Bedeutungen an

energetischer Ausnutzungsgrad *(m)*	P 144
Energie *(f)* des Vorgangs	A 87
Energiedichtespektrum *(n)*	P 535, P 814
Energiedissipation *(f)*	E 205
energiedissipative Röntgenmikroanalyse *(f)*	E 49, E 204
Energiefreisetzungsrate *(f)*	E 207, S 1169
Energieniveau *(n)* der oberen Hochlage	U 161
eng gebogene Rohrschlange *(f)*	C 242
enge Rohrteilung *(f)*	C 258, T 752
enger Sitz *(m)*	T 435
enge Teilung *(f)*	C 241, C 254
enge Toleranz *(f)*	C 256
Engineering *(n)*, kundenspezifisches	C 3, C 902
Engineering *(n)*, rechnergestütztes	C 4, C 460
Engspalt-Schweißen *(n)*	N 5
engster Strömungsdurchmesser *(m)*	D 298
engster Strömungsquerschnitt *(m)*	D 291
Engwickeln *(n)*	C 243
Entfernungs-Amplituden-Korrektur *(f)*	D 1, D 350
Entfernungsjustierung *(f)*	R 72
Entfeuchter *(m)*	D 88, D 498, M 317
Entgraten *(n)*	D 41, F 377, T 658
entgraten *(V)*	R 323
Enthalpie *(f)*	E 212, H 116
Enthalpie *(f)*, mittlere	B 520
Enthalpierückgewinnungsfaktor *(m)*	E 214
Enthitzungszone *(f)*	D 182
Enthitzungszonen-Schirmblech *(n)*	D 183
Entlastung *(f)* bei Wärmedehnung	T 297
Entlastungsbuchse *(f)*	B 93
Entlastungseinrichtung *(f)*	B 95
Entlastungsflüssigkeit *(f)*	B 91
Entlastungsgegenscheibe *(f)*	S 1028
Entlastungskolben *(m)*	B 94
Entlastungskonsole *(f)*	R 297
Entlastungsnut *(f)*	B 284, G 219, R 303 ▲
Entlastungsöffnungsdruck *(m)*	R 309
Entlastungsplatte *(f)*	R 306
Entlastungsrille *(f)*, **Naht mit**	C 47
Entlastungsscheibe *(f)*	B 87
Entlastungsventil *(n)*	B 286
Entlastungsvorrichtung *(f)*	E 10
Entlastungswasserrückführung *(f)*	B 92
Entleerung *(f)*	D 454
Entleerungspumpe *(f)*	E 165
Entleerungsstopfen *(m)*	D 304, D 471
Entleerungsstutzen *(m)*	D 301, D 459, D 468
Entleerungsventil *(n)*	D 478, P 898
Entleerungsverlust *(m)*	W 376
entlüften *(V)*	V 133
Entlüfter *(m)*	A 193, B 282, V 134
Entlüftung *(f)*	A 193, B 282, V 134, V 135, V 140

▲ to denote different meanings / gibt unterschiedliche Bedeutungen an

Entlüftungsanschlüsse *(m, pl)*	V 137
Entlüftungsbohrung *(f)*	A 193, B 282, V 134, V 139
Entlüftungsdrossel *(f)*	B 289, E 322
Entlüftungsdüse *(f)*	V 141
entlüftungsgesteuertes Ventil *(n)*	B 290
Entlüftungskanal *(m)*	V 138
Entlüftungsleitung *(f)*	V 135
Entlüftungsleitungen *(f, pl)*	V 142
Entlüftungsöffnung *(f)*	A 193, B 282, B 450, V 134
Entlüftungsorgan *(n)*	A 194
Entlüftungsschlitze *(m, pl)*	V 144
Entlüftungsschraube *(f)*	V 143
Entlüftungsstopfen *(m)*	V 143
Entlüftungstrichter *(m)*	V 146
Entlüftungsventil *(n)*	B 285, B 291, V 150
Entlüftungsvorrichtung *(f)*	B 449
Entmischung *(f)*	S 251, S 1194 ▲
Entnahme *(f)*	S 41
Entnahmesonde *(f)*	S 50
Entnahmestelle *(f)*	S 48, T 34, T 53 ▲
Entnebler *(m)*	D 88, D 498, M 317
Entnetzung *(f)*	D 200
Entrainment *(n)*	E 220
Entrainment *(n)*, Heavy	E 221, H 265
Entrainment *(n)*, Low	E 222
Entropie *(f)*	E 229
Entsalzung *(f)*	D 130
Entspannen *(n)*, autogenes	O 185
Entspanner *(m)*	B 308
Entspannerbrüdendampf *(m)*	F 378
Entspannergruppe *(f)*	C 482
entspannter Dampf *(m)*	F 378
Entspannung *(f)*	R 291
Entspannungsbehälter *(m)*	B 308, F 380 ▲
Entspannungsfaktor *(m)*	R 292
Entspannungsgefäß *(n)*	F 380
Entspannungskammer *(f)* zur Wärmeabführung	H 219
Entspannungsmodul *(m)*	R 293
Entspannungsunterkühlung *(f)*	F 379
Entspannungsverdampfung *(f)*	F 368
Entspannungsverdampfung *(f)*, kontrollierte	C 112, C 609
Entspannungsverdampfung *(f)*, mehrstufige	M 382, M 415
Entspannungsverdampfungsströmung *(f)*	F 375
entsperrbares (Zwillings-)Rückschlagventil *(n)*	D 391, D 546
Entwässerung *(f)*	D 454, D 455, D 457 ▲
Entwässerungsgefälle *(n)*	D 456
Entwässerungsgefäß *(n)*	D 475
Entwässerungsleitung *(f)*	D 466
Entwässerungstopf *(m)*	K 18
Entwässerungsventil *(n)*	D 478
Entwickler *(m)*	D 195
Entwicklereinschließung *(f)*	P 113

Ermüdungsfestigkeit

Entwicklereinschluß *(m)*	P 113
Entwurfsüberprüfung *(f)*	D 163
Entwurfszeichnung *(f)*	D 148
Entzundern *(n)*	D 132
Entzunderungsbehandlung *(f)*	D 134
Entzunderungslösung *(f)*	D 133
Erdaufschüttung *(f)*	B 6, E 1
Erdbebenantwort *(f)*	S 257
Erdbebenberechnung *(f)*	S 253
Erdbebenfaktor *(m)*	S 254
erdbebenfeste Auslegung *(f)*	A 356, A 445, E 7
Erdbebenfestigkeit *(f)*	S 259
Erdbebenlast *(f)*	E 3, S 256
Erdbeben-Momenten-Belastung *(f)*	E 4
Erdbeben-Moment-Schwingbreite *(f)*	E 5
erdbebensicher *(Adj.)*	E 6
erdbebensichere Auslegung *(f)*	A 356, A 445, E 7
Erdbebensicherung *(f)*	S 258
Erdbebenstärke *(f)*	E 2, S 255
Erdbeschleunigung *(f)*	A 40
Erdgas *(n)*	N 12
Erdgas *(n)*, künstliches	S 676, S 1349
Erdgas *(n)*, saures	S 784
Erdgas *(n)*, verflüssigtes	L 250, L 282
Erdoberschicht *(f)*	O 158
Erdöl *(n)*, verflüssigtes	L 251, L 458
Erdstoßreaktion *(f)*	E 8
erdverlegte Hauptleitung *(f)*	B 534
Ereignis *(n)*	A 86, E 163
Ereignisrate *(f)*	E 282
Ereignissumme *(f)*	E 281
erforderliche Haltedruckhöhe *(f)*	N 48, N 217
erforderlicher NPSH-Wert *(m)*	N 48, N 217
Erfüllungszertifikat *(n)*	C 106
Ergebnisse *(n, pl)*, auf der sicheren Seite liegende ...	C 539
Ergebnisse *(n, pl)* der Spannungsanalyse	S 1248
Erholung *(f)*	R 153
Erholungsgeschwindigkeit *(f)*	R 155
Ermüdung *(f)*	F 67
Ermüdung *(f)*, niederzyklische	L 84, L 422
Ermüdung *(f)*, Rißausbreitung infolge	F 79
Ermüdung *(f)* bei hoher Lastspielzahl	H 56, H 301
Ermüdung *(f)* bei niedriger Lastspielzahl	L 84, L 422
Ermüdung *(f)* durch Abnutzung	F 88
Ermüdung *(f)* durch Strähnenbildung	T 313
Ermüdung *(f)* durch Wärmebeanspruchung	T 279
Ermüdungsanalyse *(f)*	F 68, F 85
Ermüdungsanriß *(m)*	F 70, F 95
Ermüdungsbeanspruchung *(f)*	F 92
Ermüdungsbruch *(m)*	F 87
Ermüdungsfaktor *(m)*	F 97
Ermüdungsfestigkeit *(f)*	F 91, F 96

▲ to denote different meanings / gibt unterschiedliche Bedeutungen an

Ermüdungsgleitbänder

Ermüdungsgleitbänder *(n, pl)*	P 163
Ermüdungskurve *(f)*	D 152, F 82, S 675, S 1236
Ermüdungsriß *(m)*	F 70
Ermüdungsrißbeschleunigung *(f)*	F 71
Ermüdungsrisse *(m, pl)* **im Niedrig-Lastwechselbereich**	L 423
Ermüdungsrißeinleitung *(f)*	F 77
Ermüdungsrissigkeit *(m)*	F 76
Ermüdungsrißkurve *(f)*	F 72
Ermüdungsrißschwellenwert *(m)*	F 81
Ermüdungsrißversuch *(m)*	F 80
Ermüdungsrißverzögerung *(f)*	F 73
Ermüdungsrißvorhersage *(f)*	F 78
Ermüdungsrißwachstum *(n)*	F 74
Ermüdungsrißwachstumsgesetz *(n)*	F 75
Ermüdungsverhalten *(n)*	F 69
Ermüdungsversagen *(n)*	F 86
Ermüdungsversuch *(m)*	F 106
Erosionskorrosion *(f)*	E 261, H 377 ▲
Erregerfrequenz *(f)*	E 323
Erregerkraft *(f)*	E 317
Erregung *(f)*	E 316
Erregung *(f)*, **fluidelastische**	F 585
Erregung *(f)*, **ungleichförmige**	N 161
Ersatzfehler *(m)*	E 248, S 1348
Ersatzprobe *(f)*	R 432
Ersatzrohrbündel *(n)*	S 790
Ersatzstreckgrenze *(f)* **bei 0,2 % plastischer Dehnung**	O 25, Y 24
Erschöpfung *(f)*	U 190
Erschöpfung *(f)* **durch Kriechen und Ermüdung**	D 9
Erschöpfungsberechnung *(f)*	D 7
Erschöpfungsdatei *(f)*	D 10
Erschöpfungsgrad *(m)*	U 190
Erschöpfungsprotokoll *(n)*	D 12
Erschöpfungszuwachs *(m)*	D 6
erschütterungsfrei *(Adj.)*	V 179
erschwerte Prüfung *(f)*	T 430
Erstabsperrung *(f)*	P 683
Erstanlage *(f)*	P 803
Erstarrung *(f)*	S 735
Erstarrungs-Fouling *(n)*	F 676, F 680, F 733, S 737
Erstarrungsriß *(m)*	S 736
erste Gegenlage *(f)*	F 253
erste Inbetriebnahme *(f)*	I 114
erstes Anziehen *(n)* **der Schrauben**	I 117
erstmalige Inbetriebnahme *(f)*	C 392
Ertüchtigung *(f)*	R 261, R 441, S 63, U 154
erwartete Lebensdauer *(f)*	D 156
Erweiterung *(f)*, **trichterförmige**	D 363
Erzeugnisanalyse *(f)*	P 747
erzsaure Elektrode *(f)*	I 382
erzsaure Umhüllung *(f)*	I 383
erzwungene Konvektion *(f)*	F 657, P 516

▲ to denote different meanings / gibt unterschiedliche Bedeutungen an

ESZ	P 359, S 1005
ESZ-Prüfung *(f)*	P 361
Etagenkrümmer *(m)*	O 21, B 235
Etagenrohr *(n)*	T 791
exotherme Reaktion *(f)*	E 326
Expansion *(f)*, **adiabatische**	A 156
Expansionsventil *(n)*, **thermostatisches**	T 325
Explosionsklappe *(f)*	E 375
Explosionsplattierung *(f)*	E 372
Explosionsschweißen *(n)*	E 378
Explosionsschweißverbindung *(f)*	E 376
Explosionssicherung *(f)*	E 374
Extrahieren *(n)*	E 403
Extrakte *(n, pl)*	E 406
Extraktionskolonne *(f)*	E 404
Extraktivdestillation *(f)*	E 405

F

Fabrikatbezeichnung *(f)*	T 839
fabrikfertig *(Adj.)*	F 26
Fabriknummer *(f)*	S 314
Fabrikschild *(n)*	N 2
Fächerrippenrohr *(n)*	C 824
Fächerscheibe *(f)*	S 319
Fachwerkbinder *(m)*	L 72
Fachwerkscheibe *(f)*	S 396
Fachwerkträger *(m)*	L 70
Fachwerkverbände *(m, pl)*	O 59
Fackelanlage *(f)*	F 362
Fackelbrenner *(m)*	F 351
Fackelkamin *(m)*	F 360
FAD	F 28, F 29, F 40, F 41 ▲
fadenförmiger Angriff *(m)*	F 163
fadengewickelt *(V)*	F 161
Fadenkorrektur *(f)*	S 1091
Fahrweise *(f)*	S 322
Fahrweise *(f)*, **zweistraßige**	T 823
Fail-safe-Auslegung *(f)*	F 33
Faktor *(m)* **für die chemische Zusammensetzung**	M 177, M 236
fallende Kühlmittelströmung *(f)*	D 436
Fallfilmdestillation *(f)*	V 161, V 232
Fallfilmverdampfer *(m)*	F 48
Fallgewichtsversuch *(m)*	B 164, D 500
Fallgewichtszerreißversuch *(m)*	D 500
Fallnaht *(f)*	V 154
Fallnahttechnik *(f)*	V 153
Fallrohr *(n)*	D 435
Fällung *(f)*	P 542
Fallwasserkasten *(m)*	H 413
Fallwasserrohr *(n)*	T 13
Fallwasserrohranschluß *(m)*	T 14
falsche Diffusion *(f)*	F 55
falsche Verteilung *(f)*	M 40
Fältelungsrisse *(m, pl)*	S 199
Faltenbalg *(m)*	B 217
Faltenbalgabdichtung *(f)*	B 223
Faltenbalgkompensator *(m)*	C 473
Faltenbalgschieber *(m)*	B 224
Faltenbalgschlauch *(m)*	F 423
Faltenbildung *(f)*	W 413
Faltenrohr *(n)*	C 714
Faltenrohrausgleicher *(m)*	C 713, E 349
Faltenrohrbogen *(m)*	C 793
Faltenrohrkrümmer *(m)*	W 412
Faltprobe *(f)* **mit Wurzel im Zug**	R 577
Faltversuch *(m)* **mit Decklage/Raupe im Zug**	F 11
Faltversuch *(m)* **mit der Wurzel im Zug**	R 576
Falz *(f)*	L 366

Falzstoß *(m)*	R 1
Fangelektrode *(f)*	T 55
Farbeindringverfahren *(n)*	L 270, P 114, P 815
Farbkennzeichnung *(f)*	C 354
Farbkontrasteindringmittel *(n)*	C 356
Farbmarkierung *(f)*	C 354
Farbumschlagstift *(m)*	T 107, T 132
Fase *(f)*	B 259
Fasenkegel *(m)*	C 120
Faser *(f)*, **neutrale**	N 53
faseriger Bruch *(m)*	F 145
Faserreckung *(f)*	F 142
Faserumlenkung *(f)*	U 183
Fassungsvermögen *(n)*	C 28, C 29, S 1127
Fassungsvermögen *(n)* **des Behälters**	R 348
Fassungsvermögen *(n)* **des Tanks**	T 25
Feder *(f)*, **vorgespannte**	P 561
Federabstandshalter *(m)*	S 901
Federanpreßdruck *(m)*	S 897
Federausgleichshänger *(m)*	S 885, V 116
federbelastetes Sicherheitsventil *(n)*	D 283, S 890
federbelastetes Sicherheitsventil *(n)*, **direkt ansprechendes**	D 282
Federbüchse *(f)*	V 115, V 116 ▲
Federdruck *(m)*	S 897
Federeinstellvorrichtung *(f)*	S 883
Federelement *(n)*	S 887
Federhänger *(m)*	V 116
Federhängertraverse *(f)*	V 118
Federhaube *(f)*	S 894
Federkeil *(m)*	S 882
Federkonsole *(f)*	B 421
Federkonstante *(f)*	S 886, S 898
Federkonstante *(f)*, **tatsächliche**	W 388
Federkraft *(f)*	S 896
Federkraft *(f)* **des Balges**	B 225
federkraftschließendes Ventil *(n)*	S 331
Federlager *(n)*	S 888
Feder-Masse-Dämpfungssystem *(n)*	S 892
federnde Abstützungen *(f, pl)*	R 367
federnde Aufhänger *(m, pl)*	S 903
federnde Aufhängung *(f)*	S 904
federnde Auflager *(n, pl)*	R 367, S 903
federnde Gelenkstütze *(f)*	A 320
federnde Unterstützung *(f)*	R 366
federnde Windungen *(f, pl)*	A 112
federnde Zwischenlage *(f)*	C 901
Federpaket *(n)*	B 125, S 893
Federrate *(f)*	B 226
Federring *(m)*	S 671, L 360
Federrückstellung *(f)*	S 899
Federstütze *(f)*	V 117

▲ to denote different meanings / gibt unterschiedliche Bedeutungen an

Federteller *(m)*	S 895
Feder *(f)* **und Nut**	T 473
Federung *(f)*	C 409
Federweg *(m)* **einer Ventilfeder, größtmöglicher**	N 106
Fehlbedienung *(f)*	M 57
Fehler *(m, pl)*	B 292
Fehler *(m)*	D 51, F 108, F 403, I 42, R 241 ▲
Fehler *(m)*, **außermittiger**	O 14
Fehler *(m)*, **ebener**	P 348
Fehler *(m)*, **eingebetteter**	E 154
Fehler *(m)* , **flächiger**	P 345
Fehler *(m)*, **flächiger**	P 344
Fehler *(m)*, **formbedingter**	F 409
Fehler *(m)*, **nicht flächiger**	N 146
Fehler *(m)*, **oberflächennaher**	S 1350
Fehler *(m)*, **oberflächenparalleler**	L 27
Fehler *(m)*, **scheinbarer**	H 36, V 189
Fehler *(m, pl)*, **sich gegenseitig beeinflussende**	I 289
Fehler *(m)*, **teilweise über die Dicke verlaufender**	P 66
Fehler *(m)*, **über die Dicke verlaufender**	T 401
Fehler *(m, pl)*, **überlagerte**	S 1374
Fehler-Abschätzungs-Diagramm *(n)*	F 28, F 41
Fehlerabstand *(m)*, **reduzierter**	R 177
Fehleranalyse *(f)* **in Form eines Baumdiagramms**	F 112
Fehleranzeige *(f)*	F 411
Fehlerauflösung *(f)*	D 57
Fehlerbaum *(m)*	F 111
Fehlerbeurteilung *(f)*	D 53
Fehlerbewertung *(f)*	F 404
Fehlerecho *(n)*	F 410
Fehlererfassung *(f)*	D 54, F 407
Fehlererkennbarkeit *(f)*	D 55, F 412
Fehlererkennung *(f)*	D 54, F 407
fehlerfreie Betriebszeit *(f)*, **mittlere**	M 183
Fehlergrenzstufe *(f)*	A 44, S 366 ▲
Fehlergrenzwert *(m)*	A 44, D 52
Fehlergröße *(f)*	F 415
Fehlergröße *(f)*, **anfängliche**	I 109
Fehlergröße *(f)*, **kritische**	C 830
Fehlergröße *(f)*, **reduzierte**	R 178
Fehlergröße *(f)*, **zulässige**	A 226
Fehlergrößenbestimmung *(f)*	F 416
fehlerhafte Nahtzeichnung *(f)*	I 385
fehlerhaftes Schweißgut *(n)*	U 131
Fehlernachweis-Empfindlichkeit *(f)*	F 408
Fehlerort *(m)*	F 413
Fehlerortung *(f)*	D 54, F 406
Fehlerortungsstab *(m)*	F 414
Fehlerparameter *(m)*, **zulässiger**	T 468
Fehlersicherheit *(f)*	F 35
Fehlertiefe *(f)*	F 405
Fehlstelle *(f)*	D 51

▲ to denote different meanings / gibt unterschiedliche Bedeutungen an

Fehlverteilung *(f)*	M 40
Fehlverteilung *(f)* der Strömung	F 508, M 41
Fehlverteilung *(f)* der Temperatur	M 42
Feinabscheider *(m)*	V 79
Feinblech *(n)*	S 415
Feingefüge *(n)*	M 276
feingewelltes Rohr *(n)*, doppelt (auf der Innen- und Außenseite)	D 404
Feingewinde *(n)*	F 232, U 73, U 78 ▲
Feinkornstahl *(m)*	F 231
Feinkornzone *(f)*	F 230
feinstkörnig	S 1372
Feldbesichtigung *(f)*	F 153
Feldstärke *(f)*, magnetische	M 13, M 19
Feldversuch *(m)*	F 156
Fenster *(n)*	B 79
Fensterschweiße *(f)*	P 449, S 656
Fensterzone *(f)*	W 359
FE-Prüfung *(f)*	P 114, P 815
Fernfeldteil *(m)* des Schallstrahlenbündels	F 60, S 753
Ferngeber *(m)*	R 318
Fernmeßanlage *(f)*	T 80
Fernmeßgerät *(n)*	T 78
Fernmessung *(f)*	T 79
Fernregler *(m)*	R 317
Fernüberwachung *(f)*	T 81
Fernwärme *(f)*	D 360
Fernwärmeleitung *(f)*	D 361
Fernwärme-Rohrleitung *(f)*	D 361
Ferrit *(n)*	F 138
Ferrit *(n)*, voreutektoides	P 764
ferritischer Stahl *(m)*	F 139, B 273
ferritisch geglüht *(V)*	H 254
Fertigbauteil *(n)*	P 550
Fertigbearbeitung *(f)*	F 239
fertiger Rohrbogen *(m)*	C 406
Fertigerzeugnis *(n)*	F 238
Fertiglänge *(f)*	F 236
Fertigmaß *(n)*	F 234
Fertigskizze *(f)*	A 438
Fertigteil *(n)*	B 396, F 237 ▲
Fertigung *(f)*	F 1, M 86
Fertigungseinheiten *(f, pl)*	S 863
Fertigungskontrolle *(f)*	I 142, P 715 ▲
Fertigungskontrolle *(f)*, vorlaufende	P 563
Fertigungsleitung *(f)*	P 756
Fertigungsprobe *(f)*	P 758, R 342
Fertigungsprüfung *(f)*	I 142
Fertigungsqualität *(f)*	Q 37
Fertigungsschweißen *(n)*	P 760
Fertigungsschweißprobe *(f)*	P 759
Fertigungssteuerung *(f)*	P 751

▲ to denote different meanings / gibt unterschiedliche Bedeutungen an

Fertigungstechnik *(f)*	P 748, P 755
Fertigungstoleranzen *(f, pl)*	F 6
Fertigungsüberwachung *(f)*	I 142, P 751, S 1378 ▲
Fertigungs- und Prüffolge *(f)*	F 3
Fertigungsunterlagen *(f, pl)*	M 91
Fertigungsverlagerung *(f)*	S 1327
Festanschluß *(m)*	N 127
Festanziehen *(n)*	T 431
Festbettvergaser *(m)*	S 729
Festbettvergasung *(f)*	S 728
Festdachtank *(m)*	F 266, T 33
feste Gestellplatte *(f)*	H 85
fester Boden *(m)*	S 1030
fester Boden *(m)* **in einem Stück mit dem Rohrboden**	S 1031
fester Flansch *(m)*	I 282, F 284
fester Haubenboden *(m)*	B 384
feste Rohrplatte *(f)*	S 1033
fester Paßsitz *(m)*	S 684
fester Rohrboden *(m)*	F 267, I 281
fester Stirnboden *(m)*	F 759
Festflansch *(m)*	I 282, F 284
Festfressen *(n)*	B 269, S 260 ▲
Festigkeit *(f)*, **mechanische**	M 211, M 212 ▲
Festigkeitseigenschaften *(f, pl)*	M 207
Festigkeitshypothese *(f)*	T 241
Festigkeitskennwert *(m)*	D 166, N 93 ▲
Festigkeitskennwert *(m)*, **zeitabhängiger**	T 449
Festigkeitsklasse *(f)*	P 786, S 1204 ▲
Festigkeitsschweiße *(f)*	S 1207
Festigkeitswert *(m)*	S 1206
Festkopfboden *(m)*	S 1030
Festkopf-Rohrboden *(m)*	F 267, S 1033
Festkopf-Wärmeaustauscher *(m)*	F 268, H 143
Festkörpersperre *(f)*	S 727
Festlager *(n)*	L 351
Festlagerring *(m)*	F 264
Festpunkt *(m)*	A 258, A 267, P 219
Festpunkt-Flansch *(m)*	F 287, L 352
Festpunkt-Konsole *(f)*	A 263
Festpunktlager *(n)*	A 258, A 267, P 219
Festpunktunterstützung *(f)*	R 487
Festpunktverlagerung *(f)*	A 262
Festspannen *(n)*	T 431
Feststellbügel *(m)*	L 362
Feststellvorrichtung *(f)*	A 426, L 357
Feststoffeinschluß *(m)*	S 740
Feststoffsträhnen *(f, pl)*	P 69
fest verlegte Rohrleitung *(f)*	S 1022
Festwalzen *(n)*	F 214
Feuchtigkeit *(f)*	M 352
Feuchtigkeit *(f)*, **eingedrungene**	E 228
Feuchtigkeitsabscheider *(m)*	M 353

Fläche, verankerte

Feuchtigkeitsthermometer-Temperatur *(f)*	W 329
Feuchtkugeltemperatur *(f)*	W 329
Feuchtkugelthermometer *(n)*	W 330
Feuchtlufttemperatur *(f)*	W 329
feuergefährliche Flüssigkeit *(f)*	I 99
feuergeschweißtes Rohr *(n)*, stumpf	F 801
Feuerschweißen *(n)*	F 665
Fieldrohr *(n)*	D 421, F 157
Fieldrohr-Wärmeaustauscher *(m)*	F 158, H 141
Film *(m)*, folienloser	N 158
Film *(m)*, wellenfreier	W 80
Filmbeurteilung *(f)*	F 197, R 36
Filmbezeichnung *(f)*	F 195
filmbildende Amine *(n, pl)*	F 196
Filmdiffusionskoeffizient *(m)*	F 191
Filmfehler *(m)*	A 429
Filmgeschwindigkeit *(f)*	F 201
Filmkoeffizient *(m)*	F 186, F 194
Filmkondensation *(f)*	F 203
Filmkondensation *(f)*, wellige	W 77
Filmkontrast *(m)*	F 187
Filmkühlung *(f)*	F 189
Filmlageplan *(m)*	F 198
Filmoberflächentemperatur *(f)*	F 202
Filmschwärzung *(f)*	F 183, F 190
Filmsieden *(n)*	D 101, D 373, F 184, F 192, T 568 ▲
Filmsieden *(n)*, instabiles	T 553, T 563
Filmsieden *(n)*, stabiles	S 936
Filmsteilheit *(f)*	C 594, F 187
Filmstreifen *(m)*, geeichter	C 9
Filmströmung *(f)*	F 193
Filmträger *(m)*	E 382
Filmverdampfung *(f)*	F 184, F 192
Filmzuordnung *(f)*	R 35
Filter *(n)*	F 204, S 1170
Filterkorb *(m)*	S 1171
Fingertupfprobe *(f)*	F 233
Fire-safe-Ausführung *(f)*	F 251
Firmenschild *(n)*	M 88, N 2
Fischgrätenmuster *(n)*	C 161, H 288, H 289 ▲
Fischschwanzbildung *(f)*	F 256
Fitting *(n)*	F 259, P 250
Flachboden *(m)*	F 387, F 391
Flachbodenbohrung *(f)*	F 384
Flachbodenloch *(n)*	F 384
Flachbodentank *(m)*	F 385
Flachdichtung *(f)*	F 390
Flachdichtung *(f)*, blechummantelte	F 392
Flachdichtung *(f)* aus massivem Metall	S 734
Fläche *(f)*, mittragende	E 51
Fläche *(f)*, verankerte	S 1035

▲ to denote different meanings / gibt unterschiedliche Bedeutungen an

Fläche *(f)* der Impulseinhüllenden des gleichgerichteten Signals, gemessene	M 104, M 187
Fläche *(f)* des Gewindekerns	R 574
Flacheisen *(n)*	F 395
Flacheisengelenk *(n)*	T 421
Flächenausgleich *(m)*	A 419
flächenbezogene Masse *(f)*	M 120, W 123
Flächeneinheit *(f)*	U 98
Flächeneinheitsmoment *(n)*	U 103
Flächenersatzverfahren *(n)*	A 420
Flächenfehler *(m)*	P 344, P 345
Flächengewicht *(n)*	M 120, W 123
Flächenmittelpunkt *(m)*	C 100
Flächenpressung *(f)*	S 208, S 1434 ▲
Flächenpressungswert *(m)*	B 204
Flächenprüfung *(f)*	G 201
Flächenschwerpunktradius *(m)*	R 47
Flächenträgheitsmoment *(n)*	S 223
Flächentragwerk *(n)*	P 349
Flächenvergleichsverfahren *(n)*	K 4
flacher Riß *(m)*	S 375
Flachgewinde *(n)*	S 919
flachgewölbter Abschnitt *(m)*	C 872, S 808
flachgewölbter Behälterdeckel *(m)*	S 809
flachgewölbter Boden *(m)*	S 376
flächiger Fehler *(m)*	P 344, P 345
Flachkopf *(m)*	P 41
flachliegende Kehlnaht *(f)*	E 301
Flachprobe *(f)*	R 165
Flachrohr *(n)*	F 400
Flachrohr *(n)*, beripptes	F 241
Flachrohr-Wärmeaustauscher *(m)*	F 401
Flachrundschraube *(f)*	C 897
Flachschieber *(m)*	V 55
Flachspirale *(f)*	P 38
Flachstab *(m)*	F 383
Flachstahl *(m)*	F 395
Flachzugprobe *(f)*	R 164
Flachzugprobe *(f)*, mittig gekerbte	C 81, C 88
Flachzugprobe *(f)*, seitengekerbte	E 24, E 38
Flammenballen *(m, pl)*	H 404
Flammendurchschlag *(m)*	B 4
Flammlöten *(n)*	T 499
Flanke *(f)*	F 807, G 217
Flankenabschrägungstiefe *(f)*	D 118
Flankenbindefehler *(m)*	I 67, L 9
Flankendurchmesser *(m)*	E 56, P 321
Flankeneinbrand *(m)*	F 812
Flankenkehlnaht *(f)*	S 507
Flansch *(m)*	F 275
Flansch *(m)*, beidseitig angeschweißter	F 10
Flansch *(m)*, dichtungsloser dichtgeschweißter	U 79, F 308

Flansch *(m)*, fester	I 282, F 284
Flansch *(m)*, glatter	F 389, F 772, F 279, F 278
Flansch *(m)*, innenliegender	R 450, F 297
Flansch *(m)*, loser	L 42, L 412, F 289, F 285
Flansch *(m)*, verbolzter	C 37, F 770, I 151 ▲
Flansch *(m)*, verschraubter	B 344
Flanschabmessungen *(f, pl)*	F 320
Flansch-Ansatz *(m)*	F 332, H 427
Flanschauflagefläche *(f)*	F 311
Flanschauflager *(n)*	F 311
Flanschauflager *(n)* mit Anschlag	F 312
Flanschbauweise *(f)*, Gehäuse in	F 317
Flanschbefestigung *(f)*	F 310
Flanschblattdicke *(f)*	F 342
Flanschdichtung *(f)*	F 331, F 338
Flanschdruckstufe *(f)*	F 337
Flanschkante *(f)*	F 328
Flansch *(m)* mit Ansatz	H 428, F 282
Flansch *(m)* mit Ansatz, loser	H 429, L 413, F 290
Flansch *(m)* mit (vorspringender) Arbeitsleiste	F 295
Flansch *(m)* mit Arbeitsleiste	F 344
Flansch *(m)* mit Bund	L 45
Flansch *(m)* mit Dichtschweiße	S 191, F 302
Flansch *(m)* mit Eindrehung zum Einlegen der Dichtung	F 792
Flansch *(m)* mit Eindrehung zur Aufnahme der Dichtung	R 417, F 296
Flansch *(m)* mit Feder und Nut	F 345, F 306
Flansch *(m)* mit konischem Ansatz	T 44, F 305
Flansch *(m)* mit Ringnut	R 505, F 298
Flansch *(m)* mit schmaler Dichtfläche	N 4, F 293
Flansch *(m)* mit Vor- und Rücksprung	F 291
Flansch *(m)* mit Vor- und Rücksprung	F 343
Flansch *(m)* mit Vorschweißbund, loser	L 43, F 286
Flansch *(m)* mit vorspringender Arbeitsleiste	R 59
Flansch *(m)* ohne Arbeitsleiste	F 389
Flansch *(m)* ohne Dichtung	F 307
Flansch *(m)* ohne Dichtung mit Dichtschweißung	U 79, F 308
Flanschschraubenlöcher *(n, pl)*	F 313
Flanschverbindung *(f)*	F 316
Flanschverbindung *(f)*, verschraubte	B 345
Flanschverbindungen *(f, pl)*	J 28
Flanschverformung *(f)*	F 322
Flanschverschraubung *(f)*	B 345, F 314 ▲
Flanschwiderstand *(m)*	F 335
Flanschwinkel *(m)*	F 341
Flashdestillation *(f)*	F 368
Flattern *(n)*	F 625, G 5 ▲
Flattern *(n)*, turbulentes	S 1334, T 805
Flatterschwingungen *(f, pl)*	B 503
Flechtströmung *(f)*	T 809
Flecken *(m, pl)*	B 292
Flecken *(m, pl)*, trockene	D 541
Flicken *(m)*, aufgeschweißter	W 180

▲ to denote different meanings / gibt unterschiedliche Bedeutungen an

Fliehkraftabscheider *(m)*	C 99
Fließbehinderungsfaktor *(m)*	C 551
Fließbereich *(m)*	Y 21
Fließbett *(n)*	F 570, F 598
Fließbetttrockner *(m)*	F 600
Fließbett-Wärmeaustauscher *(m)*	F 601
Fließbruchmechanik *(f)*	E 95, Y 14
Fließdehnung *(f)*	Y 22
Fließdiagramm *(n)*	F 480, F 487
Fließen *(n)*	F 463, Y 5
Fließen *(n)*, allgemeines	G 228, Y 10
Fließen *(n)*, plastisches	M 225, Y 11
Fließen *(n)*, teilplastisches	C 569, Y 8
Fließen *(n)*, vollplastisches	G 128, G 228, Y 9, Y 10
fließender Werkstoffübergang *(m)*	S 1199
Fließen *(n)* im Bruttoquerschnitt	G 228, Y 10
Fließen *(n)* im kleinplastischen Bereich	S 663, S 928, Y 13
Fließen *(n)* im Nettoquerschnitt	N 50
Fließen *(n)* in Umfangsrichtung	C 197, Y 7
Fließfiguren *(f, pl)*	D 74, L 465, S 640, S 1265
Fließgelenk *(n)*	P 394, H 334
Fließgelenkverfahren *(n)*	L 197
Fließgrenze *(f)*	E 88, P 527, Y 16, Y 26 ▲
Fließlinien *(f, pl)*	L 465, S 640
Fließort *(m)*	Y 15
Fließpressen *(n)*	F 495
Fließviskosität *(f)*	F 501
Fließzonenbildung *(f)*	C 792
Flockenrisse *(m, pl)*	F 272
fluchten *(V)*	F 52
fluchtende Rippen *(f, pl)*	I 135
fluchtende Rohranordnung *(f)*	I 136
fluchtende Teilung *(f)*	P 53
Fluchtfehler *(m)*	M 315
Fluchtung *(f)*	A 218
Fluchtung *(f)*, genaue	T 671
Fluchtungstoleranz *(f)* beim Zusammenbau	A 454
Flügel *(m)*	D 325
Flügelmauer *(f)*	W 366
Flugrost *(m)*	F 200, R 674
Flugrostbefall *(m)*	S 1368
Flugstaubvergasung *(f)*	E 216
Flugstromvergasung *(f)*	E 216
Fluid *(n)*	F 569
Fluid *(n)*, verdrängtes mantelseitiges	S 445
Fluidankopplung *(f)*	F 573
Fluidatbett *(n)*	F 570, F 598
fluiddämpfungskontrollierte Instabilität *(f)*	F 575
fluiddynamische Dämpfung *(f)*	F 578
fluiddynamisches Modell *(n)*	F 582
fluiddynamische Untersuchung *(f)*	F 550, F 577
fluidelastische Dämpfung *(f)*	F 584

fluidelastische Erregung *(f)*	F 585
fluidelastische Instabilität *(f)*	F 588
fluidelastische Kopplung *(f)*	F 583
fluidelastische Kräfte *(f, pl)*	F 587
fluidelastische Rückkopplung *(f)*	F 586
fluidelastische Schwingung *(f)*	F 591
fluidelastische Steifigkeit *(f)*	F 589
fluidelastische steifigkeitskontrollierte Instabilität *(f)*	F 590
Fluidisation *(f)*	F 597
Fluidisierung *(f)*	F 597
Fluidität *(f)*	F 596
Fluidströmung *(f)*	F 592
Fluidströmung *(f)*, rückmischungsfreie	I 5, P 134
Fluid-Struktur-Wechselwirkungen *(f, pl)*	F 611
Fluktuation *(f)*	F 566
fluktuierender Teil *(m)*	F 562
Fluoreszensverfahren *(n)*	F 612
fluoreszierende Folie *(f)*	F 615
fluoreszierende Metallverstärkerfolie *(f)*	F 614
fluoreszierende Prüfflüssigkeit *(f)*	F 613
Flursäule *(f)*	F 462
Fluß *(m)*	F 463
Flußdiagramm *(n)*	F 480, F 487, F 546
Flüssigerdgas *(n)*	L 250, L 282
Flüssiggas *(n)*	L 251, L 458
Flüssiggas-Lagertank *(m)*	L 249
Flüssigkeit *(f)*	F 569
Flüssigkeit *(f)*, brennende	R 657
Flüssigkeitsabscheider *(m)*	K 18
Flüssigkeitsballen *(m, pl)*, turbulente	T 806
Flüssigkeitsbehälter *(m)*	T 22
Flüssigkeitsdämpfung *(f)*	F 574, V 195
flüssigkeitsdicht *(Adj.)*	L 278
Flüssigkeitsdichte *(f)*	F 576
Flüssigkeitsdruck *(m)*	F 606
flüssigkeitselastische Kopplung *(f)*	F 583
Flüssigkeitsfilm *(m)*	L 258
flüssigkeitsgekoppelter indirekter Wärmeaustauscher *(m)*	H 150
Flüssigkeitshöhe *(f)*	H 351, L 259 ▲
Flüssigkeitshöhe *(f)*, rechnerische	D 158
Flüssigkeitskeil *(m)*	L 279
Flüssigkeitskörper *(m)*	B 525
Flüssigkeitskühler *(m)*	L 252
Flüssigkeitskupplung *(f)*	F 573
Flüssigkeitsreibung *(f)*	F 593
Flüssigkeitsring-Luftpumpe *(f)*	W 59
Flüssigkeitsringpumpe *(f)*	L 272
Flüssigkeitssäule *(f)*	L 253
Flüssigkeitssäule *(f)*, statische	L 275
Flüssigkeitsschlupf *(m)*	L 273
Flüssigkeitssperre *(f)*	W 62
Flüssigkeitsspiegel *(m)*	L 261, L 276

▲ to denote different meanings / gibt unterschiedliche Bedeutungen an

Flüssigkeitsspiegel *(m)*, aufschäumender	F 376
Flüssigkeitsstand *(m)*	L 261
Flüssigkeitsstandanzeiger *(m)*	L 264
Flüssigkeitsstandregler *(m)*	L 263
Flüssigkeits(stand)wächter *(m)*	L 267
Flüssigkeitsstoß *(m)* der anregenden Schwingung	F 254
Flüssigkeitsstoßwellen *(f, pl)*	L 274
Flüssigkeitsströmung *(f)*	F 592
Flüssigkeitsströmung *(f)*, einphasige	S 556
Flüssigkeitsüberströmventil *(n)*, auf Wärmeausdehnung ansprechendes	L 277
Flüssigkeitsumlauf *(m)*	F 571
Flüssigkeitszähler *(m)*, volumetrischer	V 219
Flüssigmetal-Wärmerohr *(n)*	L 268
Flußmittel *(n)*	F 626
Flußmitteleinschlüsse *(m, pl)*	F 634
Flußmittel *(n)* für Weichlot	S 713
Flußmittelschutz *(m)*	F 637
Flußmuster *(n)*	R 530
Flußstahl *(m)*	M 281
F-Mantel *(m)*	F 769, S 423
fokussiertes Schallbündel *(n)*	F 641
Folgenanalyse *(f)*	C 538
Folie *(f)*, fluoreszierende	F 615
Folienabdruck *(m)*	P 400, S 1439
folienloser Film *(m)*	N 158
Föppl-Wirbel *(m)*	F 645
Förderdruck *(m)*	D 236, N 49
Fördergeschwindigkeit *(f)*	T 589
Förderhöhe *(f)*	H 59, P 612
Förderhöhe *(f)*, manometrische	M 79
Förderhöhe *(f)*, statische	S 1017
Förderleitung *(f)*	T 586
Förderrohrleitung *(f)*	T 586
Form *(f)*	S 377
Formänderung *(f)*	D 73, D 354, S 1160
Formänderung *(f)*, bleibende	O 174, P 160
Formänderung *(f)*, örtlich bleibende	L 345, O 175
Formänderung *(f)*, stufenweise	I 72
Formänderungsarbeit *(f)*, spezifische	S 1168
Formänderungsarbeit *(f)*, Hypothese der größten	M 169
Formänderungsenergie *(f)*	S 1167
Formänderungsfestigkeit *(f)*	Y 16, Y 26
Formänderungsgeschwindigkeit *(f)*	S 1186
Formänderungsgesetz *(n)*	S 1257
Formänderungsvermögen *(n)*	D 72, D 558
Formänderungsvermögen *(n)* unter Zugbeanspruchung	T 140
Formanregung *(f)* bewegungsinduzierter Schwingungen	G 5
formbedingte Spannungskonzentration *(f)*	S 1214
formbedingter Fehler *(m)*	F 409
Formbeständigkeit *(f)*	D 257
Formblech *(n)*	P 766

Formeinflußzahl *(f)*	S 383
Formfaktor *(m)*	S 383
Formfehler *(m)*	I 44, P 765
formgebendes Schweißen *(n)*	S 385
formgenau *(Adj.)*	T 675
Formgenauigkeit *(f)*	A 68
formgeschnitten *(V)*	C 915
Formiergas *(n)*	A 357, P 900
Formierung *(f)*	G 85
Formschweißen *(n)*	S 385
Formstück *(n)*	F 259, P 279, S 379
Formstück *(n)* **mit Einsteck-Schweißmuffen**	S 701
Formstück *(n)* **mit Lötfugen**	S 719
Formzahl *(f)*	S 117, S 378
fortgesetzte Betriebstauglichkeit *(f)*	C 571
Fortpflanzung *(f)* **eines ebenen Verformungsrisses**	P 353
Fortpflanzungsgeschwindigkeit *(f)*	P 783
fortschreitende Deformation *(f)*	P 768, R 81
fortschreitende Deformation *(f)* **aufgrund von Wärmespannungen, stufenweise**	R 83, T 310
fortschreitende Deformation *(f)*, **wärmespannungsbedingte**	R 83, T 310
fortschreitende Verformung *(f)*	P 768
Fouling *(n)*	F 670
Fouling *(n)*, **biologisches**	B 271, F 672
Fouling *(n)*, **gasseitiges**	F 677
Fouling *(n)*, **kombiniertes**	C 380
Fouling *(n)* **durch Ausfrieren**	F 676, F 733, S 737
Fouling *(n)* **durch biologisches Wachstum**	B 271, F 672
Fouling *(n)* **durch Korrosion**	C 699, F 674
Fouling *(n)* **durch Kristallisation**	C 883, F 675, F 679, F 680, P 543, S 96
Fouling *(n)* **durch Reaktion**	C 160, F 673
Fouling *(n)* **durch Sedimentation**	F 678, P 70
Foulingfaktor *(m)*	F 682
Foulingschicht *(f)*	F 683
Fraktion *(f)*	F 698
Fraktionierboden *(m)*	F 702
Fraktionierkolonne *(f)*	F 701
fraktionierte Destillation *(f)*	F 700
fraktionierte Kondensation *(f)*	F 699
Fraktionierturm *(m)*	F 701
Fraktionierung *(f)*	F 703
Fraktographie *(f)*	F 704
Fraßkorrosion *(f)*	F 738
frei aufgelagert *(V)*	S 669
frei aufliegender Rohrboden *(m)*	S 529
frei bewegliche Rohrplatte *(f)*	F 436
freie Konvektion *(f)*	F 724, N 9
freie Molekularströmung *(f)*	M 363
freier Kreisquerschnitt *(m)*	F 718, D 328
freier Ringquerschnitt *(m)*	F 719, D 433
freies Sieden *(n)*	F 723

freie Strömung *(f)*	F 328
freie Stützlänge *(f)* des Trägers	L 132
freie Trägerstützlänge *(f)*	L 132
Freiflußventil *(n)*	O 5, Y 38
Freiformschmieden *(n)*	H 17
Freiheitsgrad *(m)*	D 79
Freilaufmenge *(f)*	M 306
Freilaufrückschlagventil *(n)*	R 299
Freiluftanlage *(f)*	O 108
Freiluftbauweise *(f)*	O 106, O 107
Freimaß *(n)*	U 145
Freimaßtoleranz *(f)*	G 126
Freiraum *(m)*	F 721, F 730 ▲
Freistich *(m)*	U 54
Freistromgeschwindigkeit *(f)*	F 732
Freistrompumpe *(f)*	N 117
Freistutzen *(m)*	D 564
Freistutzen *(m)*, **verschlossener**	B 274
freitragend	S 282
freitragende Stützweite *(f)*	S 281
freitragendes Dach *(n)*	S 285
freitragendes Kegeldach *(n)*	S 283
freitragendes Kugelsegmentdach *(n)*	S 284
freitragendes Regenschirmdach *(n)*	S 286
frei verlegte Rohrleitung *(f)*	E 379
Fremdabnehmer *(m)*	I 78, I 79, O 131 ▲
Fremdfertigung *(f)*	S 1327
Fremdgegendruck *(m)*	S 1373
Fremdgeräusch *(n)*	B 20
Fremdgeräuschpegel *(m)*	B 21
fremdgesteuert *(V)*	P 195
fremdgesteuertes Ventil *(n)*	E 394
Fremdmetalleinschluß *(m)*	M 246
Frequenzantwort *(f)*	F 736
Frequenz *(f)* **der Wirbelablösung**	P 151
Frequenzstiche *(m, pl)*	S 1117
Frequenzverstimmung *(f)*	D 189, F 734
Fresnelsche Zone *(f)*	N 17
Fressen *(n)*	G 4, S 260
Fretting *(n)*	F 738
Frostsicherung *(f)*	W 367
Frothover *(m)*	F 764
Froudesche Kennzahl *(f)*	F 765
Froude-Zahl *(f)*	F 765
Frühfehlerperiode *(f)*	B 535, D 40, S 374
FTE-Temperatur *(f)*	F 710
FTP-Temperatur *(f)*	F 711
Fuge *(f)*	G 208, J 18
Fuge *(f)*, **sichtbare**	O 53
Fügefläche *(f)*	J 37, M 155
Fuge *(f)* **mit Stegabstand**	O 54
Fugenansatz *(m)*	L 34

▲ to denote different meanings / gibt unterschiedliche Bedeutungen an

Fugenflämmen *(n)*	G 166
Fugenflanke *(f)*	F 807, G 217
Fugenfüllung *(f)*, **ungenügende**	U 62
Fugenhobeln *(n)*	G 166
Fugenhobeln *(n)*, **wurzelseitiges**	B 15
Fugenhöhe *(f)*	G 218, J 38
Fugenlöten *(n)*	B 438
Fugennaht *(f)*	G 221
Fugenversatz *(m)*	S 944
Fugenvorbereitung *(f)*	E 189, J 33, W 297
Fuge *(f)* **ohne Stegabstand**	C 245
Fügestoff *(m)*	J 16
Führungsgenauigkeit *(f)*	G 249
Führungsgröße *(f)*	R 231
Führungshülse *(f)*	G 236, G 246
Führungskeil *(m)*	G 248
Führungskolben *(m)*	P 309
Führungslager *(n)*	G 235, L 351, P 346 ▲
Führungspunkt *(m)*	G 238
Führungsrohr *(n)*	G 242, I 337 ▲
Führungsrolle *(f)*	G 244
Führungssäule *(f)*	G 243
Führungssignal *(n)*	R 224
Führungssollwert *(m)*	R 223
Führungsstange *(f)*	G 241
Führungsstange *(f)*, **untere**	L 426
Führungsstift *(m)*	G 250
Führungstrichter *(m)*	G 239
Füllage *(f)*	F 164
Füllbetrieb *(m)*	F 178
Fülldichte *(f)*	A 366, B 519
Fülldraht *(m)*	C 670
Fülldrahtelektrode *(f)*	C 671, F 631
Fülldraht-Lichtbogenschweißen *(n)*	F 113
Fülldraht-Lichtbogenschweißen *(f)*	F 629
Füllhöhe *(f)*	F 177
Füllhöhe *(f)* **im Tank**	T 28
Füllkörper *(m, pl)*	F 169, P 14
Füllkörperkolonne *(f)*	P 8
Füllkörperkolonne *(f)*, **pulsierende**	P 839
Füllkörper-Reaktor *(m)*	P 5
Füllkörpersäule *(f)*	P 8
Füllkörperschicht *(f)*	F 181, P 4
Füllkörperschüttung *(f)*	F 181, P 4
Füllrohrschürze *(f)*	A 396
Füllschweiße *(f)*	P 449, S 656
Füllstand *(m)*	L 136
Füllstandanzeiger *(m)*	L 139, L 143
Füllstandgeber *(m)*	L 149
Füllstandmessung *(f)*	L 265
Füllstandregler *(m)*	L 137
Füllstandsöffnung *(f)*	L 266

▲ to denote different meanings / gibt unterschiedliche Bedeutungen an

Füllstandsonde

Füllstandsonde *(f)*	L 147
Füllstopfen *(m)*	F 167
Füllstutzen *(m)*	F 180
Fundament *(n)*	F 685
Fundament *(n)*, schwingungsdämpfendes	A 361
Fundamentanker *(m)*	A 260, F 690, H 348
fundamentartige Stauwand *(f)*	F 694
Fundament-Baugrund *(m)*	F 689
Fundamentbelastung *(f)*	F 691
Fundamentbolzen *(m)*	A 260, F 690, H 348
Fundament *(n)* **mit Böschung**	S 651
Fundamentplan *(m)*	F 693
Fundamentplatte *(f)*	F 687, F 695
Fundamentrahmen *(m)*	F 688
Fundamentschraube *(f)*	A 260, F 690, H 348
Fundamentverankerung *(f)*	F 686
Fundamentzeichnung *(f)*	F 693
Funkenbildung *(f)* **durch statische Aufladung**	S 1026
Funkenschweißen *(n)*	P 133
funktioneller Aufbau *(m)*	F 794
Funktionsdruckdifferenz *(f)*	F 795
Funktionseinheit *(f)*	F 797
funktionsfähige Konstruktion *(f)*	S 324
Funktionsfehler *(m)*	M 54
Funktionsprüfung *(f)*	F 796, P 145 ▲
Funktionsstörung *(f)*	M 54
Funktionstüchtigkeit *(f)*	F 793
Fußgestell *(n)*	P 101
Fußleiste *(f)*	T 461
Fußplatte *(f)*	B 131, P 32
Fußplatte *(f)*, **runde**	R 629
Fußplatte *(f)*, **stählerne**	S 1079
Fußplatte *(f)*, **T-Stück mit**	B 142
Fußplattenfläche *(f)*	B 134
Fußplattenmaß *(n)*	B 133
Fußventil *(n)*	F 654
Futter *(n)*	L 231
Futterblech *(n)*	F 166, S 456 ▲
Futterrohr *(n)*	S 77

▲ to denote different meanings / gibt unterschiedliche Bedeutungen an

gasloses Schweißen

G

Gabel (f)	B 432
Gabelrohr (n)	B 265, B 454, Y 39
Gabelung (f)	B 266, B 433
Gabelung (f) eines Stutzens	C 863, N 200
Gabelung (f), Wanddicke in der	C 865
Galilei-Zahl (f)	G 3
Galloping (n)	G 5
Galloping (n), Wake	W 8
galvanische Korrosion (f)	E 110, G 6
galvanischer Überzug (m)	E 135
Gamma-Durchstrahlung (f)	G 8
Gammafilmaufnahme (f)	G 10
Gammaschranke (f)	G 7
Gammastrahl (m)	G 9
Ganghöhe (f)	L 86
Gängigkeit (f)	N 256
Ganzmetallverbindung (f)	M 260
Garnitur (f)	T 656
Gasabgabe (f)	G 92
Gasabnahme (f)	G 84
Gasaustrittsdruck (m)	G 75
Gasaustrittsstutzen (m)	G 74
Gasaustrittstemperatur (f)	G 76
Gasbehälter (m), nasser	F 434
Gasbehälter (m), trockener	D 341, D 532, P 312, W 52
Gasblase (f)	G 25, G 80
Gasblasen (f, pl)	C 77
Gasbrennschneiden (n)	O 187
Gasdichtigkeitsprüfung (f)	G 67
Gasdruckdiffusionsschweißen (n)	G 82
Gasdruckreduzierventil (n)	G 83, G 88
Gase (n, pl), nichtkondensierbare	I 69
Gaseinschluß (m)	E 227, G 26, G 73, G 80
Gaseintrittsdruck (m)	G 44
Gaseintrittsstutzen (m)	G 43
Gaseintrittstemperatur (f)	G 45
Gasfernleitung (f)	G 78
Gasflasche (f)	G 23
Gasflaschenbatterie (f)	G 24
gasgekühlter Hochtemperaturreaktor (m)	H 323, H 420
gasgekühlter schneller Brutreaktor (m)	G 30, G 137
gasgeregeltes Wärmerohr (n)	G 29
Gasgeschwindigkeit (f)	G 97
Gaskanal (m)	E 145, G 37, G 80 ▲
Gaskonstante (f)	G 28
Gaskonstante (f), allgemeine	U 110
Gaskühler (m)	G 31
Gasleckage (f)	G 66
Gasleitung (f)	G 77, G 79
gasloses Schweißen (n)	G 69

▲ to denote different meanings / gibt unterschiedliche Bedeutungen an

Gasmangelsicherung *(f)*	G 38
Gasmangelventil *(n)*	G 39
Gasmassenstrom *(m)*	G 41, G 71
Gasnetz *(n)*	G 36
Gaspendelsystem *(n)*	G 35
Gaspolster *(n)*	G 33
Gaspore *(f)*	G 80
Gaspreßschweißen *(n)*	P 608
Gas-Pulver-Schweißen *(n)*	G 81
Gasreinigung *(f)*	G 86
Gasreinigungsanlage *(f)*	G 27
Gasrohr *(n)*	G 77
Gasschmelzschweißen *(n)*	G 100
Gasschutz *(m)* der Nahtwurzel	G 18
Gasschutzvorlage *(f)*	G 22
Gasschweißen *(n)*	G 100
Gasschweißer *(m)*	G 99
Gasse *(f)*	G 11, L 38
gasseitiges Fouling *(n)*	F 677
Gassenbildung *(f)*	L 39
Gassenkonstruktion *(f)*	L 39
Gassenweite *(f)*	P 420
Gasspaltung *(f)*	G 32, G 87
Gasspürmeßgerät *(n)*	G 68
Gasstrahlung *(f)*	R 18
Gasstrom *(m)*	G 40
Gasumlenkkammer *(f)*	G 89, G 197
Gasverflüssigung *(f)*	G 70
Gasverlust *(m)*	G 66, U 37
Gasversorgung *(f)*	G 95
Gasvolumenanteil *(m)*	V 207
Gasvorlage *(f)*	G 20
Gasvorwärmer *(m)*	G 42
Gaswärmeaustauscher *(m)*	G 42
Gaswäsche *(f)*	G 91
Gaswäscher *(m)*	G 90, G 98, S 164, S 881
Gaszufuhr *(f)*	G 95
Gatter *(n)*	G 103
GAU	M 161, M 176
GAVO	G 42
GAWA	G 42
G-BOP-Test *(m)*	G 16, G 121
Geber *(m)*	T 580
Gebläse *(n)*	F 58
gebördelte Dach-/Mantelausführung *(f)*	F 326
gebördeltes Rohrende *(n)*	F 325, P 244
Gebrauchsanweisung *(f)*	I 230
Gebrauchslast *(f)*	W 385
Gebrauchsmusterzeichnung *(f)*	R 266
gebrochenes Härten *(n)*	I 362
gedrehte Dreiecksteilung *(f)*	R 613
gedrehte quadratische Teilung *(f)*	R 612

geeichter Filmstreifen *(m)*	C 9
geeichtes Kontrollmanometer *(n)*	C 12, M 131
Gefahrenbaum *(m)*	H 55
Gefahrenklasse *(f)*	H 54
Gefahrenmeldeanlage *(f)*	A 215
Gefahrenmeldung *(f)*	A 216
Gefahren- und Durchführbarkeitsstudie *(f)*	H 53
Gefahrenuntersuchung *(f)* in der Planungsphase	D 155, D 208
Gefahren-Voruntersuchung *(f)*	P 178, P 558
Geflechtverankerung *(f)*	W 369
Geflechtverankerung *(f)*, Metallschlauch mit	B 422
Gefüge *(n)*	S 1305
Gefüge *(n)*, stengeliges	C 361
Gefüge *(n)*, zeiliges	B 121
Gefügeabdruck *(m)*	P 400, S 1439
Gefügeabdruckprüfung *(f)* mittels Folie	R 338
Gefügegeometrie *(f)*	S 1294
Gefügeuntersuchung *(f)*	S 1308
geführt *(V)*	G 237
Gegendiagonale *(f)*	C 724
Gegendruck *(m)*	B 44
Gegendruckregler *(m)*	B 45
Gegendruckventil *(n)*	B 98
Gegenfläche *(f)*	M 151
Gegenflansch *(m)*	B 556, C 721, F 277, F 292, M 152
gegengeschweißte Naht *(f)*	B 41, B 64
Gegengewicht *(n)*	C 725
Gegenhalter *(m)*	B 27
Gegenkopplung *(f)*	N 34
Gegenlage *(f)*	B 33, S 180
Gegenlage *(f)*, erste	F 253
Gegenlagenschweißung *(f)*	B 42
Gegenmutter *(f)*	C 154, L 364
Gegenschweißen *(n)*	B 65
gegenseitige Beeinflussung *(f)*	I 287
Gegenstrom *(m)*	C 722
Gegenstromapparat *(m)*, Spiralwärmeaustauscher als	S 839
Gegenströmer *(m)*	C 723, H 135
Gegenstrom-Wärmeaustauscher *(m)*	C 723, H 135
geglüht *(V)*, ferritisch	H 254
geglüht *(V)*, zunderarm	H 256
gegossener Rohling *(m)*	C 48
Gehalt *(m)*	M 118, M 119 ▲
gehäufte Poren *(f, pl)*, örtlich	P 505, P 507, C 270
Gehäuse *(n)*	B 316, E 174 ▲
Gehäuseanschlußende *(n)*	B 318
Gehäuseflansch *(m)*	B 319
Gehäuse-Gehäuseoberteil-Verbindung *(f)*	B 317
Gehäuse *(n)* in Flanschbauweise	F 317
Gehäuseoberteil *(n)*	B 375
Gehäusesitz *(m)*	B 322
Gehäusestopfen *(m)*	B 321

▲ to denote different meanings / gibt unterschiedliche Bedeutungen an

Gehrung (f)	M 319
Gehrungsecke (f)	S 546
Gehrungskrümmer (m)	G 253
Gehrungsnähte (f, pl), stumpfgeschweißte	M 324
Gehrungsschmiege (f)	M 320
Gehrungsschnitt (m)	M 322
Gehrungsschweißnaht (f)	M 326
Gehrungssegment (n)	M 325
Gehrungsstoß (m)	M 323
GE-Hypothese (f)	D 355, M 162
Geistleitung (f)	O 161
gekerbter Rundstab (m)	N 187
gekrempter Boden (m)	F 318, H 65
gekrempter Kegelboden (m)	T 502, H 75
gekrempter Rohrboden (m)	F 327
gekrümmte Schale (f)	C 900
gekümpelt (V), aus Blech	D 318
gelegentliche Lasten (f, pl)	O 12
Gelenk (n)	H 336
Gelenkbolzen (m)	H 342, J 19
gelenkiger Stehbolzen (m)	J 24
Gelenkkompensator (m)	A 430, E 347, E 354, E 363, E 364, H 337, S 1472, S 1478 ▲
Gelenkkompensator (m), eckentlasteter	E 367
Gelenkkopf (m)	J 40
Gelenklager (n)	B 102
Gelenkmolch (m)	A 431
Gelenkstange (f)	T 427
Gelenkstrebe (f)	H 339, R 486, S 1310
Gelenkstütze (f), federnde	A 320
Gelenkverbindung (f)	A 432, U 111 ▲
gelochte Blechummantelung (f)	P 139
gelochte Platte (f)	P 137
gelochte Rippe (f)	P 135
gelochter Boden (m)	P 136, P 184, H 71
gemessene Abblaseleistung (f)	A 120
gemessene Ausflußziffer (f)	C 294
gemessene Fläche (f) der Impulseinhüllenden des gleichgerichteten Signals	M 104, M 187
gemessener Ausfluß (m)	A 120
genaue Fluchtung (f)	T 671
Genauguß (m)	I 373
Genauigkeit (f)	A 64
genehmigt (V) laut Vermerk	A 385
Genehmigung (f)	A 379
Genehmigungsauflagen (f, pl)	L 162
Genehmigungsbehörde (f)	L 159
Genehmigungsbehörden (f, pl), atomrechtliche	N 242
Genehmigungsbescheid (m)	L 160
Genehmigungsverfahren (n)	A 383, L 161
Genehmigungsvermerk (m)	A 380, A 381, M 102, N 193 ▲
Genehmigungszeichnung (f)	A 387

Generatorgas *(n)*	P 745
genormtes Maßverhältnis *(n)*	S 168, S 966
genutetes Rohr *(n)*	G 216
genutetes Rohrende *(n)*	G 214, P 245
geometrische Diskontinuität *(f)*	G 133
geometrische Störstelle *(f)*	G 133
geometrische Unschärfe *(f)*	G 135
geometrische Unstetigkeit *(f)*	G 133
geometrische Werkstofftrennung *(f)*	G 133
geordnete Packung *(f)*	R 267
gependelte Schweiße *(f)*	W 101
geplante Nichtverfügbarkeitszeit *(f)*	S 120
geprüfter Schweißer *(m)*	Q 15
gerade Reduzierverschraubung *(f)*	R 187
gerade Rohrverbindung *(f)*	S 1139
gerade Rohrverschraubung *(f)*	S 1139
gerades Rohr *(n)*	S 1153
gerades Thermoelement *(n)*	S 1150
gerade Verschraubung *(f)* **mit Außengewinde**	S 1144
Geradrohrbündel *(n)*	S 1154
Geradrohr-Konstruktion *(f)*	S 1155
Geradrohr-Wärmeaustauscher *(m)*	S 1156, H 171
Geräteanschluß *(m)*	I 237
Geräteeinstellung *(f)*	I 244
Gerätejustierung *(f)*	I 236
Geräteschwelle *(f)*	S 1481
Geräusch *(n)*	A 100, N 70
Geräuschbekämpfung *(f)*	N 71
Geräuschbelästigung *(f)*	N 77
Geräuschbeurteilung *(f)*	N 85
Geräuschbeurteilungskurve *(f)*	N 79
Geräuschdämpfung *(f)*	N 76, S 523 ▲
Geräuschemission *(f)*	N 73
Geräuschentwicklung *(f)*	N 74
Geräuschpegel *(m)*	N 75
Geräuschquelle *(f)*	N 82
Geräuschstärke *(f)*	N 75
gereckte Faser *(f)*	S 1263
geriffelte Oberfläche *(f)*, **konzentrisch**	S 317
geringer Tropfenmitriß *(m)*	E 222
geringfügiger Schaden *(m)*	M 309
Gesamtabblaseleistung *(f)*	A 185
Gesamtanordnung *(f)*	G 122
Gesamtansicht *(f)*	G 127
Gesamtdiskontinuität *(f)*, **strukturelle**	G 229
Gesamtdruckhöhe *(f)*	T 521
gesamte Rohroberfläche *(f)*	T 529
Gesamtfestigkeit *(f)*	A 187
Gesamtfördergewicht *(n)*	T 526
Gesamtfördermenge *(f)*	T 532
Gesamtgewicht *(n)*	T 533
Gesamthöhe *(f)*	O 153

▲ to denote different meanings / gibt unterschiedliche Bedeutungen an

Gesamthub *(m)*	T 525
Gesamtlänge *(f)*	O 154, T 523
Gesamtlänge *(f)* der Schweißnähte	A 186
Gesamtlebensdauer *(f)* bis zum Bruch	T 524
Gesamtlebensdauervorhersage *(f)*	O 155
Gesamtmaß *(n)*	O 148
Gesamtmomentenbelastung *(f)*	T 527
Gesamtstrahlungsaustauschzahl *(f)*	O 150
Gesamtundichtheit *(f)*	I 276, T 522
Gesamtverlagerung *(f)*	T 531
Gesamtwirkungsgrad *(m)*	N 43, O 149
Gesamtzeichnung *(f)*	G 123
gesättigter Dampf *(m)*	S 66
gesättigtes Blasensieden *(n)*	S 65
geschachtelter Aufbau *(m)*	N 37
geschachtelte Rohre *(n, pl)*	N 38
geschallt *(V)*, doppelungsfrei	U 21
geschichtete Zweiphasenströmung *(f)*	S 1196
geschlitzte Abdeckplatte *(f)*	S 649
geschlossener Speisewasservorwärmer *(m)*	C 244
geschlossener Tank *(m)*	C 251
geschlossene Zelle *(f)*	C 250
geschnittener Streifen *(m)*	C 904
geschottete Ummantelung *(f)*	P 462
geschraubte Aufsatzverbindung *(f)*	T 343
geschraubtes Aufsatzventil *(n)*	B 343
geschwächtes Rückwandecho *(n)*	R 176
geschweißter Anschluß *(m)*	W 219
geschweißter Endverschluß *(m)*	W 174
geschweißte Rohrverbindung *(f)*	W 186
geschweißtes Übergangsstück *(n)*	W 185
geschweißte und eingewalzte Rohrverbindung *(f)*	W 170
Geschwindigkeit *(f)* der Spaltströmung	G 14
Geschwindigkeitsfeld *(n)*, kinematisch zulässiges	K 9
Geschwindigkeitsgefälle *(n)*	S 404
Geschwindigkeitsgrenzschicht *(f)*	V 127
Geschwindigkeitsprofil *(n)*	V 131
Gesenkschmieden *(n)*	D 493
Gesenkschmiedestück *(n)*	D 493, S 1460
Gesetz *(n)* des Anwachsens von Ermüdungsrissen	F 75
gesintertes Schweißpulver *(n)*	B 368
Gespärre *(n)*	R 51
Gespärre *(n)*, verbundenes	B 414
gesperrtes Teil *(n)*	Q 49
gespiegelte Wirbelstraße *(f)*	M 312
Gestalt *(f)*	S 377
Gestaltänderungsenergiehypothese *(f)*	D 355, M 162
Gestaltänderungsenergiehypothese *(f)* nach von Mises	Y 3
Gestaltänderungsenergie *(f)* nach Tresca, zum Fließbeginn führende kritische	T 646
Gestaltsänderung *(f)*	D 73, D 354
Gestaltung *(f)*	D 135

Gestänge *(n)*	H 30
Gestell *(n)*	F 712
Gestellplatte *(f)*, **bewegliche**	F 652, M 377
Gestellplatte *(f)*, **feste**	H 85
gesteppte Isoliermatte *(f)*	Q 74
gesteuert *(V)*	P 195
gesteuertes Druckentlastungsventil *(n)*	P 196
gesteuertes Sicherheitsventil *(n)*	P 197
gesteuert gewalztes Blech *(n)*	C 610
gestreckte Länge *(f)*	D 192
gestreckte Rohrlänge *(f)*	L 131
gestreute Energie *(f)*	S 112
getaktetes System *(n)*	P 853
geteilter Ring *(m)*, **mehrfach**	S 250
geteilter Unterlegering *(m)*	S 851
geteilte Spannbacken *(f, pl)*	S 233
geteilte Strömung *(f)*	D 369, S 854 ▲
geteilte Strömung *(f)*, **doppelt**	D 415
getränkte Dichtung *(f)*	C 420
getrennte Strömungsabschnitte *(m, pl)*	S 392
Gewaltbruch *(m)*	F 66
gewalztes Blech *(n)*, **gesteuert**	C 610
Gewebeschicht *(f)*	B 425
gewellte aktive Balglänge *(f)*	E 54
gewelltes äußeres Schutzrohr *(n)*	C 716
gewendelter Wärme(aus)tauscher *(m)*	H 272
gewendelter Wärmeübertrager *(m)*	H 272
Gewerbeaufsicht *(f)*	T 541
Gewerbeaufsichtsamt *(n)*	F 27
Gewerbeordnung *(f)*	F 23, T 540 ▲
Gewicht *(n)*, **spezifisches**	M 120
gewichteter Mittelwert *(m)*	W 116
gewichtetes Mittel *(n)*	W 116
gewichtsbelastetes Sicherheitsventil *(n)*	D 286, W 120
Gewichtsprozent *(n)*	W 122
gewickelter Rohrwärmeaustauscher *(m)*	C 311, C 885
gewickeltes Rohr *(n)*	C 309
Gewinde *(n)*, **auslaufendes**	V 80
Gewinde *(n)*, **kegeliges**	T 42
Gewinde *(n)*, **konisches**	T 42
Gewinde *(n)*, **linksgängiges**	L 121
Gewinde *(n)*, **zylindrisches**	P 58, S 1152
Gewindeanker *(m)*	S 161
Gewindeanriß *(m)*	I 57
Gewindeanschluß *(m)*	T 345, T 353 ▲
Gewindeauslauf *(m)*	R 661, T 367
Gewindebohrung *(f)*	T 50
Gewindebolzen *(m)*	S 1317, T 342
Gewindebuchse *(f)*	T 344, T 356
Gewindebüchse *(f)*	Y 31
Gewindebügel *(m)*	C 237
Gewindedachstutzen *(m)*	S 152

▲ to denote different meanings / gibt unterschiedliche Bedeutungen an

Gewindedichtungsmittel

Gewindedichtungsmittel *(n)*	T 368
Gewindedruck *(m)*	T 415
Gewindeeingriff *(m)*	T 357
Gewindeeinsatz *(m)*	Y 31
Gewindeflanke *(f)*	F 347, T 359
Gewindeflansch *(m)*	S 144, T 348, F 301
Gewindeformstück *(n)*	S 148
Gewindefräsen *(n)*	T 362
Gewindefreistich *(m)*	T 367, T 370
Gewindegrundloch *(n)*	T 49
Gewindehöhe *(f)*	D 128
Gewindehülse *(f)*	S 134, T 344, T 356
Gewindekern *(m)*	B 394, R 591
Gewindelänge *(f)*	T 349
Gewindelehrdorn *(m)*	T 365
Gewindeloch *(n)*	T 50
Gewindeluft *(f)*	B 349
Gewindemuffe *(f)*	P 233, T 346
Gewindenippel *(m)*	S 146
Gewindeöse *(f)*	E 414
Gewindeprofil *(n)*	T 360
Gewindereduzierstück *(n)*	T 366
Gewindering *(m)*	T 354
Gewindeschneiden *(n)*	P 295, T 340 ▲
Gewindespiel *(n)*	B 349
Gewindespitze *(f)*	T 339
Gewindestange *(f)*	A 242, T 355
Gewindesteigung *(f)*	P 325, T 364
Gewindestopfen *(m)*	S 160, T 352
Gewindeteil *(m)*	S 151
Gewinde-Teilkreisdurchmesser *(m)*	P 321
Gewindetiefe *(f)*	D 128, T 341
Gewindeverbindung *(f)*, dichtgeschweißte	S 192
Gewindezapfen *(m)*	M 52
gewobbelte Verstärkung *(f)*	S 1470
gewölbter Abschnitt *(m)*	C 871
gewölbter Boden *(m)*	D 317, D 380, H 63
gewölbter und gekrempter Boden *(m)*	T 503
gewölbter Vollboden *(m)*	U 120, H 78
Geysireffekt *(m)*	G 136
gezogenes Rohr *(n)*, nahtlos	S 733
G-fin-Rohr *(n)*	G 137.1
GFK	G 157, G 232
Gießpreßschweißen *(n)*	P 664
Gießschmelzschweißen *(n)*	N 149
Gitter *(n)*	G 198, L 68 ▲
Gitterbalken *(m)*	L 72
Gitterrost *(m)*	G 205
Gitterstab *(m)*	G 199, L 69 ▲
Gitter-Stützkonstruktion *(f)*	G 204, L 71, S 1388 ▲
Gitterträger *(m)*	L 70
glasfaserverstärkter Kunststoff *(m)*	G 157, G 232

glatte Auflagerfläche *(f)*	S 667
glatte Dichtfläche *(f)*	F 388
Glattend-Rohr *(n)*	P 341
glatte Oberfläche *(f)*, hydraulisch	H 443
glatter Flansch *(m)*	F 389, F 772, F 279, F 278
glattes Ende *(n)*	P 339, S 911
glattes Rohr *(n)*	B 127, P 343
glattes Rohr *(n)*, hydraulisch	H 444
Glattrohr *(n)*	P 343
Glattrohr-Wärmeaustauscher *(m)*	B 128, H 132
Glattschleifen *(n)*	F 621
Gleich- und Gegenstrom *(m)*	C 288
gleichförmiger Flächenabtrag *(m)*	U 83
gleichförmige Wandtemperatur *(f)*	U 88, U 205
gleichförmig verteilte Poren *(f, pl)*	P 509
gleichförmig verteilte Porosität *(f)*	U 85
Gleichgewicht *(n)*, lokales thermodynamisches	L 350, L 461
Gleichgewicht *(n)*, ökologisches	E 17
Gleichgewicht *(n)*, thermisches	T 275
Gleichgewicht *(n)* der Spannungen	E 245
gleichgewichtige Zweiphasenströmung *(f)*	E 247
Gleichgewichtsdestillation *(f)*	F 369
Gleichgewichtsdiagramm *(n)*	P 168
Gleichgewichts-Partialdruck *(m)*	E 246
Gleichgewichtsströmung *(f)*	E 244
Gleichgewichtszustand *(m)*	S 1003
Gleichgewichts-Zweiphasenströmung *(f)*	E 247
Gleichkorn(kugel)schüttung *(f)*	P 23
Gleichmaßabtrag *(m)*	W 34
Gleichmaßdehnung *(f)*	E 152, P 132, S 1164
gleichmäßiger Wärmefluß *(m)*	U 7, U 84
gleichmäßiges Kristallgefüge *(n)*	H 366
gleichprozentige Durchflußkennlinie *(f)*	E 239
gleichschenklige Kehlnaht *(f)*	E 238
Gleichsetzung *(f)* der Spannungen	E 236
Gleichstrom *(m)*	C 289, C 303, P 47
Gleichstromwärme(aus)tauscher *(m)*	P 48
Gleichstromwärmeübertrager *(m)*	P 48
gleichverteilter Lückengrad *(m)* in Kugelschüttungen	U 87
Gleichzeitigkeitsfaktor *(m)*	C 315
Gleit- und Widerstandsverschiebungen *(f, pl)*	L 167
Gleitanker *(m)*	D 272, S 625
Gleitbänder *(n, pl)*, verformungsbedingte	P 163
Gleitblech *(n)*	M 209, S 469
Gleitblech *(n)*, stählernes	S 1084
Gleitblechdichtung *(f)*	M 210
Gleitbruch *(m)*	S 395
Gleitbruch *(m)* über Hohlraumbildung	M 278
Gleitdruckentgaser *(m)*	V 113
Gleitdruckentgasung *(f)*	V 112
Gleitebene *(f)*	S 645
Gleiterscheinung *(f)*	S 636

▲ to denote different meanings / gibt unterschiedliche Bedeutungen an

gleitfeste Verbindung

gleitfeste Verbindung *(f)*	F 755
Gleitfestpunkt *(m)*	D 272, D 273 ▲
Gleitfuge *(f)*	S 639
Gleitlager *(n)*	S 629
Gleitlager *(n)*, zwangsgeführtes	P 218
Gleitmodul *(m)*	M 349, R 484, S 403
Gleitmuffe *(f)*	S 627
Gleitplatte *(f)*	S 624
Gleitreibung *(f)*	S 626
Gleitrichtung *(f)*	S 635
Gleitringdichtung *(f)*	M 208
Gleitrohrdehnungsausgleicher *(m)*	S 647, E 362
Gleitrohrkompensator *(m)*	S 647, E 362
Gleitschelle *(f)*	S 1191
Gleitschiene *(f)*	B 531
Gleitschuh *(m)*	G 245
Gleitsicherheit *(f)*	S 646
Gleitspindel *(f)*	S 628
Gleitströmung *(f)*	I 321
Gliederpumpe *(f)*	S 242
Glockenboden *(m)*	B 474, B 491
Glockengasbehälter *(m)*	F 434
Glühbehandlung *(f)*	A 322, H 257
Glühdiagramm *(n)*	A 325, H 259
Glühen *(n)*	A 322
Glühgas *(n)*	A 327
Glühofen *(m)*	A 326, H 260
Glühprotokoll *(n)*	A 328, H 261
Glühstreifen *(m)*	A 323, H 258
Glühzeit *(f)*	A 329
G-Mantel *(m)*	G 234, S 424
Grabenauffüllung *(f)*	B 7, T 640
grabenlose Rohrleitungssanierung *(f)*	N 66
Grabensohle *(f)*	T 642
Grabenverdichter *(m)*	T 641, B 8
Graben-Verfüll(ungs)seite *(f)*	B 11
Gradationskurve *(f)*	H 21, C 138, D 372
Grädigkeit *(f)*	A 377, M 291, P 206, T 172, T 690 ▲
Grädigkeit *(f)* der Kondensatunterkühlung	D 476
Graesser-Kontaktor *(m)*	G 169
Graetz-Zahl *(f)*	G 170
Graphit-Brechscheibe *(f)*	G 186
graphitmoderierter Reaktor *(m)*	G 185
Grashof-Zahl *(f)*	G 188
Grat *(m)*	F 364, F 365 ▲
Gravitationskonstante *(f)*	G 190
Gravitationsströmung *(f)*	G 192
Gravitations-Wärmeaustauscher *(m)*	G 194
Grenzabmaß *(n)*	L 198, M 173 ▲
Grenzbelastung *(f)*	C 835
Grenzdehnungslast *(f)*	S 1182
Grenze *(f)*	L 196

Grenze (f) des Arbeitsbereichs	O 67
Grenzenergie (f)	U 12
Grenzfläche (f)	I 300
Grenzflächenenergie (f)	I 302
Grenzflächenpressung (f)	I 303
Grenzflächenschichtwellen (f, pl)	B 404
Grenzflächenspannung (f)	I 307
Grenzfrequenz (f)	C 905
Grenzlast (f)	C 340, L 204, M 165
Grenzlast (f), obere	U 159, C 343
Grenzlast (f), untere	L 425, C 341
Grenzlastfaktor (m)	U 14
Grenzlastspielzahl (f)	L 205, U 15
Grenzlehrdorn (m)	T 472
Grenzmaß (n)	L 202, T 470 ▲
Grenzmaß (n), unteres	M 301
Grenzschicht (f)	B 399
Grenzschicht (f), laminare	L 23
Grenzschichtdicke (f)	B 403
Grenzschichten (f, pl), turbulente	T 804
Grenzschichtströmung (f)	B 400
Grenzschichtströmung (f), laminare	L 24
Grenzschichttheorie (f)	B 402
Grenzschichtwirbelströmung (f)	B 401
Grenztragfähigkeitsanalyse (f)	L 197
Grenzwert (m)	L 196, L 203, T 380 ▲
Grenzwert (m) der Rißfortpflanzung	L 208
Grobätzung (f)	M 4
Grobbearbeitung (f)	R 622
Grobblech (n)	P 409
grober Schlackeneinschluß (m)	C 281
Grobevakuieren (n)	R 621
Grobgefüge (n)	M 9
Grobgefügeuntersuchung (f)	M 5
Grobgewinde (n)	C 279, U 47 ▲
Grobgewindereihe (f)	C 282
Grobkorn (n)	C 275
Grobkornbildung (f)	G 177
Grobkorndessinierung (f)	C 277
Grobkornzone (f)	C 276
grobkristallin (Adj.)	C 278
Grobstruktur (f)	M 9
Grobverschmutzung (f)	M 6
Größe (f)	Q 47
große Grundfläche (f) des Kegels	L 46
großtechnischer Maßstab (m)	C 389
großtechnischer Versuch (m)	C 390
größter anzunehmender Unfall (m)	M 161, M 176
größtmöglicher Federweg (m) einer Ventilfeder	N 106
Größtspiel (n)	M 160
Größtübermaß (n)	M 164
Größtwert (m)	M 175

▲ to denote different meanings / gibt unterschiedliche Bedeutungen an

Großwasserraumkessel *(m)*	S 431
Grübchen *(n)*	D 262, P 313, P 315 ▲
Grübchenbildung *(f)*	P 326
Grube *(f)*	P 313
Grund *(m)*	R 573
Grundausführung *(f)*	B 147
Grundfläche *(f)* des Kegels, große	L 46
Grundfläche *(f)* des Kegels, kleine	S 662
Grundfrequenz *(f)*	F 798
Grundlagenforschung *(f)*	B 154
Grundplatte *(f)*	B 131, B 138
Grundrohr *(n)*	H 83
Grundrohrwand *(f)*	R 666
Grundschwingung *(f)* durch Oberflächeneffekte der Flüssigkeit	F 799
Grundstellung *(f)*	O 97
Grundton *(m)*	F 800
Gründung *(f)*	F 685
Gründungspfeiler *(m)*	F 692
Grundwerkstoff *(m)*	B 136, P 59
Gruppenstrahler *(m)*, phasengesteuerter	P 167
Gruppenstrahlerprüfkopf *(m)*	P 167
G-Typ-Rippenrohr *(n)*	G 137.1
GUK	G 89, G 197
Gummidichtung *(f)*	E 93, R 648 ▲
gummierter Behälter *(m)*	R 646
Gummierung *(f)*	R 647
Gummischürze *(f)*	R 364, S 173
Gurt *(m)*	F 276
Gurtplatte *(f)*	F 336
Gurtstoß *(m)*	F 340
Gurtung *(f)*	F 276
Gußblase *(f)*	B 297
Gußeisen *(n)*	C 54
Gußeisen *(n)*, schmiedbares	M 55
Gußeisen *(n)*, sphärolitisches	C 55, C 60, N 67
Gußeisen *(n)* mit Kugelgraphit	C 55, C 59, C 60, N 67
Gußeisen *(n)* mit Lamellengraphit	C 56, C 57, C 58, G 195, L 18
Guß-Gütefaktor *(m)*	C 51
Gußquerschnittsgröße *(f)*	A 440
Gußstahl *(m)*	C 61
Gußstück *(n)*	C 48
Gußstück *(n)*, ruhend vergossenes	S 1015
Gußstücke *(n, pl)* aus der laufenden Produktion	P 750
Gußteil *(n)*	C 48
Gußverfahren *(n)*	C 49
Gütefaktor *(m)*	Q 30
Gütegrad *(m)*	Q 32
Güteklasse *(f)*	Q 23
Gütestufe *(f)*	Q 32
Gütestufen-Einteilung *(f)*	Q 33
Gut-/Schlecht-Klassen *(f, pl)*	A 49

GVP-Verbindung *(f)*	F 756
GV-Verbindung *(f)*	F 754
GWK	S 431

H

Haarnadelrohr *(n)*	H 2
Haarnadel-Wärmeaustauscher *(m)*	H 3, H 146
Haarnadel-Wärmeübertrager *(m)*	H 3, H 146
Haarriß *(m)*	C 33, H 1
Haftaufweitung *(f)*	E 342, F 224
Haftfehler *(m)*	L 2, L 3 ▲
Haftfestigkeit *(f)*	A 154, B 374 ▲
Haftreibung *(f)*	S 1016, S 1105 ▲
Haftung *(f)*	A 152
Haftvermögen *(n)*	A 154, A 155
Haftwahrscheinlichkeit *(f)*	S 1270
Hahn *(m)*	C 287
Hahn *(m)*, konischer	P 440
Hahn *(m)*, nicht schmierbarer	N 139
Hahn *(m)*, schmierbarer	L 464
Hahnschlüssel *(m)*	W 410
Hahnventil *(n)*	P 448
Hahnventil *(n)* mit zylindrischem Küken	C 927, P 55
Hakenriß *(m)*	H 373
halbberuhigter Stahl *(m)*	S 296
halbdurchlässige Membran *(f)*	S 299
halbe Tulpennaht *(f)*	D 407, W 128
halbe Y-Naht *(f)*	W 135
Halbfabrikat *(n)*	S 294
Halbfertigteil *(n)*	S 297
Halbfreiluftbauweise *(f)*	S 298
Halbkugelboden *(m)*	H 286, H 68
halbkugelförmiger Kopf *(m)*	H 287
Halbrohr-Heizkanal *(m)*	H 9
Halbrohrschlange *(f)*	H 8
Halbrundkopf *(m)*	R 633
Halbschale *(f)*	H 10
halbtechnische Versuchsanlage *(f)*	S 295
Halbwertsdicke *(f)*	H 11
Halbzeug *(n)*	S 294, W 417 ▲
Halogenanzeigegerät *(n)*	H 12
Halogen-Dichtheitsprüfung *(f)*	H 13
Halogendiodendetektorprüfung *(f)*	H 15
Halogenlecksucher *(m)*	H 12
Halogenlecksuchgerät *(n)*	H 12
Halogen-Lecktest *(m)*	H 13
Halogen-Schnüffeltest *(m)*	H 16
Hals *(m)*	N 20
Halsrohr *(n)*	T 320
Halteblech *(n)*	R 423
Haltebügel *(m)*	F 269, R 418
Haltedruckhöhe *(f)*	N 46, N 215, R 424
Haltedruckhöhe *(f)*, erforderliche	N 48, N 217
Haltedruckhöhe *(f)*, verfügbare	N 47, N 216
Haltefestigkeit *(f)*	A 155

Halteflansch *(m)*	S 1386
Halteklammer *(f)*	F 270
Haltepunkt *(m)*	H 350
Haltepunkt *(m)*, senkrecht zur Rohrachse gleitender	P 347, S 560
Haltepunkt *(m)*, vorgeschriebener	M 58
Halter *(m)*	R 419
Haltering *(m)*	S 1393
Halterohr *(n)*	S 1038
Halterung *(f)*	S 1380
Halterungen *(f, pl)*	R 408
Halterungsnocken *(m)*	C 220
Halteschraube *(f)*	F 64, F 271, L 361, R 425
Haltestange *(f)*	T 428
Haltestift *(m)*	L 359
Haltestreifen *(m)*	R 426
Haltevorrichtung *(f)*	H 347, R 669
Haltevorrichtung *(f)*, überwurfmutterartige	U 93
Haltezeit *(f)*	H 349, T 443
hammergeschweißt *(V)*, stumpf	B 561
Hämmern *(n)*	H 18, P 102
Hammerschweißen *(n)*	F 665
Hammond-Schwimmdachabdichtung *(f)*	H 19, T 763
Hampson-Wickelrohr-Wärmeaustauscher *(m)*	H 20
Handantrieb *(m)*	H 26, M 82 ▲
handaufgelegtes Pressen *(n)*	H 23
handaufgelegte Verbindung *(f)*	H 22, L 16
Handbedienung *(f)*	M 80
Handbetätigung *(f)*	M 80
Handbetrieb *(m)*	M 80
Handbuch *(n)*	I 228
Handelsgüte *(f)*	C 388
Handleiste *(f)*	T 492
Handmetallichtbogenschweißen *(n)*	M 83
Handprüfung *(f)*	M 85
Handrad *(n)*	H 25
Handradhalter *(m)*	H 27
Handsteuerung *(f)*	M 81
hängendes Rollenlager *(n)*	R 556
Hänger *(m)*	C 543, H 32 ▲
Hänger *(m, pl)*	S 1389
Hänger *(m)*, starrer	R 482
Hängerstellung *(f)*	H 34
Hängestange *(f)*	H 30, S 1453 ▲
Hängevorrichtung *(f)*	H 28
Hängewerk *(n)*	H 35
Hartauftragsschicht *(f)*	H 38
Hartauftragsschweißen *(n)*	H 39, H 47
Hartauftragsschweißung *(f)*	H 40
Härte *(f)*, übermäßige	H 48
Härtegrad *(m)*	T 85
Härten *(n)*, gebrochenes	I 362
Härtenetzmessung *(f)*	H 43

▲ to denote different meanings / gibt unterschiedliche Bedeutungen an

Härteprüfung *(f)*	H 42
harte Stellen *(f, pl)* im Guß	C 168, I 330
Härtestufe *(f)*	T 85
Härtetiefe *(f)*	D 123
Härteverlauf *(m)*	H 43
hartgepanzertes Ventil *(n)*	S 1087
Hartlöten *(n)*	B 439
Hartlötplattierungsblech *(n)*	C 199
Hartrissigkeit *(f)*	H 49
Hartstahl *(m)*	H 300
Harz-Lining-Verfahren *(n)*	R 368
Haube *(f)*	B 376, D 378 ▲
Haube *(f)*, eingängige	S 549
Haube *(f)*, zweigängige	T 829
Haubenboden *(m)*, fester	B 384
Haubenflansch *(m)*	C 131
haubenförmiger rückwärtiger Boden *(m)*	B 383
Haubenleckprüfung *(f)*	C 118, H 371
Haubenlecksuchverfahren *(n)*	C 118, H 371
Haubenmantel *(m)*	C 137
Haubenmutter *(f)*	B 380
Haubenschraube *(f)*	B 382
Haubenstutzen *(m)*	C 134
Hauptablaßventil *(n)*	M 128
Hauptabmessung *(f)*	O 148
Hauptdruckstab *(m)*	M 23, C 441
Hauptfehler *(m)*	M 32
Hauptfestpunkt *(m)*	M 21
Hauptkennzeichnung *(f)*	M 133
Hauptkühlkreis *(m)*	P 682
Hauptleitung *(f)*, erdverlegte	B 534
Hauptleitungsventil *(n)*	R 75
Hauptmasse *(f)*	B 517
Hauptmenge *(f)*	B 517
Hauptpumpe *(f)*	P 685
Hauptregelgröße *(f)*	B 146, F 210 ▲
Hauptringsteife *(f)*	P 689
Hauptrohr *(n)*	P 275, P 308, R 659
Hauptrohrleitung *(f)*	P 260
Hauptschweißnaht *(f)*	P 691
Hauptspannung *(f)*	P 694
Hauptventil *(n)*	M 134
Hauptzeichnung *(f)*	G 123
Hausanschlußverbindung *(f)*, sattelartige	S 6
HD-Kugelgasbehälter *(m)*	H 312
HD-Wärmeübertrager *(m)*	H 311
Heavy Entrainment *(n)*	H 265, E 221
Hebelarm *(m)*	L 150, M 366 ▲
Hebelarm *(m)* der Dichtung	G 55
hebelbetätigter Schieber *(m)*	L 153
hebelbetätigtes Wegeventil *(n)*	L 154
Hebelkugelschwimmer *(m)*	B 107

▲ to denote different meanings / gibt unterschiedliche Bedeutungen an

Hebelrückführung *(f)*, Servoventil mit	L 152
hebel- und gewichtsbelastetes Sicherheitsventil *(n)*	L 151
Hebelventil *(n)*	L 155
Hebelwirkung *(f)*	P 812
Hebeöse *(f)*	E 414, L 173 ▲
Hebepoller *(m)*	L 176
Hebepumpe *(f)*	L 174
Hebeschraube *(f)*	J 8
Heften *(n)*	T 6
heftiges Sieden *(n)*	V 188
heftige Verdampfung *(f)*	V 188
Heftnaht *(f)*	T 4
Heftschraube *(f)*	T 133
Heftschweiße *(f)*	T 4
Heftschweißen *(n)*	T 6
Heftstelle *(f)*	T 2
Heftstellenfehler *(m)*	T 5, T 505 ▲
Heftstück *(n)*	B 457
heißisostatisches Pressen *(n)*	H 395
Heißkondensatsammler *(m)*	H 413
Heißlötstelle *(f)*	H 396
Heißrißanfälligkeit *(f)*	H 401
Heißrißbildung *(f)* durch den Abfall der Verformbarkeit	D 560
Heißtechnikum *(n)*	H 411
Heißwasserbehälter *(m)*	C 499
Heizdampf *(m)*	C 504, H 193 ▲
Heizdampfsättigungstemperatur *(f)*	C 505
Heizelement-Muffenschweißen *(n)*	S 616
Heizelement-Muffenschweißverbindung *(f)*	S 694
Heizelementschweißen *(n)*	H 126, H 412
Heizelementstumpfschweißverbindung *(f)*	B 558
Heizelementwärmeimpulsschweißen *(n)*	I 51
Heizelement-Wärmekontaktschweißen *(n)*	H 222
Heizfläche *(f)*	H 194
Heizfläche *(f)*, rotierende	R 615
Heizfläche *(f)*, vorgeschaltete	U 181
Heizfläche *(f)*, wärmetauschende	H 177
Heizflächenbelastung *(f)*, kritische	C 833, D 374
Heizflächen-Rotation *(f)*	H 244, R 619
Heizkeilschweißen *(n)*	H 127
Heizmantel *(m)*	H 191
Heizschlange *(f)*	H 190
Heizstift *(m)*	H 192
Heizwert *(m)*	C 23
Heliarc-Verfahren *(n)*	H 270, I 92
Helissenrohr *(n)*	H 277
Helissenrohrbündel *(n)*	H 280
Heliumbombenprüfung *(f)*	H 282
Heliummassenspektrometer *(n)*	H 283
Helix-Bündel *(n)*	H 280
Helmholtz-Resonator *(m)*	H 285
Hemd *(n)*	M 254, S 491 ▲

▲ to denote different meanings / gibt unterschiedliche Bedeutungen an

herkömmliche Technik

herkömmliche Technik *(f)*	C 626
Hersteller *(m)*	M 87
Hersteller-Baubericht *(m)*	M 89
Herstellerschild *(n)*	M 88
Herstellerüberwachung *(f)*	S 781
Herstellung *(f)*	F 1, M 86
Herstellung *(f)* des Anfangsquerschnitts	I 111
Herstellungskontrolle *(f)*	M 93
Herstellungsverfahren *(n)*	M 92
Herstellungszustand *(m)*	A 447
Herunterfahren *(n)*	L 323
Hervorstehen *(n)*	O 20
Herzschnitt *(m)*	H 97
Hilfsbetrieb *(m)*, Rohrleitung für den	A 511
hilfsgesteuert *(V)*	P 195
hilfsgesteuertes Sicherheitsventil *(n)*	P 197
Hilfsprobe *(f)*	A 512
Hilfsprüfkörper *(m)*	A 512
Hilfsschweißnaht *(f)*	T 135
Hilfsschweißungen *(f, pl)*	T 136
Hilfs- und Nebenanlagen *(f, pl)*, außerhalb des Baufeldes befindliche	O 26
Hilfsventil *(n)*	A 513, S 332 ▲
hinter	D 439
Hinterdrehung *(f)*	U 53
Hinterdrehung *(f)* des Kehlhalbmessers	F 173, R 296
Hinterdruck *(m)*	O 124
hintereinandergeschaltete Rohrdurchgänge *(m, pl)*	S 1352, T 749
hinterer Boden *(m)*	R 122
Hinterfolie *(f)*	B 54
Hinterfolie *(f)* aus Blei	B 43
Hinterfräsen *(n)*	R 305, S 867 ▲
Hinterfüllung *(f)*, nicht unterstopfte	U 137
Hintergrundgeräusch *(n)*	B 20
Hinterschleifen *(n)*	R 302
Hin- und Herbiegeversuch *(m)*	R 444
Hinweisschild *(n)*	I 229
HIP-Technik *(f)*	H 395
Hitze *(f)*	H 98
Hitzebeständigkeit *(f)*	H 329
Hitzeschild *(m)*	T 119
H-Mantel *(m)*	H 425, S 425
hochbeanspruchtes Bauteil *(n)*	C 828
Hochdruck *(m)*	H 310, H 418
Hochdruck-Wärme(aus)tauscher *(m)*	H 311
Hochdruck-Wärmeübertrager *(m)*	H 311
hochfester Stahl *(m)*	H 332, H 422, T 148
hochfester Werkstoff *(m)*	H 318
hochfeste Schraube *(f)*	H 314
hochfeste Schraubverbindung *(f)*	F 750
hochfeste Verschraubung *(f)*	H 315
Hochgeschwindigkeits-Flammspritzen *(n)*	H 333

Hochlage *(f)*	S 419, U 160
hochlegierter Stahl *(m)*	H 299
hochremanenter Werkstoff *(m)*	R 430
Höchstdruck-Rohrfittings *(n, pl)*	U 35
höchster Arbeitsdruck *(m)*	M 166
höchster Betriebsdruck *(m)* des Arbeitsmittels	M 172
Höchstlast *(f)*	L 204, M 165
Höchstwert *(m)*	L 203, M 175
hochtemperaturbeständig *(Adj.)*	H 328
Hochtemperaturflüssigkeit *(f)*	H 322
Hochtemperaturkorrosion *(f)*	H 321
Hochtemperaturreaktor *(m)*	H 326, H 421
Hochtemperaturreaktor *(m)*, gasgekühlter	H 323, H 420
Hochvakuum *(n)*	F 789
Hochvakuumdestillation *(f)*	V 8
Hochwasser-Entlüftungsfitting *(n)*	A 350
Höfe *(m, pl)*	H 14
Höhe *(f)* der Bodenwölbung	D 121
Höhe *(f)* des zylindrischen Bords	L 130, S 604
Höhe *(f)* einer Übertragungseinheit	H 268, H 424
Höhe *(f)* eines einzelnen theoretischen Bodens	H 291
hohe Lastwechsel *(m, pl)*	H 302
höherfester Werkstoff *(m)*	H 303
hoher Spannungs-Lastspielbereich *(m)*	H 320
Hohlbohren *(n)*	T 645
hohle Wurzeloberfläche *(f)*	S 1354
Hohlkehlnaht *(f)*	C 464
Hohlkehlnaht *(f)*, ungleichschenklige	C 465
Hohlprofil *(n)*	S 1297
Hohlraum *(m)*	C 78, V 204 ▲
Hohlraumbildung *(f)*	C 73, R 102 ▲
Hohlräume *(m, pl)*	C 77, M 279 ▲
Hohlräume *(m, pl)* an den Korngrenzen	G 175
Hohlräume *(m, pl)* der Schüttung	V 211
Hohlraumresonator *(m)*	R 391
Hold-up *(m)*	H 351
Holographie *(f)*	H 364
Holographie *(f)*, akustische	A 95
Holzfaserbruch *(m)*	F 145
homogene Keimbildung *(f)*	H 368
homogene Platte *(f)*, äquivalent	E 251
Homogenitätsprüfung *(f)*	H 365
Hookesches Gesetz *(n)*	H 374
Horizontalbeiwert *(m)* der Erdbebenersatzlast	L 60
horizontales Rohr *(n)* mit quadratischen bzw. rechteckigen Rippen	C 169
Horton-Sphäroid *(n)*	H 312, H 379
Hosenrohr *(n)*	B 265, Y 39
Hosenrohrstück *(n)* mit aufgeschweißter Warze	B 390
Hosenstück *(n)*	Y 40
Hosenstutzen *(m)*	Y 1
Hot-staking-Verfahren *(n)*	H 407

▲ to denote different meanings / gibt unterschiedliche Bedeutungen an

Hot Tapping

Hot Tapping *(n)*	H 408
Hotwell *(m)*	C 499, H 413
H-Profil *(n)*	U 107, U 108, U 112 ▲
H-Profil *(n)* **mit geneigten inneren Flanschflächen**	T 36
h,t-Diagramm *(n)*	E 215
Hub *(m)*	L 166, T 628, T 631, T 634 ▲
Hubbegrenzung *(f)*	L 181, V 49
Hub *(m)* **beim Zusammendrücken der Feder, voller**	F 776
Hub *(m)* **des Daches**	R 572
Hubkolben *(m)*	G 240, P 309
Hubluft *(f)*	U 182
Hubschütz *(n)*	P 127
Hubventil *(n)*	L 183
Hubzündung *(f)*, **Lichtbogenbolzenschweißen mit**	D 481
Huckepack-Anordnung *(f)*	P 187
Hufeisenwirbel *(m)*	H 378
Hüllblechlagen *(f, pl)*	O 180
Hüllentest *(m)*	C 118, H 371
Hüllkurve *(f)*	E 231
Hülse *(f)*	S 610
HU-Naht *(f)*	S 544, W 132
H- und D-Kurve *(f)*	C 138, H 21, D 372
HVC-Verfahren *(n)*	H 333
HVG-Dehnschraube *(f)*	H 317
HVG-Schraube *(f)*	H 316
HV-Naht *(f)*	S 534, W 131
HV-Schraube *(f)*	H 314
HV-Verbindung *(f)*	F 750
HV-Verbindungsteile *(n, pl)*	H 319
Hybrid-Wärmeaustauscher *(m)*	H 440
hydraulische Instabilität *(f)*	H 448
hydraulische Kupplung *(f)*	F 573
hydraulischer Durchmesser *(m)*	H 445
hydraulische Rohrausziehvorrichtung *(f)*	H 454
hydraulischer Stoß *(m)*	H 450, L 238, W 49
hydraulisches Aufweiten *(n)*	H 446
hydraulische Schwingungsbremse *(f)*	H 451
hydraulische Stoßbremse *(f)*	H 451
hydraulisches Umformverfahren *(n)*	H 447
hydraulisch glatte Oberfläche *(f)*	H 443
hydraulisch glattes Rohr *(n)*	H 444
hydraulisch rauhe Oberfläche *(f)*	H 441
hydraulisch rauhes Rohr *(n)*	H 442
hydrodynamische Dämpfung *(f)*	H 458
hydrodynamische Instabilität *(f)*	H 456
hydrodynamische Kopplung *(f)*	H 457
hydrodynamische Kraft *(f)*	H 459
hydrodynamischer Druck *(m)*	H 461
hydrodynamischer Masseneffekt *(m)*	H 460
hydrostatische Berechnungsspannung *(f)*	H 57, H 465
hydrostatische Druckhöhe *(f)*	H 470
hydrostatischer Druck *(m)*	B 527, H 469

▲ to denote different meanings / gibt unterschiedliche Bedeutungen an

hydrostatischer Spannungszustand *(m)*	H 472
Hydroventil *(n)*	H 455
HY-Naht *(f)*	S 535
hypereutektoider Stahl *(m)*	H 474
Hypothese *(f)* **der größten Dehnung/Gleitung**	M 170
Hypothese *(f)* **der größten Formänderungsarbeit**	M 169
Hypothese *(f)* **der größten Gestaltänderungsarbeit**	D 355, M 162
Hypothese *(f)* **der größten Normalspannung**	M 171
Hypothese *(f)* **der größten Schubspannung**	M 168
Hypothese *(f)* **des elastischen Grenzzustandes**	I 336, F 753
Hystereseschleife *(f)*	H 476

▲ to denote different meanings / gibt unterschiedliche Bedeutungen an

I

ideal durchmischter Reaktor *(m)*	W 328
ideale Kolbenströmung *(f)*	I 5, P 134
ideales Gas *(n)*	I 4
identische Ausführung *(f)*	R 340
I-fin-Rohr *(n)*	I 12
IK-beständige Elektrode *(f)*	W 163
IK-Beständigkeit *(f)*	I 313, R 384
IKK	I 13, I 294, I 312
IK-Probe *(f)*	I 297
IK-Prüfung *(f)*	I 295, T 189
Impedanz *(f)*, akustische	A 97
Impuls *(m)*	P 834
Impulsabstimmung *(f)*	P 858
Impulsaustauschgröße *(f)*, turbulente	E 29
Impulsbeiwert *(m)*	C 296
Impulsdauer *(f)*	P 859
Impuls-Echo-Gerät *(n)* für Senkrechteinschallung	P 845
Impuls-Echo-Verfahren *(n)*	P 844
Impuls-Echo-Verfahren *(n)* mit impulsförmigen Longitudinalwellen in Kontakttechnik	L 396
Impulseinhüllende *(f)* des gleichgerichteten Signals	R 168
Impulsfolge *(f)*	P 854
Impulsfolgefrequenz *(f)*	F 735, P 850
Impuls-Folgefrequenzverfahren *(n)*	S 531
Impulsfolgerate *(f)*	F 735, P 850
Impulsgeber *(m)*	P 848
Impulslänge *(f)*	P 849
Impulslaufzeit *(f)*	P 855
Impuls-Laufzeit-Verfahren *(n)*	P 856
Impulslichtbogen *(m)*	P 835
Impuls-Lichtbogenschweißen *(n)*	P 840
Impulsrate *(f)*	A 85
Impuls-Resonanz-Verfahren *(n)*	P 851
Impulsschweißen *(n)*	P 843
Impulssignal *(n)*	P 852
Impulsstärke *(f)*	P 846
Impulsstromdichte *(f)*	M 371
Impulssumme *(f)*	A 84, R 498
Impulsverlustdicke *(f)*	M 370
I-Naht *(f)*	S 915, W 136
Inbetriebnahme *(f)*, erste	I 114, C 392
Inbetriebnahme *(f)*, erstmalige	C 392, I 114
indirekter Wärmeaustauscher *(m)*, flüssigkeitsgekoppelter	H 150
indirekte Wirkungsgrad-Bestimmung *(f)* anhand der Wärmeverluste	H 204
Induktionsgerät *(n)*	I 84
Induktionshärten *(n)*	I 82
Induktionswärmebehandlung *(f)*, Spannungsverbesserung durch	I 15, I 83
Inelastizität *(f)*	I 87

▲ to denote different meanings / gibt unterschiedliche Bedeutungen an

Inertgas *(n)*	I 89, S 455
Inertisierung *(f)*	I 91
inkompressible Strömung *(f)*	I 68
Inkreis *(m)*	I 147
innen verripptes Rohr *(n)*	I 340
Innenausdrehen *(n)*	I 158
Innenausrüstung *(f)*	I 333
innenberipptes Rohr *(n)*	R 471, R 477
innenberipptes Verdampferrohr *(n)*	R 476
Innenbesichtigung *(f)*	I 339
Innendruck *(m)*	I 344, P 576
Innendruck *(m)*, schwellender	C 918
innendruckbeanspruchter Behälter *(m)*	V 175
Innendruckbeanspruchung *(f)*, ruhende	S 1020
Innendruck *(m)* im Beharrungszustand	S 1041
Innendruckkraft *(f)*	H 466
Innendurchmesser *(m)*	I 157
Innendurchmesserdrehen *(n)*	I 158
Inneneinbauten *(m, pl)*	I 350
Innenfaser *(f)*	I 139
Innengarnitur *(f)*	T 656
Innengehäuse *(n)*	L 235
innengerilltes Rohr *(n)*	R 471, R 477
Innengewinde *(n)*	F 137, I 351
Innenkanten *(n)*	U 187
innenliegende Dichtung *(f)*	I 1, I 155
innenliegender Flansch *(m)*	R 450, F 297
innenliegende Schwimmdecke *(f)*	F 443
Innenlochschweißen *(n)*	I 2, I 329
Innenrohr *(n)*	I 352
Innenrohrschweißvorrichtung *(f)*	I 3, I 52
Innensechskant *(m)*	H 297
Innenstern *(m)*	S 991
Innenumriß *(m)*	I 156
Innenwulst *(m)*	I 353
innere Dämpfung *(f)*	I 332
innere Neutralisation *(f)*	I 342
innere Wärmequelle *(f)*	I 338
innerer Krempenradius *(m)*	C 678, I 331
innerer Kugelschalenradius *(m)* eines Klöpperbodens	R 48
innerer Rückfluß *(m)*	I 346
innerer Überstand *(m)*	I 345
innere Schottung *(f)*	I 343
inneres Leitrohr *(n)*	I 337, G 247
inneres Rückführrohr *(n)*	P 190
innere Stützhülse *(f)*	T 792
Inselbetrieb *(m)*	I 393
Insertions-Molch *(m)*	P 199, P 261
In-Situ-Lining-Verfahren *(n)*	I 165
Inspektionstür *(f)*	I 179
Inspektor *(m)*	I 213
instabiler Bruch *(m)*	U 136

▲ to denote different meanings / gibt unterschiedliche Bedeutungen an

instabiler Dampffilm *(m)*	D 100
instabile Rißausbreitung *(f)*	U 134
instabile Rißausbreitung *(f)*, plötzlich	P 495
instabiles Filmsieden *(n)*	T 553, T 563
instabiles Rißwachstum *(n)*	U 133
instabile Strömung *(f)*	U 135, U 140
Instabilität *(f)*	I 215
Instabilität *(f)*, fluiddämpfungskontrollierte	F 575
Instabilität *(f)*, fluidelastische	F 588
Instabilität *(f)*, fluidelastische steifigkeitskontrollierte	F 590
Instabilität *(f)*, hydraulische	H 448
Instabilität *(f)*, hydrodynamische	H 456
Instabilität *(f)*, kurzzeitige	P 495
Instabilität *(f)*, lokale	I 140
Instabilität *(f)* mit Rißstoppen	P 495
Instabilitätslast *(f)*, plastische	P 395
Installation *(f)*	I 216
Installationsarbeiten *(f, pl)*	I 222
Installationsmaterial *(n)*	I 220
Installationsplan *(m)*	I 217
installierte Leistung *(f)*	I 223
Instandhaltung *(f)*	M 26
Instandhaltungsarbeiten *(f, pl)*	M 30
Instandhaltungsdauer *(f)*	A 114
Instandsetzungsdauer *(f)*	A 115
instationärer Betriebszustand *(m)*	T 557
instationäre Strömung *(f)*	U 140, U 135, T 555
instationäre Wärmeleitung *(f)*	U 139, T 556, H 114
Instrument *(n)*	I 231
Instrumentenleitungen *(f, pl)*	I 243
instrumentierter Charpy-Kerbschlagbiegeversuch *(m)*	I 238
instrumentierter Charpy-Kerbschlagbiegeversuch *(m)* an angerissenen Proben	I 239
instrumentierter Charpy-Kerbschlagbiegeversuch *(m)* an angerissenen Proben, langsamer	I 240
Instrumentierung *(f)*	I 232
integral verstärkter Stutzen *(m)*	S 277
Intensivierung *(f)* des Wärmeübergangs	H 239
interessierender Bereich *(m)*	A 418
Interferenz *(f)*	W 72
Interferenzgalloping *(n)*	I 309
Interferenzparameter *(m)* für Strömungen	V 197
interkristalline Korrosion *(f)*	I 13, I 294, I 312
interkristalline Korrosion *(f)*, Beständigkeit gegen	I 313
interkristalliner Bruch *(m)*, spröder	B 264, B 466
interkristalline Rißbildung *(f)*	I 298
interkristalliner Riß *(m)*	I 314
interkristalline Spannungskorrosionsrißbildung *(f)*	I 14, I 315
interkristalline Spannungsrißkorrosion *(f)*	C 72
interne Schrumpfungen *(f, pl)*	I 347
inter- und transkristalliner Riß *(m)*	I 310
Ionenmikrosonden-Massenspektrometer *(n)*	I 377

Ionenresonanzspektrometer *(n)*	I 379
Ionisationsvakuummeter *(n)*	I 376
ISG-Mischer *(m)*	I 306, I 388
ISO-Gewinde *(n)*	I 403
Isolationswiderstand *(m)*	I 247, I 265
Isolierabdichtungsstoff *(m)*	I 253
Isolierarbeiten *(f, pl)*	I 271
Isolierband *(n)*	I 255
Isolierbandeisen *(n)*	I 266
Isolierbaustoff *(m)*	I 252
Isoliereinsatz *(m)*	I 270
Isolierer *(m)*	L 12
Isolierfirma *(f)*	I 263
Isolierhelfer *(m)*	L 13
Isolierkappe *(f)*	M 389, T 486 ▲
Isolierklempner *(m)*	L 12
Isoliermasse *(f)*	I 251
Isoliermatte *(f)*	I 249, I 262
Isoliermatte *(f)*, gesteppte	Q 74
Isolieroberfläche *(f)*	I 268
Isolierplatte *(f)*	I 250
Isolierröhrchen *(n)*	P 795
Isoliersattel *(m)*	P 234, P 791
Isolierscheibe *(f)*	I 257
Isolierschlauch *(m)*	I 254
Isolierstärke *(f)*	I 256, I 269
Isolier(werk)stoff *(m)*	I 248, I 264
Isolierung *(f)*	I 260
Isolierunterlage *(f)*	I 259
Isolierwerkzeug *(n)*	I 258
Isometrie *(f)*	I 402
ISO-Spitzkerbprobe *(f)*	I 405
isotherme Fläche *(f)*	I 404
ISO-V-Probe *(f)*	I 405
Istabmaß *(n)*	A 119, D 197 ▲
Istbauzeit *(f)*	A 118
Istdurchsatz *(m)*	A 125
Istspiel *(n)*	A 117
Iststellung *(f)*	A 122
Istübermaß *(n)*	A 121
Istwert *(m)*	A 127
Istwert-Sollwert-Vergleich *(m)*	A 123
Istzeit *(f)*	A 126
It-Dichtung *(f)*	B 367
Iterationsverfahren *(n)*	I 407
iteratives Berechnungsverfahren *(n)*	I 407
I-Träger *(m)*, breiter	U 108
I-Träger *(m)*, mittelbreiter	U 107
I-T-Riß *(m)*	I 310
I-Typ-Rippenrohr *(n)*	I 12

▲ to denote different meanings / gibt unterschiedliche Bedeutungen an

J

Jalousie *(f)*	L 417
Jalousieklappe *(f)*	L 418
Jet-Switching-Mechanismus *(m)*	J 14
J-Mantel *(m)*	J 42, S 426
J-Naht *(f)*	S 544
Joch *(n)*	Y 28, Y 29
Jochmagnetisierung *(f)*	Y 32
Jochmagnetisierungsgerät *(n)*	E 126
Jochtechnik *(f)*	Y 34
Jominy-Stirnabschreckversuch *(m)*	J 41
Justierbereich *(m)*	T 445
Justierbolzen *(m)*	P 18
Justierkörper *(m)*	C 14
Justierreflektor *(m)*	B 153, C 19, R 221
Justierschraube *(f)*	S 357
Justierspindel *(f)*	A 167
Justierung *(f)*	A 168, A 218, B 143, C 13 ▲
Justierung *(f)* **des Zeitablenkbereichs**	S 1468
Justierung *(f)* **für Schrägeinschallung**	A 273

K

Kabelgerüstauflager *(n)*	S 79
Kaiser-Effekt *(m)*	K 1
Kalibriernormal *(n)*	C 21
Kalibrierplakette *(f)*	C 22
Kalibrierprotokoll *(n)*	C 20
kalkbasische Elektrode *(f)*	B 150
kalorische Mitteltemperatur *(f)*	A 515
Kalotte *(f)*	C 871, D 381
Kalottenradius *(m)*	S 816
Kalottenschnitt *(m)*	F 386
Kalottenteil *(m)*	S 820
Kaltauslagern *(n)*	N 6
Kaltbiegen *(n)*	C 316
Kaltbrüchigkeit *(f)*	C 332, L 449
Kaltdehnung *(f)*	C 323
Kälteanlage *(f)*	R 255
Kälteerzeugung *(f)*	R 256
Kältekreislauf *(m)*	R 259
Kältemaschine *(f)*	R 260
Kältemittel *(n)*	C 639, R 248 ▲
Kältemittelkondensator *(m)*	C 640
Kältemittelverdampfer *(m)*	C 641
kalter Strang *(m)*	C 326
Kälteträger *(m)*	R 248
Kälteverdichter *(m)*	R 258
Kaltformgebung *(f)*	C 325, C 338
kaltgefertigt *(V)*	C 324
kaltgezogenes Rohr *(n)*	C 322
Kalthärtung *(f)*	W 380
Kaltkathoden-Vakuummeter *(n)*	C 318, P 171
Kaltlöten *(n)*	C 334
Kaltpreßschweißen *(n)*	C 328
Kaltriß *(m)*	C 319
Kaltrißempfindlichkeit *(f)*	C 320
Kaltscheren *(n)*	C 331
Kaltschweißstelle *(f)*	C 333
Kaltschweißung *(f)*	C 337
Kaltsprödigkeit *(f)*	C 332, L 449
Kaltstreckgrenze *(f)*	Y 20
Kaltumformung *(f)*	C 325, C 338
Kaltverfestigung *(f)*	S 1173, W 380
Kaltverformung *(f)*	C 325, C 338
Kalt-Vorspannfaktor *(m)*	C 335
Kaltvorspannung *(f)*	C 329, C 336
Kaltwalzen *(n)*	C 330
kaltzäher Stahl *(m)*	L 453
Kaltzähigkeitseigenschaften *(f, pl)*	L 451
Kamera-Dehnungsausgleicher *(m)*	R 161, E 359
Kameraecke *(f)*	C 26
Kammerkappe *(f)*	H 87

▲ to denote different meanings / gibt unterschiedliche Bedeutungen an

Kammprofildichtung *(f)*	G 47, G 213
kammprofilierte Metalldichtung *(f)*	G 213
Kanal *(m)*	A 83, C 125, C 509, D 550 ▲
Kanalabzweig *(m)*	D 551
Kanalbildung *(f)*	C 133
Kanalführung *(f)*	D 561
kanalisierte Strömung *(f)*	C 132
Kanal-Meßstrecke *(f)*	F 511
Kanalquerschnitt *(m)*	D 553
Kanalverzweigung *(f)*	D 552
Kante *(f)*	A 270
Kantenbildung *(f)*	S 451
Kantenfehler *(m)*	E 39, E 41
Kantenpressung *(f)*	E 191
Kantenriß *(m)*	E 37
Kantenriß *(m)*, **symmetrischer**	D 398
Kantenstörstelle *(f)*	E 40
Kantenversatz *(m)*	L 218
Kapazität *(f)*	C 28
Kapillareichnormal *(n)*	C 35
Kapillarhalogeneichnormal *(n)*	C 36
Kapillarströmung *(f)*	C 34
Kapillarstruktur *(f)*	W 350
Kappe *(f)*, **zylindrische**	T 486
Kappe *(f)* **mit Innengewinde**	S 138
Kappenisolierung *(f)*	M 390
Kapplage *(f)*	B 33, S 180
Kardangelenkkompensator *(m)*	G 139
kardanisch gelagert	G 140
Karman'sche Wirbelstraße *(f)*	K 2
Karr-Kolonne *(f)*	K 3
Kaskadenboden *(m)*	C 43
kastenartiger Wärmeaustauscher *(m)*	B 411
Kastenisolierung *(f)*	B 410
Kastenkondensator *(m)*	R 163
Kastenträger *(m)*	B 409
kathodische Unterwanderung *(f)*	C 65, D 288
kathodischer Korrosionsschutz *(m)*	C 66
kathodischer Schutz *(m)*	C 66
kathodischer Schutz *(m)*, **lokaler**	H 403
Kavitation *(f)*	C 73
Kavitationshohlraum *(m)*	C 78
Kavitationskeim *(m)*	C 75
Kavitationsparameter *(m)*	C 76
Kavitationsschaden *(m)*	C 74
Kavitationszahl *(f)*	C 76
Kavitationszerstörung *(f)*	C 74
Kegel *(m)*	C 510, D 327 ▲
Kegel *(m, pl)*, **aneinandergrenzende**	C 537
Kegelboden *(m)*	C 522, H 62
Kegelboden *(m)*, **gekrempter**	T 502, H 75
Kegelboden *(m)* **mit Krempe**	T 502, H 75

Kegeldach *(n)*	C 513
Kegeldach *(n)*, aufgelagertes	S 1385
Kegeldach *(n)*, freitragendes	S 283
Kegeldichtfläche *(f)*	V 44
Kegeldichtung *(f)*	D 332
Kegeldicke *(f)* am Blatt	H 435
kegelförmig *(Adj.)*	C 512
Kegelführung *(f)*	D 335
Kegelhahn *(m)* mit konischem Küken	T 47
kegelig *(Adj.)*	C 512
kegeliges Außengewinde *(n)*	E 401
kegeliges Gewinde *(n)*	T 42
kegeliges Rohrgewinde *(n)*	P 294
Kegelkopf *(m)*	S 1093
Kegelpassung *(f)*	T 43
Kegelpfanne *(f)*	C 523
Kegelrollenlager *(n)*	T 39
Kegelschnitt *(m)*	C 170
Kegelschuß *(m)*	T 35
Kegelsitzring *(m)*	D 333
Kegelstift *(m)*	T 45
Kegelstumpf *(m)*	T 677
Kegelstumpfboden *(m)*	T 678
Kegelventil *(n)*	P 448
Kegelverschluß *(m)*	C 521
Kehle *(f)*	F 171
Kehlhalbmesser *(m)*	F 172
Kehlhalbmesser-Hinterdrehung *(f)*	F 173, R 296
Kehlnaht *(f)*	F 174
Kehlnaht *(f)*, flachliegende	E 301
Kehlnaht *(f)*, gleichschenklige	E 238
Kehlnahtdicke *(f)*, rechnerische	T 240
kehlnahtgeschweißter Streifen *(m)*	F 175, S 502
Keil *(m)*	W 108, W 109 ▲
Keil *(m)*, thermischer	T 316
Keil *(m)*, zweiteiliger elastischer	S 860, T 833
Keildichtung *(f)*	W 110
Keildichtungsring *(m)*	W 113
Keilflachschieber *(m)*	F 402
Keil-Ovalschieber *(m)*	O 146
Keilplatte *(f)*	D 396
Keilplattenschieber *(m)*	D 397
Keilringverschraubung *(f)*	C 215
Keil-Rundschieber *(m)*	R 638
Keilschieber *(m)*	W 112
Keilströmung *(f)*	W 111
Keim *(m)*	N 248
Keimbildung *(f)*	N 246
Keimbildung *(f)*, homogene	H 368
Keimbildungsort *(m)*	N 247
Keimwirkung *(f)*	N 227
Kein-Rohr-im-Fenster-Konstruktion *(f)*	N 195, N 221

▲ to denote different meanings / gibt unterschiedliche Bedeutungen an

Kellog-Verfahren *(n)*	K 4
Kenngröße *(f)*	C 140
Kennlinie *(f)*	C 139
Kennummer *(f)*	I 8
Kennwert *(m)*	C 140
Kennzahl *(f)* für die Wasserstoffrißanfälligkeit	T 301, T 688
Kennzeichen *(n)*	I 7
Kennzeichnen *(n)*	M 100
Kennzeichnung *(f)*	I 6, M 99, S 963 ▲
Kennzeichnung *(f)* mit Stahlstempel	S 1085
Kerbbiegeprobe *(f)*	N 60, N 183
Kerbe *(f)*	N 59, N 181
Kerbempfindlichkeit *(f)*	N 190
Kerbempfindlichkeitszahl *(f)*	F 94
Kerbfaktor *(m)*	N 191
Kerbgrund *(m)*	N 189
Kerbnut *(f)*	V 122, V 202
Kerbriß *(m)*	T 462
Kerbschärfe *(f)*	N 182
Kerbschlagarbeit *(f)*	E 202, I 26
Kerbschlagarbeit-Temperatur-Kurve *(f)*	E 203
Kerbschlagbiegehammer *(m)*	I 32, P 107
Kerbschlagbiegeprobe *(f)*	I 35
Kerbschlagbiegeversuch *(m)*	I 33, N 186
Kerbschlagbiegeversuch *(m)* an angerissenen Proben nach Charpy	P 547
Kerbschlagzähigkeit *(f)*	N 184, N 192
Kerbstab *(m)*	N 185
Kerbwirkung *(f)*	N 188
Kerbwirkungszahl *(f)*	F 93, N 191 ▲
Kerbzähigkeit *(f)*	N 184, N 192
Kern *(m)*	B 517, N 248 ▲
Kern *(m)* der Dampfströmung	B 528
Kernansatz *(m)*	H 7, D 377
Kernbildung *(f)*	N 246
Kernbohren *(n)*	T 645
Kernbrennstoff *(m)*	N 232
Kernchemie *(f)*	N 228
Kerndrahtdurchmesser *(m)*	C 675
Kerndurchmesser *(m)*	R 582, R 583 ▲
Kernenergie *(f)*	N 229
Kernenergiekomponente *(f)*	N 239
Kernfusion *(f)*	N 233
Kerninstrumentierung *(f)*	I 70
Kernkraft *(f)*	N 236
Kernkraftwerk *(n)*	N 214, N 238, N 240
Kernkraftwerksbaustopp *(m)*	N 234
Kernkraftwerksgegner *(m)*	N 237
Kernloch *(n)*	C 672
Kernphysik *(f)*	N 235
Kernquerschnitt *(m)*	M 310
Kernrückfeinen *(n)*	C 674, G 180

kernrückgefeint *(V)*	H 255
Kernsieden *(n)*, partielles	P 64
Kernsieden *(n)*, voll ausgebildetes	D 193
Kernspaltung *(f)*	N 231
Kernstrahlung *(f)*	N 241
Kernstrahlungsionisations-Vakuummeter *(m)*	R 23
Kerntechnik *(f)*	N 230, N 244
Kernwirkung *(f)*	N 227
Kesseltrommel *(f)*	D 503
Kesselwagen *(m)*	R 53, R 645
Kettenrad *(n)*	C 115
Kettle-Type-Verdampfer *(m)*	K 5
Kettle-Typ-Verdampfer *(m)* mit Schwimmkopf und durchgezogenem Rohrbündel	P 821
Kielstrom *(m)*	W 4
kinematisch zulässiges Geschwindigkeitsfeld *(n)*	K 9
kinematische Viskosität *(f)*	K 10
kinematische Zähigkeit *(f)*	K 10
kinematische Zähigkeit *(f)* der turbulenten Strömung, scheinbare	E 31
Kippbewegung *(f)* des Rohres	T 757
Kipphebelventil *(n)*	T 467
Kippmoment *(n)*	O 179, T 440 ▲
Kippmoment *(n)*, punktförmiges äußeres	C 466
Kippsicherheit *(f)*	S 14
Kippwirkung *(f)*	O 178
KKW	N 214, N 238, N 240
KKW-Komponente *(f)*	N 239
Klaffen *(n)*, übermäßiges	E 305
Klammer *(f)*	C 204
Klammerschraube *(f)*	C 223
Klanken *(m)*	H 397
klappbarer Mannlochverschluß *(m)*	H 338
Klappe *(f)*	G 101
Klappe *(f)* in Segelstellung	F 115
Klappenantrieb *(m)*	D 18
Klappenflügel *(m)*	D 19
Klappenrahmen *(m)*	D 20
Klappenregelung *(f)*	D 21
Klappenventil *(n)*	C 198
Klauenverbindung *(f)*	A 222
klebebondierte Verbindung *(f)*	A 153, B 371
Klebeverbindung *(f)*	A 153, B 371
Klebeverfahrensspezifikation *(f)*	B 372, B 412
Klebeverfahrensspezifikation *(f)*, zugelassene	Q 14
Klebevermögen *(n)*	A 154
Kleinarmaturen *(f*	S 664
Kleinbereichsfließen *(n)*	S 663, S 928, Y 13
kleine Grundfläche *(f)* des Kegels	S 662
Kleinprobe *(f)*	S 1346
Kleinschweißgerät *(n)*	S 665
kleinstes nachweisbares Leck *(n)*	M 295

▲ to denote different meanings / gibt unterschiedliche Bedeutungen an

Kleinstgefüge

Kleinstgefüge *(n)*	M 276
Kleinstspiel *(n)*	M 293
Kleinstübermaß *(n)*	M 300
Klemmbacke *(f)*	C 211
Klemmbügel *(m)*	C 219
Klemme *(f)*	C 204
Klemmen *(n)*	S 1104
Klemmhebel *(m)*	C 212
Klemmkupplung *(f)*	C 433
Klemmplatte *(f)*	C 214
Klemmring *(m)*	C 206, L 360
Klemmschelle *(f)*	C 204
Klemmschraube *(f)*	A 478
Klemmstück *(n)*	C 204
Klemmutter *(f)*	L 364, T 434, C 154
Klemmvorrichtung *(f)*	C 210, L 357 ▲
Kletterfilmverdampfer *(m)*	R 526
Klöpperboden *(m)*	T 503, H 76
Klotzlager *(n)*	P 332, T 441
K-Mantel *(m)*	K 23, S 427
K-Naht *(f)*	D 383, W 127
Knebelmutter *(f)*	C 213
Kneifgeräusch *(n)*	H 343
Knetlegierung *(f)*	W 415
Knick *(m)*, scharfer	K 11
Knickbeanspruchung *(f)*	B 499
Knickberstscheibe *(f)*	R 446
Knickdruck *(m)*	B 497
Knicken *(n)*	B 494, C 826 ▲
Knickfestigkeit *(f)*	B 498, C 845 ▲
Knicklänge *(f)*	B 495, E 61, U 141
Knicklast *(f)*	B 496
Knickscheibe *(f)*, umgekehrt belastete	R 446
Kniehebel *(m)*	K 13, T 465
Kniestück *(n)*	K 12
Knoten *(m)*	G 252
Knotenblech *(n)*	G 254
Knotenpunkt *(m)*	J 46
Knudsen-Strömung *(f)*	K 22, T 566
Koeffizient *(m)* der turbulenten Scheindiffusion	E 27, T 808
Kohäsionsfestigkeit *(f)*	C 306
Kohäsionskraft *(f)*	C 304
Kohlelichtbogen *(m)*, Ausfugen mit	A 399
kohlenstoffarmer Stahl *(m)*	L 421
kohlenstoffreicher Stahl *(m)*	H 300
Kohlenstoffstahl *(m)*, unlegierter	P 337
Kolbenblasenströmung *(f)*	P 447
Kolbendämpfer *(m)*	D 28
Kolbendosierpumpe *(f)*	R 138
Kolben-Rückschlagventil *(n)*	P 311, D 29
Kolbenspeisepumpe *(f)*	R 137
Kolbenströmung *(f)*, ideale	I 5, P 134

▲ to denote different meanings / gibt unterschiedliche Bedeutungen an

Kolbenventil *(n)*	P 450
Kollaps *(m)*, plastischer	P 388
Kollektorschweißen *(n)*	H 407
Kollimator *(m)*	C 350
Kollision *(f)*	C 351, F 671 ▲
Kollision *(f)* von Rohren	T 779, C 222
Kolonne *(f)*	C 358
Kolonne *(f)*, pulsierende	P 836
Kolonne *(f)* mit Pulsation	P 836
Kolonnenboden *(m)*	T 534
Kolonnenkopf-Kondensator *(m)*	C 375
Kolonnenpackung *(f)*	C 368
Kombinationsreinigung *(f)*	M 418
kombiniertes Absperr- und Rückschlagventil *(n)*	C 383, S 1120, V 17
kombiniertes Fouling *(n)*	C 380
kommunizierende Druckräume *(m, pl)*	C 393
kommunizierende Druckräume *(m, pl)* aus einem Stück	I 274
Kompaktanlage *(f)*	P 2
Kompaktausrüstung *(f)*	P 1
Kompaktprobe *(f)*, scheibenförmige	D 316
Kompaktwärmeaustauscher *(m)*	C 394, H 134, M 157
Kompaktzugprobe *(f)*	C 396, C 888
Kompensator *(m)*	E 346
Kompensator *(m)*, außendruckbelasteter	E 395, E 352
Kompensator *(m)*, einbalgiger	S 533, S 570, E 361, E 360
Kompensator *(m)*, mehrwelliger	M 396
Kompensator *(m)*, rechteckiger	R 161, E 359
Kompensator *(m)*, zweibalgiger	D 545, D 425, E 350, E 351
Kompensatorbalg *(m)* mit S-förmigem Wellenprofil	S 926
Kompensatorwelle *(f)* mit Kreisringplatte	U 165
Komponente *(f)*	C 410, U 97 ▲
Komponentenbauweise *(f)*	U 101
Komponenten-Nichtverfügbarkeit *(f)*, mittlere	M 186, M 388
Kompressibilitätsfaktor *(m)*	C 430
kompressible Strömung *(f)*	C 431
Kompressionsmodul *(m)*	B 526
Kondensat *(n)*	C 476, D 472
Kondensatablaßleitung *(f)*	C 480
Kondensatablauf *(m)*	D 453
Kondensatablaufregelung *(f)*	D 461
Kondensatableiter *(m)*	C 487, T 619
Kondensatabscheider *(m)*	C 487
Kondensataufbereitung *(f)*	C 485
Kondensataufstau *(m)*	C 478, D 17
Kondensataustritt *(m)*	D 453
Kondensateinspritzwassersystem *(n)*	C 484
Kondensat-Entsalzungsanlage *(f)*	C 486
Kondensatfilm *(m)*	C 481
Kondensatfilm *(m)*, laminarer wellenfreier	L 31
Kondensation *(f)*	C 488
Kondensation *(f)*, fraktionierte	F 699
Kondensation *(f)*, partielle	D 103, P 61

▲ to denote different meanings / gibt unterschiedliche Bedeutungen an

Kondensation *(f)*, **rohrseitige**	I 372
Kondensation *(f)*, **teilweise**	D 103, P 61
Kondensation *(f)* **außerhalb des Rohres**	O 136
Kondensation *(f)* **im Rohr**	I 372
Kondensationskammer *(f)*	S 1403
Kondensationskeim *(m)*	C 489, C 493, N 249
Kondensationskern *(m)*	C 489, C 493, N 249
Kondensationskolonne *(f)*	C 490
Kondensationsrate *(f)*	C 503
Kondensationsrohr *(n)*	S 1404
Kondensationsschläge *(m, pl)*	F 371, T 554
Kondensationswärmeübertragung *(f)*	C 491
Kondensationsweg *(m)*	C 494
Kondensationszentrum *(n)*	C 489, C 493, N 249
Kondensationszone *(f)*	C 506
Kondensatkühler *(m)*	C 477, D 463 ▲
Kondensatkühlzone *(f)*	S 1330
Kondensatkühlzone *(f)*, **eingängige**	S 551
Kondensatmenge *(f)*	C 483
Kondensator *(m)*	C 497
Kondensator *(m)*, **dichter**	H 305
Kondensator *(m)*, **dreiflutiger**	T 374
Kondensator *(m)*, **einflutiger**	S 550
Kondensator *(m)*, **luftgekühlter**	A 197
Kondensator *(m)*, **rechteckiger**	R 163
Kondensator *(m)*, **seitlich angeordneter**	L 53
Kondensator *(m)*, **zweiflutiger**	T 830
Kondensatorberohrung *(f)*	C 502
Kondensatorhals *(m)*	C 501
Kondensatorleckage *(f)*	C 500
Kondensatormessing *(n)*	A 171
Kondensator *(m)* **mit drei Wasserwegen**	T 374
Kondensator *(m)* **mit einem Wasserweg**	S 550
Kondensator *(m)* **mit mehreren Druckstufen**	M 411
Kondensator *(m)* **mit zwei Wasserwegen**	T 830
Kondensatorrohr *(n)* **mit integralen niedrigen Rippen**	I 277
Kondensator-Wirkungsgrad *(m)*	C 498
Kondensatreinigungsanlage *(f)*	C 486
Kondensatsammelbehälter *(m)*	H 413
Kondensatunterkühlung *(f)*	C 479, D 477
Kondensatunterkühlungs-Annäherung *(f)*	D 476
kondensierbare Gase *(n, pl)*	C 475
Kondensieren *(n)*	C 488
Kondensomat *(m)*	A 507
Kondenstopf *(m)*	T 619
Kondenstopf-Abblaseleitung *(f)*	T 621
Kondenstopf-Zuführungsleitung *(f)*	T 625
Kondenswasser *(n)*	C 495
konisch *(Adj.)*	C 512
konischer Hahn *(m)*	P 440
konischer Stutzen *(m)*	T 38
konisches Gewinde *(n)*	T 42

▲ to denote different meanings / gibt unterschiedliche Bedeutungen an

konisches Leitrohr (n)	T 37
konische Standzarge (f)	C 525
Konsole (f)	B 417, S 1380 ▲
Konsolenblech (n)	B 419
konstante Ausfallrate (f)	M 185, M 387
konstante Dehnungsgeschwindigkeit (f)	C 547
konstante Rohrteilung (f)	E 243
konstante Verformungsschwingbreite (f)	C 541
Konstanthänger (m)	C 543, C 548
Konstanthängertraverse (f)	C 544
Konstantträger (m)	C 545
Konstrukteur (m)	D 149
Konstruktion (f)	D 135
Konstruktion (f), funktionsfähige	S 324
Konstruktion (f) mit an einem Ende offenen Mantel	O 47
Konstruktionsblech (n)	S 1300
Konstruktionsentwurf (m)	D 147
Konstruktionsgrundlagen (f, pl)	D 154
Konstruktionsstahl (m)	S 1303
Konstruktionsüberprüfung (f)	D 163
Konstruktionszeichnung (f)	D 148
konstruktive Einheit (f)	U 82
konstruktive Einschränkungen (f, pl)	D 157
konstruktive Stabilität (f)	S 1301
Kontakt (m), thermischer	T 256
Kontaktelement (n)	C 564
Kontaktfläche (f)	C 561, J 20 ▲
Kontaktfläche (f) der Dichtung, vorzuverformende	G 49
Kontaktflächendurchmesser (m)	C 562
Kontaktkorrosion (f)	E 110, G 6
Kontaktprüfung (f)	C 565
Kontaktschuh (m)	C 567
kontinuierliche Emission (f)	C 578
kontinuierlicher Betrieb (m)	S 1457
kontinuierliche Rohrreinigung (f)	O 41
kontinuierlicher Temperaturanstieg (m)	R 62
kontinuierliches Schadensmodell (n)	C 82, C 575
kontinuierliches Überschäumen (n) relativ kleiner Flüssigkeitsmengen	F 764
kontinuierliche Welle (f)	C 586
Kontrastanstrich (m)	B 22, C 595
Kontrollbohrung (f)	I 187, O 9, P 103, T 83
Kontrolle (f)	E 283
Kontrollecho (n)	C 604, R 207
Kontrollechohöhe (f), primäre	P 687, R 222
kontrollierte Entspannungsverdampfung (f)	C 112, C 609
kontrollierte Wärmeeinflußprüfung (f)	C 612, C 890
Kontrollklappe (f)	I 181
Kontrollkörper (m)	C 14, R 201, T 180
Kontrollkörper-Stirnfläche (f)	B 304
Kontrollmanometer (n)	I 200, M 132, T 207
Kontrollmanometer (n), geeichtes	C 12, M 131

▲ to denote different meanings / gibt unterschiedliche Bedeutungen an

Kontrollmaß *(n)*	R 204
Kontrollöffnung *(f)*	I 187, O 9, P 103, T 83
Kontrollprüfung *(f)*	C 155
Kontrollstutzen *(m)*	I 194, I 242 ▲
Kontrollventil *(n)*	T 686
Kontur *(f)*	C 589
Konus *(m)*	C 510, C 524 ▲
Konvektion *(f)*	C 619
Konvektion *(f)*, erzwungene	F 657, P 516
Konvektion *(f)*, freie	F 724, N 9
Konvektion *(f)*, natürliche	F 724, N 9
konvektionsgekühlte Rippe *(f)*	C 621
Konvektionsströmung *(f)*	C 622
Konvektionsströmung *(f)*, natürliche laminare	F 725
konvektive Strömung *(f)*	C 622
konvektive Wärmeübergangszahl *(f)*	C 620
konvektive Wärmeübergangszahl *(f)* im Rohreinlauf	T 718
konvektive Wärmeübertragung *(f)*	C 623, H 235
konvektiver Stoffaustausch *(m)*	C 624
konvektiver Stofftransport *(m)*	C 624
konvektiver Transport *(m)*	C 625
konvektiver Wärmeübergang *(m)*	C 623, H 235
Konverter *(m)*, thermionischer	T 317
konzentrisch (innen und außen) beripptes Rohr *(n)*	C 470
konzentrisch geriffelte Oberfläche *(f)*	S 317
konzentrisches Reduzierstück *(n)*	C 471
Kopf *(m)*	C 128, E 177, H 84, W 40
Kopf *(m)*, halbkugelförmiger	H 287
Kopflochschweißen *(n)*	B 212
Kopfplatte *(f)*	E 187
Kopfprodukte *(n, pl)*	T 494
Kopfreflux *(m)*	T 493
Kopfring *(m)*	E 193
Kopfspiel *(n)*	C 821
Kopfsteife *(f)*	E 195
Kopfvorwärmer *(m)*	H 96
Koppelmedium *(n)*	C 727
Koppelschwingungen *(f, pl)*	C 729
Kopplung *(f)*, fluidelastische	F 583
Kopplung *(f)*, flüssigkeitselastische	F 583
Kopplung *(f)*, hydrodynamische	H 457
Kopplungseffekte *(m, pl)* zwischen Wärmefluß und Strömung	H 187
Kopplungsmittel *(n)*	C 726
Kopplungspaste *(f)*	P 86
Korbbogenboden *(m)*	S 293, T 503, H 73, H 76
Kornaufbau *(m)*	G 182
Korngefüge *(n)*	G 182
Korngrenzen *(f, pl)*	G 171
Korngrenzenangriff *(m)*	G 172, I 13, I 311, I 312
Korngrenzenaufschmelzung *(f)*	G 173, L 247
Korngrenzenausscheidung *(f)*	G 174

Korngrenzenkorrosion *(f)*	I 13, I 294, I 312
Korngrenzenriß *(m)*	I 314
Korngrenzenseigerung *(f)*	G 173
Korngröße *(f)*	G 181
körniger Bruch *(m)*	C 882
Körnung *(f)*	G 178
Kornverfeinerung *(f)*	G 179
Kornvergröberung *(f)*	G 176
Kornwachstum *(n)*	G 177
Kornzerfallsneigung *(f)*	I 296
Körperschall *(m)*	S 1306
Korrekturfaktor *(m)* für die Biegespannung	B 243
Korrekturfaktor *(m)* für die Membranspannung	M 224
Korrekturfaktor *(m)* für die Schraubenlochteilung	B 359
Korrekturfaktor *(m)* für die Spannung im Ansatz	H 434
Korrekturfaktor *(m)* für nicht ausgebildete Strömung	D 116
Korrekturgröße *(f)*	C 684
Korrekturkurve *(f)*	C 687
korrigierende Änderung *(f)*	C 691
Korrosion *(f)*	C 694
Korrosion *(f)*, elektrochemische	E 110
Korrosion *(f)*, elektrolytische	E 110
Korrosion *(f)*, galvanische	E 110
Korrosion *(f)*, interkristalline	I 13, I 294, I 312
Korrosion *(f)*, spannungsinduzierte	S 1229
Korrosionsangriff *(m)*	C 709
Korrosionsbeizung *(f)*	C 702
Korrosionsbeständigkeit *(f)*	C 707, R 380
Korrosionsdauerbruch *(m)*	C 698
Korrosionsermüdung *(f)*	C 696
Korrosionsermüdungsbruch *(m)*	C 698
Korrosionsermüdungsriß *(m)*	C 697
Korrosions-Fouling *(n)*	C 699, F 674
Korrosionsgefährdung *(f)*	C 708
Korrosionsgeschwindigkeit *(f)*	C 706
Korrosionshemmer *(m)*	C 700
Korrosionsinhibitor *(m)*	C 700
Korrosionsprodukte *(n, pl)*	C 703
Korrosionsschutz *(m)*	C 704
Korrosionsschutz *(m)*, kathodischer	C 66
Korrosionsschutzanstrich *(m)*	A 347, C 705
Korrosionsschutzmittel *(n)*	A 348
Korrosionsüberwachung *(f)*	C 701
Korrosionszuschlag *(m)*	C 695
korrosive Beizung *(f)*	C 702
Krabbelkäfer *(m)*	C 790
Kraft *(f)*, hydrodynamische	H 459
Kraft *(f)*, zwischenatomare	A 474
Kraftabfall *(m)*, plötzlicher	P 495
kraftbetätigtes Druckentlastungsventil *(n)*	P 531
kraftbetätigtes Ventil *(n)*	P 532
Krafteinleitung *(f)*	F 655

▲ to denote different meanings / gibt unterschiedliche Bedeutungen an

Kräftevergleichsverfahren *(n)*	K 4
Kraftlinienfluß *(m)*	L 239
kraftschlüssig verbunden *(V)*	C 728
kraftschlüssige Sicherung *(f)*	F 757
kraftschlüssige Verbindung *(f)*	F 755
kraftschlüssige (absolut sichere) Verriegelungseinrichtung *(f)*	P 517
Kraftwerk *(n)*	P 534
Kraftwirkungslinien *(f, pl)*	L 465, S 640, S 1265
Kragen *(m)*	N 20
Kragen *(m)*, ausgehalster	E 410
kragenverstärktes Abzweigrohr *(n)*	C 347
kranzförmige Verstärkung *(f)*	R 489
Kratzer *(m)*	S 891, W 19
Kratzer *(m)*, U-förmiger	U 203
Kratzer *(m)* mit U-förmiger Feder	U 203
Kratzkühler *(m)*	S 126, S 927, H 166
Kreisbogen *(m)*	A 397
Kreisform *(f)*	C 183
Kreisform *(f)*, Abweichung von der	D 99
Kreiskolbenpumpe *(f)*	R 608
Kreislauf *(m)*, thermischer	T 264
Kreisprozeß *(m)*, thermodynamischer	T 322
Kreisquerschnitt *(m)*, freier	F 718, D 328
Kreisring *(m)*	D 434
kreisringförmiger Dehnungsausgleicher *(m)*	T 508, E 365
Kreisringplatte *(f)*, Kompensatorwelle mit	U 165
Kreisrippenrohr *(n)*	D 334
Kreisriß *(m)*	P 126, C 751
Kreisrohr *(n)*	C 185
kreisrunder Querschnitt *(m)*	T 672
Kreisschablone *(f)*	S 1465
kreisscheibenförmiger Reflektor *(m)*	C 182
Kreisscheiben-und-ring-Umlenkblechanordnung *(f)*	D 329
Kreisumfang *(m)*	C 188
Kreiszylinderschale *(f)*	C 928
Krempe *(f)*	K 19
Krempenboden *(m)*	F 318, H 65
Krempenhalbmesser *(m)*	K 21
Krempenhöhe *(f)*	K 20
Krempenradius *(m)*	K 21
Krempenradius *(m)*, innerer	C 678, I 331
kreuzförmiger Strömungsgleichrichter *(m)*	C 860
kreuzförmige Verschraubung *(f)* mit vierseitigem Rohranschluß	U 91
Kreuzgegenströmer *(m)*	C 846, H 136
Kreuzgegenstrom-Wärmeaustauscher *(m)*	C 846, H 136
Kreuzgelenk *(n)*	U 111
Kreuzgleitführung *(f)*	S 827
Kreuz *(n)* mit Innengewinde	S 141
Kreuzstrebe *(f)*	D 209
Kreuzstrom *(m)*	C 847, T 601

Kreuzstromapparat *(m)*, Spiralwärmeaustauscher als	S 841
Kreuzstück *(n)*	S 1140, U 91
Kreuzstück *(n)* mit seitlichem Abgang	S 509
Kreuz- und Gegenstromapparat *(m)*, Spiralwärmeaustauscher als	S 840
Kreuzung *(f)* mit vierseitigem Rohranschluß	U 91
Kriechbelastung *(f)*, Lebensdauervoraussage unter	C 805
Kriechbruch *(m)*	C 812
Kriechdehnung *(f)*	C 817
Kriechdehnungskurve *(f)*	C 799
Kriechen *(n)*	C 794
Kriechfestigkeit *(f)*	C 811
Kriechgeschwindigkeit *(f)*	C 810
kriechgetriebenes Schwellen *(n)*	C 83, C 802
Kriechgrenze *(f)*	C 806
Kriechratcheting *(n)*	C 809, R 82
Kriechrißwachstum *(n)*	C 798
Kriechverformung *(f)*	C 801
Kriechverhalten *(n)*	C 796, C 797
Kristall *(n)*	C 879
Kristallgefüge *(n)*, gleichmäßiges	H 366
Kristallseigerung *(f)*	M 274
kritische Fehlergröße *(f)*	C 830
kritische Heizflächenbelastung *(f)*	C 833, D 374
kritische Rauhigkeitshöhe *(f)*	C 836
kritische Rißlänge *(f)*	C 829
kritischer Winkel *(m)*	C 827
kritische Strömung *(f)*	C 831
kritische Strömungsgeschwindigkeit *(f)*	C 832, C 839
kritische Temperatur *(f)*	C 838
kritische Verformung *(f)*	C 837
kritische Wärmestromdichte *(f)*	C 163, C 833, D 374
Krokodilhaut *(f)*	A 223
Kröpfung *(f)*	O 20
Krümmer *(m)*	B 234
Krümmer *(m)*, 90-Grad	Q 52
Krümmer *(m)*, in einer Ebene liegender	S 559
Krümmerabströmstück *(n)*	E 99
Krümmer *(m)* mit kleinem Biegeradius	S 386
Krümmer *(m)* mit ungleicher Wanddicke	N 165
Krümmersegment *(n)*	M 325
Krümmungsabstand *(m)*	B 245
Krümmungsanfang *(m)*	B 249, C 386
Krümmungsanfang *(m)* eines gekrempten Rohrbodens	P 468
Krümmungsoberfläche *(f)*	B 248
Krümmungsradius *(m)*	R 44
Krümmungsverlust *(m)*	B 244
Kugel *(f)*	B 99
Kugel *(f)*, schwimmende	F 432
Kugel *(f)*, zapfengelagerte	T 682
Kugelabschnitt *(m)*	S 820
Kugelabzweigrohling *(m)*	S 807

Kugelausschnitt *(m)*	S 819
Kugeldach *(n)*	B 113
Kugeldruckhärte *(f)*	B 110
Kugeldruckhärteprüfung *(f)*	B 108, B 458
Kugeldruckprobe *(f)*	B 108, B 458
Kugeldruckversuch *(m)*	B 111
Kugeldurchlaufversuch *(m)*	S 1074
kugelförmig gewölbter Boden *(m)*	H 74, S 811
kugelförmiger Druckgastank *(m)*	H 379, H 312
Kugelgasbehälter *(m)*	H 379, S 810
Kugelgelenk *(n)*	B 111
Kugelgelenkkompensator *(m)*	B 117, E 348
Kugelgelenk-Stehbolzen *(m)*	B 100
Kugelglühen *(n)*	S 825
Kugelgraphit *(n)*, Gußeisen mit	C 59, N 67
Kugelgraphitguß *(m)*	D 555
Kugelgraphit-Gußeisen *(n)*	C 55, C 59, C 60, D 555, N 67, S 824
Kugelhahn *(m)*	B 119, S 815
Kugelhahn *(m)* mit schwimmender Kugel	F 433
Kugelhahn *(m)* mit ungeteiltem Gehäuse	T 485
Kugelhahn *(m)* mit zapfengelagertem Kugelküken	T 683
Kugelhahn *(m)* mit zweiteiligem Gehäuse	S 852
Kugelhaufenreaktor *(m)*	P 98
kugelig gelagerter Zuganker *(m)*	B 105
Kugelkalotte *(f)*	S 813, S 818
Kugelkalottendach *(n)*	D 382
Kugelmolch *(m)*	B 115, G 165, S 814
Kugelpfanne *(f)*	C 523
Kugelreflektor *(m)*	S 817
Kugelrückschlagventil *(n)*	B 104
Kugelschale *(f)*	S 821
Kugelschalenradius *(m)* eines Klöpperbodens, innerer	R 48
Kugelscheibe *(f)*	S 812
Kugelschüttung *(f)*	P 4
Kugelschüttung *(f)*, bewegte	M 380
Kugelschüttung *(f)*, durchströmte	F 553
Kugelschüttung *(f)*, monodisperse	M 373
Kugelschüttung *(f)*, nichtdurchströmte	P 6
Kugelsegmentdach *(n)*	D 382
Kugelsegmentdach *(n)*, freitragendes	S 284
Kugeltank *(m)*	S 822
Kugelventil *(n)*	S 823
Kugelwegeventil *(n)*	B 117
Kühlanlage *(f)*	R 255
Kühlbetrieb *(m)*	R 251
Kühlblechschweißung *(f)*	H 225
Kühler *(m)*	C 165, C 645
Kühlerkondensator *(m)*	C 166
Kühlfähigkeit *(f)*	C 647
Kühlfalle *(f)*	T 620
Kühlfläche *(f)*	C 657, H 100 ▲
Kühlgrenztemperatur *(f)*	W 329

Kühlkolonne *(f)*	C 662
Kühlkreislauf *(m)*	C 649
Kühlkurve *(f)*	C 651
Kühlluft *(f)*	C 646
Kühlmantel *(m)*	C 653
Kühlmaschine *(f)*	R 260
Kühlmittel *(n)*	C 639, R 248 ▲
Kühlmittelaustritt *(m)*	R 250
Kühlmitteldurchsatz *(m)*	C 644
Kühlmitteleintritt *(m)*	R 249
Kühlmittelmenge *(f)*	C 644
Kühlmittelstrom *(m)*	C 642
Kühlmittelstromblockade *(f)*	C 643
Kühlmittelströmung *(f)*	C 642
Kühlmittelströmung *(f)*, fallende	D 436
Kühlmittelverlust-Störfall *(m)*	L 335, L 415
Kühlpaket *(n)*	C 167
Kühlrippe *(f)*	C 652
Kühlrohr *(n)*	C 654, C 661, R 254 ▲
Kühlschlange *(f)*	C 650
Kühlsystem *(n)*	C 658
Kühlturm *(m)*	C 660
Kühlung *(f)* bei erzwungener Konvektion	F 659
Kühlung *(f)* in ruhiger Luft	S 1113
Kühlungsgeschwindigkeit *(f)*	C 656
Kühlungsverlauf *(m)*	C 648
Kühlvermögen *(n)*	C 647
Kühlwasser *(n)*	C 638, C 663 ▲
Kühlwasserkreislauf *(m)*	C 664
Kühlwirkung *(f)*	R 253
Kühlzone *(f)*	S 1330
Kühlzonenmantel *(m)*	D 181
Kühlzonen-Umlenkblech *(n)*	D 474
Kühni-Extraktor *(m)*	K 24
Kümpeln *(n)*	D 322
Kümpelteil *(m)*	D 320
Kümpelteile *(n, pl)*	D 319
Kundenguß *(m)*	J 15
kundenspezifisches Engineering *(n)*	C 3, C 902
künstlicher Riß *(m)*	A 434
künstlicher Werkstofffehler *(m)*	A 435
künstliches Erdgas *(n)*	S 676, S 1349
Kunststoff *(m)*, glasfaserverstärkter	G 157, G 232
Kunststoffrohr *(n)*	P 398, P 406 ▲
Kuppe *(f)*	P 463
Kuppel *(f)*	D 378
Kuppeldach *(n)*	D 382
Kupplungsfutter *(n)*	C 737
Kupplungshälfte *(f)*	C 730, F 129
Kupplungshülse *(f)*	C 733, C 738
Kupplungsmuffe *(f)*	C 733, C 738
Kupplungsschutz *(m)*	C 736

▲ to denote different meanings / gibt unterschiedliche Bedeutungen an

Kupplungsstück

Kupplungsstück *(n)*	C 731, C 732, U 90 ▲
kurzer Versatz *(m)*	S 475
Kurzlichtbogen *(m)*	S 472
Kurzlichtbogenverfahren *(n)*	D 265, S 473
Kurzmagnetisierung *(f)*	S 482
Kurzprüfung *(f)*	A 38
Kurzrohr-Verdampfer *(m)*	R 532
Kurzschlußbildung *(f)*, **Werkstoffübergang durch**	S 474
Kurzzeitfestigkeitswerte *(m, pl)*	S 480
kurzzeitige Instabilität *(f)*	P 495
kurzzeitiges Überschwappen *(n)*	S 652
Kurzzeit-Korrosionsversuch *(m)*	A 37
Kurzzeit-Zugfestigkeitseigenschaften *(f, pl)*	S 481
k-Wert *(m)*	O 151, T 315, U 204

▲ to denote different meanings / gibt unterschiedliche Bedeutungen an

L

Labyrinthdichtung *(f)*	L 1
Lackabdruckverfahren *(n)*	R 338
Lage *(f)*	C 285, L 73, O 88, P 452, R 650 ▲
Lage *(f)*, nicht durch Einspannung behinderte	U 129
lagefester Oberflächenfehler *(m)*	S 937
Lagenaufbau *(m)*	B 508
Lagenbindefehler *(m)*	L 6
Lageneinspülung *(f)*	L 79
Lagenfolge *(f)*	R 665
Lagenspalt *(m)*	L 78
Lagenstapel *(m)*	L 77
Lagenversatz *(m)*	M 315
Lageplan *(m)*	R 37
Lagerbehälter *(m)*	S 1129
Lagerbeständigkeit *(f)*	S 1128
Lagerbock *(m)*	A 261, B 193 ▲
Lagerbund *(m)*	T 413
Lagerfähigkeit *(f)*	S 1128
Lagergut *(n)*	S 1130
Lagerlänge *(f)*, Rohre in	M 285
Lagerschulter *(f)*	T 413
Lagerstuhl *(m)*	B 197, C 787, S 1119 ▲
Lagerzapfen *(m)*	B 200
Lamb-Welle *(f)*	L 17, P 436
Lamelle *(f)*	F 336, P 412
Lamellenbündelwärmeaustauscher *(m)*	L 19, L 158, R 60, H 149
Lamellengraphit-Gußeisen *(n)*	C 56, C 57, C 58, G 195, L 18
Lamellenriß *(m)*	L 21
Lamellenrißbildung *(f)*	L 22
Lamellenstruktur *(f)*	L 20
Lamellenwärmeaustauscher *(m)*	L 19, L 158, R 60, H 149
laminare Anfangsströmung *(f)*	L 30
laminare Grenzschicht *(f)*	L 23
laminare Grenzschichtströmung *(f)*	L 24
laminare Konvektionsströmung *(f)*, natürliche	F 725
laminarer wellenfreier Kondensatfilm *(m)*	L 31
laminare Sherwood-Zahl *(f)*	L 28
laminare Staupunktströmung *(f)*	L 29
laminare Strömung *(f)*	L 25, S 1200
laminare (voll) ausgebildete Strömung *(f)*	L 26
Laminarströmung *(f)*	L 25, S 1200
Länge *(f)* der Mantellinie	G 131
Länge *(f)* des Strömungswegs	F 518
Länge *(f)* einer Stützweite	U 143
Länge *(f)* über alles	O 154
Längeneinheit *(f)*	U 102
längere parallel zur Oberfläche verlaufende Bruchpartien *(f, pl)*	T 174
länglicher Fehler *(m)*	E 146
länglich runder Boden *(m)*	O 7, H 70

▲ to denote different meanings / gibt unterschiedliche Bedeutungen an

Langloch

Langloch *(n)*	E 147, O 6, S 655 ▲
Längsachse *(f)*	L 372
langsamer instrumentierter Charpy-Kerbschlagbiegeversuch *(m)* an angerissenen Proben	I 240
Längsanker *(m)*	T 427
Längsbelastung *(f)*	T 416
Längsberippung *(f)*	L 378
Längsbewegung *(f)*	L 387
Längsdehnung *(f)*	E 150, L 213 ▲
Längsdrehschieber *(m)*	C 376
Längsdruck *(m)*	T 403
Längsdruckspannung *(f)*	L 389
Längsfehler *(m)*	L 379
Längskante *(f)*	L 375
Längskerbe *(f)* zwischen den Schweißraupen	I 360
Längskraft *(f)*	L 381
Längskugellager *(n)*	T 405
Längsleitblech *(n)*	L 373, S 447
Längsleitwand *(f)*	L 373, S 447
Längsmagnetisierung *(f)*	L 384
Längsmagnetisierungstechnik *(f)*	L 385
Längsnaht *(f)*	L 390, L 397, S 1149
Längsprobe *(f)*	L 392
Längsrippe *(f)*	A 521, L 376
Längsrippenrohr *(n)*	A 523, B 469, L 383
Längsriß *(m)*	L 374
Längsschnitt *(m)*	L 391
Längsschubkraft *(f)*	H 376
Längsschweißnaht *(f)*	L 390, L 397
Längsspannung *(f)* im Ansatz	L 382
Längsstrom-Rohrbündel-Wärmeübertrager *(m)*	L 380
Längsteilung *(f)*	L 388
Längstrennwand *(f)*	L 373, S 447
Längsversteifung *(f)*	L 393
Längszugprobe *(f)*	L 394
Längung *(f)*	E 150
Längung *(f)* der Schraube	B 346, S 1180
Langzeitfestigkeit *(f)*	E 200
Langzeitglühen *(n)*, simuliertes	S 1100
Langzeitverhalten *(n)*	L 404, L 408
Langzeitversuch *(m)*	E 201, L 407 ▲
Langzeitwarmfestigkeit *(f)*	L 405, T 271
Langzeit-Warmfestigkeitswerte *(m, pl)*	L 406
Lärm *(m)*	A 100, N 70
Lärmbekämpfung *(f)*	N 71
Lärmbelästigung *(f)*	N 77
Lärmbelastung *(f)*	N 72, N 78 ▲
Lärmbeurteilung *(f)*	N 85
Lärmbewertungskurve *(f)*	N 79
Lärmminderung *(f)*	N 81, S 523 ▲
Lärmpegel *(m)*	N 75
Lärmschutz *(m)*	N 71

Lastwechsel

Lasche *(f)*	B 566, S 538 ▲
Last *(f)*	L 283
Last *(f)*, aufgebrachte	A 372
Last *(f)*, mit Beiwert versehene	F 22
Last *(f)*, ständig aufliegende	S 1376
Last *(f)*, ständige	P 159
Lastabsenkung *(f)*	L 294, L 317
Lastabweichungen *(f, pl)*	D 198
Lastabwurf *(m)*	L 318, L 324
Laständerung *(f)*	L 329
Laständerungsgeschwindigkeit *(f)*	L 319, R 97
Lastangriffspunkt *(m)*	L 303, P 466
Lastanker *(m)*	C 535
Lastannahme *(f)*	D 159
Lastansprechen *(n)*	L 321
Lastanzeigekante *(f)*	L 306
Lastanzeiger *(m)*	L 307
Lastaufteilung *(f)*	L 297
Lastbereich *(m)*	L 315, O 73
Lasteinleitung *(f)*	L 285
Lasteinleitungsbereich *(m)*	L 308
Lasteinstellschraube *(f)*	L 284
Lastempfindlichkeit *(f)*	L 321
Lasten *(f, pl)*, gelegentliche	O 12
Lasten *(f, pl)*, überlagerte	S 1375
Lasterhöhung *(f)*	L 304
Lastfaktor *(m)*	L 299
Lastfaktor *(m)*, dynamischer	D 574
Lastfolge *(f)*	L 322
Lastfolgebetrieb *(m)*	L 301
Last *(f)* für bestimmungsgemäßen Betrieb	U 172
Last *(f)* im Schadensfall	F 109
Lastkonzentrationsfaktor *(m)*	L 288
Lastmaximum *(n)*	L 206
Lastmoment *(n)*	L 331
Lastöse *(f)*	L 313
Lastschwankung *(f)*	L 298, L 300, L 332
Lastspektrum *(n)*	L 325
Lastspiel *(n)*	S 1221
Lastspielbereich *(m)*	S 1223
Lastspielbereich *(m)*, unterer	L 447
Lastspielzahl *(f)*	N 255, L 291
Lastsprung *(m)*	L 305
Laststöße *(m, pl)*	L 328
Lastumkehrung *(f)*	L 320
Lastumverteilung *(f)*	L 316
Lastveränderung *(f)*	L 329
Lastverlauf *(m)*	L 302
Last-Verschiebungskurve *(f)*	L 296
Lastverteilungskurve *(f)*	L 296
Lastverteilungsplatte *(f)*	D 226
Lastwechsel *(m)*	L 329

▲ to denote different meanings / gibt unterschiedliche Bedeutungen an

Lastwechsel *(m, pl)*, hohe	H 302
Lastwechsel *(m, pl)*, niedrige	L 424
Lastwechselbeanspruchungen *(f, pl)*	L 292
Lastwechselbereich *(m)*	S 1223
Lastwechselbetrieb *(m)*	L 290
Lastwechselbetrieb *(m)* im täglichen Zyklus	D 3
Lastwechselverhalten *(n)*	L 293
Lastwechselzahl *(f)*	N 255
Lastzyklus *(m)*	L 289
Lastzyklus *(m)*, täglicher	D 2
Lastzyklusbetrieb *(m)*	L 290
Lastzyklusbetrieb *(m)*, täglicher	D 3
latentes Bild *(n)*	L 50
latente Verdampfungswärme *(f)*	L 49
latente Wärme *(f)*	L 48
laterale Bewegung *(f)*	L 54
Lateral-Federrate *(f)*	L 65
Lateralkompensation *(f)*	A 28
Laterne *(f)*	V 77
Laternenring *(m)*	L 40
Laternenringpackung *(f)*	P 20
laufende Nummer *(f)*	S 314
laufende Überwachung *(f)*	C 573
laufende Wartung *(f)*	R 639
Laufnormal *(n)*	T 574
Laufring *(m)*	W 91
Laufschiene *(f)*	R 557
Laufschuh *(m)*	P 281
Laufsteg *(m)*	R 656
Laufstege *(m, pl)*	W 10
Laufzeit *(f)*	E 15, M 28 ▲
Laufzeitbereich *(m)*	T 445
Laufzeitkorrigierung *(f)*	D 1, D 350
Laugenbrüchigkeit *(f)*	C 72
Laugenrißbeständigkeit *(f)*	R 379
Laugensprödigkeit *(f)*	C 72
LBB-Verhalten *(n)*	L 108
Lebensdauer *(f)*	L 164
Lebensdauer *(f)*, betriebliche	S 327
Lebensdauer *(f)*, erwartete	D 156
Lebensdauer *(f)*, rechnerische	D 156, T 238
Lebensdauer *(f)*, vorgesehene	D 176
Lebensdaueranteilregel *(f)*	D 14
Lebensdauer *(f)* bei Ermüdung	F 90
Lebensdauer *(f)* bis zum Bruch	R 671
Lebensdauererwartung *(f)*	L 163
Lebensdauerüberwachungssystem *(n)*	L 165
Lebensdaueruntersuchung *(f)*	F 258
Lebensdauer *(f)* unter Wechselbeanspruchung	C 919
Lebensdauer *(f)* unter Wechselbeanspruchung, rechnerische	C 917
Lebensdauervoraussage *(f)* unter Kriechbelastung	C 805

Lebenserwartung *(f)*	L 163
LEBM	L 120, L 212
Leck *(n)*	L 94
Leck *(n)*, kleinstes nachweisbares	M 295
Leck *(n)*, scheinbares	H 36, V 189
Leck *(n)*, virtuelles	H 36, V 189
Leckage *(f)*	L 95
Leckagedruck *(m)*	L 105
leckageströmungsinduzierte Schwingung *(f)*	L 102
Leckanzeiger *(m)*, akustischer	A 488, S 921
Leck *(n)* bekannter Größe	C 11, R 212, S 302, S 970, T 196
Lecken *(n)*	L 95
Lecken *(n)* der Ventilspindel	S 1094
Leckgasmenge *(f)*	L 103
Leckluft *(f)*	L 96, L 111
Leckluftmenge *(f)*	L 97
Lecknachweisgerät *(n)*	L 110
Leckprüfung *(f)*	L 98, L 99
Leckprüfung *(f)* mittels Absolutdruck	A 16
Leckprüfung *(f)* mittels blasenbildender Lösung	B 490
Leckrate *(f)*	I 276, L 106, L 116, T 522
Leckrate *(f)*, normale	S 971
Leckschnüffler *(m)*	P 629, S 49, S 677
lecksicher *(Adj.)*	L 115
Leckstelle *(f)*	L 94
Leckstellen *(f, pl)* durch Gasporen	P 213
Leckstrom *(m)*	L 101
Leckströmung *(f)*	L 101
Lecksuche *(f)*	L 98, L 109, L 112, T 436
Lecksuche *(f)* mit Anschluß des Lecksuchers an das Vakuum	B 36
Lecksuche *(f)* mit Geißlerrohr	G 34
Lecksuche *(f)* mit radioaktivem Indikator	R 24
Lecksuche *(f)* mit Seifenlösung	S 689
Lecksuchgerät *(n)*	L 110
Lecksuchgerät *(n)* mit Ionenpumpe	I 378
Lecksuchmassenspektrometer *(n)*	L 117
Lecksuchröhre *(f)*	L 110
Lecksuchtechnik *(f)* mit Absprühsonde	P 705
Lecktest *(m)*	L 99
Lecküberwachung *(f)*, permanente	I 357, P 661
Leck-vor-Bruchverhalten *(n)*	L 83, L 108
Leckwasser *(n)*	L 107
Leckweg *(m)*	L 104, L 114
Leergewicht *(n)*	D 530, E 166, W 119 ▲
Leerlauf *(m)*	N 87
Leerlaufbetrieb *(m)*	N 87
Leerraum *(m)*	U 9
Leerrohrgeschwindigkeit *(f)*	S 1371
Leerstelle *(f)*	V 204
Leervolumenanteil *(m)*	V 205
Leerweg *(m)*	I 10

▲ to denote different meanings / gibt unterschiedliche Bedeutungen an

leeseitiger Zylinder *(m)*	L 119
legierter Stahl *(m)*	A 238
Legierung *(f)*	A 237
Legierung *(f)*, mittelwertige	M 217
Legierungsbestandteil *(m)*	A 239
Legierungssystem *(n)*	A 240
Lehre *(f)*	G 110
Lehren *(n)*	G 118
Lehrenmaß *(n)*	G 116
Lehrsatz *(m)*	T 236
leichte Anrisse *(m, pl)*	S 630
leichtflüchtiger Durchflußstoff *(m)*	H 308
Leichtwasserreaktor *(m)*	L 195, L 469
Leidenfrost-Punkt *(m)*	L 127
Leidenfrost-Temperatur *(f)*	L 128, M 297
Leistung *(f)*	P 140
leistungsbescheinigtes Ventil *(n)*	C 32
Leistungsdaten *(n, pl)*	P 143
Leistungsdichtespektrum *(n)*	P 535, P 814
Leistungserhöhung *(f)*	U 164
Leistungsfähigkeit *(f)*	C 28, P 140 ▲
Leistungskennlinie *(f)*	P 142
Leistungskennlinien *(f, pl)*	P 141
Leistungskurve *(f)*	P 142
Leistungsprüfung *(f)*	P 145
Leistungsschild *(n)*	R 104
Leistungsschwankung *(f)*	L 298, L 300
Leistungssteigerung *(f)*	L 304
Leistungsvermögen *(n)*	C 28
Leistungsversuche *(m, pl)*	P 146
Leistungsverzeichnis *(n)*	Q 48
Leistungsziffer *(f)*	C 297, C 665
Leitblech *(n)*	B 67
Leitblechabstand *(m)*	B 76, U 144
Leitblech-Austrittsabstand *(m)*	O 115
Leitbleche *(n, pl)*, verdrallte	T 825
Leitblech-Eintrittsabstand *(m)*	I 122
Leitblechkäfig *(m)*	B 69
Leitblechsatz *(m)*	B 68
Leiterdiagramm *(n)*	N 113
Leitkranz *(m)*	D 249
Leitrad *(n)*	D 248
Leitrohr *(n)*	B 75, F 507, I 348, L 234, T 82
Leitrohr *(n)*, inneres	I 337, G 247
Leitrohr *(n)*, konisches	T 37
Leitrolle *(f)*	G 244
Leitsollwert *(m)*	R 211
Leitung *(f)*	D 550
Leitung *(f)*, Wärmeübertragung durch	H 234
Leitungsabzweig *(m)*	D 551
Leitungsachse *(f)*	L 221
Leitungsdruck *(m)*	L 230

lineare Schädigungsakkumulationshypothese

Leitungsfeder-Modell *(n)*	L 240
Leitungsführung *(f)*	D 561
Leitungsnetz *(n)*	L 226
Leitungsquerschnitt *(m)*	D 553
Leitungsrohr *(n)*	C 509
Leitungsschwingungen *(f, pl)*	L 241
Leitungsstrecke *(f)*	L 236
Leitungsventil *(n)*	D 278, L 225
Leitungsverlust *(m)*	L 224
Leitungsverteiler *(m)*	H 83
Leitungsverzweigung *(f)*	D 552, L 222, P 226 ▲
Leitungszweig *(m)*	L 123
lenkbarer Molch *(m)*	A 431
Lenkhebelklappe *(f)*	T 466
Lenkvorrichtung *(f)*	B 72
Lenkwand *(f)*	B 78
Lewis-Zahl *(f)*	L 156
L-fin-Rohr *(n)*	L 157
Lichtbogen *(m)*	A 398
Lichtbogen *(m)*, pulsierender	P 835
Lichtbogen *(m)*, selbstständiger	S 287
Lichtbogen *(m)*, unruhiger	V 187
Lichtbogen *(m)*, weicher	S 934
Lichtbogenbolzenschweißen *(n)*	A 411
Lichtbogenbolzenschweißen *(n)* mit Hubzündung	D 481
Lichtbogenbrenndauer *(f)*	A 412
Lichtbogenfugenhobeln *(n)*	A 403
Lichtbogenhandschweißen *(n)*	M 83
Lichtbogenhandschweißen *(n)* mit umhüllten Elektroden	M 84
Lichtbogenlänge *(f)*	A 404
Lichtbogenpreßschweißen *(n)*	A 406
Lichtbogen-Punktschweißnaht *(f)*	A 409
Lichtbogen-Rollenschweißnaht *(f)*	A 407
Lichtbogenschneidemaschine *(f)*	A 401
Lichtbogenschweißelektrode *(f)*	A 415
Lichtbogenschweißen *(n)*	A 414
Lichtbogenüberschlag *(m)*	A 400, A 410, S 1198
Lichtbogenwirkungsgrad *(m)*	A 402
Lichtbogenzone *(f)*	A 416, Z 10
Lichtbogenzündstelle *(f)*	A 400, A 410, S 1198
lichte Weite *(f)*	I 164
Lichtstrahlschweißen *(n)*	L 194
Lieferlänge *(f)*	R 66
Lieferlänge *(f)*, Rohre in . . .	M 285
Lieferzustand *(m)*	A 443, A 450, A 460 ▲
Ligament *(n)*	L 184
Ligamentfließen *(n)*	N 50, Y 12
lineare Dämpfung *(f)*	L 211
lineare Durchflußkennlinie *(f)*	L 209
linear-elastische Bruchmechanik *(f)*	L 120, L 212
linearer Wärmeausdehnungskoeffizient *(m)*	L 214
lineare Schädigungsakkumulationshypothese *(f)*	L 85, L 210

▲ to denote different meanings / gibt unterschiedliche Bedeutungen an

lineare Schlauchporen *(f, pl)*	A 217, W 402
Linearität *(f)*	L 217
Linearität *(f)* der Amplitudenregelung	A 255
Liner *(m)*	L 232
Linienführung *(f)* von Rohrleitungssystemen	L 82
Linienprüfung *(f)*	L 229
Linienschnittverfahren *(n)*, die Korngröße nach dem ... bestimmen	L 216
linksgängiges Gewinde *(n)*	L 121
Linksgewinde *(n)*	L 121
Linksschweißen *(n)*	F 663, L 122
Linsenausgleicher *(m)*	C 713, E 349
Linsendichtung *(f)*	L 134
Linsendicke *(f)*, übermäßige	E 308
Linsendicke *(f)*, unzureichende	I 246
Linsendurchmesser *(m)*	N 250
linsenförmiges Rohr *(n)*	L 135
Linsenkuppe *(f)*	C 870, O 144
Linsenzylinderschraube *(f)*	R 57
Lippenring *(m)*	L 245
Lippenstulp *(m)*	S 615
LKS	H 403
L-Mantel *(m)*	L 463, S 428
Loch *(n)*	H 353
Lochabstand *(m)*	H 356
Lochabzug *(m)*	H 354
Lochbild *(n)*	M 129
Lochblech *(n)*	P 138
Lochfeld *(n)*	M 406
Lochfeld *(n)*, regelmäßiges	U 86
Lochfraßangriff *(m)*	P 327
Lochgröße *(f)*	H 362
Lochkorrosion *(f)*	P 328
Lochkreis *(m)*	B 340, B 358, H 357
Lochkreisdurchmesser *(m)*	B 341, H 358, P 90, P 319
Lochleibung *(f)*	B 192
Lochleibungsbeanspruchung *(f)*	B 198
Lochleibungsdruck *(m)*	B 196
Lochleibungsfläche *(f)*	E 53
Lochmitte *(f)*	H 355
Lochplatte *(f)*	P 137, P 138, P 424, S 917 ▲
Lochrandspannung *(f)*	B 198, H 360
Lochschweiße *(f)*	P 449
Lochspiel *(n)*	H 359
Lochteilung *(f)*	H 356, H 361, P 317, T 737
logarithmische mittlere Temperaturdifferenz *(f)*	L 281, L 370
logarithmisches Dekrement *(n)*	L 369
logarithmische Temperaturdifferenz *(f)*	L 371
lokale Instabilität *(f)*	I 140
Lokalelement *(n)*	L 337
Lokalelementbildung *(f)*	E 110, G 6
lokale Probe *(f)*	S 870

lokaler kathodischer Schutz *(m)*	H 403
lokale Schrumpfung *(f)*	R 407
lokales thermodynamisches Gleichgewicht *(n)*	L 350, L 461
Lokalkorrosion *(f)*	L 341
Longitudinalwelle *(f)*	C 432, L 395
Long-Stick-Out-Schweißen *(n)*	L 403
Los *(n)*	B 158
loser Flansch *(m)*	L 42, L 412, F 285, F 289
loser Flansch *(m)* mit Ansatz	L 413, H 429, F 290
loser Flansch *(m)* mit Vorschweißbund	L 43, F 286
loser Walzzunder *(m)*	L 410
„lose-Teile"-Prüfung *(f)*	L 411
Lösung *(f)*, blasenbildende	B 489
lösungsgeglüht *(V)*	S 746
lösungsgeschweißte Verbindung *(f)*	S 747
Lösungsglühen *(n)*	S 745
lötlose Rohrverschraubung *(f)*	S 721
Lötverschraubung *(f)*	S 720
Low Entrainment *(n)*	E 222
L-Rippe *(f)*, überlappte	O 166
LRWÜ	L 380
L-System *(n)*	L 460
L-Typ-Rippenrohr *(n)*	L 157
Lückengrad *(m)*	V 206
Lückengrad *(m)* der Ruheschüttung	V 208
Lückengrad *(m)* in Kugelschüttungen, gleichverteilter	U 87
Luft *(f)*, atmosphärische	A 465
Luftblase *(f)*	A 211
Luftdruckreduzierventil *(n)*	A 212
Lufteinbruch *(m)*	L 111
Lufteinschluß *(m)*	A 211
luftgekühlter Kondensator *(m)*	A 197
luftgekühlter Wärmeaustauscher *(m)*	A 70, A 198, H 129
luftgesteuertes Regelventil *(n)*	A 206
Luft *(f)* im Ansaugungszustand	A 465, F 717
Luftkessel *(m)*	A 213, C 429, R 129
Luftkondensator *(m)*	A 197
Luftleckage *(f)*	A 201
Luftleckverlust *(m)*	A 201
Luftmengenabgleichung *(f)*	F 464
Luftmotor *(m)*	A 204
Luftmotor-Stellglied *(n)*	A 205
Luftnest *(n)*	A 211
Luftspalt *(m)*	A 199
Luftspalt *(m)*, Schweißung ohne	C 246
Luftspeichertank *(m)*	A 214
Luftstrecke *(f)*	S 1271
Lüftungsorgan *(n)*	A 194
Luftvorwärmer *(m)*	A 200
Luftwiderstandsbeiwert *(m)*	D 448
Luftzerlegungsanlage *(f)* mit umschaltbarem Wärmeaustauscher	R 456

▲ to denote different meanings / gibt unterschiedliche Bedeutungen an

Lunker *(m)*   B 309, S 486
Lunker *(m, pl)*   C 77
Luvo *(m)*   A 200
luvseitiger Zylinder *(m)*   W 365

Mantel

M

Mäanderschlange *(f)*	P 414
Mach-Zahl *(f)*	M 2
Magnafluxprüfung *(f)*	M 16
Magnetantrieb *(m)*	S 724
Magnetfeldindikator *(m)*	M 12
Magnetimpulsschweißen *(n)*	P 838
magnetische Feldstärke *(f)*	M 13, M 19
Magnetpulver *(n)*	M 18
Magnetpulverflußindikator *(m)*	M 17
Magnetpulverprüfung *(f)*	M 16
Magnetpulverprüfung *(f)* mit Naßpulver	W 333
Magnetspule *(f)*	S 722
Magnetsteuerventil *(n)*	S 723, S 725
Magnetventil *(n)*	S 726
Magnetventil *(n)*, vorgesteuertes	S 329
MAG-Schweißen *(n)*	A 113, M 228
Makroaufnahme *(f)*	P 176
Makrobild *(n)*	M 7
Makrofouling *(n)*	M 6
Makrolunker *(m)*	I 299, S 738
Makroprüfung *(f)*	M 5
Makroschliffbild *(n)*	M 7, P 176
makroskopische Untersuchung *(f)*	M 8
Manganhartstahl *(m)*	H 309
Mängelbericht *(m)*	A 1, D 56, N 123 ▲
mangelhafte Bindung *(f)*	L 4
Mangelsicherung *(f)*	F 34
Mannloch *(n)*	M 59, M 96 ▲
Mannloch *(n)*, verschraubtes und abgedichtetes eingelassenes	B 339
Mannlochansatz *(m)*	M 69
Mannlochboden *(m)*	M 65, H 69
Mannlochbügel *(m)*	M 63
Mannlochdeckel *(m)*	M 61
Mannlochdeckelbolzen *(m)*	M 62
Mannlochdichtung *(f)*	M 67
Mannlochkragen *(m)*	M 95
Mannlochrahmen *(m)*	M 66
Mannlochring *(m)*	M 70
Mannlochschwenkvorrichtung *(f)*	M 64
Mannloch-Steckkappe *(f)*	M 68
Mannlochverschluß *(m)*	M 60
Mannlochverschluß *(m)*, klappbarer	H 338
Mannlochverstärkung *(f)*	M 70
Manometer *(n)*	M 78, P 609
Manometerkontrollventil *(n)*	P 610
manometrische Förderhöhe *(f)*	M 79
Manschette *(f)*	S 610
Manschettenpackung *(f)*	C 895, S 615, U 149 ▲
Mantel *(m)*	E 174, S 420 ▲

▲ to denote different meanings / gibt unterschiedliche Bedeutungen an

Mantel *(m)*, eingängiger	S 553
Mantel *(m)*, zweigängiger	T 831
Mantel *(m)*, zylindrischer	C 928
Mantelausschnitt *(m)*	S 435
Mantelblech *(n)*	S 438
Manteldeckel *(m)*	S 433
Mantel *(m)* der Type E	E 270, S 422
Mantel *(m)* der Type F	F 769, S 423
Mantel *(m)* der Type G	G 234, S 424
Mantel *(m)* der Type H	H 425, S 425
Mantel *(m)* der Type J	J 42, S 426
Mantel *(m)* der Type K	K 23, S 427
Mantel *(m)* der Type L	L 463, S 428
Mantel *(m)* der Type X	X 10, S 429
Manteldrehung *(f)*	S 439
Manteldurchbiegung *(f)*	D 65
Manteldurchgang *(m)*	S 437
Mantelelektrode *(f)*	C 284, C 746
Mantelfläche *(f)*	G 129
Mantelgang *(m)*	S 437
Mantelhaube *(f)*	S 433
Mantellänge *(f)*, zylindrische	C 929
Mantellinie *(f)*	G 130
Mantellinienlänge *(f)*	G 131
Mantel *(m)* mit einfachem Durchgang	S 553
Mantel *(m)* mit geteilter Strömung	S 855
Mantel *(m)* mit zwei Durchgängen	T 831
Mantel *(m)* ohne Ausschnitte	U 122
Mantelraum-Trennblech *(n)*	O 89
Mantelrohr *(n)*	C 45, P 216, S 420, T 790 ▲
Mantelrohr *(n)*, abgedichtetes	S 172
Mantelröhrenwärmeaustauscher *(m)*	S 430, H 168, H 173
Mantelschuß *(m)*	S 432, S 440 C 742
Mantelschwimmer *(m)*	S 449
mantelseitiger Druckabfall *(m)*	S 448
mantelseitiger Wärmeübergang *(m)*	S 446
mantelseitiges Fluid *(n)*, verdrängtes	S 445
mantelseitige Strömung *(f)*	S 441
mantelseitige Strömungsgeschwindigkeit *(f)*	S 442
Mantelteil *(m)*, mittragender	E 66
Mantelthermoelement *(n)*	S 414
Mantelunterkante *(f)*	L 427
Mantelverlängerung *(f)*, obere	T 496
Mantelwanddicke *(f)*, ausgeführte	A 437
Mantelweg *(m)*	S 437
Markieren *(n)*	M 100
Markierung *(f)*	I 6, I 7, M 99 ▲
Markierung *(f)*, strahlenseitige	S 780
martensitaushärtender Stahl *(m)*	M 97
Maschinenhartlöter *(m)*	B 440
Maßabweichung *(f)*	D 260, O 27
Maßänderung *(f)*	C 121, C 123 ▲

Maßbeständigkeit *(f)*	D 257
Masse *(f)*	B 517, M 108 ▲
Masse *(f)*, flächenbezogene	M 120, W 123
Masse *(f)*, molare	M 356
Masse *(f)*, virtuelle	V 190
Masse-Dämpfungsparameter *(m)*	M 110
Maßeinheit *(f)*	U 96
Massenanteil *(m)*	M 118
Massenbelegung *(f)*, effektive	E 64
Massendurchsatz *(m)*	M 112, M 115, M 117, M 122
Massendurchsatzmeßgerät *(n)*	M 114
Masseneffekt *(m)*, hydrodynamischer	H 460
Massenfluß *(m)*	M 112, M 115, M 122
Massenkonzentration *(f)*	M 109
Massenkraft *(f)*	I 95
Massenspektrometerlecksuchgerät *(n)*	M 121, M 383
Massenstrom *(m)*	M 112, M 115, M 117, M 122
Massenstromdichte *(f)*	M 113, M 116, M 126
Massenverlust *(m)*	W 121
Maßfehler *(m)*	D 255
maßgeblicher Querschnitt *(m)*	R 649
Maßgenauigkeit *(f)*	A 67, A 69, D 253 ▲
Maßhaltigkeit *(f)*	A 67, A 69, D 253 ▲
Maßkontrolle *(f)*	D 254, D 258
Maß *(n)* ohne Toleranzangabe	R 204
Maßprotokoll *(n)*	D 259
Maßprüfung *(f)*	D 254, D 258
Maßstab *(m)*	S 80
maßstabgerechtes Modell *(n)*	S 88
maßstabgerechte Zeichnung *(f)*	S 83
Maßstabsübertragung *(f)*	S 92
Maßstabverkleinerung *(f)*	S 82
Maßteilung *(f)*	S 80
Maßtoleranz *(f)*	D 260, O 27
Maßungenauigkeit *(f)*	D 256
Maßverhältnis *(n)*, genormtes	S 168, S 966
Material *(n)*, spannungsoptisches	P 173
Materialabtrag *(m)*	M 250, M 262
Materialgrenztemperatur *(f)*	T 382
Materialkennung *(f)*	M 138
Materialprobe *(f)* vom Grundwerkstoff	B 137
Materialprüfung *(f)*	M 142, M 148 ▲
Matrizenrechnung *(f)*	M 156
Matte *(f)*	B 276, M 158
Matte *(f)*, wärmedämmende	I 249, I 262
Maueranker *(m)*	W 12
Mauerwerkswände *(f, pl)*	M 107
Maximaldruck *(m)*	M 167
maximale Betriebstemperatur *(f)*	T 120
maximale ungestützte Rohrlänge *(f)*	M 174, M 420
maximale Wärmestromdichte *(f)*	M 163
MD-Boden *(m)*	M 405

▲ to denote different meanings / gibt unterschiedliche Bedeutungen an

mechanische Arretierung *(f)*	M 205
mechanische Festigkeit *(f)*	M 211, M 212
mechanische Reinigung *(f)*	M 203
mechanischer Reibabtrag *(m)*	F 738
mechanische Spannung *(f)*	M 213
mechanisches Rollverfahren *(n)*	R 562
mechanische Vorspannung *(f)*	M 206
mechanisiertes Schweißen *(n)*	M 216
Medium *(n)*	F 569
Medium *(n)*, aufprallendes	I 49
Medium *(n)*, einphasiges	S 557
Medium *(n)*, mehrphasiges	M 403
Meerwasserentsalzungsanlage *(f)*	D 131
mehrachsiger Spannungszustand *(m)*	M 392
Mehrdraht-UP-Schweißen *(n)*	U 19
Mehrfachabsperrung *(f)*	M 72
mehrfach angeordnete Vollanker *(m, pl)*	N 136
mehrfach aufgelagerte U-Rohre *(n, pl)*	M 408
mehrfache Probenahme *(f)*	R 339
mehrfach geteilter Ring *(m)*	S 250
Mehrfachgleitung *(f)* in allen Körnern, Bereich mit	E 11, G 158
Mehrfachreflexionen *(f, pl)*	M 407
Mehrfachrohr *(n)*	C 418
Mehrfach-Rückwandechos *(n, pl)*	M 404
Mehrfachschaltung *(f)*	M 401
mehrflutiger Wärmeaustauscher *(m)*	M 402
mehrgängiger Wärmeaustauscher *(m)*	M 402, H 152
Mehrlagenbalg *(m)*	L 32
Mehrlagenbauart *(f)*	M 410
Mehrlagenbauweise *(f)*	L 74
Mehrlagenbehälter *(m)*	L 75
Mehrlagenmantel *(m)*	L 76
Mehrlagenschweißen *(n)*	M 413
Mehrlagenschweißnaht *(f)*	M 400
Mehrlagenschweißungen *(f, pl)*	M 412
mehrphasiges Medium *(n)*	M 403
Mehrrichtungsmagnetisierung *(f)*	M 397
Mehrschichtrohr *(n)*	C 418
mehrstufige Entspannungsverdampfung *(f)*	M 382, M 415
mehrteiliger Boden *(m)*	M 414
mehrwandiger Balg *(m)*	L 32
Mehrwegeventil *(n)*	M 419, C 96
mehrwelliger Kompensator *(m)*	M 396
Meißelkerbe *(f)*	C 171, T 477
Meldepunkt *(m)*	W 378
Membran *(f)*	D 221
Membran *(f)*, halbdurchlässige	S 299
Membran *(f)*, ringförmige	A 334
Membrandichtung *(f)*	D 224, D 229
membrangesteuertes Ventil *(n)*	D 225, D 231
Membranmanometer *(n)*	D 227
Membranmeßwerk *(n)*	D 223

Membranplatte *(f)*, dichtgeschweißte	S 175
Membran-Pontondach *(n)*	S 539
Membranpumpe *(f)*	D 228
Membranrückflußverhinderer *(m)*	D 222
Membranschweißabdichtung *(f)*	S 175
Membranschweißdichtung *(f)*	M 237, D 230
Membranspannung *(f)*	M 222
Membranspannungsformzahl *(f)*	M 223
Membranventil *(n)*	D 231
Memory-Effekt *(m)*	M 226
Menge *(f)*	Q 46
Menge *(f)*, eingepumpte	P 882
Mengengerüst *(n)*	Q 48
Mengenregelung *(f)*	F 483
Mengenregelventil *(n)*	F 484
Mengenregler *(m)*	F 533
Mengenstrom *(m)*	M 115, M 122
Mengenstrombild *(n)*	W 118
Mengenstrommessung *(f)*	F 525
Mengenstromregelung *(f)*	F 522
Mengenverhältnis *(n)*	Q 45
Meßabweichung *(f)*	M 198
Meßanschluß *(m)*	M 196
Meßbereich *(m)*	M 200, S 89 ▲
Meßbereichsgrenze *(f)*	R 73
Meßblende *(f)*	O 93
Meßblende *(f)* mit Einzelanbohrung	O 94
Meßeinrichtung *(f)*	M 197, M 202
Meßempfindlichkeit *(f)*	M 191
Messen *(n)*	G 119
Meßergebnis *(n)*	M 190
Meßfehler *(m)*	M 198
Meßflasche *(f)*	M 263
Meßfühler *(m)*	P 684, T 580 ▲
Meßgenauigkeit *(f)*	A 66, M 195
Meßgerät *(n)*	M 199
Meßgröße *(f)*	M 188
Meßinstrument *(n)*	M 199
Meßkörper-Kanalstück *(n)*	F 511
Meßlänge *(f)*	G 112, S 46 ▲
Meßlänge *(f)* nach Bruch	G 113
Meßleitung *(f)*	I 241
Meßleitungsventil *(n)*	I 234
Meß-, Regel- und Überwachungseinrichtung *(f)*	I 233
Meßrohr *(n)*	F 557
Meßscheibenflansch *(m)*	O 91, F 294
Meßsignal *(n)*	M 201
Meßstelle *(f)*	H 396, T 34, T 53 ▲
Meßstellenstutzen *(m)*	I 242
Meßstutzen *(m)*	I 242
Messung *(f)*	M 189
Meßunsicherheit *(f)*	M 194

▲ to denote different meanings / gibt unterschiedliche Bedeutungen an

Meßventil *(n)*	G 117
Meßwarte *(f)*	I 235
Meßwerkzeug *(n)*	G 110, G 120
Meßwert *(m)*	M 188
Meßwertgeber *(m)*	T 580
Meßwertumformer *(m)*	T 580
Meßwertumwandlung *(f)*	P 739
Metallabtrag *(m)*	M 250, M 262
Metall-Aktivgasschweißen *(n)*	A 113, M 228
Metallbalg *(m)*	M 232
Metallbalgdichtung *(f)*	M 233
Metallbalg *(m)* **mit ovalem Querschnitt**	O 143
Metallbeschichtung *(f)*	M 235
Metalldichtung *(f)*	M 241
Metalldichtung *(f)*, **kammprofilierte**	G 213
Metallfolie *(f)*	M 240, M 253
Metallgehäuse *(f)*	M 234
Metallgewebeeinlage *(f)*	M 242, M 248
metallisch rein *(Adj.)*	N 19
metallischer Spritzüberzug *(m)*	M 256
metallische Schweißbadsicherung *(f)*, **abschmelzende**	F 806
metallische Spritzbeschichtung *(f)*	M 257
Metallkleben *(n)*	M 259
Metall-Lichtbogenschweißen *(n)*	M 229
Metall-Lichtbogenschweißen *(n)* **mit Fülldrahtelektrode**	F 630, M 230
Metall-Lichtbogenschweißen *(n)* **mit umhüllter Elektrode**	S 454, S 666
Metallmembrandichtung *(f)*	M 237
Metall-Ovalprofildichtung *(f)*	O 145
Metallringdichtung *(f)*	R 506
Metall-Runddichtung *(f)*	M 251
Metallschlauch *(m)*	F 422, M 239, M 243, M 261
Metallschlauch *(m)* **mit Geflechtverankerung**	B 422
Metall-Schutzgasschweißen *(n)*	G 94, G 164, M 231
Metall-Spießkantdichtung *(f)*	D 220
Metallspritzüberzug *(m)*	S 878
Metallverstärkerfolie *(f)*, **fluoreszierende**	F 614
Metall-Weichstoffdichtung *(f)*	C 382
Metallwickelschlauch *(m)*	S 1281
Methode *(f)* **der Stoffwertverhältnisse**	P 787
Methode *(f)* **des doppelten Sprungabstandes**	Q 8, T 661
Methode *(f)* **des einfachen Sprungabstands**	D 419, S 536
Methode *(f)* **des 1 1/2-fachen Sprungabstandes**	D 387, T 663
Methode *(f)* **des halben Sprungabstandes**	S 569, D 281
Methode *(f)* **des umschlossenen Raumes**	E 175
metrischer Rohranschluß *(m)*	M 265
MIG-Schweißen *(n)*	G 94, G 164, M 244, M 280
Mikroaufnahme *(f)*	P 177, M 270
Mikrobild *(n)*	M 270, P 177
Mikrofilm-Theorie *(f)*	M 272
Mikrofouling *(n)*	M 269
Mikrogefüge *(n)*, **bainitisches**	B 84
Mikrolunker *(m)*	M 275

Mikrorippenrohr *(n)*	M 267
Mikroriß *(m)*	M 268, S 215
Mikroschichtverdampfung *(f)*	M 271
Mikroschliffbild *(n)*	M 270, P 177
Mikrostruktur *(f)*	M 276
Mindergewicht *(n)*	U 69
Mindergüte *(f)*	O 16
Minderleistung *(f)*	E 78, R 180 ▲
Minderungsfaktor *(m)*	R 194
Minderungsfaktor *(m)* der Spannungsschwingbreite bei Wechselbeanspruchung	S 1242
Mindestbruchdehnung *(f)*	M 296
Mindestflächenpressung *(f)*	M 294, S 209, Y 4
Mindestfördergewicht *(n)*	M 303
Mindestfördermenge *(f)*	M 306
Mindestfördermengenleitung *(f)*	M 299
Mindestlast *(f)*	M 302
Mindestmengenregelung *(f)*	M 298
mindestnotwendige Zulaufhöhe *(f)*	N 215
Mindestsaughöhe *(f)*	N 215
Mindesttemperaturabstand *(m)*	P 205
Mindestwanddicke *(f)*	M 307
Mindestwandstärke *(f)*	M 307
Mindestwert *(m)*	L 429
Mindestzugfestigkeit *(f)*	M 305
Mineralwollmatten *(f, pl)* auf verzinktem Drahtgeflecht, versteppte	Q 75
Miner-Regel *(f)*	L 85, L 210
Miniaturwinkelprüfkopf *(m)*	M 290
minimaler Wärmeübergang *(m)*	P 520
minimale Temperaturdifferenz *(f)*	M 291, P 206
Minusabweichung *(f)*	N 33
Mischdüsen *(f, pl)*	M 333
Mischen *(n)*	B 293, M 331, M 332 ▲
Mischer-Abscheider-Kolonne *(f)*	M 330
Mischereinbauten *(m, pl)*, statische	S 1021
Mischerstutzen-Befestigung *(f)*	M 329
Mischhahn *(m)*	M 336
Mischkondensation *(f)*	D 267, M 327
Misch-Kondensator *(m)*	D 268
Mischpumpe *(f)*	M 337
Mischschaltung *(f)*	P 425
Mischschaltung *(f)*, thermische	T 287
Mischschieber *(m)*	P 789
Mischschleife *(f)*	M 334
Mischstrecke *(f)*	M 335
Mischtemperatur *(f)*, adiabatische	A 157
Misch-T-Stück *(n)*	M 338
Mischungszone *(f)*	F 817
Mischventil *(n)*	M 339
Mischzone *(f)*	F 817
mitgerissene Flüssigkeit *(f)*	E 217

mitgerissene Wassertröpfchen *(n, pl)*	E 218
Mitnahmeeffekt *(m)*	L 363, W 7
Mitreißen *(n)*	C 41, E 219
Mitreißen *(n)* von Wasser	L 256
Mitreißen *(n)* von Wassertröpfchen	L 256
Mittel *(n)*, gewichtetes	W 116
mittelbreiter I-Träger *(m)*	U 107
mittelfeste Verschraubung *(f)*	I 325
mittelfester Stahl *(m)*	M 218
mittelfester Werkstoff *(m)*	M 345
Mittelspannung *(f)*	M 181
Mitteltemperatur *(f)*, kalorische	A 515
Mittelwert *(m)*, arithmetischer	A 421
Mittelwert *(m)*, gewichteter	W 116
Mittelwert *(m)*, quadratischer	R 531, R 589
mittelwertige Legierung *(f)*	M 217
Mittenabstand *(m)*	C 94
Mittenrauhwert *(m)*	A 517, M 180, R 531, R 589 ▲
mittig gekerbte Flachzugprobe *(f)*	C 81, C 88
Mittigkeit *(f)*	C 97
mittlere Ausfalldauer *(f)*	M 178
mittlere Bodenpressung *(f)*	A 518
mittlere Enthalpie *(f)*	B 520
mittlere fehlerfreie Betriebszeit *(f)*	M 183
mittlere Komponenten-Nichtverfügbarkeit *(f)*	M 186, M 388
mittlerer Ausfallabstand *(m)*	M 183, M 384
mittlere störungsfreie Zeit *(f)*	M 183, M 384
mittlere Temperaturdifferenz *(f)*	M 182, M 386
mittlere Temperaturdifferenz *(f)*, logarithmische	L 281, L 370
mittlere Temperaturdifferenz *(f)*, tatsächliche	E 65, T 674
mittlere Temperaturdifferenz *(f)*, treibende	D 492
mittlere Wandtemperatur *(f)*	M 179
mittlere Zeit *(f)* zwischen Wartungsarbeiten	M 184, M 385
mittragend *(Adj.)*	C 596
mittragende Breite *(f)*	E 73
mittragende Fläche *(f)*	E 51
mittragende Länge *(f)*	E 62
mittragender Mantelteil *(m)*	E 66
mittragende Schweißnahtlänge *(f)*	E 63
mittragende Verstärkung *(f)*	E 68
Mixer-Settler-Kolonne *(f)*	M 330
Mock-up-Prüfung *(f)*	M 342
Modell *(n)*, spannungsoptisches	P 174
Modell *(n)* mit eingefrorenem Phasenwechsel	H 367
Modellprüfung *(f)*	P 804
Modulbauweise *(f)*	M 346
Mohrscher Dehnungskreis *(m)*	M 350
Mohrscher Spannungskreis *(m)*	M 351
molare Dichte *(f)*	M 355
molare Masse *(f)*	M 356
molares Volumen *(n)*	M 361
Molch *(m)*	P 186, P 262

Molch *(m)*, lenkbarer	A 431
Molchmelder *(m)*	P 191
Molchschleuse *(f)*	P 191
Molekulardestillation *(f)*	M 362
molekulare Strömung *(f)*	M 363
Molekulargewicht *(n)*	M 365
Molekularsieb *(n)*	M 364
Molekularsperre *(f)*	M 364
Molekularströmung *(f)*	M 363
Molekularströmung *(f)*, freie	M 363
Molenbruch *(m)*	M 358
Molgewicht *(n)*	M 365
Molmasse *(f)*	M 356
Molsieb *(n)*	M 364
Molvolumen *(n)*	M 361
Moment *(n)*, angreifendes	A 373
Moment *(n)*, statisches	S 1014
Momente *(n, pl)*, ausgeglichene	B 89
Momente *(n, pl)*, unausgeglichene	U 42
Momentenbeanspruchung *(f)*, resultierende	R 415
Momentenbelastung *(f)*	M 367
monodisperse Kugelschüttung *(f)*	M 373
Monoflansch *(m)*, Ringgehäuse mit	M 374
Montage *(f)*	A 453, I 216 ▲
Montage *(f)*, betriebsbereite	R 119
Montageanleitung *(f)*	A 457, E 254, I 219 ▲
Montageanleitungen *(f, pl)*	F 154
Montagearbeiten *(f, pl)*	I 222
Montageeinheit *(f)*	A 458
montagefertige Baugruppe *(f)*	R 118
Montagefolge *(f)*	E 257
Montagegerüst *(n)*	E 256, S 78
Montagegewicht *(n)*	W 119
Montagehalle *(f)*	S 586
Montagehilfstragrost *(m)*	E 259
Montagematerial *(n)*	I 220
Montageöffnung *(f)*	E 255, E 260 ▲
Montageort *(m)*	E 258, I 221
Montageöse *(f)*	L 173
Montageschacht *(m)*	E 260
Montageschraube *(f)*	T 133
Montageschweiße *(f)*	S 587
Montagestoß *(m)*	F 155
Montagezeichnung *(f)*	I 217
Montagezustand *(m)*	A 446, I 224
Muffe *(f)*	C 731, S 610, U 90 ▲
Muffe *(f)* mit Innengewinde	S 140
Muffenende *(n)*, Rohr mit	B 211
muffengeschweißter Abgang *(m)*	S 704
Muffenkelch *(m)*, Rohr mit	B 207
Muffenkelch *(m)*, Verbindung mit	B 208
Muffenklebeverbindung *(f)*	S 690

▲ to denote different meanings / gibt unterschiedliche Bedeutungen an

Muffenrohrverbindung *(f)*	S 829
Muffenstoß *(m)*	S 829
Muffenventil *(n)*	S 691
Muffenverbindung *(f)*	B 206, S 614, S 695 ▲
Muffenverbindungsklammer *(f)*	B 214
Multitube-Wärmeaustauscher *(m)*	M 417, H 153
Mündung *(f)*	P 510
münzförmiger Riß *(m)*	P 126, C 751
Muster *(n)*, **pfeilförmiges**	C 161, H 288
Musteranlage *(f)*	P 803
Musterprüfung *(f)*	M 342
Mutter *(f)*	N 259
Muttergewinde *(n)*	F 137
Mutterhöhe *(f)*	N 261

N

Nacharbeiten *(n)*	R 200, R 236
Nacharbeitung *(f)*	D 484, F 239 ▲
Nachbearbeitung *(f)*	D 484, F 239 ▲
Nachbehandlung *(f)*	D 484, P 523 ▲
Nachbesserungen *(f, pl)*	C 692
Nachdurchschlagen *(n)* **von Eindringmittel**	B 281
Nacheilen *(n)*	L 15
nachemulgierendes Eindringmittel *(n)*	P 522
Nachfolgekopf *(m)*	T 538
Nachführwert *(m)*	C 690
Nachfüllen *(n)*	R 232
nachgeschaltet *(V)*	D 439
Nachgiebigkeit *(f)*	C 409, Y 6 ▲
Nachgiebigkeit *(f)*, **elastische**	C 408
Nachinnenschlagen *(n)* **der Flamme**	B 4
Nachkühlkreislauf *(m)*	R 355, R 465
nachlassende Zugspannung *(f)*	R 294
Nachlauf *(m)*	H 264, T 15, W 4 ▲
Nachlaufbereich *(m)*	W 4
Nachlaufgebiet *(n)*	W 4
Nachlauf-Schutzgas *(n)*	T 543
Nachlaufströmung *(f)*	W 4
Nachlaufstück *(n)*	R 664
Nachlinksschweißen *(n)*	F 663, L 122
Nachreaktionsstrecke *(f)*	P 474
Nachrechnung *(f)*	C 520, R 126
Nachrechtsschweißen *(n)*	B 24, R 478
Nachrüsten *(n)*	B 13, R 433
Nachrüstsatz *(m)*	A 149
Nachrüstungswartung *(f)*	D 58
Nachströmung *(f)*	W 4
Nachtabschaltung *(f)*	O 168
Nachtstillstand *(m)*	O 168
Nachverpacken *(n)*	R 325
Nachwärme *(f)*	R 353
Nachwärmekühler *(m)*	R 354
Nachweis *(m)*	C 103
Nachweis *(m)*, **statischer**	S 1009
Nachweis *(m)* **der Güteeigenschaften**	P 777
Nachweisgrenze *(f)*	D 186
Nachweiswahrscheinlichkeit *(f)*	P 696
Nachziehen *(n)* **einer Packung**	P 16
nackte Elektrode *(f)*	B 126
Nadelhammer *(m)*	N 29
Nadelrippe *(f)*	P 210
Nadelrippen-Wärmeaustauscher *(m)*	P 211, H 157
Nadelventil *(n)*	N 30
Näherung *(f)*	A 394
Näherungslösung *(f)*	A 392
Näherungsrechnung *(f)*	A 390

Näherungsverfahren für die obere Grenzlast

Näherungsverfahren *(n)* für die obere Grenzlast	U 158
nahezu durchgeschweißte Naht *(f)*	D 50
Nahfeld *(n)*	N 17
Naht *(f)*	S 197, W 126
Naht *(f)*, durchgefallene	E 300
Naht *(f)*, gegengeschweißte	B 64
Naht *(f)*, nahezu durchgeschweißte	D 50
Naht *(f)*, tragende	S 1207
Naht *(f)* , umlaufende	W 169
Naht *(f)*, volltragende	F 785
Naht *(f)*, werkstattgeschweißte	S 471
Nahtabmessung *(f)*	S 591, W 313
Nahtausführung *(f)*	J 23, W 200
Nahtbeurteilung *(f)*	W 144
Nahtbreite *(f)*, unregelmäßige	I 386
Nahtbruch *(m)*	W 195, W 201
Nahtbruchfestigkeit *(f)*	W 202
Nähte *(f, pl)*, überkreuzende	I 364
Nahtfaktor *(m)*	E 77, J 27, W 194
Nahtfehler	C 171
Nahtform *(f)*	J 23, W 200, W 311
Nahtfuge *(f)*	G 209, W 207, W 226
Nahtgefüge *(n)*	W 318
Nahtgestaltung *(f)*	W 157
Nahtgröße *(f)*	W 313
Nahthöhe *(f)*	A 124, E 71, T 387
Nahtlänge *(f)*	F 653
nahtlos gezogenes Rohr *(n)*	S 733
nahtloses Rohr *(n)*	S 198
Naht *(f)* mit Entlastungsrille	C 47
Naht *(f)* mit Wulst	C 629
Nahtoberfläche *(f)*	F 17
Naht *(f)* ohne Wulst	F 618
Nahtprofil *(n)*	W 301
Nahtrand *(m)*	T 460
Nahtschrumpfung *(f)*	W 312
Nahtspritzer *(m)*	W 315
Nahttiefe *(f)*	J 32
Nahtübergang *(m)*, schroffer	B 66
Nahtüberhöhung *(f)*	C 631
Nahtüberhöhung *(f)*	E 315, W 159, W 303, E 290
Nahtüberhöhung *(f)*, zu große	E 299
Nahtunterseite *(f)*	W 147
Nahtunterseitenbehandlung *(f)*	S 224
Nahtunterwölbung *(f)*	W 156
Nahtversatz *(m)*	M 314
Nahtwinkel *(m)*	B 260
Nahtzeichnung *(f)*	W 320
Nahtzeichnung *(f)*, fehlerhafte	I 385
Narben *(f, pl)*	S 1431
narbenartige Anfressung *(f)*	T 755
Narbenkorrosion *(f)*	T 755

▲ to denote different meanings / gibt unterschiedliche Bedeutungen an

Naßdampf *(m)*	S 66
Naßentwickler *(m)*	W 332
nasser Gasbehälter *(m)*	F 434
Naßkorrosion *(f)*	D 202
Naßprüfung *(f)*	W 333
Naßpulverprüfung *(f)*	W 333
Naßthermometer *(n)*	W 330
natriumgekühlter Reaktor *(m)*	S 706
Naturgas *(n)*	N 12
Naturkante *(f)*	M 284
natürliche Abnutzung *(f)*	N 13
natürliche Konvektion *(f)*	F 724, N 9
natürliche laminare Konvektionsströmung *(f)*	F 725
natürliches Altern *(n)*	N 6
Naturumlauf *(m)*	N 7
Naturumlauf-Wiederverdampfer *(m)*	N 8
Naturumlauf-Wiederverdampfer *(m)*, stehender	V 163
ND	L 443, L 456
NDT-Temperatur *(f)*	D 32, N 16, N 62
NDV	L 444, L 457
ND-Vorwärmer *(m)*	L 444, L 457
ND-Vorwärmer-Kondensator-System *(n)*	L 459
Nebelbildung *(f)*	F 650
Nebelkühlung *(f)*	F 647
Nebelströmung *(f)*	F 649, M 318, S 879 ▲
Nebenanlagen *(f, pl)*	A 483
Nebenanschlüsse *(m, pl)*	A 510
Nebenbrüche *(m, pl)*	S 310
Nebenkondensat *(n)*	D 472
Nebenkondensataustritt *(m)*	D 469
Nebenkondensateintritt *(m)*	D 465
Nebennahtzone *(f)*	W 142, Z 9
Nebenproduktanlage *(f)*	B 583
Nebenschluß *(m)*	B 576
Nebenschlußbildung *(f)*	B 578
Nebenschlußdichtung *(f)*	B 580
Nebenstrom *(m)*	B 431, B 577, S 216 ▲
Nebenturm *(m)*	S 1279
negative Biegespannung *(f)*	C 449
negative Dämpfung *(f)*	N 32, D 24
negative Elektrode *(f)*	E 120
negative Polung *(f)*	R 451, S 1145
negativer Druck *(m)*	N 35
negative Rückkopplung *(f)*	N 34
negatives Rippenspitzenspiel *(n)*	F 248
NEKAL-Prüfung *(f)*	N 36
NE-Metall *(n)*	N 57
Nennabblaseleistung *(f)*	R 85, R 89
Nennabmaß *(n)*	N 88
Nennansprechdruck *(m)*	N 104, S 365
Nennarbeitsdruck *(m)*	N 100
Nennbetriebsdruck *(m)*	N 100

Nennbewegung

Nennbewegung *(f)*	R 87
Nenndicke *(f)*	N 107
Nenndruck *(m)*	N 102, P 633, R 88
Nenndurchflußstrom *(m)*	N 98
Nenndurchmesser *(m)*	N 95, N 96, N 97 ▲
Nenndurchsatz *(m)*	N 108, R 90
Nennfederweg *(m)*	N 106
Nennförderstrom *(m)*	N 92, N 98
Nennfrequenz *(f)*	R 86
Nenninhalt *(m)*	N 91
Nennmaß *(n)*	B 155, N 105
Nennstrom *(m)*	N 98
Nennwanddicke *(f)*	N 110
Nennwasserinhalt *(m)*	N 111
Nennweite *(f)*	N 112, N 90
Nennwert *(m)*	N 109
Nennwiderstandsbeiwert *(m)* **des Balges**	N 89
Nennzeit *(f)*	R 215
NESTS-Stützbleche *(n, pl)*	N 40
Nettobiegemoment *(n)*	N 41
Nettofallhöhe *(f)*	N 44
Nettogewicht *(n)*	N 52
Nettonennspannung *(f)*	N 99
Nettoqueraustausch *(m)*	D 367
Nettowirkungsgrad *(m)*	N 43
Netz *(n)*	G 198
Netzdruckregler *(m)*	S 1482
Netzmantel-Lichtbogenverfahren *(n)*	C 574
Netzmessung *(f)*	M 193
Neuberohrung *(f)*	R 434
Neuheitsprüfung *(f)*	N 196
Neukonstruktion *(f)*	R 458
Neuland *(n)*, **technisches**	T 65
neutrale Faser *(f)*	N 53
Neutralisation *(f)*, **innere**	I 342
Neutronenradiographie *(f)*	N 55, N 219
Newtonsche Flüssigkeiten *(f, pl)*	N 56
Nibbeln *(n)*	N 58
nicht abschmelzbare metallische Schweißbadsicherung *(f)*	N 133
nicht armierte Dichtung *(f)*	H 369, U 128
nicht ausgebildete Strömung *(f)*	D 362
Nichtaustauschbarkeit *(f)*	N 135
nicht bildzeichnende Strahlung *(f)*	S 114
nicht blockierte Strömung *(f)*	N 118
nicht durchlaufende Einbrandkerbe *(f)*	L 342, U 57
nichtdurchströmte Kugelschüttung *(f)*	P 6
nicht ebener Dehnungszustand *(m)*	A 354
nicht eingeschlossene Dichtfläche *(f)*	U 45
nicht eingewalztes Rohr *(n)*	U 75
Nichteisenmetall *(n)*	N 57, N 131
Nichterfüllung *(f)*	N 120
nichtexplosionsgefährdeter Bereich *(m)*	N 134

▲ to denote different meanings / gibt unterschiedliche Bedeutungen an

nicht flächiger Fehler *(m)*	N 146
nicht gehaltene Stützenlänge *(f)*	U 44
Nicht-Gleichgewichtsströmungen *(f, pl)*	N 130
nichtkondensierbare Gase *(n, pl)*	I 69, N 121
nichtmaßstäblich *(Adj.)*	N 194, N 224
nichtmetallische Beschichtung *(f)*	N 140
nichtmetallischer Einschluß *(m)*	N 143
nicht-Newtonsche Flüssigkeiten *(f, pl)*	N 144
nichtplanmäßiger Stillstand *(m)*	F 661
nichtrostender Stahl *(m)*	S 959
nicht schmierbarer Hahn *(m)*	N 139
nichtsteigende Spindel *(f)*	N 155
nichttragende Wand *(f)*	N 116, N 138
Nichtübereinstimmung *(f)*	N 120
nicht umgewandelte Stengelkristallzone *(f)*	U 126
nicht unterstopfte Hinterfüllung *(f)*	U 137
Nichtverfügbarkeitszeit *(f)*	D 443, N 115, O 105, T 454, T 691, U 41 ▲
Nichtverfügbarkeitszeit *(f)*, geplante	S 120
nicht vorgesteuertes einstufiges Ventil *(n)*	D 246
nicht wandgängiger Rührer *(m)*	N 151
nicht wiederschließende Druckentlastungseinrichtung *(f)*, bruchbolzengesicherte	B 447
nicht wiederschließende Sicherheitseinrichtung *(f)* gegen Drucküberschreitung	N 152
Niederdruck *(m)*	L 443, L 456
Niederdruckdampf *(m)*	L 445
Niederdruckvorwärmer *(m)*	L 444, L 457
niederfestes Schraubenmaterial *(n)*	L 446
niederfrequente Spannungswechsel *(m, pl)*	L 434
Niederhub-Sicherheitsventil *(n)*	H 307
Niederhubventil *(n)*	L 435
Niederschraub-Absperrventil *(n)*	S 137, W 342
Niederschraubventil *(n)*	G 159
Niederschraubventil *(n)* in Y-Ausführung	G 161
Niederschraubventil *(n)* mit geradem Durchgang	S 1148, G 160
niederzyklische Ermüdung *(f)*	L 84, L 422
niedrig beripptes Rohr *(n)*	L 432
Niedrigdruck *(m)*	L 443, L 456
niedrige Lastwechsel *(m, pl)*	L 424
niedriglegierter Stahl *(m)*	L 420
niedrigste Betriebsstellung *(f)*	L 441
Nierenbruch *(m)*	K 7, T 599
Nippel *(m)*	N 63
Nirostahl *(m)*	S 959
Niveauanzeiger *(m)*	L 143, L 264
Niveaubegrenzer *(m)*	L 146
Niveaugeber *(m)*	L 149
Niveaumessung *(f)*	L 144
Niveauregler *(m)*	L 137, L 263
Niveausonde *(f)*	L 147
Niveauwächter *(m)*	L 145, L 148, L 267
nomineller Einstelldruck *(m)*	T 206

▲ to denote different meanings / gibt unterschiedliche Bedeutungen an

Nomogramm *(n)*	A 219, C 147, N 113, S 1143
Normal *(n)*	M 192
Normalbetrieb *(m)*	N 172
Normalbiegeversuch *(m)*	F 11
normale Ausflußrate *(f)*	S 971
Normaleinschallung *(f)*	S 1136
normale Leckrate *(f)*	S 971
Normalformat *(n)*	S 978
Normalglühen *(n)*	N 170
Normalisieren *(n)*	N 170
normalisierendes Umformen *(n)*	N 171
Normallage *(f)*	D 438
Normallänge *(f)*	S 972
Normallehre *(f)*	S 967
Normalprobe *(f)*	S 979, S 982
Normalprüfkopf *(m)*	N 174
Normalprüfkopf *(m)* **für Tauchtechnik**	N 168
Normalspannung *(f)*	D 284, N 177
Normalspannung *(f)*, **Hypothese der größten**	M 171
Normalzustand *(m)*	N 176, N 179
Normblatt *(f)*	S 980
Normblende *(f)*	S 975
Normblende *(f)* **mit Einzelanbohrung**	S 567, S 974
Normgröße *(f)*	S 978
Normtemperatur *(f)*	N 178
Normung *(f)*	S 969
Norm-Versorgungsdruck *(m)*	S 977
Normzustand *(f)*	N 222
Notabfahren *(n)*	E 158
Notabschaltung *(f)*	E 158, S 125 ▲
Notabsperrventil *(n)*	E 159
Notdichtung *(f)*	S 220
Notentlüftung *(f)*	E 161
Not-Entlüftungsvorrichtung *(f)*	E 162
Notentspannungstank *(m)*	B 308
Notventil *(n)*	E 160
NPSH-Wert *(m)*	N 46, N 215, R 424
NPSH-Wert *(m)*, **erforderlicher**	N 48
NPSH-Wert *(m)*, **verfügbarer**	N 47, N 216
NTIW-Konstruktion *(f)*	N 195, N 221
nukleare Dampferzeugungsanlage *(f)*	N 220, N 243
Nukleartechnik *(f)*	N 230, N 244
Nullachse *(f)*	Z 2
Nullanschlag *(m)*	Z 3
Nullast *(f)*	Z 4
Nullast-Durchflußstrom *(m)*	N 86, Z 5
Nullinie *(f)*	B 135
Nullpunktabstand *(m)* **einer Anzeige**	P 860
Nullpunkt(s)bewegung *(f)*	Z 6
Nullpunkt(s)schwingung *(f)*	Z 6
Nullpunkt(s)unruhe *(f)*	Z 6
Nullzähigkeitstemperatur *(f)*	D 32, D 554, N 16, N 62

numerische Strömungslehre *(f)*	C 457
Nürnberger Schere *(f)*	P 42
Nußelt-Zahl *(f)*	N 258
Nut *(f)*	G 208
Nutboden *(m)*	G 212, H 67
Nuten *(n)*, **wurzelseitiges**	B 16
Nutring *(m)*	D 392, G 215 ▲
Nutringmanschette *(f)*	D 392
Nut *(f)* **und Feder, Dichtfläche mit**	T 474
Nutung *(f)*	G 222
Nutzenergie *(f)*	U 191
Nutzfördergewicht *(n)*	N 45
Nutzfördermenge *(f)*	N 51
Nutzungsdauer *(f)*	S 327
Nutzungsgrad *(m)*	P 144
Nutzwärme *(f)*	U 192

▲ to denote different meanings / gibt unterschiedliche Bedeutungen an

O

oben offener Tank *(m)*	O 58
obere Grenzlast *(f)*	U 159, C 343
obere Mantelverlängerung *(f)*	T 496
oberer betrieblicher Spannungsgrenzwert *(m)*	O 83
oberer Bordwinkel *(m)*	T 483
obererdige Rohrleitung *(f)*	A 4
oberes Abmaß *(n)*	A 235, U 157
obere Streckgrenze *(f)*	U 163, Y 18
obere Tragstange *(f)*	T 481, U 162
Oberfläche *(f)*	S 1405
Oberfläche *(f)*, benetzte	W 337
Oberfläche *(f)*, hydraulisch glatte	H 443
Oberfläche *(f)*, hydraulisch rauhe	H 441
Oberfläche *(f)*, konzentrisch geriffelte	S 317
Oberfläche *(f)*, riffelrauhe	R 474
Oberflächenabweichungen *(f, pl)*	S 1427
oberflächenaktive Mittel *(n, pl)*	S 1406
Oberflächenanriß *(m)*	I 59
Oberflächenbearbeitung *(f)*	S 1418, S 1429 ▲
Oberflächenbehandlung *(f)*	S 1414, S 1445
Oberflächenbeschaffenheit *(f)*	S 1413, S 1419, S 1438
Oberflächeneffekt *(m)*	S 597
Oberflächeneffekte *(m, pl)* der Flüssigkeit	S 654
Oberflächenfehler *(m)*	S 1417, S 1420, S 1426
Oberflächenfehler *(m, pl)*, in der gleichen Ebene liegende	C 666
Oberflächenfehler *(m)*, lagefester	S 937
Oberflächengüte *(f)*	S 1413, S 1419, S 1438
Oberflächenhärte *(f)*	S 1424
Oberflächenhärtung *(f)*	S 1423
Oberflächenhohlraum *(m)*	S 1408
Oberflächenkondensator *(m)*	S 1071, S 1412
oberflächennaher Fehler *(m)*	S 1350
oberflächennahe Werkstofftrennung *(f)*	N 18
oberflächenparalleler Fehler *(m)*	L 27
Oberflächenpore *(f)*	S 1433
Oberflächenrauheit *(f)*	R 625, S 1444 ▲
Oberflächenrauhigkeit *(f)*	S 1441
Oberflächenrauhtiefe *(f)*	S 1441
Oberflächenreibung *(f)*	S 598, S 1422
Oberflächenreinheit *(f)*	S 1410
Oberflächenreinigung *(f)*	S 1409
Oberflächenriß *(m)*	S 1415
Oberflächenriß *(m)*, teilweise durchgehender	P 76
Oberflächenrißprüfung *(f)*	S 1416
Oberflächenschicht *(f)*	S 1428
Oberflächenschutz *(m)*	S 1435, S 1436 ▲
Oberflächensieden *(n)*	S 1407
Oberflächenspannung *(f)*	S 1443
Oberflächenströmung *(f)*	S 1421
Oberflächentemperatur *(f)*	S 1442

Oberflächenüberzug *(m)*	S 1411
Oberflächenwelle *(f)*	R 108, S 1446
Oberflächenzustand *(m)*	S 1413, S 1419, S 1438
Oberflächenzustand *(m)* **mit einem Effektivwert von ...**	F 240
oberflächliche Prüfung *(f)*	C 899, S 1369 ▲
Obergurt *(m)*	C 177, T 482 ▲
oberirdische Rohrleitung *(f)*	A 4
oberstromiger Einbau *(m)*	I 227
Oberteilverschluß *(m)*	B 377
Oberwellen *(f, pl)*	H 50
Objektkontrast *(m)*	S 1337
Objektschutz *(m)*	P 375
Ofengang *(m)*	H 98
offene Poren *(f, pl)*	A 368, P 504
offene Zellen *(f, pl)*	A 368, P 504
offene Zellen *(f, pl)*	O 57
offen verlegte Rohrleitung *(f)*	H 98
Öffnen *(n)*, schlagartiges	F 777, P 493
Öffnung *(f)*	O 48, P 510, H 353
Öffnungscharakteristik *(f)*	A 417
Öffnungsdrehmoment *(n)*	B 442
Öffnungsdruck *(m)*	O 51
Öffnungsdruckdifferenz *(f)*	O 52, A 61
Öffnungsverhalten *(n)*	A 417
Öffnungswinkel *(m)*	G 210
Öffnungswinkel *(m)* **des Schallstrahlenbündels**	A 286, B 187
ohne Aufbördelung *(f)*	F 358
Okklusion *(f)*	O 13
ökologisches Gleichgewicht *(n)*	E 17
Ölbehälter *(m)*	O 32
Oldshue-Rushton-Kolonne *(f)*	O 34
ölführende Rohrleitungen *(f, pl)*	O 31
Ölkühler *(m)*	O 29
Ölleitungen *(f, pl)*	O 31
Öl/Luft-Wärmeaustauscher *(m)*	O 33, H 155, A 207, H 155
Öl/Luft-Wärmetauscher *(m)*	A 207, H 130, H 155, O 33
Öltank *(m)*	O 32
Ölvorwärmer *(m)*	O 30
omegaförmiger Balg *(m)*	O 38, E 357
Opferanode *(f)*	S 1
Optimierungsphase *(f)*	S 292
Orangenschnitt *(m)*	O 86
O-Ring-Dichtung *(f)*	O 98
örtlich bleibende Formänderung *(f)*	L 345, O 175
örtliche Aufhärtung *(f)*	H 45
örtliche Korrosion *(f)*	L 341
örtlicher Druckverlust *(m)*	L 346
örtlicher Stoffübergangskoeffizient *(m)*	L 344, M 125
örtliche Strömungsblockagen *(f, pl)*	S 1047
örtliche Struktur-Diskontinuität *(f)*	L 348
örtliche Temperaturspannung *(f)*	L 349
örtliche Verformung *(f)*	L 347, S 1161

▲ to denote different meanings / gibt unterschiedliche Bedeutungen an

örtliche Wärmespannung *(f)*	L 349
örtliche Wärmestromdichte *(f)*	L 340
örtlich gehäufte Poren *(f, pl)*	P 505, P 507
örtlich übermäßige Beheizung *(f)*	L 338
Ortshöhe *(f)*	E 141
Ortungsanzeige *(f)*	P 215
Öse *(f)*	E 415, L 466 ▲
Ösenmutter *(f)*	E 416
Ovalbalg *(m)*	O 143
ovaler Ausschnitt *(m)*	O 8
Ovalität *(f)*	N 119
Ovalität *(f)* der Bohrungen, Toleranz für die	D 489
Ovalitätstoleranz *(f)* von Bohrungen	D 489
Ovalplattenschieber *(m)*	O 139
Ovalprofildichtung *(f)*	O 145
Ovalrippenrohr *(n)* mit rechteckigen Rippen	S 914
Ovalrohr *(n)*, mit Rippen spiralförmig umwickeltes	S 836
Ovalsammler *(m)*	O 140
Oxidhaut *(f)*	O 182, O 183 ▲
Oxidschicht *(f)*	O 182

P

Paarung *(f)* **des Fluidstroms**	J 12
Paarungsabmaß *(n)*	M 149
Packhahn *(m)*	P 7
Packung *(f)*	P 15
Packung *(f)*, **geordnete**	R 267
Packung *(f)*, **ungeordnete**	R 68
Packung *(f)* **als Zopf**	B 424
Packungsdichte *(f)*	P 21
Packungsstruktur *(f)*	P 26
Packungsstützring *(m)*	G 145
Palisades-Abstandhalter *(m)*	B 165
Pallring *(m)*	P 36
PALTEM-Schlauch-Auskleidungsverfahren *(n)*	P 37
panelartiger Wärmeaustauscher *(m)*	P 40
Panzern *(n)*	H 39
Panzerrohr *(n)*	P 123
parabolisches Ausbeulen *(n)*	B 129
parabolisches Einbeulen *(n)*	B 337
Parallelbacke *(f)*	P 51
Parallelbetrieb *(m)*	P 50
Parallelendmaß *(n)*	G 111
parallele Strömung *(f)*	C 289, C 303, P 47
Parallellauf *(m)*	P 50
Parallel-Platte *(f)*	P 46
Parallelplattenabsperrschieber *(m)*	P 57
Parallelplattenschieber *(m)*	D 397, P 57 ▲
Parallelprobe *(f)*	P 56
Parallelstromgeschwindigkeiten *(f, pl)*	P 49
Partialdruck *(m)*	P 65
Partie *(f)*	B 157
partielle Kondensation *(f)*	D 103, P 61
partielles Kernsieden *(n)*	P 64
partielles Sieden *(n)*	P 60
Partikel-Fouling *(n)*	P 70, F 678
Partikelstrahlung *(f)*	R 17
Paßbohrung *(f)*	C 252
Paßfläche *(f)*	M 155
Passivierung *(f)*	P 80
Passivierungsmittel *(n)*	P 81
Paßkerbstift *(m)*	C 257
Paßmaß *(n)*	T 470
Paßscheibe *(f)*	S 185
Paßschraube *(f)*	R 120
Paßsitz *(m)*, **fester**	S 684
Paßstück *(n)*	A 141
Paßteil *(n)*	M 153
Paßtoleranz *(f)*	F 260
Passung *(f)*	F 257
Patentieren *(n)*	P 87
Pebble-Heater *(m)*	P 99

▲ to denote different meanings / gibt unterschiedliche Bedeutungen an

Peclet-Zahl *(f)*	P 100
Peilstab *(m)*	L 142
Peilstutzen *(m)*	D 264, L 140
Peiltisch *(m)*	L 141
Pellini-Diagramm *(n)*	F 30, F 706
Pendelanker *(m)*	F 435
Pendelbewegung *(f)*	O 100, W 102
Pendelbreite *(f)*	O 102
Pendelklappe *(f)*	F 348
Pendellager *(n)*	S 265
Pendellänge *(f)*	O 101
pendelnd angeordneter Zuganker *(m)*	F 435
Pendelrauhigkeit *(f)*	R 332
Pendelraupe *(f)*	W 99
Pendelraupentechnik *(f)*	W 100
Pendelrollenlager *(n)*	S 266
Pendelschlagversuch *(m)* nach Charpy	C 144
Pendelschlagwerk *(n)*	I 32, P 107
Pendelstütze *(f)*	C 364, H 335, P 209 ▲
Pendelweite *(f)*	O 102
periodische Befahrung *(f)*	P 148
periodische Wartung *(f)*	P 149, R 639
periodische Wirbelablösung *(f)* im Nachlauf	P 152
Perkussionsschweißen *(n)*	P 133
permanente Lecküberwachung *(f)*	I 357, P 661
pfahlgestützter Betonmast *(m)*	P 192
pfannenartiges Schwimmdach *(n)*	P 43
pfeilförmiges Muster *(n)*	C 161, H 288
PFK	P 839
Pfropfen *(m)*	P 439
Pfropfenschweiße *(f)*	P 449
Pfropfenströmung *(f)*	P 442
Phantomecho *(n)*	G 138
Phasenänderung *(f)*	P 166
Phasendiagramm *(n)*	P 168
phasengesteuerter Gruppenstrahler *(m)*	P 167
Phasenregler *(m)*	I 356
Phasentrennung *(f)*	P 169
Philips-Vakuummeter *(n)*	C 318, P 171
Photoelastizität *(f)*	P 172
Pigtail *(n)*	P 189
Pilgerschrittschweißverfahren *(n)*	B 58, S 1099
Pinch-Technologie *(f)*	P 204
Pipeline *(f)*	P 260
Pipestill *(m)*	P 283
Pitting *(n)*	P 328
Plananteil *(m)* der Arbeits-Nichtverfügbarkeitszeit	P 362
Plananteil *(m)* der Nichtverfügbarkeitszeit	S 120
planmäßige Außerbetriebnahme *(f)*	S 119
planmäßiger Stillstand *(m)*	S 119
planmäßige Wartung *(f)*	R 639, S 118
Planschieber *(m)*	V 55

Planung *(f)*	B 148, C 472 ▲
Planung *(f)* von Rohrleitungssystemen	L 82
Plasmabrenner *(m)*	P 385
Plasma-Lichtbogenschneiden *(n)*	P 379
Plasma-Lichtbogenschweißen *(n)*	P 89, P 380
Plasma-Metall-Schutzgasschweißen *(n)*	P 384
Plasmaschneidbrenner *(m)*	P 381
Plasmastrahl-Plasmalichtbogenschweißen *(n)*	P 382
Plasmastrahlschweißen *(n)*	P 383
Plastifizierungsbehinderung *(f)*	P 390
Plastifizierungsbehinderungsfaktor *(m)*	P 391
plastische Analyse *(f)*	P 386
plastische Deformation *(f)*, unbegrenzte	U 43
plastische Instabilitätslast *(f)*	P 395
plastisch-elastische Verformung *(f)*	P 408
plastischer Bereich *(m)*	P 399
plastischer Kollaps *(m)*	P 388
plastische Rückverformung *(f)*	P 402
plastischer Versagensdruck *(m)*	P 389
plastisches Fließen *(n)*	M 225, Y 11
plastische Singularität *(f)*	S 580
plastisches Verhalten *(n)*	P 387
plastisches Versagen *(n)*	P 388
plastisches Zonenmodell *(n)*	S 1283
plastisches Zonenmodell *(n)*, Dugdalesches	D 562
plastische Verformung *(f)*	P 392, P 396, M 225, Y 11
plastische Verformung *(f)*, stufenweise	I 74, P 404
plastische Verformung *(f)*, übermäßige	G 225
plastische Verformung *(f)* durch Fließen	F 791, Y 2
plastische Zone *(f)* im EDZ	P 356
plastische Zone *(f)* im ESZ	P 360
plastische Zonenkorrektur *(f)*	P 407
Plastizität *(f)*	P 396
Platin-Halogen-Lecksuchgerät *(n)*	H 345
Platte *(f)*	C 152, D 289, D 324, P 29, P 411 ▲
Platte *(f)*, äquivalent homogene	E 251
Platte *(f)*, bewehrte	R 276
Platte *(f)*, eingespannte	F 267
Platte *(f)*, gelochte	P 137
Plattenabstand *(m)*	P 429
Plattenbänder *(n, pl)*	P 431
Plattenbreite *(f)*, effektive	E 67
Plattenbreite *(f)*, tatsächliche	E 67
Plattenbündel *(n)*	P 426
Plattenfedermanometer *(n)*	D 227
Plattenfedermeßwerk *(n)*	D 223
Plattenhebel *(m)*	D 337, H 340
Plattenkeil *(m)*, beweglicher	S 853
Plattenkeil *(m)*, starrer	S 732
Plattenkeilschieber *(m)*	D 397
Plattenlufterhitzer *(m)*	P 433
Plattenluftvorwärmer *(m)*	P 433

▲ to denote different meanings / gibt unterschiedliche Bedeutungen an

Plattenpaket *(n)*	P 426
Plattenröhrenwärmeaustauscher *(m)*	T 789
Plattenspalt *(m)*	P 420
Plattenverdampfer *(m)*	P 434
Plattenwärmeaustauscher *(m)*	P 413, P 435, P 170, H 158, H 160
Plattenwärmeaustauscher *(m)* mit Platten mit Fischgrätenmuster	H 147, H 290
Plattenwärmeaustauscher *(m)* mit Platten mit gewelltem Waschbrettmuster	W 81, H 175
Plattenwärmeaustauscher *(m)* mit Platten mit pfeilförmigem Muster	C 162, H 133
Plattenwärmeaustauscher *(m)* mit Platten mit Waschbrettmuster	P 422, H 156, H 161
Plattenwärmeaustauscher *(m)* Typ Paraflow	P 44
Plattenwelle *(f)*	L 17, P 436
Plattform *(f)*	P 437
plattierter Rohrboden *(m)*	C 202
Plattierung *(f)*	C 200
Plattierungszwischenfläche *(f)*	C 201
Platzscheibe *(f)*	B 312, B 544, R 668
plötzlich instabile Rißausbreitung *(f)*	P 495
plötzlicher Druckanstieg *(m)*	P 657
plötzlicher Kraftabfall *(m)*	P 495
pneumatisch betätigtes Wegeventil *(n)*	A 191, A 196
pneumatisch betätigtes Wegeventil *(f)*	A 208
pneumatisch betätigtes Wegeventil *(n)*	P 454
pneumatische Betätigung *(f)*	A 209
pneumatischer Stellantrieb *(m)*	P 453
pneumatischer Stellungsregler *(m)*	P 456
pneumatische Zusatzbelastung *(f)*	P 455
Podbielniak-Extraktor *(m)*	P 461
Podest *(m)*	L 37
Podest *(n)*	P 437
Poiseuille-Strömung *(f)*	P 470
Poissonsche Zahl *(f)*	P 471
Polarität *(f)*	P 472
Poldihammer *(m)*	B 109
Polmagnetisierung *(f)*	M 11
Polster *(n)*	P 31
Polung *(f)*	P 472
Polung *(f)*, negative	R 451, S 1145
Polung *(f)*, positive	R 452, S 1146
Ponton-Schwimmdach *(n)*	P 487
Pore *(f)*	P 212, P 501 ▲
Poren *(f, pl)*	P 503
Poren *(f, pl)*, gleichförmig verteilte	P 509
Poren *(f, pl)*, offene	P 504
Poren *(f, pl)*, örtlich gehäufte	P 505, P 507
Poren *(f, pl)*, vereinzelte	P 506
Poren *(f, pl)*, verstreute	P 508
Porenanteil *(m)*	V 210
Porendichte *(f)*	D 93

▲ to denote different meanings / gibt unterschiedliche Bedeutungen an

Porenkette *(f)*	L 219
Porennest *(n)*	C 270, L 343, P 505, P 507
Porenvolumen *(n)*	V 212
Porenzeile *(f)*	L 219
Porenziffer *(f)*	V 210
Porosität *(f)*	P 503
Porosität *(f)*, gleichförmig verteilte	U 85
Porosität *(f)*, verstreute	S 791
Portalrahmen *(m)*	B 256
Portion *(f)*	B 157
positive Biegespannung *(f)*	T 138
positive Elektrode *(f)*	E 121
positive Polung *(f)*	R 452, S 1146
positiver Boden *(m)*	P 451, H 72
positives Biegemoment *(n)*	T 137
positives Rippenspitzenspiel *(n)*	F 249
Post-Dryout *(m)*	P 520
Posten *(m)*	B 158
postulierter Rohrbruch *(m)*	P 524
postuliertes Rohrversagen *(n)*	P 524
Potentialausgleichsschiene *(f)*	B 373
Prallblech *(n)*	I 24, I 30, I 46
Prallblech *(n)*, ebenes	F 393
Prallglockenboden-Kolonne *(f)*	B 77
Prallharfe *(f)*	I 48
Prallplatte *(f)*	I 24, I 30, I 46
Prallschutz *(m)*	I 47
Prandtl-Staurohr *(n)*	P 538
Prandtl-Zahl *(f)*	P 537
Pratze *(f)*	B 420, L 466 ▲
Präzisionsstahlrohr *(n)*	P 545
Preßdichtung *(f)*	C 443, C 875, G 59
Pressen *(n)*, handaufgelegtes	H 23
Pressen *(n)*, heißisostatisches	H 395
preßgeschweißtes Rohr *(n)*, elektrisch	E 104
Preßling *(m)*	P 572
Preßluftmotor *(m)*	A 204
Preßluft-Schweißnahtschleifmaschine *(f)*	P 458
Preßluftspeicher *(m)*	C 429, R 129
Preßluftzentrierklammer *(f)*	A 195, A 203, A 220, L 242
Preßpassung *(f)*	P 573
Preßschweißen *(n)*	P 675
Preßsitz *(m)*	F 662
Pressung *(f)*, zulässige Spannung auf	A 229
Pressungsfaktor *(m)*	C 434
primäre Kontrollechohöhe *(f)*	P 687, R 222
primäre Spannung *(f)*	P 690, P 694
primäre Strahlung *(f)*	P 686
Primärkreislauf *(m)*	P 681
Primärkühlkreislauf *(m)*	P 682
Primärreinigungsanlage *(f)*	R 117
Primärspannung *(f)*	P 690, P 694

▲ to denote different meanings / gibt unterschiedliche Bedeutungen an

Primärwasser *(n)*	C 638
Prinzipskizze *(f)*	D 216
Probe *(f)*	S 38, S 804, T 224 ▲
Probe *(f)*, **bogenförmige**	A 408
Probebetrieb *(m)*	T 216, T 651
Probeblech *(n)*	T 203
Probedruck *(m)*	T 205
Probeentnahme *(f)*	S 41
Probeentnahmeeinrichtung *(f)*	S 44
Probeentnahmekühler *(m)*	S 40
Probeentnahmeleitung *(f)*	S 47
Probeentnahmepumpe *(f)*	S 51
Probeentnahmestelle *(f)*	S 48
Probeentnahmestutzen *(m)*	S 42
Probeentnahmeventil *(n)*	S 52
Probeentnehmer *(m)*	S 43
Probegußstück *(n)*	P 194
Probekörper *(m)*	S 804, T 183
Probelauf *(m)*	T 216, T 651
Probemontage *(f)*	C 150, M 341, T 649
Probenahme *(f)*	S 41
Probenahme *(f)*, **mehrfache**	R 339
Probenahmesonde *(f)*	S 50
Probenahmestrecke *(f)*	S 47
Probenehmer *(m)*	S 43
Probensatz *(m)*	S 335, T 226
Probeplatte *(f)*	T 203
Probering *(m)*	T 215
Probeschweißnaht *(f)*	T 229, T 652
Probestab *(m)*	S 804, T 183, T 224
Probestück *(n)*	S 38, T 201, T 203, T 224
Probierbetrieb *(m)*	P 370
Probierhahn *(m)*	T 685
Probierventil *(n)*	T 686
Problemlösungen *(f, pl)*	P 707
Produkt *(n)*	P 746
Produktaudit *(n)*	P 762
Produkteinsatzmenge *(f)*	B 157
Produktgas *(n)*	M 38, P 726
Produktgassammelsystem *(n)*	P 728
Produktmischeinrichtungen *(f, pl)*	P 761
Profil *(n)*	C 589, S 228, S 377 ▲
Profil *(n)*, **strömungstechnisch ungünstiges**	B 313
Profildichtung *(f)*	P 767
Profile *(n, pl)*	S 1082, S 1299
Profileisen *(n, pl)*	S 1082, S 1299
Profilhöhe *(f)*	D 127
Profilstahl *(m)*	S 1082
Profilträger *(m)*	R 542
Projektausführungskontrolle *(f)*	D 173, D 571
Projektion *(f)*	P 770
Projektionsabstand *(m)*	P 769

▲ to denote different meanings / gibt unterschiedliche Bedeutungen an

Propellerrührer *(m)*	P 785
Propellerrührwerk *(n)*	P 785
Proportionalitätsgrenze *(f)*	P 788
Proportionalventil *(n)*	H 307
Protokoll *(n)*	R 151
Protokoll *(n)* **der Schweißverfahrensprüfung**	W 243
provisorische Arretierung *(f)*	T 134
provisorische Schweißnaht *(f)*	T 135
provisorische Schweißunterlage *(f)*	B 32
prozentuale Bruchdehnung *(f)*	P 131
Prozeß *(m)*, **verfahrenstechnischer**	T 67
prozeßabhängige Ablaufsteuerung *(f)*	P 733
Prozeßablaufdiagramm *(n)*	P 718
Prozeßablaufschema *(n)*	P 723
Prozeßdampf *(m)*	P 740
Prozeßeinheit *(f)*	P 734
Prozeßflüssigkeit *(f)*	P 725
Prozeßfolge *(f)*	P 738
Prozeßführung *(f)*	P 714
Prozeßgas *(n)*	M 38, P 726
Prozeßkühlung *(f)*	P 717
Prozeßleitsystem *(n)*	P 716
Prozeßluftvorwärmer *(m)*	P 712
Prozeßschema *(n)*	P 723
Prozeßschnittstelle *(f)*	P 731
Prozeßüberwachung *(f)*	P 732
Prozeßwärme *(f)*	P 729
Prozeßwärmeübertragung *(f)*	P 730
Prüfablaufplan *(m)*	I 171
Prüfanordnung *(f)*	T 178, T 214, T 222
Prüfanschluß *(m)*	T 191
Prüfanstalt *(f)*	T 193
Prüfanweisung *(f)*	I 188, T 194, T 223 ▲
Prüfattest *(n)*	I 174, T 181 ▲
Prüfaufkleber *(m)*	I 211
Prüfbeauftragter *(m)*	C 391
Prüfbedingung *(f)*	I 176, I 203, T 182, T 211 ▲
Prüfbelege *(m, pl)*	T 185
Prüfbericht *(m)*	I 202, T 210 ▲
Prüfbescheid *(m)*	T 210
Prüfbescheinigung *(f)*	I 174, T 181 ▲
Prüfblatt *(n)*	Q 26
Prüfblock *(m)*	R 201, T 180
Prüfdaten *(n, pl)*	T 184
Prüfdauer *(f)*	T 186
Prüfdruck *(m)*	T 205
Prüfeinrichtung *(f)*	T 187
Prüfelektrode *(f)*	P 743
Prüfempfindlichkeit *(f)*	T 218
Prüfen *(n)*, **rechnergestütztes**	C 63, C 462
Prüfer *(m)*	I 213
Prüfergebnis *(n)*	E 287, I 204, T 212 ▲

▲ to denote different meanings / gibt unterschiedliche Bedeutungen an

Prüffläche

Prüffläche *(f)*	B 17, E 285, T 228 ▲
Prüfflansch *(m)*	T 192
Prüfflüssigkeit *(f)*	D 185, M 14, T 188 ▲
Prüfflüssigkeit *(f)*, fluoreszierende	F 613
Prüffolge *(f)*	T 220
Prüffrequenz *(f)*	I 182
Prüfgas *(n)*	P 699, S 201, T 190
Prüfgruppe *(f)*	Q 10
Prüfinstrument *(n)*	T 195
Prüfintervall *(n)*	I 189
Prüfklasse *(f)*	E 284, I 173, Q 23 ▲
Prüfkopf *(m)*	P 698, S 202
Prüfkopf *(m)*, angeschliffener	S 380
Prüfkopf-Einsatz *(m)*	P 703
Prüfkopfeinstellwinkel *(m)*	A 276
Prüfkopfhalteraufnahme *(f)*	P 701
Prüfkopfhalterung *(f)*	P 700
Prüfkopf *(m)* mit Vorlaufstrecke	D 86
Prüfkopfschuh *(m)*	P 704
Prüfkörper *(m)*	R 201, S 38, S 804, T 180, T 183, T 224 ▲
Prüflabor *(n)*	T 193
Prüflänge *(f)*	S 46
Prüflast *(f)*	P 776
Prüflehre *(f)*	C 151, I 183, M 130, R 209, S 967 ▲
Prüfling *(m)*	S 38, S 804, T 183, T 224 ▲
Prüflos *(n)*	I 191, T 198 ▲
Prüfmanometer *(n)*	I 200, M 132, T 207
Prüfmedium *(n)*	T 188
Prüfmerkmal *(n)*	I 175
Prüfmethode *(f)*	T 200
Prüfmittel *(n)*	E 286, I 192, P 110, T 187 ▲
Prüfmuster *(n)*	S 38
Prüfniveau *(n)*	I 190
Prüfnormal *(n)*	R 217, R 229
Prüfnormal *(n)* für die Eindringmittelprüfung	L 269
Prüföffnung *(f)*	I 187, O 9, P 103, T 83 ▲
Prüfpersonal *(n)*	I 197
Prüfplakette *(f)*	I 211
Prüfplan *(m)*	I 171, I 198, I 205
Prüfplatte *(f)*	T 57
Prüfprotokoll *(n)*	I 202, T 209, T 210 ▲
Prüfreißlack *(m)*	S 1175
Prüfschritt *(m)*	I 186
Prüfsonde *(f)*	S 50
Prüfspezifikation *(f)*	I 209
Prüfstand *(m)*	T 178, T 179, T 214, T 222, T 227 ▲
Prüfstelle *(f)*	I 172
Prüfstempel *(m)*	C 110, I 210 ▲
Prüfstrecke *(f)*	T 217
Prüfstück *(n)*	T 201, T 203
Prüfstufe *(f)*	I 190
Prüfumfang *(m)*	I 177, I 206

▲ to denote different meanings / gibt unterschiedliche Bedeutungen an

pulsierter Siebboden-Extraktor

Prüfung *(f)*	C 149, E 283, I 167, T 176 ▲
Prüfung *(f)*, berührungslose	G 17
Prüfung *(f)*, elektromagnetische	E 125
Prüfung *(f)*, technologische	M 214
Prüfung *(f)*, wiederkehrende	P 150
Prüfung *(f)*, zerstörende	D 179
Prüfung *(f)*, zerstörungsfreie	N 15
Prüfung *(f)*, zyklische	P 147
Prüfung *(f)* auf einsinnig steigende Dehnung	C 102, C 542
Prüfung *(f)* auf Maßhaltigkeit	D 254, D 258
Prüfung *(f)* auf rückwärtige Streustrahlung	B 51
Prüfung *(f)* der Beständigkeit gegen interkristalline Korrosion	T 189
Prüfung *(f)* durch Aufgabe von Vordruck	B 47
Prüfung *(f)* für die Abnahme oder Zurückweisung von Fehlern	A 45
Prüfung *(f)* mit bloßem Auge	N 1
Prüfung *(f)* mittels Halogendiodendetektor	H 15
Prüfung *(f)* mittels Heliumbombe	H 282
Prüfung *(f)* mit umschließender Spule	E 172
Prüfung *(f)* vor Inbetriebnahme	P 566
Prüfung *(f)* zur Bescheinigung der Abblaseleistung	C 31
Prüfunterlagen *(f, pl)*	I 178, T 185 ▲
Prüfventil *(n)*	P 610, T 686 ▲
Prüfverfahren *(n)*	I 201, T 200, T 208 ▲
Prüfverfahren *(n)* mit hoher hydrostatischer Zugspannung	R 602
Prüfvermerk *(m)*	C 153
Prüfvorschrift *(f)*	I 188, T 194, T 223 ▲
Prüfwasser *(n)*	H 453
Prüfzeichen *(n)*	C 153, M 103 ▲
Prüfzeugnis *(n)*	I 174
Prüfzone *(f)*	S 109
PSE	P 841
Pseudorißbildung *(f)*	C 792
Pseudorisse *(m, pl)*	C 791
Pufferbehälter *(m)*	S 1449
Puffern *(n)*	B 555
Pufferspeicher *(m)*	B 502
Puffertank *(m)*	S 1449
Pull-through-Apparat *(m)*	P 822
Pulsation *(f)*	P 832
Pulsfolge *(f)*	P 854
Pulsgeber *(m)*	P 857
Pulsieren *(n)*	P 832
pulsierende Füllkörperkolonne *(f)*	P 839
pulsierende Kolonne *(f)*	P 836
pulsierender Druck *(m)*	P 829
pulsierender Lichtbogen *(m)*	P 835
pulsierende Rohrströmung *(f)*	P 828
pulsierende Strömung *(f)*	P 837
pulsierende turbulente Strömung *(f)*	P 842
pulsierter Siebboden-Extraktor *(m)*	P 841

▲ to denote different meanings / gibt unterschiedliche Bedeutungen an

Pulslichtbogen *(m)*	P 835
Pulver *(n)*	F 626
Pulverabsaugung *(f)*	F 635
Pulverabsaugvorrichtung *(f)*	F 636
Pulverbehälter *(m)*	F 633
Pulverbett *(n)*	F 627
Pulverdecke *(f)*	F 628
Pulvermetallspritzen *(n)*	P 528
Pulvermetallurgie *(f)*	P 529
Pump- und Vorwärmstation *(f)*	P 179, P 863
Pumpe *(f)*	P 861
Pumpenansaugdruck *(m)*	P 890
Pumpenansaugleitung *(f)*	P 889
Pumpendrehzahl *(f)*	P 886
Pumpendruck *(m)*	P 872
Pumpendruckfilter *(n)*	P 874
Pumpendruckgehäuse *(n)*	P 870
Pumpendruckhöhe *(f)*	P 877
Pumpendruckleitung *(f)*	P 871
Pumpendruckseite *(f)*	P 873
Pumpendruckstutzen *(m)*	P 869
Pumpeneinlaufschacht *(m)*	P 893
Pumpenentlastungsgegenscheibe *(f)*	P 887
Pumpenentlastungsscheibe *(f)*	P 865
Pumpenflügelrad *(n)*	P 878
Pumpenförderdruck *(m)*	P 868
Pumpenförderleistung *(f)*	P 879
Pumpenfördermedium *(n)*	P 880
Pumpenfördertemperatur *(f)*	P 883
Pumpengehäuse *(n)*	P 867
Pumpengehäuseunterteil *(n)*	P 866
Pumpenlaufrad *(n)*	I 41
Pumpenleistung *(f)*	P 879
Pumpensaugfilter *(n)*	P 892
Pumpensaugleitung *(f)*	P 889
Pumpensaugseite *(f)*	P 891
Pumpensaugstutzen *(m)*	P 888
Pumpensumpf *(m)*	P 893
Pumpenvorlage *(f)*	P 884
Pumpenwirkungsgrad *(m)*	P 876
pumpfähig *(Adj.)*	P 862
Pumpspeicherwerk *(n)*	P 875
Pumpstation *(f)*	P 881, P 885
Punkt- bzw. Strichraupenschweißen *(n)*	D 480
punktförmige Belastung *(f)*	C 468, P 464
punktförmige Radialbelastung *(f)*	C 469
punktförmiges äußeres Kippmoment *(n)*	C 466
punktförmiges äußeres Torsionsmoment *(n)*	C 467
Punktkontakttechnik *(f)*	P 744
Punktlager *(n)*	P 469
Punktlast *(f)*	C 468, P 464
Punktschweißen *(n)*	S 873

Punktschweißmaschine *(f)*	S 874
Punktschweißnaht *(f)*	S 871
Punktschweißverbindung *(f)*	S 872
Pyramidendruckprobe *(f)*	V 183
Pyramidenhärte *(f)*	V 186
Pyrometerkegel *(m)*	S 244

▲ to denote different meanings / gibt unterschiedliche Bedeutungen an

Q

QH-Kennlinie *(f)*	H 80, P 674
Q-Pipe-Wärmeaustauscher *(m)*	Q 6
QS	Q 1, Q 18
QS-Grundsätze *(m, pl)*	Q 36
QS-Handbuch *(n)*	Q 2, Q 19
QS-System *(n)*	Q 4, Q 21
QS-Verfahrensanweisung *(f)*	Q 39
quadratischer Druckverlust *(m)*	Q 7
quadratischer Mittelwert *(m)*	R 531, R 589
quadratische Rohrteilung *(f)*	S 920
quadratische Teilung *(f)*, **gedrehte**	R 612
Qualifikationsnachweis *(m)*	Q 9
Qualifikationsprüfung *(f)*	Q 13
qualitative Analyse *(f)*	Q 17
Qualitätsabweichung *(f)*	O 16
Qualitätsbeauftragter *(m)*	Q 3, Q 20
Qualitätsfähigkeitsbestätigung *(f)*	Q 43
Qualitätsgrenzlage *(f)*, **rückzuweisende**	L 201, R 289, R 642
Qualitätskontrolle *(f)*	Q 5, Q 24
Qualitätslage *(f)*	Q 35
Qualitätslenkung *(f)*	Q 24
Qualitätsmangel *(m)*	Q 27
Qualitätsmerkmal *(n)*	Q 31
Qualitätsminderung *(f)*	I 39
Qualitätsprüfung *(f)*	Q 34, Q 42
Qualitätssicherung *(f)*	Q 1, Q 18
Qualitätssicherungshandbuch *(n)*	Q 2, Q 19
Qualitätssicherungssystem *(n)*	Q 4, Q 21
Qualitätsstahl *(m)*	H 304
Qualitätsstandard *(m)*	Q 35
Qualitätsstellenleiter *(m)*	Q 28
Qualitätstechnik *(f)*	Q 29
Qualitätsüberprüfung *(f)*	Q 22
Qualitätsüberwachung *(f)*	Q 18, Q 40
quantitative Analyse *(f)*	Q 44
quasi-konstanter Schlupf *(m)*	Q 54
quasi-stationärer Temperaturgradient *(m)*	Q 55
quasistationäre Strömung *(f)*	Q 56
Quellen *(n)*	S 1469
Quenche *(f)*	P 474, Q 58 ▲
Quenchen *(n)*	Q 61
Quenchkühler *(m)*	Q 58
Queranschallung *(f)*	D 129
Querbalken *(m)*	C 843
Querbeanspruchung *(f)*	L 62, S 402 ▲
Querberippung *(f)*	T 598
Querbewegung *(f)*	T 607
Querbiegeprobe *(f)*	S 504, T 593
Querbiegeprobe *(f)* **mit der Oberfläche im Zug**	T 611
Querbiegeversuch *(m)*	T 592

▲ to denote different meanings / gibt unterschiedliche Bedeutungen an

Querbruch *(m)*	T 603
Querfaltprobe *(f)*	S 504, T 593
Querfaltversuch *(m)*	S 503, T 592
Querfehler *(m)*	T 600
quergeteilte Pumpe *(f)*	R 2
Querkerben *(f, pl)*	R 518
Querkerben *(f, pl)* in der Decklage	C 280
Querkontraktionszahl *(f)*	P 471
Querkraft *(f)*	L 59, T 602 ▲
Querleitblech *(n)*	T 590, C 841
Quernahtschweißmaschine *(f)*	T 610
Quernut *(f)*	T 604
Querprobe *(f)*	T 613
Querrichtung *(f)*	T 596
Querrippe *(f)*	T 597
Querrippen-Rauhigkeit *(f)*	T 609
Querriß *(m)*	T 594
Querscheibe *(f)*	T 595
Querschliff *(m)*	T 605
Querschnitt *(m)*	C 854, S 226
Querschnitt *(m)*, kreisrunder	T 672
Querschnitt *(m)*, maßgeblicher	R 649
Querschnittsänderung *(f)*	R 195
Querschnittserweiterung *(f)*	C 858, D 365
Querschnittsfläche *(f)*	C 855
Querschnittskombination *(f)*	C 416
Querschnittsovalisierung *(f)*, bleibende	R 356
Querschnittsübergang *(m)*	C 122
Querschnittsverengung *(f)*	C 627, C 857, N 26 ▲
Querschnittsverflachung *(f)*	C 859
Querschnittsverminderung *(f)*	R 195, C 591
Querschubverformung *(f)*	T 612
Quersteife *(f)*	T 614
Querstrom *(m)*	C 847, T 601
Querströmgeschwindigkeit *(f)*	C 848
Querströmung *(f)*	C 847, T 601
Querstrom-Wärmeaustauscher *(m)*	H 137
Querteilung *(f)*	P 318, T 608
Querträger *(m)*	C 843, C 850, T 591 ▲
Querverankerung *(f)*	C 861
Querzugprobe *(f)*	T 615
Querzugversuch *(m)*	T 616
Quetschdichtung *(f)* mit reduzierter Dichtpressung	S 923
Quetschen *(n)*	C 874
Quetschen *(n)*, übermäßiges	G 224
Quetschfaltversuch *(m)*	F 397
Quetschfilmdämpfung *(f)*	S 922
Quetschgrenze *(f)*	C 455
Quetschhahn *(m)*	P 203
Quetschklammer *(f)*	A 221
Quetschventil *(n)*	P 208
Quetschverschraubung *(f)*	C 437

Quetschversuch *(m)*   C 454
Quittierschalter *(m)*   A 50

R

Radialabtastung *(f)*	R 3
Radialbelastung *(f)*, **punktförmige**	C 469
radiale Einzellasten *(f, pl)*	I 396
radial eingekerbte Ausführung *(f)*	C 853, R 5
Radialgleitlager *(n)*	R 4
Radialspannung *(f)*	R 6
radiographische Belichtung *(f)*	R 30
radiographische Empfindlichkeit *(f)*	R 34
Raffinationsverlust *(m)*	R 235
Raffinerie *(f)*	R 233
Raffineriegase *(n, pl)*	R 234
Rahmenbescheinigung *(f)*	M 127
Rahmenbinder *(m)*	C 849
Rahmen-Fachwerkkonstruktion *(f)*	F 713
Rahmenkonstruktion *(f)*	F 715
Rahmennorm *(f)*	G 124, G 132
Rahmenständer *(m)*	F 714
Rahmenvorschrift *(f)*	G 124, G 132
Rainflow-Zählverfahren *(n)*	R 54
Ramén-Wärmeaustauscher *(m)*	L 19, L 158, R 60
rampenförmige Druckentlastungswelle *(f)*	S 1102
Rand *(m)*, **unberohrter äußerer**	U 119, U 72
Randabdichtung *(f)*	P 154
Randaufwölbung *(f)*, **ringförmige**	H 437
Randbedingungen *(f, pl)*	B 397
Randbereich *(m)*, **unberohrter**	U 119
Randelementmethode *(f)*	B 233, B 398
Randhärten *(n)*	S 1423
Randkante *(f)*	E 42
randnaher Fehler *(m)*	S 1350
Randreihe *(f)*	B 406
Randschicht *(f)*	S 1428
Randschichthärte *(f)*	S 1424
Randschneiden *(f, pl)*	K 16
Randspannung *(f)*	B 407, E 46
Randsteife *(f)*	R 492
Randstörung *(f)* **durch Drillung**	D 314
Randverdrillung *(f)*	E 44
Randverschraubung *(f)*	E 36
Randverstärkung *(f)*	E 43, R 279
Randzone *(f)*	E 48
Raschigring *(m)*	R 79
Rasierklingenlager *(n)*	K 14
Raster *(n)*	G 198
Rasterelektronenmikroskop *(n)*	S 103
Raster-Elektronenmikroskopie *(f)*	S 288, E 133
Rasterlinien *(f, pl)*	G 200
Rasterprüfung *(f)*	G 202
Rastlinien *(f, pl)*	C 221
Raststellung *(f)*	L 355

▲ to denote different meanings / gibt unterschiedliche Bedeutungen an

Rattermarken *(f, pl)*	C 148, M 1
rauchgasbeheizter Vorwärmer *(m)*	E 23
rauhe Oberfläche *(f)*	R 627
rauhe Oberfläche *(f)*, hydraulisch	H 441
rauhes Rohr *(n)*, hydraulisch	H 442
Rauhigkeit *(f)*	T 231
Rauhigkeitshöhe *(f)*, kritische	C 836
Rauhkorndessinierung *(f)*	E 155
Rauhtiefe *(f)*	C 89, C 203, P 97, R 464, R 624
Raumaufteilung *(f)*	S 785
Raumkrümmer *(m)*	S 730
räumlicher Bogen *(m)*	S 730
Raumtemperatur *(f)*	A 253
Raupe *(f)*	B 170, R 650
Raupe *(f)* im Zug	F 15
Raupenwellungen *(f, pl)*	W 305
Rauschabstand *(m)*	S 520
Rauschen *(n)*	N 69
Rauschen *(n)*, statisches	R 67
Rauschgrenze *(f)*	N 83
Rauschsignal *(n)*	B 23
Rauschstörung *(f)*	R 67
Rayleigh-Welle *(f)*	R 108, S 1446
Rayleigh-Zahl *(f)*	R 107
RDB	R 115, R 641
Reaktion *(f)* auf Erdstöße	E 8
Reaktionsbehälter *(m)*	R 111
Reaktions-Fouling *(n)*	C 160, F 673
Reaktionsgefäß *(n)*	R 111
Reaktionsgeschwindigkeit *(f)*	R 99, R 110
Reaktionskräfte *(f, pl)*	P 307, R 109
Reaktionskräfte *(f, pl)* an den Anschlußstellen	T 171
Reaktionskräfte *(f, pl)* der Strömung	F 529
Reaktionslinie *(f)* der Dichtung	L 228
Reaktionstemperatur *(f)*	R 112
reaktionsträge *(Adj.)*	U 125
Reaktionswärme *(f)*	H 207
Reaktor *(m)*	R 114
Reaktor *(m)*, durchgemischter	S 1116
Reaktor *(m)*, graphitmoderierter	G 185
Reaktor *(m)*, ideal durchmischter	W 328
Reaktordruckbehälter *(m)*	R 115, R 641
Reaktordruckbehälterdeckel *(m)*	R 116
Realgasfaktor *(m)*	C 430
Reboiler *(m)*	R 125
Reboiler *(m)*, eingesetzter	C 366
rechnergestützte Konstruktion *(f)* und technisches Zeichnen	C 2, C 459
rechnergestütztes Engineering *(n)*	C 4, C 460
rechnergestütztes Fertigen *(n)*	C 24, C 461
rechnergestütztes Konstruieren *(n)*	C 1, C 458
rechnergestütztes Prüfen *(n)*	C 63, C 462

Reduzierverschraubung, gerade

rechnerintegrierte Produktion *(f)*	C 180, C 463
rechnerische Annäherung *(f)*	D 137
rechnerische Flüssigkeitshöhe *(f)*	D 158
rechnerische Kehlnahtdicke *(f)*	T 240
rechnerische Lebensdauer *(f)*	D 156, T 238
rechnerische Lebensdauer *(f)* unter Wechselbeanspruchung	C 917
rechnerischer Verdrehungswinkel *(m)*	D 164
rechnerisches spezifisches Gewicht *(n)*	D 165
rechnerische Vorprüfung *(f)*	A 382, D 138
rechnerische Wanddicke *(f)*	C 6
rechnerische Wandtemperatur *(f)*	D 161
rechnerische Wärmeleistung *(f)*	D 171
rechnerische Windgeschwindigkeit *(f)*	D 174
rechteckiger Dehnungsausgleicher *(m)*	R 161, E 359
rechteckiger Kompensator *(m)*	R 161, E 359
rechteckiger Kondensator *(m)*	R 163
rechteckiger Rohrboden *(m)*	R 166
Rechteckklappe *(f)*	R 160
Rechteckkrippe *(f)*	S 913
Rechtecksammler *(m)*	S 918
Rechtsschweißen *(n)*	B 24
rechtwinklig abgeschnittenes Rohr *(n)*	S 910
rechtwinklig zur Oberfläche	N 180
Reckalterung *(f)*	S 1162
Reckung *(f)*	S 1160
Reckung *(f)* der Außenfaser	E 408
Reckung *(f)* der äußeren Faser	S 1184
Redoxpotential-Meßgerät *(n)*	R 175
Reduktionsfaktor *(m)*	R 194
Reduktionsmittel *(n)*	R 188
Reduzierhülse *(f)*	A 145
Reduzier-Kreuzstück *(n)*	R 189
Reduziermittel *(n)*	R 188
Reduziermuffe *(f)*	R 192
Reduziernippel *(m)*	R 191
Reduziernippel *(m)* mit Sechskant	H 295
Reduzier-Schweißbogen *(m)* mit großem Radius (90°)	L 400
Reduzierstück *(n)*	R 186
Reduzierstück *(n)*, apfelsinenschalenförmiges	O 87
Reduzierstück *(n)*, konzentrisches	C 471
Reduzierstück *(n)* mit beiderseitigem Gewinde	T 366
Reduzierstück *(n)* mit Doppelkrümmung	R 447
reduzierte Fehlergröße *(f)*	R 178
reduzierte Leistung *(f)*	R 180
reduzierte Prüfung *(f)*	R 179
reduzierter Druck *(m)*	R 181
reduzierter Fehlerabstand *(m)*	R 177
reduzierter Schaft *(m)*	R 183, W 3
reduzierte Temperatur *(f)*	R 185
Reduzierventil *(n)*	R 193
Reduzierverschraubung *(f)*, gerade	R 187

▲ to denote different meanings / gibt unterschiedliche Bedeutungen an

Reflektogramm (n)	T 536
Reflektor (m), ebener	P 348
Reflektor (m), kreisscheibenförmiger	C 182
Reflektorfläche (f)	R 237
Reflexion (f)	R 238
Reflexionsstelle (f)	R 241
Reflexionsverfahren (n)	R 240
Reflexionswinkel (m)	A 289, R 239
Regelabschaltung (f)	N 175
Regelbereich (m)	C 615
Regeldruck (m)	C 614
Regeleingriff (m)	C 693
Regeleinrichtung (f)	C 607, C 617
Regelglied (n)	C 605
Regelgröße (f)	C 613
Regelimpuls (m)	C 616
Regelklappe (f)	C 601, R 268
Regelkonus (m)	R 271
Regelkreis (m)	A 502, C 248
Regellast (f)	S 973
regelmäßiges Lochfeld (n)	U 86
regelmäßiges Rohrlochfeld (n)	U 86
Regelorgan (n)	F 572
Regelschema (n)	C 603
Regelsignal (n)	C 616
Regelspanne (f)	C 615
Regelstrecke (f)	C 611
Regel- und Überwachungsschrank (m)	C 599
Regelung (f)	A 500, C 247, C 597 ▲
Regelungstechnik (f)	A 501, C 606
Regelungsüberschreitung (f)	O 172
Regelventil (n)	C 618
Regelventil (n), luftgesteuertes	A 206
Regelverhalten (n)	C 600, T 552 ▲
Regelverlauf (m)	C 598
Regelvorgang (m)	C 598
Regelvorrichtung (f)	C 602
Regelzeit (f)	R 157
regenerativer Wärmeaustauscher (m)	R 264, R 466
regenerativer Wärmeübertrager (m)	R 264, R 466
Regenerativ-Luftvorwärmer (m)	R 262
Regenerativ-Luvo (m)	R 262
Regenerativprozeß (m)	R 265
Regenerator (m)	R 264
Regenfallrohr (n)	R 55
Regenschirmdach (n)	U 36
Regenschirmdach (n), freitragendes	S 286
Regenwasserabfluß (m)	R 56
regulärer Steg (m)	T 843, L 188
Regulierkegel (m)	R 271, T 46, T 389, V 124, V 228 ▲
Regulierklappe (f)	C 601, I 398
Reguliervorrichtung (f)	R 269

Reibabtrag *(m)*, mechanischer	F 738
Reibbolzenschweißen *(n)*	F 752
Reiboxydation *(f)*	F 738
Reibschweißen *(n)*	F 758
Reibschweißen *(n)* mit permanentem Antrieb	C 576
Reibung *(f)*	F 741
reibungsbehaftete Strömung *(f)*	V 196
Reibungsbeiwert *(m)*	C 295, F 748
Reibungsdruckabfall *(m)*	F 745
Reibungsdruckverlust *(m)*	F 594
reibungsfreie Strömung *(f)*	E 213, I 374 ▲
Reibungskoeffizient *(m)*	C 295
Reibungskorrosion *(f)*	F 738
Reibungskraft *(f)*	F 742
reibungsloser Betrieb *(m)*	S 668, T 669
Reibungsströmung *(f)*	V 196
Reibungsverlust *(m)*	F 744
Reibungsverluste *(m, pl)*	F 751
Reibungswärme *(f)*	F 743
Reibungswert *(m)*	S 599
Reibungswiderstand *(m)*	F 746
Reibungswiderstand *(m)*, der Bewegung entgegengesetzter	F 747
Reibungszahl *(f)*	F 748, S 599
Reibverschleiß *(m)*	F 739
Reibverschleißrate *(f)*	F 740
Reifen-Prüfkopf *(m)*	W 341
Reihenfertigung *(f)*	S 315
Reihenschaltung *(f)*, Apparate in	S 938
reihenweises Einschweißen *(n)*	P 162
reine Abscherung *(f)*	P 895
reine Abscherung *(f)*, zulässige Spannung auf	A 230
reine Biegebeanspruchung *(f)*	P 894
reine Schweißgutprobe *(f)*	A 245
reines Schweißgut *(n)*	A 243
Reinheitsgrad *(m)*	C 230
Reiniger *(m)*	P 112
Reinigung *(f)*	C 224
Reinigung *(f)*, mechanische	M 203
Reinigung *(f)*, verlorene	S 573
Reinigungsarmatur *(f)*	C 232
Reinigungsarmatur *(f)*, bodengleiche	F 623
Reinigungskugel *(f)*	C 225
Reinigungsmolch *(m)*	G 165, P 186, P 262
Reinigungsöffnung *(f)*	A 52, C 229, C 231
Reinigungstür *(f)*	C 226
Reinsubstanz *(f)*	R 226
Reiseanstrich *(m)*	P 802, T 561
Reißblech *(n)*	R 295
Reißbolzensicherung *(f)*	B 445
Reißdach *(n)*	F 716
Reißdruck *(m)*	F 47

▲ to denote different meanings / gibt unterschiedliche Bedeutungen an

Reißer *(m)*	P 228, P 248, P 252, P 276
Reißlack *(m)*	B 467
Reißlack *(m)*, Dehnungsanzeige mittels	L 10, S 1176
Reißlackanstrich *(m)*	B 459
Reißlackverfahren *(n)*	S 1211
Reißmodus *(m)*	T 62
Reißnaht *(f)*	P 642, R 670, T 63
Reißscheibe *(f)*	B 312, B 544, R 668
Rekondensation *(f)*	R 149
Rekristallisationsglühen *(n)*	S 1331
Rektifizieren *(n)*	R 167
Rektifiziersäule *(f)*	R 170
rekuperativer Wärmeaustauscher *(m)*	R 172
Rekuperativ(luft)vorwärmer *(m)*	R 171
Rekuperativ-Wärmeaustauscher *(m)*	R 172
Rekuperator *(m)*	R 172
Relaxation *(f)*	R 291
Relaxationsriß *(m)*	R 272
Relaxationsrißbildung *(f)*	R 273, S 1246
Relaxationsversprödung *(f)*	S 1246
Relining *(n)*, ringraumloses	C 253
REM	S 103
Reparatur *(f)*	R 328
Reparaturschweißung *(f)*	R 329
Reparaturzeit *(f)*	P 362
Replicatechnik *(f)*	R 338
Resonant Buffeting *(n)*	R 390
Resonanz *(f)*	R 388
Resonanz *(f)*, akustische	A 104
resonanzartige Schwingungsamplituden *(f, pl)*	R 390
Resonanzmethode *(f)*	R 389
Resonanz-Schwingungsamplituden *(f, pl)*	R 392
Restanteil *(m)* der Transportgrößen	R 359
Restaustenit *(n)*	R 416
Restbeanspruchung *(f)*	R 310
Restdichtungskraft *(f)*	R 352
Restentwässerungsventil *(n)*	R 351
Restfeldtechnik *(f)*	R 358
Restgaserhitzer *(m)*	T 11
Restlebensdauer *(f)*	R 313
Restlebensdauervorhersage *(f)*	R 314
Restlebensdauervorhersage *(f)* bei Kriechbeanspruchung	R 312
restliche Streckgrenze *(f)*	R 362
Restnutzung *(f)*	R 360
Restverlust *(m)*	U 38
Restwandstärke *(f)*	R 311
resultierende Biegespannung *(f)*	R 413
resultierende Momentenbeanspruchung *(f)*	R 415
resultierendes Moment *(n)*	R 414
Revision *(f)*	I 166
Revisionsblatt *(n)*	U 150
Revisionsdienst *(m)*	U 151

Revisionsstillstand *(m)*	I 196, I 207
Reynolds-Zahl *(f)*	R 463
reziproker Viskositätskoeffizient *(m)*	F 596
Rezirkulation *(f)*	R 139
Rezirkulationsbetrieb *(m)*	R 142
Rhombenfachwerk *(n)*	D 420
Rhönradvorrichtung *(f)*	A 179
Richtanalyse *(f)*	T 842
Richtkraft *(f)*	S 1141
Richtlinie *(f)* für die Abnahme oder Zurückweisung von Fehlern	A 47
Richtplatte *(f)*	S 1432
Richtpunkt *(m)*	D 277
richtungseinstellbare Verschraubung *(f)*	A 161, B 124
richtungseinstellbare Winkelverschraubung *(f)*	A 160, S 532
Richtwert *(m)*	A 393, T 58
Riefe *(f)*	G 208
Riefen *(f, pl)*	S 1267
Riegel *(m)*	C 842
Rieselfilm *(m)*	F 50
Rieselfilmkühler *(m)*	D 490, F 188
Rieselfilmverdampfer *(m)*	F 48
Rieselströmung *(f)*	F 49
Rieselwäscher *(m)*	F 456, P 12
Rieselwaschturm *(m)*	P 12
Riffelblech *(n)*	R 468
riffelrauhe Oberfläche *(f)*	R 474
Riffelrauhigkeit *(f)*	R 475, R 519
Riffelrohr *(n)*	R 471, R 477
Rille *(f)*	G 208
Rillenabstand *(m)*	R 626
Rillenrohr *(n)*	R 471, R 477
Rillenschar *(f)*	G 211
Rillenverlauf *(m)*	G 220
Ring *(m)*, mehrfach geteilter	S 250
Ringabstand *(m)* der Spule	A 333
Ringaufdornversuch *(m)*	R 500
Ringblende *(f)*	A 339
Ringdichtung *(f)*	R 508, R 514
Ringfaltprobe *(f)*	F 398
Ringfaltversuch *(m)*	F 397
Ringflächenkraft *(f)*	R 513
ringförmige Drosselblende *(f)*	A 339
ringförmige Membran *(f)*	A 334
ringförmige Randaufwölbung *(f)*	H 437
ringförmiger Körper *(m)*	T 506
ringförmige Verstärkung *(f)*	P 35, R 284
Ringfundament *(n)*	R 515
Ringgehäuse *(n)* in Einklemmbauweise	W 1
Ringgehäuse *(n)* mit Anbauflansch	L 467
Ringgehäuse *(n)* mit Monoflansch	M 374
ringgestützter Behälter *(m)*	R 512

▲ to denote different meanings / gibt unterschiedliche Bedeutungen an

Ring-Joint-Dichtung *(f)*	R 506
Ringkammer *(f)*	T 509
Ringkanal *(m)*	R 499
Ringleitung *(f)*	R 507
Ringmutter *(f)*	E 416
Ringnaht *(f)*	A 241
Ringnut *(f)*	A 338, R 502
Ringpressung *(f)*	R 497
Ringprofil *(n)*	R 509
Ringquerschnitt *(m)*, **freier**	F 719, D 433
Ringraum *(m)*	A 340, A 342, A 344, R 493 ▲
Ringraumabdichtung *(f)*	P 154
Ringraumdichtung *(f)*	A 341
Ringraumdichtungssystem *(n)*	R 491
Ringraumentlüftung *(f)*	R 494
Ringraumentlüftungsrohr *(n)*	R 495
ringraumloses Relining *(n)*	C 253
Ringschneide *(f)*	C 896
Ringschraube *(f)*	E 414, L 172
Ringschweißnaht *(f)*	A 241
Ringspalt *(m)*	A 344, A 337
Ringspalte *(f)*	A 331
Ringspule *(f)*	A 332
Ringsteife *(f)*	S 1111
Ringsträhnenströmung *(f)*	W 375
Ringströmung *(f)*	A 336
Ringströmung *(f)*, **zweiphasige**	A 343
ringsumgeschweißt *(V)*	W 169
Ringträger *(m)*	R 496, R 501, R 511
Ringwulstdehnungsausgleicher *(m)*	T 508, E 365
Ringwulstkompensator *(m)*	E 365, T 508
Rinne *(f)*	C 509
Rippe *(f)*	F 205, R 467
Rippe *(f)*, **durchgehende**	C 579
Rippe *(f)*, **eingeschlitzte**	L 419
Rippe *(f)*, **gelochte**	P 135
Rippe *(f)*, **konvektionsgekühlte**	C 621
Rippe *(f)*, **schraubenförmige**	H 274
Rippe *(f)*, **spiralförmige**	S 835
Rippe *(f)*, **wellenförmige**	W 78
Rippe *(f)*, **wendelförmige**	H 274
Rippen *(f, pl)*, **fluchtende**	I 135
Rippen *(f, pl)*, **sägezahnartige**	S 74
Rippenabstand *(m)*	F 245
Rippenbleche *(n, pl)*	P 427
Rippenflächen *(f, pl)*	F 246
Rippenfuß *(m)*	R 590
Rippenkühlung *(f)*	R 473
Rippenplattenvorwärmer *(m)*	R 469
Rippenplatten-Wärmeaustauscher *(m)*	P 165, P 419, H 159
Rippenplatten-Wärmeaustauscher *(m)* **mit verzahnten Rippen**	O 24, H 154

▲ to denote different meanings / gibt unterschiedliche Bedeutungen an

Rippenrauhigkeit *(f)*	R 475, R 519
Rippenrauhigkeit *(f)*, **wiederholte**	R 332
Rippenrohr *(n)*	E 387, F 250
Rippenrohr *(n)* **Typ L-fin**	L 157
Rippenrohr-Wärmeaustauscher *(m)*	F 242, H 142, H 172, T 728
Rippenspitzenabstand *(m)*	F 247
Rippenspitzenspalt *(m)*	F 247
Rippenspitzenspiel *(n)*	F 247
Rippenspitzenspiel *(n)*, **negatives**	F 248
Rippenspitzenspiel *(n)*, **positives**	F 249
Rippenteilung *(f)*	F 244
Rippenüberlappung *(f)*	F 243
Rippenwirkungsgrad *(m)*	E 386, F 229
Riß *(m)*	C 750
Riß *(m)*, **durchgehender**	T 397
Riß *(m)*, **elliptischer**	E 143
Riß *(m)*, **flacher**	S 375
Riß *(m)*, **interkristalliner**	I 314
Riß *(m)*, **inter- und transkristalliner**	I 310
Riß *(m)*, **künstlicher**	A 434
Riß *(m)*, **münzförmiger**	C 751
Riß *(m)*, **schräger**	I 60
Riß *(m)*, **sternförmiger**	R 13
Riß *(m)*, **strahlenförmiger**	S 990
Riß *(m)*, **transkristalliner**	T 545, T 551
Rißabstumpfung *(f)*	C 759
Rißabstumpfungsbereich *(m)* am Übergang Ermüdungsriß/ Gewaltbruch	S 1264
Rißabstumpfungsgerade *(f)*	B 315
Rißabstumpfungslinie *(f)*	B 315
Riß *(m)* **am Linsenrand**	C 758
Rißanfälligkeit *(f)*	C 769
Rißauffangelement *(n)*	C 753
Rißauffangtemperatur *(f)*	C 62, C 755
Rißauffangversuch *(m)*	C 756
Rißauffangzähigkeit *(f)*	C 757, A 427
Rißausbreitung *(f)*	C 778
Rißausbreitung *(f)*, **instabile**	U 134
Rißausbreitung *(f)*, **plötzlich instabile**	P 495
Rißausbreitung *(f)* **infolge Ermüdung**	F 79
Rißausbreitungskoeffizient *(m)*	C 779, P 782
Rißausbreitungswiderstand *(m)*	R 381
rißbehaftet *(V)*	C 761
Rißbildung *(f)*	C 768
Rißbildung *(f)*, **interkristalline**	I 298
Rißbildung *(f)*, **verzögerte**	D 82
Rißbildung *(f)* **in der WEZ während der entspannenden Wärmebehandlung**	R 273
Risse *(m, pl)*, **eine Gruppe nicht miteinander verbundener**	D 310
Risse *(m, pl)*, **verästelte**	B 434
Rißeinleitung *(f)*	C 770
Rißfortpflanzung *(f)*	C 778

Rißfortpflanzungsgeschwindigkeit *(f)*	C 767, R 93
Rißfortpflanzungsgrenzwert *(m)*	L 208
Rißfront *(f)*	C 762
Rißfrontkrümmung *(f)*	C 763
Rißführungskante *(f)*	L 90
Rißgeometrie *(f)*	C 764
Rißgröße *(f)*	C 781
Riß *(m)* im Schweißnahtbereich	W 143
Riß *(m)* im unbeeinflußten Grundwerkstoff	C 774
Riß *(m)* in der Wärmeeinflußzone	C 772
Riß *(m)* in Linsenmitte	C 773
Rißinstabilität *(f)*	C 771
Rißkorrosion *(f)*, dehnungsinduzierte	S 501, S 1177
Rißlänge *(f)*	C 775
Rißlänge *(f)*, kritische	C 829
Rißmuster *(n)*	C 777
Rißneigung *(f)*	C 769
Rißöffnungsmeßgerät *(n)*	C 238
Rißöffnungsverdrängung *(f)*	C 290, C 776
Rißöffnungsverschiebung *(f)*	C 290, C 776
Rißprojektion *(f)*	P 773
Rißschar *(f)*	F 57
Rißspitze *(f)*	C 782
Rißspitzenaufweitung *(f)*	C 784, C 887
Rißspitzenöffnungsverdrängung *(f)*	C 784, C 887
Rißspitzenöffnungsverschiebung *(f)*	C 784, C 887
Rißspitzenöffnungswinkel *(m)*	C 783, C 886
Rißstoppelement *(n)*	C 753
Rißstoppen *(n)*, Instabilität mit	P 495
Rißstopper *(m)*	C 752
Rißstoppsegment *(n)*	C 754
Rißstoppstreifen *(m)*	C 754
Rißtiefe *(f)*	D 120
Rißuferverschiebung *(f)*	C 290, C 776
Rißwachstum *(n)*	C 765
Rißwachstum *(n)*, instabiles	U 133
Rißwachstum *(n)*, stabiles	S 935
Rißwachstum *(n)*, unterkritisches	S 1332
Rißwachstumsgeschwindigkeit *(f)*	R 92
Rißwachstumsverzögerung *(f)*	C 766
Rißwachstumsverzögerung *(f)*, behinderte	D 83
Rißwiderstandskurve *(f)*	C 780
Rißzähigkeit *(f)*	C 785
Ritz *(m)*	N 59
Ritzhärteprüfung *(f)*	S 129
Robert-Verdampfer *(m)*	R 532
Rockwell-Härteprüfung *(f)*	R 533
Rohdichte *(f)*	A 366, B 519
Rohling *(m)*, durchbohrter	P 185
Rohling *(m)*, gegossener	C 48
Rohling *(m)* für die Prüfung	T 225
Rohmaß *(n)*	B 140

Rohr *(n)*	P 217, T 693 ▲
Rohr *(n)*, doppelt (auf der Innen- und Außenseite) feingewelltes	D 404
Rohr *(n)*, eingewalztes	R 555
Rohr *(n)*, elektrisch widerstandsgeschweißtes	E 107
Rohr *(n)*, glattes	B 127, P 343
Rohr *(n)*, hydraulisch glattes	H 444
Rohr *(n)*, hydraulisch rauhes	H 442
Rohr *(n)*, innen verripptes	I 340
Rohr *(n)*, innenberipptes	R 471, R 477
Rohr *(n)*, innengerilltes	R 471, R 477
Rohr *(n)*, nicht eingewalztes	U 75
Rohr *(n)*, niedrig berripptes	L 432
Rohr *(n)*, ruhend vergossenes	S 1010
Rohr *(n)*, schraubenförmig verdrilltes oder gewundenes	T 826
Rohr *(n)*, spiralgewelltes	S 842
Rohr *(n)*, unberipptes	B 127
Rohr *(n)*, verzahntes und verripptes	S 318
Rohr *(n)*, volltragend eingewalztes	T 722
Rohrabzehrung *(f)*	T 746
Rohrabzweig *(m)*	B 426, P 225
Rohrabzweigung *(f)*	B 426, P 226
Rohranordnung *(f)*	T 697
Rohranordnung *(f)*, fluchtende	I 136
Rohranordnung *(f)*, versetzte	S 946
Rohranschluß *(m)*	P 232, P 257, T 707, T 739 ▲
Rohranschluß *(m)*, metrischer	M 265
Rohranschlußteile *(n, pl)*	P 230
Rohrarmatur *(f)*	P 250, T 729
Rohraufhängung *(f)*	P 255, P 286, P 288, T 734, T 773, T 776 ▲
Rohrausbiegung *(f)*	T 791
Rohrausschlagsbegrenzung *(f)*	P 299, W 344
Rohrausschlagsicherung *(f)*	P 299, W 344
Rohrausschlagversuch *(m)*	P 300, W 345
Rohraußendurchmesser *(m)*	O 133, O 137, P 241, P 267, T 748 ▲
Rohraußenwand *(f)*	O 134, O 138 ▲
Rohrausziehvorrichtung *(f)*	T 725
Rohrausziehvorrichtung *(f)*, hydraulische	H 454
Rohrbelag *(m)*	T 712
Rohrbeläge *(m, pl)*	M 269
Rohrbestiftung *(f)*	T 772
Rohrbiegedorn *(m)*	B 236, P 224, T 702 ▲
Rohrbiegemaschine *(f)*	P 223, T 701 ▲
Rohrboden *(m)*	T 753, T 764
Rohrboden *(m)*, fester	F 267, I 281
Rohrboden *(m)*, frei aufliegender	S 529
Rohrboden *(m)*, gekrempter	F 327
Rohrboden *(m)*, plattierter	C 202
Rohrboden *(m)*, rechteckiger	R 166
Rohrboden *(m)*, sprengplattierter	E 373
Rohrboden *(m)*, verkleideter	F 13
Rohrbodenabfangkonstruktion *(f)*, Spaltgaskühler mit	T 333

▲ to denote different meanings / gibt unterschiedliche Bedeutungen an

Rohrbodeneinspannung *(f)*	T 765
Rohrboden *(m)* mit Schweißlippen	H 431
Rohrboden *(m)* mit Stützvorrichtung	R 470, S 1106
Rohrbodenstirnfläche *(f)*	F 760
Rohrbogen *(m)*	B 234, E 97, P 222, P 242, T 700 ▲
Rohrbogen *(m)*, fertiger	C 406
Rohrbohrung *(f)*	T 735
Rohrbruch *(m)*	P 228, P 248, P 252, P 276, T 704, T 730, T 760 ▲
Rohrbruch *(m)*, doppelendiger	D 76, D 399
Rohrbruch *(m)*, postulierter	P 524
Rohrbruchventil *(n)*	L 237
Rohrbrücke *(f)*	P 227, P 269
Rohrbügel *(m)*	U 3
Rohrbündel *(n)*	B 529, N 39, T 699, T 703, T 747 ▲
Rohrbündel *(n)*, ausziehbares	R 321
Rohrbündelwärmeaustauscher *(m)*	S 430, B 530, H 168, H 173
Rohrbündel-Wärmeaustauscher *(m)* mit Kreisscheiben- und Kreisring-Umlenkblechen	H 139
Rohrbündelwärmeaustauscher *(m)* mit Segmentleitblechen	H 167
Rohrbündelwärmeaustauscher *(m)* mit Strömungsleitblechen	H 131
Rohrbündelwärmeübertrager *(m)*	S 430, H 168, H 173
Rohrbündelwärmeübertrager *(m)* mit Strömungsleitblechen	B 73
Rohrdoppelnippel *(m)*	P 264
Rohrdurchbruch *(m)*	P 268, T 751 ▲
Rohrdurchführung *(f)*	P 119, P 268, T 751 ▲
Rohrdurchgänge *(m, pl)*, hintereinandergeschaltete	S 1352, T 749
Rohrdurchmesser *(m)*	P 239, T 713 ▲
Rohreigenfrequenzen *(f, pl)*	N 10
Rohreinfädeln *(n)*	T 778
Rohre *(n, pl)* in Lagerlängen	T 767
Rohreinlaufgebiet *(n)*	E 225, T 721
Rohreinlaufströmung *(f)*	T 720
Rohreinlaufwirkung *(f)*	T 719
Rohreinsatz *(m)*, sternförmiger	S 991
Rohreinsätze *(m, pl)*	T 738
Rohreinsätze *(m, pl)*, scheibenförmige	D 339
Rohreinsätze *(m, pl)*, stromlinienförmige	S 1201
Rohreinschweißung *(f)*	T 781
Rohreinwalzlänge *(f)*	E 330
Rohreinwalzstellen *(f, pl)*	T 724
Rohreinwalzung *(f)*	E 334
Rohreinziehen *(n)*	T 778
Rohreinziehung *(f)*	P 289, T 777 ▲
Rohrende *(n)*	P 243, T 714 ▲
Rohrende *(n)*, aufgeweitetes	F 356
Rohrende *(n)*, blindes	D 34
Rohrende *(n)*, eingewalztes	R 546
Rohrende *(n)*, gebördeltes	F 325, P 244

Rohrlänge, maximale ungestützte

Rohrende *(n)*, genutetes	G 214, P 245
Rohrende *(n)* abgeschmolzen	T 717
Rohrende *(n)* mit Gewinde	T 351
Rohrendensteuerung *(f)*	C 84, C 840
Rohrendverschluß *(m)*	P 246
Röhrenlufterhitzer *(m)*	T 787
Röhrenofen *(m)*	P 283
Röhrenspaltofen *(n)*	S 1067
Röhrenstahl *(m)*, warmfester	H 325
Röhrenstreifen *(m)*	S 593
Röhrenstrom *(m)*	T 709
Röhrenverdampfer *(m)*	P 283
Röhrenwärmeaustauscher *(m)*	T 789
Rohretage *(f)*	T 791
Rohr-Federkonstante *(f)*	T 769
Rohrfeldanordnung *(f)*	T 698, T 727, T 750
Rohrfitting *(n)*	T 729
Rohrflansch *(m)*	P 251
Rohrformstück *(n)*	F 259, P 250, T 729 ▲
Rohrführung *(f)*	P 253, P 272, P 274, R 640, T 733 ▲
Rohrfuß *(m)*	T 793
Rohrgabelung *(f)*	B 266, B 433
Rohrgardine *(f)*	T 761
Rohrgasse *(f)*	T 741
Rohrgelenkkompensator *(m)*	G 139, E 353, H 337
Rohrgelenkstück *(n)*	G 139, E 353
Rohrgerüst *(n)*	P 278
Rohr-Gesamtkraft *(f)*	H 466
Rohrgewinde *(n)*	P 291
Rohrgewinde *(n)*, kegeliges	P 294
Rohrgewinde *(n)*, selbstdichtendes	D 543, P 292
Rohrgewinde *(n)*, zylindrisches	P 293
Rohr-Gewindeanschlüsse *(m, pl)*	P 290
Rohrgitter *(n)*	T 761
Rohrgraben *(m)*	T 639
Rohrgröße *(f)*	T 768
Rohrhalterung *(f)*	P 286, P 288, T 770, T 773, T 774 ▲
Rohrhänger *(m)*	H 28, S 889, T 734 ▲
Rohrhülse *(f)*	P 282
Rohrinnendurchmesser *(m)*	I 159, I 162, P 240 ▲
Rohrinnenwand *(f)*	I 160, I 163 ▲
Rohr-in-Rohr-Reparatur *(f)*	S 617
Rohr *(n)* in Schweißqualität	W 139
Rohrkappe *(f)*	C 27
Rohrkippbewegung *(f)*	T 757
Rohrkollision *(f)*	T 779, C 222
Rohrkrümmer *(m)*	B 234, E 97, P 222, P 242, T 700 ▲
Rohrlager *(n)*	B 132, C 205 ▲
Rohrlänge *(f)*	P 259, T 744 ▲
Rohrlänge *(f)*, abgewickelte	L 131
Rohrlänge *(f)*, gestreckte	L 131
Rohrlänge *(f)*, maximale ungestützte	M 174, M 420

Rohrleitung

Rohrleitung *(f)*	P 260, P 301
Rohrleitung *(f)*, **ausschlagende**	W 343
Rohrleitung *(f)*, **fest verlegte**	S 1022
Rohrleitung *(f)*, **frei verlegte**	E 379
Rohrleitung *(f)*, **oberirdische**	A 4
Rohrleitung *(f)*, **offen verlegte**	E 379
Rohrleitungen *(f, pl)*	P 305
Rohrleitungen *(f, pl)*, **außermittige**	O 22
Rohrleitungen *(f, pl)* **in Kraftanlagen**	P 306, P 533
Rohrleitung *(f)* **für den Hilfsbetrieb**	A 511
Rohrleitungsabschnitt *(m)*, **schwimmender**	F 447
Rohrleitungsaufmaß *(n)*	P 302, P 303 ▲
Rohrleitungsdämpfer *(m)*	V 177
Rohrleitungsmonteur *(m)*	P 249
Rohrleitungssanierung *(f)*, **grabenlose**	N 66
Rohrleitungsschwingungen *(f, pl)*	L 241
Rohrleitungssystem *(n)*	P 304
Rohrleitungstragelemente *(n, pl)*	P 287
Rohrleitungstrakt *(m)*	P 271
Rohrloch *(n)*	T 735
Rohrlochsteg-Verschwächungsbeiwert *(m)*	E 76, L 190
Rohrlochteilung *(f)*	H 356, P 317, T 737
Rohr *(n)* **mit integralen Rippen**	I 275
Rohr *(m)* **mit integraler Berippung**	I 275
Rohr *(n)* **mit keilförmigem Querschnitt**	W 114
Rohr *(n)* **mit kreisförmigem Querschnitt**	C 185
Rohr *(n)* **mit Muffenende**	B 211
Rohr *(n)* **mit Muffenkelch**	B 207
Rohr *(n)* **mit profilierter Oberfläche**	F 624
Rohr *(n)* **mit quadratischen bzw. rechteckigen Rippen, horizontales**	C 169
Rohr *(n)* **mit runden Rippen**	C 190
Rohrmolch *(m)*	G 165, P 186, P 262
Rohrnennweite *(f)*	N 101, N 213
Rohrnetz *(n)*	L 226
Rohrnippel *(m)*	S 1313, T 771
Rohrnippel *(m)*, **aufgeschweißter**	S 338
Rohrnippel *(m)*, **durchgesteckter**	S 350
Rohroberfläche *(f)*, **gesamte**	T 529
Rohroberfläche *(f)*, **wirksame**	E 72
Rohrpaket *(n)*	T 699
Rohrplatte *(f)*	T 753, T 764
Rohrplatte *(f)*, **feste**	S 1033
Rohrplatte *(f)*, **frei bewegliche**	F 436
Rohrplatte *(f)*, **schwimmende**	F 448
Rohrrauheitsverlust *(m)*	P 625
Rohrraum *(m)*	T 766
Rohrreibungsbeiwert *(m)*	T 732
Rohrreibungsdruckverlust *(m)*	T 731
Rohrreihe *(f)*	T 758
Rohrreinigung *(f)*, **kontinuierliche**	O 41
Rohrreinigung *(f)* **im Betrieb**	O 41

Rohrverbindung, geschweißte

Rohrreinigungssystem *(n)*	T 705
Rohrreißer *(m)*	P 228, P 248, P 252, P 276, T 704, T 730, T 760 ▲
Rohr-Relining-Verfahren *(n)*	P 270
Rohr-Rohrboden-Verbindung *(f)*, dichtgeschweißte	S 193
Rohrsäge *(f)*	P 237
Rohrsattellager *(n)*	P 277
Rohrschaden *(m)*	P 238, T 710, T 726 ▲
Rohrschale *(f)*	P 279
Rohrschalter *(m)*	S 496
Rohrscheibe *(f)*	S 236
Rohrscheitel *(m)*	T 695
Rohrschelle *(f)*	P 229
Rohrschellenhälfte *(f)*	P 254
Rohrschenkel *(m)*	P 258, T 743 ▲
Rohrschlange *(f)*	P 38, T 706, T 788 ▲
Rohrschlange *(f)*, eng gebogene	C 242
Rohrschlange *(f)*, spiralförmige	H 271
Rohrschlaufe *(f)*	P 221, B 120
Rohrschleife *(f)*	S 1314
Rohrschlitten *(m)*	P 235, C 786
Rohrschlosser *(m)*	P 249
Rohrschneidgerät *(n)*	P 236
Rohrschuh *(m)*	P 281
Rohrschuß *(m)*	C 926, P 280
Rohrschweißanlage *(f)*	T 785
Rohrschweißer *(m)*	P 298, T 784 ▲
Rohrschwingungen *(f, pl)*, strömungsinduzierte	F 499
rohrseitig *(Adj.)*	T 766
rohrseitige Kondensation *(f)*	I 372
Rohrseitwärtsbewegung *(f)*	T 742
Rohrsitz-Walzbreite *(f)*	B 232
Rohrspannweite *(f)*, ungestützte	B 76, U 144
Rohrspiegel *(m)*	T 696
Rohrstrang *(m)*	P 275, P 308, R 659, T 743, T 759 ▲
Rohrstrecke *(f)*, sägezahnförmige	S 75
Rohrströmung *(f)*, pulsierende	P 828
Rohrstützblech *(n)*	T 689, T 775
Rohrstutzen *(m)*	N 198, P 225, P 265, P 285, T 694, T 708, T 771 ▲
Rohrstützplatte *(f)*	T 689, T 775
Rohrteilung *(f)*, dichte	T 752
Rohrteilung *(f)*, enge	T 752
Rohrteilung *(f)*, konstante	E 243
Rohrteilung *(f)*, quadratische	S 920
Rohrunterstützung *(f)*	P 286, T 773 ▲
Rohrventil *(n)*	D 278, L 225
Rohrverbindung *(f)*	P 232, P 257, T 707, T 739 ▲
Rohrverbindung *(f)*, bördellose	F 359, N 132
Rohrverbindung *(f)*, eingewalzte	R 552
Rohrverbindung *(f)*, gerade	S 1139
Rohrverbindung *(f)*, geschweißte	W 186

▲ to denote different meanings / gibt unterschiedliche Bedeutungen an

Rohrverbindung (f), geschweißte und eingewalzte	W 170
Rohrverbindung (f), selbstbördelnde	S 274
Rohrversagen (n)	T 726
Rohrversagen (n), postuliertes	P 524
Rohrverschluß (m)	H 468, T 716 ▲
Rohrverschraubung (f)	P 233, P 296, S 149, T 350, T 729 ▲
Rohrverschraubung (f), gerade	S 1139
Rohrverschraubung (f), lötlose	S 721
Rohrverschraubung (f) mit Innengewinde	S 156
Rohrverstopfung (f)	P 284
Rohrverteiler (m)	H 83, P 263 ▲
Rohrverzweigung (f)	L 222, P 226
Rohrwalze (f)	E 337, T 723
Rohrwand (f)	T 782
Rohrwanddicke (f)	P 297, T 783 ▲
Rohrwandstärke (f)	P 297, T 783 ▲
Rohrwandtemperatur (f)	T 745
Rohrwandung (f)	T 782
Rohrwärmeaustauscher (m), gewickelter	C 311, C 885
Rohrwärmedämmung (f)	P 256
Rolldown-Lining-Verfahren (n)	R 541
Rolleiter (f)	R 565
Rollenauflager (n)	R 553
Rollenbock (m)	C 116, R 558
Rollenlager (n)	P 273, R 553, R 560
Rollenlager (n), hängendes	R 556
Rollenlagerung (f)	R 559
Rollenschweißnaht (f)	S 200
Rollformung (f)	R 562
Rollreibung (f)	R 563
Rollverfahren (n), mechanisches	R 562
Ronde (f)	C 871
Röntgenanalyse (f)	X 2
Röntgenaufnahme (f)	R 25
Röntgenbeugungsdiagramm (n)	X 4
Röntgenbeugungsuntersuchung (f)	X 3, X 7, M 277
Röntgenbild (n)	R 25
Röntgenfeinstrukturanalyse (f)	X 7, M 277
Röntgenfeinstrukturuntersuchung (f)	X 3
Röntgenfluoreszenzanalyse (f)	X 5
Röntgengrobstrukturanalyse (f)	X 6, M 10
Röntgenkontrastmittel (n)	R 42
Röntgenmikroanalyse (f), energiedissipative	E 49, E 204
röntgenographische Analyse (f) der Feinstruktur	M 277
röntgenographische Analyse (f) der Grobstruktur	M 10
röntgenographische Untersuchung (f) der Feinstruktur	X 3, X 7
röntgenographische Untersuchung (f) des Grobgefüges	X 6
Röntgenphotoelektronen-Spektroskopie (f)	X 1, X 8
Röntgenprüfung (f)	X 9
Rostansatz (m)	R 673
Rostschicht (f)	R 674
Rotation (f) der Heizfläche	H 244, R 619

Rückschlagventil mit Vorentlastung

Rotationsachse *(f)*, Bereich der	C 866, C 93 ▲
Rotationskolbenverdichter *(m)*	R 603
Rotationskompressor *(m)*	R 603
Rotationskontaktor *(m)*	R 614
Rotationspumpe *(f)*	R 605
rotationssymmetrische Schale *(f)*	S 436
rotationssymmetrische Zylinder-Kugelverbindung *(f)*	R 617
Rotation *(f)* starrer Körper	R 481
Rotationsträgheit *(f)*	R 607
Rotationswärmeaustauscher *(m)*	R 610, H 165
rotierende Ablösung *(f)*	R 616
rotierende Heizfläche *(f)*	R 615
Routinewartung *(f)*	P 149, R 639
RSO	S 1067
Rückdichtung *(f)*	B 55
Rückfederung *(f)*	S 884
Rückfluß *(m)*	R 173, R 242, R 243 ▲
Rückfluß *(m)*, innerer	I 346
Rückflußkondensator *(m)*	R 244
Rückflußkühler *(m)*	R 244
Rückflußverhältnis *(n)*	R 174
Rückführrohr *(n)*, inneres	P 190
Rückgewinnung *(f)*	R 154
Rückgewinnungsanlage *(f)*	R 156
Rückkopplung *(f)*, fluidelastische	F 586
Rückkopplung *(f)*, negative	N 34
Rückkopplungsschaltung *(f)*	F 116
Rücklauf *(m)*	R 139, R 243 ▲
Rücklaufkondensat *(n)*	R 439
Rücklaufkondensator *(m)*	D 104, K 17, R 244 ▲
Rücklaufkondensator *(m)*, aufstärkender	R 244
Rücklaufkondensator *(m)*, verstärkender	R 244
Rücklaufleitung *(f)*	R 141
Rücklaufregelventil *(n)*	R 140
Rücklaufsperre *(f)*	B 59, L 168 ▲
rückmischungsfreie Fluidströmung *(f)*	I 5, P 134
Rucksacknaht *(f)*	N 3
Rückschlagkegel *(m)*	D 330, L 169
Rückschlagklappe *(f)*	C 157, D 326, N 153, N 154, S 1471 ▲
Rückschlagkolben *(m)*	P 310
Rückschlagkugel *(f)*	B 103
Rückschlagplatte *(f)*	D 331
Rückschlagsicherung *(f)*	A 345
Rückschlagsicherungsvorrichtung *(f)*	A 345
Rückschlagventil *(n)*	B 46, C 157, C 198, L 182, N 154, R 245, R 429 ▲
Rückschlagventil *(n)*, absperrbares	C 608, S 135, S 1120
Rückschlagventil *(n)*, eingebautes	B 510, I 273
Rückschlagventil *(n)*, entsperrbares (Zwillings-)	D 391, D 546
Rückschlagventil *(n)* in Schrägsitzausführung	Y 37
Rückschlagventil *(n)* mit geradem Durchfluß	I 134, S 1137, S 1157
Rückschlagventil *(n)* mit Vorentlastung	D 47

▲ to denote different meanings / gibt unterschiedliche Bedeutungen an

Rückschnellfeder *(f)*	S 900
rückseitige Bearbeitung *(f)*	B 5
rückseitiger Anschluß *(m)*	B 3, R 121
rückseitiges Spülen *(n)*	B 48
Rücksprung *(m)*	F 132, R 133, R 134 ▲
rückspülen *(V)*	B 14, B 63
Rückstand *(m)*	R 363
Rückstand *(m)*, **atmosphärischer**	L 402
Rückstau *(m)*	B 40
Rückstellfeder *(f)*	S 900
Rückstellung *(f)*	R 349
Rückstrom *(m)*	R 243, R 438
Rückströmsicherung *(f)*	C 156, C 157, N 154, S 1471 ▲
Rücktrocknung *(f)*	R 124
Rückverflüssigung *(f)*	R 149
Rückverflüssigungskoeffizient *(m)*	R 150
Rückverformung *(f)*	R 454
Rückverformung *(f)*, **elastische**	E 92
Rückverformung *(f)*, **plastische**	P 402
Rückwandecho *(n)*	B 50, B 62, B 393
Rückwandecho *(n)*, **geschwächtes**	R 176
rückwärtige Streustrahlung *(f)*	B 53
rückwärtiger Boden *(m)*, **haubenförmiger**	B 383
Rückzündung *(f)*	A 400, A 410, S 1456
rückzuweisende Qualitätsgrenzlage *(f)*	L 201, R 289, R 642
ruhende Beanspruchung *(f)*	S 1019
ruhende Blasenkavitation *(f)*	B 476, S 864
ruhende Dichtung *(f)*	S 1025
ruhende Innendruckbeanspruchung *(f)*	S 1020
ruhend vergossenes Gußstück *(n)*	S 1015
ruhend vergossenes Rohr *(n)*	S 1010
Ruhereibung *(f)*	S 1016
Ruhestellung *(f)*	I 11, O 97, R 402 ▲
Rührer *(m)*	A 189, I 40, R 620 ▲
Rührer *(m)*, **nicht wandgängiger**	N 151
Rührer *(m)*, **wandgängiger**	P 810
Rührfilmverdampfer *(m)*	W 368
Rührflügel *(m)*	A 190, R 620 ▲
Rührwerk *(n)*	A 189, I 40
Rühr(werks)kessel *(m)*	A 188
Rundanker *(m)*	B 130
Rundberippung *(f)*	T 598
Rundbügel *(m)*	U 3
Runddichtung *(f)*	M 251, O 98
Rundecke *(f)*	R 631
runde Fußplatte *(f)*	R 629
Rundeisen *(n)*	R 628
Rundgewinde *(n)*	R 637
Rundkerbe *(f)*	S 290
Rundkerbprobe *(f)*	U 118
Rundknüppel *(m)*	R 630
rundliche Anzeige *(f)*	R 632

Rundnaht *(f)*	C 195
Rundnaht *(f)*	G 143
Rundnaht *(f)*, **stumpfgeschweißte**	B 557, C 189
Rundprobe *(f)*	R 636
Rundring *(m)*	T 510
Rundrippenrohr *(n)*	C 190
Rundschieber *(m)* **mit Faltenbalgdichtung**	B 224
Rundschnurdichtung *(f)*	C 668, R 634
Rundschnurring *(m)*	T 510
Rundschweißnaht *(f)*	G 143, C 196
Rundstab *(m)*, **angekerbter**	I 58
Rundstab *(m)*, **gekerbter**	N 187
Rundstahl *(m)*	R 628
Rundumschweiße *(f)*	W 169
Rundwalzen *(n)*	R 538
Rundzugprobe *(f)*	R 635
Runzelbildung *(f)*	W 413
Runzeln *(n)*	P 816
RWÜ	S 430, H 168, H 173

▲ to denote different meanings / gibt unterschiedliche Bedeutungen an

S

Sachverständigenbericht *(m)*	S 1451
Sachverständiger *(m)*	A 494
Sachverständiger *(m)*, **bauüberwachender**	A 496
Sackbohrung *(f)*	B 296
Sackloch *(n)*	B 296, S 1319
Sackung *(f)*	S 358
Safety-Seal-Schwimmdachabdichtung *(f)* **nach Wiggins**	S 27, W 355
SAFT-Verfahren *(n)*	S 33, S 1480
sägezahnartige Rippen *(f, pl)*	S 74
sägezahnförmige Rohrstrecke *(f)*	S 75
Sägezahngewinde *(n)*	B 563
säkapheniert *(V)*	S 7
Sammelbehälter *(m)*	C 349, H 352, R 127, R 347, S 1129 ▲
Sammelgefäß *(n)*	R 132
Sammelkasten *(m)*	R 127
Sammelleitung *(f)*	M 24, M 25 ▲
Sammelrohr *(n)*	M 71
Sammel(rohr)leitung *(f)*	M 71
Sammeltrichter *(m)*	T 794
Sammler *(m)*	H 82
Sammlerboden *(m)*	H 88
Sammlerkasten *(m)*	H 86, H 92
Sammlernippel *(m)*	H 90
Sammlerstutzen *(m)*	H 89
Sammler-Vorwärmer *(m)*	H 91
Sandgußlegierung *(f)*	S 54
Sandrauhigkeit *(f)*	S 55
Sandstellen *(f, pl)*	S 56
Sandstrahlen *(n)*	S 53
Sandwichbauweise *(f)*	S 57
Sandwich-Konstruktion *(f)*	S 58, T 373
Sandwichplatte *(f)*	S 61
Sandwich-Schwimmdecke *(f)*	S 59
Sandwich-Wickel-Leckprüftechnik *(f)*	S 62
Sanierung *(f)*	R 261, R 441, S 63, U 154
Sattdampf *(m)*	S 66
Sattdampfleitung *(f)*	S 67
satte Auflage *(f)*	F 786
Sattel *(m)*	S 2
Sattel *(m)*, **einteiler**	S 558
sattelartige Hausanschlußverbindung *(f)*	S 6
Sattelauflager *(n)*	S 3, S 1394
Satteldeckplatte *(f)*	S 5
Sattelpunkt *(m)*	D 264
Sattelring *(m)*	F 126, F 136
Sattelstutzen *(m)*	S 337
Sattel-T-Stück *(n)*	S 4
Sattel-T-Stück *(n)*, **voll umschließendes**	F 771
satter Sitz *(m)*	F 786
Sättigung *(f)*	S 68

Schale, torisphärische

Sättigungsdruck *(m)*	S 70
Sättigungspunkt *(m)*	S 69
Sättigungssieden *(n)*	B 518, S 64
Sättigungstemperatur *(f)*	S 71
Sättigungstemperatur *(f)* **des Heizdampfs**	C 505
säubern *(V)*	B 63, B 14
Säuberung *(f)*	C 224
Sauergas *(n)*	S 784
Sauerstoff-Lichtbogen-Trennen *(n)*	A 405
Saughöhe *(f)*	S 1358
Saugkasten *(m)*	L 118
Saugpumpe *(f)*	S 1361
Saugseite *(f)*	S 1362
saugseitiger Schalldämpfer *(m)*	S 1363
Saugstutzen *(m)*	S 1356
Säule *(f)*	C 357, H 58 ▲
Säulenablösung *(f)*	C 371
Säulenauslenkung *(f)*	C 372
Säuleninstabilität *(f)*	C 365
Säulenstabilität *(f)*	C 373
Säumungszuschlag *(m)*	E 198, T 659
Säureangriff *(m)*	A 71
säurebeständig *(Adj.)*	A 77
säurefest *(Adj.)*	A 77
säurefeste Auskleidung *(f)*	A 78
Säurefutter *(n)*	A 78
saures Erdgas *(n)*	S 784
Säurespaltanlage *(f)*	A 75
Säuretaupunkt *(m)*	A 76
Schaber *(m)*	S 127
Schaden *(m)*	D 5
Schadensanalyse *(f)*	F 39
Schadensmodell *(n)*, **kontinuierliches**	C 82, C 575
Schadensmodus *(m)*	F 43, M 343
schadenstolerantes Bauteilverhalten *(n)*	D 15
Schadgas *(n)*	C 710
Schädigungsakkumulation *(f)*	C 893
Schädigungsakkumulationshypothese *(f)*	C 894
Schädigungsakkumulationshypothese *(f)*, **lineare**	L 85, L 210
Schadstelle *(f)*	D 8
Schadstoff *(m)*	P 476
Schadstoffbelastung *(f)*	P 485
Schadstoffemission *(f)*	P 478
Schadstoffkonzentration *(f)*	P 477
Schaft *(m)*, **reduzierter**	R 183
Schaftgewinde *(n)*	S 1097
Schäkel *(m)*	C 237
Schale *(f)*	S 421, S 76 ▲
Schale *(f)*, **dünnwandige biegeschlaffe**	S 602
Schale *(f)*, **gekrümmte**	C 900
Schale *(f)*, **rotationssymmetrische**	S 436
Schale *(f)*, **torisphärische**	T 504

▲ to denote different meanings / gibt unterschiedliche Bedeutungen an

Schalendruckbehälter

Schalendruckbehälter *(m)*	L 75
Schalenschwingungen *(f, pl)*, **wirbelerregte**	O 142
Schalenstreifen *(m, pl)*	S 199
Schall *(m)*	S 748
Schallabsorption *(f)*	A 80, S 750
Schall-Aufnehmer *(m)*	A 88
Schallausbreitung *(f)*	S 773
Schallaustritts-Marke *(f)*	P 702
Schallbündel *(n)*	S 752
Schallbündel *(n)*, **fokussiertes**	F 641
Schalldämmung *(f)*	A 98, S 760
Schalldämpfer *(m)*	M 391, S 521
Schalldämpfer *(m)*, **saugseitiger**	S 1363
Schalldämpfergehäuse *(n)*	S 522
Schalldämpfung *(f)*	S 523, S 751, S 754
schalldicht *(Adj.)*	S 772
Schalldruck *(m)*	S 769
Schalldruckpegel *(m)*	S 770
Schalleintritt *(m)*	B 181
Schalleintrittspunkt *(m)*	B 181
Schalleistung *(f)*	A 102, S 767
Schalleistungspegel *(m)*	A 103, S 768
Schallemission *(f)*	A 81, A 176
Schallemissionsanalyse *(f)*	A 92, A 180
Schallemissionsprüfung *(f)*	A 92, A 180
Schallenergie *(f)*	S 755
Schallfeld *(n)*	S 756
Schallgeschwindigkeit *(f)*	A 108, S 778
Schallimpedanz *(f)*	S 758
Schallimpuls *(m)*	S 759
Schallintensität *(f)*	S 761
Schallintensitätspegel *(m)*	S 762
Schallisolierung *(f)*	A 98, S 760
schallnahe Strömung *(f)*	T 583
Schallpegel *(m)*	S 763
Schallpegel *(m)*, **bewerteter**	S 84
Schallpegelmeßgerät *(n)*	S 764
Schallquelle *(f)*	N 82, S 776
Schallquelle *(f)*, **simulierte**	S 530
Schallrate *(f)*	A 85
Schallreflektion *(f)*	S 774
Schallschatten *(m)*	S 368
Schallscheinwiderstand *(m)*	S 758
Schallschluckhaube *(f)*	A 96
Schallschluckstoff *(m)*	A 99, S 749
Schallschnelle *(f)*	S 765
Schallschnellpegel *(m)*	S 766
Schallschutz *(m)*	A 98, A 107, S 760
Schallschutzblech *(n)*	D 188
Schallschutzhaube *(f)*	A 96
Schallschwächung *(f)*	A 484, S 751
Schallschwingung *(f)*	A 101

▲ to denote different meanings / gibt unterschiedliche Bedeutungen an

Schallsignal *(n)*	A 89
Schallsignalamplitude *(f)*	A 90
Schallspektrum *(n)*	S 771
Schallstrahl *(m)*	B 176
Schallstrahlenachse *(f)*	B 178
Schallstrahlenbündel *(n)*	S 752
Schallstrahlöffnung *(f)*	B 186
Schallstreuung *(f)*	A 105, S 775
Schallsumme *(f)*	A 84, R 498
schalltoter Raum *(m)*	A 268, D 38
Schalltransmission *(f)*	N 84, S 777
Schallübertragung *(f)*	N 84, S 777
Schall-/Wärmeisolierung *(f)*	C 377, S 757
Schallwinkel *(m)*	B 177
Schaltbefehl *(m)*	A 130
Schaltpunkt *(m)*	A 111
Schaltung *(f)*, 90-Grad	Q 53
Schaltvorrichtung *(f)*	A 129
Schärfe *(f)*	D 59, I 18
scharfe Kante *(f)*	F 114
scharfer Knick *(m)*	K 11
Scharnierzapfen *(m)*	H 342
Schauglas *(n)*	I 184, I 212, S 516
Schauklappe *(f)*	I 181
Schauloch *(n)*	I 180, I 187, O 9, P 103, S 517, T 83
Schauluke *(f)*	I 185
Schaumbildung *(f)*	F 762
Schäumen *(n)*	F 762
schaumförmige turbulente Strömung *(f)*	C 179
Schaumgummi-Kugeln *(f, pl)*	S 862
Schaumströmung *(f)*	C 178, F 763
Schauöffnung *(f)*	I 180, I 187, P 103, S 517, T 83
Schautür *(f)*	I 179, I 199
Scheibe *(f)*	D 289, D 324, P 35, R 284 ▲
Scheibel-Kolonne *(f)*	S 121
Scheibenboden *(m)*	U 77
scheibenförmige Kompaktprobe *(f)*	D 316
scheibenförmige Rohreinsätze *(m, pl)*	D 339
scheibenförmige Verstärkung *(f)*	C 402, P 35, R 284
Scheibengasbehälter *(m)*	D 341, D 532, P 312, W 52
Scheibenrührer *(m)*	D 340
scheibenwischerartige Störungen *(f, pl)*	W 361
Scheinanzeige *(f)*	F 56
scheinbare kinematische Zähigkeit *(f)* der turbulenten Strömung	E 31
scheinbarer Fehler *(m)*	H 36, V 189
scheinbarer Wärmeübergangskoeffizient *(m)*	A 367
scheinbares Leck *(n)*	H 36, V 189
scheinbare Temperaturleitfähigkeit *(f)* der turbulenten Strömung	E 34
scheinbare turbulente Viskosität *(f)*	E 35
Scheindiffusion *(f)*, turbulente	T 807, V 227, E 26

▲ to denote different meanings / gibt unterschiedliche Bedeutungen an

Scheindiffusionskoeffizient *(m)*	E 27, T 808
Scheinzähigkeit *(f)*, turbulente	E 35
Scheitel *(m)*	C 867, C 868 ▲
Scheitelhöhe *(f)*	C 869
Schellenband *(n)*	S 1189
Schenkel *(m)*	L 124
Schenkellänge *(f)* der Naht	L 125
Scherbeanspruchung *(f)*	S 406
Scherbruch *(m)*	S 395
Scherdichtung *(f)*	S 397
Schere *(f)*, Nürnberger	P 42
Scherfestigkeit *(f)*	S 399
Schergefälle *(n)*	S 404
Scherkraft *(f)*	S 394
Scherkraftwirkung *(f)* des Dampfstroms	V 101
Scherlippen *(f, pl)*	S 401
Scher-/Lochleibungsverbindung *(f)*	B 202
Scher-/Lochleibungsverbindung *(f)* mit Paßschrauben	B 203
Schermodul *(m)*	C 298, M 349, R 484, S 403
Scherprobe *(f)*	S 409
Scherring *(m)*, unterteilter	S 249
Scherspannung *(f)*	S 407
Scherströmung *(f)*	S 393
Scherwelle *(f)*	S 412, T 617
Scherzugprobe *(f)*	T 146, T 162
Scheuerfestigkeit *(f)*	A 6
Schicht *(f)*	C 285, L 73 ▲
Schichtbildung *(f)*	S 1194, T 308, T 312
Schichtdicke *(f)*	B 182, R 14
Schichtenströmung *(f)*	S 1195
Schichten-Wellenströmung *(f)*	S 1197
Schichtfestigkeit *(f)*	I 316
Schichtträgerschwärzung *(f)*	F 182
Schieber *(m)*	G 105, S 620, V 72 ▲
Schieber *(m)*, hebelbetätigter	L 153
Schieber *(m)*, mit Hebel angehobener	G 106
Schieber *(m)* mit außenliegendem Spindelgewinde	O 135
Schieber *(m)* mit innenliegendem Spindelgewinde	I 161
Schieberbetätigung *(f)*	G 107, G 108, S 621, S 622 ▲
Schieberplatte *(f)*	D 327
Schieberventil *(n)*	G 105, S 620
Schieferbruch *(m)*	F 145
schiefer Winkel *(m)*	O 3
Schiffprobe *(f)*	M 249
Schikane *(f)*	B 67
Schirmblech *(n)*	S 491
Schlackeneinschluß *(m)*	S 606
Schlackeneinschluß *(m)*, grober	C 281
Schlackennest *(n)*	C 271
Schlackenpulver *(n)*	G 184
Schlackenzeile *(f)*	E 149, L 215, L 220, S 607
Schlagarbeit *(f)*	E 202, I 26

Schließeinrichtung

Schlagarbeit *(f)*, verbrauchte	A 19
schlagartiger Übergang *(m)* in die voll geöffnete Stellung	F 777
schlagartiges Öffnen *(n)*	F 777, P 493
schlagartiges volles Öffnen *(n)*	P 494
schlagartig öffnendes Sicherheitsventil *(n)*	P 500
Schlagbeanspruchung *(f)*	I 29
Schlagbiegefestigkeit *(f)*	I 31
Schlagen *(n)*	S 528
Schlagfestigkeit *(f)*	I 31
Schlaghammer *(m)*	S 1269
Schlagkante *(f)*	S 1272
Schlagkraft *(f)*	I 28
Schlagprüfmaschine *(f)*	I 34
Schlagschrauber *(m)*	I 37
Schlagzähigkeit *(f)*	I 36
Schlankheitsgrad *(m)*	S 618
Schlankheitsverhältnis *(n)*	A 449
Schlauch *(m)*	T 786
Schlauchanschluß *(m)*	H 380
Schlauchanschluß *(m)* mit Außengewinde und Hülse	M 50
Schlauchanschlußstück *(n)*	H 381
Schlauch-Auskleidungsverfahren *(n)*	H 382
Schlaucheinsatz *(m)*	P 207, V 28, V 70
Schlauch-Lining-Verfahren *(n)*	H 382
Schlauch *(m)* mit einfacher Ummantelung	S 537
Schlauch *(m)* mit Geflechteinlage	B 423
Schlauchpore *(f)*	E 148, P 212, W 401
Schlauchporen *(f, pl)*, einzelne	I 397, W 403
Schlauchporen *(f, pl)*, lineare	A 217, W 402
Schlauchporenkette *(f)*	A 217, W 402
Schlauchquetschventil *(n)*	P 208
Schlauchstutzen *(m)* mit Außengewinde	M 49
Schlauder *(f)*	S 36
Schleier *(m)*	F 646
Schleierkühlung *(f)*	F 647
Schleierschwärzung *(f)*	F 648
Schleifabrieb *(m)*	A 10
Schleifautomat *(m)*	A 504
Schleifkerbe *(f)*	G 206
Schleifmittel *(n)*	A 7
Schleißblech *(n)*	W 88
Schleißplatte *(f)*	W 88
Schleißrücken *(m)*	W 84
Schleißteil *(n)*	W 87
Schleuderguß *(m)*	C 98
Schleudergußverfahren *(n)*	C 50
schlichte Strömung *(f)*	L 25, S 1200
Schlierenoptik *(f)*	S 122
Schließdruck *(m)*	C 261, R 345 ▲
Schließdruckdifferenz *(f)*	R 346, B 307
Schließdruckstoß *(m)*	C 262, S 497
Schließeinrichtung *(f)*	C 267

▲ to denote different meanings / gibt unterschiedliche Bedeutungen an

Schließer *(m)*	M 35
Schließfeder *(f)*	S 330
Schließschlag *(m)*	C 262, S 497
Schließstellung *(f)*	C 249, S 499
Schließverhalten *(n)*	C 259
Schließvorrichtung *(f)*	O 10
Schließzeit *(f)*	C 263
Schliff *(m)*	P 473
Schliffstück *(n)*	P 473
Schlingen *(f, pl)*	S 634
Schlitznaht *(f)*	S 656
Schlitzquerschnitt *(m)*	S 648
Schloß *(n)*	L 354
Schlupf *(m)*, quasi-konstanter	Q 54
Schlupfströmung *(f)*	S 637
Schlupfströmungskoeffizient *(m)*	S 638
Schlupfströmungszahl *(f)*	S 638
Schlüsselliste *(f)*	R 214
Schlüsselweite *(f)*	W 354
Schlußnaht *(f)*	C 268, F 226
Schmelzbad *(n)*	W 293
Schmelzbadstütze *(f)*	B 39
Schmelzbereich *(m)*	F 802
Schmelze *(f)*	H 98
Schmelzenanalyse *(f)*	H 103, L 11
schmelzgeschweißter Druckbehälter *(m)*	F 815
Schmelzgrenze *(f)*	B 405, F 811
Schmelzindex *(m)*	M 219
Schmelzlinie *(f)*	B 405, F 811
Schmelzlinie *(f)* der Schweißnaht	W 203
Schmelzpunktschweißen *(n)*	S 868
Schmelzschweiße *(f)*	F 813
Schmelzschweißen *(n)*	N 150
Schmelzschweißer *(m)*	F 816
Schmelzschweißnaht *(f)*	F 813
Schmelzschweißverbindung *(f)*	F 814
Schmelzsicherung *(f)*	F 804
Schmelzstopfen *(m)*	F 805
Schmelzzone *(f)*	F 802, W 278, F 817
Schmelzzonengrenzschicht *(f)*	W 269
Schmetterlingsrückschlagklappe *(f)*	B 554
Schmidt-Zahl *(f)*	S 123
schmiedbares Gußeisen *(n)*	M 55
Schmiedeeisen *(n)*	W 416
Schmieden *(n)*	F 666
Schmiederiß *(m)*	F 667
Schmiedeschweißen *(n)*	F 665
Schmiedestahl *(m)*	F 668
Schmiedestück *(n)*	F 666
Schmiedeüberlappungen *(f, pl)*	F 669
schmierbarer Hahn *(m)*	L 464
Schmorstelle *(f)*	L 339

Schmutzfracht *(f)*	P 482
Schmutzstoff *(m)*	P 476
Schmutzwasser *(n)*	P 479
Schneckenrippenrohr *(n)*	H 276
Schnecken-Wärmeaustauscher *(m)*	S 163
Schneckenwendel *(m, pl)*, eingesetzte	H 281
Schneelast *(f)*	S 679
Schneidautomat *(m)*	A 503
Schneidbrennen *(n)*	T 261
Schneidhilfsstoffe *(f)*	C 914
Schneidring *(m)*	O 35
Schneidringe *(m, pl)*	K 16
Schneidringverschraubung *(f)*	C 447
Schneidringverschraubung *(f)* mit Doppelkegelring	O 37
Schneidschraube *(f)*	T 54
Schneid- und Schweißausrüstung *(f)*	C 913
Schnellabschaltung *(f)*	S 125
Schnellausschaltung *(f)*	E 158
Schnellbrüter *(m)*	F 62
Schnellentlüftungsventil *(n)*	Q 70, Q 73, R 78
schneller Brutreaktor *(m)*	F 62
schneller Brutreaktor *(m)*, gasgekühlter	G 30, G 137
Schnellkorrosionsversuch *(m)*	A 37
Schnellprüfverfahren *(n)*	A 39
Schnellschluß *(m)*	S 125
Schnellschlußklappe *(f)*	Q 69
Schnellschlußventil *(n)*	F 61, Q 66, R 76, T 668
Schnellverschluß *(m)*	Q 65, Q 71
Schnellverschlußdeckel *(m)*	Q 72
Schnellverstellung *(f)*	Q 67, Q 68
Schnitt *(m)*	S 229
Schnittansicht *(f)*	S 237
Schnittbild *(n)*	S 237
Schnittdarstellung *(f)*	S 235
Schnittfläche *(f)*	C 908
Schnittflächengüte *(f)*	C 909
Schnittgröße *(f)*	S 1249
Schnittkantenfehler *(m, pl)*	S 391
Schnittkraft *(f)*	S 238
Schnittmoment *(n)*	S 241
Schnittriefennachlauf *(m)*	D 447
Schnittzeichnung *(f)*	S 231
Schnittzugabe *(f)*	C 911
Schnüffelkontrolle *(f)*	S 678
Schnüffelsonde *(f)*	P 629, S 49, S 677
Schnüffler *(m)*	P 629, S 49, S 677
Schockschweißen *(n)*	E 378
Schockschweißverbindung *(f)*	E 376
Schott *(n)*	B 521
Schottblech *(n)*	B 524
Schottung *(f)*, innere	I 343
Schottverschraubung *(f)*	B 523

▲ to denote different meanings / gibt unterschiedliche Bedeutungen an

Schottzapfen (m), T-Verschraubung mit	B 522
schraffierter Bereich (m)	S 367
schräge Bruchfläche (f)	S 608
Schrägeinschallung(stechnik) (f)	A 274
Schrägeinschallung (f)	A 280, A 310, O 4
Schrägeinschallung, Justierung (f) für	A 273
schräge Kante (f)	B 262
schräger Riß (m)	I 60
Schrägkante (f)	C 119
Schrägriß (m)	I 60
Schrägrohr-Verdampfer (m)	I 61
Schrägschallstrahl (m)	A 272
Schrägschnitt (m)	M 319
Schrägsitzventil (n)	O 5, Y 38, Y 41
Schrägstab (m)	D 212
Schrägteilung (f)	D 213
Schrägverband (m)	D 210
Schrägzug (m)	D 214
Schrammen (f, pl)	S 128
Schraubbügel (m)	U 3
Schraube (f)	B 338, S 132 ▲
Schraube (f), hochfeste	H 314
Schraube (f), unverlierbare	C 38
Schraubenanzugsmoment (n)	B 351, B 364
Schrauben-Berechnungsspannung (f)	B 342
Schraubenbild (n)	M 393
Schraubenbohrung (f)	B 347
Schraubenbolzen (m)	S 133, S 1317 ▲
Schraubenbolzen (m), selbstsichernder	S 278
Schraubendehnung (f)	B 346
Schraubendruckfeder (f)	H 273
schraubenförmige Rippe (f)	H 274
schraubenförmig gewundenes Rohr (n)	H 277
schraubenförmig verdrilltes oder gewundenes Rohr (n)	T 826
Schraubenhalter (m)	B 362
Schraubenkopf (m)	S 158
Schraubenkraft (f)	B 353
Schraubenkraft (f) der Flanschverbindung, berechnete	B 354
Schraubenkraft (f) im Betriebszustand	O 61, B 363
Schraubenkraft (f) im Einbauzustand	B 352
Schraubenlängung (f)	B 346, S 1180
Schraubenloch (n)	B 347
Schraubenlochaspektverhältnis (n)	B 348
Schraubenlochkreis (m)	B 340, B 358
Schraubenlochteilung (f)	B 350, B 357
Schraubenmaterial (n), niederfestes	L 446
Schraubenrippenrohr (n)	H 278
Schraubenschlüsselverfahren (n)	W 411
Schraubenspannvorrichtung (f)	S 1320
Schraubenvorspannung (f)	B 361, I 106, S 1321 ▲
Schraubenvorspannungsfaktor (m)	B 360, I 107
Schraubenwendel (m)	H 284

▲ to denote different meanings / gibt unterschiedliche Bedeutungen an

Schutzeinrichtung

Schraubkegel *(m)*	R 324
Schraubmuffenverbindung *(f)*	C 739, S 153, S 613
Schraubsicherung *(f)*	B 355, B 362
Schraubstopfbuchse *(f)*	S 157
Schraubstutzen *(m)*	S 147
Schraubverbindung *(f)*	S 139
Schraubverbindung *(f)*, **hochfeste**	F 750
Schraubverschluß *(m)*	S 160
Schraubzwinge *(f)*	C 80
schrittweises Versagen *(n)* **bei lokalen thermischen Wechselbeanspruchungen**	T 310
schrittweise Verformungszunahme *(f)*	I 71
schroffer Nahtübergang *(m)*	B 66
Schrumpflunker *(m)*	S 486
Schrumpfriß *(m)*	S 487
Schrumpfspannung *(f)*	C 592, S 489 ▲
Schrumpfung *(f)*	S 485
Schrumpfung *(f)*, **lokale**	R 407
Schrumpfungen *(f, pl)*, **interne**	I 347
Schruppen *(n)*	R 622
Schub *(m)*	S 388
Schubbeanspruchung *(f)*	S 388, S 406
Schubbelastung *(f)*	T 416
Schubfestigkeit *(f)*	S 405
Schubkraft *(f)*	S 394
Schubkräfte *(f, pl)*	T 419
Schubkraft *(f)* **vom Druck her**	P 665
Schubmodul *(m)*	C 298, M 349, R 484, S 403
Schubspannung *(f)*	S 407
Schubspannung *(f)*, **zulässige**	D 168
Schubspannung *(f)* **an der Phasengrenze**	I 308
Schubspannungshypothese *(f)*	M 168, S 408
Schubsteifigkeit *(f)*	S 405
Schubverformung *(f)*	S 390
Schubviskosität *(f)*	S 410
Schubviskosität *(f)* „Null"	Z 7
Schulter *(f)*	N 20
Schuppen *(f, pl)*	S 832
Schuppenbildung *(f)*	R 518
Schürze *(f)*	A 395
Schuß *(m)*	C 742, S 230, S 1187
Schüsseln *(n)*	D 321
Schuß *(m)* **mit Doppelkrümmung**	R 448
Schüttdichte *(f)*	A 366, B 519
Schüttungshohlräume *(m, pl)*	V 211
Schüttwinkel *(m)*	A 291
Schütz *(n)*	P 127
Schutz *(m)*, **kathodischer**	C 66
Schutz *(m)*, **lokaler kathodischer**	H 403
Schutzblech *(n)*	P 797
Schutzdichtung *(f)*	E 318, P 799
Schutzeinrichtung *(f)*	P 793

▲ to denote different meanings / gibt unterschiedliche Bedeutungen an

Schutzgas

Schutzgas *(n)*	S 455
Schutzgas-Lichtbogenpunktschweißen *(n)*	G 72
Schutzgas-Lichtbogenschweißen *(n)*	I 90, G 93
Schutzgas-Metall-Lichtbogenschweißen *(n)*	G 94, G 164, M 244, M 280
Schutzgaspolster *(n)*	G 20
Schutzgaspuffer *(m)*	G 20
Schutzgasschweißen *(n)*	G 93, I 93
Schutzgas-Wolfram-Lichtbogenschweißen *(n)*	G 96, G 233, T 439, T 797
Schutzkappe *(f)*	P 792
Schutzmantel *(m)*	P 801
Schutzring *(m)*	P 800
Schutzrohr *(n)*	C 743, E 400, I 349, L 233, P 459, S 490, S 609, S 612, T 326, W 327 ▲
Schutzrohr *(n)*, gewelltes äußeres	C 716
Schutzschicht *(f)*	P 796
Schutzstopfen *(m)*	P 798
Schutzüberzug *(m)*	P 796
Schutzvorlage *(f)*	P 794, S 680
schwach geneigtes Dach *(n)*	L 442
Schwachlast *(f)*	L 436, P 72
Schwachlastbereich *(m)*	L 440, P 75
Schwachlastbetrieb *(m)*	L 438, P 73
Schwachlastverhalten *(n)*	L 439, P 74
Schwachlastzustand *(m)*	L 437
Schwadenkondensator *(m)*	V 136
Schwadenkühler *(m)*	V 136
Schwadenrohr *(n)*	V 132
Schwallströmung *(f)*	S 657
schwammiges Schweißgut *(n)* in der Decklage	G 226
schwammiges Schweißgut *(n)* in der Wurzellage	G 227
schwankende Zugspannungs-Schwingbreiten *(f, pl)*	F 565
Schwankung *(f)*	F 566
Schwappen *(n)*	S 654
schwarze Strahlung *(f)*	B 272
Schwärzevergleichsfilm *(m)*	S 1103
Schwärzevergleichsstreifen *(m)*	D 92
Schwärzung *(f)*	D 90, D 91 ▲
Schwärzung *(f)*, effektive	N 42
Schwärzungsgrad *(m)* von Durchstrahlungsaufnahmen	R 27
Schwärzungsmesser *(m)*	D 89
Schwebeentgaser *(m)*	V 113
Schwebeentgasung *(f)*	V 112
schwefelinduzierte Spannungsrißkorrosion *(f)*	S 116, S 1365
Schweißaggregat *(n)*	W 261
Schweißanlage *(f)*	W 222, W 236
Schweißanleitung *(f)*	W 229
Schweißanschluß *(m)*	W 171
Schweißaubesserung *(f)*	W 250
Schweißausführung *(f)*	W 259
Schweißausführungsgüte *(f)*	W 264
Schweißautomat *(m)*	A 508
Schweißbacke *(f)*	W 290

▲ to denote different meanings / gibt unterschiedliche Bedeutungen an

Schweißbad *(n)*	W 293
Schweißbadsicherung *(f)*	B 60, R 419, W 294, B 25
Schweißbadsicherung *(f)*, abschmelzende metallische	F 806
Schweißbadsicherung *(f)*, nicht abschmelzbare metallische	N 133
Schweißbadsicherungsnaht *(f)*	B 41
Schweißbadtiefe *(f)*	W 295
Schweißbarkeit *(f)*	W 137
Schweißbauteil *(n)*	W 172, W 178, W 193
Schweißbogen *(m)*	W 217
Schweißbogen *(m)* mit großem Radius	L 398, L 399 ▲
Schweißbogen *(m)* mit kleinem Radius	S 476
Schweißdraht *(m)*	F 170, W 263
Schweißdrehtisch *(m)*	W 260
Schweißdreh- und -kipptisch *(m)*	W 238
Schweißdüse *(f)*	W 234
Schweiße *(f)*	W 126
Schweißeigenschaften *(f, pl)*	W 247
Schweißeigenspannung *(f)*	R 361, W 252
Schweißeignung *(f)*	W 137
Schweißeinrichtung *(f)*	W 222, W 236
Schweißen *(n)*, gasloses	G 69
Schweißen *(n)* mit freistehendem Elektrodendrahtende	L 403
Schweißen *(n)* mit Wärmeableitung	H 225
Schweißenergieeintrag *(m)*	W 220
Schweißer *(m)*, geprüfter	Q 15
Schweißernachweis *(m)*	W 192
Schweißerprüfung *(f)*	W 190
Schweißerstempel *(m)*	W 191
Schweißerzeichen *(n)*	W 191
Schweißfachingenieur *(m)*	W 221
Schweißfase *(f)*	G 217, W 150
Schweißfehler *(m)*	W 164, W 196, W 209
Schweißflächenvorbereitung *(f)*	W 321
Schweißfolge *(f)*	W 255
Schweißfolgeplan *(m)*	W 256
Schweißforschung *(f)*	W 251
Schweißfuge *(f)*	G 217, W 150
Schweißgas *(n)*	W 205, W 225
Schweißgefüge *(n)*	W 318
Schweißgerät *(n)*	W 261
Schweißgeschwindigkeit *(f)*	W 249
Schweißgleichrichter *(m)*	R 169
Schweißglocke *(f)*	W 213
Schweißglocke *(f)*, geschweißt mit der	B 230
Schweißgrat *(m)*	W 199, W 224
Schweißgrundierung *(f)*	W 140, W 241
Schweißgut *(n)*	D 106, W 165, W 272
Schweißgut *(n)*, aufgetragenes	W 166
Schweißgut *(n)*, fehlerhaftes	U 131
Schweißgut *(n)*, reines	A 243
Schweißgut *(n)*, verlaufenes	E 303

▲ to denote different meanings / gibt unterschiedliche Bedeutungen an

Schweißgutausbeute *(f)*	E 114, W 276 ▲
Schweißgutausbringung *(f)*	E 114
Schweißgutdurchtropfung *(f)*	R 584
Schweißgüte *(f)*	W 248
Schweißguteinbringung *(f)*	W 274
Schweißgutgefüge *(n)*	W 277
Schweißgut *(n)* in der Decklage, schwammiges	G 226
Schweißgut *(n)* in der Wurzellage, schwammiges	G 227
Schweißgut *(n)* mit geringerer Festigkeit	U 65
Schweißgutprobe *(f)*, reine	A 245
Schweißgutriß *(m)*	W 273
Schweißgutüberlauf *(m)*	E 296, O 164, W 288
Schweißgutüberlauf *(m)* an der Decklage	T 489
Schweißgutüberlauf *(m)* an der Wurzelseite	R 593
Schweißhalbautomat *(m)*	S 289
Schweißheftschelle *(f)*	T 7
Schweißheftzange *(f)*	T 8
Schweißhilfsstoffe *(m, pl)*	C 559, W 215
Schweißhitze *(f)*	W 227
Schweißkante *(f)*	F 807, G 217, W 150, W 216
Schweißkantenvorbereitung *(f)*	J 33, W 297
Schweißkerbe *(f)*	W 280
Schweißkonstruktion *(f)*	W 173, W 271
Schweißkonstruktion *(f)* im geschweißten Zustand	A 462
Schweißkopf *(m)*, selbstfahrender	M 340
Schweißkugelverschraubung *(f)*	S 702
Schweißlage *(f)*	P 78, R 650, W 237, W 291, W 296, W 308
Schweißlagenüberhöhung *(f)*	E 307
Schweißlichtbogen *(m)*	W 210
Schweißlinse *(f)*	W 281
Schweißlippe *(f)*	H 426, S 195 ▲
Schweißlippendichtung *(f)*	W 206, W 270
Schweißmaterial *(n)*	W 197
Schweißmembran-Dichtring *(m)*	W 141
Schweißmetall *(n)*	D 106, W 165, W 272
Schweißmittel *(n, pl)*	C 559
Schweißmontagearbeit *(f)*	W 211
Schweißmuffenverbindung *(f)*	S 697
Schweißnaht *(f)*	S 197, W 126, W 309
Schweißnaht *(f)*, durchgeschmolzene	B 542
Schweißnaht *(f)*, durchlaufende	C 588
Schweißnaht *(f)*, provisorische	T 135
Schweißnaht *(f)*, symmetrisch versetzte	C 113
Schweißnaht *(f)*, unterbochene versetzte	S 943
Schweißnaht *(f)*, unterbrochene	I 326
Schweißnaht *(f)*, verjüngte	T 48
Schweißnahtabmessung *(f)*	W 313
Schweißnahtanschluß *(m)*	W 269
Schweißnahtaufbau *(m)*	W 152
Schweißnahtbeurteilung *(f)*	W 144
Schweißnahtbewertung *(f)*	W 144
Schweißnahtbreite *(f)*, übermäßige	E 308

Schweißnahtbreite *(f)*, unzureichende	I 246
Schweißnahtbruch *(m)*	W 195, W 201
Schweißnahtbruchfestigkeit *(f)*	W 202
Schweißnahteinschnürung *(f)*	W 158
Schweißnahteinspannung *(f)*	W 304
Schweißnahtfaktor *(m)*	E 77, J 27, W 194
Schweißnahtfehler *(m)*	I 43, W 164, W 196, W 209
Schweißnahtfestigkeit *(f)*	W 317
Schweißnahtfolge *(f)*	W 255
Schweißnahtfolgeplan *(m)*	W 256
Schweißnahtform *(f)*	W 200, W 311
Schweißnahtfuge *(f)*	W 207, W 226
Schweißnahtgefüge *(n)*	W 318
Schweißnahtgröße *(f)*	W 313
Schweißnahtgütesicherung *(f)*	W 302
Schweißnahthöhe *(f)*	A 124, T 387
Schweißnahtlage *(f)*	W 237
Schweißnahtlänge *(f)*, mittragende	E 63
Schweißnahtmaßfehler *(m)*	I 45
Schweißnaht *(f)* mit Wurzelspalt	O 55
schweißnahtnaher Bereich *(m)*	W 142, Z 9
Schweißnaht *(f)* ohne Wulst	F 618
Schweißnahtprofil *(n)*	W 301
Schweißnahtprüfung *(f)*	W 323
Schweißnahtquerschnittsfläche *(f)*	W 162, W 310
Schweißnahtrißanfälligkeit *(f)*	W 161
Schweißnahtrißbildung *(f)*	W 160
Schweißnahtschrumpfung *(f)*	W 312
Schweißnahtübergangsgefüge *(n)*	W 268
Schweißnahtübergangszone *(f)*	W 267
Schweißnahtüberhöhung *(f)*	E 315, W 303, W 325
Schweißnahtunterlage *(f)*	W 148
Schweißnahtunterseite *(f)*	W 147
Schweißnahtverlauf *(m)*	W 292
Schweißnahtversprödung *(f)*	W 188
Schweißnahtverzug *(m)*	W 167
Schweißnahtvorbereitung *(f)*	J 33, W 297
Schweißnahtwarmrißanfälligkeit *(f)*	W 208
Schweißnahtwertigkeit *(f)*	W 187, W 194
Schweißnahtwurzeloberfläche *(f)*	W 307
Schweißnippel *(m)*	S 699, W 182
Schweißpanzern *(n)*	H 39, H 47
Schweißperlen *(f,pl)*	W 315
Schweißplan *(m)*	W 244, W 254, W 407
Schweißplattieren *(n)*	W 153
Schweißplattieren *(n)* mit Bandelektrode	S 1280
schweißplattiertes Blech *(n)*	W 154
Schweißplattierung *(f)*	W 153, W 275
Schweißplattierungsgrenzfläche *(f)*	W 289
Schweißposition *(f)*	W 237
Schweißpositionswinkel *(m)*	A 292
Schweißprobe *(f)*	W 184, W 316, W 324

Schweißprobestück (n)	W 184, W 316, W 324
Schweißpulver (n)	F 626, W 239
Schweißpulver (n), gesintertes	B 368
Schweißpulverabstützung (f)	F 627, F 632, F 638 ▲
Schweißpunkt (m), einseitig durchgeschmolzener	B 541
Schweißqualität (f)	W 138
Schweißraupe (f)	B 170, W 149
Schweißraupen-Volumen (n)	B 174
Schweißringdichtung (f)	W 206, W 270
Schweißsachverständiger (m)	W 228
Schweißschlacke (f)	W 314
Schweißschutzspray (m)	A 358
Schweißspalt (m)	W 204
Schweißspannung (f)	W 258
Schweißspritzer (m)	S 792
schweißspritzerabweisendes Mittel (n)	A 365
Schweißstab (m)	F 168, W 253
Schweißstahl (m)	W 418
Schweißstoß (m)	J 17, W 177
Schweißstutzen (m)	W 151, W 279, W 319 ▲
Schweißtechnik (f)	W 259
schweißtechnische Einflußgrößen (f, pl)	W 262
Schweißteil (n)	W 172, W 178, W 193
Schweißtropfen (m)	E 294, P 120, W 168 ▲
Schweißung (f) ohne Luftspalt	C 246
Schweißunterlage (f)	W 148
Schweißunterlage (f), bleibende	P 157, B 31
Schweißunterlage (f), provisorische	B 32
Schweißverbindung (f)	W 177
Schweißverfahren (n)	W 246, W 259
Schweißverfahren (n), zugelassenes	A 389, Q 16
Schweißverfahrensprüfprotokoll (n)	W 243
Schweißverfahrensprüfung (f)	W 242, A 384, W 405
Schweißverfahrensspezifikation (f)	W 245, W 406
Schweißversuch (m)	W 322
Schweißvollautomat (m)	F 790
Schweißvorrichtung (f)	W 230
Schweißvorrichtung (f) mit rotierendem Schweißkopf	R 606
Schweißvorschrift (f)	W 257
Schweißvorwärmtemperatur (f)	W 240
Schweißwärme (f)	W 227
Schweißzone (f)	W 265, W 326
Schweißzusatzwerkstoff (m)	F 165, W 197
Schweißzustand (m)	A 461
Schwellen (n), kriechgetriebenes	C 83, C 802
Schwellenbereich (m)	T 384
schwellende Beanspruchung (f)	P 827, P 830
schwellende Spannung (f)	R 333
schwellende Temperaturgefälle (n, pl)	F 564
schwellender Innendruck (m)	C 918
Schwellenwert (m)	T 380

Schwellenwert *(m)* **des Spannungsintensitätsfaktors für Spannungsrißkorrosion**	T 385
Schwellfestigkeit *(f)*	P 824, F 100
Schwellspannung *(f)*	R 333
Schwenkhebelklappe *(f)*	T 467
Schwenkvorrichtung *(f)*	D 30, P 334 ▲
Schwerachse *(f)*	C 101, N 54 ▲
Schwereströmung *(f)*	G 192
Schwerkraftlichtbogenschweißen *(n)*	G 191
Schwerlinie *(f)*	C 101
Schwerpunkt *(m)*	C 92, C 100 ▲
Schwerwasserreaktor *(m)*	H 267, H 439
Schwerwassersiedereaktor *(m)*	B 331
schwerwiegender Fehler *(m)*	M 32
Schwimmdach *(n)*	F 442
Schwimmdach *(n)*, **pfannenartiges**	P 43
Schwimmdachabdichtung *(f)*	F 444
Schwimmdachabdichtung *(f)* **nach Wiggins, Safety-Seal-**	W 355, S 27
Schwimmdachabdichtung *(f)* **„Slimline", Wiggins-**	S 631, W 356
Schwimmdachabdichtung *(f)*, **Wiggins-**	W 356, S 631
Schwimmdachabdichtungssystem *(n)* **„Safety Seal", Wiggins-**	W 355, S 27
Schwimmdachdichtung *(f)* **„tubeseal" nach Hammond**	H 19, T 763
Schwimmdachtank *(m)*	F 445, E 392
Schwimmdecke *(f)*	I 335
Schwimmdecke *(f)*, **(innenliegende)** ...	F 443
Schwimmdecke *(f)* **in Sandwich-Bauweise**	S 59
schwimmende Dichtringe *((m, pl)*	F 446
schwimmende Kugel *(f)*	F 432
schwimmende Rohrplatte *(f)*	F 448
schwimmender Rohrleitungsabschnitt *(m)*	F 447
Schwimmer *(m)*	F 430
Schwimmerablaßventil *(n)*	F 451
Schwimmerkugel *(f)*	F 431
Schwimmerlager *(n)*	F 453
Schwimmerschalter *(m)*	F 454
Schwimmersperre *(f)*	F 452
Schwimmerventil *(n)*	B 106, F 455
Schwimmkopf *(m)*	F 436
Schwimmkopf *(m)*, **außen abgedichteter**	O 132
Schwimmkopf *(m)*, **außen dichtgepackter**	O 132
Schwimmkopf *(m)*, **durchgezogener**	P 820
Schwimmkopfapparat *(m)*	F 439
Schwimmkopf-Deckel *(m)*	F 437
Schwimmkopf-Flansch *(m)*	F 438
Schwimmkopf *(m)* **mit Gegenhalter**	F 440
Schwimmkopf-Rohrboden *(m)*	F 448
Schwimmkopfrohrboden *(m)*, **außen abgedichteter**	E 396
Schwimmkopf-Rohrboden *(m)*, **außen abgedichteter**	F 449
Schwimmkopf-Rohrboden-Bord *(m)*	F 450
Schwimmkopfrohrboden *(m)* **mit Laternenring, abgedichteter**	P 9

▲ to denote different meanings / gibt unterschiedliche Bedeutungen an

Schwimmkopf-Wärmeaustauscher *(m)*	F 439, H 144
Schwimmzelle *(f)*	B 532
Schwingbeanspruchung *(f)*	F 563
Schwingbreite *(f)* der resultierenden Momente	R 74
Schwingbreite *(f)* der Verlagerungsspannungen	D 347
Schwinger *(m)*	C 880, T 547, U 23
Schwingung *(f)*	P 832
Schwingung *(f)*, fluidelastische	F 591
Schwingung *(f)*, leckageströmungsinduzierte	L 102
Schwingung *(f)*, strömungsinduzierte	F 261, F 500
Schwingung *(f)*, turbulenzerregte	T 801
Schwingung *(f)*, ungekoppelte	U 46
Schwingung *(f)*, unterkritische	T 805
Schwingung *(f)*, wirbelinduzierte	V 221
Schwingungen *(f, pl)*, akustische	A 109
Schwingungen *(f, pl)*, selbsterregte	S 273
Schwingungen *(f, pl)* der Rohrleitung	L 241
Schwingungsamplitude *(f)*	V 176
Schwingungsamplituden *(f, pl)*, resonanzartige	R 390
Schwingungsaufnehmer *(m)*	A 88
Schwingungsbremse *(f)*	H 451, R 403, S 460, S 681, S 1464
Schwingungsbremse *(f)*, hydraulische	H 451
Schwingungsbremse *(f)* mit Feder	S 905
schwingungsdämpfende Versteifung *(f)*	A 363
schwingungsdämpfendes Fundament *(n)*	A 361
Schwingungsdämpfer *(m)*	V 177, P 833, A 362
Schwingungsdämpfer *(m)*, aktiver dynamischer	T 459, T 795
Schwingungsdämpfer *(m)*, viskoelastischer	V 191
Schwingungsenergie *(f)*	V 182
Schwingungserregungsmechanismen *(m, pl)*	V 178
schwingungsinduzierter Verschleiß *(m)*	V 181
Schwingungskräfte *(f, pl)*	O 99
Schwingungsreibverschleiß *(m)*	V 180
Schwingungsrißkorrosion *(f)*	C 696
Schwingungsstreifen *(m, pl)*	F 105, S 1268
Schwingversuch *(m)*	F 107
Schwitzwasser *(n)*	C 495
Schwitzwasserkorrosion *(f)*	C 496
Schwungradreibschweißen *(n)*	I 97
Scruton-Zahl *(f)*	S 167
SEA	A 92, A 180
SE-Amplitudenverteilung *(f)*	A 82
Sechskant-Doppelnippel *(m)*	H 296
Sechskantmutter *(f)*	H 293
Sechskantschraube *(f)*	H 292, H 294
Sedimentations-Fouling *(n)*	P 70, F 678
Segelstellung *(f)*, Klappe in	F 115
Segerkegel *(m)*	S 244
Segment *(n)*	S 226
Segmentblende *(f)*	F 537, S 247
Segmentdrucklager *(n)*	P 332, T 441
Segmentkrümmer *(m)*	G 253, M 321, S 246

Segmentleitblech *(n)*	S 245
Segmentrohrbogen *(m)*	G 253, M 321, S 246
Segmentschnitt *(m)*	L 334
Segmentverkleidung *(f)*	L 333
Seifenlaugenprüfung *(f)*	S 689
Seigerung *(f)*	S 251
Seigerungsrißbildung *(f)*	S 252
Seitenabstand *(m)*	L 56
Seitenausweitung *(f)*	L 58
Seitenbiegeversuch *(m)*	S 503
Seitenbohrung *(f)*	S 506
Seitenfreiwinkel *(m)*	S 511
seitengekerbte Flachzugprobe *(f)*	E 24, E 38
Seitenkerbe *(f)*	S 508
Seitenprodukt *(m)*	S 505
Seitenschnitt *(m)*	S 505
Seitenspiel *(n)*	L 52
Seitensteife *(f)*	S 512
Seitenstrom *(m)*	S 505
Seitenturm *(m)*	S 1279
Seitenverankerung *(f)*	A 395
Seitenwandeffekt *(m)*	L 64
seitlich angeordneter Kondensator *(m)*	L 53
seitliche Auslenkung *(f)*	S 513, T 665
seitliche Breitung *(f)*	L 57
seitliche Deformation *(f)*	L 55
seitliche Dehnung *(f)*	L 58
seitlicher Druck *(m)*	L 61
seitliches Ausweichen *(n)*	L 66
seitliche Verschiebungen *(f, pl)*	L 63
Seitwärtsbewegung *(f)* des Rohres	T 742
SE-Kanal *(m)*	A 83
SE-Kennzeichnung *(f)*	A 91
sekundäre Spannung *(f)*	S 221
sekundäre Strahlung *(f)*	S 219
Sekundärkühlkreislauf *(m)*	S 214
Sekundärriß *(m)*	S 215
Sekundärspannung *(f)*	S 221
Selbstabdichtung *(f)*	S 279
selbstausgleichend *(Adj.)*	S 272
selbstausgleichende Spannung *(f)*	S 269
selbstbördelnde Rohrverbindung *(f)*	S 274
selbstdichtende Dichtung *(f)*	A 506, P 602, S 264
selbstdichtender Deckelverschluß *(m)*	P 650
selbstdichtendes Rohrgewinde *(n)*	D 543, P 292
selbstdichtende Verbindung *(f)*	S 279
selbstentlüftend *(Adj.)*	S 270, S 276
selbsterregte Schwingungen *(f, pl)*	S 273
selbstfahrender Schweißkopf *(m)*	M 340
Selbstfederung *(f)*	S 280
Selbstschlußkugel *(f)*	S 263
selbstschneidende Schraube *(f)*	T 54

▲ to denote different meanings / gibt unterschiedliche Bedeutungen an

selbstsichernder Schraubenbolzen *(m)*	S 278
selbstsperrende Verriegelung *(f)*	S 275
selbstständiger Lichtbogen *(m)*	S 287
selbstwirkende Dichtung *(f)*	A 506, P 602, S 264
Sendeimpulsanzeige *(f)*	I 113, M 22
Sender *(m)*	T 582
Sender-Empfänger-Prüfkopf *(m)*	D 548, T 544, T 821
Sende- und Empfangsprüfkopf *(m)*	T 581, T 670
Senke *(f)*	C 86
senkrecht berippte Oberfläche *(f)*	V 156
Senkrechteinfall *(m)*	N 169
Senkrechteinschallung *(f)*	S 1136
senkrechte Steiggeschwindigkeit *(f)*	V 155
Senkrechtprüfkopf *(m)*	S 1135
Senkrechtrohrverdampfer *(m)*	V 162
Senkrechtschallstrahl *(m)*	S 1134
Senkrechtschweißen *(n)*	V 166
senkrecht zur Oberfläche	N 180
Senkung *(f)*	S 358
Senkventil *(n)*	L 428
Sensibilisieren *(n)* bei niedrigen Temperaturen	L 452, L 462
sensibilisiert *(V)*	S 303
SEP	A 92, A 180
SE-Prüfkopf *(m)*	D 548, T 544, T 581, T 670, T 821
Serienfabrikat *(n)*	S 976
Serienfertigung *(f)*	B 162, S 315 ▲
serienmäßig hergestellte Teile *(n, pl)*	S 316
Seriennummer *(f)*	S 314
Servoventil *(n)*	S 332
Servoventil *(n)* mit Hebelrückführung	L 152
Setzen *(n)* der Dichtung	G 60
Setzung *(f)*	S 359
SE-Wandler *(m)*	A 93
SE-Wellenleiter *(m)*	A 94
S-förmiger Kompensatorbalg *(m)*	S 926
Sherwood-Zahl *(f)*	S 452
Sherwood-Zahl *(f)*, laminare	L 28
Showerdeck *(n)*	S 484
Sicherheitsabschaltsystem *(n)*	S 28
Sicherheitsabsperrorgan *(n)*	S 29
Sicherheitsabstand *(m)*	S 20
Sicherheitsabstand *(m)* gegen Austrocknung	D 538
Sicherheitsbehälter *(m)*	C 570
Sicherheitsbeiwert *(m)*	S 17, F 24
Sicherheitsbericht *(m)*	S 15
Sicherheitsbestimmungen *(f, pl)*	S 24
Sicherheitseinrichtung *(f)*	S 16
Sicherheitseinrichtung *(f)* gegen Drucküberschreitung	P 645
Sicherheitseinrichtung *(f)* gegen Drucküberschreitung, nicht wiederschließende	N 152
Sicherheitsempfehlungen *(f, pl)*	R 147
Sicherheitserdbeben *(n)*	S 11, S 925

Sickenwalze

Sicherheitshülle (f)	C 570
Sicherheitsmaßnahme (f)	S 21
Sicherheitsnadel (f)	S 22
Sicherheitsreserve (f)	S 20
Sicherheitsschaltung (f)	F 32
Sicherheitsspanne (f)	S 20
Sicherheitsstandrohr (n)	S 30
sicherheitstechnische **Anforderungen** (f, pl)	S 24
Sicherheitsüberströmventil (n)	S 23
Sicherheitsumschließung (f)	C 570
Sicherheitsventil (n)	S 32
Sicherheitsventil (n), **direkt ansprechendes federbelastetes**	D 282
Sicherheitsventil (n), **federbelastetes**	D 283, S 890
Sicherheitsventil (n), **gesteuertes**	P 197
Sicherheitsventil (n), **gewichtsbelastetes**	D 286, W 120
Sicherheitsventil (n), **hebel- und gewichtsbelastetes**	L 151
Sicherheitsventil (n), **hilfsgesteuertes**	P 197
Sicherheitsventil (n), **schlagartig öffnendes**	P 500
Sicherheitsventil (n) **mit Federbelastung**	D 283, S 890
Sicherheitsventil (n) **mit Gewichtsbelastung**	D 286, W 120
Sicherheitsventil (n) **mit Hebel- und Gewichtsbelastung**	L 151
Sicherheitsventil (n) **mit offenem Aufsatz**	O 56
Sicherheitsverstopfung (f)	I 272
Sicherheitsvorlage (f)	B 46, S 26 ▲
Sicherheitverriegelungssystem (n)	S 18
Sicherung (f)	S 8
Sicherung (f), **kraftschlüssige**	F 757
Sicherungsblech (n)	R 423
Sicherungsblech (n) **mit Lappen**	S 31, T 1
Sicherungsbolzen (m)	L 359
Sicherungseisen (n)	S 19
Sicherungsflosse (f)	S 19
Sicherungsmutter (f)	C 154, L 364, R 421
Sicherungsring (m)	L 360, S 671
Sicherungsscheibe (f)	L 367, R 428
Sicherungsschraube (f)	L 361
Sicherungsschweiße (f)	L 368
Sicherungsstift (m)	L 359, S 22
sichtbare **Fuge** (f)	O 53
Sichtbarmachen (n) **der Strömung**	F 559
Sichtfuge (f)	F 16
Sichtglas (n)	S 516
Sichtkontrolle (f)	V 201
Sichtprüfung (f)	V 200, V 201
Sichtschraube (f)	P 104
Sichtvermerk (m)	C 153
sich vermischende **Strömung** (f)	I 328
Sicke (f)	B 169
Sicken (n)	B 171
Sickenmaschine (f)	B 172
Sickenwalze (f)	B 173

▲ to denote different meanings / gibt unterschiedliche Bedeutungen an

Sickerweg *(m)*	L 104
Sieb *(n)*	S 1170
Siebblech *(n)*	P 138
Siebboden *(m)*	S 514
Siebboden-Extraktor *(m)*, pulsierter	P 841
Siebbodenkolonne *(f)*	S 515
Siebkorb *(m)*	S 1171
Siebkreis *(m)*	R 288
Siedeabstand *(m)*	C 834, M 304
Siedebeginn *(m)*	I 105, S 1407 ▲
Siedebereich *(m)*	B 333
Siedeende *(n)*	F 208
Siedegrenze *(f)*	B 327
Siedekrise *(f)*	B 328
Siedekrisis *(f)*	B 328
Siedekrisis *(f)* der 1. Art	D 101, D 373, T 568
Sieden *(n)*	B 326
Sieden *(n)*, disperses	A 335
Sieden *(n)*, freies	F 723
Sieden *(n)*, heftiges	V 188
Sieden *(n)*, partielles	P 60
Sieden *(n)*, unterkühltes	L 336, S 1328
Sieden *(n)* bei erzwungener Konvektion	F 658
Sieden *(n)* bei freier Konvektion	P 489
Siedepunkt *(m)*	B 332
Siedetemperatur *(f)*	S 71
Siedeverzögerung *(f)*	B 329, D 81
Siedeverzug *(m)*	B 329, D 81
Siedewasserreaktor *(m)*	B 334, B 575
Sigmaphase *(f)*	S 518
SIGMA-Schweißen *(n)*	S 453, S 519
Signalgeber *(m)*	P 684
Signal-Rausch-Verhältnis *(n)*	S 520
Signieranlage *(f)*	C 355
Silo *(n)*	S 524
Silovibrationseinrichtung *(f)*	S 525
simulierende Wärmebehandlung *(f)*	S 1100
simulierte Schallquelle *(f)*	S 530
simuliertes Langzeitglühen *(n)*	S 1100
singuläres Spannungsfeld *(n)*	S 581
Singularität *(f)*	S 578
Singularität *(f)*, elastische	S 579
Singularität *(f)*, plastische	S 580
Singularitätenmethode *(f)*	B 233, B 398
Sinterelektrode *(f)*	S 268
Sintermetall *(n)*	S 582
Sintermetallteile *(n, pl)*	P 530
Sintermetallurgie *(f)*	P 529
Sintertechnik *(f)*	P 529
Sitz *(m)*, enger	T 435
Sitz *(m)*, satter	F 786
Sitz *(m)*, strammer	T 435

▲ to denote different meanings / gibt unterschiedliche Bedeutungen an

Spaltquerschnitt

Sitzbohrung *(f)*	S 204
Sitzeinsatz *(m)*	S 211
Sitzfläche *(f)*	S 203, S 206
Sitzfläche *(f)* **der Dichtung**	G 62
Sitzkennbuchstabe *(f)*	O 92
Sitzquerschnitt *(m)*	S 203, S 206
Sitzring *(m)*	S 212
Sitzventil *(n)*	F 19, S 210
Si-Ventil *(n)*	S 32
Skala *(f)*	S 81
Skalenanfangswert *(m)*	S 86
Skalenbereich *(m)*	S 89
Skalenendwert *(m)*	S 94
Skalenteilung *(f)*	S 87
Skelett *(n)*	S 1293
Skineffekt *(m)*	S 597
Sleeving *(n)*	S 617
Slimline-Schwimmdachabdichtung *(f)* **nach Wiggins**	S 631, W 356
Slip-Lining-Verfahren *(n)*	S 641
Slopover *(m)*	S 652
SLP-Verbindung *(f)*	B 203
SL-Verbindung *(f)*	B 202
Snap-back-Verfahren *(n)*	S 670
Sockel *(m)*	B 131
Sockelplatte *(f)*	B 138
Sockolet *(n)*	S 705
Sollbruchstelle *(f)*	R 670, T 63, P 642
Sollmaß *(n)*	N 105, S 802 ▲
Sollmaßabweichung *(f)*	D 197
Sollmenge *(f)*	N 103
Sollstellung *(f)*	D 175
Sollwert *(m)*	D 177, N 109, P 570, R 343, S 339, S 803, V 107 ▲
Sollwert *(m)*, **vorgegebener**	P 568, S 261
Sollwertabweichung *(f)*	S 343
Sollwerteinsteller *(m)*	S 340
Sollwerteinstellung *(f)*	S 341
Sollwertführgerät *(n)*	S 342
Sollwertgeber *(m)*	S 344
Sondenarray *(m)*	S 304
Sonderanfertigung *(f)*	T 12
Sonderausführung *(f)*	N 159
Sondergewinde *(n)*	U 132
Spalt *(m)*	G 11
Spaltbruch *(m)*	C 234
Spaltebene *(f)*	C 235
Spaltfestigkeit *(f)*	C 236, I 316 ▲
Spaltgas *(n)*	M 38, P 726
Spaltgaskühler *(m)*	M 39, P 727, P 749
Spaltgaskühler *(m)* **mit Rohrbodenabfangkonstruktion**	T 333
Spaltkorrosion *(f)*	C 822
Spaltquerschnitt *(m)*	S 648

▲ to denote different meanings / gibt unterschiedliche Bedeutungen an

Spaltring

Spaltring *(m)*	C 46
Spaltrissigkeit *(f)*	L 22
Spaltrohr *(n)*	R 246
Spaltströmung *(f)*	G 13
Spaltströmungsgeschwindigkeit *(f)*	G 14
Spaltung *(f)*, thermische	T 258
Spalt *(m)* zwischen den Lagen	L 78
Spaltverlust *(m)*	R 490
Spaltwärmeübergang *(m)*	G 15
Spaltwärmeübertragung *(f)*	G 15
Spannbacke *(f)*	C 211
Spannbacken *(f, pl)*, geteilte	S 233
Spannbüchse *(f)*	A 144
Spannbügel *(m)*	C 204
Spannfeder *(f)*	C 218
Spannhülse *(f)*	A 144, C 217, S 907 ▲
Spannkraft *(f)*	T 433
Spannmarkierung *(f)*	M 204
Spannmuffe *(f)*	A 144
Spannmutter *(f)*	A 165, C 213, L 314, T 161, T 434
Spannplatte *(f)*	C 214
Spannscheibe *(f)*	C 526
Spannschloß *(m)*	T 813
Spannschloßmutter *(f)*	T 814
Spannschraube *(f)*	C 208, T 160, T 432 ▲
Spannstift *(m)*	S 907
Spannung *(f)*	S 1209, T 156 ▲
Spannung *(f)*, durch Bearbeitung erzeugte	F 4
Spannung *(f)*, primäre	P 690, P 694
Spannung *(f)*, schwellende	R 333
Spannung *(f)*, sekundäre	S 221
Spannung *(f)*, selbstausgleichende	S 269
Spannung *(f)*, zulässige	N 94
Spannung *(f)*, zusätzliche	A 148
Spannung *(f)* auf Pressung, zulässige	A 229
Spannung *(f)* auf reine Abscherung, zulässige	A 230
Spannung *(f)* im Ansatz	A 459
Spannung *(f)* im zusammengebauten Zustand	A 459
Spannung *(f)* infolge mechanischer Belastung	M 213
Spannung *(f)* mit umgekehrtem Vorzeichen	S 1237
Spannung *(f)* pro Flächeneinheit	S 1239, U 105
Spannungsabminderungsbeiwert *(m)*	S 1244
Spannungsanalyse *(f)*	S 1210
Spannungsanalysenergebnisse *(n, pl)*	S 1248
Spannungsanhäufung *(f)*	S 1213
Spannungsanteil *(m)*	S 1212
Spannungsarmglühen *(n)*	S 1247
Spannungsarmglühen *(n)* mit Sauerstoff-Azetylenflamme	O 185
Spannungsbeiwert *(m)*	S 1228
Spannungs-Dehnungsanalyse *(f)*	S 1254
Spannungs-Dehnungs-Diagramm *(n)*	S 1256
Spannungs-Dehnungsverhalten *(n)*	S 1255

Spannungsdifferenz *(f)*	S 1224
Spannungsdifferenz *(f)*, wechselnde	A 248
Spannungserhöher *(m)*	S 1240
Spannungserhöhung *(f)*	S 1231
Spannungserhöhungsfaktor *(m)*	S 1215, S 1232
Spannungserhöhungsursache *(f)*	S 1240
Spannungsfeld *(n)*, singuläres	S 581
Spannungsgrenzwert *(m)*, oberer betrieblicher	O 83
spannungsinduzierte Korrosion *(f)*	S 1229
Spannungsintensitätsfaktor *(m)*	S 1235
Spannungskonzentration *(f)*	S 1213
Spannungskonzentrationsfaktor *(m)*	S 117
Spannungskorrosionsrißbildung *(f)*, interkristalline	I 14, I 315
Spannungskorrosionsrißbildung *(f)* durch Polythionsäure	P 77, P 475
Spannungskreis *(m)*, Mohrscher	M 351
Spannungs-Lastspielbereich *(m)*, hoher	H 320
Spannungsnachweis *(m)*	S 1210
Spannungsoptik *(f)*	P 172
Spannungsoptimierung *(f)*	O 84, S 1238
spannungsoptisches Material *(n)*	P 173
spannungsoptisches Modell *(n)*	P 174
Spannungsquerschnitt *(m)*	T 152
Spannungsrelaxation *(f)*	S 1245
Spannungsriß *(m)*	S 1218
Spannungsrißbildung *(f)*, umgebungsinduzierte	E 234
Spannungsrißkorrosion *(f)*	S 115, S 1217
Spannungsrißkorrosion *(f)*, interkristalline	C 72
Spannungsrißkorrosion *(f)*, schwefelinduzierte	S 116, S 1365
Spannungsschwellenwert *(m)*	T 386
Spannungsschwingbreite *(f)*	C 922, S 1241
Spannungsschwingbreite *(f)*, betriebliche	O 82
Spannungsschwingbreite *(f)*, vergleichbare	E 253
Spannungsschwingbreite *(f)* bei Wechselbeanspruchung, Minderungsfaktor der	S 1242
Spannungsschwingbreite *(f)* unter Zugbeanspruchung	P 831
Spannungsspektrum *(n)*	S 1253
Spannungsspitze *(f)*	P 95
spannungstechnische Beurteilung *(f)*	S 1226
Spannungstensor *(m)*	S 1258
Spannungsumlagerung *(f)*	S 1243
Spannungsumverteilung *(f)*	S 1243
Spannungsverbesserung *(f)* durch Induktionswärmebehandlung	I 15, I 83
Spannungs-Verformungs-Diagramm *(n)*	S 1256
Spannungsverlauf *(m)*	H 344, S 1220, S 1227, S 1261 ▲
Spannungsverteilung *(f)*, dreidimensionale	T 371
Spannungswechsel *(m, pl)*, niederfrequente	L 434
Spannungswelle *(f)*	S 1262
Spannungs-Zeitkurven *(f, pl)*	S 1259
Spannungszustand *(m)*	S 1216
Spannungszustand *(m)*, ebener	P 359, S 1005
Spannungszustand *(m)*, einachsiger	U 81

▲ to denote different meanings / gibt unterschiedliche Bedeutungen an

Spannungszustand *(m)*, hydrostatischer	H 472
Spannungszustand *(m)*, zweiachsiger	B 263
Spannungszyklus *(m)*	S 1221
Spannung *(f)* unter Zugbeanspruchung, zulässige	A 231
Spannweite *(f)*	S 789
Sparre *(f)*	R 49
Sparrenklemme *(f)*	R 50
Sparrenneigung *(f)*	R 52
Spätrißbildung *(f)*	D 80
Speicherbehälter *(m)*	S 1129
Speichergefäß *(n)*	R 347
Speichergut *(n)*	P 746, S 1130
Speichergutturbulenz *(f)*	P 763
Speicherkapazität *(f)*	S 1127
Speicher-Umschaltwärmeaustauscher *(m)*	S 1477
Speisewasser *(n)*	F 118
Speisewasseraustritt *(m)*	F 124
Speisewasserbehandlung *(f)*	F 125
Speisewassereintritt *(m)*	F 122
Speisewasserentgasung *(f)*	F 119
Speisewasserkonditionierung *(f)*	F 125
Speisewasserleitung *(f)*	F 123
Speisewasservorwärmer *(m)*	E 23, F 120 ▲
Speisewasservorwärmer *(m)*, geschlossener	C 244
Speisewasservorwärmer *(m)* in gewickelter Ausführung	C 310
Speisewasservorwärmer *(m)* mit direkter Kondensation, einflutiger	S 1138
Speisewasservorwärmung *(f)*	F 121
Spektralanalyse *(f)*	S 806
Sperrbolzen *(m)*	L 359
Sperren *(n)*	L 356
Sperrflüssigkeit *(f)*	S 179
Sperrfrist *(f)*	Q 50
sperrinduzierte falsche Strömungsverteilung *(f)*	B 298
sperrinduzierte Strömungsfehlverteilung *(f)*	B 298
Sperring *(m)*	L 360, S 671
Sperrlager *(n)*	Q 51
Sperrstellung *(f)*, Ventil mit	B 302, D 270
Sperrstift *(m)*	L 359
Sperrvorrichtung *(f)*	L 357
Sperrwasser *(n)*	S 188
Sperrwasserarmatur *(f)*	S 189
spezifische Enthalpie *(f)*	S 795
spezifische Entropie *(f)*	S 796
spezifische Formänderungsarbeit *(f)*	S 1168
spezifische freie Energie *(f)*	S 797
spezifische innere Energie *(f)*	S 800
spezifischer Druckabfall *(m)*	S 801
spezifischer Strömungswiderstand *(m)*	F 535
spezifischer Wärmewiderstand *(m)*	F 682
spezifisches Gewicht *(n)*	M 120
spezifisches Gewicht *(n)*, rechnerisches	D 165

▲ to denote different meanings / gibt unterschiedliche Bedeutungen an

Spritzbeschichtung, metallische

spezifische Verdampfungswärme *(f)*	S 799
spezifische Wärme *(f)*	S 798
spezifische Wärmekapazität *(f)*	S 798
Sphäroguß *(m)*	D 555, S 824
sphärolitisches Gußeisen *(n)*	C 55, C 59, C 60, N 67
Spiegel *(m)*	L 136
Spiegelkopf-Wasserstandsanzeiger *(m)*	P 156
Spiegelschwingungsamplitude *(f)*	F 720
Spindel *(f)*	S 1088
Spindel *(f)*, nichtsteigende	N 155
Spindel *(f)*, steigende	R 528
Spindelbetätigung *(f)*	S 1089
Spindeldichtung *(f)*	S 1096
Spindelfluß *(m)*	S 1093
Spindelführung *(f)*	S 1092
Spindelmutter *(f)*	D 338, Y 33
Spindelrückholung *(f)*	S 1095
Spindelweg *(m)*	S 1098
Spinseal-Verfahren *(n)*	S 834
Spiralasbestdichtung *(f)*	S 848
Spiraldichtung *(f)*	S 849
Spiralfeder *(f)*	C 308, S 845
Spiralfedereinsatz *(m)*	S 846
spiralförmige Rippe *(f)*	S 835
spiralförmige Rohrschlange *(f)*	H 271
spiralgewelltes Rohr *(n)*	S 842
Spiralkondensator *(m)*	S 847
Spiralrippe *(f)*	S 835
Spiralrippenrohr *(n)*	S 837
Spiralrohr *(n)*	C 309, S 842 ▲
Spiral-Wärmeaustauscher *(m)*	S 387, S 838, H 170, S 844
Spiralwärmeaustauscher *(m)* als Gegenstromapparat	S 839
Spiralwärmeaustauscher *(m)* als Kreuzstromapparat	S 841
Spiralwärmeaustauscher *(m)* als Kreuz- und Gegenstromapparat	S 840
Spitze *(f)*	C 511
Spitzenheizflächenbelastung *(f)*	M 163
Spitzenlast *(f)*	P 94
Spitzenspiel *(n)*	M 31, M 308 ▲
Spitzenvergleichsspannung *(f)*	P 96
Spitzgewinde *(n)*	V 233
Spitzkerbprobe *(f)*	V 203
Splint *(m)*	C 718, S 856
Splitter *(m)*	S 650
Spongiose *(f)*	G 187
sprengplattierter Rohrboden *(m)*	E 373
sprengplattiertes Blech *(n)*	E 377
Sprengplattierung *(f)*	E 372
Sprengring *(m)*	S 671, L 360
Sprengschweißen *(n)*	E 378
Sprengschweißverbindung *(f)*	E 376
Spritzbeschichtung *(f)*, metallische	M 257

▲ to denote different meanings / gibt unterschiedliche Bedeutungen an

Spritzerströmung *(f)*	D 497
Spritzkugeln *(f, pl)*	S 850
Spritzmetallschicht *(f)*	S 878
Spritzmetallüberzug *(m)*	M 256, S 878
Spritzring *(m)*	D 70
Spritzschmelzverfahren *(n)*	S 880
Spritzüberzug *(m)*, metallischer	M 256
Sprödbruch *(m)*	B 461
Sprödbruchbeständigkeit *(f)*	B 462
Sprödbruchempfindlichkeit *(f)*	B 464
Sprödbruchfestigkeit *(f)*	B 463, R 378
Sprödbruchprüfung *(f)*	B 465
Sprödbruch-Übergangstemperatur *(f)*	N 16, D 32, D 554, N 62
spröder interkristalliner Bruch *(m)*	B 264, B 466
Sprödigkeit *(f)*	B 468
Sprödriß *(m)*	B 460, D 559
Sprudler *(m)*	B 487
Sprühabsorber *(m)*	A 20
Sprühebene *(f)*	S 876
Sprühkolonne *(f)*	S 877
Sprühkondensation *(f)*	D 267
Sprühlichtbogen *(m)*	S 875
Sprühströmung *(f)*	D 344, S 879
Sprühtrocknung *(f)* mit integrierter Agglomeration	F 602, F 767
Sprühturm *(m)*	A 20
Sprung *(m)*	J 43
Sprungabstand *(m)*	M 252, N 65, S 600
Spülanschlüsse *(m, pl)*	A 177, P 896
Spüleinsatz *(m)*	R 517
Spülen *(n)*, rückseitiges	B 48
Spülen *(n)*, wurzelseitiges	B 48
Spulen-Ringabstand *(m)*	A 333
Spulenselbstvergleichsverfahren *(n)*	D 232
Spulentechnik *(f)*	C 314
Spülgas *(n)*	A 357, B 283, F 620, P 897, P 900
Spundwand *(f)*	B 524
Spürgas *(n)*	T 537
SRK	S 115
S-Stück *(n)*	O 19
Stabbündel *(n)*	R 535
Stabelektrode *(f)*	F 168, W 253
Staberder *(m)*	G 230
stabiles Filmsieden *(n)*	S 936
stabiles Rißwachstum *(n)*	S 935
Stabilglühen *(n)*	S 929
Stabilisierkolonne *(f)*	S 932
Stabilisierungsglühen *(n)*	S 929
Stabilität *(f)*, konstruktive	S 1301
Stabilität *(f)* des Gefüges	S 1302
Stab-Leitblechkonstruktion *(f)*	R 534
Stabstahl *(m)*	S 1075
Stadtgas *(n)*	T 535

Stagnation *(f)*	S 950
Stagnationszone *(f)*	W 9
Stahl *(m)*, beruhigter	K 8
Stahl *(m)*, halbberuhigter	S 296
Stahl *(m)*, kohlenstoffreicher	H 300
Stahl *(m)*, unberuhigter	R 488
Stahlbauprofil *(n)*	S 1304
Stahlbehälter *(m)*, emaillierter	G 156
Stahlblech *(n)*	S 417, S 1081, S 1083 ▲
Stähle *(m, pl)*, artgleiche	S 527
stählerne Fußplatte *(f)*	S 1079
stählernes Gleitblech *(n)*	S 1084
Stahlerschmelzungsverfahren *(n)*	S 1077
Stahl *(m)* mit mittleren Legierungsanteilen	M 217
Stahlpuffer *(m)*	S 1078
Stahlrohr *(n)*	S 1080, S 1086 ▲
Stahlspundwand *(f)*	S 1076
Stand *(m)* der Technik	S 1006
Standardisierung *(f)*	S 969
Standard-Kerbschlagbiegeversuch *(m)* nach Charpy	S 965
Standard-Rohrgewinde *(n)*	N 218
Ständerfachwerk *(n)*	V 160
Standfestigkeit *(f)*	S 931
ständig aufliegende Last *(f)*	S 1376
ständige Last *(f)*	D 37, P 159 ▲
Standortwahl *(f)*	S 588
Standortwahl *(f)* nach seismischen und geologischen Gesichtspunkten	S 589
Standrohr *(n)*	S 986
Standverlust *(m)*	S 983
Standzarge *(f)*	S 605, S 1400
Standzarge *(f)*, konische	C 525
Standzeit *(f)*	S 327
Stanton-Zahl *(f)*	S 989
Stapelreinigung *(f)*	R 440
starker Tropfenmitriß *(m)*	H 265, E 221
starre Aufhängung *(f)*	R 482
starre Einspannung *(f)*	R 485
starrer Hänger *(m)*	R 482
starrer Körper, Rotation *(f)*	R 481
starrer Plattenkeil *(m)*	S 732
starres Anbauteil *(n)*	R 479
starres Einsatzstück *(n)*	R 483
starre Unterstützung *(f)*	I 98
Starrkörperrotation *(f)*	R 481
Starrkörperverschiebung *(f)*	R 480
Statik *(f)*	S 1008, S 1285
stationärer Abblasezustand *(m)*	S 1044
stationärer Hohlraum *(m)*	C 78
stationärer Zustand *(m)*	S 1032, S 1042
stationäre Strömung *(f)*	S 1029, S 1040, S 1045
stationäres Verhalten *(n)*	S 1043

▲ to denote different meanings / gibt unterschiedliche Bedeutungen an

stationäre Temperaturspitze *(f)*	H 402
stationäre Wärmeleitung *(f)*	S 1039, H 113
statisch bestimmte Kräfte *(f, pl)*	S 1011
statische Beanspruchung *(f)*	S 1027
statische Berechnung *(f)*	S 1008, S 1285
statische Dichtung *(f)*	S 1025
statische Flüssigkeitssäule *(f)*	L 275
statische Förderhöhe *(f)*	S 1017
statische Mischereinbauten *(m, pl)*	S 1021
statischer Druck *(m)*	H 461, S 1024
statischer Druck *(m)* infolge der Flüssigkeitssäule	P 601
statischer Nachweis *(m)*	S 1009, S 1285
statisches Anreißen *(n)*	S 793, S 1023
statisches Moment *(n)*	S 1014
statisches Rauschen *(n)*	R 67
statisch unbestimmte Konstruktion *(f)*	S 1013
statisch unbestimmte Kräfte *(f, pl)*	S 1012, R 197
Stau *(m)*	S 950
Staublech *(n)*	D 16
Staubstromvergasung *(f)*	E 216
Stauchdruck *(m)*	U 174
stauchen *(V)*	U 166
Stauchen *(n)*	U 175
Stauchfalte *(f)*	U 180
Stauchgrat *(m)*	U 170
Stauchgrenze *(f)*	C 438, C 455 ▲
Stauchkraft *(f)*	U 176
Stauchlängenverlust *(m)*	U 171
Stauchlängenzugabe *(f)*	U 167
Stauchung *(f)*, unausgefüllte	U 179
Stauchversuch *(m)*	U 178
Stauchvorgang *(m)*	U 177
Staudruck *(m)*	D 573, S 957, V 128 ▲
Staudruckbeiwert *(m)*	V 129
Staudruckverlust *(m)*	S 958, V 130
Stauleitung *(f)*	S 1018
Staulinie *(f)*	S 953
Staupunkt *(m)*	S 954
Staupunkt-Enthalpie *(f)*	S 951
Staupunktströmung *(f)*	S 952, S 955
Staupunktströmung *(f)*, laminare	L 29
Staupunkttemperatur *(f)*	S 956
Stauscheibe *(f)*	O 93
Stauscheiben-Durchflußmeßgerät *(n)*	T 56
Stausteg *(m)*	D 4
Stauung *(f)* von Gas	G 19
Stauung *(f)* von Luft	A 192
Stauung *(f)* von Luft oder Gas	B 270
Stauwand *(f)*	R 427
Stauwand *(f)*, fundamentartige	F 694
Stauzone *(f)*	S 947
Steckerventil *(n)*	C 42

Steckkappe *(f)* für Mannloch	M 68
Steckmuffe *(f)*	S 829, S 627
Steckscheibe *(f)*	B 278, B 294
Steckscheibe *(f)* in Form einer 8	F 160
Steckschieber *(m)*	B 278, B 294, G 251, K 15 ▲
Steckschütz *(n)*	R 162, P 129
Stefan-Boltzmann-Konstante *(f)*	R 16
Steg *(m)*	L 185, W 103 ▲
Steg *(m)*, einzelner	I 391, L 187
Steg *(m)*, regulärer	T 843, L 188
Steg *(m)*, von der normalen Anordnung abweichender	A 487, L 186
Stegabstand *(m)*	R 587, R 592, W 306
Stegabstand *(m)*, Fuge ohne	C 245
Stegansatz *(m)*	L 34
Stegbeanspruchung *(f)*	L 191
Stegblech *(n)*	W 107
Stegbreite *(f)*	L 192
Stegflanke *(f)*	R 585
Steghöhe *(f)*	S 590
Stegriß *(m)*	L 189
Stegspannung *(f)*	L 191
Stehbolzen *(m)*	S 1034
Stehbolzen *(m)*, gelenkiger	J 24
Stehbolzen *(m)*, nach dem Kugelgelenkprinzip hergestellter	B 100
Stehbolzenteilung *(f)*	P 324
stehende akustische Welle *(f)*	I 148, S 984
stehende akustische Wellen *(f, pl)*	A 106
stehende Ausführung *(f)*	V 152
stehender Dampferzeuger *(m)*	V 159
stehender Naturumlauf-Wiederverdampfer *(m)*	V 163
stehender Thermosiphon-Reboiler *(m)*	V 163
stehender U-Rohr-Verdampfer *(m)*	V 157
stehender Vorwärmer *(m)* in Kopfkonstruktion	H 96
stehendes Wasser *(n)*	S 948
Steifheit *(f)*	S 1112
Steifigkeit *(f)*	S 1112
Steifigkeit *(f)*, fluidelastische	F 589
steifigkeitskontrollierte Instabilität *(f)*, fluidelastische	F 590
steigende Spindel *(f)*	R 528
Steiger *(m)*	R 520
Steiggeschwindigkeit *(f)*, senkrechte	V 155
Steigkanal *(m)*	R 523
Steigleiter *(f)* mit Rückenschutz	A 56
Steigleitung *(f)*	R 521, R 525
Steignaht *(f)*	V 165
Steignahtschweißen *(n)*	U 155, U 188
Steignahttechnik *(f)*	V 164
Steigrohr *(n)*	R 521, R 525
Steigrohrschelle *(f)*	R 522
Steigrohrverdampfer *(m)*	V 162
Steigtrichter *(m)*	R 520

▲ to denote different meanings / gibt unterschiedliche Bedeutungen an

Steigung *(f)*	P 316
Steigungsfehler *(m)*	P 322
Steigungskegel *(m)*	P 320
Steilflankennaht *(f)*	S 912
Stellantrieb *(m)*	A 134
Stellantrieb *(m)*, **pneumatischer**	P 453
Stellbefehl *(m)*	C 684
Stellbereich *(m)*	C 683, M 74
Stelleingriff *(m)*	C 598
Stelleinrichtung *(f)*	A 134
Stellen *(f, pl)* **im Guß, harte**	C 168, I 330
stellenweise Durchstrahlungsprüfung *(f)*	S 869
Stellgerät *(n)*	C 685, M 77
Stellglied *(n)*	A 134, C 682, F 211, F 219, M 75 ▲
Stellglied-Laufzeit *(f)*	A 136, A 131
Stellgröße *(f)*	A 133, C 686, M 73 ▲
Stellklappe *(f)*	B 553
Stellkraft *(f)*	A 128, A 137, A 139
Stellmoment *(n)*	A 132
Stellmutter *(f)*	A 165
Stellort *(m)*	R 270
Stellring *(m)*	A 166, P 22
Stellschraube *(f)*	S 357
Stellung *(f)*, **drosselnde**	T 394
Stellung *(f)* **der Dachstützen**	S 355
Stellungsfernmelder *(m)*	R 316
Stellungsregler *(m)*	A 134
Stellungsregler *(m)*, **pneumatischer**	P 456
Stellventil *(n)*	C 618, P 198, S 332 ▲
Stellvorrichtung *(f)*	R 269
Stellweg *(m)*	A 140, T 628
Stellzeit *(f)*	A 131, M 76
Stelzenlager-Unterstützung *(f)*	S 964
Stemmnaht *(f)*	C 68
Stemmuffenverbindung *(f)*	C 67
Stemmverbindung *(f)*	C 68
Stempel *(m)*	S 961
Stempel *(m)* **zur Vermeidung der Einbringung zu hoher Spannungen**	L 448
Stempeln *(n)*	S 963, M 100
Stempelung *(f)*	M 99
Stempelung *(f)* **mit Metallstempel**	H 46
stengeliges Gefüge *(n)*	C 361
Stengelkorn *(n)*	C 360
Stengelkristalle *(n, pl)*	C 359
Stengelkristallzone *(f)*, **nicht umgewandelte**	U 126
Steppen *(n)*	Q 76
Steppnahtschweißen *(n)*	I 363, S 1118
Steppunktschweißen *(n)*	B 389
sternförmiger Riß *(m)*	R 13
sternförmiger Rohreinsatz *(m)*	S 991
Steuerbereich *(m)*	C 615

Steuerdruck *(m)*	A 138, A 210
Steuerimpuls *(m)*	C 616
Steuerschieber *(m)*	V 72
Steuersignal *(n)*	C 616
Steuerstrecke *(f)*	C 611
Steuerung *(f)*	C 597
Steuerventil *(n)*	C 618, P 198, S 332 ▲
Stichleitung *(f)*	B 429
Stichlochschweißen *(n)*	K 6
Stichlochtechnik *(f)*	K 6
Stichprobe *(f)*	R 63, R 64, S 37, S 45, S 672, S 865, S 866 ▲
Stichprobenentnahme *(f)*	S 41
Stiel *(m)*	V 158
Stift *(m)*	D 336, H 341, P 201, P 335 ▲
Stiftbolzen *(m)*	D 400, S 1317
Stiftschraube *(f)*	D 400, S 1317
Stillegung *(f)*	O 104, S 987
Stillsetzung *(f)*	O 104, S 987
Stillstand *(m)*	O 104, S 950, S 987 ▲
Stillstand *(m)*, nichtplanmäßiger	F 661
Stillstand *(m)*, planmäßiger	S 119
Stillstandskorrosion *(f)*	I 9, O 18
Stillstandsreinigung *(f)*	C 227, O 17
Stillstandszeit *(f)*	D 443, O 105, U 41
Stillstandszeiten *(f, pl)*	N 145
Stirnabschreckversuch *(m)*	E 192
Stirnabschreckversuch *(m)* nach Jominy	J 41
Stirnboden *(m)*, fester	F 759
Stirnfläche *(f)*	F 329
Stirnfläche *(f)* des Rohrbodens	F 760
Stirnlängskante *(f)*, weggeschmolzene	U 62
Stirnnaht *(f)*	E 47
Stirnplatte *(f)*	E 187
Stirnrollenschweißnaht *(f)*	E 45
Stirnschweißnaht *(f)*	E 47
Stoffaustausch *(m)*	M 111, M 123
Stoffaustausch *(m)*, konvektiver	C 624
Stoffaustauschkoeffizient *(m)*	M 124
Stoffaustauschkoeffizient *(m)*, turbulenter	E 32
Stoffmenge *(f)*	N 253
Stoffmengenkonzentration *(f)*	M 354
Stoffmengenstrom *(m)*	M 357
Stoffmengenstromdichte *(f)*	M 360
Stoffstrom *(m)*	M 112, M 115, M 122
Stofftransport *(m)*, konvektiver	C 624
Stoffübergang *(m)*	M 123
Stoffübergangskoeffizient *(m)*	M 124
Stoffübergangskoeffizient *(m)*, örtlicher	L 344, M 125
Stoffübertragung *(f)*	M 123
Stoffübertragung *(f)* durch Kondensation	C 492
Stolperdrähte *(m, pl)*	T 666

▲ to denote different meanings / gibt unterschiedliche Bedeutungen an

Stopfbuchsbrille *(f)*	G 149
Stopfbuchse *(f)*	G 144, P 10, P 19, S 1324
Stopfbuchseinsatz *(m)*	G 154
Stopfbuchsenpackung *(f)*	G 154
Stopfbuchsgrundring *(m)*	P 17
Stopfbuchshahn *(m)*	G 148
Stopfbuchshülse *(f)*	G 155
stopfbuchslos *(Adj.)*	G 151, P 27
stopfbuchsloses Ventil *(n)*	G 152, P 28
Stopfbuchsmutter *(f)*	G 153
Stopfbuchspackung *(f)*	G 154
Stopfbuchsring *(m)*	G 150, P 22
Stopfbuchsschraube *(f)*	G 146
Stopfbuchsventil *(n)*	P 13
Stopfbuchsverschraubung *(f)*	C 436, G 147
Stopfdichte *(f)*	P 21
Stopfgrenze *(f)*	C 839
Störabschaltung *(f)*	F 110, N 251 ▲
Störabstand *(m)*	N 80, S 520 ▲
Störfall *(m)*	U 169
Störgeräusch *(n)*	B 20
Störgewicht *(n)*	N 85
Störmeldeanlage *(f)*	A 215
Störpegel *(m)*	N 75
Störquelle *(f)*	N 82
Störstelle *(f)*	D 312
Störstelle *(f)*, **geometrische**	G 133
Störstelle *(f)*, **umfassende**	G 229
Störstellenspannungen *(f, pl)*	D 315
Störung *(f)*	M 54
Störungen *(f, pl)*, **scheibenwischerartige**	W 361
störungsfreier Betrieb *(m)*	T 669
störungsfreie Zeit *(f)*, **mittlere**	M 183, M 384
Störungssicherheit *(f)*	F 35
Stoß *(m)*	B 549, J 18
Stoß *(m)*, **hydraulischer**	L 238, W 49
Stoßanlassen *(n)*	S 467
stoßartige Teilverdampfung *(f)*	F 370
Stoßbeanspruchung *(f)*	I 29
Stoßbelastung *(f)*	S 463
Stoßbremse *(f)*	S 460, S 462, S 681, S 1464
Stoßbremse *(f)*, **hydraulische**	H 451
Stoßbremse *(f)* **mit Feder**	S 905
Stoßbremsenverlängerung *(f)*	S 461, S 682
Stoßdämpfer *(m)*	R 403, S 466, S 681 ▲
Stoßdämpfung *(f)*	S 683
Stößel *(m)*	T 51
stoßempfindlich	S 465
Stoßfläche *(f)*	A 35, J 26
Stoßfuge *(f)*	A 36
Stoßgeometrie *(f)*	J 30
Stoßimpuls *(m)*	S 464

Stoßkanten (f, pl)	A 34
Stoßkraft (f)	I 28
Stoßlast (f)	S 463
Stoß (m) mit Spalt	O 54
Stoßstelle (f)	A 36
Stoßstreifen (m)	J 22
Stoßverschraubung (f)	B 560
Stoßwahrscheinlichkeit (f)	C 353
Stoßwellen (f, pl)	S 658
Stoßwellendruck (m)	S 468
Stoßwellen (f, pl) durch Flüssigkeiten	L 274
Stoßwirkung (f)	I 25
Strahl (m)	J 9
Strahlablenkung (f)	J 11
Strahleneinfall (m), streifender	G 196
strahlenförmiger Riß (m)	S 990
Strahlenquelle (f)	S 779
strahlenseitige Markierung (f)	S 780
Strahlkondensator (m)	J 10
Strahlmittel (n)	A 7
Strahlpumpe (f)	J 13
Strahlschweißen (n)	B 189
Strahlung (f), nicht bildzeichnende	S 114
Strahlung (f), primäre	P 686
Strahlung (f), schwarze	B 272
Strahlung (f) des schwarzen Körpers	B 272
Strahlungsaustausch (m)	R 19
Strahlungsenergie (f)	R 9
Strahlungsheizfläche (f)	R 11
Strahlungsverlust (m)	R 20
Strahlungswärme (f)	R 10
Strahlungswärmeübertragung (f)	H 236, R 12, R 22
Strahlungszahl (f)	R 15
Strahlungszahl (f) des schwarzen Körpers	R 16
Strähnenbildung (f)	S 1194, T 308, T 312
strammer Sitz (m)	T 435
Strang (m)	L 123
Strang (m), kalter	C 326
Strangabsperrventil (n)	S 234
stranggepreßtes Rohr (n)	E 412
Strangventil (n)	S 234, S 239
Strebe (f)	B 413, D 212, S 1309 ▲
Streckbetrieb (m)	C 283
Streckdruckverfahren (n)	F 495
Streckenlast (f)	L 223
Streckenschweiße (f)	I 326
Streckenschweiße (f), versetzte	S 943
Streckgrenze (f)	Y 16, Y 26
Streckgrenze (f), obere	U 163, Y 18
Streckgrenze (f), restliche	R 362
Streckgrenze (f), tatsächliche	E 74
Streckgrenze (f), untere	L 431, Y 17

▲ to denote different meanings / gibt unterschiedliche Bedeutungen an

Streckgrenzenverhältnis *(n)*	E 91
Strecklänge *(f)*	D 192
Streckmetall *(n)*	E 331
Streckreduzieren *(n)*	R 190
Streckungsverhältnis *(n)*	B 348
Streichmaß *(n)*	G 114
Streifen *(m)*, geschnittener	C 904
Streifen *(m)*, kehlnahtgeschweißter	S 502
streifender Strahleneinfall *(m)*	G 196
Streifenfließmodell *(n)*	S 1283
Streifenfließmodell *(n)* nach Dugdale	D 562
Streifengefüge *(n)*	L 20
Streßdruckprüfung *(f)*	H 306, H 313
Streßtest *(m)*	H 306, H 313
Streubänder *(n, pl)*	C 516
Streuber-Boden *(m)*	S 1266
Streubereich *(m)*	S 111
Streufeldstörung *(f)*	L 100
Streustrahlung *(f)*	S 113
Streustrahlung *(f)*, rückwärtige	B 53
Streustrahlung *(f)* , zu starke rückwärtige	E 304
Streuung *(f)*	S 110
Strichraupe *(f)*	S 1273
Strichraupentechnik *(f)*	S 1274
Stripper *(m)*	S 1279
Strombegrenzungsventil *(n)*	E 289, F 506
Stromblockade *(f)*	F 473
Strombrecher *(m)*	W 13
Stromlinienbild *(n)*	F 519
stromlinienförmige Rohreinsätze *(m, pl)*	S 1201
Strommesser *(m)*	F 510
Stromteilung *(f)*	F 493
Strömung *(f)*	F 463
Strömung *(f)*, aufgewühlte	C 178, F 763
Strömung *(f)*, ausgebildete	D 190, N 128, S 1029, S 1040, S 1045, U 70
Strömung *(f)*, axiale	A 522
Strömung *(f)*, blockierte	C 173
Strömung *(f)*, drallfreie	N 166
Strömung *(f)*, einphasige	S 555
Strömung *(f)*, geteilte	D 369, S 854 ▲
Strömung *(f)*, inkompressible	I 68
Strömung *(f)*, instabile	U 135, U 140, T 555
Strömung *(f)*, instationäre	T 555, U 135, U 140
Strömung *(f)*, kompressible	C 431
Strömung *(f)*, laminare	L 25, S 1200
Strömung *(f)*, laminare (voll) ausgebildete	L 26
Strömung *(f)*, mantelseitige	S 441
Strömung *(f)*, molekulare	M 363
Strömung *(f)*, nicht ausgebildete	D 362
Strömung *(f)*, nicht blockierte	N 118
Strömung *(f)*, parallele	C 303, P 47
Strömung *(f)*, pulsierende	P 837

▲ to denote different meanings / gibt unterschiedliche Bedeutungen an

Strömung (f), pulsierende turbulente	P 842
Strömung (f), quasistationäre	Q 56
Strömung (f), reibungsbehaftete	V 196
Strömung (f), reibungsfreie	E 213, I 374 ▲
Strömung (f), schallnahe	T 583
Strömung (f), schlichte	L 25, S 1200
Strömung (f), sich vermischende	I 328
Strömung (f), stationäre	S 1029, S 1040, S 1045
Strömung (f) , transiente	T 555
Strömung (f), transiente	U 135, U 140, T 555
Strömung (f), turbulente	T 809
Strömung (f), ungleichförmige	N 162
Strömung (f), unterkritische	S 1333
Strömung (f), viskose	V 196
Strömung (f), zähe	V 196
Strömung (f) durch die Fensterzone	W 419
Strömungen (f, pl) mit Grenzschichtcharakter	T 332
Strömung (f) im ebenen Spalt	P 54
Strömung (f) im schallnahen Bereich	T 583
Strömung (f) in Form eines Dampf-Wassertropfen-Gemisches	F 649
Strömungsabfall (m)	F 53
Strömungsablenkung (f)	F 486, F 551 ▲
Strömungsablösung (f) mit Wiederanlegen der Strömung	T 329
Strömungsabschnitte (m, pl), getrennte	S 392
strömungsanzeigender Pfeil (m)	F 468
Strömungsanzeiger (m)	F 498
Strömungsausbreitung (f)	F 543
Strömungsbegrenzer (m)	F 524, F 538
Strömungsbild (n)	F 482, F 519
Strömungsblockade (f)	F 473
Strömungsblockagen (f, pl), örtliche	S 1047
Strömungscharakteristik (f)	F 479
Strömungsdiagramm (n)	F 480, F 487, F 519, F 546
Strömungsdrosselung (f)	F 536
Strömungsdurchmesser (m)	F 488
Strömungsdurchmesser (m), engster	D 298
strömungsdynamische Berechnung (f)	F 581
strömungsdynamische Kraft (f)	F 579
Strömungsfehlverteilung (f)	F 508, M 41
Strömungsfehlverteilung (f), sperrinduzierte	B 298
Strömungsfigur (f)	F 519
Strömungsfläche (f)	F 467, F 485
Strömungsformenkarte (f)	F 520
Strömungsformwechsel (m)	C 124
strömungsfreier Raum (m)	D 36
Strömungsführung (f)	F 482
Strömungsgeschwindigkeit (f)	F 558
Strömungsgeschwindigkeit (f), kritische	C 839
Strömungsgeschwindigkeit (f), mantelseitige	S 442
Strömungsgitter (n)	F 503
Strömungsgleichrichter (m)	F 549

▲ to denote different meanings / gibt unterschiedliche Bedeutungen an

Strömungsgleichrichter *(m)*, kreuzförmiger	C 860
strömungsinduzierte Rohrschwingungen *(f, pl)*	F 499
strömungsinduzierte Schwingung *(f)*	F 261, F 500
Strömungsinstabilität *(f)*	F 502
Strömungskanal *(m)*	F 478
Strömungskanalisierung *(f)*	F 477
Strömungskennlinie *(f)*	F 479
Strömungskupplung *(f)*	F 573
Strömungslehre *(f)*	F 580
Strömungslehre *(f)*, numerische	C 457
Strömungsleitblech *(n)*	B 67, F 470
Strömungslenkeinrichtungen *(f, pl)*	F 489
Strömungslenkwand *(f)*	B 78
strömungsloser Zustand *(m)*	N 68
Strömungsmechanik *(f)*	F 603
Strömungsmengenmesser *(m)*	F 510
Strömungsmengenmessung *(f)*	F 525
Strömungsmengenregelung *(f)*	F 522
Strömungsmeßdüse *(f)*	F 515
Strömungsmischung *(f)*	F 512
Strömungsmodell *(n)*	F 513
Strömungsmuster *(n)*	F 519
Strömungsneuverteilung *(f)*	F 531
Strömungsoszillationen *(f, pl)*	F 516
Strömungspfad *(m)*	F 517
Strömungsquerschnitt *(m)*	F 467, F 485
Strömungsquerschnitt *(m)*, engster	D 291
Strömungsrauschen *(n)*	F 496
Strömungs-Reaktionskräfte *(f, pl)*	F 529
Strömungsregime *(n)*	F 532
Strömungsrichtung *(f)*	F 490
Strömungsschalter *(m)*	F 552
Strömungsschlag *(m)*	S 657
Strömungsschürze *(f)*	F 466
Strömungsspalt *(m)*	F 465
Strömungsstabilität *(f)*	F 547
Strömungsstabilitätsabstand *(m)*	F 548
Strömungstechnik *(f)*	F 610
strömungstechnische Untersuchung *(f)*	F 550, F 577
strömungstechnisches Modell *(n)*	F 582
strömungstechnisch ungünstiges Profil *(n)*	B 313
Strömungstransienten *(f, pl)*	F 555
Strömungsumkehr *(f)*	F 540, R 443
Strömungsumkehrbarkeit *(f)*	F 541
Strömungsumkehrung *(f)*	F 540, R 443
Strömungsumlenkung *(f)*	F 471
Strömungsumverteilung *(f)*	F 531
Strömungsungleichverteilung *(f)*	F 508, N 163
Strömungsuntersuchung *(f)*	F 550, F 577
Strömungsverteilung *(f)*	F 491
Strömungsverteilung *(f)*, sperrinduzierte falsche	B 298
Strömungsverteilungsblende *(f)*	F 492

Strömungsverteilungsdrossel *(f)*	F 492
Strömungswächter *(m)*	E 289, F 506, F 514
Strömungsweg *(m)*	F 517
Strömungsweglänge *(f)*	F 518
Strömungswiderstand *(m)*	F 534, F 609, R 382
Strömungswiderstand *(m)*, **spezifischer**	F 535
Strömungszone *(f)*	F 532
Struktur *(f)*	S 1305, T 231 ▲
Strukturdiskontinuität *(f)*, **allgemeine**	G 229
Struktur-Diskontinuität *(f)*, **örtliche**	L 348
strukturdynamische Dämpfung *(f)*	S 1292
strukturelle Dämpfung *(f)*	S 1289
strukturelle Gesamtdiskontinuität *(f)*	G 229
strukturelle Unstetigkeit *(f)*	G 229
strukturelle Werkstofftrennungen *(f, pl)*	S 1291
strukturierte Oberfläche *(f)*	S 1307
Strukturspannung *(f)*	G 134, H 405
Stückanalyse *(f)*	P 747
Stückgewicht *(n)*	U 106
Stückzahl *(f)*	Q 46
Stufenflugstaubverfahren *(n)*	S 940
Stufenhülse *(f)*	S 939
Stufenkeilkontrollfilm *(m)*	S 1103
Stufenkeilvergleichsfilm *(m)*	S 1103
Stufenkörpermethode *(f)*	F 722
stufenweise anwachsende Verformung *(f)*	I 72
stufenweise Formänderung *(f)*	I 72
stufenweise fortschreitende Deformation *(f)* **aufgrund von Wärmespannungen**	R 83, T 310
stufenweise plastische Verformung *(f)*	I 74, P 404
stufenweises Wachstum *(n)*	I 73
Stulpmanschette *(f)*	S 615
stumpfer Winkel *(m)*	O 11
stumpf feuergeschweißtes Rohr *(n)*	F 801
stumpfgeschweißte Gehrungsnähte *(f, pl)*	M 324
stumpfgeschweißte Rundnaht *(f)*	B 557, C 189
stumpfgestoßen *(V)* **ohne Stegabstand**	C 240
stumpf hammergeschweißt *(V)*	B 561
Stumpfnahtschweißen *(n)*	B 564
Stumpfnahtschweißmaschine *(f)*	B 565
Stumpfschweißautomat *(m)*	A 499
Stumpfschweißen *(n)*	B 568
Stumpf(schweiß)naht *(f)*	B 559, B 567
Stumpfstoß *(m)*, **beidseitig geschweißter**	D 431
Stumpfstoß *(m)* **mit Lasche**	S 1192
Stumpfstoßverbindung *(f)*, **überlaminierte**	B 550
Stützblechkonstruktion *(f)* **Bauart NESTS**	N 40
Stützbock *(m)*	T 647
Stützbord *(m)*	S 1390
Stütze *(f)*	B 416, C 357 ▲
Stütze *(f)*, **bewegliche**	M 375
Stütze *(f)*, **verstellbare**	A 162

▲ to denote different meanings / gibt unterschiedliche Bedeutungen an

Stützeisen

Stützeisen (n)	S 459, S 592
Stutzen (m)	N 198, S 1312
Stutzen (m), bündig eingesetzter	S 334
Stutzen (m), bündiger	F 622
Stutzen (m), durchgesteckter	P 806, S 349
Stutzen (m), integral verstärkter	S 277
Stutzen (m), konischer	T 38
Stutzen-Abfallstück (n)	N 201
Stutzenanordnung (f)	N 202
Stutzenansatz (m)	N 204
Stutzenblech (n)	N 205, N 207
Stutzenflansch (m)	L 409, F 288
Stutzen (m) für die Ankopplung mit Flüssigkeit	L 255
Stutzengabelung (f)	C 863, N 200
Stutzengeschwindigkeit (f)	N 210
Stutzenhals (m)	N 204
Stützenkopf (m)	C 363
Stützenlänge (f), nicht gehaltene	U 44
Stutzenlast (f)	N 203
Stutzen (m) mit integraler Verstärkung	S 277
Stutzen (m) mit scheibenförmiger Verstärkung	N 212, P 34
Stutzen (m) mit Verstärkungsscheibe	N 212, P 34
Stutzenschweißnaht (f)	N 211
Stutzenübergangsstück (n)	N 208
Stutzenüberstand (m)	N 206
Stutzenverbindung (f)	D 526
Stutzenverschluss (m)	N 199
Stutzenverstärkung (f) aus einem Stück	I 280
Stutzenverstärkungsblech (n)	N 207
Stützfläche (f)	E 52, S 1384
Stützflansch (m)	S 1386
Stützfuß (m)	B 141, C 362, C 374, L 126, S 1387, S 1396 ▲
Stützfüße (m, pl)	C 369, S 1114
Stützfüße (m, pl), bewegliche	M 376
Stützgitter (n)	G 204, L 71, S 1388
Stützgröße (f)	S 1398
Stützhülse (f)	I 150
Stützhülse (f), innere	T 792
Stützkonstruktion (f)	S 1381, S 1395
Stützlage (f)	B 33
Stützlänge (f) des Trägers, freie	L 132
Stützlast (f)	C 367
Stützpfahl (m)	B 194
Stützpratze (f)	S 1391
Stützraupe (f)	B 61
Stützring (m)	S 1399, C 825
Stützrohr (n)	S 1038
Stützsäule (f)	C 374, E 196, S 1387, S 1396 ▲
Stützstelle (f)	P 467
Stützvorrichtung (f), Rohrboden mit	R 470, S 1106
Stützweite (f)	S 789

Stützweite *(f)*, **freitragende**	S 281
Stützweitenlänge *(f)*	U 143
Stützziffer *(f)*	S 381
Sublimation *(f)*	S 1338
Sublimationskühlung *(f)*	S 1339
Sublimationswärme *(f)*	S 1340
Suchimpuls *(m)*	I 113, M 22
Sumpf *(m)*	S 1366
Sumpf *(m)*, **akustischer**	A 269
Sumpfprodukt *(n)*	B 395
Sumpfpumpe *(f)*	S 1367
Swagedown-Verfahren *(n)*	S 1462
Swage-Lining-Maschine *(f)*	S 1463
SWR	B 331, B 575
symmetrische Belastung *(f)*	B 88
symmetrischer Kantenriß *(m)*	D 398
symmetrisch versetzte Schweißnaht *(f)*	C 113
Synchronisation *(f)* **ablösender Wirbel**	S 1479
synchronisierte Ablösung *(f)* **von Wirbeln**	S 1479
synchronisierte Wirbelablösung *(f)*	S 1479
Systemmaß *(n)*	C 370
System *(n)* **mit reduziertem Betrieb**	F 37

▲ to denote different meanings / gibt unterschiedliche Bedeutungen an

T

Tafelgröße *(f)* **beim nadeligen Ferrit**	L 67
Tafelkante *(f)*	P 39
täglicher Lastzyklus *(m)*	D 2
täglicher Lastzyklusbetrieb *(m)*	D 3
Taktgeber *(m)*	P 848
Taktsystem *(n)*	P 853
Tandemprüfverfahren *(n)*	A 282
Tangente *(f)*	T 20
Tangentialebene *(f)*	T 21
Tangentialkraft *(f)*	T 18
Tangentialspannung *(f)*	T 19
Tank *(m)*	T 22
Tank *(m)*, **bei erhöhter Temperatur betriebener**	E 140
Tank *(m)*, **geschlossener**	C 251
Tank *(m)*, **oben offener**	O 58
Tank *(m)*, **überdruckloser**	A 473
Tankanlage *(f)*	T 27
Tankauflagerung *(f)*	T 31
Tankbodenventil *(n)*	T 24
Tankdach *(n)*	R 567
Tank *(m)* **im Kühlbetrieb**	R 252
Tankinhalt *(m)*	T 25
Tanklager *(n)*	T 27
Tankmantel *(m)*	T 29
Tank *(m)* **mit äußerem Schwimmdach**	E 392
Target *(n)*	T 55
Tasche *(f)*	P 460
Tassenmantel *(m)*	B 156
tatsächliche Bauzeit *(f)*	A 118
tatsächliche Bruchdehnung *(f)*	T 673
tatsächliche Federkonstante *(f)*	W 388
tatsächliche mittlere Temperaturdifferenz *(f)*	E 65, T 674
tatsächliche Plattenbreite *(f)*	E 67
tatsächliche Streckgrenze *(f)*	E 74
Tauchhülse *(f)*	P 459, T 326
Tauchpumpe *(f)*	W 334
Tauchtechnik *(f)*	I 23
T-Auflager *(n)* **im Führungsrahmen**	T 72
Taupunkt *(m)*	D 201
Taupunktbestimmung *(f)*	D 187
Taupunktkorrosion *(f)*	D 202
Taupunkttemperatur *(f)*	D 204
Taupunktunterschreitung *(f)*	D 203, S 1335, T 103
Technik *(f)*	T 68
technische Gase *(n, pl)*	I 85
Technischer Überwachungsverein *(m)*	A 495, T 66
technisches Neuland *(n)*	T 65
Technologie *(f)*	T 68
technologische Eigenschaften *(f, pl)*	M 207
technologische Prüfung *(f)*	M 214

▲ to denote different meanings / gibt unterschiedliche Bedeutungen an

Temperaturänderung

Teflonpackung *(f)*	T 230, T 232
Teflon-Wärmeaustauscher *(m)*	T 76
Teil *(m)*, abgekröpfter	O 23
Teil *(n)*, druckführendes	P 587, P 628, P 648
Teil *(n)*, druckloses	N 148
Teil *(n)*, drucktragendes	P 587, P 628, P 648
Teilanlage *(f)*	P 374
Teilbauprüfbescheinigung *(f)*	S 942
Teilchenstrahlung *(f)*	P 68
Teildurchfluß *(m)*	P 62
Teilflankenwinkel *(m)*	H 4, T 361
Teilfuge *(f)*	J 18
Teilkondensation *(f)*	D 103
Teilkreisdurchmesser *(m)*	P 90, P 319
Teilkreisdurchmesser *(m)* des Gewindes	P 321
Teillast *(f)*	L 436, P 72
Teillastbereich *(m)*	P 75
Teillastbetrieb *(m)*	L 438, P 73
Teillastverhalten *(n)*	L 439, P 74
teilplastisches Fließen *(n)*	C 569, Y 8
Teilstrichabstand *(m)*	S 91
Teilstrom *(m)*	B 431, P 62, S 216 ▲
Teilströme *(m, pl)* bei der Strömung im Mantelraum	S 443
Teilstück *(n)*	S 227
Teilummantelung *(f)*	J 2, P 63
Teilummantelung *(f)*, durchgehende	C 583
Teilung *(f)*	P 316
Teilung *(f)*, enge	C 241, C 254
Teilung *(f)*, fluchtende	P 53
Teilung *(f)*, gedrehte quadratische	R 612
Teilungsfehler *(m)*	P 322
Teilverdampfung *(f)*	P 67
Teilverdampfung *(f)*, stoßartige	F 370
teilweise durch die Dicke gehender Riß *(m)*	P 76
teilweise durchgehender Oberflächenriß *(m)*	P 76
teilweise Kondensation *(f)*	D 103, P 61
teilweise über die Dicke verlaufender Fehler *(m)*	P 66
Teilzeichnung *(f)*	D 184
Teilzusammenbau *(m)*	U 99
Teilzusammenstellungszeichnung *(f)*	U 100
T-Eisen *(n)*	T 69, T 687
Tekken-Prüfung *(f)*	T 77
Teleskophülse *(f)*	B 75, T 82
Teller *(m)*	D 289, D 324, D 327 ▲
Tellerboden *(m)*	S 809
Tellerfeder *(f)*	C 527
Tellerventil *(n)*	P 497
TEM	T 84
Temperatur *(f)*, reduzierte	R 185
Temperaturabfall *(m)*	F 54, T 95, T 115
temperaturabhängige Flüssigkeit *(f)*	T 96
Temperaturänderung *(f)*	T 89

▲ to denote different meanings / gibt unterschiedliche Bedeutungen an

Temperaturänderungsgeschwindigkeit *(f)*	R 101
Temperaturanstieg *(m)*	T 98, T 106, T 116
Temperaturanstieg *(m)*, kontinuierlicher	R 62
Temperaturanzeiger *(m)*	T 108
Temperaturausgleich *(m)*	T 88
Temperaturauslenkung *(f)*	T 102
Temperaturbegrenzer *(m)*	T 260
Temperaturbereich *(m)*	T 113
Temperaturdifferenz *(f)*, arithmetische mittlere	A 422
Temperaturdifferenz *(f)*, logarithmische	L 371
Temperaturdifferenz *(f)*, logarithmische mittlere	L 281
Temperaturdifferenz *(f)*, minimale	M 291, P 206
Temperaturdifferenz *(f)*, mittlere	M 182, M 386
Temperaturdifferenz *(f)*, tatsächliche mittlere	E 65, T 674
Temperaturdifferenz *(f)*, treibende mittlere	D 492
Temperaturerhöhung *(f)*	T 106, T 116
Temperaturfarbstift *(m)*	T 107, T 132
Temperaturfehlverteilung *(f)*	M 42
Temperaturfühler *(m)*	T 118, T 268
Temperaturführung *(f)*	T 90
Temperaturgefälle *(n)*	T 99, T 105, T 282
Temperaturgefälle *(n, pl)*, schwellende	F 564
Temperaturgleichgewicht *(n)*	T 275
Temperaturgradient *(m)*	T 282
Temperaturgradient *(m)*, quasi-stationärer	Q 55
Temperaturgrenzschicht *(f)*	T 246
Temperaturkorrektor *(f)*	T 92
Temperatur-Korrekturfaktor *(m)*	N 137
Temperaturleitfähigkeit *(f)* der turbulenten Strömung, scheinbare	E 34
Temperaturmeßstelle *(f)*	T 110
Temperaturnetzmessung *(f)*	T 109
Temperaturprofil *(n)*	T 112
Temperaturregler *(m)*	T 91
Temperaturschieflage *(f)*	A 464, T 87
Temperaturschräglage *(f)*	A 464, T 87
Temperaturschreiber *(m)*	T 114
Temperaturschwankung *(f)*	T 104, T 560
Temperaturspannung *(f)*	T 309
Temperaturspannung *(f)*, örtliche	L 349
Temperaturspitze *(f)*, stationäre	H 402
Temperaturstufe *(f)*	T 113
Temperaturverhalten *(n)*	T 250
Temperaturverlauf *(m)*	T 93, T 112 ▲
Temperaturverteilung *(f)*	T 97
Temperaturverteilung *(f)*, ungleichförmige	N 164
Temperaturwächter *(m)*	T 111
Temperaturwanderung *(f)*	T 102
Temperaturwechselbeanspruchung *(f)*	T 94, T 265
Temperaturwechselbeständigkeit *(f)*	T 280
Temperaturwechselfestigkeit *(f)*	T 280
Temperaturwechselverhalten *(n)*	T 280

Temperaturwirkungsgrad *(m)*	T 100
Temperaturzwängungen *(f, pl)*	T 255
Temperaturzyklen *(m, pl)*, **aufeinanderfolgende**	S 1351
Temperguß *(m)*	M 55
Tempern *(n)*	M 56
Terrassenbrüche *(m, pl)*	L 22, T 174
Testfehler *(m)*	C 19
Testgas *(n)*	P 699, S 201, T 190
Testkörper *(m)*	C 14, R 201, T 180
Testlauf *(m)*	T 216
Testleck *(n)*	C 11, R 212, S 302, S 970, T 196
Testnut *(f)*	C 18
Testschleife *(f)*	T 197
T-fin-Rohr *(n)*	T 233
T-förmige Verbindung *(f)*	T 71
TFT-Methode *(f)*	T 234, T 281
Theorem *(n)*	T 236
theoretische Abblaseleistung *(f)*	T 237
theoretischer Ausfluß *(m)*	T 237
theoretischer Boden *(m)*	T 239
theoretisches Maß *(n)*	B 149
Theorie *(f)* der Rotation starrer Körper	T 243
thermionischer Konverter *(m)*	T 317
thermische Anlaufstrecke *(f)* eines Rohrs	T 272
thermische Einlauflänge *(f)*	T 274
thermische Mischschaltung *(f)*	T 287
thermischer Ausdehnungskoeffizient *(m)*	T 277
thermischer Beharrungszustand *(m)*	T 275
thermischer Keil *(m)*	T 316
thermischer Kontakt *(m)*	T 256
thermischer Kreislauf *(m)*	T 264
thermischer Unterbrecher *(m)*	T 260
thermischer Wirkungsgrad *(m)*	T 270
thermisches Altern *(n)*	T 244
thermisches Gleichgewicht *(n)*	T 275
thermische Spaltung *(f)*	T 258
Thermitschweißverfahren *(n)*	T 318
Thermochromstift *(m)*	T 107, T 132
thermodynamischer Kreisprozeß *(m)*	T 322
thermodynamischer Wirkungsgrad *(m)*	T 323
thermodynamisches Gleichgewicht *(n)*, **lokales**	L 350, L 461
Thermoelement *(n)*	B 370, I 390, T 319 ▲
Thermoelement *(n)*, **gerades**	S 1150
Thermoelement *(n)*, **verschweißtes**	W 176
Thermoelementschutzrohr *(n)*	T 321
thermohydraulische Analysenmethode *(f)*	T 235, T 324
Thermölanlage *(f)*	H 398
Thermoschock *(m)*	T 302
Thermoschockfestigkeit *(f)*	T 303
Thermoschockspannung *(f)*	T 304
Thermoschockverhalten *(n)*	T 303
Thermosiphon-Reboiler *(m)*	N 8

▲ to denote different meanings / gibt unterschiedliche Bedeutungen an

Thermosiphon-Reboiler *(m)*, **stehender**	V 163
thermostatisches Expansionsventil *(n)*	T 325
Thorium-Hochtemperaturreaktor *(m)*	T 336, T 420
Thormann-Boden *(m)*	T 337
Threadolet *(m)*	T 363
THTR	T 336, T 420
Thyssen-Formschmelzverfahren *(n)*	S 385
Tiefbehälter *(m)*	U 64
Tiefeinbrandschweißen *(n)*	D 49
Tiefenlage *(f)*	D 124
Tiefenlehre *(f)*	D 117
Tiefenprüfkopf *(m)*	V 114
Tiefkühlwasserpumpe *(f)*	C 164
Tieflage *(f)*	L 430, S 418
Tiefsttemperaturmedium *(n)*	C 876
Tieftemperaturbetrieb *(m)*	C 878
Tieftemperaturkorrosion *(f)*	L 450
Tieftemperaturtechnik *(f)*	C 877
Toleranz *(f)*	A 234
Toleranz *(f)*, **enge**	C 256
Toleranz *(f)* **für die Ovalität der Bohrungen**	D 489
Toleranzgrenze *(f)*	T 471
Toleranzklasse *(f)*	T 469
toleriertes Maß *(n)*	T 470
Tonerdezeilen *(f, pl)*	A 251
Topdestillation *(f)*	T 484
Toppen *(n)*	T 490
torisphärische Schale *(f)*	T 504
torisphärischer Boden *(m)*	T 503, H 76
Toroid *(m)*	T 506
Torsion *(f)*	T 513
Torsionsbeanspruchung *(f)*	T 518
Torsionsknicken *(n)*	T 514
Torsionsmoment *(n)*	T 512, T 515
Torsionsmoment *(n)*, **punktförmiges äußeres**	C 467
Torsionsspannung *(f)*	T 519
Torsionssteifigkeit *(f)*	T 516
Torsionsverdrehung *(f)*	T 517
Torusbalg *(m)*	O 38, T 507, E 357
Torusbalg-Kompensator *(m)*	T 508, E 365
Torusschale *(f)*	T 511
Totalabnahmeboden *(m)*	T 520
tote Zone *(f)*	D 39
Totraum *(m)*	P 460, S 949, W 9 ▲
Totwasser *(n)*	S 948
Totwassergrenze *(f)*	W 5
Totzone *(f)*	D 39, W 9 ▲
T-Profil *(n)*	T 69, T 687
Tragband *(n)*	S 633
Tragblech *(n)*	S 1397
Trageisen *(n)*	B 512
Tragelement *(n)*	B 201

▲ to denote different meanings / gibt unterschiedliche Bedeutungen an

tragende Fläche *(f)*	C 856
tragende Naht *(f)*	S 1207
tragendes Anbauteil *(n)*	B 190
tragendes Element *(n)*	S 1392
tragend verschweißt *(V)*	S 1208
Träger *(m)*	B 175, G 141
Träger *(m)*, zusammengesetzter	C 422
Trägerdestillation *(f)*	C 40
Trägerflüssigkeit *(f)*	V 125
Trägerhöhe *(f)*	B 180
Trägerklammer *(f)*	B 179
Trägerspannweite *(f)*	B 184
Trägerstoß *(m)*	B 185
Trägerstützlänge *(f)*, freie	L 132
Tragfähigkeit *(f)*	C 30, L 287, S 10, S 1383 ▲
Tragfähigkeit *(f)* der Aufschüttung	B 12
Tragfähigkeit *(f)* des Erdbodens	S 717
Tragflosse *(f)*	S 1391
Trägheitshalbmesser *(m)*	R 46
Trägheitskraft *(f)*	I 95
Trägheitsmittelpunkt *(m)*	C 92
Trägheitsmoment *(n)*	I 96, M 368
Trägheitswirkung *(f)*	I 94
Tragknagge *(f)*	L 173
Tragkonsole *(f)*	B 420, S 1382
Tragkonstruktion *(f)*	S 1395
Tragkraft *(f)*	S 10
Traglager *(n)*	T 406
Traglast *(f)*	S 10, U 13 ▲
Traglastgrenze *(f)*	U 10, C 342
Traglastverfahren *(n)*	L 197
Traglastverfahren *(n)* im Rahmen der Plastizitätstheorie	T 242
Tragöse *(f)*	L 173
Tragplatte *(f)*	B 195, S 1397 ▲
Tragpoller *(m)*	L 176
Tragpratze *(f)*	B 420, S 1382
Tragring *(m)*	R 496, R 501, R 511, S 1393 ▲
Tragrohr *(n)*	S 1401
Tragsattel *(m)*	S 3, S 1394
Tragstange *(f)*, obere	T 481, U 162
Trag-Stützlager *(n)*	R 7, T 404
Tragtiefe *(f)*	D 122
Tragwerk *(n)*	S 1395
Tragwinkel *(m)*	A 299
transiente Strömung *(f)*	T 555, U 135, U 140
transkristalliner Bruch *(m)*	T 546
transkristalliner Riß *(m)*	T 545, T 551
transkristalliner Riß *(m)*, inter- und	I 310
Transmissions-Elektronenmikroskopie *(f)*	T 84, T 576, E 134
Transmitter *(m)*	T 580
Transport *(m)*	T 584
Transport *(m)*, konvektiver	C 625

▲ to denote different meanings / gibt unterschiedliche Bedeutungen an

Transport *(m)*, turbulenter	T 810
Transportanstrich *(m)*	P 802
Transporteinheit *(f)*	T 585
Transportgrößen *(f, pl)*	T 588
Transportleitung *(f)*	T 577
Transportleitungsventil *(n)*	T 579
Transportöse *(f)*	L 173
Transportschaden *(m)*	D 11
Transversalwelle *(f)*	S 412, T 617
Transversalwellenprüfkopf *(m)*	S 413, T 618
Trapezgewinde *(n)*	A 79, T 624
Trapezprofil *(n)*	T 623
Trassenführung *(f)*	P 274, R 640
Traverse *(f)*	C 850
Traversenhänger *(m)*	T 622
treibende mittlere Temperaturdifferenz *(f)*	D 492
Treibmittel *(n)*	W 382
Treibsitz *(m)*	D 491
Trennblech *(n)*	S 491
Trennbruch *(m)*	C 234
Trennen *(n)*	C 910
Trennfestigkeit *(f)*	C 306
Trennfläche *(f)*	I 300
Trennkugel *(f)*	B 115, G 165, S 814
Trennmolch *(m)*	B 163, S 309
Trennpfropfen *(m)*	B 161
Trennsäule *(f)*	S 307
Trennschärfe *(f)*	S 262
Trennscheibe *(f)*	A 9
Trennschleifen *(n)*	A 8
Trennventil *(n)*	D 371
Trennwand *(f)*	D 370, P 71, P 85 ▲
Trennwandabdichtungspaket *(f)* mit Blattfedern	P 25
Trennwanddichtung *(f)*, aufgesteckte elastische	S 623, T 475
Trennwandnut *(f)*	P 84
Trennwiderstand *(m)*	C 305
Treppen *(f, pl)*, angewendete	C 192
Treppenwange *(f)*	S 960
trichterförmige Aufweitung *(f)*	B 216
trichterförmige Erweiterung *(f)*	D 363
Trichtertechnik *(f)*	R 524
trockene Flecken *(m, pl)*	D 541
trockener Gasbehälter *(m)*	D 341, D 532, P 312, W 52
trockener Wärmeaustauscher *(m)*	U 147
trockene Wärmeaustauschflächen *(f, pl)*	U 148
Trockengehen *(n)* der Wand beim Filmsieden	D 534
Trockenkugel-Temperatur *(f)*	D 527
Trockenpulverprüfung *(f)*	D 542
Trockenthermometer *(n)*	D 528
Trockenthermometer-Temperatur *(f)*	D 527
Trockenvorlage *(f)*	D 531
Trockenzeit *(f)*	D 540

Trockner *(m)*	D 486
Trocknungsdüse *(f)*	D 533
Trog *(m)* mit Doppelmantel	J 5
T-Rohling *(m)*	T 60, T 70
Trommel *(f)*	D 503
Trommelablaßstutzen *(m)*	D 506
Trommelablaßventil *(n)*	D 507
Trommelarbeitsdruck *(m)*	D 517
Trommelaufhängung *(f)*	D 510
Trommelbefahrung *(f)*	D 512
Trommelboden *(m)*	D 508
Trommelbügel *(m)*	D 509
Trommeldampfraum *(m)*	D 522
Trommeldampfraumbelastung *(f)*	D 523
Trommeleinbauten *(m, pl)*	D 514
Trommelentwässerungsventil *(n)*	D 507
Trommelisolierung *(f)*	D 513
Trommelmannloch *(n)*	D 515
Trommelmantel *(m)*	D 521
Trommelsattel *(m)*	D 505
Trommelschuß *(m)*	D 504, D 520, D 524
Trommelsicherheitsventil *(n)*	D 518
Trommelsieb *(n)*	D 519
Trommelspeicherkapazität *(f)*	D 511
Trommelstuhl *(m)*	D 505
Trommelstutzen *(m)*	D 516, D 525
Trompetenrohr *(n)*	C 313
Tröpfchenmitreißen *(n)*	E 220
Tröpfchenströmung *(f)*, Wärmeübergang bei der	P 521
Tropfenabreißgröße *(f)* bei der Tropfenkondensation	D 102
Tropfenabscheider *(m)*	D 88, D 498, M 317
Tropfenanlagerung *(f)*	D 496, D 108
tropfenförmiger Werkstoffübergang *(m)*	G 163
Tropfenkondensation *(f)*	D 501
Tropfenlichtbogen *(m)*	G 162
Tropfenmitriß *(m)*, starker	H 265, E 221
Tropfenschlagerosion *(f)*	L 260
Tropfenströmung *(f)*	D 497
Tropfenübergang *(m)*	G 163
Tropfwasserbehälter *(m)*	S 72
Trübungspunkt *(m)*	P 527
T-Schottverschraubung *(f)*	B 522
T-Stahl *(m)*	T 69, T 687
T-Stoß *(m)*	T 73, T 458
T-Stoß *(m)* mit Einfalzung	R 1
T-Stück *(n)*	S 1151, T 69, T 687 ▲
T-Stück-Durchgang *(m)*	T 74
T-Stück *(n)* mit Fußplatte	B 142
T-Stück *(n)* mit Innengewinde	S 155
T-Stück *(n)* mit seitlichem Abgang	S 510
T-Typ-Rippenrohr *(n)*	T 233
Tubeseal-Schwimmdachabdichtung *(f)* nach Hammond	H 19, T 763

▲ to denote different meanings / gibt unterschiedliche Bedeutungen an

Tulpennaht *(f)*	S 572, U 6
Tulpennaht *(f)*, halbe	W 128
Tulpenstoß *(m)*, doppelter	D 426
Tunnelboden *(m)*	T 799
turbulente Flüssigkeitsballen *(m, pl)*	T 806
turbulente Grenzschichten *(f, pl)*	T 804
turbulente Impulsaustauschgröße *(f)*	E 29
turbulenter Stoffaustauschkoeffizient *(m)*	E 32
turbulenter Transport *(m)*	T 810
turbulente Scheindiffusion *(f)*	E 26, T 807, V 227
turbulente Scheinzähigkeit *(f)*	E 35
turbulentes Flattern *(n)*	S 1334, T 805
turbulente Strömung *(f)*	T 809
turbulente Strömung *(f)*, pulsierende	P 842
turbulente Übergangsströmung *(f)*	T 562
turbulente Vermischung *(f)*	T 811
turbulente Viskosität *(f)*, scheinbare	E 35
turbulente Wärmeaustauschgröße *(f)*	E 28
Turbulenz *(f)*	T 800
Turbulenz *(f)* der freien Anströmung	F 731
Turbulenzdiffusion *(f)*	E 26, T 807, V 227
Turbulenzdiffusionskoeffizient *(m)*	E 27, T 808
turbulenzerregte Schwingung *(f)*	T 801
Turbulenzförderer *(m, pl)*	T 803
Turbulenzgrad *(m)*	I 286, T 802
Turbulenz *(f)* in der ungeordneten Nachlaufströmung	W 6
Turbulenz-Promotoren *(m, pl)*	T 803
Turbulenzströmung *(f)*	T 809
Turm *(m)*	C 358
Turmdestillation *(f)*	F 369
Turm-Mixer-Settler *(m)*	M 330
T-Verschraubung *(f)* mit Aufschraubkappe im Abzweig	F 127, F 135
T-Verschraubung *(f)* mit Aufschraubkappe im durchgehenden Teil	F 134
T-Verschraubung *(f)* mit dreiseitigem Rohranschluß	U 95
T-Verschraubung *(f)* mit Einschraubzapfen im Abzweig	M 44
T-Verschraubung *(f)* mit Einschraubzapfen im durchgehenden Teil	M 51, S 1203
T-Verschraubung *(f)* mit Schottzapfen	B 522
T-Verteiler *(m)*	S 509, S 510 ▲
Typenbezeichnung *(f)*	T 839
Typenprüfung *(f)*	T 841
Typenreihe *(f)*	T 840
Typenschild *(n)*	N 2
Typenzulassungsverfahren *(n)*	T 838
typische Anlage *(f)*	R 341

U

U-Anordnung *(f)*	U 202
Überbelastung *(f)*	O 176
Überdimensionierung *(f)*	O 173
Überdrehung *(f)*	O 177
Überdruck *(m)*	A 3, G 115, O 169, P 518
überdruckloser Tank *(m)*	A 473
Überdrucksicherung *(f)*	O 171, R 301 ▲
Überdruckventil *(n)*	R 307
Übereckmaß *(n)*	W 353
überelastische Beanspruchung *(f)*	P 405
Übererwärmung *(f)*	E 306
Überfallklappwehr *(n)*	R 8
Überflur(rohr)leitung *(f)*	A 4
Überfluten *(n)*	F 458, F 459 ▲
Überflutung *(f)*	F 458
Überflutungen *(f, pl)*	S 831
Überflutungspunkt *(m)*	F 441, F 460
Übergang *(m)*	T 460
Übergang *(m)* **in die voll geöffnete Stellung, schlagartiger**	F 777
Übergangsdoppelnippel *(m)*	S 1458
Übergangsflansch *(m)*	T 565
Übergangsgebiet *(n)*	B 501, T 567 ▲
Übergangsgebiet *(n)* **von der Ringströmung zur Schichtenströmung**	M 328
Übergangsgefüge *(n)*	W 268
Übergangskerbe *(f)*	T 464
Übergangskrempe *(f)*	T 569
Übergangsmuffe *(f)*	R 192
Übergangsnippel *(m)*	M 45, S 1461
Übergangsnippel *(m)* **mit Bördel**	F 355
Übergangspunkt *(m)*	T 571
Übergangsradius *(m)*	C 678
Übergangsraum *(m)*	C 851
Übergangsriß *(m)*	T 463
Übergangssieden *(n)*	T 553, T 563
Übergangsströmung *(f)*	I 321, K 22, T 566
Übergangsströmung *(f)*, **turbulente**	T 562
Übergangsstück *(n)*	C 628
Übergangsstück *(n)*, **geschweißtes**	W 185
Übergangstemperatur *(f)*	T 572
Übergangsverhalten *(n)*	T 552, T 559
Übergangszone *(f)*	T 573
Übergang *(m)* **vom Bläschen- zum Filmsieden**	D 101, D 373, T 568
Übergang *(m)* **vom stabilen zum instabilen oder partiellen Filmsieden**	D 100
Übergewicht *(n)*	E 314
Übergreifen *(n)*	O 163
Überhang *(m)*, **wulst- oder gratförmiger**	S 1437
Überhitzen *(n)*	E 293
Überhitzung *(f)*	E 293

▲ to denote different meanings / gibt unterschiedliche Bedeutungen an

Überhöhung *(f)*	C 25, C 868 ▲
Überhöhung *(f)*, übermäßige	E 297
Überhöhung *(f)* der äußeren Schweißlage	E 295
Überkochen *(n)*	B 336
Überkopfkühler *(m)*	O 160
Überkopfschweißen *(n)*	O 162
Überkragung *(f)*	P 771
überkreuzende Nähte *(f, pl)*	I 364
überlagerte Beanspruchungen *(f, pl)*	C 381
überlagerte Fehler *(m, pl)*	S 1374
überlagerte Lasten *(f, pl)*	S 1375
überlagerte Umfangsspannung *(f)*	C 378
überlagerte Vergleichsspannung *(f)*	C 384
Überlagerung *(f)*	W 408
überlaminierte Stumpfstoßverbindung *(f)*	B 550
Überlänge *(f)*	E 309
Überlappen *(n)*	O 165
Überlappnaht *(f)*	L 41
Überlappstoß *(m)*	L 41
Überlappstoß *(m)*, beidseitig geschweißter	D 432
überlappte L-Rippe *(f)*	O 166
Überlappung *(f)*	O 163
Überlappung *(f)* der Rippen	F 243
Überlast *(f)*	O 167
Überlast *(f)* im Notfall	E 157
Überlastungs-Druckprüfung *(f)* bis zur Zerstörung	P 630, P 781
Überlastversuch *(m)*	P 630, P 781
Überlauf *(m)*	L 138, O 159 ▲
Überlauföffnung *(f)*	O 159
Überlaufplatte *(f)*	W 125
übermäßige Beheizung *(f)*, örtlich	L 338
übermäßige Durchbiegung *(f)*	E 302
übermäßige Härte *(f)*	H 48
übermäßige Linsendicke *(f)*	E 308
übermäßige plastische Verformung *(f)*	G 225
übermäßige Schweißnahtbreite *(f)*	E 308
übermäßiges Klaffen *(n)*	E 305
übermäßiges Quetschen *(n)*	G 224
übermäßige Überhöhung *(f)*	E 297
übermäßige Verunreinigung *(f)*	E 292
übermäßige Wölbung *(f)*	E 290, C 631
Überprüfung *(f)*	R 457
Überprüfung *(f)* der fortgesetzten Betriebstauglichkeit	C 572
Überreißen *(n)* von Wasser	L 256
Überschallströmung *(f)*	S 1377
Überschäumen *(n)* relativ kleiner Flüssigkeitsmengen, kontinuierliches	F 764
Überschiebflansch *(m)*	S 643, F 303
Überschiebflansch *(m)* mit Ansatz	H 430, S 644
Überschieb-Gegenflansch *(m)*	S 642
Überschlagsrechnung *(f)*	A 390
Überschneiden *(n)*	O 163

▲ to denote different meanings / gibt unterschiedliche Bedeutungen an

Umfang des benetzten Querschnitts

Überschüttungshöhe *(f)*	B 9
Überschwappen *(n)*, kurzzeitiges	S 652
Übersichtszeichnung *(f)*	G 123
Übersprechen *(n)*	C 862
Überstand *(m)*	P 770, P 772
Überstand *(m)*, innerer	I 345
Überströmleitung *(f)*	C 852
Überströmventil *(n)*	B 286, L 271, R 307
Überströmverlust *(m)*	E 288, S 1450
Übertragbarkeit *(f)*	S 93
Übertragungseinheiten *(f, pl)*, Zahl der	N 225
Übertragungszahl *(f)*	N 225, N 257
Überwachen *(n)*	C 597
Überwachung *(f)*	C 597
Überwachung *(f)*, laufende	C 573
Überwachungsbehörde *(f)*	S 1379
Überwachungsbehörde *(f)*, zugelassene	A 495
Überwachungsorgan *(n)*	I 214
Überwachungs- und Regelanlage *(f)*	I 233
Überwachungsverein *(m)*, Technischer	A 495, T 66
Überwachungsverein *(m)*, zugelassener	A 495
Überwurf *(m)*	C 730, F 129
Überwurfmutter *(f)*	P 266, U 94
überwurfmutterartige Haltevorrichtung *(f)*	U 93
Überzug *(m)*	C 285, L 73
Überzug *(m)*, absorbierender	A 31
Überzug *(m)*, galvanischer	E 135
U-Bogen *(m)*	U 1
U-Bogen-Dehnungsausgleicher *(m)*	U 194, F 315
U-Bolzen *(m)*	U 3
U-Bügel *(m)*	U 3
U-Dehnungsausgleicher *(m)*, abgespannter	U 195
U-Eisen *(n)*	C 135
U-förmiger Kratzer *(m)*	U 203
U-lining-Verfahren *(n)*	U 8
Ultraschall *(m)*	U 20, U 34
Ultraschallbefund *(m)*	U 30
Ultraschallflächenprüfung *(f)*	U 28
Ultraschallfrequenz *(f)*	U 32
Ultraschall-Gesamtprüfung *(f)*	F 788, U 27
Ultraschallnullaufnahme *(f)*	U 22
Ultraschallprüfgerät *(n)*	U 25
Ultraschallprüfkopf *(m)*	U 31
Ultraschallprüfung *(f)*	U 26, U 196
Ultraschallrandzonenprüfung *(f)*	U 24
Ultraschallschweißen *(n)*	U 33
Ultraschall-Spektroskopie *(f)*	U 29
Umbiegeversuch *(m)*	R 444
umbördeln *(V)*	F 273
Umdrehungsmaß *(n)*	B 365
Umfang *(m)*, benetzter	W 336
Umfang *(m)* des benetzten Querschnitts	W 336

▲ to denote different meanings / gibt unterschiedliche Bedeutungen an

Umfangsnaht *(f)*	C 195
Umfangsnaht *(f)*	G 143
Umfangsriß *(m)*, **durchgehender**	C 194
Umfangsschweißen *(n)*	P 155
Umfangs(schweiß)naht *(f)*	C 196
Umfangsschweißung *(f)*	C 195, G 143
Umfangsspannung *(f)*	C 193, H 375
Umfangsspannung *(f)*, **überlagerte**	C 378
Umfangsteilung *(f)*	C 191
umfassende Störstelle *(f)*	G 229
Umflechtung *(f)*	B 425, O 157
Umformen *(n)*, **normalisierendes**	N 171
Umformen *(n)* **unter Flüssigkeitsdruck**	H 447
Umformung *(f)* **im metastabilen Austenitgebiet**	L 454
Umformung *(f)* **im stabilen Austenitgebiet**	H 330, H 423
Umformverfahren *(n)*, **hydraulisches**	H 447
Umführungsventil *(n)*	B 582
umgebördelter Bund *(m)*	F 354
Umgebungsdruck *(m)*	A 252
umgebungsinduzierte Spannungsrißbildung *(f)*	E 234
Umgebungstemperatur *(f)*	A 253
Umgehung *(f)*	B 576
Umgehungskanal *(m)*	C 129
umgekehrt belastete Knickscheibe *(f)*	R 446
umgekehrter Druck *(m)*	R 453
umgekörnte Struktur *(f)*	R 158
Umgrenzungslinie *(f)*	E 231
umhüllte Elektrode *(f)*	C 284, C 746
Umhüllung *(f)*	C 286
Umhüllung *(f)*, **erzsaure**	I 383
Umhüllungsdichtung *(f)*	E 232
Umkehrbarkeit *(f)* **der Strömung**	F 541
Umkehrbogen *(m)*	R 435, U 1 ▲
Umkehrbogen *(m)* **mit großem Radius**	L 401
Umkehrbogen *(m)* **mit kleinem Radius**	S 477
Umkehrflansch *(m)*	R 450
Umkehrgehäuse *(n)*	R 436
Umkehrgeschwindigkeiten *(f, pl)*	T 812
Umkehrsammler *(m)*	F 539
Umkehrung *(f)* **der Last**	L 320
Umkehrung *(f)* **der Strömung(srichtung)**	F 540, R 443
Umkippen *(n)*	R 442
Umkristallisation *(f)*	R 159
Umlauf *(m)*	R 139
umlaufende Ablösung *(f)*	R 616
umlaufende Naht *(f)*	W 169
Umlaufkühlung *(f)*	R 257
Umlaufregelung *(f)*	F 483
Umlaufregelventil *(n)*	R 140
Umlaufventil *(n)*	R 145
Umleitbetrieb *(m)*	B 579
Umleitstation *(f)*	B 581

▲ to denote different meanings / gibt unterschiedliche Bedeutungen an

Umlenkblech *(n)*	B 67
Umlenkblechkante *(f)*	B 74
Umlenkdoppelsegment *(n)*	D 414
Umlenkgitter *(n)*	D 69
Umlenkhaube *(f)*	R 437
Umlenkkante *(f)*	B 74
Umlenkknick *(m)*	B 71
Umlenkplatte *(f)*	B 67
Umlenkring *(m)*	D 434
Umlenkscheiben- und -ring-Anordnung *(f)*	D 329
Umlenksegment *(n)*	C 841, T 590
Umlenkstück *(n)*	B 71
Umlenkung *(f)*	B 80
Ummantelung *(f)*	B 425, C 286, O 157 ▲
Ummantelung *(f)*, geschottete	P 462
Umpumpen *(n)* des Mediums	F 608
Umpumpen *(n)* in einen gemeinsamen Tank	B 159
Umriß *(m)*	C 589
Umrißbleche *(n, pl)*	S 595
umschaltbarer Wärmeaustauscher *(m)*	R 455, H 163
Umschlagen *(n)* vom Blasen- zum Filmsieden	D 101, D 373, T 568
Umschlingungswinkel *(m)*	I 62
umschlossener Druckraum *(m)*	P 588
umschlossener Raum *(m)*	E 173
umschriebener Kreis *(m)*	C 187
Umstellweiche *(f)*	D 368
Umstempelung *(f)*	T 548
Umstempelungsbescheinigung *(f)*	M 101
Umwallung *(f)*	E 153, S 716
Umwälzbetrieb *(m)*	R 142
Umwälzleitung *(f)*	R 141
Umwälzpumpe *(f)*	C 186, R 143
Umwälzregelventil *(n)*	R 140
Umwälzsystem *(n)*	R 144
Umwälzung *(f)*	R 139
Umwälzventil *(n)*	R 145
Umwälzverdampfer *(m)* mit Propellerpumpe	P 784
Umwälzwassermenge *(f)*	R 146
Umwandlungsdiagramm *(n)*	T 549
Umwandlungstemperatur *(f)*	T 550
Umweltbedrohung *(f)*	E 22
umweltfreundlich *(Adj.)*	E 20, N 147
Umweltfreundlichkeit *(f)*	E 233
Umweltgefahr *(f)*	E 19
Umweltkatastrophe *(f)*	E 16
Umweltschäden *(m, pl)*	E 18
umweltschädlich	E 21
Umweltschutz *(m)*	P 484
Umweltschutzeinrichtung *(f)*	P 486
Umweltverschmutzer *(m)*	P 480
U-Naht *(f)*	S 572, U 6, W 133
unausgefüllte Stauchung *(f)*	U 179

▲ to denote different meanings / gibt unterschiedliche Bedeutungen an

unausgeglichene Momente *(n, pl)*	U 42
unbearbeitet *(V)*	U 71
unbearbeitetes Ende *(n)*	P 339
Unbedenklichkeitsbescheinigung *(f)*	C 104
unbedienter Betrieb *(m)*	U 40
unbegrenzte plastische Deformation *(f)*	U 43
unbemannter Betrieb *(m)*	U 116
unberipptes Ende *(n)*	U 76
unberipptes Rohr *(n)*	B 127
unberohrter äußerer Rand *(m)*	U 72, U 119
unberohrter Randbereich *(m)*	U 119
unberuhigter Stahl *(m)*	R 488, U 115
unbeschnittene Kante *(f)*	M 284
unbestimmte Kräfte *(f, pl)*, statisch	S 1012, R 197
unbewachter Betrieb *(m)*	U 116
unbewehrte Dichtung *(f)*	H 369, U 128
undichte Stelle *(f)*	L 94
Undichtheit *(f)*	N 125
Undichtigkeit *(f)*	L 95
Unduloidbildung *(f)*	H 438
Unebenheit *(f)*	W 29
unelastisches Verhalten *(n)*	I 88
Unfall *(m)*, größter anzunehmender	M 161, M 176
Ungänze *(f)*	F 403, I 42
Ungefährmaß *(n)*	A 391
ungekoppelte Schwingung *(f)*	U 46
ungekrempter ebener Boden *(m)*	U 77
ungelochter Boden *(m)*	B 277, H 61, H 77, P 340, P 342, U 121
ungenügende Durchschweißung *(f)*	I 66, L 7, P 125
ungenügende Fugenfüllung *(f)*	U 62
ungeordnete Packung *(f)*	R 68
ungestörter Bereich *(m)*	L 353. D 311, R 315
ungestützte Balglänge *(f)*	U 142
ungestützte Rohrlänge *(f)*, maximale	M 174, M 420
ungestützte Rohrspannweite *(f)*	B 76, U 144
ungeteilte Wasserkammer *(f)*	N 129
ungleichförmige Erregung *(f)*	N 161
ungleichförmige Strömung *(f)*	N 162
ungleichförmige Temperaturverteilung *(f)*	N 164
ungleichschenklige Hohlkehlnaht *(f)*	C 465
ungleichschenkliges Winkeleisen *(n)*	U 74
ungleichschenklige Wölbkehlnaht *(f)*	C 632
Ungleichverteilung *(f)* der Strömung	F 508
ungünstiges Profil *(n)*, strömungstechnisch	B 313
Universalgelenk *(n)*	U 111
Universalkompensator *(m)*	U 109, E 366
Universalkompensator *(m)*, eckentlasteter	U 113
Universalkompensator *(m)*, verankerter	U 114
unlegierter Baustahl *(m)*	S 1295
unlegierter Kohlenstoffstahl *(m)*	P 337
unlegierter Stahl *(m)*	U 39
unmaßstäblich *(Adj.)*	N 194

Unterlage

unmittelbar eingeleiteter Auflagerdruck *(m)*	D 285
unregelmäßige Nahtbreite *(f)*	I 386
unregelmäßiger Elektrodeneindruck *(m)*	N 160
unruhiger Lichtbogen *(m)*	V 187
Unrundheit *(f)*	N 119, O 128, O 141
Unschärfe *(f)*, geometrische	G 135
Unstabilität *(f)*	I 215
Unstetigkeit *(f)*	D 312
Unstetigkeit *(f)*, geometrische	G 133
Unstetigkeit *(f)*, strukturelle	G 229
Unterbau *(m)*	S 1336
unterbemessen *(V)*	U 66
unterbochene versetzte Schweißnaht *(f)*	S 943
Unterbodenanschluß *(m)*	U 51
Unterbrecher *(m)*, thermischer	T 260
unterbrechungsfreier Betrieb *(m)*	U 89
unterbrochener Zeitstandversuch *(m)*	I 361
unterbrochene Schweißnaht *(f)*	I 326
unterbrochenes Zeitstandkriechen *(n)*	C 809, R 82
unterdimensioniert	U 66
Unterdruck *(m)*	S 1325, S 1360, V 1, V 10
Unterdruckausgleich *(m)*	V 5
Unterdruckausgleichsventil *(n)*	V 4
Unterdruckbegrenzungsventil *(n)*	A 360, A 364, V 12
Unterdruckmanometer *(n)*	V 9
Unterdruckpumpe *(f)*	V 11
Unterdrückung *(f)*	S 1402
Unterdruckverstärkung *(f)*	V 14
untere Führungsstange *(f)*	L 426
untere Grenzlast *(f)*	L 425, C 341
untere Streckgrenze *(f)*	L 431, Y 17
unterer Lastspielbereich *(m)*	L 447
unteres Abmaß *(n)*	A 236, M 311
unteres Grenzmaß *(n)*	M 301
Unterflur-Einschluß *(m)*	B 231
Untergewicht *(n)*	U 69
Untergröße *(f)*	U 67
Untergrund *(m)*	F 689
Untergrundfarbe *(f)*	B 22, C 595
Untergrundfluoreszenz *(f)*	B 19
Untergrundgeräusch *(n)*	B 20
Untergrundschwärzung *(f)*	B 18
Untergurt *(m)*	B 391, C 175
Unterhaltung *(f)*	M 26
Unterhöhlung *(f)*	U 58
Unterkanal *(m)*	S 1326
unterkritische Schwingung *(f)*	S 1334, T 805
unterkritisches Rißwachstum *(n)*	S 1332
unterkritische Strömung *(f)*	S 1333
Unterkühler *(m)*	S 1329
unterkühltes Sieden *(n)*	S 1328, L 336
Unterlage *(f)*	B 26, B 38 ▲

▲ to denote different meanings / gibt unterschiedliche Bedeutungen an

Unterlegering *(m)*, geteilter	S 851
Unterlegring *(m)*	B 30
Unterlegscheibe *(f)*, unverlierbare	C 39
Unterlegschuh *(m)*	B 34
Untermaß *(n)*	U 67
Untermaß-Probe *(f)*	S 1346
Unternahtriß *(m)*	U 49
Unternahtrißbildung *(f)*	U 50
Unterplattierungsrißbildung *(f)*	U 52
Unterpulverschweißen *(n)*	S 73, S 1341
Unterraupe *(f)*	U 48
Unterrostungstest *(m)*	I 304
Unterschallströmung *(f)*	S 1347
Unterschicht *(f)*, viskose	V 198
Unterschleifen *(n)*	U 63
Unterschleifung *(f)*	E 291
Unterschneidering *(m)*	U 61
Unterstellvorrichtung *(f)*	S 1090
unterstromiger Einbau *(m)*	I 225
Unterstützung *(f)*	S 1380
Unterstützung *(f)*, federnde	R 366
Unterstützung *(f)*, starre	I 98
Unterstützung *(f)*, zylindrische	C 930
Unterstützungen *(f, pl)* mit variabler und konstanter Stützkraft	V 109
Unterstützungskonstruktion *(f)*	S 1395
Untersuchung *(f)*	E 283
Untersuchung *(f)* der Feinstruktur, röntgenographische	X 3, X 7
Untersuchung *(f)* des Grobgefüges, röntgenographische	X 6
unterteilter Scherring *(m)*	S 249
Untertrieb *(m)*	N 31
Unterwanderung *(f)*, kathodische	C 65, D 288
Unterwanderung *(f)* von Fehlstellen	D 287
Unterwölbung *(f)*	I 65
unverankerter ebener Boden *(m)*	U 138
unverlierbare Schraube *(f)*	C 38
unverlierbare Unterlegscheibe *(f)*	C 39
unverschweißter Bereich *(m)*	U 146, L 35
Unversehrtheit *(f)*	I 283
unverstärkter Balg *(m)*	U 127
Unvollkommenheiten *(f, pl)* durch Faserumlenkung	U 184
unvollständige Bindung *(f)*	I 64, I 245
unvollständiger Wurzeleinbrand *(m)*	R 596
unzureichende Linsendicke *(f)*	I 246
unzureichende Schweißnahtbreite *(f)*	I 246
U-Profil *(n)*	C 127, C 135 ▲
U-Profilbalg *(m)*	U 165
U-Profilring *(m)*	U 189
UP-Schweißen *(n)*	S 73, S 1341
UP-Schweißmaschine *(f)*	S 1343
UP-Schweißpulver *(n)*	S 1342
UP-Schweißverfahren *(n)*	S 1344

U-Rahmen *(m)*	C 136
URKO-Wärmeaustauscher *(m)*	U 199
URKO-WT	U 199
Urlehre *(f)*	S 967
U-Rohrboden *(m)*	U 201
U-Rohrbündel-Wärmeaustauscher *(m)*	U 198, H 174
U-Rohrbündel-Wärmeaustauscher *(m)* **mit Doppelrohrboden**	D 424
U-Rohrbündel-Wärmeübertrager *(m)*	U 198, H 174
U-Rohre *(n, pl)*, **mehrfach aufgelagerte**	M 408
U-Röhren-Wärmeübertrager *(m)*	U 198, H 174
U-Rohr-Kompakt-Wärmeaustauscher *(m)*	U 199
U-Rohrkonstruktion *(f)*	U 2
U-Rohr-Manometer *(n)*	U 200
U-Rohr-Verdampfer *(m)*, **stehender**	V 157
U-Rohr-Wärmeaustauscher *(m)*	H 174, U 198
Ursachen-Wirkungs-Diagramm *(n)*	C 71
US-Gesamtprüfung *(f)*	F 788
US-Prüfung *(f)*	U 26, U 196
U-System *(n)*	U 193

▲ to denote different meanings / gibt unterschiedliche Bedeutungen an

V

Vakuum *(n)*	V 1
Vakuumausgleich *(m)*	V 5
Vakuumausgleichsventil *(n)*	V 4
Vakuumbetrieb *(m)*	V 13
Vakuumbrecher *(m)*	A 360, A 364, V 4, V 12
Vakuumdestillation *(f)*	V 8
Vakuumdruck *(m)*	N 35
Vakuumentgaser *(m)*	V 7
Vakuumkammer *(f)*	V 3
Vakuumkondensator *(m)*	V 6, L 433
Vakuum-Lichtbogen-Umschmelzverfahren *(n)*	V 2, V 119
Vakuummeßgerät *(n)*	V 9
Vakuummeter *(n)*	V 9
Vakuumprüfung *(f)*	V 15
Vakuumpumpe *(f)*	V 11
Vakuumrückstand *(m)*	S 478
Vakuumstütze *(f)*	V 14
Vakuumvorwärmer *(m)*	L 444, L 457
Van-Stone-Flanschenden *(n, pl)*	V 81
Vektor *(m)* der Wärmestromdichte	H 185
Ventil *(n)*	V 16
Ventil *(n)*, ausgeglichenes	B 90, C 399, P 581
Ventil *(n)*, druckbelastetes	P 622
Ventil *(n)*, druckentlastetes	B 90, C 399, P 581
Ventil *(n)*, entlüftungsgesteuertes	B 290
Ventil *(n)*, federkraftschließendes	S 331
Ventil *(n)*, fremdgesteuertes	E 394
Ventil *(n)*, hartgepanzertes	S 1087
Ventil *(n)*, kraftbetätigtes	P 532
Ventil *(n)*, leistungsbescheinigtes	C 32
Ventil *(n)*, membrangesteuertes	D 225
Ventil *(n)*, nicht vorgesteuertes einstufiges	D 246
Ventil *(n)*, stopfbuchsloses	G 152, P 28
Ventilanschluß *(m)*	V 34
Ventilansteuerungsbaugruppe *(f)*	V 35
Ventilantrieb *(m)*	V 19, V 53, V 60
Ventilaufbau *(m)*	V 25, V 36, V 45
Ventilaufsatz *(m)*	V 25, V 36, V 45
Ventil-Ausgleichsfaltenbalg *(m)*	V 22
Ventilbalg *(m)*	V 22
Ventilbaulänge *(f)*	V 38
Ventilbetätigung *(f)*	V 18
Ventilblock *(m)*	V 52
Ventilbockaufsatz *(m)*	V 77
Ventilboden *(m)*	V 73
Ventilbüchse *(f)*	V 50
Ventilbügelaufsatz *(m)*	V 77
Ventilbügeldeckel *(m)*	V 25, V 36, V 45
Ventilbügelfutter *(n)*	V 78
Ventilcharakteristik *(f)*	V 30

Ventildeckel *(m)*	V 25, V 36, V 45
Ventildeckeldichtung *(f)*	V 26
Ventildeckelverschluß *(m)*	V 27
Ventildurchflußkennlinie *(f)*	V 30
Ventildurchflußöffnung *(f)*	V 57
Ventildurchgang *(m)*	F 729
Ventileinsatz *(m)*	V 74, C 673
Ventileinstellung *(f)*	V 68
Ventilflattern *(n)*	V 31, V 54, V 75
Ventilgehäuse *(n)*	V 23, V 32
Ventilgruppe *(f)*	V 40, V 67
Ventilhalsmutter *(f)*	B 380
Ventilhandrad *(n)*	V 42
Ventilhub *(m)*	L 166, V 48
Ventilhubbegrenzung *(f)*	V 49
Ventilinnengarnitur *(f)*	V 74
Ventilinnenteile *(n, pl)*	V 74
Ventiljoch *(n)*	V 77
Ventilkapazität *(f)*	F 475, F 528, V 29, V 62
Ventilkappe *(f)*	V 25, V 36, V 45
Ventilkasten *(m)*	V 32
Ventilkegel *(m)*	V 37, V 43, V 56
Ventilkennlinie *(f)*	V 30
Ventilkoeffizient *(m)*	V 39
Ventilkolben *(m)*	V 72
Ventilkombination *(f)*	V 33
Ventilkombination *(f)* **mit Doppelabsperrung und Entlastung/Zwischenentlüftung**	D 568
Ventilkörper *(m)*	V 23
Ventil *(n)* **mit Anschweißenden**	B 571
Ventil *(n)* **mit eingezogenem Querschnitt**	V 229
Ventil *(n)* **mit Elektroantrieb**	E 103, V 76
Ventil *(n)* **mit freiem Durchfluß**	D 271, C 87
Ventil *(n)* **mit freiliegender Spindel**	E 399
Ventil *(n)* **mit gesperrtem Durchfluß**	D 270, B 302
Ventil *(n)* **mit Innengewinde**	S 143
Ventil *(n)* **mit Kettenrad**	C 114
Ventil *(n)* **mit nicht steigender Spindel**	N 156
Ventil *(n)* **mit Regulierkegel**	V 230
Ventil *(n)* **mit selbstdichtendem Deckelverschluß**	F 333
Ventil *(n)* **mit Sperrstellung**	D 270, B 302
Ventil *(n)* **mit steigender Spindel**	R 529
Ventil *(n)* **mit Stopfbuchse**	P 13
Ventil *(m)* **mit Zusatzbelastung**	V 21
Ventilöffnungskennlinie *(f)*	V 30
Ventilplatte *(f)*	V 55
Ventilquerschnitt *(m)*	V 20
Ventilschläge *(m, pl)*	V 41
Ventilschnarren *(n)*	V 31, V 54, V 75
Ventilschwingung *(f)*	V 31, V 54, V 75
Ventilsitz *(m)*	V 24, V 66
Ventilsitzbearbeitungsgerät *(n)*	V 63

▲ to denote different meanings / gibt unterschiedliche Bedeutungen an

Ventilsitzeinschleifmaschine *(f)*	V 47
Ventilspindel *(f)*	V 71
Ventilstation *(f)*	V 40, V 67
Ventilstation *(f)*, zusammengefaßte	C 85
Ventilstellantrieb *(m)*	V 19, V 53, V 60
Ventilstellung *(f)*	V 58
Ventilstellungsanzeige *(f)*	V 59
Ventilstellungsanzeiger *(m)*	V 61
Ventilstellungsgeber *(m)*	V 61
Ventilstellwerk *(n)*	V 60
Ventilstopfen *(m)*	V 56
Ventilstößel *(m)*	V 71
Ventilteller *(m)*	V 37
Ventilverhalten *(n)*	V 64
Ventilweite *(f)*	V 69
Venturidüse *(f)*	V 147, V 149
Venturimeßstrecke *(f)*	V 148
Venturirohr *(n)*	V 149
verankerte Fläche *(f)*	S 1035
verankerter Universalkompensator *(m)*	U 114
Verankerung *(f)*	A 259, S 1036 ▲
Verankerungsvorrichtung *(f)*	A 264
Verarbeitbarkeit *(f)*	W 379
Verarmung *(f)*	D 105
verästelte Risse *(m, pl)*	B 434
verbesserte Ausführung *(f)*	U 153
Verbinder *(m)*	A 141
Verbindung *(f)*	J 18, J 44 ▲
Verbindung *(f)*, gleitfeste	F 755
Verbindung *(f)*, handaufgelegte	L 16
Verbindung *(f)*, klebebondierte	A 153
Verbindung *(f)*, lösungsgeschweißte	S 747
Verbindung *(f)*, T-förmige	T 71
Verbindung *(f)*, warmgeschweißte	H 188
Verbindung *(f)* mit Muffenkelch	B 208
Verbindungselement *(n)*	F 63
Verbindungsfläche *(f)*	J 45
Verbindungsflansch *(m)*	C 735
Verbindungskanal *(m)*	C 528
Verbindungsplatte *(f)*	C 532
Verbindungsrohr *(n)*	C 530, C 533 ▲
Verbindungsrohrleitungen *(f, pl)*	C 531
Verbindungsschweiße *(f)*	W 177
Verbindungsschweißen *(n)*	J 39
Verbindungsstelle *(f)*	A 36, J 46 ▲
Verbindungsstück *(n)*	A 141
Verblockung *(f)*	G 2
verbolzter Flansch *(m)*	C 37, F 770, I 151 ▲
verbrauchte Schlagarbeit *(f)*	A 19
Verbundelektrode *(f)*	C 414
verbundenes Gespärre *(n)*	B 414
Verbundkonstruktion *(f)*	S 58

Verbundkonstruktion *(f)*	T 373
Verbundnähte *(f, pl)*	C 423
Verbundplattenbauweise *(f)*	S 57
Verbundrohr *(n)*	C 302, C 417
Verbundträger *(m)*	C 413
Verbundwerkstoffe *(m, pl)*	S 60
Verdampfer *(m)*	E 277, V 85 ▲
Verdampfer *(m)* in Plattenbauart	P 434
Verdampferkörper *(m)*	C 5
Verdampferkörpermantel *(m)*	C 5
Verdampfer *(m)* mit schrägem Rohrbündel	I 61
Verdampferrohr *(n)*	E 280
Verdampferrohr *(n)*, innenberipptes	R 476
Verdampferschaltung *(f)*	E 278
Verdampfung *(f)*	E 271, V 82 ▲
Verdampfung *(f)*, heftige	V 188
Verdampfungsenthalpie *(f)*	H 206
Verdampfungsleistung *(f)*	E 274
Verdampfungsverlust *(m)*	E 272, E 273, V 84
Verdampfungswärme *(f)*	S 799, V 83
Verdampfungswärme *(f)*, latente	L 49
Verdampfungswärme *(f)*, spezifische	S 799
Verdichtungsverhältnis *(n)*	C 442
verdrallte Leitbleche *(n, pl)*	T 825
Verdrallung *(f)*	T 513, T 824
Verdränger *(m)*	D 345
verdrängtes mantelseitiges Fluid *(n)*	S 445
Verdrehmoment *(n)*	T 512, T 827
Verdrehspannung *(f)*	T 519
Verdrehung *(f)*	T 513, T 824
Verdrehung *(f)* der Mittellinie	C 90
Verdrehung *(f)* der Mittellinie, zulässige	A 224
Verdrehungsmoment *(n)*	T 827
Verdrehungssteifigkeit *(f)*	T 516
Verdrehungstoleranz *(f)*	R 618
Verdrehungswinkel *(m)*	A 293
Verdrehungswinkel *(m)*, rechnerischer	D 164
verdrillte Bänder *(n, pl)*	T 825
verdrillte Elektrode *(f)*	S 1188
Verdrillung *(f)* des Randes	E 44
Verdunstung *(f)*	V 213
Verdunstungskühler *(m)*	E 275
Verdunstungskühlung *(f)*	E 276
Verdunstungsthermometer *(n)*	W 330
verdüsen *(V)*	A 475
Vereinheitlichung *(f)*	S 969
Vereinigung *(f)* von Strahlen	J 12
vereinzelte Poren *(f, pl)*	P 506
Verengung *(f)*	R 410
Verfahren *(n)* mit veränderlichen Auslegungspunkten	V 111
Verfahrensabschnitt *(m)*	P 737
Verfahrensfließbild *(n)*	P 723

▲ to denote different meanings / gibt unterschiedliche Bedeutungen an

Verfahrensfolge

Verfahrensfolge *(f)*	P 738
Verfahrensprüfbericht *(m)*	P 536, P 711
Verfahrensprüfprotokoll *(n)*	P 536, P 710, W 243
Verfahrensprüfung *(f)*	A 384, W 242, W 405
Verfahrensregelung *(f)*	P 714
Verfahrenstechnik *(f)*	P 719, P 741
verfahrenstechnische Anlagenteile *(n, pl)*	P 720
verfahrenstechnischer Prozeß *(m)*	I 86, T 67
Verfahrens- und Schweißerprüfung *(f)*	P 708
Verfahrweg *(m)*	T 628
Verfärbung *(f)*	D 308
Verfestigung *(f)*	S 1173
Verfestigung *(f)* durch wechselnde Beanspruchung	F 89
Verfestigungsfaktor *(m)*	S 1174
Verfestigungsindex *(m)*	S 1174
Verfestigungsverformung *(f)*	S 1173
Verfingerung *(f)*	R 61
Verflüchtigung *(f)*	V 213
verflüssigtes Erdgas *(n)*	L 250, L 282
verflüssigtes Erdöl *(n)*	L 251, L 458
Verflüssigung *(f)*	L 248
Verformbarkeit *(f)*	D 72, W 379 ▲
verformt	O 129
Verformung *(f)*	D 73, D 354, S 1160
Verformung *(f)*, bleibende	C 540, P 160
Verformung *(f)*, einsinnig stufenweise	I 71
Verformung *(f)*, fortschreitende	P 768
Verformung *(f)*, kritische	C 837
Verformung *(f)*, örtliche	L 347, S 1161
Verformung *(f)*, plastische	P 392, M 225, Y 11, P 396
Verformung *(f)*, plastisch-elastische	P 408
Verformung *(f)*, stufenweise anwachsende	I 72
Verformung *(f)*, stufenweise plastische	I 74, P 404
Verformung *(f)*, übermäßige plastische	G 225
Verformung *(f)* durch Fließen, plastische	Y 2
Verformungsanalyse *(f)*	S 1163
verformungsbedingte Gleitbänder *(n, pl)*	P 163
Verformungsbeginn *(m)*	I 110
Verformungsbehinderung *(f)*	C 550
Verformungsbruch *(m)*	D 556, P 393 ▲
Verformungsenergie *(f)*	S 1167
Verformungsgeschwindigkeit *(f)*	S 1186
Verformungsschwingbreite *(f)*, konstante	C 541
Verformungswiderstand *(m)*	D 75
Verformungszunahme *(f)*, schrittweise	I 71
verfügbare Haltedruckhöhe *(f)*	N 47, N 216
verfügbarer NPSH-Wert *(m)*	N 47, N 216
Verfügbarkeitszeit *(f)*	A 514
Verfüllung *(f)*	T 640, B 7
vergleichbare Spannungsschwingbreite *(f)*	E 253
Vergleichs-Durchstrahlungsaufnahme *(f)*	R 220
Vergleichskörper *(m)*	F 151, R 201, R 229 ▲

Vergleichskörperverfahren *(n)*	R 202
Vergleichsleck *(n)*	C 11, R 212, S 302, S 970, T 196
Vergleichsnormal *(n)*	R 228
Vergleichsprobe *(f)*	R 216, R 225
Vergleichsreflektor *(m)*	R 221
Vergleichsspannung *(f)*	E 252, S 1233
Vergleichsspannung *(f)*, überlagerte	C 384
Vergleichsspannung *(f)*, zulässige	D 169
Vergleichsspannungsbeiwert *(m)*	S 1234
Vergleichswechselspannung *(f)*	A 249
Vergleichswerkstoffehler *(m)*	R 205
Vergrößerungsbeiwert *(m)* gegenüber der Bodenverschiebungsamplitude	S 583
Vergüten *(n)*	Q 57, Q 62
Vergütungsdecklage *(f)*	F 222
Vergütungsgefüge *(n)*	H 253
Vergütungslagen-Schweißen *(n)*	H 5, T 121
Vergütungslagentechnik *(f)*	H 5
Vergütungslagentechnik *(f)* mittels Ausbesserungsschweißen	H 6
Vergütungsstahl *(m)*	H 252, T 130
Verhalten *(n)*, plastisches	P 387
Verhältnis *(n)* der zulässigen Spannung zur Zugfestigkeit	F 25
verjüngte Schweißnaht *(f)*	T 48
Verkehrslast *(f)*	I 50, L 280, S 1370, T 542
verkleideter Rohrboden *(m)*	F 13
Verkleidung *(f)*	E 174, L 14 ▲
verkleinerter Maßstab *(m)*	R 182
Verlagerung *(f)*	T 629
Verlagerungsschwingbreite *(f)*, zulässige	A 225
Verlagerungsspannungs-Schwingbreite *(f)*	D 347
Verlängerung *(f)*	E 388
Verlängerungsstück *(n)*	E 388, L 129 ▲
Verlaschung *(f)*	S 1193
Verlauf *(m)* der Wärme	T 283
verlaufenes Schweißgut *(n)*	E 303
Verlegen *(n)*	L 80
verlegt *(V)*, zwanglos im Graben	S 669
Verlegung *(f)*	H 51
Verlegungsbedingungen *(f, pl)*	L 81
Verlegung *(f)* von Rohrleitungen, „weiche"	F 421
verlorene Reinigung *(f)*	S 573
Verlust *(m)* des Rückwandechos	L 414
Vermessung *(f)*	S 1452
Vermischen *(n)*	M 331
Vermischen *(n)* im Fertigtank	B 159
Vermischung *(f)*	I 327
Vermischung *(f)*, turbulente	T 811
Verpuffung *(f)*	D 60
Verriegeln *(n)*	L 356
Verriegelung *(f)*	G 2, I 317, L 47, L 354 ▲
Verriegelung *(f)*, selbstsperrende	S 275

▲ to denote different meanings / gibt unterschiedliche Bedeutungen an

Verriegelungsaufsatz *(m)* **mit abnehmbarem Betätigungshebel**	L 358
Verriegelungseinrichtung *(f)*, **kraftschlüssige (absolut sichere)**	P 517
verripptes Rohr *(n)*, **innen**	I 340
verripptes Rohr *(n)*, **verzahntes und**	S 318
Versagen *(n)*	C 339, F 38
Versagen *(n)*, **durchbruchartiges**	S 674
Versagen *(n)*, **durchschlagartiges**	S 674
Versagen *(n)*, **plastisches**	P 388
Versagen *(n)* **bei lokalen thermischen Wechselbeanspruchungen, schrittweises**	T 310
Versagen *(n)* **durch Ermüdung**	F 86
Versagen *(n)* **durch Kriechen**	C 800
Versagen *(n)* **durch stabiles Rißwachstum vor Erreichen der plastischen Grenzlast**	T 61
Versagensanalyse-Diagramm *(n)*	F 29, F 40
Versagensart *(f)*	F 43, M 343
Versagensdruck *(m)*	C 344
Versagensdruck *(m)*, **plastischer**	P 389
Versagensfestigkeit *(f)*	C 345
Versagensgrenzkurve *(f)*	F 42
Versagensmodus *(m)*	F 43, M 343
versagenssicher *(Adj.)*	F 31
Versagenssicherheit *(f)*	F 35
Versandanstrich *(m)*	P 802
Versatz *(m)*	O 20
Versatz *(m)*, **kurzer**	S 475
verschärfte Prüfung *(f)*	T 430
Verschiebung *(f)*	D 64
Verschiebung *(f)*, **zyklische**	C 920
Verschiebung *(f)* **des freien Endes**	F 727
Verschiebungen *(f, pl)*, **seitliche**	L 63
verschiedenartige Stähle *(m, pl)*	D 349
Verschlechterung *(f)*	D 77
Verschleiß *(m)*	W 83
Verschleiß *(m)*, **schwingungsinduzierter**	V 181
Verschleißfestigkeit *(f)*	R 385, W 90
Verschleißgeschwindigkeit *(f)*	W 89
Verschleißkrümmer *(m)*	E 101, W 85
Verschleißplatte *(f)*	W 88
Verschleiß-Schutzring *(m)*	W 92
Verschleißteil *(n)*	W 87
Verschleißzahl *(f)*	W 86
Verschließeinrichtung *(f)*	L 357
verschlossener Freistutzen *(m)*	B 274
Verschluß *(m)*	L 354
Verschlußdeckel *(m)*	C 264, C 748 ▲
Verschluß *(m)* **mit Übergangskrempe**	T 501
Verschlußschraube *(f)*	S 160
Verschmelzen *(n)*	C 273
Verschmelzungslinie *(f)*	B 405, F 811

Verschmutzung *(f)*	F 670, P 483 ▲
Verschmutzung *(f)*, betriebsmäßige	N 173
Verschmutzungsfaktor *(m)*	F 682
Verschmutzungsstoff *(m)*	P 476
Verschmutzungswiderstand *(m)*	F 684
Verschmutzungszuschlag *(m)*	F 681
Verschnittzuschlag *(m)*	C 911
verschraubte Flanschverbindung *(f)*	B 345
verschraubter Flansch *(m)*	B 344
Verschraubung *(f)*	S 139
Verschraubung *(f)*, hochfeste	H 315
Verschraubung *(f)*, mittelfeste	I 325
Verschraubung *(f)*, richtungseinstellbare	A 161, B 124
Verschraubung *(f)* mit Außengewinde, gerade	S 1144
Verschraubung *(f)* mit vierseitigem Rohranschluß, kreuzförmige	U 91
Verschwächungsbeiwert *(m)* der Platte	E 76, L 190
Verschwächungsbeiwert *(m)* der Schweißnaht	E 77, J 27, W 194
Verschweißbarkeit *(f)*	W 137
Verschweißen *(n)*	F 737
verschweißtes Thermoelement *(n)*	W 176
versetzte Naht *(f)*	S 945
versetzte Rohranordnung *(f)*	S 946
versetzte Schweißnaht *(f)*, symmetrisch	C 113
versetzte Schweißnaht *(f)*, unterbochene	S 943
versetzte Streckenschweiße *(f)*	S 943
Versetzung *(f)*	D 342
Versetzungsaufstau *(m)*	D 343
Versetzungsaufstauung *(f)* vor einem Hindernis	P 193
Versprödung *(f)*	E 156
Versprödung *(f)*, wasserstoffinduzierte	H 463
Versprühtemperatur *(f)*	S 909
verstärkender Rücklaufkondensator *(m)*	R 244
Verstärkerfolie *(f)*	I 285, I 19, S 130
Verstärkerhinterfolie *(f)*	I 284
verstärkter Balg *(m)*	R 274
verstärkter Stutzen *(m)*, integral	S 277
Verstärkung *(f)*	R 277
Verstärkung *(f)*, gewobbelte	S 1470
Verstärkung *(f)*, in Wickeltechnik hergestellte	F 162
Verstärkung *(f)*, kranzförmige	R 489
Verstärkung *(f)*, mittragende	E 68
Verstärkung *(f)*, ringförmige	P 35, R 284
Verstärkung *(f)*, scheibenförmige	C 402, P 35, R 284
Verstärkung *(f)*, zeitabhängig geregelte	T 456
Verstärkung *(f)*, zeitkorrigierte	T 448
Verstärkungsblech *(n)*	C 402, P 430, R 285
Verstärkungsblech *(n)* für einen Stutzen	N 207
Verstärkungshülse *(f)*	R 287
Verstärkungskragen *(m)*	N 205
Verstärkungsnippel *(m)*	C 405
Verstärkungsring *(m)*	C 404, P 35, R 284, R 286, R 598 ▲

▲ to denote different meanings / gibt unterschiedliche Bedeutungen an

Verstärkungsring *(m)* aus Rohrmaterial	H 363
Verstärkungsring *(m)* aus Stabmaterial	S 742
Verstärkungsring *(m)* mit etwa T-förmigen Querschnitt	E 237
Verstärkungsscheibe *(f)*	P 35, R 284
Verstärkungsverhältnis *(n)* der Kolonne	O 147
Versteifung *(f)*	R 277, S 1107 ▲
Versteifung *(f)*, schwingungsdämpfende	A 363
Versteifungsblech *(n)*	B 37, P 430, R 285 ▲
Versteifungsring *(m)*	R 510, S 1110
Versteifungswinkel *(m)*	A 298, S 1108
Versteifungswirkung *(f)*	S 1037, S 1109 ▲
verstellbare Stütze *(f)*	A 162
Verstellhebel *(m)*	A 164
Verstellkraft-Rate *(f)*	A 524, L 65 ▲
Verstellkraft-Rate *(f)* einer Balgwelle	B 226
Verstellmoment-Rate *(f)*	A 319
verstellter Regler *(m)*	M 313
Verstemmen *(n)*	C 69
verstemmfeste mechanische Befestigung *(f)*	T 16
Versteppen *(n)*	Q 76
versteppte Mineralwollmatten *(f, pl)* auf verzinktem Drahtgeflecht	Q 75
verstifteter Blechanker *(m)*	P 214
Verstopfen *(n)*	C 239, P 444, P 445 ▲
Verstopfung *(f)*	P 443
Verstrebung *(f)*	B 413, B 415, S 1311 ▲
Verstrebungsprofil *(n)*	B 413, S 1311 ▲
verstreute Poren *(f, pl)*	P 508
verstreute Porosität *(f)*	S 791
Versuchsanlage *(f)*	T 202, T 650
Versuchsanlage *(f)*, halbtechnische	S 295
Versuchsanordnung *(f)*	T 178, T 214, T 222
Versuchsauswertung *(f)*	T 213
Versuchsbedingung *(f)*	T 211
Versuchsbericht *(m)*	T 210
Versuchsdaten *(n, pl)*	T 184
Versuchsdauer *(f)*	T 186
Versuchsergebnis *(n)*	T 212
Versuchsfahrt *(f)*	T 216
Versuchsinstrument *(n)*	T 195
Versuchslauf *(m)*	T 216
Versuchsmeßstelle *(f)*	T 199
Versuchsmethode *(f)*	T 200
Versuchsreihe *(f)*	T 221
Versuchsschweißnaht *(f)*	T 229, T 652
Versuchsstand *(m)*	T 178, T 179, T 214, T 222, T 227
Versuchsverfahren *(n)*	T 200, T 208
Verteilerrohr *(n)*	D 357, M 71 ▲
Verteilerstück *(n)*	H 83
verteilte Betriebsbelastungen *(f, pl)*	D 356
Verteilungsnetzdruck *(m)*	D 359
vertikale Begrenzung *(f)*	S 69

Vertikalschelle *(f)*	R 522
Vertikalschweißen *(n)*	V 166
Vertikalstab *(m)*	V 158
Vertikalverband *(m)*	V 151
Vertrauensbereich *(m)*	C 514
Vertrauensgrad *(m)*	C 515
Vertrauensgrenzen *(f, pl)*	C 516
Verunreinigung *(f)*	P 483
Verunreinigung *(f)*, übermäßige	E 292
Verursacherprinzip *(n)*	P 481
Verweilzeit *(f)*	D 572, R 350 ▲
Verwendungsort *(m)*	I 221
Verwerfung *(f)*	W 29
Verwetterung *(f)*	W 94
Verwindung *(f)*	T 513, T 824
Verwirbelung *(f)*	T 800, V 226 ▲
Verwirbelungsstreifen *(m, pl)*	S 1475
Verwitterung *(f)*	W 94
verzahntes und verripptes Rohr *(n)*	S 318
Verzahnung *(f)*	S 321
Verziehung *(f)*	W 29
verzögerte Rißbildung *(f)*	D 82
verzögerte Wartung *(f)*	D 58
verzögerte Zeitablenkung *(f)*	D 84
Verzögerung *(f)*	L 15
Verzunderung *(f)*	H 324, D 502
Verzunderung *(f)*	S 95
verzweigtes Beulen *(n)*	B 267
Verzweigung *(f)*	B 432, R 61 ▲
Verzweigungsquerschnitt *(m)*	C 864
Verzweigungsstelle *(f)*	B 437
Vickershärte *(f)*	V 184
Vickershärteprüfung *(f)*	V 183, V 185
Vickershärtezahl *(f)*	D 219
Vielkanal-Schallquellenortung *(f)*	M 395
vielwandiger Balg *(m)*	M 409
vielwelliges Ausbeulen *(n)* in Umfangsrichtung	W 414
Vierkantsammler *(m)*	S 918
Vierkantstopfen *(m)*	S 916
Vierteldrehung *(f)*	Q 53
Vierwege-Ventil *(n)*	F 697
virtuelle Masse *(f)*	V 190
virtuelles Leck *(n)*	H 36, V 189
VISCO-Dämpfer *(m)*	V 191
viskoelastischer Schwingungsdämpfer *(m)*	V 191
viskose Strömung *(f)*	V 196
viskose Unterschicht *(f)*	V 198
Viskosität *(f)*	V 192
Viskosität *(f)*, absolute	A 18, D 576
Viskosität *(f)*, dynamische	A 18
Viskosität *(f)*, dynamische	D 576
Viskosität *(f)*, kinematische	K 10

▲ to denote different meanings / gibt unterschiedliche Bedeutungen an

Viskosität *(f)*, scheinbare turbulente	E 35
Viskositätsindex *(m)*	V 193
Viskositätsindexverbesserer *(m)*	V 194
Viskositätskoeffizient *(m)*, reziproker	F 596
visuelle Prüfung *(f)*	V 200
V-Kerbe *(f)*	V 122, V 202
V-Kerbprobe *(f)*	V 203
V-Naht *(f)*	S 574, W 134
Vollanker *(m)*	P 336
Vollanker *(m)*, einzelner	I 394
Vollanker *(m, pl)*, mehrfach angeordnete	N 136
voll ausgebildetes Kernsieden *(n)*	D 193
vollautomatischer Betrieb *(m)*	U 116
Vollboden *(m)*	B 277, H 61, H 77, P 340, P 342, U 121
Vollboden *(m)*, gewölbter	U 120, H 78
volle Bewegung *(f)* des Daches	F 782
volle Zeitablenkung *(f)*	F 787
voller Hub *(m)* beim Zusammendrücken der Feder	F 776
volles Öffnen *(n)*, schlagartiges	P 494
vollflächige Dichtung *(f)*	F 773
Vollhub-Sicherheitsventil *(n)*	F 775
Vollkehlnaht *(f)*	F 774
Vollmaßprobe *(f)*	F 783
vollplastisches Fließen *(n)*	G 128, G 228, Y 9, Y 10
Vollrahmen *(m)*	F 778
Vollstab *(m)*	U 117
vollständig durchgeschweißte Naht *(f)*	F 779
vollständig durchglühen *(V)*	S 688
vollständige Bindung *(f)*	C 407
vollständiger Wurzeleinbrand *(m)*	R 595
Vollständigkeit *(f)*	I 283
Vollstrahldüse *(f)*	S 741
volltragend eingewalztes Rohr *(n)*	T 722
volltragende Naht *(f)*	F 785
volltragende Schweißnaht *(f)*	F 785
volltragender Anschluß *(m)*	F 784
voll umschließendes Sattel-T-Stück *(n)*	F 771
Vollwandschweißstutzen *(m)*	S 744
Vollwandträger *(m)*	P 421
Vollzylinder *(m)*	P 338, S 731
Volumen *(n)*	V 214
Volumen *(n)*, molares	M 361
Volumendurchfluß *(m)*	V 216
Volumendurchsatz *(m)*	V 216
Volumengehalt *(m)*	V 217
Volumenprüfung *(f)*	V 218
Volumenstrom *(m)*	V 215
Volumenstromdichte *(f)*	V 216
volumetrischer Dampfgehalt *(m)*	V 106, V 209
volumetrischer Flüssigkeitszähler *(m)*	V 219
vorausberechnete Ausfallrate *(f)*	P 549
Vorbearbeitung *(f)*	R 622

Vorbelastung *(f)*	P 560, P 567
vorbeugende Wartung *(f)*	P 680
vorderes Ende *(n)*	L 91
Vorderfolie *(f)*	F 761
Vordruck *(m)*	I 130
Vordruck *(m)*, Prüfung durch Aufgabe von	B 47
Voreichung *(f)*	P 557
Vorentlastung *(f)*, Rückschlagventil mit	D 47
voreutektoides Ferrit *(n)*	P 764
Vorfertigung *(f)*	P 551
Vorgang *(m)*	A 86, E 163
vorgegebener Sollwert *(m)*	P 568, S 261
vorgegebener Wert *(m)*	P 570
vorgeprüfte Unterlagen *(f, pl)*	A 386
vorgeschaltete Heizfläche *(f)*	U 181
vorgeschriebener Haltepunkt *(m)*	M 58
Vorgeschwindigkeitsfaktor *(m)*	V 126
vorgesehene Lebensdauer *(f)*	D 176
vorgespannte Feder *(f)*	P 561
vorgesteuertes Magnetventil *(n)*	S 329
vorgewölbt *(V)*	P 541
vorgezogene Bauprüfung *(f)*	S 941
Vorhand-Schweißen *(n)*	O 127
Vorhubkegel *(m)*	R 300
Vorkalkulation *(f)*	P 556
Vorkammer *(f)*	C 126, W 40
Vorkammer *(f)*, abnehmbare	R 320
Vorkammerdeckel *(m)*	C 130
Vorkammermantel *(m)*	C 137
Vorlage *(f)*	R 127, R 136, R 654 ▲
Vorlagebehälter *(m)*	R 654
Vorlauf *(m)*	D 85, L 193 ▲
vorlaufende Fertigungskontrolle *(f)*	P 563
Vorlaufstrecke *(f)*	D 85, S 985
Vormagnetisierung *(f)*	P 562
Vormontage *(f)*	P 540
Vormontageschraube *(f)*	J 8
Vor-Ort-Bearbeitung *(f)*	O 45
Vorplanung *(f)*	C 472
Vorprüfung *(f)*	P 539
Vorprüfung *(f)*, rechnerische	A 382, D 138
Vorprüfung *(f)* der Konstruktion	C 292
Vorprüfunterlagen *(f, pl)*	D 375
Vorratsbehälter *(m)*	S 1129
Vorrichten *(n)*	J 36
Vorschaltanlage *(f)*	T 491
Vorschuhen *(n)*	B 555
Vorschuhrohr *(n)*	P 231
Vorschweißboden *(m)*	W 175, H 79
Vorschweißbogen *(m)*	B 573, B 574 ▲
Vorschweißbördel *(m)*	U 185, W 223
Vorschweißbund *(m)*	L 44, S 479, W 155, W 232 ▲

▲ to denote different meanings / gibt unterschiedliche Bedeutungen an

Vorschweißflansch *(m)*	W 233, F 309
Vorschweißkrümmer *(m)*	B 569
Vorschweißreduzierstück *(n)*	B 572
Vorsichtsmaßnahme *(f)*	S 21
Vorspannen *(n)*	T 159
Vorspannkraft *(f)*, **aufzubringende**	A 371, I 118
Vorspannung *(f)*	I 108, P 560, P 567, P 679 ▲
Vorspannung *(f)*, **mechanische**	M 206
Vorspannung *(f)*, **warme**	H 400
Vorspannung *(f)* **im kalten Zustand**	C 329, C 336
vorspringender Teil *(m)*	S 830
Vorsprung *(m)*	M 48, P 771, S 828, S 830 ▲
Vorstecker *(m)*	R 422, S 22
Vorsteuerventil *(n)*	P 198
vorübergehende Druckentlastung *(f)*	D 114
Vorvakuumbehälter *(m)*	B 101
Vorvakuumpumpe *(f)*	B 29, R 623
Vorvakuumraum *(m)*	B 35
Vorverformung *(f)* **der Dichtung**	G 60, S 205
Vorverformungskraft *(f)* **der Dichtung**	G 61
Vorversuch *(m)*	P 559
Vorversuche *(m, pl)* **zur Inbetriebnahme**	P 546
Vorwärmer *(m)*	F 120, P 553 ▲
Vorwärmer *(m)*, **rauchgasbeheizter**	E 23
Vorwärmeranordnung *(f)*, **einstraßige**	S 568
Vorwärmer *(m)* **in Kopfkonstruktion, stehender**	H 96
Vorwärmer *(m)* **in Sammlerbauweise**	H 91
Vorwärmtemperatur *(f)*	P 554
Vorwärmzeit *(f)*	P 555
Vorwärtsregelung *(f)*	F 117
vorzeitige Anrisse *(m, pl)*	P 564
Vorzugspassung *(f)*	P 552
vorzuverformende Kontaktfläche *(f)* **der Dichtung**	G 49
V-Profilbalg *(m)*	V 231
V-Schallweg *(m)*	V 123

W

wabenförmiges Muster *(n)*	H 370
Wachstum *(n)*, stufenweises	I 73
wachstumskontrollierte Bruchausbreitung *(f)*	G 231
Wahrscheinlichkeitsberechnung *(f)*	P 695
Wake Buffeting *(n)*	W 6
Wake Galloping *(n)*	W 8
Walzblech *(n)*	R 547
Walzerzeugnis *(n)*	R 548
Walzflansch *(m)*	R 543
Walzmarkierungen *(f, pl)*	R 566
walzplattiertes Blech *(n)*	R 540
Walzplattierung *(f)*	C 681, R 539
Walzprofil *(n)*	R 549, R 551
Walzprofilträger *(m)*	B 175, G 141
walzrauh od. besser	A 452
Wälzreibung *(f)*	R 563
Walzrichtung *(f)*	D 276
Walzrille *(f)*	E 341, T 736
Walzrunden *(n)*	R 538
Walz-Schweißnippel *(m)*	E 336
Walz-Schweißverbindung *(f)*	E 335
Walzstahl *(m)*	R 550
Walztafel *(f)*	R 547
Walzträger *(m)*	R 542
Walzverbindung *(f)*	E 327, R 554
Walzverbindungseinsatz *(m)*	E 329
Walzzunder *(m)*	M 286
Walzzunder *(m)*, loser	L 410
Walzzustand *(m)*	A 451
Wand *(f)*	W 11
Wand *(f)*, nichttragende	N 116, N 138
Wanddicke *(f)*	W 22
Wanddicke *(f)*, rechnerische	C 6
Wanddicke *(f)* in der Gabelung	C 865
Wanddickenminderung *(f)*	W 25
Wanddickenminderungszuschlag *(m)*	W 26
Wanddickensteuerung *(f)*	W 24, W 420
Wanddickenverringerung *(f)* aufgrund von Erosion/Korrosion	W 27, W 340
Wanddickenverschwächung *(f)*	W 25
Wanddickenzuschlag *(m)*	W 23
Wanddickenzuwachs *(m)*	W 21
Wanddurchführung *(f)*	W 16
Wand-Eigentemperatur *(f)*	A 158
Wanderanzeige *(f)*	T 633
Wanderbett *(n)*	F 570, F 598
wandernde Blasenkavitation *(f)*	T 632, B 477
wandgängiger Rührer *(m)*	P 810
Wandgrenzschicht *(f)*	W 14
Wandler *(m)*	A 93

Wandreibung *(f)*	S 598, W 17
Wandscheibe *(f)*	S 411
Wandschubspannung *(f)*	W 20
Wandstärke *(f)*	W 22
Wandstärkenminderung *(f)*	W 25
Wandstärkenminderungszuschlag *(m)*	W 26
Wandstärkenverschwächung *(f)*	W 25
Wandstärkenzuschlag *(m)*	W 23
Wandstärkenzuwachs *(m)*	W 21
Wandtemperatur *(f)*	M 258
Wandtemperatur *(f)*, gleichförmige	U 88, U 205
Wandtemperatur *(f)*, mittlere	M 179
Wandtemperatur *(f)*, rechnerische	D 161
Wandtemperatur *(f)* bei Benetzung	Q 64, W 339
Wandung *(f)*	W 11
Wandungsrauheit *(f)*	W 18
Wannenlagenschweißen *(n)*	G 193
Warmarbeitsstahl *(m)*	H 416
Warmauslagern *(n)*	A 433
Warmbearbeitung *(f)*	H 389
Warmbiegen *(n)*	H 383
Warmbiegeversuch *(m)*	H 384
Wärme *(f)*	H 98
Wärme *(f)*, eingebrachte	H 195, H 230
Wärme *(f)*, latente	L 48
Wärme *(f)*, spezifische	S 798
Wärmeabbau *(m)*	H 200
Wärmeabfall *(m)*	H 123
Wärmeabfuhr *(f)*	H 121, H 218
Wärmeabfuhrgeschwindigkeit *(f)*	H 122
Wärmeabführung *(f)*	H 121, H 218
Wärmeabgabe *(f)*	H 121, H 208
Wärmeableitung *(f)*	H 121, H 218
Wärmeaufnahme *(f)*	H 99
Wärmeausdehnung *(f)*	T 276
Wärmeausdehnungskoeffizient *(m)*	T 277
Wärmeausdehnungskoeffizient *(m)*, linearer	L 214
Wärmeausdehnungsvermögen *(n)*	T 278
Wärmeaushärtung *(f)*	A 433
Wärmeauskopplung *(f)*	H 120
Wärmeausstrahlung *(f)*	T 296
Wärmeaustauscher *(m)*	H 128
Wärmeaustauscher *(m)*, eingängiger	S 552, H 169
Wärmeaustauscher *(m)*, flüssigkeitsgekoppelter indirekter	H 150
Wärmeaustauscher *(m)*, gewendelter	H 272
Wärmeaustauscher *(m)*, Haarnadel-	H 3
Wärmeaustauscher *(m)*, luftgekühlter	A 70, A 198, H 129
Wärmeaustauscher *(m)*, mehrflutiger	M 402
Wärmeaustauscher *(m)*, mehrgängiger	M 402, H 152
Wärmeaustauscher *(m)*, panelartiger	P 40
Wärmeaustauscher *(m)*, regenerativer	R 264, R 466
Wärmeaustauscher *(m)*, rekuperativer	R 172

Wärmeaustauscher *(m)*, trockener	U 147
Wärmeaustauscher *(m)*, umschaltbarer	R 455, H 163
Wärmeaustauscherhalterungen *(f, pl)*	H 176
Wärmeaustauscher *(m)* in Haarnadelausführung	H 3, H 146
Wärmeaustauscher *(m)* mit bewegten Wärmeträgern	P 99
Wärmeaustauscher *(m)* mit einem Mantelweg	S 552, H 169
Wärmeaustauscher *(m)* mit eingestecktem Doppelrohr	H 141
Wärmeaustauscher *(m)* mit festem Rohrboden	F 268, H 143
Wärmeaustauscher *(m)* mit geradem Rohrbündel	S 1156, H 171
Wärmeaustauscher *(m)* mit geraden Rohren	S 1156, H 171
Wärmeaustauscher *(m)* mit Längsrippenrohren	L 377, H 151
Wärmeaustauscher *(m)* mit mehreren Mantelwegen	M 402, H 152
Wärmeaustauscher *(m)* mit schraubenförmiger Metallpackung	R 472, H 164
Wärmeaustauscher *(m)* mit Schwimmkopf und durchgezogenem Rohrbündel	H 162
Wärmeaustauscher *(m)* mit umkehrbarer Strömung	F 542, H 145
Wärmeaustauscher *(m)* mit unberippten Rohren	B 128, H 132
Wärmeaustauscher *(m)* mit zweiteiligen Ringen und Schwimmkopf	S 858
Wärmeaustauscher *(m)* ohne Phasenänderung	N 167
Wärmeaustauschflächen *(f, pl)*, trockene	U 148
Wärmeaustauschgröße *(f)*, turbulente	E 28
wärmebedingte Bewegung *(f)*	T 289
Wärmebehandlung *(f)*	H 257
Wärmebehandlung *(f)*, simulierende	S 1100
Wärmebehandlung *(f)* durch Ausglühen	S 709
Wärmebehandlung *(f)* nach dem Schweißen	P 525, P 901
Wärmebelastung *(f)*	H 201, H 202, T 286, T 292 ▲
Wärmebeständigkeit *(f)*	H 329, T 299, T 307 ▲
Wärmebilanz *(f)*	H 104
Wärmebrücke *(f)*	H 106
wärmedämmende Matte *(f)*	I 249, I 262
Wärmedämmstoff *(m)*	H 199
Wärmedämmung *(f)*	H 197, H 198, I 260, L 14, T 285 ▲
Wärmedehnung *(f)*	T 276
Wärmedehnzahl *(f)*	C 301, T 277
Wärmediagramm *(n)*	H 180, T 101
Wärmedurchgang *(m)*	H 181, H 232, R 95, T 314 ▲
Wärmedurchgangswert *(m)*	O 151, T 315, U 204
Wärmedurchgangswiderstand *(m)*	O 152, T 530
Wärmedurchgangszahl *(f)*	H 238, O 151, T 315, U 204
Wärmedurchgangszahl *(f)*, bewertete mittlere	W 117
Wärmedurchlässigkeit *(f)*	T 251
Wärmedurchlaßwiderstand *(m)*	T 298
Wärmedurchlaßzahl *(f)*	C 299
Wärmedurchschlag *(m)*	T 247
Wärmeeinbringung *(f)*	H 196
Wärmeeinflußprüfung *(f)*, kontrollierte	C 612, C 890
Wärmeeinflußzone *(f)*	H 52, H 102
Wärmeeinheit *(f)*	H 262
Wärmeeinstrahlung *(f)*	H 215

▲ to denote different meanings / gibt unterschiedliche Bedeutungen an

Wärmeentbindung *(f)*	H 200, H 220
Wärmeentzug *(m)*	H 178, H 221
Wärmeerzeugung *(f)*	H 189
Wärmefalle *(f)*	H 251
Wärmefestigkeit *(f)*	H 327
Wärmefluß *(m)*	H 179, H 182
Wärmefluß *(m)*, aufgeprägter	H 183
Wärmefluß *(m)*, gleichmäßiger	U 7, U 84
Wärmefortleitung *(f)*	H 249
Wärmefreisetzung *(f)*	H 200
Wärmefühler *(m)*	T 300
Wärmegefälle *(n)*	T 282
Wärmegleichgewicht *(n)*	T 275
Wärmeimpulsschweißen *(n)*	I 51
Wärmeinhalt *(m)*	E 212, H 116
Wärmeinhaltsrate *(f)*	H 109
Wärmeisolierung *(f)*	H 197, H 198
Wärmekapazität *(f)*	H 108, T 249
Wärmekapazität *(f)*, spezifische	S 798
Wärmekapazitätsstrom *(m)*	H 109
Wärmekeil *(m)*	T 316
Wärmekonvektion *(f)*	H 117
Wärmekraftwerk *(n)*	T 293
Wärmekreislauf *(m)*	H 119, T 264
Wärmekreisprozeß *(m)*	T 264
Wärmekriechen *(n)*	T 259
Wärmelastspiele *(n, pl)*	T 266
Wärmeleistung *(f)*	H 124, H 208, T 249, T 290
Wärmeleistung *(f)*, rechnerische	D 171
Wärmeleistungsbemessung *(f)*	T 291
Wärmeleitfähigkeit *(f)*	C 300, T 253
Wärmeleitfähigkeit *(f)*, effektive	E 70
Wärmeleitfähigkeit *(f)* des Rohrbodens	T 754
Wärmeleitung *(f)*	C 507, H 111, T 252
Wärmeleitung *(f)*, instationäre	H 114, T 556, U 139
Wärmeleitung *(f)*, stationäre	H 113, S 1039
Wärmeleitung *(f)* im Spalt	G 12
Wärmeleitungsgleichung *(f)*	E 240, H 112
Wärmeleitzahl *(f)*	T 254, T 269
Wärmemanschette *(f)*	T 306
Wärmemelder *(m)*	H 223
Wärmemenge *(f)*	H 214
Wärmemitführung *(f)*	H 117
Wärmenutzung *(f)*	H 216
Wärmepumpe *(f)*	H 213
Wärmequelle *(f)*	H 227
Wärmequelle *(f)*, innere	I 338
Wärmequellendichte *(f)*	H 209, H 228
Wärmeriß *(m)*	H 118, H 385, H 409
Wärmerohr *(n)*	H 210
Wärmerohr *(n)*, dochtloses	W 351
Wärmerohr *(n)*, gasgeregeltes	G 29

▲ to denote different meanings / gibt unterschiedliche Bedeutungen an

Wärmerohr-Ofen *(m)*	H 211
Wärmerohr-Wärmeaustauscher *(m)*	H 212
Wärmerohr-Wärmeübertrager *(m)*	H 212
Wärmerückgewinnung *(f)*	H 216
Wärmerückgewinnungsanlage *(f)*	H 217
Wärmerückgewinnungssystem *(n)*	H 217
Wärme-/Schallisolierung *(f)*	C 385, H 226
Wärmeschaltbild *(n)*	H 180, T 101
Wärmeschaltplan *(m)*	H 180, T 101
Wärmeschaltung *(f)*	H 119, T 264
Wärmeschock *(m)*	T 302
Wärmeschockfestigkeit *(f)*	T 303
Wärmeschockspannungen *(f, pl)*	S 1225, T 305
Wärmeschutz *(m)*	H 197, H 198, T 295
Wärmeschutzhülse *(f)*	T 306
Wärmeschutzmasse *(f)*	I 260
Wärmesenke *(f)*	H 224
Wärmespannung *(f)*	T 309
Wärmespannung *(f)*, allgemeine	G 125
Wärmespannung *(f)*, örtliche	L 349
wärmespannungsbedingte fortschreitende Deformation *(f)*	R 83, T 310
Wärmespannungswiderstand *(m)*	T 311
Wärmespeicher *(m)*	H 101
Wärmespeicherfähigkeit *(f)*	R 263
Wärmespeicherung *(f)*	H 229
Wärmesperre *(f)*	B 500, H 105, T 245
Wärmespitze *(f)*	H 209
Wärmestau *(m)*	H 107
Wärmestrahlung *(f)*	H 215, R 21, T 296
Wärmestrom *(m)*	H 179, H 182
Wärmestromdichte *(f)*	H 184
Wärmestromdichte *(f)*, kritische	C 163, C 833, D 374
Wärmestromdichte *(f)*, maximale	M 163
Wärmestromdichte *(f)*, örtliche	L 340
Wärmestromstörungen *(f, pl)*	H 186
wärmetauschende Heizfläche *(f)*	H 177
wärmetechnische Auslegung *(f)*	T 267
wärmetechnische Berechnung *(f)*	T 248
Wärmeträger *(m)*	H 241
Wärmeträgheit *(f)*	T 284
Wärmetransport *(m)*	H 249, T 587
Wärmetransportmedium *(n)*	H 250
Wärmetransportmittel *(n)*	H 250
Wärmeübergang *(m)*	H 232, H 247
Wärmeübergang *(m)*, konvektiver	C 623, H 235
Wärmeübergang *(m)*, mantelseitiger	S 446
Wärmeübergang *(m)*, minimaler	P 520
Wärmeübergang *(m)* bei der Tröpfchenströmung	P 521
Wärmeübergang *(m)* beim Filmsieden	F 185
Wärmeübergang *(m)* beim Sieden	B 330
Wärmeübergang *(m)* beim Verdampfen	B 330
Wärmeübergang *(m)* durch freie Konvektion	F 726

▲ to denote different meanings / gibt unterschiedliche Bedeutungen an

Wärmeübergang (m) durch Leitung	C 508, H 234
Wärmeübergang (m) durch Strahlung	R 12, R 22
Wärmeübergang (m) im Spalt	G 15
Wärmeübergang (m) mit Phasenwechsel	H 246
Wärmeübergang (m) ohne Phasenwechsel	H 245
Wärmeübergangsfläche (f)	H 233
Wärmeübergangskanäle (m, pl)	H 240
Wärmeübergangskoeffizient (m), scheinbarer	A 367
Wärmeübergangsleistung (f)	H 243
Wärmeübergangswiderstand (m)	F 684, S 1440
Wärmeübergangszahl (f)	H 237, H 419, S 1425
Wärmeübergangszahl (f), konvektive	C 620
Wärmeübergangszahl (f) bei Filmkondensation	F 186, F 194
Wärmeübergangszahl (f) im Rohreinlauf, konvektive	T 718
Wärmeübergang (m) von der Wand an Tropfen	D 529, W 331
Wärmeübertrager (m)	H 128
Wärmeübertrager (m), gewendelter	H 272
Wärmeübertrager (m), regenerativer	R 264, R 466
Wärmeübertragung (f)	H 232, H 247
Wärmeübertragung (f), konvektive	C 623, H 235
Wärmeübertragung (f) durch Berührung	C 623, H 235
Wärmeübertragung (f) durch Konvektion	C 623, H 235
Wärmeübertragung (f) durch Leitung	H 234
Wärmeübertragung (f) durch Strahlung	H 236, R 12, R 22
Wärmeübertragung (f) im Spalt	G 15
Wärmeübertragung (f) im thermischen Einlauf	T 273
Wärmeübertragung (f) in Festbetten	H 242
Wärmeübertragungsbereich (m)	H 248
Wärmeübertragungsfläche (f)	H 233
Wärmeübertragungsfläche (f) der Platte	P 423
Wärmeübertragungsleistung (f)	H 243
Wärmeübertragungsmittel (n)	H 241
wärmeundurchlässig (Adj.)	A 159
Wärmeverbrauch (m)	H 115
Wärmeverlauf (m)	T 283
Wärmeverlust (m)	H 203
Wärmeverschiebung (f)	H 120
warme Vorspannung (f)	H 400
Wärmewächter (m)	T 288
Wärmewechselbeanspruchung (f)	T 265
Wärmewiderstand (m), spezifischer	F 682
Wärmewirkungsgrad (m)	T 270
Wärmezufuhr (f)	H 195, H 230
Warmfaltversuch (m)	H 384
warmfester Röhrenstahl (m)	H 325
Warmfestigkeitseigenschaften (f, pl)	P 780
Warmformgebung (f)	H 389
Warmformgebungsbereich (m)	H 415
Warmformgebungshitze (f)	W 384
Warmgas-Extrusionsschweißen (n)	H 393
Warmgas-Überlappschweißen (n)	H 391
Warmgas-Ziehschweißen (n)	H 392

Wasserdruckprüfung der einzelnen Rohre

warmgeschweißte Verbindung *(f)*	H 188
warmgewalztes Rohr *(n)*	H 388
warmgezogenes Rohr *(n)*	H 386
Warmpreßschweißen *(n)*	H 399
Warmriß *(m)*	H 385, H 409
Warmrißanfälligkeit *(f)*	H 401
Warmrißbeständigkeit *(f)*	R 383
Warmrißbildung *(f)*	T 257
Warmrissigkeit *(f)*	H 401
Warmstrangpressen *(f)*	H 387
Warmstreckgrenze *(f)*	E 139, H 331, H 417, P 779, Y 19, Y 25
Warmumformung *(f)*	H 389
Warmumformungsbereich *(m)*	H 415
Warmverarbeitbarkeit *(f)*	H 390, H 414
warmverformter Stahl *(m)*	W 418
Warmverformung *(f)*	H 389
Warmvorspannung *(f)*	H 400, T 294, W 28 ▲
Warmzugversuch *(m)*	H 410
Warnmeldung *(f)*	A 216
Wartung *(f)*	M 26
Wartung *(f)*, laufende	R 639
Wartung *(f)*, periodische	P 149, R 639
Wartung *(f)*, planmäßige	R 639, S 118
Wartung *(f)*, verzögerte	D 58
Wartung *(f)*, vorbeugende	P 680
Wartungsarbeiten *(f, pl)*	M 30
Wartungsfrist *(f)*	M 28
Wartungshandbuch *(n)*	M 29
Wartungsvorschriften *(f, pl)*	M 27
Warze *(f)*	B 388
Warzenschweißen *(n)*	P 774
Wasserdruckprobe *(f)*	H 471
Waschboden *(m)*	W 33
Waschbrettmuster *(n)*	P 45, W 30
Wäscher *(m)*	S 164, S 881
Waschkolonne *(f)*	W 31
Waschsuspension *(f)*	S 165
Waschsuspensionsbehälter *(m)*	S 166
Waschturm *(m)*	S 164, S 881
Waschwasser *(n)*	S 165
Wasserabreißprüfung *(f)*	W 42
Wasserabscheider *(m)*	W 63
wasserabwaschbares Eindringmittel *(n)*	W 67
Wasserabzugssumpf *(m)*	W 47
Wasseraustritt *(m)*	W 55
Wasserchemie *(f)*	W 43
Wasserdampf-Destillation *(f)*	S 1052
Wasserdampfvergasung *(f)*	S 1059
Wasserdruck *(m)*	W 58
Wasserdruckprobe *(f)*	H 449
Wasserdruckprüfung *(f)*	H 449, H 471
Wasserdruckprüfung *(f)* der einzelnen Rohre	I 81, I 408

▲ to denote different meanings / gibt unterschiedliche Bedeutungen an

Wassereintritt *(m)*	W 50
Wasserkammer *(f)*	C 128, E 177, H 84, W 40, W 41 ▲
Wasserkammer *(f)*, **ungeteilte**	N 129
Wassermangelmelder *(m)*	L 455
Wassermantelkühler *(m)*	W 51
Wasserpfropfen *(m)*	W 57
Wasserringpumpe *(f)*	W 59, L 272
Wasserrohrkessel *(m)*	W 65
Wassersack *(m)*	W 57
Wassersackrohr *(n)*	P 188
Wassersäule *(f)*	H 467
Wasserschlag *(m)*	H 450, L 238, W 49
Wassersperre *(f)*	W 62
Wasserstand *(m)*	W 53
Wasserstandsanzeiger *(m)*	W 48, W 54
Wasserstandsäule *(f)*	W 44
Wasserstandsfernanzeiger *(m)*	R 319
Wasserstoffallen *(f, pl)*	T 627
Wasserstoffarmglühen *(n)*	S 685
Wasserstoffdiffusionsgeschwindigkeit *(f)*	H 462
Wasserstoffeffusionsglühen *(n)*	S 685
wasserstoffinduzierte Versprödung *(f)*	H 463
Wasserstoffriß *(m)*	H 464
Wasserstoff-Sauerstoff-Schweißen *(n)*	O 189
Wasserstoffversprödung *(f)*	H 463
Wasserstrecke *(f)*	W 56
Wassertasse *(f)*	W 60
Wassertemperatur *(f)*	W 64
Wassertröpfchen *(n, pl)*, **mitgerissene**	E 218
Wasservorlage *(f)*	W 60, W 62
Wasserwertverhältnis *(n)*	F 474
Wastage *(n)*	W 34
Weathering *(n)*	W 95
Weber-Zahl *(f)*	W 105
Wechselbeanspruchung *(f)*	A 247, C 916, C 921, S 1250 ▲
Wechselkriechversuch *(m)*	A 246
Wechsellast *(f)*	F 561
wechselnde Beanspruchung *(f)*	C 921
wechselnde Biegebeanspruchung *(f)*	R 330
wechselnde Spannungsdifferenz *(f)*	A 248
wechselnde Zugspannungen *(f, pl)*	A 250
wechselseitige Handlung *(f)*	I 287
Wechselspannung *(f)*	A 247
Wechselspannungsdifferenz *(f)*	A 248
Wechselstab *(m)*	C 720, C 724
Wechselventil *(n)*	T 378
Wechselwirkung *(f)*	I 287, P 811 ▲
Wechselwirkungskraft *(f)*	P 813
Wechselwirkungsmoment *(n)*	I 288
Wechselwirkung *(f)* **von Kriechen und Ermüdung**	C 795
Weg *(m)*	T 628
Weganzeige *(f)*	T 636

Wegbereich (m)	T 635
Wegeventil (n)	D 274, M 399
Wegeventil (n), hebelbetätigtes	L 154
Wegeventil (n), pneumatisch betätigtes	A 191, A 196, A 208, P 454
Wegeventil (n) mit pneumatischer Verstellung	A 191, A 196, A 208, P 454
weggeschmolzene Stirnlängskante (f)	U 62
Wegskala (f)	T 636
Wehr (n)	W 124
Weicheisen (n)	M 281
weicher Lichtbogen (m)	S 934
weicher Stahl (m)	L 421
„weiche" Verlegung (f) von Rohrleitungen	F 421
Weichglühen (n)	S 707
Weichgummidichtung (f)	S 711
Weichlöten (n)	S 714, S 718
Weichsitzventil (n)	R 365, S 712
Weichstoffdichtung (f)	N 142, S 710 ▲
Weichstoffkompensator (m)	F 8, N 141, E 356
Weldolet (n)	W 282
Welldichtring (m)	C 715
Welldichtung (f)	C 715
Welle (f)	C 634, W 68 ▲
Welle (f), akustische	A 110
Welle (f), stehende akustische	I 148
Wellenbegrenzung (f)	W 74
wellenförmige Beschleunigung (f)	W 69
wellenförmige Rippe (f)	W 78
wellenfreier Film (m)	W 80
wellenfreier Kondensatfilm (m), laminarer	L 31
Wellenfront (f)	W 71
Wellengenerator (m)	W 70
Wellengenerator (m), elektronischer	E 132
Welleninstabilität (f)	I 140
Wellenlänge (f)	W 73
Wellenleiter (m)	A 94
Wellenquerschnitt (m)	C 633
Wellenscheitel (m)	B 220, C 635, C 820
Wellenströmung (f)	W 79
Wellenströmung (f) des Kondensatfilmes	F 51
Wellental (n)	C 637, R 573
Wellentiefe (f)	C 636, D 119 ▲
Wellenzug (m)	W 75
wellige Filmkondensation (f)	W 77
Welligkeit (f)	W 76
Welligkeit (f) der Schweißnaht	W 305
Wellmantelrohr (n)	C 712
Wellrohr (n)	C 714, C 717 ▲
Wellrohrbogen (m)	C 711
Wellrohrdehnungsausgleicher (m)	C 713, E 349
Wellrohrkompensator (m)	C 713, E 349
Wellschlauch (m)	C 717, F 420
wendelförmige Rippe (f)	H 274

▲ to denote different meanings / gibt unterschiedliche Bedeutungen an

Wendelrippenrohr *(n)*	H 278, S 843
Wendelrohr *(n)*	H 277
Wendelrohr-Wärme(aus)tauscher *(m)*	H 272
Wendelrohr-Wärmeübertrager *(m)*	H 272
Wendelrührer *(m)*	H 275
Wendepunkt *(m)*	I 100
Werksabnahme *(f)*	W 397
Werksabnehmer *(m)*	W 398
Werksbescheinigung *(f)*	C 107, W 392 ▲
Werksbezeichnung *(f)*	W 393
Werksprüfbescheinigung *(f)*	M 282
Werksprüfdruck *(m)*	M 288
Werksprüfprotokoll *(n)*	W 400
Werksprüfung *(f)*	M 287
Werksprüfzeugnis *(n)*	W 399, M 90
Werkssachverständiger *(m)*	W 398
werkstattgeschweißte Naht *(f)*	S 471
Werkstattmontage *(f)*	S 470, W 394
Werkstattnaht *(f)*	W 396
Werkstattprüfung *(f)*	W 395
Werkstattschweiße *(f)*	F 7, S 471, W 396
Werkstoff *(m)*, **anerkannter**	A 388
Werkstoff *(m)*, **hochfester**	H 318
Werkstoff *(m)*, **hochremanenter**	R 430
Werkstoff *(m)*, **höherfester**	H 303
Werkstoff *(m)*, **mittelfester**	M 345
Werkstoff *(m)*, **zulässiger**	A 388
Werkstoffauspressung *(f)*	M 139
Werkstoffbezeichnung *(f)*	M 137
Werkstoffehler *(m)*, **künstlicher**	A 435
Werkstoffeigenschaften *(f, pl)*	M 143
Werkstoffermüdung *(f)*	M 140
Werkstofferschöpfung *(f)* **aus Kriechen und Ermüdung**	D 13
Werkstoffgüte *(f)*	M 145
Werkstoffkennwert *(m)*	M 144
Werkstoffkennzeichnung *(f)*	M 141
Werkstoffkombination *(f)*	C 415, M 136
Werkstoffnachweis *(m)*	M 135
Werkstoffpaarung *(f)*	M 136
Werkstoffprüfung *(f)*	M 148, M 214
Werkstoffqualität *(f)*	M 145
Werkstoffschnellübergang *(m)*	R 77, R 80
Werkstofftemperatur *(f)*	M 258
Werkstofftrennung *(f)*	D 312
Werkstofftrennung *(f)*, **geometrische**	G 133
Werkstofftrennung *(f)*, **oberflächennahe**	N 18
Werkstofftrennungen *(f, pl)*, **strukturelle**	S 1291
Werkstofftrennungskennzeichnung *(f)*	D 313
Werkstoffübergang *(m)*, **fließender**	S 1199
Werkstoffübergang *(m)*, **tropfenförmiger**	G 163
Werkstoffübergang *(m)* **durch Kurzschlußbildung**	S 474
Werkstoffüberschuß *(m)*	E 310

Werkstoffverwechslungsprüfung *(f)*	M 146
Werkstoffzeugnis *(n)*	M 282
Werkstück *(n)*	W 391
	O 2
Werkszeugnis *(n)*	Q 25
Wetterabdeckung *(f)*	W 93
Wetterblech *(n)*	W 98
wetterfester Stahl *(m)*	W 96
WEZ	H 52, H 102
Whirling *(n)*	W 347
Wickelbehälter *(m)*	S 1282, W 374
Wickelmaschine *(f)*	C 312
Wickeln *(n)*	W 409
Wickelrohr-Speisewasservorwärmer *(m)*	C 310
Wickelrohr-Vorwärmer *(m)*	C 310
Wickelrohr-Wärmeaustauscher *(m)*	C 311, C 885
Wickelrohrwärmeaustauscher *(m)* Bauart Hampson	H 20
Widerlager *(n)*	A 33, S 1380
Widerstandsbeiwert *(m)*	D 448, F 59, F 748, F 749, R 371, S 599 ▲
Widerstandsbolzenschweißen *(n)*	R 375
Widerstandsfähigkeit *(f)* gegen Herausziehen	S 1205
widerstandsgeschweißtes Rohr *(n)*, elektrisch	E 107
Widerstands(hart)löten *(n)*	R 369
Widerstandslöten *(n)*, elektrisches	E 105
Widerstandsmoment *(n)*	M 369, S 240 ▲
Widerstandsmoment *(n)*, effektives	E 69
Widerstandspunktschweißen *(n)*	R 374, R 644
Widerstandsrollennahtschweißen *(n)*	R 373, R 643
Widerstandsschmelzschweißen *(n)*	R 372
Widerstandsschweißelektrode *(f)*	R 386
Widerstandsstumpfschweißen *(n)*	R 370
Widerstandstemperaturfühler *(m)*	R 376
Widerstandsterm *(m)*	D 449
Widerstandsthermometer *(n)*	R 377
Widerstandsverringerung *(f)*	D 451
Widerstandszahl *(f)*	D 448, F 748, S 599
Widerstandszahl *(f)* angeströmter Körper	F 656, S 382
Wiederanfahren *(n)*	R 400
Wiederanlauf *(m)*	R 400
Wiederanlegen *(n)* der Strömung	F 530, R 124
Wiederansetzen *(n)*	R 401
Wiederanzünden *(n)*	R 412
Wiederbenetzung *(f)*	R 459
Wiederbenetzung *(f)* der Heizfläche	R 461
Wiederbenetzungsfront *(f)*	R 460
Wiederbenetzungsrate *(f)*	R 462
wiederholte Rippenrauhigkeit *(f)*	R 332
Wiederholungsprüfung *(f)*	R 199, R 326, R 327, R 335, R 431 ▲
Wiederinbetriebnahme *(f)*	R 148, R 400
wiederkehrende Dichtheitsprüfung *(f)*	I 154
wiederkehrende Prüfung *(f)*	P 150
Wiederverdampfer *(m)*	R 125

▲ to denote different meanings / gibt unterschiedliche Bedeutungen an

Wiederverdampfer *(m)*, eingesetzter	C 366
WIG-Aufschmelzen *(n)*	T 429
WIG-Brenner *(m)*	T 438
Wiggins-Schwimmdachabdichtung *(f)*	W 356
Wiggins-Schwimmdachabdichtung *(f)* „Slimline"	S 631
Wiggins-Schwimmdachabdichtungssystem *(n)* „Safety Seal"	S 27, W 355
WIG-Schweißen *(n)*	G 96, G 233, T 439, T 797
willkürliche Auslenkung *(f)*	W 347
Windbelastung *(f)*	W 358
Winddruck *(m)*	W 360
Windgeschwindigkeit *(f)*	W 363
Windgeschwindigkeit *(f)*, rechnerische	D 174
Windkessel *(m)*	A 213, C 429, R 129
Windschürze *(f)*	W 362
Windschwingungen *(f, pl)*	W 364
Windträger *(m)*	S 1111, W 357
Windungen *(f, pl)*, federnde	A 112
Windungszahl *(f)*	T 816
Winkel *(m)*	A 270, U 92 ▲
Winkel *(m)*, einspringender	R 198
Winkelabweichung *(f)*	A 307
Winkelanzeichnung *(f)* der Schweißnaht	A 312
Winkelausschlag *(m)*	A 317
Winkelbeschleunigung *(f)*	A 305
Winkeleisen *(n)*, ungleichschenkliges	U 74
Winkeleisenhalter *(m)*	A 278
winkelförmiger Abblasekrümmer *(m)*	A 309
Winkelgeschwindigkeit *(f)*	A 318
Winkelhaltigkeit *(f)*, Abweichung von der	A 311
Winkelkopfreflexionsverfahren *(n)*	S 1133
Winkellage *(f)*	A 316
Winkelmaß *(n)*	A 308
Winkel *(m)* mit Innengewinde	S 142
Winkelprofil *(n)*	A 296
Winkelprüfkopf *(m)*	A 275, A 295
Winkel-Prüfkopf *(m)* mit veränderlichem Winkel	V 110
Winkelquerschnitt *(m)*	A 306
Winkelspiegeleffekt *(m)*	C 676
Winkelstahl *(m)*	A 297
Winkelstellung *(f)*	A 316
Winkelstoßschweißverbindung *(f)*	C 680
Winkelstück *(n)*	A 296, U 92 ▲
Winkelverbindung *(f)*	A 279, E 98
Winkelverdrehung *(f)*	A 317
Winkelversatz *(m)*	A 313
Winkelverschraubung *(f)*	A 279, E 98, M 46, S 1202
Winkelverschraubung *(f)*, richtungseinstellbare	A 160, S 532
Winkelverschraubung *(f)* mit Überwurfkappe	F 130
Winkelverschraubung *(f)* mit zweiseitigem Rohranschluß	U 92
Wirbel *(m)*	V 220, W 346
Wirbelablösung *(f)*	E 33, V 223

Wirbelablösung (f), synchronisierte	S 1479
Wirbelablösung (f) im Nachlauf, periodische	P 152
Wirbelablösungsfrequenz (f)	P 151, V 224
Wirbelbewegung (f)	V 222, W 348
Wirbeldiffusion (f)	E 26, T 807, V 227
Wirbeldiffusionskoeffizient (m)	E 27, T 808
wirbelerregte Schalenschwingungen (f, pl)	O 142
wirbelinduzierte Schwingung (f)	V 221
Wirbel (m) in Hufeisenform	H 378
Wirbelschicht (f)	F 570, F 598
Wirbelschichtkühler (m)	F 599
Wirbelschichttrockner (m)	F 600
Wirbelschicht-Wärmeaustauscher (m)	F 601
Wirbelsenke (f)	C 86
Wirbelstraße (f)	V 225
Wirbelstraße (f), gespiegelte	M 312
Wirbelstromprüfung (f)	E 25
Wirbelströmung (f)	E 30, T 809 ▲
Wirbelvektor (m)	V 226
Wirkbreite (f) der Dichtung	E 59, G 64
Wirkdruck (m)	D 237, E 60 ▲
Wirkdruckbereich (m)	D 243
Wirkdruckdurchflußmesser (m)	D 240, H 93
Wirkdruckgeber (m)	D 245
Wirkdruckleitung (f)	D 242
Wirkdruckmesser (m)	D 241
wirksamer Balgquerschnitt (m)	B 221
wirksame Rohroberfläche (f)	E 72
Wirksumme (f)	P 329
Wirkungsgrad (m)	E 75
Wirkungsgrad (m), thermischer	T 270
Wirkungsgrad (m), thermodynamischer	T 323
Wirkungsgrad-Bestimmung (f) anhand der Wärmeverluste, indirekte	H 204
Wirkungsquerschnitt (m)	E 55
witterungsbeständiger Stahl (m)	W 96
Witterungsschutz (m)	W 97
Wöhlerkurve (f)	D 152, F 82, S 675, S 1236
Wöhlerschaubild (n)	S 675, S 1222, F 82, D 152
Wölbkehlnaht (f)	C 630
Wölbkehlnaht (f), ungleichschenklige	C 632
Wölbung (f), übermäßige	C 631, E 290
Wölbung (f) nach hinten	R 445
Wölbungshöhe (f)	D 121
Wölbungshöhe (f), äußere	E 393
Wölbungsradius (m)	D 323, R 43, R 45, S 816 ▲
Wolfram-Einschluß (m)	T 796
Wolfram-Inertgas-Schweißen (n)	G 96, G 233, T 439, T 797
Wolfram-Inertgas-Schweißen (n) mit Helium als Schutzgas	H 270, I 92
Wolfram-Schutzgas-Schweißen (n)	G 96, G 233, T 439, T 797
Wolfram-Spritzer (m)	T 798
Wrasen (f, pl)	V 100, W 66

▲ to denote different meanings / gibt unterschiedliche Bedeutungen an

W-Strom *(m)*	W 419
Wulst *(m)*	R 278
wulst- oder gratförmiger Überhang *(m)*	S 1437
Wurzel *(f)*, **durchhängende**	E 313
Wurzelausbildung *(f)*	R 586
Wurzelauskreuzen *(n)*	R 578
Wurzelbadsicherung *(f)*	R 575
Wurzelbindefehler *(m)*	L 8, R 580
Wurzeldurchhang *(m)*	E 312
Wurzeleinbrand *(m)*, **unvollständiger**	R 596
Wurzeleinbrand *(m)*, **vollständiger**	R 595
Wurzeleinbrandkerbe *(f)*	R 600
Wurzelfaltversuch *(m)*	R 576
Wurzelfehler *(m)*	R 588
Wurzelgegennaht *(f)*	B 33, S 180
Wurzelgegenschweißung *(f)*	B 33
Wurzelkerbe *(f)*	S 488, S 1353, R 579, U 68
Wurzellage *(f)*	B 139, R 594, R 599
Wurzelnaht *(f)*	R 594, R 599
Wurzeloberfläche *(f)*, **hohle**	S 1354
Wurzelrißbildung *(f)*	R 581
Wurzelrückfall *(m)*	R 579, S 488, S 1353, U 68
Wurzelschutzgas *(n)*	B 28
wurzelseitiges Fugenhobeln *(n)*	B 15
wurzelseitiges Nuten *(n)*	B 16
wurzelseitiges Spülen *(n)*	B 48
Wurzelspalt *(m)*	R 587, R 592
Wurzelspülen *(n)*	B 48
Wurzelspülgas *(n)*	B 49
Wurzelüberhöhung *(f)*	R 597
Wurzelüberhöhung *(f)*, **zu große**	E 298

X

X-Mantel *(m)*   X 10, S 429
X-Naht *(f)*   D 427, W 130

Y

Y-Abzweigung *(f)*   B 455, Y 1
Y-Naht *(f)*   S 575
Y-Naht *(f)*, **halbe**   W 135
Y-Rohr *(n)*   B 265, Y 39
Y-Stück *(n)*   Y 40

Z

zäher Bruch *(m)*	D 556
zäher Reißmodus *(m)*	D 557
zähe Strömung *(f)*	V 196
Zähflüssigkeit *(f)*	V 192
Zähigkeit *(f)*	V 192
Zähigkeit *(f)*, kinematische	K 10
Zähigkeit *(f)* auf Zug	T 140
Zähigkeit *(f)* der turbulenten Strömung, scheinbare kinematische	E 31
Zahl *(f)* der Übertragungseinheiten	N 225, N 257
Z-Anordnung *(f)*	Z 13
Zapfen *(m)*	D 376, T 679 ▲
Zapfendurchführung *(f)*	T 681
zapfengelagerte Kugel *(f)*	T 682
Zapfenlager *(n)*	T 680
Zarge *(f)*	S 605, S 1400
Zehnt-Wert-Lage *(f)*	T 166, T 817
zeichnungsgleiche Anlage *(f)*	R 334
zeiliges Gefüge *(n)*	B 121
Zeit *(f)*, mittlere störungsfreie	M 384
zeitabhängige Ablaufsteuerung *(f)*	T 452
zeitabhängige Größe *(f)*	T 450
zeitabhängiger Festigkeitskennwert *(m)*	T 449
zeitabhängig geregelte Verstärkung *(f)*	T 456
Zeitablenkbereich *(m)*	S 1467
Zeitablenkung *(f)*	S 1466, T 446
Zeitablenkung *(f)*, verzögerte	D 84
Zeitablenkung *(f)*, volle	F 787
Zeitbruch *(m)*	C 804
Zeitbruchlinie *(f)*	C 799
Zeitdehngrenze *(f)*	C 818
Zeitdehnlinien *(f, pl)*	S 1219
Zeitdehnverhalten *(n)*	C 807, S 1251
Zeitfließgrenze *(f)*	T 457
Zeitglied *(n)*	T 451
zeitkorrigierte Verstärkung *(f)*	T 448
Zeitlinie *(f)*	B 135, S 1466, T 444
Zeitmarkierung *(f)*	M 98
Zeitstandbereich *(m)*	C 808
Zeitstandbruch *(m)*	C 804
Zeitstandbruchdehnung *(f)*	C 813
Zeitstandbruchversuch *(m)*	C 819
Zeitstandeigenschaften *(f, pl)*	C 807, S 1251
Zeitstandermüdungsdaten *(n, pl)*	C 803
Zeitstandfestigkeit *(f)*	C 815, S 1252
Zeitstandfestigkeit *(f)* unter Neutronenbestrahlung	T 455, T 648
Zeitstandfestigkeitswerte *(m, pl)*	C 816
Zeitstandkriechen *(n)*, unterbrochenes	C 809, R 82
Zeitstandprüfung *(f)*	E 201
Zeitstandschäden *(m, pl)*	C 800

▲ to denote different meanings / gibt unterschiedliche Bedeutungen an

Zeitstandverhalten

Zeitstandverhalten *(n)*	C 814
Zeitstandversuch *(m)*	C 819, S 1260, T 139
Zeitstandversuch *(m)*, unterbrochener	I 361
Zeitstreckgrenze *(f)*	T 457
Zeit-Temperatur-Umwandlungs-Schaubild *(n)*	T 453, T 692
Zeitverhalten *(n)*	T 559
Zeit *(f)* zwischen Wartungsarbeiten, mittlere	M 184, M 385
Zelle *(f)*, geschlossene	C 250
Zellen *(f, pl)*, offene	O 57
Zeltprüfung *(f)*	H 372
Zeppelinschnitt *(m)*	O 86
Zero-shear-Viskosität *(f)*	Z 7
Zerreißbeanspruchung *(f)*	U 18
Zerreißfestigkeit *(f)*	T 64, U 17, U 197 ▲
Zerreißmaschine *(f)*	T 154
Zerreißprobe *(f)*	T 147, T 155, T 163
Zerreißversuch *(m)*	T 153, T 165
Zerschneiden *(n)*	C 910
zerstörende Prüfung *(f)*	D 179
zerstörungsfreie Prüfung *(f)*	N 15, N 126
Zertifikat *(n)*	C 103
Zertifizierungssystem *(n)*	C 111
Zeugnis *(n)*	C 103
ZfP	N 126
ZfP-Prüfer *(m)*	R 39
Zickzacknaht *(f)*	S 945
Zickzackrichtung *(f)*, geteilt in	Z 8
Zickzackschweißnaht *(f)*	S 945
Zirkularmagnetisierungstechnik *(f)*	C 184
Zirkulationsreinigung *(f)*	C 181, C 228
Zollgewinde *(n)*	W 349
Zone *(f)* im EDZ, plastische	P 356
Zone *(f)* im ESZ, plastische	P 360
Zonenkorrektur *(f)*, plastische	P 407
Zonenmodell *(n)*, Dugdalesches plastisches	D 562
Zonenmodell *(n)*, plastisches	S 1283
Zonenstreifen *(m)*	Z 11
Zopfpackung *(f)*	B 424, C 668, R 634
Z-Profil *(n)*	Z 1
Z-Stahl *(m)*	Z 1
Z-System *(n)*	Z 12
ZTU-Schaubild *(n)*	T 453, T 692
Zudrücken *(n)* von Poren	P 502
zuerkannte Ausflußziffer *(f)*	P 161
Zufallsausfall *(m)*	R 65
Zufallsbelastung *(f)*	R 69
Zufallsgröße *(f)*	R 70
Zufluß *(m)*	I 101
Zug *(m)*	T 156
Zugabe *(f)*	A 234
Zugänglichkeit *(f)*	A 54
Zuganker *(m, pl)*	C 209

▲ to denote different meanings / gibt unterschiedliche Bedeutungen an

zulässige Spannung auf Pressung

Zuganker (m)	H 30, T 422, T 426
Zuganker (m), kugelig gelagerter	B 105
Zuganker (m), pendelnd angeordneter	F 435
Zugbeanspruchung (f)	T 144
Zugbeanspruchung (f), zulässige Spannung unter	A 231
Zugbruch (m)	T 143
Zugbruch (m) mit ebener Bruchfläche	F 399
Zugdehnung (f)	T 149
Zugdiagonale (f)	D 215, T 423
Zug-Druck-Dauerfestigkeit (f)	T 157
Zug-Druck-Wechselfestigkeit (f)	C 446
zugehörige Zeichnung (f)	R 206
zugelassene Klebeverfahrensspezifikation (f)	Q 14
zugelassener Überwachungsverein (m)	A 495
zugelassenes Schweißverfahren (n)	A 389, Q 16
zugelassene Überwachungsbehörde (f)	A 495
Zugfaser (f)	F 144, T 141, T 158
Zugfestigkeit (f)	T 150, U 17, U 197
Zugfestigkeit (f) des reinen Schweißguts	A 244
Zugfestigkeitseigenschaften (f, pl)	T 145
Zugfließspannung (f)	Y 27
Zugkraft (f)	T 142, T 156
Zugöse (f)	P 818
Zugprobe (f)	T 147, T 155, T 163
Zugprobe (f), einseitig gekerbte	S 305, S 541
Zugprüfmaschine (f)	T 154
Zugraupe (f)	S 1273
Zugraupentechnik (f)	S 1274
Zugscherprobe (f)	T 146, T 162
Zugschwellfestigkeit (f)	P 826
Zugseil (n)	P 817
Zugspannung (f)	T 151
Zugspannung (f), nachlassende	R 294
Zugspannungen (f, pl), wechselnde	A 250
Zugspannungsschwingbreite (f)	T 164
Zugspannungs-Schwingbreiten (f, pl), schwankende	F 565
Zugstange (f)	H 30
Zugstrebe (f)	D 215, T 423
Zugverformung (f)	T 149
Zugversuch (m)	T 153, T 165
Zugzone (f)	F 144
zulässige Beanspruchung (f)	S 12
zulässige Betriebsspannung (f)	A 232
zulässige Bodenbelastung (f)	A 227
zulässige Fehlergröße (f)	A 226
zulässige Markierung (f)	A 172
zulässiger Betriebsüberdruck (m)	M 159
zulässiger Fehlerparameter (m)	T 468
zulässiger Werkstoff (m)	A 388
zulässige Schubspannung (f)	D 168
zulässige Spannung (f)	A 228, D 167, N 94
zulässige Spannung (f) auf Pressung	A 229

▲ to denote different meanings / gibt unterschiedliche Bedeutungen an

zulässige Spannung (f) auf reine Abscherung	A 230
zulässige Spannung (f) unter Zugbeanspruchung	A 231
zulässige Verdrehung (f) der Mittellinie	A 224
zulässige Vergleichsspannung (f)	D 169
zulässige Verlagerungsschwingbreite (f)	A 225
Zulässigkeit (f) von Fehlergrößen	A 49
Zulassung (f) von Schweißern	C 109
Zulassungsbericht (m)	Q 12
Zulassungsprüfung (f)	Q 13
Zulaufhöhe (f), mindestnotwendige	N 215
zunderarm (Adj.)	N 157
zunderarm geglüht (V)	H 256
Zunderausblühung (f)	S 85
zunderbeständig (Adj.)	S 90
Zunderbeständigkeit (f)	S 99
Zunderbildung (f)	H 324
Zundereinwalzungen (f, pl)	R 544
Zundergrenze (f)	O 181, S 98
Zunderung (f)	H 324, S 95
Zündstelle (f)	A 400, A 410, S 1198
Zungenbildung (f)	T 476
Zurückfedern (n)	S 884
Zurückfluxen (n)	B 1
Zurückweisungslevel (m)	C 907, G 104, R 290
Zurückweisung (f) von Fehlern, Prüfung für die Abnahme oder	A 45
Zurückweisung (f) von Fehlern, Richtlinie für die Abnahme oder	A 47
Zusammenbau (m)	A 453
Zusammendrückung (f), axiale	A 519
zusammengefaßte Ventilstation (f)	C 85
zusammengesetzter Querschnitt (m)	C 421
zusammengesetzter Träger (m)	C 422
Zusammenheften (n)	T 3
Zusammenprall (m)	C 352
Zusammenschaltung (f)	I 291
Zusammensetzung (f)	S 1305
Zusammensetzungsfaktor (m), chemischer	M 177, M 236
Zusammenstellungszeichnung (f)	A 456
Zusammenstoß (m)	C 351, F 671
Zusammenwachsen (n)	C 273
Zusatzbeanspruchung (f)	A 147
Zusatzbelastung (f)	A 146, S 218
Zusatzbelastung (f), pneumatische	P 455
Zusatzdraht (m)	F 170
Zusatzlast (f)	S 217
zusätzliche Decklage (f)	W 32
zusätzliche Spannung (f)	A 148
Zusatzspannung (f)	A 147
Zusatzwerkstoff (m)	F 165
Zuschlag (m)	A 234
Zuschlag (m) zur berechneten Wanddicke	P 105

Zustand *(m)*, stationärer	S 1042
Zustände *(m, pl)* in der Auslaufstrecke	D 440
Zustand *(m)* frei von interstitiell gelösten Atomen	I 368
Zustandsgleichung *(f)*	E 242
Zustandsgröße *(f)*	S 1007
zu starke rückwärtige Streustrahlung *(f)*	E 304
Zustopfen *(n)*	P 445
Zuweisung *(f)*	A 234
zwanglos im Graben verlegt *(V)*	S 669
zwangsgeführtes Gleitlager *(n)*	P 218
Zwangskonvektion *(f)*	F 657, P 516
Zwangskonvektionskühlung *(f)*	F 659
Zwangskonvektionssieden *(f)*	F 658
Zwangslagenschweißen *(n)*	F 265
Zwangumlauf *(m)*	P 864
Zwangumlauf-Reboiler *(m)*	F 660
Zwangumlauf-Verdampfer *(m)*	F 660
Zwängung *(f)*	C 550
zweiachsiger Spannungszustand *(m)*	B 263
zweibalgiger Kompensator *(m)*	D 425, D 545, E 350, E 351
zweiflutige Pumpe *(f)*	D 417
zweiflutiger Kondensator *(m)*	T 830
zweiflutiger Wärmeaustauscher *(m)*	D 409
zweigängige Haube *(f)*	T 829
zweigängiger Mantel *(m)*	T 831
Zweigleitung *(f)*	B 435
Zweigstrom *(m)*	B 431, S 216
Zweikreis-Kondensator *(m)*	D 388, D 547
zweimaliger Durchlauf *(m)*	D 408, R 331
Zweiphasen-Filmsieden *(n)*	A 335
Zweiphasenströmung *(f)*	T 832
Zweiphasenströmung *(f)*, geschichtete	S 1196
Zweiphasenströmung *(f)*, gleichgewichtige	E 247
zweiphasige Ringströmung *(f)*	A 343
zweisträngige Ausführung *(f)*	D 549
zweisträngige Kette *(f)*	T 834
zweistraßige Fahrweise *(f)*	T 823
zweiströmige Pumpe *(f)*	D 417
zweiteiliger Abscherring *(m)*	S 859
zweiteiliger elastischer Keil *(m)*	S 860, T 833
Zweiweg-Kondensator *(m)*	T 830
zweiwelliger Dehnungsausgleicher *(m)*	D 425, D 545, E 350, E 351
zweiwelliger Kompensator *(m)*	D 425
Zwei-Zonen-Vorwärmer *(m)*	T 835
Zwickel *(m)*	G 252
Zwillingsaggregat *(n)*	T 822
Zwillingslichtbogenschweißen *(n)*	T 818
Zwillings-Rückschlagventil *(n)*, entsperrbares	D 546, D 391
Zwinge *(f)*	C 204
Zwischenabkühlung *(f)*	I 354
zwischenatomare Kraft *(f)*	A 474
Zwischenbehälter *(m)*	S 1449

▲ to denote different meanings / gibt unterschiedliche Bedeutungen an

Zwischenentlastungsventil *(n)*	B 291
Zwischenentlüftung *(f)*, Doppelabsperrarmatur mit	B 299, D 385
Zwischenfestpunkt *(m)*	I 318
Zwischenflansch *(m)*	A 143
zwischengeschaltetes Absperrventil *(n)*	I 371
Zwischengitteratom *(n)*	I 367
Zwischenglühen *(n)*	P 713
Zwischenkonsole *(f)*	I 319
Zwischenkontrolle *(f)*	I 141
Zwischenkühler *(m)*	I 292, I 320, I 365
Zwischenkühlsystem *(n)*	C 411
Zwischenkühlung *(f)*	I 293, I 366
Zwischenlage *(f)*	I 359
Zwischenlage *(f)*, federnde	C 901
Zwischenlagentemperatur *(f)*	I 355
Zwischenlager *(n)*	B 502
Zwischenmantel *(m)*	S 491
Zwischenprüfung *(f)*	I 141
Zwischenraum *(m)*	I 370
Zwischenraum *(m)* zwischen Mantel und Doppelmantel	J 7
Zwischenreflux *(m)*	I 346
Zwischenreinigung *(f)*	E 311, P 116, S 1430
Zwischenringverstärkung *(f)*	E 237
Zwischenspeicherung *(f)*	B 502
Zwischenstück *(n)*	A 141, I 324, T 570
Zwischenstufe *(f)*	B 82
Zwischenstufengefüge *(n)*	B 84
Zwischenstufenhärtung *(f)*	B 83
Zwischenstufennase *(f)*	G 183
Zwischenstufenvergütung *(f)*	A 489
Zwischenträger *(m)*	I 322, S 213 ▲
Zwischenwärmetauscher *(m)*	I 16, I 323, H 148
Zwischenwindträger *(m)*	S 222
zyklische Prüfung *(f)*	P 147
zyklische Verschiebung *(f)*	C 920
Zyklon *(m)*	C 923
Zylinder *(m)*, leeseitiger	L 119
Zylinder *(m)*, luvseitiger	W 365
Zylinderbohrung *(f)* im Testkörper	C 925
Zylinderform *(f)*, Abweichung von der	B 122
Zylinderformtoleranz *(f)*	C 932
Zylinder-Kugelverbindung *(f)*, rotationssymmetrische	R 617
Zylinderrollenlager *(n)*	S 1147
Zylinderschraube *(f)*	C 158
Zylinderschraube *(f)* mit Innensechskant	H 298
zylindrische Kappe *(f)*	T 486
zylindrische Mantellänge *(f)*	C 929
zylindrischer Auslauf *(m)*	C 891, T 10, T 17
zylindrischer Bord *(m)*	C 924, C 931, S 603, S 1142
zylindrischer Bord *(m)* des Bodens	H 95
zylindrischer Mantel *(m)*	C 928
zylindrisches Gewinde *(n)*	P 58, S 1152

zylindrisches Rohrgewinde *(n)*   P 293
zylindrische Unterstützung *(f)*   C 930

Annex 1
Anhang 1

Pressure vessels (columns) and pipework / Druckbehälter (Kolonnen) und Rohrleitungen

AEP

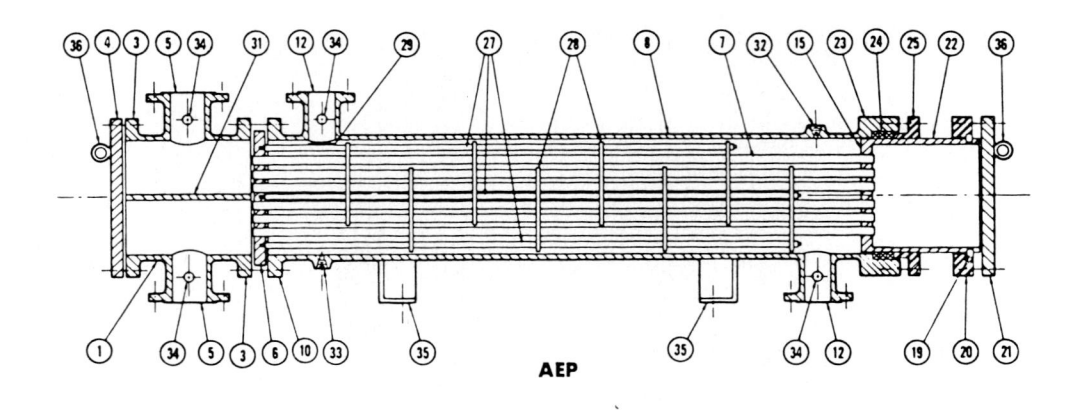

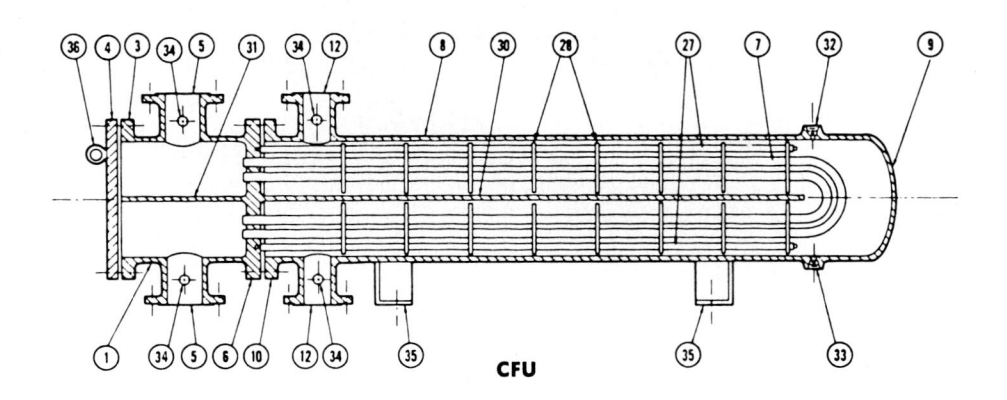

CFU

Heat exchanger types / Wärmeaustauscher-Bauarten
©1988 by Tubular Exchanger Manufacturers Association

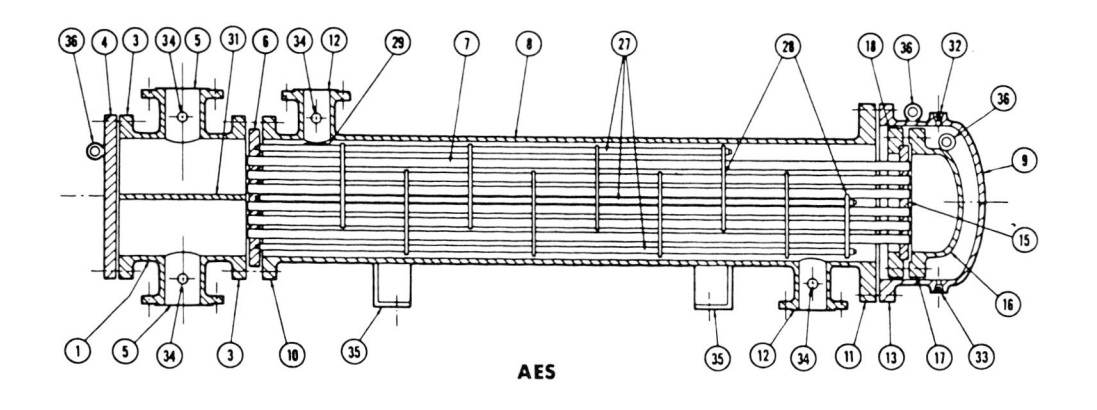

AES

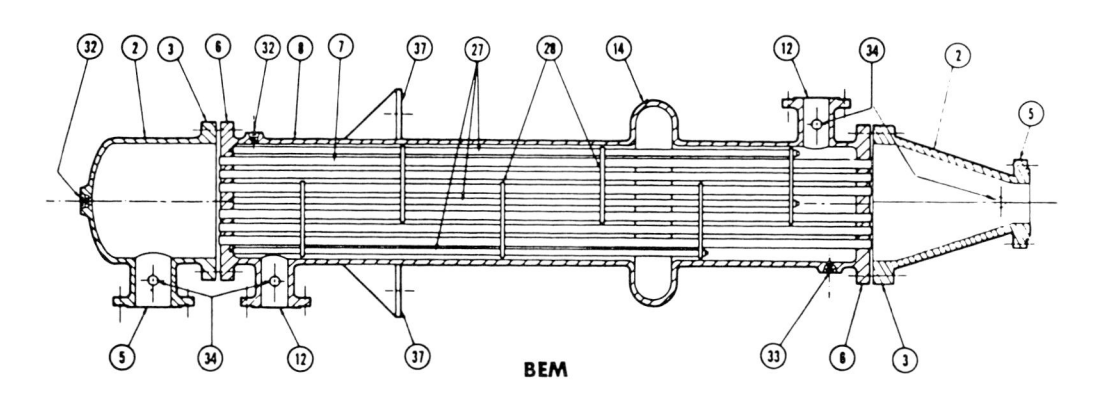

BEM

Heat exchanger types / Wärmeaustauscher-Bauarten
©1988 by Tubular Exchanger Manufacturers Association

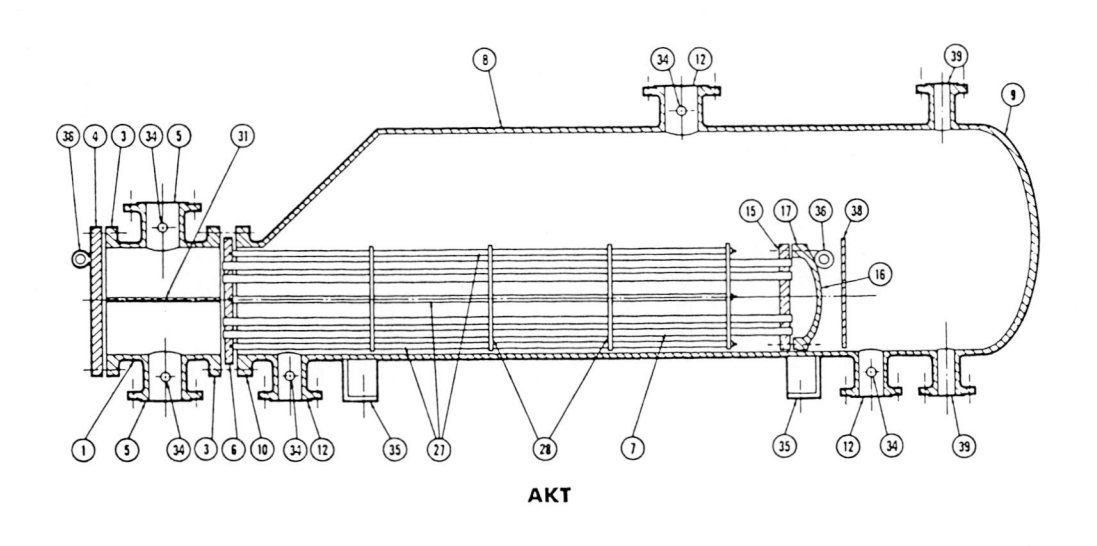

AKT

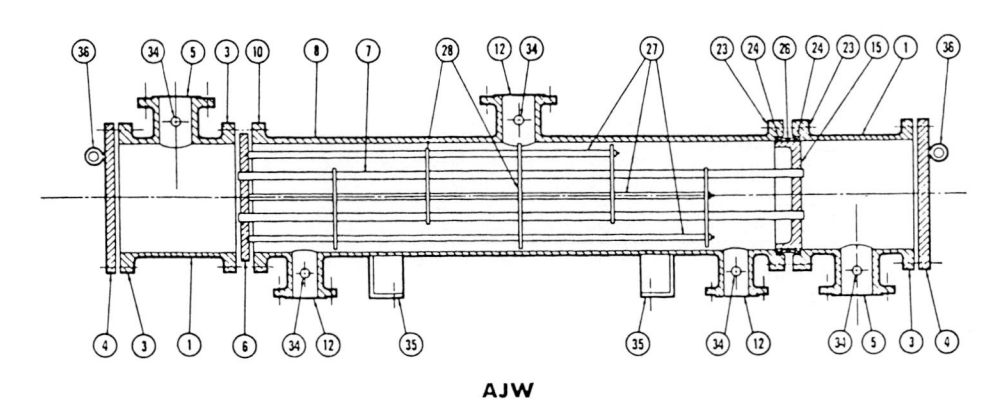

AJW

Heat exchanger types / Wärmeaustauscher-Bauarten
©1988 by Tubular Exchanger Manufacturers Association

Explanations to Figures on pp. 4/6	Erläuterungen zu den Abbildungen auf S. 4–6
1. Stationary Head – Channel	Fester Boden – Vorkammer
2. Stationary Head – Bonnet	Fester Boden – Haube
3. Stationary Head Flange – Channel or Bonnet	Flansche des festen Bodens für Vorkammer oder Haubenbauart
4. Channel Cover	Vorkammer-Deckel
5. Stationary Head Nozzle	Stutzen am festen Boden
6. Stationary Tubesheet	Festkopf-Rohrboden
7. Tubes	Rohre
8. Shell	Mantel
9. Shell Cover	Manteldeckel
10. Shell Flange – Stationary Head End	Mantelflansch für das vordere Ende mit festem Boden
11. Shell Flange – Rear Head End	Mantelflansch für das hintere Ende
12. Shell Nozzle	Mantelstutzen
13. Shell Cover Flange	Deckelflansch am Mantel/Apparateflansch
14. Expansion Joint	Kompensator
15. Floating Tubesheet	Schwimmkopf-Rohrboden
16. Floating Head Cover	Schwimmkopf-Deckel
17. Floating Head Flange	Schwimmkopf-Flansch
18. Floating Head Backing Device	Gegenhalter des Schwimmkopfes
19. Split Shear Ring	Zweiteiliger Abscher-Ring
20. Slip-on Backing Flange	Überschieb-Gegenflansch
21. Floating Head Cover – External	Äußerer Schwimmkopf-Deckel
22. Floating Tubesheet Skirt	Bord des Schwimmkopf-Rohrbodens
23. Packing Box	Stopfbüchse
24. Packing	Packung
25. Packing Gland	Stellring
26. Lantern Ring	Laternenring
27. Tierods and Spacers	Ankerstäbe und Distanzstücke
28. Transverse Baffles or Support Plates	Querleitbleche oder Stützplatten
29. Impingement Plate	Prallplatte
30. Longitudinal Baffle	Längsleitwand
31. Pass Partition	Trennwand zwischen den Durchgängen
32. Vent Connection	Entlüftungsstutzen
33. Drain Connection	Entleerungsstutzen
34. Instrument Connection	Geräteanschluß
35. Support Saddle	Tragsattel
36. Lifting Lug	Tragöse
37. Support Bracket	Tragkonsole
38. Weir	Überlaufplatte
39. Liquid Level Connection	Anschluß an den Flüssigkeitsstand

Guides / Führungsringe

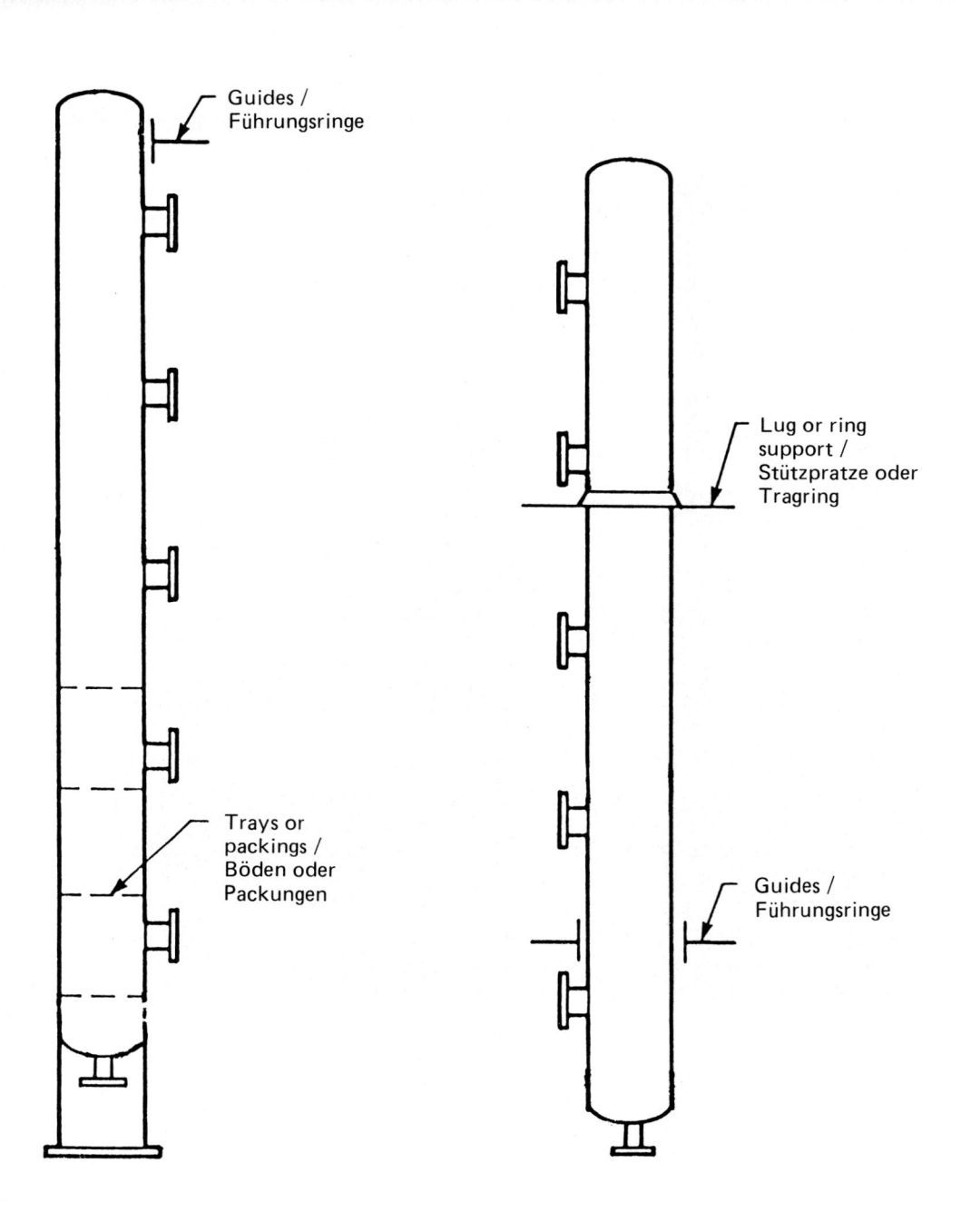

Lug or ring support / Stützpratze oder Tragring

Trays or packings / Böden oder Packungen

Guides / Führungsringe

Columns / Kolonnen

Rectifying column under construction / Rektifizierkolonne im Bau

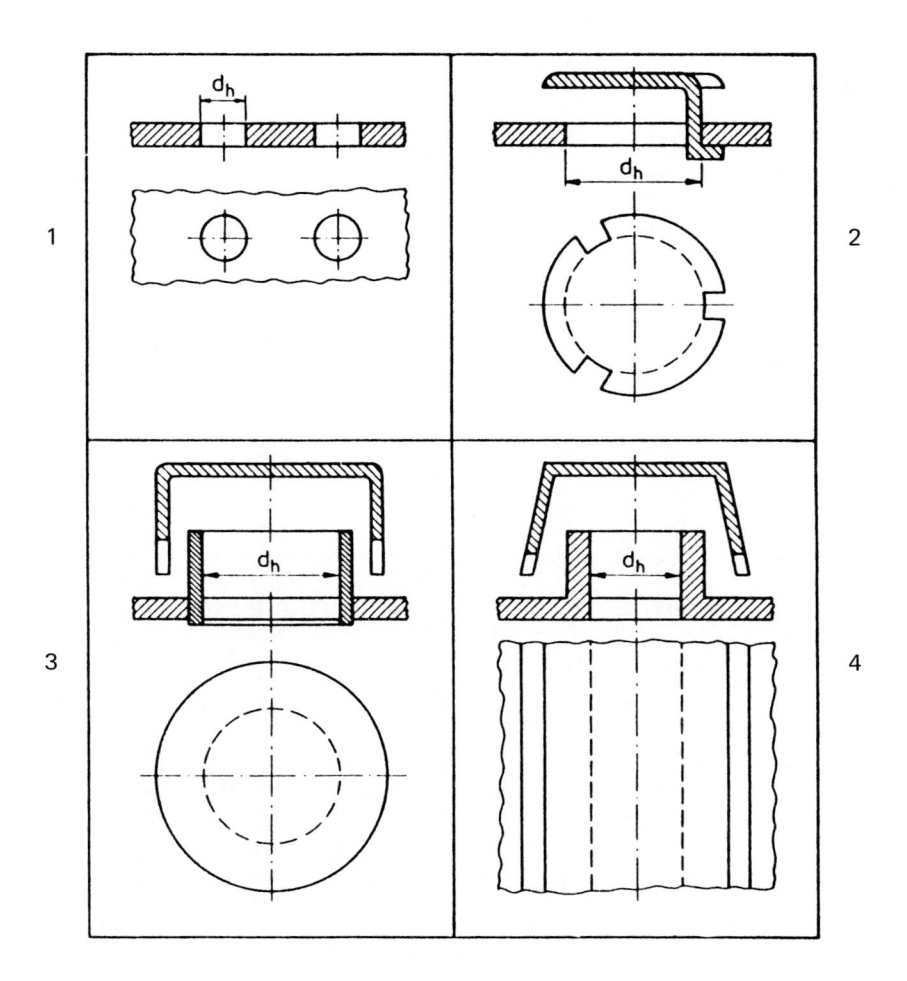

1 Sieve tray / Siebboden
2 Valve tray / Ventilboden
3 Bubble cap tray / Glockenboden
4 Tunnel cap tray / Tunnelboden

Column trays / Kolonnenböden

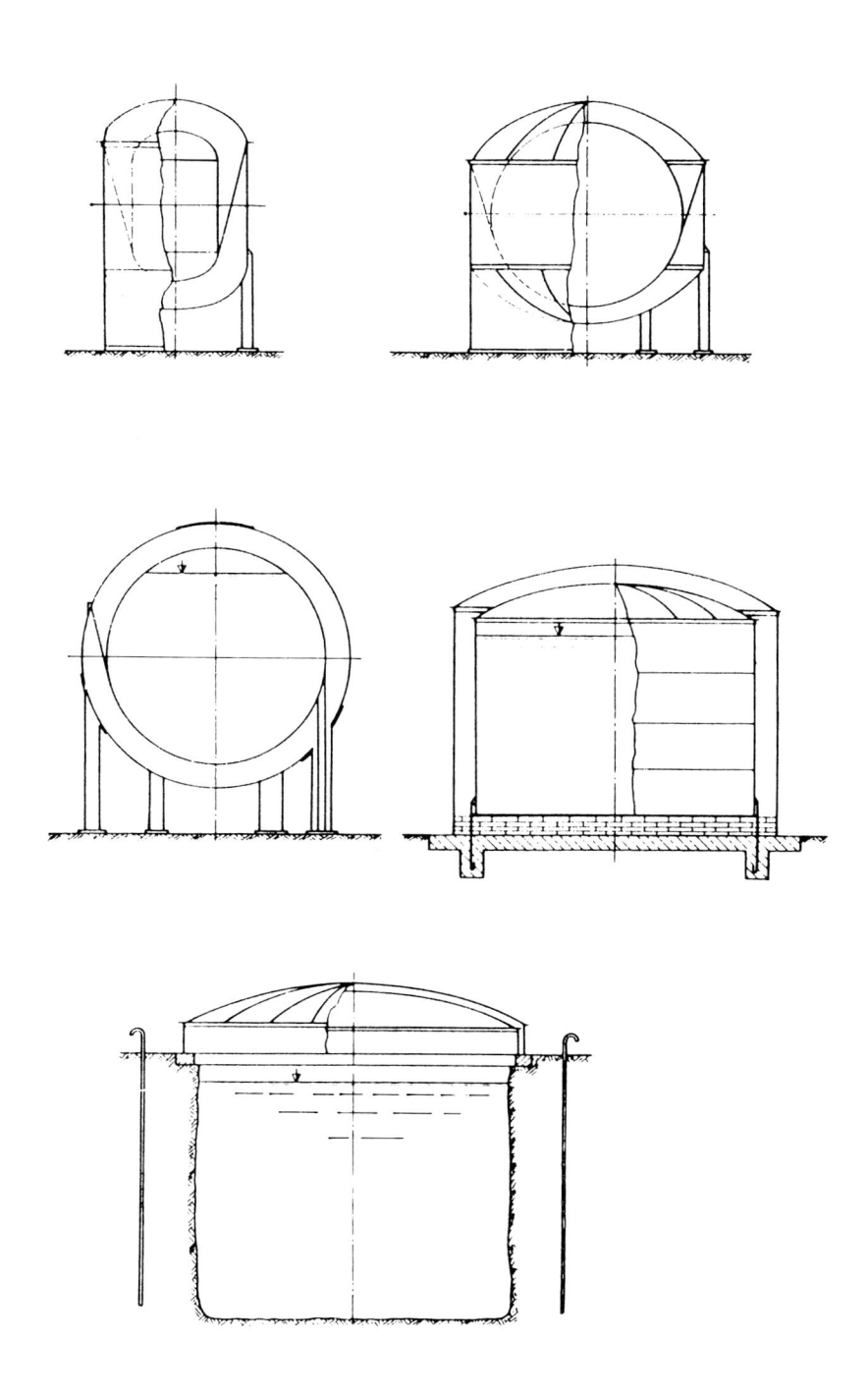

Liquefied gas storage tanks (dewars) / Behälter für die Lagerung von Flüssiggas

High-pressure spherical gas storage vessels (Horton sphere) /
HD-Kugelgasbehälter (Horton-Sphäroid)

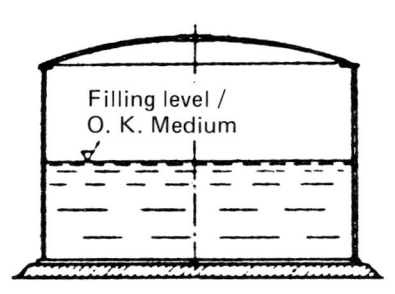

Fixed roof tank / Festdachtank

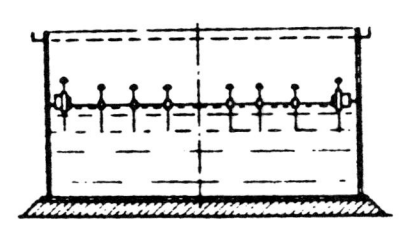

Floating-roof tank / Schwimmdachtank

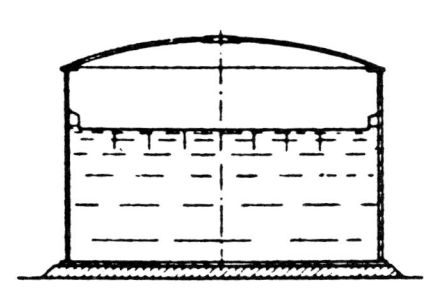

Fixed roof tank with internal floating cover /
Festdachtank mit innenliegender Schwimmdecke

Three different tank types for crude oil storage /
Drei verschiedene Arten von Tanks zur Rohöllagerung

Rolling ladder / Rolleiter

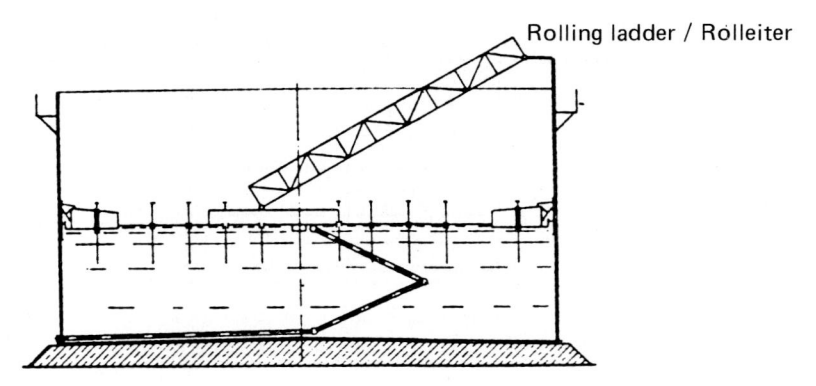

Single-deck ponton roof / Membrandach mit Ringponton

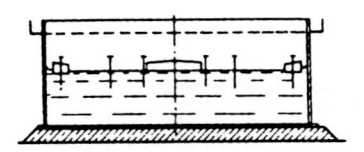

Single-deck and centre ponton roof /
Membrandach mit Ring- und
Mittelponton

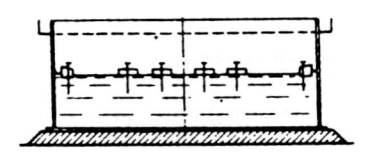

Buoy roof / „Buoy-Roof" Dach (Bojendach)

Floating-roof tanks / Schwimmdachtanks

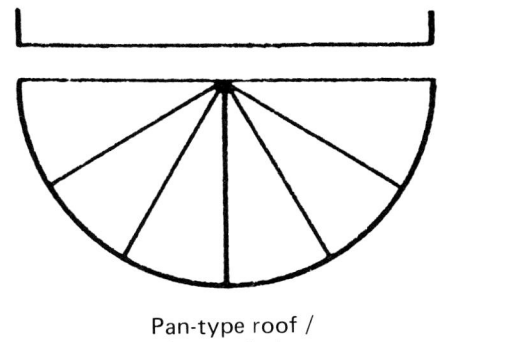

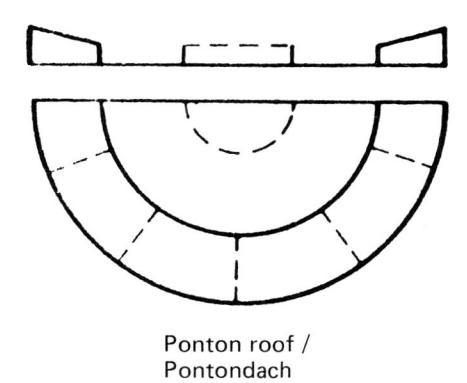

Pan-type roof /
Pfannendach

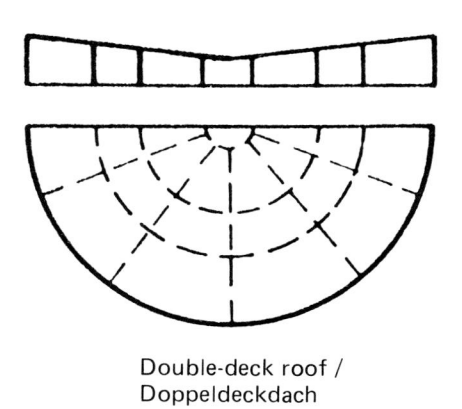

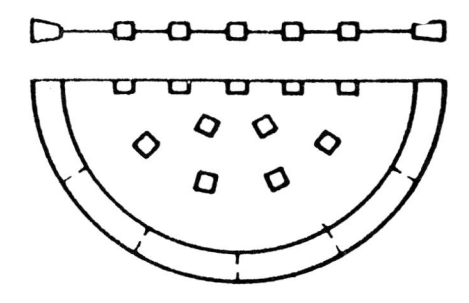

Ponton roof /
Pontondach

Double-deck roof /
Doppeldeckdach

Buoy roof / Bojendach

Floating roofs / Schwimmdächer

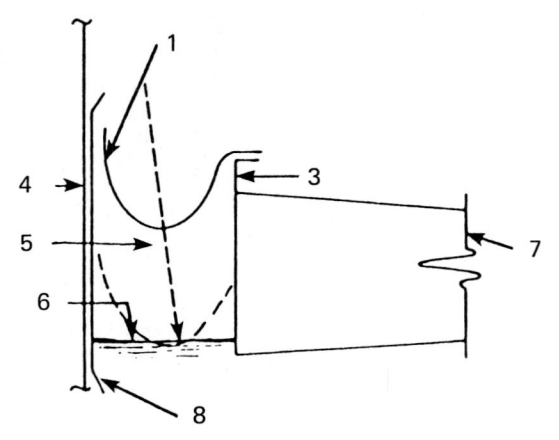

Mechanical-shoe primary seal /
Gleitblechdichtung

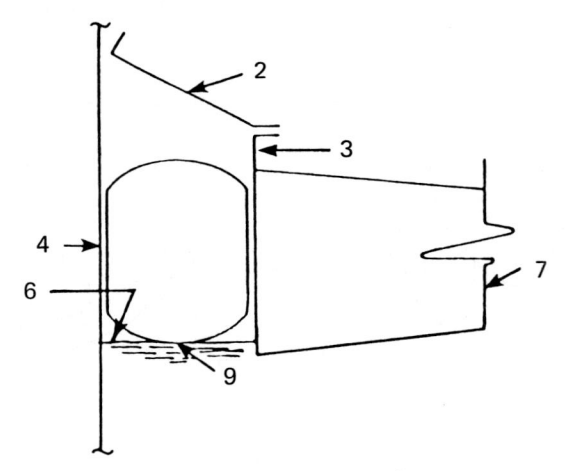

Resilient-filled primary seal /
Gummischürze

1 Primary-seal fabric / Dichtungsschürze
2 Weather shield / Wetterblech
3 Rim / Schwimmdachrand
4 Tank shell / Tankmantel
5 Rim vapour space / Ringraum
6 Liquid level / Flüssigkeitsspiegel (Oberkante)
7 Floating roof / Schwimmdach
8 Shoe / Gleitblech
9 Seal envelope filled with liquid, resilient foam or gas /
  Gummischürze gefüllt mit Flüssigkeit, Schaumstoff oder Gas

Floating-roof rim seals / Schwimmdach-Ringraumabdichtungen

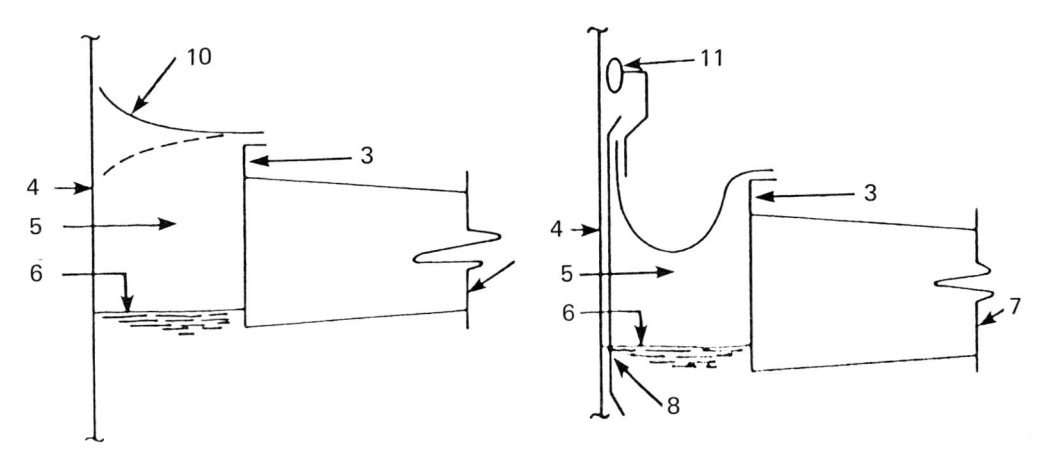

Flexible-wiper primary seal /
Dichtungsschürze mit elastischem
Wischerblatt

Mechanical-shoe primary
seal with shoe-mounted
secondary seal /
Gleitblechdichtung mit
zusätzlichem Gleitblech

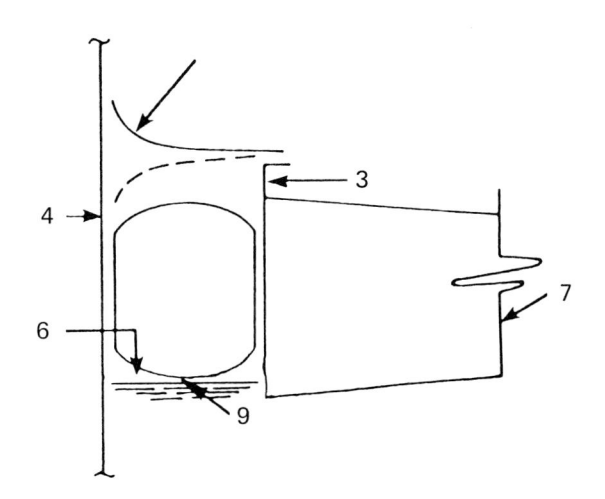

Resilient-filled primary seal with rim-mounted secondary seal /
Gummischürze mit zusätzlicher am Schwimmdachrand befestigter Abdichtung

3–8 see page 16 / siehe Seite 16
10 Flexible-wiper primary seal / Elastisches Wischerblatt
11 Shoe-mounted secondary seal / Zusätzliches Leitblech

Floating-roof rim seals / Schwimmdach-Ringraumabdichtungen

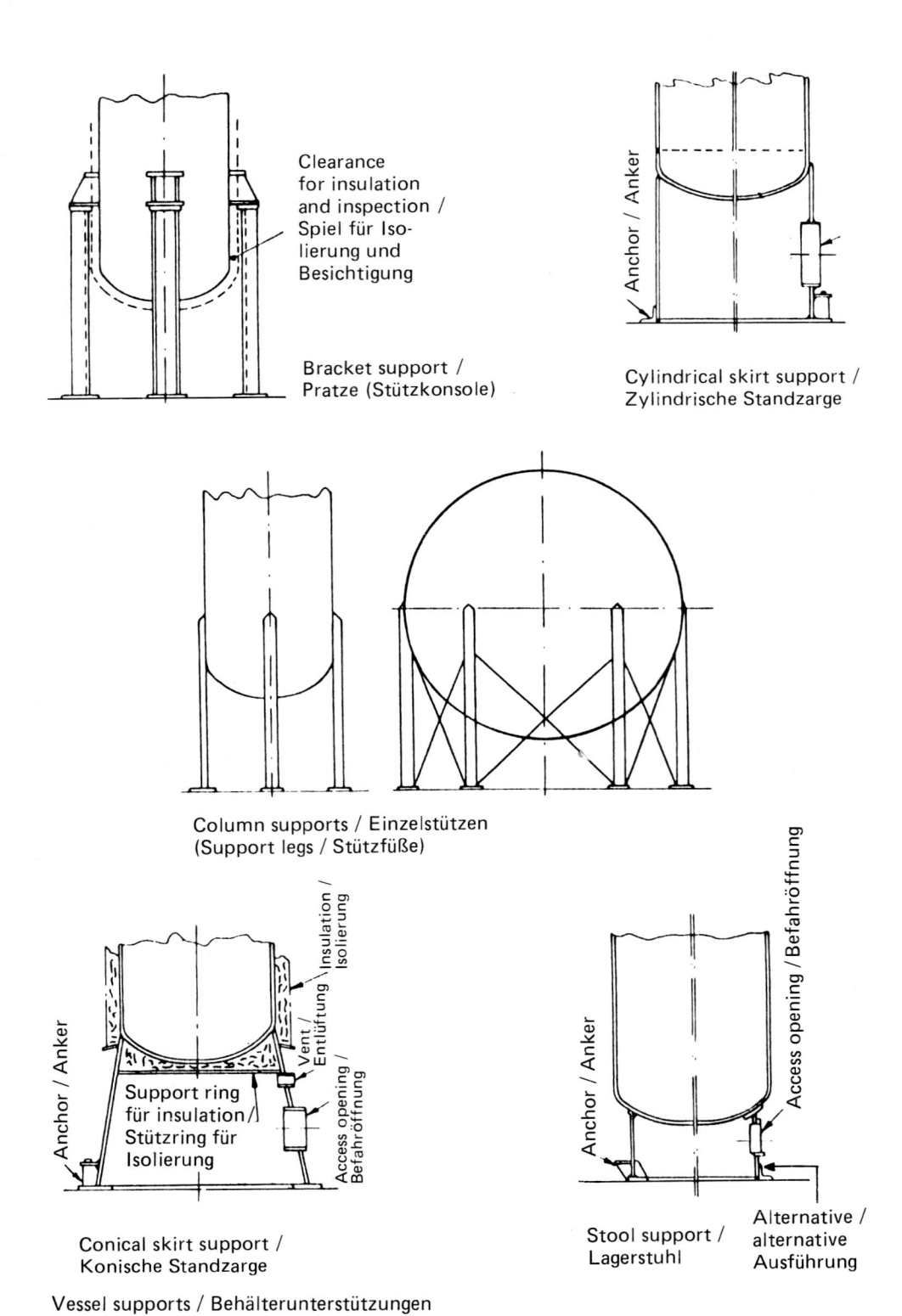

Clearance for insulation and inspection / Spiel für Isolierung und Besichtigung

Bracket support / Pratze (Stützkonsole)

Anchor / Anker

Cylindrical skirt support / Zylindrische Standzarge

Column supports / Einzelstützen (Support legs / Stützfüße)

Insulation / Isolierung
Vent / Entlüftung
Access opening / Befahröffnung
Support ring für insulation / Stützring für Isolierung
Anchor / Anker

Conical skirt support / Konische Standzarge

Access opening / Befahröffnung
Anchor / Anker

Stool support / Lagerstuhl

Alternative / alternative Ausführung

Vessel supports / Behälterunterstützungen

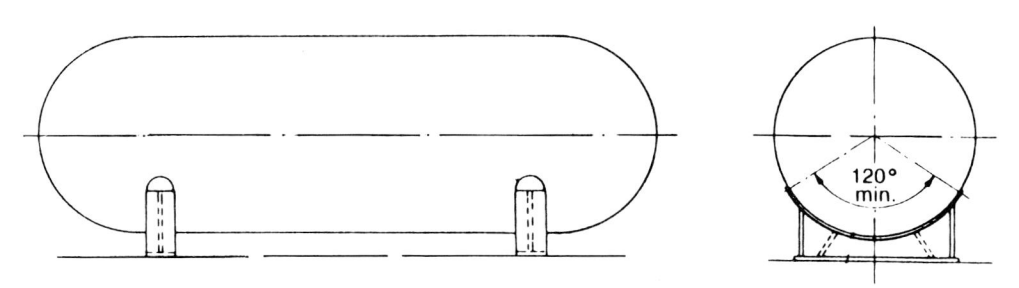

Saddle supports for horizontal vessels /
Sattelauflager (Tragsättel) für liegende Behälter

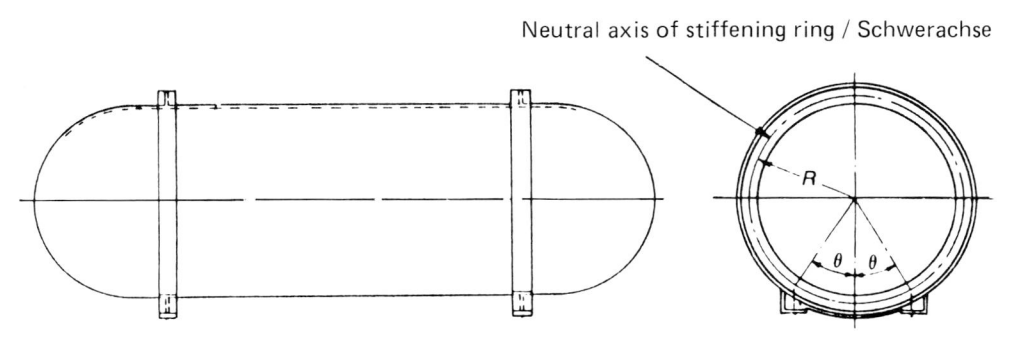

Neutral axis of stiffening ring / Schwerachse

Ring supports for horizontal vessels /
Ringträger für liegende Behälter

Vessels supports / Behälterunterstützungen

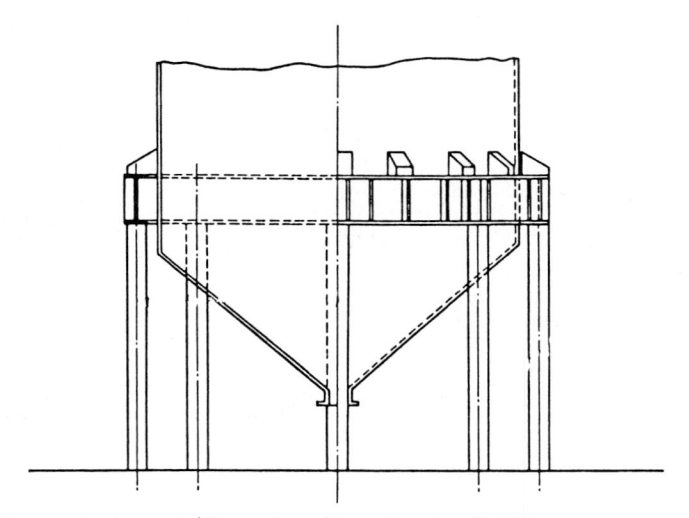

Ring support for vertical vessel / Ringträger für stehenden Behälter

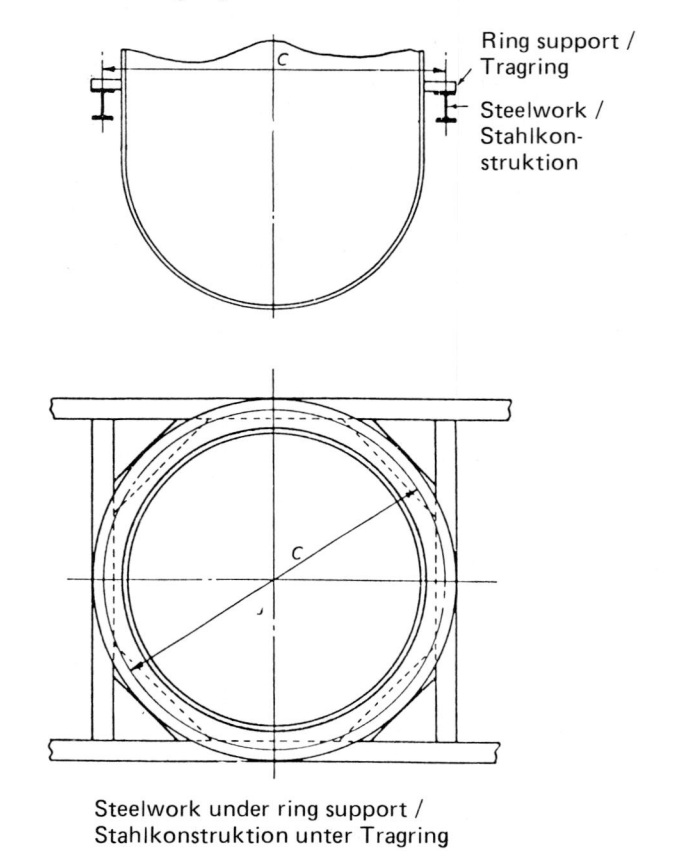

Ring support / Tragring
Steelwork / Stahlkonstruktion

Steelwork under ring support / Stahlkonstruktion unter Tragring

Ring supports / Ringträger

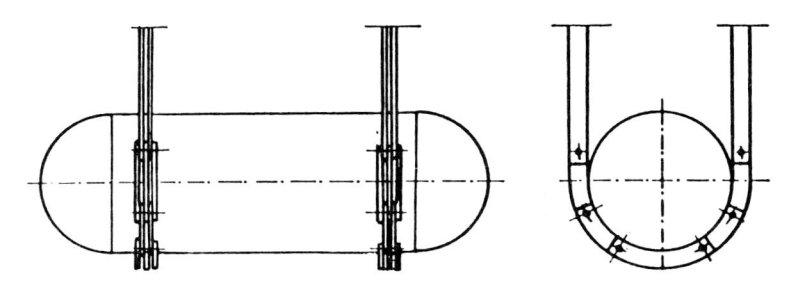

Sling supports / Schlingen

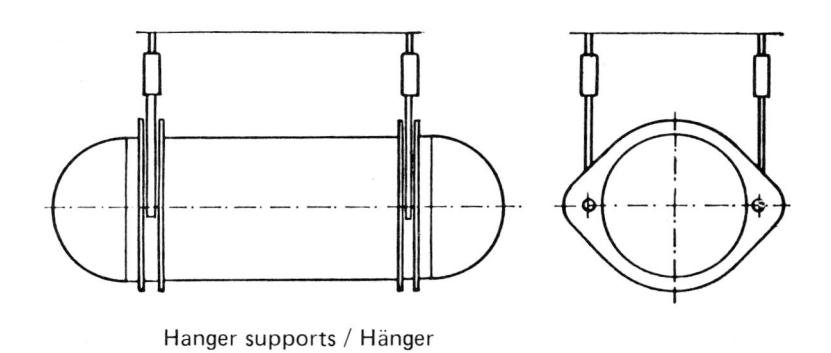

Hanger supports / Hänger

Vessel supports / Behälteraufhängungen

21

Torispherical end /
Klöpperboden

Semi-ellipsoidal end /
Korbbogenboden

Hemispherical end /
Halbkugelboden

Shallow-dished end /
Flachgewölbter Boden

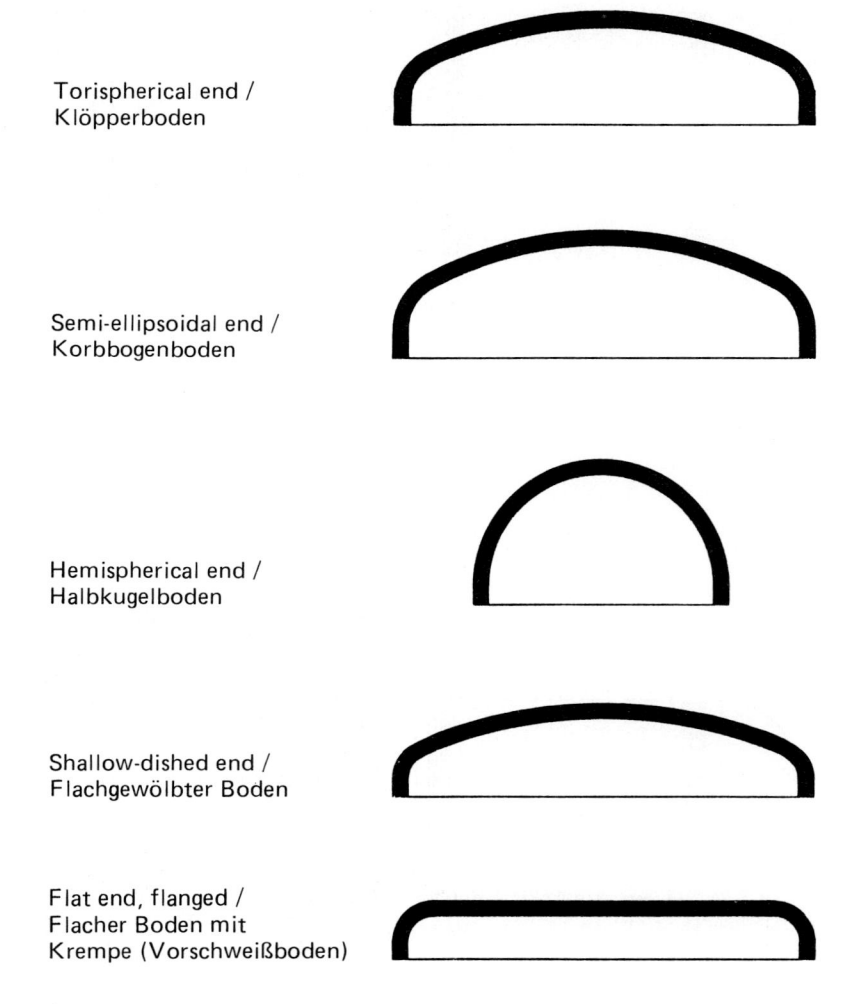

Flat end, flanged /
Flacher Boden mit
Krempe (Vorschweißboden)

End (Head) Types / Bodenformen
Courtesy / mit freundl. Genehmigung Afflerbach Bödenpresserei

Flat end, unflanged /
Ungekrempter ebener Boden
(Scheibenboden)

Spherical dished cover /
Tellerboden

Spherical section /
Kugelkalotte

Toriconical end /
Kegelboden mit Krempe

Reverse-dished end /
Diffuseurboden

End (Head) Types / Bodenformen
Courtesy / mit freundl. Genehmigung Afflerbach Bödenpresserei

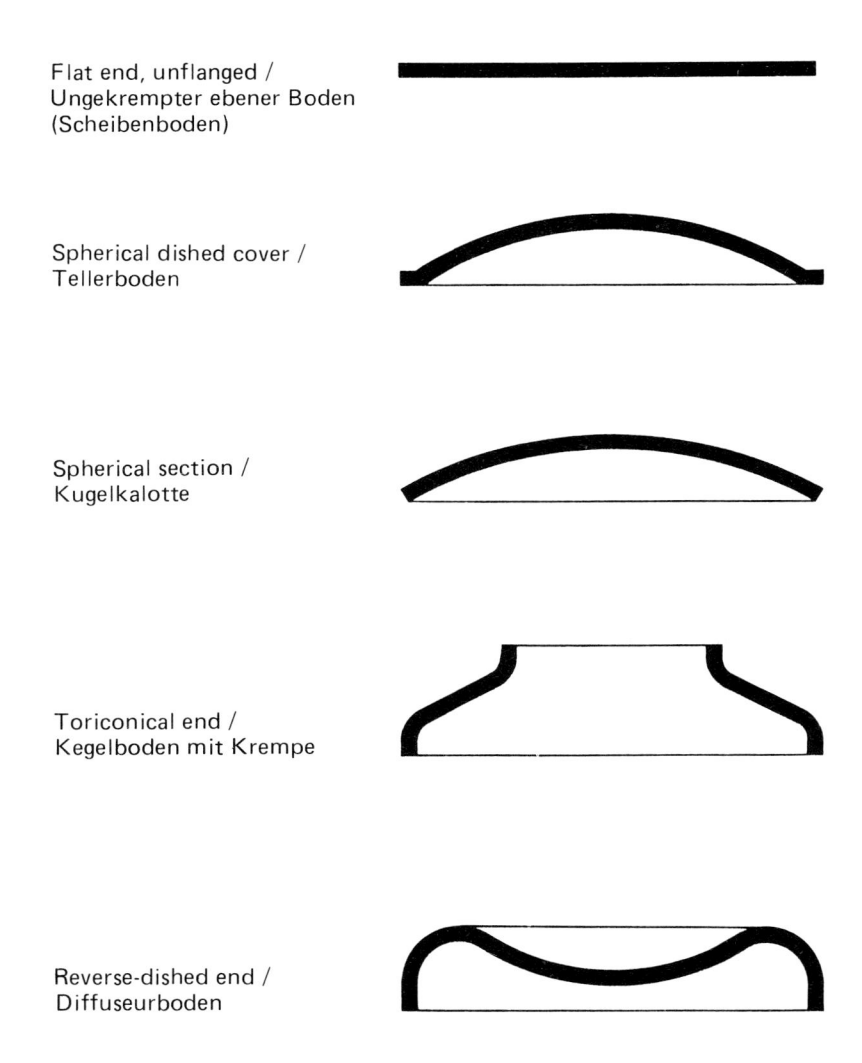

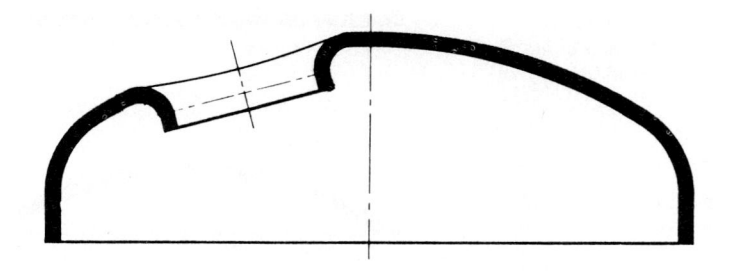

Domed end with flanged-in opening / Gewölbter Boden mit Einhalsung

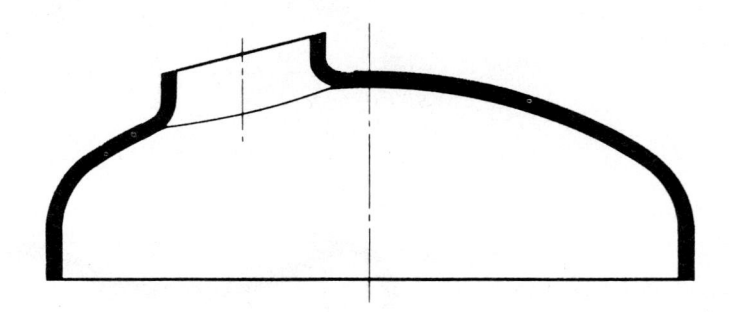

Domed end with flanged-out opening / Gewölbter Boden mit Aushalsung

Courtesy / mit freundl. Genehmigung Afflerbach Bödenpresserei

Torispherical ends / Klöpperböden
Courtesy / mit freundl. Genehmigung Afflerbach Bödenpresserei

Semi-ellipsoidal ends / Korbbogenböden
Courtesy / mit freundl. Genehmigung Afflerbach Bödenpresserei

Hemispherical ends / Halbkugelböden
Courtesy / mit freundl. Genehmigung Afflerbach Bödenpresserei

Shallow-dished ends / Flachgewölbte Böden
Courtesy / mit freundl. Genehmigung Afflerbach Bödenpresserei

Flat ends / Flache Böden
Courtesy / mit freundl. Genehmigung Afflerbach Bödenpresserei

Spherical dished covers / Tellerböden
Courtesy / mit freundl. Genehmigung Afflerbach Bödenpresserei

Spherical sections / Kugelkalotten
Courtesy / mit freundl. Genehmigung Afflerbach Bödenpresserei

2)   1)

1) Toriconical end / Kegelboden mit Krempe
2) Multi-sectional end / Mehrteiliger Boden
Courtesy / mit freundl. Genehmigung Afflerbach Bödenpresserei

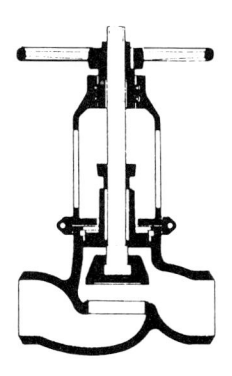

Straightway (globe) valve / Durchgangsventil

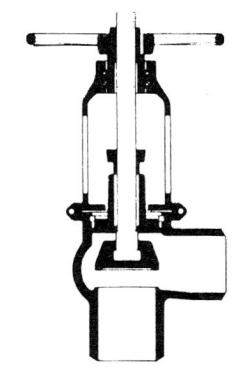

Angle valve / Eckventil

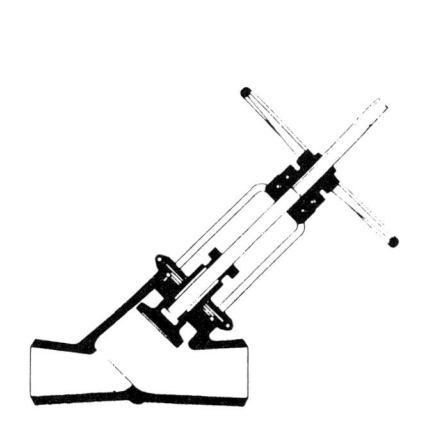

Oblique valve / Schrägsitzventil

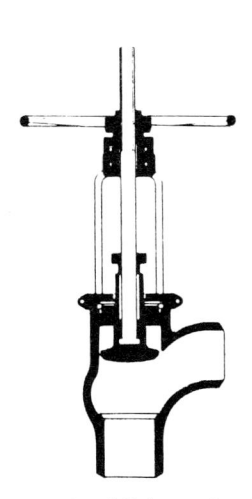

Elbow valve / Eckventil mit Krümmer

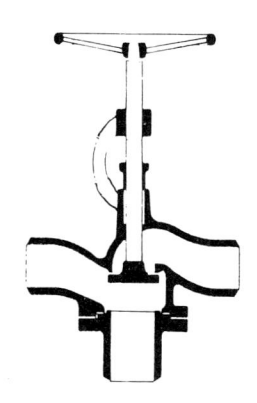

Three-way valve / Wechselventil

Valve types / Ventilbauarten

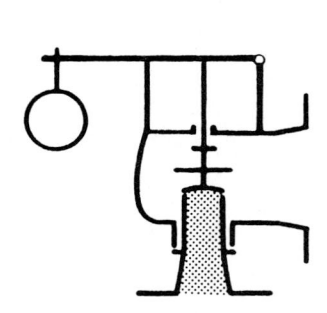

Lever and weight loaded /
mit Hebel und Gewicht

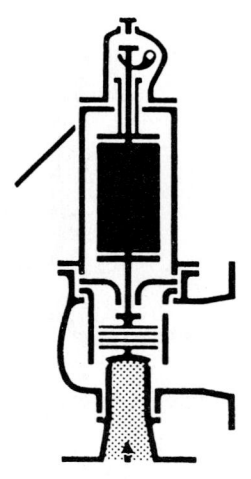

Weight-loaded /
mit Gewicht

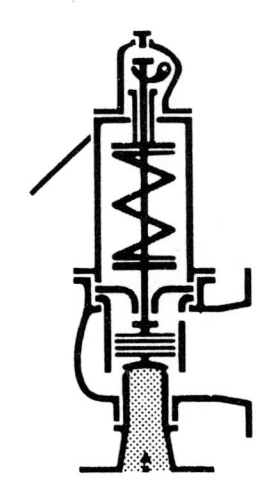

Spring loaded; closed bonnet /
mit Feder und geschlossener
Haube

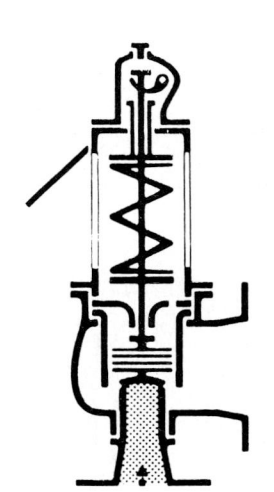

Spring loaded; open bonnet /
mit Feder und offener Haube

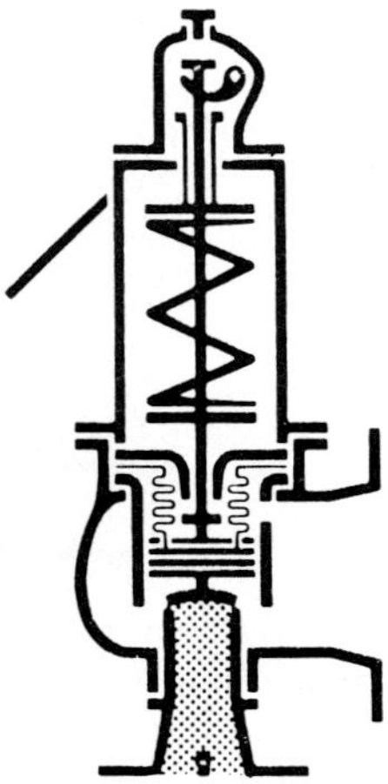

Spring loaded, bellows-sealed /
mit Feder und Faltenbalg

Safety valves / Sicherheitsventile

(Bopp und Reuther) (Sempell)

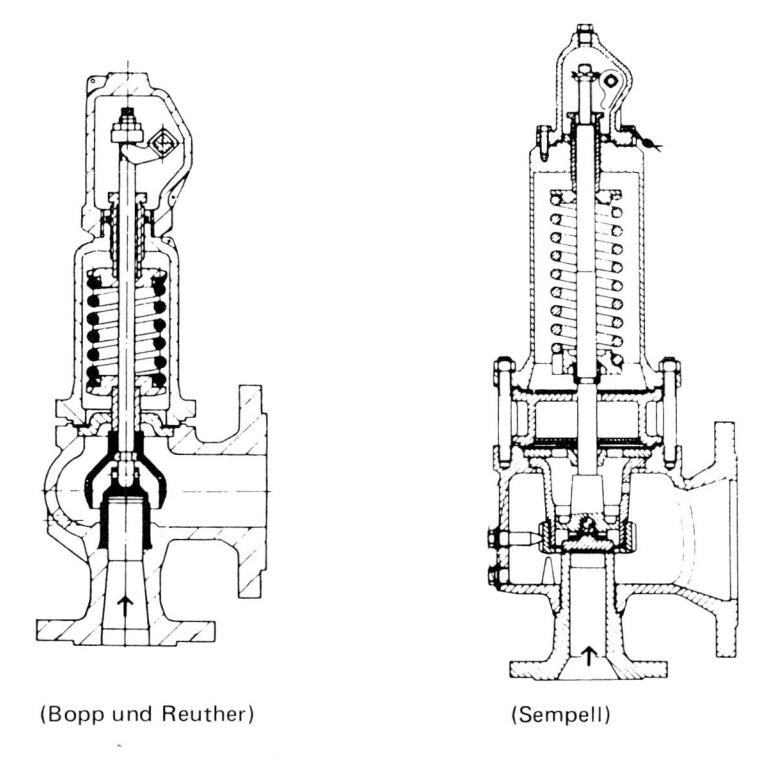

Full-lift safety valves / Vollhub-Sicherheitsventile

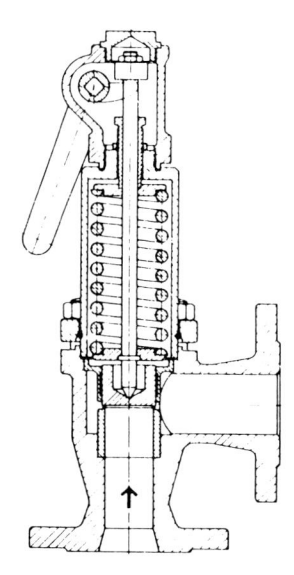

High-lift safety valve / Niederhub-Sicherheitsventil

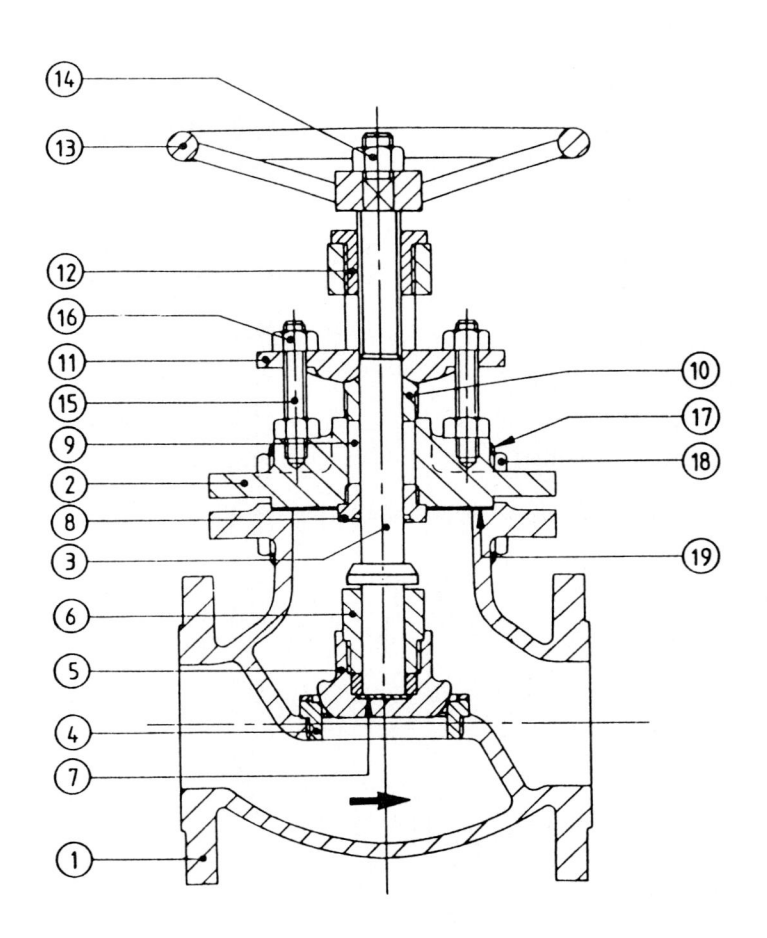

Stop and check valve / Absperrbares Rückschlagventil

Explanations to Figure on page 36 / Erläuterungen zur Abbildung auf S. 36

1. Body / Gehäuse
2. Bonnet / Gehäuse-Oberteil
3. Stem / Spindel
4. Seat ring / Sitzring
5. Disc / Ventilkegel
6. Disc stem nut / Spindelmutter
7. Thrust plate / Druckteller
8. Back seat bush / Rückdichtungsfutter
9. Gland packing / Stopfbuchspackung
10. Gland follover / Stopfbuchsring
11. Gland flange / Stopfbuchsbrille
12. Yoke bush / Bügelfutter
13. Handwheel / Handrad
14. Handwheel nut / Handrad-Mutter
15. Gland studbolt / Stopfbuchs-Schraube (Stiftschraube)
16. Gland studbolt nut / Stopfbuchs-Schraubenmutter
17. Bonnet studbolt / Gehäuseoberteil-Stiftschraube
18. Bonnet studbolt nut / Gehäuseoberteil-Stiftschraubenmutter
19. Bonnet gasket / Gehäuseoberteil-Dichtung

Explanations / Erläuterungen

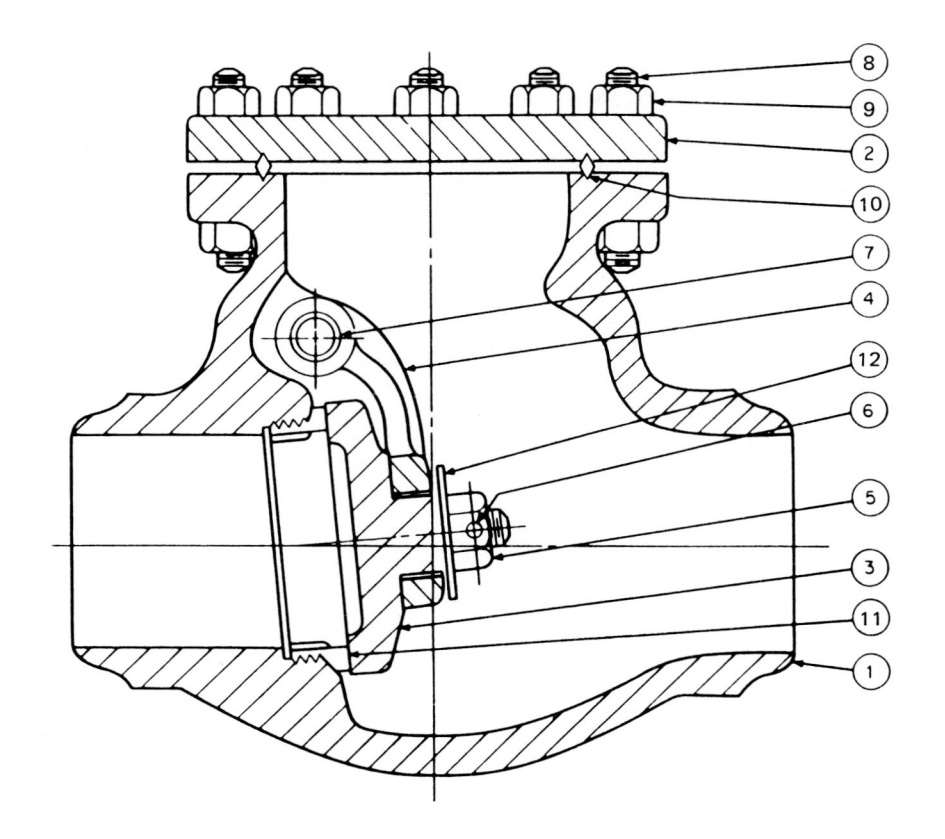

1. Body / Gehäuse
2. Cover plate / Deckelplatte
3. Disc / Rückschlagplatte
4. Hinge / Innenwelle
5. Disc nut / Mutter
6. Disc nut pin / Sicherungsstift
7. Hinge pin / Aufhängebolzen
8. Cover plate studs / Deckelbolzen
9. Cover plate stud nuts / Muttern
10. Cover ring gasket / Deckeldichtung
11. Seat ring / Sitzring
12. Washer / Unterlegscheibe

Swing check valve / Rückschlagklappe

Explanations / Erläuterungen

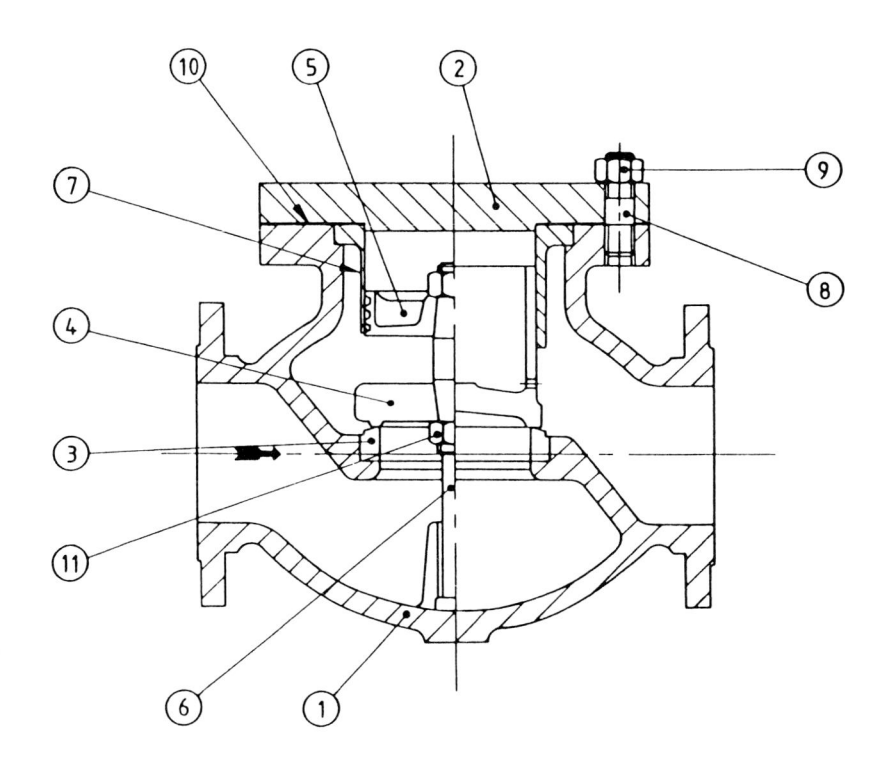

1. Body / Gehäuse
2. Cover / Deckelplatte
3. Seat ring / Sitzring
4. Disc / Rückschlagteller
5. Piston / Kolben
6. Spindle / Spindel
7. Dashpot cylinder / Kolbendämpfer
8. Cover stud / Deckelschraube
9. Cover stud nut / Stiftschraubenmutter
10. Cover gasket / Deckeldichtung
11. Spindle nut / Spindelmutter

Piston type check valve / Kolben-Rückschlagventil

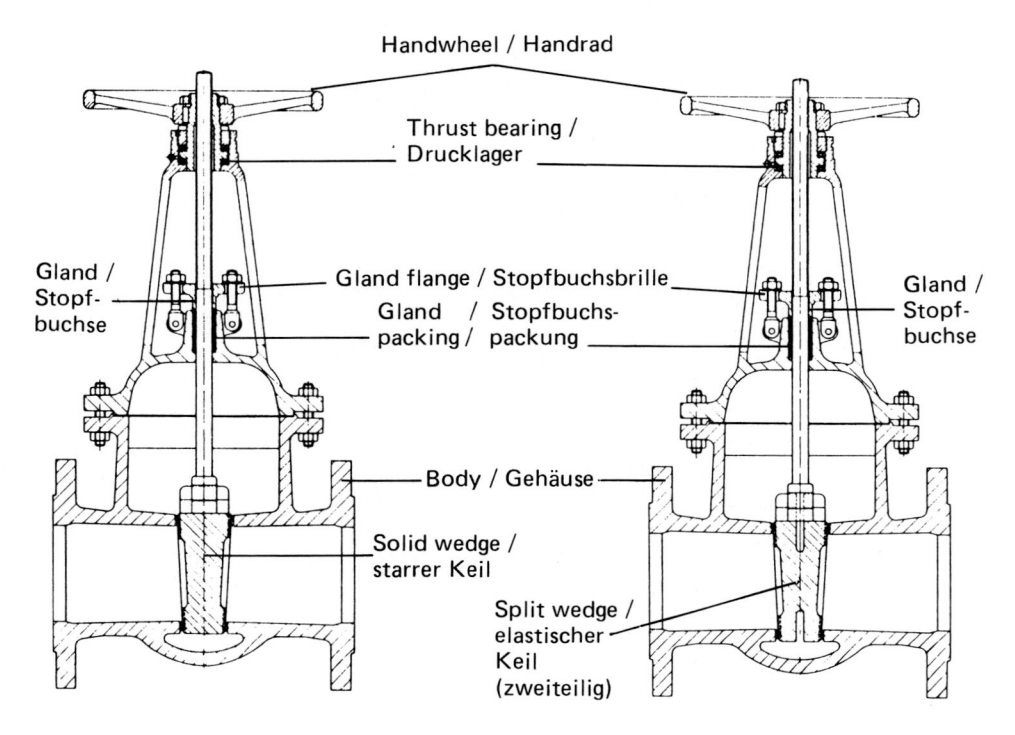

Solid wedge gate valve /
Absperrschieber mit starrem Keil

Flexible wedge gate valve (split wedge) /
Absperrschieber mit elastischem Keil

Gate valves / Absperrschieber

Stem / Spindel

Bonnet / Gehäuse-Oberteil

Body / Gehäuse

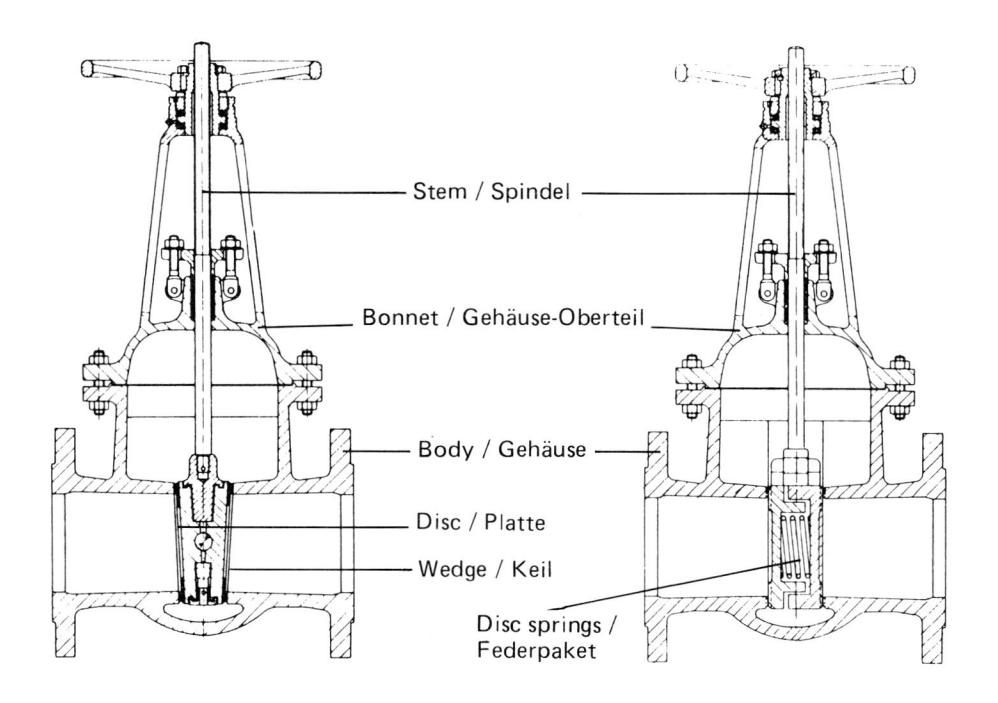

Disc / Platte

Wedge / Keil

Disc springs / Federpaket

Double disc gate valve /
Doppel-Keilplattenschieber

Parallel slide gate valve /
Parallelplattenabsperrschieber

Gate valves / Absperrschieber

Knife-gate valve (guillotine valve) / Steckschieber

Explanations / Erläuterungen

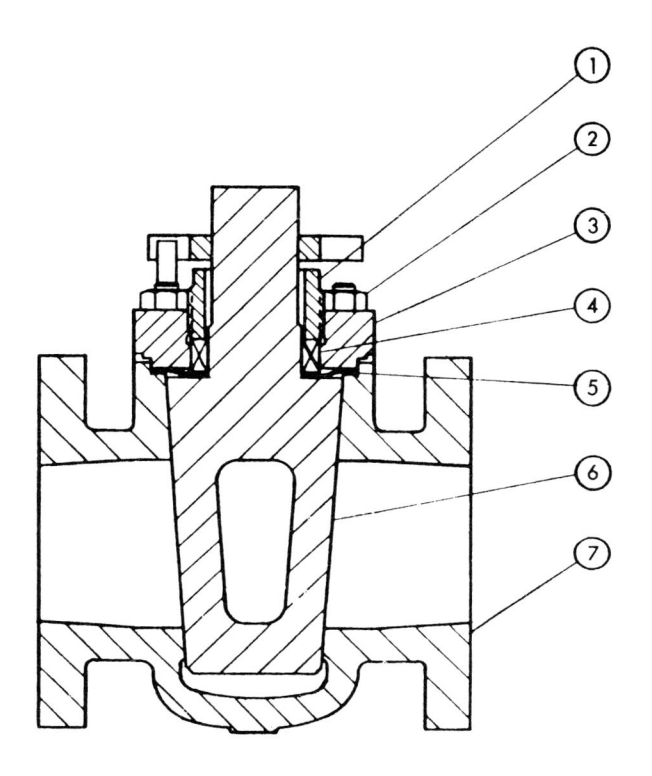

1 Gland / Stopfbuchse
2 Bonnet stud and nut / Gehäuseoberteilverschraubung (Stiftschraube und Mutter)
3 Bonnet / Gehäuseoberteil
4 Stem packing / Spindelpackung
5 Bonnet gasket and diaphragm / Gehäuseoberteil-Dichtung und -Membran
6 Plug / Küken
7 Body / Gehäuse

Taper-plug valve / Kegelhahn mit konischem Küken

Explanations / Erläuterungen

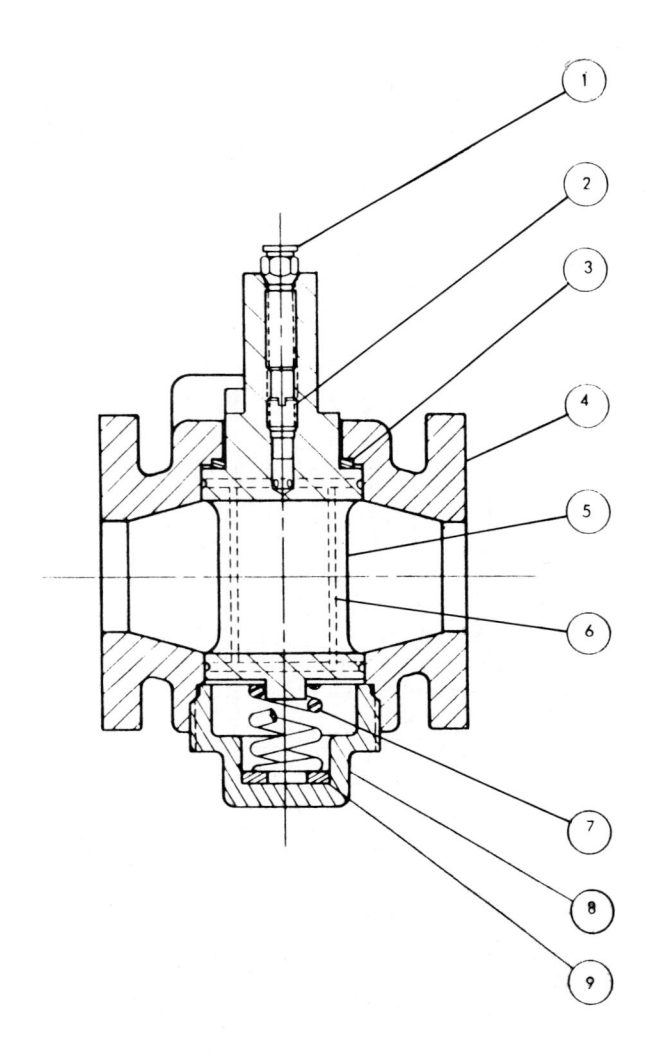

1 Lubricant-sealant fitting / Schmiernippel
2 Check valve / Rückströmsicherung
3 Gasket / Dichtung
4 Body / Gehäuse
5 Plug / Kükenhahn
6 Lubricant-sealant groove / Schmiernute
7 Spring / Feder
8 Cover / Deckel
9 Thrust disc / Druckscheibe

Cylindrical plug valve / Hahnventil mit zylindrischem Kükenhahn

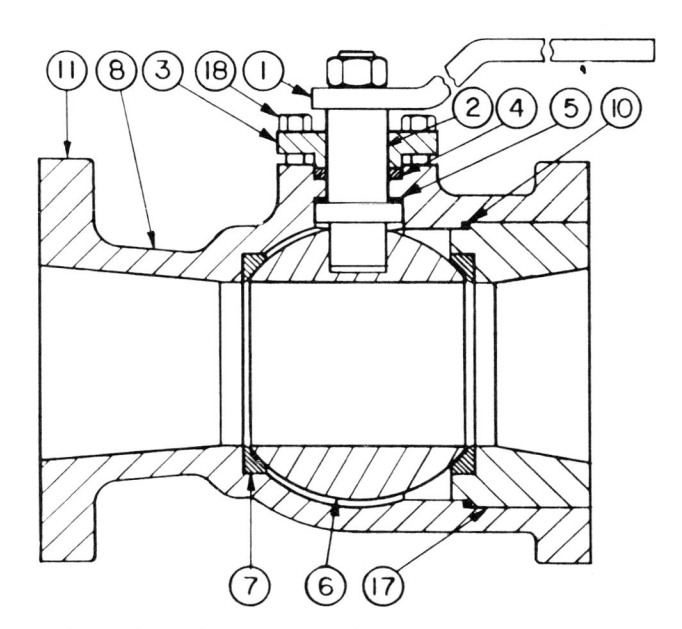

Ball valve, one piece body flanged connections /
Kugelhahn mit einteiligem Gehäuse und Flanschanschlüssen

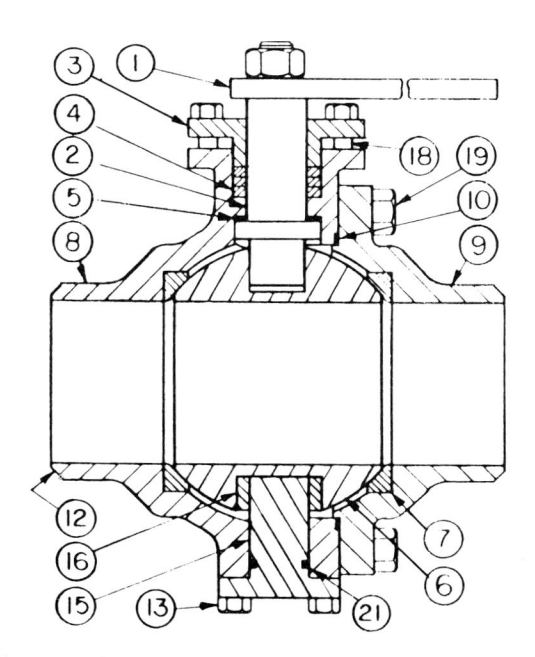

Ball valve, split body butt welded connections /
Kugelhahn mit geteiltem Gehäuse und Schweißanschlüssen (Stumpfnaht)

Ball valves (spherical plug valves) / Hahnventile

45

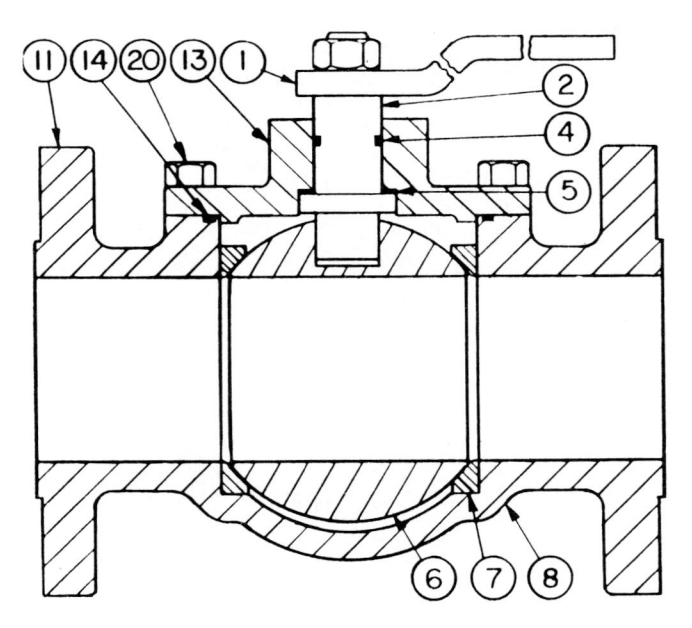

Ball valve, top entry flanged connections /
Kugelhahn mit ungeteiltem Gehäuse und Flanschanschlüssen

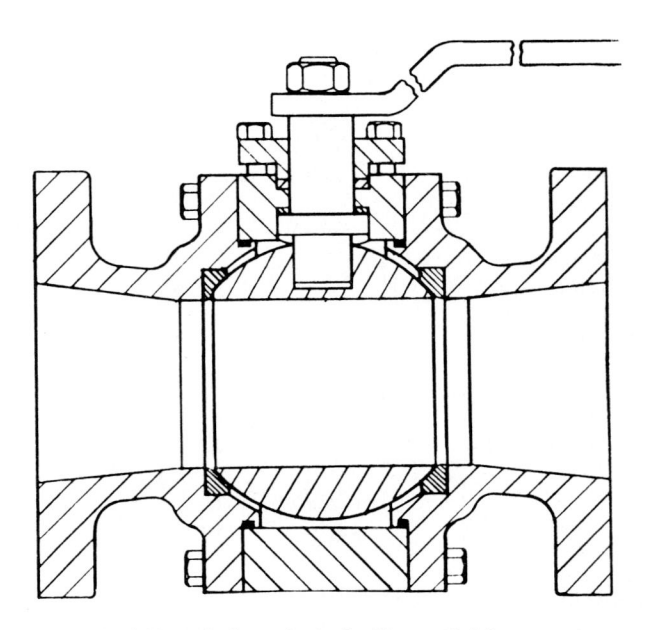

Ball valve, three piece body / Kugelhahn mit dreiteiligem Gehäuse

Ball valves (spherical plug valves) / Hahnventile

Explanations to Figures on pp. 45/46 / Erläuterungen zu den Abb. auf S. 45/46

1 Handle / Handhebel
2 Stem / Spindel
3 Gland / Stopfbuchse
4 Stem seal / Spindeldichtung
5 Thrust washer / Unterlegscheibe
6 Ball / Kugelküken
7 Seat / Sitz
8 Body / Gehäuse
9 Body end / Gehäuseanschluß
10 Body seal / Gehäuseabdichtung
11 Flanged connection / Flanschanschluß
12 Butt welded connection / Stumpfschweißanschluß
13 Bonnet / Gehäuseoberteil
14 Bonnet seal / Gehäuseoberteilabdichtung
15 Trunnion / Zapfen
16 Trunnion bushing / Zapfendurchführung
17 Body insert / Gehäuseeinsatz
18 Gland or bonnet bolting / Stopfbuchs- bzw. Gehäuseoberteil-Verschraubung
19 Body bolting / Gehäuseverschraubung
20 Bonnet bolting / Gehäuseoberteil-Verschraubung
21 Trunnion seal / Zapfenabdichtung

T-type / T-Ausführung

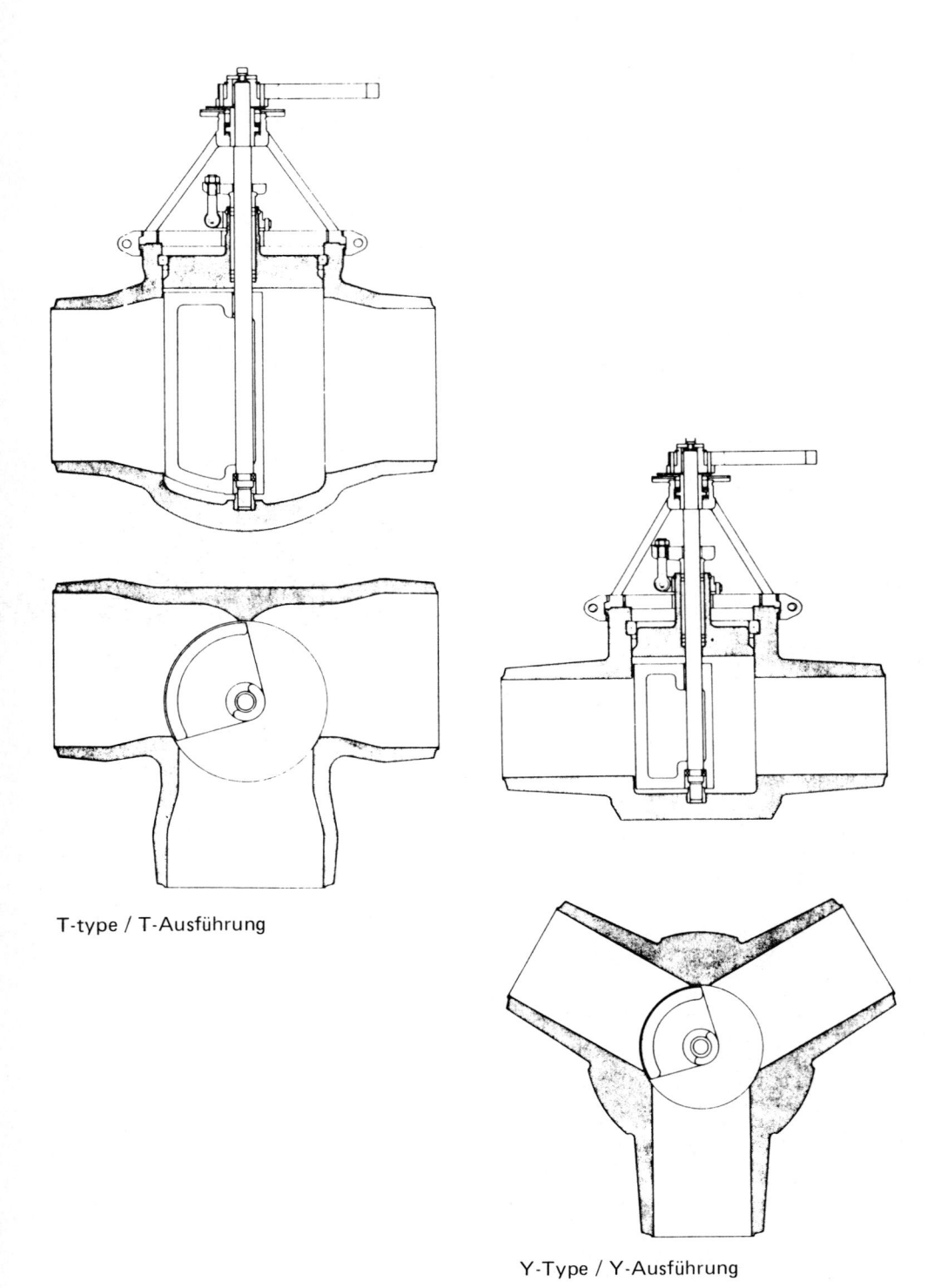

Y-Type / Y-Ausführung

Mixing plug valves / Mischhähne

Explanations / Erläuterungen

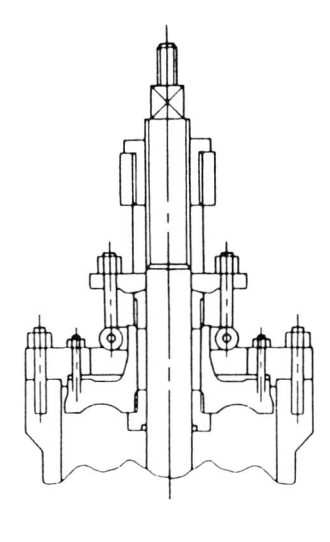

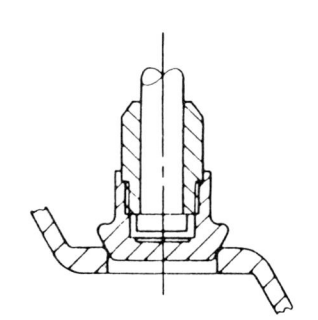

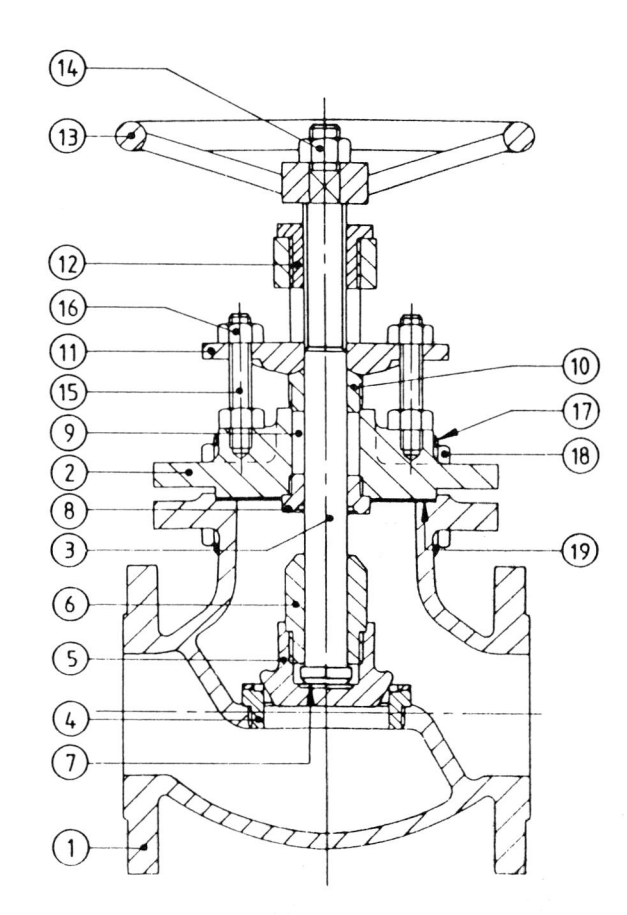

1. Body / Gehäuse
2. Bonnet / Gehäuseoberteil
3. Stem / Spindel
4. Seat ring / Sitzring
5. Disc / Ventilteller
6. Disc stem nut / Spindelmutter
7. Thrust plate / Druckteller
8. Back seat bush / Rückdichtungsfutter
9. Gland packing / Stopfbuchspackung
10. Gland follower / Stopfbuchsring
11. Gland flange / Stopfbuchsbrille
12. Yoke bush / Bügelfutter
13. Handwheel / Handrad
14. Handwheel nut / Handradmutter
15. Gland studbolt / Stopfbuchsschraube
16. Gland studbolt nut / Stopfbuchsschraubenmutter
17. Bonnet studbolt / Befestigungsschraube Gehäuseoberteil
18. Bonnet studbolt nut / Befestigungsschraubenmutter
19. Bonnet gasket / Deckeldichtung

Globe valve / Durchgangsventil (Niederschraubventil)

Explanations / Erläuterungen

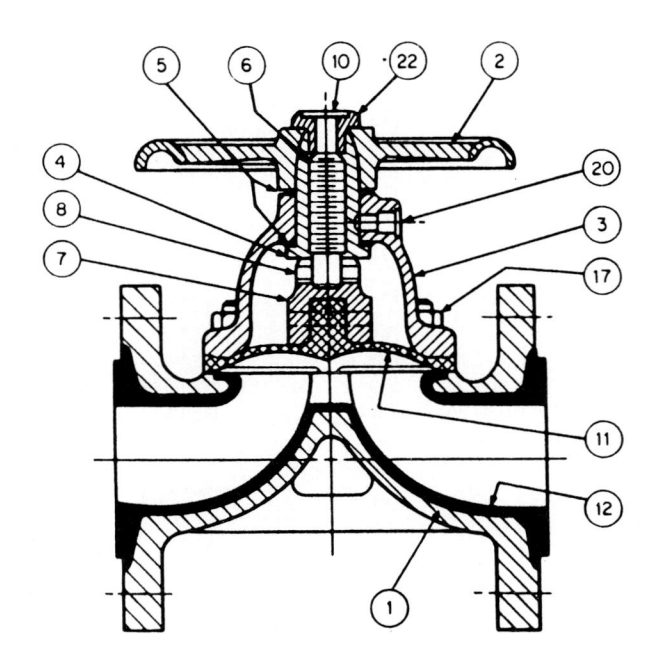

1 Body / Gehäuse
2 Handwheel / Handrad
3 Bonnet / Oberteil
4 Stem nut / Spindelmutter
5 Spacer / Abstandshalter
6 Stem / Spindel
7 Compressor / Druckstück
8 Compressor pin / Bolzen
9 Identification plate / Kennzeichnungsscheibe
10 Diaphragm / Membran
11 Liner / Auskleidung
12 Bonnet bolting / Oberteilverschraubung
13 Pipe plug / Gewindestopfen
14 Handwheel retainer / Handradhalterung

Diaphragm valve / Membranventil

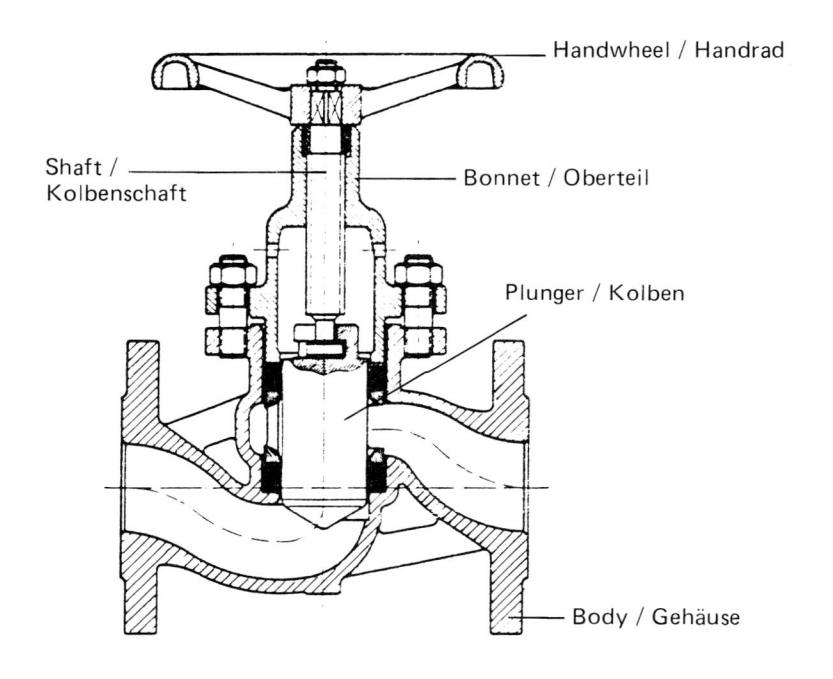

Handwheel / Handrad

Shaft / Kolbenschaft

Bonnet / Oberteil

Plunger / Kolben

Body / Gehäuse

Plunger valve / Kolbenventil

51

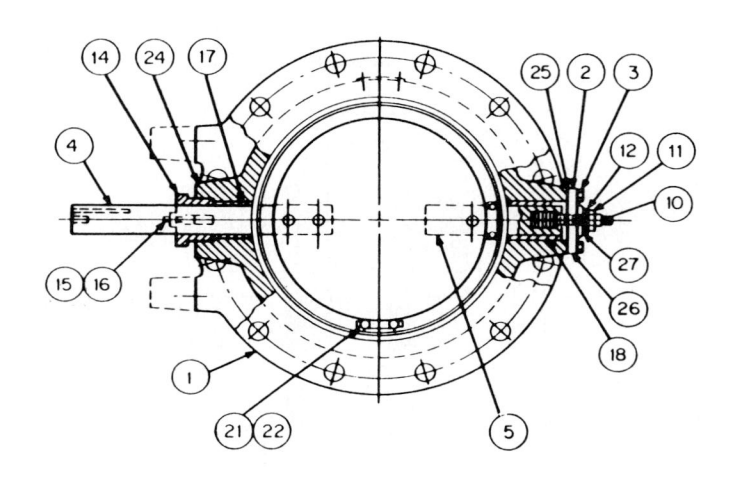

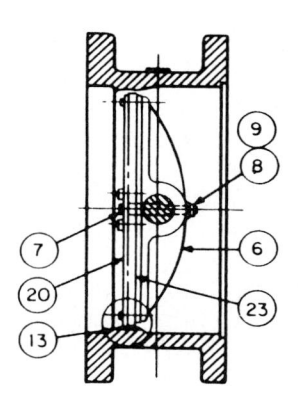

Butterfly valve / Absperrklappe (Drehflügelausführung)

Explanations to Figure on page 52 / Erläuterungen zur Abbildung auf S. 52

1. Body / Gehäuse
2. Shaft cover / Wellenabdichtung (Deckel)
3. Shaft cover bolting / Deckelverschraubung
4. Front shaft / Vordere Welle
5. Stub shaft / Wellenstummel
6. Disc / Drehklappe
7. Disc retaining pin / Klappenhaltestift
8. Disc retaining pin nut / Klappenhaltestiftmutter
9. Disc retaining pin washer / Klappenhaltestift-Unterlegscheibe
10. Thrust adjustment screw / Verstellschraube
11. Thrust adjustment nut / Verstellmutter
12. Thrust adjustment washer / Unterlegscheibe
13. Body liner / Gehäuse-Auskleidung
14. Stuffing box gland / Stopfbuchsbrille
15. Stuffing box stud / Stopfbuchsschraube
16. Stuffing box nut / Stopfbuchsmutter
17. Shaft bearing / Wellenlager
18. Thrust bearing / Drucklager
20. Clamping ring / Spannring
21. Clamping ring bolt / Spannringschraube
22. Clamping ring bolt lock / Sicherung
23. Disc seat / Drehklappensitz
24. Packing / Packung
25. Gasket / Dichtung
26. O-Ring / O-Ring
27. Retaining ring / Haltering

Flanged end body /
Gehäuse in Flanschbauweise

Welded end body /
Gehäuse mit Anschweißende

Wafer type body /
Ringgehäuse in Einklemm-
bauweise

Butterfly valve body types / Gehäusebauarten von Absperrklappen
Courtesy / mit freundl. Genehmigung VAG Armaturen GmbH

Monoflange type body /
Ringgehäuse mit
Monoflansch

Lugged type body /
Ringgehäuse mit
Anbauflansch

Butterfly valve body types / Gehäusebauarten von Absperrklappen
Courtesy / mit freundl. Genehmigung VAG Armaturen GmbH

Bellows / Faltenbalg

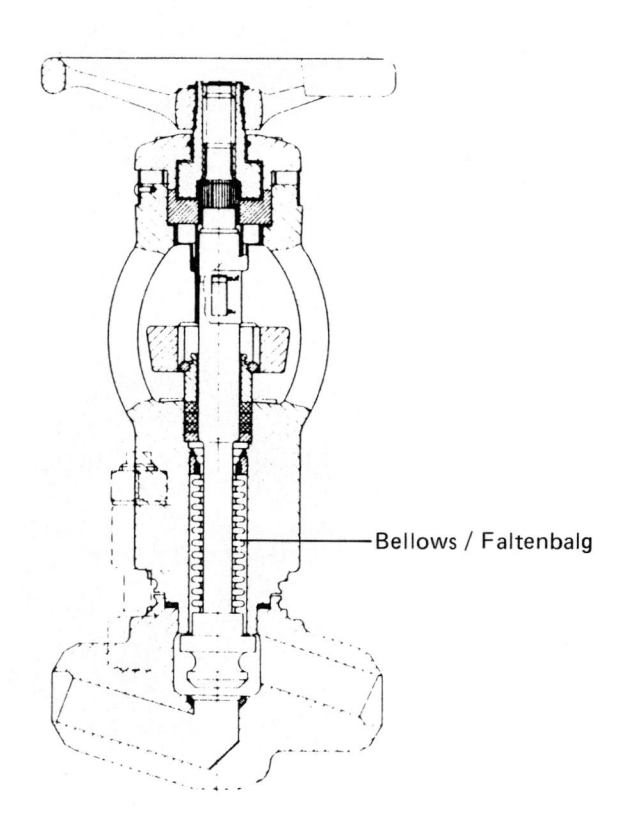

Bellows sealed valve / Faltenbalgventil

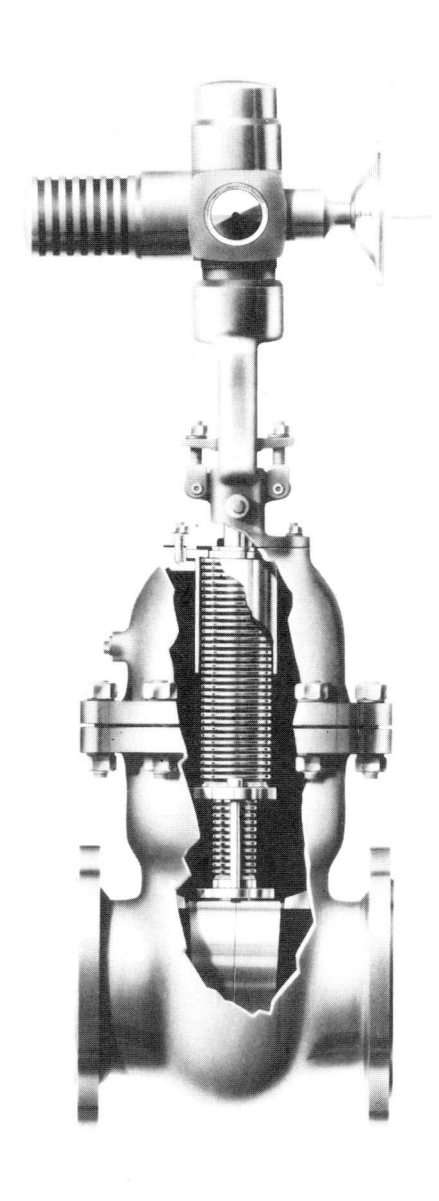

Bellows-type gate valve / Faltenbalgschieber
Courtesy / mit freundl. Genehmigung Preussag Armaturen

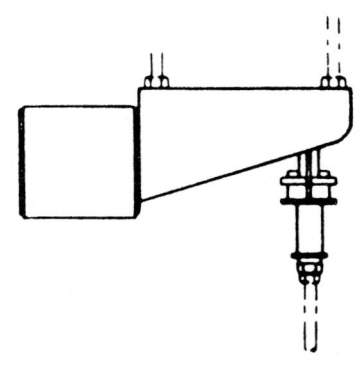

Constant support hanger, horizontal /
Konstanthänger, waagerecht

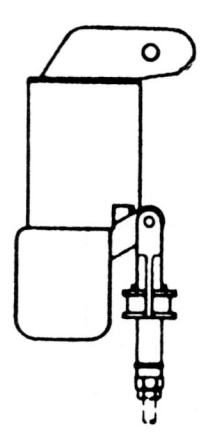

Constant support hanger, vertical /
Konstanthänger, senkrecht

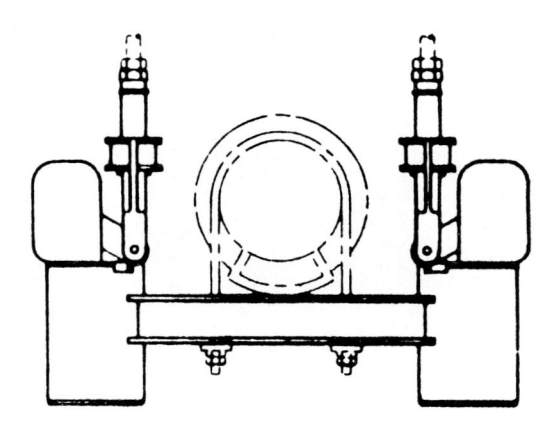

Constant support hanger, trapeze type / Konstanthängertraverse

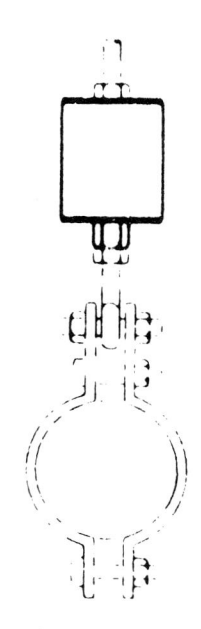

Variable spring hanger /
Federhänger

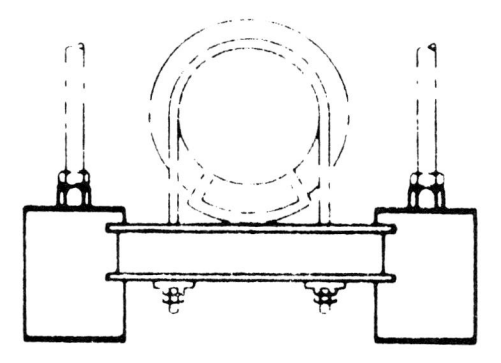

Variable spring trapeze hanger /
Federhängertraverse

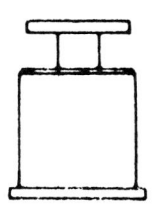

Variable spring base support /
Federstütze

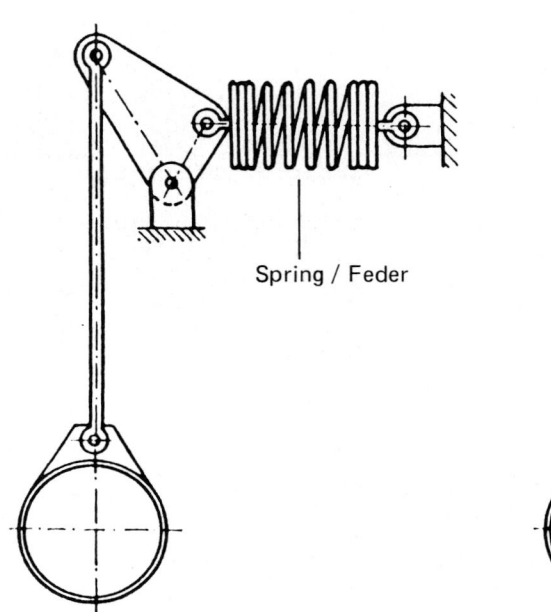

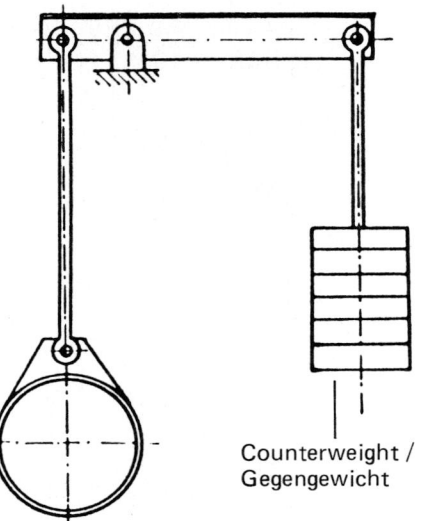

Spring / Feder

Counterweight / Gegengewicht

Constant hangers / Konstanthänger

Variable spring hangers / Federhänger

Variable spring base support / Federstütze

Courtesy / mit freundl. Genehmigung LISEGA Kraftwerkstechnik GmbH

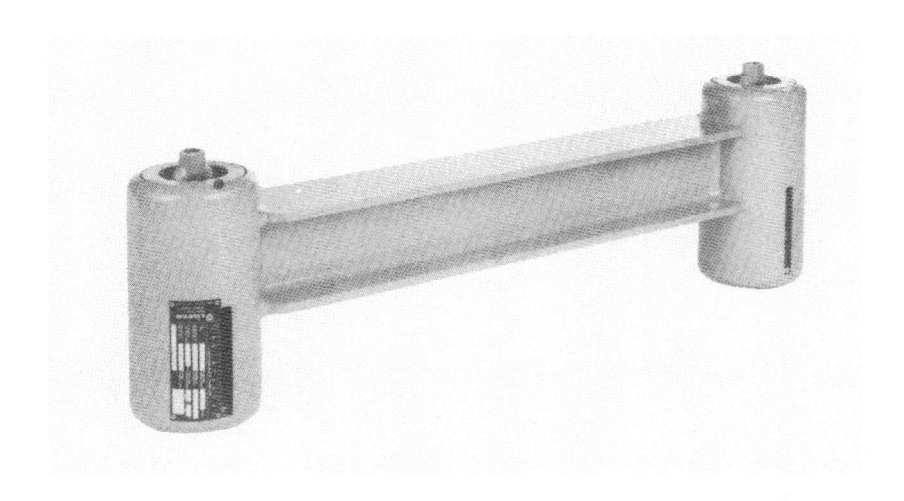

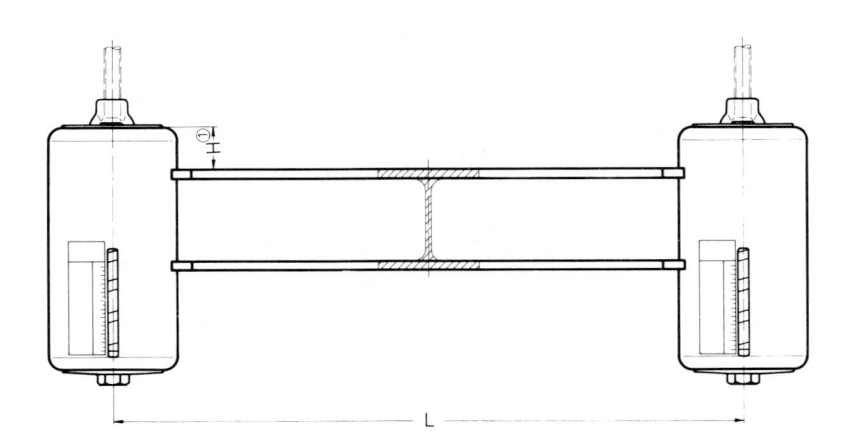

Variable spring trapeze hanger / Federhängertraverse
Courtesy / mit freundl. Genehmigung LISEGA Kraftwerkstechnik GmbH

Constant support trapeze hanger / Konstanthängertraverse
Courtesy / mit freundl. Genehmigung LISEGA Kraftwerkstechnik GmbH

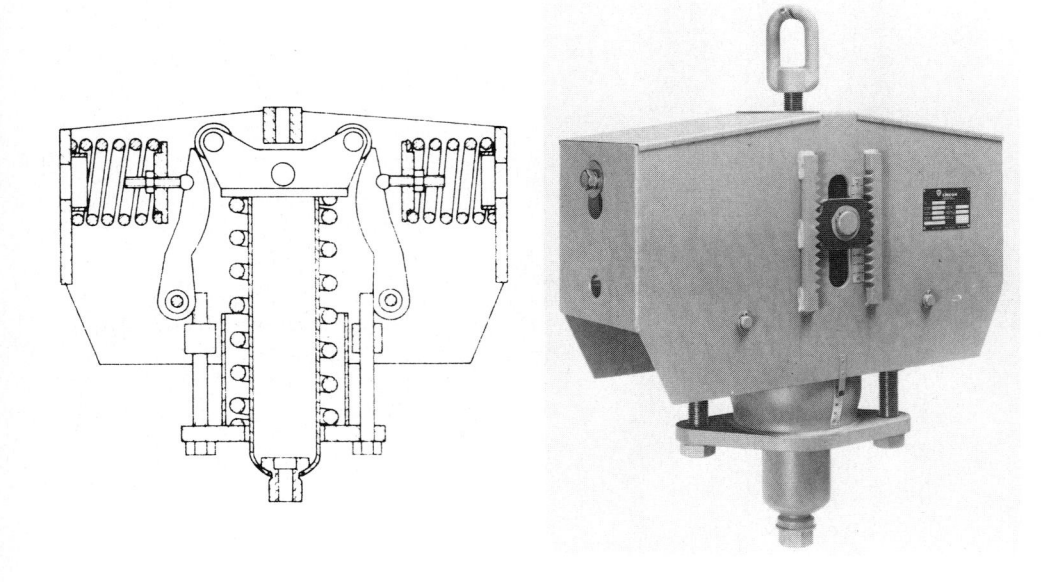

Constant support hanger / Konstanthänger
Courtesy / mit freundl. Genehmigung LISEGA Kraftwerkstechnik GmbH

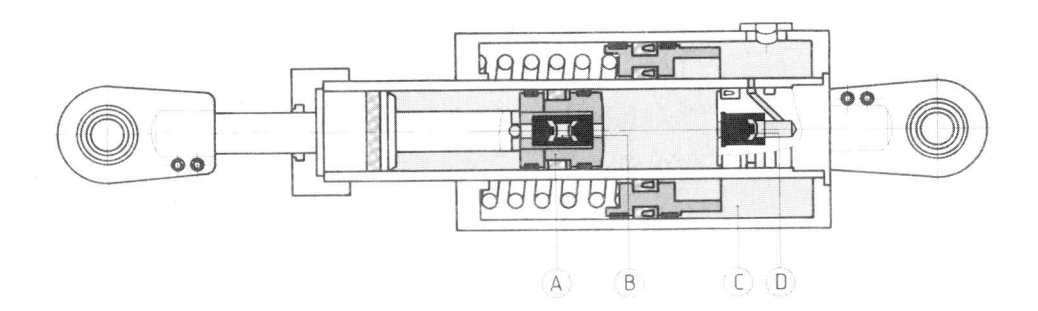

A Piston / Hydraulikkolben
B Main control valve / Hauptsteuerventil
C Hydraulic fluid storage volume / Speicherraum
D Balancing valve / Ausgleichsventil

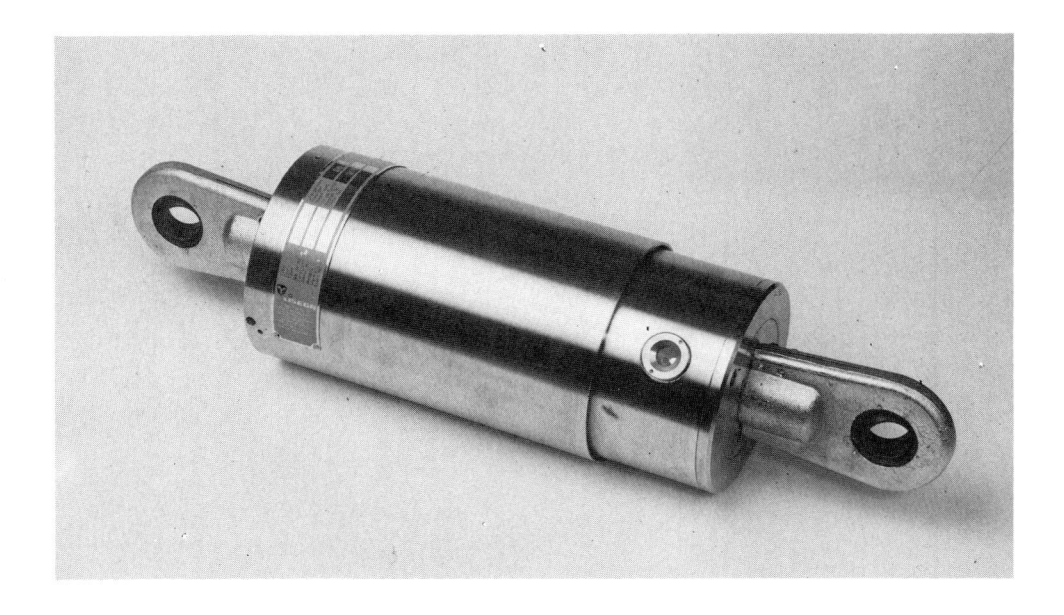

Hydraulic shock absorber / Hydraulische Stoßbremse
Courtesy / mit freundl. Genehmigung LISEGA Kraftwerkstechnik GmbH

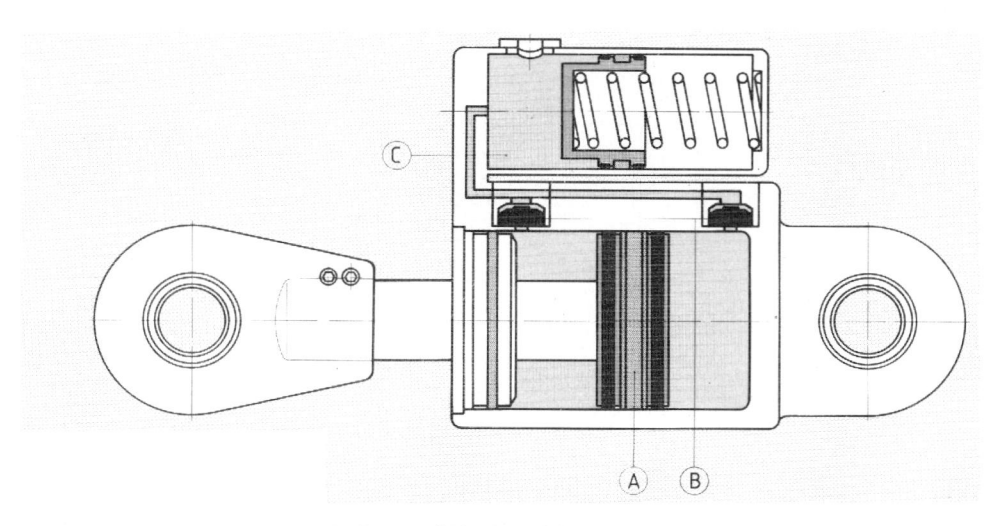

A Piston / Hydraulikkolben
B Main control valve / Hauptsteuerventil
C Hydraulic fluid storage volume / Speicherraum

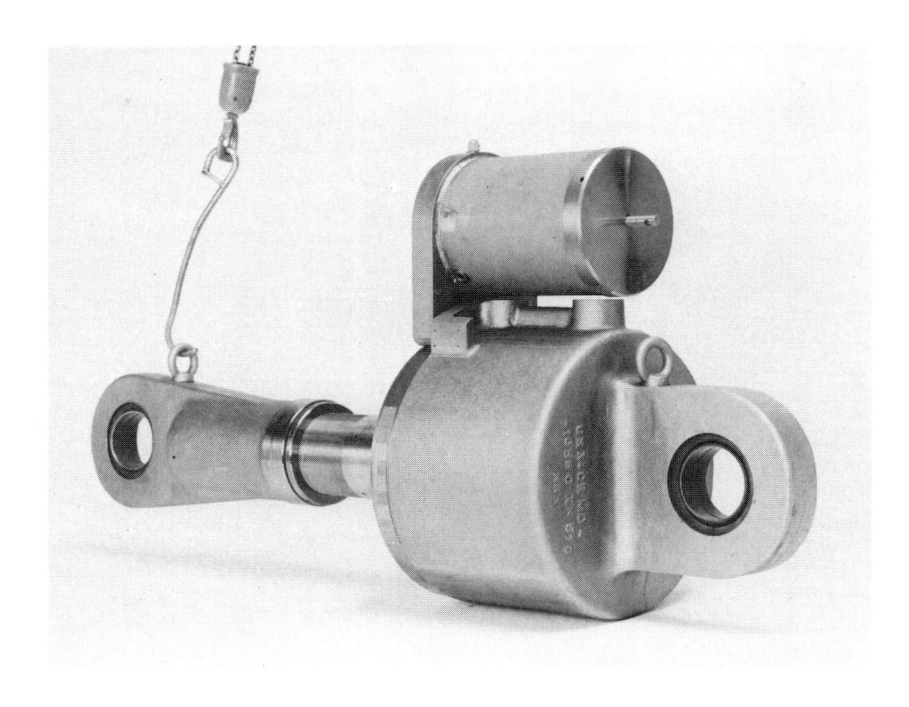

Hydraulic shock absorber / Hydraulische Stoßbremse
Courtesy / mit freundl. Genehmigung LISEGA Kraftwerkstechnik GmbH

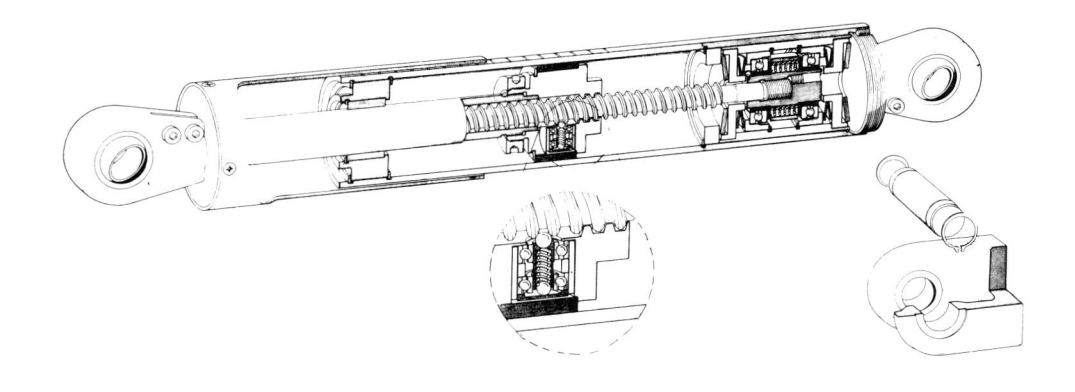

Sway brace / mechanische Stoßbremse
Courtesy / mit freundl. Genehmigung LISEGA Kraftwerkstechnik GmbH

Special-design clamp for angular arrangement of shock absorbers /
Spezialschelle für die winklige Anordnung von Stoßbremsen
Courtesy / mit freundl. Genehmigung LISEGA Kraftwerkstechnik GmbH

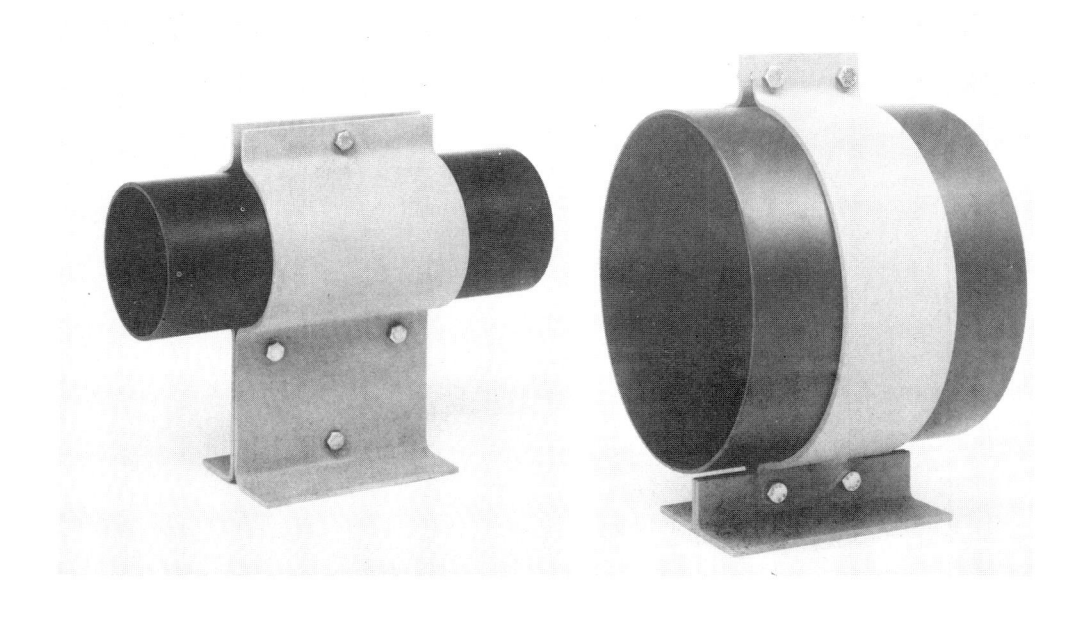

Clamp bases / Rohrlager
Courtesy / mit freundl. Genehmigung LISEGA Kraftwerkstechnik GmbH

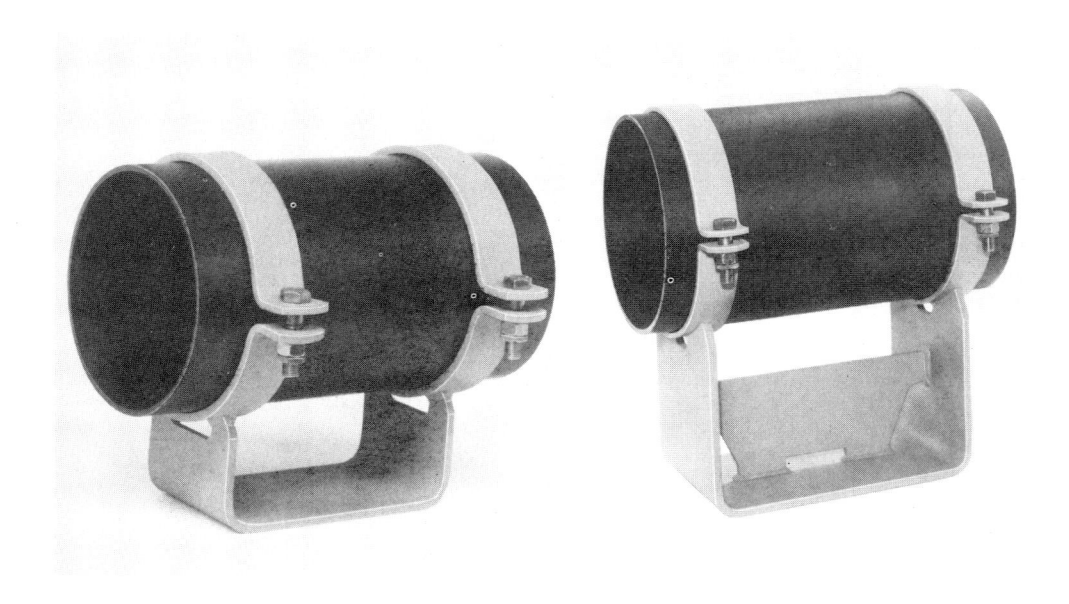

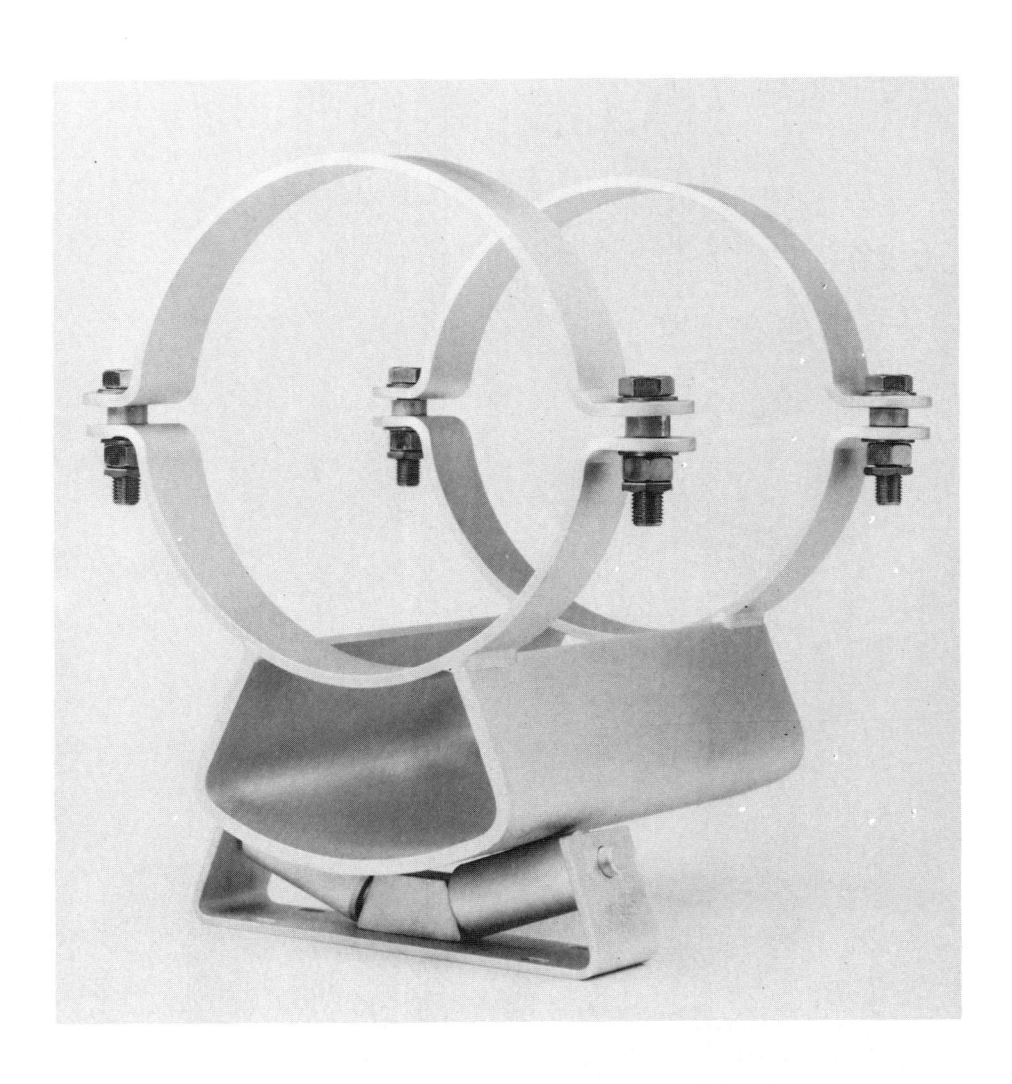

Pipe covering protection saddle on roller bearing (double cylinder) /
Isoliersattel auf Doppelzylinder-Rollenlager
Courtesy / mit freundl. Genehmigung LISEGA Kraftwerkstechnik GmbH

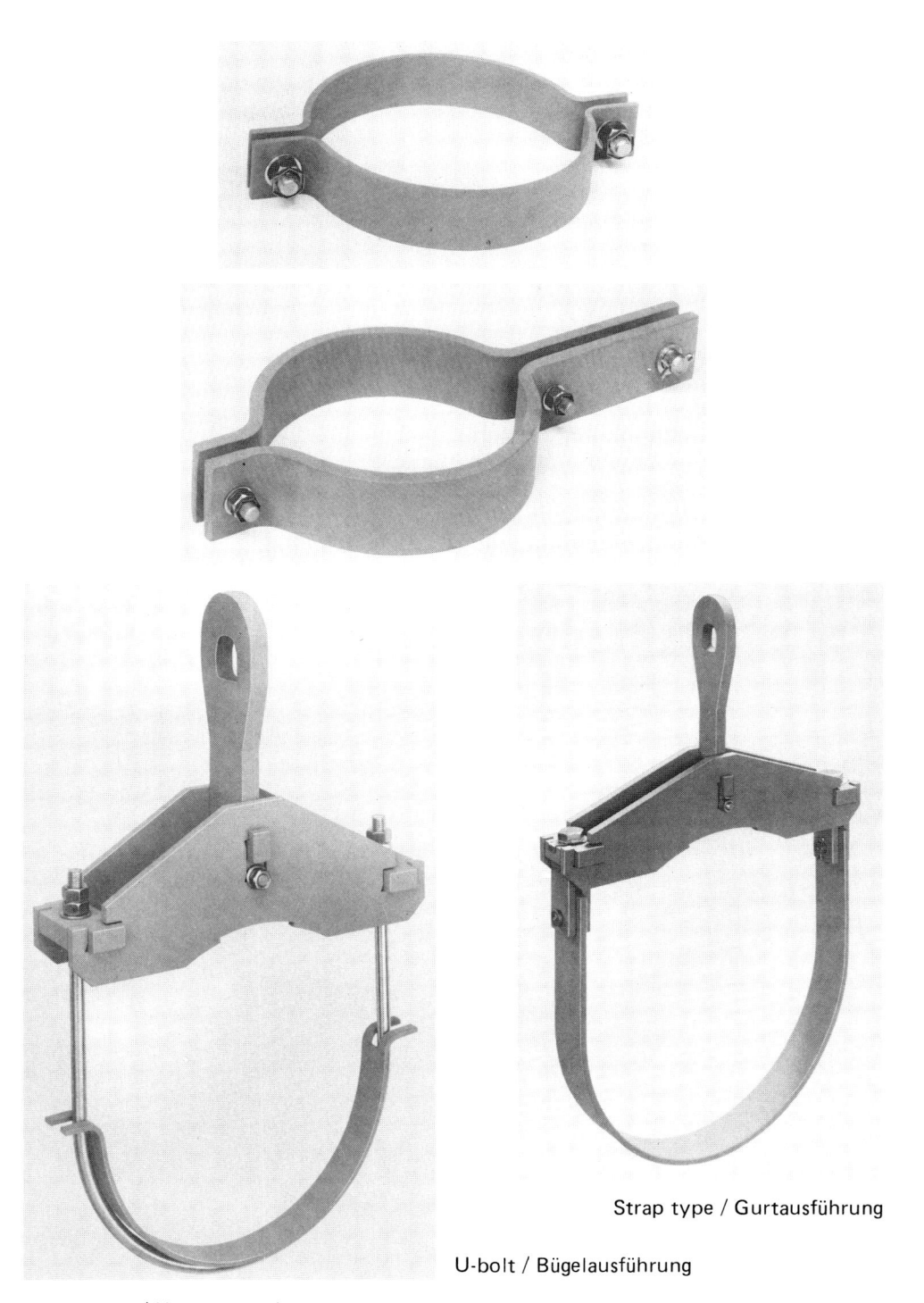

Strap type / Gurtausführung

U-bolt / Bügelausführung

Pipe clamps / Horizontalschellen
Courtesy / mit freundl. Genehmigung LISEGA Kraftwerkstechnik GmbH

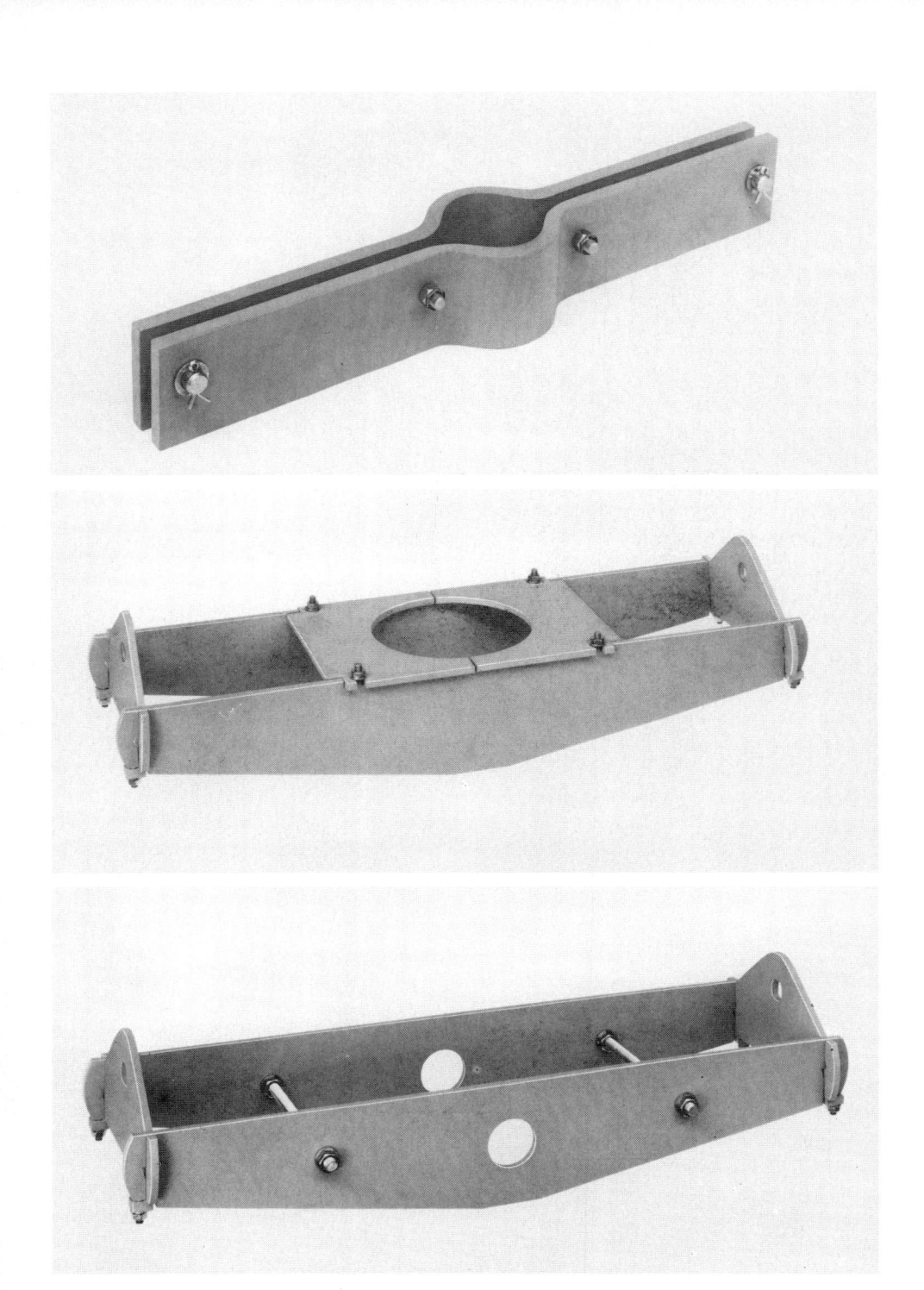

Riser clamps / Vertikalschellen
Courtesy / mit freundl. Genehmigung LISEGA Kraftwerkstechnik GmbH

Special design riser clamp / Sonderkonstruktion einer Vertikalschelle
Courtesy / mit freundl. Genehmigung LISEGA Kraftwerkstechnik GmbH

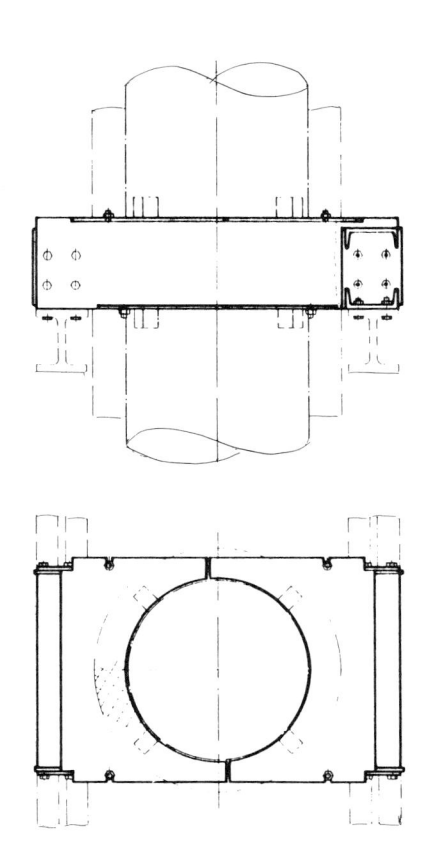

Pipe whip restraints / Rohrausschlagsicherungen
Courtesy / mit freundl. Genehmigung LISEGA Kraftwerkstechnik GmbH

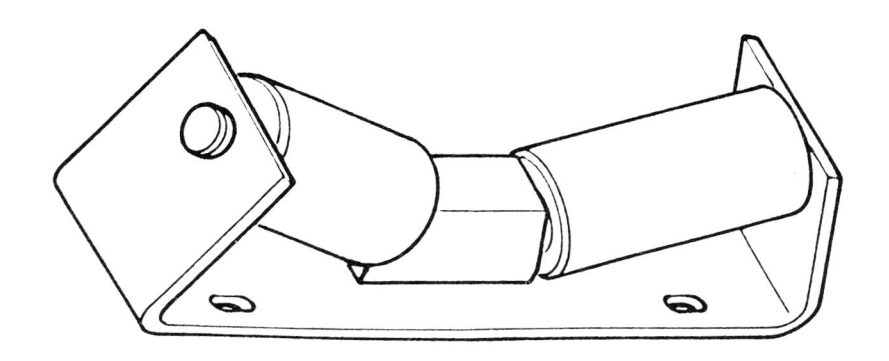

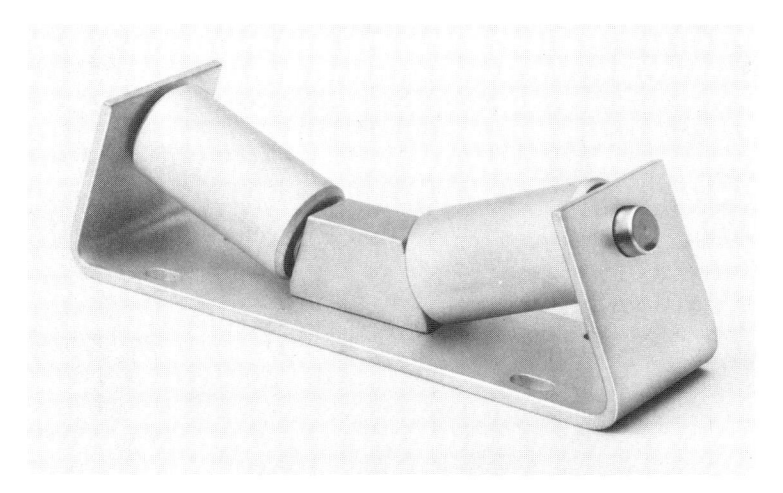

Double-cylinder roller bearing / Doppelzylinder-Rollenlager

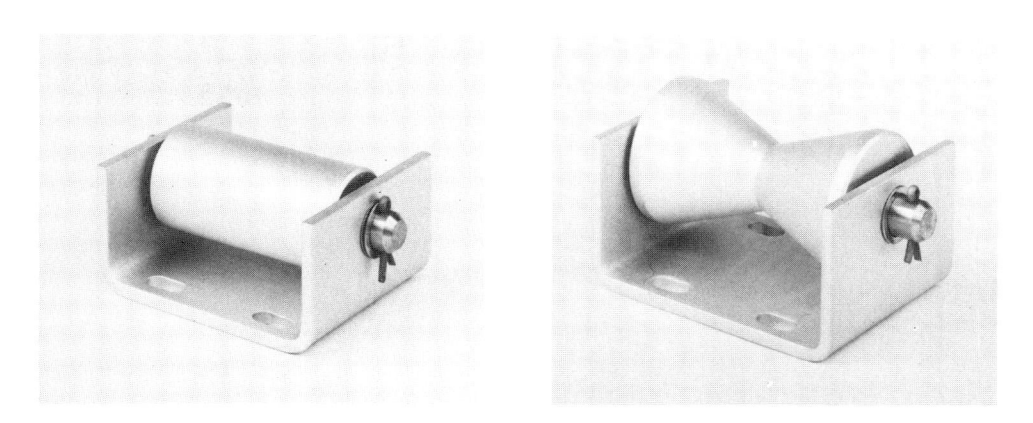

Plain bearings / Rollenlager

Roller bearings / Rollenlager
Courtesy / mit freundl. Genehmigung LISEGA Kraftwerkstechnik GmbH

Roller hanger / hängendes Rollenlager

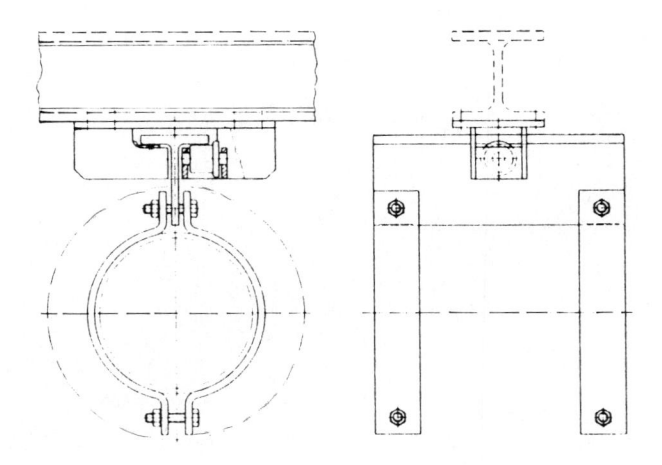

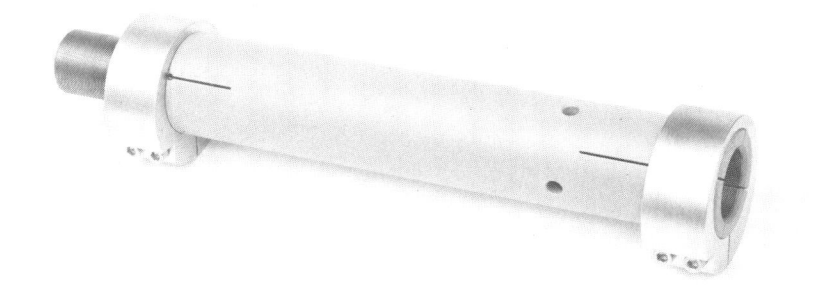

Shock absorber extension / Stoßbremsenverlängerung

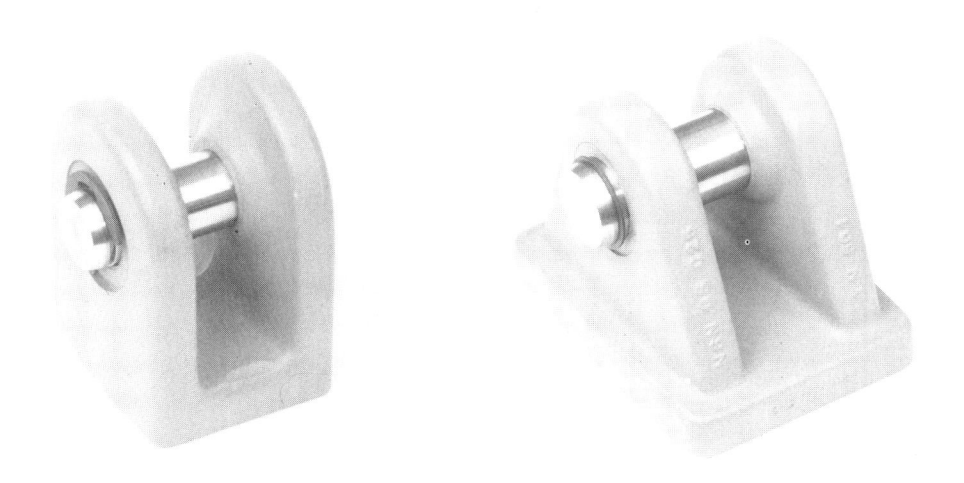

Weld-on bracket / Anschweißbock

Courtesy / mit freundl. Genehmigung LISEGA Kraftwerkstechnik GmbH

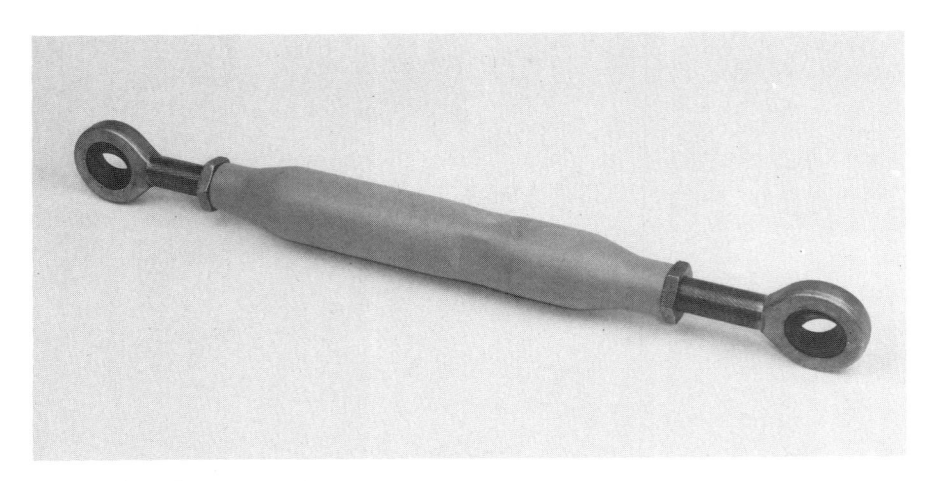

Hinged strut / Gelenkstrebe

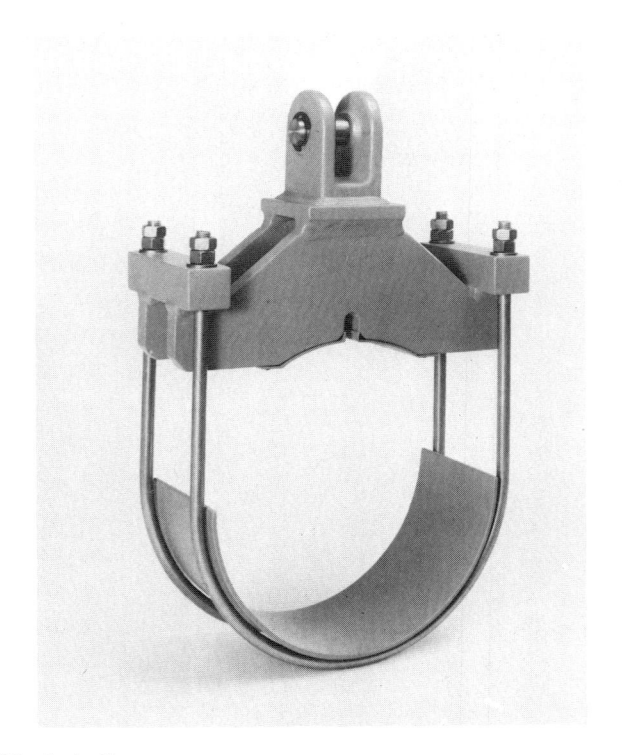

U-bolt clamp / Bügelschelle

Courtesy / mit freundl. Genehmigung LISEGA Kraftwerkstechnik GmbH

U-bolts / Rohrbügel
Courtesy / mit freundl. Genehmigung LISEGA Kraftwerkstechnik GmbH

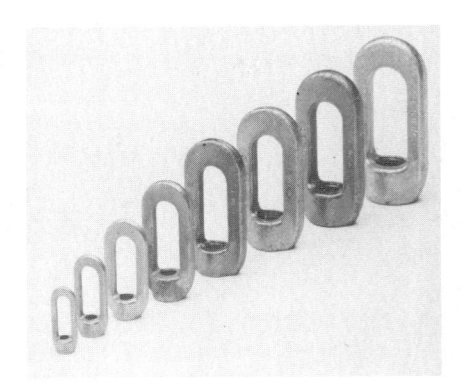

Eyebolts / Gewindeösen

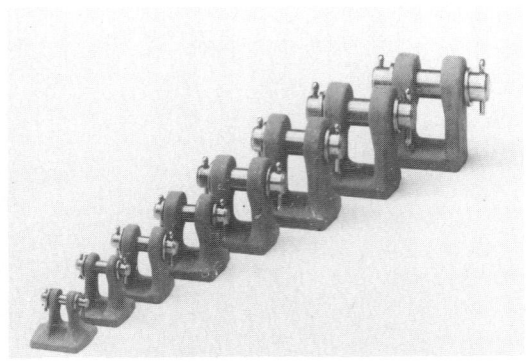

Clevises / Gewindebügel

Turnbuckles / Spannschlösser

Couplings / Kupplungsstücke

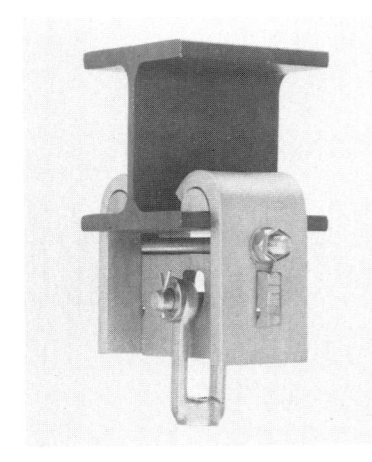

Beam clamp / Trägerklammer

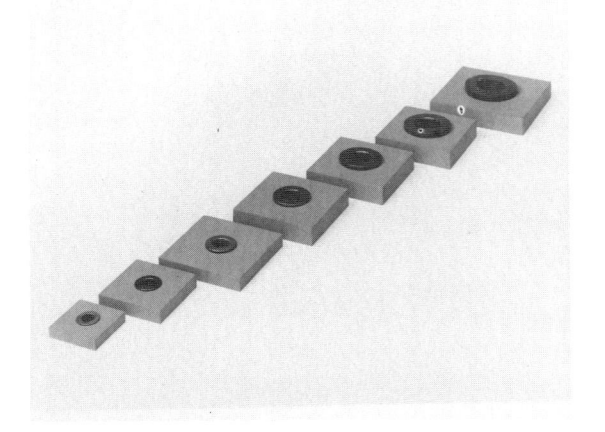

Plate lugs / Lochplatten

Courtesy / mit freundl. Genehmigung LISEGA Kraftwerkstechnik GmbH

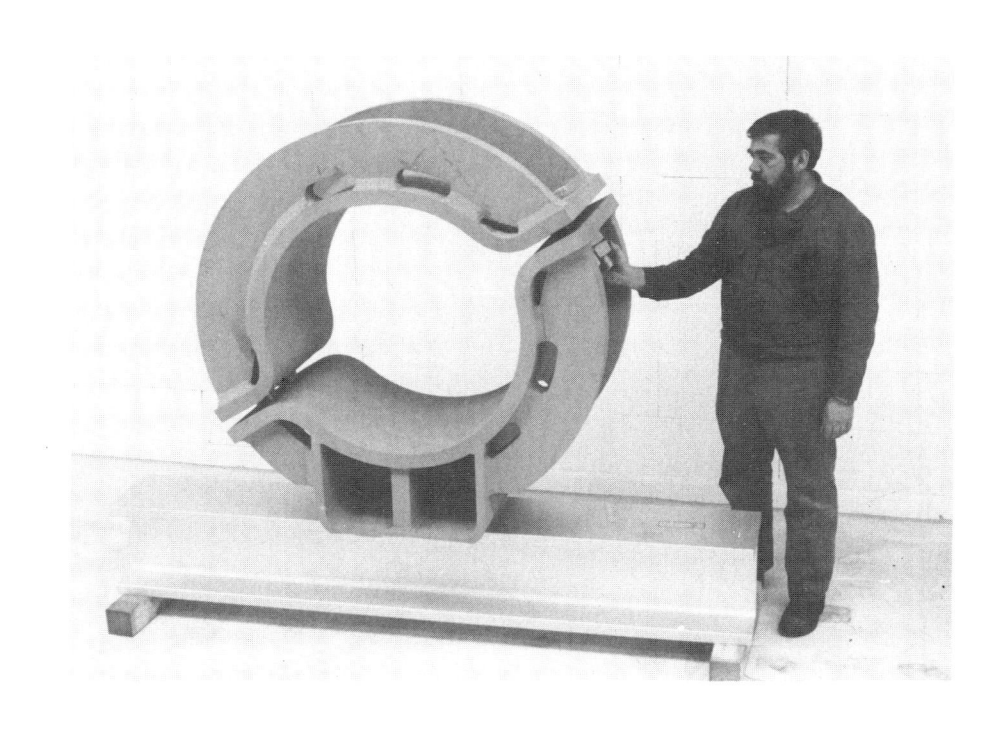

Special-design base support as pipe anchor /
Sonderkonstruktion eines Rohrlagers als Festpunktausführung
Courtesy / mit freundl. Genehmigung LISEGA Kraftwerkstechnik GmbH

Vibration dampers / Schwingungsdämpfer
Courtesy / mit freundl. Genehmigung Fa. GERB

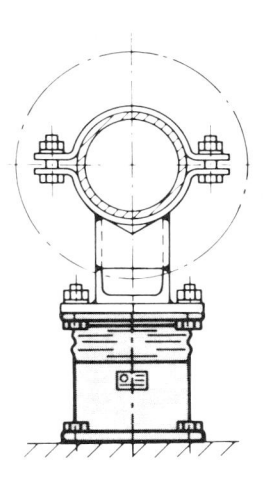

Vibration dampers / Schwingungsdämpfer
Courtesy / mit freundl. Genehmigung Fa. GERB

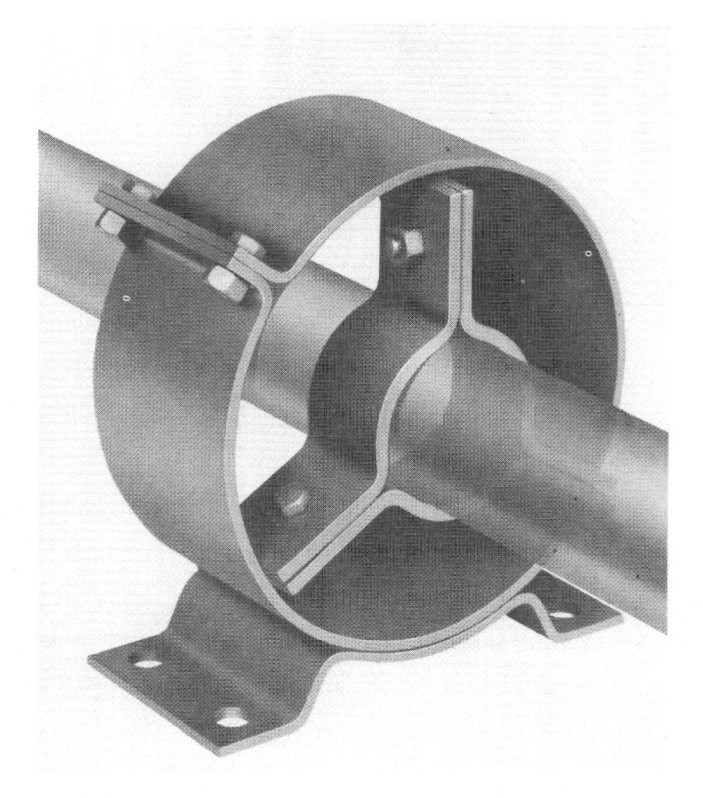

Pipe alignment guide / zwangsgeführtes Gleitlager

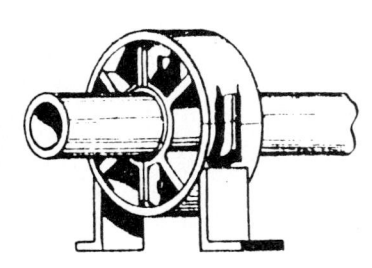

Pipe alignment guide /
zwangsgeführtes Gleitlager

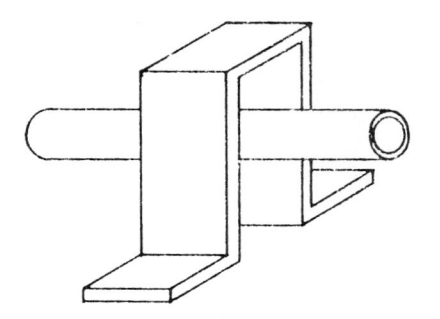

Planar pipe guide /
senkrecht zur Rohrachse
gleitender Haltepunkt

Pitch / Balgteilung

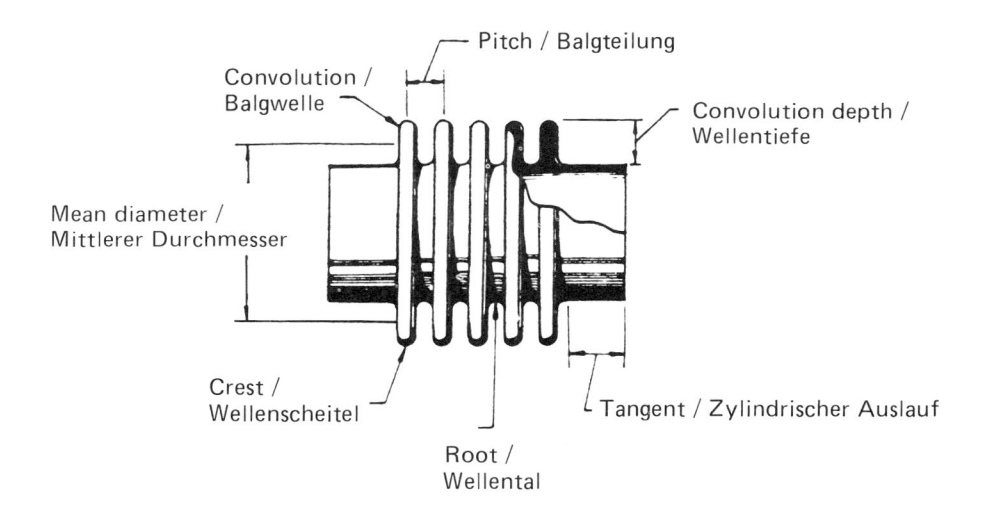

Convolution / Balgwelle

Convolution depth / Wellentiefe

Mean diameter / Mittlerer Durchmesser

Crest / Wellenscheitel

Root / Wellental

Tangent / Zylindrischer Auslauf

Bellows components / Bauteile eines Kompensatorbalges

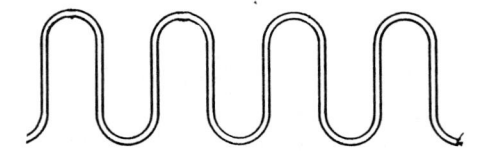

a) Unreinforced bellows / Unverstäkte Bälge

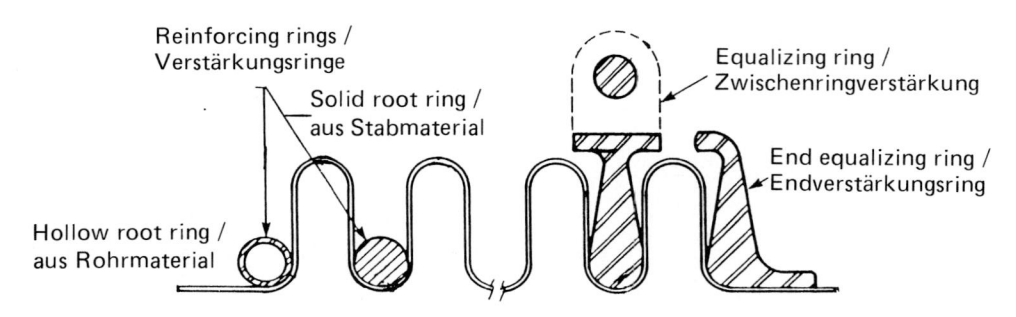

Reinforcing rings / Verstärkungsringe
Solid root ring / aus Stabmaterial
Hollow root ring / aus Rohrmaterial
Equalizing ring / Zwischenringverstärkung
End equalizing ring / Endverstärkungsring

b) Reinforced bellows / Verstärkte Bälge

U-shaped expansion joints / U-Bogen Dehnungsausgleicher

Toroidal bellows / Torusbalg

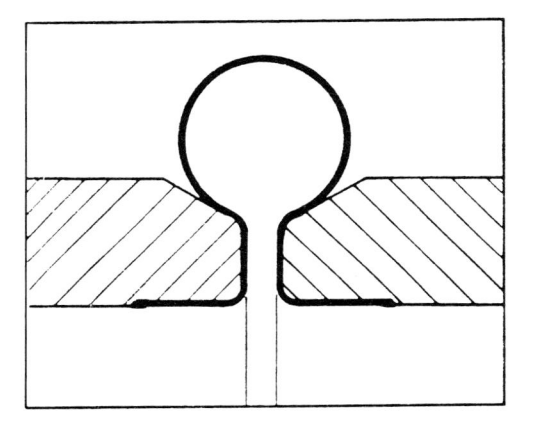

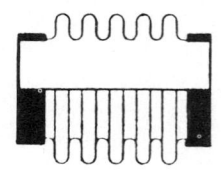

Collar ends / mit Balgbordringen

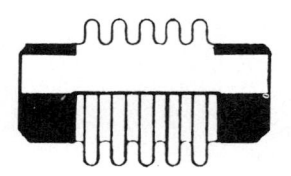

Weld ends / mit Anschweißenden

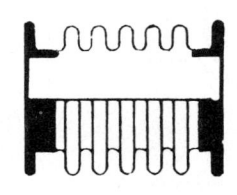

Flanged ends / mit Flanschen

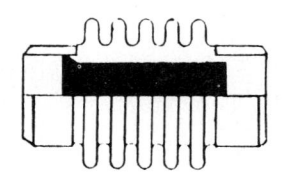

Liner (Telescoping sleeve) / mit Teleskophülse

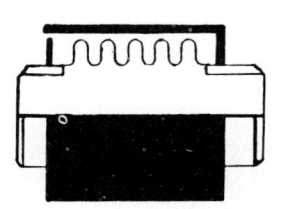

Cover (Shroud) / mit Schutzrohr

Expansion joint components / Bauteile eines Dehnungsausgleichers

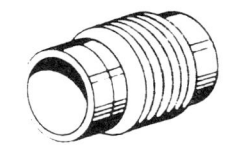

Single expansion joint / Einbalgiger Kompensator

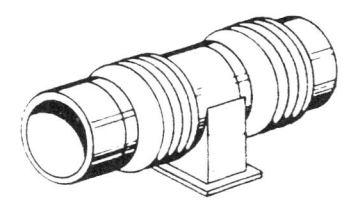

Double expansion joint / Zweibalgiger Kompensator

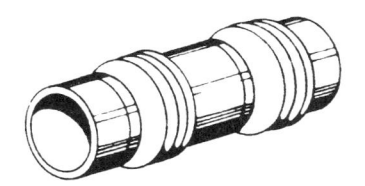

Universal expansion joint / Universalkompensator

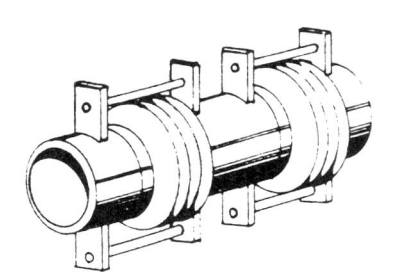

Universal tied joints / Verankerte Universalkompensatoren

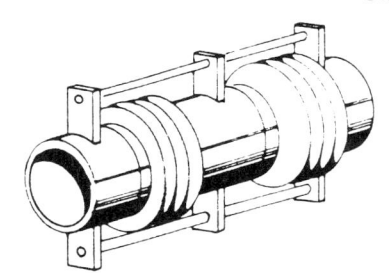

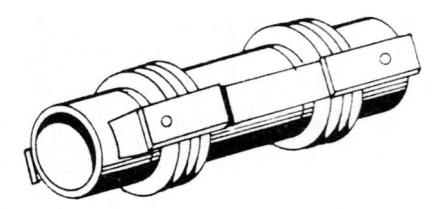

Swing joint (double hinge) / Doppelgelenk-Kompensator (Lateralkompensator)

Hinged expansion joint / Rohrgelenk-Kompensator (Angularkompensator)

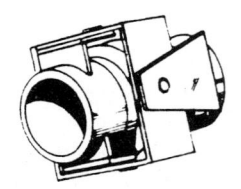

Gimbal expansion joint / Kardan-Rohrgelenk-Kompensator

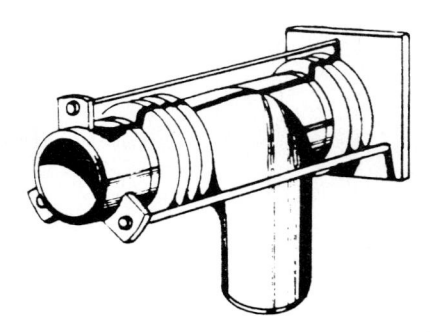

Single-type pressure balanced expansion joint / Eckentlasteter Axial-Kompensator

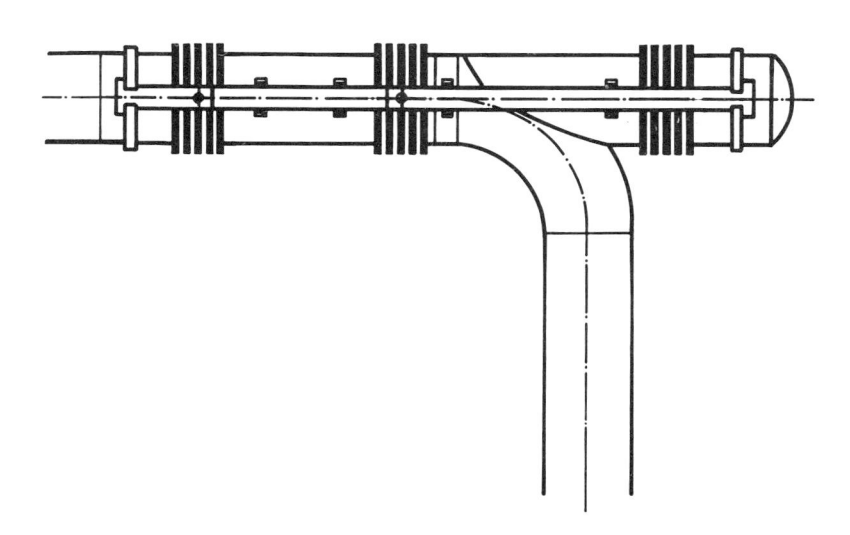

Universal pressure balanced expansion joint / eckentlasteter Universalkompensator
Courtesy / mit freundl. Genehmigung Witzenmann GmbH

Single bellows expansion joint (axial expansion), flanged and welded end /
Einbalgige Kompensatoren (Axialkompensatoren), mit Flanschen bzw. Anschweißenden

Single bellows expansion joint for heat exchanger /
Axial-Kompensator für Wärmeaustauscher

Courtesy / mit freundl. Genehmigung Witzenmann GmbH

Hinged expansion joint /
Angularkompensator

Gimbal expansion joint /
Kardan-Kompensator

Lateral expansion joint
with control bars and ball joint /
Lateral-Kompensator mit
Rundankern und Kugelgelenken

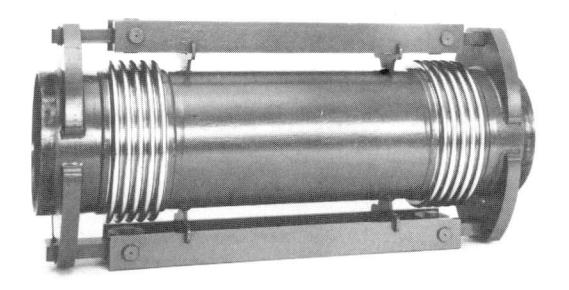

Swing-type lateral expansion joint /
Doppelgelenk-Kompensator
(Lateral-Kompensator)

Courtesy / mit freundl. Genehmigung Witzenmann GmbH

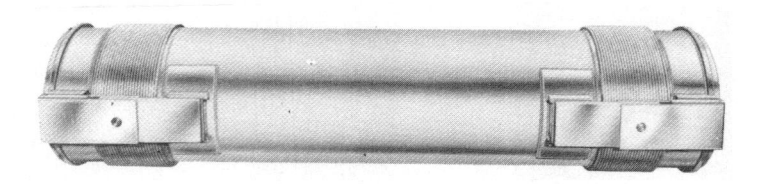

Double hinge expansion joint /
Doppel-Gelenkkompensator (Lateralkompensator)

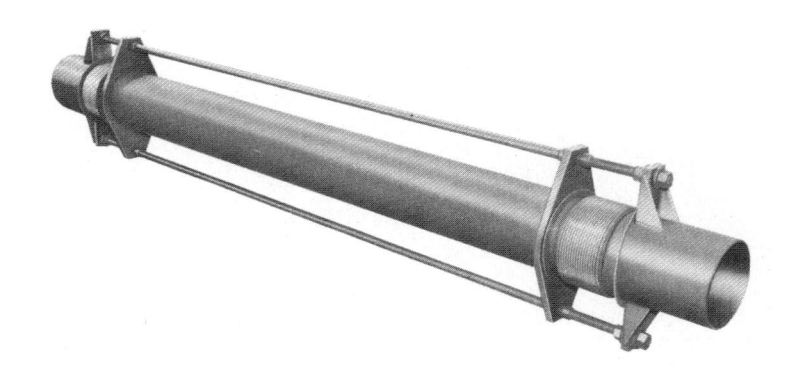

Tied universal expansion joint /
Verankerter Universalkompensator

Single-type pressure balanced expansion joint /
Eckentlasteter Axialkompensator

Pantograph linkages /
Nürnberger Schere

Dual expansion joint with pantograph linkages /
Zweibalgiger Kompensator mit Nürnberger Schere

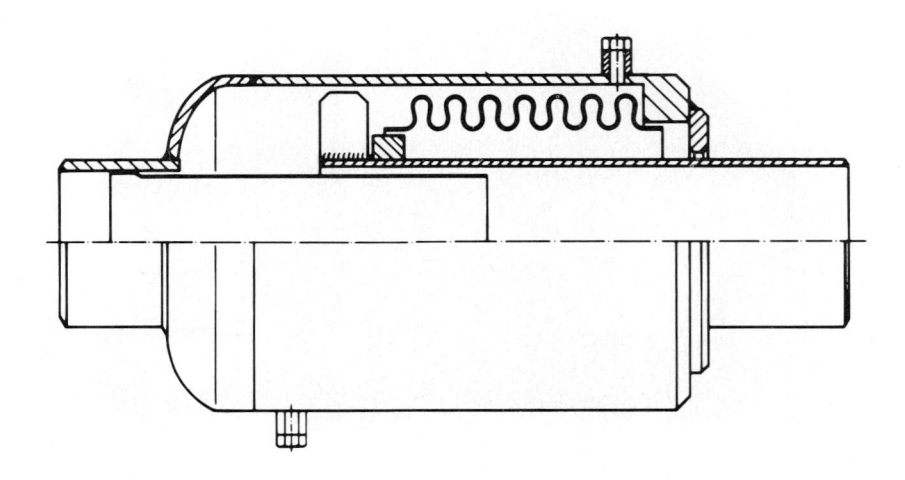

Externally pressurized expansion joint /
Außendruckbelasteter Kompensator (Axial-Kompensator)
Courtesy / mit freundl. Genehmigung Witzenmann GmbH

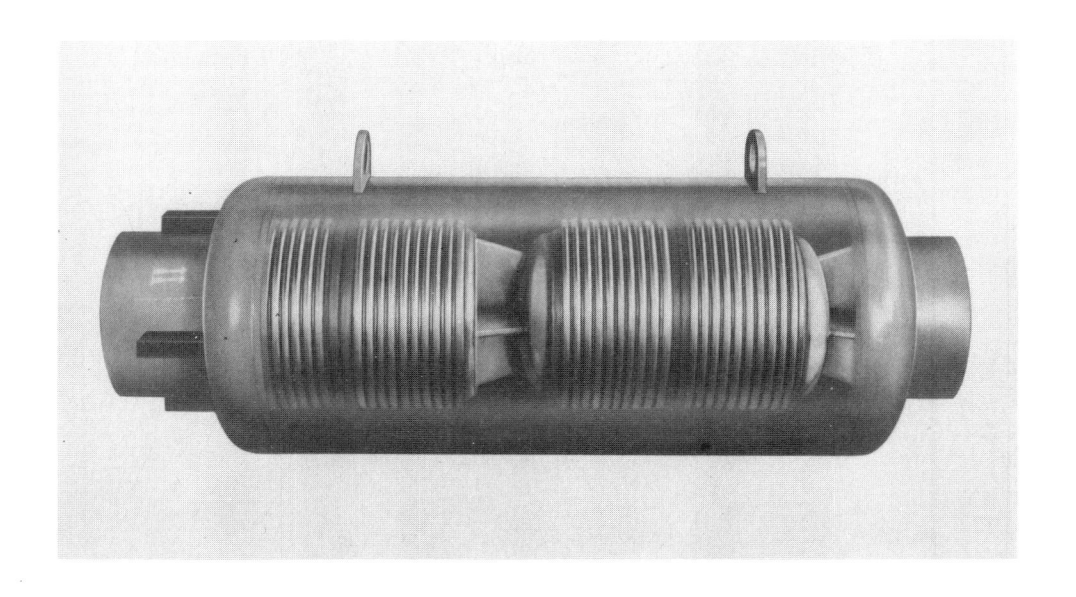

Pressure-relieved expansion joint / Druckentlasteter Axial-Kompensator
Courtesy / mit freundl. Genehmigung Witzenmann GmbH

Absorption of axial movement (extension and compression) / Axialkompensation (Längung oder Stauchung)

Absorption of lateral movement / Lateralkompensation

Absorption of angular rotation / Angularkompensation

axial   lateral   angular

Bellows movements / Bewegungen des Balges
Courtesy / mit freundl. Genehmigung Witzenmann GmbH

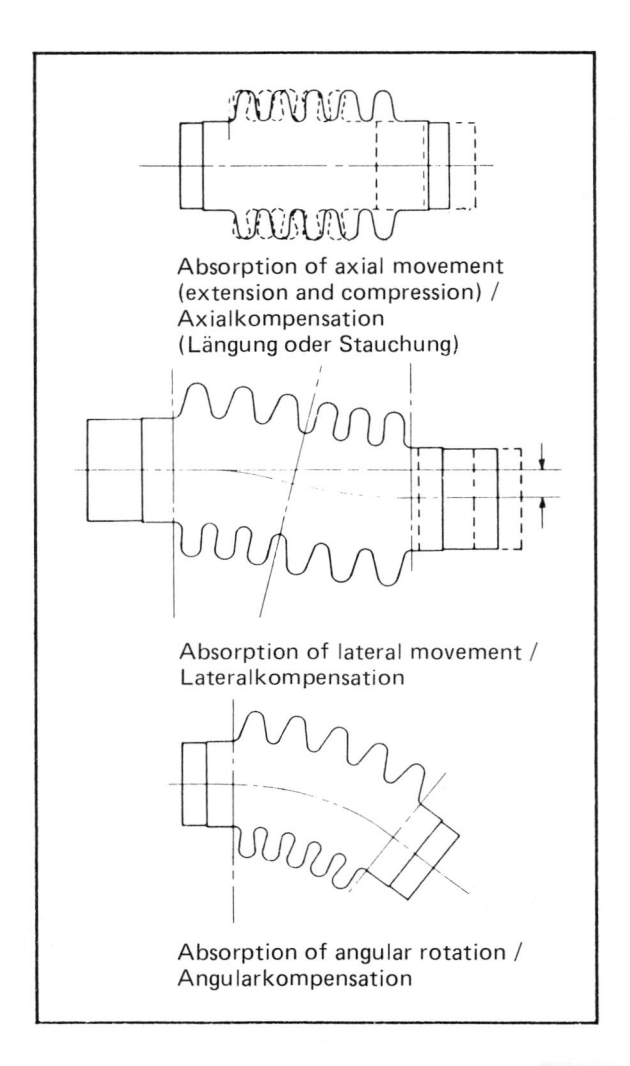

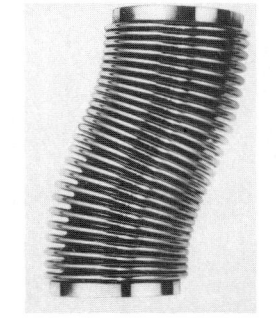

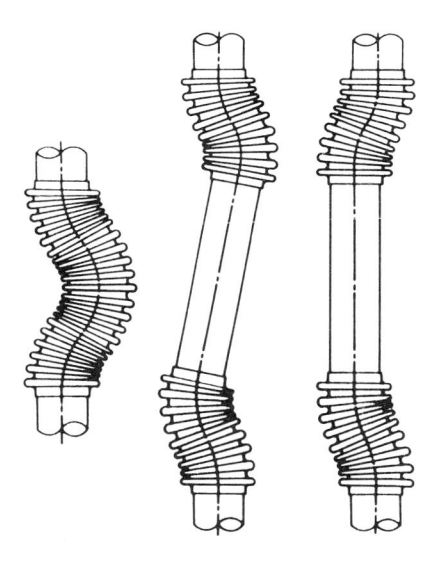

Column squirm / Säuleninstabilität

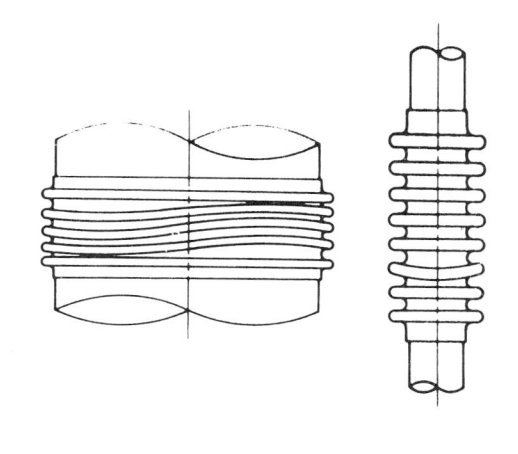

In-plane squirm / Welleninstabilität

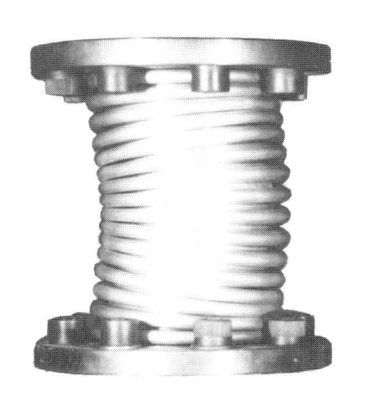

Column squirm / Säuleninstabilität

In-plane squirm / Welleninstabilität

Courtesy / mit freundl. Genehmigung Witzenmann GmbH

Oval metal bellows / Metallbalg mit ovalem Querschnitt
Courtesy / mit freundl. Genehmigung Witzenmann GmbH

Rectangular expansion joint (flanged) / Rechteck-Kompensator mit Flanschen

Single mitre corners / Gehrungsecken

Camera corners / Kameraecken

Round corners / Rundecken

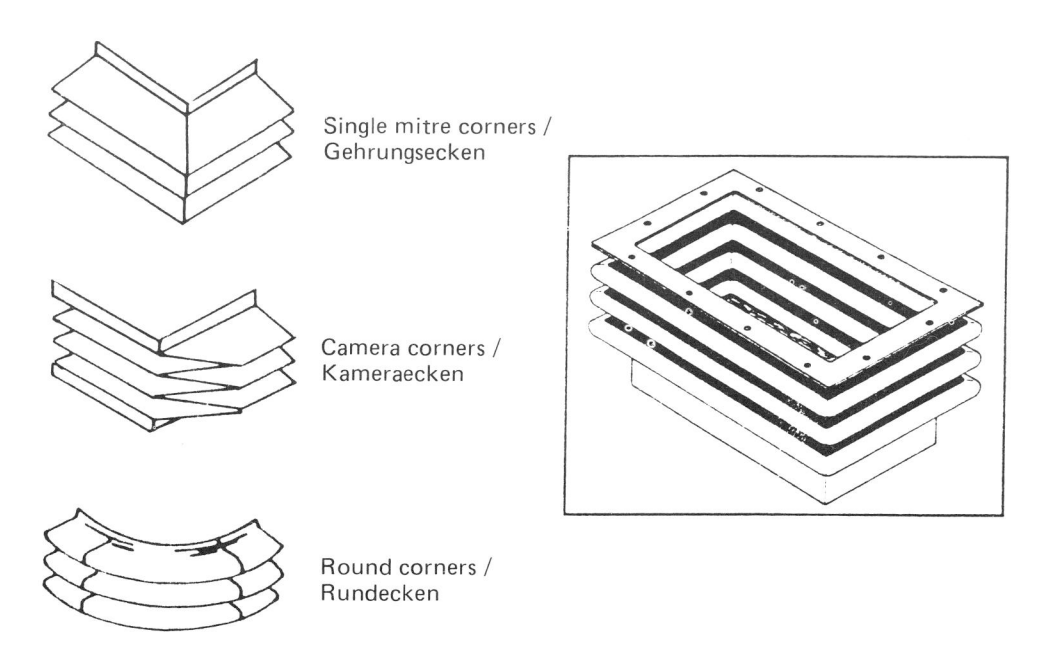

Rectangular expansion joint corners / Eckausführungen in Rechteck-Kompensatoren
Courtesy / mit freundl. Genehmigung Witzenmann GmbH

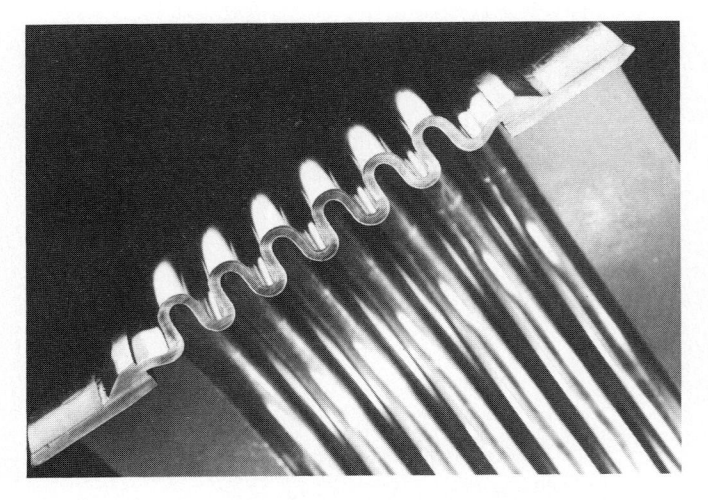

Multi-ply bellows (section) / Vielwandiger Balg (Schnitt)

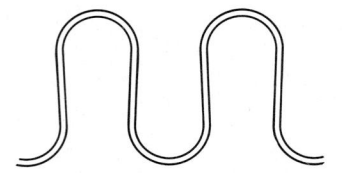

Single-ply bellows /
Einwandiger Balg

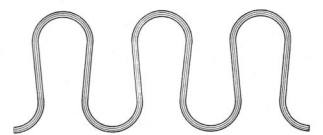

Laminated bellows /
Mehrwandiger Balg

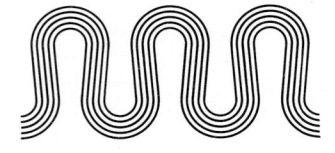

Multi-ply bellows /
Vielwandiger Balg

Courtesy / mit freundl. Genehmigung Witzenmann GmbH

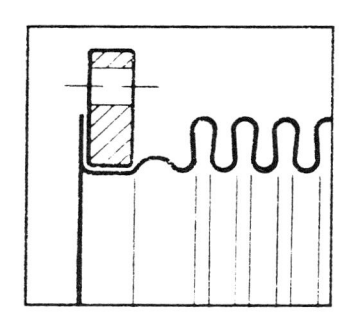

Van Stone flange expansion joint /
Kompensator mit Van Stone Flanschenden (Bördelflanschen)

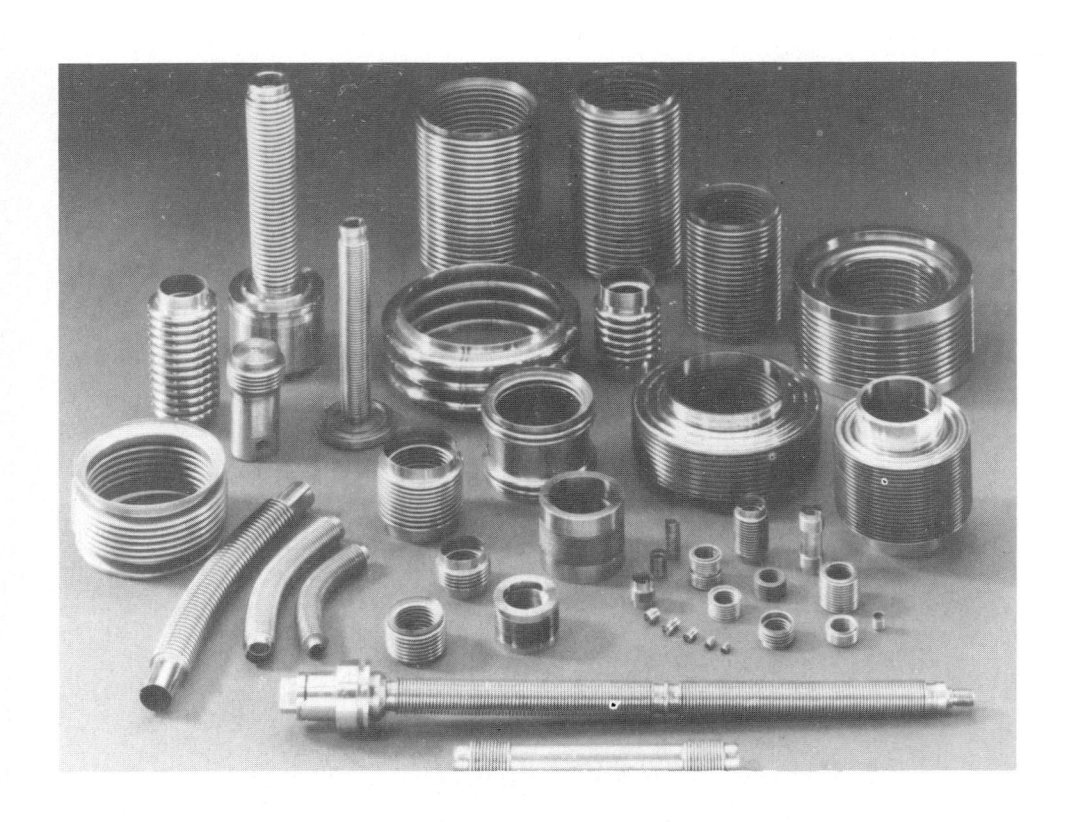

Metall bellows / Metallbälge
Courtesy / mit freundl. Genehmigung Witzenmann GmbH

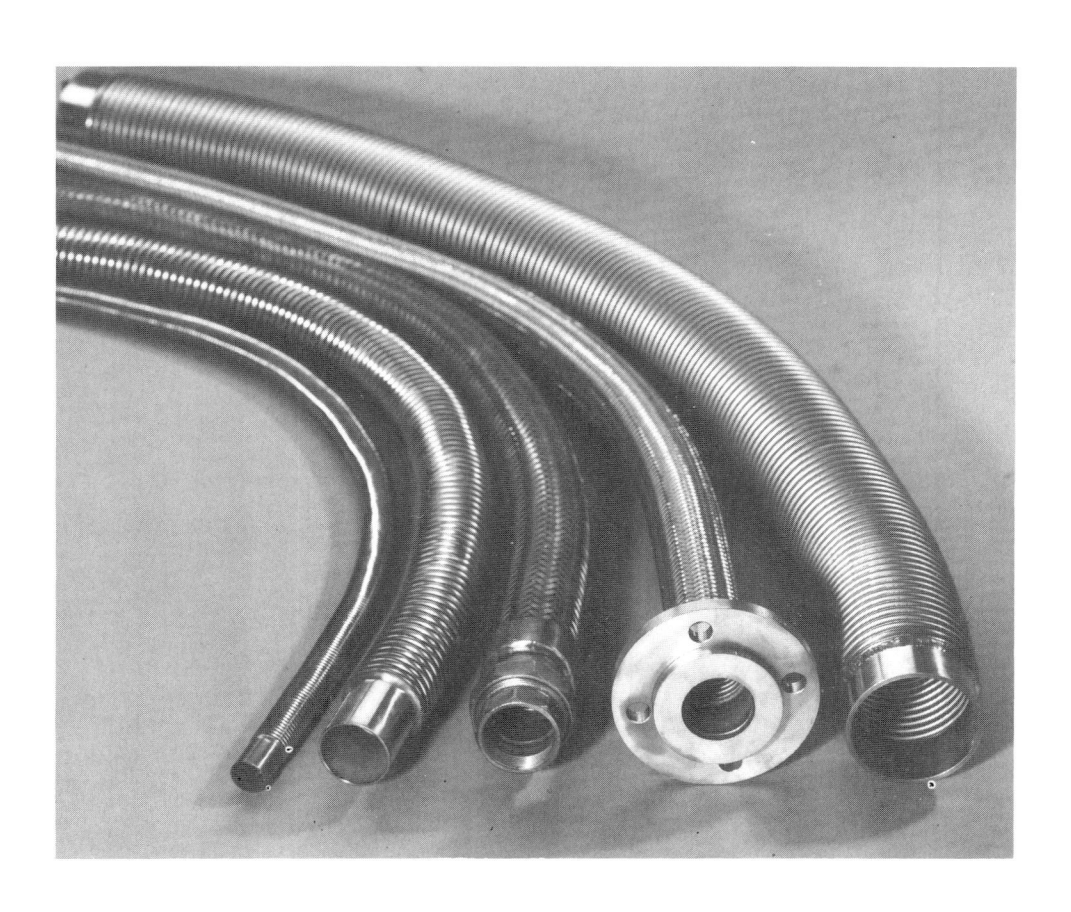

Metal flexible hoses / Metallschläuche
Courtesy / mit freundl. Genehmigung Witzenmann GmbH

Threaded flange /
Gewindeflansch

Slip-on welding flange /
Überschiebflansch

Lap joint flange /
Loser Flansch

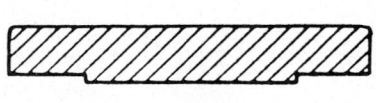

Blind flange / Blindflansch

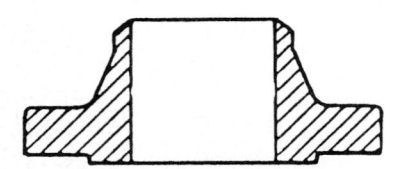

Welding neck flange /
Vorschweißflansch

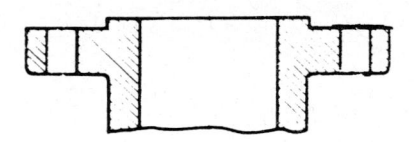

Long welding neck flange /
Stutzenflansch

Flange types / Flanscharten

Threaded flange / Gewindeflansch

Slip-on flange / Überschiebflansch

Lap joint flange / Loser Flansch

Blind flange / Blindflansch

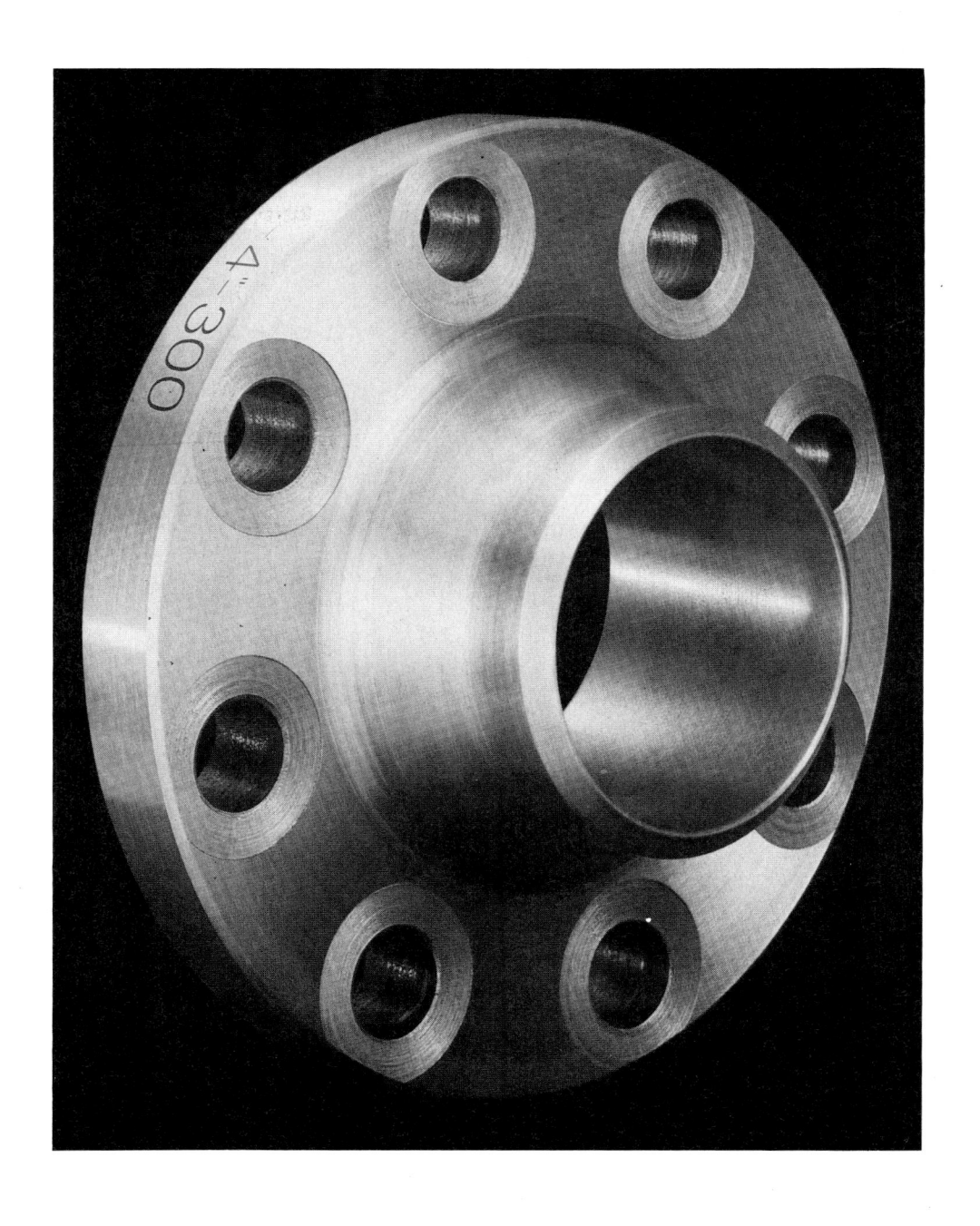

Welding neck flange / Vorschweißflansch

Socket welding flange / Einsteckschweißflansch

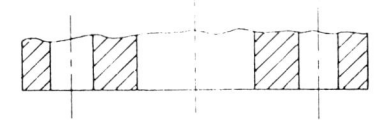

Flat face / glatte Dichtfläche (ohne Arbeitsleiste)

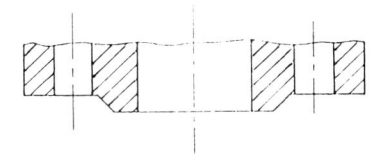

Raised face / Dichtfläche mit Arbeitsleiste

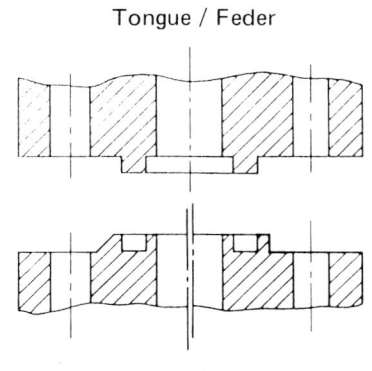

Tongue / Feder

Groove / Nut

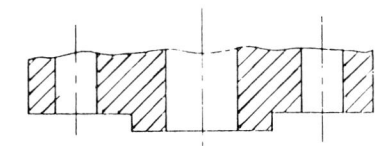

Spigot (Male) / mit Vorsprung

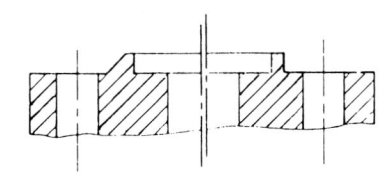

Recess (Female) / mit Rücksprung

Flange facing types / Flanschdichtflächen

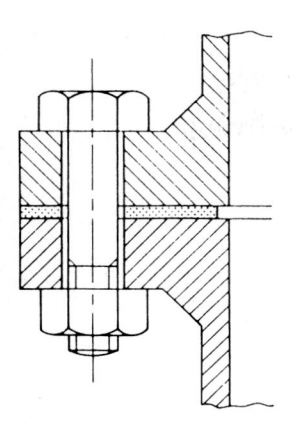

Full face gasket /
durchgehende Dichtung

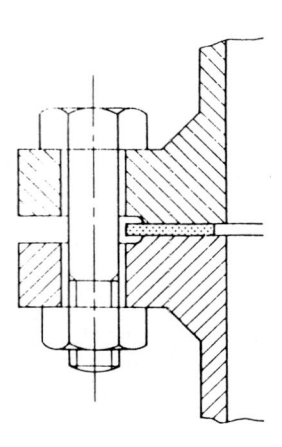

Inside bolt circle (IBC) gasket /
mit innenliegender Dichtung

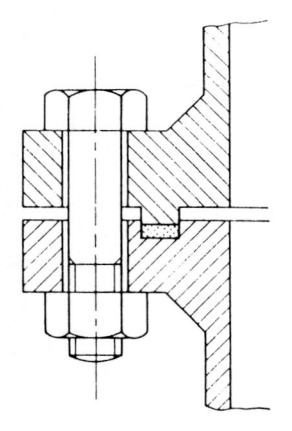

Tongue and groove gasket /
mit Nut und Feder

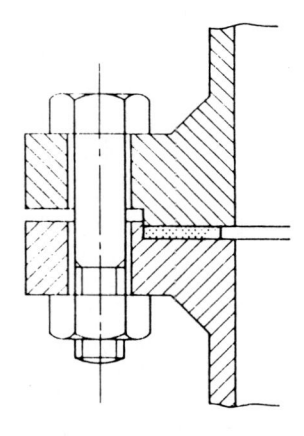

Spigot (male) and recess (female) gasket /
mit Vor- und Rücksprung

Flange facings with gaskets / Flanschdichtflächen mit Dichtungen

Gasket types / Dichtungsarten	Gasket shape / Dichtungsform	Designation / Benennung
Non-metallic gasket / Weichstoffdichtung		Flat gasket / Flachdichtung
Combined seals / Metall-Weichstoff-dichtungen		Spiral-wound asbestos filled / Spiral-Asbest-dichtung
		Corrugated seal / Welldichtring
		Flat metal-jacketed / Blechummantelte Dichtung

Gasket types / Dichtungsarten	Gasket shape / Dichtungsform	Designation / Benennung
Metallic gaskets / Metalldichtungen		Diamond-shaped metal gasket / Metall-Spießkantdichtung
		Oval-shaped metal gasket / Metall-Ovalprofildichtung
		Metal-O-gasket / Metall-Runddichtung
		Ring-joint-gasket / Ring-Joint-Dichtung
		Lens gasket / Linsendichtung
		Grooved metal gasket / Kammprofildichtung
		Metal diaphragm seal / Membranschweißdichtung

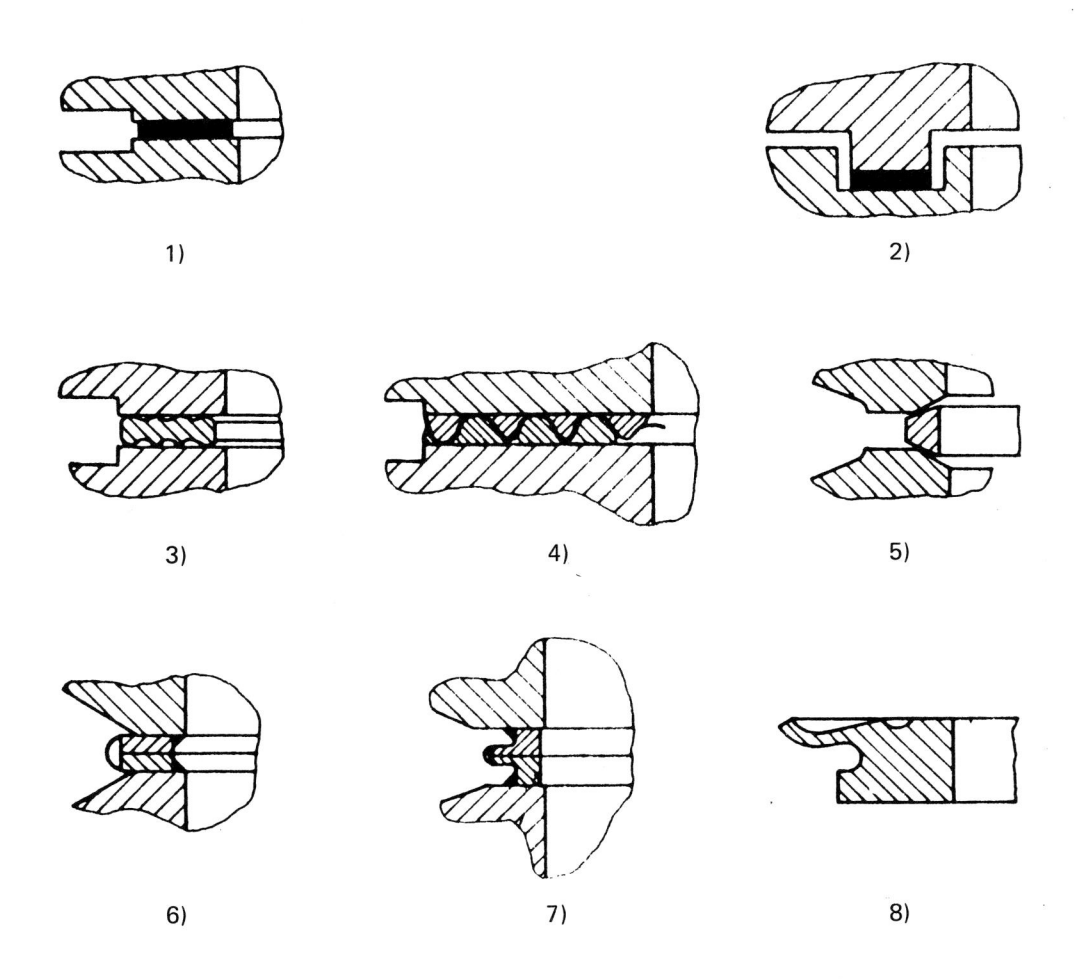

1. Flat gasket for flat face / Flachdichtung für glatte Arbeitsleiste
2. Flat gasket in flanged connection with tongue and groove / Flachdichtung in Flanschenpaar mit Nut und Feder
3. Grooved metal gasket / kammprofilierte Metalldichtung
4. Corrugated metal seal / gewellte Stahlblechdichtung
5. Lens gasket / Linsendichtung
6. Metal diaphragm seal / Membranschweißringdichtung
7. Weld-lip seal / Schweißringdichtung
8. Weld-lip seal / Schweißringdichtung

Annex 2
Anhang 2

Bibliography / Schrifttumsnachweis

ANSI — American National Standards Institute
B 16.5 — Steel Pipe Flanges and Flanged Fittings / Edition 1988
B 31.1 — Power Piping / Edition 1989
B 31.3 — Chemical Plant and Refinery Piping / Edition 1990
B 31.8 — Gas Transmission and Distribution Piping Systems / Edition 1989

API — American Petroleum Institute
Bulletin 5T 1 — Nondestructive Testing Terminology / Edition 1978
API 6D — Pipeline Valves (Gate, Plug, Ball and Check Valves) / Edition 1991
API RP 520 — Part I — Design and Installation of Pressure-Relieving Systems in Refineries / Edition 1990
API 520 — Part II — Sizing, Selection and Installation of Pressure-Relieving Devices in Refineries / Edition 1988
API 521 — Inspection of Piping, Tubing, Valves, and Fittings / Edition 1990
API 594 — Wafer Check Valves / Edition 1982
API 595 — Cast-Iron Gate Valves, Flanged End / Edition 1979
API 599 — Steel and Ductile Iron Plug Valves / Edition 1988
API 600 — Steel Gate Valves, Flanged and Buttwelding Ends / Edition 1981
API 602 — Compact Steel Gate Valves / Edition 1985
API 603 — Class 150, Cast, Corrosion-Resistant, Flanged-End Gate Valves / Edition 1984
API 606 — Compact Steel Gate Valves — Extended Body / Edition 1989
API 608 — Metal Ball Valves — Flanged and Butt-Welding Ends / Edition 1989
API 609 — Butterfly Valves, Lug-Type and Wafer-Type / Edition 1983
API 650 — Welded Tanks for Oil Storage / Edition 1988
API 2517 — Evaporation Loss from External Floating-Roof Tanks / Edition 1989

API Guide for Inspection of Refinery Equipment
Chapter VI — Pressure Vessels (Towers, Drums and Reactors) / Edition 1982
Chapter XIII — Atmospheric and Low-Pressure Storage Tanks / Edition 1981
Chapter XVI — Pressure-Relieving Devices / Edition 1985

ASME — American Society of Mechanical Engineers
ASME Boiler and Pressure Vessel Code — Edition 1989
— Section V — Nondestructive Examination
— Section VIII, Division 1 — Rules for Construction of Pressure Vessels
— Section VIII, Division 2 — Alternative Rules
— Section IX — Welding and Brazing Qualifications
ASME/ANSI PTC 25.3 — Safety and Relief Valves, Edition 1988
ASME PVP — Vol. 51 — Metallic Bellows and Expansion Joints — 1981, Jetter, R.I.; Brown, S.J.; Pamidi, M.R.

ASME PVP — Vol. 83 — Metallic Bellows and Expansion Joints: Part II — 1984, Brown, S.J.; Reimus, W.S.

ASME PVP — Vol. 152 — International Design Criteria of Boilers and Pressure Vessels — 1988

ASME PVP — Vol. 161 — Codes and Standards and Applications for Design and Analysis of Pressure Vessel and Piping Components — 1989

ASME PVP — Vol. 168 — Metallic Bellows and Expansion Joints — 1989, Becht IV, C.; Imazu, A.; Jetter, R.; Reimus, W.S.

ASME PVP — Vol. 169 — Design and Analysis of Piping Components — 1989, Truong, Q.N.; Goodling Jr., E.E.; Balaschak, J.J.; Widera, G.E.O.

ASME PVP — Vol. 175 — Design and Analysis of Pressure Vessels and Components — 1989, Brooks, G.; Ohtsubo, H.; Widera, G.E.O.; Shiratori, M.

ASME PVP — Vol. 186 — Codes and Standards and Applications for Design and Analysis (NDE — Vol. 7) of Pressure Vessels and Piping Components — 1990, Gowda, G.; Gregor, F.E.; Cowfer, C.D. et al.

ASME PVP — Vol. 188 — Design and Analysis of Piping and Components — 1990, Truong, Q.N.; Short II, W.E.; Ezekoye, L.I.

ASME PVP — Vol. 194 — Analysis of Pressure Vessel and Heat Exchanger Components — 1990, Short II, W.E.; Brooks, G.N.

ASME PVP — Vol. 198 — Advances in Dynamics of Piping and Structural Components — 1990, Chung, H.H.; Goodling Jr, E.C.; Mizra, S.; Sinnappan, S.

ASNT — American Society for Nondestructive Testing

SNT-TC-1A — Recommended Practice / Edition 1984

ASTM — American Society for Testing and Materials

Compilation of American Standard Definitions / Edition 1982

BSI — British Standards Institute

BS 2654: 1989 — Manufacture of Vertical Steel Welded Storage Tanks with Butt-Welded Shells for the Petroleum Industry

BS 2915: 1990 — Bursting Discs and Bursting Disc Devices

BS 3059: Part 1: 1987 — Low Tensile Carbon Steel Tubes without Specified Elevated Temperature Properties

BS 3059: Part 2: 1990 — Carbon Alloy and Austenitic Stainless Steel Tubes with Specified Elevated Temperature Properties

BS 3381: 1989 — Spiral Wound Gaskets for Steel Flanges to BS 1560

BS 3974: Part 1: 1974 — Pipe Hangers, Slider and Roller Type Supports

BS 5146: Part 1: 1974 — Inspection and Test of Steel Valves for the Petroleum, Petrochemical and Allied Industries

BS 5146: Part 2: 1984 — Inspection and Test of Steel Valves

BS 5154: 1989 — Copper Alloy Globe, Globe Stop and Check, Check and Gate Valves

BS 5155: 1984 — Butterfly Valves

BS 5156: 1985 — Diaphragm Valves

BS 5157: 1989 — Steel Gate (Parallel Slide) Valves

BS 5158: 1989 — Cast Iron Plug Valves

BS 5160: 1989 — Steel Globe Valves, Globe Stop and Check Valves and Lift Type Check Valves

BS 5169: 1975 — Fusion Welded Steel Air Receivers

BS 5351: 1986 — Steel Ball Valves for the Petroleum, Petrochemical and Allied Industries

BS 5352: 1981 — Steel Wedge Gate, Globe and Check Valves 50 mm and Smaller for the Petroleum, Petrochemical and Allied Industries

BS 5353: 1980 — Plug Valves

BS 5500: 1991 — Unfired Fusion Welded Pressure Vessels

BS 6129: Part 1: 1981 — Code of Practice for the Selection and Application of Bellows Expansion Joints for Use in Pressure Systems. Part 1. Metallic Bellows Expansion Joints

EJMA — Expansion Joint Manufacturer's Association

EJMA Standards / 5th Edition 1980

MSS — Manufacturer's Standardization Society of the Valve and Fittings Industry

MSS SP-42 — 1985 — Class 150 Corrosion Resistant Gate, Globe, Angle and Check Valves with Flanged and Butt Weld Ends

MSS SP-43 — 1982 — Wrought Stainless Steel Butt-Welding Fittings

MSS SP-44 — 1990 — Steel Pipeline Flanges

MSS SP-45 — 1982 — By-Pass and Drain Connection Standard

MSS SP-51 — 1986 — Class 150 LW Corrosion Resistant Cast Flanges and Flanged Fittings

MSS SP-58 — 1988 — Pipe Hangers and Supports — Materials Design and Manufacture

MSS SP-65 — 1990 — High Pressure Chemical Industry Flanges and Threaded Stubs for Use with Lens Gaskets

MSS SP-67 — 1983 — Butterfly Valves

MSS SP-69 — 1990 — Pipe Hangers and Supports — Selection and Application

MSS SP-70 — 1984 — Cast Iron Gate Valves, Flanged and Threaded Ends

MSS SP-71 — 1984 — Cast Iron Swing Check Valves, Flanged and Threaded Ends

MSS SP-72 — 1987 — Ball Valves with Flanged or Butt-Welding Ends for General Service

MSS SP-78 — 1978 — Cast Iron Plug Valves, Flanged and Threaded End

MSS SP-80 — 1987 — Bronze Gate, Globe, Angle and Check Valves

MSS SP-85 — 1985 — Cast Iron Globe and Angle Valves, Flanged and Threaded Ends

MSS SP-88 — 1983 — Diaphragm Type Valves

MSS SP-90 — 1980 — Guidelines on Terminology for Pipe Hangers and Supports

MSS SP-96 — 1986 — Guidelines on Terminology for Valves and Fittings

TEMA — Tubular Exchanger Manufacturer's Association

TEMA Standards — 1988 Edition

WRC-Welding Research Council

WRC 107 — Local Stresses in Cylindrical Shells due to External Loadings / 1979 Edition

WRC 297 — Local Stresses in Cylindrical Shells due to External Loadings - Supplement to WRC 107 / 1987 Edition

AD-Merkblätter — Gesamtausgabe 1990

DECHEMA — Deutsche Gesellschaft für chemisches Apparatewesen

DECHEMA-Monographie Band 87 — Wärmeaustauscher: Konstruktion, Berechnung, Werkstoff; Ausgabe 1980

DIN — Deutsches Institut für Normung

DIN 4119, Teil 2 — Oberirdische zylindrische Flachboden-Tankbauwerke aus metallischen Werkstoffen; Berechnung. Auflage 2.80

FDBR — Fachverband Dampfkessel-, Behälter- und Rohrleitungsbau e.V.

FDBR-Richtlinien, Berechnung von Kraftwerksrohrleitungen 1987, Vulkan-Verlag

FDBR-Handbuch Festigkeitsberechnung

FDBR-Handbuch Wärme- und Strömungstechnik

FDBR-Fachwörterbuch Band 3 „Dictionary of Heat Exchanger Technology / Wörterbuch der Wärmeaustauschertechnik", Edition 1989, Vulkan-Verlag

KTA — Kerntechnischer Ausschuß

Sicherheitstechnische Regel KTA 3201.2 — Komponenten des Primärkreislaufs von Leichtwasserreaktoren. Teil 1: Auslegung, Konstruktion und Berechnung. Juni 1990

TRD — Technische Regeln für Dampfkessel

Gesamtausgabe 1990, Carl Heymanns Verlag KG

VDI-Verlag

VDI-Wärmeatlas — Berechnungsblätter für den Wärmeübergang, 5. Auflage 1989

Miscellaneous / Verschiedenes

Afflerbach Bödenpresserei, Handbuch „Böden und Verschlüsse", 1979

GERB, Technischer Bericht Rohrleitungsdämpfer

The M.W. Kellog Company, Design of Piping Systems, 2. Ausgabe 1967

LISEGA Kraftwerkstechnik GmbH:
— Rollenlager und Rohrsättel — 1988
— Rohrschellen und Rohrlager — 1990
— Hydraulische Stoßbremsen — 1986
— Konstanthänger und Stützen — 1988

STEINMÜLLER-Taschenbuch „Rohrleitungstechnik", 5. Auflage 1988, Vulkan-Verlag Essen

Witzenmann GmbH:
— Kompensatoren — Das Handbuch der Kompensatortechnik, Ausgabe 1990, Labhard Verlag Konstanz
— Metallbälge — Hydra Taschenbuch, Nr. 441, Ausgabe 1985

Authors in alphabetical order / Autoren in alphabetischer Reihenfolge

Altmann, W.: Sanierung städtischer Gasrohrleitungen, Energietechnik 40 (1990), Nr. 7, S. 243–247

Bernstein, M.D.: Design Criteria for Boilers and Pressure Vessels in the U.S.A, Transactions of the ASME, Journal of Pressure Vessel Technology, Vol. 110, November 1988, S. 430–443

Bickell, M.B.; Ruiz, C.: Pressure Vessel Design and Analysis, MAC Millan London, 1967

Bozoki, G.: Überdrucksicherungen für Behälter und Rohrleitungen, 1. Ausgabe 1986, VEB Verlag Technik, Berlin

Birker, M.; Rommerswinkel, F.: Einsatz von Kompensatoren in Kraftwerken, VGB Kraftwerkstechnik 56 (1976), Heft 7, S. 464–470

Crostack, H.-A.; Kock, K.-H.; Steffens, H.D.: Trennung von Schallemissionssignalen durch rechnerische Analysen, Zeitschrift für Werkstofftechnik, Band 12 (1981), S. 160–167

Donath, R.: Sanierung von Rohrleitungen, gwf – Gas, Erdgas 131 (1990), Nr. 7, S. 292–296

Feierlein, K.: Ventile in der Chemietechnik, Chem.-Ing.-Tech. 61 (1989), Nr. 9, S. A416–A424

Garve, E.G.: Baustellenfertigung eines Tankbehälters nach dem Spiralverfahren, Stahlbau 55 (1986), Nr. 11, S. 331–334

Gregorig, R.: Wärmeaustauscher. Ausgabe 1959, Verlag H.R. Sauerländer & Co.

Gupta, J.R.: Fundamentals of Heat Exchanger and Pressure Vessel Technology, Springer-Verlag 1986

Heath, A.W.: Designing with Expansion Joints, Mechanical Engineering, Vol. 90 (1968), Nr. 7, S. 36–45

Heller, R.: Absperrklappen – Konstruktionen und ihre Anwendungen, 3R International, 27. Jahrgang (1988), Nr. 4, S. 265–274

Kalkhof, D.: Schallemissionsanalyse zur Bestimmung der Rißinitiierung beim instrumentierten Kerbschlagbiegeversuch, Materialprüfung, Band 28 (1986), Nr. 9, S. 267–271

Klapp, E.: Festigkeit im Apparate- und Anlagenbau. 1. Auflage 1970, Werner Verlag

Knierim, R.: Der eckentlastete Axialkompensator, Brennstoff-Wärme-Kraft BWK 36 (1986), Nr. 11, S. 477–478

Krautkrämer, J.; Krautkrämer, H.: Werkstoffprüfung mit Ultraschall, 5. Auflage 1986, Springer-Verlag

Lottermoser, J.; Höller, P.: Rißfortschritt und Schallemission (SE): Wissen, Können und Erfahrungen, Materialprüfung 23 (1981), Nr. 3, S. 69–74

Mainzer, F.J.; Zimmermann, R.: Anmerkung zur Flanschberechnung nach DIN 2505, 3R International, 6/1988, S. 416–419

Nippen, P.; Wrobel, J.: Herstellung und Prüfung von Kugelhähnen, Technische Überwachung (TÜ) 24 (1983), Nr. 11, S. 440–445

O'Keefe, W.: Instrument Valves and Accessories, Special Report, Power, Vol. 126 (1982), Nr. 2, S. S.1–S.16

O'Keefe, W.: Valves – Special Report, Power Vol. 127 (1983), Nr. 2, S. S.1–S.48

O'Keefe, W.: Powerplant Piping systems – Special Report, Power Vol. 129 (1985), Nr. 5, S. S.1–S.32

O'Keefe, W.: Gaskets and Static Seals – A Special Report, Power Vol. 129 (1985); Nr. 1, S. S.1–S.12

Oude-Hengel, H.H.: Rohrleitungen in Kraftwerken, 1978, Verlag TÜV Rheinland GmbH Köln

Richter, H.W.: Sanierung von Rohrleitungen – Ringraumlose Reliningverfahren, gwf Gas, Erdgas 131 (1990), Nr. 7, S. 297–298

Schmitz, H.P.: Dictionary of Heat Exchanger Technology / Wörterbuch der Wärmeaustauschertechnik, Ausgabe 1989, Vulkan Verlag Essen

Schubert, J.: Rohrhalterungen im Anlagenbau, 3R International, 28. Jahrgang (1989), Nr. 9, S. 629–632

Schwaigerer, S.: Rohrleitungen – Theorie und Praxis. 1967 Springer-Verlag

Schwaigerer, S.: Festigkeitsberechnung im Dampfkessel-, Behälter- und Rohrleitungsbau, 4. Auflage 1983

Sherwood, D.R.; Whistance, D.J.: „Piping Guide" for the Design and Drafting of Industrial Piping Systems, 2. Ausgabe 1991, Syntek Inc., USA

Steffens, H.D.; Crostack, H.-A.: Einflußgrößen bei der Analyse von Schallemissionen, Zeitschrift für Werkstofftechnik, Band 4 (1973), Nr. 8, S. 442–447

Thierl, B.: Industrie-Armaturen – Bauelemente der Rohrleitungstechnik, 2. Ausgabe 1988, Vulkan-Verlag Essen

Wagner, W.: Wärmeträgertechnik mit organischen Medien, 3. Auflage 1977, Technischer Verlag Resch München

Waschkies, E.; Hepp, K.; Oschmann, M.: Schallemissionsergebnisse zum Nachweis von Thermoschockrissen am Stutzen eines Reaktordruckbehälters, Materialprüfung 27 (1985), Nr. 3, S. 61–63

Weaver, D.S.; Ainsworth, P.: Flow-Induced Vibrations in Bellows, Transactions of the ASME, Journal of Pressure Vessel Technology, Vol. 111, November 1989, S. 402–406

Wellinger, K.; Dietmann, H.: Festigkeitsberechnung, Grundlagen und Technische Anwendung, 3. erweiterte Auflage 1976, Alfred Kröner Verlag, Stuttgart

Wellinger, K.; Dietmann, H.: Festigkeitsberechnung von Wellrohrkompensatoren; Techn.-wiss. Bericht, MPA Stuttgart, Heft 64-01, 1964

Wossog, G.; Manns, W.; Nötzold, G.: Handbuch für den Rohrleitungsbau, 9. Auflage 1990, VEB Verlag Technik, Berlin

Wrobel, J.; Helfricht, R.: Kompensatoren für kerntechnische Anlagen, Technische Überwachung TÜ 21 (1980), Nr. 10, S. 416–420

Young, W.C.: Roark's Formulas for Stress and Strain, 6. Ausgabe 1989, McGraw-Hill, Inc.

Zoebl, H.; Kruschik, J.: Strömung durch Rohre und Ventile, 2. Auflage 1982, Springer-Verlag, Wien, New York

Kompetenz für anspruchsvolle Aufgaben

Je anspruchsvoller Ihre Aufgaben, desto höher die Anforderungen an die Lösungen. Und desto wichtiger ist es, mit wem Sie zusammenarbeiten.
Dabei spricht für uns nicht nur, daß wir weltweit die größte Palette beweglicher metallischer Elemente herstellen. Und nicht nur, daß Sie von heute auf morgen viele Standardausführungen direkt von unserem gut sortierten Lager beziehen können. Oder auch, daß wir Ihnen jederzeit korrosionsfeste Varianten liefern – aus Sonderwerkstoffen, die wir immer vorrätig haben. Was uns aber besonders empfiehlt, ist unsere Kompetenz, selbst für komplexe Aufgaben die optimale, maßgeschneiderte Lösung zu entwickeln. Natürlich in enger Zusammenarbeit mit Ihnen. Denn Kundennähe ist Teil unseres Selbstverständnisses.
Es hat also seine guten Gründe, daß wir führend sind in der Herstellung von Metallschläuchen, Kompensatoren, Metallbälgen und Rohrhalterungen. Umfassendes Entwicklungs-Know-how, modernste Fertigungsverfahren und kompromißlose Qualitätssicherung geben Ihnen die Gewähr, daß unsere Produkte, bekannt unter dem Markennamen HYDRA®, auch Ihre Anforderungen erfüllen.

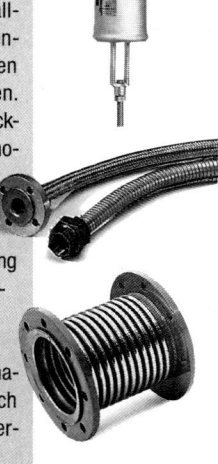

WITZENMANN

Witzenmann GmbH
Metallschlauch-Fabrik
Pforzheim
Postfach 1280
D-W 7530 Pforzheim
Telefon (07231) 581-0

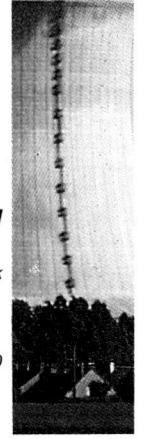

St. ANTONIUS
Vessel heads bv
tel. (+31)4746 3000
fax.(+31)4746 4959

P.O. Box 7001
6050 AA Maasbracht
The Netherlands

BERECHNEN SIE IHRE DRUCKBEHÄLTER MIT DIMy LEICHT, SCHNELL, EFFEKTIV

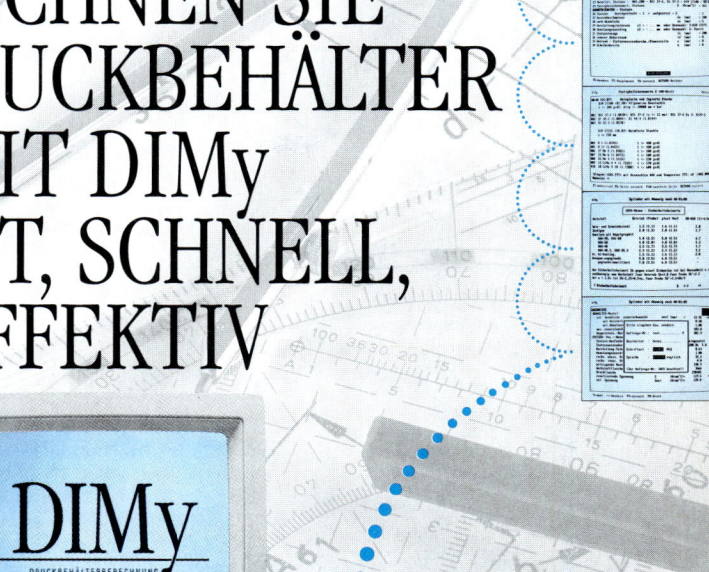

Als führender Druckbehälterhersteller wissen Sie, wie zeitaufwendig die Festigkeitsberechnung eines Druckbehälters sein kann.
Doch damit ist jetzt Schluß!
Dank DIMy, der Qualitäts-Software vom RWTÜV.
Das Programmsystem DIMy für PC bietet Ihnen entscheidende Vorteile:
- Druckbehälterberechnung nach deutschem Regelwerk, sinnvoll ergänzt um Rohrböden nach TEMA, Stutzen nach WRC 107, Sättel nach BS 5500 u.a.
- Umfangreiche Werkstoffdatei
- Berechnungsdokumentation in Deutsch oder Englisch
- Regelmäßige Wartung der Programme und Werkstoffdaten

Mit DIMy haben Sie endlich wieder den Kopf frei für ihre Konstruktionsaufgaben.

FORDERN SIE UNSER INFORMATIONSMATERIAL UND EINE DEMODISKETTE AN!

RWTÜV · Postfach 10 32 61 · 4300 Essen 1
Tel. 02 01/8 25-26 53

RWTÜV

Montagewerk Leipzig GmbH
Sächsischer Industrierohrleitungsbau

Industrierohrleitungen in allen Bereichen zur Ver- und Entsorgung Ihrer Anlagen

Heizungsanlagen für Kommunen und andere Bedarfsträger

Dazu bieten wir an:
- Kundenberatung
- Lieferung und Montage
- Projektierung
- Inbetriebnahmen

Wir sind führend
- in der Montage und Inbetriebnahme von Rohrleitungssystemen im Nennweitenbereich DN 10 - 1600 bis zur Druckstufe 32 MPa für alle Medien
- Hochdruckleitungen bis 250 MPa

Wir sind spezialisiert für
- Reinrohrleitungssyteme
- Kunststoffleitungen
- Gasleitungen
- Heizungsanlagen
- Stahlbauleistungen

Wir kooperieren
- Wärme- und Kälteisolierungen
- Korrosionsschutz
- Bauleistungen

Wir bilden aus
- Rohrleitungsmonteure
- Schweißer bis WIG R IV

Wir besitzen das notwendige Know-How und beste Verbindung zu seriösen Partnern im In- und Ausland.
Wir garantieren für unsere Leistungen und sichern Ihnen den Service.
Wenden Sie sich vertrauensvoll an uns.

Montagewerk Leipzig GmbH
Sächsischer Industrierohrleitungsbau

Bitterfelder Straße 19 · O-7021 Leipzig
Telefon: 5 61 60 · Telex: 5 16 24 · Telefax: 52 522

Gleiche Leistungen bieten auch unsere Niederlassungen Dresden und Chemnitz

Montagewerk Leipzig GmbH
Sächsischer Industrierohrleitungsbau
Niederlassung Dresden
Pirnaer Landstraße 23 · O-8045 Dresden
Telefon: 2 32 62 11 · Telex: 22 05 · Telefax: 2 32 62 11

Montagewerk Leipzig GmbH
Sächsischer Industrierohrleitungsbau
Niederlassung Chemnitz
Bayreuther Straße 3-5 · O-9071 Chemnitz
Telefon: 41 10 44 · Telefax: 41 01 50

Sigtausendfaches Symbol für exzellente Wärmetechnik

EISENWERK THEODOR LOOS
D 8820 GUNZENHAUSEN

TYPE U L № 52000 19 89 10000 kg/h
ZUL. BETR.-Ü-DRUCK / WORK. OVER PRESSURE 1 0 BAR 8380 LTR
ZUL. VORL.-/DAMPF-TEMP / MAX. SUPPLY-/STEAM-TEMP °C kW
BAUART-KENNZEICHEN 02-416-009 X
CONSTR. CRITERION Öl/Gas W1
N

b LOOS
GUNZENHAUSEN
DAS KESSELSYSTEM

K. Sachberater

Planung & Verkauf
Eisenwerk Theodor Loos GmbH
Dampf- und Heißwasser-Kesselanlagen
D-8820 Gunzenhausen · Nürnberger Straße 73
Tel. (0 98 31) 5 60 · Telefax (0 98 31) 56 233
Telex 6 12 42

Dampf- und Heißwasserkessel
sparsam · solide · emissionsarm
– mit das Beste, was man sich denken kann

Apparatebau Wärmetechnik GmbH

Der leistungsstarke Partner für

Tel. 06 41 / 20 04 - 0 · Telefax 06 41 / 2 58 67 · Telex 482 875
Dutenhofen · Industriestraße 9 - 11 · 6330 Wetzlar 17

Dampferzeuger Wärmeaustauscher

Unser Lieferprogramm umfaßt:

Wärmeaustauscher sowie Dampferzeuger beheizt mit Dampf, Warmwasser, Heißwasser und Wärmeträgeröl – gefertigt aus ferritischen und austenitischen Stählen.

Auch Sonderanfertigungen aus den Werkstoffen Elektrolytkupfer, Kupfernickel, Nickel und Titan stellen wir Ihren Anforderungen entsprechend für Sie her.

Durch unsere ausziehbaren Heizflächen haben Sie den Vorteil der leichten Austauschbarkeit der Rohrbündel und gleichzeitig auch die Möglichkeit, diese bei Bedarf ohne Schwierigkeiten zu reinigen und zu ersetzen.

GLÜHEN

**AEG-ELOTHERM
für Glühtechnik**

AEG-ELOTHERM GMBH, Hammesberger Str. 31, Postf. 140186, D-5630 Remscheid 1, Tel. (02191) 891-0, Fax (02191) 891-229, Tx 8513860

Jeder Glühvorgang erfordert individuelles Anpassen an die jeweiligen Erfordernisse.

Ob es sich dabei um das Vorwärmen von Schweißnähten an Feinkornstählen, das Anlassen von hochlegiertem Material oder das Spannungsarmglühen von warmfestem Stahl handelt: Nur Spezialisten mit einem technologischen Know-how, das in jahrzehntelanger Praxis erarbeitet wurde, bieten Ihnen die Sicherheit der richtigen (und damit erfolgreichen) Glühbehandlung.

Wir haben diese Spezialisten. Aber wir haben auch die erprobte Hardware. Mehr als 20.000 Schweißnähte wurden bisher auf unseren Anlagen im Lohnglühdienst wärmebehandelt. Nahezu 850 Induktionsglühanlagen hat AEG-ELOTHERM bis heute in alle Welt geliefert. Und für jede Glühanlage sorgt unser Sevice-Team, wenn erforderlich – rund um die Uhr, damit Ihre Arbeit jederzeit „glüht und gedeiht".

Fragen Sie uns, wenn Sie glühende Probleme haben.
Wir stehen Ihnen mit Rat und Tat zur Seite.

**INDUSTRIELLE ELEKTROWÄRME
ELEKTRISCHE METALLBEARBEITUNG**

AEG-ELOTHERM

HANS MEYER

Inh. Peter M. Streil

Apparatebau · Rohrleitungen

4156 Willich 1
Moltkestraße 16
Tel. 0 21 54 / 10 25
Fax 0 21 54 / 42 81 88
und 42 91 56

Industrie- und Kraftwerksrohrleitungsbau Bitterfeld GmbH

Ein Unternehmen der Gruppe Deutsche Babcock AG
Hallesche Straße 18, Postfach 60
O-4400 Bitterfeld
Telefon: Bitterfeld 480, Telex: 476 226 ikrb
Telefax: 4 84 80 u. 4 84 50

Unser seit 70 Jahren bestehendes Unternehmen bietet als Fachbetrieb für komplette Rohrleitungssysteme folgende Leistungen an:

Planung/Projektierung, Lieferung, Montage und Inbetriebsetzung von kompletten Rohrleitungssystemen für

- Kraftwerke aller Art
- Industrieanlagen
- Wasserversorgungs- und Fernheiznetze
- Erdgasverdichteranlagen und Gasanlagen

SKL MOTOREN-UND SYSTEMTECHNIK AG
- vorm. Buckau-Wolf -

Alt Salbke 6-10, O-3011 Magdeburg
Tel.: 4 32-0 · FAX: 4 32 78 · Telex Mgb. 08 257

Geschäftsbereich Apparatebau

Kolonnen, Reaktoren, Behälter, Wärmeübertrager in den verschiedensten Bauformen für Mittel- und Hochdruckbereiche.

Weiterhin:
- Röhrenöfen
- Autoklaven
- Zellstoffkocher
- Extrakteure
- Verdampfer
- Vakuumapparate

Fertigung bis 80 mm Wandstärken und 80 t Transportgewicht.

Wir lösen Ihre Probleme und fertigen Apparate nach Maß

- Ausrüstungen für Destillation und Rektifikation
- Hoch- und Mitteldruckapparate
- Sonderapparate

GERMANIA CHEMNITZ
APPARATE- UND ANLAGENBAU GERMANIA GmbH

Schulstraße 63, 9054 Chemnitz · Telefon 5 98-0
Telefax 5 98-8 00 · Telex 7243 german dd

GESTRA

Kein Ärger im Rohr

Schwimmer-Kondensatableiter UNA

Schnelle, staufreie Kondensatableitung auch bei großen Druck- und Mengenschwankungen.

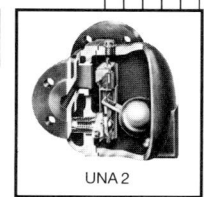

UNA 2

Druckminderer 5801

Prozeßnetze, bei denen es auf konstanten Druck und zuverlässige Armaturen ankommt.

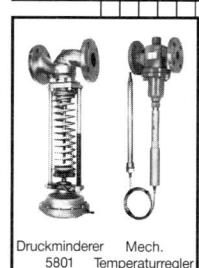

Druckminderer 5801   Mech. Temperaturregler

Mechanische Temperaturregler

Temperaturregelung in Dampf- oder Fluidleitungen in Energieanlagen.

Niveau-Regler NRR 2-2

Niveauregler Bauteilgeprüft

Stetige Niveauregelung für Dampferzeuger und Reaktionsbehälter. Druckbereich bis PN 40. GESTRA liefert Ausrüstungskomponenten gemäß TRD 604.

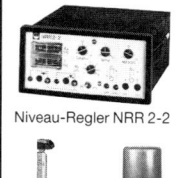

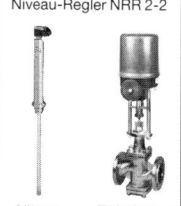

Niveau-Sonde NRG 26-11   Elektrisches Stellventil

DISCO-Rückschlagventile RK

Industrieanlagen, in denen hohe Anforderungen an den Armaturenwerkstoff und die Einbaugröße der Armatur gestellt werden. Lieferbar in Zwischenflanschausführung bis PN 160 und DN 200.

RK 46

Ordern Sie weitere Informationen von uns!

GESTRA Aktiengesellschaft
Postfach 10 54 60 · 2800 Bremen 1
Tel. (04 21) 35 03-0 · Fax (04 21) 35 03-393

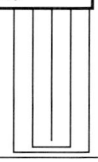

CTA APPARATEBAU GmbH

Ihr Partner für:
- Tanks nach DIN 4119
- Festdach- und Schwimmdachtank
- Doppelwandtank
- Tank mit Doppelboden und Stahlauffangtasse gemäß § 19L des WHG in den Größen bis 100.000 m^3 aus C- und CrNi-Stahl
- Stahlbau nach DIN 18800
- drucklose Lagerbehälter nach DIN 6600, DIN-ähnliche Behälter bis 500 m^3
- Druckbehälterspeicher, Abscheider, Verfahrensbehälter bis max. $\varnothing$ 4200 mm
- Flüssiggasbehälter nach DIN 4680 u.ä.
- Apparate und Ausrüstungen für die chemische Industrie und den Umweltschutz

Unser Leistungsangebot:
Beratung, Gutachten, Festigkeitsberechnung, Konstruktion, Fertigung und Montage

Trebuser Str. 49, O-1240 Fürstenwalde, Tel. (003735) 62-0, Fax (003735) 62 883, Telex 16 26 95

CAM

Chemieanlagenbau GmbH Magdeburg

Wir konstruieren, liefern und errichten für Sie:

Behälter, Tanks, Silos, Stahlkonstruktionen

Schwiesaustraße 6
O-3018 Magdeburg
Postfach 15 20
O-3010 Magdeburg

Telefon (O) 091-27 30
Telex   8202 cam dd
Telefax (O) 091-27 32 43

TAM

TRANSPORTANLAGEN - MONTAGEN GmbH
LANDSBERG BEI HALLE (SAALE)

Montagen von Rohrleitungen, Transportanlagen, Stahlkonstruktionen, Stahlleichtbauhallen, Herstellung und Montagen von Umweltschutzanlagen sowie Behälterbau

Transportanlagen-Montagen GmbH, Köthener Str. 8, O-4105 Landsberg